MERCEDES
BENZ
4
MORGAN
4
FIAT
TR 3
JAGUAR CARS LTD
COVENTRY
MASERATI
Austin-Healey
3000 MkII
Dino
MONTEVERDI
LAMBORGHINI
FACEL
FACEL VEGA
PARIS
AC
DAVID BROWN
ASTON MARTIN
Thunderbird
FORD
MG
ALFA-ROMEO
MILANO
LANCIA
CHEVROLET MOTOR DIVISION
CORVETTE
Ferrari
JENSEN
TVR
ENGLAND
BMW
MILANO
Iso
RIVOLTA
PORSCHE
STUTTGART
LOTUS

GERICKE'S 100 JAHRE SPORTWAGEN

FOTOGRAFIE Frank Oleski, Rainer W. Schlegelmilch
TEXT Hartmut Lehbrink

1905 - 2005
Einhundert Jahre Sportwagengeschichte in einem Band

GERICKE HOLDING

Impressum

Herausgeber
Hein Gericke

Verlag
Gericke Holding GmbH, Düsseldorf
ILN 42 6006967 000 2

Fotografie
Frank Oleski, Köln
Rainer W. Schlegelmilch, Frankfurt a. M.

Text
Hartmut Lehbrink, St. Martin/Salzburg

Layout
Hein Gericke, Düsseldorf

Technik
Karl-Heinz Ingenhag, Willich
Michael Rogatz, Gütersloh

Gesamtherstellung
Mohn Media, Gütersloh

Auslieferung Buchhandel
VVA, Gütersloh
Bestellfax 05241/4 69 70

Vertrieb Pressehandel
asv vertriebs gmbh
Süderstr. 77, 20097 Hamburg

Printed in Germany

ISBN 3-938118-00-8

Einzelbestellung
www.100jahresportwagen.de
Deutschland Telefon 0180/5 44 77 67 (€ 0,12/Min)
Ausland Telefon 0049/180 544 77 67

Die Messwerte für die Beschleunigung und Höchstgeschwindigkeit sind folgenden Quellen entnommen:

Autocar, Automobil Revue, auto motor und sport, Car & Driver, Classic Car, Motor, Motor Revue, Quattroroute, Rallye Racing, Road & Track, Sportauto, Sports Car Graphic, Sports Car Illustrated, The Autocar und Werksangaben sowie den Angaben der Leihgeber.

Liebe Leserin, lieber Leser,

das Konzept zu diesem Buch beruht auf drei Maximen: Erstens sollte ein umfassender Überblick über die gesamte Sportwagenproduktion der vergangenen 100 Jahre gegeben werden. Zweitens sollten alle Fahrzeuge aus ungefähr gleicher Perspektive abgelichtet werden, um eine optimale Vergleichbarkeit der verschiedenen Modelle zu garantieren. Und schließlich sollten Fahrzeug- und Fotoqualität sowie die präzise Druckwiedergabe ein bisher unübertroffenes Niveau erreichen.

Um das Buch aber auch einem weltweiten Publikum nahe zu bringen, sollte es nicht zuviel kosten. Deshalb wurde es trotz aufwendiger Machart messerscharf kalkuliert. Auch neue Vertriebswege sollten zu einem extrem günstigen Verkaufspreis beitragen.

Es sollte das erste und umfassendste Sportwagen-Gesamtwerk der Welt werden. Mehr als 400 Traumsportwagen auf fast 500 Seiten mit über 1000 Abbildungen in Kunstdruckqualität. Alle großen Marken, alle bedeutenden Modelle. Ein Jahrhundertwerk für interessierte Sammler und Enthusiasten. Bitte bilden Sie sich selbst ein Urteil.

Sie halten jetzt ein Standardwerk in den Händen. Ein übersichtliches, chronologisch geordnetes Nachschlagewerk. Ein Buch, das viel Wissen vermittelt und noch mehr Freude bereitet. Ich wünsche Ihnen Spaß beim Blättern, Schauen, Lesen, Staunen und Träumen.

Ihr Hein Gericke.

Hein Gericke

Mercedes Simplex, Bj. 1903. Vierzylinder-Reihenmotor. 9235 cm^3. 60 PS. 120 km/h. Leihgeber: Berthold Rückwarth

Die Ästhetik des Automobils", schrieb 1903 der vielgelesene Autor Otto Julius Bierbaum, "steckt noch im Anfangsstadium. Man kann sagen: Seine Schönheit leidet augenblicklich daran, daß seine Konstrukteure noch nicht völ-

lig das Pferd vergessen haben – das Pferd vor dem Wagen. Ein Laufwagen soll aber Selbstgefühl genug haben, auszusehen wie eine Maschine. Und die kann schön sein. Organisch aus dem Mechanismus und Chassis muß das wachsen."

Da hatte sich das Auto eigentlich schon emanzipiert, in Gestalt des Mercedes Simplex, so genannt, weil er so simpel zu bedienen war. Begonnen hatte alles mit dem Daimler Sport- und Tourenwagen 35 PS. Der k.u.k. österreichische Generalkonsul in Nizza Emil Jellinek, ein schillernder Gesellschaftslöwe und Hansdampf in allen Côte-Gassen, hatte in einer kühnen Blanko-Bestellung 36 Exemplare bei Wilhelm Maybach (1846-1929) in Auftrag gegeben, der seit dem Tod Gottlieb Daimlers im März 1900 die alleinige technische Verantwortung in der Daimler-Motoren-Gesellschaft zu Cannstatt trug. Leicht und schön und schnell müsse er sein, der Neue, hatte sich Jellinek ausbedungen.

Am 25. März 1901 stand Maybachs reife Leistung in gleißendem Weiß – der künftigen deutsche Rennfarbe – am Start zum Rennen Nizza-Salon-Nizza. Er entsprach den Vorgaben des umtriebigen Konsuls in allen Stücken. Sein aus Stahlblech gepreßter Rahmen war um ein Viertel leichter als die bisherigen Gebilde aus Holz und Winkeleisen. Der Reihenvierzylinder des viersitzigen Phaetons mit stämmigen 5,9 Litern wog nur 350 kg, da sein Block aus Aluminium gefertigt war. Dieser bildete eine Einheit mit dem Kopf, und jeweils zwei Zylinder waren zusammengegossen. Vor der Vorderachse stand der Bienenwabenkühler, ein Dickicht aus fast 9000 eckigen Röhrchen, das fortan gestattete, die Motorleistung ohne thermische Probleme beliebig zu steigern. Gleichwohl konnte die Kühlwassermenge erheblich eingedampft werden: 1898 wurden für einen Wagen mit fünf Pferdestärken noch 18 Liter benötigt, Maybachs weißes Wunderauto begnügte sich mit neun. Das fossile Lebenselixir teilte ein Spritzdüsenvergaser zu, das Vierganggetriebe hatte eine Kulissenschaltung.

Mit einem Schnitt von 51 km/h ließ Daimler-Pilot Wilhelm Werner alle anderen und zugleich die gute alte Zeit weit hinter sich. Zwei Tage später düste er die Promenade des Anglais in einem Rekordversuch über den fliegenden Kilometer mit 86,1 km/h herunter. Die Schickeria hatte ein ergiebiges Gesprächsthema und einen Traumwagen, und Jellinek forderte ein, das attraktive Automobil aus dem Schwabenland solle den Namen seines Töchterchens Mercedes tragen. Die Folgen sind bekannt.

Werners Riviera-Renner wurde zum Ahnherrn des weitverästelten Simplex-Clans zwischen 1902 und 1910. Mit Maschinen zwischen 28 PS (bei 5315 cm^3 Hubraum) und 60 PS (Hubraum 9235 cm^3) sowie diversen Radständen und Aufbauten verankerte dieser den Ruhm der Marke mit dem Stern in aller Welt. So wurde etwa Simplex Numero fünf am 14. März 1902 in Cannstatt dem amerikanischen Millionär William K. Vanderbilt ausgehändigt, der sich mit dem 40-PS-Mobil spornstreichs auf den Weg nach Paris machte, dort am Abend des folgenden Tages eintraf und am 3. Mai auf der Landstraße zwischen Ablis und Chartres den fliegenden Kilometer mit 111,8 km/h durcheilte. Markante Merkmale waren die gestreckte Form, der niedrige Schwerpunkt und die Leichtigkeit. Vor allem bei den nun 185 kg schweren Moto-

ren hatte man angesetzt, und das Fahrgestell brachte nur noch 1000 kg auf die Waage.

Wilhelm Maybach aber sah sich plötzlich mit der gewichtigen Frage konfrontiert, ob am Automobil überhaupt noch etwas zu verbessern sei.

Morgan Super Sports Aero, Bj. 1932. V2. 1096 cm³.
25 PS. 130 km/h. Leihgeber: Karl-Heinz Gombert

In einer Verbreitung von über 40 000 Exemplaren in den 42 Jahren zwischen 1909 und 1951 bildeten sie schon beinahe ein Paralleluniversum zu dem der konventionellen Vierradler. Und das Lächeln, das jemandem beim Anblick eines Morgan Threewheelers um die Mundwinkel spielen mochte, verging ihm spätestens, wenn er den flotten Dreier auf einer historischen Rennveranstaltung in Aktion sah.

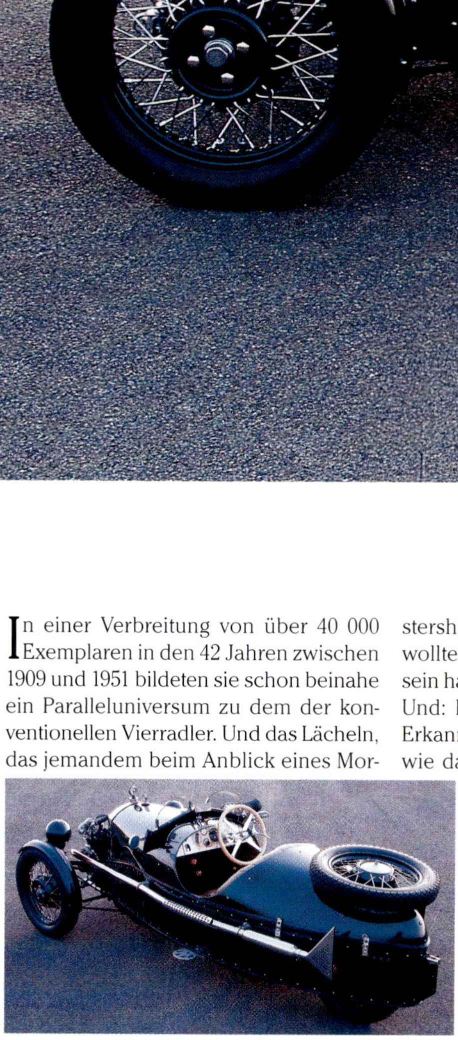

Denn da die skurrilen Geschöpfe des Harry Frederick Stanley (kurz H.F.S.) Morgan klein und leicht und stark waren, waren sie auch flink. Das war ein Teil des Credos, die der dynamische Sohn eines Domherrn in sie hineinbuk und auch persönlich vorlebte. Zwei andere bestanden darin, daß man in der Morgan-Garnison Malvern Link in der Grafschaft Worcestershire viel Gegenwert fürs Geld bieten wollte und daß alles solide finanziert zu sein hatte – Schulden verabscheute H.F.S. Und: Bewährtes und einmal für richtig Erkanntes gab man nicht so rasch preis, wie das unerbittliche Festhalten an der Einzelradaufhängung vorn mit senkrechten Führungsrohren bis auf den heutigen Tag belegt. Fortschritt wurde lediglich in homöopathischen Dosen verordnet, 1926 der elektrische Anlasser und die serienmäßige Vierradbremse, 1929 ein Untersetzungsgetriebe für die bis dahin gnadenlos direkte Lenkung, 1931 drei Gänge statt der zwei bislang und eine Trockenkupplung anstelle der Kegelkupplung mit Lederelementen.

Aber der Reihe nach: Zur Gelenkstelle in der Vita des H.F.S. Morgan wurde das Jahr 1912. Er heiratete Hilda Ruth Day, die ihm fünf Mädchen und den künftigen Thronfolger Peter gebären sollte, gründete die Morgan Car Company Ltd., umrundete den Kult-Kurs von Brooklands mit einem Schnitt von 96 km/h im ersten Cyclecar-Rennen, das dort jemals stattfand, und erwirtschaftete 1300 Pfund Profit. Die Präsentation zweier Threewheeler auf der Londoner Olympia Show, vor allem aber der Rennerfolg des Journalisten Gordon McMinnies beim Cycle Car Grand Prix in Amiens ein Jahr später lösten eine solche Lawine von Nachfragen aus, daß man von den bloßen Anzahlungen Werkzeugmaschinen anzuschaffen und die Baulichkeiten an der Pickersleigh Road zu erweitern vermochte.

Der Renner von Amiens wurde zum Ahnherrn der Behendesten unter den Minimal-Mobilen aus Malvern Link wie dem Modell Grand Prix bis 1926 und später dem Aero und dem Super Sports, dessen Reserverad das Heck paßgerecht als Rammschutz nach hinten absicherte. Aber auch eben des Mannes mit mäßigen Mitteln gedachte H.F.S. Im Jahr der Rezession 1932 zum Beispiel spreizte sich die Palette vom Family (95 Pfund Sterling) über den Sports Famiily und den Sports bis hin zum Super Aero (145 Pfund). Im Exil jenseits der Vorderachse und häufig ohne die schützende Hülle der Karosserie randalierten zahlreiche Motorrad-Twinmotoren von Zulieferanten wie J.A.P., Anzani und Matchless mit Luft- oder Wasserkühlung, seitlichen und hängenden Ventilen oder gar Vierventilköpfen wie beim Schweizer Fabrikat M.A.G.

1933 stellte sich am F-Type ein Vierzylinder von Ford ein, deutlich gesitteter, aber längst nicht so dynamisch wie die üblichen V2-Aggregate. Mit ihm kam ein neuer Preßstahl-Zentralrohrrahmen mit längerem Radstand und breiterer Spur für den 33 PS starken Family "Four". Doch da lag das Rekordjahr 1923 mit 2400 Einheiten schon eine Dekade zurück. Ein neues Steuergesetz von 1935 grub den motorradnahen Trikes das Wasser ab wie

auch Konkurrenz aus dem eigenen Haus in Gestalt des 4/4 mit vier Rädern und vier Zylindern, wie schon der Name sagte. Aber erst am 29.Juli 1952 verließ ein F Super als letzter Threewheeler das Werk. Er hatte dort schon eine ganze Weile herumgestanden.

Bugatti Typ 13 - Brescia, Bj. 1922. Vierzylinder-Reihenmotor.
1496 cm^3. 55 PS. 130 km/h.

Für Ettore Bugatti, den "Zauberer von Molsheim" (1881 -1947) stellten seine Geschöpfe – rund 7800 an der Zahl – mechanische Kunstwerke dar. Nicht nur in diesem Punkt ähnelte er dem Zauberer von Maranello Enzo Ferrari in der zweiten Hälfte des vorigen Jahrhunderts. Und noch etwas teilten die beiden: ihre italienischen Ursprünge. Aber während Ferrari, diesen in zäher Bodenständigkeit verhaftet, das magische Quadrat um seine Geburtstadt Modena zeit seines Lebens kaum je verließ, war Bugatti ein Nestflüchter. Er empfand sich als Franzose und betrachtete seine Mailänder Herkunft trotz besten Einvernehmens mit Vater Carlo und Bruder Rembrandt Bugatti als "kleine Panne" ("un petit accident").

Bei seiner Wahlheimat, einem elsässischen Städtchen unweit Straßburg, wo er am 1. Januar 1910 die Automobiles E. Bugatti, Molsheim, Bas-Rhin ins Leben rief, handelte es sich gleichwohl bis zum Ende des Ersten Weltkriegs noch um deutsches Territorium. Als Produktionsstätte diente eine ehemalige Färberei, als Bugattis Residenz das majestätische Château St.Jean ganz in der Nähe, wo er Hof hielt im Stil eines Feudalherrn.

Von seiner früheren Anstellung als Chefingenieur bei der Gasmotorenfabrik Deutz in Köln hatte "Le Patron", wie er bald achtungsvoll genannt wurde, ein kleines Meisterstück aus eigener Fertigung mitgebracht, das er in einer Art persönlichem Köchelverzeichnis Typ 10 nannte. Diesem hatte er die besten Ideen aus einem leichten Isotta-Fraschini an-verwandelt, den die Mar-ke aus Mailand für den Grand Prix des Voiturettes 1908 in Dieppe ge-baut hatte. Als Typ 13 – opus 11 und 12 waren auf geheimnisvolle Weise verschüttgegangen – sollte er nach sorgfältiger Überarbeitung in Serie gehen, ein kleines Vollblut ("pur-sang"). Denn dies war der Maßstab, an dem der Pferdenarr Ettore Bugatti künftig sein Schaffen ausrichtete.

Das bemerkenswerte Produkt war beim Pariser Autosalon 1910 in einer Nische eher versteckt als den Blicken der Besucher preisgegeben. Die obenliegende Nockenwelle des Vierzylinders mit angegossenem Kopf (Bohrung 65 mm, Hub 100 mm, Volumen 1327 cm^3) wurde aufwendig mittels einer Königswelle angetrieben. Gekrümmte "Bananenstößel" hielten die acht (ab 1920, als der Motor auf 1368, 1453 oder 1496 cm^3 aufgebohrt wurde) 16 Ventile zur Arbeit an.

Der Aufbau, bis 1923 vor allem von Widerkehr und Durr in Colmar sowie von Fossier in Straßburg gefertigt, ruhte auf einem simplen Leiterrahmen. Die Räder waren an einer Starrachse und Halbelliptikfedern aufgehängt, die hinteren ab 1913 an umgedrehten Viertelelliptikfedern. Im gleichen Jahr wurden dem Triebwerk eine Ölpumpe und dem ganzen Auto der berühmte hufeisenförmige Kühler spendiert. Da hatte sich der Typ 13 bereits im Rennsport einen Namen gemacht, vor allem durch einen zweiten Platz beim Großen Preis von Frankreich 1911 in Le Mans hinter Victor Hémery auf einem viel größeren Fiat. Am Lenkrad saß Bugattis getreuer Paladin Ernst Friedrich. Dieser gab dem zügig sprießenden Nimbus der Marke sowie den Verkäufen des T13 und seiner Derivate nach dem Krieg weiteren Auftrieb durch Siege bei den Grand Prix für Voiturettes in Le Mans 1920 und in Brescia ein Jahr später, wo er mit einem Schnitt von 116 km/h eine Phalanx von drei weiteren Bugatti an-führte.

Anschließend wurden ungefähr 40 "Brescia"-Modelle mit dem kurzen Radstand von 2000 mm, rollengelagerten Kurbelwellen, zwei Magnetzündern und Torpedo-Karosserien an Privatrennfahrer veräußert, weitere Ableger als "Brescia modifiée" an Bürger, die sich etwas Besonderes gönnen wollten. Bis 1926 war die Modellfamilie mit 2435 Exemplaren zum Bugatti-Bestseller überhaupt avanciert.

Der "Patron" aber hatte in grandiosem Stil den Prolog geschrieben zu einer Legende in Französischblau.

Hispano-Suiza Alfonso XIII, Bj. 1912. Vierzylinder-Reihenmotor. 3620 cm³. 64 PS. 128 km/h. Leihgeber: Automobil-Nationalmuseum-Mülhausen

Am 14. Juni 1904 gründete der begabte Genfer Ingenieur Mark Birkigt (1878-1953) die Firma La Hispano-Suiza de Automóviles in Barcelona, wohin ihn ein unbezähmbarer Drang in die Ferne verschlagen hatte. Möglich machte diese kühne Initiative sein Geschäftspartner Damian Mateu. Das Startkapital betrug 250 000 Peseten, und mit Namen und Kühlerabzeichen seiner Produkte unter dem stilisierten fliegenden Storch, den geflügelten Wappen Spaniens und der Schweiz, setzte Birkigt der alten und der neuen Heimat ein ehrenvolles Denkmal.

Sehr rasch erregte das Fabrikat das Interesse und das Wohlwollen Seiner Katholischen Majestät Alfonso XIII, der 1905 auf der Automobilausstellung von Madrid prompt drei Phaetons der jungen Marke bestellte. So gut waren seine Erfahrungen mit deren Behendigkeit, Charisma und Fertigungsqualitäten von Anbeginn an, daß Birkigt fortan auf des Royals Loyalität zählen konnte: Dieser verleibte seinem königlichen Fuhrpark in den nächsten 40 Jahren an die 30 Hispano-Suiza ein. Nachdem ihm seine Gattin Victoria-Eugenia 1909 einen Prototyp zum generösen Geburtstagsgeschenk gemacht hatte, erteilte Alfonso dem bekennenden Eidgenossen huldvoll die Erlaubnis, seinen T15 nach ihm zu benennen.

1912 machte der in seiner endgültigen Gestalt seine Aufwartung, mithin der erste Seriensportwagen der Welt. Er wirkte filigran bis zerbrechlich, wies aber durchaus jene Robustheit auf, mit der sich Hispano-Suiza fortan einen Namen machen würde. Es gab ihn in zahlreichen Ausprägungen mit einem Kurzchassis von 2640 mm und einer Variante, deren Radnaben 3000 mm auseinanderstanden. Das stabile Rückgrat bildete ein Standardrahmen, und die dünnen Drahtspeichenräder waren an Starrachsen mit Halbelliptikfedern aufgehängt. Der lange Stock für die Handbremse war nach rechts außen neben dem Piloten ausgesiedelt, wo er zwischen dem Hebel für die Kulissenschaltung und der Bordwand auf kleine Trommeln an den Hinterrädern einwirkte. Das Fußpedal für die Getriebebremse hingegen fand sich an der üblichen Stelle rechts von der massiven Lenksäule. Bei seinem Monoblock-Vierzylinder – der Kopf konnte nicht demontiert werden – handelte es sich um das Derivat einer Wettbewerbsmaschine mit einem Volumen von 3620 cm³ und markigen 64 PS bei 2300/min. Daß sich der Hub mit 180 mm auf mehr als das Doppelte der Bohrung von 80 mm belief, war das Relikt einer zeitgenössischen Rennformel, verhalf dem Triebwerk indessen zu einer außerordentlichen Elastizität. In seinem Inneren oszillierten Graugußkolben mit rohrförmigen Pleueln, und die Kurbelwelle rotierte in vier Gleitlagern. Eine Ölpumpe sowie eine Ölreservetank standen im Dienst der Niederdruckumlaufschmierung, während ein riemengetriebener Ventilator Schützenhilfe leistete für den ungemein üppig dimensionierten Bienenwabenkühler und eine Zentrifugalpumpe. Im Gegensatz zu den meisten Zeitgenossen waren Motor und Getriebe, zunächst mit drei, später mit vier Fahrstufen, zu einer Einheit verblockt. Zunächst wurden Konus-, dann ausschließlich Mehrscheibenkupplungen eingebaut. Mit lediglich 660 kg Wagengewicht war der Alfonso XIII in seinen sportlichsten Spielarten zu fast 130 km/h fähig. Damit zählte er auf den Rennstrecken der Zeit nicht unbedingt zu den Schnellsten, aber auf Grund seiner exemplarischen Handlichkeit zu den Flinksten.

Bereits 1910 war Mark Birkigt auf der Standortsuche für ein Tochterunternehmen nach Paris gereist. Fündig wurde er unweit der Metropole in Levallois-Perret, wo man im Rhythmus eines Dreijahresvertrages ein ehemaliges Tramdepot leaste. Im Juli 1911 montierte in dessen antikischem Gemäuer die Sté des Automobiles Hispano-Suiza den ersten von 769 Alfonso XIII bis 1913.

Alfa Romeo RL SS, Bj. 1927. Sechszylinder-Reihenmotor. 2996 cm³. 83 PS. 130 km/h. Leihgeber: Reinhard Hermes

Am Anfang stand ein Rennmotor entsprechend der von Indianapolis übernommenen Grand-Prix-Formel, ein Sechszylinder mit drei Litern Hubraum. Entworfen hatte ihn Alfa-Romeo-Konstrukteur Giuseppe Merosi.

Doch dann machte die Motorsport-Legislative AIACR (für Association Internationale des Automobile Clubs Reconnus) der SA Italiana Ing. Nicola Romeo & Cia, Milano, einen fetten Strich durch die Rechnung und grenzte das Volumen der Premiumklasse für die vier Jahre ab 1922 auf zwei Liter ein. Das im Mailänder Stadtteil Portello ansässige Unternehmen mochte gleichwohl auf Merosis schönes Stoßstangen-Triebwerk nicht verzichten und erschloß es in besänftigter Form der Serie. Der Tipo RL wurde am 13. Oktober 1921 in der Alfa-Ausstellung in der Mailänder Via Dante offiziell eingeführt.

Er trug den Ruhm der noch jungen Firma in alle Welt, als RLN (für Normale) mit 3440 mm Radstand, 2916 cm³, einem Vergaser, 56 PS und 109 km/h Spitze, als RLS (für Sport) mit einem Radstand von 3140 mm, 2996 cm³, zwei Vergasern, 71 PS, Trockensumpfschmierung und einer Höchstgeschwindigkeit von 120 km/h. Den N erkannte eine rasch wachsende Schar von Jüngern am glatten, den S am gespitzten Kühler mit dem Marken-Emblem an beiden Schrägen.

Gemeinsam waren ihnen das mit der Maschine verblockte Vierganggetriebe sowie der zentrale Gangwechsel rechts. Die frühen Modelle ließen sich nur an den Hinterrädern verzögern, die späteren von der dritten Serie ab September 1923 auch vorn. Da hatten sich die Alfa-Werbetexter, nicht zuletzt beflügelt durch die zahlreichen Sporterfolge der scharfen RL-Variante Targa Florio unter den "drei Musketieren" Antonio Ascari, Giuseppe Campari und Ugo Sivocci sowie einem gewissen Enzo Ferrari in seiner Sturm-und-Drang-Phase, bereits sozusagen zu einer stehenden Ovation für sich selbst erhoben und feierten die S-Klasse als "feinste Sportwagen der Welt, ... unübertrefflich und unübertroffen".

Noch mehr Anlaß zu Euphorie lieferte die sechste Serie ab 1925. Die bürgerliche Version wurde mit einem leicht verlängerten Fahrgestell, dem größeren Triebwerk und fünf Mehr-PS aufgewertet, die sportive bot mit 83 Pferdestärken ebenso viele auf wie ein zeitgenössischer Bentley.

Soviel Fortschritt war den Mailändern neue Namen wert: Der RLN mutierte zum RLT, für Turismo, der RLS zum SS, für Super Sport. Dessen Kurbelgehäuse bestand aus Aluminium. Für den Zugewinn an Stärke war unter anderem eine steilere Nockenwelle verantwortlich. Zwischen den Pedalen für Bremse und Kupplung befand sich ein weiteres zwecks Aktivierung der Vergaser von Solex oder Zenith. Zur Choreographie des Starts zählte, durch Pumpen Druck im 72-Liter-Tank des Modells aufzubauen, bevor bei laufendem Motor eine von der Nockenwelle angetriebene Pumpe die Treibstoffzufuhr besorgte.

Die Rezeption des Typs war glänzend: Die Maschine sei einfach phantastisch, frohlockte etwa SS-Kunde Benito Mussolini voll vaterländischer Begeisterung. Während bei identischen Chassis zahlreiche Aufbauten für bunte Vielfalt sorgten, blieben die Stückzahlen für das Modell überschaubar: 2631 RL insgesamt, davon 1315 RLN, 387 RLT, 537 RLS und

392 RLSS.

Als Enzo Ferrari 1923 mit dem TF ein Rundstreckenrennen in Savio gewann, waren die Eltern des im Einsatz verblichenen italienischen Kampffliegers Francesco Baracca so angetan, daß sie ihm dessen Emblem vermachten – ein tänzelndes Pferdchen.

O.M. 665 Superba MM, Bj. 1927. Sechszylinder-Reihenmotor. 1990 cm³. 80 PS. knapp 140 km/h.

Warum muß die Nockenwelle unbedingt ins obere Stockwerk?" titelt der englische Veteranen-Papst Lord Montagu in seinem Buch über vielversprechende, aber letztlich gescheiterte Unternehmen in der Geschichte des Automobils ("Lost Causes of Motoring") das Kapitel über das italienische Fabrikat O.M. Das Kürzel stand von 1918 bis 1928 für die SA Officine Meccaniche, Brescia, die dann in O.M. Fabbrica Bresciana di Automobili umgewidmet und 1933 von Fiat geschluckt wurde.

Nach einer Vergangenheit in der Kutschenbranche und, seit 1899, mit dem Bau von Lokomotiven hatte sie sich 1917 ihrerseits den ebenfalls in Brescia angesiedelten Hersteller Brixia-Züst einverleibt und bis 1923 dessen Vierzylinder 25/35 PS weitergefertigt. Zum Stab von Züst zählte der Veroneser Ingenieur Ottavio Fuscaldo. Ganz offensichtlich bewahrender Denkungsart, machte sich dieser alsbald daran, einen Sechszylinder in die Welt zu setzen, dessen Stoffwechsel sich nach Art der Pioniere über seitlich stehende Ventile vollzog. Eingebaut wurde er 1923 zunächst in den Typ O.M. 665 mit 1991 cm³ Hubraum (ab 1930 gab es den 667 mit 2220 cm³). Das Zahlenbündel gab darüber Aufschluß, es handele sich um einen Motor mit sechs Verbrennungseinheiten und 65 Millimeter Bohrung. Gekrönt wurde die Baureihe vom dem sportiven 665 Superba. Für Erstaunen sorgte bereits der Blick unter die lange vordere Haube der Zagato-Karosserie – unter der hinteren verbarg sich ein ungemein unbequemer zusätzlicher Sitz, auf dem der Mitreisende völlig schutzlos den Schikanen der Elemente ausgesetzt war

– buchstäblich. Dem Betrachter offenbarte sich nämlich zunächst gähnende Leere. Ganz tief unten kauerte lang gestreckt der Seitenventiler und erinnerte nach einem gewissen Alterungsprozeß an ein verkohltes Toastbrot.

Trotz antikischer Denkansätze wußte der Ingegnere Fuscaldo offenbar, was er tat. Er versetzte das simpel aufgebaute Aggregat mit einer ganzen Reihe von leistungsfördernden Mittelchen. So sparte zum Beispiel das Kurbelgehäuse aus Aluminium Gewicht, und der Graugußzylinderkopf ließ sich abnehmen, was damals wegen notorischer Dichtungsprobleme keine Sellbstverständlichkeit war. Für erhöhte Füllung der Brennräume sorgte ein Kompressor, der auf der Kurbelwelle saß. Diese rotierte in drei Lagern. Das mittlere war zur besseren Wärmeableitung wasserumspült, und eine Thermosyphon-Kühlung machte eine kraftfressende Wasserpumpe überflüssig. Dieser Aufwand summierte sich zu 80 PS, von denen der Langhuber schon bei Leerlaufdrehzahl etliche zur Verfügung stellte. Aktiviert durch das mittig plazierte Gaspedal und im Einvernehmen mit dem gut gestuften unsynchronisierten Vierganggetriebe stachelten sie den nur 825 Kilogramm schweren Superba zu recht munteren Fahrleistungen auf, wobei seine an halbelliptischen Federn aufgehängten Starrachsen auf den Straßen jener Zeit nicht immer in der Lage waren, alle vier schmal bereiften Speichenräder zugleich am Boden zu halten.

Über diese und andere Schwierigkeiten setzte sich das Superba-Gespann Nando Minoja/Giuseppe Morandi auf der allerersten Mille Miglia am 26. und 27.März 1927 souverän hinweg, als es die 1018 Meilen lange Riesenrunde durch den italienischen Stiefel in 21 Stunden,

vier Minuten und 48 Sekunden absolvierte, also mit einem Schnitt von 77,328 km/h gleichsam über Stock und Stein. Sehr zum Ergötzen der vier Väter des Rennens Franco Mazzotti, Aymo Maggi, Renzo Castagneto und Giovanni Canestrini sowie der Bürger der O.M.-Heimat Brescia, wo es begann und endete, belegten zwei weitere O.M. die nächsten Plätze. Noch heute ist auf der Mille Miglia Storica die Startnummer 1 jeweils für einen O.M. 665 Superba reserviert.

Allein schon deshalb ist Lord Montagus Frage berechtigt.

Bentley 3-litre Sports Red Label, Bj. 1924. Vierzylinder-Reihenmotor. 2996 cm^3. 115 PS. 160 km/h. Leihgeber: Peter Godehardt

Wollte man nationale Identität festmachen an Autos als Galionsfiguren eines Wir-Gefühls, stünden Mercedes-Benz für die Deutschen, Ferrari für die Italiener, Bugatti für die Franzosen und Bentley für die Engländer.

Der Mann hinter Fahrzeug und Idee war Walter Owen Bentley (1888-1971), von jedermann nur Dabbelju Ou gekürzelt, von Hause aus Eisenbahningenieur, später Londoner Händler des unbekannten französischen Fabrikats DFP (für Doriot, Flandrin et Parant), während des Ersten Weltkriegs erfolgreicher Konstrukteur von Flugmotoren für die britische Admiralität und immer beredter Anwalt des Aluminiumkolbens.

1919 eröffnete er in der Londoner New Street Mews unweit Baker Street ein Geschäft und gründete im August jenes Jahres die Bentley Motors Ltd., um mit seinen Partnern F.T. Burgess und Harry Varley ein Auto mit seinem eigenen Namen auf die Räder zu stellen. Angekündigt wurde dieses in der Mai-Ausgabe der Fachzeitschrift Autocar. Auf der ersten London Motor Show nach dem Krieg im Oktober 1919 kündete ein keineswegs fahrfertiges Chassis von den Dingen, die da kommen sollten. Und um die Weihnachtszeit lärmte ein Triebwerk auf dem Prüfstand, begleitet von den Protesten einer erzürnten Matrone, die in der Nachbarschaft eine Privatklinik leitete. Es war ein Dreiliter, und 3-litre sollte das Modell heißen – das erste Mal, daß ein britisches Auto nicht nach seiner Leistung benannt wurde.

Es handelte sich um eine Langhuber mit den Maßen 80 x 149 mm für seine vier Zylinder – die Steuer auf der Insel wurde nach der Bohrung bemessen. W.O. machte überhaupt keinen Hehl daraus, daß er sich an den Mercedes-Renntriebwerken von 1914 orientiert hatte. Eines davon, 1915 in der Daimler-Niederlassung in Long Acre requiriert, hatte er studieren können und verwandelte dessen manifeste Qualitäten seinen eigenen Maschinen an, Monoblock-Vierventilern mit jeweils zwei Zündkerzen und einer Königswelle vorn im Block, fünffach gelagert wie auch die Kurbelwelle. Der trutzige Rahmen wurde gebildet durch U-förmige Längsträger mit vier Querstreben und zwei rohrförmigen Stützen. Die Achsen waren aufgehängt an Halbelliptikfedern mit Reibungsstoßdämpfern. Die Bremsen wirkten zunächst nur auf die Hinter-, bald jedoch auf alle vier Räder.

Der erste Kunde hatte sich bis zum September 1921 gedulden müssen, nicht zuletzt, weil das ehrgeizige Unternehmen an chronischer Geldnot krankte und man etwa für die Einrichtung des Werks in Cricklewood eine mächtige Hypothek aufnehmen mußte.

Dann aber kamen die Dinge rasch ins Rollen, gefördert durch die Le-Mans-Siege der Marke 1924 (durch John Duff und Francis Clement) und 1927 (mit Dudley Benjafield und Sammy Davis am Volant). 21 der 1622 Three Litres insgesamt wurden noch 1921 abgesetzt, 122 ein Jahr später, 204 im Folgejahr, und 1924 waren es bereits 402, zumeist von Vanden Plas und Gurney Nutting karossiert.

Rasch bürgerte sich die Benennung nach der Farbe ihres Markenzeichens ein. So trug die Version Speed mit einem Radstand von 2982 mm und – bei einer Kompression von 5,3 : 1 – bis zu 85 PS gegenüber der Standard-Ausgabe von 72 PS Rot. Sie steuerte zwischen 1924 und 1929 das ihrige zum höheren Ruhm der Marke bei. Dies tat erst recht die Variante Super Sport (Green Label) von 1924 bis 1926, eine Rarität in nur 15 Exemplaren. Ihr Radstand war auf 2741 mm verkürzt, die Kompression auf 6,3 : 1 erhöht worden und das Erreichen der magischen Grenze von 100 Meilen pro Stunde wurde dem Käufer mit Brief und Siegel zugesagt. Dies geschah allerdings um den Preis einer auf zwölf Monate verringerten Garantie, während sonst fünf Jahre gewährleistet wurden.

Amilcar CGSs, Bj. 1926. Vierzylinder-Reihenmotor. 1074 cm³.
35 PS. 130 km/h. Leihgeber: Automobil-Nationalmuseum – Mülhausen

Amilcar – das wohltönende Wort war ein Amalgam aus den Namen Lamy und Akar. Bei Joseph Lamy handelte es sich um den Verkaufsleiter, bei Emile Akar um den Präsidenten der 1921 gegründeten Société Nouvelle pour l'Au-

tomobile Amilcar zu St. Denis, Seine, im Weichbild von Paris. Sie finanzierten das Unternehmen, die technischen Parameter und Denkanstöße kamen von André Morel und vor allem Edmond Moyet.

In der tosenden französischen Metropole der Zwanziger wurde Amilcar bald synonym mit Lifestyleprodukten für die Jungen, klein, sportlich, flink, erschwinglich und ganz einfach der dernier cri. Moyets Erstling war der CC, ein winziger Tourer mit einem kurzen Fahrgestell und Viertelelliptikfedern vorn und hinten und ohne Differential. Sein seitengesteuerter Vierzylinder von 903 cm³ und 18 PS wurde im Gegensatz zu den Gepflogenheiten vieler Konkurrenten im eigenen Hause gefertigt. Beflügelt von seinem Erfolg in etlichen Bergrennen, überzeugte Moyet den eher zögerlichen Lamy, einen Sportwagen ins Programm aufzunehmen. Das war der CS mit einem etwas größeren Triebwerk von 985 cm³ und 23 PS, die sich herrlich geräuschvoll Luft machten. Dazu kam ein längeres Chassis mit einer Maschine von 1004 cm³ und 20 PS, welches wie die sportiven Zweisitzer der Marke vom Pariser Karossier Charles Duval eingekleidet wurde, zumeist mit einem dreiplätzigen Aufbau. Das bekannteste Modell jener Zeit war wohl der Petit Sport mit einem versetzt angeordneten Gestühl, während diverse Tourenwagen für Butter und Brot sorgten: Bis Ende 1924 baute man mehr als 15 000 Autos, 1925 allein 3700, so daß sich die Männer um Edmond Moyet eine größere Fabrik und bessere Werkzeugmaschinen leisten konnten.

1924 krönte der Sportroadster CGS die Produktpalette, mit seinen schmucken Speichenrädern, elegant geschwungenen Kotflügeln, tief ausgekehlten Einstieg und modischen Bootsheck nicht zuletzt ein Genuß für das Auge. Die Bohrung des bekannten Motors war von 57 auf 60 mm und somit der Hubraum auf 1074 cm³ vergrößert, seine Leistung auf 30 PS angehoben worden. Zugleich wurde er durch eine Druckumlaufschmierung besser durchblutet. Die Einführung von Vorderradbremsen bedingte ein verstärktes Fahrgestell vorn, wo nun Halbelliptikfedern zum Einbau kamen. Das Werk garantierte eine Höchstgeschwindigkeit von 120 km/h, wobei den Insassen der Fahrtwind in gerne ertragener Kasteiung fast unbehindert von den knappen Rennwindschutzscheiben ins Gesicht schlug.

1926, als die Amilcar-Produktion in 4800 Einheiten gipfelte, montiert von 1200 Angestellten, fand sich als Gipfelpunkt der Evolution der CGSs ein, auch Surbaissé geheißen wegen seines wesentlich tiefer gelegten und um 75 mm verkürzten Fahrwerks. Auch der Kühler war abgesenkt, der Schwerpunkt ein ganzes Stück niedriger, die Straßenlage erheblich besser als bei seinem Vorgänger CGS, der gleichwohl parallel weiter in die Welt gesetzt wurde und neben dem neuen Familienmitglied mit seinen flotten Motorradkotflügeln plötzlich reichlich alt ausschaute. Mit 35 PS war der CGSs zu 130 km/h fähig, ein eindrucksvolles Tempo angesichts der Landstraßen jener Zeit, die dem Piloten am großen und oft mit Schnur umwickelten Lenkrad alle Aufmerksamkeit abverlangten.

Binnen kurzem wurde das bisherige Dreiganggetriebe durch ein solches mit vier Fahrstufen ersetzt, und gelegentlich sorgte ein Kompressor für einen kräftigen Potenz-Schub. Als Emblem hatte sich inzwischen das in gefälliger Glätte abstrahierte Flügelroß Pegasus eingestellt,

lange bevor die spanische Nobelmarke Pegaso Anspruch darauf erhob. Lizenzbauten gab es in Italien, in Deutschland zwischen 1924 und 1927 unter dem Namen Pluto, in Österreich von 1922 bis 1927 mit der Bezeichnung Grofri. Die Investitionen der Herren Lamy und Akar hatten sich gelohnt.

Mercedes-Benz 630 K, Bj. 1926. Sechszylinder-Reihenmotor. 6240 cm^3. 160 PS. 145 km/h. Leihgeber: Peterheinz Kern

1922 vollzog sich bei der Daimler-Motoren-Gesellschaft ein Wachwechsel der technischen Direktoren. Baurat Paul Daimler (1869-1945), Sohn des Firmengründers Gottlieb, ging zum Zwickauer Konkurrenten Horch, Ferdinand Porsche (1875-1951) kam vom Wiener Rivalen Austro-Daimler. Gemeinsam war den beiden ungleichen Männern ein Hang zum Kompressor, für den Porsche reichlich Spielräume bei den Renn- und bei den Repräsentationsfahrzeugen ausmachte.

Zu diesen zählten entschieden die beiden riesigen Sechszylinder, die ab 1924 unter allgemeinem Applaus ins Premium-Segment des Markts eingespeist wurden, der Vierliter mit 15/70/100 PS und der Sechsliter mit 24/100/140 PS, als Sport-Tourenwagen definiert. Die drei Zahlen des Schrägstrich-Kürzels standen jeweils für die Steuer-PS sowie die Leistung mit und ohne Aufladung.

Nach der Fusion von Daimler und Benz anno 1926 wurden sie schlicht in die Modelle 400 und 630 umgeflaggt. Ihre Motoren unterschieden sich nur hinsichtlich ihrer Abmessungen. Erstmals waren Kurbelgehäuse und Zylinder in einem Leichtmetallblock vereint. Die Laufbuchsen waren einzeln eingezogen, der gemeinsame Kopf bestand aus Gußeisen. Über diesem rotierte, von einer Königswelle über leise Schraubenräder zum Schaffen angehalten, die Nockenwelle und wirkte über seitlich angelenkte Schlepphebel auf die senkrecht stehenden Ventile ein.

Vorn trug sie den Flügel, der die Kühlluft durch den bugförmigen Wabenkühler schlürfte, links darunter fand sich das charakteristisch verrippte Roots-Gebläse.

Die Modellreihe geriet zum Dorado der Karossiers. Viele Fahrgestelle wurden mit Sindelfinger Aufbauten eingekleidet, andere mit solchen von Erdmann & Rossi, Reutter, Papler, Balzer, Million Guiet oder Farina, in Holz und Aluminium, als Pullman-Limousinen oder offen. Sie ruhten auf massiven gepreßten U-Profilrahmen mit langen Halbelliptikfedern (hinten Ausleger-Halbfedern) und rollten auf Holz- oder Drahtspeichenrädern.

Als Star der Familie stellte sich 1926 der Typ K (für kurz) ein, grundsätzlich nur in der Form zwei- oder viersitziger Tourer erhältlich. Als Sonderangebot für die sportlichen Herrenfahrer unter den Freunden der Marke fußte er auf dem 630, dessen Radstand von 3750 mm auf 3400 mm beschnitten worden war, und war mit hinteren Underslung-Halbfedern ausgestattet. Diese wurden ab Herbst 1927 auch für den 400 und den 630 übernommen, zugleich mit den drei voluminösen Auspuff-Metallschläuchen, die rechts aus der langen Motorhaube der Variante K wucherten. Erkennbar war diese Generation an einer rechteckigen Klappe dicht oberhalb des Trittbretts vor dem hinteren Kotflügel, welche den Zugang zu den zwei Schmiernippeln der vorderen Federlasche eröffnete. Bereits mit den 140 Kompressor-PS des 630 war der K einer der schnellsten Tourenwagen der Welt. Porsche & Cie. ruhten indessen nicht und rüsteten 1928 noch einmal nach: Mit 110 PS ohne und 160 PS mit Kompressor bei 3100/min erreichte der Zweitonner 145 km/h, und wer sich vornehmlich in diesen Bereichen tummelte, mußte dies schon mit einem Durchschnittsverbrauch von 25 Litern oder mehr honorieren.

Der 630 in allen seinen Spielarten wurde wenig später auf besonderen Wunsch, am Ende indessen ausschließlich mit dem stärkeren Triebwerk geliefert und hieß dann "Typ 630 mit K-Motor". Analog zum 400 versiegte seine Produktion 1929, die der ebenfalls stattlichen Kurz-Variante – wo die Gesamtlänge sonst monumentale 5320 Millimeter betragen mochte, kam der K noch immer mit 4745 Millimetern daher – ein Jahr später. Restbestände, meist Fahrgestelle, waren indessen noch bis 1934 verfügbar.

Alfa Romeo 6C 1500 Mille Miglia Speciale, Bj. 1928. Sechszylinder-Reihenmotor. 1487 cm³. 62 PS. 155 km/h.

Hinter Maschinen stehen Menschen. Im Falle des Alfa Romeo 6C 1500 war das Vittorio Jano, Jahrgang 1891, gleichermaßen begnadet als Konstrukteur und Organisator.

Als ihn 1923 der Ruf Nicola Romeos

ereilte, wirkte er als Rennleiter bei Fiat. Zwischen 1924 und 1937 war Jano zuständig für die Rennwagen des Konzerns mit dem Kleeblatt. Sein Erstling, der P2, empfahl sich mit Antonio Ascari am voluminösen Lenkrad umgehend mit einem Sieg in seinem Jungfern-Grand-Prix, dem Großen Preis von Europa in Lyon im August 1924, und mit dem Gewinn der Meisterschaft der Marken 1925. Jano zu Ehren umkränzte fortan stilisierter Lorbeer das Alfa-Romeo-Emblem.

1926 lief Giuseppe Merosi über zu der französischen Automanufaktur Mathis, zweifellos ein Abstieg, und Jano übernahm seinen Posten als Chefdesigner auch im bürgerlichen Bereich der Touren- und Sportwagen. Seine markante Handschrift trug ein erstes Chassis namens 6C 1500, im April 1925 auf der Mailänder Motor Show und später in Paris und London mit Erfolg als Sonde in die Publikumsgunst eingeführt. Die Produktion wurde indessen erst 1927 aufgenommen. Überall stand der Rennsport Pate, vor allem aber bei der Konzeption von Janos properem Sechszylinder-Triebwerk mit 1487 cm³, 44 PS, integriertem Einlaßkrümmer und mit dem Block verquicktem Zylinderkopf, der dem Eigner das Ärgernis durchgebrannter Dichtungen ersparte. Seine obenliegende Nockenwelle wurde von einer Königswelle zum Schaffen angehalten.

Was gut war, mußte für Jano auch schön sein: Er mochte nicht, wenn irgendetwas liederlich herumlag. So wurden etwa die Zündkabel vom Verteiler bis zu den Kerzen von einer geschlossenen Hülle ummantelt. Das Modell war mit Radständen von 3100 und 2895 mm verfügbar und nicht unbedingt von sportivem Flair umfächelt, obwohl die kerngesunde kleine Maschine selbst mit gewichtigeren Aufbauten gut zurechtkam.

Dem schuf man im Herbst 1928 Abhilfe mit dem 6C 1500 Sport auf dem kürzeren Chassis, der bereits vorher sporadisch in die Produktion eingespeist worden war. Eine weitere Nockenwelle half ihm so recht auf die Sprünge, so daß er sich als offener Zwei- und Viersitzer mit 54 PS bei 4500/min auf flotte 128 km/h beeilte.

Sein Grauguß-Zylinderkopf mit hemisphärischen Brennräumen war nun abnehmbar, bildete in einer Kompressor-Variante, die sich bereits 1927 vereinzelt fand, allerdings wieder eine Einheit mit dem Block. Sie wurde zwangsbeatmet durch einen Roots-Lader mit anderthalbfacher Drehzahl der Kurbelwelle. Der nötige Raum dafür entstand, indem der Motor um 200 mm nach hinten verlagert wurde, was auch der Gewichtsverteilung zugute kam. Von legendärer Verläßlichkeit, geriet sie mit 76 PS bei 4800/min und einer Spitze von 155 km/h zum idealen Gerät für den Sportfahrer. Erkennen konnte man sie in der Regel an dem Einfüllstutzen zu einem zusätzlichen Ölbehälter.

Etwa von Janos Mitarbeiter und Alfa-Romeo-Chronisten Luigi Fusi penibel aufgelistet, entstanden zwischen 1927 und 29 insgesamt 1075 dieser Anderthalbliter, 171 davon 6C 1500 Sport. 24 entfielen auf den Mille Miglia Speciale, einige mit, andere ohne Kompressor. Sie waren pro-

grammatisch benannt nach dem 1000-Meilen-Rennen von Brescia, 1927 ins Leben gerufen und 1928 bereits von der Mannschaft Giuseppe Campari/Giulio Ramponi auf einem Wagen dieses Typs gewonnen.

Es sollte in den folgenden Jahren immer mehr zum Forum für Alfa Romeo werden.

Bugatti Typ 43 Grand Sport, Bj. 1927. Achtzylinder-Reihenmotor. 2262 cm³. 120 PS. 170 km/h. 10 s 0 - 100 km/h.

Eine kleine, aber feine und zahlungskräftige Klientel verlangte in den zwanziger Jahren nach Fahrzeugen von Format, denen die Nähe zum Rennwagen ins Gesicht geschrieben stand, ohne daß sie sich im automobilen Alltag als ungehobelte Bürgerschrecks aufführten. Mit Angeboten wie dem Vauxhall 30/98 OE (4224 cm³, 120 PS) von 1922, dem Bentley 3-litre Super Sport ein Jahr später oder dem Alfa Romeo 6C 1750 von 1929 war sie gut bedient.

Mit dem Typ 43 begann sich im Frühjahr 1927 auch Bugatti in dieser attraktiven Nische einzurichten und setzte zugleich neue Maßstäbe, schon allein dadurch, daß die verheißene Spitzengeschwindigkeit jenseits der magischen 100 Meilen kein Etikettenschwindel mehr war. Beim T43 handelte es sich um einen nahen Verwandten des Grand-Prix-Bugatti Typ 35B, dessen Reihen-Achtzylinder mit 2262 cm³ praktisch ohne mildernde Eingriffe übernommen wurde. Er gliederte sich in zwei Vierzylinderblöcke mit angegossenen Köpfen. Die obenliegende Nockenwelle betätigte zwei Einlaßventile und ein Auslaßventil pro Brennraum. Ein Roots-Kompressor sorgte mit Motordrehzahl für potenzfördernden Druck.

Sein Durchzugsvermögen war erstaunlich. Ettore Bugatti, mit einem Händchen für Show-Effekte ausgestattet, pflegte es zu demonstrieren, indem er das geräuschvoll sich artikulierende Triebwerk anließ, die vierte Fahrstufe einlegte und mit zurückgestellter Zündung mir nichts, dir nichts davonfuhr.

Die Probleme lagen anderswo: Im Rennbetrieb war Bugattis filigranes Wunderwerk an bekömmliche Temperaturen gewöhnt und wurde überdies häufig gewartet und zerlegt. Im Rhythmus seiner bürgerlichen Verwendung fehlte diese Zuwendung. Kaltes, zähes Öl in der Phase nach dem Start und Kohleablagerungen durch ein fettes Gemisch taten ein übriges, und so wurde der Kunde schon mal mit kostspieligen Schäden an den Kurbelwellenlagern bei der nächsten, nicht immer nahegelegenen Bugatti-Niederlassung vorstellig.

Als Rückgrat diente dem Typ 43 ein neuer Rahmen aus bauchig geschwungenen Längsträgern. Wie bei den Rennwagen der Marke waren die Bremstrommeln mit schönen Achtspeichen-Aluminiumrädern verquickt. Diese hingen vorn an halbelliptischen Blattfedern. Hinten ragten geschobene Viertelfedern aus der sich verjüngenden Heckpartie hervor. In Anlehnung an sein Pisten-Pendant kam der Aufbau des T43 ohne jeglichen Zierrat aus, aber auch ohne eine rechte Tür, was ein Quentchen zu seiner Steifigkeit beitrug. Er war als Dreiplätzer deklariert, da eine dritte Person nach dem Zurückklappen der Lehne am Fahrersitz im Fond eine karge Unterkunft beziehen konnte. Eine gute Figur machte er selbst bei aufgesetztem Verdeck, das ein klug ausgetüfteltes Skelett aus dünnen Rohren in Form hielt. Im kleinen Grenzverkehr zwischen Straße und Rennbahn wurde der Typ 43 seinerseits wieder dem Sport zugeführt, beispielsweise auf dem englischen Extremkurs von Brooklands, wo er sich unter Männern wie Malcolm Campbell und dem Earl How wacker schlug.

Die meisten der 160 Exemplare wurden bis 1930 ausgeliefert. Dann ebbte die Nachfrage merklich ab, obwohl dem Modell in der Version 43A der letzte Schliff verpaßt worden war. Ettore Bugattis talentierter Sohn Jean hatte ihn auf vielfachen Wunsch durch eine schmucke zweitürige Karosserie mit einem noch

reichhaltiger besiedelten Armaturenbrett aufgewertet. Aus dem Heck ließ sich der sogenannte Schwiegermuttersitz klappen.

Dem Begriff haftete in diesem Fall ein masochistischer Unterton an: Der Dame wären bei Tempo 170 gewiß Hören, Sehen und die Lust zu weiteren Exkursionen vergangen.

Ford A Typ 40 B de Luxe, Bj. 1931. Vierzylinder-Reihenmotor. 3286 cm³. 40 PS. 100 km/h. Leihgeber: Wilfried Hoffmeyer

Das A stand auch auf dem Planeten Ford für Anfang und Anbeginn, die verheißungsvolle Faszination des ersten Buchstabens im Alphabet. Nach 19 Jahren hatte sich der Charme der Tin Lizzy, zu deutsch Blechliesel und bürgerlich einfach T, doch ziemlich abgenutzt.

Ohne Kunden kein Produkt: Das Interesse daran beruhte offensichtlich auf Gegenseitigkeit. Als am 1. Dezember 1927 das Modell A erstmalig in der Ford-Niederlassung am New Yorker Broadway gezeigt wurde, standen morgens um neun bereits 15 000 Menschen Schlange vor einer 165 Meter langen Tafel mit der Aufschrift "Hier ist der neue Ford". In den folgenden Tagen strömten zehn Millionen Amerikaner zu den Händlern überall im Land. Vier Jahre Lieferfrist taten sich auf, bald war jeder zweite irgendwo in der Welt zugelassene Wagen ein A-Modell, und zwischen dem Beginn der Produktion im Oktober jenes Jahres und deren Ende im März 1932 hatte Henry Ford 4 849 340 Einheiten unters fahrende Volk gebracht.

Kein Wunder: In ihrer konventionellen und gradlinig-knorrigen Simplizität erinnerte ihre Mechanik an einen Stabilbaukasten. Ihre Holzrahmenkarosserie war mit Blechplatten verkleidet und mit einer Preßstahlstruktur aus U-Profilen vernietet. Die Räder hingen an Starrachsen, halbelliptischen Querblattfedern und Dreieckstreben mit Schubkugeln, vorn geschoben und hinten gezogen. Hydraulische Hebelstoßdämpfer fanden sich an beiden Enden. Der A, frohlockte eine rührige Werbung, sei "schnell und geräuschlos".

Dafür sorgte sein großvolumiger Vierzylinder mit seitlicher Nockenwelle und 3286 cm³. Mit dessen 40 PS bei 2200/min bequemte sich das kantige Mobil in 15 Sekunden von zehn auf 60 km/h und bis in die Nähe von Tempo 100. Eine Schwäche gönnte es sich allerdings: Seine mechanischen Gestängebremsen verdienten ihren Namen nicht. Wie Ettore Bugatti vertrat Ford-Boß Ford nämlich die bedenkliche These, seine Autos seien zum Fahren da und nicht zum Anhalten. Eine Proberunde mit Sohn Edsel in einem Prototyp mit hydraulischen Bremsen hatte mit deren Versagen und einem Unfall von unangenehmer Dynamik geendet, was den Auto-Pionier in seiner stur-rückständigen Einstellung noch bestärkte.

Der Ford A wurde in vier Farben und einer üppigen Fülle von Aufbauten angeboten, als Fordor Sedan (viertürige Limousine), Tudor Sedan (zweitürige Limousine), Phaeton (offener Tourer), Coupé, Sport Coupé, Roadster, Anderthalbtonner und Lieferwagen AA. Überaus reichhaltig war auch seine Serienausstattung. So frohlockte etwa die Badische Presse zur Deutschland-Premiere des A-Modells am 22. Januar 1928, im Kaufpreis des Ford seien "elektrische Beleuchtung, elektrischer Anlasser, fünf Drahtspeichenräder, Scheibenwischer, Benzinuhr, Geschwindigkeitsmesser, Ampèremeter, Scheinwerfer, ein Rückspiegel, Stop- und Schlußlicht, Ölmesser, Zündungssicherheitsschloß und Werkzeugkasten" einbegriffen. Der "Ford-Wagen" repräsentiere "den außergewöhnlichsten Wert, der je dem Publikum geboten wurde". In der Tat: 4110 Reichsmark kostete die gängigste Version Tudor bei deutschen Händlern inklusive Fracht und Zoll und ein Drittel preiswerter als ein vergleichbares Fahrzeug aus heimischer Fertigung.

Am 20. August jenes Jahres lief bei der Ford Motor Company A.G. in gemieteten Lagerhallen am Berliner Westhafen der erste dort zusammengeschraubte A vom Band. Eine Version AF mit 2053 cm³ und rachitischen 28 PS für den europäischen Gebrauch erfreute sich keiner sonderlichen Beliebtheit.

Am 2. Juni 1931 lud Direktor Edmund C. Heine zur Präsentation des ersten PKW aus Hausmacher Herstellung im neuen Werk Köln-Niehl. Das war ein Bluff, geboren aus Zeitnot: Das Cabriolet am Ende des Bandes war rasch aus den USA herbeigeschafft worden.

Mercedes-Benz S, Bj. 1927. Sechszylinder-Reihenmotor. 6800 cm³. 180 PS. 165 km/h. Leihgeber: Peterheinz Kern

Ganz in Weiß, bildete die erste Startreihe zum Eröffnungsrennen auf dem Nürburgring am 19. Juni 1927 in mancherlei Hinsicht den aktuellen Stand der Evolution ab: Da fand sich noch der 630 K unter dem Rittmeister außer Diensten von Mosch und schon der Typ S in

zwei Exemplaren mit Rudolf Caracciola und Adolf Rosenberger am großen Volant. Bei der S-Klasse handelte es sich bereits um ein Erzeugnis der im Jahr zuvor fusionierten Daimler-Benz AG, beim K-Modell um die fast unverfälschte Mitgift des Teilhabers Daimler.

Unverkennbar war die Ähnlichkeit, aber bei näherem Hinsehen auch, wer Vorgänger und wer Nachfolger war. Geblieben war die klassische Bauweise des Fahrwerks mit einem U-Profil-Rahmen, starren Achsen und Halbelliptikfedern, identisch überdies der Radstand von 3400 mm. Durch kräftiges Hochkröpfen des Rahmens über den Achsen hatten die Daimler-Benz-Ingenieure jedoch einen tieferen Schwerpunkt erzielt und die hinteren Federn unter die Achse verlegt.

180 PS leistete der monumentale Sechszylinder mit 6800 cm³ Volumen, so elastisch, daß er den "weißen Elefanten" nebst Insassen im vierten Gang in kürzester Zeit stotterfrei vom Schrittempo auf 165 km/h zu befördern vermochte. Sein Block bestand aus Silumin, einer Legierung aus Aluminium und 13 Prozent Silicium, mit Laufbüchsen und abnehmbaren Zylinderköpfen aus Grauguß. Ein Roots-Zweiflügelgebläse beschickte mit dreifacher Motordrehzahl die beiden Druckvergaser des S, die ohne Zwangsbeatmung automatisch als Saugvergaser tätig wurden.

Dies wußten allerdings Männer vom Schlage eines Rudolf Caracciola, welcher mit seinem Triumph bei der Nürburgring-Premiere ein weiteres Kapitel seiner Legende schrieb, oder der altgediente Kämpe Otto Merz, der auf dem neuen Eifelkurs vier Wochen später den Großen Preis von Deutschland gewann, schon von Berufs wegen zu verhindern. Im Sportjahr 1928 wurde mit 53 Siegen und 17 Rekorden der Erfolg gleichsam zur S-Gewohnheit. Allein dies schon machte das Modell selbst in seinen verschiedenen Ausbaustufen zum Mythos, in jedem Fall aber zum Meisterstück des genialen Grantlers Ferdinand Porsche während seiner Dienstjahre bei Daimler-Benz.

Nur etwa die Hälfte der 374 Exemplare wurde in Rennen eingesetzt, abgesehen von ihrer gewaltigen Größe uneingeschränkt tauglich für den Alltag und mit Triebwerken von knorriger Robustizität ausgestattet, die auch weiterhin ihre volle Leistung schon bei niedrigen Drehzahlen herausrückten. Den Kürzeln in ihren Typenbezeichnungen wuchs für eine wachsende Gemeinde über die bloße Kombination von Zahlen und Buchstaben hinaus bald Kultstatus zu, obwohl sich nur wenige Glückliche die Gegenstände ihrer Verehrung auch tatsächlich leisten konnten. Das S stand für Sport, das SS ab 1928 – die Maschine hatte jetzt und künftig 7065 cm³ Hubraum – für Super Sport. Das SSK im folgenden Jahr bedeutete Super Sport Kurz, denn der Radstand war auf 2950 mm verknappt worden. Mit dem SSKL (mit L für Leicht) von 1931, wahrscheinlich in höchstens drei Einheiten in die Welt gesetzt, schloß sich ein Kreis. Die Ingenieure Hans Nibel und Max Wagner hatten aus dem SSK Substanz herausgedrillt, wo immer dies vertretbar war, ohne daß dabei mit noch immer 1500 kg Wagengewicht wirklich ein Bruder Leichtfuß herausgekommen

wäre. Und anschließend hatte man den spartanischen Roadster dem Renngebrauch zugeführt wie einst anfänglich den Ahnen S.

Die Eskalation elegant gebändigter Gewalt während der Produktionszeit der Baureihe zeichneten die Zahlen nach, die diesen magischen Buchstaben zugeordnet waren, in der Reihenfolge Steuer-PS und Leistung mit und ohne Kompressor: 26/120/180 (S), 27/170/225 (SS), 27/180/250 (SSK) und 27/240/300 (SSKL).

Für eine hohe Artenvielfalt bei gleicher

Leihgeber: Franz Maag

E S 1927 H

Mercedes-Benz 710 SS, Bj. 1930. Sechszylinder-Reihenmotor. 7065 cm³. 250 PS. 190 km/h. Leihgeber: Peterheinz Kern

technischer Basis neben den eleganten Sindelfinger Aufbauten sorgten die führenden Karossiers jener Zeit, wie Erdmann & Rossi, Papler, Zietz, Keibl, Saoutchik, Castagna oder die Wiener Manufaktur Armbruster, die zum Beispiel den Privatwagen des Rennfahrers Hans

Stuck einkleidete.

Liebevolle Pflege lohnte die S-Familie mit einer schier unbegrenzten Lebenserwartung. Einer ihrer Angehörigen, der SS mit der Motornummer 76119, der Wagennummer 36356 und der Nummer 923283 für seine viersitzige Sindelfinger Karosserie vom Typ Sport 4, wurde zum Glücksfall für den Chronisten, den Sammler und jeden, der sich einen Sinn für zeitlose Majestät bewahrt hat. Lückenlos über mehr als sieben Jahrzehnte zurückverfolgen läßt sich die Reihe seiner 16 Besitzer, eine Kette ohne fehlendes Glied, allerdings auch ohne jegliche Entwicklung: Außer dem SS, so scheint es, teilten sie die Entschlossenheit, seine historische Bausubstanz weitgehend unangetastet zu lassen.

Am 7. Mai 1930, hielt das Kommissionsbuch pingelig fest, sei er an die British Mercedes-Benz Ltd. London ausgeliefert worden, für den bekannten Rennfahrer Malcolm Campbell in dessen Hausfarbe Bluebird Blau, der Couleur seiner Rekordwagen. Spurenelemente davon sind noch unter dem deutschen Rennweiß zu finden, in dem ihn ein späterer Eigner lackierte. Im Vereinigten Königreich erfreuten sich die statusträchtigen Riesen aus Stuttgart sowieso großer Beliebtheit – immerhin 84 Exemplare wurden über den Ärmelkanal verfrachtet. Sein legendäres Kennzeichen bekam der kostbare Importartikel erst ein Jahr später. Die Chiffre GP 10 enthielt eine Information an die Mit- und die Nachwelt, nämlich daß es sich um den Grand-Prix-Wagen Nummer zehn Campbells handele.

In der Zwischenzeit war der Mercedes auf irischen und englischen Rennstrekken, vor allem im Nationalheiligtum Brooklands, zu einer vertrauten Erscheinung geworden, häufig Tagesschnellster, meist aber kräftig behindert durch die Handicaps, die man großen und starken Autos mit auf den Weg gab und die etwa die flinken MG Midgets entschieden begünstigten. Rivers Fletcher, ein Zeit- und Augenzeuge, erinnert sich an die notorische Bremsenschwäche des Zweitonners. Kurz vor dem Anbremspunkt zu der Fork-Spitzkehre des Brookland-Kurses habe Campbell jedesmal mit Stentorstimme "Jetzt!" gebrüllt und Beifahrer Leo Villa habe dann aus Leibeskräften die Handbremse gezogen, um zusätzliche Verzögerung zu aktivieren. Mit 35 Litern und mehr bei scharfer Fahrt waren die Konsumgewohnheiten des SS durchaus opulent. Beim Boxenstop während Langstreckenveranstaltungen nahm der stämmige Brite eine bedenkliche Praxis vorweg, die bei den Sportwagenrennen der Siebziger fröhliche Urständ feierte: "Eineinviertel Stunden nach dem Start kam Campbell zum Tanken herein. Er benutzte einen Trichter, der wie ein kleiner Wasserturm ausschaute und tatsächlich auf Beinen stand", hieß es in Motor Sport vom August 1930 in einem Bericht über den Irish Grand Prix, den Campbell auf Rang fünf abschloß.

Sportwagen ließen sich damals flugs zum Rennwagen umwidmen – durch Entfernen der Straßenausstattung. Die vorderen Kotflügel wurden bei den S-Modellen gewöhnlich zusammen mit der Stange abgenommen, auf der die voluminösen Scheinwerfer hockten. Nicht so

bei GP 10: Da sind sie gesondert angeschraubt und überdies vermittels einer Diagonalverstrebung durch dicke Drähte festgezurrt. Auch sonst war er ein Unikat wie die meisten seiner Brüder, mit einem ungewöhnlich dimensionierten Hebelverschluß für den Tank, einem Steinschlaggitter, Rechtslenkung, einem tief unten im Armaturenbrett angesiedelten Öldruckmanometer und vier kleinen Hutzen zur Belüftung von Motor- und Tankraum.

Auburn 851 Speedster, Bj. 1935. Achtzylinder-Reihenmotor. 4590 cm³. 148 PS. 155 km/h. Leihgeber: Rosso-Bianco – P. Kaus

Von den Gebrüdern Frank und Morris Eckhardt 1902 ins Leben gerufen, nahm die Auburn Automobile Co., Auburn, Indiana, ein Jahr später die Fertigung eines bescheidenen Produkts auf. Dies war ein Runabout, dessen tuckernder Einzylinder sich scheu unter dem Aufbau verbarg, während die vordere Haube lediglich seinen Benzintank verhüllte. Man schlug sich eher schlecht als recht durch. 1924 aber ging nichts mehr. Der Absatz war auf sechs Autos pro anno abgeflaut, und auf den Fabrikhöfen verrotteten, von niemandem begehrt, mindestens 500 Exemplare der Baureihe Auburn Beauty Six.

Da schlug die Stunde des Errett Lobban Cord (1894-1974). Ein Hansdampf in allen Gassen und von schier unerschütterlicher Dynamik, brachte er die marode Manufaktur flugs an sich und legte damit den Grundstein für ein kleines Auto-Imperium, dem er zwei Jahre darauf das Nobel-Label Duesenberg und 1929 ein nicht minder ambitioniertes Unternehmen mit seinem eigenen Namen sowie Lycoming Motors anfügte, die zweitgrößte selbständige Triebwerkschmiede der USA hinter Continental.

Als erstes möbelte Cord die tristen Restbestände auf, die seine Vorgänger hinterlassen hatten, mit frischen Farben und viel glänzendem Nickel. Dann verhökerte er sie im Hunderterpack an einen Händler in Brooklyn und schuf so einen finanziellen Sockel für eigenes Schaffen. Es ging hurtig bergauf. Ein veritabler Mozart der freien Marktwirtschaft, hatte Cord zwei Dinge erkannt: Stil ist das beste Werbeargument, und die eigentliche Kaufentscheidung trifft die Dame des Hauses. Diese Einsichten und die kluge Entscheidung, sich auf nur ein einziges Modell zu stützen, bewirkten 1931 ein wahres Wunder – mitten in die Depression hinein steigerte Cord die Auburn-Verkäufe auf 34 228 Einheiten, gegenüber den 12 985 des Vorjahres fast das Dreifache.

Ein beredtes Zeugnis von Cords Philosophie legte seit 1928 der Auburn Speedster 8-98 ab, lang, niedrig, mit V-förmiger Windschutzscheibe, einem knappen Barett, das sich voll versenken ließ, und einem markanten Bootsheck. Unter seiner enormen Motorhaube ging ein Achtzylinder von Lycoming mit 4399 cm³ und 98 PS zu Werke.

1931 fehlte der Speedster im Sortiment, um zwölf Monate später als 12-160 triumphal wiederzukehren, befeuert von einem V12 von 6415 cm³ Volumen und 160 PS, den George Kublin konzipiert hatte. Seine waagerechten Ventile wurden von einer zentralen Nockenwelle via Schwinghebeln gesteuert, und die Alimentation übernahmen zwei Doppel-Fallstromvergaser von Stromberg. Den Kastenrahmen versteiften kreuzförmige Verstrebungen mit einer weiteren Verstärkung in A-Gestalt in der vorderen Hälfte. Die Federn waren vorn unterhalb der Achse angesiedelt.

Obwohl dieses Pracht-Stück, nur ein Drittel so teuer wie vergleichbare Konkurrenten, als Preisbrecher galt und vermutlich für 2250 Dollar sogar der billigste Zwölfzylinder aller Zeiten war, schwächelten die Verkäufe. Da schuf auch die letzte Generation von Speedstern (Typ 851 und 852) keine Abhilfe, in denen ein zentraler Kompressor von Switzer-Cummins einem von Augie Duesenberg konstruierten Achtzylinder von 4590 cm³ Inhalt mit sechsfacher Motordrehzahl 148 PS einblies. Auf einer Plakette auf dem Armaturenbrett war jeweils die Höchstgeschwindigkeit eingraviert, die der Rennfahrer Ab Jenkins ermittelt hatte, immer so um die magischen 100 mph herum und mit einer Präzision von zwei Stellen hinter dem Komma.

Böse Zungen behaupteten indessen hartnäckig, das Täfelchen werde bereits während der Fertigung des Speedsters angebracht.

Duesenberg J, Bj. 1932. Achtzylinder-Reihenmotor. 6871 cm³. 265 PS. 187 km/h. 20 s 0 - 160 km/h. Leihgeber: Collection „Gaston“

Duesenberg – das klingt so deutsch. Und in der Tat wird man bei der Spurensuche im Lipper Land in der Nähe von Detmold fündig, von wo die Familie Düsenberg 1885 hoffnungsfroh nach Iowa in die schöne Neue Welt aufbrach,

im Schlepptau den achtjährigen Fritz, der nun zu Fred wurde, und seinen Bruder August, künftig schlicht Augie geheißen.

Den beiden brannten Ambition und Talent im Nacken und überhaupt ein Feuer, und so machten sie eine atemberaubende Karriere. 1923 gründeten sie in St. Paul, Minnesota, die Duesenberg Motor Co., der fortan der Bau von Triebwerken für Schiffe, Flugzeuge und Rennwagen oblag. Ihre selbstgestellte Zielvorgabe indessen lautete kurz, bündig und unbescheiden: mit dem besten Automobil dieser Erde in die Geschichte einzugehen.

1920 trug man den ersten Weltrekord auf die junge Marke ein: Tommy Milton eilte über eine Meile des Strandes von Daytona mit 251,6 km/h. Ein Jahr später machten die Duesenberg Brothers mit einem kompletten Auto, dem Model A, von sich reden – schon deshalb, weil die 100 PS seines Reihenachtzylinders erstmals in einem amerikanischen Serienwagen von einer hydraulischen Vierradbremse gebändigt wurden. Eine andere Premiere und Europa-Unikat bis zum Erfolg eines Penske beim Großen Preis von Österreich 1976 war der Duesenberg-Sieg im Grand Prix de France 1921 in Le Mans unter Jimmy Murphy. Vier erste Plätze in Indy 1922, 24, 25 und 27 erhärteten den keimenden Ruhm des ehrgeizigen Unternehmens.

Da war man finanziell bereits mächtig in die Bredouille geraten. Doch schon nahte Hilfe, in Gestalt des rührigen Auto-Bosses Erret Lobban Cord. Er arrangierte eine Fusion mit seinen sonstigen Firmen, aus der 1926 scheinselbständig die Duesenberg Inc., Indianapolis, hervorging. Ganz im Sinne des dynamischen Brüderpaars erteilte Cord an Fred und Augie den Auftrag, das größte, schnellste und kräftigste Serienauto aller Zeiten zu konstruieren. Dabei sollen die unsterblichen Worte gefallen sein: "Egal was er kostet – baut ihn."

Das Ergebnis war der Duesenberg J von 1928. Seine Dimensionen erstreckten sich ins Monumentale. Der Radstand der Kurzversion war mit 3620 mm definiert, bei der langen dehnte er sich über 3899 mm, und die beiden Filmstars Clark Gable und Gary Cooper beanspruchten für sich sogar eigene Radstände. Den teuersten Duesy fuhr der Prediger "Devine", der fern jeglicher christlicher Armut und Demut 25 000 Dollar hingeblättert hatte. Das entsprach dem Gegenwert von über 100 000 Reichsmark – ein Mercedes SSK kostete bis zu 40 000.

Für das viele Geld bot der J allen erdenklichen Luxus, ein hervorragendes Fahrwerk mit einem Rahmen aus bestem Molybdänstahl, vor allem aber einen überaus potenten, von der Cord-Tochter Lycoming beigesteuerten Reihenachtzylinder. Sein Leichtmetall-Zylinderkopf zierte sich mit zwei obenliegenden Nockenwellen, die über Tassenstößel 32 Ventile betätigten, und aus 6871 kraftspendenden Kubikzentimetern schöpfte er 265 PS bei 4200 flotten Touren. Den grollenden Donner der acht Verbrennungseinheiten schnitt ein Schalldämpfer von 1370 mm Länge auf ein legales Maß zurück.

Für den zweiten Gang gab man bis zu 142 km/h an, für den dritten 187 km/h, und die Annäherung an Tempo 160 vollzog sich in bemerkenswerten 20 Sekun-

den. Noch besser konnte dies ab 1932 die 320 PS starke Kompressorvariante SJ, wobei der Hinweis auf mögliche 208 km/h Spitze nur im Kleingedruckten erfolgte. Die Fertigung beider lief 1937 nach 472 Exemplaren aus. Heute existieren noch 270, davon allein 82 mit einem Roadsteraufbau von Murphy.

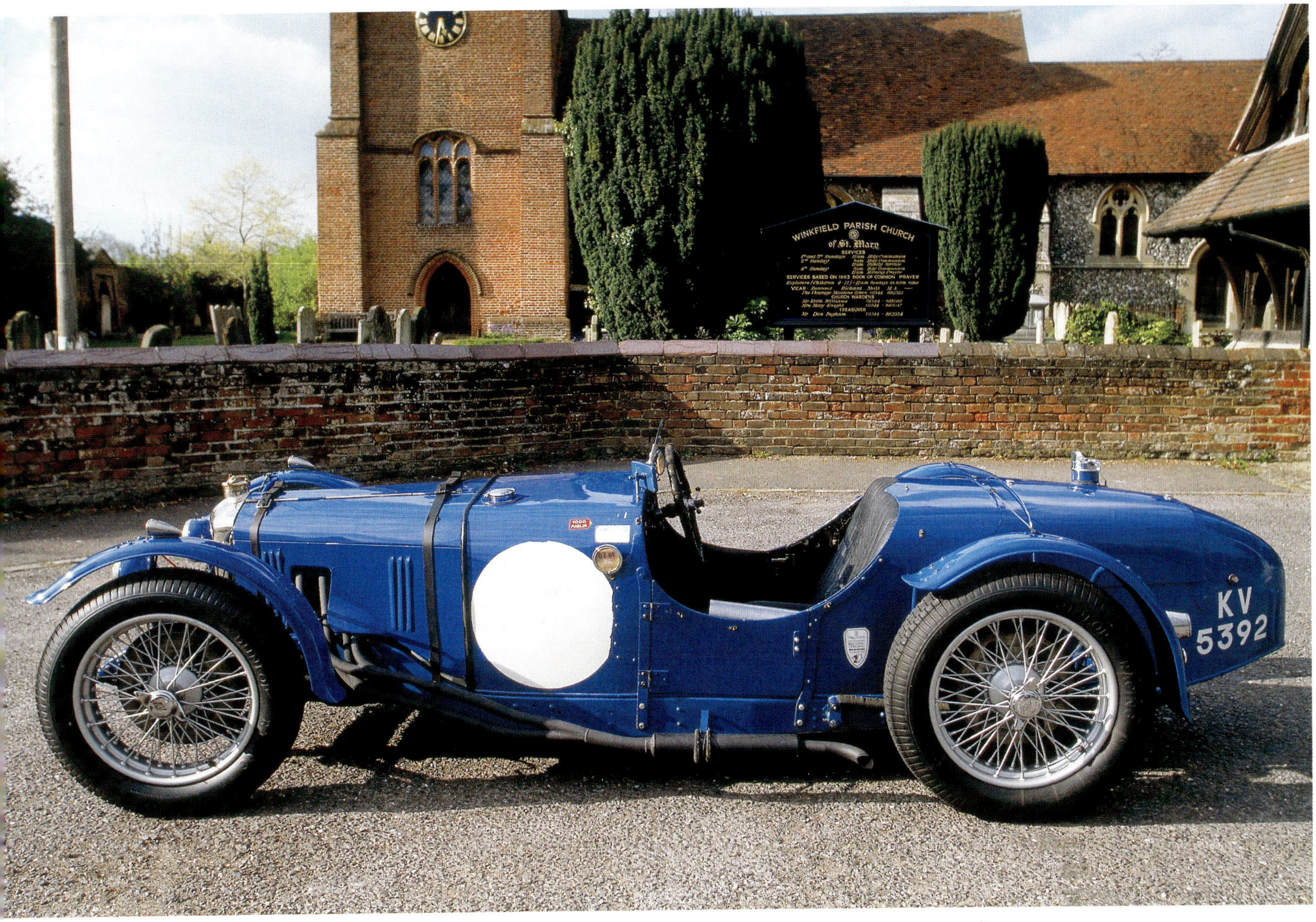

Riley 9 h.p. Brooklands Speed, Bj. 1930. Vierzylinder-Reihenmotor. 1087 cm³. 50 PS. 175 km/h. Leihgeber: Graham White

Mit dem Nine, einem patriotisch in der Wolle gefärbten Publikum präsentiert auf der Motor Show 1926, begann für die Riley (Coventry) Ltd.,Coventry, eine neue Ära. Bald schmückte ihn Volkes Stimme mit dem Beinamen "The Wonder Car", zum Ergötzen der beiden Männer, die für seine Konzeption zuständig waren, Percy Riley und sein Bruder Stanley.

Kernstück war das Triebwerk, das die beiden entworfen hatten und dessen

Architektur bis 1957 überdauern sollte, als die Firma den Bau eigener Maschinen einstellte. Der Reihenvierzylinder schöpfte 32 PS aus lediglich 1087 cm³ und zwar auf bemerkenswerte Weise: Seine hängenden Ventile wurden via kurzer Stoßstangen von zwei seitlich hoch im Block angesiedelten Nockenwellen zum Schaffen angehalten, was die Wartung des Systems begünstigte und das Gewicht der beweglichen Teile gering hielt. Der Zylinderkopf, bekannt als PR (für Percy Riley)-Kopf, hatte halbkugelförmige Brennräume. Installiert wurde das kleine Aggregat in ein durch und durch konventionelles Chassis mit stoffbespannten Limousinen- und Toureraufbauten. Anfänglich rollte der bescheiden auftretende Erfolgstyp auf Artillerie- und ab 1929 auf attraktiven Speichenrädern.

Bereits Ende 1926 hatte der Renn- und Rekordfahrer J.G. Parry Thomas damit begonnen, aus dem bürgerlichen Nine einen sportiven Bürgerschreck zu sublimieren. Nach seinem Tod im März 1927 setzte sein Freund Reid Railton dieses Unterfangen fort und läutete damit die erfolgreichste Riley-Dekade im Rennsport ein. Das Produkt hieß erst Speed Model, dann Brooklands Speed Model und schließlich einfach Brooklands. Die früheren unter den 100 bis 110 Renn-Nines (Tempogarantie: 80 mph) wurden bei der Thomson & Taylor Ltd. direkt vor Ort in Brooklands gefertigt, spätere bei Riley selbst in Coventry. Ihr Rahmen aus U-Profilträgern knickte nach der vorderen Achse nach unten und unterquerte die hintere in Underslung-Bauweise. Die Räder waren an Starrachsen mit einem Abstand von 2438 mm und Halbelliptikfedern aufgehängt. Anfänglich ruhte ein Wagenkörper aus Stahl auf einem hölzernen Rahmen. Eine sogenannte Allwetterausrüstung zeigte sich durchaus nicht jeder Witterung gewachsen. Die flache Frontscheibe war umklappbar, und Zugang zum spartanisch ausgestatteten Arbeitsplatz und einer Notunterkunft für einen Passagier eröffneten winzige Türen. An hauptberuflichen Rennversionen fehlten diese völlig, und durch die solchermaßen klaffenden tiefen Kerben konnte man hindurchlangen und die Handfläche auf die Straßenoberfläche legen, so niedrig kam der Riley daher. Die Bootshecks dieser Spielarten waren verkürzt, der Rahmen bestand aus Metall, das knapp sitzende Wams aus Aluminium.

Dem Motor hatte man besondere Zuwendung zuteil werden lassen, mit Kolben, die eine höhere Kompression ermöglichten, scharfen Nockenwellen, zwei Horizontalvergasern von SU, einem vierfach verzweigten Auspuffkrümmer, einer speziellen Öl- sowie einer Wasserpumpe, die von der gleichen Welle wie die Magnetzündung angetrieben wurde. Dem großen Sumpf konnte durch eine vordere Öffnung rasch Schmierstoff zugeführt werden. Da deren Deckel durch eine kraftvolle Feder angepreßt wurde, klemmte er unversehens unvorsichtige

Finger ein und wurde deshalb respektvoll "Rattenfalle" genannt. All diese Maßnahmen brachten 18 weitere PS, und für Rennzwecke erleichterte Varianten überschritten die verheißenen 130 km/h noch einmal beträchtlich.

Die Sporterfolge des Riley Speed und seiner Konsorten waren Legion. Sie gipfelten beim 24-Stunden-Rennen von Le Mans 1934 mit den Rängen 2, 3, 5, 6, 12 und 13 im Gesamtklassement, Klassensiegen bei den 1,1- und 1,5-Litern und dem Rudge-Whitworth-Cup. Den Heimweg trat man, wie üblich, per Achse an.

Alfa Romeo 6C 1750 GS, Bj. 1933. Sechszylinder-Reihenmotor. 1752 cm³. 85 PS. 145 km/h. Leihgeber: Rainer Roschmann

Zur technischen Brillanz des Alfa Romeo 6C 1750, einem aufgeschlossenen Publikum erstmalig bei der zweiten Autoausstellung von Rom im Januar 1929 präsentiert, gesellten sich Gespür für Effekte und perfektes Timing: Mit einem

Spider dieses Typs, karossiert von Ugo Zagato, gewannen Giuseppe Campari und Giulio Ramponi am 14. April desselben Jahres zum zweitenmal hintereinander die Mille Miglia. Ihre 1640 Kilometer lange Doppel-Durchquerung des Stiefels von Brescia nach Rom und zurück mit einem Schnitt von fast 90 km/h vor Millionen von Zuschauern kam einer gigantischen PR-Veranstaltung gleich.

Den Anfang machte der eher behäbige Turismo mit einer obenliegenden Nockenwelle und 46 PS, eingekleidet von Alfa Romeo selbst. Noch im Geburtsjahr kamen drei weitere Modelle hinzu, der Sport, auch Gran Turismo genannt, mit 55 PS und zwei Nockenwellen wie auch der Super Sport (später Gran Sport), angeboten ohne (64 PS) und mit Kompressor (85 PS). Das gemeinschaftliche Vielfache: Vittorio Janos trotzig-filigraner Reihensechszylinder mit 1752 cm³ Hubraum.

Mit fünf Karosserieformen, Torpedo und Berlina mit jeweils vier oder sechs Sitzen und Spider, und vier entsprechenden Radständen von 3160, 3100, 2920 und 2750 mm bespielte die Baureihe bereits ein bemerkenswert weites Spektrum. Sie gipfelte in der Kompressorversion des 6C 1750 Super Sport Spider, einem charismatischen Fahrzeug, das hinter vorgehaltener Hand in einem Atemzug mit dem Bugatti 35 genannt wurde und mit den Jahren noch an Strahlkraft gewann.

Vor allem mit dem knapp sitzenden Aufbau von Zagato verkörperte sie automobile Eleganz Ende der Zwanziger mit einer kräftigen Prise Zeitlosigkeit: den flachen Kühler schräg angestellt, die Scheinwerfer hoch angebracht, mit schön geschwungenen Kotflügeln und großen Speichenrädern mit Zentralverschlüssen von Rudge.

Wo soviel Augenweide war, ließ man es an angemessenem Ohrenschmaus nicht fehlen. Sowie das Triebwerk zu tosendem Leben erwacht war, fand sich eine Fülle von mechanischen Komponenten zu einer Sinfonie von brutaler Melodik bis hin zu wütendem Geheul zusammen. Den Ton an gab der Antrieb des Laders von der Spitze der Kurbelwelle her vermittels eines gradverzahnten Paars von Zahnrädern. Er komprimierte das anschließend gierig verschlungene Gemisch, das ihm im Gran Sport ein an seiner linken Seite angeflanschter Horizontal-Doppelvergaser von Memini zubereitete.

Daß die Federn im Bunde mit Reibungsstoßdämpfern vorn und hinten kurz und hart waren, wurde durch ein relativ verwindungsfreudiges Chassis austariert. Das riesige Lenkrad hatte mit 45 Zentimetern den gleichen Durchmesser wie die Felgen. Da zwischen Anschlag links und Anschlag rechts nur anderthalb Umdrehungen lagen, verlangte der 6C 1750 Super Sport nach ungeteilter Aufmerksamkeit, die man ihm ohnehin gerne zukommen ließ.

Bis über 100 PS leistete er in seinen schärfsten Ausbaustufen, und eine Unmenge von Erfolgen im Rennsport war der Lohn. 1930 stellte sich noch ein wei-

terer Sieg bei der Mille Miglia ein mit Tazio Nuvolari am Volant, dazu weitere Erfolge beim 2x12-Stunden-Rennen von Brooklands 1929 und bei den 24 Stunden für Tourenwagen in Spa 1929 und 1930.

Der 6C 1750 brachte es auf eine Verbreitung von 2579 Exemplaren insgesamt, davon 381 Super und Gran Sport einschließlich der Rennmodelle.

Aston Martin International, Bj. 1930. Vierzylinder-Reihenmotor. 1494 cm³. 56 PS. 125 km/h. Leihgeber: Wolfgang Buchholz

Ohne das Modell International, vorgestellt auf der London Motor Show 1929, hätte die Aston Martin Motors Ltd. Feltham, Middlesex, die schweren Zeiten nicht überdauert, die vor ihr lagen. Denn die chronische Geldnot des kleinen, aber

noblen Unternehmens wurde bald noch verstärkt durch die fatalen Folgen des schwarzen Freitags am 25. Oktober jenes Jahres.

Der Name International war ein Signal an den praktizierenden Sportfahrer. Er enthielt die Information, der Wagen erfülle die Vorgaben der Pisten-Legislative AIACR (für Association Internationale des Automobile Clubs Reconnus). Der Aston Martin zielte indessen auch auf das treue Herz derjenigen Jünger der Marke, die weitere Familienmitglieder in den Genuß der flotten Fortbewegung kommen lassen wollten, die er gestattete: Man bot ihn auf dem gleichen Chassis mit 2590 mm Radstand als Zwei- und als Viersitzer an.

Vorbehaltlos sportlich (und im Einklang mit den Regeln) war sein 1,5-Liter-Triebwerk mit 56 PS bei 4250/min, einer obenliegenden Nockenwelle und Trockensumpfschmierung. Für ihn zeichnete Claude Hill verantwortlich, der 1926 im Team der gegenwärtigen Firmeneigner William Somerset Renwick und Augustus Cesare Bertelli zu Aston Martin gestoßen war.

Und sportlich-schlank war auch sein Erscheinungsbild mit knapp sitzenden vorderen Motorradkotflügeln, welche die Drehung des Lenkrads mitvollzogen und die Silhouette von vorn niedrig hielten. Die Rezeption bei Messepublikum und Fachpresse fiel glänzend aus.

Dennoch rutschten seine Väter unaufhaltsam in die Krise ab, und im März 1931 verließ Gesellschafter Renwick entnervt das scheinbar sinkende Schiff.

Immer wieder jedoch fanden sich Samariter wie etwa Harold John Aldington, Chef des Konkurrenten Frazer Nash, und der wohlhabende Londoner Autohändler Lancelot Prideaux-Brune.

Wie üblich in Earls Court präsentierte man 1931 die Variante Le Mans. Sie fußte auf dem International, trug indes auf Anregung von Kunden hin den gleichen Aufbau wie die Werkswagen beim 24-Stunden-Rennen auf dem Sarthekurs und war 55 Pfund billiger. Flankiert wurde sie von einem Tourer und einer geschlossenen Limousine mit schönen Karosserien, die Bertellis Bruder Enrico geschneidert hatte. Letztere, frohlockte die Fachzeitschrift The Light and Cycle Car, sei das attraktivste Auto der Show.

Über den folgenden Winter stellte Claude Hill ein völlig neues und einfacher herzustellendes Chassis auf die Räder, das den in 129 Exemplaren gefertigten Vorgänger ersetzen sollte. Im Mai 1932 wurde es als New International angekündigt und im Juli einer andächtigen Gemeinde von Motorjournalisten vorgeführt. Ein wesentlicher Unterschied bestand darin, daß nun der Motor am Getriebe angeflanscht und die Kühlerlinie abgesenkt worden waren.

In seiner Standardausführung mit 55 PS kostete der New International, wiederum in Earls Court zur Schau gestellt, 475 Pfund, als 70 PS starkes Sportmodell

namens Le Mans 595 Pfund. Die Preissenkung war nur deshalb möglich geworden, weil Aston Martin begann, auf Zulieferer wie den Getriebefabrikanten Laycock zurückzugreifen.

Man hatte die Zeichen der Zeit verstanden. Aber die Probleme sollten noch eine Zeitlang bleiben.

Bentley 4½-litre Supercharged, Bj. 1930. Vierzylinder-Reihenmotor. 4398 cm³. 182 PS. 169 km/h. Leihgeber: National Motor Museum, Beaulieu

In der zweiten Hälfte der Zwanziger hatte sich der 3-litre ein wenig selbst überholt. Konkurrenz drohte nicht zuletzt aus dem eigenen Lande etwa in Gestalt des Vauxhall 30/98. Überdies sah man die Bentley-Hegemonie in Le Mans bedroht, die sich mit den beiden Siegen 1924 und 1927 angebahnt hatte.

Abhilfe sollte der 4½-litre schaffen, zwischen dem Sommer 1927 und dem Sommer 1931 in 665 Exemplaren unter ein fahrendes Volk gebracht, das nicht so sehr auf Penny und Pound schauen mußte. Zwölf Fahrgestelle – etwa die der Le-Mans-Replicas – wiesen einen Radstand von 2984 mm auf, die anderen 3302 mm. Visuell und technisch hatte sich kaum etwas verändert. Dennoch herrschte bunte Artenvielfalt mit Aufbauten von renommierten Spezialisten wie Harrison, Hooper, Maythorn, Vanden Plas, Gurney Nutting, H.J. Mulliner oder Windover mit dem gemeinsamen Nenner eines imperialen Auftritts.

Das Triebwerk wies mit 100 x 140 mm dieselben Zylindermaße auf wie der mächtige "Big Six" aus dem gleichen Hause mit seinen 6597 cm³. Es glänzte durch eine geradezu alttestamentarische Lebenserwartung, da ihm mit maximal 115 PS nur wenig zugemutet wurde. Mit einem leichten Sportaufbau war der 4½-litre damit immerhin zu 145 km/h fähig, als Le-Mans-Replica zu 160 km/h. Auch künftig schritt die Evolution am Bentley-Standort Cricklewood gemächlich voran: 1929 gönnte man dem Modell eine Scheibenkupplung anstatt der archaischen Konuskupplung bislang sowie die massive Kurbelwelle einer Kompressor-Variante. Diese war gleichsam unter dem scheelen Blick W.O. Bentleys entstanden, der von zwangsbeatmeten Motoren rundheraus nichts hielt: Das Design werde dadurch entstellt und die Leistung auf fragwürdige Weise gesteigert, pflegte er zu sagen. Der Anstoß war von Bentley-Boy Sir Henry Birkin gekommen, der sich 1928 mit der schnellsten Runde auf dem Sarthe-Kurs für höhere Weihen empfohlen hatte. Wenn man im nächsten Jahr noch mithalten wolle, hatte der rasende Aristokrat gewarnt, brauche man mehr Power, und verfrachtete kurzerhand das normal aspirierte Exemplar von Le-Mans-Sieger Bernard Rubin in seine Werkstatt in Welwyn Garden City.

Deren steinreiche Besitzerin Dorothy Paget machte die notwendigen Mittel flüssig. Amherst Villiers steuerte einen Doppelblattkompressor System Roots bei, der zusammen mit den beiden SU-Vergasern in der Nachbarschaft des Kühlers unter einem Drahtgitter zwischen den Chassisholmen untergebracht wurde. Block, Kurbelwelle, Pleuel, Kolben sowie die gerippte Ölwanne waren neu, das Standardchassis wurde vorn mit stämmigeren Querstreben verstärkt. 182 PS leistete die Straßenversion, 250 PS die schärfste Ausbaustufe für die Piste. Der Verbrauch des knorrigen Vierzylinders steigerte sich von vergleichsweise moderaten 17 Litern auf zügellose 28 Liter je 100 Kilometer.

Wieviel Entwicklungsarbeit vom Werk in Cricklewood eingebracht wurde und zu welchem Zeitpunkt dies geschah, verschwimmt im Halbdämmern der Legende. Dort jedenfalls wurden die 50 "Blower"-Bentley hergestellt, deren es zur Homologation bedurfte. Weitere fünf – reine Wettbewerbswagen – entstanden in Welwyn Garden City. Obwohl die geladenen 4,5 Liter heute gesuchte Sammlerstücke sind, bestätigte die Realität W.O. Bentleys Skepsis. Krasse Mängel bei Ölversorgung und Kühlung vergrämten die Kundschaft, und der erhoffte Erfolg in Le Mans stellte sich auch nicht ein.

Immerhin fuhr "Blower"-Befürworter Birkin 1930 erneut die schnellste Runde und fiel dann aus – ein Vorgang von trister Symbolik.

Bentley 6½-litre Speed Six, Bj. 1928. Sechszylinder-Reihenmotor. 7983 cm^3. 280 PS. 242 km/h. Leihgeber: Peter Godehardt

In nur vier Jahren als aktiver Produzent hatte sich die Bentley Motors Ltd. eine Wählergruppe erschlossen, die Wert legte auf automobile Wucht und Sportlichkeit. Wenn man angesichts ehrgeiziger internationaler Konkurrenz in diesem Sinne weitermachen wollte, bedurfte es indessen noch mehr Stärke. Diese sollte ein Sechszylinder bereitstellen, zunächst mit 4½ Litern Hubraum.

Während extensiver Versuchsfahrten in Frankreich mit einem Prototyp, der als "The Sun" zugelassen war und im Bentley-Hausjargon auch so hieß, tat sich die kantige Limousine 1925 indessen schwer beim Duell mit einem Phantom – buchstäblich: Auch ein experimenteller Rolls-Royce Phantom I war im Lande der englischen Sehnsucht unterwegs. Man begegnete einander durch Zufall und schenkte sich nichts.

W.O. Bentley aber befand spontan, ein noch größeres Triebwerk müsse her. Gedacht, gesagt und getan – ab 1926 verließ der majestätische "Big Six" das Werk in Cricklewood, letztlich die ultimative Variation zum Thema 3-litre, mit 6597 cm^3 und 147 PS in der Standard-Ausführung. Dies war bereits ein kleiner Sieg im Prestigematch etwa gegen den Rivalen Hispano-Suiza H6, dessen Lenker bei gleichem Volumen mit nur 135 PS auskommen mußte. Im direkten Gang ließ sich der 6-litre, in jedem Fall ein Trumm von über zwei Tonnen, ruckfrei von fünf auf 135 km/h beschleunigen.

Der Rahmen war durch eine rohrförmige Querstrebe verstärkt worden, die Vorderachse aus hochklassigem Stahl, um mit der eindrucksvollen Verzögerung durch die Perrot-Bremsen – ab 1927 mit einer Dewandre-Servounterstützung – umgehen zu können.

Der "Six" konnte mit drei Radständen geordert werden, 3350 mm, 3655 mm und 3807 mm. Auf dem längsten entstanden fürwahr riesige Mobile, mit bis zu 5076 mm ebenso gestreckt wie der Phantom 1 oder das Modell 45 HP des Hoflieferanten Daimler.

Spät im Jahre 1928 rundete die Sportversion Speed Six mit grünem Label die Bentley-Palette nach oben ab, W.O.s erklärtes Lieblingsauto. Üppig ernährt von zwei SU-Vergasern und mit 5,1 : 1 (Standard: 4,4 : 1) höher verdichtet, war diese auf 160 PS bei behäbigen 3500/min erstarkt. Später trug ein geänderter Motorblock noch einmal 20 weitere PS bei und hievte die Höchstgeschwindigkeit auf den unvermeidlichen Renommierwert von 100 Meilen pro Stunde.

Erkennbar war der Speed an seinem senkrecht abfallenden Kühlerrahmen, wo sich die Einfassung am Normal-"Six" im unteren Bereich sanft nach innen rundete.

Ein kurzer Speed Six war paradoxerweise länger als die vergleichbare Standard-Variante, um sportiv-flachen und niedrigen Aufbauten à la mode entsprechenden Spielraum freizumachen, etwa Boat Tails, mit Textilien überzogenen Saloon-Karosserien oder Sportsman-Coupés mit Scheiben wie Schlitzen und schnittigen Trittbrettern, die Flügelprofile nachzeichneten. Wieder sorgten die Bentley-Boys für Furore und Schlagzeilen der Regenbogenpresse, durch ihre Le-Mans-Siege 1929 (Woolf Barnato und Henry Birkin) und 1930 (Barnato und Glen Kidston) sowieso, aber auch durch flotten Lebenswandel und durch ihre privat gefahrenen Bentley vom Feinsten.

545 "Sixes" hatten das Licht der Autowelt erblickt, davon 182 in Gestalt des Speed, als ein 8-litre folgte. Da waren die Tage der Bentley Motors zu Cricklewood, bereits gezählt, die seit 1927 ohnehin nur noch noch durch eine generöse Scheck-Therapie des Millionärs, Sportsmanns und Le-Mans-Dreifachsiegers Captain Woolf Barnato am Leben gehalten worden war. Im Mai 1931 trat man den bitteren Weg in die Liquidation an. Rolls-Royce erwarb Aktivposten, Namen und die Dienste von W.O. Bentley, den das neue Umfeld jedoch verdroß. 1935 setzte er sich vergrätzt zu Lagonda ab.

BMW Wartburg, Bj. 1930. Vierzylinder-Reihenmotor. 748,5 cm^3. 18 PS. 90 km/h. Leihgeber: Dr. Jürgen und Hannelore Klöckner

Heinrich Ehrhardt, Sohn eines thüringischen Waldbauern und auch neckisch "Der kleine Kanonenkönig" geheißen, war der Gründervater der Fahrzeugwerke Eisenach. Als die Dinge nicht so recht liefen, nahm er 1903 seinen Hut. Seine Abschiedsrede soll mit "dixi" geendet haben, "ich habe gesprochen", der stereotypen Schlußformel römischer Rhetoren.

Mit dieser drollig-einprägsamen Vokabel benannten seine Nachfolger kurzerhand das Produkt. Sie deckte eine strotzende Vielfalt von Typen ab, vom bollernden Einzylinder T 7 mit 1234 cm^3 bis hin zur säuselnden "Salonlimousine" U 35 mit 7,3 Litern. Als das Unternehmen Mitte der Zwanziger erneut in die Bredouille geraten war, erbarmte sich der berühmt-berüchtigte Spekulant Jakob Schapiro, natürlich in wohlverstandenem Eigeninteresse, und verleibte es seinem Firmenimperium ein.

Rationalisierung war das Gebot der Stunde, und so kam Schapiro auf eine clevere Idee. Großbritanniens Kleinwagen mit der größten Verbreitung war der Seven der Austin Motor Company in Birmingham, eine karge Fahrmaschine mit dem Komfort eines dünn besiedelten Nagelbretts, aber eben auch ein richtiges Auto mit vier (ziemlich miserablen) Bremsen, vier Zylindern, 750 cm^3 Hubraum und 15 PS. Schnell kam man überein, daß die Dixi-Werke den winzigen Briten als Lizenzbau in der Weimarer Republik verbreiten würden.

Als Dreingabe trafen im Juni 1927 hundert Seven auf dem Bahnwege in Eisenach ein, noch im Urzustand mit Rechtslenkung und Magnetzündung. Dies stehe für "mag net" (ich will nicht), spotteten zeitgenössische Karikaturen, und so wurde später eine Batterie eingebaut. Im Dezember desselben Jahres begann im Schlagschatten der Wartburg mit 42 Exemplaren die eigene Fertigung als Dixi 3/15 PS DA1, was sich als Dixi Austin oder "Deutsche Ausführung" deuten ließ.

Auf der Berliner Autoschau 1928 stellte man den Kleinen in "vier wunderhübschen Modellen" vor, nämlich als Roadster, Tourer, Coupé und Limousine. Um den Absatz des Leichtgewichts anzukurbeln, griffen die Werbetexter zugleich gewaltig in die Leier: "Der Dixi ist schlank und geschmeidig wie ein sportlich gestählter Körper .... fordert nicht mehr Pflege als Ihre Kleider oder Ihr Schuhwerk... Sein Betrieb kostet Sie nicht mehr als die Benutzung der Straßenbahn."

Erschwinglich und genügsam war er in der Tat: Der Tourer kostete in der Endphase im April 1929 ganze 2200 Reichsmark, was auch in 24 Monatsraten à 93 Mark abgestottert werden konnte. Und an der Zapfsäule war er mit einem Verbrauch von im Schnitt sechs Litern ein seltener Gast. 1928 und '29 rollten 9308 Dixi DA1 auf ihren hohen und dünnen Speichenrädern aus dem Werk, 4831 davon Tourer, auf dem Kühlerdeckel der putzig galoppierende Zentaur als Symbol der Marke. Angesichts eines Schuldenbergs von 10 Millionen Mark war der Erlös indessen nur ein Tropfen auf den heißen Stein.

Am 16. November 1928 kam BMW zur Hilfe. Unter dem Schutz und Schirm der Bajuwaren wurde der DA1 noch ein halbes Jahr so belassen, wie man ihn vorgefunden hatte. Im Juli 1929 folgte die Metamorphose 3/15 PS Typ DA2, allerdings auf den Firmennamen BMW umgeflaggt. "Innen größer als außen" lautete ein vielzitierter Werbeslogan. Die gewollte Paradoxie war nicht unberechtigt, da man beispielsweise die Trittbretter entfernt und dem verblüffend simplen Fahrwerk einen breiteren Aufbau übergestreift hatte.

Entschieden sportlicher gab sich 1930 der BMW Wartburg (DA3), ein 150 Mal aufgelegter hübscher Zweisitzer mit drei Mehr-PS, einem Aluminium-Aufbau und Bootsheck, umlegbarer Frontscheibe und einer gekröpften Achse vorn. Die vordere Schwingachse der Ausbaustufe DA4 ab Februar 1931 blieb ihm zur Erleichterung der Kunden erspart.

Delage D8-120S de Villars Bj. 1938. Achtzylinder-Reihenmotor. 4750 cm³. 115 PS. 155 km/h. Leihgeber: Sam und Emily Mann

Von Louis Delage (1874-1947) ist handschriftlich die Aussage überliefert, er würde sich lächerlich machen, wollte er behaupten, daß seine Autos vollkommen seien. Perfektion sei nun mal nicht von dieser Welt. Aber er könne unbedenklich bestätigen, daß gegenwärtig kaum ein besseres Ganzes vorstellbar sei. Das waren keineswegs leere Worte, und sie bezogen sich auf die Achtzylinder, mit denen Delage 1929 in das Segment der Luxuswagen vorstieß, nachdem er sich bereits im Grand-Prix-Sport einen Namen gemacht hatte. Sein Mitarbeiter Maurice Gaultier zeichnete verantwortlich für ihre Motoren, aufwendig konstruiert mit einer kettengetriebenen seitlichen Nockenwelle, ihrer schwingungsgedämpften und gut ausgewuchteten Kurbelwelle in fünf großen Gleitlagern sowie hohlgebohrten Pleueln für bessere Öldurchblutung. Überhaupt wurde auf gute Schmierung großer Wert gelegt. Verblockt mit dem Vierganggetriebe, waren sie in ein konventionelles, stämmig verstrebtes und rigides Chassis eingebettet. Beide Achsen hingen an flachen Halbelliptikfedern, und die Kabelzugbremsen arbeiteten bereits mit einer Servounterstützung von Dewandre.

Beflügelt von Delages Slogan "La Belle Voiture Francaise" und dem lebhaften Interesse der Stars von Bühne und Leinwand, riß sich die Creme der französischen Auto-Couturiers förmlich darum, seine soliden Kreationen vom zweisitzigen Roadster bis hin zur feudalen Limousinen angemessen in Schale zu bringen. Chapron, Duvivier, Figoni & Falaschi, Fernandez & Darrin, Gaston, Grummer, Kellner, Letourneur & Marchand, Pourtout, Saoutchik oder van Vooren – das waren lauter erste Adressen in der Branche und die von ihnen eingekleideten Delage Seriensieger auf den Concours d'élégance.

Da war der D8, vorgestellt auf dem Pariser Salon von 1929, schon bis zu 100 PS stark und 140 km/h schnell mit dem langen Radstand von 3450 mm. Da war der D8S von 1931 auf einem niedrigeren Chassis, kürzer (Radstand 3310 mm), sportlicher und mit einer schärferen Nockenwelle und 125 PS zu über 150 km/h fähig. Da war ein Jahr später das Topmodell D8SS mit 3050 mm Radstand als Grand Sport, der 140 PS leistete und mit seiner Höchstgeschwindigkeit von 160 km/h Furore machte, obwohl sein Chassis allein 1315 kg auf die Waage brachte.

Nicht annähernd so populär wie etwa der Wahlfranzose Ettore Bugatti, jedoch Champagner, Weib und Gesang von Herzen zugetan, feierte Louis Delage rauschende Feste auf seinem Château de Pecq oder seiner seetüchtigen Yacht Oasis. Aber immer mehr klafften sein Anspruch an das Leben und der Erlös aus den Verkäufen seiner erlesenen, aber seltenen Geschöpfe auseinander. 1937 wurden die Automobiles Delage, Paris, von Delahaye übernommen und ihr Gründervater mit einer kümmerlichen Rente abgespeist, Bedingung: er habe sich fortan aus allem herauszuhalten. Er hinterließ seinen guten Namen, hinter dem Signet Delage indessen verbarg sich künftig die Technik des früheren Konkurrenten.

Das galt zum Beispiel für den D8-100 von 1936 mit 4,3 Litern und ziemlich lahmen 90 PS, dessen Achtzylinder entstanden war, indem man einer Delahaye-Maschine mit sechs Verbrennungseinheiten zwei weitere angefügt hatte. Das galt für den D8-120 zwischen 1937 und 39, mit 4,7 Litern und 115 PS zu 160 km/h in der Lage und etwa in der Schweiz 200 Franken teurer als ein Bugatti 57 S. Erkennbar war er an vier außenliegenden Auspuffrohren in Chromschläuchen. Sein Cotal-Vorwählgetriebe wurde allgemein als große Erleichterung empfunden, und die Einzelradaufhängung vorn an einer Querblattfeder und Querlenkern verbesserte die ohnehin gute Straßenlage noch weiter. Louis Delage aber führte später ein Leben in Demut und unternahm zum Beispiel Pilgerreisen von Paris nach Chartre – zu Fuß.

Mercedes-Benz Mannheim 370 S Cabriolet A, Bj. 1931. Sechszylinder-Reihenmotor. 3689 cm³. 75 PS. 115 km/h. Leihgeber: EFA Museum Amerang

Beim Dreilitertyp 300, erstmalig gezeigt auf der Berliner Automobil-Ausstellung im Oktober 1926 und dann zügig mit Sechszylindermotoren von 3,2 und 3,5 Litern zum 320 und 350 aufgerüstet, handelte es sich in den Worten von Mercedes-Chronist Werner Oswald um "ein großmächtiges Monstrum", dessen "Konstruktion sich mehr nach den Gesetzen des Maschinen- und Lokomotivbaus zu richten schien als nach jenen der Automobiltechnik".

Intendiert war er gleichwohl für eine Nische in der gehobenen Mittelklasse, in der Haus-Hierarchie unterhalb der S-Modelle oder auch des 630 angesiedelt, die einfach noch viel hubraumgewaltigere Triebwerke ins Feld führten. Sein Konstrukteur Ferdinand Porsche verließ die Daimler-Benz AG 1928 in schlechtestem Einvernehmen und wurde am 1. Januar 1929 für ein kurzes Intermezzo technischer Gesamtleiter der Steyr-Werke. Da hatte sich bereits Hans Nibel, vom selben Tage an als sein Nachfolger offiziell zuständig für Konstruktion und Technik, des ungeschlachten Problemkinds liebevoll angenommen. Er formte die Hypothek des eigenbrötlerischen Österreichers um in einen Hit, jedenfalls was ihre Attraktivität anbelangte – ihre Verbreitung blieb mit 2636 Exemplaren überschaubar. Als Hommage an die alte Benz-Garnison nannte Nibel das neue Produkt Mannheim, vorgestellt im Herbst 1929.

Bis zum Ende seiner Tage anno 1934 in einer stattlichen Palette aufgefächert, schmeichelte er sich ein durch vernünftige Dimensionen und gefällige Linienführung. Durchaus konventionell war sein Fahrwerk, allein schon bis zu 1260 kg schwer, ein U-Profil-Preßstahlrahmen mit Starrachsen, Halbelliptikfedern vorn und Underslung-Halbfedern hinten. Auf den Mannheim 350 (auch in der Abfolge von Steuer- und realen Pferdestärken 14/70 PS genannt) folgte noch im selben Jahr der 370 (oder 15/75 PS). Am 370 K (für Kurz) ein Jahr später hatte man den Radstand von 3200 mm auf 3025 mm und mit ihm die noch immer beträchtliche Länge von 4900 mm auf 4650 mm zurückgeschnitten, für den 370 S (für Sport) ebenfalls von 1930 den Radstand ein weiteres Mal auf 2850 mm verknappt.

Ausschließlich als Sport-Roadster und Sport-Cabriolet gebaut, avancierte der 370 S mit seinem schmalen Motortrakt, den breiten und weit ausschwingenden vorderen und den knapp gerundeten hinteren Kotflügeln sowie seinen schönen Speichenrädern zum Star der Baureihe. 1932 kostete er 10 800 beziehungsweise 12 800 Reichsmark, eine preiswürdige Alternative zum sündhaft kostspieligen Premium-Mercedes SSK, dessen Anschaffung als Sport-Zweisitzer zum gleichen Zeitpunkt mit 33 000 Reichsmark zu Buche schlug. Gleichwohl blieb es bei einer Population von nur 183 Einheiten, die vor allem durch ihre schmissige Linienführung bestachen. Wer sich einen 370 S leisten konnte, war meistens bereits zu alt für ihn, denn bei geschlossenem Verdeck verlangte der Einstieg nach jugendfrischer Biegsamkeit.

Die fahrerischen Qualitäten der berühmten Werkspiloten Rudolf Caracciola oder Manfred von Brauchitsch waren allerdings nicht erforderlich, denn der schmucke Salonsportler war weder sonderlich stark noch übermäßig schnell. Seine Spitzengeschwindigkeit verließ mit 115 km/h keineswegs den Bereich des Gemächlichen, wogegen die 185 km/h beispielsweise des SSK auf den damaligen Straßen durchaus eine Herausforderung bildeten.

Es hatte übrigens nicht nur mit dem Namen sein Bewenden: Die Fertigung des Modells schulterten die Daimler-Benz-Standorte Stuttgart und Mannheim arbeitsteilig. In Mannheim wurden 350 und 370 als Limousine, Pullman-Limousine, Tourenwagen und Cabriolet hergestellt, in Untertürkheim die Versionen K und S.

Bugatti Typ T46/50 Super Profilèe, Bj. 1933. Achtzylinder-Reihenmotor. 4972 cm³. 225 PS. Über 170 km/h. Leihgeber: Automobil-Nationalmuseum-Mülhausen

Der Typ 50 auf dem Pariser Salon 1930 war ein Indiz dafür, dass sogar der Genius Ettore Bugatti die Trends nicht immer selber setzte, sondern auch manchmal dem Zug der Zeit folgte. Schon seit ein paar Jahren hatte auf den

Rennstrecken die Konkurrenz von Alfa Romeo (etwa mit dem P2) und Maserati (beispielsweise in Gestalt des Typs 26B) seine eigenen Autos und Piloten mit Doppelnockenwellen-Triebwerken das Fürchten gelehrt.

Mit solchen waren auch die beiden Miller-("Packard Cable")-Specials ausgestattet, die Leon Duray 1929 aus den Vereinigten Staaten zu Rekordfahrten in Montlhéry und Monza herübergebracht hatte. Bugatti erwarb die beiden Exoten kurzerhand und verwandelte die Architektur ihrer Maschinen zunächst dem T50 an. Die beiden obenliegenden Nockenwellen von dessen Achtzylinder mit 4972 cm³ Volumen wurden in Trab gehalten von einem rasenden Puzzle von Zahnrädern an der Stirnseite des Motorblocks. Via Winkeltrieb und Kegelräder hielt dieses links die Wasserpumpe und rechts das Roots-Gebläse zu Arbeit an, das mit anderthalbfacher Drehzahl der in neun Gleitlagern rollenden Kurbelwelle lief. Sie wirkten auf lediglich zwei Ventile je Verbrennungseinheit ein, im Winkel von 96 Grad angeordnet in fast perfekt halbkugelförmigen Brennräumen, die von jeweils zwei Zündkerzen befeuert wurden. Unterhalb des Kompressors waren zwei Vergaser von Schebler oder Zenith angeflanscht. Wieder bildeten Kopf und Block eine Einheit, womit man sich Verdruß mit Dichtungen vom Leibe hielt.

Mit 225 PS war der Fünfliter bärenstark und überdies ungemein geschmeidig. Die zweite Nockenwelle – nicht zuletzt ein Statussymbol vom Feinsten – kam den Kunden allerdings teuer zu stehen: 1932 zum Beispiel mußte dieser für das Fahrgestell des T50 fast das Doppelte entrichten wie für das Chassis des Typs 46, von dem es entlehnt war, ein trotziger Rahmen aus Längsträgern und Querstreben mit Halbelliptik-Blattfedern vorn und den markenspezifischen umgedrehten viertelelliptischen Federn hinten.

Während bei jenem, einem gleichsam aufs Vernünftige geschrumpften Royale, über 3500 mm Radstand meist Innenlenker-Karosserien, gelegentlich Cabriolet- und selten Coupé-de-Ville-Aufbauten errichtet wurden, war der T50 um 400 mm kürzer. Eingekleidet wurde er nach Entwürfen Jean Bugattis von schöner Willkür häufig bei Gangloff (vormals Widerkehr) in Colmar, als Coupé, Cabrio oder offener Tourer, 65 an der Zahl. Mit 67 km/h im ersten, 122 km/h im zweiten und über 170 km/h im dritten Gang durfte sich der T50-Pilot als König der Landstraße fühlen.

König der Rennbahn wollte Ettore Bugatti beim 24-Stunden-Rennen von Le Mans 1931 sein, wo er drei leichte Roadster mit schwarz lackierten und mit Kunstleder überzogenen Karosserien und der Elite-Streitmacht Chiron, Varzi, Divo, Bouriat, Conelli und Rost einsetzte. In Führung liegend, mähte Maurice Rost indessen nach einem Reifenplatzer bei Tempo 185 einen Zuschauer nieder, und die restlichen Wagen wurden zurückgezogen. Dem Typ 50 haftete künftig der Ruf eines Unglücksautos an.

Umso mehr war Bugatti dem T46 zugetan, der gleichwohl öfters von ärgerlichen kleinen Problemen geplagt wurde. Ein Pariser Kunde suchte deswegen mit seinem Exemplar ab und an die Fabrik in Molsheim auf. Eines Tages begegnete

ihm der "Patron" auf dem Flur des Verwaltungstrakts. "Monsieur, sind Sie der Mann, der seinen Typ 46 dreimal hierher zurückgebracht hat?", fragte Bugatti. Das sei in der Tat so, sagte der Mann hoffnungsvoll. "Sehen Sie ja zu, daß sowas nicht noch mal passiert", war die drohende Antwort.

Alfa Romeo 8C 2300, Bj. 1931. Achtzylinder-Reihenmotor. 2336 cm³. 160 PS. 180 km/h. 9,4 s 0 – 100 km/h. Leihgeber: Peter Reck

Der 8C 2300 entstand unter widrigen Umständen. Doch während das Mailänder Unternehmen, 1930 zur S.A. Alfa Romeo umgewidmet und ab 1933 Pflegefall in der fürsorglichen Obhut des Staatssanierers I.R.I. (für Istituto Ricostruzione Industriale) vom schnöden Sog der Weltwirtschaftskrise gebeutelt wurde, schufen Chefingenieur Vittorio Jano und

die Männer um ihn ein Stück bestechender Technik.

Das traf besonders auf den Motor zu, von den Zeitgenossen hymnisch als in Metall gegossene Skulptur gefeiert und in die Nähe der feingliedrigen Bugatti-Triebwerke gerückt. Das Volumen der acht Zylinder, eingebettet in zwei identische Blöcke mit je vier Verbrennungseinheiten mit den Maßen 65 x 84 mm wie im 6C 1750, addierte sich zu 2336 cm³ Hubraum. Sie bestanden ursprünglich aus Grauguß, bald jedoch aus Leichtmetall wie bereits Kopf, Kurbelgehäuse und Kolben.

Zweigeteilt in je fünf Lagern rotierte auch die massive Kurbelwelle, nach bewährtem Jano-Usus pedantisch ausgewuchtet und hochglanzpoliert. Die Doppel-Lösung empfahl sich nicht zuletzt als Maßnahme gegen eine ungebührliche Torsion. Zweiteilig waren schließlich die beiden Nockenwellen, hohlgebohrt aus Gründen der Gewichtsminimierung. Sie wurden von der Mitte des Maschine her über zwei Zahnräder angetrieben, die auch den an deren rechter Seite angeflanschten Kompressor zur Arbeit anhielten.

Dieser wurde bei Alfa Romeo selbst nach dem Roots-Prinzip gefertigt, entzog das Gemisch einem Memini-Vertikalvergaser und verpflegte den Achtzylinder mit 1,3-facher Geschwindigkeit der Kurbelwelle und einem Druck von 0,65 kg/cm³. Wie beim 6C 1750 verzichtete man auf einen Ventilator, kehrte indes zum Trockensumpfprinzip zurück. Ein Behältnis unter den Sitzen enthielt zwölf Liter Schmiermittel. Janos tosendes Meisterstück leistete 142 PS bei 5000/min, in seinen heißesten Ausbaustufen für den Rennbetrieb bis zu 165 PS bei 5400/min, und drehte beflissen hoch. Vor allem in den unteren Fahrstufen empfahl sich beim Umgang mit dem Gaspedal mittig zwischen den beiden anderen und dem in einer Kulisse geführten rigiden Schaltstock unbedingt, den Drehzahlmesser aufmerksam im Auge zu behalten.

Das Fahrwerk gab sich vergleichsweise simpel und konventionell: zwei Längsträger mit einfachen Querstreben, an Halbelliptikfedern aufgehängte Achsen, Reibungsstoßdämpfer (die hinteren von der Armaturentafel her einstellbar), Rudge-Räder. Die Verzögerung durch die großen Bremstrommeln entsprach nicht unbedingt ihrer optischen Anmutung und verlangte überdies nach einem gestählten Sportlerbein.

Zwei Chassis wurden für die 188 Exemplare des 8C 2300 insgesamt angeboten, mit Radständen von 2750 mm ("Corto") etwa für die Spider mit Aufbauten von Touring oder Zagato und 3100 mm ("Lungo") für die viersitzigen Versionen, die vom Werk selbst oder bei Spezialisten wie Castagna oder Vandenplas eingekleidet wurden.

Der frühe Einsatz des Modells bei der Mille Miglia im April 1931, mit dem man

dem mächtigen Mercedes SSKL von Rudolf Caracciola Paroli bieten wollte, entpuppte sich als Waterloo, wenn auch unverschuldet von der Technik: Alfa-Pilot Luigi Arcangeli landete bei Verona im Graben, Kollege Tazio Nuvolari nach 18 Reifenwechseln nur auf Rang neun.

Knapp einen Monat später hielt sich der "fliegende Mantuaner" schadlos mit einem Sieg bei der Targa Florio. Im folgenden Jahr gewann der 8C 2300 das 1000-Meilen-Rennen, die 24 Stunden von Le Mans ab 1931 sogar viermal hintereinander.

Hispano-Suiza J12 T68 (Sport Torpedo), Bj. 1933. V12. 9424 cm^3. 200 PS. 185 km/h. Leihgeber: Friedhelm Loh

Der Zwölfzylinder von Marc Birkigt dominiert den Salon 1931 und wird den Ruf seiner unbestreitbaren Überlegenheit weit hinaustragen", schrieb die angesehene Publikation Omnia anläßlich der Pariser Autoausstellung in jenem

Jahr. Ihre guten Worte bezogen sich auf den Hispano-Suiza Typ 68 54CV, die jüngste Kreation des Genfer Ingenieurs Marc Birkigt (1878-1953), der sich seit 1904 mit Barcelona als Wirkungsstätte und ab 1911 auch unter zwei Anschriften im Großraum Paris mit Automobilen der Premiumklasse einen Namen gemacht hatte.

Es war wohlgemerkt das Jahr zwei der Weltwirtschaftskrise. Auf deren steinigem Boden gediehen gleichwohl solche kostbaren und -spieligen Blüten wie der Rolls-Royce Phantom II oder der Duesenberg J, die der Gigant mit der markanten Storch-Maskotte tunlichst in allen Punkten ausstechen sollte. Seinem friedlichen Auftritt als Salonlöwe war ein spektakulärer Stunt vorausgegangen: Der französische Journalist Charles Faroux düste mit dem künftigen Exponat im Renntempo von Paris nach Nizza und retour, und anschließend parkte man es im Showroom auf den Champs-Élysées auf schneeweißem Papier, ohne daß ein Tröpflein Flüssigkeit ein noch so winziges Leck verraten hätte.

Es war ja auch alles vom Besten. Sein samtener V12 mit einem Gabelwinkel von 60° und festen Köpfen aus Aluminium schöpfte aus 9424 cm^3 urige 200 PS bei 2400/min. Im Unterschied zu den Sechszylindern der Marke mit einer obenliegenden Nockenwelle hatte Birkigt der Ventilbetätigung über Stoßstangen und Kipphebel von deren Standort in der Mitte des Kurbelgehäuseoberteils zwischen den beiden Blöcken aus den Vorzug gegeben. Die Kurbelwelle, aus einem Rohling aus hochwertigem Stahl befreit, rotierte im Zuge einer ausgeklügelten Druckumlaufschmierung vielfältig ausgebohrt in sieben Gleitlagern. Die Doppelzündung arbeitete mit insgesamt vier Spulen und einem Verteiler pro Bank, für die auch jeweils ein Doppelvergaser Solex Hispano-Suiza zuständig war, vorgewärmt durch die Emissionen des Auspuffs.

Mit dem Motor verblockt war das Dreiganggetriebe mit seiner geräuscharmen zweiten und direkten dritten Fahrstufe. Der robuste Rahmen des J12 glich im Prinzip denen der übrigen Modelle des Nobel-Labels, nur daß er der Straße näher war mit Längsträgern, die man über der Hinterachse gekröpft hatte. Die beiden Starrachsen hingen an langen Halbelliptikfedern, unterstützt durch Repusseau-Stoßdämpfer, welche vom Fahrersitz aus verstellt werden konnten. Der Radstand betrug zunächst 3810 mm, später aber auch 3420, 3710 sowie 4010 mm.

Um angemessene Bekleidung und damit um die Gunst des Publikums und der Jurys bei diversen Concours d'Élégance riß sich die Creme der französischen Karossiers wie Van Vooren, Franay, Binder, Million- Guiet, Letourneur & Marchand oder Jacques Saoutchik in Neuilly. Von dessen Pariser Chic zeugte etwa ein höchst attraktiver zweiplätziger Roadsteraufbau, wie er die Evolutionsstufe T68bis ab 1934 schmückte. Deren Herzstück bestand in ihrem mächtigen 11 310-cm^3-Triebwerk. Ähnlich wie Ettore Bugatti hatte Marc Birkigt seine V12-Motoren als Vielzweckwaffen ausgeformt. Sie verrichteten unter anderem unauffällig und verläßlich ihren Dienst in den Schnelltriebwagen der französischen Eisenbahn. Zu diesem Zweck war der Hub, vorher identisch mit der Bohrung, von 100 auf 120 mm vergrößert worden. Die Leistung wuchs auf 220 PS, die allerdings mit durchschnittlich 32 Litern Kraftstoff je 100 Kilometer bei Laune gehalten werden wollten. Dafür machten sie den Hispano-Suiza T68bis, immerhin ein Schwergewicht von über zwei Tonnen, mit einer Spitze von 175 km/h und baren zwölf Sekunden auf 100 km/h zu einem ungemein munteren Auto.

Bugatti Typ 55 Super Sport, Bj. 1932. Achtzylinder-Reihenmotor. 2262 cm^3. 130 PS. Ca. 180 km/h. 13,1 s 0 - 100 km/h. Leihgeber: Mr. und Mrs. Peter Williamson

Das Sortiment der Automobiles E. Bugatti, Molsheim, Bas-Rhin, umspannte in den frühen Dreißigern ein breit gefächertes Spektrum, vom Einstiegsmodell Typ 40 über die Tourenwagen T44, 46 und 49, die Sportwagen T43 und 55, den großkalibrigen Gran Turismo T50 bis hin zum Typ 41 Royale, eine königliche Karosse mit fast 13 Litern Hubraum und 4300 mm Radstand für eine Handvoll Potentaten. Dazu gesellten sich diverse Rennautos wie der Grand-Prix-Typ 59, der im Kampf gegen die übermächtige deutsche Konkurrenz in Silbergrau gleichwohl zum armen Schlukker verkam.

Möglich wurde diese Artenvielfalt in einem derart kleinen Unternehmen durch ein ausgeklügeltes Baukastensystem. Und wie immer bei Bugatti war das Ganze viel mehr als die Summe seiner Teile. Das galt zum Beispiel für den Typ 55 Super Sport. Er war von Ettores Sohn Jean angestoßen worden und hielt mit seiner Präsentation beim Pariser Salon im Oktober 1931 Einzug in die Träume vieler, mit lediglich 38 Exemplaren indessen in die gelebte Realität von nur wenigen – wie des Duc de Trémoile, der das Exponat vom Fleck weg erstand.

Das Chassis mit einem Radstand von 2750 mm stammte von dem Grand-Prix-Modell T47, einem Sechzehnzylinder, dem auf den Pisten nur eine kurze Verweildauer beschieden gewesen war. Die Achtspeichen-Leichtmetallräder mit eingegossenen Bremstrommeln hingen nach bewährtem Bugatti-Brauch vorn an Halbelliptik-Blattfedern, hinten an Viertelelliptikfedern. Die Reibungsstoßdämpfer an beiden Achsen konnten vom Fahrersitz her verstellt werden.

Der Formelrennwagen Typ 51 steuerte seinen Achtzylinder von 2262 cm^3 bei mit zwei durch einen veritablen Pulk von Zahnrädern angetriebenen obenliegenden Nockenwellen, je zwei Ventilen im Winkel von 96 Grad und einer Zündkerze pro Brennraum, die im Unterschied zu anderen Bugatti-Triebwerken stets verläßlich freigebrannt wurde. An seiner rechten Seite angeflanscht, setzte ein Roots-Kompressor das komplexe und in seiner Vielfalt dennoch schöne Aggregat unter einen Druck von 0,85 bar. Es war um 50 auf etwa 130 PS beschwichtigt worden, ließ indessen Insassen und Umwelt im Crescendo und Diminuendo eines wüsten Concerto Grosso über seine Tätigkeit nie im unklaren: Allein schon Gebläse und Antrieb, berichtete Motor Sport im Juli 1932 tief beeindruckt, entwickelten ein kerniges Geräusch, das wie ein vielstimmiges Hurra klinge.

Die Werksliteratur hielt ein paar aufschlußreiche Angaben bereit, etwa, dass der Typ 55 um die 16 Liter Kraftstoff sowie 0,1 Liter öl auf 100 Kilometer verbrauche, während die verheißenen 195 km/h Spitze zweifellos dem Reich der Phantasie entlehnt waren. Seine Linie stammte in der Regel aus der Meisterfeder von Jean Bugatti, meist zweisitzige und in zwei Farben – gerne Rotschwarz oder Schwarzgelb – gehaltene Roadster ohne Türen. Zum Aufsitzen luden tiefe Einkehlungen in den Flanken über den Trittbrettern ein. Diese befanden sich im Tal der Kotflügel, die sich nach einem sanften und dennoch schmissigen Abschwung vom höchsten Punkt neben den Scintilla-Scheinwerfern zu knapper Rundung oberhalb der Hinterräder aufwarfen. In das gefällig sich verjüngende Heck war der Deckel des Gepäckabteils eingelassen, das notfalls einem weiteren Passagier als ungemütliche Unterkunft dienen mochte.

Ein parallel gefertigtes Coupé stand dem offenen Typ 55 an Attraktivität nicht nach, ohne allerdings dessen Charisma zu erreichen: Er sei, schwärmten Mit- und Nachwelt, eines der schönsten Autos, die je gebaut worden seien.

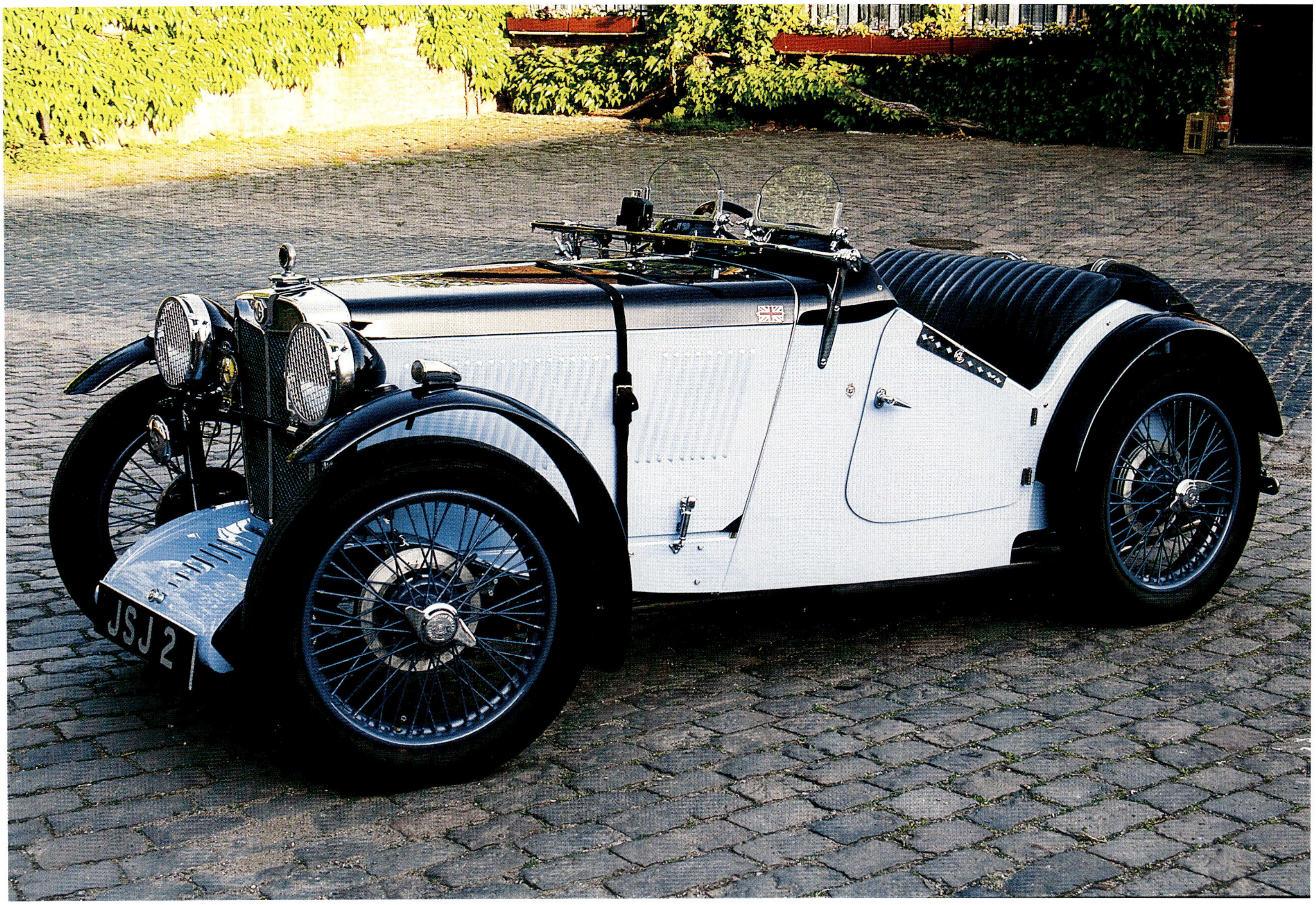

MG J2, Bj. 1932. Vierzylinder-Reihenmotor. 847 cm^3. 36 PS.
113 km/h. Leihgeber: Joachim C. Schairer

Beim MG Midget handelt es sich um eines jener genialen Designs, die sogar jetzt kaum Runzeln angesetzt haben, ein Vierteljahrhundert nach seiner Einführung", schrieb George Oliver in seiner Geschichte des Karosseriebaus

(A History of Coachbuilding). Das war 1962, und der MG TF als letzter seines Schlages hatte sieben Jahre zuvor das Zeitliche gesegnet, beweint von vielen.

Die Idee des Midget aber lebte weiter und wird noch heute durch allen Zeitenwandel hindurch verkörpert durch das damalige Konkurrenzfabrikat Morgan. So liebenswert war das Produkt, das MG-Boß Cecil Kimber 1932 in die Welt setzte, daß er gar nicht erst bis zum traditionellen Forum der Londoner Olympia Motor Show im Herbst wartete. Er erlag dem Charme des kessen Kurzen prompt selbst und präsentierte ihn bereits Anfang August. Kimber hatte seinen ersten MG (für Morris Garages) als Inhaber einer Morris-Vertretung 1923 in Oxford hergestellt und 1929 neue Räumlichkeiten im leerstehenden Teil einer Lederfabrik zu Abingdon an der Themse bezogen, zwölf Kilometer von seiner bisherigen Garnison entfernt.

In der Tat gab der J2, bis 1934 in 2083 Exemplaren zwecks Sport und Spaß gefertigt, für geraume Zeit vor, wie ein englischer Sportwagen auszusehen habe. Markante Merkmale bildeten die fest angebauten Motorradkotflügel – ab 1933 verschönten flotte vordere Schwingen und Trittbretter sein Erscheinungsbild. Dazu gehörten auch die umlegbare Frontscheibe, der Doppelhöcker über dem Armaturenbrett, die tief eingekerbten Türen, das schroff abfallende Heck, an das sich ein externer 60-Liter-Tank anlagerte, huckepack gefolgt vom Reserverad. Natürlich kam der J2 nicht von ungefähr, sondern vereinte in sich die Züge zahlreicher An- und Artverwandter. Beim Aufspüren seiner Gene muß sich der Chronist indes davor hüten, sich in dem Kürzel-Chaos zu verhaspeln, das seine Väter bei ihrem sorglosen Schweinsgalopp durch das Alphabet anrichteten.

Da war der M-Type von 1928, ganze 500 kg leicht mit seinem stoffbespannten und später stählernen Aufbau, den der Spezialist Carbodies in Coventry anlieferte. Sein 847-cm^3-Triebwerk, erst 20, später 27 PS stark, stammte im Prinzip vom Morris Minor und wurde nach Art der Alten im Thermosiphon-Verfahren gekühlt. Es war aufwendig aufbereitet mit einer obenliegenden Nockenwelle, die von einer Königswelle zum Schaffen angeregt wurde. Der M begründete die lange Reihe der insgesamt 8500 Vorkriegs-Midgets bis 1937.

Da war der C-Type Jahrgang 1931, ein Kurzhuber von gerade mal 746 cm^3, der sich gleichwohl mit einem Powerplus-Kompressor zu 52 PS und als Sauger noch immer zu 44 PS aufschwang. Die Rohre seines Kastenrahmens verliefen unterhalb der Hinterachse, seine Drahtspeichenräder mit ihren properen Zentralverschlüssen waren an Starrachsen mit Halbelliptikfedern aufgehängt.

Dieses Chassis übernahm man auf dem Umweg über den D-Type von 1932 mit dessen von 2060 auf 2180 mm erweitertem Radstand für den J2, dazu den größeren der beiden Vierzylinder, nur daß Ein- und Auslaßventile, früher Nachbarn, einander nun gegenüberlagen. Seine 36 voll im Saft stehenden Pferdestärken wurden von zwei SU-Vergasern gefüttert, und mit 70 mph beziehungsweise 113 km/h war der knorrige Zwerg damit auch hurtig unterwegs. Dennoch hatte Cecil Kimber ein Eigentor geschossen: der J2, hatte er dem Leiter der Experimentalabteilung Reg Jackson ins Lastenheft geschrieben, müsse zu Tempo 80

in der Lage sein, Meilen, versteht sich.

Soviel lief auch der Testwagen der angesehenen Publikation The Autocar unter Redakteur und Rennfahrer Sammy Davis. Ein paar Tage später brach die Kurbelwelle, und die Kompression mußte gesenkt werden – zum Leidwesen der Kunden.

Bugatti Typ 57 Roadster (Gangloff) Bj. 1939. Achtzylinder-Reihenmotor. 3257 cm³. 160 PS. ca. 160 km/h. Leihgeber: Helmer Broich

In der Produktion war er bereits im Herbst 1933, die Präsentation fand statt im darauffolgenden Frühjahr, und sein triumphales Show-Dasein begann im Oktober 1934 auf dem Pariser Salon, einem angemessenen und bewährten Bugatti-Forum. Gedacht war der Typ 57 als Nachfolger des leicht angegrauten T49, dessen Verkäufe bereits bedenklich abgeflaut waren.

Das Tagesgeschäft in Molsheim wurde zu diesem Zeitpunkt längst von Ettores 23jährigem Sohn Jean abgewickelt. Ein Künstler auch er in der besten Tradition seiner Familie mit einem instinktsicheren Gespür für Formen und Farben und einem Hang zur gelegentlichen Sensation, versorgte er zugleich das Konstruktionsbüro der Automobiles E. Bugatti mit zündenden Ideen. Dort harrten unter der Leitung des Bugatti-Getreuen Antoine Pichetto bis zu acht Zeichner auf die Weisungen ihrer Herrn und Meister, während Joseph Walter in der Abteilung für Karosserien ihre Entwürfe sinnlich-gegenständlich im Verhältnis 1:1 in die Tat umsetzte.

Bugatti senior weilte in jenen Monaten überwiegend in Paris, wo er mit der Konzeption von Schienenbussen alle Hände voll zu tun hatte. Er ließ seinem begabten Sprößling viel Freiheit, zeigte jedoch im Konfliktfall unmißverständlich, wer der Herr im Hause und was eine Harke war. So auch diesmal: An Prototypen des Typs 57 hatte Jean mit Bugatti-Rennleiter Meo Costatini als Helfershelfer aufrührerisches Gedankengut umgesetzt eine vordere Einzelradaufhängung durch eine geteilte Starrachse. Diese Keckheit führte zu einem pädagogischen Nachspiel: Anläßlich eines Heimbesuchs bestellte der aufgebrachte "Patron" die Versuchsträger in einer gleichsam frühgeschichtlichen Rückrufaktion ein und unterband das spurverändernde Spiel der Pendelachse, die solchermaßen entstanden war, indem er die Hälften zusammenschweißen ließ. Damit war der bisherige Zustand wieder hergestellt. Am anderen Ende des 950 kg schweren Chassis mit 3300 mm Radstand war ohnehin mit einer Starrachse und Viertelelliptikfedern alles beim alten geblieben.

Ein konservativer Revolutionär, war der "Zauberer von Molsheim" ohnehin jeglichem allzu ungestümem Fortschritt von Herzen abgeneigt. Errungenschaften wie der Kompressor, die zweite Nockenwelle, Vierrad- und hydraulische Bremsen sowie die Hochdruckschmierung mußten gegen seinen zähen Widerstand durchgeboxt werden. Der Reihenachtzylinder des T57 begnügte sich im Vorfeld seiner Serienfertigung mit den Zylindermaßen 72 x 88 mm. Doch bald erwuchs ihm durch die Erweiterung des Hubs auf 100 mm ein Volumen von 3257 cm³ wie bereits dem just abgehalfterten T49, dessen Stärke von 110 PS er um 25 PS überbot. Gemessen an den Normen der Zeit, ergab sich dadurch die üppige Relation von 40 PS pro Liter.

Seine aus einem Stück geschnitzte Kurbelwelle rotierte in sechs Gleitlagern, nämlich fünf Hauptlagern und einem weiteren zwischen dem Nockenwellentrieb und dem Kupplungsgehäuse, das Getriebe mit seinen schrägverzahnten Rädern war erstmalig über eine Kupplungsglocke direkt am Block angeflanscht. Dieser war entsprechend uraltem Bugatti-Usus mit dem Kopf zusammengegossen, während das Aluminium-Kurbelgehäuse aus zwei Hälften zusammengegeben war. Erneut hatte ein US-Erzeugnis Pate gestanden: das aufwendig gegliederte Renntriebwerk des Harry Armenius Miller, besonders geadelt durch zwei obenliegende Nockenwellen. Die jeweils zwei im Winkel von 90 Grad hängenden Ventile je Verbrennungseinheit wurden indessen nicht mehr via Tassenstößel, sondern mittels kurzer Schlepphebel betätigt, was das Einstellen des Ventilspiels erheblich erleichterte.

Bugatti Typ 57 SC Atalante, Bj. 1938. Achtzylinder-Reihenmotor. 3257 cm³. 200 PS. Ca. 200 km/h. Leihgeber: Mr. und Mrs. Peter Williamson

Links an der Maschine angebracht, wurden Lichtmaschine und Wasserpumpe wie auch die Nockenwellen von einer Kaskade von Zahnrädern an deren Rückseite bedient. Die Schmierstoffpumpe, durch eine senkrechte Welle mit Schneckenverzahnung mit der Außenwelt verbunden, hauste in der Ölwanne. Der Stromberg-Vergaser war an der rechten Seite des Blocks angeflanscht. In den ersten 200 Exemplaren des T57 wurzelte der Motor

noch fest in dem durchaus verwindungsfreudigen Leiterrahmen, ruhte jedoch anschließend beweglich auf Gummiblökken, nachdem dieser durch Kreuzverstrebungen an Stärke gewonnen hatte.

Vom Rotstift des Kalkulators dahingerafft, gehörte der traditionelle Bugatti-Wabenkühler aus einer kostspieligen Legierung von Nickel und Silber der Vergangenheit an, ersetzt durch ein maschinell hergestelltes Pendant hinter einem vernickelten Grill in der überkommenen Hufeisenform mit thermostatisch betätigten Lamellen. Ein Novum waren auch die Rudge-Speichenräder mit Zentralverschluß, die von mächtigen verrippten Bremstrommeln fast bis an den Felgenrand ausgefüllt wurden.

Für den Créateur d'Automobiles Ettore Bugatti, zeitlebens dem künstlerischen Erbe seines Vaters verpflichtet, stellten seine Triebwerke und nur sie die wahren Artefakte dar. Das Chassis diente als Sockel, und die Karosserie blieb schmükkendes Beiwerk, die nun einmal nicht zu vermeidende Hülle. Sein Sohn Jean, der mittlerweile die Modellpolitik des Hauses gründlich umgekrempelt hatte und auf ein Basismodell in verschiedenen Variationen baute, erhob sie hingegen in den Rang von Schmuck.

So – und vor allem – auch am Typ 57. Dessen verschiedene Versionen wurden nach Alpenpässen benannt und erstmals in der Geschichte des berühmten Hauses weitgehend vom Werk selbst eingekleidet, aber auch von externen Partnern wie Gangloff im nahegelegenen Colmar oder Corsica im Stadtteil Cricklehurst des fernen London mit bestechender Haute Couture ausgestattet. In Colmar entstand das zweisitzige Cabriolet Stelvio. Aus Molsheim trugen die zweitürigen Coupés Ventoux, Atalante (auch offen erhältlich) und Aravis (1939 zusätzlich als Cabriolet) den Nimbus der elsässischen Premiummarke ebenso in alle Welt wie der Coach Galibier, dessen vier Türen zunächst gegenläufig in einem kantigen Aufbau ohne B-Säulen angeschlagen waren. In einer windschlüpfigeren Version ab 1936 stellte sich die konventionelle Lösung wieder ein und mit ihr eine Erschwernis beim Betreten und Verlassen. Ein schmucker Roadster des Londoner Karossiers ging an den populären englischen Renn- und Rekordfahrer Malcolm Campbell, dessen exklusiver Fuhrpark der Regenbogenpresse auf der Insel schon seit jeher reichlich Anlaß zum Tratschen geliefert hatte. Auf dem Pariser Salon im Oktober 1936 stellten die Männer aus Molsheim die Ausbaustufe Typ 57 C vor. Der Zusatz stand für compresseur, bezogen auf das seitlich montierte Roots-Gebläse, das mit 1,14facher Kurbelwellendrehzahl den sanften Überdruck von 0,25 bar zu den Einlaßventilen schob. Ein Vergaser, wie bislang schon zuständig für die Verpflegung aller acht Zylinder, fand sich an seiner Unterseite, im Gegensatz etwa zu dem Rennmodell Typ 59. Der Zuwachs an Leistung auf 155 PS war

gleichwohl beachtlich, die Höchstdrehzahl von 5500/min für einen komfortbetonten Sportwagen der dreißiger Jahre schlicht astronomisch. Rennpilot Robert Benoist, dem Unternehmen schon lange verpflichtet, zirkulierte im Mai 1939 am Volant eines Bugatti 57 C Galibier mit Tankstellentreibstoff und einem Stundenmittel von 182,6 km/h über den Kurs von Montlhéry. Zumindest seine schnellste Runde von 195 km/h erweckte den Argwohn, es gehe nicht alles mit rechten Dingen zu...

Bugatti Typ 57 SC Atlantic Coupé, Bj. 1936. Achtzylinder-Reihenmotor. 3257 cm³. 200 PS. Ca. 210 km/h. Leihgeber: Mr. und Mrs. Peter Williamson

1937 hatte Benoist gemeinsam mit dem aufsteigenden Star Jean-Pierre Wimille für die Molsheimer Marke das 24-Stunden-Rennen von Le Mans gewonnen, am Volant der bereits 1936 gebauten scharfen Variante 57 G "Tank", ein Erfolg, den

Wimille 1939 mit Pierre Veyron als Partner wiederholte.

Einige T57 waren mit elektromechanischen Cotal-Schaltungen ausgerüstet, die das Handwerk des Gangwechsels entschieden erleichterten. Ansonsten geriet dieser nämlich mangels Synchronisation zu einer komplizierten kleinen Zeremonie, die mit Präzision und Bedacht ausgeführt sein wollte. Jean Bugatti hatte der Maschine minimale Schwungmassen mitgegeben, so daß diese blitzschnell hochdrehte und ebenso rasch wieder an Drehzahl verlor. Wollte der Lenker mit Zwischenkuppeln beim Hoch- und durch Zwischengas beim Zurückschalten die gebotene Harmonie des Gleichlaufs herstellen, bedurfte es schneller Füße und einer flinken Hand, damit der Motor mit seiner chronischen Leerlaufneurose nicht einfach abstarb.

Bereits das Erwecken der acht Zylinder erforderte eine kultische Handlung: Ein Hebel am Armaturenbrett sorgte für das richtige Startgemisch, ein weiterer bestimmte den angemessenen Zündzeitpunkt. Erst mit zunehmender Temperatur gewannen sie ihre arttypische Geschmeidigkeit und äußerten sich mit einem Sound, in dem sich helles Auspuff-Bellen mit hungrigem Kompressor-Schnüffeln melodisch mischten.

Als Bugatti auf der Londoner Autoshow 1936 den Typ 57 S Atlantic zeigte, ging ein Rauschen durch den Blätterwald. Das zweiplätzige Coupé, eine Skulptur von wundersam-skurriler Schönheit in einer Auflage von lediglich vier Exemplaren, war zweifellos Jean Bugattis Meisterstück. Geraden und Rundungen hielten an diesem puristischen Exempel des französischen Auto-Expressionismus ein kunstvolles Gleichgewicht. Als genialer Wurf gilt bis heute der zu bedrohlicher Schärfe genietete Dachgrat. Dieses Detail war dem Flugzeugbau entlehnt, setzte sich in gemilderter Form über die Motorhaube fort und klang auch auf den vorderen Kotflügeln noch einmal an. Der vertraute Kühler spitzte sich zu einer aggressiven Keilform, geschmeidiger auch beim Angriff auf den Fahrtwind.

Ein Aufbegehren gegen die Normen und Standards der Zeit stellte auch ein Roadster dar, der im gleichen Jahr in Paris zur Schau gestellt, aber nie der Serie zugeführt wurde – auf den Vorderrädern hockten tropfenförmige Kotflügel, die nach Art der Väter die Lenkbewegung mitvollzogen. Etwas konventioneller und gemäßigter gab sich das käufliche zweisitzige Sportcoupé Atalante, das mit seinem winzigen Fahrgastpavillon gleichwohl den Eindruck bestätigte, Bugatti messe dem Auto gelegentlich mehr Bedeutung zu als den Insassen. Der Radstand des 57 S war auf 2980 mm verkürzt, seine Hinterachse durch entsprechende Aussparungen des Rahmens gesteckt worden, was eine niedrige Bauart begünstigte. Die Maschine (mit Trockensumpf) leistete 175 PS, in der ein Jahr später angebotenen Kompressor-Metamorphose T57 SC sogar 200 PS.

Nur 42 Einheiten des Aufkommens von rund 750 T57 insgesamt entfielen auf die Spielarten S und SC, deren Fertigung in Mai 1938 eingestellt wurde. Die allgemeine Aufwertung der Modellreihe in jenem Jahr durch eine hydraulische Zweikreisbremse System Lockheed und ver-

tikal installierte Allinquant-Teleskopstoßdämpfer vollzogen sie nicht mehr mit.

Am 11. August 1939 jedoch verflochten sich Zeitgeschichte und das Schicksal des Hauses Bugatti auf sonderbare und fatale Weise: Bei einer Testfahrt mit dem "Tank" verunglückte Jean Bugatti, Thronfolger und Hoffnungsträger, tödlich. Von nun an ging's bergab.

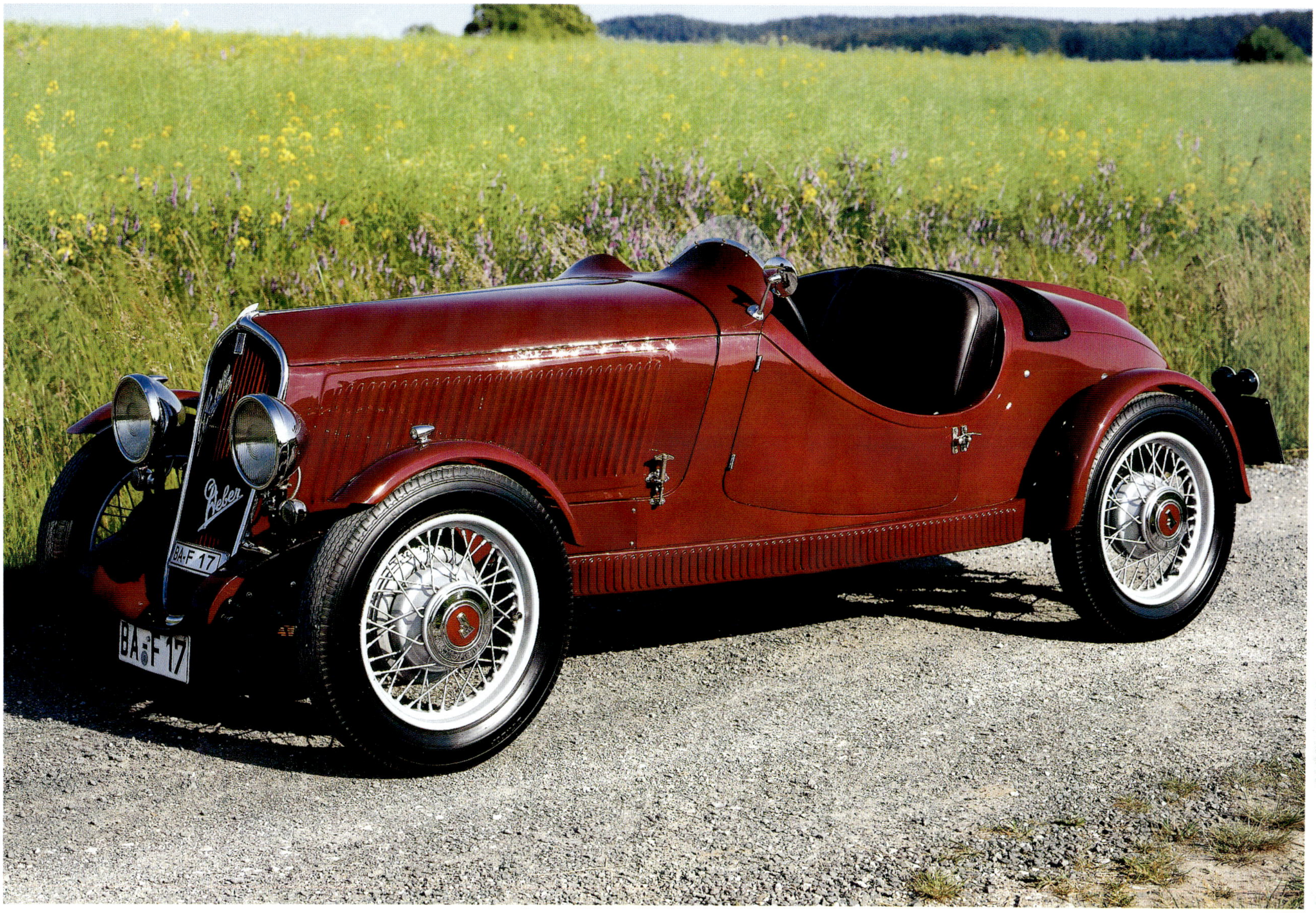

Fiat 508 Balilla Corsa CS Mille Miglia, Bj. 1935. Vierzylinder-Reihenmotor. 995 cm³. 52 PS. 135 km/h. Leihgeber: Leo Aumüller

2002 wurde er 70 Jahre alt. Genauer gesagt, galt dies für die wenigen Überlebenden der Armee von 114 184 Fiat 508, besser bekannt unter ihrem Beinamen Balilla, mit denen die Fabbrica Italiana Automobili Torino zwischen 1932 und 1937 im Handstreich den heimischen Markt für die Einliterklasse eroberte. Ermöglicht wurde dies durch die Normung der Teile, vereinfachte Verfahren der Produktion sowie die Einführung der elektrischen Schweißung, mit denen sich die Turiner Marke unmittelbar nach dem Ersten Weltkrieg die Voraussetzung für große Serien geschaffen hatte.

Möglich wurden sie allerdings auch durch den sonnigen und der Zukunft zugewandten Charakter des Kleinen, der unter vaterländischem Applaus auf dem Mailänder Salon im Frühjahr 1932 zunächst mit drei Gängen ("3 marce") vorgestellt wurde. Ab Juli jenes Jahres rollte er schier unaufhaltsam von den Bändern und deckte gleich vielerlei Bedürfnisse ab, als zweitürige Limousine, als Torpedo (ein viertüriger offener Tourenwagen mit Klappverdeck), als Lieferwagen namens Camioncino und als Spider.

Gemeinsam waren ihnen innovative Schmankerln wie hydraulische Stoßdämpfer und Bremsen sowie eine 12-Volt-Anlage und der relativ lange Radstand von 2250 mm: In aller Regel endete der Balilla unmittelbar vor und hinter seinen beiden Starrachsen, was seinem Auftritt durchaus bekömmlich war. Sein Fahrwerk mit einem Profilrahmen aus Stahlblech mit x-förmiger Versteifung als tragendem Element hatte Ingegnere Emilio Martinotti konstruiert, seinen seitengesteuerten Reihenvierzylinder Ingegnere Bartolomeo Nebbio. Von Fallbenzin aus seinem 26-Liter-Tank mittels eines Solex-Vergasers ernährt, gab er sich mit acht Litern je 100 Kilometer genügsam wie ein Maulesel und mobilisierte gleichwohl 20 muntere PS bei 3400/min.

Zum Schmuckstück geraten war vor allem der von Ghia eingekleidete Spider mit seinen großen freistehenden Scheinwerfern, dem aufrechten ovalen Kühlergrill, der gefällig gerundeten umlegbaren Windschutzscheibe, elegant geschwungenen Kotflügeln mit ausgeprägten Trittbrettern, tief eingekehlten Türen und einer kleinen vertikalen Finne auf dem Heckdeckel. Dies machte ihn umgehend zum Familienstar und beliebten Exportartikel. In der Version 508 S Balilla Sport ab Januar 1933, nun wieder mit Reibungsstoßdämpfern und gleichwohl von exemplarischer Handlichkeit, war er auf 30 PS erstarkt und gutgelaunt bis zu 115 km/h flink. Ein Jahr später sattelte Nebbio noch einmal sechs PS drauf, indem er das knorrige kleine Triebwerk von stehenden auf hängende Ventile umrüstete. Somit waren nunmehr 36 PS bei ungewöhnlich hohen 4400/min für den Transport von 625 kg Leergewicht zuständig. Eine Berlinetta-Variante brachte weitere 120 kg auf die Waage.

Nicht alle Modifikationen der zweiten Balilla-Generation 508 B in gleichen Jahr vollzog der Spider mit. Zwar gebot sein Lenker nun auch über die Annehmlichkeit eines Viergangetriebes, dessen beiden oberen Fahrstufen synchronisiert waren. Aber in puncto Radstand war alles beim alten geblieben, während man den übrigen Angehörigen des 508-Clans 50 mm mehr spendiert hatte. Dies und der Umstand, daß er mit einer Spurweite von 1187 mm vorn und 1200 mm hinten bräsig in seinen Halbelliptikfedern stand, prädestinierten den leichtfüßigen Italo-Roadster förmlich für den Rennsport. Beim nationalen Kult-Event Mille Miglia bekriegten sich ganze Horden von Balilla-Piloten bis aufs Messer. Den schönsten Erfolg holten sich die Gebrüder Luigi und Emilio Villoresi bei der neunten Auflage im Jahre 1935 mit einem Sieg in der Klasse bis 1500 cm³ ohne Kompressor. In einem weiteren Spider saß jemand, der sich auf einem ganz anderen Gebiet einen Namen machen sollte: Nuccio Bertone.

Mercedes-Benz 380 K Cabriolet A, Bj. 1934. Achtzylinder-Reihenmotor. 3823 cm^3. 140 PS. 145 km/h. Leihgeber: C. F. Mirbach, Chiemgau

Als Meisterstück von Chefkonstrukteur Hans Nibel galt der vergleichsweise kleine "Volks"-Mercedes 170, der Öffentlichkeit 1931 auf dem Pariser Salon präsentiert. Mit ihm wurde gleichsam die überkommene Starrachse und somit das

Eis gebrochen: Jedes Rad war nun unabhängig geführt und gefedert, der Schwerpunkt besonders niedrig.

Die Impulse rührten diesmal her vom Teilhaber Benz: Schon 1922 hatte man auf die Anregung des österreichischen Flugzeugbauers Edmund Rumpler in Mannheim hin Versuche mit hinteren Schwingachsen unternommen, über die dann der Rennwagen "Tropfen-Benz" tatsächlich verfügte. Die beiden Hinterräder des 170 wurden von Pendelhalbachsen getrieben, deren Hüllrohre sich über je zwei Schraubenfedern gegen den Rahmen abstützten. Dieses Prinzip sowie den Niederrahmen aus gepreßten Kastenprofilen übernahm man für den Typ 380, der auf der Berliner Automobil-Ausstellung im Februar 1933 mit allgemeiner und wohlpublizierter Bewunderung aufgenommen wurde. In sonderlich hohen Stückzahlen sollte sich das indessen nicht niederschlagen – es blieb bei 157 Exemplaren. Während am 170 die Vorderräder achslos an einem querliegenden Blattfedernpaar hingen, dienten diesem Zweck am größeren Pendant Parallelogramm-Lenker und Schraubenfedern. Radführung, Federung und Dämpfung waren jeweils getrennten Bauelementen zugewiesen worden. Neu waren überdies Schnellgang, Vierrad-Öldruckbremse mit Servohilfe von Bosch-Dewandre sowie die Thermostat-geregelte Kühlung.

Im übrigen stand der 380 als Bindeglied zwischen den just verblichenen S-Modellen und der künftigen Generation der Typen 500 K und 540 K in der Tradition der Kompressorwagen der Marke. Gleichwohl gab es neben den Versionen M 22 mit angebautem und M 22 K mit integriertem Gebläse – in der Spielart M 22 I wurde der Hubraum von 3823 cm^3 auf 4019 cm^3 vergrößert – eine Variante ohne Aufladung. Den Kunden erreichten indessen in aller Regel lediglich die Ausführungen 15/90/120 PS (M 22) und 15/90/140 PS (M 22 K).

Schon 1932 hatte ein 380 S (für Sonderausführung) von sich reden gemacht, eine Ausbaustufe des Mannheim mit acht Verbrennungseinheiten, die allerdings nie im offiziellen Verkaufsangebot erschien. Über einen Achtzylinder mit gleichem Volumen verfügte auch der 380 neuer Art, aber mit hängenden statt stehenden Ventilen und neun anstelle von fünf Lagern der Kurbelwelle. Vollgasfest war er dennoch nicht – die Werksliteratur riet dringlich davon ab, seine Höchstgeschwindigkeit von bis zu 145 km/h je nach Hinterachse über längere Zeit zu strapazieren. Das fortschrittliche Fahrwerk hätte es bereits mit mehr aufgenommen.

Immer gleich war der Radstand von 3140 mm. Da aber schier ewig lange Motortrakte zum automobilen Schönheitsideal der Zeit zählten, bot Mercedes neben dem normalen Fahrgestell ein solches "für Sportwagen" an, das diesen Eindruck verstärkte, indem die Einheit von Motor und Getriebe, Lenkung und Sitz deutlich nach hinten versetzt worden waren. Diese visuelle Aufwertung kam vor allem den Sport-Roadstern zugute, wie der Rest der Baureihe zumeist mit attraktiven Sindelfinger Karosserien versehen. Erste Einzelstücke hatten noch tiefe Kerben in den Türausschnitten und keilförmige Windschutzscheiben, die später gleichermaßen geglättet und abge-

flacht wurden. Auch ein schmuckes Hardtop war bereits verfügbar. Mit dem Roadster, diversen Cabriolets, Limousinen mit vier und Tourenwagen mit zwei Türen fächerte sich das Angebot in hohe Artenvielfalt auf. Hinsichtlich ihres Preises herrschte allerdings die strenge Demokratie der Gleichmacherei: Sie kosteten alle 19 500 Reichsmark.

BMW 319/1, Bj. 1935. Sechszylinder-Reihenmotor. 1911 cm³.
55 PS. 130 km/h. Leihgeber: EFA Museum Amerang

Es war ein vielstimmiges Orchester, das sich 1933 einstimmte, zum Aufbruch in eine Zukunft im Zeichen jenes Kreuzes, welches laut Chef-Zyniker Bert Brecht für den kleinen Mann einen großen Haken hat. Jeder auf seine Weise – die Bayerischen Motoren Werke mit einem kleinen Sechszylinder namens 303, der auf der Berliner Autoausstellung im Februar jenes Jahres noch etwas unausgegoren vom Beginn einer völlig neuen Baureihe und wohl auch eines neuen BMW-Zeitalters kündete.

Sein Triebwerk von 30 PS, mit hängenden Ventilen, einer seitlichen mittels einer Duplex-Kette getriebenen Nockenwelle und zwei Vertikalvergasern, war vom Vierzylinder des Vorgängers 3/20 abgeleitet und wies mit 56 x 80 mm auch dessen Zylindermaße auf. Das in Eisenach gefertigte Chassis bestand aus einem Tiefrahmen mit Rundrohren (90 mm Querschnitt), einer Querlenker-Vorderachse und einer Starrachse hinten mit Underslung-Halbfedern. Die Serienfertigung mit Aufbauten der Berliner Karosseriefabrik Ambi-Budd begann zwei Monate später. Allgemeiner Wertschätzung erfreute sich der 303 spätestens nach seiner störungsfreien Teilnahme bei der 2000-km-Fahrt, einer imageträchtigen Riesenrunde durchs Reich von Baden-Baden über München, Berlin und das Ruhrgebiet zurück nach Baden-Baden.

Dennoch deuchte vielen sein Hubraum von 1173 cm³ ein bißchen mickrig, und so wurde er umgehend zum Gegenstand zügiger Evolution. Im April 1934 folgte der 315 mit 34 PS. Die Münchener Motormacher hatten sein Volumen auf 1490 cm³ aufgestockt. Er lief in diversen Ausführungen 100 km/h – Ritterschlag für das Klasseauto – und geriet mit 9765 Exemplaren (303: 2300, Nachfolger 319: 6646) zum Bestseller unter den Kompakt-Dreiern der frühen Dreißiger.

Im Sommer 1934 setzte man dieser populären Palette ein Krönchen auf in Gestalt des schmucken Roadsters 315/1, der in der schwachen Verbreitung von 242 Einheiten gleichwohl eine Rarität blieb. Der Maschine hatte man mit Hilfe dreier Vergaser und einer höheren Verdichtung (1 : 6,5 und später 6,8 gegenüber den 5,6 der bürgerlichen Ausführung) 40 PS beigebogen, was Tempo 120 möglich machte. Über dem Rahmen erhob sich eine Struktur aus Eschenholz, über welche die Karosserie aus Leichtmetall gezogen wurde. Nur die Kotflügel waren aus Stahl. Der 315/1 wog 750 kg – ebensoviel wie ein zeitgenössischer Grand-Prix-Wagen. Und seine Väter hatten durchaus sportliche Ambitionen mit ihm. So wurde etwa Fahrzeug 23 mit der Fahrgestellnummer 47 858, das auch für zahlreiche Werkfotos herhalten mußte, am 8. Juni 1934 der Produktion in Eisenach entzogen und mit dem polizeilichen Kennzeichen IIA-4361 einem ereignisreichen Sportlerleben zugeführt. Dieses begann mit der 2000-km-Fahrt desselben Jahres, die der kleine Beau im Team mit zwei weiteren 315/1 unter dem BMW-Prokuristen Albert Kandt straf-punktfrei und mit einer Goldmedaille hinter sich brachte, und setzte sich gleich darauf fort mit der Internationalen Alpenfahrt, Ausbeute: Großer Mannschaftspreis und Goldpokal. Ab Oktober 1934 siegte der neue Eigner, künftiger Motoren-Papst

und BMW-Legende Alex von Falkenhausen, mit ihm gleichsam gewerbsmäßig weiter.

Solchermaßen auf den Geschmack gekommen, wollten die Bayern auch in der Zweiliterklasse abräumen, was es abzuräumen gab, und taten dies auch mit dem 319/1, den der driftende Sportsmann noch 1934 erwerben konnte, mit 1911 cm³ und 55 PS, aber ansonsten baugleich mit dem hubraumschwächeren Brüderchen. Mit auf ursolide 45 PS reduzierter Leistung wurde diese Maschine auch dem 319 von der Stange zugänglich gemacht.

Mercedes-Benz 500K/540 K Cabriolet A, Bj. 1936. Achtzylinder-Reihenmotor mit Kompressor. 5401 cm^3. 180 PS. 170 km/h. Leihgeber: Peterheinz Kern und Berthold Rückwarth

Sie entstanden zeitgleich mit den Silberpfeilen vom Typ W 25 bis W 165 und standen wie diese für eine Politik der Stärke – im übertragenen wie im wörtlichen Sinne des Begriffs. Das Unglück wollte es, daß sie folglich nicht nur im

Namen des Sterns antraten, der die Herrschaft des Menschen über Erde, Luft und Wasser symbolisiert, sondern auch im Zeichen jenes Kreuzes, das laut Polit-Spötter Bert Brecht für den kleinen Mann einen großen Haken hat.

Und so vollzogen sie sinnbildlich auch dessen Los mit: Auf den 500 K mit 5018 cm^3 und 100 PS ohne oder 160 PS mit zugeschaltetem Kompressor, Thema Nummer eins bei der Berliner Automobil-Ausstellung im Februar 1934, folgte im Oktober 1936 auf dem Pariser Salon der 540 K mit 5401 cm^3 (115/180 PS). Der 580 K (130/200 PS aus 5800 cm^3) war 1940 reif für die Serie, aber da verlangte das Schicksal bereits nach anderen Prioritäten. Als Nachfolger der Baureihe S bis SSK und des 380 setzten sie die Tradition der großen und teuren aufgeladenen Mercedes fort und zählen ohne Zweifel zu den aufregendsten Automobilen aller Zeiten. Aber wo bei diesen im allgemeinen die Form der Funktion entsprach und schnörkellos die Reise von A nach B oder auch das gelegentliche Rennen angesagt waren, gesellten sich in jenen Elemente des Zeitgeists hinzu mit Ausflügen ins Majestätische, ins Barocke oder gar ins Gigantische.

Hierzu bot sich neben dem normalen Fahrwerk, das allein schon 1700 kg und beim 540 K 1800 kg auf die Waage brachte, förmlich an, was im Mercedes-Neusprech bis 1935 "Fahrgestell für Sportwagen" und bis 1938 "Fahrgestell mit zurückgesetztem Motor" genannt wurde. Der Radstand von 3290 mm blieb stets der gleiche. Im Regelfall erhob sich der Kühler über der Vorderachse, in dem anderen wurde er um 185 mm nach hinten versetzt, mit ihm der mächtige Reihenachtzylinder und seine Domestiken und Wasserträger, die Lenkung und das Cockpit. Somit ergab sich der gewünschte Eindruck eines besonders langen Vorderwagens gleichsam als phallischen Ausdrucks schierer Stärke.

Vom Modelljahrgang 1938 wurde diese Lösung gestrichen, als plötzlich eine Pseudo-Stromlinie en vogue war und gebieterisch nach mehr Platz verlangte. In einer dritten Variante war der Radstand auf 2980 mm verkürzt und der weniger gewinkelte Kühler sogar kurz vor der Vorderachse angesiedelt worden. Diese Regelung war für den 580 K vorgesehen gewesen, blieb indessen nach etwa fünf zweisitzigen Sonderversionen von 500 K und 540 K auf der Strecke. Allen gemeinsam waren der Niederrahmen aus gepreßten stählernen Kastenprofilen, die hydraulischen Bremsen mit Saugluftunterstützung von Bosch-Dewandre sowie die Aufhängung an Doppelquerlenkern und Schraubenfedern vorn und einer Pendelachse mit doppelten Schraubenfedern und einer Zusatz-Ausgleichsfeder hinten. Über das Versuchsstadium nicht hinaus kam 1934 und 1935 eine Spielart des 500 K mit einer hinteren De-Dion-Doppelgelenkachse, deren Mehrgewicht durch den Einbau des 5,4-Liter-Aggregats aufgefangen wurde.

Für die verwöhnte Zunft der Karosserie-Couturiers war die Baureihe nicht sonderlich ergiebig. Ihre Sindelfinger Kollegen, allesamt beim Werk in Lohn und Brot, hielten allein zehn verschiedene Aufbauten vom Roadster über die viertürige Limousine bis hin zum tränenförmigen Autobahn-Kurier bereit und begegneten Sonder- und Extrawünschen der Klientel mit erstaunlicher Flexibilität und

bemerkenswertem Einfallsreichtum. Bei einem Preis von 15 550 Reichsmark für das nackte Fahrgestell schlugen schon die Basismodelle mit bis zu 28 000 Reichsmark zu Buche, das 6-fache dessen, was man für eine zweitürige Limousine vom Typ 170 V entrichten mußte. Darüberhinaus aber wurde es richtig teuer.

Mercedes-Benz 540 K Sport-Coupé, Bj. 1939. Achtzylinder-Reihenmotor mit Kompressor. 5401 cm³. 180 PS. 170 km/h. Leihgeber: Friedhelm Loh

Und da es sich bei den insgesamt 641 Besitzern des Mega-Mercedes (es gab 342 Kunden für den 500 K und 319 für den 540 K) keineswegs um arme Schlucker handelte oder sie sich ihre Autos durch das Steueraufkommen des Tausendjährigen Reichs finanzieren ließen, bereiteten ihnen auch dessen liberale Konsumgewohnheiten keine schlaflosen Nächte: Mit bis zu 30 Litern je 100 km, bei häufiger Annäherung an die 170 km/h, zu dem etwa ein 540 K fähig und

auf den neu entstandenen Autobahnen sogar in der Lage war, manchmal noch ein bißchen mehr waren sie von der Freßlust eines gierigen Renaissancefürsten. Dies war nicht zuletzt auf ihr stattliches Gewicht zurückzuführen, im Normalfall gut und gerne 2500 Kilogramm, in der gepanzerten Sonderausführung für Menschen, die sich ihrer allgemeinen Popularität nicht völlig sicher waren, sogar 3100 Kilogramm. Ihre Klientel: die Prominenten und Mächtigen dieser Welt. Und so knüpften sich an die Modellreihe allerlei Anekdoten oder Kuriositäten wie die, daß ein indischer Maharadja seinen 540 K zum Jagdwagen für die Tigerhatz verfremdete.

Der Vorgänger war noch in die Zuständigkeit von Hans Nibel gefallen, die spätere Ausbaustufe bereits in die Max Sailers, nach Nibels Tod im Jahre 1934 sein Nachfolger im Amt als Leiter des Konstruktionsbüros von Daimler-Benz. Ihre schönsten Blüten trieb die Baureihe in Gestalt der Roadster, für viele der Traumwagen der dreißiger Jahre oder sogar der ersten Hälfte im Jahrhundert des Automobils schlechthin. In der Regel wurden sie mit Sindelfinger Karosserien von erlesenem Geschmack eingekleidet, und zwar 29 Fahrgestelle des 500 K und die gleiche Anzahl von Chassis des 540 K, vier davon als Normal-Roadster, die anderen 25 als Spezial-Roadster.

Natürlich war auch der Nazi-Nomenklatura das robuste Charisma des Kolossalischen nicht verborgen geblieben, das den Renommier-Mercedes umfächelte. Sowie er in das System eingebunden wurde, kamen ihm allerdings Charme und Liebenswürdigkeit gänzlich abhanden, zumal in dessen Spätphase Cabriolets in ihrer schönen Offenheit aus naheliegenden Gründen aus der Mode gerieten. Ein historisches Beispiel dafür war die "Aktion P": Am 27 Mai 1942 fiel Reinhard Heydrich, Reichsprotektor von Böhmen und Mähren, bei einer Ausfahrt durch die Prager Vorstadt in seinem offenen Mercedes 320 einem Attentat zum Opfer. Die Reichskanzlei reagierte umgehend und baute vor, indem sie in Stuttgart je 20 Limousinen, Pullman-Limousinen und Tourenwagen des VIP-Mobils 770 ("Großer Mercedes") sowie 20 hochgeschlossene Ausführungen des Modells 540 in Auftrag gab, alle gepanzert.

Die Serie war 1939 eigentlich ausgelaufen. Folglich griff man auf zwei verbliebene brandneue Chassis zurück, berief Zuge von "Wehrersatzinspektionen" jeweils sechs neuwertige Cabriolets A und B sowie zweitürige Limousinen gewissermaßen ein, widmete sie zu den gewünschten rollenden Bunkern um und verfrachtete sie per Eisenbahn nach Berlin. Ein Jahr später bestellte der gleiche Auftraggeber noch einmal vier 770 und 17 weitere Limousinen des Typs 540 K nach, die im Februar und im April 1944 ausgeliefert wurden. Einer davon verblich zu Versuchszwecken im Hagel von

Kugeln auch größerer Kalibern und schaute nachher aus wie ein Gangsterfahrzeug im Chicago der Prohibition nach einem Überfall.

Die Adressaten waren Führer befreundeter Mächte sowie Statthalter und Gouverneure besetzter Gebiete. Diesen Privat-Panzern haftete zweifellos etwas Sinistres an. Obwohl sie für die Ewigkeit gemacht zu sein schienen, überlebte offenbar nur einer, der heute im Technischen Museum zu Prag zu besichtigen ist. Aber das ist ein trübes Kapitel in der Geschichte des Modells und der Marke.

Lagonda M45R, Bj. 1934. Sechszylinder-Reihenmotor. 4467 cm³. 115 PS. 160 km/h. Leihgeber: Peter Godehardt

M45R – das scheinbar wirre Knäuel aus Buchstaben und Zahlen erzählt eine Geschichte. Anfang der Dreißiger kamen die Zwei- und Dreiliterautos der 1906 in Staines, Middlesex gegründeten Firma Lagonda Ltd. keineswegs schwächlich daher. Aber ihr ungünstiges Leistungsgewicht machte ihren Fahrern zu schaffen, die Temperament nur durch ständiges Schalten aus ihnen herauszukitzeln vermochten.

Abhilfe schuf ein 4,5-Liter-Triebwerk (daher die 45), das die in Wolverhampton ansässige Henry Meadows Ltd. (daher das M) ab 1933 an Lagonda lieferte. Sie tat das gern, zumal sie just die Edelmarke Invicta als Kunden verloren hatte. Mit dem monumentalen Sechszylinder verpflichtete man ein Multitalent, das auch in Patrouillebooten, kleineren Panzern und Lastwagen stolz seinen in Monoblock-Bauweise mit dem Rest verbundenen Kopf emporreckte. Er wartete überdies mit frühen technischen Delikatessen auf wie etwa zwölf Kerzen und Doppelzündung und trat bereits bei ganz niedrigen Drehzahlen an wie ein wütender Kampfstier.

Und er machte den Lagonda M45 in diversen Ausformungen zum größten englischen Sportwagen seiner Zeit. Ursprünglich spannte man ihn mit einem Getriebe aus eigener Fertigung, später mit einem von Meadows zusammen. Der M45 hatte halbelliptische Federn im Bunde mit Reibungsstoßdämpfern von André oder Hartford, deren Fernkontrolle in der Form von Rändelknöpfen aus dem Boden ragten und während der Fahrt betätigt werden konnte. Den Umgang mit seinen riesigen Trommelbremsen erleichterte eine Vakuum-Servohilfe.

Mit 115 PS verfehlte er gleichwohl die angestrebte magische 100-Meilen-Marke um Haaresbreite. Diese überwand, wenn auch ebenfalls knapp, ab Herbst 1934 der M45R, mit R für Rapide. Sein vier PS stärkerer Motor war umfassend retuschiert worden, mit einem Kurbelgehäuse aus Aluminium, schwereren Pleueln und großzügigeren Kurbelwellenlagern sowie einer von 6 : 1 auf 7 : 1 angehobenen Kompression. Installiert war er in dem entsprechend angepaßten kleineren und leichteren Chassis der 3,5-Liter-Modelle der Marke mit einem Radstand von 3120 mm. Die Bremsen stammten von Girling, die hydraulischen Stoßdämpfer von Girling-Luvax. Die André Telecontrols wurden beibehalten.

Diese Veränderungen, frohlockte Motor Sport in einer Ausgabe vom Mai 1935, hätten Handling und Leistung des Lagonda noch einmal verbessert und ihn zum Vollblut und ebenbürtigen Gegner für jeden Sportwagen ohne Kompressor sublimiert, daheim und auf dem Kontinent. Das Blatt empfand ihn als angenehmen Partner, allzeit und zu allem bereit, im dicksten Verkehr der emsigen Metropole London, vor allem aber auf freien Landstraßen, wo er so richtig in seinem Element sei.

Von Fox & Nicholl präpariert und kräftig abgemagert gegenüber den zum Teil opulent ausgestatteten Serienwagen waren die drei Teamfahrzeuge, die man zum 24-Stunden-Rennen von Le Mans am 15. und 16. Juni 1935 entsandte. Die Mission endete in einem unerwarteten Triumph der Lagonda-Riege John Hindmarsh und Luis Fontes in dem roten Renner mit dem Kennzeichen BPK 202 über 57 weitere Teilnehmer. Mit einem Schnitt von 125,283 hefteten sie den exklusiven Ruhm an die Fahne der Marke, auf dem Sarthekurs nach Bentley 1930 die ersten und vor Jaguar 1951 die letzten Sieger aus dem Vereinigten Königreich zu sein. Das Wetter war katastrophal, und so stilisierte die Fachzeitschrift Speed das Ereignis nicht zuletzt zum Sieg des britischen Menschen über die Elemente und sonstige Widrigkeiten empor: In ihrer zähneknirschenden Entschlossenheit seien die Piloten typische Exponenten ihrer Nation gewesen.

Dem war nichts hinzuzufügen.

Adler Trumpf Junior Sport, Bj. 1936. Vierzylinder-Reihenmotor. 995 cm^3.
28 PS. 110 km/h. Leihgeber: EFA Museum Amerang

Bewandert waren die Adler-Werke vorm. Heinrich Kleyer AG, Frankfurt am Main, durchaus auch in der Erzeugung automobiler Majestät. Die wuchtige Achtzylinder-Limousine Standard 8 von 1931 mit ihrer durch Bauhaus-Professor Walter Gropius gezeichneten Karosserie von klassisch-auffälliger Unauffälligkeit legte davon ebenso Zeugnis ab wie der 2,5-Liter-Typ 10 von 1937, dem Adler-

Direktor Karl F. Jenschke einen fortschrittlich-unbeholfenen Stromlinienaufbau verpaßt hatte oder das, was die Zeit dafür hielt.

Während Nobel-Karossen dieses Schlages gleichsam für das Prestige im Sinne des Markennamens zuständig waren, sorgten im langen Schlagschatten des Wall Street Crashs die kleineren Adler-Modelle für Butter und Brot. Das war ab 1932 vor allem der Fronttriebler Adler Trumpf, den Konstrukteur Hans Gustav Röhr und Oberingenieur Joseph Dauben um Maschinen von 1,5 und 1,7 Litern Hubraum herum entworfen hatten. Noch kleinere Brötchen backte das gleiche Team zwei Jahre später mit dem Adler Trumpf Junior und war damit gut beraten: Mit 102 840 Exemplaren zwischen 1934 und 1941 stellte der kompakte Bestseller fast die Hälfte der 212 624 Adler-Automobile insgesamt.

Viele überlebten den Krieg, nicht zuletzt, weil bei der Requirierung für den Wehrdienst im allgemeinen kleinwüchsige Fahrzeuge mit Vorderradantrieb verschont wurden. Der Trumpf Junior wurde in zwei Wellen an die Heimat-Front geworfen. Die Cabrio-Limousine Typ 1 G Anfang 1934 war ähnlich zeitgenössischen DKW-Modellen zu-nächst in einer mit Kunstleder bespannten Holzkarosserie gewandet. Aber rasch entsprach man den Wünschen einer gehobenen Klientel und kleidete den Junior in Blech ein.

Formal entschieden fortschrittlicher gab sich der Typ 1 E von 1936, als Limousine und Cabrio-Limousine mit Aufbauten des deutsch-amerikanischen Unternehmens Ambi-Budd, das nach dem System Budd (Philadelphia) größere Serien herstellte und ebenso wie das Karosseriewerk Karmann in Osnabrück auch ein viersitziges Cabriolet angenehm in Form brachte.

Als Sahnehäubchen auf der Palette stellte sich 1935 der Adler Trumpf Junior Sport ein, ein Zweisitzer von schmissiger oder, mit einem Modewort der Dreißiger, schnittiger Linienführung. Der Name ihres Autors ist gleichwohl verschollen. Eine Besonderheit: Die vorderen Kotflügel vollzogen wie beispielsweise am Aston Martin International die Drehbewegung der Räder beim Einschlagen mit, was den sportlichen Anspruch des schlanken Beaus unterstrich.

Unter seiner langen Haube ging es indessen durch und durch moderat zu. Dort waltete nämlich bieder der bekannte Vierzylinder mit knapp einem Liter Inhalt und 25, in einer für 4150 Mark und damit um 400 Reichsmark teureren "Sport"-Version, 28 PS bei 4300/min, die den Bruder Leichtfuß zu 110 km/h befähigten. Er brachte 750 kg auf die Waage – exakt soviel, wie ein Grand-Prix-Silberpfeil in jenem Jahr wiegen durfte.

Mit dem milden Mehr-Muskel des Sport hatte das fortschrittliche Fahrwerk des Normal-Junior keinerlei Mühe – ein Tiefbett-Kastenrahmen, mit dem der Aufbau verschweißt war, Einzelradaufhängung ringsum, vorn an übereinanderliegenden Querblattfedern, hinten an je einem Schwingarm, der durch einen Torsionsstab abgefedert wurde. Aber rasen mochte mit ihm ohnehin niemand.

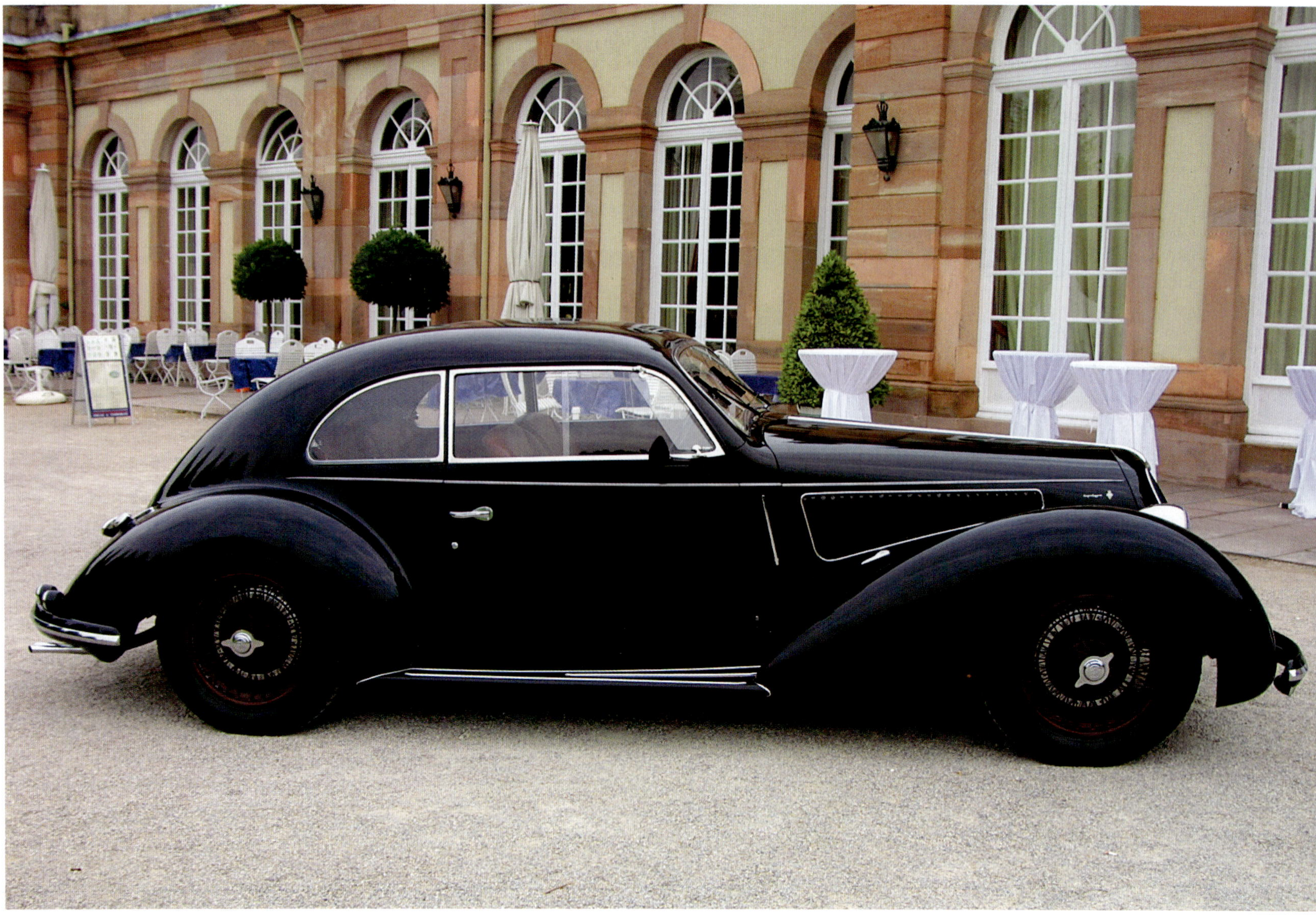

Alfa Romeo 6C 2300 B Mille Miglia, Bj. 1938. Sechszylinder-Reihenmotor. 2309 cm³. 95 PS. 145 km/h.

Der 6C 2300, Attraktion auf dem Stand von Alfa Romeo bei der Mailänder Motor Show im April 1934, war das jüngste Glied in einer evolutionären Kette, die mit dem 6C 1500 begonnen hatte. Drei Ziele verfolgten seine Väter: Auf dem

aktuellen Stand der Dinge, sollte der Neue sportlich und preiswert sein und auf rationelleren Wegen als bisher gefertigt werden, was sich gleichwohl auch in einem ungewohnt sorglosen Finish niederschlug.

Zugleich gedachte man, wie stets, möglichst viele Neigungen und Bedürfnisse zu bedienen. Familien von mediterraner Fruchtbarkeit sollten in der Produktpalette aus Portello ebenso fündig werden wie das junge Glück zu zweit oder der wütend driftende Sportsmann. Über einem langen Fahrgestell mit 3218 mm Radstand wurde der 6C 2300 als Turismo (68 PS bei 4400/min, 120 km/h Spitze) etwa als sechs- bis siebensitziger Berlina angeboten. Daneben war er über einem kurzen Radstand von 2925 mm als Gran Turismo (76 PS bei 4400/min, 130 km/h schnell) mit Berlina-Aufbauten aus eigener Fertigung sowie diversen Coupé- und Cabrioletkarosserien von Couturiers wie Touring, Castagna, den Stabilimenti Farina, Ramseier oder Graber zu haben und als Sport-Version Pescara, benannt nach einem Rennerfolg bei der Targa Abruzzo.

Beispielsweise als Berlinetta von Touring mit einem knappen Aluminium-Wams angezogen, befähigte diese ihren Lenker dank 95 munteren PS bei 4500/min zu durchaus zügiger Fahrweise und war 145 km/h flink.

Der Block des potenten Sechszylinders bestand aus Grauguß, der Zylinderkopf wie auch die Ölwanne aus Leichtmetall. Den Antrieb der beiden hohlgebohrten Nockenwellen besorgte nun eine Kette, was den Geräuschpegel zur Bestürzung der Puristen erheblich minderte. Diese verdroß überdies, daß die dritte und vierte Fahrstufe synchronisiert waren.

Innen in die beiden kastenförmigen Längsträger des Rahmens hatte man zwecks Gewichtsersparnis große Löcher gefräst. Ansonsten gab es über das Chassis kaum Neues zu berichten – noch. Denn bereits 1935 wartete Alfa Romeo mit einem echten Knüller auf in Gestalt der Ausbaustufe 6C 2300 B, einem der ersten europäischen Serienautos mit Einzelradaufhängung. Die Chassisträger waren tiefer angesiedelt und erheblich versteift worden. Die Vorderräder hingen an Querlenkern, eingekapselten Schraubenfedern und hydraulischen Stoßdämpfern, die hinteren an einer Pendelachse System Porsche mit Drehstabfederung. Dem Turismo hatte man zwei Pferdestärken mehr spendiert.

In einer zweiten Auflage von 1938 wurde der 6C 2300 B mit einem neuen Getriebe mit geräuschlos agierenden Zahnradpaaren und Lochscheibenrädern als Lungo (Radstand 3250 mm), als Corto (Radstand 3000 mm) und – auf Rudge-Speichenrädern wie bisher rollend – als Mille Miglia offeriert, Nachfolger des Pescara.

Die Geschichte seines Namens entbehrt nicht der Pikanterie: Beim 1000-Meilen-Rennen von Brescia 1937 arbeitete sich ein Berlinetta dieses Typs, eingekleidet von Touring-Designer Bianchi Anderloni, bis auf Rang vier vor. Er gehörte Italien-Führer Benito Mussolini, und als erster Fahrer war dessen Chauffeur Ercole Boratto gemeldet. Die ganze Arbeit tat indessen dessen Copilot Giovanni Battista Guidotti, während Boratto den Ruhm einstrich.

Von den insgesamt 1606 Exemplaren des 6C 2300 entfielen 107 auf den Mille Miglia – einschließlich Mussolinis Berlinetta und einem Spider für Franco Cortese bei der gleichen Veranstaltung ein Jahr später.

Delahaye 135MS Coupé Chapron, Bj. 1946. Sechszylinder-Reihenmotor. 3557 cm³. 135 PS. 160 km/h. Leihgeber: Graf de Dampierre

Émile Delahaye kam zu spät, und deshalb bestrafte ihn die Geschichte. 1843 in Tours geboren, baute er im reifen Alter von 52 Jahren sein erstes Auto, kränkelte bereits und verstarb 1906 im sonnigen Südfrankreich. So verpaßte er mit einigem zeitlichem Abstand die Blüte seines Unternehmens ein Vierteljahrhundert später.

Bevor die Verquickung von Chassis und Aufbau zur selbsttragenden Karosserie in den Fünfzigern solch wimmelnder Artenvielfalt den Garaus machte, hatte automobiler Erfolg noch mehrere Väter. Ein möglichst renommierter Hersteller war zuständig für die Klasse der Technik, eine Vielzahl von fast ebenso berühmten Couturiers für die Rasse der äußeren Erscheinung. Im Falle von Émile Delahayes posthumen Lebenswerk einte diese Fraktionen in aller Regel der gemeinsame Standort Paris, die Sté des Automobiles Delahaye, geleitet von Charles Weiffenbach ("Monsieur Charles"), und Spezialisten wie Antem, Beutler, Chapron, Faget & Varnet, Figoni, Letourneur & Marchand oder Saoutchik.

Beispiel Typ 135, dem vor allem der Carrossier Henri Chapron im Pariser Vorort Levallois sein Logo in die beiden Schweller prägte: Der Delahaye-Bestseller wurde 1935 eingeführt, dem Jahr der Übernahme des bisherigen Rivalen Delage. Es gab ihn in drei Spielarten, stets mit Rechtslenkung und auf dem gleichen stabilen Leiterrahmen (Radstand 2950 mm) mit vorderer Einzelaufhängung an Querlenkern und Querblattfeder und hinterer Starrachse mit Halbelliptikfedern sowie Reibungsstoßdämpfern vorn und hinten. Auch ihr Sechszylinder war ein klassisch konstruierter und robuster Geselle, dem durchaus traktormäßige Züge anhafteten, mit einer durch Ausgleichsgewichte ausbalancierten kräftigen vierfach gelagerten Kurbelwelle und seitlicher Nockenwelle, von einer Kette geräuscharm zur Arbeit angehalten. Im Modell Sport Normal leistete er mit einem Vergaser 95 PS, in der Version Coupe des Alpes von drei Zerstäubern verpflegt 110 PS und im Top-135 Spécial mit ebenfalls drei Vergasern 120 PS. Für diesen hatte man allerdings das Volumen von 3227 cm³ auf 3557 cm³ aufgebohrt – unter Beibehaltung des Hubs von 107 mm, fast schon einer magischen Delahaye-Zahl. Der Spécial war, so hieß es, nur mit einer nicht synchronisierten Viergangschaltung erhältlich, während für jene wahlweise ein Cotal-Getriebe angeboten wurde. Dies wurde elektromagnetisch betätigt mittels eines Hebelchens in einer winzigen Kulisse links vom Lenkrad, von den Franzosen zärtlich "moutardier" geheißen, das Senftöpfchen.

Auch sportlich stand der Typ 135 seinen Mann, etwa 1936 mit Rang zwei bei der Rallye Monte Carlo durch den Amerikaner Laury Schell und die Plätze zwei bis fünf beim Grand Prix für Sportwagen in Montlhéry und dem Le-Mans-Sieg 1938 unter Eugene Chaboud und Jean Tremoulet, alle Frankreich. Der von den rund 1500 Vorkriegs-Delahaye am meisten verkaufte Typ 135M war nur noch mit dem 3,5-Liter-Triebwerk zu haben, als Compétition mit 110 PS und als Spécial, für den mit einer viersitzigen Serien-Karosserie 148 km/h Spitze garantiert wurden, mit 130 PS.

In Gestalt eines 135M wurde denn auch 1946 die Produktion nach dem Krieg wieder aufgenommen, und bis 1952 beschworen noch einmal 1155 Einheiten mit den vier Motorstärken 95, 100, 115 sowie 130 PS für den 135MS den Ruhm der großen Jahre herauf.

Variiert wurde das Thema 135 ein letztes Mal mit dem Typ 175, vorgestellt auf dem Pariser Salon 1947 mit einer 4,5-Liter-Maschine, die mit drei Solex-Vergasern bis zu 148 PS aufbot. Die Räder hingen nun an einer Dubonnet-Vorderachse mit Schraubenfedern und einer De-Dion-Achse hinten, ohne daß ein größerer Fortschritt zu bemerken gewesen wäre. Es blieb bei 51 Exemplaren.

Leihgeber: C.F. Mirbach, Chiemgau

BMW 328 Roadster, Bj. 1939. Vierzylinder-Reihenmotor. 1971 cm^3.
80 PS. 150 km/h. Leihgeber: C. F. Mirbach, Chiemgau

Seinen Einstand gab der 328 nicht etwa in der kühlen Noblesse und inmitten des gedämpften Gemurmels einer Motorschau, sondern im Pulverdampf der Piste, am 14. Juni 1936 mit einem Klassensieg von Motorrad-Star Ernst Henne im Eifel-

rennen bei den Zweilitern. Mit einem Schnitt von 101,5 km/h brach der kleine weiße BMW mitten in die Domäne der großen Kompressorautos ein.

Das paßte: Der 328 war ein Sportgerät ohne Schnörkel und Schnickschnack, überdies mit einem Minimum an Mitteln und konstruktivem Aufwand auf die 16-Zoll-Räder (auf Wunsch mit Zentralverschluß) gestellt. Auf Stoßfänger hatte man gänzlich verzichtet, so daß der schmucke Roadster den Knüffen der Rennbahn von vorn und hinten schutzlos preisgegeben war. Seine Scheinwerfer waren gefällig in das Tal zwischen den vorderen Kotflügeln und dem zentralen Trakt mit der schmal abfallenden Niere eingebettet. Über seiner Motorhaube spannten sich zwei Lederriemen, die im Bedarfsfall mittels ihrer Patentverschlüsse blitzschnell entfernt werden konnten. Anatomisch geformte Aussparungen in den Türen erweiterten die Ellbogenfreiheit bei der Dreharbeit am großen Lenkrad ins Unermeßliche. Unten rechts neben dem nackt zur Schau getragenen Reserverad ragte eine Handbreit lang schräg und trotzig der Einfüllstutzen für den 50-Liter-Tank (Option: 100 Liter) empor. Dem leichten Segeltuchverdeck kam eher eine Alibifunktion zu, als daß es die beiden Insassen wirksam vor den Widrigkeiten nordischer Witterung bewahrt hätte. Es gab allerdings auch kommode Cabriolets mit Aufbauten beispielsweise von Drauz, Gläser, Weinberger oder Wendler.

Besondere Zuwendung hatte man dem Zylinderkopf des bekannten 1971-cm^3-Triebwerks zukommen lassen, dem V-förmig hängende Ventile verpaßt worden waren. Die seitliche Nockenwelle blieb, und auch die Einlaßventile wurden wie etwa am BMW-Kollegen 327 über Stoßstangen und Kipphebel betätigt. Allerdings hielten von dort aus horizontale Stoßstangen die gegenüberliegenden Auslaßventile zur Arbeit an. Dieses simple, aber effiziente Verfahren sowie die Alimentation durch drei Fallstromvergaser Solex 30 JF verhalfen dem robusten Vierzylinder zu 80 PS bei 5000/min, so daß etwa im Falle des Roadsters mit seinen 830 kg Wagengewicht eine Pferdestärke für den Transport von knapp über zehn Kilogramm zuständig war. Das Fahrwerk – ein Rohrrahmen mit Kastenquerträgern, vorn Querlenker unten und eine Querfeder oben, hinten Starrachse mit Halbfedern – war dieser Leistung souverän gewachsen.

Zwischen 1937 und 1939 entstanden 426 BMW 328. Bei einem Kaufpreis von 7400 Reichsmark taten sie wenig für das Budget der Bayerischen Motoren Werke, trugen aber eine Menge dazu bei, deren sportives Image zu mehren und zu erhärten. 405 erste und 154 zweite Plätze sprechen eine Sprache für sich.

Nur ein kleiner Auszug aus dem Erfolgskonto des 328: Beim 24-Stunden-Rennen von Le Mans 1939 holten sich Prinz Max von Schaumburg-Lippe und Hans Wencher den ersten Platz in der Kategorie zwei Liter und den fünften Rang insgesamt. Bei der Mille Miglia 1940 ging der rasende Baron Huschke von Hanstein in Begleitung von Copilot Walter Bäumer aufs Ganze: Gesamtsieg im selben Fahrzeug, einem von der Carrozzeria Touring in Leichtmetall gewandeten "Innenlenker". Allerdings hatte in jenem Jahr ein Dreieckskurs mit den Eckpunkten Brescia-Cremona-Mantua die übliche Riesenrunde durch Italien ersetzt. Ebenfalls am Start waren eine von BMW selbst gebaute "Rennsport-Limousine" von abstoßendem Äußeren sowie drei Roadster, Prototypen für einen 328-Nachfolger.

Cord 810/812, Bj. 1937. V8. 4730 cm³.
125 PS. 145 km/h. 20,1 s 0 - 100 km/h. Leihgeber: Collection „Gaston"

Schon zwei kränkelnde Nobel-Labels hatte der rührig-umtriebige Vielfachunternehmer Erret Lobban Cord (1894-1974) Mitte der zwanziger Jahre an sich gezogen, Auburn und Duesenberg, und überdies das eher schläfrige Connersville in Indiana in eine aufstrebende Autostadt verwandelt. Der dritte Streich folgte im September 1929 in Gestalt eines Wagens mit seinem eigenen Namen.

Anders als die anderen, war der Cord L-29 durch seinen Frontantrieb seiner Zeit weit voraus. Cords Konstrukteur

Cornelius van Ranst konnte dabei zwar auf einen Reihenachtzylinder aus dessen eigener Motorenschmiede Lycoming zurückgreifen. Aber die Maschine mußte umgekehrt in den kreuzverstrebten Leiterrahmen des 5200 mm langen Riesen eingepaßt werden. Das führte zu Änderungen an 70 Einzelteilen, nicht zuletzt an den Anschlüssen für das Kühlwasser, dem Kurbelgehäuse und der Ölwanne. Mit 1879 Exemplaren im ersten Jahr ließen sich die Verkäufe gut an, schwächelten jedoch bald, als auch Cords Imperium von den Turbulenzen des Wall Street Crashs gebeutelt wurde und sich das Interesse seiner Landsleute an automobilem Adel, sportivem Naturell und revolutionärer Technik in eng gesteckten Grenzen hielt.

Mit just dieser wartete indessen der Typ 810 auf, mit dem Cord 1936 unverdrossen wieder Tritt zu fassen suchte. Seine Entwicklung hatte den Gegenwert von rund einer Millionen Mark verschlungen. Der Premiere bei den Autoshows in Chicago und New York ging ein Gewaltakt ohnegleichen voraus: 100 Fahrzeuge hätten die Cord-Werker im Vorfeld abliefern müssen, elf wurden schließlich fertig, und statt des künftigen Lycoming-V8 trugen die Exponate noch große Holzklötze unter der riesigen vorderen Haube.

Gordon Buehrig, ehemaliger Chefgestalter bei Duesenberg, hatte dem 810 Sedan eine höchst eigenwillige glattflächige Form verpaßt. Die üblichen Trittbretter waren ersatzlos gestrichen worden. Als markantestes Merkmal reckte das mächtige Mobil seine rundum von lamellenartigen Kühlschlitzen aufgebrochene "Coffin Nose" in den Fahrtwind, zu deutsch Sargnase – das Spottwort stammte von den Mitarbeitern des Unternehmens. Gerahmt wurde sie von tropfenförmigen Kotflügeln, in welchen bündig eingelassen versenkbare Schein- werfer ruhten und erst dann dienstbereit hervorglotzten, wenn sie mittels eines massiven Kürbelchens im Innenraum in Stellung gebracht worden waren. Zu den Raffinessen des 810 zählte seine Startix-Automatik: Ging der Motor im Leerlauf aus, wurde er von ihr wie von Geisterhand wieder angelassen. Der Zündschlüssel löste keineswegs das gewohnte V8-Wummern aus, sondern ein Geräusch wie ein wütender Bienenschwarm. Eine Kuriosität war auch der fingerdicke Ring, der aus einer verchromten kleinen Kulisse rechts an der Lenksäule vor dem mit Rundinstrumenten schön und reichhaltig besiedelten Armaturenbrett ragte. Mit ihm konnten buchstäblich mit dem kleinen Finger elektropneumatisch die vier synchronisierten Gänge sortiert werden. In der Praxis verdroß das System mit hoher Störanfälligkeit wie auch der Motor, der häufig überhitzte. Dies wurde keineswegs besser mit der Einführung des Kompressormodells 812 von 1937, das bemerkenswert handlich war

wie schon sein Vorgänger. Der 4,7-Liter-V8 wurde zwangsbeatmet durch ein Zentrifugalgebläse von Schwitzer-Cummins, das die Leistung von 125 auf 170 PS und die Höchstgeschwindigkeit von ohnehin schon munteren 145 auf 165 km/h anhob. Zu spät: Noch im selben Jahr ging die Cord Corporation pleite.

Die Baureihe versiegte nach 2320 Einheiten. Sie hinterließ gleichwohl Spuren – das Museum of Modern Art in New York erkor einen Cord 810 Sedan zu einem der zehn Meisterwerke des modernen Industriedesigns.

Ford Eifel Roadster, Bj. 1938. Vierzylinder-Reihenmotor. 1172 cm³. 34 PS. 105 km/h. Leihgeber: EFA Museum Amerang

1935 lag die Ford Motor Company A.G. in Köln-Niehl auf Rang sechs in der Hierarchie der deutschen Autobauer hinter der General-Motors-Zweigstelle Opel, DKW, Adler, Mercedes-Benz und Hanomag. Konkurrenz durch den Volkswagen drohte, und da rasches Agieren angesagt war, importierte man ab Mitte April kurzerhand ein entsprechendes Produkt der englischen Ford-Dependance.

Ab 21. Mai begann die Serienfertigung des Typs 20 C oder Eifel – Ford hatte just damit begonnen, bei der Namengebung rheinländisch-patriotisch den Großraum Köln abzuklappern – in Niehl in eigener Regie, von den Chronisten zeitgemäß als "deutsches Ereignis" gewürdigt. Die Stahlblechkarosserie des Eifel war mit seinem Plattformrahmen verschraubt. Seine Drahtspeichenräder hingen an Starrachsen mit darüberliegenden Querblattfedern und Dreieckstreben mit Schubkugeln, vorn geschoben und hinten gezogen, und hydraulischen Stoßdämpfern. "Der Motor hat bei kleinem Hubvolumen von nur 1157 cm³ die Bremsleistung von 34 PS", hob ein Prospekt lobend hervor, "dies ist die Leistung, die normalerweise nur bei Sportmotoren oder bei wesentlich komplizierteren Konstruktionen erreicht wird." Und: "Die vorderen Stahlrohrsessel bieten einen leichten Einstieg der hinteren Fahrgäste", zeigte sich das Fachblatt "Kraftfahrzeug" angetan und fügte hinzu, der von innen zugängliche Kofferraum nehme "beträchtliches Gepäck" auf. Dieser war allerdings nur "gegen ein kleines Aufgeld" (Originalton Eifel-Prospekt) zu haben, was sich die kleine Kölner Firma Migö zunutze machte.

Angeboten wurde der Eifel als Limousine und Cabrio-Limousine mit zwei Türen und vier Sitzen sowie als zweitüriges Cabriolet mit zwei oder vier Sitzen.

Mit 61 495 Einheiten bis zum April 1939 erwies sich das Modell als Renner. Bald platzte das rheinische Werk aus allen Nähten. Auf der Suche nach Möglichkeiten für die Produktionserweiterung wurde der stellvertetende Technikchef Richard Bussien fündig bei der in Stettin ansässigen Auto-Manufaktur Stoewer und nicht nur dies: Sein Verhandlungspartner hatte eben einen flotten kleinen Roadster mit kurzem Bug und spitzem Heck entwickelt.

An dergleichen hatten etliche Ford-Kunden lebhaftes Interesse bekundet, und so nahm sich Bussien der Fundsache an: Das Blechkleid des Stoewer wurde flugs auf die Mechanik des Ford Eifel zugeschnitten und ein Kontingent von 400 Exemplaren in Stettin bestellt. Nachdem die Hälfte davon geliefert worden war, kündigte der Kölner Auftraggeber jedoch den Vertrag, vergrätzt über erhebliche Qualitätsschwankungen. Mit der weiteren Herstellung wurden die Karosseriewerke Joseph Hebmüller & Söhne in Wuppertal-Barmen betraut. Dort leistete man gute Arbeit, gab indessen zu bedenken, daß sich das Ford-Chassis arg verwinde, und zog zur Verstärkung Sperrholzplatten in die Türschweller ein.

Zeitgleich mit dem Eifel baute man seit 1935 den V8, den billigsten Achtzylinder auf dem deutschen Markt. Diesem wurde vom Modelljahr 1937 eine gefällige Stromlinienform verordnet, ein Ford-Schritt, den Bussien analog auch dem kleineren Bruder angedeihen ließ. Vor allem dem archaisch anmutenden Roadster tat er ungemein gut, der nun in einer

zweiten Auflage zumeist zweifarbig mit einer geschickt geglätteten Linie daherkam, allerdings auch ohne die markanten Auskehlungen in den Türen, in die Fahrer und Beifahrer im Vorgänger entspannt die Arme hatten legen können. Von 1938 an ließ sich die Windschutzscheibe umlegen, die Sitze wurden verbessert und seitliche Steckfenster als Serienausstattung beigefügt. Noch immer herrschte gemäßigter Polyzentrismus: Die Rohkarosserien des Roadsters stammten von Drauz und Deutsch.

Jaguar S.S. 100, Bj. 1936. Sechszylinder-Reihenmotor. 3485 cm³.
125 PS. 163 km/h. 10,9 s. 0 - 100 km/h. Leihgeber: Kurt Wilms

1956 für seine Verdienste um Queen, Vaterland und das britische Automobil in den Adelstand erhoben, war William Lyons (1901-1985) von Anbeginn bis zum Februar 1972 der Mann hinter der Marke Jaguar, rastlos rührig, zielstrebig, kreativ, von gewinnendem Wesen, um den gelegentlichen flotten Spruch nicht verlegen.

Stets huldigte er dem Prinzip der Steigerung. Ab 1922 bereicherte seine Swallow Sidecar Company von dürftigen Räumlichkeiten im Seebad Blackpool aus die Wachstumsbranche Seitenwagen um ein attraktives Erzeugnis aus Aluminium und in Stromlinie. Von 1927 an befreite Lyons den Austin Seven und später Produkte von Morris, Fiat, Swift und Standard mit hübschen Sonderaufbauten aus der faden Uniformität der großen Serien.

Im Juni 1931 indessen, inzwischen firmierte das Unternehmen unter Swallow Coachbuilding Co.Ltd., Coventry, stellten auffällige Inserate in der englischen Motorpresse lockend und gänzlich ohne falsche Bescheidenheit große Dinge in Aussicht, "etwas völlig Neues, anderes, Langes, sehr Niedriges und Schnelles, zwei Coupés von überwältigender Schönheit". Auf der London Motor Show im Herbst desselben Jahres war zu besichtigen, was der Autodidakt Lyons darunter verstand. Seine dort zur Schau gestellten Modelle S.S. I und S.S. II wiesen zugleich den Weg in die Zukunft, niedrig, mit langer Motorhaube, tiefem Schwerpunkt und ausgeglichenen Gewichtsverhältnissen, sportlich, stark und verblüffend preiswert.

Das S.S., noch ohne fatale Zweitbedeutung aus dem deutschsprachigen Raum, stand wohl für Standard-Swallow. Denn das schöne Paar fußte auf Zutaten der Standard Motor Company wie einem speziell für Lyons gefertigten Chassis, Vierzylindern zwischen 1006 und 1609 cm³ (S.S.II) sowie einem Sechszylinder von 2054 und später 2554, 2143 und 2664 cm³ (S.S.I). Mit dessen hubraumstärkster Ausbaustufe von 90 PS war der Roadster S.S. 90 von 1935 ausgestattet, dem Jahr, in welchem Lyons' ambitionierte Manufaktur zur S.S. Cars Ltd., Foleshill, Coventry umgeflaggt wurde. Hatte der Prototyp noch ein abfallendes Heck mit dem darin versenkten Reserverad, schmeichelte sich die endgültige Fassung in 23 Exemplaren ein durch einen flachen, hochgestellten Tank, eine umklappbare Windschutzscheibe und elegant fließende Kotflügel.

Um die gleiche Zeit entstand das Sigel Jaguar, ein Jahr später ergänzt um die entsprechende Kühlerfigur, die S.S.-Pressechef E.W. Ranklin und der Künstler Gordon Crosby geschaffen hatten. Es suggerierte nicht zuletzt lautloses Gleiten und katzenhafte Geschmeidigkeit und wurde geprägt für den 2½ Litre S.S. Jaguar Saloon, den man verdutzten Presseleuten ein paar Tage vor der Londoner Ausstellung 1935 im Mayfair Hotel der Metropole zu guten Worten, Speisen und Getränken präsentiert hatte.

Sein Hubraum von 2664 cm³ war zugunsten der glatten Zahl abgerundet worden, und Swallow-Motorenmann William Haynes hatte ihm im Zusammenwirken mit dem begnadeten Zylinderkopf-Arbeiter Harry Weslake hängende statt der bisherigen seitengesteuerten Ventile und zwei SU-Vergaser sowie einen unter den Achsen doppelt gekröpften Kastenrahmen mit Starrachsen an Halbelliptikfedern verpaßt. 395 Pfund anstelle der bei der Mayfair-Party im Schnitt vermuteten 632 kostete der Jaguar, ebensoviel wie der S.S. 100. Dieser löste 1936 den S.S. 90 ab, übernahm zunächst die 104 PS leistende Maschine des Saloon, war Ende September 1937 indessen wahlweise mit 3485 cm³ und 125 PS zu haben. Mit ihm lief der begehrteste Jaguar der Vorkriegszeit, für den in insgesamt 309 Exemplaren die Nachfrage entschieden das Angebot überstieg, tatsächlich so schnell, wie sein Name verhieß: 100 Meilen pro Stunde.

Leihgeber: Dr. Alexander Schröder-Freekes

Riley 12 h.p. Sprite, Bj. 1937. Vierzylinder-Reihenmotor. 1496 cm³. 45 PS. 137 km/h. Leihgeber: Peter Hart

Sportwagen hatten Tradition bei Riley, seitdem sich 1909 der 10 h.p. Speed 1909 lärmend zu Wort meldete, unheilverkündend niedrig auf seinen abnehmbaren Speichenrädern mit 1390 cm³ und den "quadratischen" Zylindermaßen 96 x 96 mm. Ihre bislang berühmteste Ausprägung war der Brooklands Nine gewesen, als man die Sportofferte in den dreißiger Jahren um drei neue Modelle erweiterte.

Bei dem ersten handelte es sich um den Imp von 1934 und 35, einen Zweisitzer von zwergenhaftem Wuchs in der schwachen Auflage von nur 47 Einheiten, in deren Cockpit extrem beengte Sitzverhältnisse herrschten. Um ihn angemessen zu motorisieren, griff man auf die gestandene Maschine des Nine zurück, bettete diese indessen in einen Rahmen ein, der zwar ebenfalls die Hinterachse unterquerte, sich vorn jedoch in Schwanenhälsen aufwarf. Erhältlich war er mit einem Vorwähl- oder einem eng gestuften manuellen Schaltgetriebe. Mit 15 Einheiten noch rarer war im gleichen Zeitraum der MPH-Six, dem Imp nicht unähnlich, aber geräumiger über einem längeren Radstand. Drei Sechszylinder standen zur Wahl, mit 1458, 1633 und 1726 cm³. Die Entscheidung für das halbe Dutzend wurde dem Kunden mit manifester Tugend honoriert: Die kleinen Sechstöpfer glänzten durch seidigen Lauf, kräftigen Antritt sowie trutzige Zuverlässigkeit, die sie etwa als Triebwerk der Kompressor-Monoposti von ERA (für English Racing Automobiles) unter Beweis stellten.

1936 wurden Imp und MPH durch den Sprite ersetzt, vorgestellt bei der London Motor Show im Jahr zuvor und begleitet von dem patriotischen Imperativ "Buy a car made in the United Kingdom". Abgesehen von den vom Werk abgezweigten Exemplaren für den Gebrauch auf der Rennstrecke beherzigten diesen nicht viel mehr als nachgewiesene 47 Käufer. Das war erstaunlich, da in Gestalt des Sprite ein schmucker eleganter Zweiplätzer mit Ansätzen einer zeitgenössisch interpretierten Stromlinie feilgeboten wurde, mit einer markanten ansatzweisen Finne auf der rundlichen Heckverkleidung. Frühes Prospektmaterial zeigte ihn noch mit dem traditionellen steilen Riley-Kühler. Aber die meisten Produktions-Sprites schoben ein schräg angesetztes Grill in den Fahrtwind, dessen weit auseinanderstehende verchromte Gitterstäbe tiefe Einblicke in den Motorraum gewährten – ein stilistischer Fauxpas, wie Hardliner mäkelten.

Dahinter wirkte eine aktualisierte Version des Riley-Anderthalbliters, der seit 1928 brachgelegen hatte. Getriebespezialist Hugh Rose, anschließend für Lea-Francis tätig, hatte ihn für die Baureihe 12/4 überarbeitet, mit zwei seitlich hoch angesetzten Nockenwellen, hemisphärischen Brennräumen, dreifach gelagerter Kurbelwelle, Querstrom-Stoffwechsel und einem Zenith-Zerstäuber, der später durch zwei SU-Vergaser abgelöst wurde.

Diese kam jenseits 4000/min so richtig in Fahrt, hielt in einer Standardversion 45 und später 46 PS bereit, in der Ausbaustufe Special Series 52 PS und im Sprite gar 59 und dann 61 PS. Diese Variante war mit heißeren Nockenwellen, Magnetzündung, einem größeren Ölsumpf und einer anderen Wasserpumpe auf ihre Aufgabe zugeschnitten worden. Sie konnte zum Aufpreis von 48 Pfund Sterling (der Sprite kostete erst 425 und 1938, im letzten Jahr seiner Fertigung, 450 Pfund) auch für die Tourenwagen der Marke wie den Kestrel oder den Lynx geordert werden, allerdings ohne den Renn-Sumpf und mit einer Standard-Wasserpumpe.

Der T.T. Sprite im Kampftrimm für die Piste wurde mit dieser Maschine, dem Sechszylinder mit dem fast identischen Volumen von 1458 cm³, 1808 cm³ oder 1986 cm³ eingesetzt. Der Zweiliter schien 1936 überraschend in einer Preisliste für 550 Pfund auf – eher Information als Angebot.

Wanderer W 25 K, Bj. 1937. Sechszylinder-Reihenmotor. 1950 cm^3. 85 PS. 145 km/h. Leihgeber: Audi AG, Ingolstadt

Im Jahr vor der Krise 1928 zog der Automobilzweig der Wanderer Werke AG von seinem vormaligen Standort Schönau bei Chemnitz ins nahegelegene Siegmar um. Von nun an ging's bergab, denn Kassen, Konten und Budgets trockneten rasch aus. Am 1. Januar 1932 fand man sich unter dem Dach der Auto Union wieder, zu der die Sächsische Landesbank bereits die Marken DKW, Audi und Horch versammelt hatte. Im neu ausgetüftelten Spektrum der Zuständigkeiten wurde Wanderer für die obere Mittelklasse eingeteilt. Weit darunter vermochte man sich einst zu profilieren, zwischen 1912 und 1926 mit dem "Puppchen", einem poppig-populären Zweisitzer, dessen Insassen die Reise hintereinander antraten wie später die Crew eines Kampfjets.

Bereits 1931 hatte man dem in Stuttgart just gegründeten Konstruktionsbüro des Professors Ferdinand Porsche seinen ersten Auftrag erteilt, einen Reihensechszylinder mittleren Kalibers. Porsche lieferte ein Leichtmetalltriebwerk mit einer siebenfach gelagerten Kurbelwelle ab, mit 1690 beziehungsweise 1950 cm^3 je nach Laufbüchsen, nicht unähnlich einem Motor, den er vorher für Steyr entwickelt hatte. Auch die hintere Pendel-Schwingachse künftiger Wanderer entsprach der diverser Steyr-Modelle. Die vordere Aufhängung blieb zunächst konventionell, starr mit Halbfedern, wurde jedoch 1936 dem Zug der Zeit folgend unabhängig mit doppelten Querlenkern und einer Querfeder.

Das war das Jahr des Wanderer W 25 K, eines mit amerikanischen Elementen frisch gestylten zweiplätzigen Roadsters oder Sport-Cabriolets, bei dessen Formgebung nicht zuletzt Impulse vom Typ Spezial 51 ausgegangen waren, ebenfalls 1936 viertürig als Limousine und Cabrio erhältlich. Dem W 25 K fiel eine Aufgabe zu, welcher er unmöglich gewachsen sein konnte: Er sollte es mit dem BMW 328 aufnehmen und war dem bajuwarischen Rivalen abgesehen von seiner physischen Schönheit doch in allen Belangen unterlegen, mit 85 PS zwar fünf PS stärker, aber mit 1000 kg 170 kg schwerer und mit einer Spitze von 145 km/h fünf km/h langsamer. Im Handgemenge gegen seine schwierige Schaltung, munkelte man, komme nicht einmal der begnadete Autofahrer Bernd Rosemeyer zurecht, die Speerspitze der Auto Union auf den Grand-Prix-Pisten.

Teurer war er auch: Während der flinke Bayer mit 7400 Reichsmark zu Buche schlug, wurde der Preis für den W 25 K von 6800 Mark in seinem ersten Jahr unklug auf 7400 Mark in den beiden folgenden angehoben. Da sich all das zügig herumsprach, blieb er ein rarer Artikel mit 258 Einheiten, 149 anno 1936, 72 im Jahr darauf, 1938 schließlich 37. Das K im Typen-Sigel stand für den mit der 2,3-fachen Drehzahl der Kurbelwelle hinter seinem Doppel-Steigstromvergaser ständig mitlaufenden Roots-Kompressor. Dieser half dem Porsche-Sechszylinder zwar auf die Sprünge, tat dies indessen um den Preis einer erhöhten Störanfälligkeit, was natürlich gleichfalls die Runde machte. Seine Höchstleistung, gab das Werk an, rücke er heraus bei 4000/min – es waren realiter gewiß 1000 mehr. Bei den letzten W 25 wies das Fehlen des K auf den Fortfall des Gebläses hin, und in vielen bereits gelieferten Exemplaren beseitigten nachträglich ein-

gebaute Saugmotoren von Wanderer oder sogar Opel die Kompressor-Misere. Unklarheit hinsichtlich der Maschine hatte es von Anbeginn an gegeben. Ursprünglich war für ihn ein Seitenventiler vorgesehen, der sich aber als ungeeignet erwies. Andererseits sollte das tatsächlich verwendete Porsche-Produkt auf lange Sicht lediglich in dem dafür vorgesehenen Abteil des W 25 K Dienst tun. Es kam nicht soweit. Sein gefällig gerundeter Kühlergrill hingegen blieb noch eine Weile – ab 1937 Standard auch bei den Tourenwagen der Marke.

Morgan 4/4 Drophead Coupé, Bj. 1948. Vierzylinder-Reihenmotor. 1267 cm^3. 40 PS.
127 km/h. 25,4 s 0 - 100 km/h. Leihgeber: Karl Victor

Der Morgan Three-Wheeler war ein Zwitterwesen zwischen Auto und Zweirad, das zwei Weltkriege überlebte. Der letzte, ein F Super, verließ das altertümliche kleine Werk in der Pickersleigh Road, Malvern Link, Worcestershire am 29. Juli 1952, leichtgewichtig und vergleichsweise üppig motorisiert wie über 40 000 vor ihm.

Dasein und Sosein dieser munteren Mobile aber verdankte die Welt im allgemeinen und das Morgan-Land Großbritannien im besonderen einem Unfall und der unerbittlichen Strenge des ehrwürdigen Domherrn H. G. Morgan. Das kam so: Im Jahre 1908 kaufte sich Henry Frederick Stanley Morgan der Jüngere in Frankreich eine Peugeot-Maschine, deren zwei Zylinder in V-Form zueinander standen wie ein Victory-Zeichen. Er wolle, so äußerte er, um diesen Importartikel herum ein Motorrad basteln, für den eigenen Gebrauch. Vater H. G. unterband den Plan auf der Stelle, da Sohn H. F. S. mit einem solchen unlängst gestürzt war, sich selbst und seine Maschine einigermaßen lädierend. Der Junior gehorchte zähneknirschend, denn mit seinen 27 Jahren war er eigentlich nicht mehr zu totaler Subordination verpflichtet, und umging zugleich das väterliche Gebot im Geiste, indem er ein Dreirad auf die dünnen Pneus stellte.

Das fertige Produkt wog nur drei Zentner, entwickelte pfeffriges Temperament und löste eine solche Nachfrage aus, daß ab 1911 die Belegschaft der ein Jahr zuvor gegründeten Morgan Motor Company alle Hände voll zu tun hatte, Repliken unter die Leute zu bringen. Zu den zahlreichen Besonderheiten des unorthodoxen Vehikels zählte, daß seine beiden Vorderräder unabhängig an senkrechten Führungsrohren aufgehängt waren, eine Lösung, die man für den 4/4 von 1936 übernahm, ein richtiges Auto mit vier Rädern und den vier Zylindern eines Coventry-Climax-Triebwerks von 1122 cm^3. Sie sollte zum Markenzeichen werden wie die von zahlreichen Kühlschlitzen durchbrochene lange Motorhaube, die sanft in Trittbrettern ausschwingenden vorderen und die energisch gerundeten hinteren Kotflügel sowie die rigorose Härte, mit der alle Morgan das Verlassen topfebener Fahrbahnen ahndeten.

Mit grimmigem Humor gewürzte Anekdoten begannen zu zirkulieren, etwa die, daß der mit einem sensiblen Gesäß ausgestattete Morgan-Mensch sehr wohl unterscheiden könne, ob bei der Münze, die er gerade überfahre, Zahl oder Adler oben liege. Nicht unbeteiligt an solch spartanischem Gebaren war die hintere Starrachse mit Halbelliptikfedern, unter der sich die Holme des Kastenrahmens wegkrümmten. Noch 1939, kurz bevor die Firma mit Rüstungsaufträgen bedacht wurde, bot man alternativ eine Standard-Maschine von 1267 cm^3 an, eine Abart des Flying-Ten-Aggregats, die ausschließlich nach Malvern Link geliefert wurde.

In dieser Form erlebte der 4/4 nach dem Kriege seine Renaissance. Allerdings kündigte die in Coventry ansässige Standard Motor Company bereits 1947 an, man werde sich in Zukunft auf ein Zweiliter-Triebwerk für den Vanguard und diverse Triumph-Modelle beschränken. Dies bedeutete das Menetekel für den Morgan 4/4 der ersten Serie. Es gab einen zweisitzigen Sportroadster, ein smartes Drophead Coupé mit ebenfalls zwei Plätzen sowie einen offenen Viersitzer mit einem Reserverad am Heck anstatt des sonst üblichen Tandems.

1436 Exemplare des 4/4 entstanden insgesamt, davon 553 nach 1945. "Fast so gut wie mit einem Morgan", pflegte Firmenchef H. F. S. zu sagen, "fährt man in einem Rolls-Royce." Für sein persönliches Fortkommen bevorzugte er die zweitbeste Möglichkeit.

Horch 855 Spezial-Roadster, Bj. 1938. Achtzylinder-Reihenmotor. 4944 cm^3. 120 PS. 140 km/h. Ca. 30 s 0 – 100 km/h. Leihgeber: Conrad Engel

Schon mit dem Namen war das so eine Sache. Denn 1909 hatte der Winninger August Horch (1868-1951) dem von ihm Ende 1899 gegründeten Unternehmen im Zorn den Rücken gekehrt, seinen guten Namen hinterlassen, diesen

trotzig ins Lateinische übersetzt und in der Nachbarschaft unverzüglich die konkurrierenden Audi-Werke ins Leben gerufen. Ironie der Geschichte: Seit 1932 weilte man, zusammen mit DKW und Wanderer, unter dem Dach der Auto Union wieder familiär beieinander.

Stolz der ungleich gemischten Quadriga war zwischen 1935 und 1940 der Fünfliter-Horch, der nach dem Fortfall der Hubraumsteuer in Deutschland rund die Hälfte des Marktsegments für Luxuswagen abdeckte – noch vor dem großen Rivalen Mercedes-Benz. Sein Reihenachtzylinder leistete zunächst 100, von 1937 an mit schärferen Nocken und höherer Verdichtung 120 PS. Ab 1938 war, durch den Zusatz A im Typenkürzel gekennzeichnet, seine vierte Fahrstufe mit einer langen Übersetzung als Autobahn-Ferngang ausgelegt.

Das monumentale Cabriolet 780 B (1932-1934) wurde auf der Berliner Automobil-Ausstellung im Februar 1935 vom Modell 850-Sport abgelöst, Werkscode 853. Dieser wurde zur offiziellen Bezeichnung für das Modell ab 1937. Hand in Hand damit ging die Verkürzung seines Vorderteils um 50 mm. Das Fahrwerk bestand aus einem Kastenrahmen mit zwei Querfedern vorn sowie einer Doppelgelenkachse mit Unterslung-Halbfedern hinten. Ungefähr ein Siebentel der Chassis des Typs 853 und 853 A, meist Spezial-Cabriolet oder Roadster genannt, wurde mit Maßkonfektion von Spezialisten wie dem Berliner Karossier Erdmann & Rossi ausgestattet. Den spektakulärsten Roadster baute dieser selbst in nicht mehr als zehn Exemplaren, das Zwickauer Werk in einer verkürzten Version mit einem von 3450 auf 3300 mm geschrumpften Radstand unter dem Sigel 855 in einer Verbreitung von höchstens sieben.

Im Gewand einer charismatischen Autopersönlichkeit verbarg sich gleichwohl im Grunde ein Blender. Gewiß reichten die Horch-Roadster in ihrer dramatischen Formgebung an ihr Mercedes-Gegenstück 540 K durchaus heran. Und ohne Zweifel verkörperten ihre sanft summenden Triebwerke unter der zweiflügeligen Motorhaube Ingenieurskunst vom Feinsten. Gottlieb Daimlers Sohn Paul hatte sie in den zwanziger Jahren konzipiert mit zwei obenliegenden Nockenwellen und einer Königswelle. Sein Nachfolger und künftiger BMW-Techniker Fritz Fiedler hatte ihnen eine Nockenwelle genommen, dafür aber die doppelte Anzahl von Kurbelwellenlagern – zehn – gegeben.

Aber Klasse bedeutete in jenen Jahren nicht zuletzt Masse. Jede Pferdestärke schleppte fast einen halben Zentner Fahrzeuggewicht mit sich herum wie die geschundene griechische Sagengestalt Atlas den Globus: Auf 100 km/h bemühte sich der Horch 855 in einer gemächlichen halben Minute. Auch Lenkung und Bremsen wiesen harsche Grenzen auf. Das Umrunden enger Biegungen weitete sich zum Kraftakt, wie der Zweieinhalbtonner ohnehin eine einmal eingeschlagene Richtung nur unwillig veränderte. Und eine Vollbremsung aus Tempo 140 geriet allemal zum Wagnis mit ungewis-

sem Ausgang, so daß die Reise in dem Auto-Union-Flaggschiff der Kreuzfahrt eines Ozeanriesen über Landstraßen gleichkam. Und die so aufwendig konstruierte Hinterachse reagierte höchst ungehalten auf Bodenwellen und brachte dann das Schwergewicht bedrohlich ins Wanken. Einer aber brauchte sich um all das nicht zu scheren, weil ihn die Natur mit einem Fahrtalent ohne Beispiel begnadet hatte: Auto-Union-Werkspilot Bernd Rosemeyer. Er hatte sein wunderschönes Stromlinien-Coupé Horch 853 Jahrgang 1937 namens "Manuela" immer voll im Griff.

Horch 930 V Roadster-Cabriolet, Bj. 1938. V8. 3823 cm^3.
92 PS. Ca. 140 km/h. Leihgeber: Conrad Engel

Auf die Turbulenzen der Weltwirtschaftskrise reagierte Horch 1931 mit der Dreiliter-Sparversion 430 des real existierenden Typs 8, nicht ohne diese soziale Tat am anderen Ende der Skala durch einen Zwölfzylinder auszutarieren.

Der 430 war kaum weniger teuer wie seine größeren Geschwister, aber billiger in Verbrauch und Unterhaltung. Das Provisorium löste allseits eher Naserümpfen aus, und auch der flugs auf der Berliner Automobil-Ausstellung im Februar 1933 präsentierte Nachfolger 830, kleiner, leichter und von einem kompakten V8 mit zentraler Nockenwelle anstatt des bisherigen Reihenmotors mit der gleichen Anzahl von Verbrennungseinheiten angetrieben, mochte keine stehenden Ovationen auslösen. Dafür gab es zwei Gründe: Er hatte sich das Altertümchen eines vorderen Starrachse bewahrt, und sein Aufbau glich dem des ebenfalls beim Berliner Karossier Ambi-Budd gefertigen Adler Standard 6 aufs Haar.

Wieder schuf man rasch Abhilfe. Auf Anregung von William Werner, seit 1929 im Horch-Vorstand, zog in eine B-Version von 1934 eine Querfeder-Vorderachse ein, während man es hinten bei einer Starrachse mit Underslung-Halbfedern beließ. Der Karosserie, nun wieder im eigenen Hause hergestellt, verpaßte man das modische Stromlinienheck. Daß dessen Oberteil aus stark geriffeltem Stahlblech bestand, war weniger ein stilistischer Knüller als eine Vorkehrung gegen Dröhnen. Das gewinnende Erscheinungsbild des Horch 830 B und seine sonstigen manifesten Qualitäten führte sehr rasch zu dem erwünschten Verkaufserfolg, zumal sein Hubraum prestigeträchtig von ursprünglich 3004 cm^3 auf 3250 cm^3 (1934) und 3517 cm^3 (1935) erhöht wurde. Auch bei der Wehrmacht stand er in hohem Ansehen in Gestalt eines für den Kriegsdienst entsprechend präparierten Kübelwagens.

Gekrönt wurde die Typenfamilie durch den Horch 930 V, zunächst mit den 3,5 Litern des Vorläufers und 82 PS, ab September 1938 mit einem zehn PS stärkeren 3823-cm^3-Aggregat, das ursprünglich für militärische Zwecke entwickelt worden war. Um das Gewicht des 930 auf jeden Fall auf unter zwei Tonnen zu drücken, hatte man den Radstand um 100 mm auf 3100 mm verkürzt. Wegen der zunehmenden Aufrüstung traten Engpässe nicht zuletzt im Umfeld der Außenpaneelen auf, und die Zulieferer für Werkzeuge und Zubehörteile übernahmen keine Garantie mehr. Folglich verzögerte sich der Beginn der Produktion von dem ursprünglich ins Visier genommenen Termin im Herbst 1936 auf das Frühjahr 1937. Gleichwohl konnte man die Berliner Ausstellung im Februar jenes Jahres wie gewohnt mit kompletten Exponaten beschicken.

Nachdem diese von der Zeitsituation bedingten Anlaufschwierigkeiten überwunden waren, geriet der 930 V zum Schlager, dessen Popularität nach rund 2000 Exemplaren nur der Zweite Weltkrieg ein Ende zu bereiten vermochte. Mit seinen typischen Horch-Tugenden wie Stabilität und Paßgenauigkeit von Verdeck und Karosserieteilen machte er sich um das Image der Zwickauer Marke, die durch den dritten im Quartett der Auto-Union-Ringe symbolisiert wurde, ungemein verdient. Der Garantieaufwand pro verkauftes Horch-Auto fiel zwischen 1936 und 1939 von 281,45 auf 170,07 Reichsmark. Flink war er ebenfalls: Am 25. November 1938 durchmaß anläßlich einer Demonstrationsfahrt ein 930 V die

529,9 km der Autobahn zwischen München und Berlin in drei Stunden und 53 Minuten, was einem Mittel von 136 km/h entspricht. Als nützlich und nervenschonend erwies sich dabei der sogenannte Autobahn-Ferngang, der dem ZF-Getriebe mit vier Fahrstufen durch einen zweiten Hebel zugeschaltet werden konnte.

Zwei Drittel der Population entfielen auf die offenen Varianten. Die schönsten Blüten trieb die Baureihe mit 30 Roadstern, im Frühjahr 1937 beim Dresdener Spezialisten Heinrich Gläser in Auftrag gegeben.

Talbot Lago T150 SS, Bj. 1938. Sechszylinder-Reihenmotor. 3996 cm³. 160 PS. 175 km/h. Leihgeber: Peter Kaus

Mit der Baureihe T150 SS – darüber sind sich die Chronisten einig – gelangte die im Pariser Vorort Suresnes angesiedelte Premiummarke Automobiles Talbot gegen Ende der dreißiger Jahre zur Blüte ihres Schaffens. Diese setzte sie offenbar auch bei ihren Käufern voraus, die kurz vor Ausbruch des Zweiten Weltkriegs durchweg in Luxus schwelgten. Allein das Chassis kostete 80 000 Franc, das komplette Auto gelegentlich fast das Doppelte. Ein Offizier verdiente rund 1000 Franc im Monat.

Natürlich trug vor allem der Motor zu Pracht, Prestige und sonstiger Herrlichkeit des Produkts bei, ein Vierliter-Reihensechszylinder mit 140 PS und mehr, den Chefingenieur Walter Becchia aus einem Renntriebwerk sublimiert hatte. Der Zylinderkopf bestand aus einer Leichtmetallegierung, und die halbkugelförmigen Brennräume wurden ermöglicht durch eine patentierte Anordnung der Stoßstangen, Kipphebel und in einem Winkel von 75° zueinander hängenden Ventile. Zunächst wurde er gespeist von zwei Zenith-, später durch ein Paar horizontale Solex-Vergaser, am Ende durch drei Stromberg-Zerstäuber. Unmittelbar nach dem Druck auf den Anlasser bollerte die Maschine mit kraftvollem, tieffrequentem Timbre los und verriet ihre Renn-Gene beim Beschleunigen mit lautem Trompeten. Schon ab 2000/min zog der Talbot energisch durch, tat sich aber schwer, wenn die

Nadel des Jaeger-Drehzahlmessers die Marke 3500/min überschritten hatte. Die Höchstleistung lag bei 4100/min an.

Übermittelt wurde die Stärke des Rasse-Aggregats durch ein Wilson-Vorwählgetriebe mit vier Fahrstufen. Schon weit vor einer Kurve konnte der Lenker den gewünschten Gang vorprogrammieren, per Fußdruck aufs Kupplungspedal im richtigen Moment einrücken und so beide Hände am großen und schlichten Vierspeichenlenkrad behalten. Das niedrige Fahrgestell zeichnete sich aus durch extensive Querverstrebungen und eine starke Kröpfung der kastenförmigen Längsträger über der Hinterachse. Die Vorderräder waren unabhängig aufgehängt mit einer Querfeder und Quer- und Längslenkern, die hinteren an einer Starrachse mit Halbelliptikfedern. Seinen eigentlichen Charme verliehen dem Modell indessen seine exklusiven Aufbauten, zumeist geschneidert durch Pariser Meister ihrer Zunft. Zu den schönsten Automobilen aller Zeiten zählt der Talbot Lago T150 SS zweifellos mit der Coupé-Karosserie der beiden Star-Designer Giuseppe Figoni und Ovidio Falaschi. Auf der Basis exakter Zeichnungen und eines Tonmodells wurde eine Holzattrappe in Originalgröße erstellt, anhand derer die Mitarbeiter des Unternehmens die Außenhaut des Talbot dengelten. Entsprechend der viel später geprägten Devise des Malers und Architekten Friedensreich Hundertwasser, die Gerade sei gottlos, kam sie einer rigorosen Absage an den rechten Winkel gleich. Vielmehr vereinigten sich Kurven verschiedener Radien auf einer höheren Ebene zu einem perfekten Ganzen. Der sprechende Beiname Goutte d'Eau (französisch für Wassertropfen) bezeugt, daß bei der Konzeption des windschlüpfigen Zweisitzers schlichte Naturformen Pate standen. Gleichwohl schützten die rasende Skulptur (Auflage: neun) keine Stoßstangen, so daß ihrem Besitzer nichts übrig blieb, als auf sein eigenes Geschick und die Rücksichtnahme der anderen zu bauen. Auch sonst manifestierte sich ein umfassender Stilwille: Überall war in das rundliche Ensemble diskret-raffinierter Chromschmuck eingearbeitet, das ansonsten in Aluminium und Holz gehaltene Interieur in kostbarem Leder tapeziert, und selbst die Nähte stellten sich als Design-Elemente dar, da sie den Krümmungen von Türen, Fenstern und Sitzen nachgezeichnet waren.

BMW 327/28, Bj. 1939. Sechszylinder-Reihenmotor. 1971 cm³.
80 PS. 145 km/h. Leihgeber: C. F. Mirbach, Chiemgau

Bereits der 303 streckte das unverwechselbare Gesicht künftiger BMW-Generationen in den Fahrtwind, die Niere, gekrönt von dem bekannten weißblauen Propellerkreis. Mit ihm und seinen Abkömmlingen verband man bald das Image eines gut gemachten, starken und sportlichen kleinen Autos für den gepflegten Egoismus zu zweit.

Aber seine Klientel wurde älter und legte sich vielleicht auch Nachwuchs zu, und überdies gedachte man, neue Käuferreservoire anzuzapfen. Folglich wagten sich die Münchener Marktstrategen im kleinen Grenzverkehr zwischen Sportwagen und sportivem Gebrauchsfahrzeug auf Neuland mit dem 326. Er wurde im Februar 1936 auf der Berliner Ausstellung erstmals gezeigt und ging im Juli in Serie, zunächst mit geteilten Doppelstoßstangen und 17-Zoll-Scheibenrädern, ab Anfang 1937 mit 16-Zöllern und Lochscheibenrädern. Sie waren seinem schmucken Erscheinungsbild ebenso bekömmlich wie die einteiligen Stoßfänger ab 1939.

Der Sechszylinder des 303 war der kleinste Motor des Markts in dieser Konfiguration gewesen und überdies von glänzender Substanz. Und so hatten ihn seine Väter Fritz Fiedler und Rudolf Schleicher sofort einem kontinuierlichen Reifeprozeß unterzogen, in die sich etliche Hubraumvergrößerungen einlagerten, bis bei 1971 cm^3 ein Ende des Wachstums angezeigt schien. Im 326 waren diese für 50 PS gut, was ihn in Verbindung mit 1125 kg Wagengewicht etwa für die Limousine mit treuherziger Behäbigkeit daherkommen ließ. Komfortabel war er auch, und so ging die neue Formel auf: Mit 15 936 Exemplaren bis 1941 avancierte er zum meistverkauften Vorkriegs-BMW.

Im November 1937 wurde die Baureihe nach Art des Hauses um das attraktive zweiplätzige Cabriolet 327 bereichert, in der Tat ein Schmuckstück mit hübsch eingeschalten Scheinwerfern, schnittig halb abgedeckten Hinterrädern, einer eleganten Intarsie im Kofferraumdeckel, welche die Form des Reserverads darunter noch einmal nachzeichnete, einem schicken schneeigen Dreispeichenlenkrad und weiß unterlegten Instrumenten. Publikum und Fachpresse reagierten begeistert, die anvisierte Zielgruppe indessen spröde und zugeknöpft. Mit seinen 55 PS, erzeugt mit Hilfe zweier Vergaser, war ihr der Bayern-Beau aus Eisenach einfach zu schlapp und darüberhinaus alles andere als billig: Die offene Version kostete mit 7500 Reichsmark 2000 mehr als die Limousine 326. Ein Coupé, das im Oktober 1938 nachgelegt wurde und bei dem im Gegensatz zum Cabriolet die Türen hinten angeschlagen und der Winker hinter diesen untergebracht waren, schlug mit 7450 Mark zu Buche.

Den Nörglern und Nimmersatts konnte indes geholfen werden, und zugleich kehrte man im April 1938 zu den Ursprüngen zurück, indem man dem 327 den Motor des 328 verschrieb, mit drei Fallstromvergasern und 80 munteren PS. Sie hoben die Spitzengeschwindigkeit um 20 auf bemerkenswerte 145 km/h an. 327/28 hieß das schöne Zwitterding und blieb trotz allgemeiner Akzeptanz mit 568 Einheiten (davon 86 Coupés) in der Minderheit gegenüber 1174 Cabrios und 179

Coupés vom Typ 327, nicht zuletzt, weil bereits der Zweite Weltkrieg drohend das Haupt erhob.

Das letzte Coupé wurde im Mai 1941 in Hamburg dem brasilianischen Generalkonsul Louza-Ribeiro übergeben. Zum gleichen Zeitpunkt erreichte das Cabriolet mit der Fahrgestell- und Motornummer 87 306 seinen Besitzer, einen Herrn Reif aus Chemnitz. Es war das letzte aus Eisenacher Produktion. 1948 wurde diese unter dem Kuratel der sowjetischen Aktiengesellschaft Awtowelo wieder aufgenommen.

Alfa Romeo 6C 2500 Coupé SS, Bj. 1947. Sechszylinder-Reihenmotor. 2443 cm³. 110 PS. 175 km/h. 18 s 0 - 100 km/h. Leihgeber: André Borel

Nach den schweren Luftangriffen der Royal Air Force in der Nacht des 14. Februar 1943 und am 13. August desselben Jahres auf das Alfa-Romeo-Werk in Portello zog sich die Belegschaft ins Exil des Örtchens Melzo am Ortasee 80 Kilometer nordwestlich von Mailand zurück.

Dort konzipierte man einen neuen Wagen, den Gazella, der dem Werk nach dem Krieg wieder auf die Beine helfen sollte. 1945 indessen fand man 60 Prozent des Fabrikgeländes in Trümmern vor, unter ihnen die Maschinen, die für den Bau des neuen Fahrzeugs bestimmt gewesen waren. Folglich mußte Alfa Romeo auf ein Vorkriegsmodell zurückgreifen, den 6C 2500, von dem noch 1943 91 Exemplare und selbst 1945 deren drei die Werkhallen verlassen hatten. Inmitten des zögernd anlaufenden Wiederaufbaus entstanden 1946 80 Tourenwagen dieses Typs, 68 Sport-Modelle sowie 14 zweisitzige Coupés und Cabriolets praktisch unverändert, abgesehen von einer Lenkradschaltung, wie sie für den Gazella vorgesehen war.

1947 erschien der 6C 2500 in gründlich überarbeiteter Form als Turismo- und Sportversion. Letztere erhielt den Namen Freccia d'oro.

Ihr Chassis wurde auch von Touring, Boneschi und den Stabilimenti Pinin Farina mit Aufbauten versehen, nachdem diesen die mechanischen Komponenten zugestellt worden waren. Daneben gab es, ebenfalls auswärts karossiert, eine Super-Sport-Spielart mit 2700 mm Radstand (sonst 3000 mm).

Die Maschine des 6C 2500 war ein Reihensechszylinder, nach Art des Hauses mit zwei obenliegenden Nockenwellen, und leistete im Freccia d'oro 90 PS. Auch das Fahrwerk knüpfte an Früheres an: Einzelradaufhängung vorn und hinten, vordere Doppellängslenker, hintere Pendelachse mit Längslenkern und Torsionsstäben System Auto-Union/Porsche, wie man es bei Alfa Romeo bezeichnete.

Die Karosserie des Goldpfeils wirkte mit ihrer langen Motorhaube, den ebenfalls langen und sanft abfallenden Kotflügeln und dem runden Heck sportlich und windschlüpfig.

Alfa Romeo 6C 2500 Cabriolet SS, Bj. 1948. Sechszylinder-Reihenmotor. 2443 cm³. 105 PS. 165,6 km/h. 18 s 0 - 100 km/h. Leihgeber: Jan Martens

Das Chassis bestand aus kastenförmigen Längsträgern und einer Kreuztraverse. Vorn fanden auf einer geräumigen Sitzbank drei, hinten zwei Personen bequem Platz. 1949 wurde der Alfa Romeo 6C 2500 erneut sublimiert. Man retuschierte die Aufhängung, das Getriebe und die Bremsen, verstärkte das Chassis, verfeinerte die Ausstattung und paßte ein größeres Heckfenster ein.

Die Modellreihe umspannte den S (=Sport) mit 93 PS, den zwei- bis dreisitzigen SS (=Super Sport) mit 105 PS sowie, ab 1950, einen 2500 Gran Turismo, der den längeren Radstand des S mit der stärkeren Maschine des SS kombinierte.

1268 Sport, davon 680 Freccia d'oro und 397 Super Sport, trugen dazu bei, Alfa Romeo über die Nachkriegswirren hinwegzuhelfen. 1952 entstanden noch 35 Exemplare, 1953 schließlich 34. Eine kompaktere Rennversion, die gerade etwas mehr wog als die Hälfte der 1550 kg (trocken), welche die Standardausführung auf die Waage brachte, ermöglichte dem Mailänder Werk, seinen Rennerfolgen aus der Zeit vor 1940 weitere anzufügen. Mit schärferen Nockenwellen, größeren Ventilen und drei Doppelvergasern wartete deren Triebwerk mit 145 PS auf und verhalf dem Wagen zu einer Spitzengeschwindigkeit von 200 km/h. Bei der 16. Mille Miglia 1949 belegte die Mannschaft Rol/Richiero damit den dritten Platz im Gesamtklassement, während ihre Teamgefährten Venturi/Sanesi mit einem normalen Freccia d'oro Zweite in der internationalen Tourenwagenklasse wurden.

Und in einer Experimentalvariante des 6C 2500 Competizione schob sich im gleichen Rennen ein Jahr später Juan Manuel Fangio mit Beifahrer Zanardi auf den dritten Rang hinter zwei Ferrari.

H.R.G. 1500, Bj. 1948. Vierzylinder-Reihenmotor. 1496 cm^3.
61 PS. 126 km/h. 18,7 s. 0 - 100 km/h. Leihgeber: Klaus Salomon

Drei Möglichkeiten gibt es, das Kürzel H.R.G. auszudeuten. Die Herren E.A. Halford, G.H. Robins und H.R. Godfrey, allesamt Freunde zügiger Fortbewegung und 1935 Gründerväter des gleichnamigen kleinen Unternehmens, könnten sich darin mit den Initialen ihrer Nachnamen verewigt haben. Vielleicht nahm sich aber auch nur Henry Ronald Godfrey diese Freiheit. Oder beides war in schelmischer Mehrdeutigkeit bezweckt.

Wie auch immer: In seiner schmucklosen Simplizität spiegelte das Logo das Produkt selber wider. In einem H.R.G. war das Automobil gewissermaßen auf das Prinzip dahinter verkürzt, bereichert um die Option elementarer Geselligkeit – Fortbewegung für zwei, sonst nichts. Das machte seinen kargen Charme aus und gab den 241 Ausprägungen dieses Minimalismus für zwei Jahrzehnte ihre Daseinsberechtigung. Zur entschlossenen Absage an jeglichen Fortschritt geriet bereits ihr Chassis, Starrachsen mit Viertelelliptikfedern vorn und Halbelliptikfedern hinten, eingepflanzt in einen Leiterrahmen, der sich den Unebenheiten der Fahrbahn biegsam anschmiegte.

Diese Auslegung, durchaus gewollt in Sportfahrzeugen jener Zeit, meldete gleichwohl jeden Kiesel auf der Straße unerbittlich an die Hintern der Insassen weiter und führte auf die Dauer zur Ermüdung der Karosserie. Dies stellte etwa die H.R.G.-Riege Archie Scott/Ted Halford 1937 in Le Mans nach einem zweiten Platz in ihrer Klasse fest, und noch 1949 deckte man nach Siegen bei den 24-Stunden-Rennen in Spa und auf dem Sarthekurs an den vom künftigen Aston-Martin-Rennleiter John Wyer präparierten drei H.R.G. 1500 Lightweight die gleiche Schwäche auf. Der schmale, zugige Aluminiumaufbau des spartanischen Roadsters war vor lauter Nacktheit schon wieder schön, bot indessen nur eine beengte Unterkunft und verzichtete auf die Segnung einer Heizung. Während der kalten Jahreszeit waren die Insassen gleichsam auf ihre eigene Körperwärme zurückgeworfen.

In der H.R.G.-Garnison Tolworth in kostspieliger Handarbeit und nach dem Motto "by enthusiasts for the enthusiast" lediglich auf Bestellung gefertigt, erwarben sich die Erzeugnisse der winzigen Manufaktur rasch den Ruf von idealen Mehrzweck-Mobilen für Straße, Piste und rauhen Untergrund, wie er den Teilnehmern an Trials das Leben schwermachte. Zunächst waren sie mit Meadows-Motoren des Typs 4ED von anderthalb Litern Hubraum ausgerüstet, die das kleine Auto immerhin in 9,8 Sekunden auf 80 km/h beschleunigten. Mit Kriegsausbruch waren diese am Ende ihrer Tage angelangt, und ein Prototyp mit einem Singer-Standard-Triebwerk deutete bereits die Dinge an, die da kommen sollten. Es wurde allerdings in Tolworth aufwendig überarbeitet, mit einem veränderten Volumen, einer Stahlkurbelwelle, anderen Pleueln und Rennkolben. Verfügbar waren Vierzylinder mit 1074 cm^3 und 40 PS oder 1496 cm^3 und 61 PS, mit einer obenliegenden Nockenwelle sowie zwei Horizontalvergasern von SU.

Da die hubraumstärkere Version 50 Prozent stärker, aber kaum teurer war, grub sie dem kleineren Bruder bald das Wasser ab. Ab 1950 war denn der H.R.G nur noch mit anderthalb Litern erhältlich. Um diese Zeit begann er indessen auch zur echten Antiquität zu ergrauen, die allenfalls noch dem Hardcore-Freak zuzumuten war. 1956 schrillte nach einer Jahresproduktion von nur fünf Einheiten das Sterbeglöcklein über dem knorrigen Klassiker. Von einem Ausflug in die Moderne in Gestalt des Modells Aerodynamic mit seinem in schüchterner Stromlinie gehaltenen Aufbau der Karosserieschmiede Fox & Nicholl hatte sich die H.R.G. Engineering erschrocken ins Urtümlich-Erprobte zurückgezogen.

Dann wurde selbst sie von der Zeit überholt.

Alfa Romeo 8C 2900 B, Bj. 1939. Achtzylinder-Reihenmotor. 2905 cm^3. 180 PS. 185 km/h. 9,4 s 0 – 100 km/h.

Vielleicht hat sich im Laufe der Jahre lediglich eine Vermutung zur Legende verdichtet. In jedem Fall aber macht die Sache Sinn: Der Grand-Prix-Monoposto Alfa Romeo Tipo B von 1934, volkstümlich P3 geheißen, stand im Rahmen der 750-Kilo-Formel gegen die Mercedes-Benz und Auto Union auf verlorenem Posten. Die Mailänder versuchten ihr Heil im Kampf gegen die Hegemonie in Silber mit neuen Lösungen, etwa dem "Bimotore"-Monster von 1935 oder dem Tipo 12C, dessen Vierliter-V12 Tazio Nuvolari im Oktober 1936 zwar zum Gewinn des Vanderbilt Cups in New York, nie aber zum Sieg in einem Großen Preis verhalf.

Ungefähr drei Dutzend der 2,9-Liter-Triebwerke für den Tipo B, so heißt es, hätten daher in Portello überzählig herumgelegen. Sechs davon wurden 1935 abgezeigt für den Rennsportwagen 8C 2900 A, mit dem die Mannschaft Antonio Brivio/Carlo Ongaro ein Jahr später die Mille Miglia beherrschte – vor drei weiteren Alfa Romeo. 1937, als sich neun Alfa unter den ersten Zehn fanden, taten es ihnen Carlo Pintacuda/Paride Mambelli mit dem gleichen Modell gleich. Die Konkurrenz aber murrte, der 8C 2900 A sei ein nur spärlich verhüllter Grand-Prix-Wagen.

Da gab sich der 8C 2900 B von 1937 mit den verbleibenden Maschinen aus dem Tipo-B-Arsenal schon bürgernäher, dennoch ein Supersportwagen vom Feinsten. Die Architektur seines Reihen-Achtzylinders glich der seines Pendants im 8C 2300, mit zwei gleich strukturierten und hintereinander angeordneten Hälften und zweigeteilten Nockenwellen. Die Köpfe waren gleichwohl mit den Halbblöcken in Leichtmetall zusammengegossen, und zwei einander benachbarte Kompressoren, von unter ihnen angesiedelten Weber-Vergasern alimentiert, bliesen der ursoliden Kraftquelle ihr Lebenselixier mit 0,8 kg/cm^3 ein. Damit ihr Gesundheit und ein langes Leben beschieden seien, hatte man sie um 40 auf 180 PS bei 5200/min entschärft.

Dem stimmgewaltigen Nobel-Triebwerk entsprach ein Chassis auf dem letzten Stand der Dinge, wiederum erhältlich mit zwei Radständen, 2800 mm (20 Einheiten) und 3200 mm (zehn Exemplare). Die Rudge-Räder waren unabhängig aufgehängt, vorn an Querlenkern mit verkapselten Schraubenfedern und hydraulischen Stoßdämpfern, hinten an Längslenkern mit einer Querblattfeder sowie kombinierten hydraulischen und mechanischen Dämpfern. Pate dafür hatten die Rennmodelle gestanden.

Kaum je zwei 8C 2900 B waren identisch, karossiert zum Beispiel von Farina als Cabriolet, als aufreizend schöner Spider von Alfa Romeo selbst, Pinin Farina oder von Touring, wo man ihn nach dem patentierten Superleggera-Prinzip über einem Geflecht von Röhren auch als Berlinetta einkleidete. Je nach Übersetzung der Hinterachse, Aufbau und Tuningstufe beeilte er sich auf bis zu über 200 km/h. Um solche Werte zu ermitteln, bemühte sich der ambitionierte Pilot oder Tester mangels geeigneter Tummelplätze vorzugsweise auf die Wildbahn der französischen autoroutes.

Soviel automobilem Charakter mochte nicht einmal der zeitgenössische Kenner Cecil Clutton, den Mailändern nicht unbedingt wohlgesonnen, seine Anerkennung versagen: "Mit diesem Wagen, dem schnellsten Serienauto der Welt, verdient die berühmte Marke allerhöchsten Respekt." Der 8C 2900 B war Vittorio Janos großzügiges Abschiedsgeschenk an Alfa Romeo. Im Oktober 1937 trat er den Dienst beim Konkurrenten Lancia an.

Singer Roadster, Bj. 1939. Vierzylinder-Reihenmotor. 1074 cm^3. 36 PS. 112 km/h. Leihgeber: Peter Hart

Zum Verzicht auf jegliches britische Understatement war die Singer Motors Ltd. stets bereit: "The greatest little Roadster of our Time" hieß es in feiner Paradoxie in einem Inserat, "The Man in the Singer is the man in the know" unter-

stellte eine andere, und "Singer invite You to the Season's most important Coming Out" lockte eine dritte.

Die frohen Botschaften bezogen sich auf den 2/4 Seater 9 h.p. Roadster, die letzte ganz gezielt auf dessen Präsentation am 6. März 1939 im Showroom der Marke in der noblen Londoner Park Lane. 1905 in Coventry gegründet, hatte sich die Firma erst 1933 mit dem viersitzigen Nine dem Bau sportlicher Automobile zugewendet. Schon zwei Jahre später erlitt man einen herben Rückschlag, als die drei Werkswagen bei der Tourist Trophy in Ards wegen Schäden an ihrer Lenkung in der gleichen Kurve vom rechten Wege abkamen, weltweit schmählich dokumentiert durch die Bilder eines Fotografen, der sich dort zufällig aufhielt. Nicht zuletzt diese Beule im Singer-Image sollte der Roadster wieder gutmachen.

Er sei "ein handgefertigtes Produkt von gefälliger Linienführung", klärte die Werbung auf, und diese "kulminiere im eleganten Aufwärtsschwung seines Schwanzes". Die schlichte über einem Rahmen aus Eschenholz errichtete Aluminiumkarosserie des kleinen Gernegroß räumte Platz für vier ein, und die vorderen getrennten Schalensitze mußten im Fahrtrichtung umgelegt werden, damit die Passagiere in der zweiten Reihe aufsitzen konnten. Dort thronten sie in ungemütlicher Höhe zu Häupten der Hinterachse, genossen jedoch den Schutz des aufgespannten Verdecks, ohne sich in Demut neigen zu müssen. Aber auch die Privilegierten im ersten Glied konnten sich den Wind unverstellt um die Nase wehen lassen, wenn die Frontscheibe nach vorn geklappt war.

Aus Gründen der Rationalisierung hatte man das gänzlich konventionelle Fahrwerk vom bürgerlicheren Singer-Modell Bantam übernommen, einen Kastenrahmen mit Starrachsen und Blattfedern. Ein bemerkenswertes Stück Technik war der Motor des Nine Roadsters, mit 1047 cm^3 und 36 PS von mäßigem Volumen und moderater Leistung, aber von einer obenliegenden Nockenwelle gekrönt. Zarte Modellpflege umspannte 1940 eine maßgefertigte Aktentasche aus edlem Marokkoleder, die mit 2,2 Pfund zusätzlich zum Basispreis von 169 Pfund zu Buche schlug, und Aero-Windschutzscheiben für den bekennenden Sportfahrer.

Dann intervenierte der Zweite Weltkrieg. Singer wurde mit der Fertigung von Rüstungsgut in die vaterländische Pflicht genommen, meldete sich aber bereits 1946 mit dem unveränderten Nine zurück, was eine Produktion von 10 334 zumeist exportierten Roadstern bis 1955 einläutete. Ihre etwas konfuse Benennung mit den Buchstaben des Alphabets zeichnete ihre vorsichtige Evolution nach: In der Ausbaustufe 4A (1949-1950) ging man von drei auf vier Fahrstufen über. Retuschen an der Metamorphose 4AB (1951-1952) umfaßten die unabhängige Aufhängung der Vorderräder an Querlenkern und Schraubenfedern, hydromechanische Bremsen und Scheibenräder. Auf dem Genfer Salon 1951 wurde offenkundig, daß man dem kleinen Klassiker das bisher umfassendste Facelift hatte angedeihen lassen. SM (oder auch 4AD) hieß der Riley Roadster (1951-1955) nun, und die erst viel später verdächtige Abkürzung besagte, er habe ein größeres Triebwerk, entlehnt von der

Limousine SM1500, 1497 cm^3 und 48 PS mit einem Vergaser, 58 PS mit zwei Zerstäubern ab September 1952, die ihn zu 129 km/h befähigten. Zugleich hatte man – Rückzugsgefecht einer Antiquität – die Sicht nach hinten verbessert, den Insassen im Fond mehr Kniefreiheit verschafft, die Stoßstangen um die Ecken gezogen und ihnen stämmige Hörner aufgesetzt.

MG TC, Bj. 1949. Vierzylinder-Reihenmotor. 1250 cm³. 54,4 PS.
124,9 km/h. 21,2 s 0 - 100 km/h. Leihgeber: Gisela Kamm und Michael Clement

Abkürzungen beginnen irgendwann für sich zu stehen, ein Eigenleben zu führen. MG stand früher einmal für die Morris Garages in der Alfred Lane zu Oxford, deren Manager Cecil Kimber

Morris-Wagen 1923 mit eigenen Zutaten und kurzerhand auch mit einem eigenen Emblem versah.

Im September 1929 bezog der sanft florierende Kleinbetrieb eine neue Garnison in Abingdon, zehn Kilometer von der Universitätsstadt entfernt. Anfang August 1932 stellte Kimber dort den J2 vor, einen Sportzweisitzer mit jäh kupiertem Heck, prononcierten Kerben in den Türen und einem Doppelhöcker auf der Stirnwand vor Fahrer und Beifahrer, stilistischen Konstanten, die den Zweiten Weltkrieg überdauerten und bis in die fünfziger Jahre ragen sollten.

Im Juli 1935 stieß Lord Nuffield, bürgerlich William Morris, MG an das unter seinem Namen firmierende Nuffield-Kombinat ab. Man bereitete den ausschweifenden motorsportlichen Aktivitäten der Neuerwerbung umgehend ein Ende und begann auch sonst den Rotstift anzusetzen, indem etwa aufwendige Triebwerke mit obenliegenden Nockenwellen durch biedere Stoßstangenmaschinen von Morris und Wolseley ersetzt wurden. 1936 entstand der MG TA, 1939 der TB, dem indessen nur ein kurzes Dasein bis zum Ausbruch der Feindseligkeiten vergönnt war. 1945, während andere noch über Ruinen Trübsal bliesen oder Blütenträume Zeit zum Reifen benötigten, retuschierte man in Abingdon den TB ein bißchen und ließ ihn, ohne zu zaudern, als TC wiederauferstehen. Ein geeigneteres Prophylaktikum gegen Nachkriegs-Tristesse gab es nicht.

Gewiß kam der TC kantig wie ein Schuhkarton daher, auf spinnrigen Speichenrädern, einem antiken Underslung-Kastenrahmen, Starrachsen und Halbelliptikfedern ein Affront gegen alle, die sich von ihrem Automobil schonende Behandlung erhofften. Fast schutzlos war man der Willkür der Witterung ausgesetzt. Eine Heizung war nicht vorgesehen, akustisch stets präsent der hochdrehende kleine Motor, und da man Unfälle

am besten gänzlich vermeidet, gab es auch keine Stoßfänger.

Mit 125 km/h war der MG TC nicht einmal besonders schnell. Aber spätestens, nachdem man die Windschutzscheibe umgelegt hatte, konnte man sich buchstäblich den Wind um die Nase wehen lassen, wurde den Insassen das ganze elementare Erlebnis der Bewegung zuteil, höchstens getrübt durch die miserable Qualität des britischen Pool-Benzins, einem dubiosen Cocktail von niederer Oktanzahl, und durch den Umstand, daß dieses auch noch bis zum Juni 1950 rationiert war.

Bereits Ende 1949 waren genau 10 000 der holzharten Midgets verkauft, 3408 in Großbritannien, 6592 in Übersee, 2001 allein in den USA, wo Zelebritäten wie der Schauspieler Clark Gable oder die Rennfahrer Briggs Cunningham und Phil Hill den altväterlichen Charme des Exportartikels zu würdigen wußten. Daheim aber, in dem Lande, aus dem er kam und in das er paßte wie kein Zweiter, holte ein junger Seeoffizier in einem MG TC hin und wieder seine Freundin zu einem Ausflug ins Grüne ab. Der betroffenen Familie behagte dies aus verschiedenen Gründen nicht sonderlich, denn schließlich sollte Elizabeth Windsor einmal Königin von England werden...

Triumph 1800 Roadster, Bj. 1948. Vierzylinder-Reihenmotor. 1776 cm³. 63 PS. 124,2 km/h. 34,4 s 0 - 60 mph. Leihgeber: Dieter Bachmann

Im Jahre 1903 gründete der 32jährige Reginald Walter Maudslay, von Freunden Dick genannt, mit einem zinslosen Darlehen seines Lehrmeisters Sir John Wolfe von 3000 Pfund Sterling in Coventry die Standard Motor Company. Als

Dick Maudslay am 14. Dezember 1934 starb, hinterließ er ein geordnetes Imperium. Man war unter anderem zum Hoflieferanten der englischen Königsfamilie avanciert, verbeugte sich aber auch vor schmalen Geldbeuteln und glänzte durch ungewöhnliche Sozialleistungen wie die 48-Stunden-Woche.

So wußte der damalige Regent Georg VI bei einem Besuch des Werks 1938 nur Gutes zu sagen. Ebenfalls in Coventry wurde 1897 die New Triumph Cycle Company registriert, die der deutsche Jude Siegfried Bettmann und sein Landsmann Mauritz Johann Schulte leiteten.

Der erste Weltkrieg warf seine Schatten bereits voraus, da war Bettmann eine Zeitlang Vorsitzer der Standard Motor Company, ein Umstand, der angesichts zukünftiger Ereignisse einer gewissen Ironie nicht entbehrte. 1923 – Schultes Part war inzwischen von dem Oberstleutnant Claude Holbrook übernommen worden – baute man mit dem 10/20, einem 1,4-Liter, das erste Triumph-Automobil.

1933 ging das Unternehmen völlig in die Befehlsgewalt des Offiziers über, geriet aber immer mehr ins Schlingern, wie so viele andere gleichzeitig. Am 24. November 1944 nahm Standard-Boß Sir John Black die kläglichen Reste der moribunden Firma unter seine Fittiche. Der Grundstein für die Triumph Motor Company war gelegt, die 1945 unter Standard-Ägide zu neuen Ufern aufbrach.

Im März 1946 kündigte man zwei neue Modelle an, eine viertürige Limousine (Radstand 2740 mm), für die Designer Walter Belgrove den Messerkantenschnitt der Vorkriegszeit wieder hatte aufleben lassen, und einen Roadster (Radstand 2540 mm), den Frank Callaby mit schwellenderen Formen ausgestattet hatte. Die Maschine, ein Reihenvierzylinder von 1776 cm³ und 63 PS, stammte aus den Flying Standards und fand sich auch in zeitgenössischen Jaguar-Tourenwagen.

Was das Chassis anbelangte, war die Arbeit des Spezialisten Ray Turner durch eine Vorgabe Sir Johns befrachtet. Mit Stahl hatte er sparsam umzugehen, denn das Material war rar und überdies rationiert. Und so entstand fast zwangsläufig

ein Underslung-Rohrrahmen mit ebenfalls röhrenförmigen Querverstrebungen. Die Räder waren vorn einzeln aufgehängt an oberen Dreiecklenkern und einer unteren Querblattfeder, während sie hinten durch eine Starrachse verbunden wurden, die sich an Halbelliptikfedern abstützte und durch einen Torsionsstab komplettiert war. Die Karosserie, hergestellt in Heim-Arbeit zu Canley, Coventry, während die der Limousine an Mulliners nach Birmingham vergeben worden war, bestand aus Aluminium.

Auf der vorderen Sitzbank fanden, dicht zusammengedrängt, drei Passagiere Platz. Zwei weitere Sitzgelegenheiten wurden zugänglich, wenn man einen Doppel-Deckel über dem Kofferraum öffnete, dessen vorderer Teil als zweite Windschutzscheibe diente, eine Konzession an alle, die Personal, eine Schwiegermutter oder gegebenenfalls einen Heckschützen mit auf die Reise zu nehmen gedachten.

Im übrigen war die Notunterkunft nur von hinten über zwei Trittbrettlein auf den Stoßstangenenden zu betreten und Aerodynamik sowie Straßenlage des Roadsters nichts weniger als förderlich. Auf die erste Generation von 2501 Exemplaren folgte mit der London Motor Show zu Earls Court 1948 bis zum September 1949 eine zweite von 2000 mit dem 2088-cm³-Triebwerk des Standard Vanguard (68 PS), ansonsten aber so gut wie unverändert.

Cisitalia 202 Gran Sport, Bj. 1950. Vierzylinder-Reihenmotor. 1089 cm^3.
55 PS. 160 km/h. 13 s 0 - 100 km/h. Leihgeber: Adriano Cimarosti

Cisitalia (für Compagnia Industriale Sportiva Italia) war für Fiat dasselbe, was Gordini für Simca und Alpine für Renault bedeutete: Das am Corso Peschiera in Turin beheimatete kleine Unternehmen brachte den Feld-, Wald- und Wiesenautos des am gleichen Standort ansässigen Giganten so richtig das Laufen bei und das mit Stil. Und überdies umflatterte seine Produkte wie die der beiden anderen Fabrikate ein patriotisches Fähnlein.

Der Mann hinter der Marke war Piero Dusio (1899-1975), Playboy, Fußballstar bei Juventus Turin, Rennfahrer und Commendatore von Mussolinis Gnaden wie Enzo Ferrari. Mit der Fertigung von Uniformen hatte er ein Vermögen gemacht. 1946 setzte er einen Monoposto mit dem getunten Triebwerk des Fiat 1100 in die Welt. Für dieses Vorhaben hatte Dusio mit beredtem Charme Dante Giacosa gewonnen, den Konstrukteur des Massen-Mobils Fiat Cinquecento, besser bekannt unter dem Namen Topolino (italienisch für Mäuschen). Bei einem Bummel durch Dusios Fahrradfabrik hatte Giacosa einen Stapel Chrom-Molybdänrohre entdeckt und diese zum ersten serienmäßigen Gitterrohrrahmen der Renngeschichte zusammengeschweißt.

Mit einem Schweizer Sponsor im Hintergrund wurde sogar eine Art Markenpokal für den kleinen Renner namens D46 aufgezogen, der in rund 40 Exemplaren eine ungewöhnliche Verbreitung erfuhr. Auf der gleichen technischen Basis folgten ein Jahr später diverse zweisitzige Rennwagen. Gleichsam den Ritterschlag erhielt Cisitalia, als bei der Mille Miglia 1947 der italienische Nationalheros Tazio Nuvolari zusammen mit Beifahrer Francesco Carena hinter einem Dreiliter-Coupé von Alfa Romeo mit der Spider-Version 202SMM zweiter wurde – vor zwei weiteren Markengefährten. Des "Fliegenden Mantuaners" Sieg verhinderte lediglich ein längerer Zwangshalt zum Trocknen eines nassen Zündmagneten.

Da träumte Dusio längst von einer Straßenvariante. Sie solle breit sein wie sein Buick, niedrig wie ein Grand-Prix-Wagen, komfortabel wie ein Rolls-Royce und leicht wie seine Rennautos, faßte er seine Vision zusammen. Gesagt, getan: Im September 1947 stand die Berlinetta 202 auf den Rädern, eingekleidet in zwölf mm dickes Itallumag-Aluminiumblech. Bei ihrem Design, nicht unähnlich dem des Maserati A6/1500, handelte es sich um ein frühes Meisterstück Battista ("Pinin") Farinas, so schnörkellos und ausgewogen, daß der Cisitalia später in den erlesenen Zirkel der "Eight Automobiles" des New Yorker Museum of Modern Art aufgenommen wurde.

Aber es gab auch andere Aufbauten, etwa ein 2+2-Cabriolet von Vignale. Als stabiles Rückgrat diente ein Rohrrahmen. Die Räder hingen vorn an einer Querblattfeder und unteren Querlenkern, hinten an einer Starrachse mit halbelliptischen Federn. Durch einen eigenen Zylinderkopf und weitere Eingriffe hatte das Team um Dante Giacosa und Giovanni Savonuzzi die Leistung des zivilen Fiat-Triebwerks auf 55 PS hochgerüstet und damit fast verdoppelt.

Doch schon stand die Schrift an der Wand für das ehrgeizige Unternehmen. Dusio hatte sich finanziell völlig überhoben mit einem Auftragswerk für das Porsche-Studio unter dem Professor selber und seinen Mitarbeitern Carlo Abarth und Rudolf Hruska, unterzeichnet am 3. Februar 1947: einen Grand-Prix-Rennwagen mit einem flachen Zwölfzylinder im Heck mit vier obenliegenden Nockenwellen und Kompressor sowie Vierradantrieb. 1949 siedelte er in das Argentinien Juan Domingo Perons um. Sein Sohn Carlo führte sein Werk fort und legte auch noch ein paar Cisitalia 202 auf. Dennoch hatte es bei 170 Coupés und Cabriolets sein Bewenden.

Talbot Lago T26 Grand Sport, Bj. 1952. Sechszylinder-Reihenmotor. 4482 cm³. 210 PS. 200 km/h. Leihgeber: Thomas Körver

Bereits 1946 meldete sich die Automobiles Talbot in Suresnes auf dem prestigeträchtigen Markt für sportive Luxuswagen zurück, nachdem man während der Kampfhandlungen mit den Wölfen geheult und etwa Maschinen der US-Army gewartet und repariert hatte.

Unübersehbar war der Bezug des Talbot Lago Record zu den Vorkriegsmodellen des illustren Labels, neu die vordere Aufhängung mit Quer- und Dreiecklenkern und Schraubenfedern, während die hintere mit einer Starrachse und Halbelliptikfedern nach Art der Väter in den Kastenrahmen implantiert war. Als Kraftquelle diente ein besänftigter Sechszylinder-Rennmotor aus besseren Zeiten mit 4482 cm³ und zwei seitlich hoch angesetzten Nockenwellen, dem Chefingenieur Carlo Marchetti einen neuen Zylinderkopf verpaßt hatte. Ihre 170 PS wurden, wie gehabt, durch ein Vorwählgetriebe von Wilson an die Antriebsräder weitervermittelt. Dieser Lösung hielt Firmenboß Antonio Lago, ein in Frankreich lebender Venezianer, der die Geschicke der Firma seit 1935 lenkte, zäh die Treue.

Zu diversen Record-Limousinen und Cabriolets gesellte sich auf dem Pariser Salon 1948 der Grand Sport, der an die Tradition der berühmten SS-Modelle anknüpfen sollte. Schöne Karosserien kamen von Saoutchik, Franay, Figoni & Falaschi, Graber oder den Stabilimenti Farina. Der Radstand war von 3130 mm auf 2650 mm verknappt worden, und vorn ersetzte eine untere Querblatt- die Schraubenfedern des Record. Der Wechsel von zwei zu drei Zenith-Stromberg-Vergasern bescherte dem 4,5-Liter-Trieb-

werk 20 weitere PS. Bis zu 250 PS entlockten die Talbot-Techniker den Rennversionen, die zum höheren Ruhm der Grande Nation in französischem Rennblau unterwegs waren und dies durchaus erfolgreich. In der Ära vor der Formel 1 gewannen die Monoposti der Marke beispielsweise den Grand Prix de l'Automobile Club de France in Lyon 1947, den Grand Prix de Belgique 1949 und den holländischen Großen Preis ein Jahr später.

1950 holten sich Louis Rosier und sein Sohn Jean-Louis auf einem Talbot Lago T26C-GS das 24-Stunden-Rennen von Le Mans, ein Erfolg, den ihr Landsmann Pierre Levegh (alias Pierre Bouillon) 1952 um ein Haar wiederholt hätte – im Alleingang.

Die Glorie der Pisten, so befriedigend und bekömmlich für das Image sie sein mochte, stand indessen im krassen Widerspruch zur kommerziellen Misere des Unternehmens, gipfelnd in einer Liquidation 1951, aus dem ihm gleichwohl auswärtige Samariter heraushalfen. Zwischen 1947 und 1953 produzierte Talbot lediglich um die 1200 Autos, während die Vorkriegsrate bei 1000 pro anno gelegen hatte. Im Premiumsegment machte Tony Lago wie auch vielen anderen der Jaguar XK 120 schwer zu schaffen, der 1953 in Frankreich 1 900 000 Francs kostete, wogegen die Anschaffung des aktuellen Grand Sport mit 210 PS, erneut verkürztem Chassis und einem ZF-Getriebe eine Investition von 2 775 000 Franken erforderte. Im übrigen ahndeten die französische Fiskal-Gesetze die Anschaffung von Autos mit mehr als 15 Steuer-PS harsch.

Diese Härte versuchte Lago 1949 mit dem Typ Baby (15 CV) aufzufangen, fast schon eine Totgeburt trotz oder gerade wegen seines kurzhubigen Vierzylinders

mit 2690 cm³ und rachitischen 110 PS. Der Baby, spottete ein Kritiker, sei von der gnadenlosen Härte eines Ziegelsteins und fühle sich an wie ein Fünftonner. Dennoch fand sich 1955 eine 120 PS starke verkleinerte Spielart des mißliebigen Motors von 2491 cm³ im 2500 Lago Sport und von 130 PS im Jahr darauf im Sport Spécial, 2+2-sitzigen Diminutivformen des Grand Sport, der inzwischen nur noch auf Bestellung gebaut wurde. Das alles lohnte nicht mehr – in den beiden letzten Jahren hatte es mit 70 Exemplaren der Talbot-Sportler sein Bewenden.

Aston Martin DB1, Bj. 1950. Vierzylinder-Reihenmotor. 1970 cm³. 90 PS. 127 km/h. Leihgeber: Miriam Geisler

Bei seiner täglichen Lektüre der Times entdeckte der britische Industrielle David Brown im Herbst 1946 eine auffällige Anzeige. Zwischen bibliophilen Raritäten und martialischen Souvenirs an den Zweiten Weltkrieg wurde da eine

komplette Sportwagenfabrik feilgeboten.

Brown ging der Sache nach und stellte überrascht fest, daß es die renommierte Auto-Schmiede Aston Martin war, die diesen durchaus ungewöhnlichen Weg beschritten hatte, ihre finanzielle Misere in den Griff zu bekommen. Seitdem Firmengründer Lionel Martin 1914 seinen eigenen Nachnamen etwas gewaltsam mit der ersten Hälfte des Ortsnamens Aston Clinton – Schauplatz eines Bergrennens – zusammengebogen hatte, war das Unternehmen nie auf Rosen gebettet gewesen. Schließlich drohte der Zusammenbruch, in dem Maße, in dem Brown während des Krieges vor allem durch den Bau von Traktoren ein steinreicher Mann geworden war.

Im Februar 1947 kaufte er den kränkelnden Betrieb, der sich in Feltham in der Grafschaft Middlesex eingemietet hatte, für 20000 Pfund Sterling und erstand wenig später für 52500 Pfund die Nobelmarke Lagonda, ausschließlich ihres Fabrikgeländes in Staines.

Er fand eine Reihe von passionierten Autobauern vor, den Chassisspezialisten Gordon Sutherland und den Motoren-Ingenieur Claude Hill bei Aston Martin, dessen Kollegen W. O. Bentley sowie den Karosseriedesigner Frank Feeley bei Lagonda.

Bentley hatte einen Reihensechszylinder von 2580 cm³ mit zwei obenliegenden Nockenwellen konstruiert, während die Mitgift aus Feltham in dem Tourenwagen Atom bestand. Seine Vierzylinder-Maschine von 1970 cm³, deren Konzeption 1944 begonnen hatte, war eine Kreation Hills. Sein entsprechend verstärkter Fachwerkrahmen, der Chassis und Karosserieträger zu-gleich bildete, schien Brown eine gute Grundlage für einen Sportwagen zu sein, dessen Fertigung er in die Wege zu leiten gedachte, ein Drophead Coupé, das in der Tat zwischen dem September 1948 und dem Mai 1950 die bescheidene Stückzahl von 14 Exemplaren – dazu kam eine Limousine – erreichte.

Die Vorderräder hingen an zwei Kurbellängslenkern mit Schraubenfedern und einem Panhardstab. Die Hinterachse war 4,1:1 (wahlweise 3,9:1) untersetzt, und die 90 PS beziehungsweise 95 PS (bei einer Kompression von 8,5:1) von Claude Hills Stoßstangenmaschine wurden über ein Vierganggetriebe aus eige-

ner Produktion an die Antriebsräder weitergegeben.

Seiner Samariterrolle und des eigenen Anteils an dem neuen Auto wohl bewußt, fügte Brown dem altehrwürdigen Markennamen seine Initialen DB an. Die Werksnummer 1 wurde indessen erst von späteren Chronisten nachgereicht – der Vollständigkeit halber.

Bristol 401, Bj. 1952. Sechszylinder-Reihenmotor. 1971 cm³. 85 PS.
152 km/h. 17,4 s 0 - 100 km/h. Leihgeber: A. A. Maskell

Im Jahre des Kriegsendes 1945 gründete die Bristol Aeroplane Company eine kleine Autoschmiede, um brachliegende Kapazitäten auszureizen. Das Konzept: wenige Wagen in Handarbeit zu bauen, gemäß dem hohen Standard, den man in der Flugzeugindustrie gewohnt war, und so autark wie möglich zu bleiben. Warum, spotteten Kritiker später, sollen die bei Bristol ein Teil für fünf Pfund zuliefern lassen, das sie für 30 Pfund selber machen können?

Im Modell 400, dem Erstling, der auf dem Genfer Salon 1947 vorgestellt wurde, fand sich gute Vorkriegsware zusammen – made in Germany. Das Chassis stammte im Prinzip vom BMW 326, die Maschine vom 328. Die Karosserie war vom 327 inspiriert. Wie das kam?

Bei einem Besuch 1934 in Deutschland schaute H. J. Aldington, der Frazer-Nash-Autos fabrizierte, zu einem Schwätzchen bei BMW-Direktor Franz-Josef Popp in München herein. Das Gespräch trug Früchte. Aldington erwarb Verkaufs- und Fertigungsrechte in England. Sein Unternehmen firmierte unter den Namen Frazer Nash-BMW. Im Juli 1945 holte sich der Brite, inzwischen zur Würde eines Oberstleutnants gelangt, aus dem zerbombten Werk in der bayrischen Hauptstadt eine 328, vermutlich jenen, mit dem Brudes/Roese auf der 13. Mille Miglia 1940 Dritte geworden waren.

Zugleich nahm sein Bruder Donald Kontakte mit Bristol auf, wo er in George White, dem Sohn eines der Gründer, einen aufgeschlossenen Gesprächspartner fand.

Der Flugzeugkonzern kaufte die Rechte von Frazer Nash und Frazer Nash-BMW und präsentierte der Motorpresse im September 1946 den Frazer Nash-Bristol. Aber schon ein halbes Jahr später, in Genf, fehlte der unhandliche Vorspann. Aldington hatte sich sein Teil zurückgeholt. Die deutschen Ingredienzen allerdings blieben, nur daß ihnen im Modell 401 vom Oktober 1948 eine elegante Leichtmetallkarosserie übergestreift wurde, die von Touring in Mailand entworfen worden war. Bristol-Ingenieur Dudley Hobbs hatte sie im Windkanal in Filton durchgefeilt.

Ebenfalls von Touring kam das patentierte Superleggera-Prinzip, die Außenhülle durch ein Gitterwerk von leichten Stahlrohren zu stützen. Ihre Dicke variierte übrigens – die Kotflügel zum Beispiel, auf die sich die Mechaniker beim Warten und Reparieren stützten, waren etwas kräftiger ausgebildet. Der Aufbau ruhte auf einem geschlossenen stabilen Kastenrahmen mit hinteren Auslegern. Die Vorderräder waren unabhängig an einem oberen Dreiecklenker und einer Querblattfeder unten aufgehängt; die hinteren rollten an einer starren Achse mit Torsionsstabfederung. Die Maschine, ein Reihensechszylinder, dessen Kopf einst von BMW-Spezialist Rudolf Schleicher überarbeitet worden war und sich durch halbkugelförmige Brennräume und einen komplizierten Ventiltrieb auszeichnete, ging ihrem Tagewerk nicht eben leise nach: Ein Wald von 18 Stößeln, schrieb einmal ein aufmerksamer Beobachter, mache da ein Geräusch, als ob 1000 Großmütter strickten.

Daß trotz dieses betulichen Vergleichs der Bristol 401 ein wirkliches 160-Stundenkilometer-Auto sein konnte, bewies Anthony Crook, und zwar in Montlhéry, nachdem er den Kanal zwischen Lympne und Le Touquet in einem Bristol-Frachtschiff überquert hatte.

650 Exemplare wurden bis Mitte 1953 gefertigt, dazu noch einmal 24 Cabriolets vom Typ 402. Obwohl diese, weit weniger attraktiv, ausschauten wie das Coupé minus Dach, war ihnen eine Karriere in Hollywood beschieden, wo sie Stars wie Jean Simmons und Stewart Granger als automobile Maß-Konfektion zur Schau trugen.

Jaguar XK 120 Coupé, Bj. 1953. Sechszylinder-Reihenmotor. 3442 cm³. 160 PS. 194 km/h. 9,9 s 0 - 60 mph. Leihgeber: Peter Kuprianoff

Er kam, wurde gesehen und siegte. Und da es sich um ein Ereignis von nationaler Tragweite handelte, wurde der bronzefarbene Prototyp des XK 120 auch gleich im einzig passenden Rahmen vorgestellt, auf der Londoner Auto Show zu Earls Court, die am 27. Oktober 1948 ihre Pforten öffnete.

Die Konkurrenz lud ihre Produkte vom Transporter, schaute hin – und verzweifelte, schrieb der amerikanische Motorschriftsteller Ken Purdy, und sein gleichfalls hochgeschätzter britischer Kollege John Blunsden faßte später in einem Jaguar-Buch zusammen, was die Magie dieses Autos ausmachte: Mit seinem Erscheinen hätten über Nacht alle Vorstellungen von einem Seriensportwagen zum alten Eisen gehört, denn es habe Raffinesse und Komfort mit ausgesprochen gutem Aussehen und brillanter Leistung verquickt, und dies alles zu dem ungemein niedrigen Preis von 998 Pfund – 650 weniger übrigens als der Betrag, den man für einen Aston Martin DB2 zu entrichten hatte.

Dabei handelte es sich beim XK 120 um eine Verlegenheitslösung, einen Lückenbüßer und Schnellschuß. Der Tourenwagen Mk VII würde nicht zeitgerecht für den Salon im Londoner Westen fertiggestellt sein, da man mit der Produktion der Karosserie ins Hintertreffen geraten war. Andererseits verfügte man über einen vorzüglichen Motor, einen Sechszylinder von 3442 cm³ mit zwei obenliegenden Nockenwellen, das Meisterstück der Ingenieure Walter Hassan und William M. Heynes, der sich 1969 in den wohlverdienten Ruhestand zurückziehen sollte – als stellvertretender Vorsitzender des Konzerns.

Bereit stand auch das Fahrwerk des Mk VII, wie beim Mk V bestehend aus kastenförmigen Längsträgern und X-Traverse, Einzelradaufhängung vorn mit Trapez-Dreieckquerlenkern und Längstorsionsstabfedern, Starrachse hinten mit Halbelliptikfedern und hydraulischen Kolbenstoßdämpfern, deren Arbeit am anderen Ende von Teleskopstoßdämpfern übernommen wurde.

Ohne viel Federlesens beschloß man, das vorhandene Triebwerk und das (verkürzte) Chassis fürs erste mit einer zweisitzigen Roadsterkarosserie zu bekleiden. Zuständig hierfür erklärte sich, wie stets bis einschließlich des Jaguar XJ-S, Firmenchef William Lyons. Im hinteren Teil des Werks zu Foleshill komponierte er, die Rundung zum Prinzip erhebend, den Aluminiumaufbau des ersten XK 120 wie ein Phantombild.

Jedes Teil wurde so lange ausgewechselt, bis sich die einzelnen Elemente zu einer harmonischen Gesamterscheinung zusammenfügten. Er habe, berichten die Fama und zahlreiche Chronisten des Werks, dafür lediglich zwei Wochen benötigt. Die 120 in der Typenbezeichnung stand für die erwartete Höchstgeschwindigkeit in Meilen.

Der Wert war zweifellos ungewöhnlich hoch: So schnell lief gerade ein gutgelaunter ERA-Rennwagen. Und dennoch erwies er sich als Zeugnis britischen Understatements. Am 30. Mai 1949 mietete sich Lyons nämlich ein Stück belgische Autobahn zwischen Jabbeke und Aeltre, lud unverfroren die 20 führenden englischen Autojournalisten zum Dakota-Flug auf den Kontinent ein und ließ sie daran teilhaben, wie sein leicht beklom-

Jaguar XK 120 Roadster, Bj. 1954. Sechszylinder-Reihenmotor. 3442 cm³. 160 PS. 185,1 km/h. 12 s 0 - 60 mph. Leihgeber: Gerd Zarnekow und Peter Keel

mener Pilot Ron Sutton mit exakt 132,596 Meilen (bzw. 213,347 Kilometern) pro Stunde die Nase in den Wind streckte, denn die Frontscheibe hatte man als hinderlich entfernt.

Ein XK 100 mit einer Vierzylindermaschine von zwei Litern Hubraum wurde ebenfalls avisiert, aber nie gebaut. Der erste für einen Kunden bestimmte XK 120 verließ die Fabrik am 21. Juli 1949, mit einer Außenhaut aus Leichtmetall wie das letzte von 240 Exemplaren dieser Nullserie, das am 1. Mai 1950 nach Singapur geliefert wurde.

Schon aber war die Produktion der Stahlkarosserie durch die Pressed Steel Co. angelaufen. Nach wie vor aus Aluminium bestanden Türen, Motorhaube und Kofferraumdeckel – die einzigen Teile, die in der ursprünglichen Form belassen worden waren.

Die Ausstattung war üppig und reichhaltig. Man lagerte auf zweifarbig abgesetzten, breiten und weichen Ledersitzen, und jenseits des vierspeichigen Bluemel-Lenkrads informierte eine Fülle von zum Teil sehr großen Instrumenten den Fahrer über die Dienstauffassung des 160-PS-Triebwerks unter der langen Fronthaube. Dieses bot dem Auge einen durchaus erfreulichen Anblick, denn William Lyons hatte verfügt, was gut sei, müsse auch schön aussehen – ganz im Sinne der alten Griechen.

Der XK 120 Super Sports, dies die offizielle Bezeichnung, untersteuerte milde

und ließ sich im Grenzbereich dazu provozieren, das Heck herauszuschwenken, wenn auch ohne Tücke. Allerdings taten sich die Lockheed-Bremsen sehr rasch schwer damit, die 1325 kg des eleganten Raubtiers zum Stillstand zu veranlassen, nicht zuletzt, weil sie sich hinter der Abdeckung der Antriebsräder ungebührlich erhitzten.

Im März 1951 stellte sich Familienzuwachs ein in Gestalt eines Coupés mit festem Dach, dessen Ähnlichkeit mit einem von Lyons entworfenen Einzelstück auf dem Chassis des SS 100 für die Earls Court Show von 1938 nicht zu übersehen war, und im April 1953 folgte das luxuriöse Drophead Coupé, dessen attraktives Faltverdeck ebenfalls die Dachlinie des Mk VII nachzeichnete. 1769 dieser Cabriolets wurden gebaut, 2678 Voll-Coupés und 7631 offene Zweisitzer.

Frühzeitig schon waren Versionen mit dem sogenannten Special Equipment verfügbar – stärkeren Motoren und härterer Federung. Und sehr bald stellten sich Erfolge im Rennsport ein. Im August 1949 gewann Leslie Johnson mit dem Roadster ein Produktionswagenrennen in Silverstone, und 1950 siegten Ian Appleyard bei der Alpenrallye, Stirling Moss auf der Tourist Trophy sowie Phil Hill im amerikanischen Pebble Beach – alle auf Jaguar XK 120.

Längst aber stand Lyons der Sinn nach Höherem: Mehr als irgendein anderer Wettbewerb sonderte Le Mans die Spreu vom Weizen, und mehr als irgendein anderer zählte ein Erfolg dort. Der Einsatz einiger XK 120 im Standard-Trimm endete 1950 glück- und glanzlos. 1951 war man besser gewappnet, durch den C-Typ auf der Basis des Serienwagens, aber kräftig modifiziert und mit einem Gitterrohrrahmen als Skelett.

Zwei fielen aus, da Ölleitungen brachen. Der dritte, unter Peter Whitehead und Peter Walker, kam durch in neuer Rekordzeit, während der legendäre "Lofty" England die Regie an den Boxen führte – der erste von den fünf Le-Mans-Siegen der Marke 1951, 1953 und 1955 bis 1957.

Riley Roadster RMC, Bj. 1950. Vierzylinder-Reihenmotor. 2443 cm^3. 100 PS.
156 km/h 19 s 0 - 60 mph. Leihgeber: Lorenzo Yori

Die Anfänge der Riley (Coventry) Ltd, die 1912 gegründet wurde, reichten bis ins 19. Jahrhundert zurück. 1923 übernahm Victor Riley die Führung der Firma von seinem Vater William. Im September 1938 veranlaßten ihn finanzielle Probleme zu einer schmerzlichen Transaktion.

Er verkaufte das Familienunternehmen und zugleich seine eigene Selbständigkeit um 143 000 Pfund an Lord Nuffield, der die kränkelnde Akquisition einen Monat später seiner Nuffield-Firmengruppe einverleibte. Nur noch die Initiale R in der Typenbezeichnung – das M stand für Morris, den bürgerlichen Namen des Auto-Barons vor seiner Adelung – erinnerte an die früheren Besitzverhältnisse.

Nachdem Feindeinwirkung während des Zweiten Weltkriegs Werkhallen und Inventar zu Coventry in einen Trümmerhaufen verwandelt hatte, kam Victor Rileys Team unter Harry Rush 1945 bemerkenswert rasch wieder auf die Beine. Im September kündigte man einen Tourenwagen (Serie RMA) an, dessen Maschine von 1496 cm^3 auf einer Schöpfung von Hugh Rose aus dem Jahre 1934 basierte. Der Radstand betrug 2850 mm. Im November 1946 folgte die Serie RMB, deren 2443-cm^3-Triebwerk 1937 konzipiert worden war, mit einem Radstand von 3020 mm. Beide Motoren waren Langhuber und hatten zwei hoch angesetzte seitliche Nockenwellen sowie halbkugelförmige Brennräume.

Für die klassische Silhouette des Viertürers zeichneten Bert Holmes und Eric Carter verantwortlich, doch ließen sich Anklänge an den BMW 326 nicht leugnen. Das Dach war mit Kunststoff überzogen, und dem aufmerksamen Betrachter entging nicht, daß die Motorhaube des größeren Riley länger war und seine vorderen Kotflügel weiter ausschwangen. Gefertigt wurden die Karosserien im Morris Bodies Branch, ebenfalls in Coventry. Das Fahrwerk bestand aus einem Kastenrahmen mit Einzelradaufhängung an Trapez-Dreiecklenkern und Torsionsstäben vorn und einer Starrachse mit Halbelliptikfedern hinten. Mit einem Schubrohr, das erst 1952 durch eine geteilte Kardanwelle ersetzt wurde, feierte Uraltes fröhliche Urständ. Im März 1948 – Victor Riley und diverse Direktoren waren im Dezember 1947 im Zuge eines umfassenden Stühlerückens von Morris gefeuert worden – erschienen als sportliche Derivate der Limousine ein offener Dreisitzer (Serie RMC) und ein Drophead Coupé (Serie RMD), beide mit der Zweieinhalbliter-Maschine.

Insbesondere der schmucke Roadster, der mit seinen markant gerundeten Türausschnitten und doppelten Stoßstangenhörnern vor allem für den amerikanischen Markt intendiert war, schien zu den schönsten Hoffnungen zu berechtigen.

Indessen trog der Schein, und so ließ man das Zwillingspaar nach 507 respektive 500 Exemplaren ohne jegliche Sterbehilfe sanft entschlummern, das Cabriolet im Oktober 1951, den Roadster im April 1950, nachdem die dritte Sitzgelegenheit entfallen und der Schalthebel von der Lenksäule auf den Wagenboden verpflanzt worden war.

1949 war man mit Sack und Pack zu MG nach Abingdon in die Grafschaft Berkshire umgezogen und firmierte seit dem Februar unter dem Namen Riley Motors Ltd., die ab 1952 unter der Kuratel von BMC stand. Sportliche Automobile des Traditionsbetriebs, verlautete aus den Vorstandsetagen des neuen Kombinats, seien nicht mehr erwünscht, ganz zu schweigen von sportlichen Aktivitäten wie in den dreißiger Jahren, als Größen wie George Eyston, Malcolm Campbell oder Raymond Mays bei Rennen, Rallyes und Rekorden mit Riley-Produkten glänzten...

Healey Silverstone, Bj. 1949. Vierzylinder-Reihenmotor. 2443 cm³. 100 PS. 160 km/h. Leihgeber: Axel Anders

Donald Mitchell Healey (1898-1988), aus Gründen der sprachlichen Ökonomie gern zu DMH gekürzelt, war ein Urgestein der englischen Motorindustrie. Ungemein willensstark, hatte er bereits als RAF-Pilot diverse Crashs überlebt ein-

schließlich eines Abschusses durch die eigene Flugabwehr, heute in charmanter Beschönigung "friendly fire" genannt. Bald umrankte ihn die Legende vom "Healey luck", als habe er mit der Göttin Fortuna einen Pakt zu günstigen Konditionen geschlossen. Er mochte das nicht. Seine Errungenschaften, pflegte er zu sagen, seien die Früchte harter und konsequenter Arbeit.

DMH hatte sich dem besonderen Automobil verschrieben, dem Verfassen von Poesie auf dem Nährboden der Prosa farbloser Massenfertigung. Der Rennsport hatte es ihm angetan. Als Krönung einer ausschweifenden Tätigkeit als Renn- und Rallyefahrer konnte er immerhin einen Sieg bei der Rallye Monte Carlo 1931 in einem 4-Liter-Invicta vorweisen. 1946 gründete er in Warwick mit einem Startkapital von 50 000 Pfund Sterling die Donald Healey Motor Co. Ltd., auf die er sich stets bescheiden als "mein kleiner Betrieb" bezog.

Im gleichen Jahr entstand sein erster Sportwagen, unter der Haube einen getunten Riley-Vierzylinder von 2443 cm³ und 100 PS. Sein konventionelles Chassis bestand aus zwei Kastenträgern mit Quertraversen, mit schraubengefederter Einzelradaufhängung vorn und einer hinteren Starrachse. Aufgrund der miserablen Nachkriegsmaterialien war er von schwächlicher Konstitution, was ihm den durchaus liebevoll gemeinten Spitznamen "The Horror" eintrug, wurde allerdings in unermüdlicher Tätigkeit serienreif gepflegt.

Auf der Basis des "Horror" fußte der 2+2-sitzige Westland-Roadster, so genannt, weil ihn mit Peter Shelton ein Mitarbeiter der Karosseriefabrik Westland eingekleidet hatte, mit einigem aerodynamischem Feinschliff im Windkanal des Flugzeug-Konzerns Armstrong-Whitworth. Sein leichter Aufbau bestand aus einem Hartholzrahmen, beplankt mit Blechen aus einer Legierung von Aluminium und Magnesium. Das galt ebenso für das geschlossene Gegenstück Elliott Saloon, bei dem es sich seinem Namen zum Trotz um ein formschönes Coupé handelte. Mit ihm, brüstete sich die Healey-Werbung, biete man den schnellsten Serienwagen der Welt an, und DMH stellte dies eigenhändig unter Beweis mit 178 km/h auf der belgischen Autobahn zwischen Jabbeke und Aeltre – trotz einer dubiosen Pool-Treibstoffbrühe.

1949 stellte sich als Krönung des bisherigen Schaffens der Typ Silverstone ein, gezeichnet von Healey-Kostgänger Len Hodges mit starkem Input vom Chef persönlich, Auflage bis 1951: 105 Exemplare. Sein Name war Progamm, und seine Zwienatur als Angebot für Straße und Piste stand ihm ins Gesicht geschrieben. Das bewährte Riley-Triebwerk war um 203 mm nach hinten umgesiedelt worden, was die Voraussetzungen für eine fast ideale Balance schuf. An den schlanken Rumpf des Healey Silverstone lagerten sich vier Motorradkotflügel an. Hinter den vertikalen Gitterstäben des Kühllufteinlasses waren unmittelbar benachbart die beiden Scheinwerfer eingesperrt. Und am Heck trat wie die Frikadelle zwischen den Brötchenhälften das waagerecht gelagerte Reserverad zutage. Die Windschutzscheibe ließ sich zum Teil unter die Oberkante der Motorhaube absenken.

Mit den prestigeträchtigen 100 Meilen pro Stunde tat er sich dennoch schwer, was aber unzähligen Sporterfolgen zumeist in den Vereinigten Staaten keinen

Abbruch tat. Dort entstanden bis 1954 in einem Joint Venture 506 Einheiten des Nash-Healey, einer Kreuzung zwischen dem Fahrwerk des Silverstone und den Sechszylindern des amerikanischen Herstellers, gekrönt von einem schmucken Aufbau von Pinin Farina.

Lea-Francis 2 1/2-litre Sports, Bj. 1950. Vierzylinder-Reihenmotor. 2496 cm^3. 106 PS. 158 km/h. 28,3 s 0 - 100 km/h.

Der Twelve, mit dem sich die Lea-Francis Cars Ltd., beheimatet an der Much Park Street zu Coventry, im Januar 1946 auf ihrem angestammten Gebiet wieder zu Wort meldete, war noch schmucklos nach seinen aufgerundeten Steuer-PS (eigentlich 11,9 hp) benannt. Finanziert hatte man ihn mit satten Kriegsgewinnen, hinsichtlich seiner Substanz handelte es sich um echte Vorkriegsware. Sein quicklebendiger Vierzylinder von 1496 cm^3 stammte aus der Feder des vormaligen Riley-Kostgängers Hugh Rose, in aufwendiger Architektur mit zwei seitlich hoch im Block rotierenden Nockenwellen und entsprechend kurzen Stößelstangen.

Immerhin hatte man einen Ruf zu verteidigen, der von altersher gewachsen war. Schon die Velozipede, welche die unternehmungslustigen Herren Richard Henry Lea und Graham Inglesby Francis ab August 1895 gemeinsam in die Welt setzten, ein Tourer und ein Light Tourer, galten als Kabinettstückchen von hoher Qualität und pfiffiger Ideenvielfalt. Ihre Lenker zum Beispiel enthielten ein Werkzeugkit und ein Ölkännchen, und bald bot man Nabenschaltungen mit zwei oder drei Gängen an. Dieses Image verstand man von 1903 an auf die automobilen Erzeugnisse der Lea & Francis Motor Syndicate Ltd. zu übertragen und blieb auch sonst im Gespräch durch Sonderlinge wie den Hyper zwischen 1928 und 1931, den ersten englischen Serienwagen mit Kompressor und überdies sauschnell: Einer davon, Kennzeichen LV 8301, umrundete 1930 den Brooklands-Kurs beim Double Twelve Race und beim 500 Mile Race mit einem Bestwert von 181,5 km/h.

Und da der Sport der Vater aller Dinge ist, sublimierte man aus dem Nachkriegs-Twelve eine Sports-Version, auf der Basis des vorhandenen Chassis mit seinen Starrachsen und Blattfedern, dessen Radstand man um 305 mm auf 2514 mm kürzte. Im Juli 1947 stand ein Prototyp auf den Rädern, beim Service Department entwickelt und von der ortsansässigen Karosserieschmiede Abbey Panels mit einem offenen zweisitzigen Aufbau bekleidet, acht Wochen später ein zweiter mit etlichen Retuschen wie einem neuen Grill und einer niedrigeren Windschutzscheibe.

Auf diesem fußte der erste Serien-Sports, in dem sich Altes und Neues auf sonderbare, aber keineswegs unattraktive Weise verquickten, ein sich nach vorn stark verjüngender Wagenkörper, Wespentaille, ausladende Kotflügel, aus deren Spitzen die Scheinwerfer lugten, ein Hauch von Stromlinie vorn, ein Heck, das Baumustern der Dreißiger nachempfunden war. Die Werbung würdigte sein Erscheinen als Ereignis von nationaler Tragweite, bis Ende 1949 in 136 Exemplaren, die meisten davon allerdings bereits als Fourteen mit 1767 cm^3 und 72 PS. Ab Herbst 1948 waren dessen Räder vorn unabhängig an doppelten Querlenkern mit unteren Drehstäben aufgehängt, was seine ohnehin gute Straßenlage kaum verbesserte.

Bei den Shows in Earls Court und der Kelvin Hall zu Glasgow zündete man 1949 in Gestalt des Eighteen mit 2496 cm^3 und 106 PS die knapp 160 km/h schnelle letzte Stufe der Baureihe (Werbung: A fast car that is fascinating to handle), zwischen 1950 und 1953 in bescheidenen 78 Einheiten in den Markt eingespeist, dem Fourteen wie aus dem Gesicht geschnitten und doch in allen Punkten ein bißchen gewachsen. Für den Nachwuchs, der sich bei dem passionierten Lea-Francis-Piloten eingestellt haben mochte, hatte man eine weitere Sitzgelegenheit geschaffen. Die Türen waren nun vorn angeschlagen und gestatteten somit Angehörigen des schönen Geschlechts, das Auto als Dame zu betreten und auch wieder zu verlassen. Und nicht übermäßig verläßliche Kurbelfenster wehrten die gröbsten Schikanen der englischen Witterung ab.

Da war der Lea-Francis schon zum Denkmal seiner selbst geworden, wie andere im Schatten des Jaguar XK 120...

MG TD, Bj. 1953. Vierzylinder-Reihenmotor. 1250 cm^3. 54,4 PS. 132,9 km/h. 21,3 s 0 - 60 mph. Leihgeber: Bernd Hoffmann

Im Sommer 1949 beschäftigte sich eine Konferenz des MG-Stabs unter dem Manager Jack Tatlow mit einer Eingabe der Händler aus Übersee. Der TC, hieß es da, sei zwar ein Schmuckstück, aber auch ein ruppiger Zeitgenosse, der mit seinen Insassen gelegentlich rauh umspringe. Ob man nicht dem Nachfolger gepflegtere Umgangsformen auf den

ja häufig holprigen Weg geben könne?

Innerhalb von 14 Tagen stand das Konzept für den TD, ein Amalgam zwischen dem TC und der kompakt-komfortablen Y-Limousine von 1947. Von dieser übernahm man den Kastenrahmen mit Rohrtraversen, nachdem der Radstand um 127 mm auf 2388 mm verkürzt und die seitlichen Holme über die starre Hinterachse gekrümmt worden waren, was der Bodenfreiheit zugute kam.

Die Vorderräder wurden wie die des kleinen Tourenwagens an Trapez-Dreiecklenkern und Schraubenfedern geführt, während man hinten Halbelliptikfedern beibehalten hatte. Die Linienführung entsprach der des Vorgängers, nur daß der um 67 mm breitere und nun auch mit Stoßfängern bewehrte TD wesentlich gedrungener wirkte.

Dieser konservative Zug löste Erleichterung aus: Zum Glück, frohlockte zum Beispiel die englische Fachzeitschrift The Autocar 1950, schaue der Neue noch immer aus wie ein Midge – das war die längst eingebürgerte Koseform für Midget – und überhaupt nicht futuristisch, wofür den Männern am Produktionsort Abingdon ein herzliches Dankeschön gebühre. Und ein Werksprospekt verhieß dem potentiellen Käufer, selbst im dichtesten Stadtverkehr gerate die Reise im TD zum Vergnügen, zumal man bei freigegebener Durchfahrt allen andern auf- und davoneilen werde.

Ganz so quecksilbrig gab sich indessen der kernige Roadster keineswegs, denn unter seiner kantigen Motorhaube schob nach wie vor der ehrwürdige Stoßstangen-Vierzylinder mit 54 PS seinen braven Dienst, umfächelt von einem Hauch von Unzerstörbarkeit. Wem solch langlebige Sanftmut nicht genügte, der konnte um 50 Pfund Sterling mehr (der Listenpreis des TD lag 1950 bei 445 Pfund) eine Mk II-Version ordern, deren 57,5 PS aus größeren Ventilen und SU-Vergasern H 4 sowie einer auf 8,6 : 1 erhöhten Kompression resultierten.

Auf die Spitze getrieben hatte die Angelegenheit der verwegene Oberstleutnant Goldie Gardner, dessen MG-Rekordwagen im August 1952 mit Durchschnitten bis zu 305 km/h über die Bonneville Salt Flats pfeilte. Unter den kundigen Händen des rasenden Offiziers und dem Hoch-Druck eines Kompressors war das winzige Triebwerk zu einem Meiler erstarkt, der 213 PS aktivierte, natürlich von der Lebenserwartung einer eben gestarteten Silvesterrakete.

Die Kritiker des TD, zumeist aus dem Lager der Besitzer eines TC, kreideten ihm an, es mangele an der gebotenen Härte, und überdies behagten ihnen seine Scheibenräder nicht, eine Notwendigkeit, die von einer neuen Auslegung der Lenkung bedingt war. Dennoch hielt die Fertigung mit der Nachfrage kaum Schritt: Zwischen dem 1. November 1949 und dem 17. August 1953 wurden 29 664 Einheiten hergestellt.

Bereits 1952 baute Syd Enever den Prototyp eines zeitgemäßen Nachfol-

gers, den EX 175. Er fand jedoch keine Gnade vor den Augen von Leonard Lord, seit der Fusion der Nuffield Group und der Austin Motor Company zur BMC im gleichen Jahr oberster MG-Dienstherr. Auf der London Motor Show 1952 hatte sich Lord für die Adoption des Austin-Healey 100 entschieden. Neben dieser Konkurrenz jedoch sah der MG TD erst recht so aus, wie er in Wirklichkeit war – ganz alt.

Aston Martin DB2, Bj. 1952. Sechszylinder-Reihenmotor. 2580 cm³. 105 PS. 177 km/h. 12,4 s 0 - 60 mph. Leihgeber: Dr. Max Roder

Aus dem Aston Martin DB1 wurden für die Rennsaison 1949 drei Prototypen mit stromlinienförmigen zweisitzigen Coupékarosserien und verkürztem Radstand entwickelt. Zwei von ihnen, für den Verkehr auf öffentlichen Straßen zugelassen mit den Kennzeichen UMC 64 und UMC 65, wurden angetrieben von Geschöpfen des Triebwerkingenieurs Claude Hill, Stoßstangenmaschinen mit vier Zylindern und 1970 cm³.

Im dritten, UMC 66, ragte W. O. Bentleys Lagonda-Sechszylinder mit 2580 cm³ Hubraum auf, der mit seinem hochglanzpolierten Deckel über zwei obenliegenden Nockenwellen eher wie das monumentale Standbild eines Motors als wie ein Motor aussah. Für das 24-Stunden-Rennen von Le Mans 1949 mit den Piloten Leslie Johnson und Charles Brackenbury gemeldet, fiel UMC 66 allerdings bereits nach einem Viertelstündchen aus, weil seine Kraftquelle sich ungebührlich erhitzte. Das hielt Firmeneigner David Brown nicht davon ab, Bentleys Bauwerk (mit 105 PS) zur Standardausrüstung des DB2 zu machen, der im Mai 1950 in Serie ging.

Opus 2 wurde bis zum April 1953 in 410 Einheiten auf die Speichenräder gestellt und etablierte Aston Martin auf dem Sportwagenmarkt der Nachkriegszeit. Man offerierte ihn mit pontonförmigen strömungsgünstigen Leichtmetallkarosserien Frank Feeleys, der sich an mediterrane Vorbilder anlehnte, als Saloon und Drophead Coupé.

Der Fachwerkrahmen des DB2 aus Vierkantrohren wirkte eher filigran, entpuppte sich indessen als außerordentlich verwindungsarm. Das Fahrwerk – vorn Einzelradaufhängung an zwei Kurbellängslenkern, hinten Starrachse mit vier Längslenkern und Panhardstab, ringsum Schraubenfedern und hydraulische Kolben-Stoßstämpfer – bügelte rauhen Untergrund weitaus besser aus, als man das gemeinhin von englischen Sportwagen gewohnt war.

Der Kofferraum war nur von innen zu beladen. Im Oktober 1953 folgte der DB 2/4 Mk I, der innerhalb der nächsten zwei Jahre 564 Käufer fand, wobei man bei Aston Martin per definitionem nicht den mit flackerndem Blick driftenden Sportsmann im Auge hatte, sondern den Herrenfahrer im Sinne des gentleman ideal.

Der Mark I wurde bei Mulliners in Birmingham gefertigt. Eine mit dem Heckfenster identische große Klappe eröffnete nun den Zugang zum Gepäckabteil von außen. Zwei hintere Notsitze gewährten schmächtigen Mitreisenden spärlichen Spielraum. Die Hecklehne – vermutlich eine Weltpremiere – war umklappbar. Eine Kuriosität fand sich zwischen den beiden vorderen Fauteuils, wo unter einer gepolsterten Abdeckung das Bordwerkzeug verstaut war. Das Triebwerk war mittlerweile auf 125 PS erstarkt.

Aston Martin Mk III Drophead, Bj. 1958. Sechszylinder-Reihenmotor. 2922 cm³. 162 PS.
193,1 km/h. 9,3 s 0 - 60 mph. 31 s 0-100 mph.
Leihgeber: Graeme Ford und M. P. Buxton

Daneben gab es aber auch eines von 2922 cm³ und 142 PS, die gezähmte Variante einer entsprechenden scharfen Maschine aus dem hauseigenen Rennsportwagen DB3S. Relativ langhubig ausgelegt, trat der von zwei SU-Horizontal-

vergasern genährte Sechszylinder bereits ab 2000 U/min kräftig an. Ab 1954 wurde der DB2/4 nur noch mit diesem größeren Motor ausgeliefert. Lediglich der erste Gang war nicht synchronisiert.

Die Betätigung von Lenkung, Kupplung und Bremse verlangte nach viel Bizeps und Beinmuskulatur. In Kurven benahmen sich das Coupé wie auch das in 73 Exemplaren ebenfalls von Mulliners hergestellte Cabriolet gutmütig-untersteuernd bis neutral. Erst wenn man es zu bunt trieb, drängte das Heck nach außen.

Der DB2/4 Mk II, vom Oktober 1955 bis zum August 1957 in 199 Exemplaren gebaut, war fast unverändert gegenüber seinem Vorgänger. Die Karosserie wurde ihm jetzt allerdings bei Tickford in Newport Pagnell aufgesetzt, einer Werkstatt, die ebenfalls David Brown gehörte, wobei übrigens das gesamte Aston-Martin-Projekt nie mehr als zwei Prozent von dessen Umsatz ausmachte.

Zu Coupé und Cabriolet fand sich eine Hardtop-Version, eine Rarität in einer Auflage von drei Dutzend. Dem Triebwerk des DB Mk III (zwischen dem März 1957 und dem Juli 1959 550 Stück) bliesen neue Zylinderköpfe 162 beziehungsweise 178 PS ein. Wahlweise standen Girling-Scheibenbremsen vorn (später serienmäßig) und ein Overdrive zur Verfügung.

Die Nase entsprach der des DB3S, und Instrumente und Bedienungselemente waren revidiert worden. War der Herr am Volant, dort laut dem renommierten britischen Autotester John Bolster auch im Dinnerjacket nicht fehl am Platze, gar des Schaltens müde, wurde ihm dieser Tort auf Wunsch durch eine Automatik von Borg Warner erspart.

Dergleichen Luxus benötigten die Piloten natürlich nicht, die in den fünfziger Jahren Aston-Martin-Rennsportwagen zum höheren Ruhme Britanniens und David Browns über die Pisten der Welt lenkten, Männer wie Lance Macklin, Reg Parnell, Roy Salvadori, Graham und Peter Whitehead, Peter Collins, Stirling Moss oder Tony Brooks.

Aber obwohl man mit dem deutschen Professor Eberan von Eberhorst ab November 1950 schon früh einen begnadeten Konstrukteur und mit dem Teamchef John Wyer einen Mann von der Statur eines friderizianischen Generals hatte, gelang der große Wurf erst 1959,

als der Dreiliter DBR1/300 einen Doppelsieg in Le Mans und den Coupe des Constructeurs, also die Sportwagenweltmeisterschaft, nach Feltham holte.

Gleichsam im Abonnement hatte er drei 1000-km-Rennen auf dem Nürburgring gewonnen: 1957, 1958 und 1959.

Alvis TB21, Bj. 1951. Sechszylinder-Reihenmotor. 2993 cm³.
95 PS. 156 km/h. Leihgeber: B. Volkenandt

Im November 1940 verwandelte ein zwölfstündiger Bombenhagel auf Coventry die Liegenschaften der Alvis Limited in der Holyhead Road in eine Trümmerwüste. Da man mit dem Wiederaufbau alle Hände voll zu tun hatte, knüpfte man 1946 wieder da an, wo die Produktion vor den Kampfhandlungen eingestellt worden war, in Gestalt des Alvis Fourteen. Der Hubraum von dessen Vorkriegs-Vorgänger 12/70 war um 50 auf 1892 cm³ vergrößert worden, und 65 PS bei 4400/min ermöglichten gemächliche Fortbewegung.

Auf der Motor Show in Earls Court 1948 gesellte sich den gestanden-ehrwürdigen Limousinen und Drophead Coupés namens TA14 der offene Zweisitzer Alvis TB14 hinzu, ein knallig-karmesinroter Paradiesvogel mit tief eingekehlten Türen, unter denen sich die vorderen Kotflügel bis fast auf die Höhe der Radnaben absenkten, und auch sonst von sanfter Verschrobenheit. Eine Broschüre spielte die Eigenart dieses Sonderlings gleichwohl herunter: Es handele sich um "ein Vollblut in echter Alvis-Tradition, das eine anmutige Form mit gelassener sportlicher Leistung verquicke".

Sein Frontgrill, hinter dessen Gitterstäben seine Scheinwerfer nach dem Vorbild des Peugeot 202 jener Jahre eingekerkert waren, schien inspiriert von zeitgenössischen Grand-Prix-Wagen wie dem Alfetta 158. Am meisten Aufsehen erregten indessen ein kleines Schönheitskabinett für die Dame an der Stelle des üblichen Handschuhfachs sowie eine Minibar in einer der Türen. Autos und Cocktails, barmte der angesehene Daily Mirror säuerlich, seien Dinge, die einfach nicht zueinander gehörten.

Übrigens handelte es sich bei dem TB14 um ein Findel- und Adoptivkind. Der belgische Industrielle und Rennfahrer Pierre Goldschmid hatte ihn um Alvis-Komponenten herum entwickelt, F.J. Bidee mit einem leichten Aufbau versehen. In seiner endgültigen und erneut stilistisch bereinigten Form erschien der biedere Exot ein Jahr später erneut in Earls Court. Die Annehmlichkeiten für den anonymen Alkoholiker am großen weißen Lenkrad und seine eitle Begleiterin waren verschwunden, die Scheinwerfer in die Spitzen der Kotflügel umgesiedelt worden. Mit der Fertigung der Karosserie in einer Auflage von 100 Exemplaren hatte man den ortsansässigen Spezialisten AP Metalcraft betraut. Von ein paar potenzfördernden Maßnahmen beflügelt, leistete der Vierzylinder drei PS mehr als in den bürgerlichen Alvis-Modellen. Bis Tempo 100 erreicht waren, mußte sich der Pilot dennoch 21,5 Sekunden gedulden.

Nur unwesentlich flotter war man mit dem Nachfolger TB21 unterwegs, obwohl Alvis-Personal auf dem Stand des Unternehmens 1950 in Earls Court fröhlich kolportierte, er sei 100 Meilen schnell. Seine Ähnlichkeit mit dem TB14 mochte er gar nicht verleugnen. Vorn erhob sich nun allerdings aufrecht der markentypische Alvis-Grill, der sich dennoch gut mit den üppig fließenden Linien des TB21 vertrug. Dahinter werkte ein kurzhubiger Sechszylinder mit drei Litern und 95 PS, von trotziger Robustheit wie auch der Rahmen aus U-Profilträgern mit Traversen. Die Aufhängung vorn war unabhängig an doppelten Querlenkern und Schraubenfedern. Die hintere wies mit einer Starrachse und halbelliptischen Federn mehr in die Vergangenheit – wie eigentlich das ganze Fahrzeug. 1953 versiegte die Fertigung nach nur 31 Einheiten. Da hatten Konkurrenten wie der Jaguar XK 120 längst ihren Siegeszug angetreten...

Frazer Nash Mille Miglia, Bj. 1952. Sechszylinder-Reihenmotor. 1971 cm³. 101 PS. 200 km/h. Leihgeber: Ernst Zahnweh

Nicht mit der Menge ihrer Produkte machte sich die Frazer Nash Ltd., ab 1926 A.F.N. Ltd., Isleworth, Middlesex, um die Welt der Automobile verdient, sondern mit deren Charakter, zumal keines dem anderen aufs Haar glich. Gegründet hatte sie 1922 Captain Archibald Frazer Nash, aber schon Ende der Zwanziger lag ihr Schicksal in den Händen der Familie Aldington.

Für Butter, Brot und Bier sorgten die 707 Importwagen, die diese zwischen 1934 und 1939 als Inhaber einer BMW-Niederlassung verkaufte. Die 323 Frazer Nash zwischen den Kriegen verdankten ihre Existenz eher der Liebe und Leidenschaft der Aldingtons für den Rennsport. In den zehn Jahren nach 1947 war das nicht anders. Da brachten es die flinken Fahrzeuge der kleinen Manufaktur auf eine Population von lediglich 84 Exemplaren, während Vertretungen für Porsche und DKW die Wölfe und Gerichtsvollzieher von der Tür fernhielten.

Schicksalhaft und prägend blieb indessen die Verbindung zu den Bayern. Der frühere BMW-Ingenieur Dr. Fritz Fiedler setzte nach dem Zusammenbruch seine Karriere in England fort. Aus seiner Feder stammte das Chassis aller Frazer Nash der Nachkriegsjahre, ein Rohrrahmen mit vorn einzeln an doppelten Querlenkern und einer Querblattfeder aufgehängten Rädern sowie einer Starrachse hinten mit längs liegenden Torsionsstäben. Im Besitz von Harold John Aldington befanden sich überdies die Baupläne des Triebwerks für den BMW 328, das in leicht veränderter Form Unterschlupf unter Bristol-Motorhauben fand und auch Frazer Nash zugänglich gemacht und in verschiedenen Tuningstufen eingesetzt wurde, ein Sechszylinder mit seitlicher Nockenwelle und 1971 cm³ Inhalt.

Im eigenen Hause entworfen, verrieten die Aufbauten der Auto-Individuen aus der London Road zu Isleworth gelegentlich ein erstaunliches Händchen für Formen. Der Erstling, ein Zweisitzer namens Grand Prix, schien gleichwohl kraß den BMW-Prototypen nachempfunden, die auf der zum Gran Premio Brescia eingedampften Mille Miglia von 1940 so erfolgreich gewesen waren. Hartnäkkig hielt sich gar das Gerücht, es handele sich um einen solchen. Am Nachfolger High Speed, einem ranken Zweiplätzer mit knapp anliegenden Motorrad-Kotflügeln, abnehmbaren Scheinwerfern, einem außen verlegten Auspuff und einem ebenfalls ausgelagerten Reserverad, erinnerte nur noch die leicht verfremdete BMW-Niere an die bajuwarischen Ursprünge.

Aus seinen zahlreichen Sporterfolgen ragte der dritte Platz in Le Mans 1949 mit H.J. Aldington selbst und Norman Culpan am Volant heraus, hinter dem siegreichen Ferrari Barchetta von Lord Selsdon und Luigi Chinetti und einem Delage. Daraufhin flaggte man ihn zum Le Mans Replica um. In einer Verbreitung von 34 Stück zwischen 1948 und 1953 beherrschten beide die Zweiliterklasse auf englischen Pisten nach Lust und Laune und krönten ihre Laufbahn durch den Targa-Florio-Sieg von Franco Cortese 1951, den einzigen Erfolg eines englischen Autos auf dem Madoniekurs. Das Modell Mille Miglia von 1950 war nichts weiter als eine voll eingekleidete und windschlüpfig ausgefeilte Metamorphose des Le Mans Replica. Zwei Jahre später erschien auf der Motor Show von Earls Court eine noch einmal gründlich revidierte Version, vor allem wegen ihres abgespeckten Chassis mehr als einen Zentner leichter und zu 132 PS hochgerüstet. Im Kampftrimm wie der Wagen von Ken Wharton 1953 verfügte sie gelegentlich über eine De-Dion-Achse. Es blieb bei acht dieser Mk-II-Varianten in zwei Jahren. Dann senkte sich mit einem hübschen Coupé namens Le Mans, dem gleichwohl nur eine winzige Auflage von neun Einheitenn beschieden war, der Vorhang über dem gleichnamigen ruhmreichen Kapitel in der Frazer-Nash-Saga.

Ferrari 195 Inter (Ghia), Bj. 1950. V12 Colombo. 2340 cm³. 135 PS.
Leihgeber: Ronald Aemisegger

Ohne Zweifel waren sie krude Fahrmaschinen, die Ferrari-Sportwagen der frühen Jahre 1947 und 1948. In einigen Fällen bedeckten ihre Karosserien gerade das Notwendigste. Und Motorradkotflügel lieferten das dürftige Alibi dafür, daß es sich nicht um Neuauflagen der zweisitzigen Rennwagen handelte, in denen einst unerschrockene Beifahrer vorschriftsgemäß den Künsten und Kapriolen des Mannes am Volant ausgeliefert waren.

Die Typenbezeichnungen 125 S, 159 und 166 Spider Corsa enthielten jeweils den Hinweis auf den Inhalt einer ihrer zwölf Verbrennungseinheiten, die sich folglich zu den Hubräumen 1479 cm³, 1908 cm³ und 1995 cm³ addierten. Bis hinauf zu den 250-Modellen der Fünfziger und Sechziger ließ dabei Ferrari-Motoreningenieur Gioacchino Colombo, Schöpfer ihrer feingliedrigen V12-Architektur, den Hub von 58,8 mm unangetastet und holte mehr Kapazität stets über mehr Bohrung heraus.

Auf dem Turiner Salon des Jahres 1948 erschien der 166 mit einem offenen Aufbau von Touring, einer jener Kreationen, die auf der Stelle einschlagen und Geschichte machen, schon weil sie mehr oder minder ungeniert kopiert werden.

Die Mailänder Carrozzeria kleidete den Ferrari gemäß ihrem patentierten Superleggera-Prinzip ein. Über dem Rahmen, einem leiterartigen Gebilde aus Chrommanganrohren elliptischen Querschnitts mit Kreuz- und Quertraversen, wurde zunächst ein Fachwerk aus zwischen fünf und 15 mm starken Stahlrohren und -röhrchen errichtet, das roh die spätere Form vorgab und dann mit Aluminiumblechen belegt wurde.

Die Radaufhängung hatte bereits Tradition und wies den Weg für weitere Jahre, parallele Trapez-Querlenker mit einer in der Mitte schwebenden Querfeder vorn, die Starrachse mit Halbelliptikfedern und Doppellängslenkern hinten.

Offiziell hieß der Touring-Spider wie ein entsprechendes Coupé MM, in Erinnerung an den Erfolg von 166-Pilot Clemente Biondetti bei der Mille Miglia 1948.

Aber jedermann nannte ihn Barchetta, italienisch für kleines Boot. Mit drei Weber-Vergasern 30 (später 32) DCF

Ferrari 340 America (Touring), Bj. 1950. V12 Lampredi. 4101,66 cm³. 220 PS.
220 km/h. Leihgeber: Louis Frey

leistete Colombos Kurzblock-Aggregat 140 PS, während die Straßenversion Inter mit einem Kraftstoffzerstäuber und 110 PS auskommen mußte.

Auf den Rennstrecken war 1949 gegen die 166 MM kein Kraut gewachsen, und die Saison kulminierte mit dem Sieg der Barchetta-Riege Luigi Chinetti und Lord Seldon beim 24-Stunden-Rennen von Le Mans. Im Herbst 1950 war eine munter voranschreitende Hubraumexpansion bei 2562,51 cm³ angelangt. Der Modeneser Kleinbetrieb offerierte nun den 212 Inter mit 130 PS sowie die Wettbewerbsvarianten Export und Sport mit 150 und später 170 PS, an deren Erzeugung Vergaserbatterien unterschiedlicher Kaliber von Edoardo Weber maßgeblich beteiligt waren. Sport-Lorbeer stellte sich anfangs reichlich, später zögerlich und schließlich mit zwei Paukenschlägen ein: Die Tour de France im Spätsommer 1951 gewannen Pagnibon/Barraquet mit einem Barchetta, und auf der Carrera Panamericana im November belegten Taruffi/Chinetti und Ascari/Villoresi die beiden ersten Ränge, allerdings mit zwei 212 Coupés von Vignale.

Mit dem Barchetta begann sich 1952 in den Vereinigten Staaten ein noch relativ unbekannter junger Mann die Sporen zu verdienen, Phil Hill, Weltmeister 1961 – auf Ferrari. In einer Werksbroschüre vom Oktober 1950 war bereits der "große" Sportwagen 340 America avisiert, den die aufstrebende Manufaktur auf der Pariser Ausstellung im gleichen Monat vorstellte.

Während der schwarze Barchetta mit grüner Polsterung seinen Vorgängern zum Verwechseln glich, entdeckte man die wirkliche Premiere erst beim zweiten Hinschauen. Unter der vorderen Haube des America verbarg sich nämlich – ein vertrauter Anblick in den Monoposti der Marke – zum ersten Male der V12 von Colombos Kollegen Aurelio Lampredi mit seinem charakteristischen langen Motorblock, Hubraum 4101,66 cm³. Daß er auch dort nicht fehl am Platze war, stellte etwa Luigi Villoresi mit seinem Gesamtsieg bei der 18. Mille Miglia am 28. April 1951 unter Beweis.

Mehr für die Fortbewegung auf öffentlichen Verkehrsstraßen gedacht und vom Hersteller auch als Gran Turismo deklariert war der 342 America, dessen Chassis im Januar 1951 auf der Brüsseler Ausstellung zu sehen war und alsbald mit einem Coupé-Aufbau von Touring komplettiert wurde.

Sein Radstand betrug 2650 mm (zum Vergleich: 340 America 2420 mm, Mille Miglia und Mexico 2500 beziehungsweise 2600 mm). Der 342-Lenker durfte sich der Annehmlichkeit eines vollsynchronisierten Vierganggetriebes erfreuen, während die fünf Fahrstufen

Ferrari 250 MM (Pinin Farina), Bj. 1953. V12 Colombo. 2953 cm³. 240 PS. 208 km/h (Achsuntersetzung 4,67:1). Leihgeber: Hartmut Ibing

des 340 ohne dergleichen Komfort eingelegt werden mußten.

An der Renn-Front kämpften die beiden Modelle mit wechselndem Erfolg. Sie waren unbestritten schnell, stießen indes auf ebenbürtige Konkurrenz in Gestalt des Mercedes 300 SL oder des Jaguar C-Type.

Bezog Enzo Ferrari seine Maß-Konfektion während der Endvierziger in der Regel bei Touring und den Stabilimenti Farina, wurden 1950 weitere Couturiers in den Kreis seiner Hoflieferanten aufgenommen, Alfredo Vignale zum Beispiel, der in fruchtbringendem Zusammenwirken mit dem brillanten Giovanni Michelotti Schönes schuf, und die Carrozzeria Ghia S.p.A., deren Geschicke von Mario Boano und Luigi Segre gelenkt wurden.

So fächerten sich die Zuständigkeiten für den 195 (2340 cm³) von 1950, einen Interims-Typ zwischen dem 166 und dem 212, überwiegend in Coupéform, folgendermaßen auf: Touring stattete den Sport aus (3 Weber-Vergaser 32 DCF, 145 PS), Ghia und Vignale den wie üblich zahmeren Inter (1 Vergaser, 130 PS).

Jeder war eine Einzelanfertigung, keiner völlig identisch mit dem anderen, und bescheiden blieben die Stückzahlen in jenen Gründerjahren: 37 166 Inter, 24 195 Inter, 84 211 Inter. Eine Rarität blieb mit 17 Exemplaren auch der 250 MM, mit dem auf dem Genfer Salon im März 1953 wohl der Grundstein zu einer dauernden Verbindung von Ferrari und Pinin Farina gelegt wurde.

Um ein Vignale-Produkt hatte es sich noch bei der Karosserie der Experimental-Berlinetta 250 S gehandelt, mit der der verwegene Italiener Giovanni Bracco auf der Mille Miglia 1952 die 300 SL, eine Horde von 25 weiteren Ferrari, abscheuliches Wetter und sich selbst überwunden hatte.

Klein, sicher und – mit einem Radstand von 2400 mm – mehr flink und wendig als schnell waren die Coupés, die den Namen des berühmten Straßenrennens trugen als Souvenir an Braccos Parforceritt. Ihre Linie, das Meisterstück von Farina-Designer Francesco Salomone, wirkte stilbildend bis spät in die fünfziger Jahre hinein. Und zur Konstante für lange Zeit sollte auch Colombos Dreiliter-Maschine werden, an der selbst dann noch stets etwas verbessert wurde, wenn es scheinbar nichts mehr zu verbessern gab. Die Weichen für die Zukunft waren gestellt...

Jowett Jupiter Mk 1A, Bj. 1954. Vierzylinder-Reihenmotor. 1486 cm³. 63 PS. 145 km/h. 14,5 s 0 - 100 km/h. Leihgeber: Werner Bald

Für Butter, Brot und die gelegentliche pint of beer sorgte bei der Jowett Cars Limited zu Bradford, Yorkshire, während des Zweiten Krieges die völlige Auslastung durch Rüstungsaufträge, welche die Belegschaft von 600 auf 2000 emporschnellen ließen. Daneben behielt man klug vorausschauend ihr eigentliches Anliegen im Auge: Mit ausdrücklicher Billigung seiner Chefs Callcott Reilly und Frank Salter entwickelte Jowett-Kostgänger Gerald Palmer zwischen 1942 und '44 den Javelin, zu deutsch Speer. Der Javelin sollte dem Schaffen der Firma gleichwohl eine völlig neue Richtung geben, von der betulichen Familienkutsche hin zum Schnellsten seiner Klasse.

Im Juli 1946 zeigte man einen Prototyp, ein Jahr später das endgültige Produkt mit einer bei den Briggs Motor Bodies in Doncaster auswärts gefertigten, halb selbsttragenden Leichtbaukarosserie mit Stromlinienheck und beinahe vollkommen integrierten Kotflügeln sowie sechs Seitenfenstern. Vor der Vorderachse duckte sich der bewährte Boxermotor der Marke mit 1,5 Litern Hubraum und zentraler Nockenwelle. Seine Zylinderbänke wurden von je einem Vergaser verpflegt. Das Fachblatt The Motor testete einen Prototyp mit 123 km/h Spitze, während etwa ein Morris Oxford nur 112 km/h lief – Ziel erreicht. Beglaubigt wurde dies durch etliche Sporterfolge.

Die mechanischen Komponenten des Javelin, darüber gab es bei Jowett keinen Zweifel, seien auch für einen Sportwagen trefflich geeignet. Absichtserklärungen folgte rasch die Tat, indem man in der renommierten Rennwagen-Manufaktur E.R.A. in Dunstable ein Chassis in Auftrag gab. Beraten wurde diese von dem deutschen Professor Robert Eberan von Eberhorst während eines Intermezzos zwischen dessen Anstellungen bei Auto Union und Cisitalia (vorher) und Aston Martin (später). Er entwarf einen Rohrrahmen mit Längsträgern und einer Kreuzverstrebung. Die Räder waren vorn an ungleich langen Querlenkern und hinten an einer Starrachse mit Längslenkern und einem Panhardstab aufgehängt. Auch die Federung durch Drehstäbe ringsum verriet des Professors Handschrift. Ein Vorläufer namens E.R.A.-Javelin, zeitgleich in London bei der Motor Show und in den Jowett-Ausstellungsräumen in der Albemarle Street gezeigt, mochte nicht gefallen wegen seines verhutzelten Coupéaufbaus. Überdies verwand sich sein Chassis heftig, ein Mängel, der von E.R.A. ausgemerzt wurde. Dennoch kündigte man den Vertrag und veröffentlichte im März 1950 Details des künftigen Roadsters, aus Aluminium wie der Javelin. Entworfen hatte ihn Jowett-Designer Reg Korner, und bei der Namenwahl zitierte man ohne falsche Scham den römischen Götterboß Jupiter aus den Archiven des Mythos. Das komplette Vorderteil einschließlich der üppig ausladenden Kotflügel ließ sich vorn anheben, was Wartung, Pflege und Reparaturen begünstigte. Das Verdeck war an drei Punkten am Rahmen der Windschutzscheibe befestigt. Auf seiner Sitzbank konnten durch die Verwendung einer Lenkradschaltung drei Personen nebeneinander Platz nehmen. Der Kofferraum – im Basispreis einbegriffen war ein Revelation-Kofferset – wurde zugänglich, wenn man ihre Rücklehne nach vorn umgelegt hatte, eine choreographische Übung, die mit dem Jupiter Mark 1A von 1953 hinfällig wurde. Aber weder dieser noch eine am Ende desselben Jahres folgende Metamorphose ähnlich dem Ferrari Barchetta mochten das Ungemach aufhalten, welches das kleine Unternehmen bereits bedrohte. Trotz einer Fülle von Top-Plazierungen im

Sport wie Klassensiegen in Le Mans zwischen 1950 und 52, bei der Tourist Trophy 1951 und auf dem Berner Bremgarten-Kurs im gleichen Jahr durch den Lokalmatador Theo Gurzeler wurde der Jupiter ohnehin nie sonderlich populär. 899 Exemplaren in vier Jahren – das war's.

Porsche 356 Cabriolet 1300, Bj. 1951. Vierzylinder-Boxermotor. 1286 cm³. 44 PS. 148 km/h. 24,1 s 0 - 100 km/h. Leihgeber: Dr. Klaus-Otto Räker, Jörg Steidinger

Die Anfänge waren fürwahr bescheiden, vollzogen sich in Notunterkünften über knarrenden Dielen und mit kargen Budgets. Und hätte nicht der Zürcher Rupprecht von Senger, ein Auto-Enthusiast und Onkel von Verleger Hein Gericke, 50 000 Schweizer Franken zugeschossen, die Dr. Ing. h.c. F. Porsche AG wäre vielleicht nie aus den Startlöchern gekommen. Unter solch unwirtlichen Bedingungen entstanden bereits die meisten jener 46 in Leichtmetall gewandeten Ur-356, 23 Cabriolets und 23 "Limousinen", in den 33 Monaten vor dem 20. März 1951. Schauplatz war eine ehemalige Sägemühle zu Gmünd im österreichischen Bundesland Kärnten. Im Sommer 1949 indessen hatte sich ein Teil der Belegschaft nach Stuttgart begeben, die Villa der Familie Porsche an der Feuerbacher Heide als vorläufiges Hauptquartier bezogen und in der Augustenstraße 82a von der Karosseriefabrik Reutter ein 500 qm kleines Areal angemietet.

Professor Albert Prinzing, ein Freund und Vertrauter des Firmenchefs Professor Ferdinand Porsche, hatte erfahren, die amerikanische Besatzungsmacht werde das 1945 beschlagnahmte dreistöckige Porsche-Werk Spitalwaldstraße 2 am 1. Juli 1950 freigeben – der Termin verzögerte sich später auf den 1. September und schließlich auf unbestimmte Zeit. Seit dem 17. September 1948 bestand ein Vertrag mit dem Volkswagenwerk, durch den die Porsche Konstruktionen GmbH an das rasch sich ausweitende Servicenetz der Wolfsburger angebunden wurde. Auf dem Genfer Salon im März 1949 hatte man das Terrain mit zwei der Aluminium-Autos aus Gmünd sondiert: Das Interesse war groß. Im folgenden Winter streckte, glättete und rundete Erwin Komenda die Silhouette des österreichischen Vorläufers und brachte sie in eine für lange Zeit gültige Form. Ein schwarzer Steg gliederte die Windschutzscheibe in zwei an den Seiten leicht gebogene Hälften, und die Stoßstangen schmiegten sich, ausgehend von den Radausschnitten, an die Enden des Stahlblechaufbaus. Wie dieser fast ausschließlich in Handarbeit vom Reißbrett

übertragen, wurde das Chassis mit dem windschlüpfigen Oberteil fest verbunden, ein gepreßter und geschweißter Kastenrahmen. Alle vier Räder (mit 16-Zoll-Felgen) waren einzeln aufgehängt, vorn mit zwei Kurbellängslenkern und gebündelten Quertorsionsstabfedern, hinten an einer Pendelachse, die durch Längslenker und runde Drehfederstäbe geführt wurde.

Bei dem luftgekühlten Vierzylinder-Boxer unter der kleinen einteiligen Motorhaube jenseits der Hinterachse handelte es sich, im Grunde genommen, um ein VW-Aggregat, dessen 1086 ccm von zwei Solex-Fallstromvergasern zu strammen 40 PS ermächtigt wurden. Am Gründonnerstag 1950 schnippte man das letzte Stäubchen von dem ersten Porsche Stuttgarter Provenienz, der wegen seiner hellgrauen Farbe den Spitznamen "Windhund" erhielt. Zur würdigen Folie für die Welt-Premiere von Porsche-Opus 356, das in zwei Exemplaren vertreten war, einem Coupé und einem Cabriolet, geriet die Pariser Automobilausstellung im Oktober 1950. Der Status war jetzt der einer Kommanditgesellschaft, mit den Geschäftsführern Albert Prinzing und Ferry Porsche, dem Sohn des Professors, der am 30. Januar 1951 an den Folgen eines Schlaganfalls starb. Bereits am 21. März 1951 feierte man den 500. in Stuttgart gefertigten Porsche, am 28. August den 1000., und am Ende des Jahres hatten 214 Bedienstete ihr Scherflein zum 1103. insgesamt beigesteuert. Die luftgekühlte Maschine, noch immer mit dem senkrecht geteilten Kurbelgehäuse des VW-Motors, war nun in zwei weiteren Kalibern verfügbar, mit 1286 ccm und 44 PS (seit dem Frühjahr) und 1488 ccm und 60 PS (seit dem Oktober 1951).

Porsche 356 Coupé 1500, Bj. 1953. Vierzylinder-Boxermotor. 1488 cm³. 55 PS.
146 km/h. 17 s 0 - 60 mph. Leihgeber: Dr. Klaus-Otto Räker

Für das Modelljahr 1952 ließ man dem 356 behutsam weiteren Fortschritt angedeihen. Die Windschutzscheibe wurde einteilig, mit einem leichten Knick in der Mitte, der Aus- und Einblick gelinde verzerrte, das Paar der Stoßfänger höher angesetzt und vom Wagenkörper gesondert. Die Lochfelgen waren lackiert oder auf Extrawunsch verchromt. Runde Heckleuchten von der Größe der Blinker ersetzten die horizontal-rechteckigen des Vorgängers, und das Reserverad wurde nach vorn verlagert, um im flachen Bug des Porsche mehr Platz für Gepäck freizuräumen.

Eine umklappbare Lehne aus einem Stück gab dem Sitzschacht im Fond einen etwas wohnlicheren Anstrich. Ab September übernahm eine Kurbelwelle in Gleitlagern in den 1,5-l-Triebwerken die Stelle der bisherigen rollengelagerten, ein Eingriff, der die Leistung auf 55 PS absenkte. Dafür hielt der 1500 S vom Oktober des Jahres an 70 PS bereit, und die Sprachregelung "Dame" für die schwächere Version begann sich einzuschleifen, im Unterschied zum Super. Schon vor einiger Zeit hatte Maximilian Hoffman, Importeur diverser europäischer Autos in New York, angeregt, man möge doch einen leichten und schnellen offenen Zweisitzer für die besonderen Gegebenheiten des nordamerikanischen Markts schaffen – er werde für die Verbreitung schon sorgen. Man nahm den Denkanstoß aus Übersee gern auf und reagierte im Frühjahr 1952 mit dem 605 kg schweren America Roadster, der die Idee des Speedsters bereits vorwegnahm. Damit die schwäbischen Importe angesichts der in seiner neuen Heimat üblichen Riesenhubräume einigermaßen bestehen konnten, verschmähte Hoffman alle Maschinen unterhalb des 1500-S-Motors. Sämtliche Modelle wurden jetzt mit einem nach Porsche-Patent vollsynchronisierten Vierganggetriebe ausgerüstet. Im November 1953 erweiterte man die Palette in der oberen Mitte um den 1300 S, dessen Lenker über 60 PS aus 1290 ccm gebot. Die Kurbelwelle war rollengelagert und stammte fürs erste vom Hauslieferanten Hirth. Die gleiche Relation von Bohrung und Hub (74,5 x 74 mm) fand sich ab Juni 1954 im 1300 A, dessen Triebwerk solchermaßen für die Beherbergung der sogenannten Alfinger-Kurbelwelle eingerichtet worden war. Wie alle anderen wurde es im September mit einem dreiteiligen Kurbelgehäuse eigener Fertigung versehen. Mit dem Ende des Jahres wurde der 1100 aus dem Typen-Spektrum ausgesondert. Dafür hatte es im September mit dem Speedster eine wichtige Bereicherung erfahren. Im Vergleich zum America Roadster war die Frontscheibe niedriger, stärker geneigt und gewölbt. Ein Allwetterverdeck von eher symbolischem Wert ließ sich in seiner Gänze versenken, und nach englischem Vorbild gewährten Steckfenster rudimentären Schutz nach den Seiten. Die Gürtellinie lag im Bereich der Türen 35 mm niedriger als beim Cabriolet. Als im Oktober 1955 die Baureihe 356 A aus der Wiege gehoben wurde, hatte es der 356 auf eine Verbreitung von 7627 (davon 1900 Speedster) gebracht. Der Halbwert der Traum-Marke 10 000 war am 15. März 1954 erreicht worden. Schon lange hatte sich die Porsche KG einen Namen im Sport gemacht, wobei der Sieg ihres französischen Agenten Auguste Veuillet und seines Landsmanns Edmond Mouche mit einem der 800 kg leichten Gmünd-Coupés beim 24-Stunden-Rennen von Le Mans 1951 in der 1100-ccm-Klasse einen ersten Höhepunkt darstellte. Kaum zu zählen aber waren die Erfolge der Privatfahrer.

In der flott gemachten Hauszeitschrift Christophorus indessen sang Chefredakteur Richard von Frankenberg, wegen seines durch keinerlei Ängste beeinträchtigten Fahrstils der "Schreckensteiner" genannt, sozusagen als Poeta laureatus der Porsche-Dynastie nimmermüde das Loblied vom Fahren in seiner schönsten Form...

Alfa Romeo 1900 Super Sprint, Bj. 1956. Vierzylinder-Reihenmotor. 1975 cm³. 115 PS. 190 km/h. Leihgeber: H. J. Klein und Heinz Jaspert

Der Alfa Romeo 1900, seit 1950 Nachfolger des 6C 2500, war ein eher unscheinbares Auto von kühl-pragmatischer Linienführung. Im Gewand des Biedermanns verbarg sich indessen viel mehr, als dieses auf den ersten Blick zu verheißen schien.

Der Vierzylinder-Reihenmotor von 1884 cm³ mit zwei obenliegenden

Nockenwellen, Leichtmetallzylinderkopf und -kolben leistete ursprünglich 90 PS, ebensoviel wie der Sechszylinder des 6C 2500, nur daß der 1900 mit 1050 kg um ein Drittel weniger wog als etwa der Freccia d'oro. Das Vierganggetriebe war vollsynchronisiert und wurde mittels einer Lenkradschaltung betätigt.

Die Lenkung selbst war nach links gerückt – eine kleine Palastrevolte im erlesenen Zirkel der schnelleren italienischen Automobile. Bislang war man der Ansicht gewesen, Überholvorgänge ließen sich besser einfädeln, wenn der Fahrer rechts sitze. Der 1900 hatte eine selbsttragende Karosserie und ein Fahrwerk mit vorderen Trapez-Dreieckquerlenkern und Schraubenfedern sowie eine starre, an Längslenkern geführte Hinterachse.

Eine Sache der Vergangenheit geworden war die Pendelachse mit ihren permanenten Sturzänderungen. Zugleich begegnete man der Unsitte der Starrachse zu trampeln, wenn die Räder zum Beispiel über ein Schlagloch rollten, indem man die ungefederten Massen verringerte. So wurde etwa das Differential mit dem Chassis verbunden.

Inzwischen ging die Aufnahmebereitschaft des Markts längst wieder über den Bedarf an bloßen Beförderungsmitteln hinaus. Man begann bei Alfa Romeo folglich zügig, das Potential des 1900 auszureizen. Anfang 1951 erschien der Sprint mit 100 PS und 2500 mm Radstand – 130 mm weniger als die Normalversion. Dieses Autos nahmen sich liebevoll die Karossiers an: Ein Cabriolet von Pinin Farina lief 170 km/h, das Touring-Coupé sogar 180. Die geschlossene Abart erwies sich als populäres Gerät für Wettbewerbe, wie geschaffen etwa für die Mille Miglia, jenes epische 1000-Meilen-Marathon von Brescia nach Rom und zurück.

1952 wurde Consalvo Sanesi auf einem Sprint Klassendritter. Als die Alfetta Tipo 159, die legendären Grand-Prix-Wagen des Mailänder Hauses, mit dem Ende der Saison 1951 schließlich ins Museum geschoben wurden, suchte Ingenieur Gioacchino Colombo einen Thronfolger und entwickelte aus dem 1900 ein reines Rennfahrzeug. Auf der International Motor Show New York 1953 wurde eine Coupé-Version der ob ihrer eigenwilligen Linienführung ungläubig staunenden Fachwelt vorgestellt, der C52, besser bekannt unter dem Kriegernamen Disco Volante.

In den Gitterrohrrahmen der Fliegenden Untertasse hatte man den auf 1997 cm³ aufgebohrten Motor des Sport eingepflanzt, der 158 PS abgab. Er sollte indessen die rundliche Flunder nicht zu irgendwelchen Erfolgen beflügeln, da die Führung des Luftstroms unter dem Boden sowohl des Coupés als auch des bereits im Oktober 1952 präsentierten Spiders die Traktion schmälerte.

115 PS evozierten die Alfa-Romeo-Ingenieure aus den 1975 cm³ des Super, der

seit Ende 1953 parallel zum 1900 gefertigt wurde und ihn schließlich ablöste. Fünf Gänge wie dieser hatte ein Super Sprint ab 1954, wiederum von Touring in Mailand, der zu 190 km/h in der Lage war. Auf dem Genfer Salon 1956 wurde er in einem neuen Gewand präsentiert, unverkennbar ein Alfa Romeo auch er, was man von einer weiteren Variation von Boano 1955 kaum noch sagen konnte. 949 Sprint wurden gebaut, acht davon im ersten Jahr, 854 Super Sprint, 15 von ihnen im letzten Jahr der Produktion.

Lancia Aurelia B20 GT 2500, Bj. 1955. V6. 2451 cm³. 118 PS.
182 km/h. 14,8 s 0 - 100 km/h. Leihgeber: R. Nyffenegger

Vincenzo Lancia, Sproß einer ebenso reichen wie redlichen Kaufmannsfamilie aus Turin, gründete dortselbst am 27. November 1906 eine eigene Automobilfabrik. Seine Fahrzeuge sahen nie sonderlich ansprechend aus, bestachen aber durch Ideenreichtum, Leistung und Solidität.

Als er im Februar 1937, gerade 56jährig, an einem Herzversagen starb, wußte er, daß sein Lebenswerk in den kompetenten Händen seines Sohnes Gianni eines Tages gut aufgehoben sein würde. Bevor dieser allerdings, noch ein Knabe, seine Dienstgeschäfte übernehmen konnte, überbrückte seine Mutter Adele in strenger Rechtschaffenheit das entstandene Interregnum.

In Gianni Lancias Ägide fiel die Aurelia-Limousine von 1950, der auf dem Turiner Autosalon im Frühjahr des nächsten Jahres das attraktive Fastback-Coupé Aurelia B20 folgte. Beide Autos, gewachsen in der Regie des ehemaligen Alfa-Romeo-Ingenieurs Vittorio Jano, wurden als innovativ und progressiv herausgestellt, standen aber bei näherem Hinsehen in einer geheiligten Familientradition, nahmen Denkanstöße in die Nachkriegszeit herüber, die von Stammvater Vincenzo ausgegangen waren.

Da war die Einzelradaufhängung vorn mit Vertikalführung an den die Schraubenfedern enthaltenden Teleskoprohren. Da war die selbsttragende Karosserie, für die im Falle des B20 bei ihrem Schöpfer Pinin Farina oder Viotti über einem von Lancia angelieferten Plattformchassis mehr als 100 gehämmerte Bleche miteinander verschweißt wurden. Da war das Transaxle-Prinzip: Kupplung, Vierganggetriebe, Achsantrieb, Differential und hintere Bremsen bildeten eine kompakte Baueinheit. Und da war die V-Architektur der sechs Verbrennungseinheiten, deren Dreizylinder-Blöcke sich im Winkel von 60 Grad voneinander spreizten.

Dieses kurze (610 mm) und leichte (150 kg) Triebwerk war unter den Händen von Francesco de Virgilio entstanden, Janos Assistenten, der wie jener seit 1937 in Lancias Sold stand. Es hatte ursprünglich 1991 cm³ und leistete 75 PS, in einer zweiten Serie von 1952 80 PS. Obwohl diese frühen Coupés somit etwas schmalbrüstig einherkamen, waren sie ungemein handlich und leichtfüßig.

Im Grenzbereich mußte man sich vor heftigem Übersteuern hüten, was das Gespann Giovanni Bracco/Umberto Maglioli nicht davon abhielt, mit einem B20 von 115 PS auf der Mille Miglia 1951 bis auf Platz 2 hinter Gigi Villoresis Ferrari 340 America vorzustoßen, während Luigi Fagioli 1952 den dritten Rang hinter Bracco (Ferrari Vignale Berlinetta) und Kling (Mercedes 300 SL) belegte, assistiert von Beifahrer Borghi und strömendem Regen. Über Mangel an Leistung brauchte sich ab 1953 niemand mehr zu beklagen, denn nun schöpfte der V6 118 PS aus 2451 cm³.

Der B20 hieß von Stund an Gran Turismo 2500, wies vorn und hinten rundlichere Proportionen auf und war auf dem besten Wege, sich zu einem formidablen Sportgerät zu mausern, eine Klassenziel, das spätestens mit der vierten Serie von 1954 erreicht war. Denn zusammen mit der bisherigen hinteren Einzelradaufhängung entfiel jetzt auch seine Neigung, jähzornig mit dem Heck herumzuschwenken. Dafür hatte im rückwärtigen Souterrain eine De-Dion-Doppelgelenkachse mit Tragrohr Einzug gehalten, geführt durch Halbelliptikfedern und einen Panhardstab, ein kostenträchtiges Verfahren, das sich indes als robust und zweckmäßig empfahl. Die Radachsen waren gegenüber der Federmitte nach hinten versetzt, die Stoßdämpfer nach vorn geneigt.

Lancia Aurelia B24, Bj. 1956. V6. 2451 cm³. 110 PS.
174 km/h. 12,5 s 0 - 100 km/h. Leihgeber: Pierre Le Grand und Rainer Schulte-Bulmke

Die Lenkung war mit 2 1/5 Umdrehungen von Anschlag zu Anschlag sehr direkt übersetzt, und mit seinen effizienten Bremsen (Trommeldurchmesser vorn 300 mm, hinten 280 mm) ließ sich der 2+2-Sitzer in vier Sekunden von 100 km/h bis zum Stillstand zusammenstauchen. Das Armaturenbrett wurde beherrscht von den beiden großen Rundinstrumenten des Drehzahlmessers, der bei 5300 U/min warnte, nun werde gleich leichtes Ventilschwirren hörbar werden, und des Tachometers, der ungewöhnlich genau arbeitete. Wasser- und Ölthermometer fehlten, was der Gesundheit des Triebwerks ein gutes Zeugnis ausstellte.

Im übrigen wurde die ohnehin reiche Grundausstattung durch eine Fülle von Extra-Angeboten ergänzt wie Borrani-Räder, Nardi-Sportvolants und Lederbezüge, aber auch eine fakultativ erhältliche Mittelschaltung. Der Zusatz S (= sinistra) im Typenkürzel verwies darauf, daß es sich bei dem fraglichen B20 um einen Linkslenker handele. In der Regel saß der Pilot rechts, und für Ungeübte gestaltete sich dann der Umgang mit dem zu ihrer Linken an der Lenksäule angebrachten Ganghebel mißlich.

Der erneut retuschierte Aufbau wurde bei Farina, Bertone oder Maggiori montiert. Auf die Möglichkeiten, die im Gran Turismo 2500 schlummerten, machten der Monegasse Louis Chiron und der Genfer Ciro Basadonna mit einem Paukenschlag aufmerksam, als sie bei der Rallye Monte Carlo vom 18.-25. Januar 1954 siegten. Spätere B20-Generationen gewannen an Komfort und Gewicht und verloren an Kraft – die Motoren der fünften Serie ab 1956 waren mit 110 PS um einiges entschärft, wenn auch langlebiger, aber für die sechste von 1957 hatte man noch einmal zwei PS mehr mobilisiert, ohne dieses Prinzip aufzugeben.

Im Juni 1958 wurde mit dem 3118. Exemplar die Produktion des B20 eingestellt, dem alsbald die Rolle des gesuchten Klassikers zuwuchs. Das gleiche Los war dem offenen B24 beschieden, der seit 1954 die Aurelia-Palette nach oben hin abrundete, auf der mechanischen Basis des Coupés, also von vorneherein mit der De-Dion-Achse. Farinas Konzept für den schmucken Zweisitzer war offensichtlich durch zeitgenössische Ferrari-Modelle inspiriert.

Mit 2450 mm Radstand (Coupé: 2660 mm) wirkte er gedrungener, mit seiner Knüppelschaltung sportlicher und überdies hatte man ihn gediegene Ledersessel spendiert. Das Gros der Interessenten vermutete man in Übersee, und so steckte der Spitzname America diesen möglichen Markt auch semantisch ab. Nur die ersten 240 B24 wurden mit einer Panoramascheibe und dem dazugehörigen leichten Zeltdach geliefert, durch das es auch schon einmal hineinnieselte. Die restlichen 1381 waren weniger spektakulär, aber luxuriöser ausgestattet mit Ausstell- und Kurbelfenstern sowie einem Stoffverdeck, das eine wohnlichere Atmosphäre vermittelte, mehr Convertible als Spider.

Auf diesbezüglichen Wunsch hielt man auch ein properes Hardtop bereit. Die Aurelia Gran Turismo dienten den Renn-Assen jener Tage bevorzugt zur privaten Fortbewegung, Mike Hawthorn etwa oder Jean Behra. Als Juan Manuel Fangio einmal das Flugzeug in Paris verpasste, mietete er sich einen B20 und fuhr mit diesem nach Monza – ein schönes Kompliment an ein schönes Auto...

Maserati A6G 2000 Zagato, Bj. 1956. Sechszylinder-Reihenmotor. 1986 cm³. 150 PS. 195 km/h. Leihgeber: J. P. Bisiaux

Der Lokomotivführer Rodolfo Maserati hatte sechs Söhne. Vier von ihnen, Alfieri, Bindo, Ernesto und Ettore, leisteten sich 1926 den Luxus eines Rennwagens, der aus ihrer eigenen Werkstatt in Bologna stammte, ihren Familiennamen trug und von Alfieri und Ernesto mit beträchtlichem Erfolg chauffiert wurde.

Zum Vergleich: Enzo Ferrari war gerade 28 und feilte heftig an seinem Ruf als guter Fahrer und noch besserer Organisator. Aber selbst vor der Gründung seiner Scuderia Ferrari am 1. Dezember 1929 – mit Autos von Alfa Romeo – hing vorerst der Schleier des Futurs, der auch gnädig verhüllte, daß die aufstrebende Officine Alfieri Maserati S.p.A. 1937 der Firmengruppe Orsi S.A.S. einverleibt werden würde. Mit dieser Fusion war gewissermaßen das Maserati-Emblem entwurzelt, jener Dreizack, den auf der Piazza del Nettuno zu Bologna der Meeresgott, eine Statue Jean de Boulognes, mit seiner nervigen Rechten umspannt.

Der Commendatore Adolfo Orsi verfügte nämlich, der renommierte Kleinbetrieb habe nach Modena umzuziehen. Im Rahmen eines Zehnjahresvertrags blieben indessen Bindo, Ernesto und Ettore der Stätte ihres bisherigen Wirkens erhalten, als Berater und Experten in Sachen Motorsport tagtäglich zwischen dem alten und dem neuen Standort pendelnd.

1947 trennte man sich ohne sonderliches Einvernehmen, und die Fratelli Maserati richteten sich fortan wieder in Bologna ein, wo sie in Gestalt der Officine Specializzate Costruzioni Automobili, kurz OSCA, ein Konkurrenzunternehmen aufzogen. Ihren guten Namen ließen sie zurück, denn dies war in einer Klausel der Vereinbarung festgelegt. Die Führung der Geschäfte sowie der ungefähr 30 Angestellten in der Via Ciro Menotti 322 zu Modena aber übernahm der ernsthafte junge Omer Orsi. Unter seinen fähigen Händen gediehen die rennsportlichen Aktivitäten der Marke und kulminierten mit Juan Manuel Fangios fünfter Weltmeisterschaft 1957.

Daneben beschäftigte man sich eher halbherzig mit dem Bau von Straßensportwagen, 139 in zwölf Jahren. Den Anfang machten zwischen 1946 und 1950 60 Coupés mit der Benennung A6/1500 GT, allesamt eingekleidet von der Carrozzeria Pinin Farina. Der Erstling erregte auf dem Genfer Salon 1947 freundliche Aufmerksamkeit wegen seiner gestreckten Linie und war mit einem Sonnendach ausgestattet, das nach vorn öffnete und somit zischende Frischluft direkt auf die Häupter der Insassen kanalisierte.

Am A6G/2000 GT von 1951 bis 1957 versuchten sich Farina, Frua, Vignale, Allemano und Zagato mit offenen und geschlossenen Aufbauten. Er kam in zwei Schüben: Während für die Aktivierung der zwölf Ventile des Reihensechszylinders in der ersten Serie (16 Exemplare) noch eine einsame obenliegende Nockenwelle zuständig war, teilten sich in der zweiten Auflage (59 Wagen) deren zwei diese Arbeit. Für ihr Debüt bei der Genfer Show im März 1954 waren die beiden Ingenieure Gioacchino Colombo und Luigi Bellentani gerade rechtzeitig damit fertiggeworden, eine Zweiliter-Rennmaschine auf immerhin noch 140 PS zu besänftigen.

Entschieden wohler auf Rennstrecken als selbst auf den immer noch leeren italienischen Verkehrsstraßen fühlten sich die vier brutal aussehenden A6GCS Berlinette von Farina 1954 und 1955, von denen einer wie ein Markenzeichen eigenen Rechts den Namen des römischen Maserati-Händlers Guglielmo Dei trug.

Mercedes-Benz 300 S Roadster, Bj. 1953. Sechszylinder-Reihenmotor. 2996 cm³. 150 PS. 175 km/h. Leihgeber: Hein Gericke

Bei der Frankfurter IAA 1951 stand er gleichsam auf der Wasserscheide zwischen gestern und morgen. Alles andere als ein Interimsmodell, zeichnete sich der Mercedes-Benz 300, bald volkstümlich-stolz der "Dreihunderter" ge-

nannt, dennoch aus durch ein höchst eigenständiges Profil und wurde als Dienstfahrzeug Konrad Adenauers zum Symbol der aufblühenden Bonner Republik.

Seine gelassenen Linien ließen bereits künftiges Ponton-Einerlei anklingen. Aber noch ruhte sein Aufbau auf einem separaten x-förmigen Ovalrohrrahmen, in dem jedoch eine Aufhängung vom Feinsten installiert war, mit doppelten Querlenkern und Schraubenfedern vorn und einer Zweigelenk-Pendelachse hinten mit doppelten Schraubenfedern. Zusätzliche Drehstäbe für jedes Rad sollten höheren Zuladungen begegnen. Sie waren elektrisch aktivierbar vom Fahrersitz aus, auf welchem dem Charakter des Wagens entsprechend häufig ein Chauffeur Platz genommen hatte.

Sein langhubiger Reihensechszylinder mit stark prestigehaltigen 2996 cm³ und einer obenliegenden Nockenwelle wurde von zwei Vergasern gespeist und hatte – Premiere bei Daimler-Benz – eine 12-Volt-Lichtmaschine. Mit seinen 115 PS war die gewichtige Limousine, der von Anbeginn an ein fünfsitziges Cabriolet zur Seite gestellt wurde, durchaus behende: Bei Bedarf und in Eile hielt der ungeduldige Kanzler seinen Fahrer schon mal an, ihre Spitze von 160 km/h auch tatsächlich auszureizen. In drei Ausbaustufen, ab 1955 (300c) mit einer Eingelenk-Pendelachse, ab 1957 (300d) mit einer Einspritzung von Bosch, wuchs die Leistung auf 160 PS.

Auf dem Pariser Salon im Oktober 1951 gesellte sich dem staatstragenden Glied der Familie der Sportler 300 S hinzu. Er war die Apotheose klassischen Autobaus vor der endgültigen Machtergreifung der Horizontalen und des rechten Winkels. In der schönen Dreieinigkeit Coupé, Cabriolet und Roadster wurde er bis 1958 in 760 Exemplaren unter eine wohlhabende Klientel gebracht. Die beiden offenen Versionen unterschieden sich nur wenig voneinander. Der Roadster hatte ein leichtes und zur Gänze versenkbares Verdeck, während beim Cabrio eine aufwendigere Konstruktion für üppige Wohnlichkeit sorgte. Alle fußten sie auf dem 300, dessen ursprünglicher Radstand von 3050 mm um 150 mm verkürzt, Verdichtung von 6,4 : 1 auf 7,8 : 1 erhöht, Gemischaufbereitung um einen Solex-Vergaser vermehrt und Leistung auf 150 PS angehoben worden waren. Schein und Sein befanden sich damit in vollem Einklang miteinander: Mit möglichen 176 km/h gehörte der Mercedes 300 S zu den Schnellsten im ganzen Land.

Dennoch und trotz aller Annäherung an Perfektion blieb der Fortschritt nicht stehen. Zusammen mit dem retuschierten 300c wurde auf der IAA 1955 der 300 Sc eingeführt, wie jener ausgestattet mit einer Eingelenk-Pendelachse mit tiefliegendem Schwerpunkt. Die Verdichtung war ein weiteres Mal auf 8,55 : 1 gesteigert worden, und der seidig summende und 175 PS starke Sechszylinder wurde bereits alimentiert von einer Direkteinspritzung von Bosch, wie sie sich bei den Rennwagen der Marke bewährt hatte.

Nach außen hin erkennbar war der 300 S der zweiten Generation an Ausstellfensterchen, größeren Blinkleuchten, zwei mit Chromleisten verblendeten waagerechten Kühlschlitzen oberhalb der vorderen Kotflügel, dem Schriftzug "Einspritzmotor" am Kofferraumdeckel und verchromten Lochscheibenrädern.

Nicht jede dieser Maßnahmen, vor allem das modische Mehr an Chromzierrat, kam seiner Attraktivität zupaß. Überdies hatte seit 1954 der ein gutes Stück billigere 300 SL die Aufmerksamkeit und die Sympathien auf sich gezogen. Der alte König war noch nicht tot, da regierte schon der neue...

Pegaso Z102, Bj. 1954. V8. 3178 cm³.
195 PS. 215 km/h. Leihgeber: Collection „Gaston"

Pegasus – so hieß das aus dem Rumpf der Medusa entsprungene Flügelroß, später auch als Symbol der Musen und der Dichter bekannt. Hinter der mythologischen Anspielung im Namen der illustren Sportwagenmarke verbarg sich dreierlei. Da war zum einen der erklärte Wille des Generalissimo Francisco Franco Bahamonde, im automobilen Entwicklungsland Spanien einen kräftigen Akzent zu setzen. Da war zum anderen der ungestüme Schaffensdrang des begabten Technikers Wilfredo Ricart (1897-1974), der sich zum Beispiel im Grand-Prix-Sport mit dem Heckmotor-Alfa Tipo 512 einen Namen gemacht und den Verdruß von Enzo Ferrari auf sich gezogen hatte. Und da war zum dritten Ricarts Entschlossenheit als Leiter der Empresa Nacional de Autocamiones S.A. in Madrid (E.N.A.S.A.), einem Hersteller von Diesel-LKW und Bussen, die Moral der ihm anvertrauten Werktätigen nach soviel seriengefertigter Prosa durch ein wenig Poesie in der Gestalt eines spektakulären Sportwagens zu beflügeln.

Das war der Pegaso Z102, vorgestellt auf dem Pariser Salon von 1951, immerhin das erste Straßenauto der Welt mit einer Viernockenwellen-Maschine, einem V8 von 2473 cm³ und 165 PS. Der geräuschvolle Antrieb vollzog sich ursprünglich über Ketten, bald jedoch mittels Zahnrädern. Weitere Merkmale dieses ebenso komplexen wie störanfälligen Kraftwerks waren seine Trockensumpfschmierung und natriumgekühlte Auslaßventile. Man munkelte, es drehe mehr als 9000/min.

Der technischen Leckerbissen gab es noch mehr, zum Beispiel die Aufhängung des Pegaso, dem sportliche Erfolge gleichwohl verwehrt blieben. Die Federung der Hinterräder erfolgte durch zwei parallele Quertorsionsstäbe mit verstellbarer Vorspannung, per Gelenkhebel mit dem De-Dion-Querrohr verbunden. Die stark verrippten hinteren Trommelbremsen lagerten sich direkt an das Differentialgehäuse an. Die Vorderradaufhängung bestand aus Dreieckquerlenkern und Längstorsionsstabfedern. Das Fünfganggetriebe hatte man nicht nur mit der Hinterachse verblockt, sondern zur besseren Balance hinter dem selbstsperrenden Differential von ZF untergebracht. Frühe Coupés und Cabriolets waren mit Aufbauten aus eigener Produktion ausgestattet. Spätere Fahrzeuge wurden nach Mailand verschifft und bei Touring mit Maßkonfektion versehen. Da sich dieses Verfahren als unangemessen kostspielig erwies, behielt man am Ende die attraktiven Touring-Designs zwar bei, übernahm aber die Einkleidung in eigener Regie in der ehemaligen Hispano-Suiza-Fabrik in Barcelona, E.N.A.S.A.-Eigentum seit 1946. Höchst extravagante Pegaso-Versionen schuf Star-Couturier Saoutchik in Paris. Keine zwei Pegaso waren völlig identisch.

Noch 1951 wurde der Achtzylinder auf 2816 cm³ vergrößert. Er leistete nun, von vier Doppel-Fallstromvergasern von Weber statt nur einem gespeist (später griff man wieder auf die ursprüngliche Lösung zurück), lärmende 220 PS, wenn er durch einen Marshall-Nordec-Kompressor unter Druck gesetzt wurde. 1954 folgte eine dritte Stufe mit 3178 cm³ und 190 PS in einer Saugversion, während die geladene Spielart mit 225 PS auftrumpfte. Hinsichtlich der Leistungsangaben war man auf Vermutungen angewiesen, da sich die Firma in dieser Hinsicht vornehm zurückhielt.

Auf der Pariser Autoausstellung im Herbst 1955 wurde der Nachfolger Z 103 vorgestellt, mit V8-Motoren von 3992 cm³ und 4780 cm³, letzterer mit 289 PS. Diese überraschten durch die Simplizität ihrer Architektur mit einer zentralen Nockenwelle. Trotz dieser erstaunlichen Artenvielfalt ähnelte das Unternehmen Pegaso dem biblischen Berg, der das Mäuschen gebar: In acht Jahren entstanden lediglich 86 Exemplare. Dafür profitierte der Lastwagenverkauf der E.N.A.S.A. – eine seltsame Symbiose...

Allard J2X Le Mans, Bj. 1952. V8. 5420 cm³.
162 PS. 200 km/h. Leihgeber: A. Anders

Sydney Allard, 1910 im Londoner Süden geboren, drei Brüder, eine Schwester, war ein Suchtmensch – der Droge Automobil heil- und hoffnungslos verfallen. Daß er 1950 in Le Mans Dritter wurde, die Rallye Monte Carlo 1952 gewann und sich auch in der englischen Dragsterszene einen Namen machte, ist an und für sich schon bemerkenswert genug. Zu einer einzigartigen Erscheinung wurde er jedoch, weil all dies mit Fahrzeugen aus eigener Fertigung geschah.

Diese stellte er nach alter Väter Sitte in Handarbeit her. Die bunte Vielfalt seiner Geschöpfe spiegelte sich wider im fröhlichen Wirrwarr ihrer Benennung. In chronologischer Reihenfolge setzte Allard zwischen 1946 und 1955 die Modelle J1, K1, L, M1, P1, J2, K2, J2X, M2X, P2, 21C, 21Z, K3 und J2R in die Welt, pfropfte diesem Kürzel-Chaos indessen auch sprachliche Blüten auf in Gestalt volltöniger Namen wie Monte Carlo, Safari, Palm Beach, Red Ram und Gran Turismo. Alles in allem entstanden rund 2200 Allards.

Daß sich "The Guv'nor" in der Welt der Begriffe mit einer gewissen Sorglosigkeit bewegte, zeigte bereits sein Umgang mit der eigenen Identität. Zwischen 1937 und 1945 hieß sein im Londoner Stadtteil Putney und später in Clapham ansässiges Unternehmen nämlich verwirrenderweise Adlards Motors Ltd., lediglich weil dort bereits ein Unternehmen mit diesem Label firmiert hatte.

Allard war Minimalist. Seine archetypischen Mobile kamen meistens nur notdürftig bekleidet daher mit Motorrad-Kotflügeln vorn und kargen Behausungen für Antrieb und Passagiere. Die Simplizität amerikanischer Chassis und der großvolumigen Stoßstangentriebwerke aus dem Land der unbegrenzten Möglichkeiten (für die Motorisierung sorgten häufig die Kunden selber) hatte es ihm angetan. Diese Philosophie führte in aller Regel dazu, dass eine Menge Pferdestärken für die Beförderung relativ weniger Kilos zuständig war, dubioser Straßenlage und schwächlichen Bremsen zum Trotz. Entsprechend fiel die Klientel aus: eine verschworene Gemeinschaft von Kerlen mit Haaren auf der Brust, die wie "The Guv'nor" selber den Tod nur bedingt und den Teufel überhaupt nicht scheuten.

Am meisten Ruhm trug diesem der J2X ein, entstanden aus dem J2 von 1950, einem asketischen Zweisitzer, wie üblich auf einem trutzigen Kastenrohrrahmen. Hinten wurden dessen Räder an einer De-Dion-Achse mit Schraubenfedern geführt, vorn unabhängig an Schwingachsen und ebenfalls mit Schraubenfedern, welche die bisherige Querblattfeder abgelöst hatten.

Nur 940 kg leicht, war bereits der J2 ein Monument der Stärke, schon mit der Standard-Maschine Mercury V8 von 4375 cm³ und 110 PS, noch mehr mit einer Kraftspritze von 30 weiteren PS durch den Allard-Berater und künftigen Retter des Chevrolet Corvette Zora Arkus-Duntov, erst recht mit einem brutal brotzelnden Cadillac-Motor, der 180 PS freisetzte.

Den 99 J2 folgten 1951 fast auf dem Fuße 83 J2X, die ihrerseits Triebwerke von Cadillac, Chevrolet, Chrysler, Lincoln und diversen amerikanischen Tuningschmieden beherbergten. Das X stand für extension, eine 190 mm lange Wucherung des Chassis nach vorn, welche dem Motor und Teilen der Aufhängung und somit auch den Passagieren mehr Lebensraum freimachen sollte. Nicht zuletzt der Straßenlage war dieser Eingriff ungemein bekömmlich. Alles umhüllende Aufbauten wiesen die elf Wettbewerbswagen J2R auf – eine widerstrebende Konzession Allards an gewandelte Bestimmungen.

Austin-Healey 100/4 BN1, Bj. 1954. Vierzylinder-Reihenmotor. 2660 cm³. 94 PS.
165,7 km/h. 10,3 s 0 - 60 mph. Leihgeber: Max Nötzli

Bei einem Bummel über die London Motor Show im Oktober 1952 blieb Leonard Lord, Chef der gerade aus der Wiege gehobenen British Motor Corporation, fasziniert vor einem eisblauen offenen Zweisitzer stehen, dem Healey 100. Die schmissige Linie des Exponats stammte aus der Feder von Gerry Coker, der zwei Jahre zuvor zu der kleinen Sportwagenschmiede des 54jährigen Donald Healey in Warwick gestoßen war.

Unter der schönen Hülle verbarg sich vergleichsweise Simples: ein Underslung-Kastenrahmen mit Kreuzverstrebung, den Ingenieur Barry Bilbie entworfen hatten, vorn Einzelradaufhängung mit Trapez-Dreieckquerlenkern und Schraubenfedern, hinten eine Starrachse mit Halbelliptikfedern und Panhardstab, der Vierzylinder-Reihenmotor des Austin A40 von 2660 cm³ und 94 PS sowie dessen Getriebe. Sein erster Gang lief ungenutzt mit, während den beiden oberen Fahrstufen ein Overdrive zugeschaltet werden konnte. Die Windschutzscheibe ließ sich umlegen, ein Detail, auf das Healey gesteigerten Wert legte.

Lord lud den kleinen Unternehmer spontan in sein Hotel ein, und nach mehreren Drinks schied man in bestem Einvernehmen voneinander. Der Hundred würde vom folgenden Tage an Austin Healey heißen, und der Klausel, die sich an diesen Handel knüpfte, fügte sich Donald Healey mit Vergnügen: Nichts sollte an der Konzeption des Autos verändert werden. Zwanzig Pilotfahrzeuge entstanden in Warwick, dann zog man zu Austin nach Longbridge/Birmingham. Zwischen März 1953 und August 1955 entstanden 10 688 100/4 BN1 und wurden mit 750 Pfund um 100 Pfund billiger angeboten, als dies ein vorsichtiges Preisschildchen auf der Show ausgewiesen hatte. Bis zum August 1956 folgte der leicht modifizierte BN2, der mit einem Vierganggetriebe und einer robusteren Hinterachse 3924 Liebhaber fand.

Etwa im gleichen Zeitraum wurden von Healey 1159 Exemplare des 100M aufgelegt, der mit 112 PS dem dringlichen Wunsch der Kundschaft nach mehr Leistung entsprach und an seiner Zweifarblackierung sowie vermittels eines quer über die Motorhaube gespannten Riemens zu erkennen war. Ausschließlich im Jahre 1955 fertigte Healey in einer auf 50 limitierten Edition den 100S. Das S gemahnte an den dritten Platz eines BN1 beim 12-Stunden-Rennen zu Sebring im Jahr zuvor, und noch höher zu bewerten war der sechste. Rang von Stirling Moss und Lance Macklin mit einem 100S 1956 bei der gleichen Veranstaltung.

Diese Version hatte eine Karosserie aus Aluminium mit einer Hutze auf der Motorhaube, ein elliptisches Kühlergrill sowie Dunlop-Scheibenbremsen rundum, und ein bei Harry Weslake in Rye sublimierter Zylinderkopf aus Leichtmetall verhalf dem Austin-Triebling zu 132 PS. Aus dem Typ Westminster des gleichen Fabrikats stammte der Reihensechszylinder, der ab August 1956 im Motorabteil von 10 286 100/6 BN4 Einzug hielt und zunächst 102 PS aus 2639 cm³ schöpfte.

Das Chassis war im Bereich der Türen gestreckt, der Radstand mit 2336 mm um 46 mm gewachsen, was kargen Raum für zwei Notsitze im Fond schaffte. Ab Herbst 1957 wurden die großen Healey neben dem Sprite und dem MGA in der MG-Fabrik in Abingdon montiert. Allenthalben beklagte man, in der existierenden Form sei die neue Maschine viel zu schmalbrüstig, so daß ab November 1957 im BN4 und vom April 1958 an in 4150 BN6, reinen Zweisitzern, 117 PS für Freude durch Kraft sorgten.

Fiat 8V, Bj. 1952. V8. 1996 cm³. 115 PS.
186 km/h. 10,4 s 0 - 60 mph. Leihgeber: Jan Martens

Für jemand, der ausschließlich in kommerziellen Kategorien dachte, war er zweifellos ein totgeborenes Kind, der 8V, den Fiat auf dem Genfer Salon 1952 zeigte. Und reichlich zwei Jahre später, nach einer mageren Ausbeute von 114 Exemplaren, sahen sich Skeptiker in der Tat bestätigt, denn das Projekt entschlummerte, ohne die Autowelt erschüttert zu haben.

Seine Daseinsberechtigung bezog das schmale Coupé indessen woanders her. Es stellte ein Angebot an Leute dar, die sich keinen Ferrari oder Alfa Romeo leisten konnten, von Leuten, deren Enthusiasmus für das Automobil sich nicht am tristen Trott des Fließbands abnutzen sollte. Der Kopf hinter dem 8V war der Dottore Dante Giacosa, ein unkonventionell denkender Mann, der bereits an der Konzeption des Cisitalia Gran Sport Coupés von 1948 beteiligt gewesen war.

Tagtäglich war man damit beschäftigt, dem italienischen Nachkriegs-Bürger wieder auf die Räder zu helfen. Folglich, meinte Giacosa, verdienten die Fiat-Ingenieure einmal ein Rosengärtchen, in dem sie ihren Neigungen nachgehen konnten, ein wenig Poesie inmitten eines Übermaßes an Prosa. So erlaubte man sich etwa den Luxus, die Form des 8V im Windkanal des Polytechnikums zu Turin zu optimieren, lange bevor dergleichen gang und gäbe war.

Die Karosserie des Genfer Exponats bestand aus zwei aufeinandergesetzten Stahlblechschalen, die bei der Montage mit dem üblichen Rohrrahmen verschweißt wurden. Die Hinterräder waren aus aerodynamischen Gründen abgedeckt. In einer anderen Version, die auf der Turiner Ausstellung 1954 vorgestellt wurde, bestand der ganze Aufbau aus fiberglasverstärktem Polyester. In der ersten Ausführung führten Einzellampen ein leicht zurückgezogenes Dasein in den Spitzen der Kotflügel. Später waren Doppelscheinwerfer jeweils schräg übereinander angeordnet.

In jedem Falle erfolgte die Einkleidung des 8V per Hand, in den Experimentalstudios von Fiat und bei Ghia oder Zagato. Was den Unterbau anbelangte, so griff man vergnügt auf Serienteile aus dem 1100 und dem Geländewagen Campagnolo zurück. Alle vier Räder waren einzeln aufgehängt mit senkrechte gekapselten Schraubenfedern und Stabilisatoren sowie zusätzlichen Stoßdämpfern hinten. Die beiden Zylinderreihen des V8, der dem Sonderling den Namen gegeben hatte, standen im ungewöhnlichen Winkel von 70 Grad auseinander, und damit reckte sich das Triebwerk eher in die Höhe als in die Breite. Je nach Tuningstufe leistete es 105, 115 oder 127 PS, und auf der gesperrten Autostrada zwischen Mailand und Turin schwang sich der Zweiliter bei Versuchsfahrten zu stolzen 207 km/h auf. Alle vier (später fünf) Gänge waren synchronisiert, und sie wurden vermittels eines langen gekröpften Hebels gewechselt, welcher der Rechten des Piloten genau parallel zur Lenksäule entgegenragte.

Um bequem schalten und walten zu können, mußte man den Fahrersitz ziemlich weit zurückstellen und saß dann genau in der Mitte des Fahrzeugs, eine karge Zelle mit dem Reserverad teilend, das waagerecht über der Hinterachse lagerte. Auch auf den Rennstrecken machte der flinke Fiat keine schlechte Figur. So wurden die Gebrüder Leto di Priolo auf der 21. Mille Miglia 1954 bei den Gran Turismo über 1600 cm³ Zweite hinter einem Lancia, und ein 8V gewann im selben Jahr die Zweiliterklasse der italienischen Meisterschaft in der gleichen Kategorie.

AC Ace Bristol, Bj. 1958. Sechszylinder-Reihenmotor. 1971 cm³. 122 PS. 187 km/h. 9,1 s 0 - 60 mph. Leihgeber: Werner Oswald

Auf der London Motor Show von 1953 wurde der erste englische Sportwagen mit unabhängiger Radaufhängung rundum vorgestellt: der AC Ace. In seinem Aussehen lehnte er sich an den von Touring gestylten Ferrari Barchetta 166

an, der 1949 in Le Mans erfolgreich gewesen war. Sein Fahrwerk trug deutlich die Handschrift von Designer John Tojeiro, der Anfang der fünfziger Jahre auf Bestellung Renn- und Sportwagen anfertigte.

Ein kräftiges leiterartiges Rohrrahmenchassis und vermittels unterer Querlenker und obenliegender Querblattfedern aufgehängte Räder garantierten eine für damalige Verhältnisse exzeptionelle Straßenlage des zweisitzigen Roadsters, dessen Karosserie aus Aluminium bestand. Seine ursprüngliche Kraftquelle, ein Reihensechszylinder von 1991 cm³ mit einer obenliegenden Nockenwelle, der mit Hilfe von drei SU-Vergasern auf 86 PS erstarkt war, ging auf eine Konstruktion des Firmengründers John Weller von 1919 zurück.

Zwischen 1954 und 1959 dominierte der Ace bei Sportwagenrennen in seiner Klasse in Englang und den USA, insbesondere nachdem sich die Firmenbesitzer, die Gebrüder Hurlock, entschlossen hatten, ab 1956 das hauseigene Triebwerk, das weiterhin wahlweise zur Verfügung stand, durch einen Bristol-Motor zu ersetzen. Dieser, ebenfalls ein Sechszylinder-Reihenmotor von zwei Litern, aber mit seitlicher Nockenwelle, leistete 122 PS und basierte auf einer BMW-Konstruktion der Vorkriegszeit, der Maschine des Modells 328. In Verbindung mit einem Getriebe des gleichen Fabrikats, in dem alle Gänge bis auf den ersten synchronisiert waren, erwies sich der Bristol-Motor als sehr elastisch. Man konnte in der obersten Fahrstufe mit 30 km/h bei 1000 U/min dahinbummeln, aber auch stotterfrei bis zur Drehzahlgrenze von 6000 U/min hinaufbeschleunigen, wobei ab 2500 Umdrehungen der Kurbelwelle kräftiger Schub einsetzte und ab deren 4000 die Kommunikation zwischen Fahrer und Beifahrer problematisch wurde.

Auf englischen Straßen reichte eine Füllung des 60-Liter-Tanks für ungefähr 460 Kilometer. Das Auto tendierte dazu, im Grenzbereich mit dem Heck abzuwandern, allerdings gutmütig nach rechtzeitiger Vorwarnung. Die Lenkung war ziemlich indirekt, aber leicht zu bedienen. Unter allen Umständen ließ sich der Ace damit präzise dirigieren. Um die Türen von außen zu öffnen, mußte man einen Teil der Seitenscheibe abklappen und die Griffe innen betätigen.

Der AC Ace wurde praktisch unverändert bis 1962 gebaut. Ab 1962 war er mit einem Laycock-de-Normanville-Schnellgang erhältlich. Im Oktober 1957 wurden die später serienmäßigen Scheibenbremsen vorn gegen einen Aufpreis als Alternative zu den bisherigen Trommelbremsen angeboten, und im letzten Jahr der Fertigung dieses Modells, 1962, überarbeitete man in dem kleinen AC (für Auto-Carrier)-Werk in Thames Ditton in der Grafschaft Surrey noch einmal die Frontpartie.

Die ganze Produktionszeit hindurch hatte man die Wahl zwischen einer teu-

ren geschweiften Windschutzscheibe und einer billigeren flachen. Zeitgenössische Testberichte merkten als einen der ganz wenigen Kritikpunkte an, daß die wichtigsten Instrumente zu tief in der Armaturentafel angesiedelt und teilweise von den Speichen des Lenkrads verdeckt waren.

AC Aceca Bristol, Bj. 1960. Sechszylinder-Reihenmotor. 1971 cm³. 128 PS. 205 km/h. 9,4 s 0 - 60 mph. Leihgeber: W. Storz

Auf der Motor Show in Earls Court gesellte sich 1954 dem Ace der Aceca zu, ein komfortables Coupé, das bald den Spitznamen "Businessman's Express" erhielt. Seine Fastback-Linienführung war offensichtlich von den Aston-Martin-Coupés inspiriert, aber eine Schöpfung von AC-Direktor Alan Turner. Der Aceca war in technischer Hinsicht im wesentlichen identisch mit dem Roadster. Die formale Ähnlichkeit beschränkte sich allerdings auf die markentypische Frontpartie. Wegen ihres höheren Gewichts beschleunigte die geschlossene Version etwas weniger brisant als die offene, der Sportfahrer deswegen auch den Vorzug gaben, erreichte andererseits aber auf Grund ihrer windschlüpfigeren Karosserie eine höhere Endgeschwindigkeit, nämlich an die 200 km/h (Ace: 187 km/h).

Im Verlaufe der acht Jahre, während der es gebaut wurde, modifizierte man das Coupé nur unwesentlich. Ab 1958 waren die unteren Ecken der Windschutzscheibe rund statt eckig, ab 1960 die Dachrinnen Teil der Karosserie und nicht mehr aufgeschraubt. In einem Test für die Autoparade lobte E. O. Probst die saubere Verarbeitung des luxuriös ausgestatteten Zweisitzers bis ins kleinste Detail. Der Einstieg in das niedrige Auto sei für schlanke Leute dennoch bequem, nur das steil stehende Lenkrad, das sich

allerdings den Bedürfnissen des Piloten entsprechend verstellen lasse, behindere etwas. Die verstellbaren lederbezogenen Sitze seien kübelartig geformt und böten selbst bei schneller Kurvenfahrt besten Halt.

Probst bescheinigte dem Wagen "hor-rendes Temperament" wegen seines günstigen Leistungsgewichts von 7,4 kg/PS und mutmaßte, die Leistungen, die sich mit dem eng gestuften, spielerisch zu schaltenden Vierganggetriebe herausholen ließen, fänden ihre Grenzen nicht am Fahrzeug selbst, sondern an den Fähigkeiten des Fahrers.

1959 durchlief der Bristol-Konzern eine finanzielle Krise. Man teilte AC unverblümt mit, bedauerlicherweise müsse man die Produktion der Maschinen einstellen. Glücklicherweise bot sich mit dem 2,6-Liter-Sechszylinder des Ford Zephyr, der von Ruddspeed getunt und mit Leistungen zwischen 120 und 170 PS verfügbar war, ein Ausweg. Ende 1959 wurde die Modellpalette um den viersitzigen Greyhound ergänzt, da einige Kunden nach mehr Transportkapazität verlangt hatten. In dieser Variante wurden die Querblattfedern durch Schraubenfedern ersetzt. Vorne kamen Trapez-Dreiecklenker, hinten schräge Längslenker zum Einbau.

In geldlicher Hinsicht war die Ace-Ära unergiebig: Derek Hurlock, der Charles Hurlock in der Führung der AC Cars Limited ablöste, beklagte einmal, daß dem Unternehmen während dieser Zeit aus dem Autobau kein Profit erwachsen sei. Zwischen 1953 und 1962 wurden 732 Ace und 327 Aceca gebaut.

Bristol 404, Bj. 1954. Sechszylinder-Reihenmotor. 1971 cm^3. 107 PS. 169 km/h. Leihgeber: S. Draper

Der luxuriöse Vier- bis Sechssitzer Bristol 403, im Frühjahr 1953 eingeführt als zeitgemäße Abwandlung des 401 mit einer stärkeren Kurbelwelle und größeren Einlaßventilen, mochte seine Familienähnlichkeit zu seinen deutschen BMW-Vorfahren noch immer nicht verleugnen. Dem zweiplätzigen Coupé 404 nur ein halbes Jahr später war sie gänzlich abhanden gekommen. Sein rasch sich einbürgernder Spitzname Business Man's Express umriß zugleich seine Zielgruppe, die gleichwohl nur zögerlich zugriff – bis zum Produktionsende 1955 wurden lediglich 52 Exemplare abgesetzt.

Das war bedauerlich, handelte es sich doch um ein durchaus attraktives Automobil. Nach Gepflogenheit des Hauses hatte man bei seiner Formgebung wieder-um den Windkanal zu Rate gezogen. Der Leichtmetallaufbau, in aufwendiger Handarbeit gefertigt, ruhte auf einem Rahmen aus Pechkiefernholz mit einer Substruktur aus Aluminium im Umfeld der Türen. Die gerade Gürtellinie endete in sanften Rundungen. Hinten erinnerten zierliche Finnen an die mächtigen Heckflossen des Bristol-Renncoupés Typ 450. Die schmucklos-funktionelle Kühleröffnung zitierte das Maul der Brabazon-Flugzeuge des Mischkonzerns.

Wie beim Aston Martin DB1, nur umgekehrt, waren das Reserverad (links) und die Batterie in Kämmerchen hinter der Vorderachse untergebracht, deren oben angeschlagenen Deckel sich bündig in ihre Umgebung einfügten. Ein externer Zugang zum Kofferabteil war hingegen nicht vorgesehen. Das Chassis stand noch in bester BMW-Tradition: ein Kastenrahmen, verstärkt durch einen Stahlboden und den Tunnel für die Kardanwelle, eine Starrachse mit längs liegenden Torsionsstäben hinten, Einzelradaufhängung vorn an oberen Dreieckslenkern und einer Querblattfeder. Zwei Motoren waren verfügbar, eine sanftere Variante mit 107 PS und eine schärfere und den Formel-2-Triebwerken der Marke nicht unähnliche Version mit 125 PS, die allerdings mit einem entschiedenen Mangel an Elastizität im unteren Drehzahlbereich erkauft werden mußten. Die drei oberen Gänge der Fernschaltung waren synchronisiert.

In der Autosport-Ausgabe vom 16. Oktober 1953 zeigte sich der renommierte, aber auch sehr britisch-vaterländisch eingestellte Motorjournalist John Bolster ungemein angetan. Man hatte ihm das Show-Exponat der Pariser Ausstellung anvertraut, und so gehörte die damals schon gut ausgeprägte Rush Hour der französischen Hauptstadt gewissermaßen zum Testpensum. Der Proband bestand sie mit Glanz, stets, berichtete Bolster, habe sich der Wasserhaushalt des Bristol im grünen Bereich befunden. Kopffreiheit und Sitzposition seien mustergültig gewesen, desgleichen Layout und Ausstattung des Cockpits. Was immer den Fahrer über Betriebsmoral, Wohlbefinden und momentane Auslastung des Bristol 404 auf dem Laufenden halte, sei übersichtlich in einem Gehäuse hinter seinem Lenkrad zusammengefaßt. Gewiß, der sei ein teures Auto. Aber er gebe einem auch dieses undefinierbare Gefühl von Qualität, das man nur mit viel Geld kaufen könne. Bolster schloß mit dem Satz: "Für eine lange, schnelle Reise à deux ist der 404 in der Tat ein fliegender Teppich."

Dennoch wurden ihm zwei Dinge zum Verhängnis. In den Vereinigten Staaten bot der Geschäftsmann Stanley Howard "Wacky" Arnolt mit dem Arnolt-Bristol auf dem gleichen Fahrgestell und mit einem schmucken Aufbau von Bertone ein ganz ähnliches Fahrzeug zum halben Preis an. Und für die Hälfte der 3542 Pfund, 15 Schillinge und zehn Pence, die der Business Man für den 404 entrichten mußte, gab es den Jaguar XK140. Und der war in allen Belangen sogar noch besser.

Chevrolet Corvette, Bj. 1954. Sechszylinder-Reihenmotor. 3856 cm³. 152 PS. 170 km/h. 11 s 0 - 100 km/h. Leihgeber: Rolf Gersch

Das Salz in der Suppe der vier Millionen Autos, die 1952 in den USA zuglassen wurden, waren 11199 Sportwagen durchweg europäischer Provenienz, mit 0,27 Prozent ein schmales, aber kapital- und prestigeträchtiges Segment. Solche Relationen und der Umstand, daß vorgeschobene Beobachter aus der Ford-Kommandozentrale meldeten, der Konkurrent plane den Bau eines sportlichen Fahrzeugs, bewegten General Motors, ihrerseits der Herausforderung aus der Alten Welt zu begegnen mit einem Wagen, der zugleich den American way of living repräsentieren sollte.

Im Herbst 1951 begann Chevrolet-Designer Harley Earl mit seiner hektischen Arbeit an dem Projekt Corvette, so benannt nach einem erfolgreichen Kriegsschiff. Zum technischen Regisseur des Unternehmens wurde 1953 der gebürtige Belgier und emigrierte Russe Zora Arkus-Duntov, ein Kosmopolit, der 1934 sein Staatsexamen an der TH Berlin-Charlottenburg abgelegt, sich als Kompressor-Spezialist in Frankreich betätigt uns später um sein neues Vaterland USA verdient gemacht hatte, indem er Schwingungsprobleme an den Maschinen von dessen U-Booten löste.

Ed M. Nole, Chefingenieur bei Chevrolet und später Präsident der General Motors, soll vor Freude einen Luftsprung getan haben, als er das erste Modell des Corvette sah. Patriotisch-positive Reaktionen löste das Debüt des ersten amerikanischen Sportwagens nach den legendären Duesenberg J von 1929 auf der Motorama Show 1953 im New Yorker Waldorf Astoria Hotel aus, wozu die geschwungenen Linien des Zweisitzers und Gags wie die vergitterten Scheinwerfer oder die durch zwei Löcher in der Karosserie ins Freie mündenden Auspuffrohre das ihrige taten.

Letztere aber bestand aus Kunststoff, ein Fiberglas-Puzzle von 162 kg aus 46 Einzelteilen, das ab 30. Juni 1953 in Flint, Michigan, und nach den ersten 315 Exemplaren in St. Louis, Missouri, mit den mechanischen Komponenten vereinigt wurde. Das neue Material empfahl sich, weil komplizierte Formen einfacher, billiger und schneller zu gestalten waren als mit Stahlblech.

Die 300 Corvette, die im Gründerjahr das Fließband verließen – 1954 waren es 3640, 1955 nur noch sechs mit dem ursprünglichen Motor –, erstrahlten in jungfräulichem Polo White, während ihr Interieur gänzlich in flammendem Rot gehalten war. An elf Punkten war der Aufbau mit dem Chassis verbunden, einem einfachen Kastenrahmen mit Kreuzverstrebungen, den Maurice Olley entworfen hatte. Die Vorderräder hingen an je zwei ungleich langen Querlenkern, während die Hinterräder nach uralter Väter Sitte durch eine starre Achse miteinander verbunden waren, die sich gegen Längsblattfedern abstützte.

Konservativ-unsensationell war auch die Motorisierung, mit welcher der Corvette den Hafen verließ. Sein Reihensechszylinder namens Blue Flame von 3856 cm³, den drei Horizontalvergaser zu 152 PS ermunterten, war ursprünglich für einen Lastwagen eingeplant gewesen und sorgte in milderer Form in diversen Limousinen von General Motors für gemächlichen Vortrieb.

Ein Teil seiner Leistung ertrank schmählich im Wandleröl der Powerglide-Zweigangautomatik, die, wie zeitgenössische Tester wehklagten, meist anderer Meinung war als der Käpitän des Corvette. Wenn es darum ging, die Irrungen und Wirrungen der Anfangsphase beim Namen zu nennen, nahm nicht einmal Arkus-Duntov ein Blatt vor den Mund. Vorder- und Hinterachse, konstatierte er zum Beispiel nach zahlreichen Testmeilen, befänden sich in einem permanenten Bürgerkrieg gegeneinander...

Ferrari 250 Europa, Bj. 1953. V12 Lampredi. 2963 cm^3. 200 PS.
Leihgeber: Oldtimer Garage, Bern

Schon mit den Baureihen 166, 195 und 212 unternahm Enzo Ferrari tastende Gehversuche auf die Produktion von Seriensportwagen hin. Mit dem 250 Europa schließlich tat er den entscheidenden Schritt. Der kleine Grenzverkehr zwischen dem Pulverdampf der Piste und der kühlen Noblesse der Autosalons und Showräume bahnte sich an, und das Phänomen Ferrari begann sich auch in den Niederungen des gewöhnlichen Straßenverkehrs zu ereignen. Dabei muß man sich jeden Gedanken an massenhafte Fertigung aus dem Kopf schlagen. Vielmehr ragte bereits mit jenen frühen Geschöpfen des Magiers von Maranello ein Stückchen unzeitgemäßer Handwerkertradition in das Fließband-Einerlei des 20. Jahrhunderts, die jedem Fahrzeug gleichsam ein persönliches und unverwechselbares Profil verlieh.

Der 250 Europa teilte sich auf der Pariser Ausstellung 1953 den Stand des französischen Importeurs Autoval und das Interesse der Betrachter mit dem 375 America. Die Namen waren programmatisch, umrissen zugleich den jeweils intendierten Markt. Äußerlich kaum zu unterscheiden, hoben sich die beiden durch die unterschiedlichen Kapazitäten ihrer Langblock-Zwölfzylinder voneinander ab, die einem Rennmotor des Ingenieurs Aurelio Lampredi entlehnt waren.

Während für das Land der unbegrenzten Möglichkeiten 4522 cm^3 angemessen erschienen, bedingten steuerliche Gepflogenheiten auf dem alten Kontinent eine Beschränkung auf 2963 cm^3. Von der Affinität zum Rennwagen zeugten auch das vollsynchronisierte Vierganggetriebe sowie das Fahrgestell des Europa – ein Elliptikrohrrahmen, vorn Einzelradaufhängung an Trapez-Dreieckquerlenkern und einer Querblattfeder, hinten Starrachse mit Halbelliptikfedern und Doppellängslenkern, Houdaille-Stoßdämpfer ringsum.

Ungefähr 17 der 22 Exemplare zwischen dem September 1953 und dem Juli 1954 – 16 Coupés und ein später nach seiner ersten Besitzerin benanntes Cabriolet "Ariowitch" – waren von Pinin Farina eingekleidet worden, der sich aufgemacht hatte, dem Automobil das Dramatische, Monumentale und Dekorative zu nehmen, wie er später einmal eingestand, und dennoch just dieses erzeugte. Kompakter, wendiger und insgesamt ausgewogener als sein Vorgänger gab sich der 250 Gran Turismo, der im Oktober 1954 wiederum im Grand Palais zu Paris seine Aufwartung machte und, einem zeitgenössischen Prospekt zufolge, noch eine Weile die Bezeichnung Europa GT trug.

Man hatte den Radstand von 2800 mm auf 2600 mm gekürzt, und die Hauptlängsträger wölbten sich jetzt über die Hinterachse. An der Front hatte mit Schraubenfedern künftiger Ferrari-Standard Einzug gehalten, während ein kürzerer und leichterer V12 von Gioacchino Colombo an die Stelle von Lampredis gewichtigem Aggregat getreten war. Wie vorher ergab sich die Typenbezeichnung 250, leicht aufgerundet, aus dem Hubraum (2953 cm^3), durch die Anzahl der Verbrennungseinheiten geteilt. 26 der ungefähr 36 Fahrgestelle dieser 250 GT-Generation trugen Stahlblechkarosserien von Pinin Farina, die Züge einer Kleinserie verbanden.

Auch die restlichen zeugten fast durchweg von Hand und Stilwillen des Maestro, Einzelanfertigungen wie jenes zweifarbige Coupé von Michelotti und Vignale, an dessen verbürgter Einmaligkeit sich seit Ende 1954 die belgische Prinzessin von Réthy erfreuen durfte. Es war übrigens der letzte Ferrari, den das Gespann anzog...

MG TF 1500, Bj. 1954. Vierzylinder-Reihenmotor. 1466 cm³. 65 PS.
141,9 km/h. 16,2 s 0 - 60 mph. Leihgeber: Dr. Wolf Pröpsting

Die Kühlerattrappe stand schräg, Scheinwerfer und Rücklichter waren halb in den Aufbau integriert, die Kotflügel schwangen weiter aus als am Vorgänger, den er um 50 mm an Länge übertraf und in der Höhe um 16 mm unterbot.

Und dennoch stellte sich mit dem MG TF auf der London Motor Show in Earls Court im Herbst 1953 den Blicken und dem Urteil der Besucher der Repräsentant einer langen Kette milder Evolution ohne fehlendes Glied, der letzte, wie sich zeigen sollte.

Schon seit einiger Zeit und immer dringlicher hatte Direktor John Thornley bei der MG-Mutter BMC antichambriert, man wolle endlich einen Sportwagen von aktuell-schmissiger Stromlinie bauen, dem der Werks-Slogan "Safety Fast" wie angegossen passe. Aber BMC-Boß Leonard Lord hatte lediglich grünes Licht dafür gegeben, den TD noch einmal gründlich durchzuretuschieren. So blieb unter der zweifellos gelungenen Karosserie-Kosmetik alles beim alten.

Die Räder – auf entsprechenden Wunsch wurden wieder Speicheneinsätze angeboten – hingen vorn an Trapez-Dreieckquerlenkern und Schraubenfedern, hinten an einer Starrachse mit Halbelliptikfedern. Unter der längeren Haube hockte der sogenannte Wettbewerbsmotor des TD Mk II mit 57,5 PS auf dem Gebälk des Kastenrahmens. Die Hinterachsuntersetzung von 4,875 : 1 (vorher 5,125 : 1) stellte sicher, daß man 5500 Umdrehungen der Kurbelwelle je Minute in jeder der vier Fahrstufen nur ungern überschritt. Was die drei großen Instrumente unter dem Tal zwischen den beiden markanten Buckeln der Stirnwand vor Fahrer und Beifahrer anbelangte, hatten Thornleys Detail-Designer aus der Not des von oben verordneten Konservativismus eine Tugend gemacht. Sie wiesen gemäß einer uralten Gepflogenheit und analog zum Firmenzeichen die Form eines Oktogons auf.

Im August 1954 markierten George Eyston und der Rennfahrer Ken Miles mit dem MG-Rekordwagen EX 179 in Utah einige Bestleistungen über längere Strecken. Bei dem Saugmotor des Wüsten-Projektils handelte es sich um die leicht aufgebohrte Maschine des TF (Kürzel YPEG), die alsbald mit 1446 cm³ und der für den Alltagsbetrieb heruntergeschnittenen Leistung von 65 PS in den letzten 3400 von insgesamt 9600 Exemplaren das bisherige Triebwerk des Serien-Midget ersetzte.

Die Akzeptanz, die der TF erfuhr, erwies sich als weitgehend davon abhängig, ob der zuständige Journalist fortschrittlicher oder bewahrend-nostalgischer Denkungsart war. "Es gehört schon eine kräftige Portion Arroganz dazu", wetterte etwa Tom McCahill in der US-Publikation Mechanix Illustrated, "dem amerikanischen Käufer diesen alten Teekessel in die Gurgel rammen zu wollen."

Der Brite Gordon Wilkins indessen trat im Herbst 1953 fürs Cars eine sentimentale Reise in das Themsestädtchen Abingdon an, MG-Standort von altersher, und freute sich auch angesichts des TF darüber, daß alles so herrlich unverändert geblieben sei. Die Paradoxie dieser Autos bestünde darin, daß man sich in ihnen nie bejahrt, nicht einmal mittelal-

terlich vorkomme. Und der Berichterstatter von Road & Track mußte sich ein Jahr später vor jeder Ausfahrt in dem smarten Klassiker mit der gesamten Redaktion um die Nutzungsrechte zanken. Ken Miles hatte ihm den Testwagen mit den Worten übergeben: "Hier hast du ihn. Versuche, ihn kaputtzumachen." Es gelang nicht.

Porsche 550 Spyder, Bj. 1955. Vierzylinder-Reihenmotor. 1498 cm^3.
110 PS. 225 km/h. 7 s 0 - 100 km/h.

Einer der erfolgreichsten Rennsportwagen der Nachkriegsgeschichte ging auf eine private Initiative zurück. Sie ereignete sich im Jahr der Not 1949, und der mutige Mann, dem die Welt den Porsche 550 Spyder verdankte, hieß Walter

Glöckler, seines Zeichens VW-Händler zu Frankfurt.

Der schweißte einen leichtes Rohrgeflecht zusammen, verankerte darin einen VW-Porsche-Vierzylinder von 1086 cm^3, den Alkoholkonsum zu 58 PS ermunterte, ließ das Ganze durch die Karosseriewerkstatt Weidenhausen schräg gegenüber von seinem Betrieb einkleiden und wurde mit dem hurtigen Alkoholiker 1950 deutscher Meister. Das Werk in Zuffenhausen beobachtete dessen Werdegang aufmerksam, und als er nicht aufhörte zu siegen, begab man sich im Winter 1952 an ein eigenes Produkt, von dem Glöckler-Porsche im besten Einvernehmen inspiriert.

Als Antriebsquelle hielt zunächst der Stoßstangenmotor des Serienmodells 1500 Super her. In Le Mans 1953 machte man dessen Leistungsdefizit wett durch einen stromlinienförmigen Dachaufsatz. Das reichte zum Klassensieg. Beim Training für einen Sportwagenlauf im Rahmen des Großen Preises von Deutschland erschien der Spyder mit dem Triebwerk des Professors Dr. Ernst Fuhrmann, das ihn berühmt machen sollte, mit vier Nockenwellen, die durch Königswellen zu ihrem Treiben animiert wurden, Volumen 1498 cm^3, Leistung 110 PS bei 7800/min. Sein erster richtiger Renneinsatz bei der Mille Miglia am 2. Mai 1954 steuerte viel zum jungen Ruhm des sechstplazierten Porsche-Piloten Hans Herrmann bei, nicht zuletzt weil dieser auf dem langen Wege von Brescia nach Brescia mit Beifahrer Herbert Linge eine hinderliche Bahnschranke kühn unterquerte.

Ende jenes Jahres war der 550 Spyder – Firmenchef Ferry Porsche bevorzugte die Bezeichnung 1500 RS – auch für Privatleute verfügbar, wovon rund 100 Kunden Gebrauch machten, unter ihnen Zelebritäten wie der Stardirigent Herbert von Karajan. Sein Chassis war aus Rohren komponiert und fand sich mit der Einschalen-Außenhaut, die in ihrem schlüssig-schmissigen Verlauf vom Bug über die prononcierten Kotflügel zum Heck dem Auge wie dem Wind schmeichelte, zu "einem selbsttragenden Verbundbau mit Bodenrahmen" zusammen. Die Räder waren einzeln aufgehängt, vorn an längsliegenden Traghebeln und zwei quer installierten Vierkant-Blattfederstäben, während die hintere Pendelachse mit Längslenkern und je einem runden querliegenden Drehstab geführt wurde. Das Verdeck aus leichtem Cabriostoff war umleg- und abnehmbar und wurde am oberen Rahmen der einteiligen Windschutzscheibe aus Schichtglas mit zwei Laschen befestigt. Auch sonst herrschte sanfte Zivilisation, etwa in Gestalt von Bouclé-Teppich und zwei abschließbaren Türen.

Technik und Äußeres des 550 wurden einer ständigen Evolution unterzogen. 1956 machte der 550 A seine Aufwartung, mit einem dreifach steiferen und fünffach besser gegen Verbiegen gefeiten Gitterrohrrahmen, in den hinten eine Pendelachse mit tiefgelegtem Drehpunkt installiert war. Der Fuhrmann-Vierzylinder leistete nun, von zwei Doppelfallstromvergasern Weber 40 DCM anstelle des früheren Solex-Zerstäubers gepäppelt, 135 PS bei 7200/min, und als schönster Erfolg bislang stellte sich am 10. Juni der Sieg bei der Targa Florio in den Händen des Italieners Umberto Maglioli ein.

Kultstatus indessen gewann das Modell durch das Sterben einer Ikone: Am 30. September 1955 kam Filmstar

James Dean auf der Fahrt zu einem Rennen bei einem Unfall in der kalifornischen Wüste in seinem silbernen Exemplar unverschuldet ums Leben.

Die Trümmer wurden wie Reliquien gehandelt. Hätte man sie zusammengesetzt, hätte es für mindestens zehn 550 Spyder gereicht.

Sunbeam Alpine, Bj. 1953. Vierzylinder-Reihenmotor. 2267 cm^3. 80 PS. 152,9 km/h. 18,9 s 0 - 60 mph. Leihgeber: Oldtimer Galerie, Toffen

Im Jahre 1952 modelte George Hartwell, Rootes-Händler in Bournemouth und brillanter Rallyefahrer, für seinen eigenen Gebrauch ein Sunbeam-Talbot 90 Mk IIA Drophead Coupé um in einen offenen Zweisitzer. Nicht nur, daß die Privatinitiative vom Management der Rootes-Gruppe, die sich die maroden Reste der Firmen Talbot und Sunbeam im Januar beziehungsweise Juli 1935 einverleibt hatte, abgesegnet wurde. Man beschloß sogar, Hartwells Hybriden in eigener Regie herzustellen.

Der Underslung-Kastenrahmen des Basismodells wurde zu diesem Behufe verstärkt, und allgemeinem Rootes-Usus entsprechend, waren die Vorderräder an Trapez-Dreieckquerlenkern und Schraubenfedern, die hinteren an einer Starrachse mit Halbelliptikfedern geführt. Der Reihenvierzylinder leistete 80 PS, wo sich der rundliche Typ 90 Mk IIA mit drei weniger bescheiden mußte.

Der Name Alpine sollte die Erfolge des Konzerns bei der Alpenrallye, 1949 mit Peter Monkhouse und Hartwell selbst, 1952 mit Stirling Moss und John Cutts, ins Gedächtnis zurückrufen. Zur Beglaubigung gewann Moss mit einer von der Rootes-Rennabteilung präparierten Version bei dieser Veranstaltung im Juli 1953 und im darauffolgenden Jahr erneut den Coupe des Alpes, zum dritten Mal hintereinander, eine alpine Kombination gewissermaßen. Ansonsten aber stand das Sunbeam-Adoptivkind, ein bißchen übergewichtig, nicht sonderlich beweglich und ziemlich temperamentlos, stets auf verlorenem Posten gegen die überdies preiswerteren Konkurrenten Triumph TR2 und Austin Healey 100.

Und so legte man 1955 nach zwei Bauserien und rund 3000 Exemplaren – die genauen Ziffern sind verschollen – eine Denkpause ein.

Triumph TR2, Bj. 1954. Vierzylinder-Reihenmotor. 1991 cm³. 90 PS. 167,3 km/h. 11,6 s 0 - 60 mph. Leihgeber: W. Fuller

In mindestens einem Punkte glich die Geschichte des Triumph TR2 einem Märchen: die Zahl drei kehrte in ihr wieder wie ein Leitmotiv. Erst beim dritten Anlauf stellte sich Erfolg ein.

Ende der vierziger Jahre erhielt Designer Walter Belgrove von Sir John Black, dem Chef der Triumph-Mutter Standard, den Auftrag, für einen Nachfolger des 2000 Roadster zu sorgen. Belgroves Schaffensdrang wurde durch Kleingedrucktes eingeschnürt. Der Neue solle soweit als möglich auf Standard-Teilen basieren, der Fortschritt dürfe aber in Gestalt eines elektro-hydraulischen Mechanismus für Verdeck, Sitze und Scheinwerfer einkehren. Die drei bauchig-unsportlichen TRX-Zweiplätzer, die Belgrove 1950 vorzeigte, mit seinem Monogramm an den vorderen Kotflügeln, bewegten indessen weder die Welt noch seinen Arbeitgeber sonderlich, und so wurde das Projekt vorerst auf Eis gelegt. Dennoch beobachtete Black argwöhnisch die Erfolge des Jaguar XK 120 und des MG TD. Sein Versuch, die Morgan Motor Company in seine Firmengruppe einzugliedern, scheiterte, da Henry Frederick Stanley Morgan des Autokraten Schecks und Sirenenrufen mannhaft widerstand.

Folglich erging, mit ähnlichen Auflagen wie beim ersten Versuch, eine erneute Weisung an ein Team unter Harry Webster, eine Standard-Waffe für die Roadster-Rüstung zu schmieden. Die offene Kriegserklärung erfolgte auf der London Motor Show im Oktober 1952.

Bei dem Exponat, etikettiert mit "The Triumph Sports Car", handelte es sich defacto um den TR1, nur daß noch niemand an eine fortlaufende Numerierung dachte. Die Form, wiederum von Belgroves Reißbrett, antizipierte grundsätzlich die des TR2, abgesehen zum Beispiel vom rundlichen Heck, auf dem huckepack das Reserverad thronte. Vor allem das Chassis zeigte jedoch Schwächen, das Schau-Stück wanderte auf den Schrott, und Sir John begann ungeduldig zu werden.

Im Winter 1952/1953 peitschte man ein forciertes Entwicklungsprogramm durch, währenddessen der eigens für diesen Zweck angeheuerte BRM-Ingenieur Ken Richardson wahre Wunder wirkte. Und so wurde auf dem Genfer Salon im März 1953 der Triumph TR2, der zweite übrigens von drei Vorserienwagen und just

fertig geworden, endlich mit dem Beifall bedacht, der 30 Monate hatte auf sich warten lassen. Er war schmuck, robust, sparsam und preiswert; das billigste Auto auf dem Markt, das zu 100 Meilen pro Stunde imstande sei, wie John Bolster in der Fachzeitschrift Autosport im März 1954 jubelte.

Sein Kastenrahmen war durch eine Kreuzverstrebung versteift. Die Räder wurden vorn an Trapezlenkern mit Schraubenfedern und hinten an einer Starrachse mit Halbelliptikfedern geführt. Die Leistung des Reihenvierzylinders, einer Vanguard-Variante mit 1991 cm³, war von den 75 PS des Vorgängers auf 90 PS angehoben worden. Sofort blühte das Geschäft mit dem Zubehör, vor allem Speichenrädern und einem Overdrive, das zunächst nur dem vierten Gang, später aber der zweiten bis vierten Fahrstufe zugeschaltet werden konnte.

Der Herbst 1954 brachte etliche Verbesserungen wie höher angesetzte Türen, neue Rückleuchten und größere Trommeln für die hinteren Lockheed-Bremsen – bislang hatten sie vorn zum Blockieren geneigt. Fakultativ gab es nun ein Fiberglas-Hardtop für alle, denen es zu sehr zog oder das Machtwort nicht behagte, mit dem sich anfänglich der brummige Auspuff artikulierte, dem einen Musik, dem anderen Lärm. In dieser Hinsicht aber war man sich einig: Bei jedem der 8628 Triumph TR2 zwischen dem August 1953 und dem Oktober 1955 wurde schierer Spaß mitgeliefert – ganz ohne Aufpreis.

Alfa Romeo Giulietta Sprint, Bj. 1966. Vierzylinder-Reihenmotor. 1290 cm^3. 80 PS. 162 km/h. 14,2 s 0 - 100 km/h. Leihgeber: G. D. Edelhoff

Anfang der fünfziger Jahre waren die letzte Schutthalde auf dem Alfa-Romeo-Werkgelände abgetragen, der Wiederaufbau und die Modernisierung des Staatsbetriebs mit kräftigen Zuschüssen aus den Fonds des Marshall-Plans abgeschlossen. Mit dem Modell 1900 hatten sich die Mailänder in der Zweiliterklasse und damit im Bewusstsein einer ganz bestimmten Käuferschicht eingenistet.

21 304 waren schließlich gebaut – ein Achtungserfolg, kein Faktor, der eine zügige Expansion anheizen konnte. Man entschloß sich folglich, vom Podest der gehobenen Mittelklasse herabzusteigen, nicht zuletzt deshalb, weil die italienischen Steuergepflogenheiten Autos mit geringerem Hubraum deutlich begünstigten. Was die Konzeption des "kleinen" Alfa anbelangte, bediente man sich gleichsam aus dem Bestand des bisher Erarbeiteten.

Die Maschine des 1900, ein Vierzylinder-Reihenmotor mit zwei obenliegenden Nockenwellen, wurde im Prinzip beibehalten. Der Hubraum indessen schrumpfte auf 1290 cm^3, indem die Bohrung von 82,55 mm auf 74 mm, der Hub von 88 mm auf 75 mm verringert wurden, während man die Verdichtung von 7,5 : 1 auf 8,5 : 1 anhob, so daß das Leichtmetall-Aggregat immer noch 53 PS produzierte.

Der viertürige Aufbau war verschweißt mit dem Plattformrahmen, die Aufhängung – vordere Trapez-Dreieckquerlenker, hintere Starrachse mit Längsschubarmen und Stabilisatordreieck – ebenso aufwendig wie zukunftssicher konzipiert. Als Gegenstück zu der volltönenden Komponente, mit der sich Stammvater Nicola Romeo im Firmenemblem verewigt hatte, bot sich auf der Suche nach einem geeigneten Namen Julia an. Allerdings verharmloste man die unglückselige Heroine des Shakespeare-Dramas, dem Charakter des Wägelchens entsprechend, zur Giulietta, zum Julchen.

Mit den 177 690 Exemplaren, die zwischen 1954 und 1965 produziert wurden, mauserte sich der Mailänder Konzern zu einer gewichtigen Größe innerhalb der italienischen Industrie. Drei Dinge indessen teilte die Berlina-Version der Giulietta, die das Rückgrat des Verkaufserfolges bildete, mit ihrem Bühnen-Pendant nicht, nämlich Schönheit, Charme und Ausstrahlung. Daß auch Auge und Herz potentieller Kunden angesprochen würden, dafür ließ Alfa Romeo, wie üblich, auswärts schneidern.

Schon vor der Berlina, als Appetizer gewissermaßen, erschien 1954 das Sprint-Coupé von Bertone, das den Weltruhm des Karosseriebauers begründete, nachdem es 1955 mit 1415 Exemplaren in die Massenfertigung gegangen war. Der Aufbau wurde dazu angeliefert und auf dem alten Fabrikgrundstück in Portello mit den Alfa-Romeo-Zutaten vereinigt, nicht ohne daß das gelbe Bertone-Wappen vor den Türen auf die Herkunft des Wagenkörpers hinwies.

Ab 1956 gesellte sich zum Sprint ein Veloce, der 90 PS unter der kurzen Haube hatte gegenüber den 80 PS der Standardversion. Ohne große Mühe entlockte man dem ohnehin sportlich ausgelegten und drehzahlfesten kleinen Motor zehn weitere PS, um zwei exklusiveren und vor allem für den Rennbetrieb bestimmten Varianten auf die Sprünge zu helfen, dem SS von Bertone und dem SZ von Zagato. Beide wurden auf dem Turiner Herbstsalon 1957 vorgestellt.

Bis zum Erscheinen der Simca-Abarth beherrschten die Giulietta-Coupés die 1300er GT-Klasse nach Belieben. Ende

Alfa Romeo Giulia Spider, Bj. 1962. Vierzylinder-Reihenmotor. 1570 cm³. 92 PS. 176 km/h. 11,1 s 0 - 100 km/h. Leihgeber: Fritz Peters

der fünfziger Jahre gab es bereits, allerdings nicht sonderlich standfeste, Mutanten der Giulietta-Maschine mit mehr Hubraum, die durchweg auf private Initiative zurückgingen und vom Mutterhaus eher geduldet als gefördert wurden. So entstand unter den Händen von Virgilio Conrero, der schon 1953 für den Schweizer Privatfahrer Robert Fehlmann einen Hybriden auf Alfa-Romeo-Basis gebaut hatte, ein Triebwerk von 1500 cm³, und der Südafrikaner Sid van der Vyver installierte ein Aggregat von der gleichen Kapazität in Grand-Prix-Chassis von Lotus und Cooper. Das waren gleichsam die Schwalben, die zukünftige Sommer machen sollten, um so mehr, als Alfa Romeo eine breite Marktlücke in der 1600 cm³-Klasse ausspähte.

So erblühte 1962 die Giulietta zur Giulia, eine Metamorphose, die die Coupés mitvollzogen, obwohl sie noch bis 1965 auch mit dem kleineren Motor ausgeliefert wurden. Fast parallel zur Entwicklung des Sprint verlief die eines von Pinin Farina karossierten Spiders, dessen Serienanfertigung 1955 aufgenommen wurde, nachdem zahllose Prototypen erprobt worden waren. Mit 2250 mm Radstand, 130 mm weniger als das Coupé, war dieser ein kompromißloser Zweisitzer. Die auffälligste optische Novität im Laufe seiner Existenz war ab 1962 eine Hutze in der Motorhaube, die indessen nicht der Luftzufuhr für den Solex-Doppelvergaser diente, sondern dem höher bauenden Giulia-Motor den notwendigen Lebensraum freimachte.

Daß das Spider-Programm forciert wurde – höchst erfolgreich, denn 17 096 wurden verkauft – war nicht zuletzt das Verdienst des Dottore Orazio Satta Puliga, eines hageren Flugingenieurs Jahrgang 1911. Er zählte sozusagen zum lebenden Inventar des Hauses und war die treibende Kraft hinter dem klassischen Vierzylinder-Doppelnockenwellenmotor, der bis in die achtziger Jahre hinein Alfa-Romeo-Autos gute Dienste erwies.

Das besondere Ambiente, das ganz und gar Südliche der sportlichen Giulietta-Derivate aber bleibt bis auf den heutigen Tag spürbar, unabhängig von einem gewandelten und sich wandelnden Zeitgeschmack. Vielmehr schien etwa der Sprint einen Akkord zu setzen, der auch viel später noch nachklang, bei zahlreichen Fastback-Coupés zum Beispiel, deren Schöpfer den Blick zurück offenbar nicht scheuten.

In der Tat vermag man aus keinem Blickwinkel irgendeine stilistische Mogelei oder auch nur etwas historisch unbedingt Abgelegtes zu entdecken. Licht und freundlich war das Interieur. Auf Wunsch wurde der Sprint zum 2 + 2, das heißt, man konnte hinten Sitze anbringen lassen, aber nur Hinterbänklern von zwergenhaftem Wuchs war dort ein entspanntes Reisen möglich. Für Sitzriesen stand es indessen auch vorn mit der Kopffreiheit nicht zum besten, ein Manko für nordisch-aufgeschossene Lenker, über das selbst die ansonsten vorzügliche ergonomische Durchformung des Arbeitsplatzes nicht hinwegtröstet.

Die Fenster waren rahmenlos, was sich bis auf ein flatterndes Windgeräusch nicht unangenehm bemerkbar machte. Vor sich, gut einsehbar durch das obere

Segment des Zweispeichenlenkrads, hatte der Pilot den Drehzahlmesser, auf dessen Skala auch der Öldruckmesser angesiedelt war. Das Ölthermometer war mit Wasserthermometer, Benzinuhr und Anzeigenlampen für Blinker, Tankinhalt und Fernlicht in einem Rundinstrument zur Linken untergebracht, während sich rechts der Tachometer mit Tageszähler

Alfa Romeo Giulietta Sprint Speciale, Bj. 1960. Vierzylinder-Reihenmotor. 1290 cm^3. 98 PS.
174 km/h. 13,9 s 0 - 100 km/h. Leihgeber: F. W. Overländer

sowie Kontrollampen für Lichtmaschine und Heizgebläse fand. Drei dürre Kippschalter links für Innenbeleuchtung, Instrumentenilluminierung und Scheibenwischer führten zu Verwechslungen, solange sich die instinktive Vertrautheit längerer Fahrpraxis noch nicht eingestellt hatte. Die Zugknöpfe für Heizung und Belüftung fielen wie das winzige verschließbare Handschuhfach in die Zuständigkeit des Beifahrers, der, wie die Statistik auswies, meistens eine Dame war.

Auch ohne vom Choke animiert zu werden, sprang der Motor im allgemeinen willig an. Bei kalter Witterung konnte er indes seine transalpine Herkunft nicht verleugnen und gab sich auf den ersten Kilometern mürrisch, schläfrig und rauh. Auf das ihm gemäße Betriebsklima angewärmt, entwickelte er sanguinisches Temperament und tat der Umwelt durch einen keineswegs leisen, aber angenehm baritonalen Auspuffton kund, man habe einen richtigen Sportwagen vor sich.

Erst bei Geschwindigkeiten über 150 km/h behinderte der Sprint die Kommunikation zwischen seinen Insassen ernstlich, wurde doch Tempo 125 im vierten Gang erst durch 5000 Umdrehungen der Kurbelwelle pro Minute, 150 durch deren 6000 ermöglicht. Ein Fünfganggetriebe wurde nur den SS- und SZ-Modellen spendiert und später den Giulia Sprint. Der Tester der Fachzeitschrift auto motor und sport stellte damals zaghaft in

Frage, ob das Triebwerk seines Kandidaten tatsächlich 80 Pferdestärken mobilisiere, da sich dessen Beschleunigung auf die Zehntelsekunde, die Endgeschwindigkeit von 162 km/h fast mit den Werten eines Porsche von 60 PS deckten.

Er gelangte zu dem Ergebnis, die italienische CUNA-Norm lese sich stets schmeichelhafter als die Deutsche Industrie-Norm, der Alfa sei mit 940 kg mehr als einen Zentner schwerer als sein Konkurrent und um einiges weniger strömungsgünstig. Überdies steckte der Testwagen mit 3200 km auf dem Zähler noch mitten in der Pubertät – die Erfahrung lehrte, daß Alfa-Romeo-Motoren 7000 bis 10 000 km brauchten, um völlig frei zu werden. Was die Straßenlage des Sprint anbelangte, schienen seine Väter ein Elixier gefunden zu haben, das das kleine Auto buchstäblich am Boden kleben ließ. Es sah allerdings noch schneller aus, als es tatsächlich war, da in zügig gefahrenen Kurven der Eindruck entstand, Fahrwerk und Karosserie seien nur locker und unzureichend miteinander verbunden.

Eine Momentaufnahme: die verwegene Fahrt des damals noch jungen und unbekannten schwedischen Rennfahrers Joakim Bonnier beim 1000-km-Rennen auf dem Nürburgring 1956. In der ersten Linkskurve des Streckenteils Schwalbenschwanz wollte dessen erheblich untersteuernder Sprint, wie es den Anschein hatte, in jeder Runde Aufbau nebst Piloten in eine Umlaufbahn katapultieren. Die serienmäßigen Pirelli-Cinturato-Reifen mit ihrem seitlich herumgezogenen Profil waren für ein solches Fahrverhalten offensichtlich glänzend geeignet und zeigten dann auch an den Flanken deutliche Abnutzungserscheinungen.

Aus seinem 53-Liter-Tank bediente sich der Sprint höchst behutsam – auch bei beherztem Umgang mit dem kleinen Italiener war ein Aktionsradius von fast 500 Kilometern die Norm. Genauso bescheiden gab sich der Spider, der in Deutschland kurioserweise in den fünf Jahren zwischen 1958 und 1963 billiger wurde.

Alfa Romeo Giulietta Sprint Zagato, Bj. 1962. Vierzylinder-Reihenmotor. 1290 cm^3. 98 PS. 180 km/h. 12 s 0 - 100 km/h. Leihgeber: B. Grube

Mußte man für die frühe 1,3-Liter-Spielart noch rund 14 500 Mark auf den Tisch blättern, genügten für den 1600er mit seinem Fünfganggetriebe 13 950. Trotz einer ebenso spektakulären Seitenneigung wie der Sprint verhielt er sich in Kurven annähernd neutral, eine Folge des kürzeren Radstands, der aber auch für einen Hang zu seitlichem Wegstempeln nach Bodenwellen verantwortlich war. Selbst Fahrer von Gardemaß fanden eine ihnen angemessene Sitzposition, obwohl die Rundumsicht merklich eingeschränkt war, sobald das umständlich zu demontierende Zeltverdeck wieder die Witterungsunbilden von den Insassen abhielt – jedenfalls teilweise. Denn sogar wenn man dem handlichen Roadster das um die 1400 Mark verfügbare Hardtop aufgestülpt hatte, zwitscherte stets irgendwo Fahrtwind oder sickerte Regen herein.

Seinen weitaus spartanischeren englischen Konkurrenten hatte der Alfa Spider zum Beispiel Kurbelfenster voraus, dem Sprint einen voluminöseren Kofferraum, da das Reserverad hinter den beiden Sitzen mitreiste. Ohne jeden Zweifel zählte der Giulietta Spider zu den ganz großen Würfen Pinin Farinas – eines jener Autos, deren Verschwinden vom Markt bei vielen ein ungläubiges "Warum eigentlich?" auslöst. Der Sprint Zagato (SZ) löste nach einiger Zeit den Sprint Speziale (SS) als schärfste Waffe von Alfa Romeo für den Sport ab. Unter extrem beengten Raumverhältnissen hängte der Karossier Zagato im Laufe der Jahre 1960 – 1962 209 Giulietta-Chassis eine ganz leichte, knappe und kurze Coupé-Verkleidung um.

Gleichwohl wurde keineswegs jeglicher Komfort auf dem Altar einer ansonsten lupenreinen Funktionalität geopfert. So hatten die Türfenster einen Kurbelmechanismus, der vor allem abwärts funktionierte, und das Gepäckabteil nahm immerhin einen flachen Reisekoffer auf.

Entschieden wohnlicher war der längliche und bizarr geformte SS eingerichtet, der allerdings vollgetankt auch 126 kg mehr auf die Waage brachte als der pummelig anmutende SZ. Die Leistungssteigerung auf 100 PS wurde dem Normalmotor auf konventionelle Weise abgenötigt: Man erhöhte die Verdichtung auf 9,7 : 1, verwendete schärfere Nockenwellen und ersetzte den Solex-Doppel-Fallstromvergaser durch zwei horizontale Weber-Doppelvergaser 40 DC 03. Auch mit einem ins Schnelle übersetzten fünften Gang erreichten aber beide Modelle die Prospekthöchstgeschwindigkeit von 200 km/h allenfalls bergab, bei Rückenwind und in der besten vorstellbaren Sommerlaune.

Bevor man überhaupt irgendeinen Anlauf in dieser Richtung nahm, wollten ohnehin, wie üblich, 5,7 Liter Öl angeheizt sein. Die letzten 30 SZ wurden daher insgesamt noch einmal einer Radikalkur unterzogen, die Überhänge vorn und hinten verlängert, weitere 13 kg abgespeckt. Den Erkenntnissen des Professors Kamm gemäß ließ man das Heck abrupt abreißen, um die Turbulenzen hinter dem Fahrzeug zu minimieren, und erzielte mit einem solchermaßen präparierten Prototyp auf einer noch nicht freigegebenen Autostrada mit einer geeigneten Hinterachsübersetzung 240 km/h – ein wahrlich beachtlicher Wert für einen 1300er.

Die Besitzer des SS, von dem zwischen 1957 und 1962 1366 gefertigt wurden, hatten sich längst alle Renn-Ambitionen aus dem Kopf geschlagen. Was ihnen blieb, war ein Wagen, der ausschaute, als sei kein Kraut gegen ihn gewachsen. Und das genügte den meisten durchaus...

Ford Thunderbird (mit Continental Kit), Bj. 1955. V8. 4784 cm^3. 198 PS. 10 s 0 - 100 km/h. Leihgeber: Toni Bärlocher

So etwas", sagte im Oktober 1951 Ford-Manager Lewis D. Crusoe, 57, zu George Walker, einem freischaffenden Industrie-Designer, der einen Beratervertrag mit dem amerikanischen Auto-Giganten hatte, "könnten wir eigentlich auch machen." Die beiden schlenderten

durch die Gassen und Gässchen zwischen den Ständen des Pariser Salons, und Crusoe deutete mit einer vage umfassenden Handbewegung auf das Beste, was der Sportwagenmarkt jener Jahre zu bieten hatte, den Pegaso, den Bugatti 101, den Jaguar XK 120.

Als sei er einer religiösen Erweckung teilhaftig geworden, stürzte Walker daraufhin zum nächsten verfügbaren Telefon und gab die Erkenntnis seines Freundes an die Ford-Zentrale zu Dearborn durch. In diesem Augenblick sei die Idee vom Donnervogel geboren worden, will die Legende wissen, denn sie lebt von den Geistesblitzen des einzelnen und verabscheut das anonyme Wirken von Kollektiven. Natürlich war der Name Thunderbird noch nicht in Sicht. Er wurde später aus mehr als tausend Vorschlägen wie Panther, Playboy, Python oder Robin Hood ausgewählt und von Crusoe nobel honoriert: mit einem Gutschein über 250 Dollar für einen anständigen Anzug.

Bei dem Thunderbird handelte es sich um ein mythisches indianisches Lebewesen, das durch seinen Flügelschlag Donner, Blitz und erquickenden Regen erzeugt und überdies Kraft, Schnelligkeit und Wohlstand symbolisiert, und nicht bloß um ein Neon-Wort, das für leeren Lärm steht. Man strebte ein Miteinander von Leistung und Luxus an, in einem Zweisitzer von reichlich Raumangebot, in dessen Triebwerk und Chassis soviel aus der Serie wie möglich eingebracht werde sollte.

Für das Design zuständig war ein Team um Frank Hershey, der sich als Künstler verstand, welcher als Auto-Ingenieur zwangsläufig an die Normen des Notwendigen stieß. Die Linienführung des Thunderbird fiel erstaunlich schlicht aus vor dem Hintergrund eines Zeitgeschmacks, der Schnörkel, Arabesken und Orgien von Chrom begünstigte. Europäische Stilelemente standen Pate – oder das, was man für solche hielt. So sei, fand man allgemein, das Frontgrill von dem des schwarzen Ferrari inspiriert, den Henry Ford der Zweite zu dieser Zeit fuhr.

Die Karosserie bestand aus Stahl, und schon damit wollte man sich vom Corvette des Konkurrenten General Motors abheben, den die Ford-Leute einerseits als Herausforderung, andererseits jedoch als ungehobeltes Spielzeug empfanden. Die Projektgruppe Styling traf sich jeden Freitag in bestem Einvernehmen, und ebenso gut klappte die Absprache mit den anderen Abteilungen, die am Werden des wispernden Donnervogels partizipierten. Das Chassis stellte Bill Burnett, nachdem er seine Phantasie an einem skurril entstellten Ford Tudor ausgetobt hatte, den man unter schallendem Gelächter "Burnetti" taufte.

Er griff auf den üblichen Kastenrahmen mit Kreuzversteifung zurück, und die Vorderräder wurden an Dreieck-Querlenkern und Schraubenfedern, die hinteren an der unvermeidlichen Starr-

achse geführt. Die Maschine, ein V8 von 4784 cm^3 und 193 PS mit dem manuell zu schaltenden Dreiganggetriebe plus Overdrive oder 198 PS mit hydraulischem Drehmomentwandler und ebenfalls drei Fahrstufen, war das Feinste, mit dem des Motoren-Department unter Victor G. Raviolo aufwarten konnte.

Ford Thunderbird, Bj. 1957. V8. 5112 cm³. 269 PS.
194 km/h. 9,8 s 0 - 100 km/h. Leihgeber: Alfred Bühler

Alle standen unter beträchtlichem Zeitdruck. Am 9. Februar 1953 hatte das Ford-Management für das Unternehmen Thunderbird grünes Licht gegeben. Bei der Detroit Auto Show ab 19. Februar 1954 wurde die zukünftige Klientel mit einem perfekt zubereiteten Prototyp aus Holz eingestimmt. Am 9. September desselben Jahres begann die Produktion, und vom 22. Oktober an lief die Offensive gegen den Klassen-Feind Corvette auf vollen Touren. Mit der ursprünglich intendierten Sportlichkeit war es indessen nicht weit her. Bei einem Vergleichskampf zwischen drei Thunderbird und zwei Jaguar XK 120M im März 1955 auf der Rennstrecke von Thompson/Connecticut blies man nach nur drei Runden das Halali, da die britischen Raubkatzen den wild wogenden und stampfenden Donnervögeln bereits 800 Meter abgenommen hatten.

Dergleichen Eskapaden passten dem eher profitorientierten Robert McNamara, der Lewis Crusoe 1955 als Chef der Division ablöste, ohnehin nicht ins Konzept. Bei einem richtungweisenden Gespräch zwischen den beiden am 30. Dezember 1954 legte man neue Direktiven fest: die Facette sportiv hatte aus dem Thunderbird-Image zu verschwinden. Für 1958 plante man einen Viersitzer, und sogar – ein Greuel für die rasch wachsende Freak-Gemeinde – der Bau eines Station Wagon wurde erwogen. Schon der Jahrgang 1956 trug der Tendenz zu mehr Komfort Rechnung.

Klagen waren gekommen – das Auto sei zu hart und die Lenkung zu direkt. Und so führte Bill Burnett längere und flexiblere Blattfedern hinten ein, während es 4,3 Umdrehungen des nun schüsselförmigen Lenkrads von Anschlag zu Anschlag bedurfte anstatt der bisherigen 3,3. Hardtops aus Fiberglas gehörten bald zur Standardausrüstung, wobei 90 Prozent der Kunden auf die markanten seitlichen Bullaugen nicht verzichten mochten, einen Gag, der an die altehrwürdige Tradition des Kutschenbaus erinnern sollte.

Das Reserverad war jetzt nach hinten ausgelagert und stand aufrecht im Anschluß an den Kofferraum. Diese Vorkehrung war bereits 1955 als Extra in einem sogenannten Continental Kit verfügbar gewesen und brachte alles in allem 135 kg auf die Waage, was zwar der Gewichtsverteilung zugute kam, das Modelljahr aber nicht überdauerte. Die Leistung der Maschine war auf 202 PS angehoben worden, und wahlweise erhielt man ein Aggregat von 5112 cm³ und 225 PS (mit Fordomatic) oder 215 PS (bei Handschaltung). 1957 standen sechs Triebwerke zur Verfügung, die zwischen 212 und 340 PS mobilisierten, letzteres mit einem Kompressor und bereits so stark, daß ihm das simple Fahrwerk keinesfalls mehr gewachsen war. Wie 1955 begegneten fünffach geschichtete Blattfedern hinten den Unebenheiten der Fahrbahn weniger nachsichtig als die Vierfach-Federn von 1956, und 14-Zoll-Sicherheitsräder ersetzten die bisherigen 15-Zoll-Räder.

Das Gesicht des Thunderbird war mit einem größeren Grill und der auf dieses abgestimmten Stoßstange leicht retuschiert worden, und mit angedeuteten Heckflossen zollte man der zeitgenössischen Auto-Mode widerstrebend Tribut. Zwei Besonderheiten indessen hielten wiederum nur ein Jahr: ein Radio namens Volumatic, dessen Lautstärke mit zunehmenden Fahrgeräuschen wuchs – Spötter behaupteten, es sei umgekehrt – und die Dial-O-Matic-Sitze. Diese fuhren nach dem Betätigen des Zündschlüssels eine vorher eingespeicherte Position wieder an, was zu Ehezwistigkeiten führte, wenn etwa ein hochgewachsener Mann auf die für seine kleine Frau vorgesehene Einstellung ans Lenkrad gequetscht wurde.

1955 verließen 16 155 Thunderbird das Fließband, 1956 15 631 und 1957 21 380. Spätere – und sehr erfolgreiche – Generationen von Donnervögeln verdienten das Prädikat Sportwagen nicht mehr, und sie sollten es auch nicht.

Jaguar XK 140 Drophead, Bj. 1956. Sechszylinder-Reihenmotor. 3442 cm³. 210 PS. 208,4 km/h. 11 s 0 - 60 mph. Leihgeber: Karlheinz Bölling

Sensationen, das ist der Lauf der Welt, verlieren in der zweiten Auflage an Strahlkraft. Und so stand der Jaguar XK 140, auf den sich im Oktober 1954 die Scheinwerfer der Show von Earls Court richteten, gleichwohl im Schatten seines populären Vorgängers XK 120. Schon was seine Spitzengeschwindigkeit anbelangte, hielt er keineswegs, was seine Typenbezeichnung versprach. Waren die verheißenden 120 Meilen pro Stunde beim Erstling eher zu niedrig gegriffen, so hatte man nun die 140 entschieden zu hoch angesetzt.

Gewiß wartete der Reihensechszylinder, vor allem dank höherer Nocken, nun mit den 190 PS der früheren Special-Equipment-Variante auf, aber erst mit dem Zylinderkopf des C-Typs und 210 PS brachte es etwa das Coupé auf 138 Meilen (oder 222 Kilometer) in der Stunde – in den Mittfünfzigern unter allen Umständen eine bemerkenswerte Errungenschaft.

Special Equipment bedeutete jetzt nicht mehr ein Plus an Leistung, sondern an Luxus – und Licht. Denn mit dem Extra-Paket erwarb man Chromspeichenräder und Nebellampen von Lucas, unbeschadet einer langen Zubehörliste, die auch den sportlich Orientierten zu seinem Recht kommen ließ. Eines der Versuchs-Laboratorien des in Coventry ansässigen Konzerns hieß nämlich Le Mans. Und Firmenchef Sir William Lyons, 1956 für seine Verdienste um Königin und Vaterland geadelt, zögerte selten, wenn es darum ging, Sinnvolles in die Serie zu übernehmen, das in der Feuertaufe der Rennen gehärtet worden war.

Das Fahrwerk – mit ihm der Radstand von 2590 mm – blieb im wesentlichen unangetastet, abgesehen davon, daß man die hinteren Kolbenstoßdämpfer durch Girling-Teleskopdämpfer ersetzt, die Torsionsstäbe verdickt und die Burman-Lenkung zugunsten der exakteren Zahnstangenlenkung von Alford & Alder mit $2^3/_4$ Umdrehungen von Anschlag zu Anschlag aufgegeben hatte. Dafür war das Triebwerk um 75 mm nach vorn verpflanzt worden. 50,3 Prozent des Wagengewichts statt bislang 47,5 Prozent lagerten damit auf den Vorderrädern, was dem Geradeauslauf zugute kam und das den XK-Modellen immanente Untersteuern leicht verstärkte.

Die Auffächerung des Programms in Roadster, Coupé und Drophead (gebaut wurden jeweils 3354, 2808 und 2789) blieb bestehen, aber an ihrem veränderten äußeren Habitus ließen sich die XK 140 sehr wohl von der ersten Generation unterscheiden. Im Kühlergrill hatten sieben vertikale dicke die doppelte Anzahl von schmalen Leisten verdrängt. Knapp unterhalb der Ebene der Zusatzlampen waren die Fahrtrichtungsanzeiger in die vorderen Kotflügel eingebettet, während man das komplette hintere Leuchtenensemble neu gestaltet hatte.

In der Verlängerung einer Chromleiste eröffnete ein Druckknopf zu Häupten eines schlanken Handgriffs den Zugang zum Kofferraum, und das rückwärtige Kennzeichen, ehedem auf dessen Deckel angesiedelt, durfte einen Platz zwischen stämmigen Eckstoßfängern beziehen, flankiert von voluminösen Hörnern. Schließlich hatte eine stetig wachsende Gemeinde von Jaguar-Jüngern in den USA die XK-Reihe von Anbeginn an auf den Altar für den klassischen europäischen Sportwagen gehoben.

Auch vorn waren die dürren Halbstoßstangen der britischen Edel-Importe rohen Remplern durch rüde chauffierte amerikanische Zweieinhalbtonner kaum gewachsen gewesen, so daß man kurzerhand den Bug des XK 140 ebenfalls hinter einem robusten Rammschutz verschanzte.

Jaguar XK 140 Roadster, Bj. 1957. Sechszylinder-Reihenmotor. 3442 cm³. 210 PS.
195 km/h. 8,4 s 0 - 60 mph. Leihgeber: Hansjürg Zschaler

Die Verlagerung der Maschine wirkte sich vorteilhaft für die Raumverhältnisse im Cockpit aus, um so mehr, als die jeweils zwei 6-Volt-Batterien aus ihrer Unterkunft hinter den Sesseln in Zellen unterhalb der vorderen Kotflügel evakuiert beziehungsweise dort gegen eine 12-Volt-Batterie ausgetauscht worden waren. Dabei sprangen im Coupé, dessen Dach man um 170 mm nach hinten verlängert hatte, und in der Drophead-Variante zwei Notsitze heraus, im Roadster zusätzlicher Platz für Gepäck, der sich in allen drei Modellen durch das Umlegen der Rückwand mit dem normalen Kofferabteil kombinieren ließ.

Boten geschlossene und Cabrioversion eine Menge Komfort, so wurde der offene Zweier bewußt naturbelassen, Jaguar pur sozusagen und das liebste Kind des nordamerikanischen Kunden, der auf Annehmlichkeiten wie etwa Kurbelfenster mannhaft verzichtete oder gar mit heruntergeklappter Frontscheibe am Wind segeln wollte, von der Gunst moderater Witterung und der Gloriole des harten Burschen umgeben.

Sein Armaturenbrett, steil stehend und nicht im Winkel wie zuvor, wurde in der Tat seinem Namen gerecht und entbehrte plan- und schmucklos des sonst üblichen Walnußzierats. Sehr viel vom Ambiente des XK 140 fing ein Fahrbericht der englischen Publikation The Autocar vom 9. Dezember 1955 ein. Bei dem Prüfling handelte es sich um ein Coupé mit dem potenzsteigernden C-Zylinderkopf und dem Overdrive von Laycock de Normanville, Kaufpreis 1830 Pfund, sieben Schillinge und elf Pence, wie das Blatt penibel vermerkte.

Natürlich pilgerte man nach Frankreich, magisch angezogen gleichermaßen von der Wildbahn der Routes Nationales und Le Mans, dem dieses Auto und damit die Nation soviel verdankte. Nachdem das Test-Team bei der Anreise auf belgischen Autobahnen die vergleichsweise bescheidene Höchstgeschwindigkeit von 208,4 km/h markiert hatte, befand man sich auf dem Rückmarsch in Rekordlaune. Der Start am Sarthe-Circuit erfolgte um 10.20 Uhr, die Zieldurchfahrt am Flugplatz von Le Touquet um 14.28 Uhr, trotz zweier kurzer Halte und obwohl es auf den letzten 90 Meilen regnete.

Wenn man den Overdrive eingeschaltet habe, sei der Jaguar wie mit Siebenmeilenstiefeln dahingeeilt, und wie ein Zaun seien die Pappeln beiderseits der leeren Alleen vorbeigehuscht.

Erstaunliches wusste man über den Komfort des Wagens zu berichten. Selbst bei Tempo 160 habe man sich in Zimmerlautstärke unterhalten können, trotz des unüberhörbaren Ansaugschlürfens der Maschine und sogar angesichts des Weinens der für diesen Trip aufgezogenen Rennreifen. Auch bei niedrigen Geschwindigkeiten sei die Aufhängung diskret mit rauhem Untergrund fertiggeworden, keine Spur von dem Zähneschnattern, das man gemeinhin mit Sportwagen assoziiere, und selbst bei 175 km/h über Kopfsteinpflaster habe der Beifahrer seine Notizen leserlich zu Papier bringen können.

Sogar die Bremsen, eigentlich ein notorischer Schwachpunkt des Wagens, wurden in das Lob mit einbezogen, einzige Beanstandung: die vorderen hätten gelegentlich gekreischt. So bestand der Kandidat denn auch summa cum laude – er sei eine wandelnde Reklame für die britische Automobilindustrie...

Jensen 541 R, Bj. 1960. Sechszylinder-Reihenmotor Austin DS 7. 3993 cm³. 152 PS. 198,7 km/h. 10,6 s 0 - 60 mph. Leihgeber: Leonhard Boulton

Das erste Mal machte die bis dahin relativ unbekannte Jensen Motors Ltd., ansässig zu West Bromwich in der englischen Grafschaft Staffordshire, bei der Ford Motor Show 1934 in der Londoner Albert Hall von sich reden. Das Brüderpaar Richard und Alan Jensen hatte ein Fahrgestell und einen V8-Motor des amerikanischen Konzerns mit einer viersitzigen Cabrio-Karosserie bekleidet, die wegen der Gefälligkeit ihrer Form Aufmerksamkeit und wegen der Person des Adressaten Neugier erregte, denn dieser war kein Geringerer als der Filmstar Clark Gable. Edsel Ford fuhr den Wagen und erteilte die Genehmigung, ihn in zwanzig Exemplaren aufzulegen.

Nach dem Kriege meldeten sich die Jensens mit einem neuen Modell zu Wort, dem sie angemessenerweise den Namen PW (für Post War) gaben. 1949 folgte mit dem Interceptor ein Gran Turismo des kleinen, aber ambitionierten Werks. Er kündete bereits von der Zusammenarbeit mit Austin, die durchaus auf Geben und Nehmen beruhte. Immerhin hatte Jensen-Designer Eric Neale auch den A40 Sports entworfen, der wie eine maßstabsgetreu verkleinerte Ausgabe des Interceptor anmutete. Und Austin-Direktor Leonard Lord hatte abgesegnet, daß die ehrgeizigen Brüder in ihr eigenes Projekt seine 3993-cm³-Maschine einbauen durften, die ursprünglich für Nutzfahrzeuge bestimmt gewesen war.

Die Produktion des hausgemachten GT-Autos gedieh indes über das bloße Hobby nie hinaus, um so mehr, als die Kapazität der Karosseriefabrik fast gänzlich mit der Montage des Healey 100 in Beschlag genommen wurde. Andererseits erzeigte sich die Auftrags-Arbeit als recht lukrativ, und schon schmiedete man Pläne für einen weiteren Eigen-Bau, den 541, schöner als der Interceptor, schneller – und billiger.

Richard Jensen entwarf das Konzept, Neale die Details, und auf der Motor Show 1953 in Earls Court präsentierte man einen Prototyp mit einer Karosserie aus Stahl, der 1954, als die Produktion anlief, durch Fiberglas ersetzt wurde, abgesehen von den beiden Aluminiumtüren. Der Aufbau ruhte auf einem Kastenrahmen mit rohrförmigen Längsträgern, Plattform und Traversen. Die Vorderräder waren einzeln an Trapez-Dreieckquerlenkern aufgehängt, die hinteren an einer Starrachse mit Halbelliptikfedern geführt. Nichts rappelte, wie die Fachpresse verwundert feststellte.

Der Jensen-Pilot konnte nach seinem Gutdünken eine markante Klappe im Kühler-Maul öffnen oder schließen und damit den Wärmehaushalt des biederen Austin-Reihensechszylinders DS 7 beeinflussen, der 131 PS leistete, was man offiziell aber nicht an die große Glocke hängte. Im Herbst 1956 erhielt der 541 Scheibenbremsen von Dunlop, und im Oktober 1957 wurde ihm der 541 R mit einem verstärktem Chassis und 152 PS zur Seite gestellt, deren Existenz wiederum nur im Flüsterton kolportiert wurde.

Wahrhaft das Accessoire für einen Gentleman, versah auch dieser Jensen seinen Dienst komfortabel und diskret: Wenn das Laycock-de-Normanville-Overdrive seines Moss-Getriebes zugeschaltet war, brauchte sich die Kurbelwelle bei 160 km/h nur 3500 Mal pro Minute zu drehen.

493 Einheiten des R wurden gebaut, 225 des 541 und 127 einer dritten Serie, des 541 S, der ab Oktober 1960 ausgeliefert wurde, 20 mm breiter, 30 mm höher, allerdings auch um ungefähr 20 PS schwächer als der Vorgänger, worüber man erst recht strenges Stillschweigen bewahrte. Die originelle Kühlerabdeckung fehlte nun, und mindestens eines hatten die meisten Jensen 541 S mit der Welt bestem Auto gemeinsam: die Automatik, die Rolls-Royce mit einer Lizenz von General Motors herstellte und verfeinerte.

Mercedes-Benz 190 SL Roadster, Bj. 1955. Vierzylinder-Reihenmotor. 1897 cm³. 105 PS.
170 km/h. 14,3 s 0 - 100 km/h. Leihgeber: Günther von Dahlen

Er war nicht von schlechten Eltern und stammte aus gutem Hause. Mit seinem Ruf stand es dennoch nicht zum besten. Zudem wurde dem 190 SL zeit seines Lebens sein großer Bruder als Maßstab vorgehalten, der 300 SL, mit dem zusammen er am 6. Februar 1954 bei der International Motor Sports Show in New York zum gemischten Doppel gegen den Rest der Sportwagen-Welt angetreten war.

Bevor indessen für die zahlreichen Interessenten der kleinere der beiden Träume zur tagtäglichen Wirklichkeit wurde, mussten sie sich bis zum Mai 1955 gedulden, denn erst dann lief die Massenproduktion an. Inzwischen – seit dem Genfer Salon im März dieses Jahres – häuften sich auch die Bestellungen aus Europa. Zu verzichten brauchte niemand - bis zum Februar 1963 liefen 25 881 190 SL vom Band, als Roadster, der eigentlich ein Cabriolet war mit seinen Kurbelfenstern, oder als Coupé, bei dem es sich, im Grunde genommen, um ein Hardtop-Modell handelte, dessen festes Leichtmetalldach man abnehmen konnte.

Der Klientel war weit gefächert, von den Exponenten des seriösen und leichteren Kulturschaffens bis hinab ins Halbseidene der Demimonde. So legte zum Beispiel das Frankfurter Lebemädchen Rosemarie Nitribitt, das sich durch Leben, Taten und Höllenfahrt trüben Ruhm erwarb, seinen 190 SL als Kunden-Köder aus. Wirkte der Flügeltüren-SL viril, schon visuell von einem Hauch von Abenteuer umgeben, war sein sanfteres Pendant eher kapriziös, aber mit einem guten Schuß von Biederkeit, wobei seine sportiv-schmissige Linienführung das eine und die übrigen Zutaten das andere bewirkten. Ein sportlich-komfortables Alltagsfahrzeug mit Eignung für milde Wettbewerbe, so etwa definierte die Herstellerfirma seinen Standort. Solides aus großen Serien verhalfen dem 190 SL zu dem Ruf, er sei einfach nicht totzukriegen. Der Motor, vier Verbrennungseinheiten in Linie mit einer kettengetriebenen obenliegenden Nockenwelle und zwei Flachstrom-Registervergasern, 105 ehrliche PS stark, war praktisch ein Teil des Reihensechszylinders aus dem Tourenwagen 300, jenseits von 3000 Umdrehungen je Minute der dreifach gelagerten Kurbelwelle ein brummiger Geselle, wie zeitgenössische und spätere Rezensenten nörgelten.

Der Stahlblech-Aufbau war mit der Rahmen/Bodenanlage verschweißt, deren Zentralträger sich vorn und hinten gabelte. Der bogenförmige Vorderachskörper aus massiven Profilen, an dem die Räder einzeln an doppelten Trapez-Querlenkern mit einer zentral angebrachten Schraubenfeder und Teleskop-Öldruckstoßdämpfern hingen, bildete mit der Maschine und dem vollsynchronisierten Vierganggetriebe einen demontierbaren Fahrschemel. Der Drehpunkt der hinteren Eingelenk-Pendelachse war tiefgelegt, um vehementen Sturzänderungen entgegenzusteuern.

Das Benehmen des 190 SL auf der Straße geriet mit diesen Voraussetzungen zwar anständig, aber nicht überwältigend, zumal er seine Insassen permanent mitleidslos über den Zustand der Fahrbahn auf dem laufenden hielt. Deren Stöße teilten sich dem Piloten überdies vermittels des Lenkrads mit, während der Mittelschalthebel die Vibrationen der Maschine und deren Eigenbewegungen an seine Rechte weitergab.

Zunächst verordnete man dem schier unentbehrlichen Requisit für Filme und Modejournale ein uniformes Silbergrau. Ab Modelljahr 1957 machte Daimler-Benz dem 190 SL jedoch die Vielfalt seiner üblichen Farb-Palette zugänglich. Und 1959 wurde das Heckfenster sowohl des Stoffverdecks als auch des Hardtops vergrößert, eine Retusche, die die Handschrift des französischen Stylisten Paul Bracq verriet, wie die Physiognomie des gesamten Fahrzeugs.

Mercedes-Benz 300 SL Coupé, Bj. 1955. Sechszylinder-Reihenmotor. 2996 cm³. 215 PS. 228 km/h. 9,3 s. 0 - 100 km/h. Leihgeber: Dr. Heinz Noeth

300 SL. Man kann den Begriff skelettieren. Dann bleibt eine Kombination aus Zahlen und Buchstaben, die besagt, es handele sich um einen Dreiliter, der sportlich sei und leicht. Das erste ist nachweisbar, das zweite unbestritten, und das dritte stimmt nicht. Denn etwa das Coupé, das diesen Namen trug, brachte mit 130 l Treibstoff an Bord immerhin 1310 kg auf die Waage.

Für jeden aber, dem das Auto ein wenig mehr bedeutet als nur ein fahrbares Gerät, lagert sich um das kühle Kürzel 300 SL ein Zauber. In ihm fließt die Faszination der ersten Stunde, die sich zeit- und alterslos bis in die mobile Gesellschaft der achtziger Jahre erhalten hat, zusammen mit einem Mythos, der im Laufe der Jahrzehnte noch an Leuchtkraft gewann. Offiziell beginnt de Geschichte des Mercedes 300 SL am 6. Februar 1954 auf der New Yorker Motor Sports Show. Aber natürlich hatte seine Präsentation coram publico Vor-Geschichten, hinter den Kulissen und auf anderen Ebenen.

Da war, eine Auto-Generation eher, der Rennsportwagen 300 SL von 1952. Zusammen mit Franz Roller, Manfred Lorscheidt und Ludwig Kraus hatte ihn Rudolf Uhlenhaut, Leider der Personenwagenentwicklung bei Daimler-Benz und selbst ein begnadetes Fahrtalent, aus der behäbigen Staatslimousine 300 sublimiert. Dann siegte jener SL-Urtyp zum Nachkriegs-Einstand des guten Sterns auf dem Berner Bremgartenkurs, siegte in Le Mans, siegte so viel, daß es selbst seinen Schöpfern den schwäbischen Dialekt verschlug.

Und da war ein Vorstoß des findigen amerikanischen Mercedes-Generalvertreters Maxie Hoffman gewesen. Ein Auto wie der 300 SL, hatte er der Untertürkheimer Zentrale zu verstehen gegeben, werde sich in den Vereinigten Staaten gut verkaufen lassen, wenn es sich einigermaßen gesittet benehme und mit elementarem Komfort aufwarte. Eben dies galt für das New Yorker Exponat – und die 1399 weiteren Coupés, die ihm bis zum Mai 1957 folgen sollten, Silberpfeile, denen man gewissermaßen etwas von ihrer Spitze genommen hatte. Dabei waren sie viel stärker als ihre Vorfahren auf der Piste. Wo sich jene mit einem Vergasermotor und 175 PS bescheiden mußten, war nun der Reihensechszylinder des Serien-SL mit einer Hochdruckeinspritzanlage des späteren Chefkonstrukteurs Dr. Hans Scherenberg auf 200, 215 oder 225 PS erstarkt.

Im Winkel von 40 Grad geneigt, da man an Bauhöhe sparen sollte, verrichtete er seine eindrucksvolle Arbeit im unteren Drehzahlbereich mit friedlichem Limousinenschnurren, das jäh in wütendes Geheul umschlug, wenn er gefordert wurde. Die Karosserie des W 198, wie der 300 SL im Werks-Code hieß, war nach Ideen von Paul Bracq durch den Ingenieur Karl Wilfert vollendet worden und wurde nach Brauch der Väter in Handarbeit über Holznegativen gezogen.

Fast alles an ihr war Funktion, kaum etwas Effekt, nicht einmal die berühmten Flügeltüren, die Damen mit dem beinahe unlösbaren Problem konfrontierten, den Ein- oder Ausstieg als Dame zu überstehen. Man hatte den Weg nach oben gewählt, weil sich unmittelbar unter den hohen seitlichen Bordkanten die äußeren Streben des ingeniös ausgedachten Rohrgeflechts verbargen, das den Rahmen bildete, eine Vielzahl miteinander verknüpfter Dreiecke, deren Seiten fast ausschließlich auf Druck und Zug, nicht aber auf Biegung und Torsion beansprucht wurden.

Mercedes-Benz 300 SL Roadster, Bj. 1962. Sechszylinder-Reihenmotor. 2996 cm³. 215 PS. 221,6 km/h. 8,8 s 0 - 100 km/h. Leihgeber: Manfred Sohn

In dieses filigrane Fachwerk hatte die Gruppe um Uhlenhaut geschmiedete, ungleich lange Querlenker gepflanzt, an denen die Vorderräder geführt wurden. Und hinten beherbergte es das Antriebsgehäuse, an dem die kurzen Arme der

Zweigelenk-Pendelachse aufgehängt waren. Sie bildete den notorischen Schwachpunkt de Coupés, ein Schrecknis für den Ungeübten, denn beim Federn änderten sich Spurweite und Radsturz ständig.

In seinem Buch The Racing Driver sang Denis Jenkinson ein Lied davon, der unerschrockene britische Journalist, der am 1. Mai 1955 seinen Landsmann Stirling Moss auf der 22. Mille Miglia während seines siegreichen Parforceritts mit einem Mercedes 300 SLR von Brescia nach Rom und zurück begleitete. Im Training hatten die beiden nämlich mehrere der 300 SL-Flügeltürer als Muletto benutzt, und abgesehen davon, daß eine dieser Dienstfahrten an einem mit Sprengstoff beladenen italienischen Armeelastwagen endete, terrorisierte die schöne Bestie ihre Dompteure durch unvermutete Übergänge zwischen Unter- und Übersteuern. Ihre Tage waren gezählt.

Im Sommer 1956 orteten die findigen Redakteure des Fachblatts auto motor und sport ein rollendes Chassis, zwar unverkennbar das eines 300 SL, aber mit verdächtig niedrigen seitlichen Längsträgern, im Heck eine Eingelenk-Pendelachse mit tiefer gesetztem Drehpunkt. Des Rätsels Lösung stellte der amerikanische Sportwagenmeister Paul O'Shea im Oktober jenes Jahres auf der eigens gesperrten Solitude-Rennstrecke im Einzugsgebiet von Stuttgart vor, den W 198/II – einen Roadster, von dem zwischen dem Februar 1957 und dem gleichen Monat 1963 1858 Exemplare aufgelegt werden würden.

Bedeutsame Stationen in der Modellhistorie waren das Hardtop, das ab Sommer 1958 geliefert wurde, und die Dunlop-Scheibenbremsen, die vom März 1961 an die bisherigen Trommelbremsen ersetzten. Zwar war der 300 SL neuer Art noch immer kein "Boudoir auf Rädern", wie die Männer von der Mercedes-Rennabteilung, Härteres gewohnt, den Vorgänger einst spöttisch-unangemessen betitulierten.

Aber er stellte eine chevalereske Verbeugung dar vor Damen, die Damen bleiben wollten, und ging überhaupt behutsamer mit seinen Passagieren um, schon wegen seiner normal vorn angeschlagenen Türen, Kurbelfenster und einem Lenkrad, das füllige Chauffeure nicht mehr nach unten abzuklappen brauchten – und konnten –, um ihren Sitzplatz einzunehmen oder zu verlassen.

Unter der flacheren und längeren Heckhaube fand sich ein größerer Kofferraum, nicht zuletzt auf Kosten des Tanks, dessen Kapazität auf 100 l ge-schrumpft war, und die vorderen Leuchten hatte man in senkrechten Einheiten versammelt. Mit mehr Chromzierat und einer stärker gewinkelten, weiter herumgezogenen Panoramascheibe bot der Roadster auch mehr fürs Auge, jedenfalls wie dieses damals befriedigt werden wollte.

Die schiere Dramatik und wohldosierte Boshaftigkeit der geflügelten SL-Jahrgänge vor ihm indessen erreichte er nicht, und auch nicht ihre Symbolträchtigkeit für die Wiedergeburt eines Landes, das sich nach dem Wirtschaftswunder und dem konjunkturunabhängigen Fräuleinwunder am 6. Februar 1954 in New York eine weitere Extravaganz leistete – das Autowunder.

BMW 503 Cabriolet, Bj. 1957. V8. 3168 cm³. 140 PS.
190 km/h. 13 s 0 - 100 km/h. Leihgeber: Dr. G. Knöchlein

Per aspera ad astra, durch Nacht zum Licht, – diese Phase der Nachkriegszeit geriet für die Bayerischen Motoren Werke entschieden dorniger als für andere Firmen. 60 Prozent ihrer Produktionsanlagen hatte der Zweite Weltkrieg auf dem Gewissen, und vor dem Stammwerk Eisenach senkte sich danach der Eiserne Vorhang, der die dort bis 1955 gefertigten BMW-Autos in der Regel vor westlichen Augen verbarg, es sei denn, sie fanden als Devisenbringer den Weg nach hüben.

Auf dem Frankfurter Salon im April 1951 signalisierte indes der BMW-Typ 501, daß man auch im Stammwerk München nicht müßig gewesen war. In der Vielzahl seiner fließenden Rundungen zeigte sich gleichwohl Vorkriegs-Philosophie in zeitgenössischem Habitus, und mit seinem Sechszylinder-Triebwerk tat sich auch nichts grundsätzlich Neues hinter der bekannten BMW-Niere. Erst 1953 lief seine Serien-Produktion schleppend an, mit ihr der unaufhaltsame Weg in eine Sackgasse. Man werde, hatte man sich in München vorgenommen, Erlesenes für die Creme der Gesellschaft schaffen. Die kleine Zielgruppe war damit umrissen und wurde zugleich dezimiert durch das Modell 502. Bei seinem Anblick auf dem Genfer Salon 1954 stellte mancher resignierend fest, daß er sich diesen BMW nicht mehr werde leisten können – oder noch nicht.

Seine 1410 kg wurden von einer V8-Maschine von 2580 cm³ und 100 PS (später auch 3168 cm³ und 120 PS) aktiviert, Deutschlands erstem V8 und dem ersten V8-Serienmotor der Welt aus Aluminium. Mit 90 Grad standen seine beiden Zylinderreihen ein ganzes Stück weiter auseinander, als sich Finger zu einem V (für Victory)-Zeichen spreizen lassen. Folglich entstand mit dem bollernden Isetta, dem Inbegriff des Bubble Car, wie die Engländer dergleichen rollende Asphaltblasen respektlos nennen, auch ein BMW für den kleinen Mann. Ein Sportwagen der Münchener, so schien es, ließ noch auf sich warten.

Inzwischen aber hatte im fernen New York ein denkwürdiges Gespräch stattgefunden, zwischen Maximilian Hoffman, dem rührigen Importeur der Bajuwaren, und dem vierzigjährigen Albrecht Graf Goertz, gebürtig in Brunkensen bei Hannover, aber seit 1937 naturalisierter Amerikaner. 1952 hatte dieser in der Neuen Welt sein eigenes Design-Studio eröffnet, wo er alles Erdenkliche in Form brachte, unter anderem auch Autos. Der BMW-Statthalter zeigte dem Grafen hauseigene Entwürfe für ein sportliches Auto, die es offenbar als eine Totgeburt auswiesen. Er äußerte, er wolle mit italienischen Karossiers Kontakt aufnehmen, um eine Dummheit zu verhindern.

Hoffmans Erzählungen stimmten Goertz nachdenklich, und er schickte eigene Entwürfe nach Deutschland, mit flüssigeren und aggressiveren Linien, "hungriger" seien sie gewesen, wie er später befand. Ohne zu zögern, betraute man den Aristokraten mit der Konzeption zweier Wagen. Was den 503 anbelangte,

sah er sich vor einem Dreifach-Dilemma. Erstens, aber das galt gleichermaßen für den 507, würde sich der Erwartungshorizont einer potentiellen Kundschaft an den Maßstäben orientieren, die der legendäre 327 von 1937 abgesteckt hatte.

BMW 503 Coupé, Bj. 1959. V8. 3168 cm³. 140 PS.
190 km/h. 13 s 0 - 100 km/h. Leihgeber: Ulrich Vetter

Zum anderen sollte der Aufbau, ein Coupé und ein Cabriolet, mit Bodengruppe und Aufhängung des 502 zusammengegeben werden, einem BMW "Vollschutz"-Kastenrahmen mit Rohrtraversen, vorn Einzelradaufhängung an nadelgelagerten Trapez-Dreieckquerlenkern und einstellbaren Längstorsionsstäben wie auch hinten, wo eine Starrachse mit Kurbellenkern geführt wurde. Der 503 würde somit relativ groß ausfallen, andererseits bescheidenen Platz für zwei weitere Passagiere offerieren. Noch in einem weiteren Punkt dämmte man des Grafen Kreativität ein: Die Höhe der Scheinwerfer war festgeschrieben, so daß er nicht, wie er es gern getan hätte, die vorderen Kotflügel im Abschwung weiterführen konnte. Obwohl sich das Resultat, eine Stahlblechkarosse mit einem Kofferraumdeckel und einer sich gegen die Fahrtrichtung öffnenden Motorhaube aus Leichtmetall, dem Auge des Betrachters recht flächig darbot, erfreute sie den auto, motor und sport-Beobachter auf der Frankfurter Automobilausstellung 1955, wie ihm überhaupt der Besuch des BMW-Stands zum "beglückendsten Erlebnis" der Messe gereichte.

Der 503, merkte er an, sei ein Auto, das kein Protz sein wolle, sondern edle Rasse hinter beinahe bescheidenen, aber nichtsdestoweniger begeisternden Formen verberge. Diese seien ein Äquivalent zu dem herrlichen Motor – gemeint war der 3,2-l-V8, der in diesem Gewande 140 PS bei 4800 Umdrehungen je Minute hergab. Er war zunächst noch getrennt vom Viergang-getriebe des 503, das bis zum September 1957 unter der vorderen Sitzbank sein Dasein fristete und von der Lenksäule her geschaltet wurde. Zwei Hinterachsuntersetzungen wurden angeboten und überdies eine Fülle von Extras wie Hydrovac-Bremsverstärker, Becker-Autoradio, Scheibenräder mit Zentral-Schnellverschluß, elektrisch-hydraulische Verdeck- und Fensterbetätigung, Metallschiebedach beim Coupé, farbiges Fensterglas, Sealed-Beam-Scheinwerfer, Kupplomat und Scheibenwaschanlage.

Alle Weichen für eine lichtere Zukunft schienen damit gestellt. Und dennoch reichte der 503, der 1958 immerhin 31 500 Mark kostete (in beiden Versionen) nicht im entferntesten an die Faszination des Popularitäts-Primus 327 heran und erst recht nicht an dessen Stückzahlen: Während der Vorkriegssportwagen ungefähr

1900 Male aufgelegt wurde, ließ man es bei dem Goertz-Geschöpf mit 413 bewenden, bevor die Produktion 1959 gänzlich einschlummerte. Nur zum Vergleich: Bis 1962 hoppelten 160 000 Isetta vom Band. Ohne ihr komisch-praktisches "Motorcoupé" wären die Bayerischen Motoren Werke auf ihrem rauhen Weg zu den Sternen wohl auf der Strecke geblieben...

BMW 507, Bj. 1958 V8. 3168 cm^3. 150 PS.
196,5 km/h. 11,1 . 0 - 100 km/h. Leihgeber: G. Frings-Naberschulte und Horst Minden

Dem eher stämmigen BMW 503 wurde auf der Frankfurter Automobilausstellung 1955 das Los zuteil, das von der Natur ungleich bedachten Geschwistern sattsam bekannt ist: Der Blick des Betrachters wanderte binnen kurzem zu seinem attraktiveren Bruder 507 ab oder kehrte zu diesem zurück, magisch angezogen von einer zeitlos schönen Form. Zweimal hinschauen mußte man auch, um an die gemeinsame Vaterschaft des Designers Albrecht Graf Goertz zu glauben.

Ein Maßanzug für einen puren Zweisitzer, ruhte die von ihm gezeichnete filigrane Aluminiumkarosserie des 507, auf der Höhe des Cockpits auf Taille gearbeitet, auf dem trutzig-monumentalen Kastenrahmen des Tourenwagens 502, nur daß dessen Radstand um 355 mm auf 2480 mm verkürzt worden war. Das Fahrwerk war tiefergelegt, die starre Hinterachse an Zug- und Schubstreben geführt anstelle der Schublenker und durch einen Panhardstab stabilisiert. Das V8-Triebwerk bezog seine 150 PS aus 3168 cm^3, war folglich mit einer Literleistung von 50 PS keineswegs überfordert. Es agierte seidenweich und ließ bereits bei 1000 Umdrehungen der Kurbelwelle pro Minute bulliges Drehmoment spüren. Zwischen 60 und 130 km/h zog der 507 im vierten Gang seinem Mercedes-Konkurrenten 300 SL leicht davon, mußte sich diesem aber ansonsten beugen. Denn obwohl er grundsätzlich wie eine Trumpfkarte in der Prestige-Partie gegen seinen schwäbischen Konkurrenten ausgespielt wurde, glänzten beide an verschiedenen Fronten.

Als besänftigter Rennsportwagen mochte der SL seine Herkunft nicht verleugnen, während er dem BMW den Vortritt lassen mußte, was Straßenbetrieb und Alltagsverträglichkeit anbelangte. Das hielt indessen das weißblaue Leichtmetalltriebwerk nicht davon ab, ein Machtwort zu sprechen, sowie man den Zündschlüssel umgedreht hatte. Das markante Gebrabbel am Ende eines Leitungsnetzes, das links und rechts am Wagenheck ins Freie mündete, wurde dann akustisch noch überlagert von dem scharfen Schlürfen, mit dem die dürftig dimensionierten Naßluftfilter der beiden Solex-Vergaser seine Atemluft passieren ließen.

Von vorneherein bildeten Motor und Getriebe eine Einheit, und der Ganghebel wuchs etwas links von der Mitte aus dem Boden, nicht zuletzt weil zum Sportwagen als Zeichen echter Rasse eine Knüppelschaltung gehört. Sie wollte mit einigem Nachdruck betätigt werden wie auch das Vierspeichenlenkrad, die Kupplung und das Bremspedal. Es wirkte zunächst auf vier riesige Trommeln mit einer Gesamtbremsfläche von 1300 cm^2, die sich in den 16-Zoll-Rädern breitmachten. Später, zugleich mit der 160 PS starken S-Maschine, wurden dem 507 vorn Scheiben spendiert, und die Möglichkeiten des hybriden Systems reichten durchaus an einen erst heute üblichen Standard heran.

Mit drei Untersetzungen konnte seine Hinterachse dem individuellen Gusto nach kräftigerer Beschleunigung oder höherer Endgeschwindigkeit angepaßt werden. Bedrängt fühlten sich hochgewachsene Tester von der qualvollen Enge im Cockpit, und Anfang der siebziger Jahre beichtete der Berichterstatter des größten deutschen Motormagazins nach einem nostalgischen Ausritt im 507, dessen große Rundinstrumente hätten ihn "bleich und ratlos" angeschaut.

Prominente wie Elvis Presley, John Surtees, Hans Stuck der Ältere oder Schorsch Meier zeigten sich gern in ihm. Er pflegte das Image der Bayerischen Motoren Werke – und er leerte ihre Kassen. Und so befand man vier Jahre und 251 BMW 507 nach jenem Show-Stück in Frankfurt, nun sei's genug...

MGA Roadster Twin Cam, Bj. 1960. Vierzylinder-Reihenmotor. 1588 cm³. 108 PS. 179 km/h. 12,9 s 0 - 100 km/h. Leihgeber: Jürgen Kracht und Albert Aemisegger

Gäbe es ein Barometer für Betriebsklima, es hätte bei MG im Juni 1954 dauerhaften hohen Druck angezeigt. BMC-Papst Leonard Lord, im Umgang mit der Diözese in Abingdon-on-Thames bislang reichlich stiefväterlich, hatte das Projekt EX 175 abgesegnet. Im Klartext: Dem Bau des MGA stand nichts mehr im Wege, nachdem man sich bereits in die ebenso undankbare wie unrentable Rolle einzuleben begonnen hatte, ewig Gestriges in Gestalt der altehrwürdigen T-Modelle zu bewahren.

Das höchstrichterliche Plazet hatte eine lange und qualvolle Vorgeschichte. Nach zwei Starts in Le Mans 1949 und 1950, bei denen sich der Fahrtwind in den Ecken und Kanten seines MG TC verfangen hatte, gab George Phillips, der stämmige Cheffotograf der Fachzeitschrift Autosport, in Abingdon für den dritten 1951 ein Stromlinienfahrzeug auf der Basis des TD in Auftrag. Über den sportlichen Erfolg des Prototyps mit dem polizeilichen Kennzeichen UMG 400 schweigt des Sängers Höflichkeit. Seine Form indessen, ausgetüftelt von Syd Enever, wußte zu gefallen. Folglich überarbeitete man ihn ein bißchen, ließ ihn unter der Nummer HMO 6 registrieren und führte ihn 1952 Lord als potentiellen Nachfolger des TD zur Begutachtung vor. Dieser verschmähte jedoch den Kandidaten und entschloß sich, an seiner Statt den Austin-Healey 100 in das BMC-Programm hineinzunehmen.

Im Sommer 1954 lag der Vorgang zur Wiedervorlage auf Lords Tisch, nur daß EX 175 jetzt mit Motor und Übertragung aus BMC-Regalen den Rationalisierungswünschen des Konzern-Oberen entgegenkam. Als der MGA 1500 im September 1955 leicht verspätet auf der IAA in Frankfurt vorgestellt wurde, war bereits ein wenig der publizistische Lack abgeblättert, da drei in englischem Renngrün livrierte Vorläufer im Juni jenes Jahres am 24-Stunden-Rennen von Le Mans teilgenommen hatten wie einst Urahn UMG 400.

Die Stoßstangenmaschine des Roadsters mit 1489 cm³ und 68 PS war aus der BMC B-Serie abgezweigt worden. Der Kastenrahmen mit Traversen wurde bei der John Thompson Motor Pressing Ltd. in Wolverhampton vorbereitet, und der schlanke Aufbau – Türen und Hauben waren aus Leichtmetall – stammte vom Morris Bodies Branch zu Coventry.

Im Oktober 1956 stellte man der offenen Version eine geschlossene mit Kurbelfenstern und einer an den Ecken gekrümmten Windschutzscheibe zur Seite. Bei manchen erregte ihr wie der obere Teil eines Bowler-Huts gerundetes Festdach Anstoß. Es vergewaltige die reine Roadster-Form des MG regelrecht, schrieb etwa Reinhard Seiffert 1960 in auto motor und sport. Nachdem sich die beiden Varianten bis zum Mai 1959 mit 58 750 Exemplaren zu neuen und nie erwarteten Absatzrekorden aufgeschwungen hatten, segnete der MGA 1500 das Zeitliche.

Er erstand umgehend wieder als MGA 1600 mit 1588 cm³ und 79,5 PS, erkennbar an revidierten Heckleuchten und, bei näherem Hinsehen, an Girling-Scheibenbremsen vorn, wo die Räder an Querlenkern mit Schraubenfedern aufgehängt waren, während sie hinten an einer Starrachse mit Blattfedern hingen. 31 501 Einheiten waren gebaut, als im Frühjahr 1961 ein Mark II mit 1622 cm³ und 86 PS folgte, dessen Kühlergrill fast lotrecht stand. Er brachte es, wiederum mit Klappverdeck oder in Coupégestalt, bis zum Juli 1962 auf eine Verbreitung von 8719 Stück.

MGA Coupé Twin Cam, Bj. 1959. Vierzylinder-Reihenmotor. 1588 cm³. 108 PS. 179 km/h. 12,9 s 0 - 100 km/h. Leihgeber: Hannes Obermayr

Die magische Zahl 100 000 war bereits im März des gleichen Jahres erreicht worden. Als kleines, nicht aber unbedeutendes Kontingent waren in ihr 2111 MGA Twin Cam enthalten, die zwischen dem Frühjahr 1958 und dem Frühjahr

1960 entstanden. Eine aufgeschlossene Klientel erhielt in Gestalt von 108 PS wesentlich mehr Kraft für ihr Geld – 1958 in Deutschland zum Beispiel 11 750 Mark (Roadster). Grundlage war das B-Triebwerk von der Stange mit 1588 cm³ Hubraum. Allerdings hatte man den Zylinderkopf völlig neu konstruiert. Anstelle der seitlichen Nockenwelle des Standardmotors rotierte mit halber Kurbelwellendrehzahl eine Zwischenwelle. Sie bediente den Unterbrecher und trug an ihrem vorderen Ende das Zahnrad für die Duplex-Rollenkette, die die beiden obenliegenden Nockenwellen betätigte, das Twin Cam der Typenbezeichnung. Der Kurbelantrieb wurde erheblich verstärkt, und die Maschine erhielt eine große verrippte Ölwanne, die sieben Liter faßte.

Ihre Charakteristik war imposant: Schon bei 5000 U/min gab sie 97 PS ab, während die Höchstleistung bei 6700 U/min erreicht war. Diesen indessen sich auch nur zu nähern, verbot gewissermaßen der Anstand, denn schon bei 6000 U/min vermittelte der Vierzylinder den Eindruck, er habe hart zu arbeiten. Mit Unbehagen gedachte der einfühlsame Fahrer überdies der Kombination von hoher Drehzahl, Verdichtung von 9,9:1 und Dreilager-Kurbelwelle. Und da Vertrauen gut, Kontrolle aber besser ist, konnte er sich vermittels eines gut sortierten Instrumentariums über die jeweilige Verfassung des komplexen Trieblings informieren.

Der Blick auf den Tourenzähler und den (nur wenig optimistischen) Tachometer vor ihm war von den saitenartig-federnden Lenkradspeichen kaum behindert. Um eine Lautsprecheröffnung in der Mitte des Armaturenbretts zu Häupten des kleinen, direkt auf dem Getriebe thronenden Schalthebels gruppiert waren ein Ampèremeter, ein Ölmanometer sowie ein Wasserthermometer, welches selbst unter brütender Sonne 80 Grad nie überschritt.

Einhelliges Lob spendete man allgemein den vier Scheibenbremsen des Twin Cam. Es handelte sich um eine Dunlop-Neuentwicklung mit sektorförmigen Bremsbelägen, die indes relativ breit baute und daher die Verwendung von Speichenrädern vereitelte. Aber auch seine gelochten Preßstahlräder – ebenfalls Dunlop-Produkte – mit Rudge-Verschlüssen standen dem MG gut zu Gesicht.

Wie das Volant in Längsrichtung verstellbar waren seine Ledersitze, die ansonsten lediglich mit gemäßigtem Komfort aufwarteten. Ihre Schaumgummikissen waren etwas dünn geraten, und auch der seitliche Halt ließ zu wünschen übrig. So veranlaßte schärfere Gangart Chauffeur und Beifahrer zu ermüdendem Bodenturnen, und man vermied es besser, den mit markigem Auspuffbrummen daherkommenden Briten länger Zeit im Grenzbereich zu inkommodieren, wo er gewöhnlich leicht übersteuerte, allerdings auch breitseits wegsprang, wenn die Straßenoberfläche schlecht war.

Werkseitig wenig Aufsehens machte man um die 395 De Luxe-Modelle zwischen dem Juni 1960 und dem Mai 1962, Hybriden mit dem Fahrwerk des Twin

Cam und den Stößelmaschinen des 1600 beziehungsweise 1600 Mk II. Um so emsiger bemühten sich später die Sammler. Schließlich hatte jeder De Luxe gegenüber 100 686 anderen MGA einen handfesten Vorzug – eine Rarität zu sein aus einer riesengroßen Serie...

Morgan 4/4 1600, Bj. 1976. Vierzylinder-Reihenmotor Ford 2254E. 1598 cm³. 84 PS. 164,1 km/h. 9,8 s 0 - 60 mph. Leihgeber: Erwin Renkes

Wer zum 75. Geburtstag der Morgan Motor Company im Jahre 1984 den Kaufvertrag für einen 4/4 unterschrieb, tat damit einen energischen Schritt in die Vergangenheit, den Blick fest in die Zukunft gerichtet – und voller Ungeduld. Bevor er nämlich sein neues altes Auto anfassen und mit ihm spielen durfte, mußte er mindestens zwölf Monate warten. Aber was zählte das schon angesichts der Patina, die dieses mobile Stück gute alte Zeit seit 1936 angesetzt hatte!

Echt antik war schon der Name 4/4, ein diskret verschlüsselter Hinweis darauf, daß es sich um einen Vierzylinder auf vier Rädern handele. Na und? Aber wer solche bohrenden Fragen stellte, hatte einfach nichts kapiert. Zweimal wurde die Laufbahn des Morgan 4/4 unterbrochen, das erste Mal rüde durch die 1939 ausbrechenden globalen Kampfhandlungen, das zweite Mal, 1950, unsanft auf Grund marktpolitischer Erwägungen. Mit dem Zweiliter-Vanguard-Triebwerk, das Motorenlieferant Standard ausschließlich anbot, wäre er zu teuer geworden, und in der Tat stieg sein auf die neue Konstellation zugeschnittener Nachfolger Plus 4 sehr rasch in eine gehobene Preisklasse auf. Folglich ließ man, das heißt Vater Henry Frederick Stanley und Sohn Peter Morgan sowie George Goodall, der seit den Spätdreißigern die Geschäfte führte, den 4/4 1955 in einer zweiten Serie wieder aufleben, mit Ford-Maschinen unter der schmalen Haube, die sich in ihrem Oberteil nun nicht mehr in Lufteinlässen aufwarf.

Auch sonst war behutsamer Fortschritt vor allem kosmetischer Natur eingezogen, analog zum Plus 4 seit 1953/54. Die Scheinwerfer, die bei der ersten Serie auf einer Stange gehockt hatten, wuchsen nun aus den Mulden zwischen dem gerundeten Kühlergrill und den Kotflügeln hervor, und das Heck, das nur noch ein Reserverad zu schultern hatte, fiel sanfter ab als zuvor. Der Radstand betrug 2440 mm statt der 2230 mm der früheren Generation.

Ansonsten rüttelte man nicht an Altbewährtem. Nach bester Vorkriegsgepflogenheit wurde der Morgan handgeschmiedet, -gebogen und -geschreinert, denn unter dem Karosserieblech verbarg sich ein mit dem tiefgelegten Kastenrahmen verschraubter Aufbau aus belgischer Esche, hart wie die Aufhängung, durch die sich der Morgan-Ritt als Frühsport empfahl. Hinten gewährleisteten dies eine Starrachse mit Halbelliptikfedern und Kolbenstoßdämpfern, während vorn Teleskopdämpfer, Schraubenfedern sowie senkrechte Führungsrohre, denen eine Zeitlang vermittels eines fast unzugänglichen Pedals alle 300 Kilometer ein

Schuß Motorenöl zugeführt werden mußte, das Gröbste von den Insassen fernhielten.

Der Traditionalismus Peter Morgans, der seit 1959 die Geschicke des kleinen Unternehmens in Malvern Link lenkte, machte zwangsläufig halt vor den Maschinen, die der 4/4 anfänglich in raschem Wechsel beherbergte. Ursprünglich war

Morgan 4/4 Tourer, Bj. 1982. Vierzylinder-Reihenmotor Ford CVH. 1598 cm³. 96 PS. 173,9 km/h. 11 s 0 - 100 km/h. Leihgeber: Thomas Uebel

ein Ford 100E von 1172 cm³ und 36 PS gepaart mit einem Dreiganggetriebe, dessen Schalthebel aus dem Armaturenbrett hervorragte und in einem sinnreichen Zug-Druck-System bedient wurde.

Die 39 PS des 105E mit 997 cm³ wurden ab 1961 (Serie III) den Hinterrädern über vier Fahrstufen mitgeteilt. In der Serie IV ab 1962 lösten Girling-Scheibenbremsen vorn die Trommelbremsen des gleichen Fabrikats ab, und der 109E schöpfte 56,5 PS aus 1340 cm³. Wieder ein Jahr später folgte die Serie V, zunächst mit dem aus dem Cortina GT bekannten 116E (1498 cm³, 64 PS).

Von dem gleichen Spender, später aus dem Escort, stammte jenes auf 1598 cm³ vergrößerte Triebwerk mit erst 74, dann 88 PS, das im Morgan 4/4 1600 vom Frühjahr 1968 an bis 1982 eine dauernde Bleibe fand. In einer Competition-Variante leistete es noch ein bißchen mehr. Es gab den 4/4 als rares Drophead-Coupé, als häufigeren 2+2-sitzigen Tourer und als zweiplätzigen Roadster – den klassischen klassischen Morgan sozusagen.

Der 1600, stellte der allseits geschätzte Autosport-Redakteur John Bolster im März 1974 erfreut fest, überspringe als erster Morgan 4/4 die magische 100-Meilen-Barriere. 43 Prozent der insgesamt 3512 Exemplare waren Viersitzer, deren Eigner indessen die zweite Reihe eher als zusätzliche Gepäckablage denn zum Transport sprießender Familien nutzten.

Den italienischen Seitensprung zwischen 1981 und 1983 mit dem Motor des Fiat Mirafiori, der immerhin zwei obenliegende Nockenwellen vorzuweisen hatte, honorierte lediglich eine Minderheit von 96 Käufern, und so verkümmerte er zur Kuriosität und zur Episode in der Dauerbeziehung zwischen Morgan und Ford. Mit dem CVH (für Compound Valve Hemispherical), mit 1597 cm³ vom gleichen Volumen und mit 96 PS fast ebenso stark wie der anstößige Importartikel, kehrte bereits 1982 die Norm zurück und setzte sich ab 1991 fort mit dem 1600 EFI (für Electronic Fuel Injection), der die Pforte in eine bleifreie Zukunft aufstieß.

Ein weiterer Schritt in diese Richtung stellte der 1800 Zetec ab 1993 dar. Von den vollmundig angegebenen 128 PS brachte man indessen sehr rasch 14 PS in Abzug, nicht zuletzt in Hinblick auf den wichtigen deutschen Markt, wo man mit Leistungsangaben ja eher kritisch-behutsam umgeht. Ebenfalls 1993 ersetzten Lockheed-Bremsen die bisherigen von Girling, was entsprechende Retuschen am Chassis zur Folge hatte.

Schon viel früher war dem 4/4 zugänglich gemacht worden, was zunächst typisch für den Plus 8 gewesen war, wie neue Heckleuchten, eine Zweikreis-Bremsanlage, ein unfallfreundlicheres Armaturenbrett, zu dem sich im Sommer 1997 Airbags als weiterer Sicherheitsfaktor gesellten. Mitte der Siebziger folgten serienmäßige Schalensitze, 1986 ein besserer Rost- und Wetterschutz, 1999 eine Zahnstangenlenkung.

Im selben Jahr unterzog man den Tourer einer vergleichsweise einschneidenden Modellpflege: Die Passagiere im zweiten Glied saßen 150 mm tiefer als vorher und somit weniger ungeschützt dem schneidenden Fahrtwind preisgegeben, und die Handhabung des nunmehr einfach klappbaren Verdecks war wesentlich unkomplizierter geworden. Und die Legende Morgan 4/4 lebt, belegt durch 11 880 Einzelexemplare bis zum Juni 2004. Anno 2006, man höre und staune, wird sie 70 Jahre alt.

Porsche 356 A 1600 Speedster, Bj. 1955. Vierzylinder-Boxermotor. 1582 cm³. 60 PS. 157,8 km/h. 13,3 s 0 - 60 mph. Leihgeber: Gerhard Mische

In einem Konvolut von acht Schreibmaschinenseiten war bei seinem Debüt auf der Frankfurter IAA im September 1955 schwäbisch-penibel aufgelistet, was den Porsche 356 A von seinem Vorgänger unterschied. Die etwas größere Windschutzscheibe war nun gleichmäßig gekrümmt und fügte sich im Ansatz der obwaltenden Panorama-Mode.

Die vorderen Blinker hatte man jeweils außen in horizontale Schallgitterchen eingelagert. Der um 35 mm abgesenkte Wagenboden, mit Bouclé-Teppichen ausgelegt wie Längsträger und Fond, gestattete einen bequemeren Zugang zum Arbeitsplatz. Drei große Rundinstrumente, voll überschaubar durch das obere Segment des Zweispeichenlenkrads, wurden wie der Rest des Armaturenbretts überwölbt von einem schaumgummigepolsterten Blendschutz. Links unter dem Zündschlüssel ragte eine Stockbremse hervor, ohne das Knie des Fahrers zu gefährden. Die zur Ladefläche umklappbare Lehne der hinteren Behelfssitze konnte durch ein Expanderband arretiert werden.

Der 356 A, per definitionem eher auf traute Zweisamkeit zugeschnitten, war dennoch gleichsam innen größer als außen. Wunsch und Wille, einen zu besitzen und diesen Besitz unter fast allen Umständen sich zu erhalten, waren längst zum Format einer Weltanschauung gediehen, bekräftigt dadurch, daß Porsche-Piloten aller Länder sich durch freundliches Anblinken auf den Straßen zu einer neuen Klasse von Privilegierten vereinigte.

Und so blieben den Vätern knospender Familien unter ihnen im wesentlichen drei Möglichkeiten. Dem natürlichen Ablauf der Dinge folgend waren dies: a) in Begleitung der Angetrauten zu reisen, weit, komfortabel und mit viel Gepäck; b) einen leicht beengten Halbtagsausflug anzutreten mit Weib, Kind und einem angemessenen Picknick unter der vorderen Haube; c) mit Gattin, zwei Sprösslingen und einem Imbiß zusammengepfercht einen Abstecher in die nähere Umgebung zu machen. Eine besondere Variation bot Fritz Sittig Huschke Baron von Hanstein an, dem Hause Porsche treu in vielfältigen Funktionen verbunden: Ihm gelang es, zeitweise zwei deutsche Doggen zum Zusteigen in sein Cabriolet zu bewegen.

Völlig durchgeforstet war das Fahrwerk, der 356 A somit insgesamt handlicher und verträglicher geworden. Eine weichere Federung erreichte man vorn durch Torsionsstäbe, die aus je acht Blatt oben und unten bestanden (bisher: sechs beziehungsweise fünf), am anderen Ende durch um 74 mm auf 627 mm verlängerte Drehstäbe. Der vordere Querstabilisator, seit 1954 Teil der Serienausrüstung, wurde um einen Millimeter auf 15 mm verstärkt wie auch das Quartett der Stoßdämpfer, die hinten senkrecht montiert waren.

In schnell gefahrenen Kurven hatten frühere Modelle ungestüm mit dem Heck nach außen gedrängt. Versierte Chauffeure stellten sich darauf ein und befleißigten sich eines Fahrstils, den Haus-Ideologe Richard von Frankenberg, selbst in dergleichen Kapriolen nicht unbewandert und Chefredakteur der Porsche-Postille Christophorus, verbalisiert hatte: Auf das Wegwischen der Hinterräder habe man mit "Sägen" und Gegensteuern zu reagieren.

Porsche 356 A 1500 GS Carrera Cabriolet. Vierzylinder-Boxermotor. 1498 cm^3. 100 PS. 198,3 km/h. 11,8 s 0 - 100 km/h.

Auf diese Weise, schrieb Heinz-Ulrich Wieselmann 1956 in auto motor und sport, sei der Adept "ganz barbarisch schnell" um die Ecken gekommen. Mit dem neuen Chassis umrunde man eine gegebene Biegung ebenso zügig, aber gemütlich und wie auf Schienen, nach Art einer bayerischen Vizinalbahn. Wer allerdings Wieselmanns Umgang mit Automobilen kannte, dem drängte sich der Verdacht auf, er habe von Gemütlichkeit und dem Tempo bajuwarischer Kleinbahnen nur verschwommene Vorstellungen gehabt.

Die Porsche-Flottille lief in das Modelljahr 1956 aus mit den Typen 1300 (1290 cm^3, 44 PS), 1300 S (1290 cm^3, 60 PS), 1600 (1582 cm^3, 60 PS) und 1600 S (1582 cm^3, 75 PS). Auch mit dem neuen 1,6-l-Motor nutzte man nun die Möglichkeiten des internationalen Reglements für Grand-Tourisme-Fahrzeuge. Das Dickschiff des Verbandes aber war der Carrera GS, in dessen Heck das Triebwerk des 550 Spyder mächtig waltete, wenn auch mit einer von 9,5 : 1 auf 9 : 1 zurückgenommenen Verdichtung und 100 PS, wo er sich in dem erfolgreichen Rennsportwagen für 115 PS stark machte.

Diese Bilderbuchmaschine war eine Kreation des Diplomingenieurs und späteren Professors Dr. Ernst Fuhrmann, geboren 1918, der seit 1947 im Porsche-Sold stand. Im Sommer 1952 hatte sie auf

dem Reißbrett Gestalt angenommen und lief auf dem Prüfstand zum erstenmal aus eigener Kraft am 2. April 1953.

Kurbelgehäuse, Zylinder und Köpfe bestanden nach Art des Hauses aus Leichtmetall, und Zuffenhausener Standard entsprachen auch die hartverchromten Laufflächen. Die zusammengesetzte Hirth-Kurbelwelle war rollengelagert, und ebenfalls auf Rollen liefen, wie im 1300 S und 1600 S, die vier Pleuelstangen. Mit 85 und 66 mm für Bohrung und Hub war das 1498-cm^3-Aggregat stark überquadratisch ausgelegt, was sich in geringen Kolbengeschwindigkeiten niederschlug, bei 100 km/h in der vierten Fahrstufe zum Beispiel 7,7 m/s.

Die in den Zylinderköpfen im Winkel von 78 Grad angeordneten Ventile wurden durch Schlepphebel über je zwei obenliegende Nockenwellen gesteuert, die ihrerseits durch Königswellen angetrieben wurden. Als aufwendige Konzeption wiesen Fuhrmanns Filigranwerk auch die Doppelzündung mit zwei Kerzen pro Zylinder, zwei direkt von den Einlaßwellen betätigten Verteilern und zwei Zündspulen sowie zwei Doppel-Fallstromvergaser aus.

Zum Bordwerkzeug gehörte ein um etliche Ecken verlaufender Sonderschlüssel, mit dem sich die Zündkerzen der hinteren Verbrennungseinheiten grundsätzlich wechseln ließen, artistisches Geschick, gummiartige Gelenkigkeit, Resistenz gegen Verbrennungen und, falls möglich, ein Spezialkurs in Zuffenhausen.

Die Affinität zum Rennmotor zeigte sich fernerhin in der Trockensumpfschmierung. Dessen Kapricen allerdings hatte man ganz und gar ausgemerzt. Vielmehr gab er sich im Bürgergewand des Straßensportwagens elastisch, laufruhig

Porsche 356 A 1500 GS Carrera, Bj. 1957. Vierzylinder-Boxermotor. 1498 cm³. 100 PS. 198,3 km/h. 11,8 s 0 - 100 km/h. Leihgeber: P. E. Strähle

und ausgeglichen. Mit dem zweiten Gang konnte man ruckfrei einen Bereich zwischen 15 und 115 km/h bespielen, mit dem dritten von 25 bis 166 km/h. Das kam einem ungewöhnlich breiten Drehzahlspektrum mit den Eckwerten 1500 und 7500 U/min gleich, (empfohlen wurden 2500 und 6500 für den Alltagsbetrieb) wobei der wohlerzogene Vollblüter zwischen 6000 und 7000 U/min zu seiner Höchstform auflief. Natürlich ließ er sich dann auch akustisch entsprechend vernehmen. Aber dies geschah mit einem jener Fortes, die denen, die ein Ohr dafür haben, auch ins Ohr gehen, insbesondere wenn es durch den wie ein Kanonenrohr unter der Heckschürze mündenden Sebring-Sportauspuff entwich. Selbst ohne Kaltstartvorrichtung ließ sich Porsches stärkstes Stück nicht einmal von heftigem Frost einschüchtern: Nach dem Einschalten der elektrischen Brennstoffpumpe brauchte man lediglich das Gaspedal zwei- bis dreimal langsam voll durchzutreten und dann mit Halbgas zu starten, und schon sprang der bullige Boxer, dessen durch Keilriemen mit Kurbelwellendrehzahl über die Lichtmaschine getriebenes Kühlgebläse ihm bei Nennleistung 1100 Liter Luft pro Sekunde zuschaufelte, unter allen Bedingungen unverzüglich an.

Auch in der Hand des Privatfahrers taugte der Carrera zum formidablen Sportgerät. So gingen Klassensiege ohne Zahl auf das Konto des hier abgebildeten silberblauen Coupés, zugelassen am 24. April 1957 mit dem internationalen bestens eingeführten Kennzeichen WN-V 2, und bei Langstreckenrennen schob sich der Schorndorfer Paul Ernst Strähle, sein Besitzer damals wie heute, auch schon einmal bis in die vorderen Ränge insgesamt vor.

Porsche 356 A 1500 Carrera GT Speedster, Bj. 1958. Vierzylinder-Boxermotor. 1498 cm³. 110 PS. 201,9 km/h. 11,1 s 0 - 60 mph. Leihgeber: Jörg Steidinger

Noch besser paßte das Etikett wettbewerbsfähig auf den Carrera GT mit 110 PS, der vom Mai 1957 an neben dem GS de Luxe (100 PS) als Coupé oder Speedster angeboten wurde, abgemagert und ohne die benzinelektrische Heizung der komfortableren Reise-Variante. Von kontinuierlichem Feilen am Detail zeugten die Porsche-Exponate bei der IAA jenes Jahres.

Um Bodenfreiheit zu gewinnen, hatte man den Doppelauspuff der 1600er durch die Enden der hinteren Stoßstangenhörner geführt. Blinker, Brems- und Schlußleuchten waren in gemeinsamen tränenförmigen Gehäusen untergebracht. Die Kennzeichenbeleuchtung illuminierte das Nummernschild nun von unten. Die Heckscheibe, am Cabriolet nach 1952 ein weiteres Mal vergrößert, war sphärisch gewölbt. Für beide offenen Versionen konnten bequem zu montierende und zu demontierende Hardtops geordert werden. Eine Lenkung mit Schnecke und Finger von ZF ersetzte die bisherige Spindellenkung.

Auch was die Motorkapazitäten anbelangte, ging man mit der Zeit. Das Auslaufen der beiden 1300er signalisierte deutlich, daß die Ansprüche der Kundschaft und mit ihnen deren Kaufkraft gestiegen waren, während das Hinscheiden des Speedsters 1958 als Symptom dafür gelten mochte, daß sich das Interesse an der reinen Fahrmaschine zu erschöpfen begann. An seiner Statt wurde das Convertible D (D war die Initiale der Spenglerei Drauz in Heilbronn, die mit der Fertigung des Aufbaus betraut war) ins Programm aufgenommen, das, beim Pariser Salon vorgestellt, ab August auf den Markt gelangte.

Sitzriesen und Flügelleute brauchten sich jetzt nicht mehr hinter einer allzu niedrigen Windschutzscheibe zu ducken, und Kurbelfenster sowie ein aufwendiger gestaltetes Faltdach stellten sich den Unbilden der Witterung unnachsichtiger entgegen als die Provisorien an dem asketischen Vorgänger. Gelegentlich nahm ein Doppelgitter über dem Motorenabteil spätere Stilelemente bereits vorweg.

Das Einfachgrill des neuen Carrera mit 1588 cm³, den man als GS de Luxe mit 105 PS oder GT mit 115 PS erwerben konnte, war in letzterem, wie schon am 1500 GT, flankiert von jeweils sechs Beatmungslamellen.

Die Kurbelwellen beider Triebwerke rotierten in Gleitlagern wie schon 1957 im 1600 S. Auf Accessoires wie Stoßstangenhörner mußte der figurbewußte Lenker des Carrera GT verzichten, und weiterer Marsch-Erleichterung dienten Hauben und Türen aus Aluminium ebenso wie Lederriemchen zum Heben und Senken der Seitenscheiben. Summa summarum erfuhr der Porsche 356 A eine Verbreitung von 20 626 Exemplaren, dazu 419 Carrera.

Triumph TR3A, Bj. 1960. Vierzylinder-Reihenmotor. 1991 cm³. 100 PS.
166 km/h. 12,7 s 0 - 100 km/h. Leihgeber: Bernd Maurus

Daß die Triumph Motor Company auch im Automobilbau das Sport-Diktum beherzigte, man solle eine siegreiche Kombination nicht antasten, ließ sich an dem TR2-Nachfolger TR3 im Oktober 1955 nachweisen. Jedenfalls im

Prinzip: Der Reihenvierzylinder leistete nun 95 PS; und hinter den schmalen Lehnen der Vordersitze hatte man, falls der Extra-Wunsch bestand, eine Behelfsunterkunft für einen möglichst quer zur Fahrtrichtung Mitreisenden eingerichtet.

Wo früher ein grobmaschiges Grill am Ende des trichterförmigen Schachts zwischen den vorderen Stoßstangenhörnern das Gröbste vom Kühler fernhielt, versperrte nun bündig in seine Umgebung eingefügtes verchromtes Gitterwerk diesen Einblick. In den nächsten Wochen wurden Erkenntnisse, die die agile Sportabteilung des Werks etwa beim 24-Stunden-Rennen von Le Mans gesammelt hatte, erstaunlich rasch in die laufende Serie eingespeist, zu Beispiel im Umkreis des Zylinderkopfs.

Im August 1956 spendierte man dem TR2 eine kräftigere Hinterachse und Girling-Scheibenbremsen vorn, wobei letzteres eine britische Premiere darstellte, denn der Jensen 541 zog erst ein paar Wochen später nach. Nach 13 377 Einheiten erschien im September 1957, klammheimlich und gewissermaßen ohne jegliches Triumph-Geschrei, der TR3A – nur daß er zunächst so nicht genannt wurde. Die Bezeichnung stammte nämlich von einer einfühlsamen Kundschaft und wurde schließlich – ein Beweis für die normative Kraft des Faktischen – von der Herstellerfirma adoptiert. Optisch ließ sich der TR3A an seinem bis unter die Lampen in die Breite gegangenen Kühlermund erkennen und an den außen angebrachten Griffen für Kofferraum und Türen, wie sie bislang nur für eine sogenannte GT-Version (mit Stahl-Hardtop) geliefert worden waren, die in die Zuständigkeit des Renningenieurs Ken Richardson fiel.

Die Maschine setzte jetzt 100 PS frei, und Reinhard Seiffert äußerte 1958 in auto motor und sport den Argwohn, sie tue dies nicht nur auf dem Papier, sondern münze ihre Stärke auch, durchaus gewusst und gewollt vom Produzenten, in deftiges Getöse um. Zu winzig seien die Luftfilter der beiden Vergaser, und der Auspuff scheine ebenfalls nur das Nötigste zu dämpfen, akustische Imagepflege sozusagen.

Ab 1959 konnte man wahlweise ein Triebwerk mit 2138 cm³ (mit 86 mm Bohrung) bestellen, das seine Feuerprobe in diversen Sporteinsätzen bestanden hatte, solide und gelassen wie der Standard-Motor. Im Winter 1959/1960 überarbeitete man das Bremssystem und retuschierte Details an Cockpit, Windschutzscheibe und Befestigung des Dachs. Zur am häufigsten georderten Sonderausstattung zählte das Overdrive von Laycock de Normanville, den oberen drei (und synchronisierten) Fahrstufen vermittels eines Kippschalters in unmittelbarer Nähe des Lenkrads elektrisch zuschaltbar, so daß der TR3-Pilot über sieben Gänge verfügte.

Im Oktober 1961 kam die Produktion nach 58 236 Exemplaren zum Stillstand. Die Übernahme des an chronischen Geldnöten laborierenden Konzerns durch Leyland Motors stand bevor. Aber

noch einmal gab es einen Nachschlag, den TR3B, von dem zwischen März und Oktober 1962 3331 bei der Forward Radiator Company gebaut wurden – alle für den Export. In den letzten 2831 zeugten bereits 2138-cm³-Maschinen des Nachfolgers, in fast allen dessen vollsynchronisierte Vierganggetriebe von den Dingen, die da kommen sollten. Dann war der TR3 tot – es lebte der TR4 ...

Leihgeber: P.F. Schouwenburg

Fiat-Abarth 1000 Bialbero GT Zagato, Bj. 1963. Vierzylinder-Reihenmotor. 982 cm³. 91 PS. 208 km/h. Leihgeber: Leo Aumüller

Der Fiat 600, vorgestellt im März 1955 auf dem Genfer Salon, galt rasch als der "Volkswagen des Südens": Wie sein käferförmiges nordisches Gegenstück machte er die Massen mobil. Daß die Dinge zehn Jahre nach Kriegsende insgesamt rosiger ausschauten, dazu trugen nicht zuletzt die Abrüstungsverhandlungen bei, zu denen sich Amerikaner und Russen zur gleichen Zeit in der Rhônestadt zusammengesetzt hatten.

In seinem Büro am Turiner Corso Marche sann unterdessen Carlo Abarth, gebürtig 1908 in Wien, aber bekennender Wahlitaliener mit einschlägiger Vergangenheit bei Cisitalia, über Aufrüstung nach. Der Volks-Fiat eignete sich als erstes Großserienfahrzeug trefflich für die leistungssteigernden Eingriffe, die Abarth als "PS-Zauberer von Turin" berühmt gemacht hatten. Er veränderte Herzstücke des Triebwerks wie Kurbel- und Nockenwelle, Kolben und Ventile, vergrößerte die Bohrung von 60 auf 61 mm, den Hub von 56 auf 64 mm und somit den Hubraum von 633 auf 747 cm³, was die Potenz der milden kleinen Limousine mit nunmehr 41,5 PS auf fast das Doppelte anschwellen ließ. Weitgehend unangetastet blieb ihre Einzelradaufhängung, vorn an oberen Trapez-Dreiecksquerlenkern und untenliegender Querblattfeder, hinten an schrägen Dreiecklenkern und Schraubenfedern.

Inmitten des wimmelnden Heeres von Normal-600 kam die muntere Abarth-Variante als Wolf im Schafspelz daher. Nur ein seitlicher Zierstreifen sowie der Abarth-Skorpion – heraldischer Ausdruck von des "Zauberers" Sternzeichen – verrieten, daß dieser seicento gleichsam auf dem Kriegspfad wandelte. Manifester wurde dies, wenn der Eigner die hintere Haube auf einem filigranen Rohrgeflecht lagernd hochstellte, was der Kühlung des Triebwerks, der Aerodynamik und einem martialischen Auftritt gleichermaßen dienlich und bei den zahlreichen Sporteinsätzen des Modells gang und gäbe war.

Die Nachfrage nach dem kleinen Renner war überwältigend, vor allem bei gut betuchten jungen Männern wie dem Prinzen Victor Emanuele von Savoyen oder Umberto Agnelli. Aber auch Kritik schlug Abarth entgegen bis hinein in hitzige Debatten im Parlament: mit dergleichen Mätzchen verführe er die Jugend zum Rasen. Von cholerischem Temperament und durchaus nicht unempfindlich gegen solche Rückmeldungen, stellte er dem flinken Viersitzer gleichwohl flugs ein von Zagato in Leichtmetall eingekleidetes Coupé mit dem charakteristischen Doppelhöcker zur Seite, welcher den Insassen mehr Kopffreiheit einräumte, vor allem wenn sie einen Sturzhelm trugen wie etwa Alfonso Thiele, der sich vor seinem Klassensieg bei der Mille Miglia 1957 einer ganze Horde von Artgenossen erwehren mußte.

Seinem Spitznamen "Double Bubble" zum Trotz gab es den Fiat 600 Derivazione Abarth 750 Carrozzeria Zagato auch mit glattem Dach, offen und mit diversen anderen Maschinen. Die genaue Stückzahl blieb im dunkeln. Schätzungen schwanken zwischen 600 und 1800. Denn während Carlo Abarth über die von ihm produzierten Auspuffanlagen pingelig Buch führte – 1959 zum Beispiel waren es 164 607 – verfuhr er bei der Auflistung seiner Automobile vergleichsweise fahrlässig.

Die Beziehung zu den Gebrüdern Zagato endete schließlich im Zorn, nachdem die beiden Formkünstler als letztes Auftragswerk des Zauberers von Turin die Evolutionsstufe Fiat-Abarth 1000 Bialbero (italienisch für zwei Nockenwellen) mit einer ihrer hübschen Karosserien versehen hatten. In glücklicheren Tagen war Elio Zagato für Abarth sogar Rennen gefahren.

Chevrolet Corvette, Bj. 1959. V8. 4637 cm³. 270 PS.
196 km/h. 8,6 s. 0 - 100 km/h. Leihgeber: Manfred Lauter

Unmittelbar nach seinem Stapellauf 1953 driftete der Corvette in eine Absatz-Flaute, die ökonomisch kaum noch zu vertreten war. So blieb als einziger Wind in den Segeln der Enthusiasmus seiner Schöpfer, auch als der Erzrivale Ford 1955 pro verkauften Corvette fünf Thunderbird absetzte. Für den Fall, daß Äußerlichkeiten potentielle Kunden vergrämten, machten sich die Chevrolet-Designer unter Harley Earl daran, sein Polyesterkleid für den Jahrgang 1956 zu überarbeiten. Als Vorlage dienten ihnen zwei Schau-Schönheiten der Motorama-Ausstellung 1955, der Biscayne, ein kompakter Viertürer, dessen vertikales Kühlergrill und seitlich-horizontale Taillierung Elemente der künftigen Linie antizipierten, und der LaSalle II, bei dem sich diese Auskehlungen bereits von vorn bis etwa zur Wagenmitte hin verjüngten.

Zarte Impulse kamen auch über den Ozean. So wuchsen auf der Motorhaube des neuen Corvette zwei leichte Wölbungen analog denen beim Mercedes SL, nur daß sie nun auf die Funktion reduziert waren zu gefallen. Vom Heck verschwunden waren zwei fühlerartige Auswüchse, die ursprünglich die Brems- und Rückleuchten aufgenommen hatten. Wollte man das als Extra verfügbare Hardtop aufsetzten, bedurfte es der helfenden Hand des Beifahrers.

1958 wurden die Einbuchtungen der Flanken hinter den Vorderrädern teilweise abgedeckt, und aus der so entstandenen Hutze stach ein Chrom-Dreizack in die Richtung der Türen. Modische Doppelscheinwerfer standen jetzt dem Corvette nicht unbedingt gut zu Gesicht, und er war breiter, länger sowie 45 kg schwerer geworden. 1961 wich der grobschlächtige Front-Grill einem feiner gegliederten Netzwerk, und das entenschwanzförmige neue Heck verriet den Einfluß des Chefstilisten Bill Mitchell, der ein Jahr später den Zier-Dreizack durch eine Vielzahl von kurzen Gitterstäben ersetzte.

Geradliniger als dieser den Launen des Zeitgeschmacks unterworfene Slalomkurs verlief die motorische Aufrüstung des Corvette im erbitterten Kampf um immer höhere PS-Zahlen. 1955 hatte ein neuer V8 von 4,4 l und 195 PS den in Ehren ergrauten Sechszylinder fast schon verdrängt (im Verhältnis 668 : 6). Ab 1957 wurde eine 4,6-l-Maschine in fünf Variationen angeboten: für 220, 245 und 270 PS bereiteten Vergaser den Kraftstoff auf. 250 und 283 PS versorgte eine Einspritzung. Um vor allem beim Prestige-Sprint auf die magischen 60 Meilen je Stunde nicht ins Hintertreffen zu geraten, steigerte man die Leistung der beiden Injection-Versionen bis 1960 auf 275 beziehungsweise 315 PS. Die Rochester-Benzineinspritzung des 5,3-l-Aggregats von 1962 ernährte deren 360 gegenüber den 250 PS, zu denen ein Fallstrom-Vierfachvergaser dessen schwächste Abart beflügelte.

Ab 1956 thronte ein Schalthebel auf einem mechanisch zu betätigenden Dreiganggetriebe, und 1957 wurden vier Fahrstufen offeriert, in der Liste der Sonderausstattungen wie die bisherige Powerglide-Automatik. Trotz des Wortgefunkels der Werbung, glitzernder Zahlen und unbestritten deftiger Kraft fanden nur wenige der 64 203 Corvettes zwischen 1956 und 1962 den Weg nach Europa. Die Wildbahn deutscher Autobahnen und die vergleichsweise qualvolle Enge sich schlängelnder Landstraßen und -sträßchen deckten gnadenlos ihre Schwächen auf – Bremsen, die den Motoren nicht gewachsen waren, und ein seit den Anfängen kaum verbessertes Fahrwerk, das eigentlich schon ins Museum gehörte...

FERRARI 250 GT BOANO/ELLENA

Ferrari 250 GT (Boano), Bj. 1957. V12-Colombo. 2953 cm^3. 240 PS.
203,5 km/h. 6 s 0 - 100 km/h. Leihgeber: Engel & Rheinard, Bad Breisig

Mario-Felice Boano und Luciano Pollo, zwei ehemalige Ghia-Angestellte, gründeten 1954 zusammen mit Boanos Sohn Gianpaolo in der Turiner Via Collegno ein eigenes Karosseriewerk. Der emanzipatorische Akt trug Früchte, die zu den schönsten Hoffnungen berechtigten. Auf dem Genfer Salon im März 1956 etwa befand sich ein von Boano kostümierter offener 250 GT in der erlauchten Gesellschaft des 410 Superamerica und eines 250 GT Prototyps von Pinin Farina.

Ferrari, so meldete Auto Italiana, habe die Produktion der beiden Dreiliter in der vorgeschlagenen Form und durch das jeweilige Haus abgesegnet. Es kam ganz anders. Mit dem Renommee von Farina wuchs dessen Bedarf an Raum. Längst hatten sich die alten Lokalitäten am Corso Trapani als unzulänglich erwiesen. Einen modernen, 40 000 Quadratmeter großen Betrieb an der Peripherie des bisherigen Standorts Turin aufzubauen brauchte Zeit.

Aufträge mußten vergeben werden, so etwa der für die Fertigung des Genfer Prototyps an die Carrozzeria Boano. Es handelte sich um ein Coupé, das Farina in einer Nullserie von sechs Stück aufgelegt hatte, wie so häufig gleichsam eine Sonde, mit der Geschmack und Reaktion des Publikums erforscht werden sollte. Das Echo war ermutigend. Ungefähr 69 Exemplare des 250 Gran Turismo stellte Boano innerhalb reichlich eines Jahres in anerkannt akribischer Handarbeit her, wobei jeglicher Hinweis auf seine Identität – etwa durch ein entsprechendes Emblem – unterblieb.

Man habe es, gab die offizielle Ferrari-Werbung zu verstehen, mit einem Serienauto zu tun, in das die Erfahrungen aus der Konstruktion von Sportwagen eingebracht worden seien. Fahrgestell und Motor (die "kurze" Colombo-Maschine) entsprachen denen des 250 Europa GT. Bei einigen Modellen wurden die vier Fahrstufen des vollsynchronisierten Getriebes von Porsche spiegelbildlich zum üblichen Schema geschaltet, was das Befremden nicht nur der amerikanischen Publikation Sports Cars Illustrated auslöste.

Ungewöhnlich hoch war die Gürtellinie, ungewöhnlich niedrig das Dach, und kleine Ausstellfenster schlossen sich an die dünne A-Säule an.

Mitte 1957 trat Mario-Felice Boano in die Dienste von Fiat und übergab das Unternehmen an seinen Kompagnon Pollo und seinen Schwiegersohn Ezio Ellena, nach dem es fortan benannt wurde. Den rund 50 Coupés, die unter dessen Ägide entstanden – Premiere war die Turiner Ausstellung im November 1957 -, gab eine Reihe von Retuschen ein eigenes Gepräge. Die Dachpartie war fünf Zentimeter höher, was einer ausgewogeneren Linienführung zugute kam.

Größere Glasflächen verbesserten die Ringsumsicht, die Ausstellfenster fielen fort. Beim Wechseln der Gänge folgte die Hand des Piloten generell wieder den üblichen Wegen, und vermittels einer Schneckenradlenkung von ZF ließ sich die Ellena-Variante präziser dirigieren als ihr Vorgänger. Das war auch nötig, besonders beim Einparken, denn die papierzarten Stoßfänger gewährten lediglich symbolischen Schutz. Die schönen Rundinstrumente stammten, wie damals üblich, von Veglia, während einem Teile wie Heizung, Türgriffe, Scheibenwischer oder der Mechanismus der Fensterkurbeln auch bei zeitgenössischen Fiat oder Alfa Romeo begegnen konnten, was jenen zum Ruhme und den Ferrari nicht zur Schande gereichte und überdies die Ersatzbeschaffung erfreulich vereinfachte.

Ferrari 250 GT Berlinetta Tour de France, Bj. 1958. V12-Colombo. 2953 cm³. 250 PS. 245 km/h. 7,6 s 0 - 100 km/h. Leihgeber: Georges Grey

Daß Armando Zampiero 1955 die italienische Sportwagenmeisterschaft mit einem Mercedes 300 SL gewann, war nur einer von vielen Anlässen für Ferrari, nun auch für die bislang stiefmütterlich behandelte GT-Kategorie eine wirksame

Waffe zu schmieden. Als Folge des Desasters von Le Mans im gleichen Jahr, als umherfliegende Teile des Mercedes 300 SLR von Pierre Levegh 90 Zuschauer töteten, hatte die Fédération Internationale de l'Automobile das Grand-Tourisme-Reglement neu definiert.

Auf dem Genfer Salon im März 1956 manifestierte sich, wie man in Maranello die Vorstellungen der Rennsport-Legislative auslegte: mit einer Leichtmetall-Berlinetta (Berlinetta = zweisitziges Coupé, in der Regel mit Fastback) von dramatisch-funktioneller Linienführung. Das Design stammte von Pinin Farina; mit der Ausführung war Scaglietti betraut. Als technische Basis diente das "Serien"-Coupé von Boano (später Ellena) mit seinem Radstand von 2600 mm, das sich überdies relativ rasch in der zur Homologation notwendigen Stückzahl von 100 Exemplaren nachweisen ließ.

Verwöhnten diese ihre Insassen mit allerlei Luxus, führten sich die ungefähr 84 Scaglietti-Renner vergleichsweise als rüde Gesellen auf. Perspex-Scheiben ersetzten solche aus Sicherheitsglas. Unanheimelnd-kahl, aufs Allernötigste reduziert, wirkte das Interieur wie ein ausgeräumtes Wohnzimmer, und fast ungehemmt durch schallmindernde Maßnahmen teilte sich der Colombo-Zwölfzylinder seiner Umwelt mit.

Um das niedrige Kampfgewicht von 1160 kg (einschließlich 130 l Sprit) auf die Waage bringen zu können, verzichtete man selbst auf Kleinigkeiten wie die Scharniere der Motorhaube. Anstelle der 14 sich in Dreieckform verjüngenden Lufteinlaßschlitze hinter den Seitenscheiben traten im Modelljahr 1958 drei große Öffnungen, die an einer weicher und rundlicher gezeichneten Interimsversion 1959 durch winzige Fenster abgelöst wurden. Gleichzeitig zogen sich die Scheinwerfer immer mehr aus der Rundung des Kotflügels zurück, die schließlich durch eine Perspex-Abdeckung erneut hergestellt wurde, bis man sich 1959 wieder zu einer

konventionelleren Anordnung entschloß.

Wie kaum ein anderer verkörperte dieser Ferrari die zwei Seelen, die in jedem Produktionswagen im Zeichen des sich bäumenden Pferdes wohnen. Am 12. Mai 1957 kam der Belgier Olivier Gendebien mit seinem 250 GT bei der 24. Mille Miglia, der letzten, als Dritter ins Ziel, nur acht Minuten und sechs Sekunden hinter dem Sieger Piero Taruffi auf dem Vierliter-Rennsportwagen 335 S aus dem gleichen Stall. Dasselbe Auto hätte ihn ein paar Tage später auf derselben Straßensequenz, die er nach dem Anlaufen des Scheitelpunkts in Rom auf der Ideallinie durchpfeilt hatte, im 17-Uhr-Stau nicht im Stich gelassen, wenn auch ungemein verwundbar auf Grund seiner fragilen Aluminiumkarosserie.

Die Erfolge des Scaglietti-Coupés waren Legion. Zweimal etwa, 1957 und 1958, gewann Gendebien mit seinem Landsmann Paul Frère das 12-Stunden-Rennen von Reims, dreimal, 1957, 1958 und 1959, die Tour de France, mit Lucien Bianchi als Copilot. Dieser Hat-Trick sowie der Sieg des spanischen Marquis Fon de Portago mit seinem amerikanischen Freund Edmund Nelson im Beifahrersitz bei der gleichen Veranstaltung 1956 brachte dem 250 GT Berlinetta seinen Nom de guerre ein – Tour de France.

Leihgeber: Matthias Ficht

Jaguar XK SS (D-Type mit SS-Spez.), Bj. 1955. Sechszylinder-Reihenmotor. 3442 cm^3. 253 PS. 235 km/h. 5,4 s 0 - 100 km/h.

Er sei der archetypische Sportwagen – ein Abkömmling der Rennbahn, der sich mit den allernötigsten Konzessionen die Berechtigung zur Teilnahme am öffentlichen Straßenverkehr verschafft habe, schrieb die angesehene

Fachzeitschrift The Autocar vom 3. Mai 1957.

Diese Standortbestimmung bezog sich auf den Jaguar XK SS, einen von 16, die den Weg in private Hände fanden. Es hätten viel mehr sein können, wäre nicht die Fertigungsstätte an der Browns Lane zu Coventry Mitte Februar jenes Jahres durch ein verheerendes Feuer verwüstet worden. Überdies handelte es sich beim XK SS bei einem moderaten Anschaffungspreis von lediglich 3878 Pfund um eine überaus attraktive Offerte – gerade mal doppelt so teuer wie das aktuelle XK 150 Coupé. An seiner Klasse und Rasse bestand nicht der geringste Zweifel: Die Familienchronik wies unter anderen die vier Le-Mans-Sieger 1951, '53, '55 und '56 aus. Der fünfte führte am 23. Juni 1957 zur Handvoll.

Der Denkanstoß für eine Straßenversion stammte vermutlich von einem der Stardompteure der Raubkatze, dem rotbärtigen Iren Duncan Hamilton. Dieser hatte seinen Werkswagen von 1954 mit dem polizeilichen Kennzeichen OKV 1 zwei Jahre später mit einer Windschutzscheibe und einem behelfsmäßigen Regenschutz auf die gelegentliche Runde um den Block eingestimmt. In Coventry nahm man seinen Geistesblitz günstig auf, schon weil im Vorfeld der Homologation des Rennmodells D-Type eine Reihe von Belegexemplaren vorzuweisen gewesen war.

Ein beträchtlicher Teil von dessen Substanz blieb denn auch naturbelassen, etwa das Aluminium-Monocoque mit vorderem Hilfsrahmen aus Vierkantrohr und die Aufhängung, vorn Querlenker mit längs liegenden Torsionsstäben, hinten eine Starrachse an Längslenkern, quer eingebauten Drehstäben und einem Stabilisatordreieck, mit servounterstützten Dunlop-Scheibenbremsen an allen vier Rädern.

Ebenfalls so gut wie unangetastet waltete unter der langen und vielfach durch Entlüftungsschlitze aufgebrochenen Fronthaube der Reihensechszylinder des rasenden Stars seines Amtes, mit 3442 cm^3 Volumen, zwei obenliegenden Nockenwellen und Trockensumpfschmierung umsichtig auf seine Aufgabe vorbereitet. Dessen zweifelsohne vollzählig versammelten und gierigen 250 PS wurden von drei Weber-Vergasern des Kalibers 45 DCO 3 alimentiert. Seine Emissionen suchten sich durch einen Doppelauspuff, der unter der rudimentären Tür für den Beifahrer mündete, mit erheblicher Geräusch- und Hitzeentwicklung ihren Weg ins Freie. Daß der XK SS im Pulverdampf der Piste gezeugt worden war, belegte nicht zuletzt seine enorme Tankkapazität von 168 Litern. Auf einen Kofferraum mußte der Pilot dafür verzichten. Ein leichtes Sturmgepäck ließ sich allenfalls auf ein durch den Basispreis abgedecktes verchromtes Gestell auf dem Heck schnallen.

Auch sonst bedeckte ihn nur ein hauchdünner Firnis von Zivilisation. Mittels eigens für diesen Zweck angefertigter Leichtmetallpaneelen in Wagenfarbe waren die grazilen seitlichen Säulen der gewölbten Panoramascheibe in der Karosserie verankert, ohne im Fall eines Überschlags auch nur den geringsten Schutz gewähren zu können. Das knappe Barett aus Mohair durchdrang sehr wohl der eine oder andere Regentropfen, auf jeden Fall aber die brutale Sinfonie aus Motorengebrüll, Zischen des Fahrtwinds sowie Weinen der Dunlop-

Rennreifen R1. Seine zarten Stoßfänger verdienen diesen Namen nicht.

Aber The Autocar bescheinigte ihm rauhbauzige Verträglichkeit, und Road & Track er-mittelte 5,2 s auf Tempo 96 und 13,2 s auf 160 km/h. Dafür nahm der wahre Enthusiast schon so manches in Kauf.

Alfa Romeo 2000 Spider (Touring), Bj. 1960. Vierzylinder-Reihenmotor. 1975 cm³. 115 PS.
175 km/h. 14,2 s 0 - 60 mph. Leihgeber: André Borel

In einer hierarchisch orientierten Auto-Gesellschaft bedeutete für Alfa Romeo die Einführung der Giulietta 1955 einen ebenso entschiedenen wie einträglichen Schritt in Richtung auf die Basis. Vom entgegengesetzten Hang des Mailänder Hauses, Marktanteile zu besetzen, wo sich eine wohlhabendere und damit notwendigerweise zahlenmäßig kleinere Klientel für einen größeren, stärkeren und luxuriöseren Alfa interessieren mochte, zeugte das Modell 2000, das auf dem Turiner Salon 1957 vorgestellt wurde.

Der üppig ausgestattete Sechssitzer löste den 1900 ab, der äußerlich in die Jahre gekommen war. Wo rundliche Konturen in die Zeit vor dem Krieg zurückgewiesen hatten, regierten jetzt unumschränkt der rechte Winkel und glatte Flächen. Unter der zeitgemäß entrunzelten Blechhaut indessen verbargen sich keine Neuerungen. Der inzwischen fast schon klassische Vierzylindermotor mit zwei kettengetriebenen obenliegenden Nockenwellen entsprach mit 1975 cm³ dem der Typen 1900 Berlina Super, TI Super und Super Sprint, leistete aber nur 105 PS, die auf Grund eines relativ flachen Drehmomentverlaufs bald verfügbar waren.

Das nun serienmäßige Fünfganggetriebe, noch immer durch Lenkradschaltung betätigt, war damit eher erfreuliches Accessoire als eine wirkliche Notwendigkeit. Nichts Neues gab es auch vom Fahrwerk zu vermelden: selbsttragende Karosserie, vorn Einzelradaufhängung an Querlenkern und mit Schraubenfedern, hinten Starrachse an Längslenkern, Reaktionsdreieck und ebenfalls Schraubenfedern. Den Gepflogenheiten des Staatsbetriebs entsprechend folgte eine Reihe von sportlichen Variationen zu diesem Thema, die allesamt wie ältere Geschwister ihrer Pendants in der Giulietta-Palette aussahen, nur erwachsener, seriöser, eher für den Mittvierziger bestimmt.

Pikante Züge bekam diese Ähnlichkeit im Falle des Spiders, von dem 1958 nach seiner Präsentation auf der Pariser Autoausstellung die ersten 62 Exemplare verkauft wurden. Sein Aufbau stammte von der Carrozzeria Touring in Mailand, war aber dem des Giulietta Spider von Pinin Farina so ungeniert nachempfunden, daß ein englischer Biograph der Marke Alfa Romeo ihn kurzerhand den Kreationen des Meisters Farina zuschlug.

Wie auch das viersitzige Sprint-Coupé von Bertone, das sich ihm 1960 auf dem Turiner Salon zugesellte, verfügte der Spider Superleggera über eine 115-PS-Maschine und zwei – allerdings knapp bemessene – Rücksitze, obwohl sein Radstand gegenüber dem des Berlina um 220 mm verkürzt worden war. Bei dem Coupé, dessen Achsen 80 mm weiter auseinanderstanden, handelte es sich praktisch um einen maßstabsgerecht vergrößerten Giulietta Sprint, nur daß das Plagiat im Hause blieb. Der einzige ins Auge fallende Unterschied bestand in den Doppelscheinwerfern, die ihm gut zu Gesicht standen.

Vom 2000 Spider waren 3443 gebaut, als das Modell 1961 auslief. Der Sprint, dessen Produktion ja später begonnen hatte, hielt sich noch ein Jahr länger, brachte es aber nur auf die bescheidene Stückzahl von 704.

Alfa Romeo 2000 Sprint Coupé, Bj. 1966. Sechszylinder-Reihenmotor. 2582 cm^3. 145 PS. 199 km/h. 12 s 0 - 100 km/h. Leihgeber: Annette Hienzsch

Allerdings erfolgte die Wiederauferstehung der drei Top-Modelle von Alfa Romeo unverzüglich in Gestalt des 2600, ohne daß die Silhouette jeweils verändert wurde. Das neue Triebwerk von 2582 cm^3 folgte genau der Philosophie hinter dem bisherigen Vierzylinder, schöpfte jedoch seine gut im Futter stehenden 145 PS aus zwei Zylindern mehr und hatte nasse Laufbüchsen sowie eine siebenfach gelagerte Kurbelwelle.

Sein Ölhaushalt war auf 6,5 Liter angewachsen. Chassis und Fahrwerk waren in allen Fällen identisch mit denen der Vorgänger, nur daß an den Vorderrädern Scheibenbremsen zum Einbau gelangten, deren Synchronisierung mit den hinteren Dreibacken-Trommelbremsen sich als diffizil erwies. Erst 1963 ging man von letzteren ab, offenbar liebgewordene Prinzipien zäh bewahrend.

1965 erhielten die beiden Salon-Sportler exotischen Zuwachs in Gestalt des 2600 SZ (für Sprint Zagato), von dem bis 1967 gerade 105 die kleine Werkstatt des Karossiers in Terrazzano di Rho verließen. Chassis und Aufhängung entsprachen denen des Spiders. Den Serienteilen setzte Zagato allerdings eine grimmig aussehende Karosserie mit rechteckigen Scheinwerfern und seiner eigenwilligen Interpretation des Alfa-Gesichts auf, ohne daß darüber die Anklänge an den Giulietta SZ verlorengingen. Im Inneren herrschten gnadenlose Funktionalität sowie beengte Raumverhältnisse trotz oder gerade wegen zweier Notsitze, und der normale 145-PS-Motor legte auf Grund fehlender Geräuschdämpfung plötzlich eine rüpelhafte Lärmentwicklung an den Tag – Preis einer spartanisch-sportiven Exklusivität.

Da die Zagato-Coupés an allen Ecken und Enden abgespeckt waren wie die Teilnehmerinnen an einer Mißwahl und überdies den Fahrtwind etwas schnittiger unterpfeilten als ihre Kollegen vom Fließband, liefen sie stattliche 210 km/h, was man besser vermied, wenn zarte Ohren zugegen waren. Während die Kundschaft für dieses Modell darauf bedacht war, ein sportliches Image zur Schau zu stellen – auf der Piste selbst konnte man mit ihm wenig anfangen -, war etwa der 2600 Sprint an einen Käuferkreis adressiert, der sich aus Exponenten des gehobenen Mittelstands zusammensetzte und nach einem Automobil Ausschau hielt, das die Wohnlichkeit einer Limousine mit dem Esprit eines Sportcoupés in Einklang brachte.

Der 2600 Sprint war nur halb so teuer wie ein Ferrari und rangelte sich mit den

unmittelbaren Konkurrenten Fiat 2300 S und dem Lancia Flaminia Coupé um Gunst und Geld seiner Zielgruppe. Für 6000 Mark weniger bot der Fiat zum Beispiel vergleichsweise derbe Hausmannskost, etwa eine an Blattfedern aufgehängte Hinterachse und einen Stoßstangenmotor, während der Alfa Romeo den Auto-Gourmet auch in solchen Details zufriedenstellte. So schien das glattflächige, weit ausladende Nockenwellengehäuse mit seiner pedantisch bearbeiteten Oberfläche ein gleichsam – auch in der Geschichte des Fahrzeugbaus – klassisches Ideal zu erfüllen, daß nämlich äußere Schönheit adäquater Ausdruck innerer Werte zu sein habe. Der Anblick der drei Solex-Doppelvergaser 44 PHH in ihrer Monumentalität tat ein übriges.

Der Sechszylinder-Treibsatz bespielte mühelos und mit nahezu gleichmäßig zunehmender Kraft das Drehzahlspektrum zwischen 1000 und 7000 U/min bei großer Elastizität und Laufruhe und verschonte auch bei Drehzahlen, für die das entsprechende Instrument bei vielen heutigen Sportwagen bereits drohendes Rot bereithält, Ohr und Nervenkostüm des Piloten mit hässlichem Ventilschnattern. Der fünfte Gang war nicht als Schongang ausgelegt, sondern man konnte auf ebener Bahn in ihm tatsächlich die Höchstdrehzahl erreichen, ebenso wie die vom Werk angegebene Spitzengeschwindigkeit von 200 km/h, wobei die ansonsten sehr leise Maschine mit kernig-metallischem Ton auf ihr Werk aufmerksam machte.

Alfa Romeo 2000 Sprint Zagato, Bj. 1967. Sechszylinder-Reihenmotor. 2582 cm^3. 145 PS. 210 km/h. 11,4 s 0 - 100 km/h. Leihgeber: Dr. F. Benthake

Für 180 km/h - bei relativ langsamem Verkehrsfluß auf schmalen Autobahnen damals bereits eine recht beachtliche Geschwindigkeit - reichten 5600 Umdrehungen der Kurbelwelle je Minute, und wer wollte, konnte in der fünften

Fahrstufe auch mit Tempo 50 dahintrödeln, ohne daß das Auto bockte. Der erste Gang war dafür zum Anfahren fast zu hoch übersetzt, so daß sich durchdrehende Räder nur mit viel Fußspitzengefühl vermeiden ließen, der zweite bereits zu niedrig für einen reibungslosen Start.

Unauffällig und effizient arbeitete die Porsche-Synchronisierung wie auch die bequem im Griff liegende Schaltung, auf die die Hand des Lenkers von dem schönen Dreispeichenlenkrad fast lotrecht herabfiel. Die Pedalerie gestattete es, wenn man es immer noch nicht lassen konnte, die Gänge nach dem System "Spitzhacke" zu wechseln, das heißt, die Bremse beim Herunterschalten mit der Fußspitze zu betätigen, während die Ferse Zwischengas gab, eine kultische Handlung, die den, der sie zelebrierte, als passionierten Autofahrer auswies - sonst nichts.

Die sehr schräg stehende Windschutzscheibe beeinträchtigte bei tief einfallendem Sonnenlicht und bei Nacht durch zahlreiche Reflexe die Sicht. Ständig von Spiegelungen heimgesucht wurden auch die Instrumente, die zudem so klein und unübersichtlich waren, daß man eigentlich jedes Mal hätte anhalten müssen, um sich etwa über Wasser- und Öltemperatur auf dem laufenden zu halten. Die Dosierung von Heizung und Belüftung vermittels Drehknöpfen erforderte sehr viel Tastsinn, und die Lehne des leeren Beifahrersitzes klappte bei scharfem Bremsen ungehemmt nach vorn - ein Vorgang von trister Symbolik.

Dafür war man in den mit Leder bezogenen Sitzen gut aufgehoben, vor allem, wenn man keine Rücksicht auf die Knie der Hinterbänkler zu nehmen brauchte. Waren Fahrer und Beifahrer bereit, sich

diesbezüglich einzuschränken, saßen auch jene recht komfortabel und kamen sogar in den Genuß einer herausklappbaren Mittelarmlehne, während mangelnde Kopffreiheit ihre Häupter zu einer permanenten Demutsgebärde veranlaste - auf längeren Touren schwer durchzuhalten.

Mit 2580 mm hatte der Sprint einen sportwagenmäßig kurzen Radstand, was sich bei langsamem Fahren auf schlechten Straßen durch ein verkraftbares Nicken bemerkbar machte. Bei schnellem Betrieb bügelte er Bodenunebenheiten kaum merklich aus, war richtungsstabil und windunempfindlich. Zwang man ihn in den Grenzbereich, so schob er über das kurvenäußere Vorderrad geradeaus, was sich allerdings schon einige Zeit vorher durch mörderisches Quietschen der in der Regel aufgezogenen Pirelli-Cinturato-Pneus avisierte.

Die Lenkung ging ihrer Funktion erfreulich leicht, stoßfrei und dennoch exakt nach, was dem Gefühl für den Fahrbahnkontakt zugute kam, das durch ihre ungewöhnliche Leichtgängigkeit im Vorgängermodell 2000 Sprint in bestimmten Situationen beeinträchtigt worden war. Insgesamt gesehen, verkörperten der Sprint und sein Spider-Gegenstück nicht den Typ des Bürgerschrecks und auch nicht des Wolfs im Schafspelz, sondern des Gebrauchssportwagens mit milddramatischen Akzenten. Schade, daß viele - die meisten - inzwischen dem Rostfraß anheimgefallen sind...

Berlinette Alpine Renault 1600 SX, Bj. 1977. Vierzylinder-Reihenmotor. 1647 cm^3. 95 PS. 195 km/h. 10 s 0 - 100 km/h. Leihgeber: Bernd Gondorf

Den ersten Alpine stellte der Rallyefahrer Jean Rédélé 1955 in der Pariser Renault-Niederlassung Ets. Escoffier auf die Räder – ein winziges Coupé auf der Basis des Heckmotor-Modells 4 CV, den hierzulande der Volksmund respekt-

los-kulinarisch Cremeschnittchen taufte. Der A 108 von 1957, inzwischen in Dieppe an der französischen Westküste gefertigt, leitete sich her vom Renault Dauphine, während der A 110 von 1963 auf der gleichen Konzeption fußte, seine Vierzylinder-Reihenmotoren aber in verschiedenen Tuning-Stufen von den Typen 8 Major, 8 Gordini, 16 und 16 TS bezog.

Nachdem sich die Société des Automobiles Alpine viele Jahre mit dem ausdrücklichen Einverständnis des Präsidenten der Régie Renault Pierre Dreyfus an den Staatskonzern angelehnt hatte, wurde sie 1974 gänzlich unter dessen Fittiche genommen. Nicht zuletzt hatten sich Rédélé und seine Männer durch unzählige Sporterfolge ihre Sporen verdient, so etwa durch Le-Mans-Siege im energetischen Index 1964, 66 und 68. Der A 110 (auch Berlinette genannt) aber - im Grunde ein rauher Bursche, da ein notdürftig vertarntes Rennauto – wurde in unendlicher Detailarbeit, bis zu der relativ milden Variante 1600 SX verfeinert, mit der die Baureihe 1977 auslief, eine Generation nach ihrem Erscheinen.

Was alle A 108/A 110 gemeinsam hatten, war der Zentralrohrrahmen mit der knapp sitzenden Kunststoffkarosserie, vorn – wie später rundum – Einzelradaufhängung an Dreieckquerlenkern und Schraubenfedern, Querstabilisator, hinten bis 1973 Pendelachse an Längslenkern und Schraubenfedern. Ab 1966 kam serienmäßig ein Fünfganggetriebe zum Einbau. Im Nacken der Insassen hausten im Laufe der Zeit Stoßstangen-Triebwerke diverser Hubraumkapazitäten bis zu 1600 cm^3 zur Untermiete, in Le-Mans-Spielarten gar ein kompakter V8-Motor von drei Litern, den Amédée Gordini entworfen hatte. Ein Verlies im Bug, wo man rudimentären Gepäckraum vermutete, war mit Tank, Reserverad, Batterie und Wasserkühler prall gefüllt, um die weit nach hinten ragende Heckmaschine auszubalancieren, was mit einer Gewichtsverteilung von 42 : 48 Prozent auch gelang.

Auffällig war der stark negative Sturz der Hinterräder, der der grundsätzlich vorhandenen Übersteuerneigung des Alpine entgegenwirkte und zugleich die

Tücke der Pendelachse entschärfte, sich bei hohen Querbeschleunigungen aufzustützen. Um dennoch das Heck zum Abwandern zu provozieren, mußte man sehr schnell sein – ein Verhalten, das Renn- und Rallyefahrer gern und spektakulär in die Wege leiteten. Die schärferen Motor-Versionen halfen den nur knapp über 700 kg wiegenden Coupés erst im oberen Drehzahlbereich so recht auf die Sprünge, während sie unterhalb des Halbwerts unwillig und demonstrativ röchelnd auf den Tritt des rechten Fahrer-Fußes reagierten.

Sich in das nur 1130 mm hohe Wägelchen einzufädeln verlangte eine gewisse choreographische Gewandtheit. Dann aber ruhten selbst hochgewachsene Insassen bequem, allerdings wie die Klischeevorstellung vom Yankee, der seine hochgelegten Beine auf dem Schreibtisch lümmelt. Die Fiberglaskarosserie, die auch zeitweise einem Cabriolet und einem Viersitzer gut zu Gesicht stand, strömte einen süßlichen Geruch aus, der nicht jedermanns Sache war.

Das gleiche galt für den Preis, vor allem, wenn man das jeweilige Konkurrenzmodell von Porsche oder Alfa Romeo zum Vergleich heranzog. So kam auto motor und sport 1966 zu der Schlußfolgerung, mit dem Alpine erwerbe man einen Haufen Leistung ohne das Auto, das diese normalerweise umgebe. 7176 Käufer ließen sich davon zwischen 1957 und 1977 nicht abschrecken.

Jaguar XK 150 Coupé, Bj. 1959. Sechszylinder-Reihenmotor. 3442 cm³. 210 PS. 200 km/h. 10,8 s 0 - 100 km/h. Leihgeber: Andreas Keller

Der Testbericht über das Jaguar XK 150 Coupé in auto motor und sport endete auf einer nachdenklichen Note. Hätte man nicht anstelle dieser zehn Jahre alten Grundkonstruktion ein Auto auf die Räder stellen sollen, in das alle inzwischen mit dem Rennsportwagen gesammelten Erfahrungen eingebracht wurden, fragte dort 1958 der belgische Fachjournalist und Rennfahrer Paul Frère seine Leser. Eben dies war die erklärte Absicht von Firmenchef Sir William Lyons gewesen, nur daß die Ressourcen des Unternehmens für die erforderlichen neuen Maschinen einfach noch nicht ausreichten.

Zudem erwies sich ein Großbrand im Februar 1957 durchgreifender Innovation nichts weniger als förderlich, und eine erwartungsfrohe Klientel mußte sich im Mai jenes Jahres mit einem weiteren Sproß der XK-Familie begnügen, falls der Ausdruck gestattet ist angesichts einer so gereiften Leistung. Kreiert wurden zunächst nur Coupé und Drophead. Der Roadster, früher einmal der eigentliche Renner innerhalb des Programms, ließ noch bis März 1958 auf sich warten.

Die Männer um Lyons, der wie stets für die Linie verantwortlich zeichnete, hatten aus Geld-Not eine Tugend gemacht, indem sie mit einem Minimum an Aufwand Vorhandenes listig neu kombinierten. So nahm man zwar den charakteristischen Hüftknick zugunsten eines insgesamt höheren Gürtelniveaus zurück, verwendete aber kräftige Portionen der alten Kotflügel. Die zweigeteilte Windschutzscheibe nach Art der Alten war allerdings dem Fortschritt in Gestalt der unvermeidlichen Panoramaverglasung unterlegen, während das große Kühlergrill dem des Tourenwagens MK I entsprach. Sein unteres Ende wurde durch eine kesse Ausbuchtung in der Stoßstange dem Blick des Betrachters und dem Fahrtwind gleichermaßen anheimgegeben.

Auch der hintere Rammschutz bestand jetzt aus einem Stück, und das polizeiliche Kennzeichen hatte folglich wieder auf seinen angestammten Platz am Ende des Kofferraumdeckels umsiedeln müssen. Fragil und raschem Verschleiß unterworfen waren die Griffe, die den Zugang zum breiter gewordenen Inneren des Jaguar eröffneten. Die Türen selbst ließen sich im Winkel von 90 Grad aufsperren, wurden indes durch keine Arretierung daran gehindert, ganz herumzuschlagen. Schon immer waren die XK-Modelle schnelle – und schwere – Autos gewesen, und noch im XK 140 geriet nach Höhenflügen jenseits der 200 km/h die Schlußphase einer Vollbremsung unter Umständen zum traumatischen Erlebnis. Mit dem XK 150 war dieser Mißstand abgestellt, denn mit Dunlop-Scheibenbremsen ringsum war nun dem Jaguar-Dompteur ein geeignetes Mittel zu des Widerspenstigen Zähmung an die Hand gegeben. An und für sich zählten diese zu den gehobenen Extras, aber kein einziges Exemplar wurde mit Trommelbremsen ausgeliefert.

Die Pionierarbeit von fünf Jahren –

auch auf der Piste – zeitigte damit ihre Früchte: Die 24 Stunden von Le Mans 1953 gewann ein C-Type mit den vergleichsweise frei im Wind liegenden Dunlop-Discs. Im übrigen blieb das Fahrwerk, wie es war, ein Kastenrahmen mit rechteckigen Längs- und Querträgern, vorn Einzelradaufhängung mit Querlenkern und Drehstäben in Längsrichtung, hinten Starrachse und Halbelliptikfedern.

Jaguar XK 150 Roadster (S), Bj. 1958. Sechszylinder-Reihenmotor. 3442 cm³. 250 PS.
219 km/h. 7,3 s 0 - 60 mph. Leihgeber: Rudolf Rüegg

Daß die Führung der Hinterachse bei ständig eskalierenden PS-Zahlen nicht mehr dem letzten Stand entsprach, machte sich durch Holpern des kurveninneren Rades bei scharfem Beschleunigen auf unebener Fahrbahn nachdrücklich bemerkbar. Die meisten XK 150 verließen übrigens die Werkhallen in Coventry im Special-Equipment-Trimm, also auch mit Drahtfelgen, zunächst mit 54, ab Juni 1958 mit 60 Speichen, und den dekorativen zweiflügeligen Zentralverschlüssen.

Viele Kunden optierten für die 210-PS-Version des langhubigen Sechszylinders mit dem sogenannten B-Zylinderkopf anstelle des Normalmotors von 190 PS. Zur Wahl standen ferner ein manuell zu betätigendes Moss-Vierganggetriebe, dessen erste Fahrstufe nicht synchronisiert war – Zwischengas empfahl sich auch, wollte man aus höheren Drehzahlen lautlos zurückschalten –, dasselbe mit Overdrive oder eine Automatik von Borg Warner, die sich wachsender Beliebtheit erfreute. Gleichzeitig mit dem Roadster, der auch bei geschlossenem Verdeck kaum an Attraktivität einbüßte, wurde die S-Maschine verfügbar, zu erkennen an den charakteristischen flockenförmigen Gehäusen dreier SU-Vergaser.

Die meisten ihrer 250 PS verdankte sie allerdings der Kopf-Arbeit von Harry Weslake, der, wie ein Varietékünstler seine Kaninchen aus dem Hut, Pferdestärken aus kaltem Metall zauberte, aus zahllosen Motorradtriebwerken, den Rennmotoren der Ford GT40 und Capri, seinem eigenen bildschönen Grand-Prix-Zwölfzylinder.

Für den Modelljahrgang 1960 wurde der Hubraum des XK 150 auf 3781 cm³ erweitert, in der Standard-Form mit dem B-Kopf und 220 PS, in der Weslake-Variante mit 265 PS, die offenbar prächtig im Futter standen: In der englischen Fachzeitschrift Autosport wußte John Bolster 1960 zu berichten, daß man damit in 19 Sekunden auf 160 km/h beschleunigen könne, ein Lusterlebnis, das durch den unmäßigen Spritkonsum des Prüflings jedoch beeinträchtigt wurde.

Zumindest aber was den Anschaffungspreis anbelangte, schonte die britische Wildkatze das Budget derer, die sie sich als Haustier zulegten. In Deutschland zum Beispiel kosteten das Coupé 1960 22 800 DM, ein Aston Martin DB4 45 000 Mark, ein Ferrari 250 Berlinetta 50 275 Mark. In vier Jahren aufgelegt wurden 2265 Roadster, 4462 Coupés und 2671 Dropheads, deren wohlgeformte Mohair-Dächer das wohnliche Fluidum der Jaguar-Limousinen aufkommen ließen, während die früher übliche Nußbaum-Furnierung der Armaturentafel nun gänzlich den Tourenwagen vorbehalten blieb, Opfer des sportlichen XK-Image und einer aufmerksamer werdenden Kalkulation.

Mit dem gedämpften Komfort eines Nagelbretts aber wartete das Fähnlein der 16 XK SS auf, kaum getarnten Straßenausgaben des D-Type und im Verkehrsalltag so richtig am Platze wie ein Ledernacken unter Blumenkindern. Schon ein kurzer Steckbrief weist aus, wo diese Autos eigentlich hingehörten: Monocoque, drei Weber-Vergaser, Trockensumpf, 250 PS, 915 kg, Beschleunigung auf Tempo 160 in 13,6 und auf 400 Meter in 14,1 s, Spitze 240 km/h.

Wer eine Zahnbürste mit auf die Reise nehmen wollte, mußte diese schon auf ein am Heck extern angebrachtes Gestell schnallen, denn ein Kofferraum war nicht vorgesehen. So wörtlich hatte Paul Frère seine Frage nun auch nicht gemeint.

Lotus Elite, Bj. 1961. Vierzylinder-Reihenmotor. 1216 cm^3. 85 PS. 185 km/h. 10 s 0 - 60 mph. Leihgeber: Horst Jörg Auer

Dem Erscheinen des Lotus Elite ging allenthalben gespannte Erwartung voraus. Was würde sich Colin Chapman, dem seine Geistesblitze zum Beispiel in der Abgeschiedenheit seiner Badewanne zuteil wurden und der bereits verkrustete Denkklischees im Bau von Rennautos frisch aufgebrochen hatte, für einen Straßensportwagen einfallen lassen?

Nachdem Premierminister Harold Macmillan am 16. Oktober 1957 die 42. Londoner Motor Show eröffnet hatte, fand man die Antwort auf dem Stand der winzigen Manufaktur im Norden der Hauptstadt, die sich bisher mit Wettbewerbsfahrzeugen hervorgetan hatte, ein zweisitziges Coupé, das es in sich hatte. Sein Kunststoffmonocoque war aus Fiberglas und Polyester legiert und an einigen wenigen Stellen, etwa im Bereich der Türscharniere und der sehr schräg eingesetzten Frontscheibe, mit eingeklebten Metallbügeln verstärkt.

Es wurde aus drei Komponenten zusammengefügt, dem Boden, der eigentlich tragenden Struktur, der Außenhaut. Die Form stammte von Peter Kirwan-Taylor und John Frayling, war von Flugingenieur Frank Costin auf ihre Aerodynamik hin überprüft und dann von Chapman abgesegnet worden. Das horizontal lagernde Reserverad machte sich unmittelbar hinter den wohlgeformten Schalensitzen ungebührlich breit, und die Fenster ließen sich nicht herunterkurbeln, da ihre hintere Kante die

Schräge der Windschutzscheibe noch einmal nachzeichnete. Aber solche Ungereimtheiten im Detail taten dem Appeal des Elite keinen Abbruch, zumal er mit zahlreichen weiteren Qualitäten aufzuwarten hatte.

Girling-Scheibenbremsen rundum sorgten für exzellente Verzögerung des Leichtgewichts (vollgetankt 625 kg), für eine entsprechende Straßenlage die Radaufhängungen des Formel-2-Lotus 12: Querlenker mit Federbeinen vorn, hinten eine Kombination aus Schubstreben, Federbeinen und mittragender Antriebswelle. Unter der stark abfallenden Fronthaube kauerte in Gestalt des Vierzylinders von Coventry Climax ein besänftigter Rennmotor mit 1216 cm^3 Hubraum, der in den Elite der Serie 1 bis 1960 75 PS abgab und dann, gespeist von zwei SU-Vergasern anstatt des bisherigen einen, auf 85 PS erstarkte. Zugleich mit dieser Leistungssteigerung ersetzte man das ursprüngliche BMC-Getriebe der Baureihe B durch eines von ZF, was mit einem deftigen Mehrpreis verbunden war.

Das Climax-Triebwerk, am Beginn seiner Karriere für stationären Einsatz in Feuerspritzen vorgesehen, wog nur knapp zwei Zentner und war in einem ganzen Spektrum von Tuningstufen verfügbar. Erst nach dem Umzug der Lotus Cars Ltd. in die Delamere Road zu Cheshunt, Herts, lief die Elite-Produktion richtig an, aber nach 988 Exemplaren und weiteren, die in Kit-Form verschickt wurden, versiegte sie bereits im September 1963, auch weil sich Chapmans Waffe gegen die Porsche 356 und Alfa Romeo Giulietta als zu ungeschliffen erwies und ihre Plastik-Verpackung rasch ermüdete.

Auf den Rennstrecken machte der Elite eine glänzende Figur, beginnend mit einem Gesamtsieg in Silverstone unter Ian Walker am 10. Mai 1958, und in Le Mans war dem Kunststoff-Coupé zwischen 1959 und 1964 der Rang des Klassen-Primus nicht zu nehmen, einem Umstürzler Chapmanscher Prägung in der Grand-Tourisme-Kategorie.

Die Revolution hatte übrigens nicht ohne Peinlichkeiten angefangen, und wie bei diesen Gelegenheiten üblich, betrafen diese das Königshaus. Als Prinzessin

Margaret, die die Elite-Premiere in Earls Court am 24. Oktober in Begleitung ihrer Mutter besuchte, in dem hastig zusammengezimmerten Prototyp probezusitzen wünschte, war der Zugang versperrt. Irgendjemand hatte beide Türschlösser verriegelt und den einzigen Schlüssel auf dem Zündschloß stecken lassen.

Lotus Super Seven S3, Bj. 1968. Vierzylinder-Reihenmotor Ford 2250E. 1599,1 cm^3. 84 PS. 160,9 km/h. 8,8 s 0 - 60 mph. Leihgeber: Rudolf Panchyrz

Zu Weltruhm gelangte Anthony Colin Bruce Chapman, gebürtig am 19. Mai 1928 in Richmond, vor allem als Vordenker, Neuerer und Enfant terrible der Grand Prix-Gilde. Aber bereits als ABC-Schütze träumte er davon, dereinst ein

Auto pur zu bauen, ein Motorrad auf vier Rädern für den Studenten und seine Freundin. Gedacht, getan – allerdings um einiges später, 1957.

Dieses Jahr hatte Chapman dazu ausersehen, seine Lotus Engineering Co. Ltd., No 7 Tottenham Lane, Hornsey, London N 8 im Kreise der seriösen Automobilfabrikanten zu etablieren, mit dem revolutionären Elite, dessen Konzeption entschieden marktaufwärts wies, und dem Seven als Butter-und-Brot-Fahrzeug, adressiert an den hartgesottenen, ziemlich mittellosen und möglichst wetterunempfindlichen Enthusiasten.

Unnötige Kosten wie etwa die Kaufsteuer umging man mit einem Kunstgriff, wenn der kleine Straßen-Renner ab Werk in der Form eines Baukastens verschickt wurde. Chapman hatte sich im Umfeld der Pisten schon einen Namen gemacht, und so lockte die Werbung einschlägige Interessenten mit dem Slogan: "ER hat ihn erdacht – SIE montieren ihn."

Bevor letzteres vollzogen war, vergingen in der Regel 60 Stunden stramme Heimarbeit inklusive ungeduldiger Nachtschichten. Es gab nämlich viel zu tun: Alles mußte ausgepackt, ein Schlachtplan ausgeheckt und eine Unzahl von Teilen zusammengeschraubt werden, der Gitterrohrrahmen, der mit den Bodenplatten, dem Tunnel für die Antriebswelle und Seitenteilen aus Aluminium ein Halbmonocoque bildete, und die Karosserie aus glänzendem Leichtmetall mit den Motorradkotflügeln und -lampen, die Aufhängung – vorn Querlenker und Federbeine, hinten Starrachse mit übereinanderliegenden Längslenkern – und die vier Trommelbremsen, Maschine und Übertragung nach Gusto.

Nicht immer bestellten die Versand-Kunden ihre Motoren mit, und die schlanke Nase des Seven diente im Laufe seines langen Modellebens selbst Sechs-, vor allem aber einer Unzahl von Vierzylindern als Herberge zwischen dem Ford-Motor 100 E von 1172 cm^3 und 40 PS der ersten Stunde und dem Zweinockenwellen-Triebwerk mit 1558 cm^3 im Super Seven Twin Cam, dem eine Holbay-Frisur zu 125 PS und damit kräftig auf die Sprünge verhalf. Mit 336 kg Trokkengewicht erwies sich natürlich auch schon der Ur-Seven als quicklebendiges Wägelchen, und da der spartanische Roadster wie ein Brett auf der Straße lag, gab es kaum ein geeigneteres Instrument für Clubrennen.

Er kam in vier Schüben und jeweils ungefähr 240, 1350, 350 und 1000 Exemplaren: der Serie 1 zwischen 1957 (Premiere: London Motor Show im Oktober) und 1960, der Serie 2 von 1960 bis 1968 mit Scheibenbremsen vorn ab 1963, der Serie 3 zwischen 1968 und 1970 und einer vierten Serie von 1970 bis 1973 mit Fiberglasaufbau und zwei Trapez-Dreieckquerlenkern vorn, um nur die wichtigsten Modifikationen zu nennen. Mit der Einführung der Mehrwertsteuer bimmelte das Totenglöcklein für das Kit-Prinzip, und überdies trübte der Seven das Image der Lotus Cars Ltd., die inzwischen nach Cheshunt und später nach Hethel umgezogen war, als das eines Produzenten von Sportwagen gehobener Preis- und Leistungsklasse.

Colin Chapman verkaufte folglich die Fertigungsrechte an die Caterham Car Sales in Caterham/Surrey, die fortan

den Frischluft-Klassiker in eigener Regie und ohne das gelbgrüne Emblem seines Schöpfers ähnlich der Serie-3-Spezifikation weiterbaute, ein volkstümliches Fossil, das immer mehr an Reiz gewann, als es immer weniger in die Zeit paßte...

Maserati 3500 GT (Touring), Bj. 1962. Sechszylinder-Reihenmotor. 3485 cm³. 235 PS. 235 km/h. 7,2 s 0 - 100 mph. Leihgeber: Dr. G. Wulff

Schon 1956 begann der Ingenieur Giulio Alfieri, der im Herbst des Jahres zuvor zu Maserati gestoßen war, den Zweinockenwellenmotor des Rennsportwagens 350 S für eine zivile Verwendung zu präparieren. Der Stammbaum des Sechszylinders wurzelte in den Zweiliteraggregaten, mit denen die Formel-2-Monoposti der Firma 1952 und 1953 um die Weltmeisterschaft stritten, und verästelte sich bis in die um 500 cm³ aufgebohrten Maschinen für die seit 1954 aktuelle Formel 1.

226 PS leistete die Version im Prototyp 3500 Gran Turismo, und die Besucher der Genfer Autoshow konnten sich ab 20. März 1957 davon überzeugen, daß es dem Fabrikat mit dem Trident im Wappen nun ernst mit der Absicht sei, auf die Straße zu gehen. Mit seinem Fahrwerk befolgte man die damals üblichen Richtlinien für Wagen seines Kalibers.

Den Rahmen bildeten Längsträger aus Hohlprofilen. Die Räder waren vorn einzeln an Trapez-Dreieckquerlenkern und Schraubenfedern, hinten an einer Starrachse mit Halbelliptikfedern aufgehängt. Zu einem vollsynchronisierten Vierganggetriebe und der Lenkung mit Schnecke und Rolle von ZF gesellte sich eine Vielzahl von weiteren Teilen fremder Provenienz, etwa die Salisbury-Hinterachse mit sechs Untersetzungen zur Wahl, Girling-Trommelbremsen oder Borrani-Räder.

Über diesem Sinnbild friedlicher Koexistenz erhob sich ein zweitüriger Coupéaufbau von Touring aus Leichtmetall entsprechend dem patentierten Superleggera-Prinzip der Mailänder Carrozzeria. Freudig begrüßt von einer traditionell patriotisch gestimmten Presse und mit nunmehr 230 PS unter der Haube machte der 3500 GT seine italienische Aufwartung beim Turiner Salon ein halbes Jahr später.

Nichtsdestoweniger exportierte Firmenchef Omer Orsi den Gegenstand vaterländischer Hochgefühle sehr rasch auch in die Vereinigten Staaten, wo er einen aufnahmefähigen und bereiten Markt witterte.

Die Fachzeitschrift Sports Cars Illustrated fühlte dem Exoten aus der Alten Welt im November 1958 auf den Zahn und ermittelte eine Höchstgeschwindigkeit von 209 km/h sowie 16,8 s für den Sprint auf die Viertelmeile. Im übrigen attestierte man dem 1350 kg (trocken) schweren "Vier"plätzer gesunde Härte, gute Sitzposition, bereitwilliges Übersteuern im Grenzbereich und biestiges Benehmen bei Nässe.

Maserati 3700 GTIS (Vignale), Bj. 1966. Sechszylinder-Reihenmotor. 3692 cm³. 245 PS. 235 km/h. Leihgeber: Dr. Paul Luder

Inzwischen bemühte sich Alfieri weiter um die Domestikation des rauhen Trieblings und fand dabei angeblich außer mehr Laufruhe und Geschmeidigkeit 30 weitere Pferdestärken. Scheibenbremsen vorn (1960) und 1962 auch hinten nahmen dem Piloten schrittweise die Angst, er könne den 3500 GT nicht rechtzeitig zum Stehen bringen.

Ab 1961 konnte er mit einer als Schnellgang ausgelegten fünften Fahrstufe Drehzahl- und Geräuschniveau sowie den Verbrauch kommod absenken, aber auf Wunsch stand auch die alte Schaltung zur Verfügung. Am 3500 GT Cabriolet von Vignale ab 1961 rühmte man die vortreffliche Handlichkeit, willkommene Begleiterscheinung des von 2600 mm auf 2500 mm reduzierten Radstands. Im Jahr darauf folgte ein entsprechendes Coupé, dessen Modellname Sebring darauf abzielte, Reminiszenzen an den Schauplatz diverser Maserati-Triumphe aufkommen zu lassen.

Gleichwohl brauchten die Insassen des ganz in Stahl livrierten 2+2-Sitzers, der später auch mit Motoren von 3,7 und 4 Litern Hubraum ausgeliefert wurde, die Segnungen der modernen Auto-Zivilisation nicht zu entbehren. Vielmehr pries der sonst mit Lob britisch zurückhaltende John Bolster in Autosport 1963 den Sebring als den Inbegriff eines luxuriösen Gran Turismo, aus dem man auch am Ende eines langen Fahr-Tages glücklich und zufrieden aussteige.

1962 lagerte sich der Typenbezeichnung 3500 GT ein I (für Iniezione) an und machte so darauf aufmerksam, daß der Maschine ihr Lebenselixier durch eine Einspritzpumpe (von Lucas) zugeteilt wurde. Wer den funktionell-ästhetischen Anblick der drei Weber-Horizontalvergaser nicht missen mochte, konnte indes eine Zeitlang noch die konventionelle Gemischaufbereitung ordern. Zwischen 1957 und 1965 entstanden 1975 der Coupés von Touring, und die Vignale-Werkstatt in Grugliasco verließen 242 Cabriolets (1959 – 1964), 348 Sebring der ersten (1962 – 1965)

sowie 98 der zweiten Serie (1965 und 1966).

Einzelstücke kamen dazu, von Allemano, von Bertone, von Frua, von Boneschi, Spiele mit Formen nach einem

Maserati 3500 GT Spider (Vignale), Bj. 1962. Sechszylinder-Reihenmotor. 3485 cm^3. 220 PS. 220 km/h. Leihgeber: J. G. Jorgensen

Grundmotiv und eher Zeichen dafür, daß keiner der großen italienischen Couturiers zurückstehen wollte. Daß auch Orsi nicht bereit war, mit dem zweiten Rang hinter dem großen Rivalen Ferrari vorliebzunehmen, davon zeugten spätestens die 32 5000 GT zwischen 1959 und 1964, jeder von ihnen eine schlagfertige Antwort auf den spektakulären Superfast des anderen berühmten Modeneser Hauses und wie jener mit einem durchaus individuellen Profil ausgestattet. 20 stammten von Allemano, vier von Touring, zwei von Frua , je einer von Farina, Monterosa, Michelotti, Ghia und Bertone. Die Liste der Kunden liest sich wie ein Who's Who der internationalen Upper Ten, umfaßte den Schah von Persien, der stets bereit war, automobiler Schönheit zu huldigen, den Aga Khan, Briggs Cunningham und Lambretta-Chef Innocenti. In das entsprechend verstärkte Chassis des 3500 GT wurde offenbar der Restbestand von V8-Triebwerken mit vier obenliegenden Nockenwellen installiert, die für den furchterregenden Rennsportwagen 450S zurückgelegt worden waren und seit dem offiziellen Rückzug der Firma vom Sport 1958 arbeitslos herumlagen.

Auch auf diese Kraftwerke wirkte Alfieri mäßigend ein, bevor sie ihrer neuen Bestimmung zugeführt wurden, abgesehen wahrscheinlich von den ersten drei Exemplaren, die ihren Dienst noch in vollem Kampftrimm mit 345 PS antraten. Aber auch mit 310 PS waren spätere 5000 GT nicht eben untermotorisiert, wie der Genfer Journalist Bernard Cahier, später Präsident der International Racing Press Association, 1962 in der Motor Revue feststellte.

In Begleitung von Cheftester Guerrino Bertocchi beschleunigte er ein Ghia-Coupé auf der Autostrada von Mailand nach Florenz in 6,5 s vom Stand auf Tempo 100 und in 14,2 s auf 160. Die von ihm erzielte Spitzengeschwindigkeit von 248 km/h allerdings beeindruckte seinen Beifahrer wenig, denn Gelegenheitsrennfahrer Cahier mußte sich von Bertocchi darüber aufklären lassen, dieser habe eine leichtere Version unlängst zu 274 km/h animiert und mit einem Prototyp stattliche 14 Kilometer mit einem Schnitt von 272 km/h zurückgelegt...

Aston Martin DB4, Bj. 1959. Sechszylinder-Reihenmotor. 3670 cm^3. 240 PS. 226,9 km/h. 8,5 s 0 - 60 mph. Leihgeber: H. Hötten

Wenn in Ihren Adern kein Lebertran fließt, müssen Sie diesem Auto verfallen", schwärmte ein Berichterstatter vom Star der London Motor Show 1958, dem DB4, mit dem Aston Martin den Anspruch auf einen Logenplatz neben Ferrari und Maserati geltend machte. Zwischen Januar 1959 und Oktober 1963 wurden davon in fünf Serien 1119 Exemplare hergestellt, einschließlich 75 DB4GT (1959/60) und 25 DB4GT Zagato (1960/61), die meisten bereits in der neuen Fabrik auf dem Gelände des ehemaligen Karossiers Tickford in Newport Pagnell, einige noch im alten Werk zu Feltham bei London. Der DB4 hob sich von seinem Vorläufer DB Mk III als konsequente Neukonstruktion deutlich ab.

Die ersten Arbeiten am Design gingen auf das Jahr 1954 zurück. Das Triebwerk, ein Sechszylinder-Reihenmotor mit zwei obenliegenden Nockenwellen und 3670 cm^3, stammte von Tadek Marek, einem Polen, der 1941 über Casablanca nach England geflüchtet war. Zylinderblock und Kurbelgehäuse bestanden aus einem Aluminiumgußstück. Mit 240 PS war die Maschine, die 1956 zum erstenmal gelaufen und anschließend im Rennsportwagen DBR2 erprobt worden war, keineswegs ausgelastet und erfreute zukünftige Eigner mit einer hohen Lebenserwartung.

Robust war auch das Chassis, eine solide Stahlblechplattform, auf die ein fragil aussehendes Geflecht von dünnen Stahlrohren aufgeschweißt war. Gleichsam um die Italiener mit ihren eigenen Waffen zu schlagen, hatte man Touring in Mailand damit betraut, das britische Chassis mit seiner Superleggera-Karosserie aus Leichtmetall angemessen elegant zu bekleiden. Für das Fahrwerk – vorn Einzelradaufhängung an Querlenkern, hinten eine mit Längslenkern und Wattgestänge sorgsam geführte Starrachse, vorn und hinten Schraubenfedern – zeichnete Harold Beach verantwortlich, seit 1950 im Dienste der Firma. Serienmäßig waren nun vier Dunlop-Scheibenbremsen.

Als Extra zu dem David-Brown-Vierganggetriebe wurde 1961 ein Overdrive von Laycock de Normanville angeboten. Im Oktober 1961 gab es Familienzuwachs in Gestalt eines Convertible (DB4C) und einer entsprechenden Hardtop-Spielart, und 1962 erschien eine Vantage-Version von 266 PS (Hauskürzel: SS = Special Series) auf dem Markt. Die Tester – vor allem englischer Zunge – feierten den DB4 als ein Nonplusultra in technischer wie in ästhetischer Hinsicht. So bescheinigte ihm Werksfahrer Roy Salvadori 1959 in der amerikanischen Fachzeitschrift Road & Track eine gespaltene Persönlichkeit – ein Kraftprotz sei er und ein williges Familienauto zugleich, dem man getrost eine Großmutter auch greiseren Alters anvertrauen könne. Salvadori erreichte mit einer Hinterachsübersetzung von 3,54 : 1 im ersten Gang 86, im zweiten 122, im dritten 173 und im vierten 225 km/h, ohne über 6000 U/min zu drehen.

Eine Tour de Force besonderer Art bestand der Kandidat mit Auszeichnung. Der Rennfahrer beschleunigte ihn auf Tempo 160 und stauchte ihn anschließend bis zum Stillstand zusammen, wobei die Großmutter indessen aus dem Spiel gelassen wurde. Als er diesen Gewaltakt unmittelbar darauf wiederholte, benötigte er die gleiche Zeit: 27,4 Sekunden, was den Bremsen des 1310-kg-Trumms ein glänzendes Zeugnis ausstellte. Das schnelle Fahren auf kurvenreichen Strecken bereite helle Freude, fuhr er fort.

Selbst auf nassem Untergrund könne man risikolos aufs Gas gehen, ohne daß das Heck sofort ausschwenke. Einschränkend muß angemerkt werden, daß Salvadoris Umgangsformen auf der Straße sich nicht wesentlich von denen auf der Rennstrecke unterschieden. Man sagte ihm nach, er hätte die Mille Miglia in einem Cadillac gewinnen können. Um den DB4 zum Übersteuern zu bewegen, bedurfte es schon eines beträchtlichen

Aston Martin DB4GT, Bj. 1959. Sechszylinder-Reihenmotor. 3670 cm³. 302 PS. 245 km/h. 6,4 s 0 - 100 km/h. Leihgeber: Koni Lutziger

Fahrkönnens - oder entsprechenden Leichtsinns.

Er tendierte bei geringerem Tempo eher zum Untersteuern, welches bei höherer Geschwindigkeit progressiv in ein neutrales Kurvenverhalten überging. Dabei neigte er sich wenig und stampfte kaum, obwohl die Aufhängung relativ weich ausgelegt war. Die Front-Fauteuils

waren üppig gepolstert und konnten gemäß den Bedürfnissen von Fahrern jeglicher Statur eingestellt werden. Bei Geradeausfahrt fiel der Blick des Piloten unbehindert durch die drei schmalen Speichen des Lenkrads auf die fünf wichtigsten Rundinstrumente, die ihm mit kräftigen Markierungen Auskunft über Wohlbefinden und Betriebsmoral der Maschine erteilten.

Die Rechte fiel ohne Umweg auf den schlanken verchromten Schaltstock, während der Hebel der Handbremse wie später etwa beim Porsche 944 ins Exil außen neben dem Lenker verbannt war. Die Fahrgastzelle wurde halbiert durch einen voluminösen Buckel zwischen den Sitzen, der Getriebe und Kupplung beherbergte. Das gesamte Interieur, auch das Leder der Polsterung und die Armaturentafel, war, den Gepflogenheiten der Zeit entsprechend, in mattem Schwarz gehalten. Jegliche Spiegelung in der großen gebogenen Windschutzscheibe war somit im Keim unterbunden. Man saß ziemlich hoch, und unter Umständen schob sich die mächtige Hutze auf der Motorhaube störend ins Bild.

Was der DB4 einigen seiner italienischen Konkurrenten voraushatte, war die Liebe zum Detail, die man aus ihm herauslesen konnte. So war etwa die umfängliche und umfassende Betriebsanleitung in Leder gebunden, und die Reichhaltigkeit des Werkzeugs übertraf die kühnsten Erwartungen. Der Zusatz Gran Turismo in der Typenbezeichnung DB4GT war keineswegs ein Epitheton ornans wie bei dubiosen "Sportwagen" späterer Machart, sondern zeigte an, welcher Bestimmung der Träger zugeführt werden sollte - dem Rennsport.

Man hatte den Radstand um 130 mm auf 2630 mm verkürzt, wodurch das Auto wendiger, um 82 kg leichter und etwas strömungsgünstiger wurde. Als Konsequenz waren die Türen, beim DB4 auf Grund der stabilen Rahmenkonstruktion ungewöhnlich breit, ein gutes Stück schmaler. Die beiden Notsitze im Fond, beim Basismodell eine Zeitlang durchaus komfortabel, fielen gänzlich fort. Die Scheinwerfer waren in den Kotflügeln versenkt, ein Gesichtszug, der später für den normalen DB4 übernommen wurde.

Mit drei Weber-Doppelvergasern leistete der GT, der mit fünf Hinterachsübersetzungen geliefert wurde, 302 PS. Im Dezember 1961 erreichte der englische Fachjournalist John Bolster 245 km/h Spitzengeschwindigkeit, wobei die Nadel des Drehzahlmessers gerade 6000 U/min berührte, und äußerte sich sehr angetan von der Kupplung des DB4GT sowie von seiner exemplarischen Richtungsstabilität. Mit einem Prototyp gewann Stirling Moss das Jungfernrennen des Wagens um die International Trophy 1959 im Newport Pagnell benachbarten Silverstone. Aber wie in diesem Falle gingen die spärlichen Sporterfolge des DB4GT vor allem auf das Konto von erstklassigen Fahrern wie Moss oder Innes Ireland, und als 1962 der Ferrari GTO auf der Bildfläche erschien, stand der smarte Brite endgültig auf verlore-

Aston Martin DB4GT Zagato, Bj. 1961. Sechszylinder-Reihenmotor. 3670 cm^3. 314 PS. 247 km/h. 6,1 s 0 - 60 mph. Leihgeber: Richard Williams

nem Posten. Dasselbe galt mutatis mutandis für den DB4GT Zagato, der primär für die Piste bestimmt war. Einige Exemplare verirrten sich auch in die Niederungen des ordinären Straßenverkehrs, ohne sich mit den bei domestizierten Rennfahrzeugen üblichen Fouls für diesen Ausflug in die Zivilisation zu rächen.

Dem GT-Chassis wurde eine knapp sitzende Leichtmetallkarosserie, die unverkennbar die Handschrift von Zagato trug, aber trotz der Familienähnlichkeit zu anderen Kreationen des Italieners einen ganz eigenständigen Charakter bewahrte, vor Ort in Mailand übergestreift. Auf der Strecke blieben dabei ungefähr $2^1/_2$ Zentner gegenüber der Normalausführung, vor allem durch die Verwendung von Perspex-Scheiben und das Fehlen von Stoßfängern, was den DB4GT Zagato bei Nasenstübern oder Attacken von achtern höchst verletzbar machte. 314 PS waren das Resultat eines anderen Zylinderkopfs mit Doppelzündung und einer Erhöhung der Verdichtung von 9,0 : 1 auf 9,7 : 1.

Wie für den GT standen fünf Hinterachsübersetzungen zur Verfügung (4,09; 3,77; 3,54; 2,93 und 3,31 : 1). Mit der letzteren ließen sich im ersten Gang 80, im zweiten 128, im dritten 192 und im vierten 246 km/h erzielen. In den unteren drei Fahrstufen drang die Anzeige auf dem Drehzahlmesser dabei leicht in den bei 6000 Touren (empfohlen waren 5800) angesetzten roten Bereich ein. Für je 32 km/h mehr blieben beim Beschleunigen die Zeitintervalle ziemlich konstant. Andererseits konnte, wer wollte, im vierten Gang mit 1000 U/min dahintrödeln und anschließend das Gaspedal zu Boden treten, ohne daß das Triebwerk protestierte. Nur die Hinterachse beunruhigte dann das Ohr des Täters mit metallischen Geräuschen, während das Differential seiner Tätigkeit nie völlig lautlos nachging.

Solange das Getriebe neu war, setzte es sich der Hand des Lenkers etwas zäh zur Wehr, besonders beim Schalten vom ersten in den zweiten Gang. Brutal an die Kandare genommen werden wollten die riesigen Girling-Scheibenbremsen, denn auf eine Servohilfe war verzichtet worden, um besseres Dosieren zu ermöglichen und selbst hier abzuspecken. Nach männlichem Zugriff verlangte auch die Lenkung, die mit zweieinhalb Umdrehungen von Anschlag zu Anschlag direkt wie in einem Go-Kart arbeitete.

Das höchste Kompliment, das man Sitzen zollen kann, gebührte den von Zagato eigens gestylten Schalen: Auch nach längerer Reise merkte man sie nicht. Hinter ihnen begann eine Plattform, auf der sich etwas Gepäck transportieren ließ, das beim Bremsen und Beschleunigen haltlos hin- und herschlitterte. Wie der Bug durch die Maschine, deren Nockenwellendeckel der Motorhaube zwei sanfte Höcker abnötigte, so war das Heck durch das waagerecht liegende Reserverad und den 135-Liter-Tank bis an die Grenze vollgestopft. Eine Füllung reichte bei sportlicher Fahrweise für ungefähr 560 Kilometer.

Die Plexiglasscheiben wirkten wenig vertrauenerweckend, erfüllten aber ihre Aufgabe untadelig. Der DB4GT Zagato war kein lauter Geselle. Von einer bestimmten Geschwindigkeit an überwogen Wind- und die Abrollgeräusche der Standardbereifung Avon Turbospeed Mk II die Lebensäußerungen des Triebwerks. Trotz seiner Starrachse lag er besser auf der Straße als manches Auto mit unabhängig aufgehängten Hinterrädern.

Bevor das Hinterteil wegging, kündigte es diesen Akt der Insubordination rechtzeitig an. So viele Tugenden in einem Auto hatten ihren Preis: der Zagato kostete 5470 Pfund gegenüber den 4269 des GT und den 3976 für den DB4...

Austin-Healey Sprite Mk I, Bj. 1961. Vierzylinder-Reihenmotor. 948 cm^3. 42,5 PS. 126 km/h. 29,7 s 0 - 100 km/h. Leihgeber: Burkhard Wiemers

Warum sollte man eigentlich nicht, regte BMC-Chef Leonard Lord in einem Gespräch mit Donald Healey und dessen Sohn Geoffrey Mitte der fünfziger Jahre an, einen preiswerten kleinen Sportwagen auf der Basis des Austin A35 bauen? Mit dieser Frage begann die Geschichte vom Froschauge. Ab 1956 nahm es Gestalt an, und am 31.1.1957 stellte man Lords künftigem Nachfolger George Harriman einen Prototyp des Modells AN5 vor, das hausintern unter der Bezeichnung Project 13 des ADO (Austin Drawing Office) gehandelt wurde. Am 31.1.1958 ließ man dem ersten von 48 999 Mk I den letzten Schliff angedeihen.

Der Name Sprite (=Kobold) war bereits leicht gebraucht, für einen Riley und einen Daimler, und wurde von Donald Healey vorgeschlagen. Die kecke Form des Winzlings, aus dessen im ganzen hochklappbarem Vorderteil impertinent die beiden markanten Scheinwerfer herausglotzten, war auf dem Reißbrett von Healey-Designer Gerry Coker entstanden, der bald darauf in die USA abwanderte und durch Les Ireland ersetzt wurde.

In technischer Hinsicht bot der Sprite für 455 Pfund Sterling wenig Delikates, eher derb-gesunde Hausmacherkost, nämlich eine selbsttragende Ganzstahlkarosserie, Einzelradaufhängung vorn mit Doppelquerlenkern, Schraubenfedern und Hebelstoßdämpfern, hinten

eine an längsliegenden Viertelelliptikfedern (unten) und Längslenkern (oben) aufgehängte Starrachse mit Kolbenstoßdämpfern. Dem leicht modifizierten Vierzylinder-Reihenmotor des A35 von 948 cm^3 hatte man 42,5 PS entrungen.

Den Auftrag zur Produktion des Sprite vergab Lord – mit der wohlwollenden Billigung des dortigen BMC-Statthalters John Thornley – an MG in Abingdon, wo er zu einer Collage sui generis zusammenwuchs: Der Unterbau stammte von den John Thompson Motor Pressings aus Wolverhampton, der Rest des Aufbaus von der Pressed Steel Company in Swindon, und Motor und Getriebe wurden aus Coventry angeliefert.

In Warwick, wo Healey residierte, blühte das Geschäft mit unzähligen Extras. Man offerierte sogar eine aufgeladene Maschine allen denen, für die es etwas mehr sein durfte, denn mit dem Standard-Triebwerk war der Mk I zwar flink, keineswegs aber schnell. Der Testwagen von auto, motor und sport, ein Blickfang in Gelb, bequemte sich 1958 zu lediglich 126 km/h, und seine Beschleunigung auf Tempo 100 in 29 s ließ gänzlich jene Faust im Nacken vermissen, die man bei seinen großen Brüdern so schätzte.

Dennoch spendete der gestrenge Reinhard Seiffert dem Prüfling freundliches Lob. Zwar teile sich den Passagieren auch bei geschlossenem Verdeck unwirtliche Witterung unweigerlich in verdünnter Form mit, dafür sei das Wägelchen aber in vergnüglicher Weise zu manövrieren. Nur $2^1/_3$ Umdrehungen des Zweispeichenlenkrads genügten zwischen den vollen Einschlägen, und auf Grund seines niedrigen Schwerpunkts liege der Sprite wie ein Brett auf der Straße, bei einer kaum merklichen Tendenz zum Übersteuern. Als gefundenes Fressen für die jüngere Generation sei er durchaus kein reines Spielzeug, und seine Schwächen sehe man ihm gerne nach. Eine davon, meinten viele, sei jener Basedow-Blick. Und so eliminierte etwa der Londoner Tuner Sprinzel an seinem Sebring-Sprite mit den kontroversen Hochscheinwerfern just das, was dem Mk I seinen Pfiff gab...

Elva Courier, Bj. 1960. Vierzylinder-Reihenmotor. 1798 cm^3. 130 PS. 208 km/h. Leihgeber: Robb Horton

Poesie und Prosa – während sich das Logo Lotus aus irgendeinem zärtlichen Geheimnis zwischen Colin Chapman und seiner Gattin Hazel herleitete, wurzelte das Signet Elva, von Firmenchef Frank Nichols geprägt, eher im Humoristischen. "Elle va!", soll jemand in der englischen Lieblingssprache Französisch gestaunt haben, als sich ein Prototyp hurtig in Marsch setzte, der läuft ja. Und schon hatte das Kind einen Namen.

Gemeinsam waren den beiden Briten ihre Verankerung im Motorsport, die Entschlossenheit, sich mit verkehrstauglichen Kundenfahrzeugen ein paar Pfund Sterling zu verdienen, sowie das Verfahren: Ein federleichter Kunststoffaufbau wurde auf ein Chassis aus eigener Fertigung gesetzt. Der Rest fand sich in den prall und preiswürdig gefüllten Regalen der großen Serien überall im Lande. Nichols' Straßenrenner trug die Typenbezeichnung Courier, eigentlich doppelt gemoppelt angesichts der Eigen-Dynamik des Firmennamens.

Er kam gleich gut an, etwa bei den Berichterstattern von Sports Cars Illustrated, zumal ihr Testwagen das lebhafte und völlig unverhohlene Interesse einer attraktiven Rothaarigen erweckte. Man schrieb das Jahr 1958, und ihnen war das ziemlich hastig zusammengeschraubte und -geklebte Premieren-Exponat der New Yorker International Motor Show anvertraut worden. Kaum ein Mängel sei an ihm zu finden gewesen, wunderten sie sich, und es habe sich an die Straße gesaugt wie ein Blutegel. Die Erstauflage des Courier war im Nu vergriffen, praktisch kassiert vom amerikanischen Importeur Continental Motors Ltd., Washington, D.C. Erst ab 1960 konnte man den Bruder Leichtfuß aus Hastings/Sussex als Kit Car in den Versionen Mk I und Mk II auch im Vereinigten Königreich erwerben, wovon bis 1961 ungefähr 400 automobile Nonkonformisten Gebrauch machten.

Nicht ohne Selbstironie hatte Nichols gewarnt, der ideale Besitzer müsse einen pneumatischen Hintern und einen wasserdichten Schädel mitbringen. Letzteres kleidete die renommierte Fachzeitschrift The Autocar in gelassenes Understatement ein: Der Wetterschutz (ein krudes Zeltkäppchen) befinde sich nicht in vollem Einklang mit dem Standard, der auf diesen unberechenbaren Inseln wünschenswert sei. Für die von Nichols angesprochene Härte sorgte das Fahrwerk des Courier, das Macken der Rollbahn an die Insassen weitervermittelte, als trete ein Pferd von unten gegen das Wägelchen.

Das Rückgrat bestand aus einem mittels Verstrebungen verstärkten Rohrrahmen, mit Einzelaufhängung vorn an Querlenkern und Schraubenfedern und einer hinteren BMC-Starrachse mit Schraubenfedern, Längslenkern und einem Panhardstab. Als Kraftquelle bezog man BMC-B-Maschinen von 1489 bis 1798 cm^3 Volumen mit 68 bis 95 PS, wie sie auch im MGA und MGA unverdrossen ihren Dienst versahen.

Die Karosserie, für die im Grunde genommen nur zwei Notunterkünfte, dafür aber überraschend reichlich Gepäckraum eingeplant waren, mochte sich nicht bei jedermann und nicht in allen Details einschmeicheln. Die Frontpartie sei durchaus ansprechend geformt, die Windschutzscheibe jedoch viel zu hoch und das Heck schlichtweg mißlungen – der Courier sehe irgendwie aus, als fahre er ständig bergab, nörgelte etwa Road & Track 1959.

Bergab ging es auch mit den Verkäufen. Überdies verlor Nichols die Lust an dem Projekt, nachdem seine American Connection wegen Gaunereien hinter schwedischen Gardinen gelandet war. Er verkaufte die Rechte kurzerhand an den früheren Konkurrenten Trojan Limited in Croydon, wo die Produktion des Courier zu allgemeiner Erleichterung 1968 versiegte.

Facel Vega HK500, Bj. 1959. V8 Chrysler. 5907 cm^3. 360 PS.
235 km/h. 8,6 s 0 - 100 km/h. Leihgeber: Terry Brinker

„For the few who want the finest", besagte ein ebenso konziser wie anspruchsvoller Slogan über einem der Stände des rührigen Auto-Importeurs Max Hoffman auf dem New Yorker Salon 1958. Wie in einem Schaufenster dargeboten wurden Exponate der Forges et Ateliers de Construction d'Eure-et-Loir zu Colombes im Weichbild von Paris, der Fachwelt und einer entzückten Minderheit unter dem Kürzel Facel bekannt, zu dem Firmeneigner Jean Daninos den umständlichen Namen seines Unternehmens verknappt hatte.

Es bestand seit 1939 und hatte in der Vergangenheit so ziemlich alles hergestellt, was sich aus Blech pressen ließ, Werkzeuge, Flugzeugteile, schließlich, Anfang der fünfziger Jahre, auch Karosserien für Delahaye, Simca, Panhard, Ford France. Ungenutzten Produktionsmöglichkeiten und dem Ehrgeiz von Daninos verdankte eine handverlesene Klientel zwischen dem April 1955 und dem September 1964 3033 sündhaft teure Ausnahme-Automobile des Fabrikats Facel Vega, einige Viertürer, die meisten Zweitürer, normalerweise Coupés, gelegentlich Cabriolets. Die wenigen – das waren Rennfahrer wie Stirling Moss und Maurice Trintignant, politische Größen wie der Schah von Persien, Filmstars wie Robert Wagner, Danny Kaye, Tony Curtis und Ava Gardner, Schriftsteller wie Daninos' Bruder Pierre.

Und vom Feinsten war zum Beispiel das mächtige Coupé HK500, vor dem sich die Normalverbraucher auf der New

Yorker Ausstellung gleichsam die Nase plattdrückten. Die Typenbezeichnung stellte eine etymologische Kuriosität dar wie das Facel-Emblem eine heraldische, und sie sagte zugleich etwas aus über den Charakter ihres Trägers, bei dem nämlich jede Pferdestärke (Horse) lediglich 5 Kilogramm transportiere. Daß dem so sei, dafür sorgten die 360 PS aus dem Gestüt Chrysler, die ein V8-Triebwerk von 5907 cm^3 bereitstellte.

Seit 1952 versorgte sich Daninos in dieser Beziehung aus den Regalen des amerikanischen Konzerns und sah sich deshalb der Mißbilligung durch eine patriotisch eingestimmte Presse ausgesetzt. Er trug sie gelassen – laufruhig und kraftvoll seien diese Motoren, eine ganz moderne Konstruktion, und überdies habe sich nicht einmal Rolls-Royce geschämt, bei General Motors wegen eines automatischen Getriebes vorstellig zu werden. Auch Daninos bezog den wahlweise verfügbaren Torqueflite-Automaten von Chrysler aus Detroit, aber normalerweise wurde die Urgewalt des amerikanischen Trieblings durch ein massives Vierganggetriebe von Pont-à-Mousson auf die Straße gebracht. Dies war nicht nur eine patriotische Tat, sondern empfahl sich auch zumindestens bis zum Ende des Jahres 1959, als serienmäßige Scheibenbremsen von Dunlop in Coventry den ungestüm vorwärts drängenden Zweitonner in den Griff nahmen.

Bei 170 km/h schaltete man in die vierte Fahrstufe, ohne daß das Geräuschniveau der Maschine im geringsten aufdringlich geworden wäre oder auch nur den Hörgenuß aus dem vorzüglichen Serien-Radio beeinträchtigt hätte. Tempo 220 wurde mühelos erreicht, in Beschleunigungsintervallen, die sich fast mit denen eines Mercedes 300 SL Roadsters deckten. Wollte man indessen all diese kinetische Energie wieder vernichten, war man in dem Schwaben entschieden besser aufgehoben, denn spätestens für die dritte Vollbremsung rächten sich die ursprünglich eingebauten Trommelbremsen des HK500 mit schlaffem Fading, und da erwies sich die Bremskraft des Motors als hilfreich bis lebenswichtig.

Die Karosserie war die Arbeit eines Teams, dem Jean Daninos selbst energisch auf die Finger schaute. Auffällig waren das unverwechselbare Facel-Gesicht, das über zehn Jahre konsequent beibehalten wurde, die ausladende Panoramascheibe sowie die filigranen A-, B- und C-Säulen. Die Räder hingen vorn an Dreiecklenkern mit Schraubenfedern. Die hintere Starrachse von Salisbury mit Halbelliptikfedern neigte auf schlechtem Untergrund zum Trampeln, und überdies wollte ihr das frühzeitig einsetzende wuchtige Drehmoment der großkalibrigen Kraftquelle mit Bedacht zugemutet werden. Der geschweißte Stahlrohrahmen wurde mit dem Aufbau in Colombes zusammengefügt, und das ganze Auto erhielt den letzten Schliff zu Dreux in einer Fabrik, die mit Henry Lauriac ein Freund von Daninos leitete.

Ferrari 250 GT Coupé (Pininfarina), Bj. 1958. V12 Colombo. 2953 cm^3. 240 PS. 201,6 km/h. 6 s 0 - 100 km/h. Leihgeber: Karl Foitek

In dezentem Dunkelgrau-Metallic – mit schwarzem Dach – war die jüngste Kreation von Pinin Farina auf dem Stand des Ferrari-Agenten Cattaneo & Cie beim Pariser Autosalon im Oktober 1958 livriert, ein Stufenheck-Coupé, das der Ära der bei Boano und Ellena gefertigten 250 GT auch optisch ein Ende setzte. Gleichwohl bediente man sich deren Technik: des Elliptikrohrrahmens, vorn Einzelradaufhängung an Querlenkern mit Schraubenfedern, hinten Starrachse mit Halbelliptikfedern und Doppellängslenkern, ringsum doppeltwirkender Houdaille-Stoßdämpfer, wie des vollsynchronisierten Viergang-Getriebes System Porsche und des "Kurzblock"-Aggregats Gioacchino Colombos. Dessen zwölf Zündkerzen saßen noch immer an den Innenseiten des V, das die beiden im Winkel von 60 Grad zueinander stehenden Zylinderreihen bildeten, und ein versierter Mechaniker konnte sie in 45 Minuten wechseln.

Mit ungefähr 350 Exemplaren sollte das neue Modell in den nächsten Jahren alle bisherigen Produktionsziffern von Ferrari-Sportwagen in den Schatten stellen. Pininfarina – 1961 zog Battista Farina seinen Spitz- und seinen Zunamen mit ausdrücklicher Billigung des italienischen Staatspräsidenten zur neuen Firmenbezeichnung zusammen – war glänzend gerüstet dafür, denn seine unlängst in Betrieb genommenen Werkanlagen in Grugliasco hielten reichlich Kapazität bereit.

Verschiedene Prototypen, deren letzter der Presse am 25. Juni 1958 in Mailand vorgestellt wurde, unterschieden sich bemerkenswert wenig von der schließlich festgeschriebenen Form des Pininfarina-Coupés. Das Design wirkte eher unaufdringlich-gediegen und favorisierte eindeutig die Horizontale, wobei eine niedrigere Gürtellinie und höhere Fensterflächen gewiß längst überfällig gewesen waren. Die Konturen eines synchron gebauten Cabriolets verliefen fast identisch. Besonderes Augenmerk hatte man, des rauhen Naturburschentums früher GT-Generationen eingedenk, dem Wohlbefinden der Passagiere geschenkt. Das begann mit üppiger Knie- und Ellbogenfreiheit und reichlich Stauraum im langen Heck. Zur Grundausstattung gehörten Frischluftheizung und Scheibenwaschanlage ebenso wie Liegesitze, Nebellampen und asymmetrische Beleuchtung, während mit Extras wie elektrischen Fensterhebern bereits Konzessionen an einen verwöhnteren Geschmack gemacht wurden.

Zum einschneidenden Datum in der Modellgeschichte geriet das Jahr 1960. Scheibenbremsen von Dunlop ersetzten jetzt die bisher üblichen mächtigen Trommelbremsen von 350 mm Querschnitt, die sich erst bei einer gewissen Betriebswärme zu ihrer vollen Leistung entschlossen hatten. Ein elektrisch als Schnellgang zuschaltbarer Overdrive, gepaart mit der niedrigsten Hinterachsübersetzung, ermöglichte eine Endgeschwindigkeit von 260 km/h. Die Zündkerzen indessen waren nach außen gewandert, in ein Exil oberhalb der Auspuffkrümmer, was den Umgang mit ihnen nicht unbedingt erleichterte. Dennoch stellte eine offizielle Broschüre die Retuschen am Jahrgang 1960 gleichsam als einen Akt von Basis-Demokratie heraus. Die Erfahrungen der Kunden, hieß es da, hätten dazu beigetragen, Eleganz und Komfort zu sublimieren und die Sicherheit noch einmal einer Prüfung zu unterziehen...

Ferrari 250 GT Spider California, Bj. 1961. V12 Colombo. 2953 cm³. 280 PS. 248 km/h. Leihgeber: Ado Vallaster

Die Italiener, verwunderte sich die amerikanische Publikation Sports Cars Illustrated in ihrer Septemberausgabe 1959, hielten offenbar die Verteilung automobiler Schönheit in Erbpacht. Im

Sinn hatte man dabei vor allem den Ferrari 250 GT Spider California. Die Denkanstöße für seine Konzeption gingen von Luigi Chinetti aus, Ferrari-Statthalter in New York, und John von Neumann, dem Repräsentanten des italienischen Hauses an der Westküste.

Seit Mitte 1957 war ein etwas schwerblütigeres und luxuriöseres 250 GT Cabriolet von Farina auf dem Markt. Zu diesem würde man mit dem Spider in direkte Konkurrenz treten. Die Idee: ein offenes Leichtgewicht zu schaffen auf der Basis des Berlinetta Tour de France, verwendbar wie jener auf der ganzen Brandbreite zwischen dem sanften Dahinrollen auf einem Küstenboulevard und dem Stahlgewitter der Piste.

In der Tat ähnelte der Spider dem Berlinetta vom Gürtel an abwärts frappant, wenn auch das Fehlen des Dachs Retuschen an Windschutzscheibe und Kofferraumdeckel bedingte. Letzterer bestand aus Aluminium wie auch die Türen und die Motorhaube. Für das Design zeichnete, wie bei der geschlossenen Version, Pinin Farina verantwortlich. Die Ausführung besorgte, wie für diese, Scaglietti in Modena, und zwar in Schüben: zwischen dem Dezember 1957 und dem Februar 1960 (etwa 47 Exemplare) und vom Mai 1960 bis zum Februar 1963 in einer Auflage um die 50. Formell angekündigt wurde der Spider California auf der jährlichen Pressekonferenz Enzo Ferraris am 9. Dezember 1958.

Die zweite Generation entstand wiederum in Analogie zu einem Berlinetta, jenem 250 GT, der auf dem Pariser Salon im Oktober 1959 vorgestellt wurde. Sie beschränkte sich diesmal auf den technischen Bereich. Bei beiden Fahrzeugen war der Radstand von bisher 2600 mm auf 2400 mm gekürzt. Beide hatten Scheibenbremsen. Die Zündkerzen beider steckten in den Flanken des V, zu dem sich die Zylinderreihen zusammenfanden, und nicht mehr wie bisher häufig in dessen Innenseiten. Mit 280 PS wies der Katalog 30 Mehr-PS aus als beim Vorgänger, von dem sich der neue Spider äußerlich kaum abhob. Flink und wendig, war er geradezu für Wettbewerbe präsentiert, was eine aufmerksame Promotion auch gebührend herausstrich.

Was in dieser Beziehung in ihm steckte, zeigte zum Beispiel die Equipe Bob Grossman/Fernand Tavano, die das 24-Stunden-Rennen von Le Mans am 21. Juni 1959 an fünfter Position beendete, mit dem Leichtmetall-California des North American Racing Teams. Aber die meisten Kunden gefielen sich eher in der Rolle dessen, der könnte, wenn er nur wollte, oder scheuten sich, ein so attraktives Auto den Stößen und Knüffen der Rennbahn auszusetzen. Es war geschaffen für die blaugoldene Sonnenseite des Lebens – nicht nur geographisch gesehen.

Der Regisseur Roger Vadim fuhr eines und sein Star Brigitte Bardot ebenso wie

die Schriftstellerin Françoise Sagan, letztere barfuß, wie es hieß, um ihm näher zu sein. Unverwechselbarkeit wurde gleichsam mitgeliefert, denn kein Spider glich völlig dem anderen, ob nun die Scheinwerfer abgedeckt waren oder ganz ans Ende der Kotflügel rückten, und in vielen anderen Details...

Lancia Flaminia GT 3C Cabriolet, Bj. 1963. V6. 2458 cm³. 140 PS.
187 km/h. 11 s 0 - 100 km/h. Leihgeber: Dr. Lothar Bungartz und Jan Martens

Der Flaminia von 1956 bildete die Konstante im Lancia-Programm zwischen der Übernahme des Konzerns durch den Cavaliere Carlo Pesenti 1955 und seiner Eingliederung in das Fiat-Imperium 1969. Dem für das Modell zuständigen Professor Antonio Fessia, einst Schöpfer des Fiat Topolino, fiel dabei mehr die Rolle des Gralshüters gestandener Tradition als die des Neuerers zu. Prinzipien wie die V6-Bauweise des Stoßstangenmotors, der Transaxle-Block oder die De-Dion-Hinterachse, die dem Aurelia zu höherem Ruhme gereicht hatten, blieben unangetastet, während sich mit der Führung der Vorderräder an Querlenkern mit Schraubenfedern vernünftiger Fortschritt durchsetzte.

Im Automobilbau markierten die Spätfünfziger eine Phase verschwenderisch-schöpferischer Vielfalt, und so trieb die Flaminia-Zucht auf dem Turiner Salon 1958 drei weitere Blüten, allesamt Coupés: einen Viersitzer von Farina mit einem Radstand von 2750 mm (Limousine: 2870 mm), einen Zweiplätzer der Carrozzeria Touring und eine sportlich-entschlossen ausschauende Fastback-Variante von Zagato, deren Achsen wie die des Gran Turismo von Touring 2520 mm auseinanderstanden. Allen gemein waren der Leichtmetall-Triebling von 2458 cm³ und 119 PS, die Knüppelschaltung und, allerdings erst 1959, Dunlop-Scheibenbremsen.

Umgehend kristallisierte sich eine Art Hierarchie heraus, bei der die Farina-Kreation die Spitzenstellung innerhalb der gesamten Flaminia-Palette einnahm. Ihre mit dem Rahmen aus Kastenprofilen und Blechteilen verschweißte Karosserie vermöge, schrieb Reinhard Seiffert 1960 in dem deutschen Fachmagazin auto motor und sport, alle Sehnsüchte zu befriedigen, die moderne Serienautos bei Leuten erweckten, die mit den Qualitätsbegriffen einer verschollenen Handwerkerzeit aufgewachsen seien. Das Auto habe Stil, und wie bei allen Erzeugnissen wirklich guten Geschmacks liege das Geheimnis jenseits der erklärbaren und erlernbaren Grundsätze.

Das seriös anmutende Coupé bot vier Erwachsenen in der Tat reelle Sitzgelegenheiten. Allerdings verlangte der Einstieg zur zweiten Reihe nach etwas Fertigkeit, weil die Türunterkante durch den kräftigen Rahmenunterbau sehr hochgedrückt war. Trägerinnen enger Röcke stellte dieser Umstand vor Probleme, die es mit freizügiger Grazie zu bewältigen galt, was dadurch erleichtert wurde, daß die vorderen Fauteuils beim Umlegen der Lehne automatisch etwas nach vorne glitten.

Mochte man auch die Kutschwagenfedern an der Hinterachse als antiquiert belächeln, so trugen sie dennoch Auto und Insassen unerschüttert über gute und schlechte Straßen, über große und kleine Unebenheiten hinweg. Spielend leicht, gleichwohl ohne Servohilfe, ließ sich die Lenkung bedienen, während der Anzeige des Drehzahlmessers eine gewisse Aufmerksamkeit zu schenken war, denn unter 2000 U/min gab es im dritten und im vierten Gang nichts mehr zu holen. Ab 1962 verhalfen in einer 3B-Spezifikation Solex-Dreifachvergaser der bisherigen Maschine zu 128 PS, und ein Jahr später kamen noch einmal acht PS dazu, als aus dem ansonsten kaum veränderten Triebwerk mit einem Hubraum von 2775 cm³ das letzte Quentchen herausziseliert worden war. Auf über 500 Exemplare brachte es Pininfarinas sportliche Ausdeutung des Themas Flaminia, das der Star-Karossier mit der Limousine selbst angeschlagen hatte, einem Fahrzeug von gediegener Eleganz, das indessen in der gehobenen Klasse auf scharfe Konkurrenz seitens Mercedes und Jaguar stieß.

Lancia Flaminia 2800 Super Sport, Bj. 1967. V6. 2775 cm³. 148 PS.
210 km/h. 9,7 s 0 - 100 km/h. Leihgeber: Pierre Le Grand

2750 Lancia-Chassis kleidete Touring nach dem patentierten Superleggera-Prinzip in Aluminium auf einem Stahlrohrgerüst ein, zunächst nur das Coupé, später (1960) auch ein Cabriolet, schließlich, ab 1963, den 2+2-sitzer GTL mit dem

längeren Radstand von 2600 mm. Sehr gestreckt wirkte bereits der erste der beiden geschlossenen Gran Turismo auf Grund seiner niedrigen Gürtellinie, und bei gleicher Motorleistung war er entschieden leichtfüßiger ausgefallen als die Konkurrenz von Farina, da sich das Leichtbauverfahren auf der Waage mit 163 kg Gewichtsunterschied bemerkbar machte. Folglich verlangte er weniger Bremskraft – man brauchte das Pedal nur ganz leicht anzutippen, um starke Verzögerung zu bewirken, und voller Fußdruck brachte die Räder augenblicklich zum Blockieren.

Ungerührt drehte die Maschine bis über 6000 U/min wie auch in den beiden anderen Flaminia-Ablegern, war aber im unteren Drehzahlbereich noch eine Idee elastischer, hatte sie doch weniger zu ziehen. Das Licht der modischen Doppelscheinwerfer reichte nicht an die einfachen Lampen des Farina-Coupés heran. Dafür war der Kofferraum erfreulich groß, und der Schalthebel des Viergangetriebes lag günstiger zur Hand, denn man saß etwas tiefer und weiter zurück.

Der Zusatz 3C zur Typenbezeichnung ab 1961 bedeutete praktisch, daß der GT-Pilot über 21 PS mehr gebot, die den sechs Zylindern von drei Weber-Doppelvergasern 35 DCNL eingeflößt wurden. Dieselbe Gemischaufbereitung übernahm man für das hubraumstärkere Triebwerk von 1963, welches nun 146 PS aufbot. Aber in einer solchen Konfiguration wurden nur noch 168 GT und 180 Cabriolets gebaut, ehe 1965 dieser Zweig des Flaminia-Clans sanft, aber für immer entschlummerte.

Wie jene in Leichtmetall gewandet waren die 526 Sportcoupés, die im Laufe der Jahre das kleine Werk der Gebrüder Zagato zu Terrazzano di Rho in Mailand verließen. Technisch identisch mit den Gran Turismo von Touring, deren Metamorphosen sie jeweils mitvollzogen, vermochten sie doch ihre Zagato-Abstammung nicht zu verhehlen und galten als ungewöhnlich ausgewogenes und ansprechendes Design, wenn sich ihre fließenden Linien dem Blick des Bewunderers auch noch aerodynamischer darboten als dem Kunst-Sturm eines Windkanals.

Die Scheinwerfer der ersten 150 Exemplare führten unter transparenten Abdeckungen ein zurückgezogenes Dasein, dann nahmen sie konventionellere Plätze ganz vorn in den Kotflügeln ein. Ein Kompromiß auf halbem Wege zwischen der früheren und der späteren Position der Lampen fand man für den Super Sport, in dem man das Programm 1964 kulminierte. Während die Frontpartie aus dieser Nach-Behandlung durchaus verschönt hervorging, machte die schroffe Vertikale des Kamm-Hecks inmitten seines vorwiegend rundlichen Kontexts einen deplacierten Eindruck. Mit 148 PS war der Zagato Super Sport Lancias stärk-

stes Serien-Stück, das in dieser Hinsicht nur noch von ausgesprochenen Wettbewerbsversionen überboten wurde, wie sie zum Beispiel von dem Italiener Giulio Cabianca 1960 und 1961 erfolgreich eingesetzt wurden.

NSU Sport-Prinz Coupé, Bj. 1967. Vertical Twin. 598 cm³. 30 PS. 130 km/h. Leihgeber: EFA Museum Amerang

Im September 1958 war er der erste unter Ungleichen, der König unter den Zwergen, ein Auto für den kleinen Traum, dem gleichwohl mit 20831 Exemplaren zwischen 1959 und 1967 keineswegs der erhoffte Verkaufserfolg beschieden war. Dabei sank sein Preis von anfänglich DM

6550.– allmählich auf am Ende DM 5135.–. Blieb die Schmuck- und Symbolfunktion des NSU Sport-Prinz als Blickfang in den Showrooms und Sahnehäubchen auf dem etwas kruden Kuchen der insgesamt 693778 Prinzen aus Neckarsulm, die von 1958 bis 1973 dem weniger bemittelten Bundesbürger wieder auf die Räder verhalfen.

Von diesen bezog er auch seine robuste Mechanik, zunächst von den viersitzigen Winzlingen Prinz II und III, ab September 1961 vom deutlich gewachsenen Prinz 4 (nun mit arabischer Ziffer gekennzeichnet), der ausschaute wie ein bei der Wagenwäsche erheblich eingelaufener Chevrolet Corvair. Das bedeutete, daß im Anschluß an seine Hinterachse zunächst ein mit dem Getriebe und dem Differential verblockter Zweizylinder-Viertakter von 583 cm³ mit einer obenliegenden Nockenwelle schnurrte, dessen Leistung gleichwohl von einem Registervergaser um zehn auf 30 PS angehoben worden war. Für die Aufhängung der Räder fanden sich vorn die üblichen Trapez-Dreieckquerlenker mit Schraubenfedern und hinten eine Pendelachse mit Querlenkern und Schraubenfedern, mit langhubigen hydraulischen Stoßdämpfern ringsum.

Nachdem der Prinz 4 als Organspender gewonnen worden war, änderte sich nur wenig: Im Souterrain verbesserten ein vorderer Stabilisator sowie "Prinzair"-Luftkissen am anderen Ende die ohnehin schon gute Straßenlage noch einmal, und der Hubraum war bei identischer Leistung auf 598 cm³ angewachsen.

Der Knüller an dem winzigen Schwaben-Sportler in der bevorzugten Farbe Rot bestand darin, daß mit seiner Form ein wenig italienisches Flair über die Alpen gedrungen war – seine Karosserie stammte aus der Feder von Nuccio Bertone. Dieser fertigte denn auch bis zum Juni 1962 ein Kontingent von 2715 Sport-Prinzen, ab November 1960 parallel zur Heilbronner Karosseriefabrik Drauz, die am 1. Juli 1965 von der NSU Werke AG übernommmen wurde und die restlichen 18116 Einheiten in die Welt setzte.

Zu den 130 km/h Spitzengeschwindigkeit, die vom Hersteller angegeben waren, mochte sich der Testwagen von auto motor und sport, die dem Joint Venture in Heft 16, Jahrgang 1960, unter dem Titel "Kleiner Heuler" einen Fahrbericht widmete, nicht aufschwingen. Das Blatt stellte sogar in Frage, ob das Modell dazu überhaupt fähig war. Auch sonst stand man dem Kandidaten nicht ohne Skepsis gegenüber: In der schönen Schale sitze ein rauher Kern. Man habe im Jahr zuvor einen Prinz II unter die Lupe genommen und das Auto habe wegen seines munteren Temperaments und seiner Handlichkeit Spaß gemacht. Aber es fehle ein bißchen die feine Lebensart, die Laufruhe, die Unauffälligkeit. Das passe beim normalen Prinz zur äußeren Erscheinung. Beim Sport-Prinz ernüchtere es. Der luftgekühlte 600 cm³ große Parallel-Zweizylindermotor, nörgelte der zuständige Redakteur, sei ein recht hausbackenes Stück. Trotz der sehr weichen Aufhängung, die notwendig sei, um ihn einigermaßen zu bändigen, höre und

spüre man ihn ständig. Er ähnele einem ehrlichen alten Knecht, der nicht arbeiten könne, ohne ständig dabei zu fluchen.

Gleichwohl endete der Bericht auf einer versöhnlichen Note: das Temperament des Sport-Prinz könne sich trotz allem sehen lassen. Man sei mit ihm einem normalen Mittelklassewagen durchaus gewachsen. Ein geschickter Sport-Prinz-Pilot werde sogar vielen von ihnen davonlaufen können.

NSU Wankel Spider, Bj. 1967. Wankelmotor. 500 cm^3.
50 PS. 152 km/h. Leihgeber: EFA Museum Amerang

Seit den frühen fünfziger Jahren gab es Kontakte zwischen NSU-Generaldirektor Dr.Ing. Gerd Stieler von Heydekampf und dem Motorenerfinder Felix Wankel. Bereits 1957 lief in der Neckarsulmer Entwicklungsabteilung eines von dessen patentierten Kreiskolbenaggre-

gaten. Im Januar 1960 wurde es auf einer eigens einberufenen VDI-Tagung im Deutschen Museum zu München im Rahmen einer improvisierten Bühne auf einer LKW-Pritsche der Öffentlichkeit präsentiert, mit einer Kammergröße von 125 cm^3 und 29 PS. NSU-Forschungsleiter und Chef der Rennabteilung Dr.Ing. Walter Froede wagte indessen hinsichtlich der Serienfertigung noch keine verbindliche Prognose. Nicht zuletzt die begleitenden optimistischen Worte Felix Wankels sowie eine Fülle von Mutmaßungen und gezielten Indiskretionen hatten indessen einen hohen Erwartungsdruck erzeugt. Um Börsenspekulationen und Verpflichtungen gegenüber Lizenznehmern in aller Welt zu begegnen, sah sich NSU gezwungen, kurzfristig ein neues Modell mit der zukunftsträchtigen Maschine aus dem Ärmel zu zaubern und dessen Alltagstauglichkeit unter Beweis zu stellen.

Das aber war der NSU Spider, der Welt erstes Serienauto mit einem Wankel-Triebwerk, erstmals zu besichtigen auf der Frankfurter Automobil-Ausstellung im September 1963. Schon beim Turiner Salon drei Jahre zuvor hatte Bertone mit einer offenen Version des Sport-Prinz das Terrain sondiert. Wie der Prinz 1000 wies der Spider hintere Schrägelenker auf und war serienmäßig mit vorderen Scheibenbremsen ausgestattet. In seinem Heck kreiste ein Rotor in einer Kammer von 500 cm^3, und bei 5000/min wurden stramme 50 PS erzeugt. Dabei empfahl sich der Blick auf den elektronischen Drehzahlmesser, da das kleine Kraftpaket turbinenartig hochdrehte und sich just im roten Bereich jenseits von 7500/min besonders wohlzufühlen schien. Bei jeder Umdrehung der zentralen Exzenterwelle lief ein Arbeitstakt von 270 Grad ab, wobei der Läufer mit einem Drittel der abgegebenen Drehzahl in einer Kreisbewegung um diese herum rotierte.

Sein Wasserkühler mit einem elektrischen Ventilator war im Bug mit seinen vertikal geteilten Öffnungen verstaut. Ein Kofferräumchen fand sich im Anschluß daran, ein weiteres im Heck über der Maschine. Verwirrung herrschte hinsichtlich deren Besteuerung. Der Wankel Spider wurde zunächst als 1,5 Liter eingestuft, später rangen sich die Behörden dazu durch, sein Volumen lediglich mit zwei zu multiplizieren. Aber noch war Warten angesagt, denn eine Vielzahl von Problemen erforderte intensives Nachsitzen. Als Testfahrer mußten ab 1964 gewissermaßen die Eigner selbst herhalten. Wie später beim NSU-Beau Ro 80 lockte das Werk mit ungemein großzügigen Kulanz-Konditionen. In den häufigen Schadensfällen wurden per Expreß neue Triebwerke herangeschafft, die defekten im Werk auf ihre Schwächen hin untersucht und die Ergebnisse in die Optimierung des Konzepts eingebracht. Dennoch sprach sich die Sache herum, und so blieb es trotz einer Reduzierung des Preises um DM 1500 auf DM 7000 für das letzte Jahr der Produktion ab Dezember 1966 bei lediglich 2375 Einheiten des niedlichen Roadsters. Daran vermochten weder eine schnelle Version ab März 1967 mit 70 PS und verbesserten Brem-

sen noch die spektakulären Sporterfolge des Kleinen etwas zu ändern: 1966 wurde Karlheinz Pannowitz mit dem Wankel Spider deutscher Rallyemeister bei den GT-Fahrzeugen, im Jahr darauf der Stuttgarter Siegfried Spiess deutscher Bergchampion. Mit einfachen Maßnahmen war die Leistung seines Renners auf 100 PS angehoben worden, allerdings um den Preis wüsten Lärms: Oben, berichten Ohrenzeugen, habe man schon gehört, wenn Spiess unten losgefahren sei.

TVR Grantura Mk II A, Bj. 1961. Vierzylinder-Reihenmotor MGA. 1588 cm³. 79,5 PS. 157,7 km/h. 12 s 0 - 60 mph. Leihgeber: Josef Pöhli

1947 gründete Trevor Wilkinson in Blackpool, wo er 1923 auch geboren war, eine kleine Autofabrik. Um ein Etikett nicht verlegen, warf er aus seinem Vornamen ein paar Buchstaben heraus und nannte das Wagnis TVR Engineering. Über viele Jahre sollte der Weg des Unternehmens zu einem einzigen und nicht immer erfolgreichen Lavieren zwischen den Riffs und Klippen, den Strudeln und Untiefen der Geschäftswelt geraten, ehe er schließlich in ruhigeres Fahrwasser einmündete. Aber das ist eine andere Geschichte, und es ist eine lange Geschichte.

Schon von allem Anfang an waren Wilkinson und Jack Pickard, ein Freund, von der Idee besessen, Sportwagen in die Welt zu setzen. Zunächst hatte es mit einigen Specials und Rohrrahmen sein Bewenden, deren Komplettierung die Kunden selbst übernahmen. 1956 und 1957 folgte eine Handvoll von offenen Zweisitzern, 1957 ein halbes Dutzend Coupés. Eines davon stellte Ray Saidel, eine amerikanische Geschäftsverbindung aus Manchester, New Hampshire, bei der New Yorker Automobilschau im selben Jahr vor. Diese Samaritertat löste eine unerwartete Flut von Bestellungen aus, die Saidel zusammen mit etlichen Verbesserungsvorschlägen über den Atlantik schickte.

Bereits der Produktions-Vorläufer von 1958 war von trollartiger Kürze und wies das für lange Zeit typische TVR-Profil auf: glatte Front, ein winziger Fahrgast-Buckel für zwei, dahinter der Absturz des Hecks über den Antriebsrädern. Wilkinson hatte diese Form aus einem Wust von Entwürfen und Vorlagen herausziseliert und dann aus Fiberglas gestaltet. Als Aufhängung dienten vorn und hinten die vorderen Radführungselemente des Volkswagens, Kurbellängslenker und gebündelte Längstorsionsstäbe.

Der Sport-Zwerg kam, da sich so die Kaufsteuer umgehen ließ, im Baukasten. Die Heim-Schaffenden hatten die Wahl zwischen einer ganzen Palette von Motoren: etwa dem Coventry Climax von 1216 cm³ und 83 PS, dem Ford 105E "Kent" von 997 cm³ und 39 PS, dem betagten Ford 100E mit 1172 cm³ und 35 PS sowie dem MGA-Triebwerk von 1489 cm³ und 72 PS für den (erst später so benannten) Grantura Mk I, der zwischen 1958 und 1960 in Blackpool in 100 Exemplaren vorbereitet wurde. Bis 1961 folgte der Mk II, bis 1962 der Mk II A mit zusammen 400 Exemplaren.

Der Mk III, der 1962 wiederum auf der Ausstellung zu New York debütierte, leitete in vieler Hinsicht eine Wende ein. Ein steifes, in Dreiecke gegliedertes Fachwerk von John Thurner trat anstelle des bisherigen Rohrrahmens, den Trevor Wilkinson einst entworfen hatte, unsicherer Inspiration vertrauend. Alle vier Räder hingen an Querlenkern. Schraubenfedern ersetzten die Drehstäbe, und der Radstand wurde um 38 mm auf 2170 mm verlängert. Auf dem Triebwerkssektor herrschten nun unumschränkt MG-Produkte, bis zum Sommer 1963 die MGA-Maschine mit 1622 cm³ und 86 PS, ab September die des MGB von 1798 cm³ und 95 PS. 90 Mk III waren gebaut, als sich Mitte des Jahres der Grantura 1800S anschloß, erkennbar am sogenannten Manx-Heck mit dem größeren, umgreifenden hinteren Fenster, unter dem das Reserverad im Nacken der Passagiere lagerte.

Im Winter 1965 wurde TVR von der Familie Lilley übernommen. Zu diesem Zeitpunkt waren 90 1800S entstanden, ein ungefährer Wert wie alle bislang genannten Fertigungszahlen. Manager Martin Lilley – sein Vater Arthur wurde Vorsitzender der TVR Engineering Ltd. neuer Art – achtete auf exakte Buchführung. Und diese hielt fest, daß 1966 noch einmal 38 1800S, zwischen dem Juli jenes Jahres und dem Oktober 1967 jedoch 78 Einheiten der insgesamt verfeinerten Version Grantura Mk IV 1800S hergestellt wurden; noch immer automobile Sonderlinge, gleichwohl aber schon weitaus umgänglicher als ihre unwirschen Vorfahren zehn Jahre früher.

Austin-Healey 3000 Mk III, Bj. 1964. Sechszylinder-Reihenmotor. 2912 cm^3. 148 PS. 194,7 km/h. 9,8 s 0 - 60 mph. Leihgeber: Hermann Tobler und Helmut Ledam

Den BN4 und BN6, die Ende März 1959 die Ära der Austin-Healey 100/6 beendeten, folgte der erste 3000 auf dem Fuße. 42922 sollten sich anschließen, bis neun Jahre später der letzte ausgeliefert wurde, an den Londoner BMC-Händler

H. A. Saunders. Der 3000 unterschied sich nicht wesentlich von seinem Vorgänger, aber der auf 2912 cm^3 aufgebohrte Sechszylinder-Stoßstangenmotor ließ nun bei einer Verdichtung von 9 : 1 (vorher 8,5 : 1) der Kraft von 124 Pferden freien Lauf, die mit Scheibenbremsen von Girling vorn und hinteren Trommelbremsen wieder an die Kandare genommen werden konnten.

Obwohl sich auch begnadete Autofahrerinnen wie Pat Moss, als Schwester Stirlings nicht ganz unvorbelastet, durchaus versiert im Umgang mit ihm erwiesen, galt der 3000 als Domäne des harten Burschen, der den Tod nur bedingt und den Teufel überhaupt nicht fürchtet. Nicht zuletzt wurde dieses Bild geprägt von 40 Gesamtsiegen auf großen internationalen Rallyes, die unter der Stabführung von Competition Manager Marcus Chambers Zelebritäten wie die Morley-Zwillinge, Rauno Aaltonen und Tony Ambrose, Pat Moss und Ann Wisdom oder Timo Makinen herausfuhren, auf dessen Konto etwa der erste Platz bei der Langstreckenfahrt Spa-Sofia-Liège 1964 ging.

Dauer im Wechsel zeichnete die Entwicklung des 3000 aus, von den Mk I BT7 und BN7 1959-1961 und Mk II von 1961 und 1962, deren Gemisch von drei anstatt der bisherigen zwei SU-Vergaser aufbereitet wurde, über den Mk II BJ7 der Jahre 1962 und 1963 bis zum Mk III BJ8 im Zeitraum zwischen 1963 und 1968. Das N stand für den Zweisitzer, das T für den 2+2, und das J war im BMC-Code dem Convertible vorbehalten.

Ohne dem großvolumigen Triebwerk damit zuviel zuzumuten, wurde seine Leistung über 132 PS (1961) auf schließlich 148 PS im BJ8 aufgestockt, dessen Hinterachse ab Chassisnummer 26705 an halbelliptischen Blattfedern aufgehängt war. Die englische Fachzeitschrift Autocar ermittelte in einem vom 28. August 1959 datierenden Test, daß der 3000 mit 32,8 s auf Tempo 160 deren fünf weniger benötigte als der 100/6 und mit 186 km/h auch um acht km/h schneller war, die neue Maschine folglich mit der längeren Hinterachsübersetzung von 3,9:1 (100/6:4, 1:1) und dem Zentner Mehrgewicht gut zurechtkam. Schon im unteren Drehzahlbereich überraschte der Motor mit wuchtiger Beschleunigung. Der Kandidat habe sich auch im Stadtverkehr willig und diszipliniert gegeben, nur daß dort beim Fahrer unbezähmbar der Wunsch nach der freien Wildbahn aufgekommen sei.

Der dritten und vierten Fahrstufe des Testwagens konnte ein Laycock-de-Normanville-Overdrive zugeschaltet werden, was sich auf Geräuschentwicklung und Konsumgebaren der Maschine mäßigend ausgewirkt habe. Obwohl das Auto leicht hecklastig sei und deshalb zum Übersteuern tendiere, müsse man auf nasser Fahrbahn sehr gefühlvoll zu Werke gehen, damit die Hinterräder in

den unteren Gängen nicht durchdrehten. Es sei gut gedämpft, andererseits aber straff genug gefedert, so daß es sich in schnell gefahrenen Kurven kaum neige. Angesichts der geringen Bodenfreiheit äußerte man sich verwundert über die zahllosen Rallyeerfolge. Milde Kritik wurde dem Kofferraum zuteil – der sei durch Batterie und Reserverad schon so gut wie ausgelastet...

BMW 700 Coupé, Bj. 1960. Zweizylinder-Boxermotor. 697 cm³. 30 PS. 125 km/h. 26,5 s 0 - 100 km/h. Leihgeber: Josef Maier

Es war so ein bißchen der Porsche des kleinen und armen Mannes. Und wer aus der Generation der heute 60jährigen einmal eins besaß, dem steckt es noch im Blut und liegen noch so viele Autos dazwischen, das sanfte bis energische

Bollern des Zweizylinders im Heck, wie dynamisch man mit ihm um die Ecken fahren konnte, der Schreck, wenn es wieder einmal durch einen defekten Bolzen an einer der beiden hinteren Hardyscheiben lahmgelegt worden war.

Vor allem aber retteten das BMW 700 Coupé und seine Familienangehörigen den Bayerischen Motoren Werken das Leben: Mit den "Barockengeln" ab 1951, den prächtigen Schmankerln 503 und 507 von 1955 und dem Bertone-Beau 3200 CS von 1961 hatten sich die Münchener restlos überhoben. Automobile Zwerge am anderen Ende der Skala mußten es richten, das drollig-praktische "Motocoupé" Isetta von 1955, die "große Isetta" BMW 600 von 1957, der 700 zwei Jahre später. Und das kam so: Zu den vielen Vätern des Erfolgs zählte der Wiener Wolfgang Denzel, seines Zeichens BMW-Generalimporteur für Österreich, Konstrukteur und Rennfahrer. Der Schrumpf-Bus 600, meinte dieser, sei mißglückt. Aber auf seiner Basis könne man einen manierlichen Kleinwagen entwickeln.

Sprach's, tat's, stellte sein Konzept im November 1957 in München vor und reiste im März 1958 im Auftrag des Werks nach Turin, um im Zusammenwirken mit Star-Couturier Giovanni Michelotti einen Prototyp auf die Räder zu stellen. Dieser lag vier Monate später vor, wußte zu gefallen, mußte aber auch den einen oder anderen Rüffel einstecken – er sei zu groß für traute Zweisamkeit und zu klein für das Reisen zu viert. Dem konnte Abhilfe geschaffen werden. Man schuf bei BMW zwei Varianten, einen sportlichen Zweisitzer mit schräg abfallendem Coupédach und eine geräumige Limousine, in der eine Doppelkopfrunde bequem Platz nehmen konnte.

Die Familienlösung speiste man im Dezember 1959 in den Markt ein, vier Monate nach dem schmucken Coupé. Ihre Lancierung fiel zusammen mit einer Gelenkstelle in der Geschichte des Unternehmens und stand überdies in einem direkten Zusammenhang mit ihr. Denn der Plan der Daimler-Benz AG, BMW zu übernehmen, wurde vereitelt, als der Anwalt und Wirtschaftsprüfer Dr. Friedrich Mathern in der Bilanzierung der Entwicklungskosten des 700 einen Formfehler aufspürte. Beiden gemeinsam war ein gebläsegekühlter Boxermotor wie an den Zweirädern der Marke mit den Zylindermaßen 78 x 73 mm entsprechend einem Volumen von 697 cm³, zunächst mit 30 PS bei 5000/min, ab Februar 1963 mit 32 PS. Die Schräglenker-Hinterachse stammte vom BMW 600, die Vorderräder hingen an Schraubenfedern und doppelten Längsschwingarmen. Die Straßenlage des 640 kg leichten kleinen Renners war exzeptionell, vor allem, wenn man die Federn etwas verkürzte und härtere Dämpfer einbaute. Sporterfolge stellten sich zuhauf ein, viele durch den aufstrebenden jungen Hubert Hahne.

1960 legte man eine 40 PS starken Sportversion nach, erst Sport, ab 1963 CS geheißen. Ihr Triebwerk mit seinen markanten weit auseinanderstehenden beiden Solex-Fallstromvergasern fand sich auch im ab September 1961 beim Karosseriewerk Baur in Stuttgart produzierten 700 Cabriolet. Zwischen September 1964 und September 1965 wurde dort zusätzlich das LS Coupé eingekleidet. Analog zur Limousine war dessen Radstand um 60 mm auf 2280 mm erweitert worden, um Raum zu schaffen, ein Unterfangen, das den Viersitzern bekömmlich, der

Linie des flotten Zweiers indessen eher abträglich war.

31 062 der Gesamtpopulation von 188 211 BMW 700 entfielen auf das Coupé. Man sollte ihm dankbar sein: Ihm verdanken wir Highlights wie den M1, den Z8 oder den Z4.

Daimler SP250, Bj. 1961. V8. 2548 cm³. 140 PS.
193,6 km/h. 10,4 s 0 - 100 km/h. Leihgeber: Rolf Götze

Der Daimler SP250 wurde am 4. April 1959 auf der International Automobile Exhibition zu New York vorgestellt. Im Januar 1964 – 2645 Exemplare des bizarren Roadsters rollten inzwischen über vornehmlich britische und amerikanische Straßen – schlief seine Produktion wieder ein. Am Anfang stand die Initiative eines Mannes, des neuen Daimler-Managers Edward Turner, der sich mit der Entwicklung von Motorradmaschinen bei Triumph einen Namen gemacht hatte.

Das Ende führte der Unwille eines anderen herbei, des Jaguar-Chefs Sir William Lyons, der Daimler seit 1960 kontrollierte und das Projekt von vorneherein mit herber Kritik brandmarkte. Ohnehin hatte der Bau eines zweisitzigen Sportwagens eine kleine Palastrevolution aufgerührt in einem Hause, dessen Renommee auf behäbig-gediegenen Limousinen fußte. Ein erster Experimentalmotor zeigte sich bereits im Sommer 1958 standfest, ein kompakt-kurzhubiger V8 von 2548 cm³, dessen zwei Zylinderreihen im rechten Winkel zueinander geneigt waren und der im Bereich des Ventiltriebs Turners Motorrad-Philosophie verriet.

Mit 140 PS waren seine Fähigkeiten keineswegs voll ausgelastet, dennoch übertrafen spätere Rezensenten einander in einhelligem Lob. Turners Meister-Stück wurde implantiert in ein Chassis, dessen Affinität zum Fahrwerk des Triumph TR3A gewiß nicht nur einer Laune des Zufalls entsprang: ein Kastenrahmen mit Kreuzverstrebung, vorn Einzelradaufhängung mit übereinanderliegenden, ungleich langen Querlenkern, Achsschenkel mit oberem Kugelgelenk, Schraubenfedern mit eingebauten Teleskopstoßdämpfern, hinten Starrachse und Halbelliptikfedern, Achslagerung über dem Chassisträger, effiziente Girling-Scheibenbremsen ringsum.

Was die Karosserie angelangte, scheute man ob der zu erwartenden geringen Stückzahlen größere Investitionen und entschied sich deshalb für Fiberglas. Das Resultat war ebenso markant wie häßlich, da die Daimler-Designer Heterogenes zusammengezwungen hatten zu einer Symbiose des Unvereinbaren. Überdies tendierte der Kunststoffbau an bestimmten Stellen zum Reißen, zumindestens in der ersten Serie. In dieser Phase verwand sich der SP250 so stark, daß auf schlechten Wegstrecken die Türen schlagartig aufsprangen und so Fahrer, Beifahrer und gegebenenfalls in einem Verlies hinter den Vordersitzen mitreisende Kinder nachhaltig verunsicherten.

Ein ab Oktober 1960 verfügbares Hardtop wirkte als stabilisierendes Moment, und mit der 'B'-Spezifikation vom April 1961 wurde auch der Rahmen versteift, während die 'C'-Serie ab März 1963 vor allem eine bessere Ausstattung implizierte. Ab Februar 1961 wurde wahlweise eine Automatik von Borg Warner angeboten. Der Daimler SP 250 verhielt sich grundsätzlich untersteuernd und avisierte seinem Lenker rechtzeitig, wenn er mit dem Heck wegzuwischen gedachte.

Seinen ursprünglichen Namen Dart, der an ein englisches Pfeilspiel erinnerte und zudem in hübscher Alliteration zu Daimler paßte, hatte man rasch wieder fallengelassen, als Chrysler für ein gleich bezeichnetes Dodge-Modell das Copyright beanspruchte. Trotz seines frühzeitigen Ablebens endete die Dart-Episode mit einer versöhnlichen Note – sein Motor fand eine neue Heimat im Jaguar Mk II.

Facel Vega Facel III, Bj. 1964. Vierzylinder-Reihenmotor Volvo B 18 B. 1780 cm³. 108 PS. 174 km/h. 12,9 s 0 - 100 km/h. Leihgeber: Max Hürlimann und W. Suter

Schon 1957 hatte Jean Daninos, Chef der Facel S.A., 19 avenue Georges V, Paris VIII, die Idee, die sieben Jahre später zum Untergang seines Unternehmens führen sollte. Er würde seinen "klassischen" Modellen HK 500 und Excellence

einen fast maßstabsgerecht verkleinerten Facel an die Seite stellen, mit dem er den zahlreich nach Frankreich importierten Porsche Super 90 und Alfa Romeo Giulietta das Wasser abzugraben gedachte. 2500 Exemplare, versicherten ihm seine Händler, würden sich gewiß je Jahr absetzen lassen. Auf 1827 brachte es der Facellia in seinen verschiedenen Abwandlungen tatsächlich – aber insgesamt, 1181 Cabriolets, 598 Coupés und 48 Coupés 2+2.

Auch Chassis und Aufhängung entsprachen denen der großen Brüder: Der Rohrrahmen war mit der Karosserie verschraubt. An zwei Querlenkern und Schraubenfedern einzeln geführte Vorderräder, die hintere Starrachse mit Halbelliptikfedern sowie die serienmäßigen Michelin-X-Pneus trugen zu gutmütigem, leicht untersteuerndem Fahrverhalten bei. Was die Maschine anbelangte, ließ sich Daninos etwas Besonderes einfallen. Französischer Provenienz sollte sie sein, schon weil die Lizenz für die Einfuhr eines ausländischen Triebwerks unerreichbar schien. Die großen Konzerne zeigten sich indessen wenig kooperativ, so daß sich Daninos mit Jean Cavallier ins Benehmen setzte, dessen Pont-à-Mousson S.A. ihn bereits mit ihren Getrieben belieferte.

Anfang der fünfziger Jahre hatte man dort an einem Sechszylinder-Aggregat experimentiert – für den Facellia schienen vier in Reihe angetretene Verbrennungseinheiten mit 1646 cm³ das angemessene Herzstück. Mit zwei obenliegenden Nockenwellen war es ähnlich konzipiert wie Alfa- und MG-Motoren seiner Zeit, und bei der Feinarbeit am Zylinderkopf, so munkelte man, habe der britische Spezialist Harry Weslake die Hand im Spiel gehabt. Die angegebenen 115 PS fanden sich erst bei 6400 U/min zusammen, was Facellia-Piloten lieber vermieden.

Im allgemeinen, berichtete Paul Frère 1960 in auto motor und sport, habe er es bei 5600 – 5800 Umdrehungen der Kurbelwelle pro Minute bewenden lassen, da damit seine Chancen gestiegen seien, nicht zu Fuß nach Hause zurückkehren zu müssen. Eben dies aber widerfuhr Eignern der ersten Generation ziemlich häufig. Denn optisch ein schönes Stück Technik, laborierte der mattschwarz lackierte Vierzylinder an Störungen seines Wasserkreislaufs, und kostspielige Infarkte wie verbrannte Kolben waren die Folge.

So war der Ruf des Facellia, dem allenthalben bestechende Eleganz bescheinigt wurde, bereits ruiniert, als mit dem Modelljahrgang 1961 unter der Front-Haube Ruhe eingekehrt war. Man hatte die Kompression von 9,4 auf 9,2:1 gesenkt, die Kühlung verbessert und weniger empfindliche Kolben vom Typ Floquet-Monopole installiert. Für einen Prototyp des Facellia F2S (für Sport), dem zwei Weber-Horizontalvergaser 126 PS einbliesen, ermittelte man unter der gestrengen Aufsicht des Königlich-Belgischen Automobilclubs auf einer Autobahn des Nachbarlandes die Spitzengeschwindigkeit von exakt 193,350 km/h.

Inzwischen hatte Daninos mit Volvo-Präsident Gunnar Engellau Fühlung aufgenommen und kehrte von einer Reise nach Göteborg mit der Übereinkunft zurück, in den Facel III (ab April 1963) ein Volvo-Triebwerk von 1780 cm³ und 108 PS sowie ein Getriebe des gleichen Herstellers einbauen zu dürfen. Aber schon drohte das Menetekel der Liquidation. Ende Oktober 1964 schloß der kleine Betrieb in Colombes für immer die Pforten.

Ferrari 250 GT Berlinetta, Bj. 1960. V12 Colombo. 2953 cm^3. 280 PS.
233 km/h. 8,2 s 0 - 100 km/h. Leihgeber: Ernst Schuster und Ado Vallaster

Jung, ungestüm, voll überschüssiger Kraft sei er, ein serienmäßiger Rennsportwagen, der nach Freiheit dürste. Er ermögliche das Fahren an sich, erlebnishungrig und zum Unmöglichen bereit, und schmiege sich in die Hand seines Lenkers, willig wie eine Sommerliebe, schrieb Heinz-Ulrich Wieselmann in der Sommerausgabe der Motor Revue 1960. Was sich las wie Lyrik oder das Loblied auf eine Angebetete, galt dem jüngsten

Sproß aus der Familie der 250 GT Berlinette, für viele der Ferrari schlechthin, für einige die Inkarnation des Sportwagens überhaupt.

Schon an einer Interims-Version von 1959 waren Züge der neuen Baureihe versammelt gewesen, der Bug zum Beispiel und das Heck. Aber der lange Radstand von 2600 mm verlangte nach Kompromissen im Mitteltrakt, häßlichen Fensterchen etwa hinter den Türscheiben. An dem Kurz-Coupé auf dem Pariser Autosalon im Oktober 1959 – einem von insgesamt 167 – war all das ausgemerzt, hatten sich alle guten Ansätze zu einem Ganzen von zeitlos-ausgewogenen Proportionen zusammengefügt. 2400 mm standen die Vorder- und Hinterräder jetzt auseinander, ebensoviel wie bei einem Volkswagen – oder ebensowenig.

Bot sich die Außenhaut des Exponats im Grand Palais dem Auge des Betrachters noch flächig-unzerklüftet, so wurde sie 1960 durch Ventilationsöffnungen hinter den vier Rädern gegliedert, und 1961 verbesserten Ausstellfensterchen die Belüftung des Innenraums. Der Aufbau – Form: Pininfarina, Fertigung: Scaglietti, wie beim Vorgänger – bestand im allgemeinen aus Stahl, mit Ausnahme der Türen, der Motorhaube und des Kofferraumdeckels, wo sich mit Aluminium Gewicht sparen ließ. Ganz in Leichtmetall gewandet waren mit den reinen Wettbewerbsautos gewissermaßen die Frontkämpfer.

280 PS leistete der röhrende Zwölfzylinder – der "kurze" Colombo-Block, auf den man die Köpfe des Rennmotors aus dem Testa Rossa mit von außen eingeführten Zündkerzen geschraubt hatte – und jedes einzelne transportierte bei 120 l Sprit an Bord ganze vier Kilogramm Wagengewicht. Der Düsseldorfer Rennfahrer Wolfgang Seidel, der der Motor Revue seinen privaten Berlinetta für eine Woche und 1000 Kilometer überließ, hatte sich ausbedungen, man möge die rot markierte Drehzahlgrenze von 7000 U/min nicht überschreiten. Dieses Gebot strikt befolgend, absolvierte Wieselmann den Beschleunigungs- und Bremstest vom Stand auf 160 und zurück in 22 s, voll des Lobes über die Dunlop-Scheibenbremsen, die die manchmal kapriziösen Trommelbremsen früherer GT-Generationen ersetzt hatten.

Im übrigen bescheinigte er dem Kandidaten, er sei für den Alltagsverkehr geeignet wie ein Jagdelefant. Auf den Pisten hingegen tummelte er sich wie ein Fisch im Wasser, ein gefürchteter und zäher Konkurrent, der sogar die Schikanen des besessen ehrgeizigen Belgiers Mairesse überstand, den sie "Kamikaze-Willy" nannten. Zweimal, 1960 und 1961, gewann dieser, an eine lange Tradition anknüpfend, mit seinem Landsmann Berger die Tour de France, eine Dauer-Marter, die man aus $9\frac{1}{2}$ Stunden Renntempo

auf Strecken in Frankreich, Deutschland und Belgien und sieben Bergrennen komponiert hatte. Stirling Moss aber war gelangweilt. Nach seinem Sieg bei der 25. Tourist Trophy in Goodwood am 20. August 1960 mit dem dunkelblauen Berlinetta des Rennstallbesitzers Rob Walker äußerte er verdrießlich, das Fahren habe keinen Spaß gemacht, die Zuschauer sähen nicht einmal den Mann am Lenkrad, und jeder Formel-Junior-Rennwagen sei schneller...

OSCA 1600 GT, Bj. 1960. Vierzylinder-Reihenmotor. 1568 cm³. 95 PS. 193,4 km/h. Leihgeber: F. W. Overländer

In der Anonymität der Abkürzung OSCA verbargen sich die drei Brüder Ernesto, Ettore und Bindo Maserati. 1937 hatten sie das ungleich bedeutendere Unternehmen, das ihren eigenen Namen trug, an die Industriellenfamilie Orsi verkauft, ihm noch zehn Jahre loyal, aber grollend als Berater gedient und schließlich den neuen Besitzern in schlechtestem Einvernehmen den Rücken gekehrt, um in der alten Garnison Bologna die Officine Specializzate Costruzioni Automobili ins Leben zu rufen.

Stets wurde das Mittelmaß der jungen Marke überstrahlt vom Glanz des Modeneser Dreizacks, und so zogen sich die Fratelli Maserati 1963 müde und ein bißchen gedemütigt auf ihr Altenteil zurück, nachdem sie OSCA an die Motorradwerke MV-Agusta veräußert hatten. Spezialisiert hatten sie sich in der Tat, auf hubraumschwache Renn- und Sportwagen, die als schnell, aber auch als zerbrechlich galten. 1960 wagte man sich mit dem 1600 GT auf Neuland vor, einem Gran Turismo, der auf der Turiner Show vorgestellt wurde. Karossiert durch Zagato – zwei markante Hutzen auf dem Dach belüfteten das Wageninnere durch Unterdruck –, war er dazu ausersehen, die Hegemonie der Porsche Carrera zu brechen.

Was das Fahrwerk anbelangte, brachte die ebenso aggressiv wie wohlproportionierte und windschlüpfig gestaltete Berlinetta gute Voraussetzungen für dieses hohe, wenn auch nie erreichte Ziel mit. Die Rahmenkonstruktion folgte bewährter OSCA-Usance: Zwei dicke Stahlrohre von 70 mm Querschnitt dienten anderen, leichteren Röhren mit 45 mm Durchmesser als Basis, geschweißte Stahlbleche als Verstärkung. Alle vier Amadori-Räder aus Leichtmetall waren einzeln an Dreiecklenkern mit Schraubenfedern und Teleskopdämpfern aufgehängt. Ein vorderer Querstabilisator trug zur ungewöhnlichen Handlichkeit des OSCA 1600 GT bei, dessen Kinderkrankheiten durch den in Italien lebenden englischen Rennfahrer Colin Davis auskuriert wurden. Die Halbachsen des Hinterradantriebs wiesen je zwei Gelenke auf. Der Radstand betrug 2250 mm, und das Gewicht von 785 kg verteilte sich mit 48,7 Prozent vorn und 51,3 Prozent hinten fast gleichmäßig auf beide Achsen. Duplex-Scheibenbremsen von Girling besorgten das Geschäft der Verzögerung zu allgemeiner Zufriedenheit – die hinteren waren zur besseren Kühlung weit außen angesiedelt worden. Bei dem 1568-cm³-Aggregat mit fünffach gelagerter Kurbelwelle und Doppelzündung handelte es sich um die aufgebohrte Maschine des Fiat 1500 Cabriolets, der ein OSCA-Zylinderkopf 95 PS einblies.

Gab es sich in dieser Form noch geschmeidig und kultiviert, so führte sich eine zweite Sportversion im 1600 GTS, von zwei Weber-Doppelvergasern zu 140 PS aufgestachelt, entschieden rauher und ungebärdiger auf. Ein weiteres Coupé und ein Spider, beide von Michelotti bekleidet, mußten sich mit der schwächeren Motorvariante begnügen, während man für die folgende Zagato-Generation das Leistungs-Angebot von 105 PS (1600 GT 2) über 125 PS (1600 GTV) bis zu den bereits bekannten 140 PS (1600 GTS) staffelte. Nicht genug damit: 1963 umspannte das Modell-Spektrum neben den drei letztgenannten Typen den 1600 PR 2 mit 105 PS und den 1600 PRV mit 125 PS, verfügbar jeweils mit offenen und geschlossenen Aufbauten der Carrozzeria Fissore im Savigliano. Eine ganz besondere Frucht indessen zeitigte die Fusion mit MV-Agusta auf dem Turiner Salon 1964 in Gestalt des OSCA 1600 TC (Travare Centrale), dessen Lenker gleichfalls über 125 PS gebot. Wie diese Bezeichnung bereits auswies, hatte man auf einen Mittelträgerrahmen umgerüstet, und darauf ruhte ein Kunststoff-Habit mit scharfen Profilen. Die Ähnlichkeit mit der Konzeption des Lotus Elan entsprang gewiß nicht nur einer Laune des Schicksals. Von den Gebrüdern Zagato ausgestattet wurden inzwischen 1960 und 1962 42 OSCA 1600.

Porsche 356 B 1600 Super Roadster, Bj. 1962. Vierzylinder-Boxermotor. 1582 cm³. 75 PS. 175 km/h. 14,6 s 0 - 100 km/h. Leihgeber: Dr. Klaus-Otto Räker

Nur in einem Punkte begnügte sich die Dr.-Ing. h.c. F. Porsche KG hinsichtlich des 356 B, der ab September 1959 auf dem Markt erschien, mit Mittel-Maß: Alle Modelle hatten Motoren von 1,6 l Hubraum, zu wenig für eine Mitgliedschaft in der Loge der ganz Großen, recht viel schon, wenn man an die unprätentiösen Ursprünge denkt. Diese Selbst-Bescheidung der Stuttgarter entsprach genau dem nicht undankbaren Part, den sie sich im Rahmen des Regelwerks der internationalen Sportgesetze zugewiesen hatten – auf dem eigenen Felde kaum zu überbieten, ansonsten aber für jede Überraschung gut zu sein.

Leistung stand genug zur Auswahl: so etwa aus den 1582 cm³ der Stoßstangenmaschine 60 PS ("Dame"), 75 PS (Super) und, ab März 1960, 90 PS (Super 90). Mit der stärksten Ausgabe, der ihr Plus an Kraft aus Vergasern mit erweitertem Ansaugquerschnitt (40 gegenüber sonst 32 mm), vergrößerten Saugkanälen und Einlaßventilen sowie einer Verdichtung von 9 : 1 zuwuchs, blies man frischweg zur Attacke auf einen Gegner aus eigenem Hause, den um 4000 Mark teureren Carrera de Luxe, denn sein Absatz schleppte sich nur zäh dahin. Krönung des Programms blieb indessen der Carrera GT als Offerte an die Sportfahrer unter den Freunden der Marke, dessen Viernockenwellen-Triebwerk aus 1588 cm³ 115 PS aktivierte.

Daß seine Form im Prinzip zehn Jahre lang nicht angetastet worden war, teilte der 356 auf dem europäischen Kontinent mit so unterschiedlichen Zeitgenossen wie dem Renault 4 CV (ebenfalls einer Porsche-Konstruktion), dem Peugeot 203 und dem Volkswagen. Um so mehr fielen die Veränderungen ins Auge, mit denen sich die B-Generation auf der Frankfurter IAA 1959 präsentierte. Vorn um 95 mm und hinten um 105 mm höher angesetzt, mit weit nach oben und unten ragenden Hörnern, hatte man massivere Stoßstangen, die jetzt der Karosserie nahe anlagen und über die Breite des Wagens nicht mehr hinausstanden. Die unten leicht nach hinten gekrümmte vordere Schürze war durchbrochen von Kiemen, die den axial verrippten Bremstrommeln aus Leichtmetall Kühlluft zuführten, und in gefälliger Abstraktion vereinfacht waren die Schallgitter innen neben neu gestalteten Blinkleuchten. Die Scheinwerfer blickten aus den Kotflügelspitzen, so hoch es eben ging, im Interesse einer optimalen Ausleuchtung der Fahrbahn. Der gleichen Zielsetzung diente asymmetrisches Abblendlicht.

Ausstellfenster, am Cabriolet schon seit 1957 Standard, gehörten jetzt durchweg zur Grundausstattung wie das schwarze schüsselförmige Lenkrad und der energisch zum Fahrer hin gekröpfte Schalthebel, der, selbst in Gedankenschnelle bewegt, das Sperrsynchrongetriebe des 356 B nie überlistete. Sitzschalen in der zweiten Reihe hinter den serienmäßigen Liegesesseln waren um 60 mm gesenkt, und ihre Rücklehnen ließen sich einzeln umlegen, so daß auch dann noch zusätzlicher Gepäckraum zur Verfügung stand, wenn nur ein Passagier die Entbehrungen eines Aufenthalts im Porsche-Fond auf sich nahm.

Porsche 356 B 2000 GS Carrera 2 Coupé, Bj. 1963. Vierzylinder-Boxermotor. 1966 cm^3. 130 PS. 201,1 km/h. 8,7 s 0 - 60 mph. Leihgeber: Dr. Klaus-Otto Räker

Denn der Slogan, das Reisen in einem Auto aus Zuffenhausen bedeute Fahren in seiner schönsten Form, bezog sich wohl mehr auf den Aufenthalt auf den vorderen Plätzen, zumal man dort in der Wagenmitte eine Position im Zentrum des Geschehens bezog. Wer dergleichen mobile Lebensqualität nicht missen mochte, hatte die Qual der Wahl unter etlichen gleichermaßen attraktiven Alternativen.

Da waren, in der mit Porsche eng liierten Karosseriefabrik Reutter in Zuffenhausen gefertigt, das Coupé und das Cabriolet, verfügbar mit einem Stoffverdeck und einem abnehmbaren Dachaufsatz. Fest mit dem Rest des Aufbaus verbunden wurde das Hardtop in einer Variante, die bei der Wilhelm Karmann GmbH zu Osnabrück hergestellt wurde. Nur ein ephemeres Dasein war dem Convertible vergönnt gewesen, das 1958 den Speedster abgelöst hatte. In die Lücke, die mit seinem Hinscheiden klaffte, placierte man zeitweise den Roadster, ein Zwitterding, das Züge beider Vorgänger trug, mit Kurbelfenstern und einer großen Windschutzscheibe, aber lediglich einem leichten Allwetterzelt für den dringenden Notfall ausgestattet.

Eine Weile noch, bis zum Februar 1961, war die Spenglerei Drauz in Heilbronn mit der Produktion der Karosse betraut, dann wurde ein entsprechender Auftrag an die Anciens Etablissements d'Ieteren Frères S.A. in Brüssel vergeben. Im gleichen Jahr wurden 1600 Super und 1600 Super 90 mit Koni-Stoßdämpfern ausgestattet. Eine Gemeinsamkeit zwischen dem letzteren und dem Carrera bestand darin, daß eine Ausgleichsfeder an der Hinterachse, die sich am Getriebegehäuse abstützte, das jeweils kurveninnere Hinterrad stärker an der Seitenführung beteiligte.

In neuer Konfiguration bot sich der 356 B im September auf der IAA den Blicken der Betrachter dar. Unterhalb der voluminösen Heckscheibe führte nun ein Doppel-Rost dem Motor Atem- und Kühlluft zu. Die Rundung des Kofferraumdekkels war sanft abgeflacht, und der Tankstutzen verbarg sich rechts vorn im Kotflügel unter einer kleinen Klappe. Vermittels eines schmalen Grills vor dem Frontfenster hatte man die Versorgung des Innenraums mit Sauerstoff verbessert.

Porsche 356 B 2000 GS Carrera 2 Cabriolet, Bj. 1962. Vierzylinder-Boxermotor. 1966 cm³. 130 PS. 201,1 km/h. 8,7 s 0 - 60 mph. Leihgeber: G. D. Edelhoff

Ebenfalls in Frankfurt wurde der Carrera 2 angekündigt, den der Zusatz in der Typenbezeichnung als Zweiliter auswies. Aber erst am 27. Juli 1962 war die Stückzahl von 100 erreicht, die die Homologation als Grand-Tourisme-Wagen voraussetzte. Dieser vorerst letzte Beitrag zum Thema Carrera zeichnete

sich nicht nur durch seine geschmeidige Maschine aus, die mit 1966 cm³ 130 (in der GT-Version 140 beziehungsweise 155) solide PS entfachte.

Um den Preis von 21 500 Mark erwarb man auch vernünftigen Luxus wie die Benzinheizung von Eberspächer und funktionellen Fortschritt in Gestalt von Scheibenbremsen, die bereits beim 1000-km-Rennen auf dem Nürburgring im Juni 1959 an einem Carrera-Coupé erprobt worden waren, das Herbert Linge und der sizilianische Baron Antonio Pucci lenkten, allerdings mit wenig ermutigenden Ergebnissen.

Anstelle der Dunlop-Discs von damals waren inzwischen solche aus eigener Fertigung getreten. Der Carrera 2, der mit einer Auflage von 436 (davon 310 356 B) eine Rarität bleiben sollte, eignete sich glänzend als Galionsfigur für ein Unternehmen, das ohne Zorn in die Vergangenheit und voller Erwartung in die Zukunft blicken konnte. 1956 hatten die Amerikaner das nach dem Kriege beschlagnahmte Porsche-Werk I zurückerstattet. Im Frühjahr 1959 bezog man mit dem Werk II einen Neubau, einen weiteren, nur einen Steinwurf vom Werk I entfernt, am 1. November 1960. Ende 1962 war die Versuchsstrecke in Weissach fertig, und 1963 ging mit dem Reutter-Werk

eine alte Geschäftsverbindung endgültig in Porsche-Regie über.

Damals, 1950, als man noch glaubte, man werde wohl 500 Porsche unter die Leute bringen können, schlug jeder Monteur seine Initialen in das Kurbelgehäuse des Motors ein, den er gerade zusammengesetzt hatte, so wie die stolzen Meister des Mittelalters ihre Namen in stilisiertem Latein auf ihren Werken verewigt hatten: Winifredus fecit – Winfried hat dies gemacht. Handsignierte Maschinen paßten nicht mehr in eine nüchterner gewordene Umwelt und zu Dingen, die in großer Zahl verbreitet wurden, wie etwa die 30 963 Porsche 356 B. Der Stolz aber war geblieben.

Sunbeam Alpine Serie V, Bj. 1967. Vierzylinder-Reihenmotor. 1725 cm³. 92,5 PS.
157,7 km/h. 13,6 s 0 - 60 mph. Leihgeber: Sunbeam Club, GB

Nach dem allzu frühen Ableben des Ur-Alpine 1955 zog sich ein Team des Vielfirmen-Imperiums Rootes zeitweise in Klausur zurück, um über einen Ersatz für das zweisitzige Cabriolet nachzusinnen. Mit dem Alpine der zweiten Generation,

der im Sommer 1959 vorgestellt wurde, zeigte sich, daß die Projektgruppe ihre Hausaufgaben anständig erledigt hatte. Obwohl er durchaus einer amerikanischen Schule entstammte, stattete Kenneth Howes das neue Modell mit klaren Konturen fast ohne funktionslose Schnörkel aus. Roy Axe, der ihm dabei zur Hand ging, sollte Ende der siebziger Jahre Chefstylist bei Chrysler in Detroit werden.

Störend ins Bild schoben sich lediglich die 1956 von Virgil Exner in den Vereinigten Staaten initiierten ausgeprägten Heckfinnen, die für die vierte Alpine-Serie ab Januar 1964 zurückgeschnitten wurden. Das Fahrwerk entsprach im Prinzip dem des Alpine älterer Art und wurde mit seinem Radstand von 2184 mm aus der Produktion des Kombiwagens Hillman Husky ab-gezweigt, während Maschine (4 Zylinder, anfänglich 1494 cm³ und 78 PS) und Kraftübertragung dem Sunbeam Rapier III und seinen jeweiligen späteren Metamorphosen entlehnt waren.

Frühzeitig stand eine Hardtop-Variante zur Verfügung, und im März 1961 kreierte das Karosseriewerk Harrington ein smartes Fastback-Coupé, das, wie auch sonst üblich, wahlweise in drei Tuningstufen von Hartwell angeboten wurde. Zwischen dem Juli 1959 und dem Januar 1968 entstanden in fünf Schüben 69 251 Alpine. Auf eine Verbreitung von 7067 Exemplaren brachte es in zwei Auflagen zwischen dem 27. Juni 1964 und dem 30. Juni 1967 der Sunbeam Tiger, der wildeste Sproß der Alpine-Familie, bis zum 9. Dezember 1966 mit einem Ford-Motor aus Detroit von 4261 cm³ und 164 PS, später mit dem größeren V8 des gleichen Herstellers von 4727 cm³ und 200 PS bewaffnet.

Sofort nach dem Erscheinen des Cobra waren Rootes-Emissäre bei Carroll Shelby vorstellig geworden, mit Ian Garrad, dem Importeur der Marke für die amerikanische Westküste, als Mittelsmann. Ihr Auftrag lautete zu erkunden, ob nicht mit des Texaners Hilfe das Cobra-Szenario auf den Zweiplätzer aus Coventry angewendet werden könne. In der Tat schuf Shelby einen Prototyp, der Rennfahrer Ken Miles einen zweiten, und dann war man sich selbst überlassen.

Die eigentliche Tiger-Zucht – die Hinterradaufhängung war durch einen Panhardstab verbessert, das Chassis kräftig retuschiert, die äußere Silhouette aber nicht verändert worden – wurde an die

Jensen Motors Ltd. in West Bromwich delegiert. Als 1967 die Chrysler Corporation die Kommandogewalt über die Rootes-Gruppe übernahm, hatte dies in einem Punkte die gleiche Konsequenz wie indische Siedlungspolitik im Pandschab: kein Platz für den Tiger.

Ferrari 250 GT Coupé 2+2, Bj. 1962. V12 Colombo. 2953 cm³. 240 PS. 219,5 km/h. 8,5 s 0 - 100 km/h. Leihgeber: Ado Vallaster

Aufmerksamen Beobachtern der 24 Stunden von Le Mans am 25. und 26. Juni 1960 blieb nicht verborgen, daß Ferrari seine lautstarke Offensive auf dem Sarthe-Kurs gewissermaßen mit einer friedlichen Demarche am Rande der Piste flankierte – in Gestalt des Wagens der Rennleitung. Dieser war ein Viersitzer, der erste in der Geschichte des Hauses, wenn man von einigen Spezialanfertigungen absieht, in denen Anfang der fünfziger Jahre die Karossiers Touring, Vignale und Ghia Notunterkünfte hinter den vorderen Sitzen freimachten.

Unbemerkt selbst von der findigen italienischen Presse, war er seit 1959 im inzwischen perfekt eingespielten Einvernehmen zwischen Ferrari in Maranello und Pininfarina in Grugliasco herangereift, wobei man sich tastend auf Neuland begab: Würde sich das Flair der Zweisitzer auf ein Coupé 2+2 übertragen lassen? Zuverlässiger als jedes subjektiv gefärbte Ja beantwortete der Erfolg diese Frage. Als die Modellreihe Ende 1963 auslief, waren 950 gebaut, die letzten 50 – an einigen wies der Schriftzug America darauf hin – bereits mit dem Vierliter-Motor des Nachfolgers.

Schon die ursprünglich verwendete jüngste Mutante des im Prinzip 13 Jahre alten "Kurzblock"-Aggregats, deren Zündkerzen von den Außenseiten in die Zylinderköpfe eingeführt wurden, hätte sich übrigens gegen den Einbau etwa in einen Berlinetta gesperrt. Um zusätzlichen

Lebensraum zu gewinnen, mußte Pininfarina nämlich das Triebwerk auf dem bewährten Stahlrohrrahmen (Radstand: 2600 mm) 200 mm nach vorn transplantieren, und das hatte Detailmodifikationen zur Folge.

Durch einen kleinen Hebel am Lenkrad ließ sich der vierten Fahrstufe elektrisch ein Overdrive von Laycock de Normanville zuschalten, allerdings nur in Verbindung mit der kürzesten Hinterachsübersetzung von 4,57 : 1. Eine Servohilfe von Bendix erleichterte den Umgang mit den Dunlop-Scheibenbremsen. Schließlich sollten auch Damen aktiv teilhaben an einem Fahr-Spaß, wie er beispielsweise dem Briten John Bolster vergönnt gewesen war.

In der Wochenzeitschrift Autosport vom 2. August 1963 zog er das Fazit, in diesem Auto gerate jede Reise zur köstlichen Erfahrung, und schon die Sinfonie der zwölf Zylinder ermutige den passionierten Lenker, sein Bestes zu geben. Die Karosserie war im Windkanal optimiert worden, wobei Pininfarina der stark geneigten Windschutzscheibe besondere Zuwendung angedeihen ließ. Originelles Detail: der leichte Dachüberhang über dem großen Heckfenster.

Anfänglich, 1961 und 1962, waren die Rückleuchten in viel Chrom eingebettet, während die Scheinwerfer ohne solchen Zierat aus der Front herausschauten. Sie bildeten mit den Parklämpchen senkrecht unter ihnen und Nebellampen in den Ecken des Front-Grills ein gleichseitiges Dreieck, eine Anordnung, die für das Modelljahr 1963 aufgegeben wurde. In Chromringe gefaßt waren jetzt die Hauptscheinwerfer, in zwei schlanken vertikalen Signaleinheiten inmitten einer stilistisch geglätteten Umgebung vereint die sechs hinteren Leuchten am Ende von leicht verlängerten Kotflügeln. Breitere Borrani-Räder und Schraubenfedern um die hinteren Stoßdämpfer verbesserten das Fahrverhalten des gewichtigen Coupés. Auf Grund der Eingriffe im Bug neigte es zum Untersteuern, eine Tendenz, die der Kundige mit Lenkrad und Gaspedal wieder ausbalancierte.

Ferrari 400 Superamerica, Bj. 1963. V12 Colombo. 3967 cm³. 340 PS. 272 km/h. 9,4 s 0 - 100 km/h. Leihgeber: Lukas Hüni

Bei den 250-Modellen seiner Zeit herrschte bereits die Uniformität wenn auch kleiner Serien. Der Ferrari 400 Superamerica aber stand noch in einer Tradition, deren Ende er zugleich markierte, der der Einzelanfertigung auf

Wunsch und nach Wunsch für Individualisten, die sich ihren Individualismus auch leisten konnten. Denn er war doppelt so teuer wie seine kleineren Brüder, kein Ferrari von der Stange gewissermaßen. Kaum zwei waren gleich, nicht einmal, wenn sie um ungefähr dieselbe Zeit gebaut wurden.

Über 46 schüttelte Pininfarina das Füllhorn seiner Ideen aus, ungebunden von der Norm des Fließbands. Zwei wurden bei Scaglietti bekleidet. Aus Maranello vorgegeben war den Karrossiers die Mechanik, wobei man in diesem besonderen Falle für das spröde Wort beinahe um Verzeihung bitten muß. Das Fahrwerk, robust und unsensationell, wie es die amerikanische Zeitschrift Car & Driver in einem ansonsten euphorischen Bericht vom April 1963 nannte, entsprach dem der anderen Ferrari dieser Ära: Ein Elliptikrohrrahmen, vorn Einzelradaufhängung an Trapez-Dreieckquerlenkern, Torsionsstab vorn. Teleskopdämpfer von Koni ersetzten die bisherigen Houdaille-Hebelarmdämpfer, und Scheibenbremsen des Pioniers Dunlop sorgten dafür, daß die gewichtigen und windschlüpfigen Zweisitzer angemessen verzögert werden konnten.

Der Radstand betrug anfänglich 2420 mm, ab Ende 1962 2600 mm. Auf dem Altenteil ruhte nun das Lampredi-Triebwerk des Vorgängers 410 Superamerica von 1956, dessen Zylinderköpfe fest mit dem Block verbunden gewesen waren. An seiner Statt war die neueste Version des kürzeren Leichtmetalltrieblings, den einst der Ingenieur Gioacchino Colombo entworfen hatte, ins Motoren-Appartement eingezogen, wie bei den 250-Typen, nur daß sich die jeweils 330,62 cm³ der zwölf Verbrennungseinheiten zu einem Hubraum von 3967 cm³ addierten.

Den vier Fahrstufen war ein Schnellgang in Gestalt des Overdrive von Laycock de Normanville angefügt, der die Drehzahl um 28,2 Prozent absenkte. Seine offizielle Aufwartung machte der 400 Superamerica auf dem Brüsseler Salon im Februar 1960, ein Cabriolet, von dem man kolportierte, es habe 400 PS. Schon früher aber durfte, eine kleine Aufmerksamkeit des Hauses sozusagen, der künftige Fiat-Präsident Gianni Agnelli ein eigentümlich geformtes Coupé beziehen, mit Panoramascheibe, fast quadratischer großer Kühleröffnung und einem transparenten Dachteil.

In Sprüngen und Kurven verlief die Evolution des 400 SA auch sonst, gelegentlich alogisch wie eine Springprozession. Sie führte vom Superfast 2, einer Pininfarina-Studie aus dem Windkanal mit glatten, flüssigen Flächen über das Coupé Spécial Aerodinamico, das in zwölf Variationen aufgelegt wurde, zum Superfast 3, dessen Dachaufbau scheinbar schwerelos auf schlanken Holmen zu schweben schien und dessen kleine Kühleröffnung sich thermostatisch schließen ließ. Aus den Kotflügelenden des Superfast 4 glotzten vier Scheinwerfer, die ihm nicht gut zu Gesicht standen. Einige Prototypen und Schau-Stücke fanden den Weg in Hand, Herz und Hof von Lieb-

habern, wie der Testwagen von Car & Driver. Er sei hart gewesen wie ein Nagelbrett, berichtete man da. Dafür entzündete sich die Begeisterung der Prüfer an Details wie den vier Auspuffrohren – jedes sei so dick wie der Hals von Audrey Hepburn – und genauso schön...

Alfa Romeo TZ1, Bj. 1964. Vierzylinder-Reihenmotor. 1570 cm³. 112 PS. 211 km/h. 7,6 s 0 - 60 mph. Leihgeber: Klaus Scholtyssek

Der Alfa Romeo TZ fiel selbst aus dem Rahmen des weitverzweigten Giulia-Clans. Schon der Zagato-Karosserie, die meist aus Leichtmetall, in zwölf Fällen aber aus Fiberglas gefertigt war, stand ihre Zweckgerichtetheit nackt ins Gesicht

geschrieben. Sie wölbte sich am Bug knapp empor und schwang sich hinter der steil stehenden Frontscheibe in weitem Bogen wieder ab. Das Heck sah aus, als habe ein Schafott einen Teil herunterguillotiniert – getreu der Lehre des Professors Kamm von der strömungsfördernden Effizienz des kleinsten Abreißquerschnitts. Dieser knapp hüfthohe Aufbau spannte sich über einem Gestrüpp von Rohren und Röhrchen zwischen 20 und 40 mm Querschnitt, die insgesamt knapp einen Zentner wogen, das Tubolare, für welches das T in der Typenbezeichnung stand.

Für das ausgetüftelte Filigranwerk zeichnete Ingenieur Edo Mazoni verantwortlich. Alle vier Räder waren unabhängig aufgehängt. Was das Triebwerk anbetraf, bediente man sich aus dem Baukasten. Allerdings waren die Vierzylinder-Reihenmotoren des Giulia TI Super mit ihren zwei obenliegenden Nockenwellen fast durchweg mehr oder minder getunt und leisteten von 150 PS an aufwärts. Für das Fünfganggetriebe stand wie für die Hinterachse eine Fülle von Übersetzungen zur Verfügung.

Die ersten Arbeiten am TZ datierten zurück auf 1959. Im Laufe des Jahres 1960 entstand ein Prototyp. Dann ruhte das Projekt für zwölf Monate, da die Entwicklung des normalen Giulia Priorität hatte. Die Wettbewerbsaison 1963 war fast vorbei, als das TZ-Programm anlief – mit einem Klassensieg in Monza. Das Zagato-Coupé war ein Pistenlöwe, der vor allem die Konkurrenz von Porsche in der GT-Klasse bis 1600 beißen sollte und diesen Dressurakt auch mit großer Verve absolvierte. Ein Ausschnitt aus der Bilanz 1964: Klassensiege beim 12-Stunden-Rennen von Sebring, bei der Tour de France, der Targa Florio, in Le Mans und beim 1000-km-Rennen auf dem Nürburgring, Gesamtsiege im Coupe des Alpes und bei der Tour de Corse.

Mit Entwicklung und Renneinsatz des TZ war die Alfa-Romeo-Dependance Autodelta im Industrievorort Settimo Milanese (vorher in Udine) betraut, die die Ingenieure Ludovico Chizzola und Carlo

Chiti aufgebaut hatten. Chiti war bereits einmal Kostgänger des Mailänder Konzerns gewesen und nach einem Intermezzo bei Ferrari und dem erfolglosen ATS-Grand-Prix-Aufgebot des Grafen Volpi zu diesem zurückgekehrt. Als Spiritus rector jedoch wirkte hinter den Kulissen auch dieses Kommandos der Doktor Orazio Satta Puliga, dem es ein Anliegen war, Serienteile von Alfa Romeo an die Renn-Front zu werfen und dies dann entsprechend in der an Sporterfolgen orientierten Werbung seines Hauses herauszustellen.

Einige der 124 TZ, die zwischen 1963 und 1967 in zwei Evolutionsstufen entstanden, verirrten sich auf ganz gewöhnliche Verkehrsstraßen, Naturburschen mit einem dünnen Film zivilisatorischer Tünche gewissermaßen. Der Schrei der Wildnis war herabgedämpft auf das behördlich vorgeschriebene Höchstmaß. Der Cangura (=Känguruh) aber, ein aus dem TZ sublimiertes Coupé von Nuccio Bertone, das schönste wohl, das der Karossier je geschaffen hat, machte auf einigen Autoausstellungen vielen den Mund wäßrig. Es blieb jedoch, was es bei der Turiner Schau 1964 erstmals gewesen war – ein Salonlöwe.

MG Midget Mk IV, Bj. 1974. Viertzylinder-Reihenmotor. 1275 cm³. 65 PS. 150 km/h. 14,3 s 0 - 100 km/h. Leihgeber: J. Spelsberg

Obwohl der Austin-Healey Sprite Mk II und der MG Midget mit einem Monat Abstand vorgestellt wurden (im Mai und Juni 1961), handelte es sich um Zwillinge, die in Abingdon vom gleichen Band in die Auto-Welt entlassen wurden.

Häufig nannte man sie in einem Atemzug, so daß sich aus Gründen sprachlicher Ökonomie die Kontamination Spridget einbürgerte, bis im Juli 1971 als Spätfolge des Ablebens der Firma Healey auch der Name Sprite fallengelassen wurde.

In einer Auflage von 355 888 Exemplaren (davon 22 6526 mit dem MG-Emblem) verbreiteten die Spridgets die Idee vom ursoliden kleinen Seriensportwagen, dessen Anschaffung und Unterhaltung das Budget seines Besitzers vergleichsweise sanft belasteten und der dennoch Roadster-Spaß bereithielt. Den Midget umgab wegen seines etwas höheren Preises ein Hauch von Exklusivität. Man konnte ihn an seitlichen Chromstreifen und vertikalen Grillstäben erkennen, wo der Sprite ein Sieb in den Wind streckte. Chassis und Aufhängung entsprachen zunächst denen des Mk I, des populären Froschauges. Ab Oktober 1962 ersetzten vorn Scheibenbremsen die bisherigen Trommeln, und vom Mk III (Premiere März 1964) an schränkten Halbelliptikfedern hinten die Eigenlenkbewegungen der starren Hinterachse ein. Die Karosserie trug die Handschrift von MG-Chefdesigner Syd Enever. Er wies den Scheinwerfern, deren exponierte Unterbringung am Froschauge des einen Ul und des anderen Nachtigall gewesen war, wieder ihren angestammten Platz in den Kotflügeln an. Und er machte den Kofferraum von außen zugänglich, den von innen zu beladen im Mk I jugendliche Biegsamkeit und verzeihende Begeisterung vorausgesetzt hatte.

Motorvolumen und Leistung wuchsen von anfänglich 948 cm³ und 46,5 PS über 1098 cm³ und 56 PS ab Oktober 1962 (im Mk III 59 PS) bis 1275 cm³ und 65 PS ab Oktober 1966. Der Sprite etwa wurde

durch diese Aufrüstung deutlich lebendiger: Begnügte sich der Mk II noch mit behäbigen 21,6 s auf Tempo 100 und einer Spitzengeschwindigkeit von 137 km/h, raffte sich der Mk III bereits zu 17 s und 149,7 km/h auf, schon um beispielsweise gegenüber dem Mini Cooper S nicht allzusehr ins Hintertreffen zu geraten. Bislang waren alle Maschinen Mutanten der ehrwürdigen BMC A-Serie gewesen, die bereits im Austin A30 von 1951 klaglos ihren Dienst versehen hatten. 1974 hielt das Triebwerk des Triumph Spitfire mit 1493 cm³ und 65 PS im Motor-Abteil des Midget seinen Einzug und brachte auch gleich das dazu gehörige Getriebe mit.

Im Grunde genommen, blieben die Spridgets – abgesehen von scharfen Rennversionen – stets untermotorisiert und stellten daher ihre Lenker vor keinerlei Probleme. So beseitigte die Fahrwerksauslegung des Mk III Pendelbewegungen um die Hochachse speziell beim Zickzackfahren, und das Kurvenverhalten wurde annähernd neutral. Es saß sich gut in seinen ansprechend modellierten Sportsitzen, und die Rechte des Fahrers fiel automatisch auf den zünftigen Schaltstock unmittelbar neben dem Drahtspeichenlenkrad.

Spätestens im Bereich der Höchstgeschwindigkeit aber überlagerten ohrenbetäubende Windgeräusche jenen sympathisch brummelnden Auspuffton, der dem anglophilen Spridget-Eigner wie Musik in den Ohren klang...

BMW 3200 CS, Bj. 1964. V8. 3168 cm^3. 160 PS.
200 km/h. 13,6 s 0 - 100 km/h. Leihgeber: Hans H. Krombach

Das BMW-Programm, schrieb ein wohlwollender Rezensent in der Herbstausgabe der Motor Revue 1961 mit Blick auf die Frankfurter Automobilausstellung, sei unverkennbar das Ergebnis einer ungebrochenen Tradition, eines Willens, Linie und Eigenart zu bewahren. Daß dieser Geist sich durch wirtschaftliche Wechselfälle erhalten habe, sei nicht nur eine erstaunliche Tatsache, sondern für BMW zugleich ein wertvolles Kapital. Kapital, und zwar konkretes, war den Bayern jüngst auch von außen zugeflossen, in Gestalt von Geld und Vertrauen von Herbert Quandt. Und so feuerte man auf der traditionellen Messe der Main-Metropole an der Nahtstelle zwischen gestern und morgen mit dem Rücken zur Wand gleichsam aus allen Rohren, genauer gesagt aus einem, zwei, vier und acht Zylindern.

Während das neue Vierzylinder-Modell 1500 den Weg in die Zukunft wies, hatten die Typen Isetta und 700 unlängst dazu beigetragen, das Schlimmste zu verhüten – die kleinen Brötchen, die man in bestimmten Situationen backen muß. Als letzte Variationen zum Thema 501 und V8 aber waren die rundlichen Renommier-Limousinen aufgefahren und erstmals der 3200 CS, in dem sich panzerhaft Solides paarte mit italienischer Karosserie-Couture. Der Auftrag, den Münchener in Schale zu werfen – Kern-Klauseln: zwei Türen, Komfort für vier Passagiere – war nämlich an Nuccio Bertone erteilt worden, der ihn ganz ähnlich anzog wie seinen Iso Rivolta – eine Seele, zwei Gedanken.

Zarte Impulse waren auch von den zwei Jahre zuvor verblichenen Goertz-Sportwagen ausgegangen. Die Front gemahnte an die des 507, nur daß die BMW-Niere ihren angestammten Platz in der Mitte bezogen hatte, und die Gürtellinie war ein ganzes Stück tiefer gerutscht als am 503.

In südlicher Maßkonfektion aber verbarg sich über viele Jahre gereifte aufwendige Mechanik – als Rückgrat der bekannte Kastenrahmen mit Rohrtraversen, vorn Einzelradaufhängung mit Trapez-Dreieckquerlenkern, hinten, wie im 507, eine Starrachse mit Kurbellenkern, ringsum einstellbare Längstorsionsstäbe und ein Stabilisator-Dreieck am Differential.

Das Quartett der Bremsen, vorn Scheiben, hinten Trommeln, war sorgsam aufeinander abgestimmt. Fast noch eindrucksvoller als das Brio der 160 PS, das der Leichtmetall-V8 von 3168 cm^3 mit Hilfe zweier Doppel-Fallstrom-Startvergaser von Zenith entfachte, war die Art und Weise, wie dies geschah. Diese Wagen, setzte die Motor Revue ihre Laudatio fort, hätten die Laufruhe und das enorme Durchzugsvermögen jener Achtzylindermotoren aufzubieten, die den BMW-Limousinen eine Gilde treuer Freunde sichere.

Auch im Falle des 3200 CS indessen war deren Beständigkeit eindrucksvoller als ihre Zahl, 538 während vier Jahren Fertigung. Viele 3200 CS sind bis auf den heutigen Tag glänzend erhalten, Denkmäler einer Ambition, die sich keinen Pfifferling schert um das, was sie tun müßte, sondern einfach durchsetzt, was sie tun möchte...

Fiat 2300S Coupé, Bj. 1967. Sechszylinder-Reihenmotor. 2279 cm³. 136 PS. 195 km/h. 10,8 s 0 - 100 km/h. Leihgeber: Rolf Jörres

Man nannte es des kleinen Mannes Ferrari, und irgendwie stimmte der Spitzname. Schon wegen der preislichen Relation: 1961, als das Fiat 2300S Coupé zusammen mit dem schwächeren 2300 auf den Markt kam, sollte es in Deutschland 18750 Mark kosten, ein Almosen gegenüber den 53000 Mark, die beispielsweise der 250 GT 2+2 einem Käufer abverlangte.

Es begann seine Laufbahn als Experiment der Carrozzeria Ghia mit dem Sechszylinder-Reihenmotor des Fiat 2100 und vermittels Schraubenfedern, Viertelfedern und einem Panhardstab etwas konfus geführten Hinterrädern und stieß auf den Automobilausstellungen in Turin 1960 und Genf 1961 auf eine sehr wohlwollende Rezeption. Seine klaren, unprätentiösen Linien ohne Schnörkel und Schnickschnack gefielen auf den ersten Blick, und gegenüber vergleichbaren Fahrzeugen wie dem Mercedes 190 SL oder dem Porsche-Sortiment bot es den Vorzug der Viersitzigkeit.

Dennoch nahm sich Fiat seines zukünftigen Flaggschiffs nur zögernd an. Man dachte an die Herstellung einer einmaligen Auflage, für die Ghia die Karosserien liefern und Abarth die Maschinen überarbeiten sollte. Dann aber überstieg die Nachfrage das Angebot heftig. Man belieferte zunächst lediglich den italienischen Markt und baute anschließend eine kleine Serie von 20-30 Wagen pro Tag – insgesamt ungefähr

1500 – in eigener Regie. Die Vorderräder wurden an Querlenkern und längsliegenden Drehfederstäben geführt, und die starre Hinterachse war nun, wie in der Limousine 2300, von der das Fahrwerk insgesamt übernommen worden war, an Längsblattfedern aufgehängt.

Aus wohlerwogenen Gründen verzichtete der zuständige Dr.-Ing. Montanari auf den Panhardstab. Selbst so sei das Fiat 2300 Coupé ein in allen Situationen und auch im Grenzfall sicher zu fahrendes, gutmütiges Auto, diagnostizierte Heinz-Ulrich Wieselmann 1961 in auto motor und sport. Bei Nässe und in engen Kurven, fuhr er fort, müsse man indessen schon ein bißchen vorsichtig umgehen mit dem Stall voller Pferde unter der Haube. Seine Warnung bezog sich auf die 136 PS der S-Version. In der Standard-Ausgabe leistete das Triebwerk 105 PS, wie in der Limousine. Die Beschaffung von mehr Kraft fiel in die Verantwortung des Ingenieurs Aurelio Lampredi, der als Ferrari-Bediensteter in den fünfziger Jahren mit seinen Langblock-Zwölfzylindern Geschichte gemacht hatte. Er wurde auf durchaus konventionelle Weise fündig: mit Hilfe zweier Doppelvergaser von Weber, höherer Verdichtung und einer anderen Nockenwelle. Rund sechs PS gingen auf das Konto des Ventilators, der sich unterhalb einer Wassertemperatur von 82 Grad über eine elektromagnetische Kupplung selbst ausschaltete.

Auch der stärkere Motor erwies sich als mustergültig laufruhig und ausgeglichen. Sein Ansauggeräusch war vollständig fortgedämpft, und seine übrigen Lebensbekundungen wurden sehr rasch vom Fahrtwind überlagert. Lediglich bei niedrigen Drehzahlen ließen sich die Ventile deutlich vernehmen. Auf der hinteren Bank war man recht gut aufgehoben. Wer über das Normalmaß hinausgewachsen war, mußte etwas den Kopf einziehen, während die Sitzposition auf dem Logenplatz hinter dem Nardi-Lenkrad selbst lang aufgeschossenen Chauffeuren nach einigem Hin und Her behagte. Meist waren dies Herren in den sogenannten besten Jahren. Vor allem am Anfang unterschrieben manche von ihnen den Kaufvertrag, ohne das Fiat 2300 Coupé jemals gesehen zu haben. Sie fuhren trotzdem gut...

Ginetta G4 Series II, Bj. 1964. Vierzylinder-Reihenmotor. 1498 cm³.
78 PS. 185 km/h. Leihgeber: Marcel Spiess

Daß Frauen und Autos in männlichen Träumen eine Spitzenstellung einnehmen, ist eine Binsenweisheit. Manchmal verschwimmen die Unterschiede. Dann werden Männer zärtlich zu ihren Automobilen und geben ihnen romanti-

sche Namen. Der unwiderstehliche Charme des Erotischen umfächelt la machina bekanntlich für die Italiener. Aber selbst die als spröde verschrieenen Engländer stehen da nicht zurück. Das TVR-Modell Tasmin zeugt von einem duftigen kleinen Geheimnis aus dem Umfeld des Privaten ebenso wie die Marken-Labels Lotus und Ginetta.

Gemeinsam war diesen dreien auch eine weitere Quelle der Leidenschaft: der Rennsport. Sie brachte die vier Brüder Walklett dazu, Anfang der Sechziger ihre Landmaschinenfabrik zu verkaufen. Hinfort verlegte man sich unter der Anschrift Ginetta Cars Ltd., Westend Works, Witham, Essex, ganz auf den Bau von exklusiven, aber vor allem in Kitform durchaus preiswürdigen kleinen Sportwagen, die sich für den Morgenstau zum Büro ebenso eigneten wie für den sonntäglichen Drift in Brands Hatch oder Mallory Park. Für ein solches Wagnis brachte der Walklett-Clan treffliche Voraussetzungen mit. Ivor entwarf die Autos, Trevor gab ihnen die Form, Douglas leitete die Fabrik, und Bob führte die Geschäfte.

Das Prinzip war einfach: die Vermählung von möglichst vielen Großserienteilen mit einem hübschen und zweckdienlichen Aufbau bei tadelloser qualitativer Anmutung. Und es funktionierte, wie das Beispiel des Ginetta G4 bewies, auf der Londoner Racing Car Show im Januar 1961 vorgestellt und über 500 Mal gefertigt. Das Kit koste messerscharf kalkulierte 499 Pfund (ohne Verdeck), so viel wie ein Mini, gab man den vielen Interessenten mit auf den Weg, und sei in 40 Stunden zu montieren. Der G4 gefiel durch sein angenehmes Äußeres mit prallen Kurven, zwei sanften Heckfinnen und einem ovalen Lufteinlaß, mit dem er nach Art eines Rennwagens tief über der Fahrbahn hechelte.

Sein Kofferraum faßte indessen nur elementar Notwendiges. Dies stellte man 1963 in einer zweiten Auflage ab mit einem 200 Millimeter längeren und sinnlich gerundeten Hinterviertel, allerdings um 15 Pfund aufpreispflichtig wie auch ein 50 Pfund teures Hardtop, mit dem zugleich eine andere Frontscheibe geliefert wurde. Allerdings paßte ohne das neue Heck das Festdach nicht. Zum Entern des G4 bedurfte es nach seiner Montage endgültig der Gelenkigkeit eines Octopus, schon weil der Eindringling erst einmal den wehrhaften Widerstand der obersten Streben des Gitterrohrrahmens überwinden mußte. Diese gaben ihm dann, zusammen mit dem fetten Getriebetunnel, den notwendigen Seitenhalt. Der Ginetta lutsche sich an der Straße fest wie ein Blutsauger, berichteten begeisterte Rezensenten, mit einer Starrachse an Längslenkern und zusätzlicher Führung durch einen A-förmigen Stabilisator hinten und doppelten Dreiecklenkern vorn.

Nach dem Vorbild der Rennversion G4R wurden diese 1964 als Option verfügbar wie auch Scheibenbremsen ringsum. Da hatte man durch eine BMC-Hinterachse anstelle der bisherigen von Ford an dem Federgewicht von 432 kg (trocken) noch einmal 18 kg eingespart. Schon die scheinbar minimale Motorisierung in Gestalt des Vierzylinders von 997 cm³ und 39,5 PS, mit denen der G4 in 100 Exemplaren homologiert worden war, hatten ihn ungemein munter gemacht. Er kam von Ford wie weitere mögliche Triebwerke, etwa das des Cortina GT mit 1498 cm³ und bis zu 95 PS ab 1963.

Der Rahmen einer dritten Ausbaustufe

von 1966 bestand aus quadratischen Rohren und war steifer und einfacher zu fertigen. Äußerlich erkennbar war diese an Klappscheinwerfern und einer steiler gewinkelten Windschutzscheibe. Zwei Jahre später fiel der Ginetta G4 in einen Dornröschenschlaf, aus dem er erst Anfang der Achtziger erlöst wurde.

Jaguar E-Type Coupé 4,2 l Serie 1, Bj. 1967. Sechszylinder-Reihenmotor. 4236 cm³. 265 PS. 241 km/h. 17,2 s 0 - 60 mph. Leihgeber: P. K. Nippraschk und Rainer Becker

Eigentlich war er der designierte Thronfolger des Rennsportwagens D-Type, bestimmt für den Gebrauch auf Pisten. Auf dem Genfer Salon im März 1961 indessen erschien der E-Type gleichsam im Straßenanzug, und damit die verblüfften Journalisten auch gleich erfuhren, was es mit diesem Jaguar auf sich hatte, brachte man neben dem Show-Stück ein zweites Exemplar als Testwagen mit, für eine rasche Runde um den Block.

Was die Form des Novizen anbelangte, ein Spiel mit der Ellipse, hatte sich der Aerodynamiker Malcolm Sayer, dem sein Chef Sir William Lyons mit erprobter Liebe zur Linie an die Hand ging, auf keinerlei Kompromisse eingelassen. Die beiden griffen Motive aus dem D wieder auf, verschmähten kühl die Anlehnung an die Zeitmode, und auch pragmatische Erwägungen hatten sich dem Willen unterzuordnen, etwas Unverwechselbares zu schaffen.

Wie das erfolgreiche Rennfahrzeug bestand der E-Type aus zwei Hälften, der karg bemessenen Fahrgastzelle und dem Heck einerseits und dem fast gleich langen Motorentrakt andererseits. Daß dieser längst noch nicht am Ende war, wo er sich dem Blick des Piloten entzog, äußerte sich in zahllosen kostenträchtigen Nasenstübern, an deren verdrießlichen Folgen man vor allem den Neuling am Volant erkennen konnte, einem schönen Dreispeichenlenkrad, das die Timber Bending Co. Ltd. zu Coventry herstellte. Das vordere und das hintere Modul waren durch acht Bolzen miteinander verbunden. An ihrer Nahtstelle ging der selbsttragende Karosserie-Hauptkörper in einen Gitterrohrrahmen über, eine ebenso aufwendige wie schwer zu fertigende Konstruktion. Die Einzelradaufhängung vorn an Dreiecklenkern und Drehstäben war von William Heynes aus der der Mk V, VII und XK-Baureihen entwickelt worden, während man mit der unabhängigen Führung der Antriebsräder an Halbwellen (ähnlich wie am Grand-Prix-Lotus von 1960), unteren rohrförmigen Querlenkern, Längslenkern und doppelten Schraubenfedern einen Akzent für die Zukunft setzte.

Ein Relikt aus vergangenen Tagen hingegen waren die Dunlop-Scheibenbremsen, vorn an den Rädern, hinten neben dem Differential montiert. Obwohl sie weniger Wagengewicht im Zaum zu halten hatten als im XK 150, zeigten sie sich ihrer Aufgabe nicht voll gewachsen. Nach neun rennmäßig gefahrenen Runden auf dem Kurs von Modena stellte der belgische Fachjournalist Paul Frère ein E-Coupé resigniert an die Box, und fünf Minuten später sank das mittlere Pedal ohne Widerstand auf den Boden, als die Bremsflüssigkeit in ihren Leitungen siedete.

Ein Stück gute Jaguar-Tradition hingegen inkarnierte der Reihensechszylinder von 3781 cm³, und zwar in der von Harry Weslake überarbeiteten S-Version mit drei Vergasern, wie sie im XK 150 als Option verfügbar gewesen war. Da der wichtige nordamerikanische Markt kultisch der großen Zahl huldigte, gebot der E-Lenker mit ihr laut Katalog über 265 PS, eine charmante Übertreibung zweifellos – die unter der Hand kolportierte Ziffer von 220 PS war näher an der Realität angesiedelt. Einen Anachronismus aber stellte das Vierganggetriebe dar – noch immer war der erste Gang nicht synchronisiert, und noch immer führten sich die oberen drei Fahrstufen bei höheren Drehzahlen auf, als seien sie's ebenfalls nicht.

Dafür entschädigte es mit einer geradezu biblischen Lebenserwartung wie auch die langhubige Maschine trotz ihrer hohen Kolbengeschwindigkeiten. Das etwas grobschlächtig aussehende Schalengestühl gewährte zwar guten Halt, aber hochgewachsene Insassen mußten sich zusammenkrümmen, denn die Sitzposition war offensichtlich um den nur 1,65 m großen Jaguar-Versuchsfahrer Norman Dewis herum gedacht.

Jaguar E-Type Roadster 3,8 l Serie 1, Bj. 1963. Sechszylinder-Reihenmotor. 3781 cm³. 265 PS. 241 km/h. 6,8 s 0 - 100 km/h. Leihgeber: Dr. Holger Bürkel

Allgemein gelobt wurde die leichtgängige Lenkung des E-Type, die mit 2½ Umdrehungen zwischen den vollen Einschlägen direkt übersetzt war. Anklang fand auch das geräumige Kofferabteil des Coupés, zu dem die links

angeschlagene große Hecktür einen bequemen Zugang eröffnete. Der Gepäckraum des Roadsters war zwangsläufig beengter ausgefallen. Beide zusammen wurden zwischen 1961 und 1964 15 496 mal aufgelegt. Im Oktober dieses Jahres folgte die zweite Generation des E-Type, die es auf 41 724 Einheiten bringen sollte.

Noch einmal hatte man den Hubraum des Zweinockenwellen-Aggregats aufgestockt, und zwar auf 4236 cm³, indem man den Hub auf 92,07 mm erweiterte. Zugleich wurden die Zylinder 1 und 6 innerhalb des alten Motorblocks nach außen, 3 und 4 jedoch näher aneinandergerückt und die Zirkulation des Kühlwassers verbessert. Eine kräftigere Servohilfe nahm dem Dilemma mit den Bremsen etwas von seiner Brisanz, wohlgepolsterte und attraktivere Sessel offerierten mehr Komfort, und zwischen ihnen thronte jetzt ein markanter Handschuhkasten auf dem Getriebetunnel.

Die wichtigste Neuerung aber war eine neue Gangschaltung, Design Jaguar, die mit einem Schlage alle Kritik an ihrer Vorgängerin gegenstandslos machte. Schon seit einiger Zeit hatten die amerikanischen Agenten des Konzerns in Coventry antichambriert wegen einer 2+2-Version. Im März 1966 trug man diesem Wunsch Rechnung. Der Radstand der neuen E-Mutante war von 2440 auf 2660 mm verlängert worden, was nicht nur Platz schaffte für eine hintere Sitzbank und sparsamen Fußraum, sondern auch – wahlweise – den Einzug einer Automatik von Borg Warner im Souterrain gestattete, deren drei Fahrstufen trefflich mit der Art und Weise zurechtkamen, in der die Maschine ihre Leistung bereitstellte.

Von außen konnte man den Viersitzer an den größeren Fensterflächen erkennen – er war 50 mm höher als die Standard-Ausgabe – und an den breiteren Türen. Schon aber drohten die Umweltsund Sicherheitsapostel in der Administration der Vereinigten Staaten den europäischen Exporteuren den Garaus zu machen, es sei denn, man war bereit, sich bis 1968 durch das Nadelöhr einer restriktiven Gesetzgebung zu zwängen. Wie er diese auslegte, zeigte der Jaguar-Konzern im Oktober jenes Jahres auf heimischen Boden, nämlich anlässlich der Ausstellung von Earls Court. Der E-Type der Serie 2 hatte eine breitere Kühleröffnung, höher angebrachte und durchgehende Stoßstangen, größere Blink- und Positionsleuchten, um 50 mm nach vorn gerückte Scheinwerfer ohne die bisherige Triplex-Abdeckung und effiziente Girling-Scheibenbremsen, und das im Hinblick auf die amerikanische Emissionsbestimmungen präparierte Triebwerk war auf triste 171 PS erschlafft. Wer immer noch von Leistung und Spitze plauderte, tat dies mit Verschwörermiene und begann, ein schlechtes Gewissen zu haben.

Aber die Legende blieb wach, beschwor zum Beispiel die Tage der zwölf Wettbewerbswagen aus Leichtmetall, die zwischen dem März 1963 und dem Januar 1964 ausgeliefert wurden. Der Wiesbadener Jaguar-Händler Peter Lindner bekam seinen, ein silbergraues Coupé, am 7. Mai 1963. Knapp 14 Tage später, beim 1000-km-Rennen auf dem Nürburgring, zeigte er sich und der Welt, was man mit einem solchen Auto

machen konnte, für eine glorreiche Runde, die erste. Denn so lange brauchten John Surtees und Ludovico Scarfiotti mit ihren Werks-Ferrari 250 P, ehe sie sich vom Verfolgerfeld gelöst und den frechen Ausreißer geschnappt hatten.

Jensen CV8, Bj. 1961. V8 Chrysler Typ D 500. 5916 cm³. 305 PS.
211 km/h. 8,4 s 0 - 60 mph. Leihgeber: David Horton

Mit dem CV8 von 1961 kehrten die Gebrüder Richard und Alan Jensen zu einem bewährten Vorkriegs-Rezept zurück: Sie erzeugten Exklusivität, indem sie amerikanische Massenkonfektion, made in Detroit, mit britischer Handarbeit aus West Bromwich kreuzten. Vom laufenden Band stammte der freundlich brabbelnde V8 von Chrysler, der nichtsdestoweniger seine Schuldigkeit ungleich kraftvoller tat und bei niedrigen und mittleren Drehzahlen viel mehr aus dem vollen schöpfte als der brave Reihensechszylinder von Austin, der in die 541-Modelle der kleinen Sportwagenmanufaktur eingebaut gewesen war. Um ein Chrysler-Produkt, das von Hause aus bestens mit dem großvolumigen Achtzylinder harmonierte, handelte es sich auch bei dem Torqueflite-Getriebeautomaten, dem ein erheblicher Teil der insgesamt 496 CV8-Kunden den Vorzug gegenüber dem gleichfalls verfügbaren manuell zu schaltenden Vierganggetriebe gab.

Mit 1565 kg war der Jensen kein Leichtgewicht, nicht zuletzt wegen seines Rohrrahmens, einer Anfang der sechziger Jahre abseits der Großserienfertigung häufig praktizierten Bauweise. Das in zeitraubender Schweißarbeit zusammengefügte Gerippe aus versiegelten Röhren, das zugleich als Vakuum-Reservoir für die Brems-Servohilfe herangezogen wurde, war ungemein steif und bildete das tragende Element des ganzen Autos.

So hatte man die äußere Hülle, die von Eric Neale gestylt worden war, auf die Funktion reduziert, zu bekleiden – und zu gefallen.

Von den Karosserien der drei 541-Spielarten unterschied sie sich vor allem durch die in Trapezform eingepaßten Doppelscheinwerfer, fast ein Muß schon in jenen Jahren und dennoch nicht jedermanns Sache, wobei mit "jedermann" natürlich auch nicht die Zielgruppe von Nonkonformisten umrissen ist, die die Jensen Motors Ltd. anpeilte. Daß diese englischer Herkunft oder doch zumindest anglophil gesonnen waren, bezeugt bereits der Umstand, daß lediglich ein CV8 mit Linkslenkung ausgeliefert wurde. Eine zweite, revidierte Auflage erschien im Herbst 1963, und dieser wurde im Frühjahr des folgenden Jahres eine noch größere Chrysler-Maschine verordnet, mit 6276 cm³ und 330 PS, deren Existenz wie üblich verschwiegen, aber hinter der vorgehaltenen Hand um so lieber verbreitet wurde.

Ein Mark III von 1965 hielt sich nur relativ kurz und unterlag schließlich gewissermaßen hausgemachter Konkurrenz in Gestalt des Interceptor und des FF, zu diesem Zeitpunkt zweifellos attraktiveren und moderneren Automobilen, wenn auch Chassis und Aufhängung im wesentlichen beibehalten worden waren, die Führung der Vorderräder an Trapez-Dreieckquerlenkern und Schraubenfedern und die starre Hinterachse mit Halbelliptikfedern und Panhardstab.

Noch immer bedeutete der Bau eines Wagens, der ihren eigenen Namen trug, für die Jensens einen kompensatorischen Luxus, der sie darüber hinwegtröstete, daß sie in erster Linie für andere arbeiteten. 1959 war ihr Betrieb der Norcros-Gruppe einverleibt worden und montierte komplette Austin Healey 3000, Sunbeam Tiger und, zwischen 1960 und 1964, Volvo P 1800 Coupés beziehungsweise ließ deren Karosserien den letzten Schliff angedeihen. Mochten dergleichen Auftrags-Werke nicht sonderlich zu befriedigen, so brachten sie doch gutes Geld, und der Tag war nicht mehr fern, da man sich dieses Umstands voller Wehmut erinnern sollte...

Triumph TR4, Bj. 1962. Vierzylinder-Reihenmotor. 2138 cm³. 100 PS.
174 km/h. 14,2 s 0 - 100 km/h. Leihgeber: Richard Nadolski

Während etwa der Wachwechsel vom TR2 zum TR3 völlig bruch- und fugenlos über die Bühne gegangen war, vollführte die Standard-Triumph International Ltd. in den sieben Jahren ab 1961, den ersten unter dem Szepter von Ley-

land Motors, einen evolutionären Dreisprung mit den Etappen Aufbau (1961), Fahrwerk (1965), Motor (1967). Mit der Karosserie des TR4 stürzte Giovanni Michelotti die Diagonale, in der sich funktionelle Elemente aus den dreißiger Jahren in stilistischen Ansätzen erhalten hatten, inthronisierte die Horizontale und sündigte ganz generell wider die Idee des englischen Sportroadsters.

Vorbei waren die Tage der schrägen Türausschnitte, in die man so lässig seine Unterarme lagern konnte, vorüber auch die Ära der vom Fahrtwind ondulierten weichen Seitenscheiben. Das so entstandene Ideologiedefizit wurde durch schlichte Praktikabilität wettgemacht, Kurbelfenster zum Beispiel und einen großen Kofferraum, der nun auch dem Reserverad als Behausung diente – früher hatte dies das Privileg eines eigenen Appartements genossen. Die Vervielfältigung der italienischen Konfektion – einstige TR-Generationen waren von Mulliners in Birmingham eingekleidet worden – oblag jetzt einem hauseigenen Unternehmen in Liverpool, von wo sie in immer zwölf Einheiten auf Spezialtransportern nach Coventry spediert wurde.

Ein wahlweise verfügbares Hardtop bestand aus einem hinteren Aluminiumrahmen und oben aus einer Platte aus Preßstahl, an deren Stelle in einem sogenannten Surrey-Top ein leichtes Stützgerüst mit Vinylauflage treten konnte. Die Motorhaube war so niedrig gehalten, daß über den beiden SU-Vergasern ein höckerförmiger Freiraum geschaffen werden mußte. Diese beschickten die 2138-cm³-Maschine, Standardausrüstung schon bei den letzten TR3B, mit Gemisch, wurden aber 1963 gegen Zenith-Stromberg-Zerstäuber vom Typ 175CD ausgetauscht.

Das Vierganggetriebe war vollsynchronisiert, und eine Zahnstangenlenkung ersetzte die frühere mit Schnecke und Finger. Der Schein trog nicht: Der TR4 kam in der Tat breiter daher als seine Vorgänger, denn die Spur war vorn von 1140 mm auf 1220 mm und hinten auf 1245 mm (vorher: 1160 mm) erweitert worden.

Schon lange hatte Unbehagen bestanden an der von diesem überkommenen Starrachse, so daß sich beispielsweise amerikanische Sportfahrer mit Längsschubstreben, Querstabilisatoren und anderen Stoßdämpfern behalfen. Im Januar 1965 trug man vielfachem Wunsch und den in den Mittsechzigern gestiegenen Ansprüchen der Kundschaft Rechnung und versah (nach 40 253 TR4) den TR4A, der nach außen hin an einem neuen Front-Grill, anderen Fahrtrichtungsanzeigern und etwas mehr Dekor zu erkennen war, mit Einzelaufhängung der Antriebsräder.

Der kräftige Profilrahmen war hinten leicht abgeändert worden, und zwei Ausleger rechts und links führten breit gelagerte Schräglenker, die aus Aluminium gegossen waren. Die längslaufenden Hauptstreben des Unterbaus beschrieben einen Bogen unter den Halbwellen hindurch und waren am Ende durch einen Querbalken verbunden, gegen den sich von vorn das Differentialgehäuse abstützte. Zwar hatten Schrauben- die Funktion der herkömmlichen Blattfedern übernommen, dafür bewahrte sich aus Raumnot Historisches in Gestalt der hin-

teren Hebelstoßdämpfer. Am 2. August 1967 rollte der letzte von 28 465 Triumph TR4A vom Band.

Am Ende hatte man für den alternden Vierzylinder 104 PS angegeben. Der letzte Streich, nämlich die Einführung eines zeitgemäßen Triebwerks, ließ noch auf sich warten. Er sollte sogleich folgen.

AC Cobra 289 Mk II, Bj. 1964. Ford V8. 4727 cm³. 275 PS.
218,8 km/h. 5,2 s. 0 - 60 mph. Leihgeber: Eckhard Casteel

Carroll Hall Shelby, am 11. Januar 1923 in Texas als Sohn eines Postboten geboren, war ein vielseitiger Mann. Von Erfolg verwöhnt, versuchte er sich als Pilot der amerikanischen Luftwaffe, Verkäufer von Lister-Sportwagen, Trucks und Goodyear-Reifen, Besitzer einer Hühnerfarm und der Carroll Shelby School

of Driving zu Riverside sowie als aktiver Rennfahrer, der es 1959 immerhin zum Le-Mans-Sieg brachte.

Da er von Herzattacken heimgesucht wurde, so daß er eine ganze Reihe von Rennen mit Nitroglyzerinpillen unter der Zunge bestreiten mußte, vertauschte er den rustikalen Latz-Overall, der im Cockpit zu seinem Markenzeichen geworden war, mit Jeans und einem breitkrempigen Cowboyhut. Er beschloß, einen "real Ferrari-eater" zu bauen – einen Sportwagen, der selbst renommierte Konkurrenz in Grund und Boden fahren konnte.

Sein Timing hätte nicht besser sein können. Man schrieb 1961. Bei AC war man nicht so recht glücklich über den 2,6-l-Ford-Motor, der seit kurzem im Ace die allseits geschätzte Bristol-Maschine abgelöst hatte. Andererseits bot sich das leichtgewichtige V8-Triebwerk Henry Fords des Zweiten an, das aus dem Challenger-Design Robert Stirrats von 1958 abgeleitet war. In Detroit rannte der lässige Texaner offene Türen ein. Lee Iacocca hatte just zur offiziellen Ford-Politik gemacht, nur mit einem deutlichen Akzent auf entsprechend zur Schau getragener Leistung könne man die jugendlichen Kunden zurückgewinnen, die offensichtlich zu anderen Fabrikaten abgewandert waren. Voller Ideen und mit bereits fertiggestellten Zeichnungen in seiner Aktentasche erschien Shelby in Thames Ditton und überzeugte AC-Firmeneigner Charles und Derek Hurlock im Nu von der Attraktivität des anglo-amerikanischen Projekts, um so mehr, als der Ford-Stoßst-

angenmotor ohne weiteres in den Ace hineinpaßte.

Während aus dem Shelby-Hauptquartier in Santa Fé Springs, Kalifornien, der Texaner selbst, sein technischer Direktor Phil Remington, Designer Peter Brock, die Test- und Rennfahrer Miles und McDonald, unterstützt von einem Heer von Ford-Spezialisten und den fast unbegrenzten Mitteln des Autogiganten, die Pläne lieferten, setzten in England die AC-Leute Alan Taylor, Vin Davison und etliche andere ihre Vorschläge in die Tat um. Shelby mußte sich den Anhänger eines Schülers seines Piloten-Seminars leihen, um das erste AC-Chassis nach Santa Fé Springs zu holen. Sein Vorschlag, die Coproduktion Cobra zu nennen, wurde sofort akzeptiert. 1962 zog man nach Venice/Kalifornien um, später nach Los Angeles.

Mitte dieses Jahres verkaufte Shelby seinen ersten Cobra und versicherte Journalisten, 1000 pro anno seien mit Sicherheit kein Problem – die Zahl, die dann tatsächlich zwischen 1962 und 1967 erreicht wurde. Im Gründerjahr folgten weitere 75, und irgendwie schaffte es Shelby, seinen kernigen Roadster als GT homologieren zu lassen. Eine schier endlose Serie von Siegen unter Fahrern wie Dan Gurney, Bob Bondurant, Jo Schlesser, Jochen Neerpasch, Paul Hawkins, Richard Attwood, Masten Gregory und Innes Ireland folgte und wurde durch den Gewinn der FIA-Markenweltmeisterschaft für GT-Fahrzeuge 1965 gekrönt.

AC Cobra 289 Mk III, Bj. 1967. Ford V8. 4727 cm^3. 300 PS.
250 km/h. 4,5 s 0 - 100 km/h. Leihgeber: F. P. Lorenz

Schnelle Strecken wie Spa lagen den Cobra ebensowenig wie langsame vom Kaliber der Targa Florio. Zu klobig stemmten sie sich gegen den Wind, zu bockig benahmen sie sich im Kurvenlabyrinth der sizilianischen Strecke. Dafür brillierten sie auf mittelschnellen Kursen wie Sebring.

Der Mk I von 1962 war mit zwischen 195 und 260 PS noch relativ zart besaitet. Die Typenbezeichnung 260 rührt wie die der anderen Modelle vom Hubraum in cubic inches, denen in diesem Falle 4220 cm^3 entsprachen. Mit dem 126. Wagen rüstete man 1963 auf 289 cubic inches (= 4727 cm^3) auf. Die Leistung lag nun je nach dem Grad des Tunings zwischen 275 und 360 PS. Ab 1965 wurde in den Mk III wahlweise diese Maschine oder ein Triebwerk mit dem Riesenvolumen von 427 cubic inches (= 6998 cm^3) und zwischen 410 und 485 PS Potenz installiert.

Längst hätte soviel ungestüme Kraftentfaltung das für milderen Vortrieb ausgelegte Fahrwerk des Ace auseinandergefetzt. Auch waren dessen Radkästen für Reifen des Formats 5.50-16 bestimmt, während die etwa des Cobra 427 Walzen von der Dimension 8,15-15 beherbergen mußten und deshalb mächtige Verbreiterungen angesetzt hatten. Das Rohrrahmenchassis des Ace wurde im Prinzip beibehalten, aber kräftig verstärkt. Ab 1963 ersetzte eine Zahnstangenlenkung die bisherige mit Schnecke und Sektor,

und 1965 führte Shelbys Verbindung mit Ford in Detroit dazu, daß das gesamte Fahrwerk überarbeit wurde. Man gab die Einzelradaufhängung vorn und hinten mit unteren Dreieckquerlenkern und oberen Querblattfedern auf zugunsten einer solchen mit Trapez-Dreieckquerlenkern, Schraubenfedern und Teleskopdämpfern, während das Chassis erneut der gestiegenen Leistung angepaßt wurde.

651 Cobra 260 und 289 wurden gebaut, 401 Cobra 427. Dazu kamen sechs Daytona-Coupés für den internationalen Einsatz in GT-Rennen, ein Willment Cobra Coupé, ein AC Cobra Coupé, ein Chassis für eine Stilstudie bei Ford und etliche andere für den Film Monte Carlo or Bust. Die Namensgebung war nicht einfach zu durchschauen: Während man bei AC vom AC Cobra sprach, bevorzugte die Shelby-Organisation den Namen Shelby Cobra. Die saloppe Bezeichnung in den USA lautete Ford Cobra, womit man bei Ford einverstanden war, solange das Auto Erfolge errang, und es wurde homologiert als Shelby American Cobra.

Als Ford mit dem GT 40 einen eigenen Wagen in den Rennsport einbrachte, war damit dem Shelby-Unternehmen der Boden entzogen. Sogar der Name Cobra wurde von dem Koloß in Detroit in Beschlag genommen. So wurde der Siebenliter bei Rennen ausschließlich von Privatleuten eingesetzt, die stets von der Gloriole des harten Burschen umgeben waren. Anekdoten bildeten sich aus: der Beifahrer in einem 427 dürfe eine am Armaturenbrett befestigte Zehndollarnote behalten, wenn er sie bei voller Beschleunigung erreichen könne.

Die Vierteljahresschrift Automobile Quarterly testete einen Cobra 427 gleichzeitig mit einem Jaguar XK 120 und kam zu dem Ergebnis, daß der Halb-Amerikaner auf 160 km/h beschleunigt, auf 0 abgebremst und wieder auf 160 beschleunigt werden konnte, während der elegante Brite gerade diese Geschwindigkeit zum erstenmal erreichte. Zweifellos bestach der Cobra durch seine unverhüllte Brutalität.

AC Cobra 427 Mk III, Bj. 1966. Ford V8. 6998 cm³. 485 PS. 265,5 km/h. 4,3 s 0 - 60 mph. Leihgeber: Werner Oswald

Der 427, fuhr der Schreiber fort, sei kein Auto für Neulinge. Gebe man zuviel Gas, dann schleudere er in alle Richtungen, und man habe alle Hände voll zu tun, daß das schlingernde, qualmende und donnernde Untier zum Stillstand komme, ehe es gegen ein Hindernis knalle. Regen dringe aus allen Ritzen, und der Innenraum sei so knapp bemessen, daß nur Platz für den Piloten, seine Freundin und ein Bündel Fünfdollarnoten sei. Letzteres schrumpfe so rasch, daß man wenigstens etwas Ellbogenfreiheit gewinne, um sich unbehaglich zu fühlen. Der Wagen vermittle Schrecken und Lust zugleich.

Der Bericht schließt mit vier Geboten: Sei vorsichtig mit dem Gaspedal – du könntest dich augenblicklich zwischen den Blumenrabatten deiner Nachbarn wiederfinden! Gehe behutsam mit der Kupplung um – ein ruckartiges Schaltmanöver, und für die nächsten 14 Tage läufst du mit steifem Hals herum! Bediene die Bremse mit Bedacht – dein Hintermann könnte dir sonst das schöne Aluminium am Heck ondulieren! Und vor allem: Sei achtsam mit der Lenkung, sonst siehe erstes Gebot!

Kaum weniger blumig erzählte Marc Madow 1972 in auto motor und sport unter der Überschrift "Schlangenbeschwörung" von seinen Erlebnissen mit einem Siebenliter-Cobra: Sowie man den Zündschlüssel umdrehe, spüre man den Rhythmus des riesigen Motors durch den ganzen Körper. Dann aber sei es an der Zeit, den ersten Gang einzulegen und die kalifornische Wüste anzusteuern. Denn nach 3,2 Sekunden zittere die Tachonadel bereits bei Tempo 96; der Motor drehe 6500 U/min. Bei etwa 112 empfehle es sich, an den zweiten Gang zu denken, den man bis 145 beibehalten könne. Und während man aufmerksam nach den Radarkontrollen der Polizei schiele, lege man den dritten Gang ein, der bei stetig anhaltender Beschleunigung bis 200 reiche. Die vierte Fahrstufe sei in Amerika eigentlich überflüssig. Aber wenn einem der brüllende und peitschende Fahrtwind nichts ausmache, könne man 256 km/h schnell fahren.

Ganz und gar unfreundlich sind die Reminiszenzen des ehemaligen Grand-Prix-Piloten Innes Ireland an den Cobra 289: "Ein richtiges Biest. Beim 500-Kilometer-Rennen in Spa 1964 gelang es mir zwar, beim Start auf dem Gefälle nach Eau Rouge sämtliche Ferrari GTO abzuhängen. Aber auf der leicht abfallenden Geraden vor dem Masta-Schlängel waren nicht mehr als 235 km/h drin, und das Auto wanderte ständig von links nach rechts und umgekehrt über die Fahrbahn. Bei Bodenwellen wie in der Burnenville-Kurve hatte ich manchmal das Gefühl, daß mich von unten ein Pferd trat."

Und so konnte man die Mannschaft Settember/Freutel auf Cobra 427 bei der Targa Florio 1966 eigentlich nur beglückwünschen. Sie fiel in der zweiten Runde des sizilianischen Abenteuers bereits aus.

Facel Vega Facel II, Bj. 1964. V8 Chrysler. 6286 cm^3. 390 PS.
226 km/h. 7,5 s 0 - 100 km/h. Leihgeber: Max Hürlimann

Noch häuften sich die Bestellungen für den HK500, als man schon in der Chefetage von Facel Vega im Pariser Vorort Colombes auf Neues sann. Vor allem die massige Erscheinung des schweren Coupés sei nicht mehr ganz zeitgemäß, befanden Firmenchef Jean Daninos und die Kunst-Schaffenden in seinem Designstudio. Ein erster Prototyp wurde erprobt, aber verworfen, ein zweiter entsprach bereits genau den Vorstellungen, die man von dem Nachfolger des HK500 hatte. Im September 1961 der Presse vorgestellt, ersetzte der Facel II diesen ab Dezember jenes Jahres in der Produktion, die bis zum Juli 1964 180 Exemplare umspannen sollte.

Die Philosophie war die gleiche geblieben: ein Boudoir auf Rädern, schnell wie ein Rennwagen. Durch das Zwei- oder ein klassisch-einfach gestaltetes Dreispeichenlenkrad fiel der Blick des Chauffeurs auf zwei schlichte Rundinstrumente. Fünf weitere waren in den vertikalen Mitteltrakt der Armaturentafel aus poliertem Nußbaumholz eingebettet, umringt von einer Vielzahl schön geformter Schalter, Schieberegler und Kontrollleuchten. Türen, Sitze und Seitenwände waren bezogen mit kostbarem und duftendem englischen Leder.

Bevor die Insassen des HK500 soviel Erlesenes hatten in Augenschein nehmen können, wurden sie kurzfristig behindert, da sich beim Einsteigen die weit nach hinten gezogenen Säulen der Frontscheibe störend bemerkbar machten. Die Passagiere des Facel II hatten in dieser Hinsicht keine Schwierigkeiten. Obwohl noch immer stark gewölbt, gliederte sich das vordere Fenster nun dezent in die fein gezeichneten Konturen des Dachaufbaus ein, der auf einem vergleichsweise noch immer stämmigen Rumpf ruhte. Aus der Frontpartie hatte man im Facel-Atelier für Prototypen einiges an Substanz herausziseliert, was den Cw-Wert leicht verbesserte, eine Tugend, die man damals allenfalls mit einem Nebensatz würdigte. Die Chrysler-Maschine schöpfte jetzt 390 PS aus 6286 cm^3, die Konzeption des Fahrwerks war die gleiche geblieben.

Die Rezeption durch die internationale Presse war überschwenglich. Eine solche Ansammlung von Qualitäten sei einmalig und werde durch unvermeidliche kleine Mängel kaum geschmälert, subsumierte die englische Publikation Motor. Das Auto verdiene wie nur ganz wenige andere das Attribut great. Und Sphere pflichtete in praller Bildhaftigkeit bei: Als man die Heizung eingeschaltet und das Radio gespielt habe, sei man sich wie in einem wundervollen gemütlichen Wohnzimmer vorgekommen, das einen in die Lage versetze, wie auf einem magischen Teppich von A nach B zu schweben. Das Advertisers Weekly schließlich gab nicht ohne milde Ironie und mit deutlicher Anspielung auf den erhabenen Anspruch einer anderen Nobel-Marke zu verstehen, beim Facel II handele es sich vermutlich um das zweitbeste Auto der Welt...

Ferrari 250 GTO, Bj. 1962. V12 Colombo. 2953 cm³. 300 PS.
250 km/h. 5,6 s 0 - 100 km/h. Leihgeber: Hartmut Ibing

Der Ferrari 250 GTO nahm 1960 Gestalt an in einer Werkstatt an der Via Emilia Est zu Modena, einer Art Atelier, in dem anstatt Kleidung Maßkonfektion aus Aluminium angefertigt wurde. Es war rar und kostbar, was da heranwuchs, ein Kunstwerk in einer limitierten Edition von 36 Exemplaren, und in jedes flossen 1600 Arbeitsstunden. Alles habe begonnen mit einer Stippvisite Enzo Ferraris, entsann sich später Sergio Scaglietti, der Besitzer des winzigen Betriebs, und der habe geplaudert vom Unmöglichen, einem Gran Turismo auf der Basis des 250 GT Berlinetta, agil, eine Augenweide, mit dem man abends vor der Scala vorfahren oder jeden Wettbewerb in der Dreiliterklasse gewinnen könnte.

"Im Grunde genommen", meinte auch Giotto Bizzarrini, damals 34 Jahre alt, aus einer verklärenden Rückschau, "war Dr. Ferrari selbst der Designer des GTO." Bizzarrini war für das Chassis zuständig. Er versteifte den traditionellen Rohrrahmen ein weiteres Mal. Die Radführung vorn wurde besorgt durch Doppelquerlenker, Schraubenfedern und einstellbare Koni-Stoßdämpfer. Die Hinterräder waren an einer blattgefederten Starrachse aufgehängt, die von Längslenkern und einem Watt-Gestänge geführt wurde und um deren Dämpfer sich zusätzliche Schraubenfedern wanden. Als Triebwerk bot sich der Zweinockenwellen-Leichtmetallmotor des Rennsportwagens Testa Rossa an, Verdichtung 9,8 : 1, Ölreservoir 16 l, zwischen dessen schwarzen schrumpflackierten Zylinderkopfdeckeln sechs Doppel-Fallstromvergaser von Weber mit polierten Ansaugstutzen emporwuchsen wie eine Akropolis und dem Betrachter die gleiche Andacht abnötigten.

Der GTO, so Bizzarrini, sei der geborene Sieger gewesen, das hätten alle von allem Anfang an gewußt. Dennoch verließen er und weitere Renegaten Ferrari während des Winters 1961/62 voller Groll, und seine Aufgabe wurde von dem jungen Mauro Forghieri fortgeführt. Man habe geschuftet wie die Galeerensträflinge, bevor Enzo Ferrari den ersten GTO auf seiner jährlichen Pressekonferenz am 24. Februar 1962 habe vorzeigen können, pflegte der Commendatore zu sagen.

In dem Resultat paarten sich Zweckmäßigkeit und Schönheit. Sogar die zwei, später drei seitlichen Kiemen fügten sich harmonisch ins Erscheinungsbild ein. Bizzarrini hatte die Maschine zur Wagenmitte hin verpflanzt, so daß man Windschutzscheibe und Fahrerabteil hatte zurücknehmen können. Nach hinten senkte sich das Profil sanft und endete im Steilabfall des Kamm-Hecks, auf das indessen bereits zum ersten Renneinsatz beim 12-Stunden-Rennen in Sebring im Frühjahr 1962 ein Spoiler aufgesetzt wurde, den man später gänzlich integrierte.

Inzwischen war der GTO als Gran Turismo homologiert worden. Er setze, befand die gestrenge Fédération Internationale de l'Automobile, logisch fort, was sich in früheren GT aus dem gleichen Hause bereits angebahnt habe, und Ferrari besiegelte die Billigung der hohen Herren in Paris durch das demonstrativ angehängte O (= Omologato). Drei Jahre lang war gegen den GTO in seiner Klasse kein Kraut gewachsen, nicht einmal der Leichtbau-Jaguar und erst recht nicht der Cobra hatten eine Chance. Andererseits ließ er sich gefügig von Piste zu Piste per Achse chauffieren, eine Möglichkeit, von der zum Beispiel der populäre englische Rennfahrer David Piper reichlich Gebrauch machte. Keiner seiner vielen Ferrari sei ihm so ins Blut gegangen wie jener, der letzte echte Wettbewerbswagen aus Maranello mit einem Frontmotor, sagte er später einmal.

Ferrari 250 GT Berlinetta Lusso, Bj. 1963. V12 Colombo. 2953 cm^3. 250 PS. 240 km/h. 8,2 s 0 - 100 km/h. Leihgeber: Ado Vallaster

Seine Proportionen", schrieb die amerikanische Zeitschrift Car & Driver im Mai 1964, "reichen an Perfektion heran." Im September des gleichen Jahres zeigte ihn die deutsche Illustrierte Revue auf einem Titelbild und nannte ihn schlicht "das schönste Auto der Welt". Und als 1975 Juroren die 60 attraktivsten automobilen Zeugnisse des Jahrhunderts seit 1903 für eine Ausstellung im kalifornischen Newport Harbor Art Museum auswählten, bestand kein Dissens darüber, daß er dazu gehörte – der Ferrari 250 GT/L, genannt Lusso. Dabei erschien er bei seiner Premiere, dem Pariser Salon vom 4. – 14. Oktober 1962, verspätet wie eine Primadonna, nämlich erst am letzten Sonnabend.

Ferrari-Hausschneider Battista Pininfarina begleitete sein metallic-taubengraues Geschöpf höchstselbst, aber das Echo war zunächst zurückhaltend. Im Februar dieses Jahres war die Produktion des 250 GT Berlinetta ("Short Wheelbase") ausgelaufen, und der GTO war als Wettbewerbsfahrzeug gemeint. Der 250 GT/L aber, der in der Abfolge von zweisitzigen Straßensportwagen für Kontinuität sorgen sollte, übernahm Elemente von beiden, sowohl technische als auch formale.

Dazu gehörte das Chassis (Radstand: 2400 mm), nur daß der Querschnitt der Komponenten des Rohrrahmens geringer war als früher. Vorn waren die Borrani-Räder wie üblich an Trapez-Dreieckquerlenkern und Schraubenfedern aufgehängt, hinten fand sich eine Starrachse mit Halbelliptik- und zusätzlichen Schraubenfedern um die Teleskopstoßdämpfer von Koni und Längsschublenkern. Aus dem GTO überkommen, verband ein Wattgestänge das Differentialgehäuse mit dem Fahrgestell, aber dessen Fünfganggetriebe war, zum Bedauern vieler, fürs erste wieder auf Eis gelegt worden. Die Maschine – das "Kurz"-Triebwerk, Copyright Gioacchino Colombo – hatte man ein paar Zentimeter nach vorn verlagert.

Daraus resultierte mehr Innenraum, vor allem hinter dem Gestühl, wo man vermittels zweier Lederriemen auch größere Gepäckstücke festzurren konnte. Dieser Vorgang erforderte Behendigkeit und physische Kraft, da sich die Lehnen der ansonsten gut ausgebildeten Schalensitze nicht umlegen ließen. Die Armaturentafel war mit mattschwarzem Leder überzogen und hielt eine für dieses Modell spezifische Kuriosität bereit: Die beiden großen Hauptinstrumente, Tachometer und Tourenzähler, erteilten ihre Auskünfte, leicht zum Piloten hin angewinkelt, von einem Exil oberhalb der Mittelkonsole her, während fünf kleine Rundinstrumente unmittelbar in dessen Blickfeld jenseits des hoch und fast vertikal stehenden Lenkrads angesiedelt waren.

Lusso bedeutete übrigens nicht, daß dieser 250 GT besonders aufwendig ausgestattet gewesen wäre, sondern es handelte sich um ein Ferrari-Haushaltswort, das sich auf jedes seiner Straßenautos mit einem entschärften Triebwerk beziehen konnte. Zwischen Januar 1963 und dem August des folgenden Jahres wurden bei Scaglietti in Modena 350 Exemplare des 250 GT/L karossiert, in Stahl, abgesehen von den Türen und den beiden Hauben, die aus Aluminium bestanden, jedes von ihnen in der Tat eine "Skulptur auf Rädern", wie Ferrari-Connaisseur Antoine Prunet den 250 GT/L einmal nannte...

Iso Rivolta IR 340, Bj. 1967. V8 Chevrolet Turbofire 327. 5359 cm³. 340 PS. 232 km/h. 7,7 s 0 - 100 km/h. Leihgeber: Dr. Gerd Eckstein

In den fünfziger Jahren hatte der Mailänder Industrielle Renzo Rivolta den Kabinenroller Isetta unters Volk gebracht, eine Asphaltblase, deren Komik nur noch durch ihre Zweckmäßigkeit übertroffen wurde. Dergleichen kleiner Brötchen überdrüssig, beschloß er 1961, einen viersitzigen Gran Turismo zu bauen, der Charme, Chic und Schönheit der italienischen Supersportwagen sowie deren technische Delikatesse mit der robustgelassenen Kraftentfaltung amerikanischer Achtzylindermotoren vereinen sollte.

Und als ein Mann der Tat stellte er die Synthese bereits ein Jahr später auf der Turiner Auto-Schau vor. Die Rezeption war glänzend, wenn auch Kritiker maulten, der Iso Rivolta GT mute sie an, wie ein Yankee im Frack auf einem esoterischen Treffen europäischen Hochadels angesichts der mit Zylindern und obenliegenden Nockenwellen gespickten Ferrari und Maserati. Dabei strahlte die von Bertone gezeichnete und gefertigte Karosserie unprätentiöse Würde und Gediegenheit aus, und das Interieur mit seinem schweren, sauber vernähten Rindleder war eher auf Gemütlichkeit abgestellt als auf Effekthascherei.

Daß der Rivolta-Pilot nicht über die Stränge schlug, stellte bereits der Umstand sicher, daß er von Anschlag zu Anschlag $5^1/_2$ Mal an dem steil stehenden Dreispeichenlenkrad drehen mußte – ein Kunst-Griff, mit dem sich die kleine Manufaktur im Mailänder Vorort Bresso an der Anschaffung einer Servo-Hilfe vorbeimogelte. Im übrigen garantierte ein gut

sortierter Baukasten, daß jeder potentielle Kunde zu seinem Recht kam, Choleriker, Phlegmatiker, Sanguiniker und Melancholiker an Volant und Gaspedal. So hatte man die Qual der Wahl zwischen einem Zweigang-Planetengetriebe mit hydraulischem Wandler und einer manuellen Schaltung in vier Fahrstufen von General Motors oder einem allerdings schwer und eckig zu betätigenden Fünfganggetriebe von ZF mit hart sperrender Synchronisierung.

Für die Hinterachse standen drei Untersetzungen (2,882; 3,071; 3,307 : 1) zur Disposition, und jede der fünf Varianten des Corvette-Triebwerks Turbofire 327 mit 300, 340, 350, 365 und 400 PS machte den Rivolta zum König der Autobahn, wenn auch gewissermaßen zu einem mit Kaugummi zwischen den Zähnen. Daß soviel Leistung durch ein entsprechendes Fahrwerk gezügelt wurde, dafür war der Toskaner Giotto Bizzarrini zuständig, der just im richtigen Augenblick nach einer Meinungsverschiedenheit seinen früheren Arbeitgeber Enzo Ferrari mit einer Gruppe von Ingenieuren verlassen hatte und zu Rivolta gestoßen war. Er konstruierte eine recht steife Plattform, die mit Bertones Aufbau zu einem verwindungsarmen Ganzen verschweißt wurde. Die vorderen Chromspeichen-, Elektron- oder Stahlscheibenräder waren an Querlenkern und Schraubenfedern, die hinteren mit einer De-Dion-Achse an Längsschubstreben, einem Wattgestänge und ebenfalls Schraubenfedern aufgehängt.

Besonders eindrucksvoll war die Richtungsstabilität des schweren Coupés bei hoher Fahrt, die durch einen großen Nachlaufwinkel der Vorderräder begünstigt wurde. In Kurven untersteuerte der

Rivolta sanft und blieb dabei stets berechenbar, während sich für scharfe Fahrweise die Dunlop-Scheibenbremsen zunächst mit kräftigem Rubbeln und dann mit nachlassender Verzögerung rächten. Nur wenige der 797 Rivolta wurden indessen so durch ihre Gangarten gehetzt, daß diese Unart zum Tragen kam, denn die Preisgestaltung der Iso S.p.A. Automotoveicoli wehrte den jugendlich-mittellosen Heißsporn von vorneherein ab.

Lotus Elan Cabriolet, Bj. 1968. Vierzylinder-Reihenmotor. 1558 cm^3. 150 PS. 199,5 km/h. 7,8 s 0 - 60 mph. Leihgeber: F. Rüttgers und Peter Boegli

Das Image des Lotus-Piloten, der im spinnigen Seven von Wind und Wetter gegerbt, im lärmenden Elite unter Umständen von der Sonne gesotten, von beiden aber mit der Behaglichkeit eines Nagelbretts verwöhnt wurde, begann sich

gerade einzuschleifen, als Colin Chapman auf der London Motor Show 1962 den Elan präsentierte. Nicht nur, daß sich der zweisitzige Roadster weitaus verträglicher gab – man hatte auch aus Fehlern gelernt.

Als Rückgrat diente ein seitlich perforiertes massives X aus dickem Stahlblech, das der Konstrukteur Ron Hickman nach Denkanstößen Chapmans gezeichnet hatte. Obwohl es sechsmal so steif war wie die Gitterrohrrahmen früherer Grand-Prix-Wagen des Hauses, wog es nur etwa 34 kg. Der Aufbau, der darauf an 16 Punkten befestigt war, hatte kaum mehr tragende Funktionen. Er bestand aus hochwertigem Polyester, ein homogener Hauptkörper, welcher dann vereint wurde mit den Türen, dem Kofferraumdeckel und der Motorhaube, die nach vorn öffnete und sich in zehn Sekunden ganz aushaken und entfernen ließ.

Die mit Polyurethan ausgeschäumten Stoßstangen, die Bug und Heck jeweils ganz umfaßten, waren buchstäblich nicht so leicht zu beeindrucken, eher schon die versenkbaren Scheinwerfer, deren Steuermechanismus sich als delikat erwies: Je ein Vakuumzylinder stand mit einem zentralen Behälter in Verbindung, dem durch den Auspuffkrümmer die Luft entzogen wurde. In den gegabelten Enden der Rahmenkonstruktion waren Motor und Antrieb sowie die Elemente der Radführung verankert. Das Differentialgehäuse trug oben einen waagerechten Bügel, der sich in Gummiblöcken gegen den hinteren Rahmenholm stützte, und war unten auf dem U-förmigen Längsträger gummigelagert.

Die Kräfte nach vorn und rückwärts nahmen kurze Längslenker auf, die am Gehäuse des Ausgleichsgetriebes und am Chassis befestigt waren. Hohle Halbwellen übertrugen die Antriebskräfte über Gummigelenke, an die sich nach außen die Scheibenbremsen anschlossen. Die hintere Einzelradaufhängung war charakterisiert durch extrem breit gespreizte Querlenker mit tief an-gesetzten Anlenkpunkten, während sich die Armstrong-Federeinheiten, Schraubenfedern mit innenliegenden Teleskopdämpfern, wie im Elite ungewöhnlich hoch abstützten. Vorn wurden die Räder an doppelten Dreieckquerlenkern geführt und ähnlich wie hinten abgefedert, aber die Bremsen lagen außen in den leichten und gleichwohl robusten Stahlfelgen aus eigener Fertigung.

Der Vierzylinder von 1498 cm^3 war ganz weit zurückgenommen worden, was einer optimalen Verteilung der 590 kg Wagengewicht frommte. Gewissermaßen bis zur Gürtellinie fußte er auf dem Allerweltsmotor Ford 116E, dem Harry Mundy, technischer Redakteur der Fachzeitschrift Autocar und zugleich ausgefuchster Praktiker, einen von zwei Nockenwellen gekrönten Zylinderkopf aufsetzte. Im Zusammenwirken mit zwei Weber-Doppelvergasern blies dieser dem Kurz-

huber 100 PS ein, so daß jede Pferdestärke für den Transport von gerade 5,9 kg Auto zuständig war. Am 27. Mai 1962 verschaffte Chapmans Protegé Jim Clark diesem Triebwerk, allerdings eingebettet in den winzigen dunkelgrünen Lotus-Rennsportwagen Typ 23, beim 1000-km-Rennen auf dem Nürburgring einen furiosen Einstand.

Lotus Elan +2 130/5, Bj. 1973. Vierzylinder-Reihenmotor. 1558 cm³. 126 PS. 196,7 km/h. 9,7 s 0 - 100 km/h. Leihgeber: Roland Bachofen

Der Schotte führte zwei Stunden lang vor der Armada der viel stärkeren Ferrari und Porsche, ehe er in der zwölften Runde bei Hocheichen von der nassen Strecke rutschte, betäubt von Auspuffgasen. Im Mai 1963 wurden Hubraum und Leistung aufgestockt, auf 1558 cm³ beziehungsweise 105 PS, und zugleich ersetzte man an den bisher gebauten 22 Elan die ursprünglichen Maschinen durch die neuen Aggregate. Im November 1964 folgte die zweite Serie, erkennbar an größeren Bremssätteln vorn, dem ovalen Ensemble der Rückleuchten, einem mit poliertem Holz furnierten Armaturenbrett, das nun ein abschließbares Handschuhfach beherbergte, und wahlweise erhältlichen Rädern mit Zentralverschlüssen.

Mit der Serie 3 vom September 1965 erschien zunächst ein komfortables Coupé auf dem Plan, dem sich im Juni des folgenden Jahres ein Convertible zugesellte, dessen Seitenfenster – wie in der geschlossenen Version elektrisch zu betätigen – ein verchromter Rahmen einfaßte. Bereits im Januar hatte man eine Special-Equipment-Variante mit 115 PS angekündigt. Eine Gelenkstelle in der Modellgeschichte stellte im September 1967 die Einführung des Elan Coupés +2 mit 118 PS dar, das schon im hochmodernen und blitzsauberen neuen Lotus-Werk zu Hethel in der Grafschaft Norfolk gefertigt wurde.

Man hatte den Radstand von 2130 mm auf 2450 mm erweitert und somit die Voraussetzungen geschaffen, daß auch Vorstände aufblühender Familien unter den Freunden der Marke fürs erste nicht den ebenso vernünftigen wie unwillkommenen Schritt zur Limousine zu tun brauchten. Merkmale der vierten Serie vom März 1968 an waren Ausbuchtungen für die Radausschnitte, die oben deutlich abgeflacht waren, ein Wulst auf der Motorhaube, Wippschalter und vergrößerte Lampeneinheiten am Heck. Wohnlicher eingerichtet als sein Vorgänger, den er mit Ablauf des Jahres 1969 gänzlich ablöste, war der Elan +2S, im Oktober 1968 avisiert, aber erst fünf Monate später in der Produktion.

Colin Chapman hatte eine weitere Schlacht um Kunden-Gunst gewonnen, sein Interesse für die Erhaltung des Kit Cars in den gehobenen Preisklassen indessen längst verloren, so daß es den +2S nur noch komplett ab Werk gab. Der Lenker des Elan Sprint ab Februar 1971 gebot über 126 PS, denn Tony Rudd hatte den äußerlich mit verrippten Nockenwellendeckeln und schwarzem Schrumpflack aufbereiteten Motor überarbeitet und seinen Stoffwechsel vermittels größer Ventile verbessert. Differential und Antriebswellen wurden entsprechend verstärkt, und optisch hob sich der flinke Zweisitzer aus dem Elan-Einerlei durch seine Zweifarbenlackierung hervor, ähnlich wie sein gleichzeitig eingeführtes Gegenstück +2S 130 durch ein silbernes Dach.

Vollends undurchschaubar wurde das Dickicht der Typenbezeichnungen, als sich an das letztgenannte Symbolknäuel noch ein /5 anlagerte als Hinweis auf das vom Oktober 1972 ab auf Wunsch verfügbare Fünfganggetriebe, dessen letzte Fahrstufe sich nur ungern einlegen ließ, dafür jedoch dem Ausrücken zähen Widerstand entgegensetzte. Nach insgesamt 3300 Exemplaren versiegte die Fertigung der 2+2-plätzer im Laufe des Jahres 1974, während bereits im August 1973 der 12 224. und letzte auf traute Zweisamkeit abgestellte Elan die Fabrik in Hethel verlassen hatte...

MGB Roadster, Bj. 1967. Vierzylinder-Reihenmotor. 1798 cm³. 95 PS. 167,3 km/h. 13,6 s 0 - 60 mph. Leihgeber: H. E. Schulz

Schon bevor 1959 die Produktion des MGA mit dem 1600 in die zweite Runde ging, machten sich seine Väter in der Themsegemeinde Abingdon Gedanken darüber, daß auch B sagen müsse, wer einmal A gesagt hat. Spätestens als am 22. Oktober 1980 der 513 272. und letzte MGB vom Band gelaufen war, bestand kein Zweifel mehr darüber, daß solche simplen Binsenweisheiten hand- und manifeste kommerzielle Folgen haben können. Inzwischen war eine Unmenge im Detail, am Prinzip jedoch kaum etwas geändert worden.

Aber zurück zu den Ursprüngen: Der Neue (Werkscode EX 205) sollte soweit als möglich auf den großen Serien der BMC-Töchter Austin und Morris fußen, und sein Aufbau hatte horizontal akzentuiert und selbsttragend zu sein. Damit sein relativ kleiner Betrieb nicht durch die erforderlichen Investitionen erdrückt wurde, vereinbarte MG-Manager John Thornley mit der Pressed Steel Company in Swindon, man werde einfach ein wenig mehr für jedes der dort hergestellten MGB-Chassis bezahlen. Ein Modell von einem Viertel der natürlichen Größe orientierte sich an dem Rekordwagen EX 181 von 1957.

Aus diesem ziselierten die Karosserieingenieure Syd Enever und Don Hayter im Windkanal die endgültige Form. Gegenüber dem MGA wurden der Radstand um 77 mm auf 2311 mm verkürzt und der Wohnraum für die Insassen leicht zurückgenommen, wobei dennoch mehr Gepäckraum und eine winzige Klause hinter den Sitzen heraussprang. Nur die Motorhaube bestand aus Leichtmetall, und an die Stelle der Plexiglas-Steckfenster traten Kurbelscheiben nebst Ausstellfenstern aus Glas. Faltdächer gab es in zwei verschiedenen Komfortstufen, das übliche Roadster-Provisorium mit einer schlichten Regenhaut auf einem zerlegbaren Rohrrahmen, das sich im Kofferabteil verstauen ließ, und ein Klappverdeck, das man hinter die breiten Fauteuils absenken konnte.

Durch die mit 1798 cm³ bis an die Grenze des Zumutbaren aufgebohrte BMC-B-Maschine und 95 PS war der MGB zuverlässig, aber ungemein bieder motorisiert und mußte manch flinke Limousine kampflos passieren lassen. Schon bei seiner Präsentation auf der London Motor Show im September 1962 blieb aufmerksamen Beobachtern nicht verborgen, daß die Behausung des gußeisernen Langhubers im Bedarfsfalle auch zwei oder gar vier weiteren Verbrennungseinheiten bequeme Unterkunft bieten konnte.

Die Hinterachsuntersetzung war mit 3,901 : 1 länger als beim MGA (4,3 : 1), die Aufhängung – Querlenker und Schraubenfedern vorn, Starrachse und Längsblattfedern hinten – ähnlich, aber nicht in allen Punkten identisch. Vor allem auf dem europäischen Kontinent löste der Umstand, daß zunächst nur die drei oberen Fahrstufen synchronisiert waren, hämisches Lächeln und Naserümpfen aus. Der MGB fiel indessen auf Grund dieses Anachronismus keineswegs aus der Rolle, denn zum einen paßte dieser durchaus zum allgemeinen Charakter des Wagens, zum anderen versetzte er den laut einem längst eingeschliffenen Klischee unentwegt pfeiferauchenden MG-Piloten in die Lage, ergriffenen Ohrenzeugen sein Geschick beim Einfädeln des ersten Gangs zu demonstrieren. Die ersten zwölf Roadster entstanden im Mai 1962, im Juli folgten

MGB GT, Bj. 1976. Vierzylinder-Reihenmotor. 1798 cm^3. 95 PS.
159,3 km/h. 14 s 0 - 60 mph. Leihgeber: Liesel Heidrich und Tom Hodgkinson

138 weitere, und mit 23 308 Exemplaren im ersten vollen Fertigungsjahr 1963 überbot der MGB numerisch bereits alles, was man vor dem Krieg in den MG-Standorten Oxford und später Abingdon auf die Räder gestellt hatte. Im September 1964 erhielt die Kurbelwelle des brav brummenden Vierzylinders fünf Lager anstatt der bisherigen drei, und zugleich wurde der Ölkühler Standardausrüstung, den

man bis dato nur den Exportmodellen spendiert hatte. Im Oktober 1965 machte das geschlossene Pendant zum Roadster seine Aufwartung, der MGB GT, der sofort jedermann durch seine zeitlos-ausgewogenen Proportionen für sich einnahm. Zwar stammte das Styling von britischen Reißbrettern in Abingdon, aber Pininfarina hatte ihm gewissermaßen ein paar südliche Lichter aufgesteckt und auch den ersten Prototyp gebaut.

Die nachträgliche Überdachung versteifte den Aufbau spürbar, und selbst auf Holperstraßen wirkte das Coupé fest und stabil, was man mit 114 kg Mehrgewicht und, etwa 1968 in Deutschland, einem Aufpreis von 1914 Mark erkaufen mußte. Eine Attraktion war die praktische Ladeklappe am Heck, die in geöffnetem Zustand automatisch nach oben gestemmt wurde, wo der Kofferraumdeckel der offenen Version mit einem Stänglein in dieser Stellung fixiert werden mußte. Inzwischen schwoll der Chor der Kritiker an der Getriebeauslegung und die Zahl der Adepten, denen das Zwischengasgeben als verdrießliches Fahrschul-Pflichtpensum erspart geblieben war.

Ab Oktober 1967 waren im MGB Mk II alle vier Gänge synchronisiert. Die parallel dazu als Extra offerierte Automatik von Borg Warner indes wurde allgemein verschmäht und verschwand ab September 1973 wieder aus dem Programm. Genau ein Jahr später unterzog man das inzwischen zu Klassikern gereifte Modellpaar einem radikalen Eingriff, um seine starke Stellung auf dem nordamerikanischen Markt auch angesichts der dortigen Sicherheitsbestimmungen halten zu können. Klobige Stoßstangeneinheiten aus Polyurethan vermehrten die Kollisionsfähigkeit des MGB in dem Maße, in dem sie seinem Erscheinungsbild abträglich waren, und zu allem Überdruß mußte er um 45 mm gehoben werden, damit Feindberührungen an der richtigen Stelle stattfanden.

Schon seit einiger Zeit ausgestorben war eine leicht degenerierte Seitenlinie der Baureihe, der MGC, der zwischen Juli 1967 und September 1969 in einer Stückzahl von 8999 als Mauerblümchen dahingewelkt war. Dabei hatte er, selbst ein Sechszylinder und erkennbar an einem Wulst auf der Fronthaube, größeren Rädern sowie einer geänderten Vorderradaufhängung mit Torsionsstäben, den Austin-Healey 3000 ersetzen sollen, der in die Jahre und ins Gerede gekommen war.

Kaum erquicklicher war das Los des MGB GT V8, mit dem man vom April 1973 bis zum September 1976 ein Marktwinkelchen zu füllen versuchte, das überhaupt nicht existierte. Obwohl nun ein sanft und seidig summender Leichtmetall-V8 mit 3528 cm^3 und 137 PS die über-

schüssige Kapazität des Maschinen-Gemachs ausschöpfte, blieb es bei 2591 Exemplaren, sämtlich Coupés. Ihre Fahrleistungen – Spitze 200 km/h, Beschleunigung auf 60 Meilen je Stunde 8,2 s – waren keineswegs überwältigend, und abgesehen von ihrem Rover-Triebwerk unterschieden sie sich in nichts von den 125 597 Normal-Fastbacks. Und so verdorrte auch diese Verästelung des MGB Stammbaums, obwohl sie eine schöne Blüte hatte tragen sollen...

Triumph Spitfire Mark 1, Bj. 1963. Vierzylinder-Reihenmotor. 1147 cm³. 63 PS. 148 km/h. 17,7 s 0 - 100 km/h. Leihgeber: Eugen Rüegger und Heidi Meissner

Als Leyland Motors im April 1961 die Kontrolle über Standard-Triumph übernahm, fand man in einer Ecke einen mit Spinnenweben bedeckten Prototyp vor. Eher aus kaum zu stillendem Schaffensdrang heraus hatte der ewig beweglich-kreative kleine Turiner Karossier Giovanni Michelotti dem verkürzten Chassis des Triumph Herald, einem Kastenrahmen mit zwei Längsträgern und Traversen, einen zweisitzigen Roadster-Aufbau aufgesetzt, in dem sich etwas Italienisches und viel Englisches miteinander verquickten.

Im September 1960 erteilte Triumph-Manager Alick Dick grünes Licht für das Projekt, das als sportliches Einstiegsmodell, Surrogat für alle, die sich keinen TR4 leisten konnten, und scharfe Waffe gegen den ungleich weniger attraktiven Austin-Healey Sprite gedacht war. Militant gab man sich folglich bei der Namengebung, "Bomb" in der Entwicklungsphase, Spitfire als endgültige Benennung, nach einem gefürchteten Kampfflugzeug der RAF im Zweiten Weltkrieg.

Dabei blieb das Säbelrasseln rein verbal, das Naturell des Feuerspeiers durch und durch friedfertig, vor allem mit dem 1147-cm³-Motörchen von 63 PS, das sich anfänglich scheu unter der im ganzen aufklappbaren vorderen Verkleidung versteckte. Fahrerischen Kapriolen widersetzte sich schon die an Längslenkern und einer Querblattfeder geführte jäh hebelnde Pendelachse, während die Vorderräder an Querlenkern und Schraubenfedern zuverlässiger Kurs hielten.

Daß der Spitfire mehr zu frohen Fahrten in frischer Luft taugte, hinderte indes die Standard-Triumph International Ltd. nicht daran, ihn in einer groß angelegten Offensive zwischen 1964 und 1966 an die Renn- und Rallyefront zu werfen, wo er tapfere Klassensiege landete. Im März 1965 wurde er als Mark 2 durch vier Pferdestärken mehr und eine luxuriösere Innenausstattung aufgewertet, wobei man stets den Klassen-Feind Sprite im Auge behielt.

Ab Frühjahr 1967 (im Mark 3) setzte

ein größeres Triebwerk von 1296 cm³ 75 blitzmuntere PS frei, die zum beherzten Vorstoß über die magische 100-Meilen-Mauer einluden. Gleichzeitig erschien die vordere Stoßstange gewissermaßen in Vorhalte vor dem Kühlergrill. Dies sei, vermerkten Spitfire-Chronik und mündliche Überlieferung später, die Generation mit dem Knochen zwischen den Zähnen gewesen. Schon aber zerbrach man sich den Kopf darüber, wie man das Feuerspeier-Konzept insgesamt einer Verjüngungskur unterziehen könne, um einem Kunden-Exodus vorzubeugen. Erneut wurde Maestro Michelotti zu Rate gezogen. Seine Rezeptur: eckiges Heck mit neuen Leuchten-Ensembles, eckigeres Hardtop (als Option), Retuschen an der Armaturentafel. Die Sturzänderungen der Hinterräder wurden durch eine andere Placierung der Querblattfeder auf ein Minimum zurückgedrängt, aber Maßnahmen zur Entgiftung des Abgases hatten auch zwölf PS ermordet, so daß man in einem Salto mortale wieder bei 63 PS angelangt war.

Dafür erwarb der bekannt markentreue Spitfire-Pilot mit dem Mark 4, der 1970 kurz nach der Ausstellung in Earls Court präsentiert wurde, ein vollsynchronisiertes Getriebe. Ab 1975 wurde der kleine Triumph wie sein ehedem härtester Rivale MG Midget mit einer Maschine von 1493 cm³ und 71 PS ausgestattet. Der Spitfire erreichte das biblische Modell-Alter von fast 20 Jahren, und alttestamentarisch war auch die Nachkommenschaft des kleinen Staubfängers von 1961 – 276 450 Exemplare...

Alfa Romeo Giulia Sprint GTC, Bj. 1965. Vierzylinder-Reihenmotor. 1570 cm³. 102 PS. 184 km/h. 11,2 s 0 - 100 km/h. Leihgeber: M. Stücheli und Fritz Peters

Die Geschichte des Alfa Romeo Giulia kündet von einer ans Geniale reichenden Sensibilität für das am Markt Machbare – oder aber von planerischem Total-Tohuwabohu. Schon der Chronist der sportlichen Giulia-Modelle wird unversehens als Komplize verstrickt in ein Verirr-, Verwirr- und Vexierspiel sondergleichen. Schier verzagend laviert

er zwischen einem Wust von Typenbezeichnungen wie GT, GTC, GTV, Junior, Junior Z, GTA, GTAm, Duetto, Spider Veloce, zum Teil mit dem Zusatz USA versehen als Indiz dafür, daß die Träger dieses Buchstabeninfernos für den Verkauf im Land der unbegrenzten Möglichkeiten bestimmt seien.

Fast verheddert er sich in der Fülle der Hubraumkapazitäten 1300, 1600, 1750 und 2000 cm³ und der Zuordnung der obigen Kürzel zu diesen, um dann irritiert festzustellen, daß es sich bei dem 1750 eigentlich um einen 1800er handelte, der nur so genannt wurde, weil er damit an einen erfolgreichen Alfa-Romeo-Sportwagen der dreißiger Jahre erinnerte. Er nimmt befremdet zur Kenntnis, daß zwischen 1962 und 1965 den Namen Giulia auch diejenigen Giulietta-Derivate erhielten, die bereits mit dem 1600-cm³-Triebwerk des "richtigen" Giulia ausgestattet waren. Er registriert erstaunt, daß das GTC-Convertible, von dem zwischen 1964 und 1966 946 Exemplare entstanden, auf der Basis des Bertone-Coupés von Touring gefertigt wurde und mit einem Hardtop beinahe schon wieder wie das Original ausschaute. Und er sieht sich mit dem bemerkenswerten Umstand konfrontiert, daß 1972 das Vorgängermodell 1600 GTV seinen Nachfolger 1750 GTV von 1967 wieder ablöste, allerdings mit einem neuen Namen, nämlich 1600 GT Junior.

Daß es sich dennoch um eine Familie handelte, läßt sich an kleinsten gemeinschaftlichen Vielfachen zweifelfrei nachweisen. Da war das Herzstück, der kompakt-stämmige Vierzylinder-Leichtmetallmotor, unter dessen Gehäusedeckel einem der Anblick von zwei kettengetriebenen obenliegenden Nockenwellen zuteil wurde. Da war das vollsynchronisierte (und später mit sinnlichem Vergnügen zu betätigende) Fünfganggetriebe mit Mittelschaltung. Da waren die selbsttragende Karosserie, vorn Einzelradaufhängung an Querlenkern, Querstabilisator, hinten Starrachse an Längslenkern und Reaktionsdreieck, das seitliche Kräfte aufnehmen sollte, vorn und hinten Schraubenfedern und hydraulische Teleskopstoßdämpfer sowie Scheibenbremsen rundum.

Da waren – im Falle des Spiders – der rundliche Pininfarina-Aufbau, von dem man 1969 hinten einen Zipfel senkrecht abhackte, nachdem sich unzählige Kunden beim Parken das unübersichtliche Heck eingerannt hatten, und beim

Coupé die sauberen, ruhigen Linien ohne irgendeinen schrillen Akzent, die unverkennbar die Hand des Maestro Nuccio Bertone verrieten.

Wohl sah es seinem Vorfahren, dem Giulietta Sprint, ähnlich, ohne zum bloßen Abklatsch zu mißraten: Hauben und Dach waren flacher, die Gürtellinie lag um einiges tiefer. Der Kofferraum war größer geworden, und bei etwas kürzerem

Alfa Romeo 2000 GTV, Bj. 1976. Vierzylinder-Reihenmotor. 1962 cm^3. 131 PS. 200 km/h. 9 s 0 - 100 km/h. Leihgeber: Albert Hedemus

Radstand (2350 gegenüber 2390 mm) bot der Wagen im ganzen viel mehr Platz. Dem im September 1963 fertiggestellten und im neuen Alfa-Romeo-Werk zu Arese montierten Sprint GT fiel im Sortiment des Mailänder Staatskonzerns die

Rolle des schnellen sportlichen Wagens ohne Wettbewerbsambitionen zu. Mit den 102 PS, zu denen sich das 92 DIN-PS leistende Triebwerk des Giulia TI mit Hilfe zweier 40er Doppel-Horizontalvergaser aufschwang, war er trefflich dazu gerüstet und lag eine Nasenlänge vor den wichtigsten Konkurrenten Porsche SC, Lancia Flavia Coupé, MGB und Volvo P 1800.

Daß der 1570-cm^3-Motor sich bei Drehzahlen zwischen 4000 und 6000 U/min am wohlsten fühlte und gegenüber Maschinen mit mehr Hubraum im Drehmoment unterlegen war, wurde durch das Fünfganggetriebe wieder kompensiert, wenn man fleißig schaltete. Die höchste Fahrstufe war dabei so ausgelegt, daß die Spitzengeschwindigkeit von 184 km/h und die Nenndrehzahl von 6000 U/min nicht allzuweit auseinanderlagen.

Allerdings steckte das Kraftpaket auch 7000 Umdrehungen der Kurbelwelle pro Minute weg, ohne daß beispielsweise die Ventile aufbegehrten oder starker Leistungsabfall eintrat. Im Gegensatz zum Giulietta-Coupé neigte sich der Giulia Sprint GT in zügig gefahrenen Kurven nur wenig und untersteuerte nur sanft, jederzeit willig den Lenkbewegungen des Fahrers folgend. War man wirklich einmal zu schnell in einer Biegung, trat ein seitliches Abdriften ein, beginnend an den Vorderrädern, und bremste den Wagen ab.

Die Michelin-X-Pneus bekamen seinem Fahrverhalten grundsätzlich gut, verloren aber auf Grund ihres dürftigen Formats von 155 - 15 auf $4^1/_2$J-Felgen verdrießlich rasch an Profil. Die wahlweise angebotenen Pirelli Cinturato waren zwar insgesamt komfortabler, verschlissen jedoch noch rascher. Spielerisch leicht zu bedienen, dabei direkt und exakt war die Lenkung, während sich die Dunlop-Scheibenbremsen als nicht frei von Fading erwiesen und bei harter Beanspruchung stechend stanken.

Weitere Kritikpunkte: Das Getriebe setzte in kaltem Zustand der Rechten des Fahrers zähen Widerstand entgegen, an den rahmenlosen Fenstern zischte Fahrtwind, die abschließbare Verriegelung des Kofferraums war (bis 1967) im rechten Türausschnitt verborgen und nötigte den Lenker im Bedarfsfall zu einem kleinen Spaziergang dorthin. 1965 war dem Typen-Sigel GT ein V (für Veloce) angewachsen. Für die Maschine wurde jetzt eine Potenz von 109 PS angegeben, was indes auf die Fahrleistungen nicht den geringsten Einfluß hatte.

Die Fachpresse vermerkte erfreut, man habe offenbar die thermischen und schmiertechnischen Probleme in den Griff bekommen, mit denen der Bilderbuch-Motor bei deutschen Temperaturen und auf deutschen Autobahnen zu kämpfen habe, und die Verwendung von molybdänbeschichteten Synchronringen erleichtere nun den Umgang mit dem Getriebe.

Alfa Romeo Spider 1750, Bj. 1968. Vierzylinder-Reihenmotor. 1779 cm³. 113 PS. 191,5 km/h. 10,3 s 0 - 100 km/h. Leihgeber: Wolfgang Thiem und Wolfgang Ludes

Im selben Jahr wurden die ersten GTA (A für Alleggerita = erleichtert) an private Kunden ausgeliefert, die Antwort von Alfa Romeo auf leichte und starke Konkurrenzautos in der Gruppe 2 (verbesserte Tourenwagen). Gegenüber dem GTV hatte man durch die Verwendung von Leichtmetall 200 kg heruntergetrimmt, begnügte sich aber für die Straßenversion mit 115 PS, die für 190 km/h gut waren. Die Hürde zur Homologation war damit zu bewältigen, daß es sich bei dem GTA um einen Viersitzer handelte und über 1000 gefertigt wurden.

Dennoch gab es Ärger, da er klar erkennbar zwar den Buchstaben, nicht aber dem Geiste des Gesetzes genügte – die mit 170 PS und mehr auftrumpfenden Renn-Versionen schrien das mit ihren unter der Fahrertür mündenden breitgequetschten Auspuffenden mit grellem Geschmetter förmlich heraus. In der Division 2 bis 1600 cm³ fanden die GTA, vor allem auf kurvenreichen Kursen, bald keine Gegner und damit keine Ehre mehr, was analog galt für den GTA Junior von 1300 cm³ und spätere GTAm (das m stand für maggiorata: mit vergrößertem Hubraum).

Das Banner des Werks wurde auf den Pisten hochgehalten vom Autodelta-Team unter seinem gewichtigen Chef Carlo Chiti, und eine endlose Reihe von Rennsiegen knüpfte sich an Namen wie Jochen Rindt, Andrea de Adamich, Toine Hezemans, Ignazio Giunti oder Nanni Galli. 1966 wurde Journalisten auf dem neuen Alfa-Romeo-Testgelände in Balocco, 70 km von Mailand, der GT 1300 Junior (88 PS, 176 km/h) vorgestellt, mit 11 900 Mark ungewöhnlich preiswürdig, wie man dies von seinen größeren Brüdern gewohnt war.

Der 2000 GTV von 1971 (131 PS, 200 km/h) perpetuierte zwei Tendenzen, die sich mit dem 1750 GTV von 1967 (113 PS, 190 km/h) bereits angedeutet hatten: Der Motor mauserte sich zum Langhuber, der schon bei niedrigem Drehzahlniveau bulliges Temperament anbot. Und mit härteren Federn vorne sowie einem Querstabilisator hinten hatte man dem Coupé das Untersteuern gründlich ausgetrieben. Es verhielt sich nunmehr neutral und konnte sogar mit Gas und hartem Anlenken dazu gebracht werden, daß es mit dem Heck wegwischte.

1977 wurden am Ende einer langen Laufbahn, während der über 200 000 Sprint die Bänder in Arese verließen, die letzten GT 1600 Junior gefertigt. Längst gehörte ein fremdartiges Mitglied der Giulia-Familie der Vergangenheit an, der GT Junior Zagato, den die Besucher des Turiner Autosalons 1969 nur schwerlich als Alfa Romeo zu identifizieren vermochten. Zu eigenständig-abweichend war die karg ausgestattete Karosserie. Das begann mit dem Gesicht: Die Scheinwerfer wurden durch eine Plexiglasleiste

Alfa Romeo 1600 Junior Zagato, Bj. 1972. Vierzylinder-Reihenmotor. 1570 cm³. 109 PS. 190 km/h. Leihgeber: Peter D. Malchus und Fritz Peters

abgedeckt, die sich über die ganze Wagenbreite erstreckte und lediglich einen schildförmigen Lufteinlaß in der Mitte aussparte. Zwischen 1970 und 1972 baute Zagato 1108 dieser Leichtgewichte

(knapp über 900 kg) mit dem 1300-cm³-Standardmotor von 88 PS. Dazu kamen zwischen 1972 und 1974 noch einmal 402 mit dem 1,6-Liter-Triebwerk des Veloce.

Bis in die neunziger Jahre hielt sich der Spider, der die Hubraum-Metarmorphosen seiner geschlossenen Pendants in der Regel synchron mitmachte. Schon auf der Turiner Ausstellung von 1961 hatte Pininfarina einen Prototyp zur Schau gestellt, um gewissermaßen das Terrain zu sondieren. Die endgültige Fassung debütierte auf dem Genfer Automobilsalon 1966, trug aber noch keinen Namen, sondern wurde lediglich im Werks-Jargon zoologisch-unappetitlich Osso di Sepia genannt, zu deutsch Tintenfischschulp.

In einem Preisausschreiben (Einsendeschluß: der 10. Mai 1966) befragte Alfa Romeo das Autovolk, wie denn nun der Neue heißen solle. Das Ergebnis, honoriert mit einem solchen: Duetto. In der Tat schien die jüngste Kreation Farinas wie geschaffen zu traulichem Tête-à-tête unter mediterranem Blauhimmel, umfächelt von lauen Lüften, die allerdings bei Annäherungsversuchen an die 185 km/h, zu denen die 109-PS-Maschine des Veloce den flotten Zweier antrieb, an Kräftigkeit erheblich zunahmen. Der Duetto war 170 mm länger als das Sprint Coupé, obwohl er einen um 100 mm kürzeren Radstand hatte.

Dafür gab es zwei Gründe: Zum einen baute Farina auf den wissenschaftlich erwiesenen Sex-Appeal der runden Form. Zum anderen lagerten sich leicht verformbare Wagenenden an eine resistente Fahrgastzelle an. Drei Jahre später erhielt der Spider das markante Abrißheck, das das Fassungsvermögen des Kofferraums gegen jede Erwartung leicht vergrößerte, und die irritierende Zusatzbezeichnung Fastback.

Während dieser Eingriff seiner Silhouette durchaus bekömmlich war, richtete der Tribut, den man 1982 dem Zeitgeist zollte, nichts als visuellen Schaden an: ein umlaufender schwarzer Spoilerwulst am Heck, vorn entsprechend austariert durch aerodynamische Formelemente von dubioser Ästhetik.

Viel behutsamer gingen die Alfa-Romeo-Stylisten 1990 bei der letzten Metamorphose des Modells zu Werke. Sie befreiten gleichsam seine Urform von dergleichen Gestrüpp und paßten diese zugleich in gefälligem Retro-Look einem gewandelten Geschmack an. 1993 verschied der Spider in aller Stille.

Aston Martin DB5 Drophead Coupé, Bj. 1964. Sechszylinder-Reihenmotor. 3995 cm³
282 PS. 226,9 km/h. 8,1 s 0 - 60 mph. Leihgeber: Serge Chabbey und Manfred Leppke

Durch "Goldfinger" brachte es der Aston Martin DB5 zu Filmruhm – als Streifenwagen des im Auftrag Ihrer britischen Majestät minnenden und meuchelnden Superagenten James Bond, Chassisnummer 007. Allerdings hatte man dem Hansdampf in allen Betten elementares und ansonsten nicht einmal gegen Aufpreis erhältliches Arbeitsgerät an die Hand gegeben: Mit einem Schleudersitz konnte er unliebsame Mitfahrer buchstäblich hinausschmeißen. Zwei Maschinengewehre im Bug sorgten in brenzligen Situationen tatkräftig für freie Bahn, während die Geschosse gegnerischer Maschinenwaffen von einem im Heck ausfahrbaren Stahlschild abperlten wie Knallerbsen. Hatten die Schurken selbst dann noch nicht die Nase voll, konnte der legere Strahlemann sie vermittels etlicher Ölsprühdüsen ins Ab- und Jenseits glitschen lassen.

Aber auch ohne dergleichen militante Zusatzausstattung war das Edel-Requisit ein bemerkenswertes Auto. Es ähnelte den Serie-5-Versionen des DB4 mit seinen in die Kotflügel integrierten zurückversetzten Scheinwerfern aufs Haar. Unter der Fronthaube indessen entfachte der Reihensechszylinder des Lagonda Rapide mit 3995 cm³ 282 PS, die dank eines wuchtigen Drehmoments frühzeitig abgerufen werden konnten. Nicht weniger als vier Getriebe standen zur Wahl: die hausgemachte David-Brown-Viergangschaltung, gegebenenfalls mit Overdrive, ein ursprünglich für den Maserati 5000 GT entwickeltes Fünfganggetriebe der Zahnradfabrik Friedrichshafen (ab Chassis 1340 serienmäßig) und eine Automatik von Borg Warner.

Zwischen dem Oktober 1963 und dem Oktober 1965 wurden 1150 DB5 aufgelegt, davon 123 Drophead Coupés. Für Leute, die sich mit der Standard-Maschine untermotorisiert fühlten, folgte im September 1964, wie üblich, eine Vantage-Variante, für deren 325 PS vor allem eine Batterie von drei Weber-Doppelvergasern (sonst SU-Horizontalvergaser) verantwortlich war. Die letzten 37 Chassis wurden vom August 1965 bis zum November 1965 mit etwas verkürztem Radstand und einem Convertible-Aufbau als Modell Volante ausgeliefert. Zeitgenössische Tester priesen den DB5 als viriles Automobil, beklagten, daß man es nicht mit ausgestreckten Armen fahren könne, und zeigten sich erstaunt über die Geschwindigkeit, mit der sich die Seitenfenster elektrisch auf- und abbewegen ließen.

Die Bedienungsanleitung empfahl, den Wagen so lange mit Samthandschuhen zu behandeln, bis man sich an seinen hohen Leistungsstandard gewöhnt habe. Dies hielt Ex-Rennfahrer Innes Ireland, der Ende der siebziger Jahre eine Zeitlang im südenglischen Alton gebrauchte Aston Martin an den Mann brachte, nicht davon ab zu bemerken, der DB5 sei ein nettes Familienauto, vielleicht ein bißchen schneller als die anderen, während Gregor Grant, Redakteur der Fachzeitschrift Autosport, vor allem die Effektivität der servounterstützten Girling-Scheibenbremsen herausstellte, die

Bezeichnung Sports-Saloon indessen angewidert ablehnte – der DB5 sei ein klassischer Gran Turismo.

Um dem Raumbedarf seiner waidmännischen Ausrüstung zu genügen, ließ sich Firmenchef David Brown bei Radford & Cie. auf der Basis des Coupés einen Kombiwagen mit dem Namen Shooting Brake aufbauen, der anschließend für elf weitere Freunde der Jagd in einer winzigen Serie multipliziert wurde – der schnellste und exklusivste Station Wagon der Welt...

Bizzarrini GT Strada 5300, Bj. 1967. V8 Chevrolet. 5354 cm^3. 365 PS.
275 km/h. 6 s 0 - 100 km/h. Leihgeber: Günter Bussmer und Jan E. Nilsson

Im Prinzip verlief die Laufbahn des Giotto Bizzarrini ohne Schnörkel. Nachdem er 1953 sein Ingenieursexamen an der Universität von Pisa abgelegt hatte, verschrieb er sich dem Auto mit Haut und Haaren, vor allem dem schnellen, da

er selber gern schnell fuhr. Bis 1957 arbeitete er für Alfa Romeo, dann für Enzo Ferrari, den er 1961 im Zorn verließ.

Rasch versicherte sich Ferruccio Lamborghini für seinen 3500 GT der Dienste des jungen Toskaners. Aber der tanzte auch noch auf zwei weiteren Hochzeiten, indem er bei der Kreation der Iso-Modelle Grifo und Rivolta Hand anlegte und sich schließlich entschloß, zum erlesenen Zirkel der Supersportwagen sein eigenes Scherflein in Gestalt des Bizzarrini GT Strada beizusteuern. Die Idee dahinter war zugleich genial und paradox – der Welt schnellsten Gran Turismo zu schaffen auf simpelster Basis und gänzlich ohne die Subtilität und Raffinesse seiner italienischen Edel-Rivalen.

Zwischen 1963 und 1969 entstanden in Livorno 149 Exemplare als spektakuläre Zeugnisse dessen, was die Initiative eines einzelnen vermag. Dazu gesellten sich Sonderversionen wie Targa, Spider, Rennsportwagen mit Flügeltüren und Mittelmotoren sowie 12 bis 14 Europa mit Opel-Mechanik. Was sein Erscheinungsbild anbelangte, machte der Strada nicht einmal den Versuch, seine Identität mit dem Iso Grifo abzustreiten. Die Linie hatte Bizzarrini in fruchtbarem Tête-à-tête mit Nuccio Bertone zu Papier gebracht.

Jeweils 1000 Arbeitsstunden waren im Filigran der Aluminiumkarosserie investiert, die – bei BBM in Modena gefertigt – den Strada 270 kg leichter machte als seinen Zwilling von Iso. Sie war mittragend verbunden mit einer durch Stahlträger versteiften Bodengruppe. Die Vorderräder hingen einzeln an übereinanderliegenden Dreieckquerlenkern, während die De-Dion-Hinterachse an Längslenkern mit Panhardstab geführt war. Zu den einfachen Komponenten zählte der V8-Motor des Chevrolet Corvette von 5354 cm^3 und gewöhnlich 365 PS, der allerdings in zahlreichen Tuning-Stufen den Wünschen der Kunden angepaßt werden konnte und in einer Wettbewerbsvariante von vier Weber-Doppelvergasern DCOE 12 zu 420 PS animiert wurde. Der Italo-Amerikaner, dessen Getriebetunnel konsolenartig in die Fahrgastzelle hineinragte, war unter der langen Bughaube sehr weit zurückverlegt. Er versah seinen Dienst mit dumpfem, rollendem Poltern und Grollen, wie man es von Motorbooten her kennt, und erwies sich im übrigen als zivilisierter und verträglicher Geselle, der jedem Zucken des Gasfußes willig folgte und die meisten Tugenden ungeschmälert beibehielt, die er von Hause aus mitbrachte.

Der Strada verhielt sich durchaus neutral und neigte sich kaum, ein Wunder an Straßenlage, wie ein Tester freudig anmerkte. Er ließ sich von vier Dunlop-Scheibenbremsen, die vorderen in den Felgenschalen, die hinteren beidseits des Differentials, an die Kandare nehmen. Sein dreiteiliger Tank faßte 140 Liter, die in normalem Fahrbetrieb einen Aktionsradius von 1000 Kilometern zuließen. Die

Rennversion war da mit 20-25 Litern je 100 Kilometer, die sie einem 20 Prozent größeren Behälter entzog, schon durstiger, was Giotto Bizzarrini nicht davon abhielt, den Weg zum und vom 24-Stunden-Rennen von Le Mans 1965, wo er Neunter wurde, wie üblich per Achse anzutreten...

Chevrolet Corvette Sting Ray Coupé, Bj. 1965. V8. 5351 cm³. 350 PS. 228,5 km/h. 5,9 s. 0 - 60 mph. Leihgeber: Rolf Gersch

Nur ein Mann mit einem Herzen aus Stein könne dieser Versuchung widerstehen, warnten 1963 großformatige Anzeigen in amerikanischen Zeitschriften. Andere verhießen, das Abenteuer gehöre zur Standardausrüstung. Diese auf Gefühlsebene abgeschlossenen Kaufanreize bezogen sich auf den neuen Corvette, dessen Zusatznamen Sting Ray (= Stachelrochen) ebenfalls suggestivbedrohlich auf Unterschwelliges abzielte.

Die Kampagne sollte dem Einzelgänger dazu verhelfen, endlich in die Loge der großen Sportwagen dieser Welt aufgenommen zu werden. Zu ihren Mitgliedern zählten damals, in der Reihenfolge ihrer Preise, der Jaguar E mit 265 PS (6000 Dollar), der Aston Martin DB4 mit 270 PS (10 900 Dollar), der Maserati 3500 mit 235 PS (12 000 Dollar), der Ferrari 250 GT mit 240 PS (12 600 Dollar).

Von der Leistung her rangierte der Stachelrochen mit 360 PS aus den 5,3 Litern der Einspritzversion über seinen illustren Konkurrenten, was den Preis anbelangte, ein gutes Stück tiefer, denn bereits um die 5000 Dollar konnte man ein Exemplar des bösartigen Seegetiers an Land ziehen. Das Jahr 1963 markierte den Angelpunkt in der Modellgeschichte.

Schon 1960 hatte Konstrukteur Zora Arkus-Duntov ins Visier genommen, die neue Corvette-Generation solle eine bessere Unterbringung für Pilot und Passagier, mehr Kofferraum, eine höhere Leistung und bessere Straßenlage anbieten als ihre rundlich-bauchigen Vorgänger.

Und obwohl von der Philosophie her ein offener Zweisitzer, müsse der Corvette auch als Coupé offeriert werden. Die Karosserie, aggressiver nun und viriler, wurde im Windtunnel des California Institute of Technology optimiert und einem veränderten Formgefühl angepaßt. Gestaltungsmerkmale waren auch von einem Chevrolet-Versuchsträger von 1958 auf sie überkommen, dem XP 87 Corvette Stingray, damals noch, wie ab 1969 wieder, zusammengeschrieben.

Das Gewicht der Fiberglasteile war (ausschließlich der Türen) auf 136 kg zurückgegangen, während das der Trägergebilde aus Blechprofilen, welches in den Kunststoffaufbau eingezogen wurde, um 15 kg auf 37 kg zugenommen hatte. Markante Merkmale des neuen Jahrgangs: in Schlafstellung versenkbare Scheinwerfer, die großen Türen des Coupés, die in das Dach schnitten, das Fastback-Styling über einem nur von innen zugänglichen Gepäckabteil, die geteilte Heckscheibe. Letztere war eine Marotte von Designer Bill Mitchell und geriet zum Zankapfel unter den Stylisten des Hauses. Auch Arkus-Duntov mochte sich für die brillenförmige Fensterpartie kaum erwärmen, so daß sie das Modelljahr 1963 nicht überstand.

Ansonsten zogen die beiden fast stets an einem Strang, etwa als General-Motors-Präsident Ed Cole anregte, man solle der Herausforderung durch den Ford Thunderbird mit einem viersitzigen Corvette begegnen. Hierauf erfolgte ein zweifacher Aufschrei: Der Appeal des Sting Ray als Sportwagen würde durch

einen solchen Schritt nachhaltig zerstört. Er unterblieb, da sich Cole einmal mehr gegenüber dem Enfant terrible in der Chevrolet-Familie nachgiebig zeigte. Auch in einer anderen Beziehung fiel der Corvette aus dem Rahmen des Üblichen. Bestand Modellpflege in jenen Jahren vor allem darin, daß man ein einmal vorhandenes Auto mit immer mehr Gags und Gimmicks befrachtete, verlief die Evolution in seinem Falle genau andersherum.

Chevrolet Corvette Sting Ray Cabriolet, Bj. 1966. V8. 5351 cm³. 350 PS. 228,5 km/h. 5,9 s 0 - 60 mph. Leihgeber: Rainer Brehl

So stellte sich der Sting Ray von 1967 von unnützem Zierat weitgehend entschlackt vor, oder Attrappen waren ihrer tatsächlichen Funktion zugeführt worden. Zum Beispiel verschwanden mit dem kontroversen Rückfenster auch zwei riesige Grills in der Motorhaube, die vortäuschten, der V8 decke durch sie seinen Bedarf an Sauerstoff, und seitliche Schein-Entlüftungen wurden erst zur Ventilation des Innenraums geöffnet und später fortretuschiert, da sie sich als unwirksam erwiesen.

Voll des Lobes war vor allem eine ohnehin wohlwollend eingestimmte amerikanische Presse über die Straßenlage des Stachelrochens. In der Tat hatte sich da einiges getan. Sein Radstand war um 100 mm kürzer geworden; die Hinterachse folgte dem De-Dion-Prinzip. Da beide Antriebsräder mit ihrer Aufhängung ein Parallelogramm bildeten, federten sie parallel zueinander ein und aus. Die untere Seite stellte für jedes Rad ein rohrförmiger Querlenker dar, während für die obere die Antriebswelle herangezogen wurde. Sie war dazu mit je zwei Gelenken ausgestattet. Diese Aufhängung entsprach derjenigen der Formel-1-Rennwagen von Lotus im Jahre 1961. Die längsgerichteten Kräfte übernahmen an jeder Seite zwei Längslenker aus profiliertem Stahlblech.

Im Gegensatz zum Versuchs-Monoposto Cerv I von 1960, in dem das gleiche Prinzip durchgespielt worden war, verwendete man im Corvette hinten einen Archaismus, nämlich eine einzelne querliegende Blattfeder, während für die Vorderräder die übliche Doppelquerlenker-Bauweise mit Schraubenfedern genügen mußte, ergänzt durch einen Querstabilisator. Das Gewicht der hinteren ungefederten Massen war so von 159 kg auf 95 kg gesenkt. Mit der neuartigen Radführung und einer Gewichtsverteilung von 48 : 52 Prozent (1962 noch 53 : 47) hatte man zugleich der Hinterachse das Trampeln bei heftigem Beschleunigen aberzogen. Ein kräftiger Rahmen (zwei Längsträger, fünf leiterartige Quersteifungen) verband diese mit der

Vorderachse. Das Prestige-Duell mit Ford um immer mehr Kraft und immer geringere Beschleunigungswerte tobte ungehemmt weiter, nun vor allem gegen Carrol Shelbys Cobra, der allerdings stets die Nase vorn behielt. 1965 war man bei 425 PS aus den 6974 cm³ des Big-Block-Motors angelangt, und die amerikanische Fachzeitschrift Sports Car Graphic ermittelte 1966 bei einer Hinterachsübersetzung von 4,11 : 1, daß ein solchermaßen aufmunitionierter Corvette in knapp fünf Sekunden auf Tempo 100 schoß, sich in 11,2 auf 160 beeilte und 224 km/h erreichte.

Unbeeindruckt von solchen Superlativen, entschuldigte sich Arkus-Duntov angesichts der Hegemonie der Shelby-Schlange vor allem auf den Rennstrecken mit der stehenden Redensart, der Sting Ray sei schließlich ein Grand-Tourisme-Fahrzeug. Scheibenbremsen sorgten seit 1965 dafür, daß der Stachelrochen auch von Exkursionen jenseits der 200 km/h sicher zum Stillstand zurückkehrte, etwa damit der Fahrer nach einem solchen Rekordversuch seinen Führerschein bei der Verkehrspolizei abliefern konnte. Ein chronischer Schwachpunkt war damit beseitigt, wie übrigens auch, ab 1966, die Benzineinspritzung der Vergangenheit angehörte, die sich bei den Ingenieuren von Chevrolet nie sonderlicher Zuneigung erfreut hatte.

Längst war der Corvette vom Sorgenkind zum geachteten Mitglied des General-Motors-Clans geworden, was sich an den Verkaufszahlen zwischen 1963 und 1967 ablesen läßt: 45 546 Coupés, 72 418 Cabriolets.

Glas 1300 GT Cabriolet, Bj. 1966. Vierzylinder-Reihenmotor. 1290 cm³. 75 PS. 171,5 km/h. 11,9 s 0 - 100 km/h. Leihgeber: Martin Huber und Kurt Bigler

Der Glas 1300GT gab 1963 sein Debüt auf der IAA zu Frankfurt. Wie ein schöner Schwan thronte das elegante Coupé zwischen eher häßlichen Entlein, kühn und beinahe deplaciert auf dem Stand einer winzigen Automobilfabrik ohne Tradition, die viel wagte und dabei am Ende verlieren sollte. 1951 hatte sich der Landmaschinenfabrikant Hans Glas mit dem Goggo-Motorroller dem Bau von Kraftfahrzeugen zugewandt. 1955 folgte das drollige Goggomobil, ein Auto für

den kleinen Mann – in physischer wie in finanzieller Hinsicht. Dann begann der soziale Aufstieg, und die in Dingolfing ansässige Firma überschüttete den Markt mit einer wahren Glas-Menagerie, allerdings zu vielen Modellen in zu geringen Stückzahlen.

Auch das Vorpreschen in die Gran-Turismo-Klasse zahlte sich nicht aus. Zwischen 1964 und 1967 entstanden lediglich 6635 Exemplare vom 1300GT, dem fast identischen 1700GT und den entsprechenden Cabrio-Versionen. Dabei sprach alles für sie: Die Linie mit ihren südländischen Akzenten zeichnete Pietro Frua, und er lieferte auch die fertigen – selbsttragenden – Karosserien. In ihnen fanden sich Funktionalität und sportliches Flair zusammen und dies zu höchst akzeptablen Preisen. 1965 etwa erwarb man in Gestalt des Glas 1300GT einen geräumigen Sportzweisitzer mit vollwertigen Kindersitzen und einem brauchbaren Kofferraum für 11 600 Mark.

Die Fahrposition hinter dem schmucken Dreispeichenlenkrad ließ kaum Wünsche offen, und im Halbkreis unmittelbar ins Blickfeld des Piloten gerückt, unterrichteten sechs schwarze Rundinstrumente über Wohlbefinden und Betriebsmoral des Vierzylinders unter der flachen Fronthaube. Schon was diesen anbelangte, waren die Glas-Ingenieure von innovativer Keckheit gewesen, denn die obenliegende Nockenwelle trieb erstmals in einem europäischen Serienfahrzeug ein Zahnriemen. Bereitwillig und kultiviert gab diese Maschine ihre Leistung her, was sich von ihrem Pendant im 1700GT nicht unbedingt behaupten ließ, da sie, zum Langhuber geraten, mit hohen Kolbengeschwindigkeiten aufwartete.

Andererseits standen auch ihre 100 PS bereits bei 5500 U/min zur Verfügung. Die vorderen Räder hingen an doppelten Querlenkern mit unteren Zugstreben und Schraubenfedern, und der hinteren Starrachse an Halbelliptik-Blattfedern hatte man einen Panhardstab zur Seitenführung beigegeben. In der Werkstatt konnten Vorderachse und Motor als Fahrschemel ausgebaut werden. Mit einer Gewichtsverteilung von 52 : 48 Prozent erwies sich der Glas GT als gutmütiger Partner, der schwach untersteuerte und Kurven fast ohne Seitenneigung durcheilte.

1966 wurde die Herstellerfirma gleichsam in einem Akt innerbayerischer Solidarität von BMW übernommen. Die Geschäfte führte für zwei weitere Jahre der Sohn des Gründers Andreas Glas, ohne daß er dem fortschreitenden Siechtum des Unternehmens hätte Einhalt gebieten können. Noch einmal wurden 1259 Gran Turismo gebaut, in der alten

Form, aber mit dem Triebwerk, der Doppelgelenk-Hinterachse und dem Getriebe vom 1600 TI als Mitgift der Bayerischen Motoren Werke. Wie deren Emblem anstelle des vertrauten Firmen-Sigels G seltsam fehl am Platze wirkte, vertrugen sich auch die verschiedenen Komponenten nicht miteinander, so als habe man einen Organismus mit den ihm unverträglichen Organen eines fremden Spenders zusammengebracht...

Iso Grifo 365 GL, Bj. 1966. V8 Chevrolet Corvette Turbofire 327. 5359 cm^3. 365 PS. 247,5 km/h. 6,4 s 0 - 100 km/h. Leihgeber: F.-J. Schneider

Früher einmal hatte der Commendatore Renzo Rivolta mit dem Bau des Isetta dem demokratischen Prinzip gehuldigt. Anfang der sechziger Jahre jedoch vollzog er eine Wende, weg von vielen kleinen billigen Autos zu wenigen großen teuren. Rentabilität würde sich über entsprechende Preise einstellen – und Exklusivität. Und da diese Hoch-Rechnung im Falle des Opus 1, jenes Viersitzers, der demonstrativ des dynamischen Unternehmers eigenen Namen trug, aufgegangen zu sein schien, setzte sich die zuständige Dreieinigkeit erneut zusammen, um über Opus 2 zu beraten, Rivolta selbst, Nuccio Bertone als Karossier, Giotto Bizzarrini als Spezialist für das Chassis.

Auf der Turiner Motor Show 1963 konnte man die Frucht dieses Denkprozesses besichtigen, in Gestalt des Prototyps Iso Grifo A3L. Aber noch gab es hier etwas zu glätten, dort ein wenig zu retuschieren, bis die endgültige Fassung auf der Frankfurter IAA 1965 ihre Aufwartung machte, nicht ohne daß das kleine Werk ein Jahr zuvor einen Spider vorgestellt hatte, ein Einzelstück auf dem Fahrgestell Nr. 002.

Der Iso Grifo gefiel sofort, obwohl er aus den Zutaten zahlreicher Zulieferanten komponiert war. Aus dem Hause Iso stammten lediglich der aus Stahlpreßteilen geschweißte Kastenrahmen, der so steif war, daß die Karosserie kaum noch Verwindungskräfte aufzunehmen hatte, und Teile der aufwendigen Aufhängung. Vorn installierte Bizzarrini kräftig bemessene Doppelquerlenker, hinten eine De-Dion-Achse, deren starres Rohr an einem Wattgestänge aus Längs- und Querlenkern befestigt war. Daß die Scheibenbremsen beidseits des Differentials befestigt waren, reduzierte die ungefederten Massen ein weiteres Mal. 51,7 Prozent des Gewichts lagerten auf der Hinterachse.

Mit dieser Konstellation konnte man den Grifo um die Ecken fahren wie einen Rennwagen, und raubtierhaft-geduckt, von einer gewissen visuellen Bösartigkeit, ließ er bei Uneingeweihten auch den Verdacht aufkeimen, es handele sich um einen solchen.

Iso Grifo 7,0, Bj. 1970. V8 Chevrolet 427. 6996 cm³. 405 PS.
280 km/h. 5,5 s 0 - 100 km/h. Leihgeber: Dr. Gerd Eckstein und Koni Lutziger

Seine Pferdestärken bezog er aus der Welt größter Schlosserei, der Motorenabteilung von Chevrolet in Detroit, in deren Produkten eine einzelne Nockenwelle unweit der Kurbelwelle ein zurückgezogenes Dasein führte. Gegenüber den aus ebenbürtig. Für kraftvollen Flügelschlag des Mailänder Greifs sorgten ursprünglich wahlweise 300 oder 365 PS, ab 1967 300 oder 350 PS beziehungsweise 400 PS in einer großkalibrigen Super-Version von sieben Litern Hubraum, die in

Rasse-Maschinen der italienischen Rivalen brachte das amerikanische Jedermann-Kraftwerk den Vorzug geradezu aufreizender Robustizität mit, da es Leistung aus dem Hubraum und nicht über die Drehzahl mobilisierte.

Dabei war jeder der V8 aus Übersee ein starkes Stück und in dieser Beziehung deren kapriziösen Zwölfzylindern durch-

Genf debütierte ebenso wie ein Targa. Dieser sollte in 17 Repliken gebaut werden, während es ein Grifo mit abnehmbarem Dach auf lediglich neun brachte.

Ab Ende 1970 präsentierte sich das Coupé mit längerer Front und Klappscheinwerfern, ab 1972 mit einem Ford-Triebwerk von 5768 cm³ und 325 beziehungsweise 360 PS. Die vordere Haube krönte nun das sogenannte Penthouse, eine Hutze, die dem Luftfilter Platz schaffte. Opus 2 und seine Variationen

waren zum Schwanengesang des Firmengründers geworden, der 1966 verschied, gerade 55jährig. Sein Sohn Piero führte das Unternehmen fort, ganz im Sinne des Verstorbenen.

Bis 1974 verließen die allerdings stets nur zum Teil ausgelasteten Bänder in der Via Vittorio Veneto 66, Bresso (Milano) insgesamt 412 Grifo einschließlich 90 Siebenlitern, unter ihnen 20 CanAm mit Chevrolet-Maschinen von 7443 cm³ und 400 PS – für Leute, die ihr Licht nicht gern unter den Scheffel stellen...

Honda S600 Cabriolet, Bj. 1965. Vierzylinder-Reihenmotor. 606 cm^3.
57 PS. 145 km/h. 17,8 s 0 - 60 mph. Leihgeber: Miriam Furlan

Anfang der Sechziger war Honda vor allem eines: der Welt größter Motorradhersteller. Daß seine Offensive auf dem Wagenmarkt, von 8000 Werktätigen in drei Fabriken in die Wege geleitet, über den Flügel des Sports vorgetragen wurde, verwunderte niemanden. Heraus kamen dabei automobile Kleinodien – im Miniaturformat.

Das galt für den weißen Grand-Prix-Monoposto der Marke, Anfang August 1964 am Nürburgring unter dem Amerikaner Ronnie Bucknum Seiteneinsteiger in der Anderthalbliterformel. Sein überaus lautstarker V12 mit vier obenliegenden Nockenwellen und sechs Vergasern war im Nacken des Piloten quer installiert, drehte behende 11 000/min und leistete bereits in seinem ersten Jahr 220 PS.

Das traf vor allem auf den sportiven Knirps zu, im Oktober 1962 auf der Tokyo Motor Show zunächst einmal heimischem Publikum präsentiert, fürwahr ein Winzling mit 356 cm^3, da man innerhalb der günstigsten japanischen Steuerklasse bleiben wollte. Schon angesichts der Beschriftung des Drehzahlmessers wandelte den Betrachter das Staunen an: Er reichte bis 14 000/min. Als Stammvater der Familie indessen erwies sich sein Zwilling mit 492 cm^3 und 40 munteren PS bei bemerkenswerten 8000/min.

Die klare und stilsicher gezeichnete Linie des 3300 mm kurzen Roadsters (bei einem Radstand von 2000 mm) richtete sich aus nach seinen künftigen englischen Rivalen MG Midget, Austin-Healey Sprite und Triumph Spifire, ohne sie zu imitieren. Sein Vierzylinder, im Winkel von 45° nach links geneigt, war ein kleines Wunderwerk, denn er bot er auf, was in jenen Jahren an ausgewachsenen Sportwagen von edelstem Geblüt gut und teuer war: zwei obenliegende Nockenwellen, nadelgelagerte Kurbelwelle, vier Keihin-Horizontalvergaser, das schier unbändige Temperament, mit dem er selbst in höchste Drehzahlbereiche emporschnurrte. Nur die erste seiner vier Fahrstufen – es wurde auch schon ein Fünfganggetriebe angeboten – war nicht synchronisiert. Halb konventionell, halb progressiv gab sich hingegen sein Kastenrahmenchassis mit einzeln aufgehängten Rädern, vorn an Längslenkern und Drehstäben, hinten an Kurbelarmen und Schraubenfedern. Hinsichtlich der Kraftübermittlung grüßte die Antike – sie erfolgte über Winkeltrieb und zwei Ketten. Schon bis zu 531 cm^3 und 44 PS bei 8000/min hatte man mit dem werbewirksam auf einem Rheindampfer vertäuten S500 aufgerüstet, den der dynamische Firmeninhaber Soichiro Honda im Spätsommer 1963 persönlich auf dem Zielkontinent Europa vorstellte. In diesem Sinne ging es weiter. Im März 1964 stellte sich der S600 ein, mit 606 cm^3 und 57 PS bei 8500/min. Im August 1965 folgte ein schmuckes Fastback-Coupé, dessen vergrößerte Frontscheibe besseren Durchblick gestattete, während sein hinteres Fenster als Heckklappe ausgebildet war. Zur Krönung der Baureihe geriet der S800, im Januar 1966 fertiggestellt und erstmals auf dem Pariser Salon gezeigt. Mit ihm hatte man dem ganzen Paket einen umfassenden Feinschliff angedeihen lassen. Der kompakte Hochleistungsmotor schöpfte nun aus 791 cm^3 70 PS bei 8000/min, wobei man es bei einer Kompression von 9,2 : 1 bewenden ließ gegenüber den 9,5 : 1 bisher. Im Souterrain hatte eine Kardanwelle Einzug gehalten, und auch an der Vorderachse machte sich der Fortschritt in der Form von Scheibenbremsen bemerkbar. Im Kühlergrill dominierten nun zwei waagerechte Chromstäbe. Auf den S800 entfielen 11 406 der 24 490 Einheiten des kleinen Honda insgesamt. In die Geschichte ging er ein als Drehzahlwunder: Fast 11 000/min erreichte zum Beispiel der Schweizer Sammler und Spezialist Röbi Meury mit seinem gelben Roadster, ohne daß Protest laut wurde...

Maserati Mistrale Coupé 3700, Bj. 1965. Sechszylinder-Reihenmotor. 3692 cm^3. 245 PS. 245 km/h. Leihgeber: Burkhard Steins

Angesichts des plötzlich bejahrt wirkenden Sebring und des neuen Modells Mistral auf dem Maserati-Stand beim Turiner Salon vom 30. Oktober bis zum 10. November 1963 wird sich manch ein Besucher seine Gedanken gemacht haben. Die zwei verkörperten ein Kapitelchen Sportwagen-Evolution, immer mehr weg vom athletischen Urtyp, immer mehr hin zur im Windkanal glattgeschliffenen Zweckform.

Was war attraktiver? Der Fastback-Aufbau des Coupés von Frua – der Spider ließ noch bis zur Genfer Ausstellung im Frühling des folgenden Jahres auf sich warten – antizipierte ziemlich unverblümt die Linie des AC 428 von 1967, was man als Konservativismus, Streben nach Kontinuität oder kreative Trägheit auslegen mochte. Er war aus Stahlblech, abgesehen von allem, was sich öffnen ließ – der Motorhaube, den Türen, der Einfassung für die riesige Heckscheibe, die zugleich den Kofferraum abdeckte, Aluminiumteilen, die dazu beitrugen, das Gewicht mit 1455 kg (leer) in vernünftigen Grenzen zu halten.

Bevor der Wagenkörper mit der mechanischen Maserati-Mitgift vereint wurde, hatte er bereits eine kleine norditalienische Odyssee hinter sich gebracht. Der Rohling entstand bei Maggiora in Turin, wurde in der Officine Padane lackiert, mit Fenstern versehen und wohnlich eingerichtet und erst dann in der Via Ciro Menotti 322 zu Modena zugestellt. Im aktuellen Gewand verbarg sich die Technik des 3500 GTIS, zunächst wenig modifiziert. Ein Rohrrahmen bildete das robuste Rückgrat. Die Vorderräder waren einzeln aufgehängt an ungleich langen Trapez-Dreieckquerlenkern mit Schraubenfedern, die hinteren an einer Starrachse, Längsschubstreben und einem Längsreaktionsstab sowie Halbelliptikfedern. Vier Scheibenbremsen von Girling sorgten für angemessene Verzögerung. Sie wirkten zunächst den 235 PS entgegen, die der Sechszylinder-Einspritzmotor aus 3485 cm^3 schöpfte. In späteren Mistral-Generationen stellten Maschinen von 3692 cm^3 und 245 PS sowie 4014 cm^3 und 255 PS sicher, daß die Zweisitzer mit dem tiefhängenden Dreizack so schnell liefen wie der Wind, dessen Namen sie trugen, ein fröstelnmachender Sturm, der meist zur Unzeit durchs südliche Frankreich fegt.

Die Verkaufsziffern seines automobilen Gegenstücks lesen sich indes weniger beeindruckend: in acht Jahren 828 Coupés und 120 Spider. Insbesondere die Rezeption auf dem nordamerikanischen Markt geriet enttäuschend, wo sich Importeure von Sportwagen italienischer Provenienz wie der Maserati-Händler Bob Grossman in West Nyack, New York, gewöhnlich über einen Mangel an Nachfrage nicht beschweren. In der Aprilausgabe 1968 der Fachzeitschrift Road & Track sinnierte Tony Hogg über die Gründe, warum der traditionsreiche Trident so kläglich im Schatten des sich bäumenden Ferrari-Pferdchens stehe, und machte die finanzielle Maserati-Malaise der sechziger Jahre und das weitgefächerte und erfolgreiche Renn-Programm des Modeneser Erz- und Lokalrivalen dafür verantwortlich.

Allerdings, stellte er erfreut fest, zeichne sich nun ein Silberstreif am Horizont ab, nicht zuletzt dank der Bemühungen des US-Ost-Agenten Grossman, der dem Blatt großherzig den jüngsten Vierliter-Mistral zum Sammeln von Fahreindrücken überlassen habe.

Maserati 2 Posti Mistrale Spider 4000, Bj. 1969. Sechszylinder-Reihenmotor. 4014 cm^3 255 PS. 255 km/h. 6,7 s 0 - 100 km/h. Leihgeber: Paul Weber

Vor die Wahl zwischen dem Coupé oder dem Spider gestellt, entschied sich Hogg angesichts des nahenden Frühjahrs für die offene Variante, obwohl ihm deren Linienführung bei geschlossenem Verdeck nicht unbedingt zusagte, da sich dann Winkel an Stellen einschlichen, wo sie partout nicht hingehörten. Die Maschine, die an markanten Punkten das Auge des Liebhabers mit einem dekorativen Dublee aus schwarzem Schrumpflack verwöhnte, stehe bezüglich ihres Layouts und äußeren Erscheinungsbildes in der besten Renntradition des Landes, aus dem sie stamme. Sie zum Leben zu erwecken bedürfe allerdings eines gewissen Geschicks im Umgang mit dem Gasfuß und dem Hebel, der ihre Luftzufuhr regele.

Ein anonymer Kollege verriet in der englischen Publikation Motor im März 1969, wie man es bewerkstelligen müsse, wolle man nicht die nächste Stunde damit verbringen, zwölf Zündkerzen zu trocknen: Vollfettes Gemisch, eine leichte Berührung des rechten Pedals, und schon springe der Motor an. Dann verlange er nach immer magerer Nahrung, und schließlich bezeuge ein tiefes sattes Summen aus den beiden verchromten Auspuffenden, daß er sich wohlfühle.

Tony Hogg ließ das Stoffdach seines Testwagens bei jeder Gelegenheit in der Versenkung verschwinden, schon um dieses Ohrenschmauses teilhaftig zu werden. Er berauschte sich vollends am wütenden Crescendo im Zorn der oberen Drehzahlen, das die verwundert aufhorchende automobile Bourgeoisie endgültig darüber aufkläre, hier komme keineswegs so etwas Banales wie ein Ford oder ein Chevie daher.

Der Berichterstatter veranlaßte den Maserati, sich im Overdrive-ähnlichen fünften Gang mit 1500 Umdrehungen der Kurbelwelle je Minute eine lange Steigung hinaufzuquälen, ohne daß dieser aufmuckte. Die Leistungscharakteristik, die sich solchermaßen abzeichnete, war allerdings auch dringend erforderlich, wenn man das Triebwerk mit der auf Wunsch lieferbaren Borg-Warner-Automatik paarte. Was sein Verhalten auf der Straße anbelangte, stellte Hogg fest, unterscheide sich der Mistrale wenig von anderen Starrachsern. Bei kräftigem Beschleunigen im ersten und zweiten Gang werde allemale Reifengummi verbrannt. Er untersteuere prinzipiell, aber wenn er an einen Piloten gerate, der sein Handwerk beherrsche, könne dieser auch in einer durchaus berechenbaren Weise das Heck ausschwenken lassen.

Der Prospekt verheiße eine Spitzengeschwindigkeit von 159 Meilen pro Stunde (= 255,8 km/h), ein Affront gegen alle, die sich von der magischen 160-Meilen-Marke angezogen fühlten – und in jedem Falle viel zu hoch gegriffen. Schon lange nicht mehr habe er ein Auto mit einem so reichhaltig assortierten Arbeitsplatz für den Chauffeur gefahren, vom kompletten Satz Smith-Runduhren über zehn Warnlampen bis hin zu schier unzähligen Schaltern und Hebelchen.

Am Ende stellte sich Hogg die Frage, ob er dem Maserati oder einem gleichwertigen Ferrari den Vorzug geben würde, falls ihn ein Gönner mit dieser Alternative konfrontierte. Er gelangte zu dem Schluß, dies zu entscheiden sei zum Glück Sache des Kunden, denn der zahle schließlich den Kaufpreis – 14 720 Dollar im Falle des Mistral Spider, eine Klimaanlage inbegriffen.

Mercedes-Benz 280 SL, Bj. 1971. Sechszylinder-Reihenmotor. 2778 cm³. 170 PS. 200 km/h. 9 s 0 - 100 km/h. Leihgeber: Robert Reichling

Drei Vorgaben bekamen die Techniker von Daimler-Benz mit auf den Weg für den Nachfolger des 190 SL, dessen Konzeption greisenhaft-unrationell in die sechziger Jahre ragte. Der Neue sollte heller sein, bequemer und geräumiger,

und möglichst viele Zutaten mußten aus den großen Limousinen-Serien abgezweigt werden können.

Bei der Realisation des dritten Muß, einer schönen Karosserie, durfte geträumt werden – mit bestimmten Einschränkungen. So konzentrierte sich das bildnerische Gestalten des Sindelfinger Entwicklungsleiters Karl F. Wilfert, wie später anfängliche Kritik, auf das konkav eingewölbte Dach mit den beiden seitlichen Sicken, das auf ein firmeneigenes Patent von 1956 zurückging und bereits auf frühen Skizzen des französischen Designers Paul Bracq erkennbar war. Es gestattete auf Grund seiner Pagodenform eine generöse Verglasung und konnte, nachdem man vier Verschlußhebel gelöst hatte, von zwei Erwachsenen flugs abgehoben werden.

Andererseits kostete die der aerodynamisch makellosen Rundung des Wassertropfens genau entgegengesetzte Einbuchtung zu Häupten seiner beiden potentiellen Insassen den 230 SL just jene Endgeschwindigkeit, die ihm Zutritt zum exklusiven Club der über 200 km/h flinken Sportwagen verschafft hätte. Mit seinem Stoffverdeck lief er allerdings deren 202 und damit vier km/h schneller als mit dem Hardtop. Kontrapunktisch nach oben gebogen war dafür die Motorhaube. Denn darunter stand senkrecht der Sechszylinder von 2306 cm³ und 150 PS mit einer obenliegenden Nockenwelle, deren Gehäuse weitere Kopffreiheit in einem Extra-Buckel beanspruchte und somit dem Designer zusätzliche Sachzwänge aufbürdete.

Im Dienst der Kraftübertragung wirkten ein vollsynchronisiertes Vierganggetriebe oder, in einem Fahrzeug solch komfortablen Charakters durchaus nicht deplaciert, die hauseigene Automatik mit der gleichen Anzahl von Fahrstufen. Der Aufbau war selbsttragend mit in den üblichen gepreßten Bodenrahmen eingeschweißten Verstärkungen. Auch die Radaufhängung – vorderer Fahrschemel mit Querlenkern und Schraubenfedern,

hintere Eingelenk-Pendelachse mit Schraubenfedern – entsprach dem Standard der Tourenwagen im Zeichen des Untertürkheimer Sterns.

Der 230 SL debütierte auf dem Genfer Frühjahrssalon 1963. Schon bald demonstrierten der Stuttgarter Hotelier Eugen Böhringer und sein Beifahrer Klaus Kaiser mit einem Sieg bei der gefürchteten Rallye Liège-Sofia-Liège, daß er tauglich war für etwas, zu dem er nicht unbedingt empfohlen wurde, nämlich zum Sporteinsatz. 19 831 waren gebaut, als 1967, wiederum im Genfer Palais des Expositions, die zweite Auflage vorgestellt wurde, der 250 SL mit 2496 cm³ bei gleicher Leistung. Mit 5196 Einheiten blieb er ein Interimsmodell, dem bereits im Januar 1968 mit dem 280 SL von 2778 cm³ und 170 PS Abschluß und Krönung der Baureihe W 113 folgten. Er brachte es auf 23 885 Exemplare.

Fünf Gänge, beim Vorgänger noch fakultativ, waren jetzt Norm. Und wer wollte, konnte sich selbst und seinen SL für schlagartig einsetzende Wolkenbrüche oder Schönwetterperioden vorbereiten. Zur Orientierung Werte, die Henry Keller für das Fachmagazin auto motor und sport ermittelte: Öffnen des Klappverdecks ohne Training: 37 s, mit Training: 20 s, Schließen ohne Training: 32 s, mit Training: 20 s. Die Bezeichnung Sportwagen war also in jedem Falle angemessen.

Porsche 356 1600 SC Coupé, Bj. 1964. Vierzylinder-Boxermotor. 1582 cm³. 95 PS. 186 km/h. 10,7 s 0 - 100 km/h. Leihgeber: Dr. Gerd John

Kann man denn, fragten sich die Auguren der Branche, etwas verbessern, was im Laufe vieler Jahre zum Optimum gereift ist? Man konnte – niemand und nichts ist schließlich perfekt, nicht einmal der Porsche 356 B, den ab Juli 1963 der C von den Bändern verdrängte. Das Alphabet wollte es so, die Logik und die traurige Tatsache, daß Automobile altern wie Menschen. Schon begann sich sogar abzuzeichnen, daß selbst die Idee Nummer 356 des betagten Professors Ferdinand Porsche nicht mit der Unverrückbarkeit eines Glaubensartikels ausgestattet war. Zunächst einmal wurde das Angebot verkürzt, indem man die in Ehren ergraute "Dame", also den mit 60 PS schwächsten und preiswürdigsten Porsche, ebenso zu Grabe trug wie den weitaus jüngeren Roadster.

Es blieben die geschlossene Version, das Cabriolet sowie das von Karmann in Osnabrück gefertigte Coupé mit fest integriertem Hardtop. Fast unverändert übernommen wurde die Karosserie des B auf ihrem letzten Stand, nur daß man, wie üblich, den Arbeits- und Wohnraum ergonomisch und anatomisch durchretuschiert hatte. Das Armaturenbrett hatte in der Mitte eine kleine Ausbuchtung nach unten angesetzt, so daß die Rechte des Piloten nun auf einen etwas geschrumpften Schalthebel herabfiel. Die Heizung ließ sich vermittels eines Hebels auf dem Mitteltunnel buchstäblich mit einem Griff regulieren, wo es früher zahlloser Drehungen an einem Rändelknopf bedurfte, ehe die fröstelnden Passagiere in den Genuß nicht ganz geruchsfreier Wärme kamen.

Eine winzige Palastrevolution bedeutete, daß in den Türverkleidungen des C Lehnen untergebracht waren. Die ideale Armhaltung nämlich – dies predigte unablässig Porsche-Ideologe Richard von Frankenberg seiner andächtigen Gemeinde in einem dem Umkreis der Uhr entlehnten Gleichnis – sei zehn Minuten vor zwei. Dergleichen, konterte Reinhard Seiffert 1963 in auto, motor und sport, sei nicht mehr unter allen Umständen zeitgemäß – wer könne und wolle schon jeden 17-Uhr-Stau in lupenreiner Grand-Prix-Haltung durchstehen?

Flachere Radkappen auf neuen 15-Zoll-Felgen mit kleineren Lochkränzen zeigten es bereits an: Der 356 C wurde mit Scheibenbremsen verzögert, allerdings von Alfred Teves (Ate) und nach dem System Dunlop und nicht aus eigener Fertigung wie die der Wettbewerbswagen und des noch immer produzierten Carrera 2, vermutlich weil diese zu teuer und zu aufwendig waren. Mit einem um einen Millimeter stärkeren Stabilisator vorn, weicheren und vorgespannten Drehstäben hinten und einer Gummizusatzfeder zur Begrenzung des Federwegs, die zudem Schäden an den Stoßdämpfern vorbeugte, hatte sich noch einmal ein Deut Fahrkomfort und -sicherheit gewinnen lassen.Unter der Hand des Triebwerksspezialisten Hans Mezger zivilisierter geworden waren auch die beiden verbleibenden Stoßstangenmaschinen von 75 PS (im 1600 C) und 95 PS (im 1600 SC). Die beträchtliche Leistung des letzteren mußte allerdings in Maßen genossen werden: Zwar war der Ventiltrieb hohen Drehzahlen auch innerhalb des roten Bereichs zwischen 5500 und 6000 U/min durchaus gewachsen, aber allzu rasch kapitulierten die Lager vor den dann auftretenden Drücken. Wer eine diesbezügliche Porsche-Order nicht einhielt und etwa bei Tempo 175 auf der Autobahn lieber vom Gas ging, mußte binnen kurzem mit kostspieligen Motorkollapsen rechnen.

Die Geschwindigkeitsbegrenzungen auf ausländischen Schnellstraßen erwiesen sich in dieser Hinsicht paradoxerweise als Segen. Mit dem 16 668. und letzten 356 C, einem weißen Cabriolet, schlug im September 1965 die Stunde einer ganzen Ära. Viele trauerten ihr nach.

Porsche 912 Coupé, Bj. 1966. Vierzylinder-Boxermotor. 1582 cm³. 90 PS. 183 km/h. 13,5 s 0 - 100 km/h. Leihgeber: Eberhard Gross

Der 356 C war noch nicht tot, da lebte bereits der 911. Ursprünglich hieß er allerdings 901, aus Gründen, die herzuleiten den Rahmen dieser Geschichte sprengen würde. Jedenfalls intervenierte der Peugeot-Konzern, der Zahlen mit

einer Null in der Mitte in juristisch fundierter Erbpacht hielt, und kurz nach dem Beginn der Produktion im Herbst 1964 wurde der Elfer folglich auf seinen endgültigen Namen getauft.

Seine Chronik liest sich heute, wie sich bestimmte Sonatensätze anhören: Thema con variazioni. Das Thema wurde auf der 41. Frankfurter IAA im September 1963 angeschlagen, mit einem Prototyp, der nicht einmal fahrbereit war. Daß die variazioni das Grundmotiv über viele Jahre aufnehmen konnten, gewährleisteten das sichere Formgefühl des Ferdinand Alexander Porsche, genannt Butzi, ältester Sohn des Firmenchefs Ferry, und der geballte Sachverstand eines jugendlichen Teams in Zuffenhausen.

Butzi Porsche, noch neu im Gewerbe, hatte die Linie für den 695 gezeichnet, einen Viersitzer, der zum Einzelgänger verdammt war, denn der Vorstand befand, der Name des Hauses sei schließlich synonym mit reinrassigen Sportwagen. Und so ließ der begabte Junior dem Gesellen- unverzüglich das Meisterstück folgen, indem er den 695-Bug mit einem ad hoc konzipierten Fastback zu einer perfekten Synthese verschnitt. Ähnlich radikalen Wandlungen war in dieser Phase das Triebwerk unterworfen, ein Artverwandter des zeitgenössischen Renn-Achtzylinders, allerdings minus zwei Verbrennungseinheiten.

Unter der technischen Regie des Entwicklungsleiters Klaus von Rücker erfolgte sein Ventiltrieb noch vermittels zweier Nockenwellen über und unterhalb der Kurbelwelle, die 1962 auf Betreiben seines Nachfolgers Hans Tomala auf die Zylinderköpfe des luftgekühlten Boxers transplantiert wurden. Ferry Porsches Neffe Ferdinand Piëch trug dazu ebenso das seinige bei wie der junge Ingenieur Hans Mezger. Am Anfang einer vielversprechenden Laufbahn wie dieser stand Helmuth Bott, der das Fahrwerk des 911 entwarf und optimierte, in ständigem Tête-à-tête mit Peter Falk, zuständig für den Fahrversuch. Auch mit Botts Radaufhängungen war man für eine lange Zukunft gerüstet: tief angeordneten Querlenkern und seitlich aufragenden Dämpferbeinen sowie längs unter dem Wagenboden liegenden Drehstäben vorn, Doppelgelenk-Antriebswellen und Schräglenkern hinten.

Eine anfängliche Vorliebe des 911 für jähes Übersteuern bekam man Schritt für Schritt in den Griff, und Mängel beim Geradeauslauf wurden 1967 beseitigt, als der Radstand von vormals 2211 mm auf 2268 mm wuchs. Anfang September 1965 erging mit dem Targa die halboffene Kriegserklärung an die Konkurrenz, jenem "Sicherheitscabriolet", dessen stabilisierender Stahlbügel in aller Welt eine Woge von Raubkopien auslöste. Vom Beginn seiner Fertigung im Frühjahr 1966 bis Ende 1981 bewahrte es sich seinen festen Platz im Programm als einzige Alternative zum Coupé, anfangs mit einem per Reißverschluß zu öffnenden rückwärtigen Cabrioletfenster, später mit einem festen Bauteil.

Schier unerschöpflich schienen die Möglichkeiten des heiser schnarrenden Sechszylinders zu sein: Aus den 1991 cm³ des Ur-Typs schöpfte man 130, 160, 110, 140 und 170 PS, aus den 2195 cm³ der Evolutionsstufe 1 vom September 1969 125,

155 und 180 PS, aus den 2341 cm³ nach der zweiten Hubraumvergrößerung im September 1971 130, 165, 190 und 140 PS. Als im Herbst 1973 weitere Aufrüstung anstand, verbreiteten insgesamt 89 256 Exemplare der Typen 911, 911 S, 911 T, 911 L und 911 E allenthalben die Idee vom Fahren in seiner schönsten Form.

Porsche 911 S 2.0 Targa, Bj. 1967. Sechszylinder-Boxermotor. 1991 cm³. 160 PS. 222 km/h. 7,6 s 0 - 100 km/h. Leihgeber: Ulrich Böke

Manche potentiellen Kunden, die sich Mitte der sechziger Jahre das Geld für einen Porsche zusammengespart hatten, sahen sich unvermittelt einem deprimierenden Tantalos-Effekt ausgesetzt: Die Frucht, die in Griffnähe gerückt zu sein schien, verschwand wieder in luftigen Höhen. Gewiß, da gab es etwa noch den 356 SC für 16 450 Mark (1965), aber der war doch nur ein liebenswertes Relikt aus großer Zeit, und die Zukunft gehörte dem 911 für 21 900 Mark.

Mitten in dieses Wunsch-Vakuum hinein stellte die Dr.-Ing. h.c. F. Porsche KG im April 1965 den 912, Preis: 16 250 Mark. In dem Sonder-Angebot für mäßig Bemittelte, das ab 1. August 1967 vom 911 T hart bedrängt und schließlich abgelöst wurde, verquickten sich Neues und Altes, gleichwohl auf den letzten Stand gebracht. Anstelle des raspelnden 911-Trieblings ging nämlich im Rücken der Passagiere der aus der Vergangenheit sattsam bekannte Klassiker mit vier Verbrennungseinheiten und 1582 cm³ seiner Arbeit nach, grollend und polternd trotz zweier Ansaug-Geräuschdämpfer.

Eben diese und kleinere die Lebenserwartung steigernde Eingriffe hatten von den 95 PS des SC fünf amputiert. 90 PS mußten es schon sein, denn sonst hätte sich der 912-Lenker Emporkömmlinge unter den sportlichen Limousinen wie den BMW 1800 TI oder den Ford 20 M TS nicht so recht vom Leibe halten können, die in dem Maße leichter und strömungsgünstiger geworden waren, in dem die Edel-Produkte aus Zuffenhausen Gewicht zugelegt hatten und dem Wind mehr Widerstand boten.

Es entbehrte nicht der Pikanterie, daß der Stoßstangen-Boxer, der gegenüber seinem Nachfolger auch einiges weniger auf die Waage brachte, in dem Augenblick ins zweite Glied gedrängelt wurde, als er gewissermaßen die besten Jahre erreicht hatte. Denn wo zum Beispiel im 356 SC die gerade noch legitime Drehzahl von 5500 U/min durchaus mit Vorsicht zu genießen war, konnte man nun die Kurbelwelle bedenkenlos mit 6000 U/min rotieren lassen, selbst über längere Zeit. Viele 912-Eigner schworen darauf, in dieser Form vertrage sich die Maschine am besten mit dem wahlweise lieferbaren Fünfganggetriebe, aber häufiges Schalten gehörte dann halt zum Hand-Werk.

Das Armaturenbrett des 912 entriet zusätzlichen Dekors in Gestalt der im 911 üblichen Teakholzimitation. Auch fehlten Ölvorratsanzeige und -manometer, wodurch sich die Zahl der Rundinstrumente von fünf auf drei verringerte. Im übrigen profitierte der Volks-Porsche vom Fortschritt des größeren Bruders. Wie diesem erwuchs ihm auf der IAA 1965 Gesellschaft durch eine Targa-Version, und wie an diesem verbesserte der um 57 mm auf 2268 mm verlängerte Radstand nach den Werksferien 1967 das Fahrverhalten.

Mehr Motor-Kultur brachte zwischenzeitlich eine in die Aufhängung einbezogene Quertraverse hinter dem Triebwerk, die Schwingungen vom Aufbau fernhielt. Nach anfänglicher Ausfuhr Abstinenz wurden viele der 30 300 Porsche 912 in die Vereinigten Staaten exportiert. Ab 1975 knüpfte man an diesen Erfolg noch einmal mit dem ausschließlich für den amerikanischen Markt bestimmten 912 E an, der auf dem 911 – 2.7 fußte.

Für den Minderpreis von 3000 Dollar, bedingt durch den Einbau des Zweiliter-Einspritzers aus dem VW-Porsche, konnte sich sein Besitzer im Lande der unbegrenzten Möglichkeiten noch einen gebrauchten Zweitwagen leisten – mit der doppelten Anzahl von Zylindern...

Porsche 904 GTS, Bj. 1964. Vierzylinder-Boxermotor. 1966 cm³. 180 PS. 252 km/h. 12,4 s 0 - 100 km/h. Leihgeber: Armin Hardy

Die Geschichte des Wettbewerbswagens Porsche 904 GTS, auch Carrera GTS genannt, ist die von einem, der auszog, das Fürchten zu lehren. Und da er aus Stuttgart-Zuffenhausen stammte, tat er dies auch rasch, gründlich und nach dem Schneeballsystem. Kinderkrankheiten wurden gewissermaßen unter Ausschluß der Öffentlichkeit ausgemerzt, im Herbst 1963 auf der Porsche-Versuchsstrecke im schwäbischen Weissach, auf dem Hockenheim- und auf dem Nürburgring.

Im November begann man bei dem Flugzeugbauer Heinkel in Speyer damit, im Handauflegeverfahren die Kunststoffkarosserien von insgesamt 116 Exemplaren herzustellen – 100 wurden für die Homologation als Grand-Tourisme-Auto benötigt. Als am 14. Mai 1964 der letzte Kunden-GTS um den ungemein günstigen Preis von 29700 Mark den Besitzer wechselte, hatte sich der 904 bereits unsterblichen Sport-Ruhm erworben. Premiere war das 12-Stunden-Rennen von Sebring am 21. März jenes Jahres, wo die Amerikaner Briggs Cunningham und Lake Underwood ihre Klasse gewannen. Bei der 48. Targa Florio am 29. April teilten sich der in Italien ansässige Brite Colin Davis und der sizilianische Baron Antonio Pucci gar den Gesamtsieg auf einem der handlichen Mittelmotor-Coupés – "In der Plastiksauna durch die Kurvenhölle", berichtete der österreichische Journalist Helmut Zwickl andächtig und mit strotzender Metaphorik.

Am Ende einer kurzen, aber glücklichen Karriere fanden sich in der Stammrolle des 904 GTS zwei GT-Weltmeisterschaften sowie der zweite Platz des Stuttgarter Hoteliers Eugen Böhringer und seines Copiloten Rolf Wütherich bei der Rallye Monte Carlo im Januar 1965, an deren Beginn ein grauer Schneetag am Nürburgring gestanden hatte. Der 904 fuhr sich kinderleicht, und eben dies machte ihn für viele gefährlich. 15-Zoll-Lochscheibenräder wahlweise verschiedener Breiten und mit verschieden großen Reifen bestückt, hingen an schräg angestellten doppelten Querlenkern mit langen hinteren Schubstreben, und Schraubenfedern sowie querliegende Stabilisatoren vorn und hinten taten das ihre für eine exzeptionelle Straßenlage. Der Kastenrahmen aus Stahlblech, 45 kg schwer, war zwar einfach zu reparieren, verwand sich indessen freudig und sollte das Modell 904 nicht überleben.

Der Aufbau aus glasfaserverstärktem Kunstharz wog genau zwei Zentner. Er wurde mit dem Chassis in einem speziellen Verfahren verklebt und an den Enden verschraubt. Da die dürr gepolsterten Sitzschalen als integrales Bestandteil der Karosserie starr aus dem Boden ragten, mußte sich der Pilot vermittels einer verstellbaren Pedalerie und des axial beweglichen Holzlenkrads einpassen. Öffnete man die hinten angeschlagene Motorhaube, so fiel der beträchtliche Abstand zwischen der Rückwand der spartanisch ausgestatteten Fahrgastzelle und der Maschine auf. Wo nämlich Lebensraum für den ursprünglich vorgesehenen Sechszylinder des Porsche 901 und das werksseitig in Prototypen eingesetzte Renntriebwerk mit acht Verbrennungseinheiten freigehalten worden war, verlor sich schier der aus dem Carrera 2 bekannte Vierzylinder-Boxer mit 1966 cm³.

In diesem Meister-Stück des Professors Dr.-Ing. Ernst Fuhrmann wurden vier obenliegende Nockenwellen über Königswellen getrieben. 10 bis 15 der 180 PS, welche es, mit dem sogenannten Sebring-Auspuff gepaart, entwickelte,

fielen einer Benzinheizung und rudimentärer Geräuschdämpfung zum Opfer, sofern der 904-Eigner am öffentlichen Straßenverkehr teilzunehmen gedachte. Dies zu tun empfahl sich allerdings all jenen nicht, die ungern auffallen, ein Inkognito zu wahren oder sonst etwas zu verbergen hatten...

Ferrari 330 GT 2+2, Bj. 1964. V12 Colombo. 3967,4 cm^3. 300 PS.
234 km/h. 6,9 s 0 - 100 km/h. Leihgeber: Olaf Münch

Am 11. Januar 1964 – die Produktion war bereits angelaufen – wurde der 330 GT 2+2 den Journalisten vorgeführt, die die Wallfahrt zu Enzo Ferraris jährlicher Pressekonferenz in Maranello nicht gescheut hatten. Der Applaus fiel eine Idee zu artig und pflicht-mäßig aus, und kaum hatten sich einige der Pilger

in die Abgeschiedenheit ihrer Schreibstuben zurückgezogen, brachten sie auch Kritisches zu Papier.

So Gregor Grant, Gründer und Chefredakteur der englischen Wochenzeitschrift Autosport in der Ausgabe vom 28. August 1964. Colonel Ronnie Hoare, Eigner der britischen Ferrari-Agentur Maranello Concessionaires, hatte ihm für ein paar Tage einen 330 GT zu treuen Händen ausgeliehen, und Grant ergriff die Gelegenheit freudig beim Schopfe. Gewiß, merkte er an, offenbare sich der Genius von Battista Pininfarina in jedem Zoll des neuen Vierliters, aber was das stämmige Heck anbelange, hätte sich der Meister wahrlich etwas weniger Prosaisches einfallen lassen können. Stirnrunzeln verursachten auch die Doppelscheinwerfer, mit denen sich der große Designer dem Diktat der Zeit-Mode fügte.

Ansonsten verriet das limousinenhaftfriedfertige Exemplar des 330 GT 2+2 zugleich, für wen er gedacht war, den sportiven Familienvater etwa, der auch einmal im Fond jemanden mitnehmen wollte. Denn dort, schrieb Gregor Grant, fänden durchaus nicht nur beinlose Gnome ausreichend Platz. Jedenfalls reisten auch vier Passagiere nach guter Ferrari-Sitte sicher. Das gewährleisteten der aus Rohren mit ovalem Querschnitt elektrisch geschweißte rigide Rahmen, Trapez-Dreieckquerlenker mit Schraubenfedern vorn, die an Längslenkern geführte Starrachse mit Halbelliptikfedern sowie Schraubenfedern um koaxiale Teleskopstoßdämpfer hinten.

2650 mm, 50 mm mehr als üblich, betrug der Radstand, und der Umgang mit dem Zweikreis-Bremssystem wurde durch die beiden getrennten Servoaggregate von Bendix-Bonaldi erleichtert. Das Werk gab an, mit den serienmäßigen Dunlop-Scheibenbremsen genügten 250

m Weg zwischen der Höchstgeschwindigkeit von 245 km/h und dem Stillstand.

Dieser Wert stellte wohl eine charmante Übertreibung dar, wie andererseits 300 PS für den gegenüber dem Intermsmodell von 1963 völlig überarbeiteten Zwölfzylinder-Motor (System Colombo), der zunächst an vier, dann an zwei Punkten am Fahrgestell aufgehängt war, eher zu niedrig gegriffen schienen.

Um die Mitte des Jahres 1965 erhielt der 330 GT 2+2 ein konventionelleres Gesicht mit lediglich zwei Scheinwerfern, und drei große Luftschächte hinter den Vorderrädern nahmen den Platz der Lamellen im Rhythmus 4/3/4 ein, die vorher die Belüftung des Maschinen-Kompartiments besorgt hatten. Die schönen, aber schwierig zu reinigenden Speichenräder von Borrani waren nur noch als Option erhältlich, da man Leichtmetall-Scheibenräder als alltagstauglicher befunden hatte, zum Leidwesen der konservativ gestimmten Ferrari-Gemeinde.

Ein reguläres Fünfganggetriebe löste die vier Fahrstufen nebst Laycock-Overdrive der ersten Baureihe ab. Hängende Pedale verringerten die Bein-Arbeit, und Extras wie Servolenkung und Klimaanlage trugen das ihrige zum Image des 330 GT 2+2 als eines zivilisierten Automobils bei, das sich auch weiblichen Händen willig und wohltemperiert unterordnete. Um die 1080 Käufer zwischen 1964 und 1967 wußten diese Kriterien zu würdigen.

Leihgeber: Hein Gericke

Ferrari 275 GTS, Bj. 1965. V12 Colombo. 3286 cm³. 260 PS.
233 km/h. 7,4 s 0 - 100 km/h. Leihgeber: Ado Vallaster

Wer gerne fährt, sollte ihn sich gönnen", überschrieb die amerikanische Fachzeitschrift Road & Track einen Fahrbericht in ihrer Septemberausgabe 1966. Diese Empfehlung, die materielle Hemmnisse vergnügt ignorierte, bezog sich auf den Ferrari 275 GTS (S= Spider). Als man die Fertigung des 250 GT California Anfang 1963 einstellte, war damit die Planstelle für einen offenen Zweisitzer vorübergehend freigeworden. Im Oktober 1964 besetzte sie Ferrari wieder, mit einer Pininfarina-Kreation, die sich den Blicken der Besucher des Pariser Salons im Grand Palais Seite an Seite mit dem Berlinetta 275 GTB präsentierte. Für dessen Vervielfältigung war Scaglietti in Modena zuständig, während sich Farina um den Spider selbst zu kümmern gedachte.

Keine Überraschung verbarg die sanft abfallende Fronthaube. Darunter erwartete den Neugierigen, gekrönt von der mächtigen Gemischfabrik der drei Doppel-Fallstromvergaser Weber 40 DFI, eben jenes Silumil-Triebwerk, das Gioacchino Colombo 17 Jahre zuvor konzipiert hatte. Den Hub hatte man bei 58,8 mm belassen, die Bohrung aber auf 77 mm erweitert, so daß jede der zwölf Verbrennungseinheiten 275 cm³ zur Gesamtkapazität von 3286 cm³ beisteuerte.

Im Gegensatz zu früheren Gran-Turismo-Generationen des Hauses, die per definitionem sowohl beim Reisen als auch beim Rennen ihren Mann gestanden hatten, wirkten im 275 GTS Overall und Sturzhelm schon fast deplaciert. Daß die Rückkoppelung zum Wettbewerbsfahrzeug – insbesondere zu den Mittelmotor-Modellen 250 LM und P – jedoch noch immer ungebrochen funktionierte, davon zeugten Fahrwerk und Kraftübertragung. Unverändert gegenüber den Vorgängern waren Rohrrahmen und Radstand (2400 mm), aber alle vier 14-Zoll-Räder von Borrani hingen jetzt, einzeln aufgehängt, an ungleich langen doppelten Dreiecklenkern, und die verstellbaren Teleskopdämpfer waren von Schraubenfedern umwunden.

Noch immer war die Trockenkupplung mit der Maschine verblockt, aber Fünfganggetriebe und Differential bildeten eine Einheit, was einer gleichmäßigen Verteilung der Massen und somit neutralem Fahrverhalten zugute kam. Die dünne Antriebswelle war durch ein zentrales Rollenlager gestützt und wurde später mit einem starren Rohr ummantelt, das die Verbindung zwischen den beiden Baugruppen an seinen Enden versteifte. In der Linienführung des 275 GTS verquickten sich Elemente früherer und aktueller Ferrari, etwa der 250 GT und des 330 GT 2+2, zu einer harmonischen Synthese, wie häufig bei Pininfarina – ein Beweis dafür, daß Schönheit nicht geschichtlich zuweisbar und damit einem Alterungsprozeß unterworfen ist, sondern den Augenblick überdauert.

War der Lenker des kompakten Spiders zu nordischem Gardemaß aufgeschossen, wurde er sehr rasch inne, daß auch ein Ferrari von Italienern für Italiener um Italiener herum gebaut wird. Denn hatte er im Fahrer-Fauteuil eine angemessene Sitzposition bezogen, erreichte er mit den Händen kaum das Lenkrad. Die 275 GTS der ersten Stunde – 200 wurden insgesamt zwischen Ende 1964 und Ende 1965 gebaut – boten drei Insassen Unterkunft, zwei davon auf einem breiten Beifahrersitz, von dem man bald abging. 1965 ersetzten Dreifach-Lamellen die elf schrägen Entlüftungsschlitze in den Kotflügeln, und schließlich wurden die klassischen Drahtspeichenräder durch solche aus Leichtmetallguß verdrängt.

Ferrari 275 GTB, Bj. 1966. V12 Colombo. 3286 cm³. 280 PS.
250 km/h. 6,2 s 0 - 100 km/h. Leihgeber: Engel & Rheinard

In vieler Hinsicht kam das Erscheinen des 275 GTB (B= Berlinetta), der auf dem 51. Pariser Autosalon im Oktober 1964 den 250 GT Lusso ablöste, einer Gelenkstelle in der Geschichte der Marke gleich. Vorbei war die Sturm- und Drang-Phase, während der sich in Ferrari-Straßensportwagen mit einem dünnen Firnis von Zivilisation getarnte Wettbewerbsfahrzeuge verbargen. Eine Klientel, die sich noch nicht unter der Knute zahlreicher Geschwindigkeitsbegrenzungen zu ducken brauchte, wollte zügig fahren und komfortabel, folglich waren Leistung und Luxus gefragt.

Wer es etwas heißer mochte, konnte eine Batterie von sechs Weber-Vergasern anstatt der serienmäßigen (und homologierten) drei ordern und eine Aluminiumkarosserie. Scaglietti brachte Stahl- und Leichtmetallbleche in die schöne Form, die Pininfarina geschaffen hatte. Der Vergangenheit gehörte die Starrachse an: Wie die vorderen waren nun auch die Hinterräder unabhängig aufgehängt an verschieden langen doppelten Querlenkern. An den oberen stützten sich die verstellbaren Teleskopdämpfer von Koni ab, die in Schraubenfedern eingelassen waren. Ausgedient hatte nach mehr als einer Dekade der Dreiliter-Zwölfzylinder System Colombo, um mit höherer Leistung (280 PS) und mehr Hubraum (3286 cm³) wiederzukehren.

Der Inhalt jeder einzelnen Verbrennungseinheit, ein bißchen über den Daumen gepeilt, ergab die neue Typenbezeichnung 275, eine technisch-nüchterne Zahl und dennoch elektrisierend durch ihren Kontext. Gezählt waren die Tage der schönen Borrani-Drahtspeichenräder, die zwar noch auf Extra-Wunsch zur Verfügung standen, ansonsten aber durch Campagnolo-Magnesiumfelgen ersetzt worden waren, deren Design Stilelemente von den Formel-1-Wagen des Hauses in die Serie herüberholte. Als Novität war das Fünfganggetriebe – nun Standardausrüstung – mit dem Differential verblockt, eine Anordnung, die einerseits jegliches Durchdrehen der Hinterräder beim Beschleunigen rigoros verhinderte, andererseits den Umgang mit dem extrem rigiden Schaltstock zu einem kleinen Kraftakt machte, vor allem solange das Öl kalt war.

Auf etwas 250 Exemplare der ersten Serie folgte ein zweiter Schub von ungefähr 200 GTB. Wie man auf der Frankfurter IAA 1965 unschwer erkennen konnte, waren bei diesen die Chromringe um die Scheinwerfer sowie das Ausstellfensterchen auf der Fahrerseite entfallen, während sich eine große Ausbuchtung der Motorhaube über den Vergasern wölbte und die Scharniere des Kofferraumdeckels nach außen verbannt worden waren, um Platz zu gewinnen. Kurz darauf, im Grand Palais zu Paris, hechelte der 275 GTB mit einer verlängerten und tief herabgezogenen Nase und verkleinertem Lufteinlaß am Boden wie ein Spürhund.

Und als die Show-Tournee im Januar 1966 Brüssel erreicht hatte, veränderten andere Felgen und eine größere Heckscheibe seinen Habitus ein weiteres Mal. Die Antriebswelle war in einem kräftigen Rohr eingekerkert, um die Verbindung

zwischen Motor und Getriebe/Differentialeinheit zu stabilisieren. Ausdrücklich für Sportfahrer bestimmt waren zwölf erleichterte 275 GTB/C (ab Frühjahr 1966).

Eine weitere Metamorphose, der GTB/4 mit vier Nockenwellen, sechs Vergasern und Trockensumpfschmierung, wurde in den zwei Jahren nach seinem Debüt auf der Pariser Ausstellung 1966 350 Mal verkauft.

Ferrari 500 Superfast, Bj. 1966. V12 Colombo. 4962 cm³. 400 PS.
280 km/h. 8 s 0 - 100 km/h. Leihgeber: Ado Vallaster

Während die Besitzer ihre Emotionen im allgemeinen spröde und unterkühlt wiedergeben, löst der Umgang mit einem Leih-Ferrari unweigerlich Euphorie aus, eine sonderbare Mixtur zwischen Andacht und Lampenfieber. Vor dem Ein-

steigen in den 500 Superfast habe er sich das letzte Stäubchen von der Hose geschnippt und den Kauf neuer Schuhe erwogen, schrieb der Tester von Car & Car Conversions im November 1967, und dann sachlich-pointierend, solche Automobile seien von vorneherein zum Objekt für Sammler prädestiniert.

Daß deren Zahl überschaubar blieb, dafür sorgte schon die geringe Verbreitung dieses Prunk- und Meister-Stücks der Carrozzeria Pininfarina, 36 Exemplare in zwei Serien à 24 und 12 nebst dem metallicblauen Prototyp auf dem Genfer Salon im März 1964 mit einer V-förmigen Aufwölbung über der Gemischaufbereitung, die später in einer etwas höheren Motorhaube eingeebnet wurde. Der 500 Superfast knüpfte unverkennbar an die Generationenfolge 410 und 400 Superamerica an – hier besonders das Coupé Aerodinamico. Allerdings waren seine Scheinwerfer nicht verkleidet, das lange Heck fiel am Ende unvermittelt ab, und die Flanken waren den Wechselfällen des Straßenverkehrs völlig schutzlos ausgesetzt. Es empfahl sich folglich, wie Car & Car Conversions schelmisch notierte, prophylaktisch noch einen weiteren Superfast in petto zu haben.

Mechanisch entsprach das Ferrari-Flaggschiff jener Jahre dem parallel gebauten 330 GT 2+2, und wie dieser wurde es 1965 leicht modifiziert: Hatte etwa bislang der Pilot vier Fahrstufen elektrisch ein Overdrive zugeben können, standen nunmehr fünf Gänge zur Verfügung, deren Schaltstock sich als recht widerspenstig erwies, solange das Getriebeöl kalt war. Noch nach dem Einlegen des fünften, staunte der Tester des englischen Blatts, habe der Superfast bei vollem Beschleunigen zwei schwarze Streifen auf die Fahrbahn radiert, beredte Zeugnisse für die ungestüme Kraft, welche der mächtige Zwölfzylinder entfessele, wenn er gefordert werde.

Die Modellbezeichnung 500 verwies auf den Gesamthubraum von rund fünf Litern. Im Prinzip entsprach das Aggregat dem seit den vierziger Jahren kontinuierlich weiterentwickelten Konzept des Ingenieurs Gioacchino Colombo, in seinen Dimensionen jedoch der Lampredi-Maschine seines Vorfahren 410 Superamerica. Die Verpflegung des Dutzends Verbrennungskammern besorgten entweder sechs oder drei Doppel-Fallstromvergaser des Hoflieferanten Edoardo Weber. Jeder einzelne davon sei so geräumig, daß man eine ganze Familie von gutgewachsenen Goldfischen darin verstauen könnte, scherzte Car & Car Conversions.

Aber man beklagte auch die hohe Investition von 11 500 Pfund Sterling, mit allen Extras gar an die 14 000, die der 500 Superfast seinem zukünftigen Eigner abverlange. Damit dieser das Lächeln nicht verlernte, mußte er in der Tat zu den Beziehern eines gehobenen Einkommens zählen, wie das bei dem Filmstar Peter Sellers, dem mohammedanischen Heiligen Aga Khan und beim Schah von Persien zweifelsfrei der Fall war.

Der letztere bezog am 27. November 1965 sogar seinen zweiten Superfast, den zweiten übrigens der zweiten Baureihe...

Ford GT40, Bj. 1969. V8. 4728 cm³. 306 PS.
264 km/h. Leihgeber: Karl-Gustav Diederichs

Er sei, schwärmte Manfred Jantke im Dezember 1965 im Fachblatt auto motor und sport, das erregendste Spielzeug auf vier Rädern. Aber der Ford GT40 war viel mehr als das, ein sehr kompetenter Rennwagen und überdies Symbol für einen Zwist, in dem es um Männerehre ging und um völlig verschiedene Seinsformen, Henry Ford der Zweite versus Enzo Ferrari, der Kommandeur eines Heeres gegen den Chef einer Eliteeinheit.

1962 hatte sich Ford nach fünf Jahren

selbst verordneter Abstinenz Motorsport als Medium der Selbstdarstellung aufs Panier geschrieben. Da man nicht zu kleckern, sondern zu klotzen gedachte, versuchte er Ferrari zu kaufen und stieß sogar auf ein hohes Maß an Aufgeschlossenheit. Aber er bot nur zehn Millionen Dollar. Der halsstarrige Commendatore verlangte 18 und reagierte pikiert auf die Armee von Anwälten und Pfennigfuchsern, die wie eine Mückenplage in Maranello einfiel. Am 21. Mai 1963 wurde der Deal in schlechtestem Einvernehmen für beendet erklärt.

Es blieb die Wut. Ford entsann sich einer bewährten Branchenweisheit, drehte sie aber kraft souveräner Willkür einfach um: "If you can`t join them, beat them", zu deutsch: Und willst du nicht mein Bruder sein, dann schlag ich dir den Schädel ein. Eine Delegation aus Dearborn, bestehend aus dem Techniker Roy Lunn, dem Rennfahrer und Konstrukteur Carroll Shelby und dem jungen Manager Ray Geddes, brach nach Europa auf und kehrte mit dem Einverständnis von Lola-Boß Eric Broadley zurück, eine geeignete Ford-Waffe zu schmieden.

Für die Aufgabe, das erklärte Ziel eines Le-Mans-Siegs in Szene zu setzen und die Produktion eines dem Rennfahrzeug eng verwandten Straßensportwagens zu leiten, gewann man John Wyer, der 1959 das Aston-Martin-Aufgebot zur Weltmeisterschaft geführt hatte. Dieser gründete in Slough Ford Advanced Vehicles, eine Tochter von Ford Britain. Ein erstes Tonmodell stand im Oktober 1963, Specialized Mouldings lieferte die Fiberglasteile für den Aufbau. Mitte März 1964 traf das erste Monocoque ein, Absender: Abbey Panels in Coventry. Hinsichtlich des Triebwerks einigte man sich auf einen 4,2-Liter-V8, der sich bereits in Indy bewährt hatte. Das Getriebe kam von Colotti.

Die Aufhängung – vorn doppelte Dreieckquerlenker, hinten untere Querlenker, obere Längslenker und Stabilisator, mit Schraubenfedern und hydraulischen Stoßdämpfern ringsum – wurde in Dearborn per Computer optimiert. Der designierte Ferrari-Schlächter, der Presse am 1. April 1964 vorgestellt, war 40 Zoll hoch. Diese gaben ihm den Namen. Nachdem zwei Prototypen beim Vortraining in Le Mans ihre Piloten Jo Schlesser und Roy Salvadori um ein Haar ins Jenseits befördert hätten, weil ihr Hinterteil Auftrieb produzierte, überarbeitete man die Front und setzte eine Abrißkante aufs Heck. Das Problem war damit gelöst.

Der weitere Weg führte durch Nacht zum Licht. Der erste Erfolg, durch Ken Miles und Lloyd Ruby und nun schon mit dem 4,7-Liter-Gußmotor aus dem Ford Fairlane und einem ZF-Getriebe, stellte sich beim Daytona Continental im Februar 1965 ein. Zweimal, 1964 und '65, geriet Le Mans zum Desaster. Ferrari frohlockte. Dann folgte ein Siegeszug ohnegleichen, zweimal hintereinander mit den

mächtigen Siebenlitern Mk II und Mk IV, 1968 und '69 unter der Regie von John Wyer und seinem Adlatus David Yorke durch den Fünfliter-GT40 mit der Chassisnummer 1075.

Zwischen 1964 und '68 entstanden insgesamt 124 GT40. 31 davon entfielen auf die Street Version mit dem etwas beschwichtigten 4,7-Liter-Triebwerk. 2003 griff Ford die Legende wieder auf, schlicht als Ford GT. Mit einem Turbo-V8 von 5409 cm³ 507 PS stark, war sie nun für die Straße konzipiert, 85 mm höher, 355 mm länger und 175 mm breiter als das Original.

Ford Mustang GT Cabrio, Bj. 1966. Sechszylinder-Reihenmotor. 4728 cm^3. 228 PS. 180 km/h. Leihgeber: Adi Heinen

Sein Charakter war schwierig einzugrenzen. Der Look stimmte, niedrige Silhouette, lange Motorhaube, kurzer Überhang hinten. Und die Leistung: Der schwächste Reihensechszylinder des Ford Mustang im Jungfernjahr 1964, ein

2,6 Liter, wartete mit 101 PS auf, der stärkste unter seinen Stoßstangen-V8 am Ende seiner Tage 1970 mit 375 PS, geboren aus brotzelnden sieben Litern Hubraum. Unter Steve McQueen alias Frank Bullit gab er 1968 in dem Peter-Yates-Kultfilm eine starke Figur ab, obwohl der smart-entschlossene Cop mit ihm im zum Abenteuerspielplatz verfremdeten Los Angeles wahrlich Schindluder trieb.

Natürlich handelte es sich bei seinem Dienstwagen um einen sorgsam gehärtetes Solitär. Das strenge Naturdenkmal Nürburgring zum Beispiel hätte kurzen Prozeß gemacht mit dem Mustang, und so hielten sich seine rennfahrenden Eigner klug fern von der "Grünen Hölle". Zu archaisch war sein Fahrwerk mit einem verwindungssteifen Plattformrahmen als Kernstück. Obere Dreieckquerlenker und untere einfache Querlenker mit elastisch gelagerter Zugstrebe vorn und eine Starrachse mit Halbelliptikfedern hinten – das roch ein wenig nach Opas Aufhängung. Und die kraftlosen Trommelbremsen ließen zumindest bei mehrfacher Verzögerung aus hohen Geschwindigkeiten schon mal den innigen Wunsch nach einem Bremsfallschirm aufkommen. Vordere Scheibenbremsen von Kelsey-Hayes mit hinterem Bremskraftverteiler waren allenfalls aufpreispflichtig oder im Rahmen eines GT Package zu haben, das 1965 für alle V8-Modelle angeboten wurde.

Indes: Der Erfolg gab ihm recht. Am Ende galoppierte eine Kavalkade von 2 566 839 Mustangs der ersten Generation über vornehmlich nordamerikanische Straßen oder hatte dies in den vergangenen sechs Jahren getan. Und da war schließlich auch noch die Schar der Epigonen, die zeigte, daß die Idee des Pony Cars ankam, die der Mustang mit dem quecksilbrigen Lee Iacocca als geistigem Vater angestoßen hatte. Nachahmung ist schließlich die aufrichtigste Form der Schmeichelei.

Gelenkstellen in einem Modelleben: Ein Prototyp, heute Exponat im Henry Ford Museum, machte anläßlich des Großen Preises der USA in Watkins Glen am 7.Oktober 1962 Furore. Das fertige Produkt wurde am 17. April 1964 als Hard-

top Coupé und Convertible vorgestellt, mit vier Motor-Optionen bis hin zum Hi Performance V8 mit 4,7 Litern und 275 PS sowie drei verfügbaren Getrieben, unter ihnen eine Cruise-O-Matic. 1965 gesellte sich ein 2+2 genanntes Fastback Coupé hinzu, mit vorderen Schalensitzen, wo die einzelnen Fauteuils bislang wenig Halt geboten hatten. Auf diesem fußte der Shelby Mustang GT 350, erkennbar an zwei blauen Längsstreifen, einer Stauhutze auf der vorderen Haube, der seitlichen Aufschrift G.T. 350 sowie dem vor den Hinterrädern mündenden Doppelauspuff. Dem 4,7-Liter-Triebwerk hatte der in Los Angeles ansässige Rennfahrer und Tuner Carroll Shelby im Zuge einer permanenten Aufrüstung 285 PS beigebogen. In das Modelljahr 1967 rollte der Mustang 55 mm länger, 70 mm breiter und mit 50 mm mehr Spur, was vor allem den 2+2 muskulöser erscheinen ließ. Diesem sproß 1969 eine hintere Abrißkante, während die Palette insgesamt noch einmal um 95 mm in Fahrtrichtung zulegte und die Hardtop-Version mit einem leicht einwärts installierten Heckfenster ausgestattet war. Erst später in jenem Jahr wurden die Shelby-Varianten ins Dasein entlassen, nunmehr Erzeugnisse der Ford-Filiale Shelby Automotive Company Inc. in Dearborn. Zum gemäßigten Schnickschnack, der den Mustang zierte, zählten zum Beispiel die Attrappen der Belüftungsschlitze, die 1970 von ihrem Sitz vor den Hinterrädern an eine neue Position links und rechts der Scheinwerfer umzogen.

Gordon-Keeble, Bj. 1965. V8 Chevrolet Corvette Turbofire 327. 5367 cm^3. 300 PS.
218 km/h. 7,8 s 0 - 100 km/h. Leihgeber: A. Smallbone

Aufstieg und Fall des Gordon-Keeble waren gesäumt von Sorgen und Nöten, von Schicksalsschlägen, Schulden und Scheitern. Inmitten dieses unwirtlichen Milieus wuchsen wie schöne Blüten 99 Automobile heran, eine seltene Spezies, die zum Aussterben verurteilt war, nachdem sie ihrem Nährboden die letzten Reserven entzogen hatte.

Am Anfang, 1960, stand ein Prototyp mit stählerner Karosserie, der Gordon GT, das Meister-Stück der beiden Ingenieure John S. Gordon und Jim Keeble. Mit der eigenen Züchtung würden sie sich vor den Strudeln retten können, die der Untergang der Peerless Motors Limited auslöste, einer winzigen Autofabrik zu Slough in der englischen Grafschaft Buckinghamshire, an der sie beteiligt gewesen waren. Dann trat Stille ein, bis 1963 der Unternehmer George Wansborough die Gordon-Keeble Ltd. gründete, Standort The Airport, Southampton.

Das Geschäft lief schleppend, trotz oder gerade wegen ziviler Preise, und 18 Monate sowie 80 Gordon-Keeble GK1 später wurde der kleine Betrieb liquidiert. Wieder fand sich ein Samariter, Harold Smith, ein früherer Vertreter der Marke, der ihre Exklusivität auf fragwürdige Weise steigerte, indem er wesentlich weniger Autos für wesentlich mehr Geld verkaufte. So mußte auch er die Waffen strecken. 1968 erstand John de Bruyne aus Newmarket die kümmerliche Konkursmasse. Aber er wurde anderen Sinnes, und der Hoffnungsträger Gordon-Keeble und sein bizarrer Werdegang gehörten dem Präteritum an, nur mehr zu Warnung und abscheulichem Exempel geeignet. Und das war schade.

Nach Ansicht der renommierten Motor Revue zum Beispiel stand der britische Außenseiter durchaus seinen Mann in der feinsten Gesellschaft. Für die Frühjahrsausgabe 1965 stellte er sich dem Exrennfahrer und Journalisten Paul Frère gemeinsam mit Kandidaten von untadeligem Ruf, dem Jaguar Mk 10, dem Mercedes 300 SE, dem Ferrari 330 GT usw. Frère rückte den Gordon-Keeble in die Nähe des Iso Rivolta, und die Ähnlichkeit zwischen den beiden Exoten war in der Tat frappant. Beide hatte Nuccio Bertone kostümiert, und in beiden sorgte gewöhnlich die V8-Maschine des Chevrolet Corvette von 300 PS für die zügige Fortbewegung.

Ihre Aufhängung war identisch: Vorn wurden die Räder an Trapez-Dreieckquerlenkern und Schraubenfedern, hinten an einer De-Dion-Achse mit Schraubenfedern, Längslenkern und einem Wattgestänge geführt. Gleich waren die Viergang-Getriebe von Borg Warner sowie das Salisbury-Differential. Wo indessen beim Iso die Karosserie mit einem Plattformchassis verschweißt war, ummantelte den Gitterrohrrahmen des Gordon-Keeble eine Kunststoffhülle. Er wog 120 kg weniger als sein italienischer Widersacher, hatte einen um 110 mm kürzeren Radstand und eine kleinere Stirnfläche, so daß er diesen in der Höchstgeschwindigkeit um fünf km/h, vor allem in seiner Handlichkeit übertraf.

Leicht untersteuernd und mit sehr geringer Seitenneigung, tendierte er in schnellen Kurven etwas zum Schwimmen, solange die schmalen Reifen vom Format 6.70 – 15 aufgezogen waren. Die Note sehr gut erteilte Frère den Zweikreis-Scheibenbremsen von Girling mit zwei Vakuum-Servoaggregaten. Für jene Jahre ungewöhnlich gut war die Serien-Ausstattung mit elektrischen Fensterhebern, Sicherheitsgurten und einem Radio. Aber schließlich wurde der Gordon-Keeble in Deutschland mit 40 000 Mark – 7800 Mark mehr als für den Iso – auch bereits um den Wert einer besseren englischen Antiquität gehandelt. Daß er dereinst eine solche werden sollte, dafür sorgten im wesentlichen zwei Dinge: robuste Mechanik und der Umstand, daß Fiberglas nicht rostet.

Lamborghini 400 GT, Bj. 1966. V12. 3929 cm³. 320 PS.
250 km/h. 7 s 0 - 100 km/h. Leihgeber: Siegfried Flitsch

Die Biographie des Ferruccio Lamborghini, geboren am 28. April 1916 im Zeichen des Stiers, würde gewiß mehrere Bände füllen mit Facetten eines faustisch-ruhelosen Daseins, das sich stets am Superlativ orientierte – und diesen

gelegentlich erreichte. Das Kapitel "Automobile" beginnt Anfang der sechziger Jahre. Der Start aus dem Stand hatte seine Vorzüge, war unbelastet von rostig-geheiligten Konventionen und antiquiertem Gerät. Dafür verfügte Lamborghini über ein brillantes Team, Gianpaolo Dallara, 24, Paolo Stanzani, 25, den ernsthaften Neuseeländer Bob Wallace, 25, der die Ideen der anderen beiden in die Tat ummünzte. Und anfänglich auch Giotto Bizzarrini, 36, der früher einmal gegen den rigiden Konservativismus Enzo Ferraris angerannt war.

Ferrari, das war das Maß aller Dinge, das es in allen Punkten zu übertreffen galt, schon deshalb, weil der Commendatore dem stolzen Lamborghini einmal eine Audienz verweigert habe, erzählt die Legende. Von Sant'Agata Bolognese, wo Lamborghini eine supermoderne Fabrik aufgerichtet hatte, einen technischen Tempel, in dem man vom Boden essen konnte, ist Maranello gerade 30 km entfernt. Das Feindbild war somit dinglich-konkret – wie Lamborghinis Ferrari 250 GT, einer von zweien, mit dem er über die norditalienischen Autostradas fegte, unter der Fronthaube den Prototyp eines eigenen Zwölfzylinders, dessen V sich im Winkel von 60 Grad öffnete. Jeder Schenkel war ein potentieller Reihen-Sechszylinder und damit vielleicht einmal brauchbar für die Formel 1, der man zwischen 1961 und 1965 Anderthalblitermotoren verordnet hatte.

Auf dem Prüfstand gab die Maschine 360 PS ab, aber mitten in die allgemeine Euphorie hinein zitierte Lamborghini Dallara zu sich, man wolle den besten Gran Turismo bauen, keinen Rennwagen, 25 Prozent weniger täten es auch. Für zu leicht befunden wurde der Gitterrohrrahmen, den seine Freunde Neri und Bonacini für ihn gebaut hatten, buchstäblich: Er wog nur reichlich 80 kg. Eine stämmigere Konstruktion mußte her, wenn auch dem gleichen Prinzip gehorchend, während es bei der Aufhängung keine Abstriche an der ursprünglich intendierten Lösung gab, nämlich Führung der Räder ringsum an ungleich langen Trapez-Dreieckquerlenkern mit Schraubenfedern.

Ein Prototyp auf dem Turiner Salon ab 30. Oktober 1963 erregte das erwünschte Aufsehen, was seine technische Seite anbelangte. Die Form, die Lamborghini bei Franco Scaglione in Auftrag gegeben hatte, wurde hingegen mit Naserümpfen bedacht, ein konfuses Ensemble von Detailansichten etlicher anderer Sportwagen. Diesen Mißstand stellte die Mailänder Carrozzeria Touring bis zum Debüt des 350 (= 3,5 l) GT bei der Genfer Schau im März 1964 ab.

Man entrümpelte Scagliones Konzept und arbeitete gute Ansätze zu einem eigenständigen Profil aus. Ebenfalls in Genf wurde zwei Jahre später der 400 GT 2+2 vorgestellt, mit ähnlicher Linienführung, aber einem Aufbau aus Stahl, wogegen der frühere aus Leichtmetall gefertigt worden war. In den Fond hatte man zwei kleine Sitze gezwängt, und Lamborghinis eigenes Fünfganggetriebe verrichtete seine Tätigkeit nun wesentlich leiser als das bisherige von ZF.

Das größere Triebwerk mit 3929 cm³ (vorher 3497 cm³) sowie die neue Kraftübertragung waren auch für den Zweisitzer zu haben, den 400 GT. Das Ende

der Baureihe koinzidierte mit dem Zusammenbruch der Karosseriefabrik Touring, die Lamborghini die große Mehrzahl der Aufbauten für die beiden Modelle geliefert hatte. 385 Exemplare des 350 GT und 400 GT gab es insgesamt, einschließlich diverser Einzelstücke und Vorserienwagen.

Marcos GT V6, Bj. 1970. V6 Ford 3012E. 2994 cm³. 128 PS.
201 km/h. 8,4 s 0 - 100 km/h. Leihgeber: H. Wheeler-Smith

Weder der Ingenieur Jem Marsh noch der Aerodynamiker Frank Costin war ein Freund von Halbheiten. Dennoch steuerte jeder von ihnen eine Silbe zu dem Firmennamen Marcos bei, einer Bezeichnung von griechischem Wohlklang. Weniger ästhetisch, vielmehr von geradezu monströser Häßlichkeit war ein Prototyp, den die beiden 1960 auf die schmalen Scheibenräder stellten. Er fiel auch sonst in jeder Hinsicht aus dem Rahmen. Costin hatte Erfahrungen im Flugzeugbau, und warum sollte, was etwa für den Jagdbomber Mosquito recht gewesen war, bei der Konzeption eines Automobils nicht billig sein?

So ruhte der skurril-windschlüpfige Fiberglasaufbau des ersten Marcos auf einem Halbmonocoque aus Fichten- und mit Aerolite 300 verleimtem Sperrholz, wie es für Bootskörper verwendet wird. Das naturgewachsene Material empfahl sich als stabil, korrosionsfrei, wasserresistent und feuerfest, und um all dies unter Beweis zu stellen, wurde der Prototyp bewußt geschunden und mißhandelt.

Er dankte es seinen Peinigern mit neun Siegen in neun Rennen zwischen dem Juni und dem September 1960. Seine Holzstruktur schien tatsächlich durch nichts zu beeindrucken zu sein, und so fand sie sich in dem Produktionsmodell Marcos 1800 von 1964 wieder, gekrönt von einer noch immer eigenwillig, aber gefällig geformten, niedrigen und breiten Fastbackkarosserie, wo der skurrile Erstling noch dünn und hoch gewesen war. Die Typenbezeichnung 1800 deutete auf die 1780 cm³ seiner vierzylindrigen Volvo-Maschine hin, die 114 PS bereitstellte. Diese lagerte sich, wie auch das Vierganggetriebe mit einem Overdrive von Laycock de Normanville und die Vorderradaufhängung – Trapez-Dreieckquerlenker und Schraubenfedern – an einen Hilfsrahmen aus Stahlrohren an.

Die hintere Starrachse war wohl geführt mit Schraubenfedern, Längslenkern und einem Panhardstab, nachdem man anfängliche Experimente mit einer Auslegung ähnlich einer De-Dion-Achse aufgegeben hatte. Der Kaufpreis betrug ursprünglich 2283 Pfund Sterling, wurde dann aber auf 1729 Pfund gesenkt, und als Baukasten konnte man den Marcos 1800 für 1429 Pfund erwerben. Für das Modelljahr 1970 wurde mit dem hölzernen Unterbau ein Glaubensartikel aus dem Marcos-Credo gestrichen, im Hinblick auf die amerikanischen Bestimmungen und sich häufende Klagen, das Naturprodukt sei nach einem Unfall unter Umständen kaum zu reparieren. Die Kunststoff-Konfektion des Coupés wurde nun einem 60 kg schweren Rohrrahmenchassis übergestreift und an 47 Punkten befestigt. Sie hatte die Zeitläufe unbeschadet und kaum verändert überstanden, während Motoren in raschem Wechsel aus- und einzogen.

Im Herbst 1966 lösten Vierzylinder von Ford mit 1499 cm³ und 86 PS sowie 1650 cm³ und 122 PS das Volvo-Triebwerk der ersten Stunde ab. Auf der London Motor Show im Herbst 1968 folgte, ebenfalls von Ford, ein V6 mit 2994 cm³ und 128 DIN-PS, und bei der gleichen Gelegenheit ein Jahr später ein V4 desselben Herstellers mit 1996 cm³ und 88 DIN-PS. Ein paar Monate darauf konnte der Marcos gar zusätzlich mit einem langen und schweren Volvo-Reihensechszylinder bestellt werden, der behäbige 130 DIN-PS aus 2978 cm³ aktivierte. Eine solche diffuse Politik aber führte 1971 zum Kollaps der Marcos Cars Ltd., die sich am Ende überdies auch noch mit dem Mantis einen neuen Typ und einen Umzug von Bradford-on-Avon nach Westbury aufgebürdet hatte. Und so blieb es bei ungefähr 1010 Marcos GT, bevor das Modell in einen Dornröschenschlaf versank, aus dem es Jem Marsh erst in den achtziger Jahren wieder erwecken sollte.

AC 428 Coupé, Bj. 1969. V8 Ford. 7014 cm³. 345 PS.
216 km/h. 6,2 s 0 - 60 mph. Leihgeber: W. Rudolf

Das Erscheinen des AC 428 Cabriolets auf der London Motor Show in Earls Court 1965 signalisierte zweierlei: Zum einen war die Verbindung des in Thames Ditton ansässigen traditionsreichen AC-Werks mit Carroll Shelby praktisch beendet, aus welcher der Cobra hervorgegangen war. Zum anderen wünschte das Management, an seine Gepflogenheiten der Ace-Periode anzuknüpfen und einen Wagen zu bauen, der die Bequemlichkeit einer Limousine mit den Fahreigenschaften eines schnellen Sportautos verknüpfte, wohl eingedenk der Redensart, AC-Automobile seien die "Rolls-Royce of light cars". Als Fahrwerk bot sich das des Cobra 427, entsprechend modifiziert, förmlich an: Der simple Rohrrahmen ließ es ohne weiteres zu, den Radstand um 150 mm zu verlängern; die Aufhängung mit Schraubenfedern und Teleskopdämpfern erlaubte mehr Weg und damit mehr Komfort als die Blattfedern früherer AC-Generationen.

Was das Antriebsaggregat anbelangte, griff man aus dem selben Grunde nicht zurück auf den kräftig getunten Ford-Siebenliter des letzten Cobra-Modells, sondern entschied sich für den kultivierten V8-Galaxie-Motor des gleichen Herstellers mit 428 cubic inches, also 7014 cm³. Da sich Firmenchef Derek Hurlock nicht in der Lage sah, ein Gran-Turismo-Fahrzeug des geplanten Formats selbst zu karossieren, gab er zum erstenmal in der Geschichte seines Unternehmens den Auftrag dazu außer Hauses, und zwar an das Studio Frua in Turin. Der Aufbau, den man dort entwarf und fertigte, erinnerte stark an den des Maserati Mistrale von 1963, der ebenfalls von Frua eingekleidet worden war.

Während die Außenhaut des Prototyps von Earls Court noch aus Aluminium bestand, folgte nun eine Stahlkarosserie, wobei für Türen und Motorhaube auf Wunsch weiterhin Leichtmetall verwendet wurde. Auf dem Genfer Automobilsalon von 1967 wurde der Öffentlichkeit eine Fastback-Variante vorgestellt. Die Presse zeigte sich sehr angetan und lobte neben der technischen Konzeption vor allem die zeitlose Eleganz und die Ausgewogenheit des Designs. Ein verirrter Poet pries den 428 als "rasende Adrenalinpumpe mit glänzender Straßenlage", und die Fachzeitschrift Autocar faßte 1968 ihre Eindrücke folgendermaßen zusammen: Extrem schnell, nicht zu üppig im Verbrauch. Gute Bodenhaftung, kaum Roll- und keinerlei Nickbewegungen. Bequeme Sitze, gute Lenkung, die allerdings Fahrbahnunebenheiten unvermittelt an den Chauffeur weitergibt. Der Preis (in der Schweiz etwa kostete das 428 Cabriolets 48 000 Franken) sei allerdings für einen von Hand gebauten Wagen eines kleinen Herstellers reichlich hoch, schloß das Blatt.

Es ermittelte eine Höchstgeschwindigkeit von 227 km/h sowie eine Beschleunigung von 6,2 s vom Stand auf 100 mit einem Automatikgetriebe, welches vermittels eines voluminösen U-förmigen Hebels bedient wurde. Wahlweise stand eine Viergang-Stockschaltung zur Verfügung. Viel Sorgfalt hatte Frua auch auf den Innenraum verwendet.

Das mit Rundinstrumenten und Kippschaltern reichhaltig bestückte Armaturenbrett sorgte zusätzlich für sportliches Flair. Auf schnellen Straßen erwies sich der AC 428 als angenehmes Fortbewegungsmittel, schon weil er beim Erreichen des Grenzbereichs in der Kurve nahezu neutral blieb. Auf abrupte Bewegungen des Gaspedals reagierte der potente Achtzylinder eher unwirsch, und die richtige Dosierung des gewaltigen Drehmoments erforderte eine gewisse Übung. Vor allem aber neigte der Galaxie-Triebling wegen der zu geringen Luftaustrittsquerschnitte im Motorenbereich bei zügiger Autobahnfahrt und sommerlichen Temperaturen zum Überhitzen, so daß es Ärger mit der Öltemperatur gab.

Einige Kunden versuchten, selbst Abhilfe zu schaffen, indem sie zum Beispiel unterhalb der vorderen Stoßstange zusätzliche Lufteinlässe anbrachten, was der unzerklüfteten Linie des 428 nicht unbedingt dienlich war.

Zwischen 1967 und 1973 verließen 51 Coupés und 29 Cabriolets das Werk in Surrey. Die Zusammenführung der britischen und italienischen Komponenten gestaltete sich sehr umständlich: Die Chassis wurden von Thames Ditton nach Turin geschickt, dort mit Karosserien versehen und dann in England komplettiert. Zwischen 1969 und 1971 experimentierte man mit einem ebenfalls von Frua konzipierten viersitzigen Tourenwagen, einer Halbmonocoquekonstruktion, die mit einer De-Dion-Hinterachse aus Italien eintraf, dann aber dem Standard des 428 fahrwerkmäßig angepaßt wurde.

Wenn die Scheinwerfer an diesem Modell eingeschaltet wurden, hoben sich in der ansonsten klar gegliederten Front-

AC 428 Cabriolet, Bj. 1970. V8 Ford. 7014 cm³. 345 PS.
216 km/h. 6,2 s 0 - 60 mph. Leihgeber: Werner Oswald

partie Deckelchen wie entrüstet hochgezogene Augenbrauen, und am Ende der Assoziierung mit AC schlug Frua vor, den 428 gänzlich mit "Schlafaugen" zu versehen. Im Winter 1981/82 stellte Derek Hurlock in der Tat ein Modell mit verdeckten Scheinwerfern fertig, das indes zur Serienfertigung nicht bestimmt war.

Obwohl genügend Aufträge vorlagen, teilte Hurlock im Juni 1973 einem Reporter des Guardian mit, er müsse die Produktion seines Flaggschiffs einstellen. Es gab dafür ein ganzes Bündel von Gründen. Zum einen laborierte Frua schwer an den immer häufigeren italienischen Streiks. Betriebe im heimischen England, die hätten einspringen können, verlangten von AC Investitionen, die nicht aufzubringen waren. Eine drastische Erhöhung der Benzinpreise im Fahrwasser der Nahostkrise deutete sich an, und die Labour-Gesetzgebung war dem Bau und dem Besitz von großvolumigen Luxuswagen nichts weniger als förderlich. Überdies lief der Kontrakt aus, der den Nachschub mit Ford-Motoren aus Detroit sicherte, und Hurlock wurde an eine Niederlassung in England verwiesen, die ihr Desinteresse deutlich zur Schau stellte. Der Konzern konzentrierte sich auf einen neuen Sportwagen mit Mittelmotor, den AC ME 3000. Das war ein gekauftes Design wie einst der Ace, der erschien 1979 fünf Jahre nach seiner Adoption und verkümmerte dann in einer weiteren Flaute.

Aston Martin DB6, Bj. 1968. Sechszylinder-Reihenmotor. 3995 cm³. 325 PS. 238 km/h. 6,5 s 0 - 60 mph. Leihgeber: José M. Oliver

Für viele ragt der DB6 als Höhepunkt und Krönung aus der langen Reihe der Sechszylinder-Modelle von Aston Martin heraus. Gegenüber dem DB5 vergrößerte man den Radstand um 90 mm auf 2580 mm, ohne das Chassis im Prinzip anzutasten. Der Aufbau war mit 1360 mm um 20 mm höher, die Windschutzscheibe stand mit 53 Grad (DB5: 49 Grad) etwas steiler.

Über den nun eckig endenden rückwärtigen Seitenfenstern senkte sich die Silhouette sanft, hob sich noch einmal in einer keck aufgeworfenen Abreißlippe und fiel dann in dem modisch-funktionellen Kamm-Heck schroff ab. So gewann man Kopf- und Kniefreiheit für die Fond-Passagiere unmittelbar vor den hinteren Radkästen und mehr Kofferraum. Von vorn gesehen unterschied sich der DB6 von seinem Vorgänger durch die geteilte Stoßstange, die Platz für das Nummerschild freiließ, unter dem ein grobmaschiges Grill einen Ölkühler abdeckte.

Zwischen dem Oktober 1965 und dem Juli 1969 wurden in zwei Serien 1330 Exemplare des später so genannten Mk I mit dem Standard-Motor von 282 PS oder der auf 9,4 : 1 verdichteten Vantage-Maschine von 325 PS aufgelegt, die indes zur Normalausrüstung gehörte wie Chromspeichenräder, Automatik und elektrische Antenne. Es stand einem frei, ein ZF-Fünfganggetriebe und das etwas mildere, von drei SU-Horizontalvergasern gefütterte Aggregat zu ordern, ohne daß ein Minderpreis gewährt oder ein Aufschlag erhoben wurde.

Fünf Mk I erhielten bei Harold Radford einen geräumigen Aufbau als Jagdkombi Shooting Brake. 140 Cabriolets, auf den inzwischen traditionellen Namen Volante getauft, wurden zwischen dem Oktober 1966 und dem Juli 1969 zunächst noch auf der Basis des DB5, später des DB6 gefertigt. Im September 1969, fast synchron mit der Vorstellung des DBS V8, folgte der Mk II. Daß bis zum Februar 1971 nur 423 davon das kleine Werk in Newport Pagnell verließen, ist ein deutliches Indiz dafür, wie die DB-Klassiker allmählich von der jungen DBS-Generation an die Wand gedrückt wurden.

Aus Gründen der Rationalisierung gelangten im Mk II die 6-Zoll-Felgen des neuen Modells mit entsprechenden Reifen zum Einbau, so daß vermittels nach außen gewölbter Kotflügelkanten zum Behagen der Stilisten Spielraum geschaffen werden mußte. An 46 Autos der zweiten Baureihe ersetzte man die bewährten Vergaser-Batterien durch eine Brico-Einspritzung von Associated Engineering, verschwieg aber zugleich schamhaft den Zuwachs an Leistung, den dieser Schritt bringen mochte. Er erwies sich als Fehlschlag. Das britische System war so störanfällig, daß etliche Eigner eines solchermaßen fortschrittlich ausgerüsteten DB6 ihr Fahrzeug schleunigst wieder auf das konventionelle Verfahren der Gemischzubereitung zurückrüsten ließen.

Übrigens hatte auch der mit den SU-Vergasern HD8 bestückte schwächere Motor durchaus seine Daseinsberechtigung, denn der Umgang mit ihm in stokkendem Stadtgeschiebe war entschieden erfreulicher als mit der Vantage-Version, deren Weber-Doppelvergaser die freie Wildbahn liebten und auf Frustrationserlebnisse wie die Londoner rush hour erschlaffend und latschig reagierten. Von dem Volante Mk II, der es dem Hause Aston Martin auch später treu verbundenen Prince Charles angetan hatte, wurden ganze 38 Stück hergestellt, die wie ihre Vorgänger über ein automatisches Verdeck verfügten.

Aston Martin DB6 Volante, Bj. 1967. Sechszylinder-Reihenmotor. 3995 cm³. 325 PS. 238 km/h. 6,5 s 0 - 60 mph. Leihgeber: Waldemar Löser

Für den Vantage gab das Werk, dessen Daten im allgemeinen den Fakten entsprachen, eine Höchstgeschwindigkeit von 256 km/h an. Die Rezensenten des Wagens taten sich dennoch schwer damit. Sogar John Bolster, der seiner Test-Arbeit gewissenhaft und mit bleischwerem Gasfuß nachging, erreichte lediglich 243, wobei, wie stets, mit dem Mantel des Mysteriums zudeckt wurde, wo das geschehen war.

Denn schon seit einiger Zeit war der Unternehmungsgeist britischer Automobilisten amtlicherseits auf 70 Meilen pro Stunde beschnitten, ein Schneckentempo, wie die Fachzeitschrift Motor säuerlich anmerkte, angesichts der Souveränität, mit der der DB6 spielerisch mehr als das Doppelte bewältigte. Die Girling-Scheibenbremsen seien dabei so effektiv, daß man im Falle eines Falles stets gut daran tue, seines Hintermanns zu gedenken.

Man befand, die Straßenlage sei durch das Erweitern des Radstands keineswegs aus der Balance geraten, wie das vielleicht zu erwarten gewesen wäre, und Autocar rückte den Kandidaten in dieser Beziehung sogar an den DB4GT Zagato heran. Man konstatierte Windgeräusche an den Holmen der Windschutzscheibe und erfreute sich andererseits bei Vollgas an dem melodischen Grollen, mit dem sich der Reihensechszylinder der Umwelt mitteilte – trotz des besänftigenden Einflusses der zwei Auspuffrohre und vier Schalldämpfer.

Das Magazin Car & Driver mokierte sich über den Luftdruck, den das Werk für die Avon-Pneus des Kalibers 6.70 - 15 vorschrieb. Nicht einmal die Belegschaft in Newport Pagnell, unterstellte man in blumiger Prosa, denke daran, sich an diese Anweisung zu halten, denn das Auto – in diesem Falle eines mit der 282-PS-Maschine und Borg-Warner-Automatik – untersteuere dann wie verrückt, wanke auf laut protestierenden Reifen um die Ecken, und es bedürfe der Kräfte eines zottigen Riesen, es zu lenken. Dafür stimmte der nächste Testwagen versöhnlich – ein Vantage mit dem ZF-Getriebe und von vorneherein um 20 Prozent härter aufgepumpter Bereifung ringsherum. Ein Gruß aus der guten alten Zeit sei das, frohlockte man nun, für richtige Kerle. Niemandem könne verübelt werden, wenn er am Lenkrad eines solchen Fahrzeugs auf den Gedanken komme, er habe nun alles erreicht im Leben und wirke überdies unwiderstehlich auf das schwache Geschlecht.

Das amerikanische Blatt Road & Track hätte lieber ein neues Modell gesehen als ein bekanntes Gesicht nach einem Facelifting. Das stumpfe Heck als Tribut an den Zeitgeschmack passe nicht zu der gewohnten Linie, in die man roh eingegriffen habe. Dann aber bemerkte der Autor friedfertig, nach wie vor gelte, daß die Autowelt ohne die Beiträge von David Brown ein bißchen dunkler wäre. Dieser baue seine Sportwagen nämlich, weil er gar nicht anders könne, und nicht, um Geld damit zu verdienen.

Das stimmte in der Tat. Bereits an jedem DB5 hatte der britische Großindustrielle 1000 Pfund Sterling verloren, und der DB6 wurde gar zwischen 1965 und 1969 um 500 Pfund billiger, was zwar den Absatz ankurbelte, aber erhebliche Breschen in die Zahlungsbilanz der Firma schlug...

BMW 2,5CS, Bj. 1975. Sechszylinder-Reihenmotor. 2494 cm³. 150 PS. 203,4 km/h. 10,3 s 0 - 100 km/h. Leihgeber: A. M. Brinkmann

Die Geschichte der BMW CS-Modelle zwischen 1965 und 1975 liest sich wie eine Kampfansage an den Satz, wer raste, der roste, erinnert an jenes Spiel, bei dem in aufeinander folgenden Wörtern jeweils ein Buchstabe ausgewechselt werden muß, bis schließlich ein völlig neuer Begriff entstanden ist. So hatte etwa der 2,5CS der Schlußphase mit dem 2000CS der Gründerjahre wenig mehr gemein als die ungefähren Umrisse und die Intention, dem Kunden in der Marktnische zwischen der komfortablen Limousine und dem kompromißlosen Sport-Zweisitzer à la Porsche ein attraktives Angebot zu machen.

Fahrgestell - die Bodenanlage war mit der Karosserie verschweißt - und Aufhängung - vorn Federbeine, Querlenker und Schraubenfedern, hinten Einzelradaufhängung mit schrägen Längslenkern und Schraubenfedern, vorn und hinten Gummizusatzfedern und auf Wunsch Stabilisatoren - des Ur-CS, der im Sommer 1965 debütierte, waren identisch mit denen der Tourenwagen 1600, 1800 und 2000. Als Kraftquelle ließ sich folglich problemlos der Reihenvierzylinder des 2000 TI mit 1990 cm³ und 120 PS implantieren.

Was die Karosserie anbelangte, so hielt man es diesmal mit dem Tell-Diktum, daß die Axt im Haus den Zimmermann erspare, und betraute den Ingenieur Wilhelm Hofmeister damit, einen viersitzigen und zweitürigen Coupé-Aufbau zu entwerfen, der bei Karmann in Osnabrück gefertigt werden sollte. Das Resultat wies gute Ansätze auf, etwa die filigrane Dachpartie und eine niedrige Gürtellinie, aber es vergrämte auch Ästheten, die seine "Asiatenaugen" und die Analogie zu grimmig gefletschten Zähnen förmlich heraufbeschwörende Kühlerschlitze oberhalb der vorderen Stoßstange bemäkelten.

Mit der Präsentierung des 2800CS zu Tegernsee im Herbst 1968 geschah ihnen Satisfaktion. Eine verlängerte Motorhaube erwies sich als der Silhouette des Coupés hervorragend bekömmlich, und Doppelscheinwerfer verwischten jeglichen Anklang an Physiognomien aus dem fernen Osten. Inmitten dieser bereinigten Ungereimtheiten aber hatten die BMW-Motorenspezialisten unter dem ehrwürdigen Alex von Falkenhausen den Grundstein für eine Legende gelegt, mit einem neuen Triebwerk aus sechs hintereinander angeordneten Zylindern mit Dreikugelwirbelwannenbrennräumen - so das hauseigene Klebewort. "Eigentlich", sinnierte Ingenieur Helmut Bönsch, den sie den Motorradpapst nannten, bei der Vorstellung, "müßte für diese Autos die Zahl sechs mit x geschrieben werden."

Dennoch war der 2800CS nur ein Interimsmodell. Schöpfte seine Maschine aus 2788 cm³ bereits 170 PS, waren es im 3,0CS, der im Frühjahr 1971 in Genf seine Aufwartung machte, aus 200 cm³ mehr weitere zehn. Wenige Monate später folgte mit dem 3,0CSi der vorläufige Primus in dieser Leistungs-Gesellschaft, denn anstelle der beiden Fallstrom-Registervergaser von Solex machte sich in dieser Variante eine Bosch-Einspritzung für 200 PS stark. Die zwei Dreiliter teilten etwa im Herbst 1974 70 Prozent der monatlich 260 produzierten Coupés unter sich.

BMW 3,0CSL, Bj. 1973. Sechszylinder-Reihenmotor. 3153 cm^3. 206 PS. 220,9 km/h. 7,0 s 0 - 100 km/h. Leihgeber: Jochen Breiter

Zwei Jahre früher indes hatte sich ihnen mit dem 3,0CSL (das C stand für Coupé, das S für Sport, das L für leicht oder seine Äquivalente in allen möglichen Sprachen) die potenteste Version zugesellt, ein laut BMW-Definition "den für Wettbewerben bindenden Homologationsbedingungen entsprechendes, in kleiner Serie aufgelegtes Leichtbau-Coupé". Verkaufspolitische Momente kamen bei der Realisierung dieses Projekts nur mittelbar zum Tragen. Vielmehr hatte es dem Wunsch des BMW-Vorstands nach werbeintensiven Rennerfolgen und den Auflagen der FIA-Sportkommission CSI zu genügen, die eine Planstelle als Tourenwagen der Gruppe 2 erst zuwies, nachdem die Stückzahl von 1000 erreicht war. Diese konnten die Münchener Anfang 1973 nachweisen.

Die mit Dünnblechteilen, Aluminiumhauben und –türen sowie Plexiglasscheiben um drei Zentner abgemagerte Sonder-Ausgabe brachte 1165 kg auf die Waage und hatte einen 200 PS starken Einspritz-Motor mit 3003 cm^3 Hubraum, der für den Sporteinsatz auf etwa 3,3 Liter aufgebohrt werden konnte. Kurz darauf ließ man eine zweite Version folgen, die sich äußerlich durch aerodynamische Hilfsmittel (Frontspoiler, Heckflügel) und durch eine langhubigere Kurbelwelle vom Vorgänger unterschied, welche die Kapazität der Maschine auf 3153 cm^3 anhob.

Mit der Tourenwagen-Europameisterschaft und dem Fahrerpokal für Toine Hezemans unter der Einsatzleitung von Jochen Neerpasch fiel die Ausbeute für die "Batmobiles" gleich im ersten Rennjahr üppig aus. Spätere Varianten, deren Stoffwechsel sich über 24 Ventile vollzog, entfesselten über 400 PS aus bis zu 3,5 Litern. Der normale Kunde aber beschied sich gern mit den 206 PS einer vergleichsweise milden Ausführung für die Straße, in der er gewohnten Komfort nicht missen mußte. Auf ausdrücklichen Wunsch wurde im Kofferraum das durch die Bann-Bulle des deutschen TÜV geächtete Luftleitwerk mitgeliefert, der Heckflügel mit breiten Seitenflossen sowie ein oberhalb des Rückfensters zu montierendes Leitblech.

Diese Zeugnisse intensiver Windkanalversuche der BMW Motorsport GmbH sicherten dem CSL allerorten gespannte Aufmerksamkeit. Ein sogenanntes Stadtpaket schließlich, in dem so gute Gaben wie das Fahrwerk des CSi, eine Servolenkung und elektrische Fensterheber hinten verschnürt waren, besänftigten den CSL bis zur Friedfertigkeit. Der 2,5CS, der ab Mitte 1974 die Modell-Palette nach unten abrundete, hatte dergleichen nicht nötig. Der Sanfte, wie ihn die Motor Revue in ihrer Jahresausgabe 1974/75 apostrophierte, gab sich durch und durch kultiviert, ohne daß seine relativ geringe Leistung von 150 PS mit wesentlichen Einbußen an Temperament erkauft werden mußte. Beschleunigte der CSL im vierten Gang von Tempo 40 auf 120 in 18,1 s, so hinkte der kleinere Bruder in der gleichen Disziplin nur um 4,5 s hinterher.

Daß die Bayerischen Motoren Werke mit ihm den Weg zum Mittel-Maß beschritten, war bereits ein Reflex auf die sogenannte Ölkrise von 1973, in deren Nachwehen das Automobil als exemplarischer Umweltfeind an den Pranger gestellt wurde und immer neue Geschwindigkeitsbegrenzungen die Freude an strotzender Kraftentfaltung grämlich eindämmten. Nicht müde wurden die Rezensenten der Coupés, die Qualitäten des BMW-Trieblings ins hellste Licht zu rücken. Einer der besten Hubkolbenmotoren der Welt sei das, rühmte die Motor Revue, und gewiß der beste Sechszylinder. Nur Lob zollte man überhaupt den 1974 aktuellen Abkömmlingen der CS-Familie. 44 254 Coupés der älteren Generation waren verkauft, als die Baureihe 1976 mit der 6er-Serie würdigen Nachfolgern weichen mußte.

Glas 3000 V8, Bj. 1966. V8. 2982 cm³. 160 PS.
193,5 km/h. 9,4 s 0 - 100 km/h. Leihgeber: Manfred Riess

Die Geschichte des Glas V8 ist kurz und traurig. Sie handelt von einer Illusion, die an der Härte des Realen zerplatzte. Als Flaggschiff der Glas-Flottille lief er 1965 bei der IAA in Frankfurt vom Stapel. Aber die kleine Firma steckte

bereits tief in existentiellen Nöten, und erst mit der Übernahme durch die Bayerischen Motoren Werke im folgenden Jahr lief die Produktion des Pracht- und Prestigeobjekts richtig an, ein Zuschußgeschäft in 718 Raten. Denn nach so vielen V8 war die BMW-Patenschaft für das Kuckucksei aus Dingolfing nicht mehr zu verantworten.

Der Volksmund kontaminierte Anspruch und Sein, so wie er es sah, spitz zum Spottnamen Glaserati. Der Entwurf der selbsttragenden Karosserie, die bei Maggiora in Turin gebaut wurde, stammte nämlich von Pietro Frua, und er ähnelte auffällig einer Reihe von Maserati-Linien vom Reißbrett des Meisters. Seinem Hang zu Barockem frönte er indessen nur an der Glas-Front mit ihren ein wenig protzigen Scheinwerfern und dem Auf und Ab an der Oberkante des Grills.

Die übrigen Formen des viersitzigen Coupés waren zurückhaltender gezeichnet, und selbst die üppige Verwendung von Chrom-Zierat tat der dezent-repräsentativen Gesamterscheinung kaum Abbruch. Sitzposition, Raum- und Sichtverhältnisse waren untadelig, die Instrumentierung wirkte eher verwirrend in ihrer Anordnung und Reichhaltigkeit: Der Fahrer hatte einen kleinen Uhrmacherladen vor sich, zwei große und fünf kleine Rund-Anzeigen, die trotz ihrer leicht halbkreisförmigen Gruppierung stark spiegelten.

Ursprünglich hatte man mit der Idee kokettiert, einen neuen Sechszylinder zu entwerfen, wendete sich dann aber sehr rasch dem V8 zu. Der Grund: Zylinderköpfe und -blöcke sowie der Ventilantrieb des 1300 GT konnten fast unverändert übernommen werden. In der Praxis entpuppte sich der Doppel-Motor als sportlich und nervös. Von dem erwarteten kraftvollen Durchzug im unteren Bereich konnte nicht die Rede sein. So ging man – mittlerweile unter der BMW-Ägide – von den Zylindermaßen 75 x 73 mm ab und vergrößerte Hub und Bohrung auf 78 mm. Mit seinen 160 PS leistete das neue Dreiliter-Triebwerk 10 PS mehr als sein Vorgänger. Es zeigte sich indes auch erst im Sektor zwischen 2000 und 5500 U/min von seiner strahlendsten Seite, während im roten Bereich ab 6000 Umdrehungen pro Minute der fünffach gelagerten Kurbelwelle nichts mehr zu holen war.

In bezug auf das Fahrgestell hatte das Team um Andreas Glas und Werkleiter Karl Dompert ebenfalls den Ehrgeiz, Ungewöhnliches auf die Räder zu bringen. Die Hinterräder waren an einem starren Achsrohr befestigt, wurden aber vom mit dem Wagenboden verschraubten Differential über Doppelgelenkwellen angetrieben. Diese Anordnung entsprach dem klassischen De-Dion-Prinzip, nur daß das Achsrohr in Querrichtung durch einen Panhardstab und längs durch Blattfedern geführt wurde. Die Vorderräder hingen an Trapez-Dreieckquerlenkern und Schraubenfedern mit Gummihohlfedern.

Die Teleskopdämpfer stammten wie der serienmäßige Niveauausgleich Hydromat von Boge, und sie vermochten auf schlechter Fahrbahn die Schwingungen des Wagenkörpers nicht ganz zu unterdrücken. Der Glas V8 tendierte dann zum Stampfen, gab sich aber im übrigen als verträglicher Geselle und ließ sich in der Stadt und in engen Kurven fahren wie einer der Kleinwagen, mit denen die Hans Glas GmbH zu Dingolfing/Bayern einmal ihr Geld gemacht hatte. Aber das war lange her.

Maserati Mexico 4700, Bj. 1968. V8. 4719 cm³. 290 PS.
250 km/h. 6,5 s 0 - 100 km/h. Leihgeber: Fritz Daub

Sein Debüt erfolgte beim Turiner Salon 1965, sein Name hielt die Szene eines Gand-Prix-Sieges von John Surtees am 23. Oktober des folgenden Jahres auf dem plumpen Cooper-Maserati fest. Und seine technische Konzeption fußte auf der des Quattroporte, einer Sportlimousine von strenger Formgebung aus dem gleichen Hause, die niemand so recht mochte und der ihre Kritiker barsche

Noten für Styling und Komfort erteilten.

Von eher gediegen-massiver Eleganz war der Aufbau, den Vignale für den Mexico entworfen hatte, einen Vierplätzer mit knappen Raumverhältnissen, der zu Liebe auf den zweiten Blick einlud und bei näherem Kennenlernen gewann. Etwas Britisches bescheinigte ihm die englische Fachzeitschrift Car 1968. Er sei eine Art Aston Martin aus Modena und Musterbeispiel für Autobau alter Schule. Dem Blatt war der zweifellos spektakulärere Ghibli als Testwagen zugesagt worden, und als man sich mit dem vergleichsweise unscheinbaren Mexico begnügen mußte, gab es zunächst lange Gesichter. Daß dieser überhaupt die Augen auf sich zog, verdankte er vor allem den breiten Borrani-Speichenrädern und jenem Klanggemälde, wie es italienischen Vollblütern arteigen ist.

In ausgreifender musikalischer Metaphorik versuchte der Car-Tester, dessen Komponenten auf die Spur zu kommen: Zum Parlando der vier kettengetriebenen obenliegenden Nockenwellen, deren jede mit großzügigen Toleranzen auf je vier Ventile einwirke, finde sich auf der Ansaugseite die obligate Begleitung von vier Fallstromvergasern von Edoardo Weber, Bologna, sowie der Generalbaß, den das komplizierte Auspuffsystem erzeugte, aus Endrohren – und hier verließ der Berichterstatter den Umkreis des Konzertsaals –, die in geradezu obszöner Länge unter der Heckschürze hervorragten.

Dabei hatte Maserati-Ingenieur Giulio Alfieri dem V8, einem Renn-Veteranen, der mit 4136 cm³ und 260 PS oder mit 4719 cm³ und 290 PS verfügbar war, aggressives Verhalten weitgehend aberzogen. Das Triebwerk fühlte sich im Drehzahlband zwischen 2500 und 4500 U/min am wohlsten, weniger quittierte es mit Unwillen, ja Zögern, bei mehr hörte es sich angestrengt an und alimentierte sich in durstigen Zügen aus den beiden 50-Liter-Tanks. Car hielt die Werksangabe, der Mexico sei zu 265,5 km/h fähig, für optimistisch und äußerte den Verdacht, die Uhren gingen anders, auf die der listige Maserati-Testfahrer Guerrino Bertocchi bei gemeinsamen Ausflügen das Augenmerk ahnungsloser Journalisten richte.

Den Versuch, die Wahrheit selbst herauszufinden, brach die Zeitschrift vorzeitig ab, denn nachdem man an einem Wolseley der britischen Polizei mit Tempo 210 vorbeigeheult war, konzentrierte sich die Aufmerksamkeit auf Straßensperren und weitere motorisierte Ordnungshüter. Die Karosserie des Vignale-Coupés, das mit 250 Exemplaren nur eine schwache Verbreitung erfuhr, war selbsttragend mit einem vorderen Hilfsrahmen. Die Räder hingen vorn an Trapez-Dreieckquerlenkern und Schrau-

benfedern, hinten an einer Starrachse mit Halbelliptikfedern und Längslenkern.

Der Mexico tendierte dazu, im Grenzbereich die bisherige Fahrtrichtung weiter zu verfolgen, konnte aber durch freigebigen und strategisch geschickten Umgang mit dem Gaspedal zum Übersteuern veranlaßt werden. Er war eine Doppelnatur, halb Sport-, halb Luxuswagen, mit dem man – so Car – auch beim Opernfestival in Glyndebourne eine gute Figur machte...

Toyota 2000GT, Bj. 1967. Sechszylinder-Reihenmotor. 1988 cm³. 150 PS. 205,9 km/h. 10 s 0 - 60 mph. Leihgeber: Martin Kapp

Die Omina, so schien es, standen glänzend für den ersten japanischen Gran Turismo. Natürlich wurde der Prototyp des Toyota 2000GT auf der 12. Motor Show zu Tokio im Oktober 1965, beredtes Zeugnis für erwachsendes Selbstbewußtsein einer noch jungen Autoindustrie, mit nationaler Akklamation bedacht.

Während die Form-Künstler aus dem Land der aufgehenden Sonne mit ihren Tourenwagen noch stramm am europäischen Geschmack vorbeistylten, folgte die geduckte Silhouette des Neulings durchaus weltweit eingespielten Bau-Mustern, wenn sie auch an einigen Ecken und Enden nicht ganz reinlich zu Ende gedacht war. Was sich unter der lang geschwungenen Karosserie verbarg, die bei Yamaha gefertigt wurde, war vom Besten in dieser Kategorie: ein Reihensechszylinder mit zwei obenliegenden Nockenwellen, ein vollsynchronisiertes Fünfganggetriebe, vier Scheibenbremsen und Einzelradaufhängung an Trapez-Dreieckquerlenkern und Schraubenfedern mit Stabilisatoren vorn und hinten, eingepflanzt in einen Kastenrahmen mit Traversen.

Im Oktober 1966 vernichtete Toyota mit einem sorgsam präparierten 2000GT in Yatabe bei Tokio 16 Rekorde über lange Strecken, eine Strategie, die sich als Zerreißprobe und Neon-Reklame gleichermaßen empfahl. Die Verkäufe begannen im Mai 1967, und im Juni jenes Jahres wurde den Japanern höchst willkommene Schützenhilfe zuteil, als die angesehene amerikanische Fachzeitschrift Road & Track dem Toyota 2000GT eine Sonder-Sektion widmete. Diese las sich fürwahr erfreulich und sparte nicht mit wohlgesetztem und teilweise massivem Lob. Niemand könne dem Toyota das Wasser reichen, was sein Fahrverhalten anbelange, einen perfekten Kompromiß von Handlichkeit und Rollkomfort. Das Eigenlenkverhalten sei neutral, aber wenn man mit dem Gaspedal ein wenig gutartiges Übersteuern erzwingen wolle, erwiesen sich die 52 Prozent Wagengewicht auf den Hinterrädern als hilfreich. Sechs brutale Voll-Stops hintereinander habe das Bremssystem des 2000GT völlig ungerührt überstanden.

Überwältigt aber seien die Redakteure von der Qualität der Inneneinrichtung gewesen – überall Rosenholz, exzellente Sitze, falls man hineinpasse, Aufmerksamkeiten wie eine Rallyeuhr neben dem normalen Zeitanzeiger. All dies überlagerte milde Kritikansätze – schließlich sei das Auto ja noch entwicklungsfähig. Und am Ende wurde der Fernost-Import, eines der aufregendsten und vergnüglichsten Automobile, die man je gefahren habe, in die Nähe des Porsche 911 gerückt, für den er einen würdigen Konkurrenten abgebe.

Unter der Stabführung und Betreuung von Carroll Shelby bestand der Toyota 1968 bei der amerikanischen Sportwagenmeisterschaft eine weitere Feuertaufe. Schließlich reihte man ihn gar in den illustren Fuhrpark des Roman- und Filmagenten James Bond ein, für die üblichen Jagdszenen in dem Streifen "You Only Die Twice". Der Toyota 2000GT, solchermaßen versehen mit allen Segnungen modernen Marketings, starb indessen nur einmal, und dies sehr rasch, 1970, nachdem er über eine Stückzahl von 351 nicht hinausgekommen war. Das Projekt, so hieß es offiziell, sei zerschellt an der Härte der amerikanischen Umweltgesetze. Auch das neue Nippon hat halt seine Mysterien – fast so unergründlich wie der internationale Automarkt...

Ferrari 330 GTS, Bj. 1967. V12 Colombo. 3967 cm³. 300 PS. 234,9 km/h. 6,9 s 0 - 60 mph.

Bei dem 330 GTC (C = Coupé), der der Öffentlichkeit auf dem Genfer Salon im März 1966 vorgestellt wurde, handelte es sich um eine Komposition im eigentlichen Sinne des Wortes, in der bereits existierende Elemente zu einem neuen Ganzen wie aus einem Guß zusammenwuchsen. Das galt bereits für die elegante Form, in die Pininfarina gestandene Technik gewandet hatte. War die Front vom 500 Superfast inspiriert, glich das Heck dem des 275 GTS, während die in einen feingliedrigen Dachaufbau eingebetteten großzügigen Fensterflächen dem Aussehen und dem Heraussehen gleichermaßen förderlich waren.

Das 3967-cm³-Triebwerk, seit 1964 aus dem 330 GT 2+2 bekannt, war nur um etwa 50 mm länger und 25 kg schwerer als der 3,3-l-Motor des 275 GTB. So hatte es auf der Hand gelegen, durch den Einbau der größeren Maschine in das Fahrgestell des Berlinetta mit seinen 2400 mm Radstand ein neues Modell zu schaffen, das ebenso wendig, aber kultivierter und noch schneller sein sollte. Um einiges schwerer geriet es auch, denn allerlei war an Chassis und Kraftvermittlung verstärkt worden, und die mit elektrisch zu betätigenden Seitenfenstern und einer heizbaren hinteren Scheibe ausgestattete Karosserie hatte man mit sehr viel geräuschdämpfendem Material auswattiert.

Ebenfalls aus dem Berlinetta stammte die Hinterachse mit – wie vorne – unabhängig an Querlenkern aufgehängten Rädern und einem Fünfganggetriebe, das mit dem Sperrdifferential verblockt war. Ein starres Rohr, welches die Antriebswelle umhüllte, verband diese Baugruppe mit dem Zwölfzylinder im Bug, so daß die Kraftquelle auf der einen Seite und die Übertragung auf der anderen an lediglich vier Punkten vermittels massiver Saga-Gummipuffer mit dem Chassis hatte verbunden werden können.

Auch diese Anordnung trug dazu bei, die weniger willkommenen Lebensäußerungen des V12 von den Passagieren fernzuhalten. Obwohl noch immer das Klappern der 24 emsigen Ventile und der Kipphebel, die unter schwarzen schrumpflackierten Deckeln nisteten,

zum Ferrari-Handwerk gehörte, blieb bei höheren Drehzahlen kaum mehr als ein melodiöses Summen, wie der Journalist und Exrennfahrer Paul Frère in einem Fahrbericht für auto motor und sport 1966 überrascht feststellte.

Ende 1968 folgte dem 330 der 365 GTC mit zwei Luftaustritten auf der Motorhaube anstelle der bisherigen an den Flanken. Dessen Triebwerk von 4390 ccm hatte sich seit 1967 im 365 GT 2+2 die Hörner abgestoßen. Der gestiegene Hubraum machte sich außer in 20 Mehr-PS vor allem durch einen günstigeren Verlauf der Drehmomentkurve bemerkbar und kam der Beschleunigung eher als der Höchstgeschwindigkeit zugute. Die britische Fachzeitschrift Autocar unterzog in ihrer Ausgabe vom 29. Mai 1969 das Coupé einer akribischen Prüfung, dem ersten Straßentest mit einem Ferrari, wie das Blatt voller Bedauern über bislang Versäumtes feststellte.

Das Resümee zog man bereits am Anfang: absolut superb. Selbst die abgebrühtesten und blasiertesten Redakteure seien von jeder Exkursion mit dem Kandidaten mit geröteten Wangen und schneller als sonst sprechend zurückgekehrt. Dieser beeilte sich – abzüglich zwei Prozent Fehl-Anzeige des Tachometers – im fünften Gang bei 6600 Umdrehungen der Kurbelwelle je Minute auf 243 km/h, nahm aber andererseits bereits bei Tempo 30 in der gleichen Fahrstufe lammfromm und ohne zu stuckern Gas an. In der ersten erreichte er 80 km/h, in der zweiten setzte er sich mit 118 km/h bereits über das 70-Meilen-Limit auf englischen Verkehrswegen hinweg, in der dritten waren 158, in der vierten 198 möglich.

Ferrari 365 GTC, Bj. 1969. V12 Colombo. 4390 cm³. 320 PS.
243 km/h. 6,3 s 0 - 60 mph. Leihgeber: Klaus Seifert

Sowie die Maschine zum Leben erwacht sei, was nie Probleme aufgegeben habe, sei das Ohr durch einschmeichelnde Töne erfreut worden wie durch ein gutes Orchester – jedenfalls das des Enthusiasten. Etwas zum Fahrer geneigt, sprieße der Ganghebel aus seiner Schablone. Wolle man die Gänge reibungslos und akkurat wechseln, bedürfe es schon einiger Erfahrung, denn auf Grund der sehr leichten Schwungscheibe drehe das Triebwerk nervös hoch und verliere entsprechend schnell wieder an Effet. Da die Kupplung nur einen kurzen Weg hatte, war sie ziemlich schwergängig, so daß das linke Bein des Piloten bereits in zähflüssigem Stadtgeschiebe und in den unvermeidlichen Wochenend-Status rasch erlahmte.

Andererseits konnte man ihr einen Renn-Start mit 5000 U/min zumuten, ohne daß sie sauer reagierte, abgesehen von dem brenzlichen Geruch, mit dem sie eine solche Schikane quittierte. Bei geringem Tempo, befanden die Autocar-Tester, seien die Bremsen mit Vorsicht zu genießen, denn nach einer servo-typischen Verzögerung setzte ihre Wirkung schlagartig ein. Ansonsten zollte man der Girling-Zweikreisanlage Lob – selbst zehn brutale Stops aus 110 km/h überstand sie, ohne Wirkung zu zeigen. Federung und Dämpfung seien stramm, aber nicht strapaziös. Die großen, weichen Sitze gestatteten eine gute Fahrposition

und alles sei überschau- und bequem erreichbar.

Wie auch Paul Frère in auto motor und sport bescheinigte man dem Prüfling ein fast neutrales Verhalten in der Kurve – das Heck sei erst ausgeschwenkt, wenn man es wirklich zu bunt getrieben habe. Dies aber werde von dem Auto gewissermaßen pädagogisch unterbunden. Zu sehr sei man stets seines Wertes eingedenk, und im übrigen gewinne er so zügig wieder an Geschwindigkeit, daß man sich solche Kapriolen gern verkneife. Alle habe der 365 GTC beeindruckt, Fahrer, Mitreisende, zufällig Anwesende, Vorsitzende aller Arten sowie Kenner und Fans.

Auch in dieser Beziehung stand ihm das Schwestermodell 365 GTS nicht nach, ein Spider auf der gleichen technischen Basis und mit einer offensichtlichen Familienähnlichkeit, der ebenfalls aus einem Vorgänger mit 3967 cm³ - präsentiert beim Pariser Salon im Oktober 1966 – hervorgegangen war. Auf der Zubehörliste fand sich Wünschenswertes wie ein attraktives Hardtop, eine Klimaanlage und Borrani-Speichenräder. Diesen beiden 4,4-Litern war nur eine kurze und nicht sonderlich ertragreiche (20 Cabriolets, 150 Coupés) Karriere beschieden.

Schon 1968 stahl ihnen der 365 GTB/4 die Schau und die Shows, und mit immer härter werdenden Bestimmungen wehrte sich der amerikanische Markt gegen die europäischen Immigranten. Dennoch fand fast die gesamte Spider-Produktion den Weg in die Vereinigten Staaten. Einen davon gestaltete Ferrari-Liebhaber William Harrah in seinen Werkstätten zu Reno, Nevada, in einen Targa à la Porsche um und erbrachte damit im wesentlichen den Nachweis, daß man mit erheblichem Arbeitsaufwand aus einem stolzen Schwan ein häßliches Entlein machen kann...

Fiat 124 Spider, Bj. 1982. Vierzylinder-Reihenmotor. 1995 cm³. 105 PS. 176,5 km/h. 12,2 s 0 - 100 km/h. Leihgeber: Max Eymann

Zum einhundertsten Geburtstag ihres Gründers Giovanni Agnelli im Jahre 1966 machte sich die Fabbrica Italiana di Automobili Torino, kurz Fiat, selbst ein Geschenk in Gestalt des 124 Spider. Das Präsent erwies sich als vital und ungemein zählebig und überstand sogar ein Exil in den USA zwischen 1976 und 1981 unbeschadet, wenn auch leicht geschwächt, da die strikten amerikanischen Emissionsbestimmungen einiges an Substanz kosteten. Schauplatz der publizistisch gebührend gewürdigten kleinen Feier war der Autosalon am Fiat-Standort Turin.

Daß der Erfolg des Spiders von Dauer sei, garantierte bereits seine klassisch-schlichte Linienführung aus der Feder von Sergio Pininfarina. Pikanterweise kleidete dieser auch die Konkurrenten von Alfa Romeo ein, aber so geschickt, daß den Besitzern Spielraum für zwei verschiedene Weltanschauungen blieb. Ohne die Ausstrahlung seines offenen Pendants mußte das 124 Sport Coupé auskommen, ein Produkt des Centro Stile Fiat, das auf der Genfer Ausstellung 1967 seine Aufwartung machte, und so verschwand es 1976 wieder von der Bildfläche.

Was ihre mechanischen Komponenten anbelangte, so handelte es sich bei beiden Modellen um Seitentriebe der großen Serien. Konstant und zeitlos effizient blieb die Konzeption des Fahrwerks mit doppelten Querlenkern vorn, einer von vier Längslenkern und einem Panhardstab geführten Starrachse hinten sowie Schraubenfedern ringsum. Von bewahrender Denkungsart inmitten einer Ära von ergonomisch durchgefeilten Cockpits zeugte auch bis in die achtziger Jahre das Armaturenbrett hinter dem flach stehenden Dreispeichenlenkrad, ein Brett in der Tat nach Art der Urväter, mit Holzfurnier und plan, gerade und aufrecht von der Tankuhr links bis zum Handschuhkasten rechts außen.

Um so nachhaltiger bemächtigte sich die Evolution der Motoren. Zunächst sublimierten die Fiat-Techniker aus der simplen Stoßstangenmaschine der 124 Limousine eine solche mit zwei obenliegenden Nockenwellen, die von einem Zahnriemen angetrieben wurden. Hubraum und Leistung stiegen von ursprünglich 1438 cm³ und 90 PS über 1608 cm³ und 110 PS (1969) auf 1756 cm³ und 118 PS (1972). Mit den 1995 cm³ von 1979 setzte sich die Expansion der Zylinderinhalte zwar fort, aber gegenüber dem Vorgänger büßte das in den Limousinen 131 und 132 massenhaft verbreitete Zweiliter-Aggregat 13 PS ein. Eine Bosch L-Jetronic versorgte nun die vier Verbrennungseinheiten anstelle der herkömmlichen Vergaser von Weber und Solex. Die Verdichtung wurde von 8,9 : 1 auf 8,2 : 1 reduziert, um den Betrieb mit bleifreiem Normalbenzin zu ermöglichen, und ein in den Auspufftrakt integrierter Abgaskatalysator stellte sich möglicher Kraftentfaltung mäßigend entgegen.

Für die zweite Hälfte der siebziger Jahre nämlich schickten die Fiat-Strategen ihren in einer Nische der Carrozzeria Pininfarina in rund 30 Exemplaren je Tag gebauten Spider ausschließlich in die Vereinigten Staaten. Dieser Schachzug löste bei einer Reihe von Getreuen andernorts Bedauern und Unverständnis aus. Auf der Frankfurter IAA 1981 war der offene 124 plötzlich wieder da, noch ganz im Amerika-Trimm, und wenig später machte man in der Vergangenheit Versäumtes auch verbal wieder gut. Denn nun hieß der Spät-Heimkehrer Spidereuropa, das älteste Fahrzeug im Fiat-Programm – und eines der attraktivsten.

Die finale Version Volumex mit mechanischem Kompressor und 135 PS, 1982 in Turin als Prototyp eingeführt und vom Sommer 1983 an für zwei Jahre produziert, machte ihrem Namen wenig Ehre: Unter den knapp 200 000 Exemplaren des 124 Spider insgesamt bildete sie mit rund 500 Einheiten nur eine verschwindende Minderheit.

Fiat Dino Spider, Bj. 1968. V6. 1987 cm³. 160 PS.
203,5 km/h. 9,8 s 0 - 100 km/h. Leihgeber: Matthias Meyering

Gewiß die leuchtendsten Farbtupfer in der Fiat-Palette der Nachkriegszeit bildeten die beiden Dino-Modelle. Die Präsentation des Spiders auf der Turiner Autoausstellung im Spätherbst 1966 und des Coupés im Frühjahr 1967 beim Genfer Salon koinzidierte mit der Vorstellung der entsprechenden sportlichen Derivate, die sich aus der Baureihe 124 herleiteten.

Bei der Geburt des Fiat Dino stand gewissermaßen die internationale Sportbehörde CSI Pate. Sie schrieb vor, daß die Motoren der ab 1967 gültigen Formel 2 einer Serienfertigung von mindestens 500 Stück pro anno entstammen mußten. Ferrari war interessiert und verfügte auch mit dem kompakten Leichtmetall-V6 des Ingenieurs Franco Rocchi von 1987 cm³ über ein geeignetes Triebwerk. Andererseits war die Kapazität der erlauchten kleinen Sportwagenschmiede entschieden überfordert, und so bahnte sich im Vorfeld der späteren Fusion die Zusammenarbeit mit Fiat an.

Kühn faßte man ins Auge, insgesamt 25 000 der kurzhubigen Kraftpakete unter die Leute zu bringen, quer vor der Hinterachse in den Dino aus Maranello, längs über die Vorderachse bei den Vettern aus Turin. Auf dem Prüfstand röhrte Rocchis V-Waffe bis zu 500 Stunden bei Vollast, Akkord für zwei obenliegende Nockenwellen je Zylinderreihe, zwölf große Ventile, geschmiedete Kolben mit ultrakurzem Schaft, die vierfach gelagerte Kurbelwelle aus nitriertem Stahl.

Der Dino-Pilot mußte sich grundsätzlich daran gewöhnen, die hohe Leistung im oberen Drehzahlbereich aufzusuchen. Erst bei 7200 U/min gab die etwas sanftere Fiat-Variante ihre Höchstleistung preis. Der günstigste Fahrbereich lag zwischen 5000 und 7500, dann mahnte Gelb auf dem Drehzahlmesser, und bei 8000 schließlich drohte Rot. Dennoch mangelte es nicht an Elastizität: Wer das wollte, konnte den Dino aus Tempo 30 im fünften Gang in 40 Sekunden über den Kilometer quälen, ohne daß der Motor aufmuckte, immer vorausgesetzt, daß die drei Doppelvergaser gut eingestellt waren.

Das Scherflein, das Fiat zu der Koproduktion beitrug, war im wesentlichen das Fahrwerk – konventionell, aber mit Kniff. Die Vorderräder wurden an doppelten Querlenkern geführt; Schraubenfedern mit innenliegenden Stoßdämpfern waren darüber angeordnet.

Die spur- und sturzkonstante Starrachse, an Einblattfedern aufgehängt, durch Schubstreben abgestützt und mit vier Stoßdämpfern auch gegen schlechte Wegstrecken gerüstet, sollte sich indessen als Provisorium entpuppen. Zweifellos diente der Dino dem Turiner Giganten primär zum Vorzeigen, und so wurde mit nichts gegeizt, was gut und teuer ist. In jedem einschließlich der Räder 30 kg Magnesium verbaut, womit insgesamt 55,5 kg abgespeckt wurden.

Die serienmäßige Differentialsperre wirkte dem Durchdrehen eines Antriebsrades entgegen, und mit den hochwirksamen und spurtreuen innenbelüfteten Scheibenbremsen behielt man das wieselflinke Auto jederzeit im Griff. Die Karosserie des Spiders, der die geduckte Front und das wuchtige Heck das Profil gaben, stammte von Pininfarina. Runde Kotflügelschwünge erinnerten vage an Ferrari-Rennsportwagen wie etwa die Dino 166 P und 206 S, und auch das längliche Oval des Kühlergrills ließ Reminiszenzen an die illustre Verwandtschaft aufkommen.

Fiat Dino Coupé, Bj. 1972. V6. 2418 cm³. 180 PS.
208 km/h. 8,6 s 0 - 100 km/h. Leihgeber: Hugo Wespi

Gedrungen und handlich, kam Fiats Feinster mit 2280 mm Radstand aus (Coupé: 2550 mm) und war 53 mm kürzer sowie 50 mm niedriger als der Konkurrent Porsche 911. In den Front-Fauteuils waren Personen von beliebigem Umfang und von beliebiger Größe glänzend aufgehoben, während ein längeres Verbleiben auf den gepolsterten Notsitzen im Fond Dreierlei voraussetzte: man mußte winzig, wendig und dem Auto von Herzen zugetan sein. In erster Linie war die Zusatz-Zelle als Filiale zum Kofferraum gedacht, denn dieser war äußerst flach ausgefallen.

Die Routine Pininfarinas verriet das Faltdach, eine solide und funktionelle Konstruktion, die selbst jenseits der 200 km/h nicht ins Schwingen oder Flattern geriet. Das Rückfenster war seitlich herumgezogen und stand daher dem Blick zurück kaum im Wege. Man konnte es bei geschlossenem Verdeck mit einem Reißverschluß öffnen und herunterklappen und kam auch so in den Genuß von frischer Luft und des gleichsam auf Zimmerlautstärke gedämpften Auspuffbaritons, der in den Formel-2-Ferrari zu einem knöchern-harten Bellen wurde.

Penible Sorgfalt bis ins kleinste Detail hatte man der Karosserie und der Ausgestaltung des Inneren angedeihen lassen. Der Dino Spider verwand sich kaum. Seine Türen schlossen satt, und leicht ließen sich die Kurbelfenster betätigen. Das Instrumentarium war üppig und den

noch im unmittelbaren Blickfeld des Fahrers zusammengefaßt, während ein raffiniert ausgeklügeltes Belüftungssystem den Wohnraum unter allen Umständen angenehm temperierte.

Das Dino Coupé trug unverkennbar die Handschrift seines Schöpfers Bertone. Es trat die Nachfolge des Fiat 2300S als sportliches Reise-Mobil an und war mit seiner weich fließenden Linienführung offenbar darauf abgestellt, auch weiblichen Augen zu gefallen. Die Viersitzigkeit stand nicht nur im Prospekt: Auf den hinteren Schalensitzen fanden zwei Erwachsene kommod Platz. Weniger gelungen als in der offenen Spielart war die Ausstattung des Cockpits. Man sehe wohl, merkte auto motor und sport 1968 an, daß stilistische Raffinesse bezweckt sei, aber vieles hätte sich doch wohl einfacher lösen lassen. Und um sich durch die Möglichkeiten für die Luftzufuhr hindurchzufinden, brauche man schon ein kleines Privatstudium.

Zum Einschnitt in der Modellgeschichte geriet das Jahr 1969. Auf der Turiner Ausstellung erschienen die Dino gründlich revidiert. Das Fundament der Maschine bildete jetzt der gußeiserne Block aus dem Fiat 130. Mit 2418 cm³ schöpfte sie mehr aus dem vollen als der frühere Zweiliter und aktivierte 180 PS. Des bisherigen Kompromisses überdrüssig, hatte man der Starrachse ein konstruktives Mißtrauensvotum erteilt. Auch die Hinterräder waren jetzt einzeln aufgehängt mit stabilisierendem Dämpferbein und Schräg- und Querlenkern. Trotz ihrer offensichtlichen Qualitäten wurden die Fiat Dino nie zu Verkaufsschlagern, nicht einmal in dem ursprünglich abgesteckten engen Rahmen. Am Ende wurde ihre Fertigung ganz nach Maranello ausgelagert, und man ließ es bei 1557 Spidern und 6042 Coupés bewenden...

Jensen Interceptor III Convertible, Bj. 1976. V8 Chrysler. 7212 cm³. 284 PS. 203 km/h. 7,6 s 0 - 60 mph. Leihgeber: Mike Wyndham

Wenn auch ihr Name nicht so elegant ins Ohr und von der Zunge ging wie die der italienischen Marktführer, erwarb sich die Jensen Cars Ltd., West Bromwich, Staffordshire, mit den Modellen Interceptor und FF (für Formula Fer-

guson) dennoch die Mitgliedschaft in der feinen Loge derer, die Supersportwagen herstellen. Man war sich des kleinen Unterschieds durchaus bewußt und zelebrierte ihn regelrecht. Ein Interceptor kostete 1970 in Deutschland 65 200 Mark, und eine auf die Rechnung gestempelte Klausel besagte, es liege im beiderseitigen Interesse, die Exklusivität der Jensen-Automobile und ihres Käuferkreises zu wahren. Das Vertragsunternehmen erhalte daher bei einer Wiederveräußerung des jeweiligen Fahrzeugs das Vorkaufsrecht.

Wie es zu soviel freimütig bekanntem Selbstbewußtsein kam? 1965 hatte der Vorgänger CV8 und mit ihm ein ganzes stilistisches Konzept gleichsam Runzeln angesetzt, wirkte antiquiert und auch ein bißchen langweilig. Man rang sich zwar dazu durch, die Mechanik des CV8 beizubehalten, das robuste Rohrrahmenchassis also, Einzelradaufhängung vorn an Querlenkern und Schraubenfedern, hinten Starrachse an Blattfedern und Panhardstab, den voluminösen Chrysler-V8 und die Torqueflite-Automatik als Regelfall.

Im übrigen gedachte man Italiens gestandene Couturiers zu konsultieren. Das Management brach zu einer kurzen Dienstreise in den Süden auf und brachte einen ziemlich komplizierten Kontrakt mit nach Hause, nach dem Vignale die Pressen zu einem Entwurf der Carrozzeria Touring fertigen und dann nach West-Bromwich spedieren sollte. Das Produkt anglo-italienischen Einvernehmens aber war in der Tat attraktiv ausgefallen: wohlproportioniert, viersitziggeräumig mit einem markanten Bootsheck und einer mächtigen hinteren Scheibe, mit der sich der Zugang zum Kofferraum eröffnen ließ.

Wo sich der Interceptor an einer Ventilationsöffnung hinter den Vorderrädern erkennen ließ, wies der FF deren zwei auf. In seinem ansonsten fast gleichen Gewand verbarg sich Vierradantrieb, Patent Harry Ferguson, gepaart mit dem Antiblockiersystem Maxaret von Dunlop, und man hatte die Vorderachse um 100 mm in Fahrtrichtung verlagern müssen, um das zweite Differential unterzubringen. Was theoretisch und praktisch als vernünftig-innovativ und sicher bestach, hatte allerdings auch seine Tücken, erwies sich als anfällig, kostspielig und komplex, und so blieb es bei 318 FF im

Zeitraum zwischen dem Debüt auf der London Motor Show 1966 und dem Dezember 1971. Das konventionellere Auto brachte es auf die beachtliche Stückzahl von 6387, bevor der winzige Betrieb mit dem großen und wohl auch berechtigten Anspruch 1976, da unrentabel geworden, seine Pforten schließen mußte.

Der ersten Baureihe folgten im Oktober 1969 ein Mk II und genau zwei Jahre später der Mk III, dessen SP-Version motorisch noch einmal zulegte, denn der Interceptor-Pilot gebot nun über 350 SAE-PS, von denen die striktere DIN-Norm noch immer eine Menge übrigließ, und jeder Zylinder des flüsternden Chrysler-Riesen von 7212 cm³ hatte soviel Hubraum wie die Maschine eines Fiat 127. Aus Gründen der Rationalisierung erhielten im Herbst 1973 alle Interceptor dieses Triebwerk, so auch das ab 1974 lieferbare Convertible. Dessen gefällige Form hatte man kurzerhand selbst aus dem Vignale-Coupé abgeleitet, durchaus zur Freude auch des kalifornischen Autohändlers Kjell Kvale, der die Firma seit 1970 kontrollierte, ohne indes ihren Niedergang schließlich aufhalten zu können.

1966 hatte der Journalist und Buchautor L.J.K. Setright in Car über den Interceptor geschrieben, es sei vernünftig, ihn mit sieben Zehnteln zu fahren. Lege man um ein weiteres zu, sei nicht sicher, ob er sich nicht umdrehen und beißen würde. Das galt wohl auch für den Umgang mit der kleinen Autoschmiede Jensen selbst...

Lamborghini P 400 Miura SV, Bj. 1971. V12. 3929 cm^3. 385 PS.
285 km/h. 4,5 s 0 - 100 km/h. Leihgeber: Nicolas del Vecchio

Er schlug ein wie eine Bombe – mit Zeitzünder. Denn die Besucher der Turiner Autoausstellung im Herbst 1965 bekamen nur einen Torso zu sehen, ein dramatisch ausschauendes rollendes Chassis, in dessen Heck die Lamborghini-Ingenieure Dallara, Stanzani und Wallace in ihrer Freizeit quer zur Fahrtrichtung den mächtigen V12 des Hauses gepfercht hatten. Ein faszinierendes Experiment sei das, prächtig, aber nicht praktikabel, war der Tenor der Kommentare.

Zum Genfer Salon im Frühling des kommenden Jahres aber erschien der Miura bekleidet mit der Kreation eines Bertone-Teams unter der Leitung des 27jährigen Marcello Gandini, und allen verschlug es die Sprache. Der dritte Streich folgte mit dem Grand Prix von Monte Carlo zwei Monate später, als Wallace den Debütanten mitten hinein in den hermetisch abgeriegelten Circuit auf einen Schau-Platz neben dem Casino schmuggelte, eine Lamborghini-Tradition begründend. Zu diesem Zeitpunkt konnte sein Arbeitgeber über die ursprünglich anvisierte Stückzahl von 20 Miura nur noch lächeln, denn bei ihm häuften sich Orders und Anzahlungen.

Am Ende, 1972, hatten 765 Kopien des hüfthohen Coupés die properen Werkshallen zu Sant'Agata Bolognese verlassen, weit mehr, als es Männer gab, die in der Lage waren, die schöne Bestie zu bändigen. Rücken an Rücken mit dem Dompteur warteten – oder drohten – nämlich 350, in der S-Version von 1969 370 und im SV (= Super Veloce), der Apotheose der Baureihe 1971, gar 385 Pferdestärken, freigesetzt zu werden, wozu man im wesentlichen den Widerstand von zwölf Drosselklappen überwinden mußte. Dann aber fanden sich 24 Ventile, das Dutzend der im Rückspiegel gerade noch sichtbaren Ansaugstutzen, das komplexe Auspuffgeflecht und der Fahrtwind zu einem Konzert zusammen, das man beurteilen mochte wie moderne Musik – als sublim oder verrückt.

Mit dem Einführen des ersten Gangs in den dafür vorgesehenen Schlitz der offenen Kulisse setzte ein fast schon rauschhaftes Fahrerlebnis ein, auch wenn unersättliche Journalisten nörgelten, daß die vom Hersteller verheißenen 310 km/h nicht einmal mit der längsten Hinterachsuntersetzung zu erreichen seien. Alle vier Räder wurden an Trapez-Dreieckquerlenkern geführt, und bis in einen weit jenseits des üblichen angesiedelten Grenzbereich hinein benahm sich der Miura exemplarisch-gutartig und neutral, ehe er wütend mit dem Hinterviertel auskeilte.

Das Gepäckkämmerlein hinter den Antriebsrädern verdiente nicht einmal mehr diesen Namen, und vor dem Start, empfahl der belgische Journalist Paul Frère, solle man scharf überlegen, ob man ein Jackett anziehen wolle oder nicht, später gebe es keine Ablagemöglichkeiten mehr. Gegen Hitze von hinten waren die Insassen durch ein mit Polystyren dick wattiertes Aluminiumschott abgeschirmt, und auch das schwarze dachförmige Schindel-Grill hinter der senkrecht eingeschalten kleinen Heckscheibe führte Lärm und Hitze ab.

Andererseits konnte die winzige Fahrgastzelle auf Grund des Sonneneinfalls durch die voluminöse flache Frontscheibe zur Sauna werden. Mit dergleichen Unbill, zuckte Ferruccio Lamborghini die Achseln, müsse sich die Miura-Klientel halt abfinden, auch damit, daß die Klappscheinwerfer, in Ruhestellung auf das Nichts gerichtet, ab Tempo 150 nicht mehr zu gebrauchen waren. Aber welcher Lebenskünstler, fügte er hinzu, verbringe schon seine Nächte im Auto...

Leihgeber: Reinhold Ficht

Lotus Europa Special, Bj. 1975. Vierzylinder-Reihenmotor. 1558 cm³. 126 PS.
197,9 km/h. 6,6 s 0 - 60 mph. Leihgeber: Volker Roth

Ein ganzes Bündel von Absichten verfolgte Lotus-Züchter Colin Chapman, als er 1966 seine jüngste Kreation vorstellte, den Europa. Zum einen erwartete man von ihm, für den die Sensation zum Tagesgeschäft geworden war, einen Straßensportwagen mit Mittelmotor, ähnlich seinen Monoposti, die ihm 1963 und 1965 zwei Weltmeisterschaften unter Jim Clark beschert hatten. Zum anderen bedurfte es mehr als nur einer Geste, eine gewisse Unabhängigkeit von Ford und Offenheit nach allen Seiten zu beweisen.

Renault-Aggregate boten sich an, um so mehr, als man den hüfthohen Zweisitzer vor allem zu exportieren gedachte, und der französische Journalist Jabby Crombac stellte die entsprechenden Weichen zu dem Staatskonzern. Zum dritten würde irgendwann das antikische Fahr-Gerät Lotus Seven nach Wachablösung verlangen, mit ihm seine nicht allzu solvente, zumeist jugendliche Kundschaft, der man überdies die halb choreographische, halb akrobatische Übung zumuten konnte, in den Europa einzusteigen.

Dessen Rahmen bildete, wie im Elan, ein rigides Gebälk aus Stahlblech, welches indessen vorn in ein T überging, wo es sich in jenem gabelte. Dafür nahm das hintere Y die Einheit von Motor (Vierzylinder, 1470 cm³, 82 PS) und Übertragung auf, die gegenüber dem Fronttriebler Renault 16, aus dem sie stammten, um 180 Grad gedreht worden waren. Gleichzeitig modifizierte man das Differential,

denn sonst hätte der Europa-Pilot vier Rückwärtsgänge und nur eine kurz übersetzte Fahrstufe für konventionelle Vorwärtsbewegung vorgefunden.

Die Hinterachsführung übernahm eine Konstruktion aus eigenem Hause, eine Art Schräglenkerachse, bei der eine diagonale Strebe die Längskräfte aufnahm, während die seitliche und senkrechte Stabilisierung durch einen Querlenker und die Antriebswelle gewährleistet wurde. Die Hinterräder wurden durch simple Trommeln, die vorderen, die an doppelten Querlenkern und mit Schraubenfedern zu einem Bauteil kombinierten Stoßdämpfern aufgehängt waren, durch Scheibenbremsen verzögert.

Die Kunststoff-Karosserie bildete zunächst mit dem Chassis eine unzertrennliche Einheit, und die gewölbten Seitenscheiben waren starr, was den lässig lagernden Lotus-Lenker daran gehindert habe, dem sich in unterwürfiger Haltung nähernden Ordnungshüter zu erklären, er habe es nicht getan, wie Europa-Biograph John Bolster spottete. Mit der Serie 2, die im April 1968 auf den Markt kam, waren diese Mängel behoben: Der Aufbau ließ sich nun entfernen, und elektrische Fensterheber sorgten relativ zuverlässig für Sauerstoff von links und rechts, ein Luxus neben anderen Maßnahmen, die der Aufwertung des Modells dienlich waren, wie zum Beispiel eine reichhaltigere Instrumentierung.

Mit dem Twin Cam von 1971 vollzog Colin Chapman einen Salto rückwärts, denn in diesem ersetzte das aus dem Elan bekannte Ford-Triebwerk, auf dessen Graugußblock ein Leichtmetall-Zylinderkopf mit zwei obenliegenden Nockenwellen geschraubt war, den gallischen Gastarbeiter. Zugleich beschnitt man die seitlichen Heck-Finnen, die den Blick nach hinten tunnelartig beengt hatten, ohne dieses Ärgernis ganz abzustellen. Ferner charakterisierten "Spinnen"-Felgen mit acht Speichen und zwei Tanks die dritte Variante, der im September 1972 als Krönung der Baureihe der Europa Special folgte, mit der Big-Valve-Maschine von 126 PS, die auch zeitgenössische Elan zu bemerkenswerten Leistungen animierte, und einem Renault-Fünfganggetriebe, zunächst als Option, später als Regelfall. 9230 Europa gab es insgesamt, etliche von Heimwerkern zusammengezimmert. Nur die schärfste Version, den Lotus 47, hatte man zu den Rennstrecken abgeordnet. Aber irgendwie paßten sie alle dorthin.

Maserati Ghibli Coupé 4700, Bj. 1968. V8. 4719 cm³. 330 PS. 257 km/h. 7 s 0 - 100 km/h. Leihgeber: Peter Bucher

Wurden Weggefährten im Zeichen des Dreizacks wie der Mexico oder der Quattroporte eher mit Höflichkeitsapplaus bedacht, so löste der Ghibli bei den wenigen, die ihn sich leisten konnten, und bei den vielen, die in schwachen Stunden von ihm träumten, wahre Beifallsstürme aus, das Coupé seit der Turiner Ausstellung 1966, der Spider von der gleichen Veranstaltung zwei Jahre später an.

In der Weltrangliste der erstrebenswerten Automobile seiner Zeit rangierte das schöne Paar sogar vor so ernsthaften Konkurrenten wie dem Ferrari 365 GTB/4. So auch in den Preislisten: 1969 etwa kostete der Daytona 63 000 Schweizer Franken, der Ghibli 65 500, jeweils in der geschlossenen Version. Dabei hob sich der Maserati, benannt nach einem Wüstensturm, in technischer Hinsicht von den anderen Modellen des Modeneser Hauses kaum ab: ein handgefertigtes Klasseauto, simpel konstruiert, auf hohe Leistung abgestellt.

Wenn der Käufer den Scheck hastiger ausstellte als gewöhnlich, lag das an der Karosserie, einem Meisterstück italienischer Couture, Entwurf: Giorgetto Giugiaro, Realisation: Carrozzeria Ghia. Man fand keinen Fehl, nur Perfektion, ob es sich nun um die flachen Vertiefungen handelte, in die die beiden Tankklappen eingelassen waren, um die zur Kühlereinfassung umfunktionierte Stoßstange oder den leicht eingekerbten Schwung des riesigen Vorderteils. Die Linie des Ghibli lebte davon, daß mit vollen Händen Raum verschwendet wurde. Er beanspruchte den Parkplatz einer fünfplätzigen Mittelklasselimousine, gewährte aber nur zwei Passagieren Domizil, Sitzriesen zu unterwürfigem Neigen des Hauptes veranlassend.

Hinter dem durch einen voluminösen Getriebetunnel getrennten Front-Gestühl erstreckte sich, mit einem weichen Teppich ausgelegt, eine üppige Ablagefläche. Sie diente zugleich als Kofferabteil, und unter der großen Heckscheibe fand sich des Ghibli-Piloten Habe, je nach Fahrstil, vor den Augen einer bewundernden Öffentlichkeit zu immer neuen Arrangements zusammen. Daß man darin bei heftiger Sonneneinstrahlung nicht auch Spiegeleier braten konnte, verhinderte die effiziente serienmäßige Klimaanlage, deren Kunst-Kälte bereits 30 Sekunden nach ihrer Betätigung aus den Düsen drang.

Die elektrisch schwenkbaren Doppelscheinwerfer verbrachten den Tag gewissermaßen im Exil und begaben sich reichlich träge in ihre Dienst-Stellung, als Lichthupe lediglich bedingt zu gebrauchen. So hob sich der Wagenbug hinter dem wenige Zentimeter hohen Kühlergitter nur mählich. Dem gleichen Ziel, nämlich den Ghibli niedrig zu halten, diente die Wahl einer Trockensumpfschmierung, die es gestattete, den V8 tiefer ins Fahrgestell einzulassen. Die acht Ansaugtrichter der vier Weber-Doppelvergaser verteilten das Gemisch auf Zylinderreihen, die sich im Winkel von 90 Grad spreizten.

Die Hubräume der Verbrennungseinheiten addierten sich zu 4719 cm³ und später, im SS, auch zu 4930 cm³. Block, Köpfe und Ansaugkrümmer bestanden aus Leichtmetall, und statt der einsamen zentralen, die seinen amerikanischen Kollegen gestattet waren, hatte Chefingenieur Giulio Alfieri vier obenliegende Nockenwellen in schwarz schrumpflackierten Gehäusen untergebracht. Henry Ford II schien das zu mögen – er fuhr einen Maserati Ghibli, da schließlich auch der Wegweiser nicht den Weg geht, den er anzeigt.

Maserati Ghibli Spider 4900 (SS), Bj. 1972. V8. 4930 cm³. 335 PS.
257,4 km/h. 6 s 0 - 60 mph. Leihgeber: F. W. Overländer

Auf eine Drehung des Zündschlüssels hin meldeten sich 330 PS beziehungsweise 335 PS (im SS) zu Wort. Reinhard Seiffert attestierte der kleineren Maschine 1969 in auto motor und sport "310 echte DIN-PS" und schilderte deren

Stimmgewalt schon bei niedrigen Drehzahlen: Schlafende Hunde spitzten die Ohren, ernste Männer erhöben sich vom Schreibtisch, und brave Hausfrauen legten Rouge auf und rückten den Knoten zurecht.

Die Betriebsanleitung versicherte dem Eigner des Ghibli, dessen Auspuffanlage sei zwar vom Ispettorato Generale della Motorizzazione zugelassen, was aber keineswegs besage, daß die zulässige Geräuschgrenze nicht bei bestimmten Bedingungen überschritten werde. Diese Bedingungen eintreten zu lassen gehörte zu den ständigen Versuchungen für den Lenker des schnellen Italieners, wobei sich der Leih-Wagen des Stuttgarter Magazins mit 274,8 km/h als ganz ungewöhnlich hurtig erwies.

Vielleicht hatte man ihm eine kleine Extra-Frisur angedeihen lassen, vielleicht lag es daran, daß bei den Messungen Maserati-Cheftester Guerrino Bertocchi nicht anwesend war, der stets auf Schonung seiner Schützlinge drängte, obwohl in seinen besten Zeiten nur Juan Manuel Fangio das Autodromo di Modena schneller umrundete als der Veteran aus den Gründerjahren der Firma mit dem Trident im Schilde.

Neben Mannesmut erforderte der Umgang mit dem Ghibli auch Muskelkraft, schon um den hinhaltenden Widerstand des Fünfganggetriebes von ZF zu überwinden, vor allem aber beim Parken und dies, obwohl die Lenkung mit vier Umdrehungen von Anschlag zu Anschlag sehr indirekt übersetzt war. Auf Wunsch gab es ihn mit Servohilfe und einer Borg-Warner-Automatik, was in dieser Konstellation allerdings das Stirnrunzeln und Naserümpfen des Puristen hervorrief.

Die Unterseite des Anderthalbtonners zeugte von einer Denkungsart, die zäh bewahrte, was einst die Väter als richtig erkannt hatten, abgesehen von den fetten Campagnolo-Rädern. Der Aufbau war selbsttragend mit einem vorderen Hilfsrahmen, der Radstand mit 2550 mm kürzer als beim Mexico (2640 mm). Einzelradaufhängung an Trapez-Dreieckquerlenkern vorn stand eine hintere Starrachse mit Längslenkern und Halbelliptikfedern gegenüber. In schnell gefahrenen Kurven schob der Ghibli normalerweise leicht geradeaus. Aber man verfügte über genug Leistung, wollte man ihn zum Übersteuern zwingen – weitere Direktiven mußten ihm dann mit dem Gaspedal erteilt werden. Die Girling-Scheibenbremsen (vorn mit zwei Zangen) bekamen das Schwergewicht unter allen Umständen gut in den Griff, obwohl sich das Pedal merkwürdig weich und elastisch anfühlte.

Gegenüber 1149 Coupés blieben die Spider mit 125 Exemplaren entschieden in der Minorität. Gleichwohl standen sie jenen an Attraktivität nicht nach, nicht einmal wenn das Zeltverdeck errichtet war, das man bei schönem Wetter unter

einem Blech verschwinden lassen konnte. Dies zu tun sei indessen scheueren Naturen, die lieber in der Anonymität des Verborgenen wirken, nicht angeraten. Ein offener Ghibli erregt nämlich auch heute noch soviel Aufmerksamkeit wie jemand, der aus karitativen Gründen Tausendmarkscheine verteilt.

De Tomaso Mangusta, Bj. 1971. V8 Ford USA. 4728 cm³. 306 PS.
242 km/h. 6 s 0 - 100 km/h. Leihgeber: Wolfgang Spohn

Eigentlich war Alessandro de Tomaso, Jahrgang 1928, nach Italien gekommen, um mit den roten Rennern, die dort gebaut werden, Ehre und Anerkennung zu erringen wie seine argentinischen Landsleute Fangio, Gonzalez oder Marimon vor ihm. Obwohl er respektable Leistungen zeigte, blieb ihm indessen der Durchbruch in die Schlagzeilen verwehrt, ebenso seinen eigenen Rennwagen viele Jahre später. Nur trauriger Ruhm stellte sich ein, am 21. Juni 1970, als der junge Engländer Piers Courage beim Grand Prix von Holland in einem De Tomaso verbrannte.

Schon früh in den sechziger Jahren hatte der Argentinier seinen Stamm-Stand beim Turiner Autosalon, wo er Selbstgemachtes zur Schau stellte, Sportwagen, fast immer Einzelstücke, L'art pour l'art, Versprechen gewissermaßen, die nicht gehalten wurden. Man begann gerade, sich an De Tomasos Unikate zu gewöhnen und ein bißchen über sie zu lächeln, da erschien 1966 an der gewohnten Stelle der Mangusta, zu deutsch der Mungo.

Plötzlich war alles ganz anders, wie schon der boshaft sprechende Name verriet: Die flinke Schleichkatze gehört zu den wenigen Lebewesen, die mit der Cobra fertigwerden, und eben dies sollte Alessandro de Tomasos in Modena gezüchteter Mangusta mit Carroll Shelbys Cobra tun, und zwar in Gewinn bringender Verbreitung. Inzwischen hatte nämlich des nimmermüden Enthusiasten Gattin Isabelle, eine frühere amerikanische Rennfahrerin, nicht unvermögend und mit einem wachen Sensorium für Geschäftliches ausgestattet, die diffusen Energien de Tomasos gezügelt und gebündelt. Und überdies hatte man die renommierte Turiner Carrozzeria Ghia erstanden, woran Isabelles Schwager nicht ganz unbeteiligt war, seines Zeichens Hauptgesellschafter der Rowan Company.

Von Ghia stammte denn auch die Karosserie des Mangusta, eine Kreation von kühner Zweckmäßigkeit, allerdings auch von der Art, die die Anwesenheit von Passagieren fast schon überflüssig macht, so karg war die dafür vorgesehene Kanzel bemessen. Angeschlagen an einen mittleren in Fahrtrichtung verlaufenden Holm, ließen sich hinten zwei riesige Teilhauben aufklappen, Deckeln von Konzertflügeln gleich. Was darunter indessen, unter anderem, zum Vorschein kam, war nichts zart Besaitetes, sondern eher ein großkalibriges Blechblasinstrument.

Zwischen den Rücklehnen der Sitze und der Hinterachse, direkt verbunden mit einem Fünfganggetriebe der Zahnradfabrik Friedrichshafen, klemmte nämlich einer der Ford-V8 mit 4728 cm³, die in großen Kisten aus Detroit in der Modeneser Via dei Vitali 55 – die Anschrift wechselte häufig – angeliefert wurden. Dem festlichen Anlaß entsprechend hatte De Tomaso den brutal brotzelnden Amerikaner mit außen schön geriffelten eigenen Zylinderköpfen, versehen mit seinem Namenszug, aufbereitet, während die für den Reimport in die Vereinigten Staaten bestimmte 4949-cm³-Version mit ihren 220 PS naturbelassen blieb.

Ein trutziger Zentralträgerrahmen sorgte für das gebotene Rückgrat, die auf verschieden großen Reifen (185 HR 15/225 HR 15) rollenden Räder waren einzeln an Trapez-Dreieckquerlenkern und Schraubenfedern, hinten mit Schubstreben, aufgehängt. Mit 68 Prozent seines Gewichts im Hinterviertel war de Tomasos Mungo (bis 1971 450 Exemplare) nicht nur nicht sonderlich gutartig, sondern näherte sich vor allem bei Nässe fast schon der Niedertracht des Reptils, auf das er angesetzt war...

Triumph GT6 Mark 3, Bj. 1973. Sechszylinder-Reihenmotor. 1998 cm^3. 104 PS.
180,2 km/h. 10,1 s 0 - 60 mph. Leihgeber: Hans-Robert Horn

Seit dem Oktober 1965 war der MGB GT harte Realität. Wollte die Standard-Triumph International Ltd. dem schmukken Coupé des Erzrivalen in Abingdon ein geschlossenes Äquivalent entgegenstellen, war entschlossenes Handeln geboten. Man griff auf ein probates Verfahren zurück: Die Triumph-Karten wurden einfach neu gemischt. Folgendermaßen sah das Blatt aus, das man anschließend auf der Hand hielt: Motor und (vollsynchronisiertes) Getriebe vom Modell 2000, Fahrwerk und Karosserie vom Spitfire, dazu, als Trumpf-As aus dem Ärmel, eine unverrückbar festsitzende Stahlüberdachung des italienischen Gaststylisten Giovanni Michelotti.

Formal war der GT6 – die 6 stand für die Zahl der in Reihe angetretenen Zylinder – ohne Zweifel gelungen und erzielte auch Stiche auf Grund praxisgerechter Details wie der großen Hatchback-Tür, die einen voluminösen Kofferraum bequem zugänglich machte. Hatte sich der GT6-Pilot, der sich für diese Aufgabe vor allem durch jockeyhaften Wuchs und jugendfrische Biegsamkeit qualifizierte, dem winzigen Wägelchen in unterwürfiger Haltung genähert und sich durch die niedrige Tür eingefädelt, erwarteten ihn intime Enge hinter Walnußfurnier, schwarzen Rundinstrumenten und knackenden Kippschaltern sowie Spitfire-untypischer Luxus wie weicher Teppichflor über dem Fußboden.

Spätestens auf Holperstraßen bedauerte er indessen, kein nachgiebiges Roadsterverdeck über dem geschundenen Schädel zu haben. Denn dann wurde der kleine Brite unwirsch, stampfte und stieß, versetzte und sprang, und allzu schwache Stoßdämpfer vermochten nicht, den Aufgebrachten zu besänftigen. Überhaupt hatte die Neu-Komposition Probleme aufgeworfen. Die beiden zusätzlichen Verbrennungseinheiten, auf deren Dasein ein kesser Höcker auf der Motorhaube hinwies, verlagerten das Gewicht der Maschine in den Bug hinein. Dies und das Eigenleben der Pendelachse erzeugten ein geradezu diabolisches Kurvenverhalten, von dem beklemmenden optischen Eindruck ganz zu schweigen. Bei scharfer Fahrt im Grenzbereich schienen die vier Räder sich nämlich gänzlich uneins zu sein über den einzuschlagenden Kurs – wie Mitglieder der Knesseth während einer stürmischer verlaufenden Sitzung.

15 818 Exemplare der ersten Serie, die im Oktober 1966 vorgestellt worden war, waren gebaut, da stellte man im Mark 2 von 1968 diesen Mißstand ab mit der ebenso aufwendigen wie effizienten Führung der Hinterachse an umgekehrten Dreieckquerlenkern, Schubstreben und, wie gehabt, einer oberen Querblattfeder. Diese kostspielige Lösung überlebte die nächsten beiden Modelljahre und 12 066 Einheiten nicht, und der Mark 3, der bis 1973 13 042 Mal aufgelegt wurde, entsprach in fast allen Punkten der Mark-4-Version des nächsten Anverwandten Spitfire.

Die Leistung des sanft summenden kleinen Sechszylinders stieg von 95 PS (Mark 1) auf 104 PS mit den Zylinderköpfen des TR5 (Mark 2 und 3), während er auf dem Altar der amerikanischen Emissionsbestimmungen schmerzlich zur Ader gelassen wurde, denn am Ende waren nur noch 79 PS übrig.

Die mittelbaren Folgen der strikten US-Gesetzgebung, die triste Regel, daß bei mangelnder Nachfrage irgendwann das Angebot aufhört, und eine unwirtlicher werdende Konjunkturlandschaft führten schließlich dazu, daß man das Projekt GT6 wie Ballast abwarf.

Alfa Romeo Montreal, Bj. 1972. V8. 2593 cm³. 200 PS.
223,6 km/h. 7,6 s 0 - 100 km/h. Leihgeber: H.-J. Reinhardt und Koni Lutziger

Der Alfa Romeo Montreal gehörte zu den seltenen Träumen, die in das Reich des Käuflichen herübergezogen werden können. Ein Schau-Stück, das die Carrozzeria Bertone bei der Expo 1967 in Montreal präsentierte, stand dort mit ausdrücklicher Billigung von Alfa Romeo, denn vor der Hinterachse war der Zweiliter-Achtzylindermotor aus dem Renntyp 33 des Mailänder Hauses eingebaut. Nachdem man den schönen Exoten auf dem Versuchsgelände in Balocco inmitten der Poebene durch seine Gangarten gehetzt hatte, verpflanzte man die Maschine in den Bug – inzwischen eine zivilisierte Variante des 2,5-l-Aggregats, das auf der Tasman-Rennserie eingesetzt worden war.

Es war auf 2593 cm³ aufgebohrt und leistete immerhin noch 200 PS. An die von Bertone vorgesehene Mittellage des Triebwerks erinnerten die seitlichen horizontalen Schlitze, durch die es seine Atemluft beziehen sollte. Sie waren zu Einlässen für die Belüftung des Innenraums verkümmert. Streiks und die vorrangig behandelte Entwicklung der Modelle Alfasud und 116 verzögerten die Serienproduktion des neuen Flaggschiffs, das im März 1970 beim Genfer Salon publizistisch vom Stapel lief, bis zum Anfang des Jahres 1971.

Rundliche Formen und eine etwas hochbeinige Silhouette gemahnten daran, daß die ursprüngliche Konzeption inzwischen ein bißchen in die Jahre gekommen war, taten aber der Attraktivität des Montreal nicht den geringsten Abbruch. Zu seinen Eigenheiten zählten die Lamellen über den Scheinwerfern, die sich per Unterdruck automatisch öffneten, wenn man das Licht einschaltete, und der imposante zentral mündende Doppelrohrauspuff, durch den sich der kompakte Achtzylinder bei niedriger Fahrgeschwindigkeit mit potentem Brabbeln Gehör verschaffte.

Mit zunehmendem Tempo mußten die Passagiere immer mehr auf diesen Ohrenschmaus verzichten, der schließlich vom Cocktail der übrigen Fahrgeräusche einfach überlagert wurde. Der Kurzhuber, dessen 16 Ventile von vier Nockenwellen in Trab gehalten wurden, bespielte ein breites Drehzahlband zwischen 1500 und 7000 U/min und zeigte sich jenseits der 5500 U/min von seiner besten Seite, wobei ihm ein gut gestuftes und vergnüglich zu schaltendes Fünfganggetriebe von ZF kongenial zur Seite stand. Da gut essen soll, wer viel arbeitet, wollte er allerdings auch mit im Schnitt 20 l je 100 km/h bei Laune gehalten werden, was durch eine sinnlos schwankende und blinkende Anzeige eher verhohlen als dem Piloten ins Bewußtsein gerückt wurde. Mit einem Stellhebel im Motorraum konnte dieser die Einspritzmenge entsprechend der Jahreszeit in drei Stufen dosieren.

Vergleichsweise bieder kam der Montreal daher, was sein Fahrwerk anbelangte. Es entsprach nämlich dem der weniger spektakulären Alfa-Modelle aufs Haar: vorn Einzelradaufhängung an Querlenkern und Schraubenfedern, Stabilisator, hinten eine gut geführte Starrachse, die allerdings freudig versetzte und sich sogar bei Fugen in schnell gefahrenen Autobahnkurven bemerkbar machte. Zu weiche Stoßdämpfer führten dazu, daß der schnelle Italiener bei Vollbremsungen tauchte, daß heißt vorne ein- und hinten ausfederte.

Der Montreal diente vornehmlich als Galionsfigur und führte somit das Dasein eines nützlichen Parasiten, das sich nicht unmittelbar in barer Münze auszahlte. Als der Staatsbetrieb begann, Verluste zu erleiden – 3925 Exemplare des Nobel-Sportwagens waren verkauft –, wurde er kurzerhand wegrationalisiert, ein Traum der der rauhen Realität nicht hatte standhalten können.

Aston Martin DBS, Bj. 1969. Sechszylinder-Reihenmotor. 3995 cm^3. 325 PS. 238 km/h. 8,6 s 0 - 60 mph. Leihgeber: Waldemar Löser

Ein Prototyp des DBS mit Linkslenkung und einer Karosserie von Touring erschien auf der London Motor Show in Earls Court 1966. Das für die Serie bestimmte neue Modell ließ indessen noch ein Jahr auf sich warten und erblickte das Kunst-Licht der Ausstellung nur ungeliebt von seinen Initiatoren bei Aston Martin. Das Chassis war in wenigen Monaten hastiger Arbeit von einem Ingenieurteam unter Dudley Gershon auf die Räder gestellt worden.

Vorderradaufhängung (Dreieck-Querlenker und Schraubenfedern) sowie Zahnstangenlenkung entsprachen denen des DB6, während hinten eine De-Dion-Achse mit Wattgestänge und Querlenkern dem Durchdrehen der Antriebsräder entgegenwirken sollte. Der DBS war nämlich in Hinblick auf kräftige Impulse konzipiert worden, wie sie eine V8-Maschine entwickeln würde, die seit 1963 unter den Händen des Triebwerkspezialisten Tadek Marek entstanden war. Chronischer Geldmangel bedingte eine Interimslösung: Vergleichsweise winzig und vereinsamt ging in der dafür vorgesehenen Räumlichkeit der Reihensechszylinder von 3995 cm^3 und wahlweise 282 oder 325 PS seiner Arbeit nach, der sich in den Typen DB5 und DB6 gewissermaßen die Hörner abgestoßen hatte.

Auf die Straße gelangte diese Leistung über eine Fünfgangschaltung von ZF oder den Automaten Borg Warner Typ 8, einen hydraulischen Wandler mit 3-Gang-

Planetengetriebe, dem immer mehr Kunden den Vorzug gaben. Der Motor hatte es buchstäblich schwerer als etwa im DB6. Der DBS wog mit 1588 kg leer 113 kg mehr, eine Folge seiner überstürzten Genese, die auch später nie beseitigt wurde. Wenn er mit einer Breite von 1680 mm (Spur vorn und hinten 1500 mm) ungewöhnlich stämmig ausgefallen war, ließ sich dies gar auf einen Schnitzer zurückführen, der Gershons Mannschaft unterlaufen war, ohne daß dies allerdings die Schönheit und Ausgewogenheit der Linienführung negativ beeinflußte.

Die Karosserie zeigte unzweifelhaft Spuren italienischen Denkens, stammte aber aus der Feder des Aston-Martin-Angestellten William Towns, der sich Ende der sechziger Jahre selbständig machte und seinen Namen als Industriedesigner zum Klingen brachte. Daß man im Fond relativ bequem reisen konnte, wies unmißverständlich aus, daß Aston Martin mit dem DBS auf eine ganz bestimmte Marktnische abzielte. Erst 1978 wurde ihm ein Cabriolet zur Seite gestellt, als die Ära der Sechszylinder des Hauses schon längst ein Stückchen Geschichte geworden war.

Zwischen dem Oktober 1967 und dem September 1972 entstanden 787 DBS, erkennbar an Doppelscheinwerfern und einem kleinen Lufteinlaß auf der Motorhaube. Anschließend wurde das Auto bis zum Juli 1973 unter der Bezeichnung Vantage angeboten, und zwar mit einer vereinfachten Frontpartie mit lediglich zwei Scheinwerfern in nur 70 Exemplaren. Denn die Klientel zog den Achtzylinder vor, und überdies wurde die in Ehren alt gewordene Firma von Turbulenzen gerüttelt. Während sich die Verluste auf jährlich 1,2 Millionen Pfund bei einem Umsatz von 3,2 Millionen beliefen, gerieten auch andere Unternehmen der David-Brown-Gruppe in Liquiditätsschwierigkeiten. Schließlich, 1972, veräußerte Brown seine Sportwagenmanufaktur an die Company Developments Limited, deren Vorsitzender William Willson alles tat, um den Begriff Aston Martin am Leben zu halten...

Dino 246 GT, Bj. 1973. V6 Rocchi. 2418 cm³. 195 PS. 238,4 km/h.
7,4 s 0 - 100 km/h. Leihgeber: Engel & Rheinard, Bad Breising und Olaf Münch

Dino, eine Koseform des Namens Alfredo, so hießen Denkmäler, die Enzo Ferrari seit 1956 seinem früh verstorbenen Sohn setzte, auf seine Art: Rennwagen der Formel 2 und Prototypen, drei Serien von V6-Motoren und ein V8. Die Bezeichnung Dino trug auch der 206 GT Speciale von Pininfarina auf dem Pariser Salon 1965, eine Stilstudie auf einem Rennchassis nur zum Anschauen, denn die Triebwerksattrappe im Heck täuschte Fahrtüchtigkeit lediglich vor.

Der funktionsfähige Dino Berlinetta GT nahm ein Jahr später in Turin das Thema erneut auf, und im November 1967 präsentierte der Star-Couturier bei der gleichen Gelegenheit das Vorserienfahrzeug Dino 206 GT. Der Zahlen-Code besagte, es handele sich um einen Zweiliter-Sechszylinder. Die kompakte Maschine – Basis eines Formel-2-Treibsatzes – war von Ferrari-Ingenieur Franco Rocchi konzipiert worden, wurde indessen bei Fiat auch für den Hausgebrauch in größeren Stückzahlen gefertigt. Sie legte, wie es hieß, durch einige Retuschen in Maranello noch einmal 20 PS zu, so daß der Dino-Pilot über 180 PS gebot.

Der V6 war in seinem Rücken quer vor der Hinterachse in den durch aufgenietete Bleche verstärkten Gitterrahmen implantiert. Wo sonst die Ölwanne ihren Platz hatte, waren Fünfganggetriebe und Differential angeschraubt. Motor und Übertragung hausten gewissermaßen Wand an Wand, damit die Ölhaushalte getrennt voneinander gehalten werden konnten. Rocchis Geschöpf parlierte unverkennbar Ferrari-Dialekt, wobei sich einige Brocken Nockenwellenantrieb und das Ticken der Ventile in das markante Ansaug- und Auspuffidiom mengten, mit dem sich von allen Autos in der Welt nur die mit dem schwarzen Pferdchen auf gelbem Grund Luft verschaffen und machen. Eben dieses Emblem und der Schriftzug Ferrari blieben dem Dino zeit seines Lebens vorenthalten, denn seinen vollen Namen schrieb der Commendatore vorerst ausschließlich an ausgewachsene Zwölfzylinder.

Auch die Einzelradaufhängung an Querlenkern, Schraubenfedern und Teleskopstoßdämpfern entsprach dem Standard der großen Brüder, und wie für viele von diesen wurde die schmukke (Leichtmetall-) Karosserie bei Scaglietti in Modena vervielfältigt. Schon der 206 GT, von dem 1969 100 Exemplare aufgelegt wurden, erwies sich als wendig und flink: 225 km/h fuhr Paul Frère mit dem Privatwagen Sergio Pininfarinas. Noch schneller war der 246 GT, der ihn Ende jenes Jahres ablöste, denn sein Motor – nun mit gußeisernem Block – schöpfte aus 2418 cm³ 195 PS und wurde auch mit 150 kg mehr spielend fertig.

Der Radstand war von 2280 auf 2340 mm angewachsen, aber man mußte schon sehr genau hinsehen, wollte man die neue Generation von der alten unterscheiden, etwa am Tankverschluß im Dachaufbau. 1970 verdrängten je fünf Bolzen die bisherigen Rudge-Schnellverschlüsse, mit denen die Leichtmetallräder dekorativ befestigt gewesen waren. Und 1972 stellte sich Nachwuchs ein in Gestalt des 246 GTS, eines Spiders mit festem Überrollbügel und abnehmbarem Dachteil, der dem Berlinetta an Stahlkraft in nichts nachstand und kaum an Popularität. Von dieser zeugten 3912 Dino 246 insgesamt, auch vom Preis her Ferrari zum Anfassen, obwohl sie ihre noble Abstammung verhehlen mußten...

Ferrari 365 GT 2+2, Bj. 1969. V12 Colombo. 4390 cm³. 320 PS.
244 km/h. 7,3 s 0 - 100 km/h. Leihgeber: W. Scheuer

Bildeten die Zweisitzer wie Berlinetta, Coupé oder Spider gewissermaßen das Spielbein der Ferrari-Produktion, so ruhte sie auf dem Standbein der 2+2-Modelle. Zwischen Ende 1967 und Anfang 1971 etwa rekrutierten sich 50 Prozent der Fertigung des Fiat-Trabanten aus den 800 Exemplaren des 365 GT 2+2, der im Oktober 1967 auf dem Pariser Salon, einem bevorzugten Schau-Platz für Ferrari-Premieren, seine erste Vorstellung gab. Hinter diesen mit einer rudimentären zweiten Sitzbank versehenen Gran Turismo im besten Sinne des Wortes stand eine andere Philosophie als hinter den vergleichsweise unsozialen Zweiern. Ihr Äußeres gehorchte eher dem Ideal des Understatements, made in Grugliasco, Italy, und so geriet der 365 GT 2+2, für den Pininfarina formale Anleihen bei sich selbst, nämlich beim Superfast von 1964, gemacht hatte, zum Wolf im Schafspelz.

Er war schwer: Die Berichterstatter des amerikanischen Magazins Road & Track staunten nicht wenig, als der Italiener, den sie in der Ausgabe vom November 1969 vorzustellen gedachten, fahrfertig 1825 kg auf die Waage brachte. Das sei eine Menge, selbst für einen 2+2 mit Wanne und Dusche – sozusagen. Er war komfortabel: Die Fenster, auch die vorderen Ausstellflügelchen, ließen sich elektrisch öffnen und schließen, teils träge, teils flink, wie das Blatt bemerkte, und ein serienmäßiges Airconditioning erzeugte sein Klein-Klima via Öffnungen in der Mittelkonsole und in den C-Säulen. Die Servolenkung von ZF nehme einem allerdings nicht sehr viel Arbeit ab, nörgelte das Blatt, und Manager aus Detroit von mehr intellektueller Stärke sowie Damen täten sich nicht leicht, wenn es zum Beispiel ans Einparken gehe, ganz davon abgesehen, daß sich ein tüchtiges Stück des Autos vorn einfach dem Blickfeld des Chauffeurs entziehe.

Erstmals bei einem Ferrari-Viersitzer hingen alle vier Räder (zunächst mit Lochfelgen, später mit dem fünfzackigen Stern wie beim 365 GTB/4) unabhängig an ungleich langen Querlenkern mit Schraubenfedern um konzentrische Stoßdämpfer. Zusammen mit Koni hatte man eine hydraulische Niveauregulierung entwickelt, wobei die Auf- und Abbewegungen des Wagens benutzt wurden, um Druck zu erzeugen. 2650 mm Länge des üblichen geschweißten Rohrrahmens trennten beziehungsweise verbanden die beiden Achsen, und über kleinen Hindernissen keilte der 365 GT schon einmal kräftig nach oben aus, wobei sich der Aufbau als ungemein verwindungsarm erwies.

Mehrfach brutal aus hohen Geschwindigkeiten in Anspruch genommen, hatten die belüfteten Girling-Scheibenbremsen zunehmend Schwierigkeiten, die gewichtige Sportlimousine in den Griff zu bekommen.

Deren Motor-Abteil war prall gefüllt mit dem langen V12, auf dessen Siluminblock die Zylinderköpfe nach dem System des Ingenieurs Gioacchino Colombo aufgeschraubt waren, und den Aggregaten für Lenkung und Klimaanlage. Auf konventionelle Weise fanden sich Maschine und Fünfganggetriebe zu einer Einheit zusammen, aber die Antriebswelle zum Differential verlief in einem stabilen Rohr, so daß Maschine und Übertragung an lediglich vier Punkten (zwei am Motorblock und zwei am Hinterachsgehäuse) mit dem Fahrwerk verbunden werden konnten.

Road & Track hielt mit seiner Kritik an diversen Details durchaus nicht hinter dem Berg, aber auch nicht mit dem Applaus. Der 365 GT 2+2, hieß es am Ende, zeichne sich unter den Autos durch das aus, was Abraham Lincoln anderen Menschen vorausgehabt habe – echte Größe...

Monteverdi 375 L, Bj. 1968. V8 Chrysler. 7206 cm^3. 380 PS.
229,3 km/h. 8,2 s 0 - 100 km/h. Leihgeber: Peter Monteverdi

Offiziell in die Auto-Welt entlassen wurde der Monteverdi High Speed 400 SS mit der 43. Frankfurter IAA, die am 14. September 1967 ihre Pforten öffnete. Erste mediale Weihen waren dem Novizen allerdings schon bei einer Vernisage drei Tage zuvor zuteil geworden, zu unirdischer Nachtstunde in einem festlich hergerichteten Schau-Raum in der Oberwilerstraße 14 – 16 im Baseler Vorort Binningen und vor einem handverlesenen Zirkel von bereits leicht angeheiterten Journalisten lokaler Tageszeitungen. Das war Peter Monteverdi, der stolze Vater des Debütanten und am 7. Juni 1934 zwei Häuser weiter geboren, seiner Vaterstadt einfach schuldig.

Und da es sich bei der Vorstellung des ersten helvetischen Automobils, seitdem die Rasenmäherwerke Rapid in Dietikon im Jahre 1946 die Produktion eines Kleinwagens nach 36 Exemplaren eingestellt hatten, um ein Begebnis von nationaler Bedeutsamkeit handelte, zupfte der agile BMW-Garagist um punkt 23 Uhr behutsam eine riesige Schweizer Flagge von dem blutroten Prototyp. Was sich darunter schon undeutlich abgezeichnet hatte, waren "die schönsten Formen, die je zwischen Alpen und Ärmelkanal das Licht der Welt erblickten", wie das Züricher Boulevardblatt Blick in seiner Ausgabe vom folgenden Tag stabreimend frohlockte.

Im Hintergrund und kaum beachtet harrte bereits das Chassis von Opus 2 der Vollendung, des 375 S, der sich von dem Blick-Fang im Rampenlicht dadurch unterschied, daß die 7206 cm^3 seines Chrysler-Achtzylinders von nur einem Vierfach-Fallstromvergaser verpflegt wurden, wo jener sich von deren zwei verwöhnen ließ. Seinen Namen hatte Peter Monteverdi längst vor dem Mitternachtspektakel zum Klingen gebracht, als Rennfahrer und Konstruktor eigener MBM (für Monteverdi Binningen Motors) – Wettbewerbswagen, vor allem Monoposti mit DKW-Maschinen von Manzel und Mitter und Viertaktmotoren von OSCA, Ford und Porsche.

Ein schwerer Unfall in Hockenheim am 1. Oktober 1961 setzte einen energischen Schlußpunkt hinter seine persönlichen Ambitionen im Autosport. Wenn nicht seine Vertretungen für Lancia, Jensen, Rolls Royce, Bentley und Ferrari – mit dem Commendatore sollte er im Spätherbst 1965 im Zorn brechen – oder seine potenten Sportboote seine Zeit in Anspruch nahmen, träumte er in seinem Haus zu Merlischachen am Vierwaldstätter See Formen zu Papier, die geduckte Silhouette eines Supersportwagens nach Schweizer Art. Zunächst noch unverspielt und unverbindlich, nahmen diese Etüden schließlich Gestalt an. Pietro Frua in Moncalieri wurde dazu ausersehen, Rohkarosserien nach Monteverdis Planskizzen zu fertigen.

Autos dieses Kalibers müßten einen separat gebauten massiven Rahmen haben, befand dieser weiterhin und gab seine Konzeption bei einer Stahlbaufirma in Muttenz in Auftrag, ein 160 kg schweres Geäst mit vier Längsträgern im Mitteltrakt und einem Gerüst zur Aufnahme der 500 kg gewichtigen Antriebseinheit vorn sowie Verzweigungen für die Abstützung der Achsführungsteile hinten. Anschließend brachte man dieser ebenso schlichten wie rigiden Konstruktion in Binningen das Laufen bei, ein technisches Puzzle aus aller Herren Länder zu harmonischem Miteinander versammelnd.

Die Vorderräder waren an Trapez-Dreiecklenkern mit Schraubenfedern und innenliegenden, einstellbaren Koni-Stoßdämpfern aufgehängt. Gleiche Einheiten griffen auch am starren Rohr der De-Dion-Hinterachse an, das durch ein Wattgestänge senkrecht gehalten und durch übereinanderliegende Längslenker nach vorn verstrebt wurde. Der Käufer – nicht jeder dahergelaufene Aspirant mit einem prallgefüllten Bankkonto war übrigens Peter Monteverdi genehm – konnte wählen zwischen einem Torqueflite-Automaten oder einem handge-

Monteverdi Spider Palm Beach, Bj. 1975. V8 Chrysler. 7206 cm^3. 305 PS. 225 - 260 km/h. 5,5 – 6,9 s 0 - 100 km/h. Leihgeber: Peter Monteverdi

schalteten Vierganggetriebe, von Chrysler in Detroit wie der Hubraumriese Magnum 440, der so nahe als möglich an den Fahrgastpavillon herangerückt worden war. 842 kg der 1688 kg Leergewicht lagerten folglich auf den Hinterrädern,

die kaum je ihre Visitenkarte auf den Asphalt radierten.

Andererseits war man sich der Nachbarschaft des mächtigen Kraftwerks akustisch stets bewußt, das sich brabbelnd bis brüllend Luft machte. Bevor jedoch irgend jemand in den Genuß dieses Klangerlebnisses kam, verschickte Monteverdi das rollende Chassis an das Studio Frua, das es mit dem Aufbau versehen zurückerstattete. In Binningen begann dann die Feinarbeit, jenes Feilen am Detail, durch das sich der noble Schweizer zum Beispiel von seinen Konkurrenten aus der Poebene abheben sollte. Immerhin trug man ein Krönchen im Emblem, und Adel verpflichtet bekanntlich.

Ein volltönendes Monteverdi hatte das schmucklose MBM als Markennamen ersetzt. Für Kenner klang es wie Musik: Zu seinen Vorfahren zählte Peter den italienische Komponisten Claudio Monteverdi, einen Meister des 16. und 17. Jahrhunderts. Während dieser vor Dissonanzen und spröder Melodik keineswegs zurückschreckte, bevorzugte der Spätere – ohnehin kein Freund der Oper – gefällige Formen. Durch solche bestach auch der 2+2-sitzer 375 L, präsentiert bei der Genfer Ausstellung 1968, dessen Radstand um 150 mm auf 2660 mm erweitert worden war. Er unterschied sich vom Zweiplätzer vor allem durch längere und spitz auslaufende hintere Seitenfenster sowie Luftauslässe im Anschluß an die vorderen Radausschnitte und die hinteren Dachstreben seiner Fastbackkarosserie.

Differenzen mit Frua bahnten sich an, der zudem ein Copyright auf die Werke Monteverdis des Jüngeren geltend machte. Als Folge ergab sich die künftige Zusammenarbeit mit der Carrozzeria Fissore, die prompt die zweite Generation von 375 L gemäß Entwurf ihres Auftraggebers vom 10. Dezember 1968 in ihrem kleinen Betrieb in Savigliano einkleidete. Wie diese in ein angedeutetes Stufenheck mündete eine Neuauflage des 375 S, die mit der London Motor Show im Oktober 1969 eingeführt wurde. Nicht jedermanns Sache war das tief herabgezogene Fischmaul zwischen Einzelscheinwerfern, ein Makel, der am Nachfolgemodell Berlinetta beim Genfer Salon im März 1972 verschwunden war, denn an dem gelben Exponat flankierten Doppellampen ein schlichtes und vergleichsweise schmales Kühlergitter vor dem Chrysler Hemi-Triebwerk von 6974 cm^3. Eine Warnleuchte sowie ein vielsprachiges Tonband machten noch nicht angeschnallte Passagiere auf ihre Gurtpflicht aufmerksam. Bereits ein Jahr zuvor hatte der Frühjahrsshow im Palais des Expositions der Rhonestadt der Monteverdi 375 C zur Zierde gereicht, ein Cabriolet, das der Basler Auto-Didakt für einen querschnittsgelähmten Freund gefertigt hatte.

Am schönsten offen, wie jenes, war auch der dreisitzige Spider Palm Beach von 1975 auf der Basis des 375 L mit der bereinigten Frontpartie des Berlinetta, Peter Monteverdis letzte sportliche Kreation und zugleich mit jedem erdenklichen Luxus ausgestattet. Wie viele seiner attraktiven Geschöpfe es gebe und wer diese besitze, wird man von ihm nie erfahren. Seit je hält man nämlich in Binningen wie im Schweizer Bankwesen das chevalereske Prinzip hoch, daß Diskretion Ehrensache sei.

Triumph TR5, Bj. 1968. Sechszylinder-Reihenmotor. 2498 cm³. 150 PS. 189,5 km/h. 8,8 s 0 - 100 km/h. Leihgeber: Heinrich Harder

Zunächst einmal zeugte die Ankündigung des nächsten TR im Oktober 1967 davon, daß sich die Standard Triumph International Ltd. mit leichter Hand über den Imperativ hinwegsetzte, wer A sage, müsse sich auch zu B bekennen. Der Neue, im Entwicklungsstadium "Wespe" genannt, hieß nämlich TR5, und so blieb der TR4A ein logischer Torso – wie eine englische Schlange, die aus nur einer Person besteht.

Der Grund für das überraschende Fortlaufen der Numerierung lag in durchgreifender Innovation im Motor-Appartement der "Wespe". Allerdings war der Reihensechszylinder, den man dort ohne sonderliche Adaptationsprobleme verstaut hatte, kein genialer Wurf, der sich den immer attraktiven Stempel nagelneu aufdrücken ließ. Seine Ursprünge reichten bis in die Endvierziger, nur daß dem mickrigen Maschinchen des Standard Eight von damals mit 803 cm³ und 26 PS zwischenzeitlich zwei weitere Verbrennungseinheiten, 2498 cm³ und mächtige 150 PS zugewachsen waren.

In eigentümlicher Weise spiegelte dieser Prozeß die Geschicke der Firma seit Kriegsende – Anbau, Umbau, Expansion. Er führte indes auch zurück zu längst abgelegten Prinzipien: Entsprachen sich die Werte für Hub und Bohrung in einer Zweiliter-Variante im Triumph 2000 und GT6, knüpfte der um knapp 500 cm³ vergrößerte Langhuber des TR5 mit hohen Kolbengeschwindigkeiten an altbritische Traditionen an, nicht einmal die schlechtesten. Selbst bei zügiger Fortbewegung zeigte nämlich der Drehzahlmesser Werte, die eines Schiffsdiesels würdig waren. So zirkulierte die Kurbelwelle bei Tempo 160 in der vierten Fahrstufe plus Overdrive behäbige 3800 Mal. Die Einspritzanlage, die den Kraftstoff in die Ansaugrohre sprühte und an der bulligen Durchzugskraft des Triebwerks nicht unwesentlich beteiligt war, stammte von Lucas und hatte sich bereits an Bord eines Triumph 2000 bei der englischen Tourenwagenmeisterschaft 1966 verdient gemacht.

Die 8484 TR250 für den durch überfeinertes Umweltbewußtsein sensibilisierten amerikanischen Markt mußten dieses fortschrittlichen Requisits allerdings entraten und traten die lange Seereise in die Vereinigten Staaten mit zwei Zenith-Stromberg-Vergasern 175CD an, entmannt auf 104 PS. Äußerlich konnte man sie an anderen Farben und einem quer zur Fahrtrichtung über Motorhaube und Kotflügel aufgetragenen Dekorstreifen erkennen, Geschmacksache wie die Attrappen auf den serienmäßigen Scheibenrädern, die teureres Material und Design vortäuschten.

Etliche Kunden entzogen sich solcher Bevormundung durch den Triumph-Kalkulator, indem sie sich für Speichenfelgen entschieden. Zum US-Trimm vieler TR4A hatte die obsolete Starrachse gezählt, die mit dem Erscheinen des Nachfolgers aus dem Angebot gestrichen wurde. Das war nicht unbedingt ein Vorteil.

Zum einen blieb auch der TR5 so hart, daß Zyniker darauf drängten, man solle sich vor schlechten Wegstrecken mit einem Nierenschutz umgürten. Zum anderen stützten sich seine an Längslenkern geführten Antriebsräder in engen Kurven gern auf, so daß der Drift, den die hohe Motorleistung dann ermöglichte, nicht ganz harmlos verlief.

Auch notierten Kritiker, die einst von Giovanni Michelotti gezeichnete Karosserie sei nicht verwindungsfrei und vergräme den Triumph-Lenker durch Klappern und Ächzen. Da die zuständige Direktoren-Riege sehr bald befand, diese müsse stilistisch gründlich aufgeräumt werden, blieb der TR5 mit 2947 Exemplaren ein Interimsmodell, allerdings eines mit vorprogrammiertem Sammler-Appeal...

TVR Vixen S 3, Bj. 1971. Vierzylinder-Reihenmotor Ford. 1599 cm³. 92 PS.
Leihgeber: Wolfgang Kolzem

Bei dem TVR Vixen, der im Oktober 1967 auf der London Motor Show zu Earls Court präsentiert wurde, handelte es sich um einen neuen alten Bekannten. Neu war im wesentlichen der Name, wobei seine Schöpfer wohl mehr die Füchsin im Sinn hatten als die Dame voll häuslicher Niedertracht, die auch gemeint sein kann.

Vertraut aus dem Vorgänger Mk IV 1800S war die eigenwillige Linienführung der Kunststoffkarosserie, wie sie sich etwa aus der Sicht des Piloten darstellte: In seinem vorderen Blickfeld lagen die relativ lange Haube und mehr als zwei Drittel des gesamten Fahrzeugkörpers, ein gigantischer Mitteltunnel hielt den Copiloten auf Distanz, und hinter ihm hörte der TVR unvermittelt auf. Bekannt war das Fahrgestell, ein Rohrkäfig, in dem die rennwagenmäßige Aufhängung verwurzelt war, doppelte Querlenker und Schraubenfedern für alle vier Räder, vier Stoßdämpfer allein hinten. Gewohnt war selbst das MGB-Triebwerk von 1798 cm³ und 95 PS. Aber die Reserven waren rasch aufgebraucht, und dann baute man die Maschine des Ford Cortina GT (1599 cm³, 88 PS) in Monokultur ein, die von vorneherein Standard gewesen war. Den 117 Vixen der Serie 1 bis zum Oktober 1968 folgten in den nächsten beiden Jahren 438 Exemplare einer zweiten Auflage. 75 Details seien verbessert, verkündigte man freudig bei der Vorstellung. Die beiden wichtigsten: Der Radstand war von 2220 auf 2295 mm verlängert worden, so daß breitere Türen einen bequemeren Zugang zum Arbeitsplatz gestatteten, und der Aufbau, nun nicht mehr mit dem Chassis fest verbunden, ließ sich für Reparaturarbeiten komplett abheben.

Kaum Neues gab es von den 168 Vixen zu berichten, die die Serie 3 bis zum April 1972 umspannte, abgesehen davon, daß das behäbige Cortina-Aggregat durch den Vierzylinder aus dem Ford Capri ersetzt worden war, der bei gleichem Hubraum zwar nur 86 PS leistete, die indessen wesentlich temperamentvoller geraten waren. Das Rückgrat der vierten und letzten Generation von lediglich 23 Einheiten bis 1973 bildete bereits der M-Rahmen, eine Gemeinschaftsarbeit von Firmenchef Martin (daher das M) Lilley und Mike Bigland mit Rohren unterschiedlicher Wandstärke und Vierkant-Elementen. Auf der Basis des Vixen S 3 und später des S 4 fußte der TVR 2500, mit dem Lilley 1970 in Earls Court Gesprächsstoff lieferte. Seine jüngste Kreation konnte ungeniert zwei Superlative für sich in Anspruch nehmen: der Welt kürzestes Auto mit sechs Verbrennungseinheiten zu sein und zugleich der kompakteste 2,5-l-Wagen aller Zeiten – mit 3690 mm nicht länger als ein Renault 4.

Bis 1973 ergriffen 385 Individualisten die Gelegenheit beim Schopfe, sich durch den Erwerb des 2500 von der großen Masse der normal Motorisierten auf markante Art, von dem ohnehin exklusiven Fähnlein der TVR-Adepten aber insgeheim abzuheben. Letztere auch auf der Straße hinter sich zu lassen gelang ihnen nicht so ohne weiteres. Denn im Zuge seiner Entgiftung für den amerikanischen Markt hatte der gußeiserne Reihenmotor von British Leyland, der auch in den Triumph-Modellen TR250 und TR6, soweit sie für den Export in die Vereinigten Staaten vorgesehen waren, abgasarm Dienst nach Vorschrift schob, einige Federn lassen müssen. Und so blieb als Kaufanreiz letztlich nur der unbestimmte Charme der großen Zahl. Wohl dem, der ihn sich leisten konnte...

Chevrolet Corvette Stingray Coupé, Bj. 1972. V8. 7387 cm³. 365 PS.
225 km/h. 5,9 s 0 - 100 km/h. Leihgeber: Rolf Oberliesen

Der Sting Ray Jahrgang 1968 strafte das Gerücht Lügen, Chevrolet wolle seinen sportlichen Exponenten durch ein Modell mit Mittelmotor ersetzen. Auch dies war im Vorfeld der Planung, die unmittelbar nach dem Erscheinen der ersten Stachelrochen-Generation 1963 begann, erwogen, dann aber aus Kostengründen fallengelassen worden. So blieb im Prinzip alles beim alten, abgesehen davon, daß Designer David Holls den Corvette von Stoßstange zu Stoßstange neu einkleidete.

Die Frontpartie orientierte sich an der des Mako Shark II, eines Prototyps, der ab April 1965 auf den Autosalons die Runde machte und dessen vordere Seitenansicht in der Tat einem Hai-Profil bedrohlich ähnelte. Nach der charakteristischen Einschnürung im Bereich der Türen, die üppig sich wölbenden Kotflügeln folgte und die Fahrgastzelle entsprechend beengte, senkte sich die Silhouette zu einem Kamm-Heck mit eingearbeitetem Spoiler ab. Bei ihrer Konzeption, mäkelten Kritiker – und derer waren viele – hätten frühere Ferrari wie der GTO von 1964 Pate gestanden, ohne darum gebeten worden zu sein.

Der neue Sting Ray war knapp 50 kg schwerer und 175 mm länger als sein Vorläufer und setzte dem Fahrtwind mehr Widerstand entgegen, obwohl in dem einen Jahr seit dem ursprünglich vorgesehenen Termin seiner Präsentation 1967 die gröbsten Schnitzer bereits ausgebügelt worden waren. Nach wie vor konnten die Scheinwerfer eingezogen und ausgefahren werden, nunmehr allerdings durch Unterdruck wie beim Oldsmobile Toronado und nicht wie bislang elektrisch.

Auch die Scheibenwischer waren versenkbar und erschienen nur bei Bedarf auf der Bildfläche. Wie vorher gab es ein Coupé und einen Roadster, nur daß der Fahrer des ersten zwei Dachelemente abnehmen konnte, die sich an das T eines schmalen Längsstegs in der Mitte und eines breiten Überrollbügels à la Porsche Targa anlagerten. Zusammen mit dem Heckfenster ließen sie sich im karg bemessenen Gepäckraum verstauen, einem nur von innen zugänglichen tiefen Schacht. Dieses Hybrid-Coupé zeigte sich weniger verwindungsfreudig als das Cabriolet, welches schon deswegen den Groll der Autokritiker auf sich zog. Beide Modelle wurden vor allem an ihren attraktiven und populären Vorgängern gemessen und hatten anfänglich einen schweren Stand, um so mehr, als sich Laxheit und Liederlichkeit bei der Verarbeitung eingeschlichen hatten.

Türen und Lampen waren nicht gleichmäßig einpaßt. Der Teppichfußboden war unsauber verlegt. Im Bereich des an sich ansprechend gestalteten Armaturenbretts traten sporadisch schabende Geräusche auf, und die Insassen hielten jäh dürftig befestigte Schalter und Knöpfe in den Händen. Aufgebracht durch Karosserieretuschen und leichtfertige Verstöße gegen die ursprüngliche Sting-Ray-Philosophie, die etwa durch optisch-unfunktionellen Zierat verwässert werde, bemerkte die amerikanische Fachzeitschrift Road & Track melancholisch, der Corvette sei auf dem besten Wege vom Sport- zum Imageauto, während Car Life dem Detroiter weitaus aufgeschlossener gegenüberstand. Der Sting Ray sei ein Wagen zum Fahren, für Fahrer. Diese ermüdeten viel eher vom Lächeln, als daß sie ihres Autos müde seien. Daß denn auch zur Freude Veranlassung war, dafür sorgten diverse Verbesserungen am Fahrwerk wie härtere Federn und breitere Felgen und Reifen. Die Chevrolet-Techniker preßten den diesbezüglichen Fortschritt in Zahlen: Während der

Chevrolet Corvette Stingray Cabriolet, Bj. 1970. V8. 7387 cm³. 390 PS.
231,7 km/h. 7 s 0 - 60 mph. Leihgeber: Walter Malburg

alte Corvette in Kurven eine maximale Querbeschleunigung von 0,75 g erreicht habe, sei der neue zu 0,84 g imstande. Das war – schon bedingt durch die aufwendige unabhängige Einzelaufhängung der vier Räder (vorn an Querlenkern und Schraubenfedern, hinten an Längs- und Querlenkern und einer Querblattfeder) – eine Konzession an all jene, die mit einem Sportwagen auch schnell um die Ecke fahren wollen.

Schließlich gab es eine ellenlange Chronik von Corvette-Erfolgen auf amerikanischen Rennpisten, schon bevor Juan Manuel Fangio mit dem Wettbewerbsmodell SS beim 12-Stunden-Rennen von Sebring 1957 den Streckenrekord eingestellt hatte. Das spätere No-Racing-Edikt von General Motors wurde halb- und inoffiziell systematisch unterlaufen, und gleichsam wider den Willen der Oberen des größten Automobilherstellers der Welt hefteten Chevy-Maschinen in den sieggewohnten McLaren bei der CanAm-Serie und im avantgardistischen Chaparral Jim Halls sportlichen Ruhm an die Fahnen des Autogiganten.

Die schwersten Geschütze im Motoren-Sortiment für den Corvette zwischen 1967 und 1969, jedenfalls auf dem Papier verfügbar, standen in jener verhohlenen Tradition. Der L88 machte sich mit einem Zylinderkopf aus Aluminium, größeren Ventilen und einem Holley-850-Vergaser für 560 PS stark, wobei er gebieterisch nach Kraftstoff von 103 Oktan verlangte,

und nicht weniger anspruchsvoll war der Renn-Treibsatz ZL-1 von 1969 mit Trokkensumpfschmierung und Leichtmetallblock.

Im übrigen war der 68er Sting Ray mit den Motoren vom Vorjahr im immer andauernden Ringen um statushaltige Pferdestärken-Hunderschaften bestens gewappnet. "Ein zweitüriger Raketenschlitten", schwärmte Car and Driver von einem Corvette 427, auf dessen Fronthaube schwellende Wülste dem Kundigen die Anwesenheit der Big-Block-Maschine von 6996 cm³ verrieten. In der urigsten Version leistete sie 435 (sonst 390 und 400) PS, was den Nichtraucher am Volant zumindest in der auf 6,5 s begrenzten Beschleunigungsphase auf 100 km/h (Hinterachse: 3,55 : 1) dazu befähigte, einen zu allem entschlossenen Beifahrer vom Anzünden seiner Zigarette abzuhalten.

1970 eskalierte das grobkalibrige Kraftwerk noch einmal, auf 7387 cm³, so daß sich in einem einzigen Zylinder der Hubraum eines kompletten europäischen Kleinwagenmotors wie des Fiat 127 hätte verstauen lassen. Bei den sogenannten Small Blocks begnügte man sich 1969 mit einer vergleichsweise bescheidenen Zuwachsrate, von 5354 auf 5728 cm³, und auch ihre Leistungen zwischen den Extremen 370 PS (1970) und 270 PS (1972) lagen deutlich niedriger. Immerhin – selbst wenn der automatische Turbo-Hydra-Matic-Wandler, der neben dem mechanischen Vierganggetriebe angeboten wurde, seinen Tribut forderte, blieb noch reichlich Potenz übrig.

Ein militant ausschauendes Accessoire verschwand 1970 von den Extralisten – der in seiner ganzen Länge splitternackt dem Fahrtwind neben der Tür ausgesetzte Off-Road-Auspuff, an dem sich mancher Neugierige die Finger verbrannte. 133 439 Corvettes verließen zwischen 1968 und 1972 die Bänder, davon 77 924 Coupés. Der Roadster war auf dem Rückzug, einst das Herzstück der Corvette-Idee...

Ferrari 365 GTB/4 Daytona, Bj. 1974. V12 Colombo. 4390 cm³. 348 PS.
274,8 km/h. 6,1 s 0 - 100 km/h. Leihgeber: F.-J. Schneider und Klaus Seifert

Er war eine Apotheose konventionellen Automobilbaus, mit einer Silhouette, die eine Idee auf die Spitze trieb, dynamisch zwar, aber von klassischer Simplizität und ohne die aufreizende Exotik, die einige seiner Zeitgenossen bereits vorweisen konnten – auch aus dem eigenen Hause. Die Sportpresse, des Erfolgs der roten P4 aus Maranello bei dem amerikanischen 24-Stunden-Marathon von 1967 eingedenk, belegte ihn fast umgehend mit dem Kriegernamen Daytona,

den Ferrari 365 GTB/4, mit dem auf dem Pariser Salon im Oktober 1968 Pininfarina von sich reden machte, wieder einmal.

Wie gehabt, saß die Maschine vorn, das letztemal bei einem Straßen-Berlinetta im Zeichen des sich bäumenden Pferdchens. Und damit über diesen Umstand sich überhaupt kein Zweifel einstellte, hatten die Magier der schönen Form in Grugliasco an der Peripherie von Turin dem Viernockenwellen-Triebwerk eine Behausung von ganz ungewöhnlicher Länge angewiesen, jedenfalls in der Relation zu einer gedrungenen Fahrgastzelle, die rasch in ein Stummelheck abriß, an der Stelle, an welcher ihre Schräge auf die hohe Gürtellinie des Daytona traf. "Wo", pflegten sich seine 1300 Erstbesitzer und die vielen, die später seine Faszination in zweiter Hand erlebten, zu fragen, "endet eigentlich mein Auto da vorn?" Wie weit sie sich verschätzt hatten, darüber gab ihnen der Umfang der Reparatur Auskunft, zunächst an der durchgehenden transparenten Perspex-Abdeckung und den dahinter angebrachten Lampen und Signalleuchten, später, nach den Werksferien Mitte 1971, an aus dem Schlaf-Hang hochklappbaren Doppelscheinwerfern.

Auf die zierlichen Stoßfängerchen, die überdies die Kühleröffnung gänzlich aussparten, war jedenfalls wenig Verlaß. Daß wie diese auch vieles sonst ästhetischen Geboten eher gehorchte als dem Diktat des Pragmatischen, bewies der Kofferraum, ein winziges Verlies von 176 Litern Fassungsvermögen für das ganz kleine Sturmgepäck. Mäntel und Taschen ließen sich dafür hinter den beiden Sitzen verstauen, deren Lehnen man nicht verstellen konnte. Sie paßten, oder man hatte Pech gehabt. Vor allem hochge-

wachsene Passagiere mußten sich, trotz eines grundsätzlich guten Raumgefühls, mehr oder minder zusammenkrümmen, was bei längeren Reisen unter Umständen den uneingestandenen Wunsch nach dem Komfort einer voluminösen Limousine aufkommen ließ.

Zur Bedienung des Kupplungspedals und des in eine offenen Kulisse ruhenden dünnen Schaltstöckchens bedurfte es erheblicher Muskelkräfte, und was den Umgang mit dem flach liegenden Dreispeichenlenkrad anbelangte, begann das Leben im 365 GBT/4 gewissermaßen erst mit Tempo 100. Denn darunter geriet das Manövrieren des 1,6-Tonners bei abnehmender Geschwindigkeit zu zunehmender Schwerarbeit, vom Einparken in enge Lücken ganz zu schweigen.

Den Puristen indessen scherte all das nicht. Spätestens nachdem der Anlasser mit hellem Schnurren, in dem sich einzelne Takte nicht unterscheiden ließen, den mächtigen V12 geweckt hatte, war er dem Auto hörig. In das sonore Crescendo von Ansaug- und Auspuffton mischte sich dann das Ferrari-spezifische

Ferrari 365 GTS/4 Daytona, Bj. 1970. V12 Colombo. 4390 cm³. 348 PS. 274,8 km/h. 6,1 s 0 - 100 km/h. Leihgeber: Helmut Gaßmann und Klaus Seifert

Rasseln des Ventiltriebs, wenn die Quadriga der Nockenwellen in streng vorgeschriebenem Rhythmus 24 Ventile zu eifriger Tätigkeit anhielt, bis hinauf in die einsamen Höhen von 8000 Rotationen pro Minute der siebenfach gelagerten

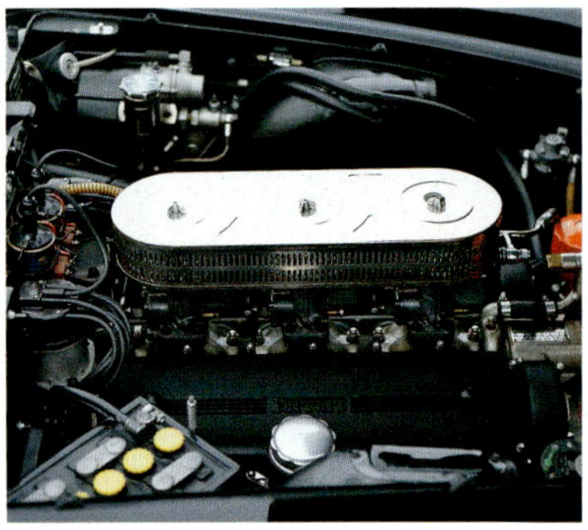

Kurbelwelle. In diesem Wagen müsse man jegliche Scheu vor hohen Drehzahlen ablegen, schrieb Klaus Westrup 1973 in auto motor und sport. Er hatte jeweils bei 7500 U/min in die nächsthöhere Fahrstufe geschaltet, um die unten genannten Beschleunigungswerte zu erreichen. Sehr beeindruckend sei dabei die Elastizität der potenten Kraftquelle gewesen, die bei 2000 U/min bereits 100 PS und bei 4000 über 200 bereitstellte. Der Daytona habe dabei dem leichteren und stärkeren Konkurrenten Lamborghini Miura klar das Nachsehen gegeben, und wo der Aston Martin DBS V8 oder der De Tomaso Pantera schon mit 240 km/h erschlafft seien, habe er noch einmal deren 35 zuzulegen gehabt.

Dergleichen Autobahnduelle seien natürlich ein reines Planspiel, denn wann komme es schon einmal zu dieser Konstellation? Jedenfalls hätte sie der GTB/4-Pilot auch von der Fahrwerksseite nicht zu fürchten gehabt. Alle vier Räder mit Fünfzack-Felgen im Formel-1-Design der Firma waren einzeln aufgehängt an ungleich langen Querlenkern mit Schraubenfedern, Teleskopstoßdämpfern und Stabilisatoren vorn und hinten, und die 2400 mm auseinanderstehenden Achsen verband der traditionelle Gitterrahmen aus elektrisch verschweißten Rohren mit ovalem Querschnitt.

Die Einheit von Getriebe und Differential hatte man unweit der Antriebsräder untergebracht, was eine ausgeglichene Gewichtsverteilung von 52 : 48 (oder 845 und 780 kg) gestattete. Damit gab sich der bei Scaglietti in Modena reproduzierte Serien-Daytona – Hauben und Türen bestanden übrigens aus Aluminium – recht verträglich. Lediglich in engen Kurven und bei Regen war ein zartfühlendes Agieren mit dem Gaspedal geboten.

Als Tourenwagen gedacht, aber nach einem ermutigenden fünften Platz des North American Racing Teams mit den Fahrern Bob Grossman und Coco Chinetti beim 24-Stunden-Rennen von Le Mans 1971 am 1. Januar 1972 für die Gruppe 4 homologiert, errang der Daytona zahllose Sporterfolge. Daß er

selbst im Renntrimm seinen Charakter als Gran Turismo nicht abgelegt hatte, demonstrierte die Piloten-Riege Vic Elford/Claude Ballot-Lena nach ihrem Klassensieg in Le Mans 1973, als sie nach getaner Pflicht ihren Wagen auf ordinären Landstraßen über 213 Kilometer zum Standort Paris zurückchauffierte. Das eben sei das Besondere am GTB/4, merkte Klaus Westrup an – um seinen Preis (damals in Deutschland 77 533,50 Mark) bekomme man eine Eigentumswohnung, zwei Porsche 911 S oder 14 Sparkäfer, dafür sei er aber auch jederzeit für eine gute Plazierung bei einem Langstreckenwettbewerb geeignet.

Als Kunde empfahl sich damit jemand, der zugleich kräftig und kapitalkräftig, schnell, zäh, ausdauernd und im Besitze einer internationalen Lizenz war. Nichts auf Pisten verloren hatte hingegen die Spider-Version GTS/4, die im Oktober 1969 auf der IAA zu Frankfurt vorgestellt und in ungefähr 125 Exemplaren aufgelegt wurde. Auch mit ihr hatte Pininfarina, und zwar trotz eines Minimums an Modifikationen, ein Meisterstück sui generis geschaffen. Von zahlreichen Initiativen anderer, die sich berufen fühlten und dem Berlinetta doch nur Dach und Charisma raubten, konnte man das im allgemeinen nicht behaupten...

Intermeccanica Italia Spider, Bj. 1971. V8 Ford Mustang. 5766 cm³. 310 PS. 222,2 km/h. 7,2 s 0 - 100 km/h. Leihgeber: Oldtimer Galerie, Bern

Der Name Intermeccanica deutete es bereits an: Die Werkstätten des Mikro-Unternehmens in Moncalieri und später Trofarello, Vororten von Turin, beherbergten ein Völkchen aus vieler Herren Länder. Unter der Stabführung von Frank Reisner, einem Tschechen mit kanadischem Paß, dem die Amerikaner Tony Baumgartner als zweiter Mann und Bob Cumberford als Stylist zur Hand gingen, bosselte und schraubte dort ein Ensemble von ungefähr 20 Arbeitnehmern an nicht ganz reinrassigen, zweifellos aber spektakulären Automobilen. Im Grunde genommen leiteten sich diese von den TVR Griffith her, die bis Mitte der sechziger Jahre in den Vereinigten Staaten vermarktet worden waren.

Die anglo-amerikanischen Hybriden hatten es Reisner angetan. In der von ihm inaugurierten Seitenlinie wechselte man zwar gelegentlich den Namen, anfänglich indessen kaum das Gesicht. Auf den Omega folgte 1967, gewissermaßen als Verbeugung vor dem neuen Standort, der Torino, von dem 45 Exemplare hergestellt wurden. Allerdings hatte sich Ford das Copyright auf diese Bezeichnung gesichert, und in einem kostspieligen Prozeß wurde Reisner das Recht abgesprochen, sie zu benutzen. Er entschied sich 1968 kurzerhand für Italia.

In der Tat hatten sich im Habitus des "Showmasters", wie auto motor und sport diesen 1970 apostrophierte, eine Reihe von Merkmalen italienischer Haute Couture niedergeschlagen. Kräftige Impulse gingen dabei angeblich von dem früheren Bertone-Designer Franco Scaglione aus, der dem schönen Mischling ungeniert ein paar Ferrari-Elemente wie etwa die Frontpartie des Superfast anverwandelte. Allein die in Richtung Windschutzscheibe bauchig ansteigende Linienführung sowie zwei über die hinteren Kotflügel herauswuchernde Blechbuchten zeigten an, daß man es nicht mit einer der Nobel-Karossen aus Maranello zu tun hatte. Um deren Gegenwert konnte man sich immerhin zwei Italia in die Garagen stellen, wenn man wollte ein Coupé und einen Spider, und diese wurden trotzdem noch immer der Verehrung teilhaftig, die vor allen Autos in der Welt allein den Geschöpfen des Commendatore Ferrari gebührt.

Dabei bot sich dem enttäuschten Auge unter der langen vorderen Haube ein völlig serienmäßiger Ford-Motor von exakt 5766 cm³ Hubraum und 310 PS, amerikanische Massenkonfektion wie auch das Getriebe und die Antriebsachse. Er tat seine Schuldigkeit wie stets, ohne Nervosität, Hektik und Drama, indes auch fern von aller Poesie. Wer Freude an dergleichen Superlativen hatte, konnte bei 650 U/min in der vierten Fahrstufe mit ganzen 22 km/h dahintrödeln und dann auf 222 beschleunigen, ohne den Ganghebel zu berühren, die extreme Spannweite von 200 km/h lässig überbrückend.

Die selbsttragende und stabile Karosserie wurde durch einen Hilfsrahmen gestützt. Vorn hingen die Räder an Querlenkern und Schraubenfedern; die hintere Starrachse war an Längslenkern, Schraubenfedern und einem Panhardstab geführt. Über die Verarbeitungsqualität und das Niveau der Ausstattung kamen Klagen nicht nur seitens der Tester. Man versprach, sich zu bessern, und tat dies auch mit dem Nachfolgemodell Indra, dessen Scaglione-Aufbau die solide Technik des Opel Diplomat umhüllte. Auf dem Genfer Salon 1971 teilte er den Intermeccanica-Stand noch mit seinem Vorgänger, einem der letzten von insgesamt 438.

Lamborghini 400 GTS Islero, Bj. 1969. V12. 3929 cm³. 350 PS.
260 km/h. 6,3 s 0 - 100 km/h. Leihgeber: G. D. Edelhoff

Der Name Islero war zwar bereits, wie die Benennung der parallel gefertigten Miura und Espada, dem Umkreis spanischer Arenen entnommen. Daß Ferruccio Lamborghini im Zeichen des Stiers geboren sei und wohl auch ein bißchen Philosophie wurden damit sinnfällig zum Ausdruck gebracht. Ansonsten stellte das kantige Coupé nicht viel mehr dar als ein Postskriptum unter die rasch alternde 350/400 GT-Baureihe.

Nach dem Hinscheiden der Carrozzeria Touring hatte sich ein Fähnlein von Aufrechten um deren Designer Mario Marazzi geschart, der dem leutseligen Lamborghini vorschlug, man könne auf der Basis des früheren Fahrzeugs einen neuen 2+2 bauen. Dieser willigte ein, offenbar nicht ohne seine eigenen Vorstellungen von der Form des Islero einzubringen. Sie hielt für die hinteren Passagiere mehr Kopfraum bereit und schmeichelte sich, eher sachlich-unexotisch, viel weniger ein als die des Espada, wie erstmalig die Besucher des Genfer Autosalons im März 1968 feststellen konnten.

Mit dem Islero, interpretierte Lamborghini, könne sich auch der Geschäftsmann sehen lassen, ohne sofort als Playboy abgestempelt zu werden. Attraktive Details: die Campagnolo-Felgen mit Zentralverschlüssen sowie das funktionell-mustergültig aufgeräumte Cockpit. Die Straßenlage war, vor allem durch stärkere Stabilisatoren, gegenüber dem Vorgänger noch weiter verbessert worden. Man könne, berichtete Car im April 1969, den Islero mit geradezu unglaublichen Geschwindigkeiten um die Ecken werfen. Effektiver verzögert wurde er durch Girling-Bremsen mit größeren Scheiben sowie eine Servo-Doppelhilfe, welche dem Piloten dennoch gestattete, den Pedalabdruck behutsam und feinfühlig zu dosieren.

Im übrigen war an der überkommenen technischen Konzeption wenig zu korrigieren, dem trutzigen Gitterrahmen aus massiven Vierkantrohren etwa oder der Einzelradaufhängung aller vier Räder an ungleich langen Trapez-Dreieckquerlenkern und Schraubenfedern. Den V12, der den Bug einschließlich der sechs Horizontalvergaser und Nebenaggregate bis in den letzten Winkel füllte, gab es in zwei Versionen, im Islero, der 125 Mal gefertigt wurde, mit 320 PS, in den 100 Islero S mit 350 PS. Er hatte gewissermaßen eine Gesellenprüfung abzulegen: In einem separaten Trakt des modernen Fabrikkomplexes zu Sant'Agata Bolognese von Arbeitern in schwarzen Kitteln betreut, wurde jede dieser Bilderbuchmaschinen zunächst drei bis vier Stunden elektrisch bewegt, bevor man sie zu eigenem Leben erweckte mit einem 24-Stunden-Lauf bei wechselnder Drehzahl auf einem von vier Prüfständen.

Ähnliche Sorgfalt ließ man dem Getriebe und dem Differential angedeihen, Lamborghini-Produkten, denn der Chef des Hauses mißtraute als Abnehmer geringer Stückzahlen den großen Herstellern von Herzen. Nach der Endmontage bemächtigten sich die Einfahrer des brandneuen Wagens und schenkten ihm 500 km lang nichts, allen voran der stoppelhaarige Neuseeländer Bob Wallace, einer der Männer der ersten Stunde. Den Islero mochte er nicht, bedachte ihn später vielmehr mit barscher Kritik: Er sei zu schwer gewesen, und den Aufbau habe Marazzi damals liederlich ausgedacht und montiert. Seine Vitalität indessen blieb dem Islero unbenommen, ein Naturereignis wie der Kampfstier, dessen Namen er trug.

Lamborghini 400 GT Espada, Bj. 1971. V12. 3929 cm³. 350 PS.
243 km/h. 6,6 s 0 - 60 km/h. Leihgeber: Siegfried Flitsch

In der zweiten Hälfte der sechziger Jahre begannen die Namen Lamborghini und Bertone in einem Atemzug genannt zu werden, so wie Ferrari und Pininfarina zu einer feststehenden Verbindung geworden waren, mit dem Unterschied, daß die jüngere Konstellation der älteren, etablierten häufig die

Schau, besser: die Show stahl. Eine Trumpfkarte in diesem Spiel um die Schlagzeilen war der Lamborghini Marzal auf dem Genfer Salon im März 1967, ein Einzelstück, über das der junge Bertone-Designer Marcello Gandini ein Füllhorn von Ideen ausgeschüttet hatte. Auch die untere Hälfte der Flügeltüren war transparent, das Sechseck in den Rang eines stilistischen Leitmotivs erhoben worden.

Quer hinter den vier Sitzen eingebaut, sorgte ein Reihensechszylinder von 1997 cm³ und 175 PS, den der Ingenieur Gianpaolo Dallara aus dem ansonsten in Monokultur verwendeten V12 des Werks heraustranchiert hatte, für angemessene Bewegung. Daß der Marzal lief, davon konnten sich zum Beispiel die Besucher des Grand Prix von Monte Carlo 1967 überzeugen, als Prinz Rainier vor dem Hauptrennen die manifest teuer gewandete Landesmutter Gracia Patricia um den Kurs chauffierte. Lamborghini schätzte zwar die Publizität, die das futuristische Coupé aufwirbelte, nicht aber dessen gläsernen Exhibitionismus, und überdies würde es beim Export in die USA Schwierigkeiten wegen der oben angeschlagenen Türen geben, wie der Präzedenzfall des Mercedes 300 SL gezeigt hatte.

So gab sich der Produktionsviersplätzer Espada, bis 1978 1217 Mal gebaut, auf der Genfer Ausstellung 1968 weit weniger avantgardistisch als sein exotischer Vorläufer, dem er an physischer Attraktivität gleichwohl kaum nachstand. Im Gegensatz zu diesem und zum Miura saß der Motor vorn, nun doch der ausgewachsene Zwölfzylinder, ernährt von sechs Weber-Horizontalvergasern, die jedes Kind einstellen könne, wie Lamborghini-Testfahrer ernsthaft versicherten.

Aus dem eigenen Hause stammte wie das Differential auch das Getriebe mit fünf Fahrstufen, und selbst der Rückwärtsgang war synchronisiert. Die Fastbackkarosserie ruhte auf einem Plattformrahmen von Marchesi in Modena, und alle vier Räder waren wie bei allen Lamborghini-Modellen einzeln an Trapezlenkern geführt. Im Espada vermochten vier Personen eine Reise zu tun, ohne sich zu strapazieren. Das begann – trotz der geringen Wagenhöhe – mit dem Einsteigen durch die ungewöhnlich breiten Türen. Auf allen Plätzen konnte man gut sehen und gesehen werden, und daß ein Teil des Wagenhecks verglast war, erleichterte dem Fahrer die Rück-Sicht.

Leistung und Komfort waren ausgewogen. So nahmen die Aggregate für die Servohilfen und die Klimaanlage der Maschine etwas von ihrem traditionellen Biß, den sie indessen in einer S-Spezifikation von 1969 zurückgewann. Ab 1973 war die Chrysler-Automatik Torqueflite verfügbar. Alle Testberichte priesen die hervorragende Verarbeitung des Espada, ein Punkt, in dem sich die Vorstellungen von Ferruccio Lamborghini mit denen Nuccio Bertones deckten. In dieser Form sei er wohl der raffinierteste Viersitzer, den man derzeitig kaufen könne, schloß Manfred Jantke 1969 einen Bericht in auto motor und sport, der zu einer Laudatio geraten war für Mann und Werk. Kaum jemand aber wußte, daß Lamborghini in dieser Phase allmählich die Lust an seinen Autos verlor...

Maserati Indy 4900, Bj. 1974. V8. 4930 cm^3. 320 PS.
265 km/h. Leihgeber: Manfred Postert

Die Karriere des Indy fiel genau in die Phase, als in der Viale Ciro Menotti 322 zu Modena der französische Citroën-Konzern Regie führte, also nach der Orsi-Ära und vor der De-Tomaso-Ägide. Dem 2+2-sitzer war eine Funktion irgendwo zwischen dem Mexico und dem Ghibli zugewiesen, und er erfüllte sie in einer Auflage von 1136 Exemplaren zu vollster Zufriedenheit, zunächst mit Maschinen von 4136 cm^3, später von 4719 cm^3 und schließlich auch 4930 cm^3.

Anfänglich diente er nur zum Vorzeigen, eine Stilstudie auf dem Vignale-Stand beim Turiner Salon 1968. Aber schon auf der Genfer Ausstellung im folgenden Frühjahr erwies sich, daß Maserati den Findling adoptiert hatte. Für die Namengebung ließ man ein leicht verstaubtes Kapitelchen Geschichte wieder aufleben – Grand-Prix-Wagen im Zeichen des Dreizacks hatten die 500 Meilen von Indianapolis 1939 und 1940 gewonnen. Mit dem in seiner Gänze selbsttragenden Aufbau folgte die arrozzeria Vignale dem Zug der Zeit und fuhr zugleich ihren illustren Konkurrenten in die Parade, sofern diesen danach gelüstete, zu zeigen, wie man es vielleicht noch besser machen könnte, und sei es nur mit einem Einzelstück.

Allerdings verbot sich auf Grund dieser Auslegung auch der Bau eines Spiders. Auf den ersten Blick ähnelte der Indy dem Ghia-Ghibli. Aber die vordere Kühleröffnung war noch schmaler und unauffälliger, die Fläche der Haube anders, aber nicht weniger geschickt gegliedert. Dach und Heck hatte man der vier Sitze halber höhergezogen. In der Tat empfanden es auch die Hinterbänkler als Vergnügen, in diesem Maserati zu reisen. Für alle Fälle war der doch bereits recht niedrig hängende Himmel zu ihren Häupten dick wattiert.

Wie im Ghibli mußte man sein Gepäck auf einem Plateau zwischen den beiden 50-Liter-Tanks verstauen, für jedermann sichtbar unter der fast waagerechten Heckscheibe. Sie war identisch mit dem Kofferraumdeckel, der vor allem zarten weiblichen Händen beim Öffnen wütenden Widerstand entgegensetzte. In einem Fahrbericht für die Frühjahrsausgabe der Motor Revue 1970 zeichnete der belgische Journalist Paul Frère den Januskopf des Indy mit dem Untertitel "Ganz schnell, aber gut bürgerlich" nach. Den Eindruck konstruktiver Biederkeit erweckte allein schon die schlichte Einrichtung des Parterres gemäß uralt-geheiligter Maserati-Tradition.

Die Vorderräder hingen einzeln an Trapez-Dreieckquerlenkern und Schraubenfedern, ihre hinteren Pendants an einer Starrachse mit Halbelliptikfedern. Eine in fetten Gummigelenken gelagerte Reaktionsstrebe half diesen, die beträchtlichen Drehmomente des Antriebs aufzunehmen, und hielt überdies Fahr- und Kraftübertragungsgeräusche von den Insassen fern. Die Straßenlage des großen Coupés war damit berechenbar und zufriedenstellend, ohne durch Brillanz zu überwältigen.

Schnelle Luxuswagen, philosophierte Chefingenieur Giulio Alfieri, würden ohnehin nie an der Grenze bewegt. Selbst der V8 (mit 260, 290 beziehungsweise 320 PS), grundsätzlich ein komplexes und filigranes Gebilde, gekrönt von einer Quadriga Nockenwellen, galt in der Branche als Bauernmotor von kerniger Gesundheit. Von rustikaler Langlebigkeit war auch das wohlgestufte ZF-Fünfganggetriebe. Jeder Schaltvorgang wollte gegen einen winzigen Protest des dafür zuständigen Knüppelchens durchgesetzt werden, wurde aber dadurch erleichtert, daß man diesem einen Knauf vom Kaliber einer gutgewachsenen Mandarine aufgesetzt hatte. Wer mochte, konnte indes auch eine Borg-Warner-Automatik ordern. Wie gesagt, wer mochte...

Morgan Plus 8, Bj. 1975. V8. 3532 cm^3. 154 PS.
201 km/h. 7,5 s 0 - 100 km/h. Leihgeber: J. Biedermann

Wer auf der London Motor Show 1968 nur eben so am Morgan-Stand vorbeischlenderte, nahm das für einen Briten allemale beruhigende Bewußtsein mit nach Hause, es habe sich, wie üblich, nicht viel geändert. Die Eingeweihten aber wußten es längst: In den Werkhallen an der Pickersleigh Road zu Malvern Link, Worcestershire, hatte sich eine Zäsur von ungewöhnlicher Tragweite ereignet.

Der Plus 4 hatte soeben das Zeitliche gesegnet, denn der Langhuber aus dem Triumph TR4, der den wackeren Veteranen bis in die Nachbarschaft der bisher schier unüberwindbaren 100-Meilen-Mauer getragen hatte, war vom Motoren-Zulieferer Standard aus dem Programm gestrichen worden. Nach einigem Hin und Her entschied sich Peter Morgan auf der Suche nach einem Nachfolger für den Leichtmetall-V8, der im Rover 3500 bereits seit dem April des Jahres seinen Dienst versah, diskret wie ein englischer Filmbutler, obwohl es sich eigentlich um einen expatriierten Amerikaner handelte. Dieses großkolbige Triebwerk jedoch krempelte das äußere Erscheinungsbild des Morgan leicht, sein Image und seinen Charakter indessen völlig um.

Der Radstand war von 2440 mm auf 2490 mm, die Spur vorn um 30 mm auf 1220 mm und hinten um 50 mm auf 1280 mm erweitert worden, was einen subtilen Einfluß auf die Linienführung zeitigte. 15-Zoll-Aluminiumfelgen hatten die bisherigen Speichenräder ersetzt. Geschwindigkeiten, von denen der Morgan-Pilot früher nur geträumt hatte, schüttelte der Plus 8 gewissermaßen lässig aus dem Ärmel, sowie man die Drosselklappen der beiden riesigen SU-Vergaser vermittels eines zierlichen Rollenpedals entsprechend öffnete. Stets wurde dabei das dumpfe Brotzeln des Achtzylinders vom Heulen des Moss-Getriebes überlagert, das zudem Gangwechsel, die nicht zu seiner Zufriedenheit ausgefallen waren, mit wütendem Knirschen quittierte. Spätere Rover-Schaltungen, ab 1977 mit fünf Fahrstufen, gaben sich weitaus urbaner.

Im übrigen vermied der Morgan-Chauffeur das Vordringen zu höherem Tempo nach Möglichkeit. Schon bei 140 km/h maß man in der Passagierkabine 92 Phon, so daß sich die Kommunikation auf visuelle Zeichen oder gebrüllte Monosyllaben beschränken mußte. Und die das Fahrzeug umfauchenden Winde suchten ständig den Zugang zum Innenraum und fanden ihn schließlich auch, indem sie die seitlichen Steckfenster lupften. So bot sich, wie Klaus Westrup 1970 in dem deutschen Fachmagazin auto motor und sport feststellte, nur die unattraktive Alternative, hart zu bleiben oder taub zu werden. Aber auch von unten attackierte der Plus 8 die in ihm Reisenden, sowie er die Fahrbahnqualität als ungenügend befand, was rasch eintrat.

Das Fahrwerk – ein Kastenrahmen, vorn Einzelradaufhängung an senkrechten Führungsrohren und Schraubenfedern, hinten Starrachse an Längsblattfedern – war nämlich noch dasselbe wie zuvor, als es das Ondit nährte, der routinierte Morgan-Lenker könne unterscheiden, ob er eine Zigarettenkippe mit oder ohne Filter überfahre. Mit der Sports-Lightweight-Variante vom Herbst 1975 an verhielt sich das nicht viel anders.

Die Leistung der ursprünglichen Vergaser-Triebwerke variierte von anfänglich 168 PS über 143 PS 1973 bis hin zu 155 PS 1976. Von einer elektronischen Lucas-Einspritzung genährt, wartete der Vitesse-Motor ab 1984 mit 192 PS auf. Die 3,9-Liter-Katalysator-Version von 1990 mit einer Pferdestärke weniger wurde zur Konstante bis zum Ende der Produktion 2003, ab 2000 in ihrer umweltfreundlichsten Ausprägung 4-litre genannt. Zu diesem Zeitpunkt hatte der 4,6-Liter aus dem Rover-Flaggschiff Range Rover nach einem Intermezzo seit 1997 bereits ausgedient.

Mit dem Ableben des Plus 8 (insgesamt rund 7000 Exemplare) endete die Rover-Connection. Im Mai 2004 wurde im Berliner Meilenwerk der Morgan Roadster vorgestellt, den Dreiliter-V6 aus dem Ford Mondeo im vertrauten Gewande...

Opel GT 1900 (US-Version), Bj. 1969. Vierzylinder-Reihenmotor. 1897 cm³. 90 PS. 185 km/h. 11,5 s 0 - 100 km/h. Leihgeber: M. Katz

Nur Fliegen ist schöner", dichtete ihm eine smarte Werbetexterin auf den glatten Leib, und in der Tat erfüllte sich für sportlich ausgerichtete Opel Kunden mit dem GT ein Traum – und für seine Väter. Die seien, schrieb Christian Stei-

ger in Heft 12/1999 des Oldtimer-Magazins Motor Klassik, einfach des faden Aromas der Rüsselsheimer Kantinenküche überdrüssig gewesen und hätten dessen Hausmacherkost mit dem Flair des entfernten Verwandten Chevrolet Corvette zu einer furiosen Melange verquickt.

Ehe es allerdings soweit war, dauerte es ein Weilchen. 1962 entstanden unter dem neuen Opel-Chefgestalter Claire McKichan ohne Wissen der Geschäftsleitung erste Skizzen eines kleinen Sportwagens. 1965 fand sich einer von zwei Prototypen als "Experimental GT" auf der Frankfurter IAA. Zwei Jahre später schlossen Opel und der französische Karosseriehersteller Brissoneau & Lotz einen Fertigungsvertrag. Am 12. September 1968 lief die Serie an, flankiert von einer Präsentation in den USA, wo der Volks-Sportler mit dem Blitz-Emblem als europäisches Pendant zum Corvette vorgestellt wurde.

Und damit war er greifbar und käuflich geworden, als GT 1100 und GT 1900, mit 1125 mm Höhe 220 mm niedriger als der Kollege Rekord C. Lang war seine Front, gar kurz sein Stummelheck, im Designstudio prosaisch Entenschwanz genannt, im Anschluß an den modischen Coke-Bottle-Schwung und in das Dach gewölbte Türen. Seine Klappleuchten drehten sich beim Ausfahren um ihre eigene Achse – ein Opel-Patent. Ohne sie hätte der flache Bug des GT nie den US-Vorschriften genügt, die nach Scheinwerfern im rechten Winkel zur Straße verlangten. Sie taten zugleich eine Menge für die erstaunlich günstige Windschlüpfigkeit des GT. Das zeigte sich nachts, wenn das Coupé mit wachen Glubschaugen ins Dunkle glotzte und eine Idee langsamer wurde.

Als Soundtrack zum flotten Exterieur tönte indessen kein kerniges Brotzeln, sondern, wie Christian Steiger enttäuscht konstatierte, "heiseres Rotocap-Ventilgeschnattere und leises Ansaugschnüffeln, genau so, wie es eine Generation von Handelsreisenden in ihren Rekord-Limousinen beschallt" habe. Dafür sorgten die beiden Großserien-Vierzylinder mit 1078 cm³ und 60 PS oder 1897 cm³ und 90 PS. Nur der stärkere der beiden indessen bewahrte den Opel GT vor der Häme, mit der man gewisse Generationen des amerikanischen Cousins und Vorbilds Corvette bedacht hatte: All show and no go. Ihrer Positionierung längs hinter der Vorderachse war ein Hickhack zwischen Opel-Chefingenieur Hans Mersheimer und dem jugendlichen Verkaufsboß und kommenden Karrieristen Bob Lutz vorausgegangen, der diese Anordnung bevorzugte und sich am Ende durchsetzte.

Auch der stärkeren Motorisierung war das Fahrwerk des GT ohne weiteres gewachsen, vorn an Querlenkern, einer Querblattfeder und hydraulischen Stoßdämpfern, hinten an einer Zentralgelenk-Starrachse mit Längslenkern, Schraubenfedern, Gasdruck-Stoßdämpfern und einem Panhardstab. Stabilisatoren für beide Enden gab es auf Wunsch, und fast in jedem Fall waren die Dame oder der Mann am Sportlenkrad bei der Annäherung an den Grenzbereich mit ihrem Latein eher am Ende als das Auto selbst.

Im Juni 1970 schlug das letzte Stündlein des weniger populären GT 1100. Im März 1971 stellte man das Sparmodell GT/J mit mattschwarzen Zierteilen und reduzierter Ausstattung vor. Und im Juli 1973 endete mit Exemplar 103 273 des GT

eine schillernde kleine Strophe der Opel-Saga. Brissonneau & Lotz waren von Renault und Peugeot geschluckt worden, und in den Vereinigten Staaten postulierten die Behörden fette Stoßstangen, die dem Importartikel miserabel zu Gesicht standen. Und so kam das Aus für eine Vision, die auch dem kleinen Mann gefrommt hatte.

Triumph TR6 PI, Bj. 1971. Sechszylinder-Reihenmotor. 2498 cm³. 150 PS. 193,5 km/h. 9 s 0 - 100 km/h. Leihgeber: M. Nepute

Der TR5 erfreute sich noch bester Gesundheit, als man sich bereits Gedanken um seine Zukunft machte. Die Vorsorge der Triumph-Oberen galt vor allem seinem Äußeren, dessen Attraktivität zu welken schien. Giovanni Michelotti, der 1961 den TR-Modellen den rechten Winkel verordnet hatte, war nicht ansprechbar, da durch Vollbeschäftigung ausgelastet. So wurden die Unterhändler des in Coventry ansässigen Konzerns schließlich mit der Karosseriefabrik Karmann im deutschen Osnabrück handelseinig. Deren Auftrag lautete kurz, bündig und fast undurchführbar, die vorhandene Michelotti-Linie bis hin zur Novität zu modernisieren, ohne daß allzuviel auf den Schrott geworfen werden mußte, und die erforderlichen Maschinenteile für die Serienfertigung nach Liverpool zu liefern, alles binnen 14 Monaten.

Sie entledigte sich dieser Verpflichtung zeitgerecht und mit Eleganz. Das bislang etwas verquollene TR-Gesicht wurde gestrafft, indem man die beiden Scheinwerfer aus ihrer halb exponierten Höhenlage befreite und beiderseits eines klar gegliederten, mattschwarzen Kühlergrills postierte. Die asymmetrische Hutze auf der Motorhaube wurde abgetragen, schon am TR5 zu einem bloß dekorativen Relikt aus Vierzylinder-Zeiten verkümmert. Zwei seitliche Zierleisten verschwanden, die in den Leuchteinheiten für Blinker und Standlicht mündeten, dafür wurden die jetzt horizontal gruppierten hinteren Lampen-Ensembles bis in die Flanken herumgewinkelt.

Noch kantiger war das Heck, noch mehr ließ sich darin verstauen. Allerdings mußte man sein Gepäck über eine Rückwand wuchten, wo der TR5 auf der Höhe der Stoßstangenoberkante beladen werden konnte. Das – ebenfalls eckigere – als Extra lieferbare Hardtop stammte von der Mutterfirma selbst und bestand nun aus einem Stück. Der TR6 rollte auf 5,5-Zoll-Felgen, was im Zusammenwirken mit einer Spurverbreiterung von 25 mm vorn und 24 mm hinten und einem kräftigen vorderen Stabilisator für neutraleres Fahrverhalten als ehedem sorgte. Dabei übte der langhubige Reihensechszylinder durch die gelassene Art, mit der er frühzeitig Leistung anbot, andererseits aber zu verstehen gab, daß er hohe Drehzahlen nicht schätzte, eine deutlich pädagogische Funktion aus und erzog zu unnervösdefensivem Chauffieren.

Weniger gemütvoll reagierte der urtümliche Roadster, falls ihm sein Lenker schlechte Wegstrecken zumutete. Dann setzte es nämlich Hiebe von unten, der Aufbau klapperte und seufzte, das wohlgestaltete Armaturenbrett und die gutgeformten Sitze erzitterten und wogten erbost. Dafür schmeichelte er dem Ohr mit sonorem Auspuff-Belcanto, am schönsten intoniert bei etwa 2500 Umdrehungen je Minute der vierfach gelagerten Kurbelwelle. 1970 wurde dem TR6 ein robusteres Getriebe (wie im Triumph Stag) verpaßt, 1973 der unvermeidliche Plastik-Spoiler unter dem vorderen Stoßfänger, 1974 ein serienmäßiges Overdrive von Laycock de Normanville in J-Spezifikation.

Die für den nordamerikanischen Markt bestimmte Version, im Werksjargon TR6 Carb (für Carburettor) genannt, leistete 104 PS wie bereits der TR4A und der TR250. Neue Vergaser spendeten 1972 zwei zusätzliche Pferdestärken, während eine weitere Umstellung, wiederum verbunden mit einer Reduzierung des Verdichtungsverhältnisses, in dieser Hinsicht ohne Auswirkung blieb.

Der Rest der Welt aber mußte sich damit abfinden, daß unterdessen der Motor des TR6 PI (= Petrol Injection) auf Grund kosmetischer Eingriffe von ursprünglich 150 PS auf am Ende 124 PS erschlaffte. Im Juli 1976 versiegte die Quelle der TR6 in der Fabrik No. 1 zu Liverpool. Mit 94 619 Exemplaren hatten sie sich um die Standard-Triumph International Ltd., seit 1967 Filiale von British Leyland, ganz erhebliche Meriten erworben.

Aston Martin V8, Bj. 1980. V8. 5340 cm³. 300 PS.
237 km/h. 7,2 s 0 - 60 mph. Leihgeber: Winfried Stühn

Der Aston Martin DBS von 1967 war bereits um einen V8-Motor herum gedacht, den der Exilpole Tadek Marek entworfen hatte. Ein Prototyp dieses Triebwerks von 1963 mit 4800 cm³, dessen zwei Zylinderreihen schon wie in der endgültigen Fassung im Winkel von 90 Grad zueinander standen, erwies sich als fragil, und es bestand auch seine Feuerprobe 1967 im Rennsportwagen Lola T70 Mk 3 GT des ehemaligen Automobilweltmeisters John Surtees im Grunde nicht.

Erst ab September 1969 wurde schließlich vereint, was längst füreinander bestimmt gewesen war – der DBS und Mareks majestätische Leichtmetall-Maschine, die gleichwohl mit 240 kg Kampfgewicht ein gutes Teil leichter war als vergleichbare amerikanische Aggregate. In dieser aktivierte – Statussymbolen gleich – eine Quadriga von Nockenwellen die 16 Ventile. Eine Achtstempel-Einspritzpumpe von Bosch besorgte die Verpflegung. Die Leistung wurde der Umwelt diskret verschwiegen, nicht zuletzt aus Ärger über die häufig geschönten diesbezüglichen Angaben der Konkurrenz.

Erst später teilte Aston-Martin-Direktor Dudley Gershon seiner aufhorchenden Leserschaft in einem Buch gleichsam hinter der vorgehaltenen Hand mit, es seien 345 PS gewesen. Eine ganze Menge davon setzte die in der Regel gewählte Chrysler-Torqueflite-Automatik in Schlupf

und Wärme um, während ein neues, leichteres und leiseres Fünfganggetriebe von ZF mit dem Hubraumriesen von 5340 cm³ eine weniger parasitäre Symbiose einging. In jedem Falle stand soviel strotzende Kraft zur Disposition, daß man buchstäblich auf einen geeigneten Pneu warten mußte, bis sich der Pirelli-CN73-Radialreifen anbot, der auf 7-Zoll-Leichtmetallfelgen gezogen wurde.

Schon beim Öffnen einer der beiden Türen des DBS V8 schlug einem ein Schwall edelsten Leder-Aromas entgegen. Damit Sitze, Seitenpolsterung und Armaturenbrett dieses Aston Martin nobel bekleidet waren, mußten jeweils nicht weniger als fünf Kühe aus besten Familien ihre Haut hinhalten. In die Instrumententafel waren sieben Smith-Runduhren eingebettet, die jede erdenkliche Auskunft erteilten.

Seit der London Motor Show 1971 war eine Klimaanlage serienmäßig und durchaus willkommen, schon weil der mächtige Mitteltunnel, der den Innenraum in zwei Appartements unterteilte, bei rascher Fahrt viel Wärme abgab – darunter werkte das Getriebe. Nur vertikal verschiebbare Austrittsdüsen zielten unter Umständen mit eisigem Hauch auf exponierte Körperteile. Lediglich bescheidenen Stauraum bot das Gepäckabteil, das sich nach hinten anschloß und bereits teilweise an den voluminösen Reservereifen vergeben war.

Da das Heck linear abfiel, wußte der Chauffeur überdies nie ganz genau, wo das Auto eigentlich aufhörte. Obwohl ihn eine Aluminiumkarosserie umgab, dirigierte er mit einer bemerkenswert leichtgängigen Servolenkung ein Schwergewicht von über 1800 kg, die größtenteils auf das Konto des ungemein robusten Plattformrahmens gingen.

An die Aufgabe, derartig viel Masse in Bewegung zu setzen, ging das ja nicht eben schmalbrüstige Triebwerk im untersten Drehzahlbereich mit einer gewissen Unlust heran. Erst ab 3000 U/min stellte sich kräftige Beschleunigung ein, und die vom Werk verheißenen 270 km/h waren offensichtlich ein bißchen dem Reich der

Aston Martin V8 Volante, Bj. 1982. V8. 5340 cm³. 300 PS.
233,8 km/h. 7,5 s 0 - 100 km/h. Leihgeber: Ralf Malessa

Legende entlehnt – 241,7 erreichte der Testwagen von auto motor und sport 1971 (mit Handschaltung) und 234 ein weiterer von 1975 mit Automatik.

Ab 180 km/h übertönten dabei andere Fahrgeräusche das Murmeln der Maschine, die den Aston Martin fast unbeeindruckt auch über steilere Autobahnsteigungen hinwegtrug. Der Aufwand, der in sie investiert worden war, fand sein Gegenstück in der Art der Hinterradaufhängung. Die De-Dion-Achse vereinte in sich die Vorzüge einer starren Hinterachse und einer unabhängigen Aufhängung, allerdings um den Preis von kostspieligen Doppelgelenkwellen und eines komplizierten Wattgestänges zur exakten Führung des Achsrohrs.

Auf unebener Bahn neigte der Zweitonner zu ausgeprägten Vertikalbewegungen, während er kleinere Erhebungen fast unbemerkt von seinen Insassen glattbügelte. Seine Tendenz zu untersteuern wurde vor allem in schnellen Kurven als durchaus angenehm empfunden. Die vier Girling-Scheibenbremsen (Durchmesser vorn 292 mm, hinten 273 mm) wollten kräftig getreten werden, verzögerten dann aber das schwere Auto sicher und spurtreu. Hauptmerkmal der zweiten Serie, die 1972 kurz nach der Übernahme des Werks durch die Company Developments Ltd. herauskam, war eine überarbeitete Frontpartie mit nur zwei Scheinwerfern, die das Abblendlicht verbesserten, aber weniger gutes Fernlicht lieferten.

Das neue Gesicht sollte Erinnerungen

an vergangene Aston-Martin-Generationen evozieren. Andererseits merzte man alle Hinweise auf die Identität des früheren Firmeneigners David Brown aus, unter anderem das Kürzel DBS. Die Nockenwellendeckel zierte fortan die Aufschrift Aston Martin Lagonda. Da sich die Bosch-Einspritzung mit dem britischen Triebling nicht vertragen hatte, thronten in der dritten Serie (ab August 1973) vier Doppelvergaser des Typs Weber 42 DCNF zwischen den beiden Zylinderköpfen, auf deren Existenz eine höhere Hutze in der vorderen Haube verwies. Mit ihnen ließen sich – wichtig angesichts des amerikanischen Markts – bessere Emissionswerte erzielen.

Wiederum kam man den Wünschen einer verwöhnten Kundschaft entgegen, als das Gepäckabteil ein weiteres Mal vergrößert wurde, indem man die Form des Benzintanks entsprechend veränderte. In diese Phase fielen dunkle Stunden in der Historie des Unternehmens. Nach den Drei-Tage-Wochen des Jahres 1974, die der britischen Industrie insgesamt schwerste Blessuren schlugen, war man in Newport Pagnell kaum noch in der Lage, die Rechnungen auch nur des Milchmanns zu begleichen. Schließlich rang man den Gläubigern ein Moratorium von sechs Monaten ab, bevor der Amerikaner Peter Sprague und der Kanadier George Minden dem siechen 175-Mann-Betrieb mit einer Scheck-Therapie über 1 050 000 Pfund in letzter Minute wieder auf die Beine halfen, ihm zugleich die Schonkost profitorientierten Wirtschaftens verordnend.

An den für japanische und amerikanische Käufer bestimmten V8 der Serie 4 (zwischen 1975 und 1977) wurde die Verdichtung auf 8,3 : 1 abgesenkt, damit

sie die Diät von bleifreiem 2-Sterne-Sprit verkraften konnten. Im Februar 1977 fiel der nächste Streich, mit der nun Vantage geheißenen fünften Auflage des Aston Martin. Zu Häupten der acht Säulen der Ansaugstutzen bereiteten vier Weber-Doppelvergaser des Kalibers 48 IDF2/100 der durstigen Mammut-Maschine ein wahres Bacchanal. Die Gerüchte über deren Potenz schossen ins Kraut und

Aston Martin V8 Vantage, Bj. 1982. V8. 5340 cm³. 380 PS.
273 km/h. 5,4 s 0 - 60 mph. Leihgeber: Thomas Uebel

spielten sich am Ende bei 485 PS ein, bis die penible deutsche Zulassungsprozedur sie eines Teils dieses Mythos entkleidete, mit 380 Real-Pferden aber immer noch reichlich übrigließ. Sie wünschten im Schnitt mit 24 Litern Supertreibstoff je 100 Kilometer gefüttert zu werden, so daß man den bisherigen 95,5-Liter-Tank durch ein Behältnis für 113,5 Liter ersetzte.

Weil die Belieferung mit Armstrong-Dämpfern ins Stocken geriet, sprang der holländische Hersteller Koni in die Bresche. Größere Scheinwerfer verbesserten die Lichtausbeute, und noch einmal wurde die Karosserie aerodynamisch durchgeforstet. Auf dem Kofferraumdeckel sproß der obligatorische Spoiler, als Gegenstück zu einem Luftleitblech unter der vorderen Stoßstange, während der Wulst auf der Motorhaube nach vorn hin geschlossen wurde, ohne Konsequenzen, wie es hieß, für den Sauerstoffhaushalt des Motors.

Im Laufe des Jahres 1978 wurden alle Aston Martin – ausgenommen ihre Maschinen – der Spezifikation des Vantage angeglichen. Im Juni aber erblickte das Cabriolet des V8 das Licht der Welt, nach Art des Hauses und ganz entgegen dem Trend der Zeit Stück für Stück in sorgsamer, 90 Tage währender Handarbeit zusammengesetzt sowie mit 22 Lackschichten gegen die Schikanen nordischer Witterung versiegelt. Am Armaturenbrett jenseits des lederumwickelten Dreispeichen-Lenkrads glänzte poliertes Walnußholz, und im 260 Liter fassenden Gepäckraum warteten, fürsorglich bereitgestellt, drei schicke Koffer auf ihren Einsatz.

Daß bei Aston Martin fern der nüchternen und seelenlosen Stereotypie des Fließbands noch die altväterische Ehrlichkeit des Handwerkers herrschte, der für sein Werk jederzeit dingfest gemacht werden konnte, wies ein kleines Schild aus Messing im Bereich der Nockenwellen aus. Da stand nämlich zu lesen, welcher Mitarbeiter just diesen Motor zusammengeschraubt hatte.

1986 verwandelte man dem Volante Elemente des zeitgenössischen Vantage wie Kotflügelverbreiterungen und schräge Schweller an. Wie so häufig in jenen Jahren störten diese für viele Betrachter lediglich eine klare Form, und so konnte die schöne Windsbraut auch gewissermaßen naturbelassen geordert werden. Ebenfalls 1986 war beim Genfer Salon die Frucht einer Vereinbarung zu besichtigen, welche die Aston-Martin-Bosse Victor Gaunlett und Peter Livanos zwei Jahre zuvor bei der gleichen Gelegenheit mit Elio und Gianni Zagato getroffen hatten: deren Interpretation des Vantage, 432 PS stark und von einer Linienführung, die durchaus kontrovers aufgenommen wurde.

Der Versuch, sich mit dem in 85 Exemplaren aufgelegten Zagato-Coupé Zutritt zum exklusiven Club der 300-km/h-Automobile zu verschaffen, scheiterte nur knapp: 299 km/h maß die französische Publikation Sport-Auto akkurat. Naturgemäß etwas langsamer war eine offene Version, die es auf die ebenfalls limitierte Verbreitung von 35 Exemplaren brachte. In den elf Jahren seiner Fertigung bis 1989 entstanden im heimischen Newport Pagnell 849 Volante, in den zwanzig Jahren bis zu diesem Zeitpunkt 2 658 V8-Saloons, davon 350 Vantage. Die meisten davon rollen noch heute über die Straßen der Welt – höchst mobile Monumente ihrer selbst.

Bristol 411, Bj. 1975. V8 Chrysler 400 C.I.D. H.P.. 6556 cm³. 264 PS. 225 km/h. 8,2 s 0 - 100 km/h. Leihgeber: Dr. Philipp Buse

Die Modellnummern 401 bis 406 markierten gleichsam die Schrittchen, mit denen sich die in Filton ansässige Bristol Cars Limited Ende der vierziger und durch die fünfziger Jahre von ihrem BMW-Plagiat 400 absetzte – einer automobilen Reparationsleistung. Einen Sprung in diesem Prozeß der Emanzipation bedeutete der 407 von 1961. Jener Reihensechszylinder, der über zwei Dekaden zählebig Reminiszenzen an Glanz und Glorie des BMW 328 herübergerettet hatte, war nun obsolet geworden und konnte – inzwischen bei 2216 cm³ angelangt – auch nicht weiter aufgebohrt werden.

Überdies wollte die Klientel in dieser gehobenen Preisklasse nicht mit einem Zweiliter abgespeist werden. Ein eigenes Projekt fiel dem Rotstift des Kalkulators zum Opfer. Denn schon war der Zeitpunkt abzusehen, wo der Mutterkonzern Bristol Aircraft der British Aircraft Corporation einverleibt werden sollte, ein Vorgang, aus dem seine ehemalige Auto-Filiale als eigenes Unternehmen mit den Direktoren Sir George White und Anthony Crook hervorgehen würde.

Man entschied sich für einen V8 mit 5130 cm³ von Chrysler Canada, dessen 250 PS von der Torqueflite-Automatik aus dem gleichen Hause auf die Straße gebracht werden sollten. Die Vorzüge dieses Triebwerks: Gelassenheit, Sanftmut, Gefügigkeit und ein enormes Drehmoment, obwohl die Leistungsangabe mit Sicherheit amerikanisch-liberal über den Daumen gepeilt war.

Längst, spätestens mit dem 406 von 1958, war in die Linie der Karosserie der rechte Winkel eingezogen, während sich im Parterre im wesentlichen Althergebrachtes erhielt: ein Plattformrahmen mit Kastenträger, vorn Einzelradaufhängung mit Trapez-Dreieckquerlenkern und Schraubenfedern, hinten Starrachse mit Längstorsionsstabfedern und Stabilisatordreieck. Bis zum 412 vom Mai 1975 – die Autowelt und ein schon auf Grund der geringen Zahl exklusiver Kundenkreis waren um alles in allem 6000 Bristol reicher geworden – schlug sich die Modellpflege an diesem Ur-Typ weiterhin in fortlaufender Numerierung nieder, vom 408 im Oktober 1963 über den 409 von 1965 (5211 cm³, Girling-Scheibenbremsen anstelle der bisherigen von Dunlop) und 410 von 1967 (serienmäßige Servolenkung, 15-Zoll-Räder) bis zum 411 im Jahre 1969, von dem 287 Einheiten hergestellt wurden.

Mit 355 PS waren die 6277 cm³ des Hubraumgiganten von Chrysler nur mäßig belastet, und noch einmal gesünder fielen die 264 PS aus, die die 6556 cm³ der letzten Varianten (Mk IV und V) zur Verfügung stellten. Die Liaison mit den Amerikanern erwies sich als für beide Teile vorteilhaft, da in vernünftigem Feedback etliche Detailmodifikationen an Motor und Kraftübertragung bereitwillig von deren Hersteller übernommen wurden.

Den 412 (ab 1975) ließ Anthony Crook, inzwischen Alleininhaber der Firma, in Italien bei Zagato einkleiden, im Zuge einer alten Geschäftsverbindung. Dies lief darauf hinaus, daß der Karossier dem bekannten Fahrwerk, das noch immer eine massive Familienähnlichkeit zu dem des BMW 326 aus den Dreißigern aufwies, die Aufbauten eines Convertible und eines "Convertible Saloon" verpaßte. Sie waren, nebenbei gesagt, weit weniger aufregend als frühere seiner Kreationen, vielleicht gewollt britisch-unaufdringlich. Zwei Triebwerke standen zur Wahl, wiederum mit 6556 cm³ sowie mit aufgeladenen 5900 cm³. Kurios: der 412 hieß auch 603 – so viele Jahre zuvor hatte die Stadt Bristol einen königlichen Freibrief als eigenständige Grafschaft erhalten.

Datsun 240 Z, Bj. 1973. Sechszylinder-Reihenmotor. 2393 cm³. 130 PS. 198,9 km/h. 9,5 s 0 - 100 km/h. Leihgeber: Bruno Albisser

In der zweiten Hälfte der sechziger Jahre machte Yutaka Katayama, Präsident der Nissan US, im Lande der unbegrenzten Möglichkeiten eine Marktlücke aus. Bedarf, so schien es, bestand für ein sportliches Coupé, das viel Wert für

wenig Geld bot. Ein Produktionsziel von 2000 pro Monat schien möglich. Als Antwort auf diese Hoch-Rechnung wurde am 22. Oktober 1969 der Datsun 240 Z vorgestellt, vor Ort, damit über den Schauplatz der fernöstlichen Offensive kein Zweifel aufkam, und für ganze 3526 Dollar. Knapp eine Dekade später waren die Z-Modelle des japanischen Herstellers mit 542 208 Exemplaren zu den erfolgreichsten Sportwagen aller Zeiten avanciert, und die Bänder der zuständigen Nissan-Filiale in Hiratsuka arbeiteten mit einer Kapazität von 11 000 Autos monatlich. Die proportioniert-unaufdringliche Silhouette genügte einem konservativen Geschmack und war gänzlich unjapanisch – ein beherrschendes, langes, schlankes Motorgehäuse, die weich nach hinten auslaufende Fahrgastzelle, das kurze Abrißheck. Sie wurde allgemein dem in New York wohnhaften Deutschen Albrecht Graf Goertz zugeschrieben, aber bei Nissan schränkt man in dieser Beziehung fein und voll philologischer Akribie ein. Das Äußere des 240 Z sei die Leistung des hauseigenen Designer-Teams, heißt es in einem Brief des Justitiars Toshikuni Nyui vom 14.11.1980 an den Aristokraten, das aber seinerseits beeinflußt gewesen sei von der guten Arbeit, die Goertz für den Konzern geleistet habe. Dieser ließ sich, wie er bereitwillig einräumte, von der Form des Jaguar E und vom Format des Porsche 911 inspirieren.

Ansonsten bediente man sich aus dem Baukasten. Die Einzelradaufhängung vorn an Querlenkern, Schubstreben und Federbeinen entsprach der des Tourenwagens Laurel 1800, während die hintere an Querlenkern und Federbeinen Anleihen beim Lotus Elan Colin Chapmans gemacht hatte. Nicht immer zu befriedigen wußte die Kombination von vorderen Scheiben- und hinteren Trommelbremsen. Der Reihensechszylinder von 2393 cm³ mit kettengetriebener obenliegender Nockenwelle basierte auf dem Aggregat des 510 Bluebird von 1967, das sich allerdings mit vier Verbrennungseinheiten beschied.

Von den 150 PS, die für die US-Version angegeben wurden, schmolzen die Deutsche Industrie-Norm und diverse Modifikationen, wie sie für den Verkauf in Europa notwendig waren, 20 herunter, bevor der 240 Z etwa auf deutschen Straßen die Blikke auf sich zog. Viel Leistung erstickte aber auch im Sog der amerikanischen Emissionsgesetze, was man durch mehr Hubraum aufzufangen versuchte: 2547 cm³ und 126 DIN-PS hatten der 260 Z von 1974, 2734 cm³ und 140 DIN-PS der 280 Z (mit Bosch L-Jetronic) ein knappes Jahr später, ohne daß das immer gewichtiger werdende Coupé darum an Temperament zugenommen hätte. Daß der einstige Leistungs-Sportler auf dem besten Wege zum kommoden Gran Turismo sei, war etwa der Aufmerksamkeit der britischen Publikation Autocar entgangen, die säuerlich anmerkte, wenn es den 240 Z nicht gegeben hätte, wäre man weniger geneigt, den 280 Z zu kritisieren.

Seit 1974 gab es ein 2+2-Derivat mit 300 mm längerem Radstand, dessen Rücksitzlehnen als zusätzliche Ladefläche umgelegt werden konnten. Türen, Dach und Heckstück waren neu gezeichnet

worden, ohne die Linie im Prinzip anzutasten. Dies sei, befand auto motor und sport im Falle des 260 Z 2+2, das Auto für sportliche Individualisten, die ein exklusives und trotzdem alltagstaugliches Fahrzeug suchten. Über die erste dieser Tugenden hätte Yutaka Katayama gewiß gelächelt...

Iso Lele 300, Bj. 1972. V8 Chevrolet Corvette Turbofire 327. 5733 cm^3. 304 PS. 233,8 km/h. 7,6 s 0 - 100 km/h. Leihgeber: Bernd Möller

Hatte Renzo Rivolta mit der Benennung Rivolta GT für seinen viersitzigen Gran Turismo von 1962 einen strammen Diener vor sich selbst gemacht, verneigte sich sein Sohn Piero mit dem Nachfolgemodell chevaleresk gegen seine Frau, indem er ihm ihren Namen gab – Lele. Ursprünglich sollte das Bertone-Coupé eine Sonderanfertigung für einen amerikanischen Kunden werden. Weil es aber bereits auf dem Turiner Salon 1969 gut ankam, bewirkte man beim Auftraggeber gegen einen gewissen Widerstand, eine bescheidene Serie auflegen zu dürfen, 317 Exemplare in fünf Jahren, wie sich herausstellen sollte. 1974 nämlich machte chronische Geldnot, in unheiliger Allianz mit Suez- und Energiekrise, dem kleinen Herstellerwerk den Garaus.

Neu war eigentlich nur die Karosserie des Lele, der spielerische Elemente das Gepräge gaben. Von den hoch ansetzenden Seitenpfosten senkte sich die seitliche Gürtellinie stark ab, und dieses Motiv, am Bug und am Heck wiederholt, lieferte die stilistische Grundidee des Wagens. Ansonsten blieb die technische Substanz des Vorgängers unangetastet, und mit ihr das Prinzip der Collage von heterogen Erscheinendem. Da war der Plattform-Kastenrahmen des Ingenieurs Bizzarrini, der dem Fahrwerk eine so stabile Basis gab, daß der Aufbau kaum tragende Funktionen zu übernehmen hatte. Da war die De-Dion-Achse, während die Vorderräder einzeln an Querlenkern aufgehängt waren, pikanterweise auch an Teilen, die vom Konkurrenten Jaguar stammten.

Italienischer Adel verpflichtete an sich zu obenliegenden Nockenwellen und zu Zylindern, die möglichst im Dutzend daherkamen. Aber noch immer gab man amerikanischer Einfalt den Vorzug: Bis 1972 lieferte Chevrolet die Maschinen, deren 300 beziehungsweise 350 SAE-PS im scharfen Licht der Deutschen Industrie-Norm zu 218 respektive 275 PS verwelkten, und später wandte man sich in verwegenem Schwenk dem General-Motors-Rivalen Ford zu, dessen Cleveland-Motoren von 5768 cm^3 und 325 bzw. 360 (SAE-)PS eine geänderte Form der Fronthaube bedingten. Eine Sportversion mit dem stärkeren dieser beiden Triebwerke war an mattschwarzen Stoßstangen sowie einem vorderen Spoiler zu erkennen. Mit dem V8 des Corvette wurde auch die manuell zu bedienende Viergangschaltung des gleichen Hauses aus dem Sortiment gestrichen, und der Lele-Kunde konnte sich zwischen dem etwas ruppigen Fünfganggetriebe von ZF oder dem Automaten Cruise-O-Matic entscheiden, der sich der Charakteristik der großvolumigen überseeischen Kraftquellen hervorragend anglich. Von Salisbury stammte das Sperrdifferential, von Burman die sehr indirekte Lenkung ohne Servo-Unterstützung – fast schon eine Antiquität.

Überhaupt gehörte vieles, das Anfang der sechziger Jahre noch mit Schweigen übergangen worden oder gar zum Gegenstand von Tester-Lob geraten war, inzwischen zum alten Eisen, insbesondere im Umkreis von Fahrgestell, Kraftübertragung und Lenkung. Mit der inneren Sicherheit stand es keineswegs zum besten – es wimmelte von Knochenbrechern und Hautaufschlitzern, und in einem Fahrbericht 1971 in auto motor und sport monierte Reinhard Seiffert die lieb- und lustlos zusammengeschusterten Hebel von Heizung und Belüftung, die unter dem Armaturenbrett hervorwüchsen wie Pilze aus einem faulen Baumstamm. Manchmal werden halt Dinge, die gerade noch als konservativ galten, plötz-

VW-Porsche 914 2.0, Bj. 1973. Vierzylinder-Boxermotor. 1971 cm³. 100 PS. 192,4 km/h. 9,9 s 0 - 100 km/h. Leihgeber: Klaus Hartmann

Schön – dies bekannten bereits die Augenzeugen seines Debüts bei der Frankfurter IAA 1969 einmütig und freimütig – war er nicht, der VW-Porsche 914, zu dem die größte und die kleinste Automobilfabrik Deutschlands ihr Scherflein beigesteuert hatten. Dafür war er, zum Anfassen gewissermaßen und für fast jedermann erschwinglich, nach der neuesten Mittelmotor-Mode geschneidert. Genau im Zentrum lagerten allerdings die Passagiere, Rücken an Rücken mit dem Triebwerk, dem man sein Quartier kurz vor der Hinterachse angewiesen hatte, während das Fünfganggetriebe ins Exil des hinteren Wagenendes verbannt war.

Diese Raumaufteilung bedingte den relativ langen Radstand von 2450 mm, wo etwa der Porsche 911 mit 2271 mm auskam. An diesem hatte man sich orientiert, was die Stabilität und Haltbarkeit der selbsttragenden Ganzstahlkarosserie anbelangte. Vier Querwände gliederten sie schottartig auf, wobei die Kofferräume vorn und hinten (Volumen zusammen 370 Liter) leicht verformbare Knautschzonen bildeten, während der Fahrgastraum selbst heftigen Rammstößen als steife Sicherheitszelle trotzte.

Ein angeschweißter Überrollbügel stemmte sich Attacken aus der Vertikalen entgegen und diente zugleich als Widerlager für das neun Kilogramm schwere Dachteil aus glasfaserverstärktem Kunststoff, das sich platzsparend im rückwärtigen Gepäckabteil deponieren ließ. Der 914 war ein Zweisitzer, aber auf einem Polster für die Mittelablage konnte kurzfristig auch ein dritter Reisender Platz nehmen, was die Raumverhältnisse für die Besatzung insgesamt ungemütlich beengte. Ließ sich das Fahrer-Fauteuil um 160 mm längs verschieben, so mußte sich der Copilot mit einer starr installierten Sitzgelegenheit mit steiler Lehne abfinden. Damit die unteren Extremitäten irgendwo Halt fanden, lag im Fußraum ein loses knochenförmiges Polster, gegen das man sich in verschiedenen Positionen abstützen konnte, ein Provisorium, das 1972 beseitigt wurde.

Wenn die meisten Autos bereits aus der Kurve drängten, rollte der 914 noch ohne jegliche Korrektur vermittels der exakten Zahnstangenlenkung von ZF wie auf Schienen. Für den Grenz-Fall war nämlich bestens vorgesorgt: Die Vorderräder des Volks-Porsche wurden an Querlenkern und Dämpferbeinen geführt und waren durch Torsionsstäbe von 17,9 mm Dicke abgefedert. Die Hinterräder hingen an Schräglenkern und mit Schraubenfedern kombinierten Schwingungsdämpfern. Seine Kurvenkünste wirkten um so erstaunlicher, als der Kontakt zur Fahrbahn durch dünne Pneus des VW-Formats 155 SR 15 hergestellt wurde, auch dem Ästheten ein Greuel wie die schmale Spur, die vorderen Blinkwarzen sowie die elektrisch betätigten Klapplampen, die sich in ausgefahrenem Zustand wie Hasenohren in die Höhe reckten.

Während die knauserige Reifenausstattung nur in sonderbarem Kontrast zum Aufwand des Hochleistungsfahrwerks stand, schien ein Blick unter die kleine Motorklappe den Großserien-Revolutionär endgültig als verkappten Biedermann zu entlarven. Dort hauste nämlich, mit Lebensäußerungen zwischen friedlichem Schnurren und kehligem Schnarren, der 80-PS-Einspritzer des neuen VW 411 E, robust, langlebig und anspruchslos. Indes trog der Schein, der VW-Porsche 914 sei nichts weiter als ein Schaf im Wolfspelz.

Mit seinem relativ geringen Leistungsgewicht von 11,7 kg/PS, einer kleinen Stirnfläche und der aerodynamischen Form brauchte sich der 914/4 hinter stärkeren Sportwagen keineswegs zu

VW-Porsche 914-6 GT, Bj. 1972. Sechszylinder-Boxermotor. 1991 cm³. 110 PS. 207 km/h. 8,5 s 0 - 100 km/h. Leihgeber: Hanfried Bernartz

verstecken. Und wer die Investition von rund einem Drittel der Anschaffungssumme mehr für zwei weitere Verbrennungseinheiten nicht scheute, erhielt dafür mit dem 914/6 einen reinen Porsche, dem der mit Vergasern ausgerüstete Zweiliter-Sechszylinder des früheren 911 T entsprechend auf die Sprünge half.

Innenbelüftete Bremsscheiben vorn trugen dazu bei, 110 PS an die Kandare zu nehmen, wogegen der schwächere Typ ohne derartige Kühlung auskommen mußte. Äußerlich unterschied sich der Top-914 von seinem ungleichen Bruder lediglich durch fünffach gezackte Felgeneinsätze. Solch unkluges Understatement und der geringe Preisunterschied von 999 Mark zum 2,2-Liter 911 T als unterstem Dienstgrad in der Porsche-Hierarchie stempelten den 914/6 von vorneherein als Verkaufs-Versager ab, ein marktpolitisches Aschenputtel, das bereits früh 1971 nach einer Auflage von 3351 Exemplaren sang- und klanglos zu Grabe getragen wurde.

Vergleichsweise zum Verkaufs-Schlager entwickelte sich mit 96 491 Einheiten der Vierzylinder, dem bis 1975 eine kontinuierliche Modellpflege zuteil wurde. Ab 1970 waren wahlweise die Porsche-Sportomatic und $5^1/_2$-Zoll-Felgen mit Reifen der Größe 165 HR 15 verfügbar. 1971 wurde die Heckschürze verkürzt und mit senkrechten Entlüftungsschlitzen versehen. Auf Extra-Wunsch erhältlich, sorgte

das sogenannte breite Fahrwerk für auch optisch zur Schau getragene Aggressivität, 185/70er Bereifung auf geschmiedeten 7-Zoll-Felgen, in ausladenden Kotflügelerweiterungen untergebracht, und zwei Stabilisatoren arbeiteten der Seitenneigungstendenz des solchermaßen martialisch aufbereiteten 914 entgegen.

Im September 1972 wurde der 100 PS starke 914 2.0 ins Programm aufgenommen. Die Hubraumvergrößerung von 292 cm³ auf nunmehr 1971 cm³ resultierte aus einem Zuwachs an Bohrung (94 statt 90 mm) und einer Änderung an der Kurbelwelle, die Mehrleistung auch aus den üblichen Eingriffen am Zylinderkopf, kugelförmigen Brennräumen und größeren Ventilen. Im August des folgenden Jahres erhielt die weniger potente Version das größere Aggregat des VW 412 LS mit 1795 cm³, das von einer Zweivergaseranlage zu 85 PS ermuntert wurde, während eine Exportvariante für die USA und Kanada auf Grund ihrer L-Jetronic von Bosch mit bloß 76 PS aufwartete.

Im Hinblick auf die Bestimmungen in den Vereinigten Staaten wurde der 914 1975 mit Sicherheits-Stoßfängern bewehrt, robusten Stahlblechprofilen mit gummiartiger Auflage, in denen vorn rechteckige Zusatzscheinwerfer eingelassen waren. Längst war der großzügige Chrom-Schmuck der Anfangsphase nüchternem Mattschwarz gewichen. Eine Sonderauflage des Zweiliters, GT geheißen, präsentierte sich in Schwarz/Gelb beziehungsweise Weiß/Rot.

Bereits 1972 bis in die Nähe der Serienreife gediehen war ein Auto, das den Ehrentitel Gran Turismo nicht nur aus dekorativen Gründen verdient hätte: der 916, grundsätzlich ein luxuriöser 914 auf dem Breitfahrwerk und Bilstein-Dämpfern, aber mit fest in den Aufbau integriertem Stahldach, neuem Frontspoiler sowie anders geformtem Abschlußblech am Heck. Für energischen Vortrieb machten sich die 190 PS stark, die die 2,4-l-Maschine des Porsche 911 S freisetzte. Aber eingedenk der unfreundlichen Marktlage mochte sich die Firmenleitung nicht zur Massenfertigung des Nobel-914 verstehen. Die elf Prototypen wurden in aller Stille an einen handverlesenen Personenkreis vergeben. Allein fünf blieben in den ineinander verästelten Familien Porsche und Piëch, die somit genüßlich die Paradoxie auskosteten, einen Porsche zu besitzen, den es überhaupt nicht gab.

Lamborghini 400 GT Jarama S, Bj. 1974. V12. 3929 cm³. 365 PS.
260 km/h. 6 s 0 - 100 km/h. Leihgeber: Siegfried Flitsch

Auf verschiedene Weise variierten die Lamborghini-Modellnamen 1970 das zentrale Motiv des Stierkampfs, Miura: der Kampfstier, Espada: das Schwert, mit dem er getötet, Jarama: ein Zentrum bei Madrid, wo er gezüchtet wird. Unter-

schiedlich stellten sie sich auch dar: der spektakuläre Zweisitzer, das elegante Fastback-Coupé mit seinen vier Plätzen, der tiefstapelnde 2+2, dessen Premiere in jenem Jahr nach Sitte des Hauses in Genf stattfand, denn die Schweiz war ein wichtiger Markt. Als mögliche Rezipienten hatte man einen Kreis von Kunden geortet, die sich an einem hochkarätigen italienischen Sportwagen erfreuen wollten, ohne gleich wie bunte Hunde aufzufallen.

Die Rechnung ging nicht auf. Zwischen seinem Debüt und 1972 fand der Jarama lediglich die mäßige Verbreitung von 177 Exemplaren, eine S-Version in den folgenden sechs Jahren gar nur von 150, auch wenn ihn Ferruccio Lamborghini demonstrativ als Privatwagen einsetzte. In mancher Beziehung geriet der Jarama zum regelrechten Kontrastprogramm für den allseits geliebten und gelobten Espada. Nicht nur, daß Karossier Bertone dem trapezförmigen Aufbau, der von Mario Marazzi anfänglich eher schlecht als recht gefertigt wurde, als ziemlich einzige Extravaganz den charakteristischen kessen Kink am Ende des Dachs spendiert hatte.

Der Radstand betrug ganze 2380 mm (beim Espada 2650 mm, beim direkten Vorläufer Islero 2550 mm), was bedeutete, daß der Aufenthalt auf den hinteren Rängen auch beim freundlichsten Kompromiß mit den vorne Plazierten zum Tort ausartete. Daran änderten auch Retuschen bei zwei späteren Serien nicht viel, die im übrigen umfaßten, daß der Maschine durch einen entsprechenden großen Einlaß in der Fronthaube mehr Luft zugeführt wurde, die durch Öffnungen hinter den Vorderrädern wieder abfloß (1972), und daß die bis dahin ungemein schwergängige Lenkung ein Servoaggregat unterstützte (1973).

Der Jarama-Pilot und seine Begleitung durften in feinen Ledersesseln Platz nehmen, bezogen indessen zugleich eine keusche Klausur, da sie ein mächtiger Mitteltunnel trennte. Erschwerend auf die Kommunikation konnte sich auch das

Concerto Grosso auswirken, zu dem man mit dem Umdrehen des Zündschlüssels den Taktstock hob, denn der mit reichlich schwarzem Schrumpflack aufbereitete V12 im Bug beherrschte ein weites Spektrum zwischen Piano und Forte, vom tiefen Gurgeln über scharfes Bellen bis hinauf zum grellen Kreischen.

Als man 1971 die Abgasemissionen des Triebwerks im Hinblick auf die strikten amerikanischen Bestimmungen zu entgiften suchte, fand man auch 20 zusätzliche Pferdestärken, so daß der Jarama in der Tat zu den 260 km/h in der Lage war, die die Werksbroschüre optimistisch von Anbeginn an versprochen hatten. Viele PS kamen im Wandleröl des Chrysler-Automaten Torqueflite wieder um, der ab 1973 als Alternative zu Lamborghinis eigenem Fünfganggetriebe offeriert wurde.

Überhaupt bewies man mit der Wahl des Fremd-Produkts keine gute Hand, denn dieses ergänzte sich zwar perfekt mit amerikanischen V8-Motoren, ging aber die Symbiose mit dem italienischen Zwölfzylinder nur widerwillig ein. Ansonsten entsprach auch der Jarama dem hohen Anspruch, den man inzwischen mit dem Begriff Lamborghini verknüpfte, war das Beste gerade gut genug, wie die Einzelradaufhängung aller Räder oder eine Bremsanlage mit vier ventilierten Scheiben und Zweikreissystem. Nur das gewisse Etwas fehlte – aber das ist bekanntlich nicht einmal gegen Aufpreis lieferbar.

Lamborghini P 300 Urraco, Bj. 1978. V8. 2996 cm³. 250 PS. 246,6 km/h. 6,6 s 0 - 100 km/h. Leihgeber: Siegfried Flitsch

Mit dem Urraco lief die Automobili Ferruccio Lamborghini S.p.A., I 40019 S. Agata Bolognese (BO) zum Fischzug in den reichen Fanggründen der oberen Mittelklasse aus, mitten hinein in die Hoheitsgewässer von Porsche und Ferrari, deren Dino-Konzeption der eigenen so sehr ähnelte. Dann aber schichteten sich Energiekrise und amerikanische Gesetzgebung hinsichtlich Sicherheit und Abgasemissionen, falsche Kalkulation und fehlende Fortune zu schier unüberwindlichem Widerstand empor gegen das ambitionierte Projekt und den Mann Lamborghini.

Er zog sich 1974 enerviert in die Idylle seiner Weingüter zu Panicarola zurück, seinen volltönenden und guten Namen als Vermächtnis hinterlassend. Dabei zeigte der Urraco, der kleine Stier und Mini-Miura in 2+2-Konfiguration, glänzende Anlagen. Seine Linie zählte zu jenen Kreationen von Nuccio Bertones fähigem Designer Marcello Gandini, an denen sich das Wohlgefallen des Betrachters kaum, wenn überhaupt, abnutzt, ebenmäßig, wohlproportioniert und sachlich. Seine typische Note erhielt das Mittelmotor-Coupé durch die treppenartig abfallende Jalousie im hinteren Dachbereich, die der Ventilation des Maschinenraums Sorge trug, und durch die beiden großen Schächte in der kurzen, meißelförmigen Fronthaube, durch die die vom Kühler kommende Luft ohne Umwege entweichen konnte. Auch

Ersatzrad, Batterie, Werkzeug sowie die Elektromotoren für die Klappscheinwerfer waren dort verstaut, während 168 Liter Gepäck in einem einleuchtend geformten Abteil am anderen Ende des Fahrzeugs unter einer Extra-Klappe in ungemütlicher Nachbarschaft zum Triebwerk spediert werden konnten. Die Spitzen von dessen Vergaserbatterien ragten unmittelbar im Anschluß an das senkrecht stehende Rückfensterchen ins Blickfeld des Piloten. Der kurzhubige V8, ein Produkt von Lamborghini-Ingenieur Paolo Stanzani, war quer zur Fahrtrichtung vor der Hinterachse zusammengezwängt mit dem Fünfganggetriebe, dem Differential und selbst mit Sonderaggregaten wie dem Kompressor für die Klimaanlage und dennoch relativ wartungsfreundlich, da die komplette Baugruppe als Modul aus Stanzanis Fahrwerk herausgetrennt werden konnte.

Mit wie im Formel-2-Lotus 12 von 1957 einzeln an McPherson-Federbeinen und Querlenkern aufgehängten Rädern, komplettiert durch Teleskopstoßdämpfer und zwei massive Stabilisatoren, genügte dieses gehobenen Ansprüchen wie auch die exakt dosierbaren ATE-Scheibenbremsen und die mit vier Umdrehungen von Anschlag zu Anschlag relativ direkt ausgelegte Zahnstangenlenkung. Die Karosserie war mit dem Kastenrahmen zu einem steifen Halbmonocoque verschweißt.

Nichts zischte, zwitscherte oder klapperte, und auch bei sehr hohen Geschwindigkeiten oder Querbeschleunigungen vermittelte der 1160 mm flache Keil seinen Insassen das erhebende Bewußtsein, in einem Auto zu reisen, das nicht nur subtil ausgedacht, sondern auch solide war. Mit 1740 mm (Spur vorn 1450 mm, hinten 1470 mm) Breite kam der Urraco ungemein aggressiv daher. Auch in diesem Punkte harmonierten Effekt und Funktion, denn sowie man hinter dem kleinen Vierspeichen-Lenkrad Platz genommen hatte, stellte sich ein großzügiges Raumgefühl ein, wobei die Sitzposition nicht unbedingt zu befriedigen vermochte.

Lamborghini 3000 Silhouette, Bj. 1978. V8. 2996 cm³. 260 PS. 250 km/h. 5,6 s 0 - 100 km/h. Leihgeber: Siegfried Flitsch

Auch mußte man sich mit dem Kuriosum abfinden, daß die beiden großen Hauptinstrumente Drehzahlmesser und Tachometer extreme Links- und Rechtsaußenpositionen auf der vom Fahrer fortgewölbten Armaturentafel bezogen hatten, während sich sechs weniger bedeutsame Rundhuren und etliche Kontrolleuchten in der bevorzugten Aussichtslage dazwischen ausbreiteten.

Seine Aufwartung machte der Urraco beim Turiner Salon im Spätherbst 1970 als P 250. Aus dem Kürzel-Kauderwelsch in Klartext übersetzt bedeutete dies, der Motor befinde sich im Heck ("posteriore") und habe 2,5 Liter. Man hatte sich bei diesem Wert etwas gedacht: Vielleicht, und das war mehr Plan als Vision, würde später einmal eine Hälfte dieser Maschine einen italienischen Volkswagen antreiben, einen Fiat 500 für Aufsteiger sozusagen. Zunächst aber, und das war die harte Realität, verzögerte sich die Produktion des P 250 bis 1973.

Nichtsdestoweniger strebte man die Typenvielfalt einer Familie an, wie sich ein Jahr später wiederum in Turin zeigen sollte. Da hatten sich nämlich der ursprünglichen Version mit ihren 220 PS zwei weitere zugestellt: der P 200 mit 182 PS, ein Sonder-Angebot für Interessenten im eigenen Lande, wo der Kauf von Autos bis zu 2000 cm³ mit 13 Prozent besteuert, die Anschaffung von Fahrzeugen mit höherer Hubraumkapazität indessen mit schmerzhaften 30 Prozent geahndet wurde, und der P 300 mit 250 PS, dessen Dreilitertriebwerk mit vier prestigeträchtigen obenliegenden Nockenwellen auftrumpfte, wo sich die anderen mit deren zwei bescheiden mußten.

Von Marcello Gandinis unerschöpflichem Ideenreichtum zeugte der Urraco-Ableger Bravo, ein Einzelstück, mit dem der Bertone-Bedienstete das Prinzip des Keils auf die Spitze getrieben hatte. Als düster-dissonanten Kontrapunkt zu soviel Glamour, Glanz und Glorie aber skandierten vor den Pforten der Ausstellung Kolonnen von Arbeitslosen ihre existentielle Not. Auf der 46. Genfer Show im März 1976 stellte sich weiterer Zuwachs ein in Gestalt der Targa-Variante Silhouette, benannt nach einer neuen Rennformel, deren Protagonisten in ungefähren Konturen Produktionswagen zu ähneln hatten.

Formal lehnte sich der Zweisitzer, dessen Dach hinter den Passagieren untergebracht werden konnten, an Urraco und Bravo gleichermaßen an. Auffällig waren der tiefhängende Frontspoiler, kräftige Ausbuchtungen der Kotflügel und Magnesiumfelgen von Campagnolo, die den Bremsen durch fünf Zylinder Kühlluft zufächelten. Franco Baraldini, der neue Lamborghini-Chefingenieur, hatte die Aufhängungsgeometrie für den progressiven neuen Pirelli-Pneu P7 eingerichtet, härtere Federn und Dämpfer sowie stärkere Stabilisatoren installiert, und dem Dreilitermotor waren noch einmal zehn PS zugewachsen.

Das erwartete lebhafte Echo aus den Vereinigten Staaten blieb indes aus, und mit dem 52. verließ am 20. Dezember 1977 auch der letzte Silhouette die adrette Fertigungshalle in Sant'Agata. Im gleichen Jahr hatte man es bereits beim 66. P 200 und beim 190. P 300 bewenden lassen, und 1976 war der Bau des P 250 nach

520 Exemplaren eingestellt worden. Immer ein Stiefkind blieb der P 111 für den US-Markt, der für die dortigen Abgasbestimmungen präpariert, auf bloße 180 PS geschwächt und von seinen Rezensenten in der Luft zerrissen worden war, im Vergleich mit just den Konkurrenten, die das Fürchten zu lehren er einst ausgezogen war, dem Porsche 911 und dem Ferrari Dino...

Monteverdi Hai 450 GTS, Bj. 1973. V8 Chrysler. 6974 cm³. 450 PS.
295 km/h. 4,9 s 0 - 100 km/h. Leihgeber: Peter Monteverdi

Das katzenhaft geduckte Coupé, das herrenlos in der Berner Kramgasse kauerte, zog die Blicke auf sich wie die Rückenfinne eines Hais, der sich in den Oberrhein verirrt hat. Ein Trupp Rekruten schlenderte herbei, scharte sich um den Wagen und begann spontan, die Schweizer Nationalhymne zu singen. Das war die Situation, die bei seiner Rückkehr Peter Rosalino Monteverdi vorfand, der im Baseler Vorstädtchen Binningen automobile Träume wie diesen in die Wirklichkeit übersetzte.

Er wartete indessen noch eine Weile, bis sich die vaterländische Euphorie gegeben und das Fähnlein der jungen Soldaten weitergetrollt hatte. Sein einziger wahrer Konkurrent, hatte Monteverdi Ende 1970 gegenüber der Fachzeitschrift Powerslide geäußert, sei Rolls-Royce. Nun aber hatte er mit geschultem Auge etwas entdeckt, das wie ein Fleck auf dieses positive Selbstbildnis tropfte. Just unter dem Mittelmotor, einem Chrysler-V8 Typ Hemi mit 6974 cm³, dessen Ausläufer bis zwischen die Schultern der in der knappen Fahrgastzelle Einsitzenden ragte, breitete sich eine Öllache aus.

Hai hieß das Auto tatsächlich, aber das mußte eigentlich klein geschrieben werden und war ein phonetisches Spiel mit High Speed, dem Beinamen der Monteverdi-Baureihe 375. Wie bei jener hatte der Chef der Monteverdi Ltd. die an formale Perfektion grenzenden Linien selbst ersonnen, und wiederum war die Carrozzeria Fissore zu Savigliano in der oberitalienischen Provinz Cuneo für die Anfertigung der Rohkarosserien zuständig. Dienstreisen über die Alpen trat Monteverdi, der privat gern einen Mini Clubman chauffierte, grundsätzlich am Steuerknüppel seiner Piper Twin Comanche an.

Ebenfalls nach Art des Hauses ruhte der Aufbau des Hai auf einem massiven Rahmen aus Vierkantrohren, allerdings mit einem markanten Überrollelement in der Fahrzeugmitte bewehrt. Die Vorderräder hingen an Trapez-Dreieckquerlenkern und Schraubenfedern, die hinteren waren an einer De-Dion-Achse mit Wattgestänge und Schraubenfedern befestigt, Prinzipien, die ebenfalls von den Frontmotor-Monteverdi herübergenommen worden waren. Die zentrale Lozierung der Maschine vertrug sich jedoch nicht mit einer Automatik, so daß der bullige Achtzylinder mit dem Fünfganggetriebe der Zahnfabrik Friedrichshafen gepaart war, dessen erste Fahrstufe bereits bis über 100 km/h reichte. 58 Prozent des Gewichts lagerten auf der Hinterachse.

Auf dem Genfer Salon im März 1970 gab der Hai 450 SS sein Debüt, lila wie die Soutane eines Kardinals, und drei Jahre später folgte bei der gleichen Gelegenheit der leichtere 450 GTS, an dessen Flanken die riesigen Lettern MONTEVERDI herausschrien, wer ihn gemacht hatte. Die neue Edition beschränkte sich indes nicht auf dergleichen Äußerlichkeiten: Der Radstand war von 2250 mm auf 2610 mm gewachsen, mit ihm der Innenraum, und bei den 450 Pferdestärken, die Typenbezeichnung und Prospekte dem staunenden Publiko ankündigten, handelte es sich nun um von Aluminium-Zylinderköpfen mobilisierte DIN-PS im Unterschied zu den notorisch großzügig bemessenen SAE-PS des Vorgängers.

Schöne Leichtmetallfelgen ersetzten dessen Speichenräder. 140 000 Schweizer Franken kostete der Bolide, mit dem sich Peter Monteverdi aufgemacht hatte, den Lamborghini-Stier bei den Hörnern zu packen und den Ferrari-Hengst das Fürchten zu lehren. Die Angst blieb aus – wie Haie im Rhein...

Triumph Stag, Bj. 1977. V8. 2997 cm³. 145 PS.
193 km/h. 9,5 s 0 - 100 km/h. Leihgeber: David Crosswaite

Dies ist die traurige Mär von einem Modell, das zu spät kam und viel zu spät wieder ging, eine Moritat vom Zaudern und Hinhalten, von versteckten Fallen und fatalen Fehlern, von Fusion und Konfusion. Am Anfang stand der Wunsch

des Turiner Couturiers Michelotti, der das Haus Triumph gelegentlich mit seiner Maß-Konfektion belieferte, einen 2000 nach seinen Vorstellungen sportlich anzuziehen. Gewissermaßen zum Spielen bekam er einen betagten Prototyp, der während des erfolgreichen Spitfire-Sporteinsatzes beim 24-Stunden-Rennen in Le Mans 1964 jedermann jederzeit in der Etappe als fahrbarer Untersatz gedient hatte.

Als Harry Webster, technischer Triumph-Direktor bis zum Frühjahr 1968, Michelotti Anfang 1966 einen Besuch abstattete, traute er seinen Augen nicht. Der kleine Italiener hatte aus dem geschundenen Faktotum ein rankes Cabriolet sublimiert, mit Speichenrädern und Scheinwerfern, die hinter horizontalen Gittern auf ihre Stunde warteten. Da es nun mal recht gelungen sei, gab er achselzuckend zu verstehen, wolle man es auf verschiedenen Salons ausstellen. Alles andere werde sich finden. Webster indessen griff spontan zu, sogar ohne seine Firmenleitung zu konsultieren, die seine Begeisterung teilte, nachdem der Stag – dies war der vorläufige und dann auch endgültige Name des Projekts – nach Coventry gebracht worden war.

1968, beschloß man, solle er in unwesentlich veränderter Form in die Produktion gehen, zunächst mit dem Sechszylinder von 2498 cm³ aus dem TR5, ab 1969 mit einem V8, den man aus zwei Dolomite-Aggregaten zu komponieren gedachte. Mehr als 10 000 Einheiten pro anno, rechneten die Produktplaner hoch, seien gewiß machbar. Von nun an ging es jedoch bergab mit dem Hirsch, der schwer darunter zu leiden hatte, daß die Leyland Motors, unter deren Oberhoheit Triumph seit 1961 stand, ständig weitere Unternehmen an sich zog, eine Vielzahl von Interessen zu berücksichtigen hatte und andere Prioritäten setzte. So verfügte auch die Leyland-Filiale Rover über einen V8, der aber nicht in das Motorenabteil des Stag paßte, zum Glück, wie man zunächst dachte, leider, wie sich herausstellen sollte.

Was 1964 ins Rollen gekommen war, hatte eine vertrackte Eigendynamik entwickelt, und als der Stag schließlich im Juni 1970 seine Aufwartung machte, war von der ursprünglich beabsichtigten Nachbarschaft zum Triumph 2000 nicht mehr viel übriggeblieben. Auch Michelottis Konzept hatte Federn lassen müssen. Offene Doppelscheinwerfer flankierten ein vereinfachtes Kühlergrill, und ein T-förmiger Überrollbügel diente zwar der Sicherheit der Passagiere, war indessen der Schönheit des 2+2-plätzers nichts weniger als bekömmlich. Er ließ sich gnädig verhüllen, wenn man die Anschaffung eines schmucken, aber schweren Hardtops nicht scheute.

Alle Räder des Stag waren einzeln aufgehängt, vorn an senkrechten Führungsrohren, unteren Querlenkern mit Schrägstreben und Schraubenfedern, hinten an Dreiecklängslenkern und Schraubenfedern. Der ambitionierte hauseigene Achtzylinder stand sehr bald im Ruf notorischer Unzuverlässigkeit. Seine Zylinderköpfe krümmten sich,

Lager liefen aus, und so waren kostspielige Infarkte an der Tagesordnung. Dies und der Umstand, daß das Styling zügig in die siebziger Jahre hineinalterte, führte zum vorzeitigen Rückzug vom amerikanischen Markt. Eine Weile noch vegetierte der Hirsch weiter, bis 1977 über dem 25 877. Exemplar das Halali geblasen wurde.

De Tomaso Pantera GT4, Bj. 1978. V8 Ford Cleveland. 5763 cm³. 285 PS. 250 km/h. 6,7 s 0 - 100 km/h. Leihgeber: Urs Kistler

Der Mann: Alessandro de Tomaso, Argentinier in Modena, Ex-Rennfahrer, Unternehmer, Pendler zwischen den Welten, der Alten und der Neuen, im Privatflugzeug, ein ruhiger Mann, eigenwillig bis störrisch, der seine Uhren vorzugsweise über den Hemdsärmeln trägt. Schlüsselfigur des Teams: Nello Ugolini (ehemaliger Ferrari-Rennleiter), die Konstrukteure Molinari (früher Maserati und Ferrari), Bellentani (vorher Ferrari) und Dallara (mit Vergangenheit bei Ferrari, Maserati und Lamborghini) – Wechsel-Wähler, die gleichwohl aus den paar Quadratkilometern, innerhalb derer die aufregendsten Sportwagen der Welt kultiviert werden, nicht ausbrechen können, so als sei ein magischer Zirkel um sie herumgezogen.

Im Hintergrund: Signora de Tomaso, vormals Miss Isabelle Haskell, die lenkt, während ihr Gatte denkt. Das Produkt: der De Tomaso Pantera, ein Mittelmotor-Coupé, sublimiert aus dem Vorgänger Mangusta, einem edlen Rohling, dessen Unarten man ausgemerzt und dessen gute Anlagen man ausgebildet hat. Daß der Pantera der Öffentlichkeit zum erstenmal bei der New Yorker Show vorgeführt wurde, im März 1970 und auf dem Stand von Ford USA, hatte natürlich seine Hintergründe.

Das amerikanische Auto-Imperium hatte sich des italienischen Findelkinds angenommen, Entwicklungshilfe geleistet mit Rat, Tat und Geld. Es hatte in einer komplizierten Transaktion Zug um Zug, in deren Verlauf die Carrozzerie Vignale und Ghia, bisheriger Eigner: Alessandro de Tomaso, den Besitzer wechselten, den Vertrieb des Exoten über sein Lincoln/Mercury-Händlernetz geregelt, jedenfalls für die nächsten vier Jahre. Was dabei herauskam, war, wenn man so will, ein Ford GT 40 für die Straße. Aus Gründen der Fertigungs-Ökonomie hatte man den Zentralträgerrahmen des Mangusta durch eine Preßstahl-Plattform ersetzt, während die Aufhängung der dicken Räder rennmäßig blieb: Trapez-Dreieckquerlenker und Schraubenfedern ringsum, vorn und hinten massive Stabilisatoren.

Unter der extrem flachen Frontpartie verbarg sich lediglich eine winzige Klause, in der sich demütig das faltbare Reserverad duckte. Schlagartig zu Ende war das Raumangebot auch hinter den beiden schalenförmig ausgebildeten Sitzen, denn dort hauste der Ford-V8 inmitten seiner Domestiken, und erst später offerierte der Pantera wieder nutzbare Fläche auf einer herausnehmbaren Wanne. Um diese beladen zu können,

mußte man eine große Klappe öffnen, deren Scharniere am Cockpit befestigt waren, wo es am Mangusta jenen dramatischen Doppelflügel aufzuspreizen galt. Es gab den Pantera als Basismodell, L, GTS, GT4 (letztere beiden ab März 1972) und GT5 (ab 1979) je nach dem Grad des Karosserie-, Fahrwerks- und Motorentunings, und eine individualistisch gesonnene Klientel sorgte auf ihre Weise für weitere Vielfalt.

Als schier unerschöpflich erwiesen sich vor allem die Reserven der mächtigen Ford-Maschine mit ihren 5763 cm³. Was diese jeweils tatsächlich leistete, wurde indessen durch ein schelmisches Spiel mit großen Zahlen völlig verschleiert. Da waren die unvermeidlichen Reibungsverluste bei der Übersetzung von SAE-PS in DIN-PS. Aber auch aus durch die Deutsche Industrie-Norm abgesteckten Korralen machten sich von einem Augenblick zum anderen oder von einer Publikation zur nächsten in einem Papier-Stampede ganze Pferdeherden aus dem Staube, einfach so, um vielleicht bei einer sich bietenden Gelegenheit aus dem Nichts wieder herbeizugaloppieren, vermehrt um weitere schäumende Mustangs. In jedem Falle aber reichte es, selbst wenn wir dem traditionell tiefer stapelnden Magazin auto motor und sport Glauben schenken, das 1972 für den Normal-Panther 241 PS und 1975 für den GTS 285 PS meldete.

1990 wurde das ursprüngliche Design des amerikanischen Designers Tom Tjaarda durch den genialischen Marcello Gandini noch einmal aufgepeppt. Selbst dieser Kunst-Griff mochte 1991 das Ableben des Modeneser Panthers indessen nicht mehr aufzuhalten – nach 7260 Exemplaren, wie das Werk angab.

Alpine Renault A 310 V6, Bj. 1979. V6. 2664 cm^3. 150 PS.
223,6 km/h. 7,5 s 0 - 100 km/h. Leihgeber: E. Malcher-Willert

Der Alpine Renault A 310, der beim Salon de l'Automobile in Genf im Frühjahr 1971 debütierte, war im Prinzip ein A 110, dem man anständige Manieren beigebracht und statt des knappen Trikots einen sportlichen Straßenanzug übergestreift hatte. Die Höhe von 1150 mm, die flache Frontpartie mit einer ganzen Batterie von Scheinwerfern, die Gummi-Stoßdämpfer von eher visuell-symoblischem Wert, die schwarzen Lamellen über der senkrecht stehenden Heckscheibe machten indessen aus seiner Affinität zum Pisten-Renner keinen Hehl.

500 Stunden überwiegender Handarbeit waren in der Regel vergangen, wenn ein A 310 die Sportwagenmanufaktur Jean Rédélés in Dieppe verließ. Seine Polyesterkarosserie war verschraubt mit dem Zentralrohrrahmen. Man behielt vorn die Einzelradaufhängung an Querlenkern und Schraubenfedern und den Stabilisator bei und ersetzte hinten die Pendelachse des Berlinette mit ihren Schublenkern und Schraubenfedern durch das gleiche Prinzip, das 1973 schließlich auch im A 110 Einzug hielt.

Das Triebwerk, zunächst der 1605-cm^3-Motor des Renault 16, der bei Amédée Gordini auf 115 PS erstarkt war, wurde längs hinter der Hinterachse eingebaut. Er war auf 10,2 : 1 verdichtet und arbeitete nach dem Querstromprinzip, durch zwei Weber Doppel-Horizontalvergaser verpflegt. Obwohl der lange Hub und der

Ventilantrieb, den eine seitlich liegende Nockenwelle via Stoßstangen besorgte, hohen Drehzahlen des Reihenvierzylinders eigentlich nicht förderlich war, ließ er sich 7500/min ohne jeglichen Protest gefallen. Die periphere Lage der Maschine wurde am anderen Ende dadurch ausgewogen, daß man Reserverad, Sicherheitstank (aus verformbarem Manolen) und Wasserkühler unter der Bughaube verstaute, wodurch der Gepäckraum auf ein Minimum reduziert wurde. Dennoch war die Straßenlage durchaus nicht frei von Problemen. Hatte man die bereits weit im sportlichen Bereich angesiedelte Haftgrenze überschritten, schwenkte das Heck mehr oder minder dramatisch aus, und der A 310 wollte von kundigen Händen eingefangen sein. In der winzigen Fahrgastzelle, in der hinten kurzfristig auch zwei Pygmäen mitreisen konnten, ruhte man komfortabel, gleichwohl fast liegend, umgeben von einem behaglichen Interieur, vor sich eine übersichtlich-vernünftige Instrumentierung.

Nur kurz überlebte das Vierzylinder-Modell seinen designierten Nachfolger, den A 310 V6, den 1977, im Jahr nach seiner Vorstellung, 260 Bundesbürger erstanden. Im Heck unter einem nun unabgedeckt und schräg eingepaßten Fenster – im Herstellerland Frankreich Standard von Anfang an - hauste nun jener V6, der seinen Dienst normalerweise in milderer Form bei Prestige-Limousinen von Volvo, Peugeot und Renault versah, und leistete im A 310 150 PS bei 6000 U/min, die in den ursprünglich vier Gängen – der Vierzylinder hatte deren fünf – jeweils hurtig erreicht wurden. Das relativ großkalibrige Triebwerk trat von unten heraus stark an und war für 225 km/h gut, 20 mehr als sein Vorgänger.

Zehn weitere PS legte der V6 GT von 1984 mit der Standard-Kraftquelle von 2849 cm^3 zu und erreichte in einer 200 PS starken Turbo-Variante mit 2458 cm^3 sogar 250 km/h. Der Kunststoffaufbau war nun mit dem Rahmen zu einem Halbmonocoque verklebt. 1992 folgte mit dem gründlich überarbeiteten A 610, dessen V6 man etwas mehr Hub und damit ein Volumen von 2983 cm^3 gegönnt hatte, der schnellste Serien-Renault aller Zeiten. Gleichwohl schlug 1995 das letzte Stündlein für die Baureihe nach rund 19 300 Exemplaren, vor allem wegen mangelnder Nachfrage auf dem nordamerikanischen Markt, auf den man große Hoffnungen gesetzt hatte.

Ferrari 365 GTC/4, Bj. 1972. V12 Colombo. 4390 cm³. 320 PS.
244 km/h. 7,5 s 0 - 100 km/h. Leihgeber: Peter Bucher

Er sei die sanftere Ausgabe des Daytona, der Ferrari für den reifen Enthusiasten, schrieb die amerikanische Zeitschrift Road & Track über den 365 GTC/4 im Juli 1972, 16 Monate nach seiner Präsentation auf dem Genfer Automobilsalon. Diese Verwandtschaft und somit die Hand Pininfarinas verriet bereits eine Linienführung, deren Raffinesse sich erst beim zweiten Hinsehen offenbarte, obwohl Details wie die Welle der Kotflügel und die dolchspitz nach hinten zulaufenden Fenstérchen auf der Höhe von zwei angedeuteten Zusatzsitzen im Fond nicht nur ungeteilte Zustimmung fanden.

Auf verchromten Zierat hatte man fast gänzlich verzichtet. Mattschwarz war der Wulst aus Epoxydharz, der Kühler sowie Signalleuchten umrandete und Nasenstüber beim ungeschickten Parken etwas besser einsteckte als die zarten Stoßstänglein früherer Ferrari-Generationen. Mattschwarz war ein schlicht geformter Rammschutz am Heck, und mattschwarz waren übrigens auch die quadratischen Module, in die man die klassischen Rundinstrumente eingelassen hatte. Die Maschine entsprach im Prinzip der des GTB/4, und auch in der Typenbezeichnung des Coupés verwies der Zusatz hinter dem Schrägstrich auf die Anzahl der Nockenwellen.

Anstatt durch sechs Fallstromvergaser wurde sie indessen vermittels der gleichen Anzahl von waagerecht angeordneten Zerstäubern genährt, was den Schwerpunkt absenkte und an den Innenseiten des V, das die beiden im Winkel von 60 Grad zueinander stehenden Zylinderreihen bildeten, Platz schaffte für die Zusatzaggregate, nach denen die amerikanischen Emissionsgesetze gebieterisch verlangten und die das noch immer kraftvolle Triebwerk mit 20 PS zu Ader ließen.

Flach blieb es dennoch, und so stieg die relativ kurze Motorhaube zunächst steil und dann ganz allmählich, bis sie sich vor den Scheibenwischern leicht aufwarf. Zum Mehr an Komfort gegenüber dem kompromißloseren Daytona gehörte der größere Kofferraum, der sich durch Umlegen der Rücksitzlehnen noch einmal erweitern ließ. Alle vier Räder mit ihren fünfzackigen Felgeneinsätzen (auf Wunsch gab es Speichenräder von Borrani) waren unabhängig an unterschiedlich langen Trapez-Dreieckquerlenkern und Teleskopstoßdämpfern aufgehängt, um die sich Schraubenfedern wanden.

Der Radstand betrug 2550 mm, und wie beim 365 GT 2+2 besorgte eine hydraulische Vorkehrung im Heck, daß das Wagenniveau konstant blieb. Ebenfalls analog zu dem Viersitzer waren Triebwerk und Fünfganggetriebe miteinander verblockt. Eine riesige Mittelkonsole neben den Sitzen, gekrönt von einem Schalthebel, der nicht in einer Kulisse geführt war, zeugte von der Anwesenheit des letzteren, und auch akustisch machte es sich bemerkbar.

Zivilisiert hingegen gab sich der Zwölfzylinder, schon deshalb, weil die Führung der Antriebswelle in einem festen Rohr zwischen der Baugruppe vorn und dem Differential die geräuschhemmende Verbindung mit dem Chassis an insgesamt nur vier Stellen gestattete. Was nicht affiziert worden sei, stellte Road & Track dankbar fest, sei das schöne Schnurren

aus den vier dicken Auspuffrohren und der vertraute Belcanto des V12 im oberen Drehzahlbereich.

Man rümpfte ein wenig die Nase über die 27 500 Dollar, die der Testwagen – eines von 500 Exemplaren dieser Baureihe – kosten sollte, tröstete sich aber mit der Bemerkung, auch der Wert eines orientalischen Teppichs lasse sich schließlich nicht so einfach taxieren, und der sei ein Kunstwerk wie ein solcher Ferrari auch.

Ferrari BB 512, Bj. 1980. V12 (180 Grad). 4942 cm³. 360 PS.
284,6 km/h. 5,5 s 0 - 100 km/h. Leihgeber: Hans-Dieter Blatzheim

Die Revolution nahm sich reichlich zehn Jahre Zeit, ehe sie auf die Straße ging, vom Grand Prix von Monaco am 29. Mai 1960 bis zum Turiner Autosalon im Oktober 1971, oder vom 246 Dino bis zum 365 GT4 BB. Was den Formel 1, den der Amerikaner Richie Ginther um die Häuserecken des Fürstentums lenkte, mit dem Gran Turismo auf dem Stand von Pininfarina verband, war, daß in beiden das Triebwerk erstmalig in der Geschichte des Hauses Ferrari seine Arbeit im Nacken des Fahrers verrichtete.

BB stand für Berlinetta Boxer und die Bezeichnung stimmte nicht ganz, denn jeweils zwei Pleuel des Zwölfzylinders von 4390 cm³ und 380 PS lagerten auf einem Hubzapfen, so daß es sich eher um einen V-Motor im extremen Winkel von 180 Grad handelte. Die Ansaugstutzen der vier Dreifach-Fallstromvergaser Weber 40 IF3C ragten nach oben, die Auslässe nach unten, und Zahnriemen betätigten die Quadriga der Nockenwellen, die 4 im Modellnamen. Schon dieser BB war eine Maschine für reinen Fahrspaß mit dürftigen Raumverhältnissen, eine automobile Abstraktion ohne Nutzwert. Scaglietti fertigte in Modena in den drei Jahren zwischen 1973 und 1976 387 Exemplare.

Die Karosserien wurden aus Stahl modelliert, Türen und Hauben aus Aluminium, das Unterteil von der Höhe der Radachsen hinab aus mattschwarzem Polyester. Am Gitterrohrrahmen vorn und hinten befestigte doppelte Querlenker sorgten im Zusammenspiel mit Schraubenfedern und Teleskopdämpfern (hinten vier) für exakte Führung der 2500 mm auseinander stehenden Räder, nicht aber für überdurchschnittlichen Federungskomfort. Auf der Pariser Ausstellung im Oktober 1976 folgte der ganz ähnliche BB 512. Die 5 zeigte nun den Hubraum in Litern an, die 12 das Dutzend der Verbrennungseinheiten – wie bei den Wettbewerbswagen 512 S und 512 M Anfang der siebziger Jahre.

Trotz mehr Volumens (4942 cm³) und erhöhter Verdichtung (9,2 : 1 anstatt 8,8 : 1) spendete die Maschine 20 PS weniger als im Vorgänger, hielt ihre volle Leistung indessen schon bei 6200/min (vorher: 7200/min) bereit. Wer genau hinschaute, entdeckte als Novität eine Spoilerlippe unter dem Frontgrill und vier Heckleuchten anstelle der bisherigen sechs. Den Michelin-Walzen vom Kaliber XWX 225/70 VR15 hinten war mehr Ellbogenfreiheit eingeräumt worden. Kelchförmige Öffnungen, die später fortretuschiert wurden, schaufelten den rückwärtigen Scheibenbremsen Kühlluft zu, und das Schwanzstück hatte 40 mm zugelegt. Bei einem gewöhnlichen Kaltstart entfachte der Pilot des BB nach spätestens einer Sekunde in seinem Rücken ein Geräusch-Inferno, das überhaupt keinen Zweifel darüber zuließ, daß die konzertierte Aktion einer Unmenge von mechanischen Komponenten begonnen hatte. Ein lakonischer Hinweis an der Windschutzscheibe empfahl einen Reifendruck von 2,8 atü vorn und 3,3 hinten ab Tempo 250. Das war genau die Geschwindigkeit, bei der der einfühlsame BB-Besitzer mit einem kurzen Ruck an dem durch eine Kulisse in der Spur gehaltenen Schaltknüppelchen zu sich hin die fünfte Fahrstufe einlegte. Erst bei rund 285 km/h hielten sie sich die Waage – die ungestüme Kraft dieses in der Regel roten Renners und die Gegenkräfte, die auf ihn einwirkten. Die K-Jetronic von Bosch, mit der das Modell auf der Frankfurter IAA 1981 vorgestellt wurde, ließ es noch einmal um 20 PS zur Ader, ohne daß der Lenker des BB 512i über spürbar weniger Leistung gebot. Drei Jahre später versiegte die Baureihe nach 2323 Exemplaren, die bald schon als begehrte Sammlerstücke gehandelt wurden.

Jaguar E-Type Roadster 5,3 l, Bj. 1973. V12. 5343 cm³. 272 PS.
230 km/h. 7,2 s 0 - 60 mph. Leihgeber: Fred Steiner

Die sportliche Offerte auf dem Jaguar-Stand bei der New Yorker Autoausstellung, die am 29. März 1971 ihre Pforten öffnete, bestand noch immer aus dem E-Type – fast auf den Tag genau eine Dekade nach seiner Premiere. Er war ein bißchen in die Jahre gekommen und auch ins Gerede wegen seiner chronischen Unarten: beklemmenden Raumverhältnissen, der konfusen Klaviatur der Bedienungstasten, einer mangelhaften Heizung und Belüftung.

Selbst seine ungewöhnlichen Proportionen, einst ein genialer Wurf, hatten aufgehört zu verwirren – wie bei allen prononcierten Formen unterlag ihre Wirkung einer vermehrten Abnutzung durch die Zeit. Neu, wenn auch dem Erscheinungsbild nicht unbedingt bekömmlich, waren das Grill und eine darunter hängende Hutze, die dem Kühler mehr Luft zuschaufeln sollte. Die Radausschnitte waren überarbeitet worden, und auf breiteren Reifen und wegen der erweiterten vorderen Spur kam der E-Type der Serie 3 wuchtiger einher als seine Vorgänger. Öffnete man aber die mächtige Fronthaube, wurde einem ein Anblick zuteil, der ein Herz aus Stein erweichen konnte, wie der amerikanische Journalist Ken Purdy in seinem Book of Automobiles ergriffen notierte. Dort nämlich, eingebettet in das Geäst des Gitterrohrrahmens (von der Windschutzscheibe an war die Karosserie in ihr-em hinteren Teil selbsttragend), wartete ein kompakter V12 aus Leichtmetall auf seinen Einsatz. Er war ein Teamprojekt der Ingenieure William Heynes, C.W.L. Bailey, Walter Hassan und Harry Mundy und verdankte seine Existenz dem Jaguar-Flirt mit einem Comeback in Le Mans Mitte der sechziger Jahre, obwohl Mundy später vorgab, er habe in erster Linie ein hochkarätiges Triebwerk für Reisetourenwagen entwickeln wollen. Zu diesem Zweck nahm man der grimmigen Rennmaschine zwei ihrer vier Nockenwellen und rund die Hälfte ihrer 500 PS, und da die vorgesehene Einspritzung nicht zeitgerecht fertig wurde, teilten sich vier Zenith-Vergaser in die Zubereitung des Ge-mischs.

Überhaupt waren Werdegang und Weg des Prestigeaggregats gesäumt von

Jaguar E-Type Coupé 5,3 l 2+2, Bj. 1972. V12. 5343 cm^3. 272 PS.
240 km/h. 6,6 s 0 - 100 km/h. Leihgeber: Dr. Gerrit Balken

geplatzten Terminen, dem September 1968 zum Beispiel, für den es den Käufern der neuen XJ-Limousine verheißen worden war. Wer nicht mit dem altehrwürdig-gestandenen Reihensechszylinder des Hauses vorliebnehmen wollte, mußte sich halt gedulden – bis zum Juli 1972. Zu diesem Zeitpunkt wußten die Besitzer des E-Type bereits, was sie an dem britischen V12 hatten. Wo seine italienischen Pendants effektvoll röchelten, hechelten und bellten, versah dieser sein Tagewerk unvergleichlich leise und geschmeidig, aber kaum weniger temperamentvoll als die nervösen Südländer, in Aluminium ziseliertes Understatement, welches ja die cleverste Form des Beeindruckens darstellt. Er brachte kaum mehr Gewicht auf die Waage als sein Vorgänger mit der halben Anzahl von Verbrennungseinheiten, denn allein dadurch, daß das Kurbelwellengehäuse nicht, wie zeitweise geplant, auf Gußeisen gefertigt wurde, hatte man 52,6 kg eingespart.

Erstaunlicherweise waren die schlanken Projektile kaum teurer geworden: Sir William Lyons, der Leiter des Unternehmens, habe ihn wieder einmal gewonnen, den Krieg um den halben Preis, staunte Ken Purdy. Für den Gegenwert eines Autos von ähnlicher Leistung und vergleichbarem Status bekomme man zwei Zwölfzylinder-Jags à 7300 Dollar und vielleicht noch einen Dünen-Buggy sowie ein anständiges Fahrrad als Zugabe.

Dabei stecke in jedem Jaguar die Arbeit von acht Wochen, sei es aus altväterischer Handwerkerehrlichkeit oder wegen des Starrsinns der englischen Gewerkschaftsführer, und die achte und letzte Lackschicht werde erst aufgetragen, nachdem der Wagen einem ausführlichen Straßentest unterworfen worden sei. Durch eine kräftige Versteifung der vorderen Hälfte des Chassis hatte der E-Type spürbar an Fahrstabilität gewonnen, und sein Bremsverhalten profitierte von einer modifizierten Aufhängung der Räder vorn mit Anti-Dive-Geometrie.

Hinten blieb es beim alten, denn nach wie vor wurden die Antriebsräder einzeln an Längs- und Querlenkern sowie Schraubenfedern geführt. Es gab nur noch zwei Modelle, das Coupé 2+2 und den Roadster, beide mit dem längeren Radstand der ehemaligen 2+2-Version von 2660 mm. Wie schon früher war für den offenen Zweisitzer ein Hardtop aus Fiberglas verfügbar, während nun ein Verlies im Fond sehr willkommenen zusätzlichen Gepäckraum vorsah.

Im übrigen entsprach das Interieur beider Spielarten weitgehend dem der verblichenen zweiten Serie, abgesehen von dem kleineren Springall-Lederlenkrad. Drehzahlmesser und Tachometer lagen unmittelbar im Gesichtsfeld des Fahrers, und im Mitteltrakt der Armaturentafel oberhalb des Schaltknaufs für das Jaguar-Vierganggetriebe beziehungsweise des Wählhebels eines Borg-Warner-Automaten Modell 12 erteilten fünf kleinere Rundinstrumente weitere Informationen. Entgegen früheren Gepflogenheiten wurde ein geringerer Teil der 15 287 E-Types der Serie 3 mit Speichenrädern verkauft, und dies ohne die dekorativen Flügelchen an den Zentralverschlüssen – ein widerwillig geleisteter und unsinniger Tribut an einen überspitzten Sicherheitsfetischismus.

In die gleiche Schublade gehörten die riesigen scheußlichen Gummihörner, die 1974 den für den Export nach den USA bestimmten Exemplaren vorn und hinten wuchsen. Man wurde damit den Buchstaben jenes Gesetzes gerecht, das da verlangte, ein Auto müsse einen Aufprall bei acht Stundenkilometern unbeschadet überstehen, vorausgesetzt, der Unfall fand unter idealen Bedingungen statt, nämlich direkt von vorn oder direkt von hinten. Zwar sicherte dieser Kunstgriff die Ausfuhr in die Vereinigten Staaten für ein weiteres Jahr, aber schon erschien die Schrift an der Wand, die das Ableben des Jaguar E-Type signalisierte.

Die angesehene Fachzeitschrift Road & Track brachte einen Artikel, der in fataler Weise die Züge eines Nachrufs trug, und noch einmal wurde die Agonie des alten Stars durch eine scharfe Anzeigenkampagne aufgehalten. Dann aber, als der Exitus des Moribunden unmittelbar bevorstand, tat Sir William einen Schritt von makabrer Symbolik und brachte eine Trauer-Edition der letzten 50 Roadster in Sargschwarz heraus, bis auf einen, der auf besonderen Wunsch des Kunden Robert Danny Grün trug – die Farbe der Hoffnung. Der allerletzte grüßt den Besucher der Jaguar Cars Ltd. bis auf den heutigen Tag in der Eingangshalle des Werks an der Brown Lane, Coventry, England.

Lamborghini LP 400 S Countach, Bj. 1981. V12. 3929 cm³. 375 PS. 308,9 km/h. 6,8 s 0 - 60 mph. Leihgeber: Siegfried Flitsch

Er war die Fusion von Extremen, von jener Schönheit, die sich erst durch ein Zuviel an Häßlichem einstellt. Wo der Blick des Betrachters gleiten und streicheln wollte, verfing und verhakte er sich in Erkern, Nischen und schroffen Abgründen. Der Reißbrett-Täter, der diese irr zerklüftete Karosserielandschaft auf dem Kerbholz hatte, hieß Marcello Gandini, seines Zeichens Designer im Team von Altmeister Nuccio Bertone. Er war sich der Paradoxie seines Tuns wohl bewußt gewesen, den Wind zu betrügen, den er doch so dringlich brauchte für die Kühlung der Innereien des Ungeheuers und um die, welche sich diesem anvertraut hatten, mit Sauerstoff zu versorgen.

Das nämlich war der Preis, einer von mehreren, den sie für die Fahrt in einem der aufregendsten Automobile aller Zeiten zahlen mußten: an manchen Tagen getoastet zu werden zwischen der Sonnenglut, die durch die riesige flache Frontscheibe einfiel, der Hitze des Getriebes, mit dem sie auf engstem Raum zusammengepfercht waren, und der Körperwärme des Zwölfzylinders, der ihnen wie eine Faust im Nacken saß. Lamborghini-Ingenieur Paolo Stanzani hatte diesem eine Behausung in Fahrtrichtung angewiesen (daher das LP = Longitudinale Posteriore in der Typenbezeichnung), flankiert von Getriebe und Differential, die vermittels einer Welle quer durch die Ölwanne verbunden waren. So blieb das Auto kurz, und Stanzani hielt es niedrig, indem er zum Beispiel die sechs Weber-Vergaser horizontal gruppierte, was ein paar PS kostete, aber immer noch genügend übrigließ.

Vorstellbar war es schon, daß jemand aus Piemont beim Anblick dieses Bürgerschrecks das anerkennende, wenn auch nicht ganz reinliche Dialektwort "countach" murmelte, welches das bizarre Coupé weltweit salonfähig machen sollte. Das begann mit dem Genfer Autosalon 1971, als man den Countach noch als Rohling LP 500 präsentierte. Bis zum Beginn der Produktion (als LP 400) 1974 verstrich eine schöpferische Pause, da es Kinderkrankheiten auszumerzen gab, das kleine Werk von finanziellen Turbulenzen gebeutelt wurde, die durch das ganze Jahrzehnt anhielten, und nicht jedes wichtige Exportland spontan bereit war, dem Exoten aus Sant'Agata seine Staatsbürgerschaft zuzuerkennen. So reifte der Countach in der Stille, ohne indes an evidenter Bösartigkeit zu verlieren.

Was die Maschine anbelangte, ließ man es bei dem bewährten Vierliteraggregat und 375 PS bewenden. Alle Räder waren einzeln aufgehängt. Der Rahmen, nun ein komplex-filigranes Rohrgestrüpp, wurde von Marchesi in Modena hergestellt, aber bei Lamborghini eingekleidet mit dünnen Aluminiumblechen. Während ein kräftiger Rollkäfig die Insassen schützte, griff man auch sonst auf leichtes Material zurück, Magnesium etwa und belgisches Glaverbel-Glas.

Der Formel-1-Rennstallbesitzer Walter Wolf bezog 1978 als erster den LP 400 S, der sich von seinem Vorgänger im wesentlichen dadurch unterschied, daß man das Fahrwerk auf stämmige Pirelli-Reifen des Typs P7 (vorn: 205/50 VR 15, hinten: 345/35 VR 15) zugeschnitten und deren Mehrbedarf an Lebensraum durch entsprechende Plastikverbreiterungen der Kotflügel Rechnung getragen hatte. Bis zum Ende der Baureihe LP 400 S im März 1983 entstanden 385 Countach, jeder einzelne ein käufliches Abenteuer. Das galt nicht minder für die Evolutionsstufen, mit denen man sich künftig der Konkurrenz vor allem durch Ferrari zu erwehren suchte. Sie kamen in drei Wellen, dem LP 500 S im März 1982 mit 4754 cm³ Hubraum, 375 PS und in 320 Exemplaren, dem Quattrovalvole mit 5167 cm³, vier Ventilen pro Zylindern und 455 PS, der 1985 in Genf debütierte und mit 610 Einheiten eine Zeitlang zum schnellsten Serienwagen seiner Zeit wurde, und dem Bestseller 25th Anniversary, im September 1988 in Salsomaggiore vorgestellt und erkennbar an auffälligen Seitenschwellern und neuen Hutzen am Heck. Der letzte von 657 machte in Sant'Agata am 4. Juli 1990 Platz für den Diablo.

Maserati Bora 4700, Bj. 1973. V8. 4719 cm³. 310 PS.
270,3 km/h. 6,4 s 0 - 60 mph. Leihgeber: Lars Nivstrand

Bora – das ist ein kräftiger Wind, der an der Adria vom Landesinneren in die See hinausbläst. Frischer Wind kam mit dem Maserati dieses Namens, dem Mittelmotor-Erstling im Zeichen des Dreizacks für die Straße, auch in die Modellpolitik des Modeneser Hauses. Gewiß hatte Chefkonstrukteur Giulio Alfieri seine Erfahrungen mit diesem Konzept, das er in den Rennsportwagen Tipo 63 – 65 Anfang der sechziger Jahre und im Cooper Maserati zwischen 1966 und 1969 bis zur Pisten-Reife sublimieren konnte.

Aber bevor es für tauglich befunden wurde, vergleichsweise zivile Fortbewegung zu gewährleisten, bedurfte es doch einer gewissen Inkubationszeit. Daß das Resultat gelungen sei, das Warten sich gelohnt habe, darüber bestand beim 53. Salone dell'Auto di Torino im November 1971 überhaupt kein Zweifel.

Giorgetto Giugiaros Ital Design in Moncalieri, von Amts wegen mit der Produktion von Schönheit betraut, hatte Alfieris Werk mit einem bestechend attraktiven Fastback-Aufbau bekleidet, vorn flach, hinten hoch und ganz aus Stahl. Ein ungewöhnlich großer Kofferraum unter der geschickt gegliederten vorderen Haube bezeugte, daß sich auch bei Fahrzeugen dieses Charakters das Angenehme mit dem Nützlichen verbinden läßt. Dem Leichtmetall-Triebwerk war seine Unterkunft unmittelbar hinter den beiden Sitzen zugewiesen worden, einem V8 mit vier obenliegenden

Nockenwellen und zunächst 4719 cm³ und 310 PS, ab August 1973 auch und am Ende ausschließlich mit 4930 cm³ und 330 PS.

Während die Karosserie und ein Fachwerk aus viereckigen Stahlrohren eine selbsttragende Einheit bildeten, teilte sich die Maschine mit dem ZF-Fünfganggetriebe, der massiven Kupplung von Borg und Beck, dem Differential und der Hinterradaufhängung (Trapez-Dreieckquerlenkern und Schraubenfedern analog der Radführung vorn) auf engstem Raum einen separaten Hilfsrahmen. Jeder Schaltvorgang geriet zu einem kleinen Handgemenge, bei dem der Widerstand des Ausrückpedals und des trutzigen Knüppelchens auf der Mittelkonsole niedergekämpft werden mußte.

Dafür hatte Alfieri an anderen Stellen sich Ressourcen und Technologie des Citroën-Konzerns, dessen Kolonie die Maserati S.p.A. in jenen Jahren war, zunutze gemacht. Das Lenkrad ließ sich axial und vertikal verstellen, der Fahrersitz sogar hydraulisch nach Neigung und Höhe, nicht aber in Längsrichtung. Dafür wuchs dem Piloten auf Wunsch und Knopfdruck die Pedalerie entgegen, wie von Geisterhand bewegt. Ebenfalls Druck-Sache war die Betätigung der Scheinwerfer, die in hochgeklapptem Zustand Linie, Luftführung und Endgeschwindigkeit gleichermaßen beeinträchtigten. Die nötige Kompression wurde durch eine vom Motor getriebene Pumpe geliefert und in einen Speicher gespeist.

Er beschickte auch die Citroën-spezifische Bremsanlage, so daß der ungeschickte oder unroutinierte Umgang mit dem zuständigen fast unbeweglichen Pedal heftige Verzögerung auslöste. Diese Hyperempfindlichkeit tadelte Doug Blain 1972 in der englischen Publikation Car. Im übrigen sang er dem Bora ein Loblied: Er liege unheimlich stabil und ruhig auf der Straße, entwickle gleichsam enormen Appetit auf Entfernungen. Kaum zu stillen war indessen auch der Hunger des gewichtigen Coupés auf fos-

silen Brennstoff, gut 25 l je 100 zügig gefahrene Kilometer. Ein Reservoir von 100 l trug diesem zügellosen Konsumgebaren Rechnung. Und so ging über die Gesichter der Wissenden immer ein kleines Lächeln, wenn einer der 495 Maserati Bora, die bis Ende 1978 gebaut wurden, zum Tanken in ihrer Station einkehrte...

Mercedes-Benz 280 SL, Bj. 1983. Sechszylinder-Reihenmotor. 2746 cm³. 185 PS. 205,7 km/h. 10,9 s 0 - 100 km/h. Leihgeber: Heidemarie Edelhoff

Ob er nun eigentlich schöner sei als der Vorgänger, ein Gewinn auch in formaler Hinsicht, lautete die bange Frage der Ästheten beim Anblick des Mercedes 350 SL auf dem Genfer Salon im April 1971. Sie schien berechtigt. Wo jener sich dem Auge geradlinig und klar gegliedert darbot – die Extravaganz des Pagodendachs war längst verziehen und vertraut -, wanderte nun der prüfende Blick etwas ratlos über barocke Buchten und Beulen, und unterhalb einer Zierleiste kräuselte sich die Flanke des Neuen gar wellblechartig geriffelt.

Die Gürtelpartie war hochgerutscht auf Kosten der Fensterflächen, und Front und Heck bestanden überwiegend aus Lichtquellen. Einem konsequenten Keil stand bereits der Hochwuchs des V8 zwischen den Vorderrädern im Wege, der sich den Bug mit seinen Helfershelfern für optimales Betriebsklima teilte, einem großflächigen Wasserkühler, einem Ölkühler und zwei Kühlgebläsen. Prestige, Luxus und Volumen waren gefragt, und um die 1600 kg Kampfgewicht, zu denen sich all dies addierte, zu Tempo 200 zu animieren, bedurfte es 200 PS, einer Pferdestärke je Stundenkilometer. Auf 100 beschleunigte der 350 SL mit Automatik in 11 s, mit mechanischem Getriebe in 8,4, schneller als einst der große Vorfahr 300 SL, dafür aber gänzlich ohne Blitz und Donner.

Vielmehr war man umgeben von Requisiten wie einem Lenkrad mit Polsterplatte und Pralltopf, einem von innen verstellbaren Außenrückspiegel, einer Akku-Taschenlampe, die ständig nachgeladen wurde, und unsichtbaren Spannrollen für die Anschnallgurte. Die Holme der Windschutzscheiben hielten Wasser von den Seitenfenstern fern und übernähmen, so hieß es, im Falle eines Falles fast die Funktion eines Überrollbügels. In durchdachtem Mimikry vermochte sich der SL den Witterungsbedingungen anzupassen: Das Hardtop war wie bislang abnehmbar, ohne das Festdach erbebte allerdings der Aufbau auf schlechter Fahrbahn.

Die Rahmen/Bodenanlage war mit der Karosserie verschweißt. Die Räder hingen einzeln, vorn an Querlenkern und Schraubenfedern, hinten an Schräglenkern (Daimler-Benz nannte diese Bauweise Diagonal-Pendelachse) und Schraubenfedern. Schon im Oktober 1971 wurde dem Erstling der Baureihe W 107 das Coupé 350 SLC zur Seite gestellt, mit vier Sitzen über dem längeren Radstand von 2820 mm (sonst 2460 mm). 1973, wiederum in Genf, erschienen 450 SL und SLC. Mit dem Sechszylinder-Modell 280 SL beziehungsweise SLC reagierte der Stuttgarter Nobel-Konzern im Juli 1974 rasch und entschlossen auf die Ölkrise, ebenso wie er auf der Frankfurter Automobilausstellung 1977 mit dem 450 SLC 5.0 eine schnelle Antwort auf die Herausforderung durch den Porsche 928 parat hielt.

Das kommode Coupé war durch die Verwendung von Aluminium um 100 kg abgemagert worden, und im Maschinenraum ging ein Leichtmetall-Triebwerk von 4973 cm³ und 240 PS zu Werk, wispernd nur im unteren, kraftvoll-gedämpft bollernd im oberen Drehzahlbereich. Wie im Nachfolger 500 SL, der gemeinsam mit dem 380 SL und den entsprechenden C-Versionen 1980 seine Aufwartung machte, erneut im Palais des Expositions unweit des Schweizer Rhone-Ufers, war dieser Motor mit einem Viergang-Getriebeautomaten gepaart und gestattete zügige Fortbewegung mit sportlichem Anstrich.

Die entsprechenden Coupés, nun 380 SEC und 500 SEC geheißen, folgten ein Jahr später. Im Herbst 1985 zeigte sich die Baureihe bei der Frankfurter IAA gründlich runderneuert. Mit dem 300 SL als Wachablösung für den 280 SL kam es zur Wiederbelebung einer Legende, allerdings nur dem Namen nach. Das Sigel 420 SL verriet, das 3,8-Liter-Triebwerk sei auf 4,2 Liter aufgebohrt worden, während die Maschine des 500 SL mit der elektronisch-mechanischen Einspritzung Bosch KE-Jetronic und elektronischer Zündung 245 PS und damit fünf mehr als bisher leistete. Nur für den Export bestimmt war der 560 SL. Viele der 237 387 Exemplare dieser SL-Generation zählen noch heute zu den vertrauten Erscheinungen im Straßenverkehr.

Ferrari 400 i, Bj. 1982. V12 Colombo. 4823 cm^3. 310 PS.
243,2 km/h. 6,8 s 0 - 100 km/h. Leihgeber: Peter Bieri

Das Erscheinen des 400 A auf der Pariser Autoausstellung im Oktober 1976 rührte einen Sturm im publizistischen Wasserglas auf. Ein Ferrari mit Automatik? Ein gemeinsames Pressebulletin von Ferrari und Karossier Pininfarina entschuldigte den Schritt mit dem Zug der Zeit. Der Tenor: Man müsse den Gegebenheiten in Ländern mit hohem Verkehrsaufkommen Rechnung tragen, dem abendlichen Stau Stoßstange an Stoßstange. Wer sich mit dem Fehlen des Kupplungspedals und dem Müßiggang der Rechten (beziehungsweise Linken) nicht abfinden könne, der habe ja die Möglichkeit, sich für den 400 GT mit seinem Fünfganggetriebe und dem Hand-Werk der Kulissenschaltung zu entscheiden.

Eben dieses hatte sich bereits 1971 der amerikanische Ferrari-Händler Vandagriff erspart, indem er in einen 365 GT 2+2 die Turbo-Hydra-Matic von General Motors einbaute, die sich schließlich auch im 400 A fand, nachdem sie an Drehmomentverlauf und Leistung des italienischen V12 adaptiert worden war. Er paßte durchaus zum allgemeinen Charakter des großen Coupés, das mit seiner eindrucksvollen unaufdringlichen Silhouette und auch technisch in der Nachfolge des 470 Mal produzierten 365 GT4 2+2 von 1972 stand, ein moderner Klassiker, wie es die Motor Revue in ihrer Jahresausgabe 1981/82 mit feinem Gespür für das Paradoxon nannte.

Dezent teuer war die Innenausstattung, die fast das Wohngefühl in einem Rolls-Royce hervorbrachte. Wollten die Hinterbänkler ihre bequemen Fauteuils beziehen, glitten die Frontsitze nach vorn, sowie man ihre Lehnen umgelegt hatte. Kostspieliges Leder und edle Hölzer umgaben die Insassen ebenso wie der Wohllaut eines quadrophonischen Radios, aber für kühle Köpfe sorgte unter Umständen erst eine zweite, als Extra verfügbare Klimaanlage, da sich der Innenraum gelegentlich beträchtlich aufheizte. Eine Spoilerlippe vorn führte der Maschine gezielt Kühlluft zu, und der Fünfzack der Felgeneinsätze war an fünf Stehbolzen befestigt und nicht mehr vermittels der vorher üblichen Rudge-Zentralverschlüsse.

Unter seriösem Design und viel Luxus indessen lauerte Ferrari pur, der erneut vergrößerte V12 im Bug zum Beispiel, der Gitterrohrrahmen, vier unabhängig aufgehängte Räder mit Niveauregulierung und einem Quartett von Teleskopstoßdämpfern hinten. Das Getriebe war mit dem Motor verblockt. Auf dessen Kopfseite herrschte ab 1979 gähnende Leere. Die mächtige Fabrik der sechs Doppelvergaser Weber 38 DCOE war abgerissen worden, und deren Arbeit besorgte nun die Benzineinspritzung K-Jetronic von Bosch, die den Treibsatz zu 30 PS weniger animierte. Die Motor Revue lobte dessen hohe Laufkultur. Vibrationen gebe es praktisch nicht. Dampf stehe schon bei Leerlaufdrehzahl zur Verfügung, ab 3000 U/min sei der 400i (i für iniezione) "verdammt stark", und ab 5000 Umdrehungen der aus einem Stück geschnitzten Kurbelwelle pro Minute erfreue die Maschine das Ohr mit jenem markanten Heulton, den nichts und niemand auf der Welt kopieren könne.

1012 der insgesamt 2911 Einheiten des Verwöhn-Ferrari bis 1989 entfielen auf die im Frühjahr 1985 in Genf eingeführte Ausbaustufe 412, erkennbar an Stoßfängern in Wagenfarbe, umlaufenden Abschlußblechen, die schwarz waren wie auch die Außenspiegel, und einem etwas höheren Kofferraum. Um 119 cm^3 aufgestockt, leistete der Zwölfzylinder 30 PS mehr und wartete unter den Gran Turismo der Marke mit einer echten Premiere auf: ABS.

Fiat X1/9, Bj. 1976. Vierzylinder-Reihenmotor. 1290 cm³. 75 PS.
170 km/h. 13,8 s 0 - 100 km/h. Leihgeber: Stefan Ekert, Heiko Lange

Er war der eigenwilligste Sproß der weitverzweigten Fiat-128-Familie, die so namhafte Mitarbeiter des Turiner Hauses wie Dante Giacosa und der ehemalige Ferrari-Motoreningenieur Aurelio Lampredi geschaffen hatten. Als nur noch eine offene Version fehlte, wandte man sich vertrauensvoll an die ortsansässige Carrozzeria Bertone mit der Vorgabe, je ein Design mit Front- oder Heckmotor auf der Bodengruppe und mit

möglichst vielen mechanischen Komponenten des 128 zu entwerfen.

Das tat Nuccio Bertone pflichtschuldigst. Beflügelt vom Erfolg des spektakulären Lamborghini Miura, überraschte er seine Auftraggeber indessen durch einen dritten Entwurf, der ihm wirklich am Herzen lag. Mit seinem Mittelmotor quer hinter dem kleinen Fahrgastraum, einem Targadach vor einem kecken Sturzbügel und Klappscheinwerfern war er dem künftigen X1/9 bereits bemerkenswert ähnlich. Seine Verhandlungspartner verschmähten das Konzept zunächst herzlich und äußerten den schnöden Verdacht, Bertone wolle ihnen eine Art Mini-Miura für die werktätigen Massen unterjubeln.

Dann jedoch kam dem störrischen Formkünstler der Umstand zur Hilfe, daß die neueste amerikanische Sicherheitsgesetzgebung richtige Cabriolets praktisch ausschloß. Seine Studie wurde dem allgewaltigen Fiat-Boß Gianni Agnelli vorgelegt, und dieser segnete sie ohne Umschweife ab. Am 26. November wurde der X1/9 präsentiert, kurz nach dem Turiner Salon, um den dort anwesenden Butter-und-Brot-Autos der Marke nicht die Schau zu stehlen, wie man vermutete. Im gleichen Jahr wurde seine Produktion mit 250 Exemplaren als erste Rate von 180 000 insgesamt angeschoben. Sein futuristisch-geheimnisvoller Name, erinnerte sich Giacosa in einem Buch über seine 40 Jahre im Dienste von Fiat, sei bewußt geschaffen worden, um unter der rastlos recherchierenden Zunft der Journalisten, aber auch bei der Belegschaft des Konzerns Verwirrung zu stiften.

Bei seinem im Winkel von 20° nach vorn geneigter Reihenvierzylinder mit 1290 cm³ und einer obenliegenden Nockenwelle, die wie Ölpumpe und Verteiler per Zahnriemen angetrieben wurde, handelte es sich um eine durchaus zukunftsweisende Schöpfung aus der Feder Lampredis. Mit ihren 75 PS war der X1/9 gleichwohl im Grunde untermotorisiert, da sein Fahrwerk durch einzeln aufgehängte Rädern mit McPherson-Federbeinen und Scheibenbremsen ringsum eine Menge mehr verkraftet hätte – in einem von Abarth getunten Prototyp zeigte es sich mit einschlägigen Modifikationen sogar 200 PS gewachsen. Zu dem erhebenden Gefühl, eigentlich in einem echten Sportwagen unterwegs zu sein, trugen überdies tief installierte Schalensitze bei.

Mit den zehn Mehr-PS, welche die 1498-cm³-Maschine aus dem Allerwelts-Fiat Ritmo ab 1978 vermittelt durch ein Fünfganggetriebe spendete, wurde der Kleine entschieden munterer. Zugleich wurde der Deckel über dem Motor angehoben, um Raum für einen größeren Luftfilter zu schaffen, und aus seinen Extremitäten quollen häßliche Stoßfänger-Metastasen als Konzession an die strikten Gesetze des wichtigen Exportlandes USA. Dessen Emissionsbestimmungen

ließen den X1/9 1500 mit 18 PS zur Ader. Auch eine Einspritz-Variante von 1979 für die Vereinigten Staaten kam reichlich rachitisch daher. Da waren die Tage des X1/9 als Fiat-Produkt bereits gezählt. Ähnlich wie im Falle des 124 Spider, der gegen Ende seiner Laufbahn bei Pininfarina vom Band lief, wurde seine Fertigung im März 1982 zu Bertone ausgelagert. Etwas einfallslos umgeflaggt zum vergleichsweise luxuriösen Bertone X1/9, beschloß er seine Tage in Grugliasco, wo man 1989 mit einer letzten Auflage noch einmal einen kleinen Akzent setzte. Ihr Name: Gran Finale.

Jensen-Healey, Bj. 1973. Vierzylinder-Reihenmotor Lotus. 1973 cm³. 140 PS. 191,5 km/h. 8,9 s 0 - 100 km/h. Leihgeber: Klaus Hoffmann und R. P. Langford

Der Jensen-Healey verdankte sein Dasein der konzertierten Aktion von Männern, die nicht so leicht aufgeben. Da war Donald Healey, etwas älter schon als das Jahrhundert und dennoch von ungebrochenem Schaffensdrang. 1967 war die Produktion des kernigen, aber betagten Austin-Healey 3000 eingestellt worden, und 1971 strich British Leyland auch den Sprite ersatzlos aus dem Verkaufsprogramm.

Daß damit die Tradition erlöschen sollte, die sich an seinen Namen knüpfte, war nicht nur dem dynamischen alten Herrn ein Dorn im Auge, sondern auch dem Amerikaner Kjell Qvale, der von San Francisco aus den gesamten amerikanischen Westen mit Autos des englischen Konzerns versorgte. Auf seine Anregung hin entwickelten Healey und sein Sohn Geoffrey das Konzept für einen zweisitzigen Roadster. Bei der Suche nach einem Fertigungsort wurde man rasch fündig, denn Qvale besaß 75 Prozent der Anteile an der Jensen Motors Ltd. im britischen West Bromwich, und überdies lag dort Kapazität brach, da die Firma in den Bau der früheren Healey-Modelle eingespannt gewesen war.

Jensen-Ingenieur Kevin Beattie retuschierte den ursprünglichen Ansatz für die Karosserieform hier und dort, und heraus kam ein etwas blasses Styling ohne den Charme der illustren Healey-Vorfahren, allerdings auch eines, das dem Auge aus keiner Perspektive wehtat. Dafür lieferte der kantig-glatte Zweiplätzer den Beweis, daß Handarbeit nicht immer die Qualität routinierter Bandmontage erreicht. Auf schlechten Straßen wurde der selbsttragende Aufbau – die Vorderräder waren an Querlenkern und Schraubenfedern, die hinteren an einer Starrachse mit Längslenkern und Schraubenfedern geführt – bis in seine Grundfesten erschüttert, das lieblos aus Plastikmaterial geschusterte Armaturenbrett ächzte, und von Federungskomfort konnte nicht die Rede sein.

Daran änderte auch die technische Delikatesse seines Lotus-Triebwerks nichts, eines Sechzehnventilers mit zwei obenliegenden Nockenwellen, für das Tony Rudd und vor allem Ron Burr verantwortlich zeichneten und das Colin Chapman, der eigenwillige Chef des in Hethel ansässigen Konkurrenzunternehmens, bereitwillig zur Verfügung gestellt hatte. Basis dieser Maschine war zunächst der Graugußs-Unterbau des Vierzylinders für den Vauxhall Victor gewesen, aber nach ausgiebigen Tests ging man 1969 zu einem Block aus derselben Aluminiumlegierung über, aus der auch der Kopf gegossen wurde. Der Motor entwickelte bemerkenswert wenig Abgasgift, in der USA-Variante mit ihren beiden Zenith-Stromberg-Gemischaufbereitern, aber auch mit der europäischen Version, die, von zwei Dell'Orto-Doppelvergasern gespeist, mit 144 PS nur um deren vier stärker war als ihr für den Export nach Übersee bestimmtes Gegenstück. Der Jensen-Healey wurde im Frühjahr 1972 vorgestellt, 1973 leicht überarbeitet, und 1974 ersetzte man das bisherige Chrysler-Getriebe mit Overdrive durch eine Fünfgangschaltung von Getrag. 1975 konzentrierte das Werk seine Aufmerksamkeit auf den Jensen GT, eine geschlossene und komfortable Alternative zu dem spartanischen Roadster, deren Silhouette Anklänge an die des Volvo 1800 ES (für Estate) zeigte und der des Reliant Scimitar GTE (für Grand Touring Estate) stark ähnelte. Auch sie löste gemischte Empfindungen aus und war nicht dazu angetan, den kränkelnden kleinen Betrieb zu sanieren, der 1976 liquidiert wurde. Jensen-Healey und GT hatten es gemeinsam auf 10 912 Exemplare gebracht.

Maserati Merak SS, Bj. 1983. V6. 2965 cm³. 220 PS.
237 km/h. 8,9 s 0 - 100 km/h. Leihgeber: Bernhard Meier

Daß der Maserati Merak zum Star des Pariser Autosalons 1972 wurde, verdankte er gewissermaßen bereits der normativen Kraft des Faktischen. Immerhin teilte er seinen Namen mit einem Stern, dem zweiten in der Konstellation des Großen Bären. Natürlich hatte es auch seine Bewandtnis damit, daß der Grand Palais zum Schau-Platz seines Debüts auserkoren worden war und nicht, wie bei Ereignissen von vaterländisch-italienischer Tragweite üblich, die Turiner Ausstellung. Drei Viertel des Maserati-Kapitals gehörten nämlich zu jener Zeit der S.A. André Citroën. Und so brachte der französische Konzern neben seinem Geld eine Reihe von typischen Zutaten in das Mittelmotor-Coupé aus Modena ein, beginnend mit dem Zündschlüssel über die Hochdruck-Bremsanlage mit ihrer fast weglosen Betätigung sowie die länglichen Instrumente und das Lenkrad des Citroën SM bis hin zu dessen modifizierter Übertragung und V6-Maschine, die Frucht früheren Zusammenwirkens mit den Italienern.

Der kurze Sechszylinder, werktätig auch im Ligier JS2, hatte im Merak 2965 cm³ (ursprünglich 2670 cm³) und leistete 190 PS. Er stand zwischen Innenraum und Hinterachse, mit dem Fünfganggetriebe und den Radaufhängungen – Trapez-Dreieckquerlenkern und Schraubenfedern wie vorn – zu einer Einheit zusammengegeben, die komplett abgetrennt werden konnte. Das Problem, den Motor mit dem Schaltgestänge zu umgehen, war zufriedenstellend gelöst: Die Fahrstufen ließen sich exakt und ohne allzu lange Wege wechseln. Kurzer, niedriger Bug und langes, hochgezogenes Heck verrieten die unverwechselbare Philosophie von Ital Design, dessen Chef Giorgetto Giugiaro gelungene Mittelmotor-Konzeptionen gleichsam in Erbpacht hielt.

Im Gegensatz zum Bora beschränkte sich die Heckverglasung auf eine schmale, vertikale Scheibe am Ende der Kabine. Die beiden abfallenden Leisten dahinter, die das Weiterfließen der Silhouette mehr abstrahierend andeuteten als wirklich gewährleisteten, lagen frei im Fahrtwind über einer von Schlitzen durchbrochenen Haube, wie man sie in dieser Größe gewöhnlich nur bei Frontmotorautos findet.

Die Maschine zu erreichen erforderte dennoch eine ebenso behende Gelenkigkeit wie der Zugang zu den beiden rudimentären Sitznischen im Fond, während das rachitische Notrad mit einem Griff zur Hand war. Die amerikanischen Bestimmungen verlangten nach einem solchen von normalen Dimensionen, über dem sich in den US-Versionen des Merak ein entstellender Buckel wölbte. Auf der Genfer Frühjahrsshow 1975 wurde der SS vorgestellt, dessen Triebwerk sich unter den kundigen Händen von Maserati-Chefkonstrukteur Giulio Alfieri zu 220 PS aufgeschwungen hatte.

Verschwunden waren Citroën-Ingredienzen wie Einspeichenvolant, starrer Bremsknopf und ovale Armaturen. Verbessert zeigte sich die Achslastverteilung von 53 Prozent hinten und 47 Prozent vorn (vorher 60/40). Und um drei Zentner verringert hatte man das Gewicht. Auf der Turiner Schau im Herbst 1976 gesellte sich dieser potenteren Ausgabe eine Zweiliter-Version von 170 PS hinzu, bestimmt für Länder mit progressiver Hubraumbesteuerung wie das eigene und erkennbar an einem schwarzen seitlichen Streifen auf halber Höhe. 1983 wurde die Produktion des Merak eingestellt – mit 1699 Exemplaren gehörte er zu den Bestsellern des Hauses.

Maserati Khamsin, Bj. 1975. V8. 4930 cm³. 320 PS.
272,7 km/h. 6,6 s 0 - 100 km/h. Leihgeber: G. D. Edelhoff

Wochenlang tobt der Khamsin über die Sahara, ein heißer, heftiger Sturm, der Anrainern und Abenteurern das Leben schwermacht. Das konjunkturelle Wechselwetter fast einer Dekade überstand der Maserati dieses Namens, die Spätphase unter der Botmäßigkeit des französischen Auto-Giganten Citroën, die ersten sieben Jahre, in denen die Verfügungsgewalt über den Modeneser Dreizack an den Lokalrivalen Alessandro de Tomaso und die staatliche Gesellschaft Gepi übergegangen war.

Auch sonst war der Khamsin ein bemerkenswertes Automobil, bereits auf dem Turiner Salon 1972 als Prototyp zu besichtigen, aber 1974, nach dem Abbrennen des üblichen Zeitzünders sozusagen, mit 64 Exemplaren in den ersten zwölf Monaten seiner Produktion noch immer eine Rarität. Das klassische Szenario Frontmotor/Heckantrieb ließ ihn zum Anachronismus werden in der erlesenen Loge der norditalienischen Supersportwagen. Indes, wie die britische Fachzeitschrift Autocar im Mai 1975 feststellte, verlor er dadurch nichts und gewann eine ganze Menge. Zum erstenmal hatte die Alfieri Maserati S.p.A. die Konfektion für einen Straßen-Gran-Turismo bei der Carrozzeria Bertone eingekauft, einen sanft nach hinten ansteigenden, behutsam gegliederten Keil mit filigranem Dachaufbau, in dem die Köpfe der Insassen am Ende von zwei Dritteln Khamsin aufragten.Ein gut Teil davon entfiel auf die Motorhaube, unter der in beengten Verhältnissen der bewährte V8 der Firma mit 4930 ccm und 320 PS nebst diversen Zusatz- und Hilfsaggregaten wie dem für die leichtgängige Servolenkung hauste. Deklariert war die Bertone-Kreation als 2+2-sitzer, eine charmante Schwindelei zweifellos, denn ohne Ver- und Beklemmungen konnten die beiden scharf gewinkelten Sitzmulden im Fond keineswegs benutzt werden. Kurz hinter einer riesigen flachen Scheibe fiel das Heck steil, aber mit kleinem Querschnitt ab, durchsichtig wie im Lamborghini Marzal.

Das hatte zwei Vorzüge: Man konnte besser a) herein- und b) hinaussehen. Auf Grund einer solchermaßen optimierten Rück-Sicht ließ sich nämlich der Khamsin nach hinten fast bis zum Anschlag akkurat einparken, es sei denn, sie war durch das fahrende Gut des Maserati-Lenkers versperrt. Dieses lagerte, in demokratischer Transparenz dem Blick des Betrachters aus zwei Perspektiven preisgegeben, im Anschluß an die hinteren Notunterkünfte auf einem weichen Teppich.

Fürsorglich hatte man sich auch des Beifahrers angenommen, der seine Füße gegen eine Art von Schemel stemmen konnte, vor sich ein Handschuhfach, das zur Aufnahme eines gefalteten Führerscheins und zweier Kreditkarten geeignet war.

Im übrigen umgaben die Insassen Luxus, wie getöntes Glas, elektrisch zu betätigende Seitenfenster und atmosphärische Bedingungen, die durch eine Klimaanlage beeinflußbar waren, und Leder, in das sogar der Schaltknauf für das ZF-Fünfganggetriebe bis zur Halskrause verpackt war. Eine Automatik von Borg Warner stand auf Wunsch zur Verfügung. Senkrecht und in Längsrichtung ließ sich das Lenkrad, der Höhe nach – und zwar hydraulisch – der Fahrersitz verstellen.

Die Hochdruck-Bremsanlage, eine Mitgift von Citroën, fand geteilte Aufnahme, denn es dauerte seine Zeit, ehe man die Verzögerung mit dem beinahe unbeweglichen Pedal fein zu dosieren vermochte. Die Karosserie des Khamsin war selbsttragend, einzeln aufgehängt das Quartett der dicken Leichtmetallräder an doppelten Querlenkern und Schraubenfedern, mit vier Federn und Dämpfern hinten. Bis zum Ende seiner Laufbahn 1982 fand er 421 Ersthand-Liebhaber.

Porsche Carrera RS 2.7, Bj. 1973. Sechszylinder-Boxermotor. 2687 cm³. 210 PS. 240 km/h. 5,7 s 0 - 100 km/h. Leihgeber: G. D. Edelhoff

Perfekt vermarktet wurde mit dem Carrera RS jenes Produkt, für das sich die Dr.-Ing. h.c. F. Porsche KG (ab 1972 Aktiengesellschaft) seit jeher zuständig gefühlt hatte – Tempo. Das fing schon mit dem Namen an, dessen Nutzungsrechte man sich einst bei den Veranstaltern der mexikanischen Carrera Panamericana beschafft hatte, purer Wortmagie, die Sound, Speed und männlich-spartanische Härte versprach. Fast zehn Jahre hatte seine Stahlkraft brachgelegen.

Als optisch-poppiger Gag dekorierte er nun blau, grün oder rot die Flanken des in der Regel in Grand Prix Weiß gehaltenen RS. Wer wollte, konnte in der zweiten Halbzeit seiner Produktion von insgesamt 1036 Exemplaren darauf verzichten. Es blieb immer noch genug, was dieses Auto in seiner Zweckgebundenheit auswies. Mit dem markanten Heckspoiler, aus Fiberglas wie die Motorhaube darunter, vollzog sich bereits der Übergang von der Show zur Funktion. Im Zusammenwirken mit einer entsprechenden Front-Lippe unter der vorderen Stoßstange half er, den Weg für die hohe Endgeschwindigkeit des Carrera zu ebnen, eliminierte indessen auch seine arteigene Übersteuerungstendenz, unterstützt von Reifen des Kalibers 215/60 VR 15 auf geschmiedeten Aluminiumfelgen 7Jx15 (vorn: 185/70 VR 15 und 6Jx15).

Wer ihn für scharf kalkulierte 33 000 Mark erwarb, stellte sich, im Grunde genommen, in den Dienst eines Alibis, denn 500 Einheiten mußten an den Mann gebracht werden, bevor die Zuffenhausener bei der Europa-Trophäe für GT-Fahrzeuge und bei Rallyes wieder ein Machtwort mitreden durften. Im November 1972 war diese erste Auflage bereits vergriffen. Ausgehend vom Normal-911, wandte man eine bewährtes Szenario an: weniger Gewicht, mehr Leistung aus mehr Hubraum. Zwei Zentner wurden abgespeckt, indem man etwa das hintere Notsitz-Arrangement ebenso entfernte wie die üblicherweise rechts im Armaturenbrett angesiedelte Zeituhr. Die Bleche waren dünner, die Türen vermittels simpler Lederriemen zu öffnen, und dünne Gummizüge hielten den Deckel über dem Maschinenraum.

Die Passagiere lagerten in wannenförmigen Gebilden ohne jede Polsterung, und nach unten bedeckten Gummimatten gerade die ärgsten Blech-Blößen. Kam sich jemand inmitten von soviel Nacktheit unbehaust vor, konnte er ein 700 Mark teures Sportpaket oder, für 2500 Mark Aufpreis, ein Touring-Paket ordern, durch die sich Anflüge von Komfort und mühselig abgemagerte Pfunde flugs wieder einstellten. Einer radikalen Kur hatte man das Fahrwerk unterzogen, das erhebliche Querbeschleunigungen gestattete und das wahre Können des Carrera-Lenkers erst im Grenzbereich forderte, wenn unter Umständen dem gewohnten leichten Untersteuern ein tückisches Auskeilen des Hecks folgte. Üppige Leistung stand bereit, diese Unart zu kurieren.

Da der Sechszylinder-Boxer reichlich Substanz zwischen den Zylindern mitbrachte, ließen sich diese ohne weiteres von den 84 mm des zeitgenössischen 911-S-Aggregats auf 90 mm aufbohren. So ergaben sich durch 210 PS wenig inkommodierte 2687 cm³, und in der Rennversion RSR, für die aus der RS-Serie 49 Exemplare abgezweigt wurden, trug eine Bohrung von 92 mm zum Hubraum von 2806 cm³ und über 300 PS bei. Bei alledem zeigte sich der Carrera RS als

Gourmand eher als Gourmet, ein Normal-Verbraucher jedenfalls im zweiten Sinne des Begriffs, der sich je 100 km im Schnitt mit 17,3 l Normalbenzin zufriedengab. Immerhin war er einer der schnellsten Serienwagen seiner Zeit – und preiswert dazu.

De Tomaso Longchamp, Bj. 1981. V8 Ford Cleveland. 5763 cm³. 270 PS. 233,8 km/h. 7,8 s 0 - 100 km/h. Leihgeber: M. Benner

Nachdem er die Sportwagen Vallelunga und Mangusta in Monokultur hergestellt hatte, fühlte sich Alessandro de Tomaso, nicht zuletzt auf Grund seiner engen Verbindungen zu Ford USA, ermutigt, in die Breite zu gehen, denn auf einem Bein steht man bekanntlich schlecht. Den rastlosen Entrepreneur, der Englisch, Italienisch und Französisch beherrschte wie seine Muttersprache Spanisch, zeichnete überhaupt ein Zug zur Vielfalt aus, mehrte er doch seinen Besitzstand im Lauf der Jahre um in Ehren ergraute Unternehmen wie Ghia, Vignale, Moto Guzzi oder Maserati, die er gleich Antiquitäten erwarb oder auch wieder abstieß.

Das erste Zeugnis seiner Expansions-Politik war die Limousine Deauville, die er auf dem Turiner Autosalon im November 1970 dem Pantera an die Seite stellte. Gewiß nicht nur einer Laune des Zufalls entsprang die Ähnlichkeit des Viertürers mit dem populären Jaguar XJ6. Gleichwohl übernahm die Carrozzeria Ghia, und dort wiederum der Italo-Amerikaner Tom Tjaarda, die Verantwortung für das Styling. Zwei Jahre hatte der Deauville im Verborgenen geblüht, da erschien, erneut in Turin, die 2+2sitzige Coupéversion Longchamp, wie jener von eher ruhig-zurückhaltender Linienführung und wuchtigen Proportionen und mit einem konventionellen Stufenheck ausgestattet. Diesmal mußte sich Tjaarda den Vorwurf gefallen lassen, die Frontpartie sei von den SL-Modellen von Mercedes inspiriert.Der Radstand des Deauville war, wie die gesamte Bodenplatte aus gepreßtem Stahlblech, verkürzt worden, von 2770 mm auf 2600 mm, und dennoch reiste man in der zweiten Reihe auf muldenartig ausgebildeten Sitzgelegenheiten relativ bequem. Im übrigen herrschten Luxus, wie getönte Scheiben, elektrische Fensterheber, Sonnenrollos, eine Klimaanlage oder die elektromagnetische Entriegelung der Beifahrertüre, sowie eine vor allem im Innenraum zur Schau getragene Sportlichkeit. Was diese – durchaus kein leeres Spiel mit Formen – versprach, hielt zum Beispiel das Fahrwerk des Longchamp: Seine mit üppigen Reifen des Kalibers 215/70 VR 15 bestückten Leichtmetallräder hingen vorn an doppelten Dreiecklenkern und waren hinten an kräftigen Querlenkern mit einstellbaren Längsstreben geführt, mit Schraubenfedern ringsum.

Kraft wurde, wie bei De Tomaso üblich, nicht aus feingliedriger Motorarchitektur Modeneser Schule sublimiert, sondern schlicht durch viel Hubraum freigesetzt, die 5763 cm³ des Ford-Cleveland-Aggregats, das sich einer auch so gebührend beeindruckten Umwelt mit sonorem Grollen über eine leistungssteigernde Doppelrohr-Auspuffanlage mitteilte. Das Fünfganggetriebe der Zahnradfabrik Friedrichshafen oder der Ford-Automatik Cruise-O-Matic leiteten die 270 PS des Grauguß-V8 souverän an die Antriebsräder weiter.

Daß das Verhältnis De Tomasos mit seiner amerikanischen Gouvernante allerdings keine Liaison der Leidenschaft war, wurde evident, nachdem der Argentinier die Officine Maserati S.p.A. unter seine Botmäßigkeit gebracht hatte. Der Maserati Kyalami nämlich, der im Frühjahr 1976 auf dem Genfer Salon debütierte, war im Prinzip nichts weiter als ein De Tomaso Longchamp, an dem das Studio Frua hier und da ein wenig herumgedoktert hatte. Unter der Haube aber verbarg sich, Grund genug für eine Scheidung auf italienisch, der Maserati-V8 – mit vier obenliegenden Nockenwellen. Allerdings überlebte der Longchamp den Kyalami, ab 1980 sogar im Kreise zweier Geschwister, des stärkeren GTS und eines Cabriolets, bis 1989 um sechs Jahre. Insgesamt entstanden 395 Coupés und 14 offene Longchamp, vom Maserati-Zwilling hingegen 124 Exemplare mit 4136 cm³ Hubraum und 74 mit dem größeren Triebwerk von 4930 cm³.

TVR 3000M Convertible, Bj. 1979. V6. 2994 ccm. 136 PS.
201 km/h. 5,7 s 0 - 60 mph. Leihgeber: Wolfgang Brodeßer und Frank Scheuren

Die ungewöhnliche Menge von Neugierigen, die sich um den TVR-Stand bei der Londoner Autoausstellung 1971 in Earls Court drängte, war nur sekundär motiviert. Sie hoffte nämlich vor allem auf die Rückkunft zweier splitternackter Fotomodelle, die dort kurzfristig ihren Schabernack getrieben und den beiden jüngsten Erzeugnissen des in Blackpool beheimateten Kleinbetriebs die Schau gestohlen hatten, dem TVR 1300 und dem TVR 2500M.

Dabei war vor allem der letztere gesammelter Aufmerksamkeit würdig, der erste wirklich neue TVR, seitdem Vater und Sohn Arthur und Martin Lilley 1965 das marode Unternehmen in ihre energische Regie übernommen und somit vor dem Schlimmsten bewahrt hatten. Von Martin Lilley und Mike Bigland stammte der Gitterrohrrahmen aus Elementen von wechselnder Wandstärke, mit eckigen und runden Profilen. Eingebettet zwischen den vier Hauptträgern war das Sechszylinder-Aggregat des Triumph TR6, entgiftet und auf 106 PS geschwächt für den US-Export.

Eine aufwendige Radführung lagerte sich an, ringsum Trapez-Dreieckquerlenker, Schraubenfedern und Teleskopstoßdämpfer (hinten je zwei). Im übrigen diente das rigide Stahlfachwerk einem sorgsam überarbeiteten Fiberglasaufbau als Rückgrat. Höhe und Breite waren, etwa im Vergleich mit dem TVR Vixen, gleichgeblieben. Dafür streckte der

2500M eine längere und elegantere Nasenpartie in den Wind, und weiter und formschöner schwang auch das Heck aus. Diverse Luftöffnungen im vorderen Bereich retuschierte man später im Interesse einer dekorativeren Simplizität fort.

Das Londoner Exponat war bestimmt zum Stammvater eines ganzen M-Clans, der die existierenden Modelle Vixen, 2500 und Tuscan ablösen sollte und den man auf einer Pressekonferenz im Juni 1972 gemeinsam vorzustellen gedachte. De facto stellte sich indessen der M-Nachwuchs zögerlich ein. So bot man den 1600M mit dem Triebwerk des Ford Capri von 1599 cm^3 und 86 PS zwischen dem Juli 1972 und dem April 1973 und später noch einmal zwischen 1975 und 1977 in zwei Schüben an. Im Herbst 1972 wurde, wie üblich auf der London Motor Show, der 3000M präsentiert, mit der größeren Essex-Maschine des Capri unter der vorderen Haube, einem V6 mit 2994 cm^3 und 138 PS. Als Sonderofferte an eine sich wandelnde und anspruchsvollere Kundschaft hielt man bald darauf den 3000ML und den Martin bereit, deren Insassen über allen erdenklichen Luxus geboten.

Nicht zuletzt trug zum gehobenen Image der kleinen Sportwagen-Manufaktur bei, daß mit dem Beitritt Großbritanniens zur Europäischen Gemeinschaft 1973 die Kaufsteuer generell durch die Mehrwertsteuer ersetzt und der Baukastenversand folglich zum Anachronismus geworden war, von dessen Möglichkeiten man bislang munter profitiert hatte. Gleichfalls aus dem 3000M abgleitet waren zwei TVR-Novitäten in der zweiten Hälfte der siebziger Jahre. Mit dem Taimar, so benannt nach einem fiktiven Grenzfluß zwischen Devon und Cornwall, trug man 1976 dem vielfachen Wunsch nach einem Hatchback Rechnung – ansonsten war der Open-end-TVR von der Basisversion nicht zu unterscheiden.

Und 1978 kulminierte die Baureihe in einem schmucken Convertible, das großen Anklang fand und sehr rasch zur Rarität wurde. Gänzlich unbestrittene Exklusivität aber garantierte der Erwerb eines jener 63 Turbo-TVR, deren Essex-Motoren unter den sensiblen Händen des PS-Exorzisten Ralph Broad und dem

Druck eines Laders von Broadspeed, Holset oder AiResearch 230 Pferdestärken zugewachsen waren. Bis zum Ende der M-Produktion 1979 entstanden 148 1600M, 947 2500M, 674 3000M (davon 20 Turbo), 425 Taimar (davon 30 Turbo) und 271 Convertible (davon 13 Turbo).

Caterham Super Seven Sport, Bj. 2000. Vierzylinder-Reihenmotor. 1588 cm³. 133 PS. 201 km/h. 125 mph. 5,3 s 0 - 60 mph. Leihgeber: Rob Billington

In drei Jahren wird der Jubilar 50, und man kann sicher sein, daß er das Ereignis in agiler Rüstigkeit begehen wird. Das hätte sich sein Vater in Geist und Genen Colin Chapman gleichwohl nicht träumen lassen. Denn seinem Seven haftet etwas von der Unvergänglichkeit der hirschledernen Reithosen Theodor Fontanes an, eine Erfolgsgeschichte, die eigentlich nur noch von dem bekannten Familienbetrieb Morgan in Malvern Link überboten wird.

Kontinuität im Wechsel zeichnet auch die Vita des minimalistischen Roadsters aus, den der genialische Lotus-Vordenker 1957 konzipiert hatte. Zwei Jahre später erging der Auftrag an die Caterham Car Services, Caterham Hill, Surrey, ihn künftig zu verkaufen. Deren Boß Graham Nearn entsinnt sich noch genau: Chapman sei mit einem Ford Zodiac vor seiner Werkstatt hinter einer schlichten Esso-Tankstelle vorgefahren. In kürzester Zeit sei der Deal perfekt gewesen und bald darauf ein Seven-Kit und ein Elite-Kit (zu Ausstellungszwecken) eingetroffen, Absender: Lotus Cars Ltd., Cheshunt, Hertfordshire. Auf den Motor Shows der Sechziger war es Nearn, der auf dem Lotus-Stand die potentiellen Seven-Kunden beriet.

Doch Chapman hatte noch mehr mit ihm vor. Mit Schreiben vom 19. Juli 1971 teilte er dem Partner mit, in 18 Monaten gedenke er das Projekt Seven abzustoßen. Nearn und sein bewährtes Unternehmen seien erste Wahl. Der griff zu, und im Juni 1973 besiegelte man das Geschäft per Handschlag vor dem Londoner Pub Lotus.

Auch die Caterham Sevens gingen weg wie warme Semmeln. In der zweiten Hälfte der achtziger Jahre sprengte die stetig zunehmende Nachfrage nach dem hurtigen Kult-Car die Möglichkeiten seiner Geburtsstätte, ursprünglich eine rußige Schmiede inmitten eines Obstgartens. Auf der Suche nach mehr Raum und Spielraum wurde man rasch fündig an der Kennet Road in Dartford. Der Umzug stand im Oktober 1987 an, zugleich eine Reihe von Eingriffen, welche die begehrte Antiquität auf den letzten Stand der Dinge bringen sollten. So bot man etwa eine De-Dion-Achse und Scheibenbremsen an statt der serienmäßigen Starrachse und Trommelbremsen – eine höchst angebrachte Maßnahme angesichts von Motorleistungen bis zu 250 PS, die den kleinen Renner und seine Insassen in weniger als fünf Sekunden auf Tempo 100 und auf Spitzengeschwindigkeiten von weit über 200 km/h katapultierten. Auf den Rennstrecken vor allem des Vereinigten Königreichs zählte er längst zum lebenden Inventar.

Überhaupt war man darauf bedacht, eine vielfältige Klientel mit Caterham Sevens unterschiedlichster Potenz und Ausstattung zu versorgen bis hin zur gediegenen Ledertapezierung durch den Zulieferer Oxted. Dem gleichen Zweck diente Nearns Vorliebe für die limitierte Edition wie etwa das Sondermodell Prisoner in British Racing Green mit gelber Nase und feuerrotem Interieur. Auf der London Motor Show 1990 erinnerte es an die populäre TV-Krimiserie gleichen Namens in den sechziger Jahren, als Schauspieler Patrick McGoohan imageträchtig in einem Lotus Seven als Streifenwagen unterwegs war.

Thema con variazioni: 2004 zum Beispiel umspannte das Caterham-Sortiment die Modelle Classic mit traditionellem Appeal, Roadsport zwecks bereits flotterer Fortbewegung, SV mit erweitertem Cockpit und Superlight für den ganz eiligen Kunden. Allesamt waren sie ausgerüstet mit Alumium-Vierzylindern von Rover mit zwei obenliegenden Nockenwellen, zwischen 105 und 230 PS stark. Für den Heimwerker, der seinen Seven selbst zusammenschrauben wollte, gab es ihn 3750 Euro billiger – beides ganz im Sinne des 1982 verstorbenen Colin Chapman...

Chevrolet Corvette, Bj. 1979. V8. 5728 cm^3. 225 PS.
208 km/h. 6,8 s 0 - 100 km/h. Leihgeber: Dieter Haarmann

All show and no go", reimten erboste Anhänger, als der Corvette 1973 entmachtet wurde. Der Superlativ war aus der Mode gekommen, zurück blieb die recht manierliche Leistung. Dreierlei hatte das bewirkt: Die Bemessung nach Netto-PS brachte die astronomischen Werte der Vergangenheit auf den festen Boden des Irdischen zurück. Die amerikanischen Emissionsgesetze wirkten sich mäßigend auf die Verdichtung aus und rafften weitere Pferdestärken dahin. Und überdies setzte der Corvette jenseits der midlife crisis immer mehr Gewicht an.

Bis 1974 blieb den Power-Puristen wenigstens der Big-Block-Motor erhalten, wenn auch der Berg der 7387 cm^3 lediglich das Mäuschen von 270 PS gebar, relativ gesprochen. Denn neben Serien-Luxus wie einem wohltönenden Stereoradio und elektrischen Fensterhebern fand zum Beispiel der Tester des Fachmagazins auto, motor und sport noch immer das gewaltige Drehmoment des Hubraumgiganten unter der langen Fronthaube vor. Kongenial ergänzt durch die Turbo-Hydra-Matic, halte dieser auf fast jede Verkehrssituation eine angemessene Antwort parat und erziehe zu gelassenem und defensivem Fahren.

Ein Genuß für das Ohr seien seine Äußerungen bei geöffneter Drosselklappe, eine imposante Komposition aus Ansaug- und Auspuffgeräuschen. Im übrigen rügte man das Konsumgebaren des Achtzylinders, der im Schnitt mit 25,2

Litern verpflegt sein wollte. Zwischen 1975 und 1980 ließ man es bei dem 5,7-l-Aggregat bewenden, dessen Leistung in der schwächeren Version L-48 von 165 PS kontinuierlich auf 195 PS wuchs, während der stärkere L-82 erst 205 und am Ende 230 PS bereitstellte. 1981 folgte der überarbeitete L-81 mit elektronischer Emissionskontrolle.

Aber auch die Eingriffe in die Silhouette des Corvette trugen dem Geist der neuen Zeit Rechnung. Ein Front-Anbau aus Urethan, der ab 1973 Rempeleien bei bis zu acht km/h knitterfrei einstecken sollte, wurde 1974 durch ein Pendant am Heck optisch ausbalanciert, wobei man aerodynamische Einbußen in Kauf nahm. Anstelle der senkrechten Rückscheibe trat 1978 ein schräg eingepaßtes Panoramafenster, das sich der Sicht nach hinten und der Erwärmung des Innenraums gleichermaßen förderlich erwies. Im gleichen Jahr rief eine in zwei verschiedenen Silber-Schattierungen gehaltene Jubiläums-Ausgabe ins Gedächtnis zurück, daß der Corvette nunmehr ein Vierteljahrhundert auf Erfolgskurs steuere, ein Coupé natürlich, denn das Cabriolet war nach der tödlichen Dosis von 4629 Exemplaren im Modelljahr 1975 sanft entschlafen.

Eine Auflage von 2500 einer anderen Sonder-Nummer sollte 1978 nach dem Windhundverfahren an den Mann gebracht werden. Eine mächtige vordere Luftleitlippe, eine neuartige Innenausstattung und schalenförmige Sitze hoben sie aus der Menge hervor, und ein fakultativ erhältlicher Aufkleber verriet den Anlaß: Official Pace Car, 62nd Annual Indianapolis 500 Mile Race, May 28, 1978. Es wurden 6200, denn so viele Chevrolet-Händler gibt es in den USA, und jeder forderte sein gutes Recht. Das neue Gesicht des Corvette 1980 verriet ebenso, daß man seine Hausaufgaben im Windkanal sorgfältig erledigt hatte, wie der nun integrierte Spoiler über den revidierten Rückleuchten. 250 Pfund hatte man abgespeckt, auch da, wo es niemand vermutete, nämlich an der querliegenden Blattfeder hinten, die ab 1981 aus Kunststoff bestand...

Dino 308 GT4, Bj. 1980. V8 Rocchi. 2926 cm^3. 236 PS.
248,3 km/h. 6,8 s 0 - 100 km/h. Leihgeber: Dino Gnos

Er war kein strahlender Blickfang, aber auch kein häßliches Entlein, der Dino 308 GT/4, der vom Pariser Salon im Oktober 1973 an die Lücke füllte, die der 246 GT hinterlassen hatte. Seine Linie war von eher verschämtem Charme und gewann bei Studium und Gewöhnung, wie die amerikanische Zeitschrift Road & Track im November 1979 nachsichtig feststellte. Sie war auf den Reißbrettern Nuccio Bertones entstanden.

Nachdem Pininfarina 20 Jahre lang auf das Einkleiden von Straßen-Ferrari abonniert gewesen sei, mutmaßte das Blatt, habe das Fiat-Imperium, zu dem der Nobel-Betrieb in Maranello seit 1969 gehörte, den anderen großen Karossier nicht verprellen wollen. Dieser sah sich indessen vor die undankbare Aufgabe gesetzt, die Quadratur des Zirkels Tat werden zu lassen. Ein 2+2-Aufbau um einen Mittelmotor herum? Das bedeutete zwangsläufig ein kurzes Bugteil und weit nach vorn angesiedelte Vordersitze und auch sonst den Verzicht auf formale Elemente, die man gewöhnlich mit einem Ferrari assoziierte.

Einer Spider-Version von 1976, allerdings einem bloßen Show-Stück zwischen Traum und Alptraum, hatte Ber-

tone gar jegliche Rundung ausgetrieben, und selbst im Innern der Felgen herrschte gnadenlos der rechte Winkel. Im gleichen Jahr wurde dem 308 GT4 die Legitimation als echter Ferrari erteilt. Embleme an den üblichen Stellen wiesen nun ausdrücklich auf seine illustre Provenienz hin, ebenso wie bei dem Zweiliter-Modell 208 GT4 von 170 PS, der 1975 als Spar-Dino auf dem italienischen Markt erschienen war.

Das Inkognito der beiden ließ sich schon vorher lüften, mit der Haube über dem quer vor der Hinterachse eingebauten Triebwerk, der mittleren von insgesamt dreien. Die vordere bemäntelte im wesentlichen das dünne Ersatzrad, während die hintere den Zugang zu einem Kofferraum von 188 Litern Kapazität eröffnete. Auf den Ventilkammerdeckeln der beiden im Winkel von 90 Grad in V-Form gespreizten Zylinderreihen prangte von vorneherein der aus den typischen Lettern zusammengesetzte Namenszug Ferrari. Der Mann hinter dem Dreiliter-Achtzylinder (das Typen-Kürzel 308 drückte diese Konfiguration sinnfällig aus) war Ingenieur Franco Rocchi.

Zahnriemen trieben die vier Nockenwellen an, und wie bei den Vorgängern 206 GT und 246 GT war der Motor mit Fünfganggetriebe und Differential zu einer Einheit verblockt, wenn auch mit getrennten Ölkreisläufen. Seine Haupttugenden: spontanes Drehvermögen und vorbildliche Elastizität, unterlegt mit einem heiseren, fast giftigen Klang, der ins Ohr ging und in die Glieder wie einst das harte Röhren des ganz ähnlich konzipierten V8 im Monoposto Tipo 158, mit dem John Surtees 1964 die Weltmeisterschaft gewann. Was sein Verhalten auf der Straße anbelangte, stand der 308 GT4 dem schlanken Boliden von damals kaum nach.

Die vorn und hinten über Trapezlenker am Gitterrohrrahmen einzeln aufgehängten Räder (Radstand: 2550 mm) rollten auf breiter Spur und wurden von Schraubenfedern, Teleskopstoßdämpfern und zwei Querstabilisatoren an den

Boden gezwungen. Und die vier innenbelüfteten, servounterstützten Scheibenbremsen erwiesen sich dem hohen technischen Niveau sowie dem Temperament des kleinen Italieners als durchaus ebenbürtig. Fünf Dino wurden produziert je Arbeitstag 3656 insgesamt, und sie gingen weg wie die sprichwörtlichen warmen Semmeln...

Alfa Romeo GTV 6 2.5, Bj. 1981. V6. 2492 cm³. 160 PS.
218,2 km/h. 8,2 s 0 - 100 km/h. Leihgeber: Bruno Schiess

Von bewahrender Denkungsart zeugte der Schriftzug Alfetta am Heck eines neuen Tourenwagens, den Alfa Romeo 1972 mit einer selbst geschneiderten Karosserie herausbrachte. Er sollte Assoziationen an den Grand-Prix-Rennwagen Tipo 158/159 erwecken, der dem Mailänder Konzern 1950 und 1951 die Weltmeisterschaft bescherte. Auf Gestandenes griff man auch mit der Wahl des Vierzylinder-Reihenmotors von 1779 cm³ mit zwei obenliegenden Nockenwellen zurück.

Ansonsten schlachtete das italienische Traditions-Unternehmen, an dessen Spitze sich ein Wachwechsel vollzogen hatte, bereitwillig ein paar heilige Kühe. Kupplung und Fünfganggetriebe fanden sich durch Transaxle-Bauweise mit der aufwendigen De-Dion-Hinterachse zu einer Einheit zusammen, während vorn Einzelradaufhängung an Doppel-Querlenkern und Drehstabfederung für gute Haftung sorgten.

1974 folgte, der Presse im Juni in Fonteblanda vorgestellt, ein von Giorgetto Giugiaro gezeichnetes viersitziges Coupé, pummeliger als der Giulia von Bertone, dafür jedoch geräumiger, schneller, sparsamer. Ab 1976 offerierte man zur Wahl das 1,6-l-Triebwerk von 109 PS und das Zweiliter-Aggregat mit 122 PS und gab zugleich die Kombination mit der bisherigen Maschine auf. 1979 entdeckten die Haus-Historiker eine andere Facette aus glorreicher Vergangenheit, diesmal vor dem Krieg. "Alfa Romeo wurde mit sechs Zylindern geboren", brachte eine geschichtliche Dokumentation dem erstaunten Leser zur Kenntnis, der sich entsinnen mochte, daß das halbe Dutzend mit dem Hinscheiden des Modells 2600 in den sechziger Jahren aus der Alfa-Mode gekommen war.

Der Neon-Name Alfetta aber blieb fortan den Limousinen vorbehalten. Alfa Romeo GTV 6 2.5 hieß die neue Variante des Giugiaro-Coupés, und eine Erhebung auf der Motorhaube führte jedermann vor Augen, der V-förmige Sechszylinder benötige mehr Kopffreiheit als der Vierzylinder des weiter gebauten Zweiliter-Modells. Im Gegensatz zur Limousine wurde nicht jede Verbrennungseinheit durch einen eigenen Fallstromvergaser gefüttert, sondern mit der Bosch L-Jetronic besorgte eine elektronische Benzineinspritzung die Beschickung mit dem fossilen Naß, eine Konzession an die strikten Abgasbestimmungen in den USA.

Im unteren Drehzahlbereich schnurrte das 160-PS-Triebwerk, dessen Ventile durch je eine zahnriemengetriebene Nockenwelle pro Zylinderreihe animiert wurden, samtig wie eine Turbine, während obenheraus ein markiger Trompetenton die Kommunikation zwischen den Passagieren beeinträchtigte. Im Einvernehmen mit der strömungsgünstigen Außenhaut, die sich dem Fahrtwind mit einem C_W-Wert von 0,39 entgegenstellte, bediente es sich bei einem Normverbrauch von 10,8 l recht behutsam aus dem 83-Liter-Tank. Erst in dieser jüngsten Ausgabe des GTV waren alle Instrumente wieder ins Blickfeld des Fahrers gerückt, dessen Hände wie zu Lebzeiten der Giulia-Typen und wie im Spider einen Lenkradkranz aus poliertem Holz umspannten.

Der Pilotensitz war höhenverstellbar wie auch das schüsselförmige Lenkrad, so daß man sich optimal einjustieren konnte, ganz im Gegensatz zu den reichlich verklemmt reisenden Fond-Fahrgästen. Damit das Fahrwerk der gestiegenen Leistung gewachsen oder, besser ausgedrückt, weiter überlegen blieb, war es härter abgestimmt worden. Der gleichen Zielsetzung diente die Verstärkung von Kupplung und Getriebe.

Daß das Modell in späteren Baujahren um die Hüfte herum diverse Plastikteile ansetzte, bewirkte für seine Sicherheit und Aerodynamik wenig Gutes, richtete dafür aber im Bereich der Ästhetik eine Menge Schaden an. Wie frühere "große" Alfa Romeo erfüllte der GTV 6 2.5 die Funktion des Aushängeschildes: Es wirbt, bringt aber selbst nichts ein.

Lancia Stratos HF, Bj. 1975. V6 Ferrari Dino. 2418 cm³. 190 PS.
236,8 km/h. 6,8 s 0 - 100 km/h. Leihgeber: Engel & Rheinard, Bad Breisig

Vielleicht war sie auf der Turiner Ausstellung 1970 sogar als Köder ausgelegt, jene stilistische Fingerübung Bertones mit einem Mittelmotor von Lancia, die mehr einem bösartigen platten Fisch ähnelte als einem Automobil. Jedenfalls biß der rührige Lancia-Rennleiter Cesare Fiorio sofort an – aus dem Findling würde sich etwas machen lassen. Im März 1971 erhielt er grünes Licht von seinem Direktor Ing. Pierugo Gobbato. Gianpaolo Dallara, der bei Lamborghini sein Gespür für die sofortige Vollstreckbarkeit des Unmöglichen unter Beweis gestellt hatte, und später der ernsthafte Brite Mike Parkes, in den Sechzigern Ferrari-Werkspilot, wurden mit der Aufgabe betraut, Bertones Traumsprache in das härtere Idiom von Piste und Straße zu übersetzen.

Dazu gehörte auch, daß das Lancia-Triebwerk aus- und der aus dem Ferrari Dino bekannte V6 einzog, und zwar quer hinter der Fahrerkabine, kompakt verblockt mit einem Fünfganggetriebe und einem Differential mit Sperre. Es blieb ja alles in der weitläufigen Fiat-Familie. Aufs Prinzip reduziert, handelte es sich beim Stratos um einen Fiberglas-Keil auf einem Rennfahrwerk, gleichsam zum Siegen prädestiniert. Und so funktionierte das "Plastikschwein", wie er zärtlich-respektlos genannt wurde, die Rallye-Welt praktisch zur Stratos-Sphäre um, holte

das Championnat du Monde 1974, 1975 und 1976 nach Italien und zahlreiche andere Erfolge, selbst noch nach seiner offiziellen Abschiebung aufs Altenteil 1978.

Das tosende Coupé erwies sich auch als Meister im Mimikry, erglänzte in allen Regenbogenfarben je nach Sponsor, beherbergte Saug- und Turbomotoren, Zwei- und Vierventiler unterschiedlicher Potenz. 400 Exemplare mußten für die Homologation am 1. Oktober 1974 nachgewiesen werden, aber wahrscheinlich entstanden nicht mehr als 250, wovon die meisten in Wettbewerben eingesetzt wurden, einige den Weg auf normale Verkehrsstraßen fanden und nicht wenige, allmählich verstaubend, lange auf Kundschaft warteten.

In ihrer zivilsten Fassung leistete die Dino-Maschine 190 PS, wobei zwei obenliegende Nockenwellen und drei Weber-Doppelvergaser für freie Atmung sorgten. Nach dem Öffnen der beiden riesigen Kunststoffhauben vorn und hinten, das ein umständliches Zeremoniell und eine Bedienungsmannschaft von möglichst zwei Personen erforderte, stand der Stratos gewissermaßen nackt da, abgesehen von der mit Stahlblech ummantelten Fahrgastzelle, deren Insassen in einer robusten Rohrrahmenstruktur eingekerkert waren. Zum Vorschein kamen doppelte Querlenker und Zugstreben ringsum. Alle wichtigen Einstellwerte der Radgeometrie wie Sturz, Spur und Nachlauf waren innerhalb einer bestimmten Karenz variabel. Auch die Höhe des Stratos war korrigierbar, da sich die Schraubenfedern auf einstellbare Federteller der innenliegenden Stoßdämpfer abstützten.

Der Einstieg in die auf Pirelli-Pneus des Kalibers 205/70 VR 14 rollende flache Fahrmaschine verlangte nach jugendlicher Behendigkeit, die bei der Mehrzahl ihrer Benutzer getrost vorausgesetzt werden konnte. Einmal zu den körpergerecht geformten Sportsitzen vorgedrungen, genossen diese aus ihrer üppig verglasten Kanzel einen bemerkenswerten

Rundumblick, der nur nach schräg hinten von toten Winkeln unterbrochen war. Reine Rennatmosphäre verbreitete sich spätestens dann, wenn sich der Quer-Treiber in ihrem Rücken zu Worte meldete. Aber wer sich den automobilen Extremfall Stratos in die Garage stellte, empfand wohl auch das als Genuß – wenigstens eine Zeitlang...

Lotus Eclat 2.2, Bj. 1982. Vierzylinder-Reihenmotor. 2174 cm³. 160 PS. 212 km/h. 7,1 s 0 - 60 mph. Leihgeber: Alfred Spöth

Mit der zweiten Generation des Lotus Elite ließ Firmenchef Colin Chapman im Mai 1974 einen Modellnamen wieder aufleben, der mit seinem ersten Produktionscoupé 1963 zunächst einmal zu Grabe getragen worden war. Zugleich bezweckte er, mit dem unorthodox geformten Viersitzer (Werkskürzel M50) das ranzige Odium des Herstellers von Baukasten-Autos endgültig abzustreifen und sich vielmehr Zugang zu den fetteren Pfründen zu verschaffen, wie sie die Branche auch nach dem Ölschock von 1974 noch bereithalten mochte.

Eine Zeitlang hielt sich hartnäckig das Gerücht, das prononcierte Keilprofil des neuen Elite stamme vom Reißbrett Giorgetto Giugiaros. Dessen Ital Design SIRP, S.p.A. war jedoch lediglich für die Innenarchitektur zuständig, für die ergonomisch-funktionelle Gestaltung des Armaturenbretts etwa, das prompt klassisch-englische Tugenden völlig vermissen ließ. Unbestritten aufgeschlossen zeigte sich Chapmans Stylisten-Riege für Impulse, die vom Mercedes 350 SLC ausgingen.

Wie für seinen spartanischen Vorfahren Ende der fünfziger Jahre war für den Elite ursprünglich ein selbsttragender Fiberglas-Aufbau vorgesehen, aber da man nicht in die gleichen Fehler verfallen wollte, wurde diesem ein solides Fundament in Gestalt eines Zentralträgerrahmens unterzogen. Zur passiven Sicherheit trugen Stahlelemente in den Türen bei, die sich nach vorn und hinten in einem die ganze Fahrgastzelle umspannenden Ring fortsetzten, der ins Dach integrierte Überrollbügel und Stoßfänger, die dem Vernehmen nach einen Aufprall bei acht km/h ungeschoren überstehen würden.

Die Frontscheibe bestand aus nur vier Millimeter dünnem belgischem Glaverbel-Sicherheitsglas. Das Rückfenster, von Gaszylindern in jedem gewünschten Winkel festgehalten, eröffnete auch den Zugang zum Kofferraum. Zwischen den vorderen Ausläufern des Chassis war, im Winkel von 45 Grad nach links geneigt, jener Leichtmetall-Vierzylinder mit 16 Ventilen und zwei obenliegenden Nockenwellen eingebaut, der seine Flegeljahre im Jensen-Healey ausgetobt hatte, ein Zweiliter von 150 PS Leistung und noch immer rauhem Gebaren. Nach Art des Hauses wurden alle vier Räder unabhängig geführt, vorn an Dreieckquerlenkern, hinten, wo innenliegende Trommelbremsen an die gute, alte Zeit gemahnten, an langen Schräglenkern, Querstreben und den Antriebswellen.

1975 gesellte sich dem Elite auf der London Motor Show ein 2+2-sitziges Fastback-Coupé zu, ansonsten ganz ähnlich konzipiert – der Eclat. Natürlich wollte man diese Benennung im Sinne der englischen Denotation "freudiges Ereignis" verstanden wissen und nicht etwa in der deutschen Haupt- und der unterschwellig drohenden französischen Nebenbedeutung "Skandal". Ein Lotus, pflegte Pressesprecher Don McLauchlan zu bemerken, solle schließlich immer etwas Besonderes bleiben, und gerade auf dem Kontinent mit seinen dünnen Exportquoten würden nur wenige potentielle Kunden über die fatal verfremdete Vokabel nachgrübeln. Im Juni 1980 wurde die sogenannte Serie 2.2 beider Modelle vorgestellt, mit auf 2174 cm³ vergrößertem Hubraum und 160 PS.

Seitlich unterhalb der Türen abgespreizte Kurz-Schürzen führten die Kerbe fort, die ein umlaufender Frontspoiler gegen den Karosseriekörper bildete. Die Heckleuchten waren in größeren Ensembles zusammengefaßt, und am Eclat wurden die Halogenscheinwerfer nun mit Elektromotoren anstatt wie bislang vermittels Unterdruck emporgestülpt – die wichtigsten aus einer Fülle von Detailmodifikationen. Trotz etlicher Varianten blieb ihre Gemeinde eine – wenn auch radikale – Minorität. 1983 versiegte die Produktion des Elite nach 2531 Exemplaren, der letzte von insgesamt 1522 Eclat verließ 1985 das Werk.

Porsche 930 Turbo 3.0, Bj. 1976. Sechszylinder-Boxermotor. 2998 cm³. 260 PS. 250 km/h. 5,2 s 0 - 100 km/h. Leihgeber: Werner Schütz

Zwei populäre Vorurteile wurden beim Pariser Salon im Oktober 1974 auf dem Porsche-Stand ad absurdum geführt: ein Sport-Mobil der Spitzenklasse müsse zwangsläufig mit dem dürren Komfort eines Bollerwagens aufwarten und die Rückkopplung vom Rennfahrzeug zur Serie sei verlorengegangen. Mit dem 930 Turbo, der vorläufigen Apotheose des 911, lieferte man den Gegenbeweis in allen Punkten.

Sein Besitzer schwelgte förmlich in Luxus ohne Aufpreis und Reue, wie getöntem Glas ringsum, einem Klein-Klima, dessen Beständigkeit er vermittels eines Wählknopfs vorprogrammieren konnte, elektrischen Fensterhebern, Hochflorteppichen, in denen der Fuß wie in britischem Rasen versank, einer Reinigungsanlage für die Scheinwerfer. Schon ein flüchtiger Blick verriet indessen, daß dieses Auto etwas Besonderes im Schilde führte, mit mächtig ausgreifendem Heckflügel und tiefhängendem Frontspoiler, vor allem aber mit quellenden, schwellenden Verbreiterungen der Kotflügel. Sie beherbergten vorn, aufgehängt an Dämpferbeinen und Querlenkern, abgefedert durch in Fahrtrichtung liegende Torsionsstäbe, 7-Zoll-Felgen mit Reifen des Formats 185/70 VR 15, hinten Pneus des Kalibers 215/60 VR 15 auf Felgen von 8 Zoll Breite, die einzeln an Schräglenkern geführt und durch Torsionsstäbe quer zur Fahrtrichtung gefedert waren.

Im Heck aber hatten die Entfesselungs-

und Verpackungskünstler in Zuffenhausen 260 PS zusammengepfercht, um einiges weniger als im Renntriebwerk, dem das Turbo-Aggregat entlehnt war, eine ganze Menge mehr als in sämtlichen Saugmotoren der Baureihe 911. Ein Schwabe übte sich hier in der preußischen Tugend, mehr zu sein als zu scheinen. Der potente Sechszylinder versah seine Pflicht nämlich mit gefährlicher Sanftmut, friedlich schnurrend bis gezügelt grollend. Wie ein zusätzlicher Schalldämpfer wirkte sein Abgaslader, dessen Turbinenrad ihn unter 0,8 atü Druck setzte, in der Auspuffanlage.

Die Kraft des bullenstarken Boxers – der Spitzenwert von 35 mkg war zwischen 4000 und 5000/min verfügbar – kam aus der Tiefe, und so genügte ein lang übersetztes Vierganggetriebe, sie jederzeit imponierend in Szene zu setzen. Auch dem Turbo wurde die für Porsche typische sorgfältige Modellpflege zuteil. 1976 rüstete man auf und um mit Reifen der Größe 205/50 VR 15 beziehungsweise 225/50 VR 15, und ein Jahr später folgten Felgen von 16 Zoll Durchmesser.

2880 Exemplare des Dreiliters waren gebaut, da löste ihn im Herbst 1977 der Turbo 3.3 (3299 cm³) als neuer Prestige-Porsche ab. Noch einmal hatte man die Bohrung erweitert, um zwei auf 97 mm, und überdies den Hub von 70,4 mm auf 74,4 mm gestreckt und die Verdichtung von 6,5 : 1 auf 7 : 1 erhöht. Das Resultat, bei gleich gebliebenem Ladedruck, waren 300 PS (in einer Exportversion für die USA, Kanada und Japan 265), strotzend und dennoch solider als selbst zuvor, weil ermöglicht durch einen im noch größeren Heckspoiler untergebrachten Kühler, der der auf ungefähr 150 Grad erhitzten Ladeluft bis zu 100 Grad entzog und damit auch die thermische Belastung der Maschine insgesamt verringerte.

Dickere und perforierte Graugußbremsscheiben sowie mit Kühlrippen bewehrte Festsättel gewährleisteten, daß der Turbo-Pilot nach Höhen- und Tiefflügen bis maximal 261 km/h sicher in den Stand oder auch nur zu im Rahmen der bürgerlichen Norm akzeptierten Geschwindigkeit zurückkehrte. 1979 wurde die ohnehin zivile Geräuschemission des zwangsbeatmeten Trieblings durch einen Doppelrohr-Auspuff um ein Viertel vermindert. Noch weiter klaffte nun die Schere zwischen Leistung und Lautstärke, noch deutlicher zeigte sich der Charakter des Porsche 930 Turbo als eines leisen Riesen. Wehe jedoch dem, der die Kontrolle über ihn verlor...

Porsche SC 3.0 Targa, Bj. 1982. Sechszylinder-Boxermotor. 2994 cm³. 204 PS. 240 km/h. 5,9 s 0 - 100 km/h. Leihgeber: Dr. Heidi Klöck, Robert Rademacher und Frank Oleski

Wie geschaffen als Motto über der immerwährenden Evolution des 911 schien das Goethe-Wort, das Bessere sei des Guten Feind. Mit seinem klaren Kurs zwischen Bewahren und Fortschreiten ersparte das kleine, aber feine

Stuttgarter Haus seinen Freunden den Schock häufiger Modellwechsel. Was blieb, war das sanfte Unbehagen, vielleicht im nächsten Jahr schon nur den zweitbesten Porsche aller Zeiten zu besitzen.

Der beste – das war ab September 1973 mit dem 2.7 die siebente Variation des Motivs 911, verfügbar mit 150 PS, 175 PS (911 S) und 210 PS (Carrera). Während den sechs Verbrennungseinheiten, die sich den Gesamthubraum von 2687 cm³ teilten, das Lebenselixier bei den ersten beiden durch eine K-Jetronic von Bosch zugeführt wurde, verpflegte den Carrera nach wie vor eine mechanische Benzineinspritzung. Im übrigen trat der Spitzen-Porsche – nun auch als Targa erhältlich – schon optisch ins Glied zurück: Bei dem tablettartig ausladenden Heckspoiler handelte es sich um ein (gern bestelltes) Extra, und sein Wohn-Trakt mutete den Insassen keineswegs mehr jene kahl-spartanische Härte zu, die sich für viele mit seinem Namen verknüpfte.

Das Ensemble der Bugleuchten wurde jetzt durch den vorderen Stoßfänger aus Leichtmetall aufgenommen. Wie am hinteren Rammschutz schlossen sich an dessen Enden Faltenbälge an, unter denen sich Prallrohre mit 50 mm Spielraum verbargen – wahrscheinlich die vernünftigste Antwort auf die amerikanische Sicherheitsbestimmung, nach der Wagenbug und -heck unbeeindruckt mit einem Knuff bei acht km/h fertigwerden müßten. Bereits 1976 gab es mit dem 911 nur noch einen 2,7-Liter von 165 PS. In die prestigeschwangeren Höhen der Dreiliterklasse drang die Dr.-Ing. h.c. F. Porsche AG zugleich mit den 2994 cm³ des Turbo (260 PS) und des Carrera 3.0 (200 PS) vor. Letzterer, seit dem Herbst 1975 ebenfalls durch die K-Jetronic sparsam alimentiert, wartete vollends auf mit bislang unspezifischem Luxus wie elektrischen Fensterhebern, auf Wunsch gar dem Dreigang-Automaten Sportomatic.

Breitere Kotflügel beherbergten dickere Hochgeschwindigkeitsreifen des Formats 185/70 VR 15 respektive 215/60 VR 15 auf geschmiedeten Leichtmetallrädern (vorn: 6 Zoll, hinten: 7 Zoll), und zahlreiche andere Aluminiumteile und feuerverzinkte Thyssen-Stahlbleche trugen zu einer exemplarischen Korrosions-Prophylaxe bei wie der Nirosta-Stahl, aus dem der Targabügel gebogen war. 1978 wurde der Carrera durch den SC (für Super Carrera – eine Porsche-untypische Hyberpel, wenn auch durch die Abkürzung etwas zurückgenommen) abgelöst, eine logische Weiterentwicklung des Vorgängers mit Fünfganggetriebe, kontaktloser Zündung und 180 PS. Die Fond-Seitenfenster waren nun fest verglast, schon um Automardern das Handwerk zu erschweren. 1979 präsentierte sich der SC mit schwarzen Scheibeneinfassungen, elektrischen Hebern und 188 PS.

Die Ausgabe 1980 geriet mit 204 PS gar zu der Welt genügsamstem Dreiliter, wenn dieser auch wegen seiner von 8,6 auf 9,8 : 1 angehobenen Kompression mit Superbenzin verköstigt zu werden wünschte. Vor den Türen sprossen neuerdings seitliche Blinkleuchten aus den Kotflügeln, und ab 1981 steuerten pulverbeschichtete schwarze Felgen das ihrige zur Beseitigung der letzten Chrom-Reste bei. Am 4. September jenen Jahres feierte man mit dem 200 000. 911 eine Zahl, mit der anfänglich gewiß niemand gerechnet hatte. Auf 104 428 brachte es zwischen 1974 und 1983 allein schon der Elfer die-

ser Generation – ausschließlich des Turbo 3.3, der noch bis 1989 weitergebaut wurde. Ein Trumpf, den man bereits in petto hielt, wurde auf dem Genfer Salon im März 1982 ausgespielt – ein Cabriolet auf der Basis des SC. Auch bei Porsche hatte die Renaissance des offenen Roadsters begonnen...

Triumph TR7 Drophead, Bj. 1981. Vierzylinder-Reihenmotor. 1998 cm³. 105 PS. 176,5 km/h. 11,5 s 0 - 100 km/h. Leihgeber: F. Vanaria

Diesmal, so lautete die Leyland-Losung für die Konzeption des Triumph TR7, dürfe man alles anders machen. Das war der gute Teil der Nachricht. Der weniger erfreuliche: Das neue Modell müsse paßgerecht auf die Notwendigkeiten des nordamerikanischen Markts hin zugeschnitten sein und möglichst viele Bauteile seien aus dem sonstigen Angebot der britischen Auto-Hydra zu übernehmen – Umsturz also auf englische Art im Gegensatz zu der bislang praktizierten Politik der sanften Übergänge. Als aber das Hardtop-Coupé, mit dem die Baureihe ihren Anfang nahm, im Januar 1975 präsentiert wurde, fragte man sich, wie so häufig nach revolutionären Akten, ob denn die Dinge wirklich um so viel besser geworden seien. Es sehe aus wie ein italienischer Prototyp, versicherten die besoldeten Optimisten der Leyland-Werbung pausbäckig. In der Tat hatte eine unter südlichem Himmel beheimatete Zeitmode den Stylisten des Austin-Morris-Studios zu Longbridge die aktuelle Keilform in die Feder diktiert, mit stämmigen Dachholmen und Verstrebungen in den Türen als Sonder-Offerten an sicherheitsbewußte US-Bürger.

Die ungewöhnlich hohe Gürtellinie und die niedrigen Seitenfenster waren indessen der Übersicht ebenso abträglich wie die stark abfallende Motorhaube, die nur erahnen ließ, wo das Auto nun eigentlich aufhörte, von der dubiosen Ästhetik des Stufenhecks und dem zellenhaften Raumangebot ganz zu schweigen. Gleichfalls zeitgemäß gab sich der Motor, ein Kurzhuber mit obenliegender Nockenwelle und nach dem Querstrom-Prinzip angesiedelten Ein- und Auslaßkanälen, dessen vier Zylinder sich einen Hubraum von 1998 cm³ teilten.

Eine Zeitlang hatte er bereits im Saab 99 Dienst getan (mit 1709 cm³) und fand sich auch im Triumph Dolomite (mit 1854 cm³) und Dolomite Sprint (mit 1998 cm³, aber 16 Ventilen). Aber er war ein ruppiger Geselle, der bei höheren Drehzahlen einen Lärm vollführte, daß man um den Bestand seines Ventiltriebs bangen mußte. In der US-Version amputierten zwei Stromberg-Vergaser 175 CD SEV, die Kompression von 8 : 1 sowie etliche Parasiten, die Abgasgift und Kräfte verzehrten, 13 PS, ohne jedoch der Popularität des TR7 in den Vereinigten Staaten größeren Schaden zuzufügen.

Seine Vorderräder hingen einzeln an Federbeinen und Querlenkern, die hinteren wie ehedem an einer Starrachse, allerdings mit Längs- und Querlenkern und Schraubenfedern. Cheftechniker Spencer King war ein Freund schmiegsamer Aufhängungen und weiter Rad-Wege, und so schwamm selbst der Triumph TR7 auf der weichen Welle, vielleicht der radikalste Bruch mit der Vergangenheit. Ein folgenschwerer Streik im Winter 1977/78 legte sich lähmend auf die frühzeitig geplante Gründung einer ganzen Familie. Auf der Strecke blieb unter anderem eine Sprint-Variante mit dem Sechzehnventiler, und bis zum Sommer des Jahres 1979 verzögert wurde die Einführung des TR7 Drophead, der zunächst nur nach den USA verschifft und erst im März 1980 dem Rest der Welt zugänglich gemacht wurde.

Mit seiner stärker geneigten und massiv eingefaßten Windschutzscheibe kam er ohne Überrollbügel aus und bot, zumindest bei geöffnetem Verdeck, einen ausgewogeneren und rundum erfreulicheren Anblick als seine hochgeschlossenen Geschwister. 111 750 TR7 wurden bis 1981 gefertigt. Dazu gesellte sich, zwischen dem Herbst 1979 und 1981, eine Auflage von 2750 TR8, einem Cabriolet auf der Basis des numerischen Vorgängers, allerdings mit dem V8-Leichtmetalltriebwerk des Rover 3500 mit 3528 cm³ und 133 PS unter der etwas abweichend geformten Haube. Es wurde ausschließlich in die Vereinigten Staaten exportiert.

Ferrari 308 GTB, Bj. 1980. V8 Rocchi. 2925 cm^3. 227 PS.
255,3 km/h. 6,5 s 0 - 100 km/h. Leihgeber: Werner Jaussen und Klaus Doetsch

Bella Macchina" nannte auto motor und sport 1976 den Ferrari 308 GTB, und schon bei seiner Enthüllung auf der Pariser Autoausstellung ein Jahr zuvor wurde ihm spontane Akklamation zuteil. In der Tat hatte Maestro Pininfarina Elemente des Dino 246 GT und des 365 GT4 BB zu einer perfekten Form legiert – kein Winkelchen, an dem man eine stilistische Mogelei entdeckt hätte – und zu einem typischen Ferrari dazu.

In der sanft ansteigenden Frontpartie wartete ein Paar Doppelscheinwerfer, tagsüber gleichsam aus dem Gesichtsfeld retuschiert, auf seinen Einsatz ebenso wie ein sorgsam raumsparend eingepacktes Faltrad. Das winzige Kofferabteil befand sich am anderen Ende, kurz vor der Stelle, wo der 308 GTB plötzlich einfach aufhörte. Bereits die keilförmigen Belüftungskerben im Mitteltrakt wiesen darauf hin: Im nächsten Appartement hauste der V8, der zusammen mit seinem leicht aufgerundeten Hubraum von drei Litern diesem Ferrari den Namen gegeben hatte. Er war quer vor der Hinterachse in den Gitterrohrrahmen eingepflanzt, mit Fünfganggetriebe und Differential zu einer Lebensgemeinschaft zusammengefaßt und hielt zweimal zwei obenliegende Nockenwellen vermittels Zahnriemen zum Schaffen an.

Die 14-Zoll-Räder (Radstand: 2340 mm) mit dem vom Daytona bekannten Fünfzack-Design waren an doppelten Querlenkern einzeln aufgehängt. Schraubenfedern sorgten für die Abfederung, und Stabilisatoren vorn und hinten wirkten der Seitenneigung in Kurven entgegen und verbesserten die Bodenhaftung. Die schöne Hülle bestand zunächst weitgehend aus Fiberglas und später ganz aus Stahlblechen, schon weil die Kundschaft von einem Plastik-Ferrari nichts wissen wollte.

Auf der IAA zu Frankfurt stellte Pininfarina 1977 dem GTB die Targa-Version GTS zur Seite, deren festes Dachteil man hinter den anatomisch gut durchmodellierten Sitzen versenken konnte. Grills ersetzten die hinteren Dreieckfenster, und die Sicht nach achtern durch die senkrechte und konkave Heckscheibe war wie im Berlinetta eingeschränkt. 1981 wurden die vier Weber-Doppelvergaser von ihrem Stammplatz vertrieben. Denn nun drehte eine K-Jetronic von Bosch

(das i für iniezione in der Typenbezeichnung) den Achtzylinder-Belcanto auf Zimmerlautstärke zurück und erdrosselte eine ganze Reihe von PS, die man 1982 durch Kopf-Arbeit wieder gewann.

Quattrovalvole stand jetzt neben den rechten Rückleuchten, und das bedeutete, daß vier kleine Ventile anstelle der bisherigen beiden großen die Beatmung jedes Zylinders übernommen hatten. Mit wieviel Leistung das von Ingenieur Franco Rocchi konzipierte Triebwerk in seinen einzelnen Evolutionsstufen aufwartete, darüber herrschte Verwirrung. Vielleicht kam L.J.K. Setright der Wahrheit am nächsten, als er im Februarheft 1983 der englischen Publikation Car vermutete, erst seien es wohl unwahrscheinliche 255 PS gewesen, im i dann realistische 214 und im Quattrovalvole erwiesene 240. Mit 270 PS trumpfte die letzte Ausbaustufe mit 3,2 Litern auf, die bei der IAA 1985 zur Wachablösung für den 308 aufzog. 15 davon mußten dem Umweltschutz geopfert werden, dem man mit einem Katalysator Rechnung trug.

Dezente Schönheitschirurgie hatte dem 328 durchaus gutgetan: 25 Millimeter zusätzliche Länge, acht mehr Höhe und ein Zuwachs von zehn an Breite, dazu Stilelemente des Testarossa im Frontbereich, der Fortfall der Kühlrippen hinter den Scheinwerfern – der Grill auf der Fronthaube war dafür größer geworden – ein größerer Spoiler vorn und eine neue Inneneinrichtung. Mit 21 678 Einheiten bis 1989 wurde der Ferrari-Dreier zum ersten richtigen Volumen-Modell der Marke. 2123 entfielen auf die Zweiliter-Variante 208, ein Sonderangebot für den italienischen Markt.

Jaguar XJ-S, Bj. 1981. V12. 5343 cm^3. 289 PS.
238,4 km/h. 8,4 s 0 - 100 km/h. Leihgeber: M. Löschnigg

Der Jaguar XJ-S trat ein großes Erbe an, und der kommerzielle Erfolg schien ihm recht zu geben: In den 21 Jahren seiner Produktion bis zum 4. April 1996 entstanden 112 052 Einheiten. Aber den E-Type, den er im September 1975 ablöste, sollte er weder ersetzen noch konnte er es. Wo jenem die Abstammung vom Rennsportwagen nackt ins Gesicht geschrieben stand, lauerte im XJ-S das Raubtier unter der Larve schnurrender Sanftmut. Und wo die Silhouette des Vorgängers wie aus einem Guß wirkte, fand sich am Nachfolger ein Patchwork von Ideen zusammen.

Dabei hatten sie die gleichen Eltern. Die Grundkonzepte rührten von Jaguar-Boß Sir William Lyons her, und Malcolm Sayer hatte einen Hauch von Aerodynamik beigesteuert. Der XJ-S war ein großes Auto, etwa so lang, ein Stück breiter und deutlich niedriger als der XJ-Tourenwagen, auf dessen Fahrgestell er ruhte. Allerdings war der Radstand von 2865 auf 2591 mm verkürzt worden. Die Vorderräder hingen an Dreieckquerlenkern, die hinteren, auch sie einzeln geführt, an gegabelten Armen, mittragenden Halbachsen, Längslenkern und doppelten Teleskopdämpfern.

Im Maschinenraum herrschte drangvolle Enge. Dort hauste im Kreise seiner Zusatzaggregate jener Motor, der schon wegen des Symbolwerts der Zahl zwölf den Jaguar aus der automobilen Massengesellschaft hervorhob, geschmeidig, seidenweich und fast über das gesamte Drehzahlspektrum bis in die Nähe der Lautlosigkeit gedämpft. Fast jedermann bezog den XJ-S mit der Turbo-Hydra-Matic von General Motors, die ab Frühjahr 1977 angeboten wurde. Schon bald darauf wurde er zum Objekt umfassender Modellpflege. Im Juli 1981 kündigte man das HE (für High Efficiency) Coupé V12 5.3 an, sparsamer, effizienter hinsichtlich seiner Leistungsausbeute, mit geringeren Abgaswerten. Um die gleiche Zeit legten die Jaguar-Bediensteten Jim Randle und Trevor Crisp einen Sechszylinder mit 3590 cm^3, Vierventiltechnik und 225 PS nach. Ab September 1983 hielt dieser Einzug im Coupé und einem sogenannten Cabriolett, das eigentlich ein Targa war.

Auch dieses nahm ab Juli 1985 als

Jaguar XJ-S, 4.0 Bj. 1994. Sechszylinder-Reihenmotor. 3980 cm^3. 233 PS.
234 km/h. Leihgeber: Peter Alt

XJ-SC HE V12 teil an der Glorie des vollen Dutzends. Da drängte bereits die Klientel, man möge doch das Zwitterding Cabriolet ausmustern zugunsten einer bügelfreien offenen Version. Gewünscht, getan: in Gestalt des V12 Convertible vom April 1988. Sein massives und voll wintertaugliches Verdeck ließ sich in jeweils zwölf Sekunden elektromechanisch öffnen oder schließen. Im Frühjahr 1990 wurde Jaguar in den erlesenen Zirkel der schönsten Ford-Töchter aufgenommen – bei weitgehender Modellautonomie. Diese umspannte auch den Umgang mit der bisherigen Palette. Am 1. Mai 1991 präsentierte man den XJ-S fast schon in neuem Gewand. Vor allem im Umfeld von Dach, Türen, Kofferraum und hinteren Kotflügeln waren 180 von 490 Karosseriepaneelen ersetzt worden, und auch das Interieur gab sich jugendlich aufgefrischt. Zum selben Zeitpunkt spendierte man dem Coupé, im Mai 1992 auch dem Convertible eine Vierliter-Metamorphose des Sechszylinders, für den Verzehr von bleifreiem Sprit abgerichtet und deshalb nur unwesentlich stärker.

Im Mai 1993 schwang sich die Baureihe zu ihrer Apotheose auf mit dem XJS V12 6.0 Coupé, wie das entsprechende 2+2-Convertible und ihre Pendants mit 3980 cm^3 mit Stoßstangen in Wagenfarbe und schönen Leichtmetallfelgen. In diesem Augenblick stand bereits die Schrift an der Wand für den XJ-S. Im Juli 1995 versiegte die Fertigung der Zwölfzylinder, während das Einstiegsmodell eine letzte Blüte erlebte mit der Spielart Celebration zum 60. Geburtstag des Unternehmens, in verschwenderischer Ausstattung und eigentlich schon ein vollkommenes Denkmal seiner selbst.

Lotus Esprit Turbo, Bj. 1982. Vierzylinder-Reihenmotor. 2174 cm³. 210 PS. 240 km/h. 6,1 s 0 - 60 mph. Leihgeber: Alfred Spöth und W. Eisenschmidt

Wann und wo ging Colin Chapmans Geist, normalerweise auf dem Trockenen oder über den Wassern beheimatet, auf Tauchstation? Des Rätsels Lösung: 1976, während der Dreharbeiten zu dem James-Bond-Streifen "The Spy

Who Loved Me", in den kristallklaren Fluten des Coral Harbor zu Nassau. Regisseur Cubby Broccoli hatte einen Lotus Esprit als Requisit ausgeliehen, und dieses versank drehbuchgemäß in den Fluten, um auch dort dem amphibischen Superagenten zu behender Fortbewegung zu dienen – in Form einer 15 Knoten schnellen Attrappe.

"Der ganze Film", entsinnt sich Lotus-Pressesprecher Don MacLauchlan, "hat uns weniger gekostet als eine Zeitungsanzeige". Daß trotz der preiswerten weltweiten PR-Kampagne kein hemmungsloser Run auf den barhockerhohen Kunststoffkeil aus Hethel/Norfolk einsetzte – zwischen dem Juni 1976 und dem Januar 1980 zum Beispiel wurden lediglich 1974 Exemplare unter die Völker gebracht -, ging nicht zuletzt auf das Konto des gehobenen Preises. In Deutschland etwa kostete der Esprit 1977 stattliche 39 950 Mark.

Der automobile Filmstar begann seine Karriere als Stilstudie Giorgetto Giugiaros mit dem Turiner Salon 1972. Wie die endgültige Fassung auf dem Stand des Turiner Designers bei der Pariser Ausstellung im Oktober 1975 begründete sie keinen Trend, sondern folgte eher den gängigen Rezepten, wie ein Supersportwagen der siebziger Jahre auszusehen habe, eine flache Waffe gegen den Wind, konsequent durchkonzipiert, selbst auf Kosten praktischer Gesichtspunkte. Neu war für Giugiaro die Arbeit mit Fiberglas, einem von Colin Chapman seit je bevorzugten Werkstoff, der indes für tragende Funktionen nicht unbedingt geeignet ist.

So ruhte der Aufbau des Esprit wie beim Elan und Eclat auf einem zentralen Kastenrahmen aus Stahlblech. Wie bei den Schwestermodellen waren die (hinten übrigens breiteren) Räder einzeln aufgehängt an doppelten Querlenkern vorn und einer Kombination aus Längslenkern, Querstreben und den Antriebswellen achtern, wobei sich der Esprit vermittels vier Scheibenbremsen spurtreu und ohne Fading verzögern ließ.

Und wie in jenen war der von Lotus in Monokultur gehegte Zweiliter-Vierzylinder mit zwei obenliegenden Nockenwellen und vier Ventilen je Zylinder installiert, allerdings im Rücken der beiden Insassen und gepaart mit dem Fünfganggetriebe aus dem Citroen SM, gleichwohl wie üblich im Winkel von 45 Grad auf der Auslaßseite. Auf bei betriebswarmem Zustand auch einmal längeres Schnurren des Anlassers ließ diese kleine, aber komplexe Maschine keinen Zweifel daran aufkommen, daß in ihr eine Fülle mechanischer Teile lautstark miteinander kooperierte.

Freunde englisch-konservativer Innenausstattung beklagten das futuristische Flair des Wohnraums, ein Einwand, dem man in der zweiten Esprit-Auflage vom Juni 1978 an mit etwas traditionellerem Dekor Rechnung trug, vor allem im Umkreis der Armaturen. Im Februar 1980 vollzog auch das Mittelmotor-Coupé die allgemeine Lotus-Mobilmachung von 160 PS aus 2174 cm³ Hubraum mit.

Zur nächsten Gelenkstelle in der Modell-Vita geriet das Jahr 1987. Das ursprüngliche scharfkantige Design Giugiaros war ein wenig in die Jahre gekommen. Folglich verpaßte ihm ein von Peter Stevens geleitetes Team unter dem Kuratel von Lotus-Chefingenieur Colin Spoo-

ner eine Frischzellenkur, aus welcher der Esprit glatter, rundlicher und einschmeichelnder hervorging und dennoch seine Identität nicht veräußert hatte. Er legte allerdings auch zwei Zentner zu, ohne daß dies zu Einbußen hinsichtlich seines Temperaments führte.

Denn im Bunde mit dem Renault-

Lotus Esprit V8, Bj. 1998. V8. 3506 cm³. 354 PS.
282 km/h. 6,1 s 0 - 60 mph. Leihgeber: Christian Deml

Transaxle GTA gab das Triebwerk der Ausbaustufe S4 nun 172 PS ab, immerhin gut für einen Wert von 6,7 Sekunden für den Spurt auf 100 und eine Spitze von 222 km/h. Solche Leistungen wurden allerdings längst in den Schatten gestellt durch den Esprit Turbo, eingeführt anläßlich einer monströsen Party, mit welcher der neue Formel-1-Sponsor der Marke, Essex Petroleum, im Februar 1980 in der Londoner Albert Hall nach langen Lotus-Jahren mit dem Partner John Player

einen knalligen Willkommensakzent setzte.

Von diesem Schlüsselereignis kündete zunächst eine limitierte Edition von 100 Exemplaren in den Essex-Farben Blaumetallic, Rot und Silber. Eine Projektgruppe unter dem dynamisch-hemdsärmeligen Lotus-Manager Mike Kimberley und seinem erfahrenen technischen Direktor Tony Rudd hatte dem 2,2-Liter-Saugmotor einen Garrett-Lader AiResearch T3 verpaßt und somit 50 weitere PS entfacht. Die stärkere Hitze, die dabei anfiel, wurde zum Teil durch stufenartig abfallende Lamellen entsorgt, das Lotus-Flaggschiff insgesamt mittels eines steiferen Rahmens und einer modifizierten Aufhängung hinten sowie kräftigerer Stoßfänger, effizienterer Spoiler, seitlich abgespreizter Schürzen und größerer Räder für diesen Potenzschub eingerichtet.

Im März 1986 folgte die Metamorphose HC (für High Compression), fünf PS stärker und eine Idee geräumiger. Ein Jahr später wurde auch der geladene Esprit in das schmucke neue Komposit-Wams des Peter Stevens gehüllt, womit die Kühl-Kaskade über dem Triebwerk entfiel. In der 264 PS starken Version SE, ab Mai 1989 als Alternative zum HC offeriert, hatte man die thermischen Probleme des Modells nachhaltig in den Griff bekommen: Auf dem Motor hockte ein Intercooler.

1990 entfiel der Zusatz Turbo. Die Evolution des Esprit der zweiten Generation aber schritt unaufhaltsam fort. Ab 1993 ging seinem Piloten eine serienmäßige Servolenkung zur Hand, auf 306 PS wuchs die Leistung des S4S (für Sport) von 1994, erkennbar an 16-Zoll-Felgen vorn und 17-Zöllern hinten – die des S4 waren jeweils eine Nummer kleiner. Am 1. März 1996 wurde handverlesenen Journalisten auf dem südfranzösischen Circuit Paul Ricard der Renn-Esprit GT1 vorgeführt und dessen Geheimnis vier Tage später auf dem Genfer Salon gelüftet. Ein kunstvoll verschlungenes Signet am Heck erzählte von einer Revolution, die 16 Jahre zu spät kam. Denn im Nacken der Insassen war nun endlich der von zwei kleinen Garrett-Ladern unter Druck gesetzte V8 eingezogen, um den herum der Esprit Turbo einst gedacht worden war, trotz seines Volumens von 3,5 Litern und eines Bizeps von 354 PS extrem kompakt: Mit Schrumpflack kulinarisch aufbereitet, nahm das Leichtmetall-Aggregat noch weniger kostbaren Raum in Anspruch als der bisherige Reihenvierzylinder, der künftig nur noch sporadisch ausgeliefert wurde. Vier Nockenwellen hielten 32 Ventile zu emsigem Klöppeln an. Aber weil nach 180 Grad Kurbelwellendrehung jeweils zwei Zylinder zündeten, entströmte dem Auspuff des Esprit V8 lediglich ein plärrender Sound statt des sonst artenspezifischen Bollerns. 1997 wurden der V8 durch eine neue Innenarchitektur aufgewertet und die etwas schlichtere und in Deutschland mit 119 900 Mark um

30 000 Mark billigere Sparversion V8 GT feilgehalten.

Anfang 2003 berichtete eine knapp gehaltene Mitteilung des Werks in Hethel vom Ableben der Modellreihe. Der letzte von 10 675 Esprit insgesamt, in Saffrangelb mit schwarzem Interieur, sei am 21. Februar vom Band gelaufen, mit Kurs auf die Vereinigten Staaten wie so viele vor ihm. Und so folgte ihm gleichwohl eine "Final Edition" von 46 Einheiten, noch immer Autos, nach denen sich die Leute auf der Straße umdrehten...

Lancia Beta Montecarlo, Bj. 1981. Vierzylinder-Reihenmotor. 1995 cm³. 120 PS. 191,5 km/h. 9,9 s 0 - 100 km/h. Leihgeber: Oliver Hartmann

Der Präsentation des Lancia Beta Montecarlo auf der Genfer Automesse im Frühjahr 1975 ging ein Vexierspiel mit Namen voraus. Eigentlich war er ein waschechter Fiat, als X1/20 vorgesehen zum Gegenstück für den X1/9, wenngleich in einem höher angesiedelten Marktsegment. Dann aber, gewissermaßen über Nacht und im letzten Augenblick, tat Fiat-Chef Agnelli einen geschickten Schachzug, indem er den stämmig-sportiven Zweisitzer in das Beta-Programm eingliederte. Er profitierte damit einerseits von dem mit historischem Edelrost überzogenen Nobel-Namen Lancia, und zum anderen war die Fiat-Filiale mit ihrer begrenzten Fertigungskapazität wie prädestiniert für die zu erwartenden relativ geringen Stückzahlen.

Um einen gemäßigten Polyzentrismus kam man dennoch nicht herum: So wurden die Triebwerke von der Fiat-Fabrik in Mirafiori zu Lancia nach Chivasso transferiert, jene zum Beispiel aus dem 124 Sport bekannte Zweinockenwellenmaschinen, denen man geschliffenere Manieren und zunächst 115, sehr bald aber 120 PS beigebracht hatte. In der für den amerikanischen Markt mit seinen strikten Abgasbestimmungen bestimmten Version Scorpion schwangen sie sich lediglich zu 84 rachitischen PS auf, und entgiftet war damit auch der Stachel des Spinnentieres, dessen Namen man für den Emigranten entlehnt hatte.

Der Motor wurde quer und um 20 Grad rückwärts geneigt vor der Hinterachse eingebaut. Die Fahrwerkskonstruktion erinnerte an Rennsportwagen, Querlenker und Schubstreben vorn, Dreieckquerlenker hinten sowie McPherson-Federbeine rundum. Pininfarina war nicht nur für Styling und Konstruktion der selbsttragenden Karosserie zuständig, sondern auch für deren Produktion. Sein typisches Gepräge erhielt der Montecarlo, sei es als Roadster, sei es als Coupé, durch den relativ großen vorderen Überhang und das kurze Stummelheck, die nach hinten ansteigende Gürtellinie sowie die schwarzen Kunststoffelemente an den Wagenenden, die angeblich, wie in den Vereinigten Staaten vorgeschrieben, einen Aufprall bis zu acht km/h unbeschadet einstecken konnten.

Charakteristisch war auch die stark gewölbte Dachlinie, die mit der flachen Frontscheibe aufstrebte und bis in die Spitzen der flossenartigen Seitenteile hinein abfiel, wobei der Fahrer durch die senkrecht eingepaßte kleine Heckscheibe eine vorzügliche Rücksicht genoß. Die flache Motorhaube war seitlich links angeschlagen und eröffnete generösen Zugang zum Triebwerk mit seinen Aggregaten und dem Reserverad. Im Bug fand sich ein für einen Zweiplätzer genügender, vernünftig geformter Kofferraum mit 156 Litern Fassungsvermögen, aber auch der Kühler, welcher vermittels zweier den Kunststoffstoßfänger durchbrechender Einlässe belüftet wurde.

Zwischen Maschine und Fahrersitz hatte man den Tank für 59 l gezwängt. Aber die Gewichtsverteilung von 41 Prozent vorn und 59 Prozent hinten, die dieser Kniff zu ermöglichen half, tat dem Fahrverhalten des Montecarlo nicht unbedingt gut: Besonders auf unebener Fahrbahn wurde der Vorderwagen unangenehm leicht, und in schnellen Kurven tendierte das Hinterviertel frühzeitig dazu, auszubrechen. Die Rezeption des Modells fiel mäßig aus, vor allem in Übersee, und so vollzog sich seine überraschende kurze Renaissance 1980 nach einer einjährigen Denkpause ohne grelles Fanfarengeschmetter. Nur in Deutschland gelang, wie es schien, ein perfektes Timing. Da hatte der Mönchengladbacher Hans Heyer just die heimische Rennsportmeisterschaft gewonnen – auf Lancia Beta Montecarlo, einem von 7595,

Porsche 924 Turbo, Bj. 1980. Vierzylinder-Reihenmotor. 1984 cm³. 177 PS. 230 km/h. 7,7 s 0 - 100 km/h. Leihgeber: Jochen Freirich und Mathilde Kiefer

Gewissermaßen als Artikel 1 im Porsche-Grundgesetz verankert, war es wieder und wieder mit missionarischem Feuer verkündet worden und keiner Auslegung bedürftig: Im besten aller Sportwagen gehöre der Motor nach achtern,

in die Nachbarschaft der Antriebsräder und natürlich luftgekühlt. Vor diesem Hintergrund hochbetagter und geheiligter Tradition wirkte der 924, im November 1975 vorgestellt, wie ein kleines Sakrileg. Sein Reihenvierzylinder war unter der glatten Fronthaube angesiedelt und an gefährdeten Stellen von Wasser umspült. Er bildete eine Baueinheit mit der Kupplung und war nach dem Transaxle-Prinzip vermittels einer 20 mm dünnen drehelastischen Welle, die von einem knapp zwei Meter langen starren Rohr ummantelt war, mit dem Viergang-getriebe unweit der Hinterachse verbunden.

1970 hatte das Volkswagenwerk den Entwicklungsauftrag EA 425 an den Porsche-Vorposten im schwäbischen Weissach vergeben. Hinter solch simpler Nomenklatur verbarg sich der designierte Nachfolger für die Koproduktion 914, die gleichwohl noch in den besten Mannesjahren stand. VW-Chef Leiding wollte die Kreation der Weissacher Ingenieure, weisungsgemäß eine Melange aus Eigenem und diversen Großserienteilen, gar in eigene Regie übernehmen, aber Toni Schmücker, der ihn ablöste, setzte die Schwaben-Kost kurzerhand als unrentabel vom Wolfsburger Menü ab. Die Endlösung, von fast allen gepriesen: Der 924 wurde in den Rang eines Porsche erhoben, gebaut im Audi/NSU-Werk Neckarsulm. Dort leistete man indessen nicht nur Geburtshilfe, sondern gab dem Neuling auch Hausgemachtes in Gestalt der leicht modifizierten und um 40 Grad nach rechts geneigt eingesetzten Zweiliter-Maschine des Audi 100 und dessen Achsantrieb/Getriebeeinheit mit auf den Weg.

Die ausgewogene Gewichtsverteilung von 48 zu 52 Prozent und ein gleichermaßen narrensicheres und preiswürdiges Fahrwerk – Aufhängung an Querlenkern, Federbeinen und koaxialen Schraubenfedern vorn, hinten an querliegenden Torsionsstäben und Schräglenkern, vordere Trommel- und hintere Scheibenbremsen – machten den Umgang mit dem 924 zum durch keinerlei Probleme getrübten Vergnügen, zumal er sich auch an der Tanksäule als genügsamer Gast erwies. Zu dem diskret in den Frontspoiler integrierten Kühllufteinlaß kam auf Wunsch und gegen einen Aufpreis von anfänglich 740 Mark eine weitere Öffnung im windschlüpfigen Gewand des Hatchback-Coupés, die ein herausnehmbares Dachteil aus Kunststoff hinterließ, wenn man es im Kofferraum verstaute. Ab 1977 ließ sich das Gepäck der Insassen, zunächst unter der gläsernen Heckklappe unverhüllt der Neugier von Betrachtern anheimgegeben, durch ein Rollo verdecken.

Im Januar jenen Jahres widmete man den beiden Porsche-Weltmeisterschaften von 1976 eine Sonderedition ganz in Weiß mit einer seitlichen Paspelierung im Rotblau des Sponsors Martini. Stabilisatoren an beiden Enden sowie Stahlgürtelreifen des Formats 185/70 HR 14 (sonst 165 HR 14) verwiesen auf den sportlichen Anlaß der Extra-Ausgabe. 1978 war auf Wunsch ein Fünfganggetriebe von Porsche erhältlich, 1979, nun serienmäßig, eines von Audi, und die Einfassungen der Seitenfenster waren in modischem Mattschwarz gehalten. Ab 1980 zählten ein vorderer Stabilisator und stärkere Drehstäbe hinten zum Normal-Trimm, ebenso kleine Blinklampen vor den Türen und eine Nebelschlußleuchte.

Im Herbst legte das um freudige Ereignisse nie verlegene Stuttgarter Werk erneut eine limitierte Vorzeige-Serie auf,

alpinweiß mit umlaufendem Dreifarbband und schwarzen Leichtmetall-Speichenrädern, Le Mans geheißen, denn sie sollte das Gedenken an den erfolgreichen Einstand des 924 bei dem französischen Enduro-Klassiker jenes Jahres frischhalten. Der Heckspoiler des 924 Turbo, ab 1982 Standardausrüstung der gesamten Baureihe, drückte den Cw-Wert auch des Le Mans von 0,36 auf 0,33 –

Porsche 924 Carrera GTS, Bj. 1981. Vierzylinder-Reihenmotor. 1984 cm³. 245 PS. 250 km/h. 6,2 s. 0 - 100 km/h. Leihgeber: Robert Rademacher

mustergültig für Fahrzeuge dieser Spezies. Längst war das Adoptivkind zum populärsten Mitglied der Porsche-Familie avanciert, und so konnte inmitten disziplinierten Jubels die Fachpresse am 4. Februar 1981 das mit einem bunten Blumengesteck geschmückte Exemplar Nummer 100 000 ablichten.

Unter Pression gesetzt, dennoch aber zuverlässig arbeitete seit 1978 das Triebwerk des marktaufwärts angesiedelten Schwestermodells 924 Turbo. Von der ursprünglichen Maschine war nur noch der Rumpf geblieben, gekrönt von einem Zylinderkopf, in dem Teile der Brennräume und Bohrungen für die Zündkerzen auf der Frischgasseite vorgesehen waren, wo der Heron-Kopf des Normal-924 plan verlief und die Kerzen den Auslaßventilen benachbart steckten.

Durch eine in Fahrtrichtung rechts in den Motordeckel eingelassene NACA-Öffnung pustete Fahrtwind unmittelbar auf den KKK (für Kühnle, Kopp und Kausch)-Turbolader und ein Bypass-Ventil, das Überdruck jenseits der vorgesehenen 0,7 atü abführte. Zusätzliche Ventilation wurde dem zwangsbeatmeten Triebling durch vier längliche Durchbrüche oberhalb des Frontstoßfängers zugeführt. Innenbelüftete Bremsscheiben vorn und hinten sorgten für angemessene Verzögerung, 15-Zoll-Räder, neue Radnaben und Achsschenkel, verstärkte Längslenker sowie eine geänderte Lenkübersetzung komplettierten die Verbesserungen am Fahrwerk, während eine fünf mm dickere und steifere Welle im Transaxle-Rohr durch lediglich drei Lager (sonst vier) geführt wurde.

Viele Kunden gaben einem unauffälligeren Uni den Vorzug gegenüber der Zweifarbenlackierung, in der der Turbo gewöhnlich angeboten wurde. 1979 wertete man ihn mit elektrischen Fensterhebern und einer Nebelschlußleuchte auf, und 1980 wuchs die Leistung von 170 auf 177 PS, dank einer digitalelektronischen Zündpunktverstellung und der von 7,5 : 1 auf 8,5 : 1 erhöhten Kompression. Als unbequemer Nebenbuhler in der Käufergunst erwies sich zunehmend der 944 aus dem eigenen Hause, und so verebbte Mitte 1982 die Fertigung des 924 Turbo nach 12 356 Exemplaren, abgesehen von einem schmalen Kontingent, das nach wie vor nach Italien ausgeführt wurde, wo die Steuergesetzgebung mit Fahrzeugen unter zwei Litern Hubraum weniger scharf ins Gericht ging.

Ein Kapitel der Vergangenheit war bereits der 210 PS starke 924 Carrera GT, 1979 als schneeweiße Studie auf der Frankfurter IAA ausgestellt, ein Jahr später in 406 Einheiten in Umlauf gebracht, sechs mehr, als zu seiner Homologation für die Gruppe 4 erforderlich waren. Wes

Geistes Kind dieses Derivat des Auftragswerks EA 425 war, wiesen bereits üppige Kotflügelausbuchtungen über strotzenden Superniederquerschnittsreifen der Dimensionen 215/60 VR 15, wahlweise auch 205/55 VR 16 vorn und 225/50 VR 16 hinten aus, dem kräftigeren Motor angepaßt wie härtere Federn, straffere Stoßdämpfer und Bremssättel, die dem Rennsport-Arsenal entnommen waren.

Ein Ladeluftkühler wirkte sich mäßigend auf das Betriebsklima der geladenen Carrera-Maschine aus. Allenthalben war das Auto in den Grenzen des Vertretbaren abgemagert, mit Hilfe von Dünnblech, Türen und Hauben aus Aluminium, Karosserieteilen aus Polyurethan. Was die Farbe des Innenraums anbelangte, so ging es den Insassen des Porsche 924 Carrera buchstäblich wie vielen ihrer Gegner auf der Piste im übertragenen Sinne des Wortes: Sie sahen rot, letztere vor allem, wenn sie es mit den schärfsten Evolutionsstufen GTS (245 PS) und GTR (375 PS) zu tun hatten. Das waren reine Wettbewerbswagen, die zwischen dem Dezember 1980 und dem März 1981 in 59 beziehungsweise 17 Einheiten auf ihre Mission vorbereitet wurden.

Mehr Kraft (150 PS statt der 125 PS bisher) wuchs mit dem Modelljahr 1986 durch die Verwendung des 2479-cm³-Basismotors aus dem 944 in der USA-Ausführung auch dem 924 von der Stange zu, nun 924 S geheißen. In seinem letzten Jahr 1988 erstarkte dieser durch neue Kolben und eine von 9,7 : 1 auf 10,2 : 1 erhöhte Verdichtung um weitere zehn PS. Dann verschied der Porsche fürs Volk, mit 150 689 Exemplaren ein Bestseller, aber nicht unbedingt kompatibel mit dem Image der Zuffenhausener Marke.

BMW 630CS, Bj. 1978. Sechszylinder-Reihenmotor. 2986 cm³. 185 PS. 210 km/h. 8,9 s 0 - 100 km/h. Leihgeber: P. Lichtinghagen

Das klassische Ideal der Dauer im Wechsel, der Kontinuität in der Variation offenbarte sich dem Betrachter der BMW-Modelle 630CS und 633 CSi auf dem Genfer Autosalon im März 1976. Ein durchgehender Stilwille verband die bayerischen Coupés der sechziger und siebziger Jahre zur Generationenfolge, den von Bertone eingekleideten Ahnen von 1961, die CS-Varianten von 1965 und 1968, die Neuen.

Deren eigenes Antlitz, zum Teil geprägt durch die Retuschen des gerade zu BMW gestoßenen Chefdesigners Klaus Luthe: penibel ausgewogene Proportionen, flacher angeordnete große Front- und Heckscheiben, kurze Dachfläche, formschöne Leichtmetallräder. Die Doppelscheinwerfer schauten aus dem markanten, aber etwas niedriger gewordenen BMW-Grill. Die integrierte Bug-Schürze nahm auch die Funktion eines Spoilers wahr. Die Heckpartie – gedrungener und kompakter als die des Vorgängers – beherbergte einen ungewöhnlich großen Kofferraum.

Das paßte genau ins Konzept, denn die Sechser, wie sie bald salopp genannt wurden, sollten geräumig und komfortabel, schnell und effizient und, last sowie least, sportlich sein. Für Furore auf den Pisten hatten abseits der Serie Rennleiter Jochen Neerpasch und seine BMW-Filiale Motorsport GmbH zu sorgen. Behutsam war man mit Zierat umgegangen. Mattschwarz unterbrach die kräftige

B-Säule die seitliche Fensterfront. Schwarz reduzierte auch eine umlaufende Regenrinne die Verschmutzung der rahmenlosen Scheiben links und rechts, während robuste Leisten auf der Höhe der Stoßstangen die Flanken vor kleineren Remplern schützten und sie zugleich optisch gliederten.

Auch was die Technik anbelangte, verließen die BMW-Techniker den festen Boden dessen nicht, was sich der Vergangenheit bewährt hatte. Fußten die 5er-Limousinen auf der Basis der Sechszylinder CS und CSL wie einst der 2000CS auf der des 2000, übernahmen nun die neuen Coupés Elemente der Fünfer-Reihe wie den Radstand (2626 mm) und das Mittelstück der Bodengruppe. Sie waren indes mit 60 mm weniger Höhe und 135 mm mehr Länge viel gestreckter als die eher nüchtern gewandeten Tourenwagen, mit denen sie auch die Hinterachse mit geschränkten Längslenkern und Federbeinen gemein hatten. Die inzwischen bei allen BMW-Modellen obligate Federbein-Vorderachse wies gegenüber der Ausführung am älteren Coupé wesentliche Korrekturen an Spurweite, Spreizung, Nachlauf und Lenkrollradius auf. Stabilisatoren fanden sich vorn und hinten. Obwohl – oder weil? – vergleichsweise simpel konzipiert, bedurfte der gestandene Sechszylinder-Reihenmotor keiner grundlegenden Modifikationen, wurde jedoch durch Eingriffe in Verdichtung, Form des Brennraums und Kraftstoffaufbereitung an den bleiärmeren Sprit angepaßt und genügte auch den immer energischer klingenden Imperativen der europäischen Abgasgesetze. Die Verpflegung der 2986-cm³-Maschine des 630CS (185 PS) besorgte ein Doppel-Fallstrom-Registervergaser anstelle der bisher verwendeten Zweivergaseranlage, während für die 200 PS des 633CSi ein Hubraum von 3210 cm³ sowie die L-Jetronic-Einspritzung von Bosch verantwortlich waren.

BMW 635CSi, Bj. 1981. Sechszylinder-Reihenmotor. 3453 cm³. 218 PS. 227,8 km/h. 7,8 s 0 - 100 km/h. Leihgeber: Michael Reuss

Beide Coupés wurden zunächst mit einem Getrag-Vierganggetriebe geliefert, auf Wunsch auch mit einer neuen Dreigang-Automatik von ZF mit Fichtel & Sachs-Drehmomentwandler. Letztere wirkte keineswegs deplaziert in einem Auto, dem man allenthalben Tauglichkeit zum bequemen Familienfahrzeug bescheinigte. Breite Türen erleichterten das Einnehmen der Sitzplätze, auf denen vorn ein üppiges Raumangebot herrschte, während im Fond zwei Personen selbst längere Strecken nicht als Tortur empfanden.

Das energieabsorbierend gepolsterte Armaturenbrett wölbte sich bogenförmig vom Fahrer weg, in dessen unmittelbarem Blickfeld drei große Rundanzeigen zu einer zentralen Einheit zusammengefaßt waren: Tachometer, Drehzahlmesser und Kombiinstrument mit Tank- und Kühlwassertemperaturanzeige, die bei Dunkelheit in dämonischem Orange erglühten. Vorn links überwachte eine sogenannte Abfrageeinheit sieben wichtige Funktionen.

Das Eigenlenkverhalten der wiederum bei Karmann in Osnabrück gefertigten Salonsportler war nahezu neutral. Spätestens 1978 aber wußte man, daß sich eine bestimmte Facette im BMW-Image nicht so einfach überkleben ließ. Obwohl konzis gehalten, enthielt ein Bulletin zum neuen Flaggschiff 635CSi den bislang verdrängten Begriff "Sportlichkeit" nicht weniger als zehn Male. Der bayerische Löwe ließ sich nicht länger das Maul verbieten, nicht einmal gezähmt für den Boulevard-Ausgang. Sein Motorblock war nämlich mit dem des 3,5-Liter-Renntriebwerks identisch, welches mit Vierventil-Zylinderkopf als Saugmotor 485 PS und mit Turbolader über 800 PS leistete.

Für den Hausgebrauch ließ man es bei 218 PS bewenden, die die Bedürfnisse der Klientel nicht unbedingt befriedigten, obwohl der 635CSi bereits bei niederen Drehzahlen viel Leistung anbot. Strammer gedämpft, mit verstärkten Querstabilisatoren und auf breiteren Felgen ($6^1/_2$ Zoll statt 6 Zoll im 633 CSi), verlangte der 635CSi förmlich nach Kurvenpassagen, die er im Grenzbereich übersteuernd durcheilte. An den Pisten lebte ein altes Spottwort wieder auf, Spitzenfahrer wie Hans Stuck der Jüngere, Hans Heyer oder Umberto Grano könnten den 635CSi in solchen Winkeln bewegen, daß auf den Seitenfenstern mehr Insektenleichen klebten als auf der Windschutzscheibe. Daß er zwischen den Ecken stur geradeauslief, gewährleisteten Spoiler an Front und Heck – zum Glück, ohne sich störend ins Bild zu drängen.

Im Zuge einer sorgfältigen BMW-Familienplanung stellte sich im Juli 1979 das Einstiegsmodell 628 CSi ein, im Sommer 1983 auf vielfachen Wunsch die Kraftvariante M 635CSi, unter deren vorderer Haube das 286-PS-Triebwerk aus dem M1 mächtig waltete: Tempo 100 war nach 6,4 Sekunden kein Thema mehr, 255 km/h eine vorzeigbare Höchstgeschwindigkeit selbst im Kreise illustrer Sportwagen. Ein Jahr zuvor hatte man sanfte Retuschen an Fahrwerk und Karosserie vorgenommen, drei Jahre später war ein Katalysator unumgänglich geworden, schwächte indessen die M-Version um 26 PS und den 635CSi um sieben PS.

Die Produktion wurde 1989 eingestellt. Mit einer Verbreitung von 86 216 hatte sich der Sechser um die Bayerischen Motoren Werke verdient gemacht.

Porsche 928 S, Bj. 1980. V8. 4664 cm³. 300 PS.
251,7 km/h. 6,8 s 0 - 100 km/h. Leihgeber: Carsten Barth

Die Revolution verlief ungewöhnlich. Am Ende gab es weder Sieger noch Besiegte, sondern die friedliche Koexistenz zwischen Altem, dem Porsche 911, Heckmotor in Boxeranordnung, Luftkühlung, und Neuem, dem Porsche 928, wassergekühlte V8-Maschine im Bug, mit dem Getriebe bei der Hinterachse durch ein starres Transaxle-Rohr verbunden. Dies sei, befanden die schwäbischen Fein-Mechaniker in Zuffenhausen und Weissach schon Ende der sechziger Jahre, zweifelsfrei die Lösung, der die Zukunft gehöre.

Außerordentlich lange aber geriet die Inkubationszeit zwischen Ratschluß und Realisation, die unter den Projektleitern Helmuth Bott, Wolfhelm Gorissen und Wolfgang Eyb, dem Peter Falk und Helmut Flegl zur Seite standen, vorangetragen wurde. Bevor man dem Kandidaten das Zeugnis der Reife zuerkannte, mußte er eine Marter- und Durststrecke sondergleichen überwinden. Vertarnt in den unverdächtigen Versuchsträgern Mercedes 350 SL, Opel Admiral, dem Geländewagen Munga und diversen Audi Coupés wurden Teile auf ihre Eignung abgeklopft, bevor sie sich in einer Stafette von 13 Prototypen zum Ganzen zusammenfanden.

Diese aber hetzte man quer durch die Auto-Hölle, über einen schweren Parcours auf der hauseigenen Prüfstrecke Weissach ebenso wie durch die Hitze Algeriens und die Eiseskälte des Polarkreises, während Prüfstand-Dauerläufe bis zu 600 Stunden und Crashtests aus allen erdenklichen Winkeln das Bild abrundeten. Im März 1977 ging der 928 in die Nullserie. Seine Form – damit parierte Chef-Stylist Anatole Lapine kühl aufkeimende Kritik – habe er weniger auf unverbindliche Schönheit als darauf abgestellt, zeitloses Staunen zu erregen. Seinem Feldzug gegen den rechten Winkel entsprach indessen auch ein sachliches Korrelat: Die ausladenden Extremitäten des 928 lagerten sich als Deformationszone an eine steife Fahrgastzelle.

Die tragende Karosserie bestand aus beidseitig feuerverzinktem Stahlblech, und Aluminium diente als Werkstoff für Türen, Kotflügel und die Motorhaube. Mit besonderer Akribie hatte man sich des Fahrwerks angenommen, mit doppelten Querlenkern und Federbeinen vorn und der sogenannten Weissach-Achse hinten, mit unteren Querlenkern und Längsschubstreben, Schraubenfedern und koaxialen Teleskopstoßdämpfern. Doppelgelenkwellen mit Längenausgleich übermittelten die 240 PS des flachen und kompakten Achtzylinders von 4474 cm³ an die Antriebsräder (Reifengröße, wie vorn, 225/50 VR 16).

1978 erkoren 51 Fachjournalisten das eigenwillige 2+2-Coupé zum Auto des Jahres. 1979 erhöhte man die Kompression von 8,5 auf 10 : 1, und der friedfertig brotzelnde Riese unter der flachen Motorhaube verlangte nun nach weniger, aber edlerer Nahrung in Gestalt von Super anstatt des Normalbenzins, mit dem er sich bislang beschieden hatte. Mit dem Ende des Modelljahrs 1982, nach einer Auflage von 17 968 Exemplaren, wurde der 928 aus dem Porsche-Programm ausgesondert. Es blieb der 928 S, den man ihm bereits 1979 an die Seite gestellt hatte, erkennbar an vorderen und hinteren Spoilern, die den Cw-Wert auf 0,38 hinunterdrückten.

Daraus, daß die Bohrung der acht Verbrennungseinheiten von 95 auf 97 mm vergrößert worden war, resultierte ein Gesamthubraum von 4664 cm³. Dieser und die im Ansaug- und Auspufftrakt zügiger fließenden Ströme trugen zu einer Leistung von 300 PS bei, und 1983 kamen dank der LH-Jetronic von Bosch und einer neuen elektronischen Steuerung des Zündzeitpunkts weitere zehn dazu.

320 PS gab der auf 4957 cm³ vergrößerte Vierventiler des 928 S4 von 1986 ab, zusätzliche 20 PS und kurz darauf noch einmal zehn mehr das 5397-cm³-Triebwerk des GTS von 1992. Umgekehrt proportional zu dieser Explosion der Stärke entwickelte sich die Popularität des Modells. Mit Bau und Auslieferung des letzten von insgesamt 61 056 Porsche 928 endete auch ein Experiment, das nicht so recht geklappt hatte.

BMW M1, Bj. 1981. Sechszylinder-Reihenmotor. 3453 cm^3. 277 PS.
264,7 km/h. 6,0 s 0 - 100 km/h. Leihgeber: Wolfgang Trilsbach

Wes Geistes Kind er war, wies die kühl-unprätentiöse Typenbezeichnung aus. Im M repräsentierte sich die Motorsport GmbH von BMW, das 1 stand gewissermaßen für Opus 1, automatisch eine Erwartungshaltung auf weitere erzeugend. Als Motor hinter dem Projekt wirkte Jochen Neerpasch, Chef der Renn-Dependance des Münchener Konzerns, unter dessen diszipliniert-wortkarger Fassade sich die Fähigkeit verbarg, ebenso spektakuläre wie kostspielige PR-Aktionen fingerfertig einzufädeln wie kein Zweiter.

Mit der Durchführung betraut war Martin Braungart. Schon im Sommer 1976 war die Losung ausgegeben worden, man wolle – umgekehrt wie sonst – ein reines Rennauto in einer kleinen Serie vervielfältigen und zähmen. Eine Population von 400 mußte nachgewiesen werden, damit der M1 als tauglich für die Gruppe 4 (Grand-Tourisme-Wagen) befunden werde. Auf 456 brachte er es tatsächlich, indes mit Hindernissen.

Ferruccio Lamborghini sollte ihn bauen, in seinem hochmodernen kleinen Werk zu Sant'Agata Bolognese. Da drohte diesem der finanzielle Infarkt, wieder einmal, und Mitte März 1978 meldete BMW-Pressesprecher Dirk-Henning Strassl, man habe sich getrennt, in bestem Einvernehmen. So übernahm das Karosseriewerk Baur in Stuttgart die Aufgabe, Heterogenes mit schwäbischer Handwerkersorgfalt zu verquicken: von Ital Design aus Reggio Emilia die Kunststoff-

Karosserieschale, die Giorgetto Giugiaro im Windkanal ziseliert hatte, das Chassis von Marchesi aus Modena, ein Rohrrahmengeflecht, das Lamborghini entworfen hatte, die deutschen Komponenten.

Wie so oft, war das Ganze mehr als die Summe der Teile, ein hüfthohes Sportgerät, dem alsbald auch das Zeugnis der Straßen-Reife erteilt wurde, in Look und Leistung den besten seiner italienischen Konkurrenten ebenbürtig, Star des Pariser Autosalons Anfang Oktober 1978.

Das knapp sitzende Fiberglastrikot verhüllte Technologie, die gewöhnlich dazu bestimmt ist, Rennwagen in möglichst kurzer Zeit zwischen Start und Ziel zirkulieren zu lassen: ringsum an Doppelquerlenkern aufgehängte Räder, Stabilisatoren und Gasdruckstoßdämpfer von Bilstein vorn und hinten, einstellbare Radführungen, in der Höhe veränderliche Federung. Der M1 unterpfeilte den Fahrtwind mit einem C_W-Wert von 0,384, und sein 460 mm tiefer Schwerpunkt trug dazu bei, daß die bayerische Flunder bei Querbeschleunigungen bis zu einem g förmlich am Boden klebte, bevor das Heck energisch in Richtung Kurvenäußeres keilte.

Rücken an Rücken mit den Passagieren wirkten sechs in Reihe angetretene Verbrennungseinheiten mit 3453 cm^3 wie im 635CSi, die von zwei zusammen 116 Liter fassenden Tanks links und rechts vor der Hinterachse gespeist wurden. Sie produzierten 277 PS – das Resultat von Kopf-Arbeit, denn die Beatmung der Maschine erfolgte über zwei obenliegende Nockenwellen sowie 24 Ventile. Schon ab Leerlaufdrehzahl folgte sie willig den Impulsen des Gaspedals, aber deftiger Schub stellte sich erst zwischen 5000

und knapp 7000 Umdrehungen je Minute der Kurbelwelle ein, wobei sich der Treibsatz zornig und betäubend für die Insassen Luft machte.

Zu 460 PS schwangen sich M1 bei den Procar-Rennen auf, die 1979 und 1980 bei den europäischen Grand Prix als Hors d'oeuvre gereicht wurden, und 850 PS leistete eine Turbo-Variante bei der Markenweltmeisterschaft. Diese je zu gewinnen aber blieb den BMW-Boliden versagt...

Datsun 280 ZX, Bj. 1979. Sechszylinder-Reihenmotor. 2734 cm³. 140 PS. 197,8 km/h. 11,4 s 0 - 100 km/h. Leihgeber: Bruno Schiess

Durch die verschiedenen Phasen der Einführung des Datsun 280 ZX schien die kunstvolle Regie von Strategen hindurch, die Prioritäten setzen oder Pflichtübungen absolvieren, wie es der Markt befiehlt. Im August 1978 in Japan als Fairlady Z enthüllt, reihte er sich auf dem Pariser Salon zwei Monate später bescheiden, fast zufällig zwischen den anderen Modellen des Nissan-Konzerns ein. Einer kleinen, aber andächtigen Gemeinde wurden die ersten ZX in Europa im Frühjahr 1979 zugeführt, während der Absatz großen Stils in den USA bereits im November 1978 begonnen hatte.

Der Anschein trog: Bei dieser Fair Lady handelte es sich keineswegs um eine ältere Bekannte, der durch ein Facelifting neue Jugendfrische zugewachsen war. Leitete sich zum Beispiel der bisherige 280 Z 2+2 unübersehbar von dem ursprünglichen Zweisitzer her, waren die entsprechenden beiden Versionen des ZX parallel zueinander entwickelt worden. Vor allem verrieten sie die konsequente Rückkopplung zwischen dem japanischen Haus und seinen Spähern, die die amerikanische Käuferseele ausforschen sollten. Diese aber verlangte nach einem bequemen Reisewagen, in dem sich Sportlichkeit und Komfort miteinander verquickten.

So bot etwa der neue 2+2 trotz eines geringfügig zurückgenommenen Radstands (2520 mm gegenüber 2605 mm vorher) 15 Prozent mehr Sitzraum. Um die optimale Gewichtsverteilung von 50 : 50 zu bewahren, mußte die Maschine ein Stück nach hinten loziert werden. Stemmte sich Vorfahr 240 Z mit einem C_W-Wert von 0,467 noch widerspenstig gegen den Fahrtwind, so hatten die Datsun-Aerodynamiker inzwischen ihre Hausaufgaben im Windkanal nachgeholt – mit 0,385 gab sich der 280 ZX ein ganzes Stück genügsamer, wozu auch die in Lizenz gebaute Bosch L-Jetronic ihr Scherflein beitrug.

Die vergrößerte Heck-Luke eröffnete im 2+2 den Zugang zu erheblich mehr Gepäckraum, wenn man die (nun einzeln klappbaren) Lehnen der Rücksitze umlegte. Wer sich in diese eingefädelt hatte, thronte zu Häupten der Hinterachse. Im Gegensatz zum Vorgänger waren die Hinterräder an Längslenkern und Federbeinen geführt, ein Prinzip, das sich als fertigungs- und wartungsfreundlicher erwiesen hatte als die Querlenkerauslegung des Z. Einbußen an Fahrsicherheit mußte man indessen nicht in Kauf nehmen, und die Servolenkung des urbanen Asiaten wurde allgemein als mustergültig gelobt.

Dennoch lastete man ihm an, seine ausladenden Dimensionen und eine begrenzte Übersichtlichkeit prädestinierten ihn eher zu zügigem Dahinrollen als zum Erproben von Kurvengrenzwerten auf engen Landstraßen. Das behäbige Phlegma des vom Z überkommenen Reihensechszylinders von 2734 cm³ und 140 PS fügte sich in diese Charakteristik ein. Wie sein eigenes Standbild unter der vorderen Haube angesiedelt, wartete er bereits bei niedrigen Drehzahlen mit massiver Durchzugskraft auf, während ihm hohe merklich und unüberhörbar zum Greuel gerieten. Neben dem Schaltgetriebe mit fünf Fahrstufen wurde eine Dreigang-Automatik von Jatco angeboten.

Als Versprechen, das erst in den achtziger Jahren eingelöst werden sollte, fand sich auf der IAA 1979 der 280 ZX 2+2 TT. Das erste T stand für die Form des Dachs, aus dem zwei Rauchglasteile herausgelöst werden konnten, das zweite für Turbo. Die ersten ZX Turbo – 1000 pro Monat – die ab März 1981 ins Hauptexportland USA auswanderten, waren im Nu vergriffen. 382 932 Exemplare des 280 ZX wurden bis zum Ende der Baureihe 1983 gefertigt, dazu 39 921 Fairlady Z mit Zweiliter-Maschinen.

Mazda RX-7, Bj. 1992. Wankelmotor. 2 x 654 cm³. 239 PS.
250 km/h. 5,3 s 0 - 100 km/h. Leihgeber: Cay Hodapp und Michael Fritz

1976 wurde das Projekt unter dem Code X605 in Angriff genommen, ein Jahr später stand ein Prototyp, im März 1978 das fertige Produkt. Die Revolution der Kreiskolben habe begonnen, frohlockte die Presse.

Sie fand nie statt. Berge versetzte der RX-7 nur im Hause Mazda, als Glied in einer evolutionären Kette, in die er selber in ständiger Optimierung eingebunden war. 1963 hatte sich die Mazda-Forschungsabteilung RE (für Rotary Engine) unter Kenichi Yamamoto der Kreiskolbenidee des deutschen Ingenieurs Felix Wankel (1902-1988) mit Zähigkeit und Hingabe angenommen. "Renesis" nannte man das ungewöhnliche Triebwerk, das sich durch Kompaktheit und vibrationsfreie Laufruhe, aber auch durch liberale Konsumgewohnheiten auszeichnete. Der Begriff, eine hybride Bildung aus Rotary Engine RE und Genesis, hatte etwas Biblisches. Spätestens mit dem immens populären kleinen Sportcoupé – 1987 gesellte sich eine Zeitlang ein hübsches, wenn auch seltenes Cabriolet hinzu – zahlte sich soviel Wankel-Mut aus: Während seiner Produktionszeit im Vierteljahrhundert bis 2002 wurden fast 1,1 Millionen RX-7 auf die Straßen dieser Welt entlassen. Und die mit grellem Geschmetter herausgefahrenen Siege beim 24-Stunden-Rennen für Tourenwagen 1981 in Spa und in Le Mans 1991 mit Johnny Herbert, Bertrand Gachot und Volker Weidler am Volant des Prototyps 787B sprachen ihre eigene beredte Sprache.

Hinter der Vorderachse des RX7 der ersten Generation eingelassen war in Front-Mittelmotorbauweise ein Zweischeiben-Triebwerk mit einem Kammervolumen von 573 cm³, was einem Hubraumäquivalent von 2292 cm³ entsprach. Das Styling des Fastback-Coupés mit seinen Klappscheinwerfern und einem voluminösen Heckfenster, das sich zum Beladen des Kofferraums öffnen ließ, gab sich eher unaufdringlich bis blaß. Im Bunde mit einer ausgewogenen Gewichtsverteilung sorgte die sanft altertümelnde Aufhängung des Mazda für eine glänzende Straßenlage: Federbeine mit unteren einfachen Querlenkern und Zugstreben vorn, hinten Starrachse mit Doppellängslenkern und seitlichem Wattgestänge.

Ab September 1985 fanden sich an deren Stelle eine Einzelradaufhängung an Schräglenkern und diagonalen Zusatzlenkern sowie Scheiben-, wo bisher Trommelbremsen ihren Dienst versehen hatten. Die Form des RX-7, nicht unähnlich dem Porsche 944, war gefällig geglättet, das Volumen pro Kammer auf 654 cm³ (entsprechend zusammen 2616 cm³) angehoben worden. Mit 150 PS betrug nun die Leistung 20 PS mehr als im Vorgänger. Zu 185 PS schwang sich eine turbogeladene Variante auf, erkennbar an einem Einlaß auf der Fronthaube, durch welchen dem Intercooler darunter kühlende Luft zugeführt wurde. In einer fünften Serie ab 1989 wurde die Potenz des Japaners um zehn Prozent gesteigert.

Im Oktober 1991 folgte in bizarrer Rundlichkeit die dritte Welle mit einem sequentiellen Zwillings-Turbolader als herausragendem Merkmal, 255 PS stark, zu 250 km/h sowie einem Sprint von 5,1 Sekunden auf Tempo 100 fähig und auch sonst wieselflink. Die Leistungen des Mazda seien ehrfurchtgebietend, schrieb im Februar 1993 die amerikanische Publikation Motor Trend, die den RX-7 zum Importwagen des Jahres erkoren hatte. Kein anderer Sportwagen seiner Preisklasse bereite dem enthusiastischen Fahrer mehr Spaß.

In Deutschland wurde 1996 gleichwohl ein Einreiseverbot gegen ihn verhängt wegen Verstoßes gegen die Emissionsnormen. Überdies hatte er seine Eigner und potentielle Kunden durch schiere Trunksucht verschreckt: 14 Liter je 100 km bei behutsamem Umgang mit dem Gaspedal ließen sich mir nichts, dir verdoppeln. Da halfen auch ein umfassendes Facelift im gleichen Jahr und zehn Mehr-PS nichts mehr.

Audi Quattro, Bj. 1983. Fünfzylinder-Reihenmotor. 2144 cm³. 200 PS. 222,2 km/h. 7,4 s 0 - 100 km/h. Leihgeber: Herbert Eckert

Während eines Aufenthalts in Finnland im Februar 1977 erschien Audi-Ingenieur Jörg Bensinger die arithmetische Binsenweisheit, daß zwei und zwei vier macht, in einem ganz neuen Licht. Als Leiter der Abteilung Fahrversuch war er dort mit dem Firmenprodukt Iltis, einem allradgetriebenen Geländewagen, konventionellen Audi-Limousinen frischweg enteilt. Man müßte, sinnierte er, die Leistung eines potenten Sportwagens auf vier Antriebsräder verteilen, um etwa im Rallyesport völlig neue Akzente zu setzen. Binnen kurzem fand sich Bensinger mit seinen Kollegen Walter Treser, Dr. Karl Bauer und Entwicklungschef Ferdinand Piëch zu einem Vierer-Club zusammen. Und damit sich seine zündende Idee nicht in blasser Abstraktion erschöpfe, verkappte man Iltis-Technik im biederen Gewande eines Audi 80 zu einem Prototyp, Entwicklungsnummer A1.

Nachdem Toni Schmücker, erster Mann des VW-Imperiums, im Sommer 1978 mit diesem einen glitschigen Steilhang überwunden hatte, als sei das überhaupt nichts, segnete er das Projekt ab. Bis zu seiner Präsentation auf dem Genfer Automobilsalon im Frühjahr 1980 machte es indes noch einige Metamorphosen durch. Eine vorhandene selbsttragende Coupé-Karosserie wurde von Audi-Designer Hartmut Warkuß mit Kotflügelverbreiterungen aus Kunststoff und Spoilern befrachtet. Aus dem Motor

des Modell 200, einem Fünfzylinder mit Abgasturbolader und 2144 cm³, hatte man vermittels eines Ladeluftkühlers, eines überarbeiteten Ansaugtrakts sowie einer größer bemessenen Auspuffanlage aus Edelstahl 200 solide Pferdestärken sublimiert, die er allerdings erst bei relativ hohen Drehzahlen bereitstellte.

Die eigentlichen Qualitäten des Autos waren gleichsam im Souterrain verborgen, wo unter dem Wagenboden, kompakt zusammengefaßt, nicht weniger als drei Differentiale rotierten, eines an der Hinter-, ein anderes an der Vorderachse sowie ein weiteres, das in der Mitte zwischen beiden ausglich. Sperrte man dieses durch einen in der Mittelkonsole angesiedelten Zugknopf, verteilte sich die Bremskraft gleichmäßiger auf Vorder- und Hinterräder. Grundsätzlich fast neutral ausgelegt, übersteuerte das Coupé dann sanft, während es spürbar über die Vorderräder schob, sowie man eine zweite Sperre, die der Hinterachse, in Betrieb nahm. Dies zu tun empfahl sich zum Beispiel, wenn Geradeauskurs in schwierigem Gelände bezweckt wurde.

Alle Räder des Audi waren einzeln an Querlenkern mit Federbeinen aufgehängt. Den Namen Quattro hatte der zukünftige Einsatzleiter Sport Walter Treser, selbst als Freizeit-Philologe noch seiner Pflichten eingedenk, am häuslichen Herd ausgeheckt. Erst Ende des Jahres 1980 lief der Verkauf des Quattro an. Das Debüt der Sportversion verlief spektakulär: Nach sechs Sonderprüfungen der Rallye Monte Carlo 1981 führe der Finne Hannu Mikkola mit sechs Minuten Vorsprung, bevor er sein Gerät an einer Brückenmauer krummschlug.

1982 und 1983 wurde Bensingers Aha-Erlebnis mit der Rallye-Markenweltmeisterschaft honoriert. Ab und an frischte man den Quattro auf, aber stets in homöopathischen Dosen wie etwa 1982 mit LED-Instrumenten und zwei Jahre später mit breiteren Reifen, härteren Federn und ABS. Als er 1990 abtrat, hatte er sich mit 11 429 Exemplaren um die Bilanz des Hauses verdient gemacht – sportlich wie wirtschaftlich.

Ferrari Mondial 8, Bj. 1981. V8 Rocchi. 2927 cm³. 214 PS.
221 km/h. 8,3 s 0 - 100 km/h. Leihgeber: Georg Steffen

Beim Mondial 8, der auf dem Genfer Autosalon im Frühjahr 1980 debütierte, handelte es sich gewissermaßen um einen in Pininfarinas Formensprache übersetzten 308 GT4. Dabei war Enzo Ferraris Haus-Schneider, wie vorher

dem Gelegenheitslieferanten Bertone, der Sachzwang in die Feder diktiert worden, den Aufbau für einen 2+2 um einen Mittelmotor herum zu entwerfen. Diesem Dilemma rückte Pininfarina dadurch zu Leibe, daß er einfach mehr Auto auf den traditionellen Gitterrohrrahmen setzte und den Radstand um 100 mm auf 2650 mm verlängerte.

Zugleich sorgte er für mehr Humanität am Arbeitsplatz, indem er den Mondial mit allem erdenklichen Komfort versah. Wen die Lebensäußerungen des unmittelbar hinter ihm quer zur Fahrtrichtung trompetenden Leichtmetalltriebwerks auf die Dauer nicht zermürbten, der konnte auch in der zweiten Sitzreihe über größere Entfernungen recht bequem reisen. Duftendes Connolly-Leder umgab die Besatzung. Das Lederlenkrad war nach Höhe und Entfernung vom Piloten verstellbar, und Klimaanlage und Zentralverriegelung zählten zur Grundausstattung ebenso wie Außenspiegel, Antenne und Seitenscheiben, die elektrisch bedient wurden. Elektronische Spione überwachten Flüssigkeitspegel, Lampen oder Störfaktoren wie nicht ganz ins Schloß gefallene Türen.

Inmitten dieser fortschrittlichen Umwelt wirkte wie ein Anachronismus die verchromte Kulisse, die einem massiven Knüppelchen seinen Weg durch die fünf Fahrstufen vorschrieb. In einer zweiten Auflage wurde der Mondial ab Juli 1982 als Quattrovalvole ausgeliefert. Der Stoffwechsel des von Ferrari-Ingenieur Franco Rocchi konzipierten Triebwerks vollzog sich nunmehr über die Schar von 32 winzigen Ventilen, und während vorher 16 entsprechend größere (Querschnitt 42/36,8 statt 29/26 mm) den V8 zu lediglich 214 PS animiert hatten, standen jetzt 240 PS zur Verfügung.

Zur Attacke auf den rachitischen Kleinwagen in Front eigneten sich Rocchis Rosse mehr im Bereich über 5500 Umdrehungen pro Minute der fünffach gelagerten Kurbelwelle. Daß der versierte Pilot den Mondial jederzeit im Griff behielt, dafür standen die vier an Querlenkern, Schraubenfedern, Teleskopstoßdämpfern und Stabilisatoren einzeln aufgehängten Räder gerade. Im Grenzbereich schwenkte das Heck progressiv aus, spät, denn die auf Leichtmetallfelgen 180 TR des gleichen Fabrikats gezogenen Michelin-Pneus TRX 240/55 VR 390 krallten sich förmlich in den Makadam.

1985 vollzog der Mondial die Evolution der Baureihe 308/328 erneut mit, in der Metamorphose 3.2 mit 3185 cm³ und 270 PS, und wurde zugleich um 45 mm kürzer, um 25 niedriger und um fünf breiter. Seine Eröffnung zum Cabriolet auf der Brüsseler Schau im Januar jenes Jahres stand ihm und auch seinen sonnenhungrigen Insassen relativ gut zu Gesicht.

Von substantiellen chirurgischen Eingriffen konnten sich die Besucher des Genfer Salons 1989 überzeugen: Der V8

der Endstufe Mondial t (für trasversale) entließ nunmehr 300 PS aus 3405 cm³ Hubraum, und er war längs installiert, quer hingegen das Getriebe – wie einst an den glorreichen Formel-1-Wagen der Dynastie 312 T in den Siebzigern.

Dennoch führte der Mondial in der großen Ferrari-Familie nur ein blasses Mauerblümchendasein und gehörte 1993 in einer Verbreitung von lediglich 6156 Exemplaren der Geschichte an.

TVR Tasmin 280i Convertible, Bj. 1984. V6 Ford. 2792 cm^3. 160 PS. 202 km/h. 8,7 s 0 - 100 km/h. Leihgeber: Martin Shaw

Drei Herren und eine Dame waren an der Entstehung des Tasmin beteiligt, des TVR für die achtziger Jahre. Doch während das Mädchen Tamsin, eine Freundin des Firmenchefs Martin Lilley, im wesentlichen seinen leicht entstellten Namen und einen Hauch von anonymem Charme beisteuerte, waren die Zutaten der Männer handfester. Lilley selbst, der 1982 die Geschäfte an Peter Wheeler abgab, leitete das ehrgeizige Projekt, Oliver Winterbottom zeichnete die Linie, Ian Jones, ehemaliger Lotus-Kostgänger wie jener, war für das Fahrwerk verantwortlich.

Im Kern unangetastet blieb das konstruktive Credo, zu Kunststoff als Material für den Aufbau, zum Gitterrohrrahmen, zur Einzelradaufhängung, zu Motoren und Übertragungen aus den Regalen von Ford. Diese Vorgaben ließen indes Spielraum genug für zeitgemäße und zukunftsträchtige Innovation. Ein gründlich durchretuschiertes Röhrenfachwerk wurde umhüllt von Winterbottoms strenger Auslegung der modisch-zweckmäßigen Keilform. Dreiecklenker mit Schraubenfedern führten die Räder vorn, Längs- und Querlenker mit Schraubenfedern hinten. Als Kraftquelle diente das deutsche 2792-cm^3-Triebwerk aus dem Ford Capri, ein V6 mit mechanischer Kraftstoffeinspritzung. In dieser Konfiguration erschien der Tasmin nach drei Jahren Vorlauf auf der Brüsseler Autoausstellung im Januar 1980, ein zweisitziges Fastback-Coupé für den wohlhabenden Eigenbrötler, der abseits der breitgetrampelten Auto-Pfade nach eigenen Wegen sucht.

Der zweite Streich ließ nicht lange auf sich warten. Auf der British Motor Show im Oktober 1980 bot Lilley als Alternative zum serienmäßigen Vierganggetriebe eine Ford-Automatik, vor allem aber ein Convertible und eine +2-Variante des Tasmin an. Um diese mit zwei rudimentären Sitzgelegenheiten im Fond ausstatten zu können, hatte man das letzte Quentchen verfügbaren Raums hinter den vorderen Fauteuils herausgequetscht, ein Unternehmen, dem sich der Radstand von 2385 mm als dienlich erwies. Kürzer war die Bugpartie des +2, länger sein Heck, anders die Linienführung von Dach und Radausschnitten, und neu waren die Schürzen, die sich zwischen letzteren abspreizten. Diese Silhouette wurde in einer zweiten Serie vom April 1981 an zur Basis beider geschlossener Versionen gemacht.

Im Oktober dieses Jahres folgte ein Spar-Tasmin, der 200, mit einem Ford-Vierzylinder von 1993 cm^3 und 101 PS, während am anderen Ende des Spektrums der 350i angesiedelt war, in dessen Maschinen-Appartement Mitte 1983 der Leichtmetall-V8 des Rover Vitesse eingezogen war, der 193 PS aus 3532 cm^3 aktivierte – auf sanfte Art.

So erübrigte sich auch der Turbo-Tasmin, vorgestellt bei der Birmingham Motor Show im Herbst 1982. Im Folgenden machte sich Wheeler die zahlreichen Ausbaustufen des Rover V8 zunutze und seine Produkte immer flotter, den 390 SE ebenfalls von 1983 mit 275 PS, den 420 E anno 1986 mit 300 PS und Elementen aus Kevlar und Kohlefaser, den 400 SE von 1988 mit vergleichsweise moderaten 286 PS sowie dem 450 SE im folgenden Jahr mit 319 PS. Bereits 1987 hatte der Ford-motorisierte TVR 280i das Zeitliche gesegnet. Als der letzte 400 SE im Oktober 1991 seinen Weg zu einem Kunden antrat, hatte es die Baureihe immerhin auf 2618 Exemplare gebracht.

DeLorean DMC-12, Bj. 1981. Vierzylinder-Reihenmotor. 2849 cm^3. 130 PS. 175,4 km/h. 10,9 s 0 - 100 km/h. Leihgeber: Christian Schatz

Diese Geschichte hat einfach alles, prall, wie nur das Leben sie schreibt bis weit in den Einzugsbereich des Unwahrscheinlichen, eine schillernde Hauptfigur, ein aufsehenerregendes Produkt, Sex, Drogen und Crime. Die Hauptfigur: John Zachary de Lorean, 1926 als Sohn von Eltern libanesischen Ursprungs in Detroit geboren. Groß, schlank, athletisch und teurer Kleidung und schönen Frauen von Herzen zugetan, stürmte er die Karriereleiter bei General Motors empor wie ein Extrembergsteiger die Übungswand, bis hin zum Vizepräsidenten, die rast- und ruhelose Triebfeder etwa hinter den drei Millionen 1971 verkauften Chevrolets. Dann aber begann es in seiner Persönlichkeitsstruktur zu knistern. Er ließ sich die Haare lang wachsen, kleidete sich nach Hippie-Art, flüchtete aus der Geborgenheit der GM-Hierarchie, als man ihn bereits als künftigen Boß handelte, und verkündete überall, er wolle die Welt mit dem ultimativen Sportwagen beglücken.

Womit das Produkt ins Blickfeld rückt: 1976 wendete sich de Lorean an Ital Design, skizzierte zunächst seine Vorstellungen von einem zweisitzigen Coupé mit zentral angeordnetem Triebwerk, wurde dann jedoch anderen Sinnes. Das Auto müsse noch eine weitere Unterkunft im Fond bieten, womit die Maschine in den hinteren Überhang ausgesiedelt wurde. Das war der Aluminium-PRV-V6 mit 2,8 Litern Hubraum und zwei obenliegenden Nockenwellen, ein Joint Venture von Peugeot, Renault und Volvo. Wegen einer geeigneten Produktionsstätte flog er 1977 nach Nordirland und wurde gewissermaßen auf der grünen Wiese in Dunmurry bei Belfast fündig, nicht ohne sich die tatkräftige Unterstützung der englischen Regierung gesichert zu haben. Trotz wechselnder Konstellationen pumpte diese als Arbeitsbeschaffungsmaßnahme zwischen 1978 und 1982 satte 85 Millionen Pfund in ein Unternehmen, dem das Scheitern bereits in die Wiege gelegt worden war.

Die ersten DeLorean DMC-12 wurden 1981 ausgeliefert. Als kräftiges Rückgrat diente ihnen ein stählerner Zentralträgerrahmen Design Lotus mit Epoxidbeschichtung, auf dem eine Fiberglasstruktur ruhte. Die Räder waren einzeln aufgehängt, vorn an oberen Dreieckquerlenkern sowie unteren einzelnen Querlenkern und Zugstreben und hinten an doppelten Querlenkern, ringsum mit Schraubenfedern und Teleskopdämpfern. Giorgio Giugiaros Kostüm wußte durchaus zu gefallen, vor allem die Entscheidung für nach dem Öffnen weit aufklaffende Flügeltüren. Aber umgehend stellten sich auch negative bis hämische Kommentare ein. Man bekrittelte die schwankende Fertigungsgüte und mangelnde Qualitätskontrolle in Dunmurry, zeigte sich geschockt vom tückischen Handling des DMC-12 wegen des weit an die Peripherie ausgelagerten Motors und nörgelte, weil die Karosseriepaneelen aus rostfreiem Edelstahl rasch unansehnlich wurden.

Für den Jahrgang 1982 wurden einige dieser Störquellen abgestellt. Aber die Verkäufe verliefen schleppend und keineswegs in den von de Lorean erhofften Dimensionen. Zugleich leerten sich die Kassen der Firma rapide. 8583 Fahrzeuge waren gebaut, als im Oktober 1982 der Konkursverwalter die Dinge in die Hand nahm.

Das Kapitel Sex würde den Rahmen dieses Buchs sprengen, deshalb nur noch ein paar Bemerkungen zu Drogen und Verstößen gegen geltendes Recht: Eine Woche vor dem Aus für die DeLorean Motor Company war ihr dynamischer Gründer in einem Motelzimmer in Los Angeles aufgegriffen worden, Anklagepunkt: er sei verstrickt in einen Kokaindeal mit einem Volumen von 24 Millionen Dollar. Erst im August 1984 wurde er freigesprochen mangels stichhaltiger Beweise, ein Muster, das sich später wiederholte.

Aber der Makel blieb haften.

Maserati Biturbo Spider, Bj. 1990. V6. 1996 cm³. 220 PS.
230 km/h. 6,2 s. 0 - 100 km/h. Leihgeber: Bi-Turbo Club, Deutschland

Neben zahlreichen weiteren bemerkenswerten Fähigkeiten verfügte Maserati-Boß Alejandro (nach seiner Umsiedlung aus seinem Geburtsland Argentinien in den Fünfzigern nach Italien Alessandro) de Tomaso über die

Gabe, völlig unvereinbar Scheinendes eloquent und tatkräftig miteinander in Einklang zu bringen.

Solch eine Idee war der Maserati fürs Volk, Dreizack für alle gewissermaßen. Auf dem Genfer Salon 1982 kündete der Biturbo von der Umsetzung dieser Vision in die bare Münze des Alltags. Das Konzept schien aufzugehen: In den ersten fünf Tagen nach seiner Vorstellung liefen in der Modeneser Viale Ciro Menotti 322 – Fertigungsstätte waren gleichwohl die Innocenti-Werke in Mailand – schon 236 Bestellungen ein. Wie die angesehene italienische Zeitschrift AutoCapital staunend berichtete, wurden die Händler regelrecht bestürmt, und über Nacht machten plötzlich Tausende von Landsleuten 20 Millionen Lire locker, um sie für das jüngste Juwel De Tomasos (1928-2003) auszugeben.

Dieser Begriff war ganz im Sinne des rührigen Unternehmers. Seine Autos, pflegte er an der Bar seines noblen Hotels Canalgrande in Modena bei einem Glas des von ihm bevorzugten Sangiovese zu philosophieren, sollten Kunstwerke von mediterraner Anmutung sein. Das sei nicht unbedingt synonym mit nordisch-panzerhafter Solidität à la Porsche oder BMW.

In der Tat: Vor allem in den ersten Jahren wurde der Massen-Maserati von einer beängstigenden Fülle von Problemen heimgesucht. So hielt die allgemein geschätzte amerikanische Fachpublikation Road & Track in ihrer Ausgabe vom August 1990 fest, bei falscher Einstellung des Weber-Doppelvergasers habe der Motor in Linkskurven gestottert, Drähte im Verteiler hätten vor der Hitze kapituliert, Wasser sei durch Zylinderlaufbüchsen gedrungen, Flüssigkeit durch defekte Dichtungen des Antriebsstrangs gesickert, so manche Sicherungsdose geschmolzen und Warnlampe aufgeflammt, ohne daß das Triebwerk überhitzt habe.

Aber, schloß das Blatt versöhnlich, alle Experten seien sich darüber einig, daß die Biturbo-Maschine, Kolben, Block und so weiter, buchstäblich unzerstörbar sei.

Entwickelt hatte diese aus dem Zweiliter-Motor des Merak für den italienischen Markt die Maserati-Legende Ingegnere Giulio Alfieri, einen Leichtmetall-V6 im Gabelwinkel von 90° mit je einer obenliegenden Nockenwelle. Zwei Turbolader – einer für jede Zylinderbank – beflügelten die Verbrennung und die Leistung, 182 PS aus 1996 cm³. Um die dennoch verbleibende Schwäche dieser Lösung zu minimieren und für viel Drehmoment bereits bei niedrigen Drehzahlen zu sorgen, sah Alfieri auf der Einlaßseite zwei verschieden große Ventile vor, das kleinere für niedrige Drehzahlen, das andere für hochtouriges Fahren.

Man bekam sie nur ansatzweise in den Griff: Noch immer, befand Road & Track, sei ein deutlicher Lag spürbar. Bei 4000/min finde ein explosionsartiger Schub statt – wehe, wenn dieser den Piloten im Grenzbereich erwische, da dann der Biturbo ohnehin zu jähem Übersteuern neige. Gleichwohl hatte er auf der Fahrwerkseite viel zu bieten, mit McPherson-Federbeinen, unteren Querlenkern mit Zugstreben und Stabilisator vorn und Einzelradaufhängung an Schräglenkern hinten sowie Scheibenbremsen ringsum. Die Leistung des im unteren Bereich und bei Vollgas streckenweise rauhbauzigen Sechszylinders wurde mittels eines ZF-Fünfganggetriebes an die Hinterachse weitergegeben.

Eine Automatik des gleichen Herstellers verzögerte die Beschleunigung auf 50 km/h leicht, sparte bis auf 130 km/h jedoch eine Sekunde ein. Bei dieser Geschwindigkeit, erst recht aber in der verbotenen Zone darüber, frohlockte Car and Driver im Mai 1986, fühle man sich als König des Freeway.

Auffällig wurde der Biturbo durch

Maserati Shamal Coupé, Bj. 1992. V8. 3217 cm³. 326 PS.
270 km/h. 5,3 s 0 - 100 km/h. Leihgeber: S. Schedlbauer

seine Unauffälligkeit – Understatement auf italienisch. Im eigenen Hause entworfen, niedriger, breiter und kürzer als ein BMW-Dreier, war er eher Berlinetta als Coupé und hätte ohne weiteres als irgendein flotterer Fiat durchgehen können, hätte ihn nicht das berühmte Markenemblem auf seinem Kühlergrill gleichsam zum Leuchten gebracht.

Drinnen hingegen herrschte die Wohnlichkeit eines gepflegten Boudoirs, komponiert mit erlesenem Geschmack. Über-

all, lobte Car and Driver, habe man die Spuren von Handarbeit vorgefunden, mit manuell vernähten Polstern, Furnieren aus edlen Hölzern und einem Dachhimmel aus Velours, mit Samt und Leder in Hülle und Fülle. Obwohl man die hingebungsvolle Sorgfalt vermißt habe, die etwa auf einen Rolls-Royce verwendet werde, sei der Gesamteindruck doch einer von geradezu königlicher Opulenz gewesen.

Dazu trug vor allem das hinreißende mit Gold dublierte Schweizer Designerührchen bei, das de Tomaso dem Biturbo spendiert hatte, ein Sammlerstück selbst in zwielichtigen Kreisen: So mancher Spitzbube verschaffte sich gewaltsam Zugang zu dem Maserati, nur um den begehrten Zeitmesser aus der Armaturentafel zu stemmen.

Das besondere Konzept hinter dem kleinen Modeneser verfehlte seine Wirkung auch auf die Dauer nicht. In seinen besten Jahren 1983 bis 1985 wurden zwischen 5398 und 6356 Einheiten gefertigt, und nicht zuletzt stellten sich zahlreiche prominente Kunden ein. So gehörte etwa Schauspieler und Universaltalent Peter Ustinov zu den bekennenden Fans des Biturbo, dessen Handlichkeit er auf den Straßen seiner Wahlheimat Schweiz zu schätzen wußte.

Bald begann sich die Baureihe zu einer vielgliedrigen und weitverzweigten Familie von verwirrender Namengebung aufzufächern, aus der sich die Kürzel i (für Einspritzung), S (für Intercooler) und E (für Katalysator) sowie die Zahl der Türen am Beginn einer Zifferngruppe als Konstanten herausschälten, während die beiden letzten Werte darin im allgemeinen, aber nicht immer, Auskunft erteilten über das Volumen der Maschine. Auch Radstände und Karosserieformen änderten sich mit den wechselnden Anforderungen.

Die Ära der viertürigen Biturbo läutete der 420 von 1982 ein, ein Jahr später als 425 schon mit einem 2491-cm³-Triebwerk von 200 PS ausgestattet. Auf dem Turiner Salon 1984 folgte der Publikumsliebling Spider, auf der Basis des bestehenden schlichten Designs mit sicheren Strichen von Zagato gezeichnet. Sein Verdeck, nach alter Väter Sitte per Hand zu betätigen, sah geschlossen gut aus. Aber noch besser stand dem Spider zu Gesicht, wenn es hinter seinen seinen Sitzen verschwunden war. Selbst der Schweizer Schriftsteller Friedrich Dürrenmatt mochte sich mit dem schönen Italiener anfreunden – mit ihrem roten Exemplar stürmte seine zweite Gattin Charlotte Kerr mit dem alten Herren gerne die Gipfel seiner Lieblingspässe.

In den folgenden Jahren vollzog der Spider in gleichem Schritt und Tritt die kontinuierliche Evolution seiner hochgeschlossenen Biturbo-Brüder mit, etwa 1987 die Hubraumerweiterung auf 2790 cm³ mit zunächst drei und später vier Ventilen pro Zylinder und 250 PS – mit steigender Tendenz. Ein weiterer Markstein in der Modellvita: das artverwandte Coupé Shamal (Debüt am 14. Dezember

1989) mit einem turbogestärkten V8 von 3217 cm³, mit vier obenliegenden Nockenwellen und 32 Ventilen 326 PS stark, und einem gemeinsam mit Koni entwickelten elektronisch kontrollierten Dämpfersystem. Ein anderer: der Ghibli, der ab Turin 1992 einen großen Namen auftrug, leicht retuschiert entweder zweitürig oder als Quattroporte, mit 1996 cm³ und 306 PS bei 6250/min oder 2790 cm³ und 284 PS bei 5500/min. Ihm wurde 1996 auch der V8 des Shamal zugänglich gemacht.

Porsche 944 Turbo Cabriolet, Bj. 1991. Vierzylinder-Reihenmotor. 2500 cm³.
250 PS. 260 km/h. 5,7 s 0 - 100 km/h. Leihgeber: Heide Kleek

Er hieß Porsche, war flink, sicher, handlich, langlebig und wertbeständig. Man konnte sogar, wie der berühmte Frankfurter Grand-Prix-Fotograf Rainer W. Schlegelmilch, eine 30 Kilogramm schwere Ausrüstung zuzüglich einer klei-

nen Leiter problemlos in ihm mitnehmen.

Und dennoch ging ihm das Charisma ab. Das lag daran, daß er nicht kompatibel war mit der Idee von einem Auto aus Zuffenhausen, die in 40 Jahren gewachsen war, an der Transaxle-Architektur mit wassergekühltem Frontmotor und Heckantrieb, an der unmagischen Zahl vier seiner Verbrennungseinheiten. Mit diesem Imageproblem hatte schon und erst recht sein Vorgänger im Geiste Typ 924 zu kämpfen, dem es selbst als Turbo und mit 225 km/h schwerfiel, die linke Fahrbahn auf der Autobahn zu behaupten. Von diesem und der Rennsport-Variante 924 Carrera GT, von deren Karosserieform entscheidende Impulse für die Bekleidung ausgingen, war das Fahrwerk des 944 entlehnt, vorn mit Federbeinen und Querlenkern, hinten mit Schräglenkern und querliegenden Drehstäben sowie Stabilisatoren an beiden Enden. Ansonsten wurde die Bodengruppe weitgehend vom Basis-924 übernommen.

Für das Leichtmetall-Triebwerk von 2479 cm³ und anfänglich 150 PS hatten die Porsche-Männer in Weissach im Prinzip einen Schenkel aus dem V8 des 928 heraustranchiert und mit liebevoller Zuwendung bedacht. Zwei Massen-Ausgleichswellen sorgten für feinste Manieren – in ihrer summenden Laufruhe kam diese Modell-Maschine fast einem Reihensechszylinder gleich. In der Tat hatte es bei den Machern eine am Ende unterlegene Sechszylinder-Fraktion gegeben, und man hatte studienhalber sogar den "Geißbock" gebaut, einen 944 mit liegendem Vierzylinder im Heck. Noch etwas anderes sprach für die gewählte Lösung: Große Brennräume mit über 500 cm³ eignen sich vortrefflich zur Entgiftung der Abgase. Gebaut wurde sie in Zuffenhausen und dann nach Neckarsulm spediert, wo man den 944 bei Audi montierte. Im Juni 1981 wurde er eingeführt.

Eine erste behutsame Modellpflege umspannte 1984 ein Hubdach, das elektrisch zu bewegen war wie auch Heckdeckel und Seitenfenster. Ein Jahr später folgte der 220 PS starke 944 Turbo mit Abgaslader und Ladeluftkühler, erkennbar unter anderem an dem neuartigen Spoiler auf dem hinteren Scheibenrahmen. Über einen Vierventilkopf mit zwei obenliegenden Nockenwellen vollzog sich der Stoffwechsel im 944 S vom Juli 1986, mit 190 PS zu 228 km/h fähig. Im Rahmen des Porsche Turbo Cups war man 1988 in einer eigenen Rennserie unterwegs, mit einer stärkeren Version, deren Motor mit 250 PS im gleichen Jahr einer Sonderserie von 1635 Einheiten und 1989 auch dem Normal-Turbo zugänglich gemacht wurde. Um die gleiche Zeit wurden Hubraum und Leistung des 944 auf 2681 cm³ und 165 PS aufgestockt. Zugleich verzögerte sich der Serienanlauf der Evolutionsstufe 944 S2 mit mächtigen 2990 cm³ und 211 PS auf die letzten Monate des Jahres, wovon auch die frisch eröffnete und schmucke Cabriolet-Version betroffen war.

Mit dem Jahrgang 1990 entfiel im Zuge einer Bereinigung der Typenpolitik der Einstiegs-944, während die Produktion des S2 in beiden Spielarten richtig in Schwung geriet. Doch das Ende war bereits abzusehen. Der Vertrag mit Audi erlosch 1991, und die letzten 429 von alles in allem 163 302 Porsche 944 wurden schon in Zuffenhausen fertiggestellt. Zeitgleich entstand eine finale Auflage von 528 Cabriolets bei der ASC (für Ame-

rican Sunroof Corporation) in Heilbronn, alle mit dem Turbo-Triebwerk, elektrischem Dachzubringer und einer Klimaanlage ausgestattet.

Das letzte Stündlein der Frontmotor-Porsche hatte gleichwohl noch nicht geschlagen. Der kleine König 944 war tot. Es lebte der 968.

Panther Kallista, Bj. 1994. Vierzylinder-Reihenmotor. 1998 cm³. 120 PS. 163 km/h. Leihgeber: Helmut Steingass

Bob Jankel, eigenwilliger Boß der 1971 gegründeten kleinen Manufaktur Panther West Winds Ltd. zu Byfleet in der englischen Grafschaft Surrey, hatte den automobilen Kosmos bereits um einige Kuriositäten angereichert, im Grunde genommen Aufarbeitungen unbewältigter Jugendträume und kommerziell äußerst unergiebig.

Immer stand irgendwer Pate: In ersten Fingerübungen ahmte Jankel einen lange

schon verblichenen Rolls- Royce nach. Sein J12 V12 von 1972 war eine fast unverhohlene Raubkopie des Jaguar SS 100. Im spielerisch verfremdeten Gewande des Ur-Ferrari 125 S von 1947 und mit Originaltechnik aus Maranello darunter rollte der Panther FF von 1974, und den über fünf Meter langen De Ville vom gleichen Jahr hatte der Bugatti Royale inspiriert. Dem absurden Formel-1-Sechsrad Tyrrell P34 war 1977 das Monster Super Six mit seinen vier gelenkten Vorderrädern und einem 600 PS starken Cadillac-Biturbo-V8 von 8194 cm³ Hubraum nachempfunden, Preis und Verbrauch nach oben offen.

Soviel ungezügelte Kreativität erschöpfte schließlich die kargen Ressourcen des Unternehmens. 1979 meldete man Konkurs an. Aber schon nahte wundersame Hilfe aus dem Fernen Osten in Gestalt der südkoreanischen Firmengruppe Jindo Industries. Deren Boß Young Chull Kim erhoffte sich angesichts niedriger Produktionskosten im eigenen Land satten Profit durch unkonventionell geformte Sportwagen vom Schlage des Retro-Mobils Panther Lima, das zwischen 1976 und 1981 immerhin 897 bekennend nonkonformistische Käufer gefunden hatte. Und so erschien im Oktober 1982 der Panther Kallista, der sich stark an diesen anlehnte, allerdings in Leichtmetall eingekleidet, wo der Aufbau des Lima mit seinen weitschweifigen Zitaten aus den dreißiger Jahren aus Fiberglas bestand, und mit Ford-Komponenten, wogegen der Vorgänger seine ebenso robuste Mechanik von Vauxhall bezogen hatte.

Die Ford-Connection deckte mit doppelten Querlenkern und Schraubenfedern vorn sowie einer Starrachse mit jeweils zwei Längslenkern, Schraubenfedern und einem Panhardstab am anderen Ende die Aufhängung ebenso ab wie den Antriebsstrang. Entsprechend fiel die Artenvielfalt aus, in welcher der Kallista bis 1992 in 1741 Exemplaren unter die Leute gebracht wurde, mit Vierzylindern von 1,6 und dann 2,3 Litern, V6-Motoren von 2,8 und später 2,9 Litern Volumen, Getrieben mit vier oder fünf Fahrstufen und wahlweise einer Automatik für die Sechszylinder.

Bevor dies geschah, hatten die altertümelnden Roadster schon eine moderne Odyssee hinter sich. Aluminium-Monocoque und Aufbau wurden in Korea montiert, nach England verfrachtet und dort mit den einheimischen Komponenten vereint, bevor er wieder in aller Herren Länder ausgeführt wurde. Seine Rezeption fiel dem Doppel-Naturell des Kallista entsprechend gemischt aus. Neben dem verschworenen Stamm der Freaks, die nichts auf das gute Stück aus Byfleet kommen ließen, war da ja noch die moralisch zu objektiver Berichterstattung verpflichtete Zunft der Journalisten. Sie vermerkte viel Positives, hatte aber auch manches zu mäkeln. Roger Bell zum Beispiel zeigte sich in der Fachzeitschrift Motor vom 31. Mai 1986 angetan vom Handling, nicht aber vom Aussehen des Exoten aus dem eigenen

Lande. Man könne mit ihm wie der Wind um die Ecken fahren, wobei die Sitze allerdings wenig Halt gewährten, aber der Pseudo-Look des Kandidaten im Stil der Dreißiger sei, weiß Gott, nicht jedermanns Sache. Überdies habe der Kallista gewiß denselben Luftwiderstandsbeiwert wie die Londoner Paddington Station. Viel wohlwollender urteilte Mike McCarthy in Classic and Sportscars vom Februar 1983: Die Armaturentafel strahle im Gegensatz zum Äußeren zu wenig "TradBrit"-Flair aus. Dafür glänze der Panther durch enorme Handlichkeit und viel Charakter.

Corvette C4, Bj. 1990. V8-Motor. 5733 cm³. 235 PS.
236 km/h. 5,9 s 0 - 100 km/h. Leihgeber: Stephan v. Harten

Anfang der achtziger Jahre war der Corvette in seiner real existierenden Form zur Antiquität verkümmert. Die Baureihe C3 hatte den Mythos vom amerikanischen Sportwagen seit 1968 hochgehalten. Das Chassis war im Prinzip gleichgeblieben seit 1963. Das Small-Block-Triebwerk datierte gar auf 1955 zurück. Dem "Vette"-Lenker sei die Leidenschaft abhanden gekommen, barmten die Jünger des Kultmodells, das Grinsen beim Anlassen und ersten Tritt aufs Gaspedal, die Suche nach Vorwänden, um noch rasch eine Runde um den Block drehen zu können.

Mit der Auffrischung der bröckelnden Legende beauftragte man Projektleiter Dave McLellan. Der Neue müsse sich in einem Quantensprung abheben vom Vorgänger, wie der Sting Ray von 1962 durch seine einzeln aufgehängten Hinterräder und der 68er Jahrgang durch sein sensationelles Äußeres.

McLellan, seit 1975 im Designteam, tat sein Bestes. Das war eine Menge, wovon man sich ab März 1983 überzeugen konnte und wie es sich mit einer Verbreitung von über 300 000 Exemplaren bis 1996 auch in klingender Münze auszahlen sollte. Die Karosserie wurde im Windkanal windschlüpfig geglättet und verlor dabei ihre wulstig-antikische Hai-Anmutung. Zum Verdruß der Versicherungen, die im Schadensfall schmerzhafter zur Kasse gebeten wurden, bestand die obere Hälfte des Vorderwagens aus einer riesigen Haube. Nach dem Öffnen gab sie nicht nur den Blick auf den vertrauten 5,7-Liter-V8 frei, im GM-Code L83 geheißen und ursprünglich ausschließlich mit dem gleichfalls sattsam bekannten Getriebeautomaten Turbo Hydro Matic 700 R4 im Bunde. Bald darauf war zudem die manuelle Schaltung 4+3 von Doug Nash verfügbar, so genannt, weil sich zu den oberen drei Fahrstufen ein Overdrive gesellte. Sie wurde 1989 durch ein Sechsganggetriebe von ZF ersetzt.

Corvette C4 Cabrio, Bj. 1994. V8. 5733 cm^3. 304 PS.
243 km/h. 5,8 s. 0 - 100 km/h. Leihgeber: Stephan v. Harten

Beidseits des grollenden Triebwerks trat unverhüllt die komplette vordere Aufhängung zutage mit doppelten Querlenkern aus Aluminium – die hinteren Räder hingen an übereinanderliegenden Längs- und Querlenkern.

Die Fiberglas-Querblattfedern vorn und hinten waren anfänglich viel zu steif und verloren ab 1985 bekömmliche 25 Prozent an Härte. Im selben Jahr hielt der Einspritzer Tuned Port Injection (L98) Einzug in das geräumige Maschinenabteil, womit die Leistung des Corvette C4 von vergleichsweise milden 205 PS auf 230 PS anwuchs. Bei der Pressevorstellung wurden T-Shirts mit der Aufschrift "Life begins at 150" verteilt, bezogen auf die erreichbare Geschwindigkeit in Meilen pro Stunde. Das Leben endete bei 152, entsprechend 245 km/h, was den C4 zum schnellsten Corvette bislang machte. Dank Leichtmetallköpfen und einer höheren Verdichtung kamen 1986 noch einmal fünf PS hinzu bei 20 kg Gewichtsersparnis, und ein ABS von Bosch sorgte für mehr Sicherheit am Arbeitsplatz.

Das galt analog für die offene Version. Ebenfalls 1986, aber spät in den Markt eingespeist, eroberte sie sich mit 7315 Einheiten sofort 21 Prozent der Produktion. Wie schon bei früheren Corvettes verschwand das Verdeck, ein Produkt der American Sunroof Corporation, spurlos unter einem bündig in die Karosserielinie eingelassenen Deckel. Bis Tempo 110 trug die im Winkel von 64 Grad geneigte Windschutzscheibe viel zu zugfreiem Reisen bei.

Stärkstes Stück dieser Generation war das Coupé ZR-1 (1990-95). Sein in den Hexenküchen von Lotus überarbeiteter 32-Ventiler rückte, per Schlüsselschalter am Armaturenbrett angewählt, zusätzlich zu seinem Pflichtpensum von 250 PS auf Wunsch 125 weitere PS heraus. Königliches Erscheinungsbild und Auftreten führten zu einem angemessenen Spitznamen: King of the Hills.

Pontiac Fiero GT, Bj. 1988. V6. 2838 cm³. 137 PS.
ca. 190 km/h. 6,5 s 0 - 100 km/h. Leihgeber: F E S C GmbH, Ludwigshafen

Es hatte sowas, das Konzept, das Produktplaner der General-Motors-Tochter Pontiac zu Pontiac/Michigan, benannt nach einem legendären Indianerhäuptling, im Herbst 1978 ihrer Firmenleitung unterbreiteten: ein Sportwagen für zwei

nach Art des Fiat X1/9, nur etwas größer und irgendwie amerikanischer, für den Gebrauch im Umfeld der Städte und, please, mit mäßigen Trinkgewohnheiten. Im Januar 1979 machte sich ein Team unter der Leitung von Pontiac-Ingenieur Hulki Adlikacti ans Werk. Gleichwohl verschwand der Vorgang nicht zuletzt wegen Personal-Rochaden 1980 zur Wiedervorlage in den Schubladen.

Doch seine Väter blieben hartnäckig am Ball, und so wurde am 18. Juli 1983 im früheren Karosseriewerk Fisher die Fertigung des Fiero (spanisch für wild und feurig) aufgenommen. Die zusätzliche Bezeichnung 2M4 bedeutete, es handele sich um einen zweiplätzigen Mittelmotorwagen mit vier Zylindern. Seine gefällige keilförmige und windschlüpfig anmutende Karosserie bot eine Menge Show fürs Auge. Unter der appetitlichen Schale verbarg sich indessen wenig Aufregendes. Wegen des kargen Budgets von 410 Millionen Dollar mußten die GM-Mannen nämlich tief in den Schrein mit den wohlfeilen Antiquitäten greifen. Bei dem Großserientriebwerk des Fiero handelte es sich um ein Altertümchen aus den frühen Sechzigern mit einem Volumen von 2,5 Litern, den in Ehren ergrauten "Iron Duke", der auch in den frontgetriebenen X- und A-Modellen der Marke seinen Dienst versah. Mit seinem Graugußblock und einer seitlichen Nokkenwelle sowie der mickrigen Lei-stungsausbeute von 93 PS – der rote Bereich begann bei 4500/min – paßte der Eiserne Herzog trotz elektronischer Zentraleinspritzung so gar nicht zum heißblütigen Namen des Pontiac-Sportlers, zumal ihm mit 1117 kg Leergewicht ein ziemlicher Klotz am Bein hing. Und so mußten sich der zahme Wilde und sein Bändiger mit 160 km/h Spitze zufriedengeben – kein Problem auf den Highways seiner Heimat. Kombiniert war der "Iron Duke" zunächst mit einer weit gespreizten Viergangschaltung oder, gegen Aufpreis, mit einer Dreistufenautomatik.

Neben Motor und Getriebe stellten die Limousinen der A-Serie auch die Hinterradaufhängung des Fiero, indem ihre vordere Aufhängung mit Federbeinen und unteren Dreiecklenkern in dem heckgetriebenen Coupé kurzerhand nach achtern verpflanzt wurde. Für die Vorderachse mit doppelten Querlenkern sowie hinsichtlich Lenkung und Scheibenbremsen machte man Anleihen beim Chevrolet Chevette, hierzulande bekannt als Opel Kadett City.

Wirklich innovativ am Fiero waren seine Karosserie und seine Rahmenstruktur. Von den Pontiac-Technikern nach ihrer Vereinigung mit Aufhängung und Antriebsstrang als "driveable chassis" bezeichnet, als fahrbares Fahrgestell, nahm diese alle Kräfte auf, so daß die Außenhaut aus GFK (für glasfaserverstärkten Kunststoff) gleichsam auf ihre Schutz- und Schmuckfunktion reduziert war. Der kleine Tank mit 39 Litern Fassungsvermögen warf sich im knapp geschnittenen Inneren des Fiero zu einer relativ hohen Mittelkonsole auf. Winzig war auch der Kofferraum.

1986 stellte sich lang ersehnter Zuwachs ein in Gestalt einer GT-Version, deren V6 von 2838 cm³ Inhalt dem Fiero dem in seinem Namen verheißenen Feuer ein gutes Stück näherbrachte. Im Winter zum folgenden Jahr unterzog man diese einer formalen Kosmetik, die ihr nicht schlecht zu Gesicht stand. Auch die in Zusammenarbeit mit Lotus verbesserte

Aufhängung von 1988 mochte indessen den Niedergang des Fiero nach mehr als 328 000 Exemplaren nicht mehr aufzuhalten. Am 1. März jenes Jahres nahm ihn der GM-Vorsitzende Roger Smith aus dem Programm. Der Schritt löste vielerorts Bedauern aus.

Porsche 911 Carrera Coupé, Bj. 1989. Sechszylinder-Boxer. 3164 cm³. 231 PS. 245 km/h. 5,8 s 0 - 100 km/h. Leihgeber: Jörg Faust

Die paradoxe Frage, ob noch zu verbessern sei, was eigentlich doch schon Perfektion erreicht habe, wurde im Spätsommer 1983 in Gestalt des jüngsten Porsche Elfers mit einem volltönenden Ja beantwortet. Er hieß wieder Carrera –

der Klassiker meldete sich zurück, "zum zwanzigsten Geburtstag zeitgemäßer denn je", wie ein Pressetext in wohlverstandenem Eigenlob frohlockte. Entscheidungen hängen an Namen, in diesem Falle an dem des Deutsch-Amerikaners und Vorstandsvorsitzenden seit kurzem Peter W. Schutz, eines bekennenden 911-Fans. Entsprechend dem Charakter der brandneuen Antiquität schaffte Schutz damit die Synthese des gänzlich Unvereinbaren: Er richtete den Blick zugleich fest nach hinten und nach vorn. Erkennen konnten sie Kundige – und das waren weltweit viele – am Carrera-Logo auf der Motorhaube und einer anders gestylten vorderen Schürze, aus der die Nebelleuchten wie Intarsien hervorlugten. Im Profil verrieten sie Felgen im fünffach gelochten "Telefon-Design". Der Extra-Katalog listete zu deftigen Aufpreisen neben dem voluminösen Heckflügel Elemente auf, die dem Porsche-Flaggschiff Turbo entlehnt waren, dessen Fahrwerk und pausbäckig-aggressive Optik zum Beispiel. Auch dem just eröffneten Cabriolet, das sich mit rund der Hälfte der Produktion zügig zum Renner entwickelt hatte, wurde 1985 wie auch dem Targa der Turbo-Look zugänglich gemacht und dies zum Ergötzen zahlreicher Kunden.

Natürlich war die Evolution des Hubraums und damit der Stärke weitergegangen. 231 PS leistete nun der raspelnde Sechszylinder, 27 PS mehr als zuvor, und die Erweiterung seines Volumens auf 3164 cm³ war einem vier Millimeter höheren Hub zu danken. Eine neue Bosch-Motronic überwachte mit einem elektronisch gespeicherten Kennfeld den runden Motorlauf in allen Fahrzuständen. Ein eigens entwickelter Kettenspanner mit Druckölschmierung beugte nun dem früher gelegentlich erfahrenen Flattern der Kette und unter Umständen selbst kostspieligen Infarkten vor, wenn sich die Nockenwelle um einen Zahn verdrehte und Kolben und Ventile zerstörerisch aufeinandertrafen. Mit einem auf Wunsch lieferbaren Dreiwege-Katalysator, der 24 Pferdestärken dahinraffte, reihten sich die Zuffenhausener unter die Vorreiter einer Bewegung ein, die ohnehin nicht mehr aufzuhalten war.

Das ebenfalls neu gestufte und feinfühlig auf das veränderte Triebwerksprofil abgestimmte Fünfganggetriebe war mit einem Rippenkühler ausgestattet worden, der seine Körperwärme um 25 Grad absenkte. Dieses frisch geschnürte Paket enthielt überdies größere Bremskolben hinten, 3,5 mm breitere Scheiben sowie den Bremskraftregler aus dem bollernden Bruder 928 S. Eine Verschleißanzeige warnte den Piloten zeitgerecht, bevor nach rund 700 Kilometern der Exitus der Bremsbeläge drohte.

Noch näher an der Ur-Idee des Elfers siedelte eine winzige, aber repräsentative Minderheit für den Sporteinsatz oder die wohltemperierte Garage des Sammlers. Dies war der 911 SC/RS. Als Basis dienten der gerade pensionierte Dreiliter-Saugmotor von bis zu 280 (für die Straße 255) PS mit den Zylinderköpfen aus dem Mega-Porsche 959 sowie Bremsen und Fahrwerk des Turbo und dessen erheblich erleichterte Karosserie. Auf die Waage brachte der asketische Sportler ein Leergewicht von rund 960 kg, wie es die Motorsport-Behörde als Mindestgewicht für die Dreiliter-Klasse vorgeschrieben hatte.

Auto motor und sport ermittelte die

Höchstgeschwindigkeit von 244 km/h sowie die Beschleunigungswerte fünf Sekunden auf 100 und 11,7 Sekunden auf 160 km/h. Fünf der von der FIA geforderten 20 identischen Exemplare gingen an das Rothmans-Team, der Rest an Privatfahrer.

Porsche 911 Carrera Targa, Bj. 1985. Sechszylinder-Boxer. 3164 cm^3.
231 PS. 245 km/h. 5,8 s 0 - 100 km/h. Leihgeber:Jens Steffan, Jürgen Schüttfort

Im Modelljahr 1985 mußte das Katalysatorkonzept mit einer Lambda-Sonde und dem Kat selber noch immer mit happigen 2000 Mark mehr honoriert werden. Die meisten Käufer wurden allerdings weniger von der Sorge um das globale Klima umgetrieben als von der schieren Lust am Fahren. Zu dieser trugen um zehn Prozent verkürzte Schaltwege sowie eine verbesserte Synchronisation bei, wobei das Getriebe in einem kräftigeren Gehäuse untergebracht worden war. Im Turbo verminderte ein geänderter Bremskraftverstärker den notwendigen Pedaldruck um rund ein Drittel als Konzession an das zartere Damenbein, während dickere Stabilisatoren der Seitenneigung in Kurven entgegenwirkten, wie nun auch im Carrera assistiert durch Zweirohr-Gasdruckdämpfer von Boge.

Ein Jahr später verschwand auf Wunsch und gegen einen Aufpreis von 4000 Mark das Verdeck des Cabriolets vollautomatisch in 20 Sekunden in dem dafür vorgesehenen Verlies oder stülpte sich wieder über die Häupter der Insassen, mikroprozessorgesteuert und sich auch sonst an den rigiden Grundsätzen der Porsche-Puristen versündigend. Der 911 sei rüstiger denn je, ließ sich die Presseabteilung verlauten, so als sei einem Greis mit einer Frischzellenkur wieder auf die zittrigen Beine geholfen worden.

Im Herbst 1985 hatte man mit dem Absenken der Sitze 20 Millimeter Kopffreiheit gewonnen und dem Fahrwerk mit überarbeiteten Dämpfern, Stabilisatoren und hinteren Drehstäben ein paar energische Retuschen angedeihen lassen. Zum Modelljahr 1987 umspannte das hintere umlaufende Leuchtenband auch zwei Nebellampen, während bislang eine vereinzelte ihr Dasein links unter der Stoßstange gefristet hatte. Der Preis für das Kat-Paket war gesenkt, die Leistung des entgifteten Elfers auf 217 PS angehoben worden, womit sich schon mehr Naturfreunde unter den Jüngern der Marke anfreunden mochten. Vorn rollte der Carrera jetzt auf Pneus des Kalibers 195/65 (vorher 185/70) VR 15. Der "grazilere Schalthebel" (O-Ton Stuttgart Zuffenhausen) folgte einem anderen Schema, da der Rückwärtsgang wieder links vorn statt bislang rechts hinten angesiedelt war, und zeigte sich mit einem ledernen Mäntelchen bekleidet. Überhaupt war im Souterrain eine neue Getriebegeneration eingezogen, in welche Erfahrungen aus dem Mega-Porsche 959 eingespeist worden waren. Die Kupplung wurde nun hydraulisch betätigt und erforderte viel weniger Pedaldruck als zuvor. Im Frühjahr 1987 eröffnete man auch den Turbo sowohl in Cabrio- als auch in Targaform mit dem entsprechenden voluminösen Flügelwerk, eine Lösung, der Kritiker eine gewisse visuelle Hecklastigkeit ankreideten.

Für all jene, die von ihrem Porsche die asketische Anmutung einer mönchischen Strafzelle erwarten, war der Carrera Clubsport erhältlich. Mit einem Zentner weniger Gewicht, aber aufpreisfrei kam dieser deren strengen Reinheitsgebot einfühlsam entgegen, indem er sie zu einer Orgie des Verzichts anregte. Das begann mit dem Fehlen von Front- und Heckspoiler sowie der hinteren Notsitze. Überall waren die elektronischen Helferlein ins Exil geschickt worden. An ihrer Statt herrschte traditionelle Handarbeit. Die Fensterheber mußten ebenso manuell betätigt werden wie die eng anliegenden Sportsitze oder die Heizung. Selbst das Radio war aus Gewichtsgründen wegretuschiert worden, nur auf Wunsch und gewissermaßen widerstrebend versah Porsche den rasenden Rohling mit zwei Lautsprechern. Eine leichtere Wachsschicht am Boden entzog dem Clubsport ebenfalls ein paar überflüssige Pfunde im Vergleich zur üblichen PVC-Auflage, mußte indessen von Zeit zu Zeit auf Wunden hin untersucht werden. Im Heck aber heiserte der Serienmotor mit hohlen Einlaßventilen und einem Steuergerät, das erst bei 6840/min (sonst 6520/min) abriegelte.

Porsche Carrera Speedster, Bj. 1989. Sechszylinder-Boxer. 3164 cm³. 231 PS. 245 km/h. 5,6 s 0 - 100 km/h. Leihgeber: Wietse Kamstra

Das erste Vierteljahrhundert des Elfers – am Überdauern eines künftigen zweiten bestand kaum ein Zweifel – wurde 1987 durch eine Sonderedition in Diamantblau-Metallic für alle drei Karosserieformen gewürdigt. Ins Jubiläumspaket geschnürt waren unter anderem ein verkürzter Schalthebel, die serienmäßige elektrische Verdeckbetätigung beim Cabriolet und Schiebedach beim Coupé. Auch in den Carrera von der Stange war weiterer Fortschritt eingezogen in Gestalt von geschmiedeten Fuchs-Felgen, Siebenzöllern vorn und Achtzöllern hinten, sowie einer elektrischen Höhenverstellung für die Sitze.

Gleichwohl bot das Geschäftsjahr 1987/88 wenig Anlaß zum Jubel. Der Dollarkurs fiel kontinuierlich. Mithin verteuerten sich die Nobelautos aus Zuffenhausen im Hauptexportland USA. Überdies grub den Porsche-Vierzylindern die Konkurrenz aus Japan und anderswo das Wasser ab, während sich der Hubraumriese 928 nur zäh verkaufte. Auf 31 000 Einheiten war die Produktion abgestürzt im Vergleich etwa zu den 53 000 im Jahr der Glorie 1985/86. Somit rollte der Kopf von Peter W. Schutz, und Heinz Branitzki machte sich an der Verwaltung des Notstands und die heikle Aufgabe, das Unternehmen aus der Krise zu führen. Die Baureihe 964 verzögerte sich, da die neue Karosseriefabrik mit ihren moderneren Produktionsmethoden wider Erwarten noch nicht fertig war. So wurde der Vorgänger in der vertrauten Form noch bis zum Juli 1989 angeboten, als der letzte von insgesamt 74 026, ein weißes Coupé, aus den historischen Hallen rollte. Dennoch war er im Jahr seines Lebewohls ein weiteres Mal aufgewertet worden mit Reifen des Formats 205/55 beziehungsweise 225/50 und einer Alarmanlage, die sich beim Abschließen automatisch schärfte. Noch immer begegnete die Klientel der bleifreien Version zögerlich – nur rund ein Drittel Carrera wurden in dieser weiterhin schwächeren Konfiguration abgesetzt.

Da hatten sich bereits die Stimmen vor allem aus den Vereinigten Staaten gemehrt, die eingedenk des einst von Maxie Hoffman angeregten Speedsters nach einem vergleichbaren Elfer fragten, im Grunde genommen nach einem Kontrastprogramm im Sinne der reinen Lehre ohne den erschlaffenden Luxus der jüngeren Porsche-Generationen. Den Leuten, lautete die Antwort aus Zuffenhausen, könne geholfen werden. Kurz nach der Markteinführung des Cabrios wurde in Weissach eine aufs Notwendigste reduzierte Variante in Angriff genommen. Ein in Rot gehaltener Prototyp auf der Basis des 911 SC stand nach sechs Wochen, verdecklos und mit einer bikiniknappen stärker geneigten Windschutzscheibe, über welcher höher gewachsenen Piloten der Fahrtwind wunschgemäß direkt ins Gesicht pfiff. Scheibenwischer wurden gewissermaßen durch den persönlichen Augenschein ersetzt. Öffentliche Auftritte waren indessen nicht vorgesehen, zumal eine ganze Reihe von Denkansätzen nicht ganz zu Ende gedacht worden war. Einige der angepeilten Exportländer würden dem allzu flotten Zweier in dieser Form den Zutritt verweigern. Scheibenwischer mußten her, mit ihnen eine höhere Frontscheibe. Diese ermöglichte ihrerseits ein leichtes Stoffverdeck, das sich unter einem Plastikdeckel verstauen ließ. Kurbelfenster anstelle der ursprünglich vorgesehenen Steckfenster rückten ebenfalls in den Bereich des Machbaren. Den Proportionen des Speedsters tat diese Neuorientierung ebenfalls gut, da sich die visuelle Diskrepanz zwischen dem relativ massigen Wagenkörper und den vergleichsweise filigranen Aufbauten darüber verringerte. Zu besichtigen war er erstmals auf der Frankfurter IAA 1987, zu haben aber nicht vor 1989, auf der Basis des Standard-Carrera oder im stämmigen Turbo-Look und mit dem Fahrwerk des Top-Typs. Die Beschränkung auf 1500 Exemplare sicherte ihm die gebotenen Exklusivität.

Ferrari Testarossa, Bj. 1991. V12. 4943 cm^3. 390 PS.
295 km/h. 5,7 s 0 - 100 km/h. Leihgeber: Herbert Gaukler

Angesichts des Fehlens von jeglichem zusätzlichem Luftleitwerk merkte ein Berichterstatter des Pariser Salons von 1984 scherzhaft an, der dort debütierende Ferrari Testarossa brauche keine Flügel, er sei ein Flügel, von jener

Sorte allerdings, die nicht erhebe, sondern niederdrücke – unbildlich gesprochen.

Nicht ganz: Jenseits von 250 km/h lupfe sich der Neue vorn ein wenig, stellte etwa Auto-Oggi-Chefredakteur Giancarlo Baghetti fest, der Marke mit dem Pferdchen innig zugetan, für die er immerhin 1961 seinen allerersten Grand Prix gewonnen hatte. An seiner sensationellen Formgebung hatte nicht nur die Pininfarina-Filiale Studi e Ricerche S.p.A. in Cambiano mitgewirkt, sondern irgendwie natürlich auch der Fünfliter-Zwölfzylinder, der sich im Nacken der Insassen im Extremwinkel von 180 Grad breitmachte. Es handelte sich im Prinzip um den gleichen wie im BB 512i, nur daß Vierventilköpfe seinen Stoffwechsel besorgten und seine Leistung auf 390 PS steigerten.

Noch ferner lag die Vergangenheit, auf die sein Name und der rote Schrumpflack auf den Zylinderkopfdeckeln anspielte. Testa Rossa (für roter Kopf), damals noch in zwei Wörtern, hieß schon ein erfolgreicher Ferrari-Rennsportwagen Ende der Fünfziger mit demselben Gattungsmerkmal.

Auch seine Lebensäußerungen, die man mit einem überraschend schmucklosen Zündschlüsselchen erweckte, ähnelten denen des Vorgängers. Nach kurzem Schnurren, in dem sich einzelne Takte nicht unterscheiden ließen, meldete sich das riesige Triebwerk mit kurzem Aufwallen und verfiel dann in ein eifriges Gemurmel, allzeit bereit zu dem furiosen Crescendo, mit dem es Passagiere und Umwelt gleichermaßen musikalisch unterhielt. Seine Kühler wurden vom Fahrtwind durch die markanten sechsfach lamellierten seitlichen Schächte angeströmt, die einen weiteren starken Akzent in der Optik des Testarossa setzten. Selbst inklusive Getriebe 320 kg schwer, diktierte der Motor darüberhinaus Maße und Masse des Ferrari. 1595 kg wog dieser fahrbereit, war 4480 mm lang und mit 1976 mm fast doppelt so breit wie hoch (1135 mm).

Der Metamorphose 512 TR (für Testa Rossa) ab 1991 hatte Pininfarina-Mitarbeiter Lorenzo Ramaciotti das Grillgitter des kleinen Bruders 348 anverwandelt und die Motorhaube sowie ihr Umfeld überarbeitet, mit breiteren Entlüftungsschlitzen, einer flacheren und mattschwarzen Abdeckung über dem Ansaugtrakt und gerundeten Stegen zum Dach. Die schwarzen Gitter auf dessen Ausläufern fehlten nun. Dafür waren die Hecklampen durch einen gleichfalls schwarzen Grill fast vertarnt. Wo vorher ein Hilfsgerüst für die Antriebseinheit angeschraubt war, setzte sich der unten mit Stahlblech beplankte Gitterrohrrahmen fort und machte den TR steifer. Um 15 kg abgemagert, war die Maschine zweifingerbreit abgesenkt worden und las mit nunmehr 428 PS und einem nutzbaren Drehzahlband zwischen 1500 und 7400/min dem Piloten jeden Wunsch von den Augen ab. Der Eindruck einer unbestimmten vorderen Leichtigkeit hatte sich gegeben.

Gleichwohl zündete man im Herbst 1994 die letzte Ausbaustufe F512 M. Ihre Frontpartie zeigte sich inspiriert von den jüngeren Modellen F355 und 456 GT, dem Einstiegs-Ferrari und dem Komfortangebot aus Maranello also. Das Kürzel M stand für modificata. Vier dieser Modifikationen: 18 kg weniger, zwölf PS mehr,

feststehende Scheinwerfer vorn, in sanfte Buckel eingebettet, runde Doppelleuchten hinten.

In der Bilanz schlug der F512 M noch einmal mit genau 500 Einheiten zu Buche. Die Vorgänger Testarossa und TR hatten mit jeweils 7177 und 2260 Exemplaren zum Wachsen und Gedeihen des noblen Hauses beigetragen.

Ferrari 288 GTO, Bj. 1985. V8. 2855 cm^3.
400 PS. 303 km/h. 4,8 s 0 - 100 km/h. Leihgeber: Horst Koester

Die vielsagend verknappte Typenbezeichnung erzählte schon die halbe Geschichte: 2,8 Liter, acht Zylinder, dazu das Kultkürzel GTO (für Gran Turismo Omologato) aus dem Modeneser Reliquienschrein als Zitat, Anspruch und

Ansporn. Das O war gleichwohl zum schmückenden Beiwerk verkümmert. Zwar hatte man das Modell in der Tat für die Gruppe B homologiert, aber kaum jemand machte so recht Gebrauch davon.

Wie sein berühmter Vorfahr 250 GTO von 1962 wurde der Star des Genfer Frühlingssalons 1984 bei Scaglietti gefertigt, und wie dieser bildete er mit lediglich 272 Exemplaren eine ebenso schwache wie schlagkräftige Minderheit im Ferrariland. Schon weil er mitten hinein in einen beispiellosen Sportwagenboom geboren wurde, überstieg die Nachfrage entschieden das Angebot. Bereits vor dem Beginn seiner Produktion im Juli jenes Jahres war der 288 GTO vergriffen. Zum Listenpreis von 260 000 Mark etwa in Deutschland bekam ihn niemand, so daß bei den Versicherungen heillose Verwirrung herrschte über ein Auto, für das die Kunden mehr hinblätterten, als ihre Unterlagen auswiesen.

Dafür erwarben diese aber auch die ultimative Kampfmaschine – mit dem Zertifikat der Tauglichkeit für öffentliche Verkehrsstraßen. Die Ähnlichkeit mit dem 308 GTB, auf dem der GTO neuer Art fußte, ging kaum porentief. Vorn hoben ihn ein größerer Spoiler und die anders dimensionierten und angeordneten offenen Leuchten von dem kleineren und weitaus harmloseren Bruder ab, seitlich die steil emporgereckten Spiegel, muskulös geschwellten Kotflügel, waagerechten Lufteinlässe unterhalb der Türen, schrägen Luftauslässe hinter den Antriebsrädern als Anspielung auf den rasenden Ahnen sowie eine keck aufgewinkelte Heckkante, hinten ein GTO-spezifisches Auspuff-Ensemble.

Angerichtet hatte dieses visuelle Inferno Pininfarina-Stylist Dr.-Ing. Leonardo Fioravanti. Die üppige Verwendung von Fiberglas, Kevlar und Nomex hingegen verriet die Hand des Dr. phil. Harvey Postlethwaite, hauptberuflich zuständig für die Grand-Prix-Wagen der Marke. Nicht einmal der erweiterte Radstand von 2450 mm, 110 mehr als im 308, verhinderte, daß die Ausläufer des längs eingebauten V8 bis zwischen die harten Sitze des GTO wucherten. Unter der vielfach gerippten Motorhaube herrschte, ganz im Einklang mit seiner äußeren Erscheinung, die strenge Symmetrie der Gewalt: Zwei Nockenwellen, 16 Ventile, ein Turbolader des japanischen Herstellers IHI sowie ein voluminöser Behr-Ladeluftkühler je Zylinderbank ließen überhaupt keinen Zweifel aufkommen, daß die angegebenen 400 PS tatsächlich vollzählig versammelt waren.

In das Gesamtkunstwerk Ferrari 288 GTO fügte sich nicht zuletzt die Geräuschkulisse, die der Pilot mit dem Zündschlüssel und anschließend mit dem rechten Fuß entfachte. Sie sei einfach höllisch, berichtete 1985 Klaus Westrup in auto motor und sport. Man könne überhaupt nicht unterscheiden, ob es vier, sechs, acht oder zwölf Verbrennungseinheiten seien, die da orgelnd, trompetend, zischend und pfeifend zur Tat schritten.

Schlecht beraten bis an den Rand der Tragikomödie waren Langfinger, die ein am gleichen Tage in Maranello ausgeliefertes Exemplar von einem bewachten Hotelparkplatz in Cannes stahlen. Da es sich um einen überaus raren Artikel handelte, versuchten sie ein quälendes Jahr lang und schließlich mit Interpol am

Hals, ihre kostbare Sore an den Mann zu bringen. Schließlich entdeckte man den GTO in einem Container auf dem Frankfurter Flughafen, bereit zum Export in die Vereinigten Staaten, und erstattete ihn seinem Düsseldorfer Besitzer zurück – nur 1000 km gelaufen und überaus gepflegt.

Toyota MR2, Bj. 1994. Vierzylinder-Reihenmotor. 1998 cm³.
175 PS. 222 km/h. 8 s 0 - 100 km/h. Leihgeber: Sonja Völkel, Daniel Stimpel

Ein sportliches Concept Car von Toyota mit der provisorischen Bezeichnung SV-3 zog bei der Tokyo Motor Show 1983 wie gewünscht Neugier und Akklamation auf sich. Im Juni des folgenden Jahres war aus dem Versuchsballon ein Fakt geworden, und wie: Allein in der nächsten halben Dekade erfuhr der Toyota MR2 – dies der endgültige Name – die stattliche Verbreitung von 163 000 Exemplaren. Die Abkürzung sprach ihre eigene Sprache, in jedem Fall jedoch Englisch, da vor allem die Vereinigten

Staaten als ergiebiger Markt angepeilt wurden. Wofür sie genau stand, blieb vielleicht sogar bewußt undeutlich – im Schwange waren Midship Runabout 2-Seater oder einfach die aufs Kürzel verknappte Konfiguration Mid-engine, Rear-drive, 2-seat, die erste dieser Art im Land der aufgehenden Sonne.

Erhältlich ist er bis auf den heutigen Tag. Erhalten blieben auch das Sigel und das Prinzip dahinter, ein zweisitziger Sportwagen mit einem quer vor der Hinterachse eingelassenen Triebwerk. Das Produkt hingegen, umflattert von einem Hauch von Fernost-Ferrari für die Massen, wandelte sich in zwei Stufen mit mählicher Evolution dazwischen bis hin zum gänzlich eigenständigen Profil der dritten Generation. Mit den Maßen 3925, 1665 und 1250 mm war der MR2 der ersten kurz, breit und flach, um den Schwerpunkt niedrig zu halten. Zur Verfügung standen eine Feld-, Wald- und Wiesen-Maschine von 1453 cm³ und 83 PS, vor allem aber ein 1587-cm³-Sechzehnventiler (Kosename: Sweet Sixteen) von pionierhaftem High-Tech- Auftritt mit zwei obenliegenden Nockenwellen, elektronischer Kraftstoffeinspritzung und 130 PS, die den kleinen und mit 920 kg leichtgewichtigen Sport-Japaner zu 200 km/h und 8,1 s für den Sprint auf Tempo 100 befähigten. An die Hinterräder übermittelt wurde seine mit einem giftigen Schmettersound orchestrierte Leistung wahlweise durch eine manuelle Fünfgangschaltung oder einen Automaten mit vier Fahrstufen und Overdrive. Hinsichtlich der Fahrwerkseite war bestens vorgesorgt mit Federbeinen und Stabilisatoren an beiden Enden, unteren Querlenkern und Zugstreben vorn und Querlenkern und Längslenkern sowie verstellbaren Zusatzquerlenkern hinten. Bei einer fast idealen Gewichtsverteilung benahm sich das Nippon-Coupé weitgehend neutral, schob im Grenzbereich gutmütig über die Vorderräder geradeaus, reagierte aber auf Lastwechsel unter Umständen mit einem tückischen Auskeilen des Hecks.

Drei Jahre nach seiner Einführung halfen der Topversion 145 PS auf die Sprünge. Zu verdanken waren sie und ihre stämmig-kontinuierliche Entfaltung der Zwangsbeatmung durch einen riemengetriebenen Kompressor nach dem Roots-Verfahren. Zu bekommen war der MR2 nun auch mit einem T-förmigen Dach mit herausnehmbaren Elementen, dem indessen nicht alle Exportländer die Einreisegenehmigung erteilten.

1989 präsentierte man ihn wiederum in Tokio in Abkehr von der kompromißlosen bisherigen Keilform mit einer rundlich-verbindlicheren Silhouette. Die Toyota-Designer hatten ihre Lektion gelernt, und die lautete, daß sich von 60 Prozent der Klientel in den USA und im Vereinigten Königreich noch immer 40 Prozent aus Damen rekrutierte. Mit 4140, 1695 und 1240 mm war der MR2 länger und breiter, aber noch eine Idee niedriger ge-

worden. Bei der Präsentation für die japanische Presse wurde es sehr rasch ausgesprochen: Der Neue ähnelte mit seiner steil abfallenden Frontpartie, den voluminösen seitlichen Lufteinlässen und seinem kraftvoll gerundeten Hintern dem illustren norditalienischen Vorbild auf kaum verhüllte Weise und wartete in einer Zweiliter-Turbo-Variante von 225 PS gar mit vergleichbaren Fahrleistungen auf wie etwa der aktuelle Mondial mit dem cavallino rampante im Emblem.

Die Toyota-Werbung schlachtete diese

Toyota MR2, Bj. 2000. Vierzylinder-Reihenmotor. 1794 cm³.
140 PS. 210 km/h. 7,7 s 0 - 100 km/h. Leihgeber: Thorsten Minczykowski

Affinität kühn aus, indem sie den Slogan "Wenn er (der MR Jahrgang 1993, Anm. d. Verf.) ein wenig langsamer wäre, hieße er Ferrari." in die Welt setzte. Zu haben war er auch mit weniger militanter Motorisierung, nämlich dem 1998-cm³-Sech-

zehnventiler von anfänglich 156 PS und einem Aggregat von 2164 cm³ Volumen, welches 132 PS aktivierte. Bei der Überarbeitung der Aufhängung für den Jahrgang 1991, so hieß es, habe der frühere amerikanische Grand-Prix-Star und Rennstallbesitzer Dan Gurney die Hand im Spiel gehabt. Als weniger kooperativ erwiesen sich die US-Behörden: Schon drei Jahre nach seinem Erscheinen wurde dem MR2 Turbo die Einbürgerung in Kalifornien verweigert, da seine Emissionen nicht gesetzeskonform waren, und 1995 nahm man das ganze Modell entmutigt aus dem Programm für die Vereinigten Staaten, nicht zuletzt, weil die Nachfrage rasch abebbte.

Überhaupt begann sich das Vergnügen an dem Roadster aus Aichi-ken abzunutzen. Da schuf 1999 der MR2 der dritten Welle Abhilfe, in der Tat keineswegs mehr das Resultat eines Facelifts, sondern einer völligen Verwandlung mit einer Linienführung von einleuchtender Schlichtheit, riesigen Lampeneinheiten vorn und hinten und voluminösen Lufteinlässen am Ende seiner eingekehlten Flanken. Er war auf den Millimeter genau so breit und hoch wie sein Vorgänger, mit einer Länge von 3885 mm indessen der kürzeste Vertreter der Baureihe bislang. Dies ging entschieden auf Kosten seiner Praktikabilität: Die mögliche Zuladung war auf 183 kg beschränkt, und ein Staufach hinter den wohlgeformten Sitzschalen bot mit mickrigen 90 Litern Unterkunft für eine möglichst nicht allzu prall gefüllte Sporttasche. Wer das Wagnis einging und unter dem vorderen Deckel das Verlies für das Notrad freiräumte – rudimentäre Sicherheit gewährte notfalls eine Flasche mit Pannenspray – gewann noch einmal ein Kämmerlein dazu.

Dieses Manko tarierte der MR2 neuer Art allerdings aus durch schiere Freude am Fahren. Als Antriebsquelle diente nun der aus dem Schwestermodell Celica bekannte 1794-cm³-Vierzylinder mit der variablen Ventilsteuerung VVT-i, um drei auf 140 PS geschwächt. Sein maximales Drehmoment von 170 Nm erreichte er bei 4400/min. Da der Knirps mit vollem Tank gerade mal 1042 kg auf die Waage brachte, ohne das als Zusatzausstattung erhältliche Hardtop noch einmal 22 kg weniger, mußte jede Pferdestärke lediglich 7,5 kg Toyota MR2 schultern. Dies machte ihn ungemein munter. In den unteren drei Fahrstufen des gut gestuften Getriebes drehte der Vierventiler spielerisch empor, bis der Drehzahlbegrenzer bei 7000/min eingriff. 100 km/h waren dabei nach 7,7 s erreicht, und erst in den Gängen vier und fünf (ab 2003 wahlweise auch sechs) leisteten Fahrwiderstände erfolgreiche Gegenwehr, so daß es zum Erreichen seiner Höchstgeschwindigkeit von 210 km/h schon eines ziemlich langen Anlaufs bedurfte. Er äußerte sich dabei mit einem Sound von diskreter Sportlichkeit, im oberen Drehzahlbereich jedoch zunehmend ungehalten.

Obwohl fast 60 Prozent seines Gesamtgewichts auf der Hinterachse lasteten, gab sich der MR2 verträglich und zeichnete sich aus durch hervorragende Traktion sowie glänzende Verzögerungswerte und Standfestigkeit seiner innenbelüfteten Scheibenbremsen. Andererseits ließen sich die Vorderräder, durch keinerlei Antriebsaufgaben befrachtet,

spontan und akkurat lenken. Ab August 2000 wurde dem MR2-Piloten seine Dreh-Arbeit noch erleichtert durch die Option sequentielle Fünfgangschaltung, die durch eine Chromkugel auf der Mittelkonsole, aber auch durch Tasten in den Speichen des Volants betätigt werden konnte. Dieses System empfahl sich als simpel und narrensicher.

Ginetta G27, Bj. 1999. Vierzylinder-Reihenmotor. 2093 cm³.
145 PS. 206 km/h. Leihgeber: Ginetta Cars Ltd.

Kein Zweifel: Verglichen mit den Bräuchen der Ginetta Cars Ltd. bei der Benennung ihrer Produkte mutete die Namengebung von Ferrari an wie ein System von bestechender Logik. Manchmal waren diese jedoch lediglich Ausdruck einer Modellpolitik, deren Fortschritt im Rückgriff auf Bewährtes beruhte.

Und so trat 1981 der kuriose Fall ein, daß der Vorgänger zum Nachfolger seines Nachfolgers wurde: Der Ginetta G4 war wieder da. Beflügelt vom Ableben des MGB befanden seine Väter, Zeit und Markt seien reif für einen Sportwagen seines Genres, gleichwohl eher für die Straße als für die Piste bestimmt. Aber sie machten nicht einfach weiter, wo sie dreizehn Jahre zuvor aufgehört hatten. Am G4 Series 4 sorgte ein Überrollbügel, durch eine zusätzliche Strebe T-förmig mit der Einfassung der Windschutzscheibe verbunden, für mehr Sicherheit und versteifte zugleich das Rückgrat aus quadratischen Rohren. Die hinteren Kotflügel waren leicht abgeflacht, die Scheinwerfer auf die vorgeschriebenen 610 mm angehoben und der Kunststoffaufbau nicht mehr mit dem Rahmen verklebt, sondern verschraubt. Dies erleichterte nicht zuletzt anfallende Reparaturen.

In der schönen Hülle fand eine Collage des zum Teil gänzlich Unwahrscheinlichen statt. Unter der riesigen Fronthaube hausten wie früher diverse Ford-Triebwerke à la carte, die sich mittels eines Auspuffs durch den Schweller unterhalb der Fahrertür lärmend Luft machten. Vom Triumph Herald stammte die vordere Aufhängung an doppelten Querlenkern, von Ford die hintere, eine Starrachse an vier Längslenkern und einem Panhardstab. In einer Rennversion ersetzte man diese durch Längs- und Querlenker aus eigener Fertigung und Jaguar-Komponenten von der Stange, ein fest installiertes Differential mit einer Fülle von Optionen für die Übersetzung, hintere Scheibenbremsen, Antriebswellen und Nabenträger. Soviel Innovation, meinten die Gebrüder Walklett, nach wie vor im Kommandostand der kleinen Firma, verdiene einen neuen Namen. Ab 1984 hieß der G4 in einem Quantensprung der Nomenklatur G27. Auf den Circuits machte dieser bald mit dem grellen Schmettern seiner Mazda-Kreiskolbenmotoren von sich reden.

Vier Jahre später verkauften die Walkletts die Ginetta Cars Ltd. um zwei Millionen Pfund an das Konsortium Martin Phaff, Mike Modiri und Stuart Hobson. Diese strichen zunächst einmal das kostspielige Extra Rennsport, speisten indessen die dort gesammelten Erfahrungen in das G27-Kit für den öffentlichen Straßenverkehr ein. Für den Zusammenbau, versicherten sie in einem umfangreichen und detailverliebten Handbuch dazu optimistisch, benötige man ein Wochenende. 1994 retuschierte man das Äußere des Komposit-Kultobjekts und ließ das Dach-T entfallen, während sein sportives Naturell durch verkleidete Kopfstützen betont wurde. Die Vorderachse kam nun vom Ford Sierra, die Hinterachse vom Ford Escort. Im Rahmen der Bridgestone Ginetta Championship keilte sich der Evergreen plötzlich wieder auf englischen Pisten, wenn auch ausschließlich mit seinesgleichen. Allerdings begann die klassische Konstellation von Frontmotor und Heckantrieb, von längs angesiedeltem Getriebe und Starrachse obsolet zu werden. Bei Ginetta reagierte man flexibel und ließ im hinteren Parterre des G27 die Einzelradaufhängung aus dem Ford Sierra einziehen. Zu diesem Schritt, angekündigt im Januar 1998, kamen weitere: höhere Fahrtrichtungsanzeiger vorn, integrierte Scheinwerfer, eine mächtige Beule auf der vorderen Haube, um Kopffreiheit für die entgifteten Triebwerke zu schaffen, äußere Türgriffe und anders geformte Rückleuchten. Mit nicht viel mehr als 300 bildeten G27-Eigner gleichwohl eine exklusive Minderheit. 2004 vertröpfelte seine Fertigung – zugunsten des Thronfolgers G20.

Toyota Supra 3.0 Turbo, Bj. 1996. Sechszylinder-Reihenmotor. 2997 cm³. 330 PS. 250 km/h. 5,1 s 0 - 100 km/h. Leihgeber: Roger Mathaloo, Michael Böhm

Er nahm eine Tradition auf, die mit dem Hinscheiden des Toyota 2000 GT 1970 verödet war, und so stellte etwa sein Frontgrill visuell Bezug zu dem sportiven Vorgänger her. Dennoch handelte es sich bei dem Supra gleichsam um das

Ergebnis einer Zellteilung, einen Ableger der Liftback-Variante des Celica, nur länger und breiter. Das war 1979, und der Celica Supra hob sich von den anderen Mitgliedern der Familie ab durch einen Reihensechszylinder von 2564 cm³ Inhalt sowie die Toyota-Novität einer elektronischen Einspritzung. Auch sonst bot er einen guten Gegenwert für den Yen durch einzeln aufgehängte Räder und Scheibenbremsen ringsum. Der Kraftübertragung dienten eine manuelle Fünfgangschaltung oder ein Getriebeautomat mit drei Fahrstufen und Overdrive.

1981 rüsteten seine Väter in der Motomachi-Fabrik zu Toyota City, Aichi-ken, nach auf 2759 cm³ und nahmen ein Jahr später einen einschneidenden Eingriff in die Architektur seiner Maschine vor, indem sie ihr eine zweite obenliegende Nockenwelle spendierten und damit 170 PS in der Europa-Version. Aber erst 1986 emanzipierte sich der Toyota Supra völlig von seiner Celica-Verwandtschaft, deren Namen nun auch aus seiner Typenbezeichnung verschwand. Zur eigenen Identität gehörte das Verbleiben beim Heckantrieb, während der Celica-Clan völlig umgemodelt und frontgetrieben in die Zukunft aufbrach. Mehr Kraft wuchs dem Supra durch ein Dreilitertriebwerk zu, das im Europatrimm und an europäischen Normen gemessen 191 PS (mit Katalysator) bereitstellte. Eine Turbo-Spielart mit 230 PS zeugte ein Jahr später von einer neuen Positionierung des Modells am Markt: Man hatte in den Vereinigten Staaten nun nicht mehr nur den abtrünnigen Camaro-Kunden im Visier, sondern gedachte dem Corvette ein wenig das Wasser abzugraben. Es gelang nicht, da es einem Eingriff in einen Mythos gleichkam. Gerade die Corvette-Kapitäne, fanden die Toyota-Marktstrategen heraus, bewahrten ihrem donnernden Kultobjekt zäh die Treue und hatte in der Regel schon im Kindesalter davon geträumt, künftig eines zu besitzen. Dabei hatte der Supra Jahrgang 1986 allerlei bemerkenswerten technischen Fortschritt in sich aufgenommen wie ABS oder das elektronische Fahrwerk TEMS (für Toyota Electronically Modulated Suspension). Als Option wurde 1987 eine Spielart mit einem Targadach verfügbar.

Mit der vierten Metamorphose von 1993 steckte man seine Ziele noch höher: ein warmes Plätzchen, bitte schön, in der Beletage der Supersportwagen. Leistung hieß die Devise, und für diese sorgte ein 2997-cm³-Vierventiler als Saugmotor von 225 PS oder Biturbo mit strammen 330 PS, die den Supra in freiwilliger Selbstkontrolle zu 250 km/h beflügelten. Geflügelt war er auch – durch ein ausladendes, aber aus Gründen der Gewichtsersparnis hohles Heckleitwerk. Es sollte gewährleisten, daß seine Stärke ohne Reibungsverluste in vehementen Vortrieb umgemünzt wurde. Es unterstützte dabei ein Fahrwerk vom Feinsten mit unteren und oberen Dreieckquerlenkern, Schraubenfedern, koaxialen Stoßdämpfern und Kurvenstabilisatoren sowie zusätzlichen Querlenkern hinten und innenbelüfteten Scheibenbremsen. Eine formale Neuorientierung ließ aus bestimmten Perspektiven eine gewisse Wahlverwandtschaft zum Porsche 928 erkennen.

1997 versah man den Supra mit einem

verstärkten Rahmen und erklärte den Jahresausstoß kurzerhand zur Limited Edition. Da waren seine Tage bereits gezählt: Dem Saugtriebwerk wuchsen 1998 durch VVT noch einmal fünf PS zu. Im gleichen Jahr unterblieb der Export aus Japan, und 1999 führten mangelndes Interesse und Emissionsprobleme zum Ende einer Ambition, die immerhin 284 891 Früchte getragen hatte.

Ferrari F40, Bj. 1992. V8. 2936 cm³. 478 PS.
321 km/h. 4,6 s 0 - 100 km/h.

Der Denkanstoß, authentisch belegt mit dem Datum 6. Juni 1986, kam von Enzo Ferrari selbst. Und schon weil der Wunsch des alten Herrn Befehl war, noch immer, segnete der Fiat-Ferrari-Vorstand das Projekt am 16. Juli desselben Jahres ab.

Am 21. Juli 1987 kurz nach 11 Uhr wurde auf einen Wink des 89jährigen hin unter der Kuppel des Centro Civico di Maranello zum 40. Geburtstag seines Erstlings 125 S ein rotes Tuch entfernt von dem fertigen Produkt, angemessen F40 benannt und wohl schlichtweg eines der drei aufregendsten Automobile des Jahrhunderts. Dann sprach er mit klarer und krisper Greisenstimme ein paar einführende Worte, und Manager Giovanni Battista Razelli umriß die Fertigungsmethoden und Technologie des Neuen im allgemeinen. Ferrari-Chefingenieur Nicola Materazzi erläuterte die Technik, Pininfarina-Chefstylist Leonardo Fioravanti stilistische Aspekte.

Alle vier hatten höchst Ungewöhnliches mitzuteilen. Abgeleitet vom GTO Evoluzione, war der F40 zehn Millimeter höher, 140 mm länger und 70 mm breiter. Seine Karosserie bot sich dem Auge des Betrachters gleichwohl in bündigschlüssiger Eigenständigkeit, aus edlen Kunststoffen legiert, dreimal so steif und 20 Prozent leichter als eine entsprechende Metallstruktur. Da sie für eine Höchstgeschwindigkeit von weit über 300 km/h ausgelegt war, zeugte sie allenthalben von der Arbeit am und mit dem Wind, zerklüftet, durchfurcht, zersiebt, von einem riesigen Flügel über dem Heck gekrönt und zudem Verkörperung und Inbegriff automobiler Aggression. Schier unwiderstehlich war die sinnliche Anmutung dieser rasenden Skulptur: Ein F40, den sein Besitzer leichtfertig am Straßenrand hatte stehen lassen, war anschließend stets mit Fingerabdrücken übersät, da die Menschen anfassen möchten, was sie beeindruckt.

Mit Kevlar, Karbonfiber und Fiberglas verstärkt, sorgte der traditionelle Gitterrohrrahmen für ein trutziges Rückgrat. Hinsichtlich der Aufhängung an doppelten Querlenkern und Schraubenfedern mit koaxialen hydraulischen Koni-Stoßdämpfern vorn und hinten sowie den riesigen belüfteten Scheibenbremsen ließ herzlich der Rennsport grüßen, wie überhaupt die insgesamt 1311 Exemplare des Premium-Ferrari wirkten, als seien sie versprengte Kinder der Piste. Unter seinem zweimal neunfach aufgebrochenen Plexiglas-Rückfenster aber lagerte in schöner Nacktheit sein bärenstarker V8 mit 32 Ventilen, vier obenliegenden Nockenwellen und jeweils zwei Turboladern und Ladeluftkühlern, noch nicht einmal visuell aufgepeppt, sondern einschüchternd schon durch seine offenkundige Kompetenz.

Der Druck auf einen Gummiknopf trat ein lautstark konzertiertes Miteinander im Nacken der Passagier los, dessen Bandbreite vom lärmenden Geplauder bis hin zum akustischen Inferno reichte, in dem man sich nur noch mit gebrüllten Einsilbern verständigen konnte. Noch bei Vollgas im zweiten Gang leimten die Michelin-Walzen Kaliber 335/35 ZR 17 fette schwarze Balken in den Asphalt. Das Interieur gab sich spartanisch bis hin zum Asketischen, und die Investition für das Extra Klimaanlage empfahl sich als unabdingbar, wenn der knappe Fahrgastraum sich nicht zur Bratröhre aufheizen sollte. Schon der Einstieg gestaltete sich mühselig und verlangte nach jugendfrischer Behendigkeit, da ihn eine abwehrend im Wege stehende Strebe behinderte. Aber hatte man sich erst einmal in die voluminösen harten roten Sitzschalen fallen lassen – drei Größen standen für unterschiedliche Anatomien zur Verfügung – erwiesen sie sich als unerwartet bequem.

Was dann folgte, war Fahren in seiner attraktivsten Form. Nicht einmal Fliegen war schöner.

Porsche 959, Bj. 1988. Sechszylinder-Boxer. 2850 cm³.
450 PS. 315 km/h. 3,7 s 0 - 100 km/h. Leihgeber: Auto König, München

Er war ein rasender Missionar in Sachen High Tech, ein Manifest des Machbaren und bereits Gemachten, ein Wegweiser zugleich in die Zukunft. Geld spielte bei seiner Genese keine Rolle, und er trug seinen Vätern trotz seines

enormen Grundpreises von 398 000 Mark auch kein Geld ein, nur Ruhm. Viele seiner 283 Erstbesitzer hingegen mißbrauchten ihn schnöde als Spekulationsobjekt mit todsicherer Riesen-Rendite: Sowie er ab März 1987 den sogenannten Rößle-Bau des Zuffenhausener Werks verlassen hatte, war er auf dem überhitzten Markt, auf dem die Nachfrage das Angebot bei weitem überstieg, fast das Doppelte wert.

Bereits eine "Gruppe-B-Studie" auf der Frankfurter IAA im Herbst 1983 enthielt in nuce, was das fertige Produkt auszeichnen würde. Die Silhouette des Elfers sollte im Prinzip beibehalten werden, allerdings – wie alles andere unter der Stabführung der Projektleiter Helmuth Bott und Manfred Bantle – im Hinblick auf Aerodynamik und Gewicht durchforstet. Um jeglichen Auftrieb zu unterbinden, entstanden in intensiver Arbeit im Windkanal der rundliche Bug aus Polyurethan-Integralschaum und die Heckpartie mit integriertem Flügel. Die Windschutzscheibe klebte bündig auf der Karosserie. Das Quartett der üppig ausladenden Kotflügel war unten durch breite Türschweller verbunden, der Fahrzeugboden voll verkleidet.

Der Anteil von Stahl am Gewicht betrug weniger als die Hälfte. Die feuerverzinkte tragende Struktur bestand daraus, Türen und Fronthaube aus Aluminium, die Außenhaut bis auf die Bugpartie aus aramid- und glasfaserbewehrtem Epoxydharz. Der 450 PS starke Sechszylinder-Boxer mit einem Volumen von 2850 cm³ leitete sich her vom Renn-Elfer 935/76 und war ein naher Verwandter des Triebwerks in den Gruppe-C-Wagen 956 und 962. Die jeweils drei Kammern der Vierventil-Zylinderköpfe waren wassergekühlt, die Zylinder selbst per Luft. Den Nockenwellentrieb der Wettbewerbsmaschinen via Stirnräder hatte man durch Kettenantrieb ersetzt.

Das auffälligste Merkmal am Biturbo-Motor des 959 bestand indessen in seiner Registeraufladung. Bei niedrigen Drehzahlen wurde die Abgasenergie der sechs Verbrennungseinheiten nur auf einen relativ kleinen Lader losgelassen, bei steigenden Umdrehungen der Kurbelwelle der zweite zunehmend aktiviert, bis ab etwa 4300/min der volle Druck der Emissionen beider Bänke auf den jeweils zugeordneten Lader einwirkte. So ergab sich ein kontinuierliches Anwachsen der Leistung ohne Loch und Lag. Im vierten Gang beschleunigte der flotte Flachmann von 80 auf 140 km/h in lediglich sechs Sekunden.

Auf die Straße vermittelt wurde die Urgewalt dieses Treibsatzes durch permanenten Allradantrieb im Bunde mit einem eigens entwickelten Sechsganggetriebe. Die Drehmomentverteilung zwischen Vorder- und Hinterachse konnte manuell und automatisch variiert werden und paßte sich den jeweiligen Verhältnissen gedankenschnell an. Eine geschwindigkeitsabhängige Niveauregulierung stimmte die Bodenfreiheit auf die Strömungsverhältnisse ab, senkte den 959 bei hohem Tempo selbsttätig und ließ sich vom Piloten bei niedrigen Geschwindigkeiten wieder nach oben pumpen, etwa wenn es einen "schlafenden Polizisten" zu überfahren galt. An die Stelle der vorderen Dämpferbeine und der Schräglenkeraufhängung des 911 hinten waren doppelte Querlenker an beiden Enden getreten, schon um bei einem Auto dieser Leistungsklasse passable

Federwege zu gewährleisten. Dazu kam ein Füllhorn von Gags und Gimmicks, das die Porsche-Ingenieure über ihrem liebsten Kind entleert hatten. Nicht immer wurde das alles verstanden: Die eigenwillige Fürstin Gloria von Thurn und Taxis verkaufte ihren 959 noch am Tag der Zulassung. Er sei ihr zu wenig ausgereift, lautete der Edlen Begründung.

Aston Martin V8 Coupé, Bj. 1996. V8. 5340 cm³. 330 PS.
257 km/h. 6 s 0 - 60 mph. Leihgeber: Axel Holler

Fünfzehn Jahre lang hatte der aktuelle V8 das Unternehmen durch Krisen, Kalamitäten und sich wandelnde Eigentumsverhältnisse getragen wie das getreue Schlachtroß den Rittersmann, mußte gar selbst diverse Namenswechsel und nicht immer gelungene Facelifts überdauern. Da befanden Mitte der Achtziger die gegenwärtigen Hüter der Sache Aston Martin, die Zeit sei reif für ein geruhsames Altenteil sowie einen dynamischen Nachfolger.

Zugleich übte sich der frühere R.A.F.-Pilot und Firmenchef seit 1981 Victor Gauntlett artig in innerbetrieblicher Demokratie und lobte unter den Bediensteten des Hauses und den Mitgliedern des Aston Martin Owners Club AMOC einen Preis für den attraktivsten Namen aus. Einzige Vorgabe: Er müsse traditionsgemäß mit V anfangen, so wie Vantage oder Volante.

Prämiert wurde die sinnträchtige und eingängige französische Vokabel Virage, eine Lösung, die Victor Gauntlett von Anfang an im Auge gehabt und dann nach Art der Bosse klammheimlich durchgedrückt hatte, wie er später freimütig einräumte. Sie hielt nicht lange – 1994 unter dem kurzen Kuratel des Ford-Statthalters John Oldfield kam das Wahl-Wort dem Modell irgendwie wieder abhanden.

Auch sonst schnitt Gauntlett kurzerhand ein paar Zöpfe ab. Fünf Designstudios erhielten den Auftrag, bis zum 28. August 1984 ihre Entwürfe einzureichen, mit der Einschränkung, diese müßten sich aus Gründen der Rationalisierung mit einem verkürzten Lagonda-Chassis vertragen. Den Zuschlag erhielt die Tutoren-Riege Ken Greenley und John Heffernan vom Londoner Royal College of Art, die mit einer Mischung von klassischem Formdenken und behutsamer Innovation den Nagel auf den Kopf trafen. Im Heckbereich mußte gleichwohl im Windkanal der University of Southampton ein bißchen nachgebessert werden.

Das bestehende Triebwerk, noch immer sichtlich ein Derivat des Ur-V8 von Tadek Marek, wurde zwischen dem April 1986 und dem Dezember 1987 beim Corvette-Spezialisten Callaway Engineering, Old Lyme, Connecticut, einer gründlichen Frischzellenkur unterzogen. Dies geschah schon allein, um es auf die Ernährung mit bleifreiem Kraftstoff umzustellen und seiner Einbürgerung auch in Importländern mit scharfen Emissionsbestimmungen den Weg zu ebnen. Beinahe unangetastet blieb seine untere Hälfte, die sich als fast unzerstörbar erwiesen hatte, während obenherum Vierventilköpfe für besseren Stoffwechsel und ein Weber/Marelli-Management auf dem letzten Stand der Dinge für optimale Verpflegung sorgten. Mit 330 PS bei 5300 Touren war der Virage für die Begegnung mit seinen Konkurrenten etwa aus Stuttgart oder Maranello manierlich, aber ohne jeglichen Anspruch auf eine Spitzenstellung gerüstet.

Sein Aufbau, aus Leichtmetall wie der Motor, ruhte auf einem Plattformrahmen. Die Avon-bereiften vorderen Räder hingen an Dreieckquerlenkern mit Schraubenfedern. Hinten war die traditionelle De-Dion-Achse – das Rohr bestand aus Aluminium – mit Wattgestänge, schrägen Längslenkern und Schraubenfedern für exakte Führung zuständig.

Bei seiner Präsentation auf der Motor Show in Birmingham im Oktober 1988

wurde das fertige Produkt mit freundlichem bis frenetischem Applaus bedacht.

Der Wachwechsel verlief mit fließenden Übergängen: Während bereits die ersten Virage in dem altehrwürdigen Ziegelgemäuer an der Tickford Street zu Newport Pagnell den letzten Schliff erhielten, traten noch etliche V8 alter Art den Weg zu einer Klientel an, deren Visio-

Aston Martin Virage Volante, Bj. 1993. V8. 5340 cm³. 330 PS. 253 km/h. 6,5 s 0 - 60 mph. Leihgeber: Auto Engel, Namedy

nen eher nach rückwärts gerichtet waren.

Parallel zum Coupé war der Virage Volante entwickelt worden. Zwei Jahre später in Birmingham als zweisitziger Prototyp präsentiert, entfachte er die

Wünsche und Begehrlichkeiten vieler. Bei der Umsetzung kühner Träume sorgte indessen die fällig werdende Investition in soviel automobile Pracht und Schönheit – in Deutschland beispielsweise 390 200 Mark – für eine natürliche Auslese. Die englischen Publikationen aber schwelgten förmlich in vaterländischen Hochgefühlen: Der Volante, schwärmte etwa Mark Hughes 1993 in der August-Ausgabe der Zeitschrift Fast Lane, sei das aristokratische Cabriolet schlechthin, gleichermaßen britisch und brutal. Zur Augenweide geselle sich der Ohrenschmaus – das sonore Grollen, das seinem Auspuff entströme, sei viel tiefer als bei den vertrauten Zweiventilern der noblen Marke. Jedes Detail atme die solide angelsächsische Handwerkertradition, die in ihm stecke.

Hughes bezog sich bereits auf den Serien-Volante, einen 2+2-Sitzer, wie er im März 1992 auf dem Aston-Martin-Stand beim Genfer Salon gezeigt wurde. Flankiert wurde dieser von einem eleganten neuen Sproß der Virage-Familie, einem Shooting Brake, dem ersten übrigens, den das Werk selbst entwickelt hatte. Für die Umwandlung der Typen DB5 und DB6 in Kombinationskraftwagen vom Feinsten hatte man einst auswärtige Spezialisten verpflichtet.

Im Herbst 1997 wurde bei der London Motor Show als Krönung des Frischluft-Programms aus Newport Pagenell ein vierplätziges Convertible vorgestellt. Mit einer Verlängerung des Radstands um 200 mm auf 2810 mm hatte man entsprechend mehr Kniefreiheit für die hinteren Mitreisenden geschaffen und zugleich den Kofferraum um 100 Prozent vergrößert, der bei dessen offenen Geschwistern ohnehin nur karg bemessen war.

Ab 1993 war der Virage mit einer Viergang-Automatik aus dem Hause Chrysler erhältlich als Wahl-Alternative zu den beiden Schaltgetrieben von ZF mit fünf oder sechs Fahrstufen. Im gleichen Jahr schuf man über einem verlängerten Radstand von 2900 mm zwei Langversionen des Saloon und des Shooting Brake und küßte für diese den Namen Lagonda aus seinem Dornröschenschlaf wach, zu dem er 1990 mit dem Hinscheiden des V8 Lagonda S4 entschlummert war. Unter der Stabführung des Ford-Statthalters und weisen Patriarchen Walter Hayes waren nämlich Diversifikation angesagt und die Besetzung jeder erdenklichen Marktnische im Handstreich.

In diese Strategie paßten unter anderem auch die zehn Limited-Edition-Coupés vom Oktober 1994, allesamt in Dunkelgrün-Metallic lackiert und einheitlich mit braunem Ledergestühl ausgeliefert. Durch sanfte Eingriffe im Umkreis des Zylinderkopfs und ein neues Motor-Management hatte man die Leistung um zehn Prozent angehoben, und um das Maß an Individualität auf die Spitze zu treiben, verriet ein Messingschild auf dem Armaturenbrett aus Ulmenwurzelholz die Fahrgestellnummer sowie den Namen des Eigners.

Den immer dringlicher vorgebrachten Wünschen der Kundschaft nach mehr Muskel war man schon eine Zeitlang entgegengekommen, indem man mit Con-

version Kits aufgerüstete Einzelexemplare mit bis zu 6,3 Litern Hubraum und 465 PS und entsprechenden Modifikationen an Karosserie und Fahrwerk anbot. Bis zu 50 000 Pfund Aufpreis gingen dafür über den Ladentisch.

Daß man sich in dieser Hinsicht keinesfalls lumpen lassen wollte, stellte im Oktober 1992 eine 557 PS starke Power-

Aston Martin Vantage, Bj. 1993. V8. 5340 cm³. 557 PS.
307 km/h. 4,6 s 0 - 60 mph. Leihgeber: Ulrich Schödel

Variante des Virage unter Beweis, der ultimative Vantage, mit zwei Eaton-Kompressoren zwecks knorrig-solider Kraftentfaltung ohne Wenn, Aber und Turboloch. Nach außen hin unterschied er sich beispielsweise durch einen anderen Frontgrill, gerahmt durch je drei kleine Frontleuchten aus eigener Fertigung, wo man bei jenem auf Dut-

zendware vom VW Corrado zurückgegriffen hatte, sowie ein verschieden geformtes Heck mit integriertem Spoilerwulst.

Autocar & Motor verlieh im August 1993 seiner hellen Freude Ausdruck, als erstes Magazin der Welt "die faszinierende Mixtur von Genüssen" erfahren zu haben, die dieses Auto zu bieten habe, und zwar nicht etwa nur auf dem Beifahrersitz, sondern "auf dem mit Connolly-Leder bespannten Stuhl mit den Pedalen und dem Lenkrad davor". Es handelte sich um einen 15 000 Kilometer alten Versuchsträger mit dem polizeilichen Kennzeichen K377 APP, in dessen kontinuierliche Verfeinerung etwa Aston-Martin-Vorstandsmitglied Jackie Stewart eingebunden war.

Dieser mit drei Fahrerweltmeisterschaften diplomierte begnadete Autofahrer erwies sich auch sonst als ein Glücksfall für die Marke, da er wie kein anderer imstande war, Überzeugungsarbeit am künftigen Kunden zu leisten: "Jackie", beurteilte etwa Innes Ireland, wie Stewart Formel-1-erfahren und seinerseits dem Hause Aston Martin in Treue verpflichtet, die diesbezüglichen Fähigkeiten des Schotten, "könnte mit seiner Beredsamkeit einen Terrier von einem Hüftsteak weglocken."

Der Vantage sprach indessen vor allem für sich selbst, zu dem Autocar-Tester zwei Tage und 1300 Kilometer lang über die kurvenreichen Straßen der Grafschaften Buckinghamshire und Leicestershire. Natürlich fand sich dabei keine Gelegenheit, den Wahrheitsgehalt der Werkangabe zu überprüfen, mit dem Wagen habe man auf der Michelin-Teststrecke in Ladoux 307 km/h erzielt. Nicht leicht tat man sich auch mit der Ermittlung des Wertes für den üblichen Spurt auf 60 mph. Die einzige Traktionskontrolle sei nun mal der rechte Fuß. Gebe man zuviel Gas, bleibe der Vantage mit durchdrehenden Räder wie angewurzelt stehen. Bei zu wenig krallten sich die fetten Goodyear-Pneus in der Asphalt und das Triebwerk bekomme Schluckauf.

Gleichwohl kam man auf 4,6 Sekunden und 10,1 Sekunden für die Beschleunigung auf 100 Meilen. Um die Vorzüge des Vantage in dieser Hinsicht ins rechte Licht zu rücken, beschwor das Blatt eines jener Traum-Szenarien, die hierzulande umgehend zum wütenden Gezeter der üblichen Bedenkenträger geführt hätten: "Zu diesem Zeitpunkt ist ein Viper längst Geschichte, und Rivalen wie der Ferrari 456 GT, der Mercedes 600 SL oder der Porsche 928 GTS schrumpfen zu Punkten im Rückspiegel." Eher zum Alptraum aber hätten die Konsumgewohnheiten des Vantage gereicht, "vom sanft Erschreckenden bis hin zum reinweg Hysterischen" – im Schnitt 24 Liter je 100 km.

In fließender Evolution wurden viele

der Vantage- Merkmale ab März 1996 auf den Virage-Nachfolger, das V8 Coupé, übertragen. 40 Vantage Le Mans mit 600 PS wie schon die letzte Ausbaustufe des normalen Vantage vom Jahr zuvor läuteten 1999 den Abschied der V8-Modelle ein. Knapp über 1000 Exemplare hatte die Baureihe seit 1988 hervorgebracht. Ihre Ära klang stilvoll aus mit einer Kleinauflage von sechs Vantage Volante im August 2000.

BMW Z1, Bj. 1990. Sechszylinder-Reihenmotor. 2494 cm^3. 170 PS. 220 km/h.
8,7 s 0 - 100 km/h. Leihgeber: René Pfoertner und Michael Andrelang

Er war ein Sonderling, der vor allem eines wollte: anders zu sein als die anderen. Schon im August 1986 konnte sich die Leserschaft das Fachmagazins auto motor und sport in einem verblüffend ausführlichen Bildbericht davon überzeugen, auf der Frankfurter IAA im September 1987 der Rest der Welt.

Mit dem Z1 hatte BMW-Designer Harm Lagaay pünktlich zum 100. Geburtstag der Kraftfahrt den Keil neu ausgelegt, schon in grauer Vorzeit Waffe des Menschen gegen den Mitmenschen und andere Bedrohungen, spätestes seit dem Formel-1-Lotus 72 des genialischen Konstrukteurs Colin Chapman von 1970 auch im Kampf gegen den Wind, der sich dem Automobil entgegenstellt.

Sein monocoqueähnlicher Rahmen aus verzinkten Blechprofilen war beplankt mit Thermoplastpaneelen. Dieses knappe Wams wuchs in der Hitze eines Julitages schon mal um bis zu 20 mm, weshalb die Kotflügel des Z1 nur am Türrahmen fest verankert waren. An den vorderen und hinteren Polen tarierten Langlöcher die Wärmedehnung dieser Bauteile aus. Zusätzliche Stabilität schuf eine eingeklebte Bodenplatte aus Kunststoff.

Als rechter Querkopf in der Masse von gesichtsloser Uniformität, die ihn umgab, erwies sich der flache Roadster indessen durch seine Türen: Auf das Antippen elektrischer Schalter hin schnurrten diese abwärts ins Souterrain der beiden fetten Seitenschweller. So wurden für den Sauerstoff-Junkie weitere Quellen einer umfassenden Frischluftzufuhr erschlossen, da sie dort auch während der Fahrt verbleiben konnten. Was das mechanische Innenleben des Z1 anbelangte, hatte man seine Limousinen-Verwandte 325i ausgebeint wie eine Organbank. Um 30 mm nach hinten gerückt, trug deren Triebwerk sein Scherflein zu der beinahe idealen Gewichtsverteilung von 49 Prozent vorn und 51 Prozent hinten bei. Die 16-Zoll-Räder hingen vorn an McPherson-Federbeinen, hinten an Längslenkern und Schrägstreben unten und Querlenkern oben, mit Schraubenfedern und Drehstabstabilisatoren an beiden Enden.

Die Sensation war perfekt, der künftige Verkaufserfolg schien es zu sein, zumal in Nu 5000 Bestellungen vorlagen. Doch dann scheiterte der BMW Z1 an den Widersprüchen, die ihm innewohnten und seine mögliche Klientel radikal ausdünnten. Zum Betreten und Verlassen bedurfte es der Gelenkigkeit und möglichst auch des Körperbaus einer Muräne, vor allem, wenn das ansonsten leicht zu bedienende Klappverdeck geschlossen war. Wer sich ihm als Dame genähert hatte, vor allem in weiblicher Kleidung, verließ ihn definitiv als Frau und überdies umgeben von einer Aura von nitribitthafter Ruchlosigkeit. Sein Preis betrug anfänglich schmerzliche 80 000 Mark und stieg bis Oktober 1990 sogar noch auf 89 000 Mark. Der winzige Kofferraum schrumpfte seinen Aktionsradius auf Abstecher in die Nachbarschaft. Und nach dem Drehen des Zündschlüssels ließ sich der Sechszylinder mit dem bekannten seidigen Summen vernehmen – nicht unbedingt die Klangkulisse, an der sich der bekennende Roadster-Pilot ergötzen möchte. Mit 220 km/h Höchstgeschwindigkeit und 8,7 s auf Tempo 100 lag der Z1 noch nicht einmal schlecht im Rennen.

Doch auch die Zeitläufte spielten ihm nicht in die Karten. Ein großer Teil des anfänglichen Ansturms rekrutierte sich aus Spekulanten. Angestachelt vom überhitzten Sportwagen-Boom Ende der Achtziger hofften diese, mit Autos seines Schlages das schnelle und große Geld machen zu können. Das schlug gründlich fehl, und im Juni 1991 verschwand der BMW Z1 nach 8000 Exemplaren erheblich leiser von der Bildfläche, als er auf dieser erschienen war.

Mercedes-Benz SL 500, Bj. 1999. V8. 4966 cm³.306 PS.
250 km/h. 6,5 s 0 - 100 km/h. Leihgeber: Hans-Werner Krauß, Isidor Niedermair

Zugegeben – der Spitzname Barockengel war eigentlich einem bayerischen Konkurrenzfabrikat 15 Jahre zuvor vorbehalten. Aber zweifellos haftete auch dem SL der dritten Generation (Baureihe 107) etwas Barockes an. Mit der vierten, auf dem Genfer Salon im März 1989 in den drei Spielarten 300 SL, 300 SL-24 und 500 SL eingeführt, kehrte man zurück zu schöner Sachlichkeit.

Zugleich zeugten sie und ihre weitere Entwicklung davon, daß sich ein großer Hersteller wie Mercedes-Benz dem Zug der Zeit nicht entziehen mochte und eine Vielzahl von Wünschen und Geschmäkkern einer anspruchsvoller und mäkeliger gewordenen Klientel bediente. Und: Der Triumph der Elektronik war nicht mehr aufzuhalten, eigentlich unvereinbar mit der Idee des Sportwagens, da sie dem Fahrer immer mehr Funktionen abnahm. Und schließlich: In puncto Sicherheit stand der SL neuer Art den Limousinen der Marke kaum noch nach, auf Grund seiner rigiden Bodenstruktur, hochfesten Bleche, generösen Trägerquerschnitte, eines raffinierten Systems von Sicken in den Türen und A-Säulen aus trotzigem Stahlblech, verstärkt duch massive Rohre. Im Falle eines Falles schnellten hinter den Köpfen der Insassen elektromagnetisch ausgelöst innerhalb einer Drittelsekunde robuste Überrollbügel empor.

Mehr Zeit, nämlich eine halbe Minute, nahm sich das elektrohydraulische Verdeck in einer prächtig konzertierten Aktion von 17 Endschaltern, 15 Druckzylindern sowie elf Magnetventilen.

Dämpferbein-Vorderachse und Raumlenker-Hinterachse entsprachen gewohntem Mercedes-Standard, waren aber im Bunde mit einer geschwindigkeitsabhängigen Niveauregulierung und dem adaptiven Dämpfungssystem ADS fein auf die Bedürfnisse des Roadsters abgestimmt wie auch die beiden Dreiliter-Sechszylinder. So wartete der 24-Ventiler analog zu den beiden Zylinderbänken des Fünfliter-V8 des 500 SL, mit 326 PS das stärkste Stück im Stuttgarter Sortiment, mit einer kennfeldgesteuerten Verstellung der Einlaßnockenwellen auf.

Mit 68 Pferdestärken mehr, aber kaum gesteigerten Fahrleistungen schickte man im Oktober 1992 den 600 SL ins Rennen, der dafür und für zusätzlich 60 000 Mark allerdings mit der summenden Laufkultur seines Zwölfzylinders daherkam. Im Juni 1993 wurden die beiden Topmodelle im Rahmen einer umfassenden Namensreform zu SL 500 und SL 600 umgeflaggt und ihre Brüder mit drei Litern durch die Vierventiler SL 320 und SL 280 ersetzt. Per Hand geschaltet – durch fünf Fahrstufen – wurde nur noch dieser. Auf der IAA im September 1995 zeigte sich die Baureihe technisch und optisch überarbeitet, mit anderen Stoßfängern und Seitenteilen in Wagenfarbe. Als Alternative zum bisher angebotenen Hardtop aus Aluminium gab es ein Glasdach mit Sonnenrollo, und die Liste der Extras umspannte Begehrenswertes wie Xenon-Lampen mit doppelter Lichtausbeute und einen Tempomaten für die 30-km/h-Zone.

Zugleich ersetzte man den gewichtigeren Getriebeautomaten durch eine kompakte und leichte Fünfgangautomatik mit elektronischer Steuerung und Wandler-Überbrückungskupplung, ab Juni 1996 auch für die Sechszylinder verfügbar. Ab Dezember jenes Jahres spannte man es auch für jene zusammen mit dem Fahrdynamik-System ESP, das

zunächst nur serienmäßig für die V12-Version und als Option für den 500 SL zu haben war. Überdies griff nun dem SL-Lenker die Bremshilfe BAS (für Bremsassistent-System) unter die Arme. 1998 traten neue V8 und V6-Triebwerke an die Stelle der bisherigen Aggregate, also auch der Sechszylinder-Reihenmotoren – Ende einer Ära.

Porsche 911 Turbo, Bj. 1994. Sechszylinder-Boxer. 3600 cm³.
320 PS. 289 km/h. 4,6 s 0 - 100 km/h. Leihgeber: Dr. Gerd Brückmann

"Der 911 ist tot – es lebe der 911", spottete eine französische Publikation zum Produktionsanlauf der jüngsten Elfer-Metamorphose Carrera 4 Anfang 1989.

Das war halb richtig und halb falsch:

Das äußere Erscheinungsbild des betagten Jünglings hatte sich kaum verändert. Unter dem gewohnten Gewand indessen war fast alles radikal umgekrempelt worden bis in die Nähe der Unkenntlichkeit. Nur 15 Prozent der Zutaten, vornehmlich im Umkreis der schönen Hülle und der Innenarchitektur, wurden übernommen. Hinsichtlich des Rests bediente man sich aus dem schier unerschöpflichen Reservoir der Weissacher Ideenfabrik. Die eigentliche Revolution bildete sich in der Ziffer 4 ab. Sie besagte, der Carrera komme nun mit permanentem Allradantrieb daher, ein Zug, der dem Modell unter anderem die bislang schon schrittweise eingedämmte latente Tücke völlig nahm. Man erinnere sich – frühe Generationen standen in dem Ruf, wie ein Alligator mit dem Hinterteil auszukeilen, wenn man sie nur schief ansah.

Angedacht und in Angriff genommen worden war das Porsche-Opus 964 bereits 1984. Ein Prototyp stand Ende 1985, ein weiterer wurde ab Anfang des folgenden Jahres etwa am Polarkreis handverlesenen Schikanen unterworfen. An Vorserienwagen konnten sich Journalisten im November 1988 im dafür glänzend geeigneten Hinterland von Nizza bei St. Paul de Vence austoben. Dem Doyen der Branche und nimmermüden Chronisten der Marke Paul Frère erleichterte das die Anreise ungemein – er wohnt in Monaco.

Die Kraftübertragung des Carrera 4 leitete sich her von dem System, das 1984 in der Höllenglut der Rallye Paris-Dakar seine Feuertaufe bestanden hatte. Ein mittleres Differential teilte zwei weiteren an Vorder- und Hinterachse das Drehmoment des potenten Boxers im Verhältnis 31 zu 69 Prozent zu, eine Relation, die nicht zuletzt im Vorfeld der Serie während des Winterbetriebs ermittelt worden war. Die beiden elektronisch-hydraulisch gesteuerten Lamellenkupplungen wurden aktiviert und das überschüssige Drehmoment an die anderen Räder weitervermittelt, sowie einer der vier ABS-Radsensoren Schlupf feststellte. Die Elektronik war lernfähig und bezog zum Beispiel unterschiedlichen Reifenverschleiß mit in ihr Kalkül ein. Zum manuellen Auslösen der beiden Sperren diente ein sogenannter Traktionsschalter vor dem Schalthebel, der seine Tätigkeit indessen erst von 40 km/h an abwärts aufnahm.

Ein stabiles Transaxle-Rohr stellte die Verbindung her zwischen dem Ausgang des Getriebes und dem vorderen Differential, so tief als irgend möglich angesiedelt, schon damit der vertraut-geräumige Wohn- und Arbeitstrakt nicht in zwei Einzelzellen aufgespalten wurde. Gleichwohl wurde seine Anwesenheit verraten durch einen anders geformten Mitteltunnel, auf dem neue Schalt- und Handbremshebel sowie eine geänderte Konsole thronten. Auch sonst erforderte das Vierradler-Konzept diverse bauliche Veränderungen. Das Triebwerk, bisher leicht geneigt, war nun senkrecht eingebaut, damit der Tansaxle-Anbindung ein Gelenk erspart blieb. Im Prinzip beibehalten, wenn auch energisch retuschiert, wurde die Aufhängung des Vorgängers à la McPherson mit unteren Dreiecklenkern vorn und Schräglenkern hinten. Die Drehstäbe wichen Schraubenfedern, und vorn mußten schon allein deshalb die Raumverhältnisse geändert werden, um Platz für Antriebswelle und zusätzliches Differential zu schaffen.

Der Kondensator der geregelten Luftheizung hauste nunmehr im Bug, ihm

gegenüber der Kühler des Motoröls mit einem elektrischen Lüfter als Satelliten. Dies ging auf Kosten des Gepäckraums, der tiefer ausgefallen war als vorher, und des um acht auf 76 Liter geschrumpften Tankvolumens – ein Manko, das durch einen geringeren Verbrauch aufgefangen wurde.

Porsche 911 (964) Cabriolet (Werks-Turbo-Optik), Bj. 1992. Sechszylinder-Boxer. 3600 cm^3. 272 PS. 264 km/h. 5,5 s 0 - 100 km/h. Leihgeber: Manfred Zimmermann, K.-H. Binz

Ermöglicht durch ein Versetzen der Stehbolzen, waren die Bohrung des Sechszylinders auf 100 mm erweitert, der Hub auf 76,4 mm vertieft und das Volumen dadurch auf genau 3600 cm^3 vergrößert worden. Die größeren Kolben gerieten gleichwohl leichter als zuvor, die Pleuel länger, aber schlanker, und die dem Flugmotorenbau entlehnte Doppelzündung besorgte eine bessere Verbrennung des Gemischs, das die Bosch-Motronic den Zylindern sequentiell zuteilte. Nicht zuletzt durch das Verbauen

von Magnesiumteilen hatte man das Triebwerk um fast vier Kilogramm erleichtert.

Zum Gesamtgewicht von 1450 kg steuerte allein die Elektronik mehr als zwei Zentner bei, kein Wunder: Im historischen Gewand des Elfers, im Prinzip noch immer dem gleichen, wie es einst Erwin Komenda nach den Vorgaben von Ferdinand Alexander Porsche geschaffen hatte, verbargen sich 1150 m Kabel, 1433 Steckverbindungen, 48 Elektromotoren bis zu 2000 Watt, 41 Sicherungen, 27 Schaltgeräte sowie 18 elektromagnetische Ventile. Die Linie des Evergreens bot gleichwohl, von den Porsche-Puristen argwöhnisch beobachtet, genügend Spielraum für immer neue Variationen und Retuschen am Detail. Wieder war man ungemein behutsam vorgegangen mit Eingriffen im Umfeld der Schweller und Stoßfänger, die sich nun harmonischer und dennoch trotziger in das formale Gesamtkonzept einschmiegten, gefertigt aus dem kollisionsfreundlichen Thermoplastwerkstoff Bexloy. Von der Konsultation des Windkanals zeugten zudem die bündig aufgeklebte Windschutzscheibe, ein neues, leicht schräg angeordnetes hinteres Leuchtenensemble sowie der glattflächige Unterboden mit einer hinteren Ausprägung als Diffusor. Denn die kontinuierlich wachsende Leistung des Boxers, mithin immer höhere Endgeschwindigkeiten, verlangten gebieterisch nach mehr Abtrieb am Heck, bisher bei den Normal-Elfern durch fakultativ erhältliche Flügel hergestellt. 75 Prozent der Käufer mochten sich indes nicht anfreunden mit etwas, das für sie die schöne Simplizität des Kult-Mobils 911 verschandelte. Also entschied man sich für eine salomonisch-effiziente Lösung: Knapp hinter der rückwärtigen Scheibe in die Motorhaube eingelassen, erigierte ab Tempo 80 ein beweglicher Spoiler mit einem unaufdringlichen Wulst an seiner Unterkante und kehrte bei zehn Stundenkilometern diskret in sein Exil zurück. Über Dauer und Notwendigkeit seiner Anwesenheit konnte der Pilot auch manuell entscheiden, und im übrigen trug das fast verhohlene Flügelwerk durch einen größeren Lufteinlaß und gewandelte Druckverhältnisse sein Scherflein zu besserer Motorkühlung bei.

Im Herbst 1989 stellte man dem Vierradler den Carrera 2 an die Seite, mit diesem weitgehend identisch bis auf die aktive Mitwirkung der Vorderachse. Des Verdeck des Cabriolets öffnete und schloß nun als Teil der Grundausstattung elektrisch, und gegen 600 Mark Aufpreis hielt ein Bordcomputer vielfältige Informationen bereit. Viel radikaler war jedoch eine andere Neuerung, die für die alleinig heckgetriebene Version zu Wahl stand: die Tiptronic. Das sprechende und als Warenzeichen geschützte Wort faßte die Eigenart dieser Porsche-Entwicklung praktisch zusammen. In der linken Gasse der Schaltkulisse ließ sich in den Positionen P-R-N-D-3-2-1 automatische Kraftübertragung in der gewohnten Form

auslösen, wobei die intelligente und lernfähige Elektronik dem Fahrstil des Piloten eine von fünf Kennlinien zuordnete. In einem zweiten Modus vermochte dieser etwa die Schaltvorgänge einfühlsam durch seinen Umgang mit dem Gaspedal anzustoßen. Manuelles Schalten in seiner flinkesten Form fand rechts statt. Durch Tippen nach vorn gestoßen, löste der Wählhebel blitzschnell die nächsthöhere, nach hinten gezogen die nächst niedrigere Fahrstufe aus. Man hatte die Qual der Wahl – je nach Gusto und Tagesform des Elfer-Lenkers.

Porsche 911 (964) Speedster, Bj. 1993. Sechszylinder-Boxer. 3600 cm³. 272 PS. 265 km/h. 5,4 s 0 - 100 km/h. Leihgeber: Jens Wolf

Im Zuge behutsamer Modellpflege blähten sich ab 1. Februar 1991 im Falle eines Unfalls serienmäßige Airbags vor Fahrer und Beifahrer. Optional wurde das Angebot durch ein strafferes Fahrwerk ergänzt. Zum Modelljahr 1992 bescherte

man dem Normal-Elfer neue Felgen im Cup-Design und die windschlüpfigeren Rückspiegel des Turbo, dessen Aufhängung, Bremsen und üppiger gerundete Kotflügel auch einer Reihe von Carrera-2-Cabriolets anverwandelt wurden. Vom 30. Geburtstag des Dauerrenners und -brenners kündete auf dem Genfer Frühlingssalon 1993 das erste von sinnigerweise 911 Exemplaren einer Jubel-Ausgabe. Sie war ein Amalgam aus dem Vierradantrieb des Carrera 4, dem Fahrwerk des Turbo sowie dessen Aufbau ohne den großen Heckflügel, in Viola-Metallic, einer Couleur aus einer schier unerschöpflichen Farbpalette.

Überhaupt gedieh auf dem giftigen Nährboden schwindender Gewinne und roter Zahlen, personeller Querelen, dem Abbau von Arbeitsplätzen und Übernahmegerüchten eine erstaunliche Artenvielfalt. Da war als König unter den Saugern der Carrera RS Jahrgang 1992/93, um 40 mm tiefergelegt, zehn PS stärker, 180 kg leichter durch die entschlossene Absage an schmückendes Beiwerk wie elektrische Fensterheber, Zentralverriegelung und Rücksitze, mit kürzeren Schaltwegen und einer direkteren Lenkung. 1000 Einheiten waren zur Homologation für die Gruppe N-GT (für nationale Grand-Tourisme-Kategorie) erforderlich, auf Grund der begeisterten Rezeption baute man die doppelte Anzahl. Da war, ebenfalls 1992, der RS 3.8 in streng limitierter Edition als Basis für den GT-Cup des ADAC mit 300 röhrenden PS, bei 6500/min geboren aus 3246 cm³ Hubraum, noch einmal um zehn Kilo erleichtert, in seinen Leistungen dem Turbo sehr nahe, dafür aber vom Komfort eines dünn besiedelten Nagelbretts. Und da war der Galions-Porsche Turbo, oft totgesagt, aber einfach nicht totzukriegen. Mit dem Genfer Salon 1990 als Startschuß legte man die Variante 964 auf, mit wesentlichen, wenn auch turbospezifisch aufbereiteten Gesichts- und sonstigen Zügen des Carrera 2, aber dem auf 320 PS erstarkten Triebwerk des Vorgängers, gezähmt von einer rennmäßigen Bremsanlage mit Vierkolben-Bremssätteln und auch sonst state-of-the-art. 1991 folgte wiederum im Palais des Expositions der schönen Rhônestadt für alle diejenigen, die nie genug kriegen, der Turbo S, 180 kg leichter, um 60 PS potenter und mit 295 000 Mark um 104 750 Mark teurer als der gewichtigere und luxuriösere Kollege, dem ab Oktober jenes Jahres auf besondern Wunsch ein Tuningkit zu 355 PS und noch einmal mächtig auf die Sprünge verhalf. Vom Januar 1993 an steckten im stämmigen Outfit des geladenen Serien-Sportlers 360 Pferdestärken, das Produkt von 3600 cm³ wie im normal atmenden Carrera. Die Gilde der Bleifüßer war entzückt: "Wer ihn nicht als Kulturgut sammelt, sondern als Verkehrsmittel nutzt", schwärmte Malte Jürgens in auto motor und sport, "erfährt Sportwagenfaszination in höchster Vollendung."

Diesen Genuß gestattete auch der Speedster, der auf dem Pariser Salon 1993 und auf der Berliner AAA des gleichen Jahres in einer konzertierten Renaissance fröhliche Urständ feierte. Die Beschränkung auf 1500 Exemplare – je 500 für die Vereinigten Staaten, Deutschland und den Rest der Welt – sicherte ihm die gebotene Exklusivität. Das weiterentwickelte Verdeck war unter zwei sanft sich aufwölbenden Plastikhöckern verborgen, und in seinen Qualitäten reichte

es beinahe an das vorzügliche Stoffdach des Cabriolets heran, während sich der Speedster-Freak ansonsten in vielerlei Hinsicht in Verzicht üben mußte. In der wimmelnden Population von 63 762 Elfern der Baureihe 964 war der asketische Roadster ohnehin nur ein Farbtupfer.

Alfa Romeo SZ Coupé, Bj. 1991. V6. 2959 cm³. 210 PS.
240 km/h. 7,5 s 0 - 100 km/h. Leihgeber: Andrea Paganin

Das Zagato-Z im Namen und auf den Flanken des Alfa Romeo SZ, erstmalig gezeigt als Prototyp beim Genfer Salon 1989, schien ein hinreichendes Indiz dafür, daß hier eine uralte Geschäftsverbindung wieder auflebte.

Sie reichte vom 6C 1750 Super Sport der frühen Dreißiger über den Giulietta SZ von 1957 und den Giulia TZ anno 1963 bis hin zum 2600 Sprint Zagato von 1965 und Junior Zagato von 1969.

Das stimmte indessen nur zum Teil. Entstanden war seine Silhouette im Design-Center der Konzernmutter Fiat, wo dessen Chef Robert Opron für den Entwurf verantwortlich zeichnete, während Antonio Castellana die Feinarbeit besorgte. Aus der Formenküche der Zagatos in Terrazzano di Rho, wo das Modell auch montiert wurde, stammten lediglich ein paar Zutaten an Front und Heck und wohl auch ein gutes Quentchen Philosophie.

Zweifellos lud der SZ nicht eben zum defensivem Fahren ein, ein aggressiver Keil mit ungewöhnlich hoher Gürtellinie, der sich mit bis zu 245 km/h zornig in den Fahrtwind bohrte. Sein Spitzname paßte wie ein Handschuh – das Monster. Es trat durchweg mit dem Farbschema Alfa Rosso (der Alfa-Romeo-Variante des italienischen Rennrots) und Dunkelgrau für das Dach auf.

Straßenlage und Handlichkeit waren phänomenal. Das Monster rollte praktisch auf dem Fahrwerk des Wettbewerbswagens Alfa 75 für die Gruppe A, vorn untere Dreieckquerlenker, obere einfache Querlenker mit Zugstreben, Kurvenstabilisator und Schraubenfedern, hinten eine De-Dion-Achse mit Schräglenkern, Wattgestänge und Schraubenfedern. Mit einem einstellbaren Dämpfersystem von Koni ließ sich der SZ von seinem Armaturenbrett im Kevlar-Look her um 60 mm absenken oder heben.

Wegen eines selbsttragenden Skeletts aus Stahlblech und Karosserieteilen aus Aluminium und Kunststoff war er bei einem Leergewicht von 1260 kg gleichwohl zwei Zentner schwerer als die Limousine, aus der man ihn sublimiert hatte. Damit kam deren Dreiliter-Aluminium-V6 jedoch trefflich zurecht, beim hauseigenen Potenz-Institut Alfa Corse mit höherer Verdichtung, schärferen Nockenwellen und einer kampflustiger programmierten Bosch-Motronic auf 210 PS bei 6200/min erstarkt. Über das breite Spektrum zwischen 2500 und 6000/min standen immer mindestens 230 Nm bereit.

Der SZ sollte vor allem einen Akzent setzen und Alfa Romeo mehr ins Gespräch bringen. Eine limitierte Edition von 1000 Exemplaren wurde verheißen, adressiert an Leute, die gegen den Strich denken und das auch zeigen wollen. Bei dieser widerborstigen Zielgruppe mochte das Modell indessen nicht so recht ankommen. Es erregte Interesse, aber nicht die rechte Kauflust trotz einer eigens inszenierten Rennserie, für deren Teilnehmer ein großzügiger Preisnachlaß von 25% gewährt wurde.

Dennoch wagte man 1992 einen weiteren Schritt mit dem RZ (für Roadster Zagato), der im wesentlichen der Linie des Coupés folgte. Sein Verdeck ließ sich rückstandslos unter einem Deckel mit der typischen Zagato-Doppelbeule versenken. Die fette Umrandung die niedrigen Windschutzscheibe war als Überrollbügel gedacht, das ganze Fahrzeug

noch einmal 120 kg schwerer, was mit Einbußen an Temperament erkauft werden mußte. Zu haben war der RZ in Rot, Gelb und Schwarz.

Die Akzeptanz der Querdenker war jedoch noch dürftiger: Eine Auflage von 350 Roadstern war geplant, nach 278 versiegte die Produktion mangels Nachfrage.

BMW 850 Ci, Bj. 1999. V12. 5379 cm^3. 326 PS.
250 km/h. 6,8 s 0 - 100 km/h. Leihgeber: Dr. Dr. Landgraf

Der Sechser war kaum tot, da lebte bereits der Achter, für das allgemeine Publikum erstmals auf der Frankfurter IAA im September 1989 in Augenschein zu nehmen. Im Feldzug an allen Fronten gegen den Konkurrenten mit dem Stuttgarter Stern war er aufgestellt, beim Scharmützel gegen die gleichzeitig debütierende neue SL-Generation eine gute Figur zu machen. Das tat er allerdings hochgeschlossen, wo sich jener in

schöner Offenheit präsentierte.

Mit dem 850i hatten die Bayern fürwahr schweres Geschütz aufgefahren. In dem voluminösen Coupé wisperte der seit 1987 in der Premium-Limousine 750i bewährte Aluminium-V12 mit fünf Litern Volumen und 300 PS, ein Prachtstück trotz vergleichsweise simpler Architektur mit zwei obenliegenden Nockenwellen, die über eine gemeinsame Kette zur Arbeit angehalten wurden. In aller Regel war es gepaart mit einer Viergang-Automatik von ZF, obwohl zum gleichen stattlichen Grundpreis von 152 000 Mark (Wert von 1994) auch wahlweise ein manuell zu schaltendes Sechsgang-Getriebe zu haben war.

Der mehrheitliche Verzicht auf Hand-Arbeit warf ein bezeichnendes Licht auf den Charakter des Neuen und damit auf seinen Kundenkreis: Man mochte es eher kommod als heiß, zog einen Gran Turismo mit dem diskreten Charme des Dutzends einem brüllenden Sportgerät vor und befand sich in eigentümlichem Kontrast zu klassischen BMW-Tugenden. Dabei ging einem eine Vielzahl von elektronischen Helferlein zur Hand. Wer dennoch mal ordentlich zulangen wollte, erfuhr durch das Fahrwerk des 850i (1992 umgewidmet zum Ci) jede Unterstützung, mit McPherson-Federbeinen vorn, Doppelquerlenkern und Zugstreben hinten, Schraubenfedern ringsum und Drehstabstabilisatoren an beiden Enden. Seine Linie war eher von Understatement geprägt.

Auch ein paar Eigenzitate hatte man sich gegönnt: Die flach über dem Boden schnüffelnde Front mit breitgequetschter Niere und "Schlafaugen" erinnerte an eine Turbostudie Paul Bracqs von 1972, die stämmige Schulter- und Hüftpartie an den zeitgenössischen M3, das abrupt abstürzende Heck an etliche andere Modelle der Marke. Stets spürbar blieb die Nähe zum älteren Bruder Siebener, und so ging dem luxuriösen 2+2-Sitzer eine persönliche Ausstrahlung, geschweige denn Charisma, zur Betrübnis seiner Väter weitgehend ab.

Beim Pariser Salon 1992 wurde ihm zum Mehrpreis von über 30 000 Mark der 850 CSi zur Seite gestellt, mit 5,6 Litern und 380 PS, einer aufwendigen "aktiven" Hinterachskinematik sowie einem speziellen Paket der BMW-Leistungsfiliale Motorsport GmbH, in das etwa M-Felgen und -Rückspiegel geschnürt waren. Im Frühling 1993 rundete man die Palette nach unten ab mit der Achtzylinder-Variante 840 Ci. Mit vier Litern, vier Nockenwellen und vier Ventilen je Verbrennungseinheit und 286 Pferdestärken, einem alten magischen BMW-Wert, hatte sie fast ebensoviel zu bieten wie die Zwölfzylinder, war indessen um fast 30 000 Mark billiger. Ein kleiner Unterschied: Mit Tempo 250 war sie am Ende ihrer Möglichkeiten angelangt, wo bei jenen in freiwilliger Selbstkontrolle die Elektronik weiteren Unternehmungsgeist unterband.

Drei Jahre später erhielt der 840 Ci einen neuen Motor und war jetzt eigentlich ein 844 Ci – mit 4,4 Litern und geänderten Zylindermaßen bei unveränderter Leistung. Auch beim 850 Ci hatte man 1994 noch einmal aufgerüstet auf 5,4 Liter und 326 PS. Wie das V8-Coupé wurde er bis 1999 weitergebaut, während der CSi bereits zwei Jahre zuvor das Zeitliche segnete.

Von den insgesamt 30 621 Achtern entfielen 22 800 auf die Zwölf- und 18 auf einen Sechszylinder mit drei Litern. Er wurde nie der Serie zugeführt.

Cizeta-Moroder V16T, Bj. 1991. V16. 5995 cm^3. 520 PS.
Über 300 km/h. 4,5 s 0 - 100 km/h. Leihgeber: auto motor und sport/MPI

Zu den Exponaten des Marconi Automotive Museum im kalifornischen Tustin zählt eine schwarze Berlinetta im grandiosen italienischen Stil, ein bißchen Ferrari Testarossa, viel Lamborghini Diablo, aber auch irgendwie aus einem Guß. In all ihrer Glorie ist sie das Dokument eines Scheiterns. Und das kam so:

Schon Ende der siebziger Jahre trug sich Claudio Zambolli, vormals Lamborghini-Bediensteter und Ferrari-Händler am Wilshire Boulevard im westlichen Los Angeles, mit dem Plan, mit einem Sportwagen der Superlative alles bisher Dagewesene in den Schatten zu stellen. Beflügelt wurde er durch den beginnenden Boom im Segment der Boulevard-Boliden. So fiel es ihm nicht schwer, den Musikproduzenten und dreifachen Oscar- und Grammy-Gewinner Giorgio Moroder für sein Vorhaben zu gewinnen, das er sogar vor seiner Familie sorgsam geheimzuhalten wußte.

Im Namen Cizeta verschränkten sich Zambollis Initialen, italienisch ausgesprochen, und als Standort der Cizeta Motors srl wurde ein Anwesen an der Via dei Tipografi im Branchen-Mekka Modena ins Auge gefaßt, gar nicht weit weg von der altehrwürdigen Maserati-Fabrik. Moroder, ein künstlerisches Multitalent, machte sich um das Projekt auch gleich verdient mit einem schmucken Emblem in den Modeneser Farben blau und gelb. Als zentrales Motiv war das Profil der tiberischen Wölfin eingearbeitet,

die einst laut Legende das hungrige Zwillingspaar Romulus und Remus gesäugt hatte.

Nach einem weiteren Zwölfzylinder würde kein Hahn krähen. Folglich mußte ein mächtiger Meiler mit 16 Verbrennungseinheiten her. Verantwortlich zeichnete Oliviero Pedrazzi, früher Lamborghini-Kostgänger wie der Chef selbst. Er baute kurzerhand zwei V8-Triebwerke aneinander, deren Architektur bis hin zu den identischen Werten für Bohrung und Hub eine verdächtige Ähnlichkeit zum Motor des Medium-Lambo Urraco aufwies. Gleichwohl war Pedrazzis Job nicht eben einfach, mußte er doch die Tätigkeit von unter anderem zwei Kurbel- und acht Nockenwellen sowie 64 Ventilen miteinander koordinieren. Eingebaut wurde dieses komplexe Wunderwerk quer vor der Hinterachse, seine Leistung von 520 PS zentral zwischen den beiden Achtzylindereinheiten abgenommen und über ein längsliegendes Fünfganggetriebe vermittelt.

Wie vieles andere auch an dem Supersportler folgte sein Chassis, komponiert von den Cizeta-Mitarbeitern Achille Benveni und Lanose Bronzatti, konventionellen Baumustern mit Abstechern in die Technik eines Gruppe-C-Rennwagens – ein Gitterwerk aus ovalen Chrom-Molybdänrohren mit doppelten Querlenkern, zwiefachen Schraubenfedern und Stoßdämpfern hinten und riesigen Brembo-Bremsen. Das knappe Alumiumtrikot, das sich darüber spannte, ein in dieser Form verschmähtes Lamborghini-Design, wie man munkelte, trug Star-Couturier Marcello Gandini bei.

Soweit überhaupt vereinbar mit dem Naturell dieses Wolfs im Wolfspelz erwartete seine Insassen jede Menge Komfort. Ein 1988 in Los Angeles gezeigter Prototyp war eine Mogelpackung, da alles andere als fahrbereit. Die endgültige Version wurde 1991 auf dem Genfer Salon gezeigt, als der Markt für solche 600 000-Dollar-Objekte bereits kollabiert war, und trat anschließend den langen Weg zu einem Besitzer in Singapur an. Zwölf gedenke er pro Jahr zu bauen, hatte Zampolli angekündigt, bei Bedarf auch 225.

Es blieb bei neun insgesamt. Zwei erstand der Sultan von Brunei. Einer davon erinnert als Museumsstück in Tustin daran, daß nicht alle Blütenträume reifen, die ganz teuren zumal.

Ferrari 348 ts, Bj. 1992. V8. 3405 cm³. 300 PS.
275 km/h. 5,6 s 0 - 100 km/h. Leihgeber: Bene Oberlechner

Bei der Vorstellung des neuen Dreiers machte Ferrari keine Umstände: Zur Premiere anläßlich der Frankfurter IAA 1989 erschien der 348 geschlossen (tb) und in geöffneter Form (ts) als gemischtes Doppel. Das war nicht immer so. Die Targa-Version des Vorgängers 308/328 etwa hatte sich 1977 mit zwei Jahren Verzug eingestellt. Nun aber wollte man die Gelegenheit beim Schopf ergreifen. Der Markt florierte, die Lieferfristen reichten bis Mitte der Neunziger, so mancher Freak oder Spekulant hatte gar bereits unbesehen eine Anzahlung überwiesen.

Was die Produktion anbelangte, ging die Berlinetta gleichwohl mit vier Monaten Vorsprung ins Rennen. Die ersten offenen 348 rollten im Februar 1990 von der Montagelinie – in US-Ausstattung. In Kalifornien scheine bekanntlich immer die Sonne, erklärte Verkaufschef Carlo Tazzioli dazu schmunzelnd und dann, ernsthafter: Die Amerikaner hätten schließlich ungebührlich lange auf den F40 warten müssen.

Blieb dieser gewissermaßen eine radikale Minorität, handelte es sich bei dem neuen Einstiegs-Ferrari mit am Ende 10 021 Exemplaren in allen Varianten erneut um ein Volumenmodell aus Maranello. Wieder sprach sein Namen Bände und machte überdies eine historische sowie eine wirtschaftliche Aussage über die Stafetten-Philosophie des Hauses. Vom Mondial hatte der 348 dessen 3,4-Liter-Triebwerk mit acht Zylindern übernommen. Sowieso stets präsent waren die Grand-Prix-Gene wie die eines jeden Ferrari selbst von der Stange. Die Architektur des V8 mit einem Gabelwinkel von 90° und vier obenliegenden Nockenwellen fand sich bereits im Tipo 158/F1, dem Dienstwagen von John Surtees bei seiner Weltmeisterschaft 1964. Und das t beschwor die Erinnerung an die ruhmbedeckte Dynastie 312 T, die dem cavallino rampante in den Siebzigern drei Fahrer- und vier Konstrukteurstitel eingetragen hatte, das Getriebe quer (trasversale) zu Motor und Fahrtrichtung installiert. Dieses Layout bot damals wie diesmal den Vorzug, daß sich ein Maximum an Masse zwischen den Achsen unterbringen ließ. Ein bißchen psychologische Aufmunterung durch die Erwähnung im Namen war auch dringend nötig. Immerhin herrschte an der Formel-1-Front seit zehn Jahren Erfolgsflaute.

Mit anfänglich 300 PS und ab Herbst 1993 zwanzig Pferdestärken mehr war das kompakte Triebwerk wie gewohnt ein in Leichtmetall gegossenes Bündel Temperament und dennoch erstaunlich umgänglich und gefügig. Obwohl es seine Nennleistung erst bei 7200/min herausrückte, stellte es in dem weiten Feld zwischen 2500 und 7500 Touren mindestens 280 Newtonmeter Drehmoment zur Verfügung, nahm ab Leerlaufdrehzahl willig Gas an und drehte dann spielerisch bis in den roten Bereich, akustisch untermalt von dem ganzen Spektrum zwischen alert-polyphonem Gebrabbel und grellem Fanfarengeschmetter.

Beim Dirigieren dieser mechanischen Sinfonie mußte es der Pilot mit einem wehrhaften Anachronismus aufnehmen. Jeder Schaltvorgang, bei dem das rigide, von einem trotzigen Knauf gekrönte Schaltstöckchen durch eine offene Kulisse geführt werden wollte, geriet zu einem kleinen Handgemenge und der

sich anschließenden winzigen Genugtuung, daß er es geschafft hatte. Wer auf großem Fuße lebte, kam überdies im knappen Einzugsbereich der Pedale in Bedrängnis, der nach schmalem Schuhwerk verlangte, wollte man nicht mehrere Funktionen gleichzeitig auslösen. Überhaupt mußten Menschen von nordischem Hochwuchs eine ziemlich unbequeme Sitzposition mit leicht angezogenen Knien einnehmen – ein Opfer, das man dem 348 umgeben von seinem schönen Cockpit in sportivschlichter Ökonomie und dem köstlichen

Ferrari 348 Spider, Bj. 1994. V8. 3405 cm³. 300 PS.
274 km/h. 5,8 s 0 - 100 km/h. Leihgeber: Hans Mischler

Duft von Connolly-Leder gerne brachte.

Die Begegnung mit dem in aller Regel roten oder gelben kleinen Renner begann mit einer konstruktiv bedingten Demutsgebärde: Man machte einen Diener, um den tief angesiedelten und plan

eingelassenen Druckknopf in seiner fünffach gekerbten Tür zu betätigen und sich Zugang zu verschaffen zu völlig unbeschönigter und köstlich unsozialer Zweisamkeit. Wie das Interieur, so das Äußere: Ein weiteres Mal hatten sich der Kultname Ferrari und der Kultname Pininfarina zu fast unfehlbarer Symbiose von Funktion und Ästhetik zusammengefunden. Mit seinem kurzen hinteren Überhang und seinen wohlgeformten Spoilern und Schürzen wirkte er stämmig-aggressiv.

Das Fahrwerk mit doppelten Dreieck- und Trapezlenkern war seinem Lenker allemal ein paar Schritte voraus. Innenbelüftete Bremsen packten unerbittlich zu wie die Hausfrau beim Winterschlußverkauf. Eine gewisse Heimtücke konnte man dem 348 dennoch zumindest in seinen frühen Jahren nicht absprechen. War vor allem bei abrupten Lastwechseln eine fast schon im Unwahrscheinlichen angesiedelte Grenze der Haftung überschritten, riß die Seitenführung der Hinterräder schlagartig ab, und Reaktionsvermögen und überdurchschnittliche Fahrkunst waren gefragt. Bei den 59 Besitzern der für Rennzwecke besonders aufbereiteten Variante GT Competizione konnte man im allgemeinen beides voraussetzen.

In dieser Hinsicht ging vom ts gewissermaßen eine beschwichtigende pädagogische Wirkung aus. Von der Berlinetta unterschied er sich im wesentlichen durch eine sieben Kilogramm schwere Dachplanke, mit Stahl verstärkt. Hatte man diese mit wenigen Handgriffen entfernt und vertikal hinter den Sitzen versenkt und Sonne und Wind kamen herein, schweifte das Auge nicht mehr nur ständig über Drehzahlmesser und Ölmanometer, sondern wurde auch empfänglich für die Reize der Umgebung. Überdies litt er trotz Verstärkungen im Bereich von Schwellern und B-Säulen an einer um 25 Prozent geringeren Verwindungssteifigkeit.

Noch weniger mochte man den 348 Spider durch seine Möglichkeiten hetzen, der im Februar 1993 im kalifornischen Beverly Hills zum Staunen freigegeben wurde. Denn das Miteinander in der luftigen Welt der Cabriolets wird geregelt durch eine sanftere Gesetzgebung. Und die sah zum Beispiel vor, daß selbst die Gaben einer Ferrari-Maschine mit mehr als drei Hundertschaften williger Pferdestärken gleichsam vom Lauftext ins Kleingedruckte rutschten, in den fakultativen Bereich des auch noch Machbaren. Schon bei Tempo 200 orgelte nämlich ein veritabler Orkan über die dünne Roadsterplane mit ihrem offenliegenden Gestänge zu Häupten der Insassen, und bei 240 km/h entsprach der Pegelstand mit 95 Dezibel der Lautstärke eines Preßlufthammers.

Es sei immer schwierig, aus einem formal geglückten hochgeschlossenen Modell ein Cabrio zu machen. Die Wucht des Wagenkörpers trete dann ungebührlich hervor, hatte Pininfarina-Manager Lorenzo Ramaciotti bei der Präsentation gesagt. Die Bemerkung forderte förmlich Protest heraus. Schon sein straff sitzendes Barett stand dem Spider gut zu Gesicht. Und hatte man es in der dafür vorgesehenen Mulde versenkt und eine schwarze Persenning darüber geknöpft,

blieb lediglich eine milde Hügellandschaft, in der sich der Grundriß des Dachs mit seinen schräg nach hinten abfallenden Holmen noch einmal abbildete.

Zeitgenossen und spätere Chronisten indessen verwirrte ein Kürzel-Chaos, wie sie nur die Nobelmarke aus Maranello anrichtet: Die beiden anderen Versionen hießen schließlich wieder GTB und GTS.

Lotus Elan S2, Bj. 1995. Vierzylinder-Reihenmotor. 1588 cm³. 157 PS. 214 km/h. 7,2 s 0 - 100 km/h. Leihgeber: Sascha Borchers

Ziel sei es gewesen, den bestliegenden Fronttriebler der Welt zu schaffen, und das habe man wohl zuwege gebracht, rieb sich Lotus-Chef Mike Kimberley zur Präsentation des Elan der zweiten Generation auf der Londoner Motor Fair im Oktober 1989 die Hände.

Schließlich verpflichtet Adel, zumal sich der Neue selbstbewußt mit dem Namen der Lotus-Legende Elan schmückte. An diesen erinnerte in der Tat so manches, wenn auch auf den letzten Stand der Dinge gebracht. So ruhte die mehrteilige Kompositkarosserie des behenden Roadsters aus Hethel, von Hausdesigner Peter Stevens kurvenreich und mit extrem geneigter Windschutzscheibe gezeichnet, wie gehabt auf einem Zentralrahmen in Kastenprofil aus verzinktem Blech, neuerdings im Verbund mit versteifenden Kunststoffteilen. Er warf sich mittig längs durch den Wagenboden zu einem Buckel auf und gewährte überdies der Antriebseinheit, einem Hilfsrahmen aus Aluminium sowie den Radaufhängungen mit doppelten Querlenkern, Teleskopdämpfern und Stabilisatoren vorn und hinten festen Halt.

An schier unverbrüchlicher Rigidität nahm es dieses Ensemble fast schon mit hochgeschlossenen Automobilen auf – cabriotypisches Karosserieschütteln war kaum zu bemerken. In bester Tradition der Marke stand weiterhin das knuffige Format des Elan (neu). Mit 3803 mm Länge und 1734 mm Breite war er fast so kurz wie sein berühmter Vorgänger, hatte dafür seitlich jedoch ordentlich zugelegt. Nicht zuletzt deswegen mußte in seinem Fall Sportlichkeit à la Lotus nicht wie sonst üblich mit räumlicher Enge erkauft werden. Wer sich an das leicht nach außen versetzte Lenkrad gewöhnt hatte, konnte auf seinen zierlichen und dennoch bequemen Ledersitzen eine entspannte Haltung einnehmen und sah sich dann einem ausladenden, aber ergonomisch klug gestalteten Cockpit gegenüber, mit zahlreichen Schaltern und Hebeln aus den Opel-Baukästen.

Hinter Kimberleys Triumph-Statement verbarg sich indessen auch die Ermordung etlicher heiliger Kühe. Quer im kurzen Bug des neuen Elan hauste nämlich ein Produkt des Fernost-Lieferanten Isuzu, deren Anteile die Lotus-Mutter General Motors mit 41,6 Prozent hielt. In einer Saugversion stellte der Sechzehnventiler von 1588 cm³ Volumen 130 PS bei 7200/min, im Bunde mit Turbo-Aufladung und einem Ladeluftkühler 165 PS bei 6600/min bereit. Der musikalische Schmelz tendierte dabei gleichwohl gegen null, da anstatt eines süffigen Belcantos in beiden Fällen lediglich ein angestrengtes Dröhnen erscholl. Die beiden Halbwellen führten in aller Kürze vom mit dem kurz gestuften Fünfganggetriebe und dem Motor verblockten Differential zu den Vorderrädern.

Obwohl der Elan ein Federgewicht von lediglich 1080 kg auf die Waage brachte, warf dies keinerlei Probleme auf: Nur bei Nässe waren durchdrehende Antriebsräder ein Thema. In den Grenzbereich begab er sich mit leichtem und gut kontrollierbarem Untersteuern. Zu herzlichem Einvernehmen mit seinem Piloten kam es dennoch nicht. Zu gering war dessen Einflußmöglicheit auf das Fahrverhalten, zu eingeschränkt die Agilität durch schlechte Übersichtlichkeit und hohe Lenkkräfte. In seiner US-Version steckte er eine etwas längere Nase in den Wind, die einen stärkeren Stoßfänger verkappte.

Zu dem erhofften Schlager wurde der Elan für die Neunziger nicht. Trotz der Aufwertung durch ein seit 1992 auf Wunsch erhältliches Hardtop war er bereits ins Torkeln geraten wie ein angeschlagener Boxer, da rappelte er sich vom Winter 1993/94 an noch einmal hoch in der auf 800 Exemplare limitierten Neuauflage S2 mit 16-Zoll-Rädern. Das letzte davon, den 4655. Elan der zweiten Welle insgesamt, behielt das Werk als Souvenir und für Ausstellungszwecke.

Mazda MX-5, Bj. 2004. Vierzylinder-Reihenmotor. 1840 cm³. 146 PS. 205 km/h. 8,5 s 0 - 100 km/h. Leihgeber: Autohaus Schlöffel, Kirchseeon

Kleine Ursache, große Wirkung: Die beispiellose Erfolgsstory des MX-5, mithin die Renaissance des Roadsters, begann mit einer Kreideskizze, 1979 nach einem Gespräch zwischen Mazda-Entwicklungschef Kenichi Yamamoto und dem amerikanischen Publizisten Bob Hall an eine Tafel gekritzelt, die zufällig im Raum hing. Sie endete noch lange nicht damit, daß der knuffige Japaner bis Ende 2003 in knapp 677 000 Exemplaren in aller Welt die Idee vergnügter Offenheit verbreitete. Bereits 2002 war er mit einem Eintrag ins Guinness Book of Records bedacht worden.

Doch gut Ding will Weile haben. Zehn Jahre reifte das Projekt Nummer 729 in aller Stille. Die Gedanken an Fronttrieb, Mittelmotor und Kreiskolben-Triebwerk kamen auf und wurden wieder verworfen. Am Ende schälte sich ein verblüffend simples Konzept heraus – klassisches Zweisitzer-Design mit langer Fronthaube, kurzem Heck, niedriger Gürtellinie und schlichtem manuell zu bedienendem Verdeck, Motor vorn hinter der Achse, Antrieb achtern. Auffällig war die Ähnlichkeit zum Lotus Elan von 1962, nur ohne dessen Kaprizen, Plastikanmutung und das gehobene Preisniveau der seltenen Spezies. Im Mai 1987 zeigte Mazda handverlesenen Autofachleuten einen Prototyp. Er habe, darüber waren sich alle einig, Suchtpotential und damit das Zeug zum Bestseller. Im März 1989 wurde der MX-5 in Hiroshima offiziell vorgestellt.

Und weil die Linie stimmte, mußte daran im Lauf der Jahre nicht viel geändert werden. Als Zugabe zum Wegfall der Klappscheinwerfer mit dem Modellwechsel 1998 kamen mehr Komfort und eine modernisierte Ausstattung. Auf dem Genfer Salon im März 2001 präsentierte sich der klassenlose kleine Mazda jugendfrisch mit einem großen vorderen Lufteinlaß, dessen Mundwinkel freundlich nach oben gebogen waren, daneben zwei neue Nebellampen, schräg darüber ovale Scheinwerfer, die dank ihren getrennten Blinker-, Abblend- und Fernleuchten gleichsam mit drei Pupillen in die Welt blickten. Die schlichten und sinnvoll gruppierten Instrumente waren weiß, erglühten indessen nächtens so dämonisch, als glimme dahinter ein Kaminfeuer. Die Stoßfänger waren ebenfalls auf sanfte und dem Modell bekömmliche Weise neu modelliert worden.

Der Jahrgang 2004 des MX-5 war zu erkennen am geänderten Styling der 16-Zoll-Leichtmetallfelgen, einem neuen Stoff für die Sitzbezüge und einer anders gestalteten Mittelkonsole, den beiden in das Windschott integrierten Zusatzlautsprechern der Musikanlage sowie drei neuen Karosseriefarben. Zur Behendigkeit des kessen Zwergs trug neben seiner ausgeglichenen Gewichtsverteilung von jeweils 50 Prozent nicht zuletzt sein aufwendiges Fahrwerk mit doppelten Querlenkern bei. Seiner kräftigen, aber keineswegs ausufernden Motorisierung zeigte es sich allemal gewachsen. Der 1,6-Liter-Vierzylinder der Urversion leistete 115 PS, 1995 als Einstiegsangebot 90 PS. Damit hob er sich deutlich gegen einen Vierventiler von 1,9 Litern und 131 PS ab, der von 1994 an zur Wahl stand. Mit Potenzspritzen für den Jahrgang 1998 erstarkten diese beiden auf jeweils 110 und 140 PS, während 2001 eine variable Ventilsteuerung für die größere Maschine noch einmal einen Schub von sechs weiteren Pferdestärken besorgte. Fortan war ein Sechsganggetriebe erhältlich, bislang lediglich limitierten Sondereditionen vorbehalten. Solchermaßen ausgestattet war auch die dynamischste MX-5-Variante Sportive, mit einer zusätzlich versteiften Karosseriestruktur und einem Bilstein-Fahrwerk an Kunden adressiert, die es schon einmal zügiger angehen wollten. Längst behüteten Sicherheitsfaktoren wie ABS, große Bremsscheiben und ein elektronischer Bremskraftverstärker die Insassen vor Unbill.

Die jedoch wollten im allgemeinen nur träumen im Wind.

TVR Tuscan S, Bj. 2004. Sechszylinder-Reihenmotor. 3996 cm^3. 396 PS. 305 km/h. 3,8 s 0 - 100 km/h. Leihgeber: Günter Biener

Seine Rezeption durch die vaterländische Fachpresse las sich wie eine Auflistung automobiler Tugend und scheute selbst den Vergleich mit erlauchten Gliedern der Sportwagenaristokratie nicht: "Kein Fahrzeug, das ich jemals fuhr,

erregte ein solches Aufsehen", staunte der Berichterstatter von Evo im Juni 2000, und: "Was seine Beschleunigung anbelangt, ist ein Porsche GT3 eine leichte Beute für ihn." In der Maiausgabe von Autocar hatte ein Kollege frohlockt: "Von 60 mph stauchten ihn die Bremsen in 2,5 s bis zum Stillstand zusammen. ... Neben dem V12 des Lamborghini Diablo und dem V8 des Ferrari 360 Modena ist sein Motor einer der aufregendsten und genußreichsten auf dem Markt. ... Ein britisches Auto, auf das wir stolz sein können." Bezogen war diese lustvolle Laudatio auf den Tuscan Speed Six, einen wundersam geformten Komposit-Zwitter, halb Convertible, halb Coupé, das jüngste Produkt der TVR Engineering Ltd., Blackpool, Lancastershire.

Aber gemach: Bevor diese Apotheose englischer Ingenieurskunst für den Mann in der Straße käuflich wurde, war ein weiter Weg zurückzulegen. Schon sein im August 1988 angekündigter Vorgänger sollte mit dem Zertifikat für die Teilnahme am öffentlichen Verkehr ausgestattet werden, rundlicher als frühere TVR-Generationen, mit hinter transparenten Abdeckungen zurückgezogenen Scheinwerfern und einem stumpfen Heck im Sinne des kleinsten Abreißquerschnitts. Eingebettet in einen trotzigen Gitterrohrrahmen nach Art des Hauses, grollte der allgegenwärtige Rover-V8 mit 400 PS, mit einem Fünfganggetriebe von Borg Warner als ebenbürtigem Partner. Die fetten Räder hingen an breit gespreizten Querlenkern und Schraubenfedern über Gasdruckdämpfern.

Aber dann blieb dem Modell ein rauhes Dasein auf den Pisten beschieden. Im Rahmen des Tuscan Challenge ab 1989 driftete er über die Curbs von Brands Hatch, Oulton und Mallory Park oder Snetterton, am Lenkrad harte und entschlossene Männer wie den gewichtigen Gerry Marshall, der stets freimütig bekannte, er sei auf dieser Welt nur wegen des Biers. "Wir sind", beichtete etwa Tuscan-Pilot Peter Dron im Bleifuß-Organ Fast Lane, "ebenso bescheuert wie die Leute von TVR und sollten eigentlich in Gummizellen eingesperrt werden. Man bedenke: 400 PS für 800 kg!" Nur ein paar findige Hardcore-Freaks schlüpften irgendwie durch die Maschen des Gesetzes und erwarben für ihren Tuscan eine Straßenzulassung.

Dies wurde anders mit dem Speed Six, auf der Show von Birmingham 1996 vorgestellt als "Convertible für zwei Leute und ihr Gepäck für einen Monat Urlaub". Bereits 1600 Kunden, so hieß es, hätten eine Anzahlung geleistet, als er 2000 verfügbar wurde. Das Six stand für seinen Reihensechszylinder, von TVR selbst gefertigt mit 24 Ventilen, Trockensumpf, 3996 cm^3 und 360 PS, die es mit lediglich 1100 kg aufnehmen mußten. Als im Frühjahr 2002 eine leicht geschrumpfte Version von 3605 cm^3 und 355 PS hinzukam, stellte die voluminösere bereits mit 396 PS den Respektabstand wieder her. Die Linie stammte von Firmenchef Peter Wheeler und seinem Mitarbeiter Damien McTaggart. Die tiefhängende Front schien von Kugelhagel durchsiebt, und am Ende kaskadenartig angeordneter Grotten lieferten winzige Gasentladungslampen gleißendes Licht. Das Kunststoff-Top ließ sich einschließlich des Heckfensters in Kofferraum unterbringen. Auch im Cockpit des Speed Six manifestierte sich der Drang zu extravaganten, aber attraktiven Lösungen. So mahnten im Interesse des höchst vernehmlich arbeitenden Triebwerks Lämplein oberhalb des Lenkrads an, wann Gangwechsel fällig seien: grün bei 6000/min, gelb bei 6500/min, rot bei 7000/min. Da war man mit dem Speed in jedem Falle bereits höllisch schnell.

Honda NSX, Bj. 2000. V6. 3179 cm³.280 PS.
280 km/h. 5,8 s 0 - 100 km/h. Leihgeber: Herbert Kutschera

Mit dem NSX, als Prototyp erstmals gezeigt anläßlich der Chicago Auto Show 1989 und produziert seit dem Oktober 1990, hatte Honda Großes vor. Er sollte dem Sportwagen-Establishment einen gehörigen Schreck in die Glieder jagen, eine Art Fernost-Ferrari und erdgebundener Verwandter des Kampfjets General Dynamics F-16 Falcon, stark und rasant wie die Renner aus dem Großraum Modena, kaum schwerer als der Konkurrent Toyota MR-2 im eigenen Land, voll alltagstauglich und dennoch irgendwie erschwinglich.

Drei Dinge standen ihm indessen im Wege. Ein Supercar namens Honda wirkte auf die angepeilte Klientel in den Ländern der untergehenden Sonne wie eine Rolex-Imitation auf dem Grabbeltisch. In dem bullig ausladenden und von einem auschweifendem Flügelwerk gekrönten Heck, wo man einen Zwölfzylinder, zumindest jedoch V8-Power erwartet hätte, waltete bescheiden und prestigearm ein V6 seines Amtes. Und seine Designer hatten ihm ein Gesicht verpaßt, das wie gequetschter Civic anmutete.

Dergleichen bestrafen die Kunden und die Geschichte. Mit der vergleichsweise schwachen Verbreitung von rund 18 500 Exemplaren bis zum Dezember 2003 rutschte der ehrgeizige Exot in die Rolle des verkannten Genies. Dabei hatte er in der Tat einiges zu bieten. In seinem 274 PS starken Dreiliter-Aggregat mit vier Ventilen je Zylinder und einem Quartett von obenliegenden Nockenwellen, hinter den beiden Passagieren quer eingebaut und mit Getriebe und Differential verblockt, hatte sich Honda-Technologie auf dem letzten Stand der Dinge wie variable Ventilsteuerung und programmierte Einspritzung ein Stelldichein gegeben. Die Pleuel bestanden aus Titan, der Rest des Motors war aus Aluminium gefertigt wie die Karosserie und das Monocoque des NSX sowie seine rennmäßige Aufhängung mit Doppelquerlenkern, Federbeinen und Stabilisatoren vorn und hinten. In die Erprobungsphase wurde sogar Formel-1-Champion Ayrton Senna eingespannt. Er befand, dem Adepten mangele es an innerer Festigkeit. Folglich versteifte man die endgültige Version nach seinen Vorstellungen.

Mit 1370 kg gewogen, wurde sie gleichwohl noch immer als zu schwer befunden. Abhilfe schuf im November 1992 mit 120 kg Mindergewicht die Variante NSX-R, für die nächsten drei Jahre in limitierter Edition gefertigt. Seit dem Februar 1994 war der NSX bei Bedarf nach oben hin offen als Targa erhältlich. 1997 folgte wahlweise die Ausbaustufe 3.2, deren V6 aus 3179 cm³ 280 PS mobilisierte, allerdings lediglich in Verbindung mit einem manuellen Sechsganggetriebe – für das Basismodell war auch ein Automat verfügbar. Den Typ S aus dem gleichen Jahr hatte man noch einmal um knapp einen Zentner abgespeckt, verbunden mit einer strafferen Federung.

2001 unterzog man die Baureihe einem umfassenden Facelift. Multireflektor-Klarglaslampen ersetzten die bisherigen Klappscheinwerfer, Front- und Heckschürze waren modifiziert, und der NSX rollte nun auf BBS-Siebzehnzöllern in neuem Design mit 40er Niederquerschnittreifen (215 vorn und 225 hinten). Noch immer wurmte die Honda-Diätspezialisten die Übergewichtigkeit des Kandidaten, wie bei der Wiedergeburt des NSX-R im Jahre 2002 augenscheinlich wurde. Daß dieser nur noch 1244 kg auf die Waage brachte, war allerdings teuer erkauft, mit einem Heckflügel und einer Motorhaube aus Karbon, erleichterten Stoßfängern und Scheinwerfern, einer kleineren Batterie, dünneren Teppichen, einer Heckscheibe aus Leichtglas und dem Verzicht auf Entbehrliches wie das Autoradio. So stramm war das auf dem Nürburgring gestählte Fahrwerk des NSX-R der zweiten Generation ausgelegt, daß es das Vorhandensein jedes Kiesels auf der Fahrbahn erbarmungslos an die Kehrseiten seiner Insassen weitermeldete.

Lamborghini Diablo Coupé, Bj. 1991. V12. 5703 cm³.492 PS.
326 km/h. 4,7 s 0 - 100 km/h. Leihgeber: Hans Eck

Mit der Namengebung des Diablo, am 20. Januar 1990 in Monaco in die Arena entlassen, holte Lamborghini einen weiteren Kampfstier von strotzenden andalusischen Weiden. Stets präsent war indessen die internationale Erstbedeutung der Begriffs, nämlich Teufel.

Spötter behaupteten, der Diablo sei nur ein Vorwand, unter dem sich sein sieben Zentner schweres Modelltriebwerk zu einem gelegentlichen Ausritt verhelfe. Da war was Wahres dran. Dieses Triebwerk: ein Leichtmetall-V12 von 5703 cm³ und 492 PS, mit einem Gabelwinkel von 60°, siebenfach gelagerter Kurbelwelle, 48 Ventilen und vier obenliegenden Nockenwellen, längs und mittig eingebaut. Unter der achtfach schindelartig aufgebrochenen hinteren Haube rekelte er sich nackt, matt glänzend und auch sonst kulinarisch köstlich aufbereitet und lauerte auf Aktion, für die er sich mit wüster und expressiver Musikalität bedankte. Eine Drehung am kleinen Zündschlüssel, ein kurzes Schnurren, in dem sich keine einzelnen Takte unterscheiden ließen, und schon erhob sich sein mächtiger Bariton, begnadet mit der ganzen Bandbreite eines Dietrich Fischer-Dieskau, wenn auch der Kommunikation der Passagiere keineswegs zuträglich.

Natürlich hatte er bei der Gestaltung des Diablo durch den inzwischen freischaffenden Formkünstler Marcello Gandini majestätisch nach Mitbestimmung verlangt. Herausgekommen war dabei eine Skulptur von brutaler Ästhetik, obzwar viel glatter und verbindlicher als der bizarr zerklüftete Vorgänger Countach. Den Wünschen des Diablo an den Wind hatte er gleichwohl Rechnung getragen, den trivialen Bedürfnissen seiner Insassen nach Praktikabilität jedoch lediglich gleichgültig die kalte Schulter gezeigt.

Das begann damit, daß ihnen das nur 1105 mm hohe Coupé bereits beim Aufsitzen eine Choreographie der Geschmeidigkeit aufzwang, welche so einigen bereits schwerfiel, die sich den Lamborghini überhaupt leisten konnten. Da er sich nach oben stark verjüngte, mußte der Pilot den Kopf schon im Stand leicht nach rechts neigen wie Michael Schumacher ausgangs der Parabolica. Bis sich die Geläufigkeit einer gewissen Routine einstellte, wußte man nicht so recht, wo der Diablo vorn aufhörte (überraschend bald) und wo hinten (noch lange nicht). Wie man ihn richtig einparkte, beherrschte im Grunde genommen lediglich Lambo-Testfahrer Valentino Balboni, ein freundlicher, unauffälliger und bescheidener Mann, der sich mit seiner Anatomie auskannte wie mit dem üppigen Leib einer Geliebten: Er verließ ihn dazu fast völlig wieder und zelebrierte, rittlings im Damensitz auf der Schwelle und unbehindert durch die steil erigierte vorn angeschlagene Flügeltür, das Rückwärtsfahren wie eine kultische kleine Handlung und dennoch, als sei das alles nichts. Mit seiner barocken Breite von 2040 mm geriet das schöne Monster dabei in so mancher Garage in arge Bedrängnis.

Überdies konnte man sich jeglichen Gedanken an einer irgendwie geartete Zweisamkeit getrost aus dem Kopf schlagen: Der Diablo verlangte selbst nach voller Zuwendung und stellte die erforderliche zwiefache Einsamkeit gewissermaßen selber her. So wölbte sich zwischen Fahrer und Beifahrerin gewaltig die Behausung für das Getriebe, gekrönt von einem massiven Schaltknauf in der Form eines Kobrakopfes. Er mußte nach Art der Väter durch eine kreisrunde Kulisse geführt werden, ein Ritual, das mit Andacht, Würde und Präzision vorgenommen werden wollte.

Indes: Viel an all dem war schiere Gewöhnung. Am 30. Juni 1995 brach der Bologneses Journalist Leopoldo Canetoli mit einem Diablo zu einer siebentägigen Reise Richtung Nordpol und zurück auf und bescheinigte dem Kandidaten nach 8533 Kilometern eine bemerkenswerte Alltagstauglichkeit.

Natürlich sorgte auch bei dieser Extrem-Exkursion ein Fahrwerk vom

Lamborghini Diablo Roadster, Bj. 2000. V12. 5703 cm³. 530 PS.
335 km/h. 3,95 s 0 - 100 km/h. Leihgeber: Adolf Schöller

Feinsten für die nötige Haftung und mehr, obere und untere Querlenker, mit einer zusätzlichen Strebe und doppelten Einheiten von Schraubenfedern und Dämpfern hinten. Neben der gebotenen Straffheit wartete es gleichwohl mit allerlei

Liebenswürdigkeiten auf. Canetoli fuhr die Variante VT (für Viscous Traction), 1991 vorgestellt, seit 1993 in der Produktion. Mit den nötige Zutaten von Steyr-Daimler-Puch ausgestattet war dies ein Vierradler, allerdings nicht immer: Erst wenn die Hinterräder durchzudrehen drohten, wurden die überschüssigen unter seinen Pferdestärken nach vorn weitergereicht.

Der Diablo suchte sich überdies mit elektronischem Beistand in einer gegebenen Fahrsituation einen von drei Härtegraden selber aus. Auf den möglichen manuellen Eingriff reagierte er eher ungehalten und machte aus einem Kiesel einen Keulenschlag. Und durch einen Wippschalter animiert, stemmte er sich bis zu 40 mm empor, auf daß ihn kein schlafender Polizist in den Bauch trete, eine Dienstleistung, welche bei Tempo 35 automatisch wieder zurückgenommen wurde.

Bis es 2001 selbst das Zeitliche segnete, ließ man dem Modell eine Pflege und Zuwendung angedeihen wie sonst eigentlich nur seinen stierischen Namensvettern vor ihrem jähen Ableben bei der Corrida. Im September 1993 präsentierte man in Sant'Agata beim Lamborghini Day zum 30. Geburtstag des krisengebeutelten Unternehmens den Diablo SE (für Special Edition, geplant waren 150 Exemplare) mit 520 und dem sogenannten Performance-Paket Jota mit 580 PS.

In der Tradition der hinterachsgetriebenen Diablo und als Souvenir an den Miura gleichen Namens erschien 1996 der SV (für Sport Veloce), gipfelnd in der Ausbaustufe SVR für den gentleman racer, mit 540 PS, einer Marscherleichterung von rund zwei Zentnern sowie einem riesigen schwarzen Heckflügel. Im März 1998 folgte auf der Motor Show Bologna der GT2, für Rennzwecke vorbereitet mit bereits 5992 cm³ Volumen, ein Rohdiamant, der in einer 1999 bei der IAA Fankfurt gezeigten Straßenversion von 575 PS zum schnellsten Diablo bisher feingeschliffen worden war. In 80 Einheiten aufgelegt, wog dieser nur 1490 kg, 80 kg weniger als der SV, nicht zuletzt weil seine Außenhaut bis auf die Aluminiumtüren und das Stahldach aus Kohlefaser bestand.

Abgesehen von voluminösen Lufteinlässen in der Fronthaube und dem vorderen Stoßfänger, durch den der Ölkühler sein Lebenselixir bezog, trug er als Indiz für die beginnende Ägide unter den neuen Mutter Audi, mit der in Sant'Agata Ruhe und Zuversicht eingekehrt waren, bereits das neue Diablo-Gesicht: vor allem fest in die abfallende Front integrierte Scheinwerfer sowie ein frisch renoviertes Cockpit. Eingeführt wurde es, zusammen mit ABS, 18-Zoll-Rädern sowie einem neuen Motormanagement und einer Aufrüstung auf 530 PS, beim Mondial de l'Automobile zum Paris im Oktober 1999.

Diese Retuschen vollzog auch der spektakuläre Diablo-Roadster mit, als Prototyp in der Farbe Metallic Acid Yellow 1992 in Genf zum Anbeißen befunden und 1995 zur Serienreife sublimiert. Gewissermaßen auf das Prinzip dahinter hatte man die Karosserie des Diablo 6.0 Jahrgang 2000 entrümpelt. Sein Sechsliter leistete 550 PS, seine Vorderpartie nahm bereits die des Thronfolgers Murciélago vorweg, Leder, Karbon und Aluminium prägten sein Interieur. Die Ära Diablo krönte in Genf 2001 der 6.0 SE, 575

PS stark, 330 km/h schnell und in 45 Exemplaren ausschließlich in den Farben Marrone Eklipsis und Oro Elios geliefert. Dann war der Diablo tot – der letzte parkt dauerhaft und in aller Stille im Lamborghini-Museum.

Lang lebe der Murciélago – und hoch!

Mitsubishi 3000 GT, Bj. 2001. V6. 2972 cm^3. 286 PS.
250 km/h. 5,7 s 0 - 100 km/h. Leihgeber: Winfried Waldegg

Er war das Produkt eines kühnen Joint Venture. Im gleichen Schritt und Tritt und fast auf derselben technischen Basis wurde nämlich im Highland Park International Studio zu Detroit der Dodge Stealth eingekleidet, vorgestellt als Con-

cept Car Intrepid im Januar 1988. Der Mitsubishi 3000 GT, ausgedacht von den eigenen Formkünstlern des Unternehmens in Okasaki, ließ hingegen noch ein wenig auf sich warten, eingeführt als Prototyp HSX auf dem Tokioter Salon 1989, produziert vom Herbst des folgenden Jahres an.

Während der Dodge offensichtlich an amerikanische Geschmäcker adressiert war, mutete sein Gegenstück eher wie die japanische Interpretation davon an, wie ein Sportwagen wohl auszusehen habe, scharf auf Taille gearbeitet, die unruhige Karosserielandschaft durchfurcht und zerklüftet von Beatmungsschlitzen aller Art, ein bißchen Ferrari hier, eine Prise Porsche dort, ein Schuß Chrysler Viper da drüben. Die Botschaft war unmißverständlich: Hier kommt ein ganz Schneller daher. Nicht zuletzt zur visuellen Emphase hatte man ihm einen Heckspoiler aufgesetzt, der ab Tempo 110 erigierte und diesseits von 50 mit leichtem Plopp wieder in seine Ausgangssituation zurückfiel, dem Abtrieb dienlich wie sein ebenfalls selbstbewegliches Pendant vorn. Und unter der Schürze achtern lugte ein Quartett von Auspuffrohren hervor, drohend wie eine Vierlingsflak.

In der Tat hatte es der 3000 GT faustdick unter der Haube, buchstäblich. Denn da drängten sich in qualvoller Enge der quer eingebaute Biturbo-Sechszylinder mit drei Litern und 286 PS, in Exportversionen bis zu 324 PS, wogegen eine Saug-Variante noch immer mit 225 PS aufwartete, und seine Helfershelfer und Versorgungseinheiten aneinander. Auch was deren Umsetzung anbelangte, ließ sich der Fernost-Sportsmann nicht lumpen, eine rasende Vernissage mit Kunst-Werken zeitgenössischen Autobaus. Hier wurde es Ereignis: ein rechnergesteuertes Fahrwerk, das gleichwohl stets mit gesunder Härte reagierte, in der Topausstattung Allradantrieb und eine Allradlenkung, bei der sich die Hinterräder maximal 1,5 Grad in die gleiche Richtung drehten wie die Räder vorn.

Was der 3000 GT auf der Straße zu bieten hatte, war souverän, aber nicht sensationell. Denn all diese High-Tech-Schmankerln addierten sich zu 1750 Kilogramm Lebendgewicht, so daß jede Pferdestärke bis zu sieben Kilos in Schwung setzen und in Gang halten mußte. 250 km/h Spitze und 5,7 Sekunden für den Sprung über die Tempo-100-Hürde – so etwas verkam zwar immer mehr zu markiger Stammtisch-Radotage, andererseits war aber bereits eine ganze Reihe von BMW-Limousinen zu ähnlichen Leistungen befähigt. Der Drehzahlbegrenzer intervenierte erst bei 7000/min, unter 2500/min gab sich der kompakte 24-Ventiler unlustig, und jenseits der 5000/min klang er ein bißchen streng.

In die Vereinigten Staaten wurde der Mitsubishi bis 1999 exportiert, auf dem heimischen Markt unter dem Namen GTO noch bis 2001 vertrieben. Unter den zahlreichen Facelifts, denen man sein militantes Erscheinungsbild unterzog, war das vom Frühjahr 1995 besonders auffällig, eine geglättete Seitenlinie, neue Ellipsoidscheinwerfer, rundliche Lufteinlässe vorn, zeitgemäß gestylte Rückleuchten. Ein rares Gesicht in der Menge von insgesamt 182 867 Mitsubishi 3000 GT/GTO blieb mit 1618 Exemplaren vom selben Jahr an die offene Spielart Spyder,

die mit einer weiteren Besonderheit aufwartete. Ihr stählernes Faltdach, entworfen von der American Sunroof Corporation, nahm vergleichbare Lösungen etwa bei Mercedes-Benz und Peugeot vorweg, knüpfte indessen an eine Tradition an, die seit dem Ford Skyliner von 1959 brachgelegen hatte.

Bugatti EB 110 GT, Bj. 1997. V12. 3500 cm³. 560 PS.
342 km/h. 3,6 s 0 - 100 km/h. Leihgeber: Winkmann Classic Cars

Der Bugatti EB110 GT sollte einen Mythos reanimieren, der in einem Dornröschenschlaf von einem halben Jahrhundert dahingedämmert war. Er hatte sogar das Zeug dazu, ein Superlativ komponiert aus lauter Superlativen.

Das begann mit seiner prunkvollen Präsentation im September 1991 mitten im Herzen von Paris, ganz im Sinne des längst verstorbenen Ettore Bugatti, der dem Projekt gewissermaßen postum sei-

nen Segen, seine Initialen und zur Wiederkehr seines 110. Geburtstags die sich anschließende Ziffer gespendet hatte. Sogar der griesgrämig und gehetzt wirkende Filmstar Alain Delon war eingebunden in das Spektakel. Rechtlich hatten sich der Südtiroler Unternehmer Romano Artioli und die Gruppe um ihn wasserdicht bei den Erben des "Patrons" abgesichert. Die bevorzugte Farbe des EB110 GT war französisches Rennblau. Gefertigt wurde er allerdings im italienischen Campogalliano in Sichtweite der Brennerautobahn E45, in einer Produktionsstätte, die sich in ihrer lichten Schönheit dem Produkt durchaus ebenbürtig zeigte.

In der Tat bot man alles auf, was gut und teuer war. Der High-Tech-Bugatti blies mit einem durch Kohlefaser verstärkten Kunststoffchassis und einer Alukarosserie, einem 3,5-Liter-Zwölfzylinder mit 60 Ventilen, vier Nockenwellen, vier Turboladern, sechs Gängen und Allradantrieb zum Angriff auf illustre Konkurrenten ganz in der Nähe. Unter einem großen Fenster splitternackt den Blicken der Andächtigen preisgegeben, leistete die mittige Maschine 560 PS. Sie schnurrte im Leerlauf wie ein Löwenbaby, und auch sonst stellten sich die Quadriga von Ladern sowie acht Katalysatoren rennmäßiger Geräuschentwicklung besänftigend entgegen. Alle Räder waren an doppelten Querlenkern aufgehängt. Der erste Eindruck vom Interieur des spektakulären Coupés, nachdem die Flügeltüren mit finalem "Plop" ins Schloß gefallen waren wie gepolsterte Schafotts: in Leder tapezierte Sachlichkeit, sportlich-karg, aber nicht übertrieben. Die Schalensitze gewährten guten Halt, die Arbeitshaltung ließ unter Umständen dennoch zu wünschen übrig – Supercars und Leute über einen Meter neunzig harmonieren in diesem Punkt nicht sonderlich miteinander.

In der ersten Hälfte seines Drehzahlspektrums gab sich der Bugatti lustlos, bis bei 4000/min die Beschleunigung gleichsam ins Anarchische eskalierte. Mit 342 km/h pfeilte ein GT über den Hochgeschwindigkeitskurs von Nardo, allerdings nachdem man den Drehzahlbegrenzer ausgeschaltet und den V12 in die Rotzone jenseits von 8500/min geschickt hatte.

Der eigentliche Feind, pflegte Ettore Bugatti zu sagen, sei das Gewicht. Und so setzten die Neo-Bugattisten im Frühjahr 1992 die Welt von weiteren Putschplänen gegen das automobile Establishment in Kenntnis: Auf einer drehbaren Scheibe mitten in dem kreisrunden Showroom des üppig beflaggten Hauptquartiers duckte sich der EB110 SS (für Sport Stradale), um 160 kg erleichtert und um 40 PS stärker, erkennbar an einer Stalinorgel von neun runden Einlässen, die den Motortrakt auf jeder Seite belüfteten. 300 EB110, waren sich seine Väter gewiß, würden sich bis auf weiteres pro anno absetzen lassen. Soweit die gute Nachricht.

Und nun die schlechte: Es blieb bei 96

GT und 32 SS insgesamt. Bugatti-Boß Artioli hatte in die hysterische Sportwagenkonjunktur der späten Achtziger hinein geträumt, als Spekulanten den Markt anheizten und die Preise ins Absurde hievten, und sich überdies völlig verschuldet. 1995 bereitete die Pleite seinem Höhenflug ein Ende. Die schönen Reste erstand der ehemalige deutsche Formel-2-Pilot Jochen Dauer, bei dem man noch bis ins dritte Jahrtausend einen neuen Bugatti EB110 bestellen konnte.

Chrysler Viper GTS Coupé, Bj. 1999. V10. 7990 cm³. 455 PS.
298 km/h. 4,6 s 0 - 100 km/h. Leihgeber: Martin Geigenscheder

Zwei Überlegungen verdankt der Viper seine Existenz: Zum einen stand seinen Vätern bei Chrysler der Sinn nach einem bärenstarken Vorzeigeauto, das imstande war, einen schon leicht angejahrten Rekord vom Sockel zu kippen: die 15 Sekunden eines Shelby Cobra von null auf hundertsechzig und zurück. Dieser Gewaltakt entsprach nicht unbedingt dem Gusto zartbesaiteter Mitfahrer und den Gepflogenheiten im amerikanischen Straßenverkehr, lieferte aber immer Stoff für eine gute Story und ließ sich trefflich vermarkten. Zum anderen sollten neue Fertigungsmethoden die Kosten nicht nur dieses Modells verringern helfen.

Ein Concept Car auf der North American International Auto Show in Detroit ab 4. Januar 1989 löste lebhafte Nachfrage aus. Ein völlig unabhängiges Team machte sich an die Arbeit manchmal rund um die Uhr, und im Mai 1990 kündigte Chrysler an, der Viper werde mit einem Aluminium-V10 in die Serie gehen. Als hilfreich erwies sich der telegene Auftritt als Pace Car ein Jahr später in Indy mit dem hurtigen Denkmal Carroll Shelby am Lenkrad. Im Dezember 1991 rollte an der Detroiter New Mack Avenue der erste Kunden-Viper RT/10 vom Band, in Rot – Schwarz als zweite Farbe folgte erst 1993. Smaragdgrün und Gelb erweiterten das Spektrum ein Jahr später. In der Tat verfügte der Viper über den bösen Biß der gleichnamigen Giftschlange und stach denn auch den 1967 verblichenen Artgenossen wie geplant aus. Sein Achtliter, im Grunde ein V8 mit einem Anbau von zwei weiteren Zylindern, sonst jedoch von traditioneller US-Architektur mit einer zentralen Nockenwelle, war mit 450 PS der größte und stärkste Motor in einem amerikanischen Produktionssportwagen. Ein handgeschaltetes Sechsganggetriebe vermittelte seine Potenz angemessen, aber etwas hakelig an die Hinterachse weiter.

Im Unterschied zu dem tückischen

Dodge Viper RT/10, Bj. 1991. V10. 7998 cm³. 394 PS.
266 km/h. 4,6 s. 0 - 100 km/h. Leihgeber: Peter Ackermann

Reptil hingegen gab sich der automobile Viper durchaus gefügig, im Alltagsgebrauch zumal, wenn neun Zehntel seines Potentials sowieso unangetastet blieben. Sein Chassis galt als eines der steifsten in der Geschichte des Genres, ein Rohr-Kastenrahmen mit einer Zentralträgerstruktur und doppelten Dreieckquerlenkern vorn und hinten, an denen 18-Zoll-Räder mit maßgeschneiderten massiven Michelin-Pneus Typ Pilot Sport hingen. Die belüfteten Bremsen mit Scheiben von 330 mm Durchmesser langten notfalls unerbittlich zu. Die Wettbewerbsversion GTS-R (ab 1995) mit bis zu 750 PS heftete die FIA GT2-Meisterschaft 1997 sowie den Klassensieg in Le Mans im folgenden Jahr an die Fahnen des Unternehmens, gebührend gefeiert mit einer Sonderedition von 100 verkehrstauglichen GT2 Championship Edition Viper und einer weiteren, deren Namen ACR (für American Club Racer) Programm war.Bereits 1996 hatte sich dem Kunststoff-Roadster RT/10 das Coupé GTS zugesellt, sehr ähnlich und doch zu 90 Prozent anders, vor allem verbindlicher und ein ganzes Stück leichter: Der GTS mit Klimaanlage wog einen Zentner weniger als der RT/10 ohne. Inzwischen aus marktstrategischen Gründen auf das Daimler/Chrysler-Label Dodge umgeflaggt, wurde der Viper im Herbst 2002 als neue offene Variante SRT-10 zunächst in den USA ausgeliefert. Sie war zwar mit einem Cabrioverdeck anstelle des bisherigen Stoffetzens und auch sonst mit einem dünnen Dublee von Zivilisation bedeckt, stand aber mit 8,3 Litern Hubraum und 506 PS noch stärker im Saft. In Heft 19 des Jahrgangs 2002 von auto motor und sport bemäkelte Redakteur Thomas Fischer zwar die "weichgespülte neue Form" des SRT-10, berichtete aber auch sehr angetan vom Walten des "unruhig grummelnden V10". Schon im Leerlauf nach dem Drücken eines roten Starterknopfs hätten dessen Lebensäußerungen "einem Erdbeben geglichen".

Porsche 968 CS Coupé, Bj. 1994. Vierzylinder-Reihenmotor. 2990 cm³. 240 PS. 252 km/h. 6,5 s 0 - 100 km/h. Leihgeber: Wilfried Wiesener

Das Ende der Acht- und Vierzylinderreihen war bereits abzusehen, da wurde im Herbst 1991 in Zuffenhausen gewissermaßen als Nachschlag in der Fertigungshalle für den 928 in offener und geschlossener Form der 968 aufgelegt. Er sei, schrieb ein Rezensent treffend, der beste 944, den es je gab. Bis vier Jahre später der so ganz anders geartete Nachfolger Boxster seinen Teil zum Wiedererstarken des Unternehmens beizutragen begann, brachte er es noch einmal auf eine Verbreitung von 11 245 Exemplaren.

Sein umfassend durchgeforsteter Aufbau aus beiderseits feuerverzinktem Tiefzieh-Stahlblech ruhte auf der Plattform des Vorgängers. Von diesem unterschied er sich visuell vor allem durch die stärker gerundeten vorderen Kotflügel, aus denen die auch im Schlafhang sichtbaren Scheinwerfer hervorlugten. Die Bugpartie bestand aus stoßfestem und mit ungemein elastischem Speziallack bezogenem Polyurethan, auf der gläsernen Heckklappe des Coupés hockte wie schon beim 944 Turbo ein diskreter Spoiler. Das elektrische Verdeck des Cabriolets erforderte nur noch beim Ver- und Entriegeln Handarbeit.

Der bekannte Dreiliter-Vierventiler war mit Hilfe des Porsche-Systems VarioCam zur Verstellung der Steuerzeiten für die Einlaßnocken aktualisiert worden und sorgte mit seinen nunmehr 240 PS und dem von 280 auf 305 Nm gesteigerten Drehmoment für muntere Fahrleistungen. Schon bei einer Runde um den Block, erst recht aber während langer Reisen vermittelte der unprätentiös daherkommende Einstiegs-Porsche das beruhigende Gefühl, diese seien bei dem sportlichen Fahrwerk des 968 gut aufgehoben, Mc-Pherson-Einzelradaufhängung mit unteren Dreieckquerlenkern vorn und hinteren Schräglenkern mit querliegenden Drehfederstäben.

Auf den für dieses Modell typischen Transaxle-Stationen an die Hinterachse weitergereicht wurde die unaufdringlich

Porsche 968 Cabriolet, Bj. 1991. Vierzylinder-Reihenmotor. 2990 cm³. 240 PS. 250 km/h. 6,5 s 0 - 100 km/h. Leihgeber: Thomas Neumann

erbrachte Leistung des Triebwerks durch ein neues Sechsgang-Schaltgetriebe sowie die speziell auf dieses Fahrzeug hin entwickelte Tiptronic, in der sich im manuellen Modus die Gänge durch Antippen des zuständigen Hebelchens blitzschnell hoch- und herunterschalten ließen. Für das Modelljahr 1993 kam man dem Wunsch nach mehr Diversifikation durch zwei Seitenlinien nach. Da war der karge 968 CS Clubsport als Sonderangebot für den Sport im Rahmen des Porsche-Cups. Aber billiger war er auch, im Januar 1993 zum Beispiel 77 500 Mark und damit um 18 121 Mark weniger kostspielig als das viel opulenter ausgestattete Normal-Coupé. Möglich machten dies unter anderem das Fehlen etlicher gewichtiger Dämmatten und des Airbag-Systems, der Einbau von Schalensitzen aus Kunststoff ohne einen Klappmechanismus sowie der Fortfall des hinteren Gestühls mit der damit verbundenen Vergrößerung des Gepäckvolumens – mehr Kofferraum für weniger Passagiere. Ohnehin hatte sich die Baureihe als wahres Raumwunder erwiesen: Bereits in den Vorläufer hatte jemand auf Grund einer Wette zwölf Kästen Bier gepfercht.

Da war andererseits das mit 175 000 Mark mehr als doppelt so teure 968 Turbo S Coupé, mit einem maximalen Drehmoment von 500 Nm und einer Spitze von 280 km/h zwanzig Stundenkilometer schneller als der Carrera und in dieser Hinsicht dem Elfer-Flaggschiff Turbo ebenbürtig. Selbst der gewichtige 928 GT hatte um fünf Stundenkilometer das Nachsehen. Möglich machten es die 305 PS, die man in der Rennabteilung zu Weissach der Basismaschine via Zwangsbeatmung durch einen KKK-Lader anerzogen hatte. In den beiden letzten Lebensjahren blieb der Typ fast unverändert. Man hielt allerdings für den allzu asketischen CS ein paar willkommene Extras wie Airbags und Komfortsitze bereit. Verzicht befriedigt eben auf die Dauer nicht immer.

Ferrari 456M GTA (Michael-Schumacher-Edition), Bj. 2002. V12-Motor. 5474 cm³. 442 PS. 298 km/h. 5,8 s 0 - 100 km/h. Leihgeber: Lueg Sportivo, Düsseldorf

Wie sich erstmals die Besucher des Pariser Mondial de l'Automobile vom 8. bis zum 18. Oktober 1992 überzeugen konnten, hatte das Traumpaar Ferrari/Pininfarina bei der Konzeption des 456 GT erneut mit Tradition gearbeitet. Die Ahnenreihe der großen 2+2-sitzigen Gran Turismo der Marke reichte vom 410/412 von 1977 über den GTC/4 von 1971, den 365 GT 2+2 von 1967 und die 46 Einzelstücke des 400 Superamerica von 1960 bis zurück in die fünfziger Jahre, mithin die für dieses Layout typischen beengten Raumverhältnisse hinten. Immerhin wurde wie beim unmittelbaren Vorgänger 410 der Zutritt zum Fond dadurch geglättet, daß die vorderen Fauteuils elektrisch nach vorne schnurrten, sowie man ihre Lehnen umlegte. Zwei Väter knospender Kleinfamilien brachten zur Sitzprobe in der deutschen Ferrari-Zentrale Wiesbaden sechs- und siebenjährige Kinder mit: Der 456 GT paßte – noch.

Und der Turiner Maestro, mit seinem Centro Studi e Ricerche in Cambiano unter Lorenzo Ramaciotti als ausführendem Organ, hatte wieder einmal genußvoll sich selber zitiert und damit auch zelebriert. Während er dem voluminösen Frontmotor-Coupé das aktuelle Ferrari-Gesicht aus dem 348 oder auch dem 512 TR anverwandelt hatte, zeigte die Seitenpartie Anklänge an den F40, und das Heck erinnerte gar massiv an den strikt zweisitzigen Daytona von 1968. Nur: Wie üblich kam bei diesem Flirt mit der Vergangenheit wieder weitaus mehr heraus als nur die Summe der historischen Teile – etwas autonom Neues mit dem Zeug zum Klassiker, zumal keinerlei schrilles Flügelwerk die schöne Linie beeinträchtigte. Nur ganz diskret war ein beweglicher Spoiler in den hinteren Stoßfänger eingearbeitet. Ein elektronisches Steuergerät veränderte seinen Winkel ab 110 km/h nach Tempo und Logik, bei 80 kehrte er selbsttätig in die Ausgangslage zurück.

Sogar beim Typenkürzel bewies man bewahrende Denkungsart. 456 cm³ waren der Inhalt eines Zylinders, und man mußte ihn also mit dem stolzen Dutzend multiplizieren, um auf den Hubraum von 5474 cm³ zu kommen. Spätestens der kleine Zündschlüssel erschloß die Zwienatur des 456 GT, halb potente Limousine, halb überlegener Sportwagen. Nach kurzem, hellem Surren des Anlassers verfiel der riesige V12 in ein baritonales Grummeln, ließ sich aber andererseits zu den lichten Höhen von 7200/min animieren und vermittelte dann jenes dramatisches Klangbild, das für viele zu den Kaufgründen zählte, allerdings angemessen gedämpft. Von den drei wählbaren Härtegraden für das Fahrwerk entschied man sich rasch für das mittlere. Mit den anderen wurde der Ferrari ziemlich weich oder entwickelte den spröden Charme eines Nagelbretts. Allenthalben waren eine gewichtige Gediegenheit und Komfort angesagt wie jener, daß sich die Fenster nach dem Öffnen der Türen zunächst einmal nach BMW-Manier aus ihren Dichtungen zurückzogen und später zurückkehrten.

Auf die Spitze getrieben wurde dieses Boudoir-Ambiente in der Variante 456 GTA, 1996 vorgestellt im Genfer Palais des Expositions, durch eine Vierstufenautomatik, die mit den 442 PS des Triebwerks allerdings keineswegs in allen Punkten harmonierte. Wieder in Genf folgte 1998 die Ausbaustufe 456M (für modificata) mit eleganterer Innenausstattung, neuen Sitzen, revidierter Instrumentierung, mil-

den Retuschen am Aufbau und technischen Verbesserungen wie etwa eine Antischlupfregelung. Bevorzugte Farben der insgesamt 3287 Exemplare bis zum Fertigungsstop im Juli 2003 waren die vier angebotenen Blautöne. Konventionelles Ferrarirot wurde lediglich von einer Minderheit gewählt.

Jaguar XJ220, Bj. 1993. V6. 3498 cm^3.549 PS.
347 km/h. 4 s 0 - 100 km/h. Leihgeber: Sportwagen Engel

Kurz bevor seine anstehende Pensionierung ihn solcher Möglichkeiten für immer berauben würde, beschloß Jaguar-Chefkonstrukteur Jim Randle, sich noch einmal auf der Spielwiese seiner Visionen zu tummeln. Ende 1984 scharte er deshalb ein Häuflein entschlossener Feierabendtäter um sich, denen im Jag-Jargon bald der sprechende Name The Saturday Club anhaftete.

Als Ergebnis der kreativen Clubsitzungen wurde der Öffentlichkeit auf der Autoschau von Birmingham 1988 der XJ220 vorgeführt, jeder Zoll ein Supersportwagen vom Schlage des Bugatti EB110, mit Vierradantrieb und ausgerüstet mit dem altehrwürdigen V12 des Hauses, der sich genüßlich unter einer mächtigen gläsernen Kuppel breitmachte. Es hielt indessen dem Rotstift des Kalkulators nicht stand, zumal seit 1989 die neue Jaguar-Mutter Ford das Sagen hatte. Gleichwohl wurde es nicht verworfen. Man müsse halt Abstriche machen, wurde seinen Befürwortern mit auf den weiteren Weg gegeben, das Konzept realitätsgerecht entrümpeln.

Damit wurde Tom Walkinshaw betraut, Boß der Rennabteilung. Eine kleine Serie von 350 Einheiten wurde anvisiert, die in einer eigens eingerichteten Filiale in Bloxham das fahle Licht der Grafschaft Oxfordshire erblicken sollten. Ungemein ermutigend wirkte, daß im Zuge eines beispiellosen Sportwagen-Booms etliche Kunden die verlangte Anzahlung von 50 000 Pfund unbesehen auf den Tisch des Hauses blätterten.

Die revidierte Version, auf dem Genfer Salon 1992 zu besichtigen, war noch immer herrlich unvernünftig. Herrlich: ihre flach fließende klare Form zum Beispiel und der fast völlige Verzicht auf eindruckheischendes Flügelwerk. Wo immer der XJ220 geparkt war, rückte er unverzüglich in den Blickpunkt des Interesses und war übersät mit den Fingerabdrücken der Sympathie. Oder die Duftnote und die haptischen Qualitäten seiner Tapezierung, die das Lederimperium der Gebrüder Connolly zur ersten Adresse in der Gerberzunft gemacht haben. Oder die Perspektiven, die sein mit 549 PS bei 7200/min bullenstarker und rennerprobter 3,5-Liter-V6 mit vier obenliegenden Nockenwellen, zwei Turboladern und Ladeluftkühler nach Betätigen eines roten Knopfes eröffnete: die bereits im Imaginären angesiedelte Höchstgeschwindigkeit von 347 km/h sowie die ganz konkrete Möglichkeit, den Beifahrer mit einem Sprint von vier Sekunden auf Tempo 100 und nur 12,2 Sekunden auf 200 km/h kurzfristig vom Anzünden einer Zigarette abzuhalten. Schließlich sein reinrassiges Rennfahrwerk mit doppelten Querlenkern und innenliegenden Einheiten von Federn und Dämpfern sowie riesigen und brutal zulangenden Bremsen.

Und unvernünftig: etwa die ausladenden Dimensionen des XJ220. Mit 4930 mm Länge erreichte er fast den viel gescholtenen deutschen Riesen Mercedes S-Klasse, mit 2220 mm Breite überbot er diesen bereits um satte 110 mm. 15 Meter Wendekreis, gepaart mit einer schwergängigen Lenkung, machten ihn ungefüge wie einen Lastwagen. Die stark geneigten Front- und Heckscheiben schränkten den Überblick ein wie die Sehschlitze eines Westwallbunkers. Sich in ihn einzufädeln oder am Ende einer längeren Reise abzusitzen wurde just für jene Altersgruppe problematisch, die ihn sich für 720 000 Mark leisten konnte. Und überall rüttelte wütend und fauchend das Renntier an seinen Gittern, eingekerkert in die freiheitliche, aber demokratische

Grundordnung des Straßenverkehrs, aber auch durch die in aller Regel begrenzten Fähigkeiten seines Piloten.

Wie man die britische Raubkatze vor solchen Fährnissen, aber auch dem Zugriff betrunkener oder ideologisch verblendeter Zeitgenossen bewahren konnte? Ganz einfach: durch ein warmes Plätzchen in der Garage.

Leihgeber: Andreas Knapp-Voith

McLaren F1, Bj. 1996. V12. 6064 cm³. 627 PS.
371 km/h. 3,4 s 0 - 100 km/h. Leihgeber: KS Autohandel, Meckenheim

Über weite Strecken wird die Chronik des Sportwagens zum Zeugnis eines trotzigen Dennoch. Begehrenswerte Produkte erwachsen häufig auf dem dürren Nährboden bitterer Not und quälender Zukunftsangst.

Nicht so der McLaren F1: Angebunden an die schier unermeßlichen technischen und finanziellen Ressourcen des damals strahlend erfolgreichen gleichnamigen Rennstalls, war er ein König

unter den Automobilen, fürstlich in seinem Auftritt, fürstlich hinsichtlich der Werkstoffe und Ideen, die in ihn einflossen, fürstlich nicht zuletzt in seinem Preis von 540 000 Pfund Sterling.

Diesen zu entrichten war eine ganze Reihe der Gäste fähig und bereit, die sich zu seiner Präsentation im noblen Country Club zu Monaco am Donnerstag vor dem Grand Prix 1992 eingefunden hatten. Zeitpunkt und Schauplatz waren mit Bedacht gewählt – McLaren-Legende Ayrton Senna hatte die Premiumveranstaltung in den letzten Jahren dreimal hintereinander gewonnen. Was das angemessen erregte Premierenpublikum vorfand, war in den stolzen Worten von Firmenchef Ron Dennis "ein Kunstwerk, das man nicht nur ansehen, sondern auch fahren kann".

Als Projektleiter hatte er den schnauzbärtigen Südafrikaner Gordon Murray gewonnen, geistiger Vater solcher Brabham-Revoluzzer wie des "Staubsaugers" BT46B, der sich unter Niki Lauda 1978 im schwedischen Anderstorp siegreich am Boden festgefönt hatte und später disqualifiziert worden war.

Um das Styling kümmerte sich Peter Stevens, ebenfalls ein Mann mit Vergangenheit und zwar bei Lotus und Jaguar-Sport. Es war glatt wie ein Pfefferminzbonbon nach längerem Lutschen, mit minimalen Überhängen und mächtigen vorn angeschlagenen Flügeltüren. Für die Produktion von Abtrieb war anstelle visuell lästigen Flügelwerks Ground-Effect à la Formel 1 mittels glatten Wagenbodens und eines Diffusers zuständig. Der Pilot des McLaren-Straßenrenners nahm als Zentrum eines Triptychons vor einem schlichten Lenkrad und einem ebenfall bemerkenswert schmucklosen Ensemble von Instrumenten in der Mitte einer dreiteiligen Sitzgruppe Platz, ein bißchen vor den anderen Passagieren. Das war keineswegs einfach, und so belehrten immerhin zwei Seiten der schönen Gebrauchsanleitung den Adepten über das richtige Einrücken.

Formel-1-Ideengut hatte sich überall niedergeschlagen. So bestand das diamantharte Monocoque aus Kohlefaser mit eingelagerten Sandwiches aus Nomex und Aluminium. Echte Renntechnik manifestierte sich auch in der Aufhängung, Doppelquerlenker mit innenliegenden Einheiten von Federn und Dämpfern, die über Pushrods und Kipphebel aktiviert wurden.

Zwei Tonnen Trockengewicht zählten zu den Vorgaben, mit denen sich Murray selber quälte. Auf dem Wege zu den 1134 kg Leergewicht, die der flotte Dreier am Ende auf die Waage brachte, blieb Entbehrliches wie Servo, Allradantrieb, Antriebsschlupfregelung und ABS auf der Strecke. Seine Spitzengeschwindigkeit verlor sich jenseits von 350 im Dunkel des Abenteuers, und in nur 6,3 Sekunden langte er bei Tempo 160 an. Wer unachtsam zu Werke ging oder es mutwillig darauf anlegte, radierte dabei lange und fette schwarze Striche in den Asphalt. Denn in seinem Nacken waltete 627 PS stark ein Erzeugnis der BMW Motorsport GmbH, ein V12 mit 6064 cm³ Hubraum, vier

obenliegenden Nockenwellen und 48 Ventilen, nur 600 mm lang und 266 kg leicht. Gepaart war dieser mit einem quer eingebauten, kurzen und leichten Sechsganggetriebe.

Die Evolutionsstufe GTR gewann 1995 in Le Mans. Der Urgewalt schon der Basisversion zeigten sich indessen nicht einmal ihre Macher gewachsen. Je eines von insgesamt 100 Chassis zerstörten BMW-Boß Bernd Pischetsrieder auf einer bayerischen Landstraße und Ron Dennis bei einer Demonstrationsrunde vor dem Großen Preis von Japan 1993 in Suzuka.

TVR Griffith 500, Bj. 1994. V8. 4997 cm^3
310 PS. 271 km/h. 5,1 s 0 - 100 km/h. Leihgeber: Neil Scott

Das Strickmuster war im Grunde genommen das gleiche wie hinter dem AC Cobra genau 30 Jahre zuvor: ein voluminöser, anspruchsloser V8 aus den prall gefüllten Regalen eines großen Konzerns, ein Chassis ohne viel Gedöns sowie ein knapp sitzender Roadsteraufbau von klassischem Zuschnitt. Aber während die Väter des Cobra eine bereits vorhandene Karosserie mit prall schwellenden Muskeln bepackten, schufen TVR-Chef Peter Wheeler und seine

rechte Hand John Ravenscroft für den Griffith eine völlig neue Außenhaut von betörender Anmutung.

Die Vorgeschichte: Die Tasmin-Ausbaustufe S3, dies schien das Gebot der Zeit, sollte mit einem potenten V8 flottgemacht werden. Da damit das bisherige Fahrwerk überfordert worden wäre, richtete man das Chassis des TVR Tuscan für die höheren Weihen des bekannten Rover-Achtzylinders ein und bekleidete es mit Maßkonfektion aus GFK nach Art des Hauses. Das Ergebnis zog 1990 auf der Birmingham Motor Show gleichermaßen neugierige und gierige Blicke auf sich. Umgehend sammelten sich 350 Bestellungen an, und die nationale Fachpresse frohlockte, solange man soviel automobile Schönheit im eigenen Lande erzeugen könne, sei doch eigentlich die Konsultation eines teuren italienischen Couturiers völlig überflüssig.

In der Tat schmeichelte sich die Kreation von Wheeler und Ravenscroft ein durch perfekt ausgewogene Proportionen, schöne Rundungen und glatte Flächen, deren makellose Flüssigkeit nicht einmal durch störend herausragende Griffe und Schlösser entstellt wurde. Das Ganze ruhte auf der bescheidenen Grundfläche des Mazda MX-5. Ein weiteres markantes Stylingelement waren die vorn hinter das Niveau der Kotflügel eingekerbten Türen. Das Prinzip der gefälligen Wölbung setzte sich innen fort, zum Beispiel im kühnen Bogen über dem attraktiv mit Wurzelholz furnierten Armaturenträger oder in dem Mitteltunnel, der sich hinter dem Schalthebel zu einem sanften Hügel emporkrümmte. Das Raumangebot war knapp: zwei schmale Sitznischen, eine Gepäckablage dahinter und ein winziges Kofferabteil. In diesem ließ sich das feste mittlere Dachelement des Griffith verstauen – der Rest verschwand fast von der Bildfläche, nachdem man ihn nach hinten umgeklappt hatte.

Als tragende Basis diente ein steifes Gebälk aus großkalibrigen Rohren, geätzt, phosphatiert, grundiert und mit Pulver beschichtet. In dieses lagerte sich die ebenso schlichte wie effiziente Aufhängung ein, weit gespreizte Doppelquerlenker mit Teleskopdämpfern, Schraubenfedern und Stabilisatoren. Unter der vorderen Haube des Beaus aus Blackpool jedoch wohnte weit hinten angesiedelt das Triebwerk des wahrlich unverdächtigen Lieferanten Land Rover Discovery, bei TVR hubraumvergrößert, mit einer massiveren Kurbelwelle versehen und auch sonst einschlägig getunt. Zur Wahl standen 3948 cm^3 und 240 PS oder 4280 cm^3 und 280 PS, in jedem Fall genug, dem Piloten eines Porsche Turbo oder Ferrari Testarossa wenn schon nicht das Fürchten, so doch Respekt zu lehren vor dem Exoten von der Insel: Nach 11,1 s für den Eilmarsch auf 100 Meilen pro Stunde klickte die Stoppuhr von Autocar & Motor, und das Blatt maß freudig maximal 260 km/h. Noch besser konnte es mit 271 km/h ab August 1993 ein Jahr nach

dem Anlaufen der Serienfertigung die Ausbaustufe 500, bewaffnet mit der jüngsten Metamorphose des Rover-Kraftpakets von fünf Litern (daher der Name) und 310 PS. Die Zusatzscheinwerfer waren nun in den Mundwinkeln der Kühleröffnung untergebracht. In Japan und Portugal gab es den Griffith auch mit vier, auf Wunsch überall mit 4,5 Litern. Bis Juni 2001 wurden 2253 Exemplare aufgelegt, die letzten 100 als Sonderedition mit kleinen Modifikationen vorn und hinten, neuen Rückspiegeln und einem aufgefrischten Interieur.

Donkervoort D8, Bj. 2004. Vierzylinder-Reihenmotor. 1781 cm³. 210 PS.
235 km/h. 4 s 0 - 100 km/h. Leihgeber: Andreas Limpinsel

Er war ein Sonderangebot von Besessenen für Besessene, eine entschlossene Absage an die Wonnen der modernen Zivilisation, die stürmischste Form des Lebens zu zweit. Denn die im Donkervoort D8 Einsitzenden gingen das Risiko ein, daß der Fahrtwind Perücken entfernte, in Toupets räuberte und sich sogar an Festhaar heranmachte.

In diesem Punkt ähnelte er dem Urahnen Lotus Seven und dem Cousin Caterham Super Seven. Allerdings war die Familie heillos zerstritten, zumal der selige Seven-Schöpfer Colin Chapman die britische Linie zur Gralshüterin der reinen Lehre bestallt hatte. Und so mußte Seven-Freak Joop Donkervoort Mitte der siebziger Jahre diverse Händel ausfechten, bevor er sich im niederländischen Tienhoven in einem Schuppen mit angrenzendem Wohnzimmer und Küche an seine eigene Interpretation des Themas machte, die er kurzerhand S8 (für Super Eight) nannte.

Er verband dabei die Leichtigkeit des Originals mit einer Prise holländischer Gründlichkeit. Natürlich – und das war ja gerade der Reiz – gingen die Gene des kargen Vorfahren nicht verloren. Das Gerippe des nur reichlich einen Meter hohen Zweiplätzers bestand nach wie vor aus einem soliden Gitterrohrrahmen, beplankt mit Aluminiumblechen und Kunststoffelementen. Die Einzelradaufhängung mit Dreieckslenkern und Feder-Dämpfer-Einheiten untermauerte das vorbehaltlose Credo zum Sport, anfänglich nur vorn und dort für jedermann splitternackt sichtbar, vom Typ S8A von 1985 an auch hinten. Später folgten der D10 und 1993 der D8.

Den Wechsel von S zu D begründete Joop Donkervoort mit anhaltendem Stunk mit den englischen Urhebern – das D stehe für Donkervoort, und seit seiner Einführung herrsche Ruhe. Bei aller Artenvielfalt war der holländische Frischluft-Exot ursprünglich stets mit Ford-Vierzylindern bestückt. 1995 kam es zur technischen Kooperation mit Audi, und seitdem spannte sich die schmale Bugverkleidung des D8 bis zum Bersten um den 1,8 Liter großen turbogeladenen Fünfventiler der Ingolstädter. In drei Stufen der Brutalität ließ er das Leistungsgewicht des 665 kg leichten Roadsters gegen Null tendieren: Mit 150 PS lag dies 4,3, mit 180 PS bei 3,7 und mit 210 PS bei 3,2 Kilogramm pro Pferdestärke wie bei Sportwagen von edelstem Geblüt. Zusätzlich zum Führerschein hätte dem Donkervoort-Piloten damit eigentlich Erwerb und Besitz eines Waffenscheins aufgebürdet werden müssen oder zumindest die Teilnahme an einem Spezialtraining, wie sie der deutsche Importeur Michael Düchting in Paderborn anbot.

Falls sich der D8-Junkie nicht gerade in eigens eingerichteten Markenpokalen austobte, kam er im allgemeinen friedfertig daher und freute sich über das nach oben hin fast offene Potential des kleinen Renners und seine spartanische Simplizität. Nach dem Entern des engen Cockpits und Einfädeln der Beine in den schmalen Pedaltunnel drückte links der Rohrrahmen, während der fette Getriebetunnel beispielsweise jegliche Annäherungsversuche amouröser Natur nach rechts energisch unterband.

In den sechziger Jahren bahnte sich Lotus-Star Jim Clark vor dem Großen Preis von Belgien häufig in seinem Einsatzwagen seinen Weg von der Lotus-Garage in Stavelot mitten durch den Straßenverkehr zu den Boxen in Francorchamps, den Kopf unterhalb der Achsenhöhe qualmender Schwerlaster. Aus dieser Perspektive erlebten auch die Insassen des D8 die Partner am Straßenverkehr und liebten es. Seit dem 1. September 2000 in einer blitzsauberen neuen Fabrik in Lelystad unweit der A6 werkend, sorgten die 30 Spezialisten der Donkervoort Automobilen B.V. in kundenorientierter Maßarbeit dafür, daß es noch lange so bleiben sollte.

Fiat Coupé 20V Turbo, Bj. 1999. Vierzylinder-Reihenmotor. 1998 cm³. 220 PS.
250 km/h. 6,2 s 0 - 100 km/h. Leihgeber: Renate Tichawsky

Es ließ nach 14jähriger Abstinenz eine Tradition wieder aufleben, die 1933 genau 60 Jahre zuvor mit der Balilla Berlinetta begonnen und Vorfahren wie die kupierten Versionen des 2300 (1961), des Dino (1967), des 124 (im gleichen Jahr)

und des 128 (1971) hervorgebracht hatte. Von einer "Rückkehr zur Emotion" sprach Fiat-Auto-Chef Paolo Cantarella bei der Vorstellung des Coupés im November 1993 und nahm damit bereits ein Modewort des bevorstehenden dritten Jahrtausends vorweg.

In der Tat war die Linie des 2+2-Sitzers, entworfen vom firmeneigenen Centro Stile, während Pininfarina für die Innenausstattung und die Produktion verantwortlich zeichnete, direkt an den Bauch adressiert. Je nach Gusto bereitete sie Genuß oder Verdruß, erfreute in jedem Fall aber durch eine Reihe von pfiffigen Details. Typisch waren die Verquickung von alten und avantgardistischen Elementen zu einem rundlichen Ganzen sowie ein massiver Rumpf mit betont stämmigem Heck unter einem grazilen Dachaufbau mit großzügiger Verglasung, all dies auffällig solide verarbeitet.

Die Doppelbeulen, zu denen sich die Abdeckungen über den Scheinwerfern aufwarfen, zitierten Gepflogenheiten der Carrozzeria Zagato, ein Tankdeckel mit Schnellverschluß Parallelen von der Piste. Zwei hoch in den B-Säulen placierte Griffe bewahrten Türen und Hinterviertel vor Schmutzschlieren und eröffneten den Zugang zu einem überwiegend schwärzlichen Interieur von abgeklärter Eleganz. Vier Personen sollten sich darin wohlfühlen, aber den vorn Sitzenden ging es naturgemäß besser. Das lag an den wohlgeformten Einzelsitzen und einem vergleichsweise luftigen Raumgefühl, aber auch an dem appetitlichen Anblick des Armaturenbretts mit vier schlichten Rundinstrumenten, die in einem in Wagenfarbe lackierten Kunststoffstreifen eingebettet waren.

Die Technik stammte durchweg aus dem Konzernbaukasten. Das galt zum Beispiel für die Plattform, dem Butter- und Brotauto Stilo entlehnt. Die Räder waren einzeln aufgehängt, vorn mit Querlenkern und McPherson-Federbeinen, hinten mit Längslenkern, Schraubenfedern und Teleskopdämpfern. Mit dem Fiat Coupé erwarb man ein ungemein sicheres Auto: Tester sämtlicher Fraktionen bescheinigten ihm ein weitgehend neutrales Fahrverhalten, gesunde bis rüde Härte beim Umgang mit seinen Insassen, eine präzise Servolenkung und hervorragende Bremsen ohne jegliches Fading.

Das galt ebenso für die Palette der Motoren. Als Kraftquellen wirkten ursprünglich zwei auch anderweitig in der Fiat-Familie und beim Vetter Lancia tätige Sechzehnventiler von 1995 cm³ und 139 PS beziehungsweise 190 PS in der Topversion Turbo Plus. Sie klangen kernig, aber wenig sportlich, und zwei gegenläufige Ausgleichswellen erzogen ihnen eine akzeptable Laufkultur an. 1996 hielten drei neue Triebwerke Einzug unter der rasch abfallenden Motorhaube, nämlich der Vierzylinder aus der parallel gefertigten Barchetta mit 1747 cm³ und 131 PS sowie ein Fünfzylinder mit einem Volumen von 1998 cm³, der als Sauger 154 PS, in einer turbogeladenen Variante hingegen 220 PS bereitstellte. Diese ging ab 3000/min mit wahrlich imponierendem Schub zur Sache und machte aus dem Coupé 2.0 20V Turbo den schnellsten Serien-Fiat aller Zeiten mit einer Spitze von 250 km/h und bloßen 6,2 Sekunden für den Ausflug auf Tempo 100. Für solche Eskapaden zeigte er sich gleichwohl bestens gerüstet durch ein

Ausgleichsgetriebe mit begrenztem Schlupf namens Viscodrive und Bremsen mit Vierkolbensätteln von Brembo. Ein Sechsganggetriebe gab es zunächst nur für die Sonderauflage 20 V Turbo Limited Edition von 1998 und später für alle geladenen Modelle.

Marcos Mantara, Bj. 1997. V8. 3946 cm³.
190 PS. 211 km/h. 6 s 0 - 60 mph. Leihgeber: Chris Tubbs

The Great British Sportscar" verhieß der Prospekt über die Modellreihe, mit der sich 1984 Marcos-Boß Jem Marsh bei einer kleinen, aber fanatischen Fangemeinde als Autobauer zurückmeldete, zwei Jahrzehnte seit der Präsentation des 1800, zwölf Jahre, nachdem die kleine Firma an der Chemical Road zu Westbury vorläufig endgültig ihre Pforten geschlossen hatte.

"Big" waren die Marcos der neuen Art ebenfalls – im Sinne von eindrucksvoll, optisch und auch sonst. Denn ihre weitere Entwicklung vollzog sich keineswegs auf die feine englische Art. Nachdem man das eher schmächtige Originalkonzept von Designer Dennis Adams an dem Kit-Coupé V6 drei Jahre lang noch unangetastet gelassen hatte, begann es allmählich aus den Nähten zu platzen, mit schwellenden, quellenden Rundungen, visuell zerfetzt durch Schlüfte und Klüfte zum Stillen der Bedürfnisse von Mensch und Maschine, gelegentlich aber auch bloße Attrappen. Längst vergangen war die Zeit, als man in Westbury und vorher in Bradford-on-Avon ein Fichtenholz-Chassis und eine Karosserie aus Fiberglas zusammengeleimt hatte, geblieben das Komposit als Werkstoff für den Aufbau, der inzwischen auf einem Stahlrohrrahmen ruhte.

Noch vergleichsweise zurückhaltend gab sich der Mantula, zwischen 1984 und 1992 zunächst nur als Coupé, ab 1986 auch als Spyder in rund 320 Einheiten unters Marcos-Volk gebracht, 300 davon in der Form von Baukästen. Mitgeliefert wurde der kompakte Aluminium-V8 von Rover, wie er auch im Morgan Plus 8 sei-

nen Dienst tat, ursprünglich mit 3,5, später mit 3,9 Litern Volumen und baritonal mächtig brabbelnd im Unterschied zu dem Zweiliter-Aggregat, das ab 1990 für den italienischen Markt verfügbar wurde. Im Jahr zuvor war die hintere Aufhängung energisch retuschiert worden, als man die historische Lösung mit einer Starrachse und Trommelbremsen durch doppelte Querlenker und innenliegende Scheibenbremsen ersetzte.

Die eigentliche Evolution ins Unmäßige nahm mit dem Typ Mantara von 1993 ihren Anfang, mit wuchernden Kotflügelverbreiterungen, einer tief eingekehlten Motorhaube und dem gleichfalls aggressiv anmutenden Fortfall der Perspex-Abdeckungen über den Doppelscheinwerfern. Dabei hatte man mit diesem scheinbaren Imponiergehabe lediglich Anspruch und Sein in Einklang gebracht. Denn bereits das schwächste Triebwerk mit vier Litern Hubraum und Katalysator leistete 190 PS, ein stärkeres, unentgiftetes mit 4,5 Litern, von JE Engineering in Coventry entwickelt, war zu 302 PS fähig und stachelte den Mantara und seine wie gelähmten Insassen zum Spurt auf 60 mph in bloßen 4,65 Sekunden auf, wie das Werk penibel angab. Nicht genug damit: Im Bug der Ausbaustufe Mantara LM500, die auf der Motor Show im Oktober jenes Jahres vorgestellt wurde, schlummerten 320 PS, freigesetzt durch einen Fünfliter auf der Basis des Rover-V8. Und über noch etwas mehr je nach Tuningstufe gebot der Dompteur des LM600 von 1995, dem eine Smallblock-Achtzylinder von Chevrolet vor allem bei GT-Rennen auf die Sprünge half.

Bis 1998 fanden sich für den Muskel-Marcos Mantara rund 180 Käufer. Irgendwie genügte der potente Brite sich selbst und nahm deshalb wenig Rück-

sicht auf seine Passagiere. Der Pilot lag eher hinter dem Lenkrad, als daß er saß, in Sitzen, die nicht verstellbar waren. Elektrisch bewegt wurde dafür nach Art des Hauses die eng beieinander stehende Pedalerie. Sein Kupplungsfuß befand sich entweder auf der Kupplung oder war schlicht überzählig geworden.

Das Nachfolgemodell Mantis, mit einem 4,6-Liter-V8 von Ford bewaffnet, 325 PS stark und 250 km/h schnell, gab sich da auch nicht humaner.

Porsche 911 (993) Turbo S, Bj. 1998. Sechszylinder-Boxer. 3600 cm^3. 408 PS. 291 km/h. 4,3 s 0 - 100 km/h. Leihgeber: Ulrich Aumann

Back to basics – während die Seitensprünge 928 und 968 ihrem Ende entgegendämmerten, entpuppte sich die in Ehren ergrünte 911 als die Zugnummer, die das Unternehmen wieder aus der Krise lotste – wie eine alte und verläßliche große Liebe, der man besser unverbrüchlich die Treue gehalten hätte. Nach drei Jahren der Dürre meldete Porsche-Chef Wendelin Wiedeking Anfang 1996 moderaten Gewinn. In den ersten vier Monaten des laufenden Geschäftsjahres hatte man ein Umsatzplus von 14 Prozent erzielt, und an dessen Ende flankten die Zuffenhausener mit 20 132 Einheiten locker über den bestehenden Produktionsrekord. Auf 65 695 Exemplare insgesamt brachte es allein der aktuelle Elfer mit dem Entwicklungscode 993 zwischen 1993 und 1998.

In ihm steckten vier Jahre Vorarbeit und eine Investition von 400 Millionen Mark. Bereits vor den Werksferien 1993 segnete der Vorgänger 964 das Zeitliche, für Kontinuität sorgten Speedster, Turbo, das Carrera 2 Cabriolet sowie der Carrera 4 mit Turbo-Optik. Seine Verbeugung als Debütant machte der 993 auf der Frankfurter IAA. Thema con variazioni – diesmal ein verbreitertes Hinterviertel und ein verändertes Profil für die schenkelartigen vorderen Kotflügel in einem geglätteten Umfeld mit Stoßfängern, die sich bis zur vorderen Haube emporkrümmten, und schräger gewinkelten Hauptscheinwerfern. Sie waren bündig in ihre Umrahmung eingefügt wie neuerdings auch die Seitenscheiben.

Am Ende des Dachs stellte sich über dem hinteren Fenster ein kleiner Spoiler dem Fahrtwind entgegen, während neue 16- und 17-Zoll-Leichtmetallräder im Fünfspeichendesign die Wärmeabgabe der Bremsen verbesserten. Schier unerschöpflich schien das evolutionäre Potential des schon so oft und so hartnäckig totgesagten Heckmotorkonzepts, dessen bekannte Schwächen man Schritt für Schritt ausmerzte. Einschneidende Innovation hatte sich eingefunden in Gestalt einer Mehrlenker-Hinterachse mit doppelten Querlenkern, die sich auf jeder Seite auf einem eigenen Fahrschemel abstützten und die Fahreigenschaften ein weiteres Mal spürbar verbesserten. Bei glänzendem Handling blieb der jüngste Elfer bis in einen weit hinausgeschobenen Grenzbereich neutral. Überschritt der Pilot die Haftgrenze, trat ein leichtes und gut kontrollierbares Übersteuern ein.

Unter dem Heckdeckel aber heiserte und sägte letztmalig luftgekühlt und zart gedämpft durch eine getrennte Auspuffanlage für jede Zylinderbank der 3,6-Liter-Boxermotor, umfassend überarbeitet hinsichtlich seines Managements durch das Bosch-Produkt M 2.10 und mechanischer Komponenten wie einem erleichterten Kurbeltrieb und leichteren Kolben, Pleueln und Ventilen sowie einem hydraulischen Ventilspielausgleich. Zur mühelosen und direkten Umsetzung seiner kerngesunden 272 Pferdestärken in Vortrieb diente weiterhin optional das Fakultativ-Spielzeug Tiptronic und ein leicht zu schaltendes Sechsganggetriebe mit relativ kurzen Übersetzungen, ohne daß sich dadurch die Beschleunigungswerte gegenüber dem 964 dramatisch veränderten.

Die Relegation der Frontmotor-Porsche aufs verdiente Altenteil wurde zügig austariert durch ein fruchtbares Anwachsen der Elfer-Familie. 1994 legte man das Cabriolet nach, dessen elektrisches Verdeck die Kopffreiheit der Insassen in nur 13 Sekunden ins Unermeßliche erweiterte. Im gleichen Jahr feierte der Carrera 4 fröhliche Urständ, um 5000 Mark billiger als der alte, wie sich Wolfgang König in Heft 18 von auto motor und sport verwundert die Augen rieb. Eine vergleichsweise simple Visco-Kupplung hatte das Zentraldifferential ersetzt, was die Vorteile des Systems gebührend herausstrich. Im Normfall begnügte sich der Porsche nämlich fast hundertprozentig mit dem Antrieb der Hinterräder.

Porsche 911 (993) Coupé, Bj. 1996. Sechszylinder-Boxer. 3600 cm³. 285 PS. 267 km/h. 5,2 s 0 - 100 km/h. Leihgeber: Jörg Willwerth

Erst wenn diese durchdrehten, kamen die Vorderräder zum Zuge, wobei die Visco-Kupplung die Verteilung der Kraft den Umständen entsprechend ständig variierte. Gegenüber der bisherigen Lösung fielen 50 Prozent Leistungsverlust im Antriebsstrang fort, ein Zentner Mehrgewicht wurde abgespeckt, wo der Carrera 4 (964) 100 zusätzliche Kilos auf die Waage gebracht hatte, und der Aufpreis für den Vierradler hatte sich von 13 580 auf 8580 Mark ermäßigt.

"Bitte ein Bi" titelte auto motor und sport im Heft 6 des Jahrgangs 1995 in Anspielung auf den Slogan einer bekannten feinherben Eifeler Biermarke und meinte damit die jüngste Ausgabe des Turbo, just auf dem Genfer Automobilsalon präsentiert. Eine potent schnurrende High-Tech-Bombe, habe der mächtig geflügelte und breithüftige " Macho innerhalb der Elfer-Familie" nun wirklich alles, was das Herz des Porsche-Piloten begehre. Seine beiden um des besseren Ansprechverhaltens willen klein dimensionierten Turbolader hoben die Leistung des luftgekühlten 3,6-Liter-Motors auf die neue Bestmarke von 408 PS bei bescheidenen 5750/min. Noch eindrucksvoller war der Wert von 540 Newtonmetern bei 4500/min.

Um dieses stattliche Potential besser zu steuern, war dem Fahrer nun ein Sechsganggetriebe an die Hand gegeben, und die immense Kraft des Boxers wurde nach dem bereits vom Carrera 4 bekannten Prinzip per Visco-Kupplung bei Bedarf auf beide Achsen verteilt. In jedem Drehzahlbereich zog der Biturbo mit seinen synchron laufenden Turbinen ohne Verschnaufpause los, als sitze ihm eine unbarmherzige Faust im Nacken, mit einer Gleichmäßigkeit, die bisher kein aufgeladener Porsche-Motor zu bieten gehabt hatte, gleichwohl in säuselndem Understatement und von untadeligen Manieren.

In die Lücke zwischen Turbo und Carrera plazierten die Zuffenhausener noch im gleichen Jahr die traditionelle Mager-Metamorphose Carrera RS mit dem auf 3746 cm³ aufgebohrten Triebwerk und 300 PS. Für gut 20 000 Mark Mehrpreis erhielt der Kunde jedoch in erster Linie weniger Gewicht, wozu zweiteilige Felgen und Schlaufen anstelle von Türgriffen ebenso ihr Scherflein beitrugen wie bretthart-asketische Sitzschalen und eine Fronthaube aus Aluminium. Der ausladende Heckflügel, der tiefgezogene Frontspoiler sowie ausgeprägte Seitenschweller suggerierten Renn-Ambiente. In die gleiche Richtung, wenn auch eher optisch als funktional, ging das Zwitterding Carrera 4S, ein Allradler mit dem Carrera-Motor auf dem 18-Zoll-Fahrwerk des Turbo mit dessen stämmigen Kotflügeln und der dazu passenden Frontpartie, aber ohne den voluminösen Bürzel des Top-Elfers.

Dessen Charaktereigenschaften wurden hingegen auf die Spitze getrieben durch den um 200 Kilogramm verschlankten GT2 als Basismodell für den Rennsport. Sein noch größerer Heckflügel brachte noch mehr Abtrieb, die nochmals breiteren Räder benötigten ein weiteres Mal erweiterte Kotflügel. Viel sanfter gab sich der auf der Frankfurter IAA im Herbst 1995 in neuer, luftiger Eleganz wiedergeborene Targa. Eine gläserne Kuppel hatte das Kunststoffdach ersetzt. Angesiedelt zwischen zwei sanft abfallenden Längsträgern, so daß die Coupélinie erhalten blieb, zog sie sich in geöffnetem Zustand unter die Heckscheibe zurück, was die Rück-Sicht verdunkelte wie eine stark getönte Sonnenbrille. Zum Modelljahr 1996 war die Leistung des Sechszylinders ein weiteres Mal auf nunmehr 285 PS gestiegen, dank längerer Wege im variablen Ansaugsystem namens Varioram (O-Ton Porsche), breiterer Auslaßnocken und größerer Ventile.

Zweimal, im Heft 11 Jahrgang 1995 und in der ersten Ausgabe des folgenden Jahres, unterzog auto motor und sport die Elfer-Flottille einem umfassenden Vergleich und stellte dabei die Sinnfrage.

Das Ergebnis blieb dasselbe: Das beste und preiswürdigste Angebot war der Carrera 2.

Wiesmann MF 3, Bj. 2000. Sechszylinder-Reihenmotor. 3201 cm^3.
321 PS. 255 km/h. 4,9 s 0 - 100 km/h. Leihgeber: Jürgen Kaiser, Dominik Schmitz

Ursprünglich war das für die Gebrüder Wiesmann ein Traum, wie ihn Jungens so träumen – später einmal die Dinge einfach selbst in die Hand zu nehmen und ein eigenes Auto mit ihrem eigenen Namen zu bauen. Als 1988 nach dem

Ableben der Branchen-Ikone Enzo Ferrari der Sportwagen mit einem Mal Kult- und Investitionsobjekt wurde und jede Radmutter mit dem cavallino rampante drauf in den Rang einer Reliquie aufrückte und für 500 Mark gehandelt wurde, witterten die Wiesmanns Morgenluft. Das tat auch mancher andere – und scheiterte nach dem jähen Abflauen der Konjunktur Anfang der Neunziger schmählich. Nicht einmal hochtönende Namen voll historischer Edel-Patina schützten davor. Die Wiesmann Auto-Sport GmbH & Co. im westfälischen Dülmen jedoch gibt es noch heute. Was hatten die beiden richtig gemacht?

So ziemlich alles: Als Diplomingenieur kümmerte sich Martin Wiesmann um die technische Seite des Unternehmens, Friedhelm Wiesmann als Diplomkaufmann um wirtschaftliche Aspekte, so daß ein Abdriften in die schwerelose Welt der Vision von vornherein unterbunden wurde. Mit leicht verkäuflichen Produkten wie Hardtops schuf man sich ein zweites Standbein und verschaffte sich zugleich die Sympathien und schließlich das Ja-Wort der Bayerischen Motoren Werke zu künftiger Kooperation. Als 1993 die ersten vier Roadster ausgeliefert wurden, hatte man bereits zwei BMW-Motorisierungen im Angebot, den MF 25 mit 170 PS und den MF 35 mit 211 PS. Die Evolution der Gewalt schritt unaufhaltsam vorwärts. Im 2004 aktuellen MF 30 tat ein Sechszylinder von 231 PS seinen Dienst, im Top-Modell MF 3 das urstarke Triebwerk aus dem M3 mit 343 PS, an die Hinterachse vermittelt von einem sequentiellen Sechsganggetriebe und untermalt von einem trefflich komponierten Soundmix zwischen Bollern und Blubbern bei friedlicher Gangart und zornigem Schrei jenseits von 6000/min.

Aus dem flottesten Dreier entlehnt waren überdies Achsen und Aufhängung, vorn McPherson-Federbeine und Querlenker, hinten obere und untere Querlenker und Längslenker, mit Schraubenfedern, Teleskopdämpfern und Stabilisatoren an beiden Enden. Sie war eingepflanzt in einen enorm verwindungssteifen feuerverzinkten Gitterrohrrahmen, mit Aluminium beplankt und einem zusätzlichen Seitenaufprallschutz versehen. Darüber spannte sich die ureigenste Zutat der Wiesmanns, eine mit Glasfaser verstärkte Kunststoffkarosserie, in der man die schönsten und damit zeitlosen Elemente der Sportwagenklassik versammelt hatte: die lange, geschwungene Haube, den energischen Hüftknick, der seit jeher angenehme Assoziationen an strategisch entscheidende Partien der weiblichen Anatomie heraufbeschwor, ein knackiges Hinterteil. Harmonisch ins Gesamtbild fügten sich BBS-19-Zöller im Kreuzspeichendesign.

Diese Collage aus attraktiven eigenen Ingredienzen und gestanden-renommierten Beiträgen von außen wurde in 460 Stunden Bauzeit zusammengesetzt, getreu dem Selbstverständnis der kleinen Marke als Manufaktur der Individualisten. In der Tat gab man, individuelle Wünsche ebenso penibel wie kostspielig erfüllend, dem Ganzen eine Qualitätsanmutung hinsichtlich der ausgewählten Materialien und des Verarbeitungsniveaus, die im automobilen Klein-Gewerbe ihresgleichen suchte.

Im September 2003 gesellte sich den offenen Varianten ein Coupé hinzu, befeuert von einem V8 des Hoflieferanten aus München. Mit ihnen teilte er unter anderem die Tugend hoher Querbeschleunigungs- und Traktionswerte. Ganz im Sinne des Firmen-Logos klebten die rund 350 Edel-Renner aus Dülmen bis Mitte 2004 an der Straße wie Geckos an der Wand. Auf dem kleinen Kurs von Hockenheim stach ein MF 3 den artverwandten Morgan Aero 8 in allen Belangen aus.

Alfa Romeo Spider, Bj. 2003. Vierzylinder-Reihenmotor. 1970 cm³. 165 PS. 215 km/h. 8,4 s 0 - 100 km/h. Leihgeber: Autohaus Abraham, Rosenheim

1993 trug man mit dem als Duetto geborenen Spider einen fast 30jährigen Auto-Greis von sanft verblichener Schönheit zu Grabe. Auf dem üppigen Nährboden eines florierenden Wachstumsmarkts für Cabriolets ging indessen die Abkehr vom Gestern Hand in Hand mit der Zuwendung zum Morgen, und bei

dieser Gelegenheit wurden in Mailand ein paar heilige Kühe gleich mitgemeuchelt.

Der neue sportive Alfa Romeo, erstmals zu besichtigen beim Pariser Autosalon 1994, verstieß nämlich mit seinem Quermotor vorn und Frontantrieb wider das ebenso eherne wie verkrustete Vorurteil, dergleichen sei mit Idee und Praxis des Sportwagens einfach nicht vereinbar. Schon das allein lieferte Gesprächsstoff und war daher ganz im Sinne eines wesentlichen Parameters, den man Pininfarina und dem hauseigenen Centro Stile in Arese mit dem Architekten und Stylisten Walter da Silva an der Spitze mit auf den Weg gegeben hatte: der Neue müsse zu einer unverwechselbaren Autopersönlichkeit von hohem emotionalem Wärmewert geraten.

Inspiriert wurde dieser von der Studie Proteo im Herbst 1991, der gleichwohl die typische Funktion des Wegweisers zufiel: Er zeigt den Weg an, ohne ihn selbst zu gehen. Ein markantes Merkmal, das übernommen wurde, waren die zu Punkten geschrumpften Scheinwerfer. Sie funkelten "aufgrund ihres transparenten Lichtkörpers wie kleine Edelsteine in der Motorhaube", fabulierte die Alfa-Werbung in entzücktem Eigenlob.

Dahinter stieg, visuell unterstützt durch eine Sicke, die Gürtellinie so rasch und unverblümt empor wie eine Abschußrampe. Walter da Silva strich indessen unentwegt den Unterschied zwischen dem Spider und der geschlossenen Version GTV heraus. Nur bis zur B-Säule seien die Zwillinge eineiig. Anschließend änderten sich Struktur und Charakter der beiden fundamental. In der Tat – während das Hinterteil des offenen Alfa in einem milden Bogen zu den schmalen rückwärtigen Leuchten und dem integrierten Stoßfänger abfiel, setzte sich am GTV die Aufwärtsbewegung konsequent fort und mündete in einem hohen Stummelheck mit schroffer Abrißkante, "coda tronca", wie da Silva im vertrauten Italienisch erläuterte, ein abgeschnittener Schwanz.

Der unkonventionellen Linie entsprachen ungewöhnliche Materialien. So war die kurze und bullig breite Motorhaube gefertigt aus dem Verbundwerkstoff KMC, ihre Außenhaut aus einem Gemisch von Polyesterharz und Glasfiber chemisch verschweißt mit einem inneren Kunststoffskelett und damit zum Beispiel völlig gefeit gegen jenen Rostfraß, der den Besitzern früherer Alfa-Generationen Verdruß bereitet hatte.

Das neue Konzept und das eigenwillige Erscheinungsbild polarisierten durchaus, wurden jedoch im allgemeinen wohlwollend aufgenommen. "Die Keilform mit dem markanten Gesicht wirkt so frisch und knackig, daß sich Alfa

über das Haltbarkeitsdatum keinen Gedanken zu machen braucht", lobte Wolfgang König im Oktober 1996 im Rahmen eines Vergleichstests mit dem just erschienenen BMW Z3 in auto motor und sport. Die Gegenüberstellung der beiden laufe hinaus auf ein "Kontrastprogramm, formal wie konzeptionell. Da geht es um Frontantrieb gegen Heckantrieb, um Modernismus gegen Traditionalismus, um Designershorts gegen Lederhosen."

Alfa Romeo GTV, Bj. 1999. V6-Motor. 2959 cm³. 221 PS.
244 km/h. 6,7 s 0 - 100 km/h. Leihgeber: Thomas Lau

Am Ende hatte der BMW die lange Nase vorn, indes: "Für den einen sprechen die Punkte, für den anderen der Puls."

Und der Frontantrieb? Da gab es beste Voraussetzungen durch das ausgewogene und verträgliche Fahrwerk, die Plattform des Fiat Tipo mit einzeln aufgehängten Räder vorn an Querlenkern und McPherson-Federbeinen, hinten eine raumgreifende Mehrlenkerachse, getragen durch zwei Hilfsrahmen. 1995 sprach Bernd Stegemann, wiederum in auto motor und sport, von einer "feinnervigen Kinematik". Tatsächlich lasse das überaus präzise und agile Alfa-Handling vergessen, daß die Motorkraft nicht mehr die Hinter-, sondern die Vorderräder antreibe. Allerdings empfahl sich, etwa bergauf bei Glätte oder sandigem Untergrund mit dem Gaspedal zartfühlend umzugehen, da dann der Grip artenspezifisch gegen Null zu tendieren mochte. Darüberhinaus bemäkelten die Spider-Rezensenten einhellig, der Aufbau verwinde sich ächzend und knerzend, zittere gar gelegentlich wie Espenlaub.

Für den gebotenen Schwung sorgten ursprünglich ein Zweiliter-Vierzylinder mit 150 PS sowie ein Dreiliter-V6 mit 192 PS. Dessen 220 PS starke Ausprägung mit Vierventilköpfen war ursprünglich dem Coupé vorbehalten. Aber auch so war der Spider-Pilot, wenn es ihn anwandelte, selbst bei offenem Verdeck flott unterwegs mit bis zu 225 km/h im relativ zugfreien Cockpit, dabei stets akustisch eingebettet in gefälligem Designersound zwischen sonorem Grollen bei niedrigen Drehzahlen und militantem Fanfarengeschmetter bei freiem Ausdrehen.

Umfassende Modellpflege für 1999 bescherte dem Twin-Spark-Triebwerk, mit variabler Ansauggeometrie und einem elektrohydraulischen Phasenschieber auf der Einlaßseite ähnlich aufwendig aufbereitet wie der V6, fünf zusätzliche Pferdestärken. Zugleich rundete man das Angebot nach unten ab in Gestalt einer gleichfalls vierzylindrigen Einstiegsversion, die aus 1,8 Litern Hubraum 144 PS mobilisierte. Ihr war lediglich eine kurze Verweildauer beschieden. Nach außen hin ist dieser Jahrgang zu erkennen am verchromten Kühlergrill sowie Schwellern und Spoilerenden in Wagenfarbe, nach innen durch einen Zuwachs an Kofferraum um 37 auf 147 Liter, gewonnen durch den Wegfall des Reserverads.

Zur weiteren Gelenkstelle in der Vita des attraktiven Paars wurde 2003. Unter dem Skalpell der Alfa-Schönheitschirurgen erhielt es ein noch markanteres Antlitz mit einem tief in die Bugschürze verlängerten Kühlergrill und breiten Lufteinlässen in Schnurrbartform, ohne daß die gelungene Urform angetastet wurde. Als Neuzugang verzeichnete die Familie einen Zweiliter- Direkteinspritzer von 165 PS und angenehmen Umgangsformen. Der V6 trat mit nunmehr 3,2 Litern und 240 PS weniger dezent auf, dafür ein gutes Stück kraftvoller und mit zornigem Sound. Das Zittern hatte man dem Spider weitgehend aberzogen.

Wieder, im Juli 2003, widmete auto motor und sport dem Alfa einen Vergleichstest mit einem BMW, diesmal dem Z4. Und wieder zog der Italiener den kürzeren, allerdings mit deutlich gesunkenen Sympathiewerten. Vor allem

bemäkelte das Blatt die Gier des Sechszylinders, der durchschnittlich 14,3 Litern verschlinge, seine "vorsintflutliche" Sicherheitsausstattung sowie das umständliche und zeitraubende Zeremoniell für das Öffnen und Schließen das Verdecks – selbst wenn einem dabei gegen einen saftigen Aufpreis elektronische Heinzelmännchen zur Hand gingen.

Aston Martin DB7 Vantage Coupé, Bj. 2003. V12. 5935 cm³. 420 PS.
286 km/h. 5,6 s 0 - 100 km/h. Leihgeber: Royal Motors Kempen, Köln

Die zerbrechliche Zukunft von Englands edelster Marke liegt in den Händen dieses Autos, des Aston Martin DB7", schrieb die allseits geschätzte Fachzeitschrift Autocar in ihrer Ausgabe vom 19. Oktober 1994. "Ist ihm Erfolg beschieden, wird die alte Firma mehr Fahrzeuge bauen und mehr Geld verdienen als je zuvor in ihrer 75jährigen Geschichte, in der sie heroisch so manche Krise durchgestanden hat. Scheitert es, dann darf man getrost bezweifeln, daß die Mutter Ford die Geduld und die Mittel für einen angemessenen Ersatz aufbringen wird."

Zum Glück war Möglichkeit eins angesagt, wie sich bald erwies. In einer neu geschaffenen hausinternen Hierarchie war der DB7 unterhalb der V8-Modelle angesiedelt und sollte im Beritt von Rivalen wie den Mercedes SL, dem Porsche 928 und der Ferrari-Junioren 348 und F355 Beute machen, denen man auf dem Genfer Salon 1994 den Fehdehandschuh hinwarf.

Beim ersten Hinsehen erschien er wie eine zeitgemäße Ausprägung klassischer Aston-Martin-Philosophie, wenngleich eine Nummer weniger monumental. Beim zweiten hingegen bildete er sinnträchtig die Verwerfungen ab, die sich im Hinter- und Untergrund ereignet hatten. Seit 1987 hatte die Nobel-Manufaktur in Newport Pagnell eine neue Heimstatt gefunden unter dem stabilen Dach von Ford, zunächst mit drei Vierteln der Anteile mit von der Partie und 1994 ganz und gar. Zur Verwandtschaft zählte plötzlich auch der 1989 ebenfalls von Ford adoptierte frühere Konkurrent Jaguar. Zehn Jahre später würde der US-Riese seinen schönsten Töchtern zusammen mit Lincoln, Volvo und Land Rover im Zeichen seiner Premier Automotive Group sogar einen eigenen Gebäudetrakt einrichten.

Gleichwohl waren der Etat knapp, Rationalisierung das Gebot der Stunde, das Schaffen von Schnittmengen und damit überraschenden Ähnlichkeiten innerhalb der neuen Familie unvermeidlich.

Schon jenseits der Pensionierungsschwelle von 65, aber kein bißchen müde pendelte der frühere Ford-Manager Walter Hayes, einer der Väter des Formel-1-Triebwerks DFV, als rastloser Mittler zwischen den Welten. In Sachen Aston Martin war er zunächst als Berater unterwegs und nahm die Dinge schließlich zwischen 1991 und 1994 als Chef in die Hand.

Von Jaguar stammte das Chassis mit markentypischen Merkmalen wie doppelten Querlenkern vorn und einzelnen Querlenkern hinten, wo die Halbachsen in tragende Funktionen eingebunden waren. Hinsichtlich der Maschine griff Hayes ebenfalls auf Jaguar-Bestände zurück, einen Reihensechszylinder von 3,2 Litern Volumen mit zwei obenliegenden Nockenwellen und damit von einer Architektur, welche die Historie des Hauses Aston Martin eigentlich vorgab. Dieser Vierventiler wurde allerdings mit energischen Eingriffen durch den Motoreningenieur Geraint Castleton-White auf seine neue Aufgabe vorbereitet. Die gebotenen Hundertschaften von PS, die er bereitzustellen hatte, sollten per Aufladung generiert werden. Allerdings verschmähte Hayes das allseits praktizierte Turbo-Verfahren: Er möge es nicht, pflegte er zu sagen, da dadurch eine Maschine mit einer anderen Maschine zusammengespannt würde, und sei auch ein Verächter des notorischen Turbo-Lochs. Folglich fiel die Entscheidung für einen Eaton-Kompressor, wie er bereits im V8 Vantage für kernige Kraftentfaltung sorgte, dort gleichwohl im Doppelpack. Im DB7 machte er sich für 317 PS bei 5500/min stark, während ein wassergekühlter Intercooler für gemäßigte Temperaturen sorgte.Blieb die Karosserie: Hayes setzte große Stücke auf den 35jährigen Designer Ian Callum, ehemals bei

Aston Martin DB7 Vantage Volante, Bj. 2003. V12. 5935 cm³. 420 PS. 265 km/h. 5,7 s 0 - 100 km/h. Leihgeber: Karl-Gustav Diederichs

Ford und Ghia und nun in dem kleinen Firmenimperium TWR (für Tom Walkinshaw Racing) des umtriebigen Rennmenschen tätig, dessen Namen es trug. Er wünsche sich einen verbraucherfreundlichen, eleganten und schnellen Sportwagen, der an die DB-Baureihen anknüpfe, nichts Sensationelles, bitte schön, und auch nichts, was die Damen erschrecken würde, weil man darin ihre Unterwäsche sähe, gab Hayes Callum (Lieblingsauto: der Aston Martin DB4GT Zagato) mit auf den Weg.

Der aber revanchierte sich mit einer Skulptur von makelloser Schönheit, die man in Stahl zu gewanden gedachte, aber mit Kompositteilen wie dem Motor- und dem Kofferraumdeckel, den vorderen Kotflügeln sowie den Auflagen auf den Stoßfängern. Nicht das Geringste wurde an seinem Entwurf geändert, und so angetan zeigte sich der greise, aber rüstige David Brown in seiner opulenten Seniorenresidenz im fernen Monaco, daß er Callums Kreation spontan seinen Segen und die Nutzungsrechte für das Kürzel DB spendete, das man 1972 achtlos in den Müll geworfen hatte. Zur Fertigungsstätte widmete man die inzwischen verwaiste Wiege des Jaguar XJ220 in Bloxham um, die fortan Aston Martin Oxford Limited hieß. Die Händler bekamen den DB7 schon lange vor seiner eigentlichen Premiere in Gestalt eines Prototyps zu Gesicht. Sie sollten, dachte Walter Hayes praktisch, schließlich wissen, was sie künftig verkaufen würden.

An publizistischer Schützenhilfe mangelte es nicht: Autocar sah den DB7 in der Nachbarschaft der unvergänglichen Schönheits-Ikone Jaguar E, wie jener ein Preisbrecher und um 78 500 Pfund Sterling der feinste Gran Turismo, der für eine fünfstellige Summe zu haben sei. Der Zauber wirkte – 1998 zum Beispiel waren 600 von 700 verkauften Aston Martin DB7.

Wie schon im Falle des Virage war die Volante-Version zeitgleich mit dem Coupé herangereift. Im Januar 1996 wurde sie simultan auf den Salons von Detroit und Los Angeles vorgestellt, Indiz dafür, daß man dem nordamerikanischen Markt eine hohe Aufnahmekapazität zumaß. Bereits behutsam modellgepflegt trat DB7 Nummer 1000, ein silberner Volante, am 4. Oktober desselben Jahres die Seereise in die Vereinigten Staaten an: mit zwei Airbags, neuen Sitzen und besseren Türdichtungen, ein Detail, das anfänglich Anlaß zu Klage gegeben hatte.

Höchst überschaubar hingegen war der Kundenkreis für die Sonderedition Alfred Dunhill, 1998 adressiert an Menschen, denen der DB7 von der Stange bereits zu ordinär war und die nötige beträchtliche Mehrinvestition nur ein müdes Lächeln abnötigte. Bis zu 120 000 Pfund waren für ein Exemplar mit allen Schikanen zu entrichten. Das Äußere war konsequent platinfarben, das Interieur gehalten in holzkohleschwarzem Connolly-Leder mit silbergrauer Paspelierung der Sitze. Auf das Joint Venture mit dem renommierten Hersteller von Luxusaccessoires wiesen beispielsweise Schmankerln wie ein Klimaschränklein für Zigarren oder Designmerkmale diverser Dunhill-Produkte im Umkreis des Cockpits hin – eine Apotheose des angenehm Überflüssigen.

Gleichwohl hielt man in Newport Pagnell und Bloxham noch echte Überraschungen in petto: Bei dem DB7 Vantage, der im März 1999 im Scheinwerferlicht der Genfer Frühlingsshow erglänzte, handelte es sich nicht etwa um die Power-Version des real existierenden Basismodells mit seinen sechs Verbrennungseinheiten. Vielmehr hatte man sich im Zuge weltweiter Zylinder-Aufrüstung dem unwiderstehlichen Charisma des Dutzends verschrieben.

Der Stammbaum des kompakten und leichten V12 unter seiner Fronthaube leitete sich her von der Sportwagenstudio Ford Indigo von 1996. Damals hatte man kurzerhand zwei handelsübliche Dreiliter-V6-Motoren zusammengeschweißt,

Aston Martin DB7 Zagato, Bj. 2003. V12. 5935 cm³. 420 PS.
298 km/h. 4,9 s 0 - 100 km/h. Leihgeber: Wolfgang Friedrichs

das Projekt indessen anschließend in die Obhut der Leistungs-Schmiede Cosworth gegeben, die dem Sechsliter-Rohling 420 solide Pferdestärken und bessere Manieren beibog. Zu einem Säusler und Summer wie andere englische Artgenossen ließ er sich trotzdem nicht verbiegen, machte sich vielmehr mit cremig-aggressivem Designersound Luft und

beschallte den Innenraum des Vantage speziell im Vollastbereich mit einem vielstimmigen Crescendo und Diminuendo.

Seine Anwesenheit bezeugten ein verändertes Kühlergrill aus poliertem Metall und breitere Ansaugöffnungen im Dienst eines effizienteren Kühlsystems sowie, unter der schönen Hülle, neue Längs- und Querlenker vorn und ein Horizontalgestänge hinten. Ansonsten waltete britische Diskretion. Nirgends fand sich der prestigeträchtige Schriftzug V12 – die Botschaft bestand im Fehlen der Botschaft. Die Erinnerung an uralte Zeiten ganz im Sinne des Pensionärs Walter Hayes beschwor ein poppiger roter Anlasserknopf auf der Mittelkonsole. "Der beste Aston Martin, den es je gab", zollte auto motor und sport am 30. Juni 1999 andächtig Respekt und verlieh seiner Verwunderung Ausdruck, daß es den Vantage zum Sozialpreis von 237 500 Mark gab, nur 20 630 Mark teurer als den Sechszylinder.

Da war was Wahres dran: Wie auch manchmal im familiären Miteinander drückte der jüngere Bruder fortan den älteren an die Wand, der bald nur noch ein Schattendasein führte. Gleichwohl legte man auf der Birmingham Motor Show noch einmal nach mit der um 20 PS stärkeren Metamorphose GT beziehungsweise GTA, wenn dem Kunden ein Fünfstufenautomat von ZF statt des serienmäßigen Sechsganggetriebes zur Hand ging. Retuschen am Frontgrill und dem Luftschacht darunter sowie zwei markante Ventilationsöffnungen vor der Windschutzscheibe verrieten dem Kundigen, um welche Version es sich handele.

Das gleiche Triebwerk beflügelte den spektakulärsten Ableger der Baureihe, den DB7 Zagato anno 2002. Er war die überraschende Frucht eines Schwätzchens zwischen Aston-Martin-Boss Ulrich Bez und Dottore Andrea Zagato, die sich im August des Jahres zuvor bei der Anreise zum Oldtimer-Festival in Pebble Beach auf irgendeinem Airport getroffen hatten, Thema: gute alte Zeiten. Die Sache ließ den rastlos kreativen Chef von SZ Design in Terrazzano di Rho nicht ruhen. Wie Opa Ugo und Papa Elio Zagato weniger dem Süffig-Gefälligen als eher dem Bizarren verpflichtet, stellte er binnen kurzem auf einem verkürzten Volante-Chassis, 60 kg leichter und um 210 mm nach vorn und hinten geschrumpft seine Ausdeutung des Themas DB7 auf die Räder, rundlich-bullig und mit einem mächtigen Maul entlang der bekannten Aston-Martin-Linien. Es schien bereit, schwächere Spezies des Verkehrszoos gierig zu verschlingen, hätte nicht eine Fülle von Aluminiumstäben den Schlund dahinter versperrt. Das markante Motiv der Doppelbeule, einst geschaffen, um auch größeren Passagieren in den flachen Zagato-Coupés Kopffreiheit einzuräumen, zog sich hinab

bis in die flache Heckscheibe, deren Form von einer extravaganten Sonnenbrille inspiriert schien. Aston-Martin-Stylingchef Henrik Fisker fügte ein paar Zutaten hinzu und nickte das Design ab.

Eine begrenzte Auflage von 99 Exemplaren des brandneuen Klassikers wurde ins Auge gefaßt. Sie war im Nu vergriffen. Die Produktion des DB7 insgesamt versiegte Ende 2003 nach 7091 Einheiten. Im Januar 2004 wurde die Fabrik Bloxham geschlossen. Beide – Werk und Wagen – hatten ihre Schuldigkeit getan.

Caterham 21, Bj. 2000. Vierzylinder-Reihenmotor. 1795 cm³. 190 PS. 220 km/h. 5 s 0 - 100 km/h. Leihgeber: M. Darr

Zum 21. Geburtstag gönnte sich Graham Nearn ein schönes neues Auto, ganz anders als die anderen zuvor. Es handelte sich allerdings um den 60jährigen Chef der Caterham Cars Ltd., Caterham, Surrey & Dartford, Kent, und um das Jubiläum seiner Firma. Zwei Jahrzehnte hatte man in strenger Monokultur vom Seven gelebt. Genaugenommen waren es sogar 35 Jahre. Denn 1959 war Nearn von dem legendären Lotus-Boß Colin Chapman damit betraut worden, dessen Opus 7 unter die Leute zu bringen, einen als Verkehrsmittel notdürftig getarnten Rennwagen für zwei.

Da war mal ein bißchen Abwechslung angesagt als Ergänzung und Alternative zu dem zähen Evergreen, ein Sportwagen mit fließenden Linien und züchtiger Rundum-Bekleidung à la Lotus Elan, der ersten Generation natürlich. Als Name hielt ganz einfach der Anlaß her, jener bereits genannte Jubeltag.

Heraus kam dabei, was Caterham-Biograph Chris Rees griffig "a slippery son of the Seven" nannte – einen windschlüpfigen Ableger des bekannten Marken-Artikels. Auf der Birmingham Motor Show im Oktober 1994 hinterließ der Debütant einen glänzenden Eindruck, buchstäblich, denn seine Aluminiumkarosserie war auf spiegelnden Hochglanz poliert worden. Am Anfang stand indessen das Fahrwerk. Da mußte man nicht lange suchen: Unter der eleganten Hülle des 21 fand sich die Technik des asketischen Bruders. Bei gleichem Radstand von 2225 mm hatte man jedoch die Spur vorn um 76 mm auf den gleichen Wert wie hinten erweitert. So sprang zum Beispiel Raum für eine Stütze links heraus, wo im Seven der Kupplungsfuß unbehaust umherirrte. Der Rahmen wurde versteift, die Konfiguration der Aufhängung mit Querlenkern vorn sowie einer De-Dion-Achse mit Wattgestänge hinten ebenso übernommen wie das Motorensortiment bis hin zum stärksten Stück von 232 PS, einer von Caterham überarbeiteten High-Performance-Version des 1,8-Liter-Vierzylinders aus der Rover K-Serie. Mit dessen strammer Stärke hatte man sich einen weiteren Wunsch erfüllt, da er die magische Literleistung von 100 PS deutlich überbot.

Als Designer hatte Nearns Mitarbeiter Jez Coates kurz vor Weihnachten 1993 den früheren Caterham-Kostgänger Iain Robertson gewonnen. Dieser träumte vier Entwürfe zu Papier, deren erster sich als jedermanns Favorit erwies. Dann krempelte er die Ärmel hoch, warf als wenig filigranes Werkzeug eine Motorsäge an, schnitzte aus Styroporblöcken die linke Hälfte eines Modells und verdoppelte diese kurzerhand spiegelbildlich. Für die Umsetzung in Leichtmetall sorgte die Roach Manufacturing Ltd. in Ower, Hampshire. Für den Serien-21 hingegen war Caterham-Importeur Tanaka in Tokio zuständig, wo in jede Karosserie 100 kostenträchtige Arbeitsstunden einflossen. Das Exponat von Birmingham wurde überdies unmittelbar nach der Ausstellung zum Plastik-Spezialisten Rawlsons nach Dover verfrachtet, wo wahlweise ein Aufbau aus Kompositmaterial hergestellt werden sollte.

Gegenüber Konkurrenten wie BMW Z3, Lotus Elise, Mazda MX-5, MGF oder Renault Sport konnte der Caterham 21 den Vorzug exklusiver Seltenheit ins Feld führen. Aber er war viel zu teuer auf einem heftig umkämpften Markt voller Volumen-Mobile, eine Fingerübung ohne große Folgen. Beispiel England: Da kostete der federleichte Roadster allein schon in Kitform anfänglich 18 750 Pfund. Und so hatte es mit der schwachen Verbreitung von 68 Exemplaren bis einschließlich November 2000 sein Bewenden. Dann war der Caterham 21 tot.

Aber der Seven lebte.

Ferrari 355 Berlinetta, Bj. 1995. V8. 3496 cm³. 380 PS.
295 km/h. 5 s 0 - 100 km/h. Leihgeber: Walter Mayer

Ihr jüngstes Kind entließ die Ferrari-Evolution am 24. Mai 1994 in Gestalt von 355 GTB und GTS im Hauptquartier Maranello. Vor 50 handverlesenen Journalisten aus aller Herren Ländern erläuterte der Häuptling der Roten Luca di Montezemolo die Politik seines Unternehmens, Bewährtes und Fortschrittliches miteinander zu verschränken, und in einer ausgelegten Broschüre konnte man sicherheitshalber alles noch einmal nachlesen. "Für die Planung eines jeden neuen Modells", stand da in der üblichen hehren Sprache, "wird stets zuerst einmal auf die Baukultur und Erfahrung des Hauses zurückgegriffen, um dann mit den aus Erfahrungen und Versuchen angereicherten Ergebnissen zu entsprechenden Innovationen zu gelangen."

In der Tat hätte selbst Gregor Johann Mendel seinen Jüngern seine Vererbungslehre an diesem attraktiven Stück Technik illustrieren können. In das Gesamtkunstwerk F355 waren die verschiedensten Strömungen zusammengeflossen. Da war der sichere Stilwille von Star- und Stammcouturier Pininfarina, der das Äußere des 348 entrümpelt und dabei gleichsam die Urform des Ferrari-Dreiers freigelegt hatte wie eine platonische Idee, geduckt, aggressiv, von einer gewissen hübschen Bösartigkeit. Vor allem die fünf seitlichen Lamellen und der vertikale Heckgrill waren dem Korrekturstift des Meisters von Grugliasco zum Opfer gefallen.

Da waren zum anderen markante Züge von diversen Neffen, Onkeln und weitläufigen Verwandten des F355, zum Beispiel die Rückleuchten und die kühn aufgeworfene Abreißkante, die vom 288 GTO Jahrgang 1984 her bekannt anmuteten. Die voluminösen Einlässe an den Flanken zitierten sogar den aktuellen Formel-1-Ferrari, der sich allerdings durch seine physische Schönheit und nicht durch die Liste seiner Erfolge auszeichnete. Da war zum dritten das sanfte Diktat des Windkanals: Die Form folgte der der Funktion, die Ästhetik in gewissen Grenzen der Dynamik. So wurde die Frontpartie im Bereich des Spoilers so modelliert, daß der zum voll eingekleideten Unterboden geleitete Luftfluß energischen Abtrieb bewirkte. Die weitflächige Karosserielandschaft im Umfeld der seitlichen Luftansaughutzen hatte man ebenfalls nach allen Regeln der Wissenschaft vom Wind durchforstet, unabdingbar bei einem Auto mit 295 km/h Spitze.

Gleichwohl stolperte man über zwei evolutionäre Ungereimtheiten. Die eine: daß das Typenkürzel, als Name für ein Produkt aus Maranello allemal eine magische Zahl, neu dechiffriert werden mußte. Noch das Sigel 348 hatte bedeutet, es handele sich um einen 3,4-Liter mit acht Zylindern. Die fünf am Ende des neuen Zahlenbündels hingegen stand dafür, daß zu Häupten jedes Brennraums fünf Ventile klöppelten, insgesamt also 40 in dem neuen V8-Triebwerk des F355, einem Leichtgewicht von etwas mehr als drei Zentnern.

Die andere: Der in aller Regel rote oder gelbe Renner aus Maranello harmonisierte Extreme miteinander, die ehemals unvereinbar schienen – er war zugleich milder und wilder geworden. Schon das Cockpit, das in vielen Details an das des komfortablen und kommoden 456 GT aus der gleichen noblen Familie gemahnte, gab sich verbindlich, trotz einer manifesten Beschränkung auf das absolut Nötige. Vorbei waren die Zeiten, als der Ferrari-Pilot bei kaltem Öl den wütenden Widerstand der zweiten Fahrstufe niederkämpfen mußte. Eine zusätzliche Synchronisierung hatte die Wege geglättet wie auch die Neuerung, daß der erste und zweite Gang des kurz und gut gestuften Getriebes einander gegenüberlagen wie analog der dritte und vierte sowie der fünfte und sechste.

Bei niedrigem Tempo ging dem Fah-

Ferrari 355 F1 Spider, Bj. 1998. V8. 3496 cm³. 380 PS.
295 km/h. 5 s 0 - 100 km/h. Leihgeber: Ulrich Baier

rer des F355 gar eine Servolenkung zur Hand, einst Anathema für die Freunde der Marke ebenso wie die Vorstellung, daß ein Ferrari dieses Schlages einmal die Dämpferpositionen sportlich und komfortabel anbieten könnte. Die Sitze,

serienmäßig bespannt mit aromatisch duftendem Connolly-Leder, waren beides zugleich, überdies vielfältig verstellbar und damit weit entfernt vom brettharten Beichtgestühl früherer Generationen. Ein weiteres erfreuliches Novum: Mußte sich ein Einmeterneunzigmann noch mit dem 348 irgendwie arrangieren, fand er plötzlich ausreichend Kopffreiheit vor und saß auch sonst passabel. Mit der Kupplung schließlich, einst ein Fall für das gestählte Sportlerbein, konnten sogar schwächere Vertreterinnen des schwachen Geschlechts leben.

Selbst den glücklichen Besitzern des F355 Spider, der sich noch ein Jahr von seinem ungemein beliebten Vorgänger vertreten ließ, kam ihr schönes Auto gleichsam auf halbem Wege entgegen: Nachdem sie am Rahmen der Windschutzscheibe einen Zentralverschluß gelöst und das Verdeck manuell ein Stückchen zurückgeführt hatten, erscholl zierlich ein Signal, und auf einen Knopfdruck hin versank alles Stoffliche raschelnd und knisternd in einer Höhle vor dem Motorraum und mit ihm schnödes Vokabular wie Leistung, Spitze und Beschleunigung. Dieses war allerdings ansonsten durchaus gefragt, und nicht nur bei den Eignern der 108 eigens für den Pistengebrauch hergerichteten Challenge-Varianten.

Schon die gelochten Pedale ließen durchblicken, daß sich im gesitteten Habitus ein besänftigter Rennwagen verbarg. 380 PS setzte das Kraftwerk im Heck frei, nur zehn weniger als der Ur-Testarossa von 1984. Dem aktuellen 512 TR, der immerhin 50 PS mehr auf die Straße brachte als der F355, enteilte dieser auf der hauseigenen Rennstrecke Fiorano leichtfüßig um drei Sekunden.

In der Version F355 F1 von 1997 aber rüttelte der Fortschritt selbst an unantastbar gewähnten Glaubensartikeln. Verschwunden war nämlich die vertraute Kulisse, die der rechten Hand ihren Weg durch die sechs Fahrstufen wies, gerodet der knorrige Schaltknüppel, welcher sonst aus den Tiefen der Mittelkonsole emporwuchs. Dafür sproß zaghaft Unterholz auf der Lichtung, die solchermaßen freigelegt worden war, links ein T-förmiges Zughebelchen für den Rückwärtsgang, rechts zwei zum Lenker hin geneigte Druckknöpfe. Mit ihnen ließ sich eine Automatik herbeizaubern und eine Beschwichtigungstherapie, mit welcher dieser Ferrari auf Eis und Schnee wandelte wie auf Katzenpfötchen.

Geschaltet aber wurde mit zwei flachen Wippen beiderseits der Lenksäule, rechts hoch, links runter. Sie gaben die diesbezüglichen Anregungen des Piloten weiter an eine elektrohydraulische Kupplung, so daß das linke Bein arbeitslos wurde. Und siehe: Nach rund 500 Kilometern Fahrpraxis mit den kleinen Paddeln mochte man sie nicht mehr missen.

Bereits das Sigel F1 enthielt die frohe Botschaft, das System stamme aus den Grand-Prix-Rennwagen im Zeichen des schwarzen Pferdchens, genauer gesagt, aus Nigel Mansells Tipo 639 von 1989. Obwohl man in Deutschland für den Zusatznamen sowie Kick, Komfort und Prestige, die mit dieser Lösung verbunden waren, weitere 14 500 Mark entrichten mußte, entschieden sich zahlreiche der insgesamt 11 258 Käufer eines Ferrari F355 für diesen Gruß aus der Formel 1. Schon immer galt ja die Nachbarschaft zum Sport als Paragraph 1 im Ferrari-Grundgesetz.

Andererseits handelte es sich bei den Dienstfahrzeugen von Mansell, Schumacher & Cie. eigentlich um nichts anderes als Extremkabrioletts.

TVR Cerbera Speed Six, Bj. 2004. Sechszylinder-Reihenmotor. 3996 cm³. 355 PS. 290 km/h. 4,7 s 0 - 100 km/h. Leihgeber: Marty Shaw

Cerberus – das war laut Brockhaus der dreiköpfige Höllenhund, der den Eingang zur Unterwelt bewachte, ein echter Wadenbeißer, der keinen der verstorbenen alten Griechen jemals wieder herausließ. Da erwartete man von seinem

weiblichen Gegenstück Cerbera wenig Erquickliches, zumal der Begriff im italienischen Wortschatz für Damen von abstoßendem Gebaren geführt wird.

Grimmig mutete zweifellos auch der TVR dieses Namens an, ein 2+2-sitziges Komposit-Coupé, das die flüssigen Linien der Schwestermodelle Griffith und Tuscan vermissen ließ und dafür ein wenig verwinkelt und zerklüftet daherkam. Gerade mal 1220 mm hoch, begann es seine Laufbahn als Fingerübung der Hobby-Stylisten im TVR-Team, mit den markant hinter den vorderen Kotflügeln eingekerbten Türen, wie sie der Chef mochte. Firmenleiter Peter Wheeler zeigte sich denn auch angetan, ließ die endgültige Form aus Schaumstoffblöcken skulptieren und testete auf der Londoner Motor Fair 1993 die Reaktion des Publikums. Sie fiel positiv aus, was sich in spontanen Bestellungen niederschlug, 276 allein während des richtigen Debüts des Cerbera auf der Ausstellung in Birmingham 1994. Seiner Attraktivität stand selbst das Entgelt nicht im Wege, das man für ihn entrichten mußte, 2000 in Deutschland zum Beispiel in der billigsten Variante 148 950 Mark. Das war schon saftig: "Wir waren", ließ sich etwa Nick Berg im Juli 1997 im BBC Top Gear Magazine vernehmen, "entzückt von seiner fabelhaften Maschine, begeistert von seiner enormen Beschleunigung und hin und weg wegen seines Chassis. Aber der Preis haute uns fast vom Hocker."

Sein Skelett bestand aus massiven phosphatierten und pulverbeschichteten Röhren, und in den kräftigen Überrollbügel, den sie in den Aufbau integriert hatten, brachten die TVR-Techniker die Erfahrungen ein, die sie in dem ebenso spektakulären wie unfallträchtigen Tuscan Challenge gesammelt hatten. Auch hinsichtlich der Aufhängung stand der Rennsport Pate, doppelten Dreieckquerlenkern mit Schraubenfedern und Gasdruckdämpfern sowie Stabilisatoren vorn und hinten, gleichwohl vergleichsweise sanft abgestimmt, damit es dem Cerbera-Lenker selbst auf den buckligen Landsträßchen der englischen Provinz wohlerging – es gab den Exoten aus Blackpool ausschließlich mit Rechtslenkung. Zu seiner Wellness trug überdies eine durchaus gehobene Ausstattung mit Colorglas und Wurzelholzfurnier, elektrischen Fensterhebern, einer Alarmanlage mit Innenraumüberwachung und einer einstellbaren Pedalerie bei.

Zu des Cerbera Bändigung taten innenbelüftete Zweikreis-Scheibenbremsen das Ihre und zwar auf atemberaubende Weise: Bei voller Verzögerung aus Tempo 160 stand der Kandidat nach 3,8 Sekunden.

Dergleichen war unbedingt nötig, da seine Väter ihm geradezu ausufernde Kraft mit auf den Weg gegeben hatten. Ursprünglich hatte man den Vielzweck-V8 von Rover eingeplant, dann aber verworfen. Statt seiner griff man auf den Leichtmetall-Achtzylinder zurück, den Wheeler bei seinem Landsmann Al Melling Anfang der Neunziger in Auftrag gegeben und auf der London Motor Show 1992 in Earls Court vorgestellt hatte, nicht unähnlich dem Formel-1-Aggregat Cosworth HB, aber einfacher, mit nur zwei Ventilen je Verbrennungseinheit und lediglich einer Nockenwelle pro Zylinderreihe. Es gab ihn mit 4185 cm³ und 360 PS und 1998 in einer Ausbaustufe von 4475 cm³, die 420 PS entfesselte. Da leistete sich der kleine Hersteller bereits den ungewöhnlichen Luxus von drei

eigenen Triebwerken verschiedener Architektur, diesen V8, einen V12 sowie den Reihensechszylinder Speed Six. Mit 24 Ventilen, 3996 cm³ und 350 PS fast ebenso munter wie seine V8-Kollegen, wurde er auch dem Cerbera zugänglich gemacht, der in sanfter Modellpflege ins dritte Jahrtausend übernommen wurde.

BMW Z3 M Roadster, Bj. 1998. Sechszylinder-Reihenmotor. 3201 cm³. 321 PS. 250 km/h. 5,4 s 0 - 100 km/h. Leihgeber: Vincent Hoesch

Schönheit ist vor allem im Auge des Betrachters: Von der "berückenden Optik" des "Pracht-Roadsters BMW Z3" schwärmte Hans-Peter Leicht in Ausgabe 23 des Jahrgangs 1995 von auto motor und sport. Malte Jürgens hingegen schmähte reichlich ein Jahr später in der gleichen Publikation (Heft 23/1996) im Rahmen eines Vergleichs mit dem längst verblichenen Z1, der Z3 sei nichts weiter als "eine zweisitzige Designerdroge, synthetisch hergestellt aus Form-Zutaten der Antike". Schräg von vorn wirke "sein automobiles Gesicht bekümmert. Ihm scheinen die Mundwinkel zu hängen, die Augen zwinkern ein wenig verweint, und die ganze Frontpartie sieht aus, als würde sie gleich wie ein Stück schmelzender Seife nach unten wegtropfen." Anschließend rückte er den Prüfling gar schnöde in die Nachbarschaft jener breiig-schlaff zerfließenden Uhr, die einst Salvadore Dali als Symbol der Vergänglichkeit über einen Ast gehängt malte.

Ästhetisches Einvernehmen herrschte also nicht einmal innerhalb derselben Redaktion. Dabei folgte der Z3 im Prinzip dem klassischen Roadster-Rezept: viel Front, wenig Heck, dazwischen ein knapp bemessenes Cockpit für zwei mit einem kargen Käppi darüber. Damit stehe er durchaus in einer BMW-Tradition vom 328 über den 507 bis hin zum Z1, bemerkte dazu Chris Bangle, der Ende 1992 als Chefdesigner bei BMW angeheuert hatte. In die Formfindung war er gleichwohl nicht eingebunden gewesen.

Diese war eher kollektiven Ursprungs: Die Fachschaft Design hatte drei Prototypen beigesteuert, und die progressivste Lösung hatte den Zuschlag erhalten.

Daß das bayerische Schmankerl nicht jedermann mundete und sich beim Betrachten das eine oder andere kleine Unbehagen einschlich, lag vor allem daran, daß seine Form nicht zwingend seiner Funktion folgte. Das galt etwa für seine ewige, als Reverenz vor dem berühmten Ahnen 507 durch vier seitliche Lüftungskiemen seitlich aufgebrochene Motorhaube. Darunter kauerten nämlich anfänglich eher verklemmt und verschüchtert Vierzylinder-Maschinen. Als Basisantrieb diente der 115 PS starke Zweiventiler des Limousinen-Vetters 318i mit 1,8 Liter Hubraum. Die vorläufige Speerspitze wurde gebildet von dem in weiten Teilen überarbeiteten Vierventiler aus dem 318is mit auf 1,9 Liter erhöhtem Hubraum, aber der gleichen Leistung von 140 PS.

Überhaupt hatte man den offenen Blickfang von der Hüfte an abwärts gekreuzt mit Gestandenem und in großer Menge Vorhandenem. Dort fanden sich nämlich konventionelle Aufhängungen mit den vorderen McPherson-Federbeinen und Querlenkern sowie der Schräglenker-Hinterachse aus dem Dreier Compact, einem Derivat des ersten BMW M3. Aus Kostengründen war der Roadster gleichsam im Parallelschwung mit diesem entwickelt worden. Die Bodengruppen der beiden Modelle standen insgesamt in einem engen verwandtschaftlichen Verhältnis zueinander, auch wenn der Zweisitzer hinsichtlich fast aller Längen- und Breitendaten gegenüber dem Compact schrumpfte. Das anvisierte Idealgewicht von 1000 Kilogramm verfehlte er gleichwohl, denn massive Längs- und Querversteifungen im Parterre ließen etwa die Variante 1.9 fast vier Zentner schwerer ausfallen.

Zur Fließbandreife wurde der Z3 in neuer Rekordzeit gebracht: Vom Abnikken des Designs bis zum Serienanlauf vergingen lediglich 34 Monate, mithin "eineinhalb Jahre weniger als bei jedem andern BMW-Modell zuvor", wie Chef-Vordenker Wolfgang Reitzle in stolzem Eigenlob hervorhob. Präsentiert wurde er mitten in unwirtliches Spätherbst-Ambiente hinein im Oktober 1995, auf dem deutschen Mark lanciert im März des folgenden Jahres.

Der Einstandspreis beispielsweise für den Z3 1.8 war mit 43 700 Mark deutlich unter der magischen Schwelle von 50 000 Mark angesiedelt. Das erregte Staunen und Bestürzung bei den Vätern der

BMW Z3 Coupé 3,0, Bj. 2001. Sechszylinder-Reihenmotor. 2979 cm^3. 231 PS. 242 km/h. 6,3 s 0 - 100 km/h. Leihgeber: Dr. Dr. Landgraf

Mazda MX-5, Alfa Spider und Fiat Barchetta, denen man mit dem Open-Air-BMW an den Kragen wollte. Möglich wurde dies dadurch, daß es sich beim Z3 gleichsam um einen Importartikel handelte.

Gefertigt wurde er nämlich in dem brandneuen BMW-Brückenkopf Spartanburg in South Carolina unweit des Highways 85 nach Atlanta, einer 400-Millionen-Dollar-Investition, in der 1000 kostengünstige Werker bereits Schweißroboter bei Fuß standen. So bröckelte das Label made in Germany zwar, was seine geographische Aussage anbelangte, behielt aber seine Botschaft als Gütesiegel: Besonderes Augenmerk legte man bei dem Bajuwaren aus dem Osten der USA auf die Qualitätskontrolle. Schützenhilfe kam denn auch aus Hollywood: In der jüngsten James-Bond-Meuchel-Moritat "Goldeneye" durften zwei Vorserienmodelle als Dienstkraftwagen des gegen jegliche Feindeinwirkung wundersam gefeiten Agenten ihrer britischen Majestät herhalten, in dessen Haut diesmal der schöne Pierce Brosnan geschlüpft war. In "Octopussy" hatten BMW-Produkte 1983 noch den Schurken zu hurtiger Fortbewegung gedient.

Wer dem Z3 trotzdem noch immer zuviel Schein und zuwenig Sein anlastete, dem wurde ab März 1996 geholfen. Da

hatte man nämlich die Spielräume unter seiner mächtigen Haube ausgereizt und dort den aus den Tourenwagen der Marke geläufigen Sechszylinder mit 2,8 Litern Hubraum und 192 PS inthronisiert. Besser noch: Beim Genfer Salon ein Jahr später ließ die Variante M alle Nörgler und Kleinmütigen endgültig verstummen. Denn mit dem 3,2-Liter-Triebwerk des M3 stand nun Kraft in Hülle und Fülle zur Verfügung. Dessen 321 PS feuerten das Leichtgewicht in 5,4 Sekunden auf Tempo 100, und bei 250 km/h intervenierte die Elektronik, sofern der Pilot nicht bereits vom Zischen des Fahrtwinds eingeschüchtert worden war.

Um die Mehrleistung des M Roadsters auf der Fahrwerksseite auszutarieren, hatte man ihm einen Zuwachs beim Radstand (um 15 mm auf 2600 mm), bei der Spur, der Reifenbreite und der Größe der Bremsscheiben spendiert. Nach einem Reserverad hielt man vergeblich Ausschau. Im Falle eines Falles sorgte das M Mobility System für ein fragwürdiges Provisorium – ein Kleinkompressor im Bunde mit einem Schnelldichtmittel. Im März 1999 folgte ein Zweiliter-Sechszylinder, der ein Jahr später auf 2,2 Liter aufgestockt wurde, mit 170 statt der 150 PS bislang. Zugleich ersetzte der Z3 3.0 den bisherigen 2.8i, was mit 38 munteren Mehr-PS Hand in Hand ging.

Diese Metamorphose machte auch das geschlossene Gegenstück mit, das erstmals bei der Frankfurter IAA 1997 auf einer riesigen Drehscheibe zur Schau gestellt worden und ebenfalls in einer M-Version erhältlich war. Alle diejenigen, die in der Vergangenheit rastlos nach Vorbildern forschen, wurden auch gleich fündig bei dem Coupé, mit dem Huschke von Hanstein die verkürzte Mille Miglia von 1940 gewonnen hatte, einem damals von der Carrozzeria Touring nach ihrem Superleggera-Prinzip eingekleideten Unikat. Schon deshalb hinkte der Vergleich kläglich. Wie der Roadster polarisierte der Festdach-Z3 seine Betrachter, von vorn ein Sportwagen, von hinten ein Kombi nach Art des Dreier Touring mit pausbäckigen Kotflügelerweiterungen und insgesamt irgendwie verhutzelt. Immerhin ließen sich mit ihm zwei Golf-

ausrüstungen transportieren – bei Autos seines Schlages das Maß aller Dinge.

"Love it or leave it", war Christopher Bangles gelassener Kommentar. Dem war nichts hinzuzufügen. 297 100 Exemplare, davon 17 800 Roadster, bezeugten indes, daß das Konzept aufgegangen war.

Ferrari F50, Bj. 1996. V12. 4698 cm³. 520 PS.
325 km/h. 3,87 s 0 - 100 km/h. Leihgeber: Dieter Zavratsky

Auf dem Genfer Salon 1995 schlug er ein wie eine wahlweise in den Farben Rennrot, Dunkelrot, Gelb, Schwarz oder Nürburgring-Grau gehaltene Bombe. Und dennoch kam er je nach Blickwinkel zu spät, da man ihn schon zwei Jahre zuvor erwartet hatte, oder war zu früh dran, worauf sein Name den Finger legte. Denn mit dem F50 gedachte die Firma mit dem Pferd in einer streng limitierten Edition von 349 Exemplaren ihr halbes Jahrhundert zu feiern, und das war bekanntlich erst 1997 fällig. Seinen Stellenwert grenzten Ferrari-Boß Luca di Montezemolo und Projektleiter Carlo della Casa ungefähr so ein: Ein Barchetta vom Schlage des 125 S Jahrgang 1947, nur daß dieser auf seiner Zeitreise von Modena nach Maranello die Summe allen Fortschritts in sich aufgenommen hatte; eine Art Formel-1-Wagen, mit dem man aber auch zum Brötchenholen trödeln konnte.

Natürlich löste er nicht zuletzt das Gedenken an seinen berühmten Vorfahren F40 aus, den er auf dem Ferrari-Privatkurs Fiorano in professionellen Händen mit vier Sekunden Vorsprung aus dem Rückspiegel verlor. In einem Kosmos, wo nach Tausendsteln abgerechnet wird, sind das Äonen.

Um sie möglich zu machen, flossen eine Menge Faktoren zusammen. Teure High-Tech-Werkstoffe allüberall hatten das Gewicht um einen halben Zentner verringert und zugleich die Stabilität erhöht. Aus Titan waren Radnaben und Pleuel, aus Magnesium die Räder, aus Kohlefaserlegierungen das 95 Kilo leichte Monocoque des F50, in einem aufwendigen und langwierigen Verfahren gebacken im höllenheißen Autoklaven.

Und wie ringsum ersichtlich, war Maestro Pininfarina mit dem Wind Kompromisse eingegangen, hatte ihm Schlüpfigkeit abgerungen, ihn aber auch eingespannt, um den 325- km/h-Donnerkeil vor dem Abheben zu bewahren und die Bedürfnisse seines majestätischen Zwölfzylinders zu befriedigen. Das lupenreine Rennfahrwerk des F50 mit Doppelquerlenkern und waagerecht liegenden Feder-Dämpfer-Einheiten lauerte unter einer kunstvoll gegliederten Karosserielandschaft mit elliptischen Lufteinlässen in den Flanken wie am zeitgenössischen Grand-Prix-Monoposto 412 T2, einer stark gewinkelten und gerundeten Frontscheibe, weiten Anpreßflächen hinter dem Cockpit und einem mächtig in den Fahrtwind gereckten Heckflügel. Der glatte Boden war als Diffusor ausgebildet und hob sich nach hinten leicht, so daß sich der F50 mit steigendem Tempo förmlich an der Straße festsaugte. Sein vorn montierter Wasserkühler machte sich durch zwei gewaltige Nüstern auf der Oberseite der Fronthaube Luft, und gelegentlich schwappte sein glühender Atem ins Cockpit als kleiner Gruß von der Bestie, die den Insassen so willig zu Diensten war. 18 Kiemenöffnungen entlüfteten das Heck. Darunter hauste, mit sechs Bolzen direkt und mittragend an das Monocoque angeflanscht und von 3,5 auf 4,7 Liter aufgebohrt, im Prinzip der gleiche V12, der unter den Herren Nigel Mansell, Gerhard Berger, Alain Prost und Jean Alesi in der Formel 1 aufgespielt hatte. Sein Block aus Stahlguß entsprach in seinen Abmessungen dem 65-Grad-Triebwerk von 1990, nur daß im Straßenauto die Stahlkurbelwelle in sieben statt in nur vier Lagern rotierte. Auch dies trug dazu bei, daß della Casa die hohe Lebenserwartung der üblichen Ferrarimaschinen

prognostizieren konnte. 50 000 Kilometer ohne Revision seien kein Problem, beruhigte er Skeptiker. Sie mußten sich gleichwohl damit abfinden, daß der milde Wilde erst ab 4000/min so richtig zupackte. Ob man sich den F50 als Berlinetta oder Spider in die Garage stellen sollte, war ein Dilemma von gestern: Er war beides. Ein mitgeliefertes Hardtop war mit ein wenig Routine in einer halben Stunde montiert. Mit dem schütteren Zeltdach indessen, empfahl die Gebrauchsanleitung, solle man Tempo 50 möglichst nicht überschreiten.

Fiat Barchetta, Bj. 2001. Vierzylinder-Reihenmotor. 1747 cm³. 131 PS. 200 km/h. 8,8 s 0 - 100 km/h. Leihgeber: Sven Wolsbeck

Sein Name war zugleich Programm im doppelten Sinne. Denn das italienische Wort barchetta bedeutet kleines Boot – der implizite Vergleich hinkte noch nicht einmal. Und: Barchetta hieß ein durch die Carrozzeria Touring eingekleideter Ferrari von 1949. An dessen Silhouette lehnte sich die Linie offensichtlich an, welche die Fiat-Formpoeten im hauseigenen Centro Stile zu Papier geträumt hatten, gleichwohl graziler und weniger dramatisch als die des zwölfzylindrigen Touring-Roadsters. Gebaut wurde sein später Abkömmling im Geiste bei der Karosseriefabrik Maggiora in Chivasso unweit Turin.

Der Barchetta wurde auf dem Genfer Salon 1995 eingeführt und eroberte die Herzen umgehend im Sturm, schon weil Fiat das Segment der offenen sportlichen Autos seit der Adoption des 124 Spider durch Pininfarina 13 Jahre zuvor hatte brachliegen lassen und wegen seines günstigen Preises. Er fußte nämlich auf der Bodengruppe des Massen-Mobils Punto, dessen Radstand von 2450 mm auf 2280 mm verkürzt worden war, mit vorderem und hinterem Hilfsrahmen, Federbeinen und Dreieckquerlenkern vorn und Längslenkern und Schraubenfedern hinten sowie Teleskopdämpfern und Stabilisatoren an beiden Enden.

Der Clou lag eben im Sinnlichen, in einer einschmeichelnden Hübschheit mit dem markanten Falz auf Höhe der Gürtellinie und weiteren klassischen Details wie den versenkten Türgriffen aus poliertem Aluminium, auch sie frühen Ferrari-Generationen abgeschaut. Bei Knopfdruck reckte sich den Fingern ein schmaler Hebel entgegen, der auf Zug das Schloß freigab.

Das Cockpit glich einem knapp geschnittenen Freizeitanzug. Der weite Verstellbereich der gut profilierten Sitze und das höhenjustierbare Airbag-Lederlenkrad ermöglichten allerdings auch lang gewachsenen Personen eine ebenso tiefe wie kommode Position. Die Augen nahmen mit Wohlwollen in Wagenfarbe lackierte Flächen unterhalb des Armaturenbretts und in den Innenseiten der Türen, runde Belüftungsrosetten à la Ferrari, eine proper gestaltete Mittelkonsole mit praktischen Drehschaltern sowie ein formschlüssig integriertes Serienradio zur Kenntnis. Exakt im Blickfeld des Piloten fanden sich drei Rundinstrumente, deren fette schwarze Beschriftung auf weißem Grund durch die nächtliche Beleuchtung wohltuend verschlankt wurde.

Das dünne, ungefütterte Verdeck, innen aus Stoff, außen mit Kunststoff beschichtet, dämpfte die über den Barchetta zischenden Windgeräusche ins Moderate und gefiel durch einfache Handhabung. Es ließ sich mittels zweier Hebel leicht vom Scheibenrahmen lösen und verschwand rückstandsfrei unter einer separaten Klappe. Von den spezifischen Mucken des Fronttrieblers war nichts zu spüren. Weder zappelte der Fiat am Lenkrad, noch zeigte er die einst so verdrießliche Tendenz, schnell gefahrene Kurven in der bisherigen Fahrtrichtung zu verlassen. Dabei ging der quer eingebaute Sechzehnventiler mit 1747 cm³ Hubraum und 131 PS temperamentvoll zur Sache. Er ruckelte zwar in kaltem Zustand im Teillastbereich etwas, trat aber bereits bei niedrigen Drehzahlen kräftig an, hing aufmerksam am Gas und drehte bei Bedarf leichtfüßig bis knapp über 7000 Touren, untermalt mit kernigem, aber nicht lästigem Sound.

An diesem umfassenden Tugendkatalog gab es kaum Abstriche. Damit war der Fiat Barchetta förmlich prädestiniert für eine Märchenkarriere ohne Krisen und einschneidende Facelifts. Ein paar Retuschen wie etwa eine bullige neue Bugschürze, Nebelscheinwerfer sowie ein CD-Radio, erstmals zu besichtigen auf der Bologna Motor Show im Dezember 2002, werteten ihn sogar noch einmal ordentlich auf.

Und wenn er nicht gestorben ist, dann lebt er vielleicht noch heute.

Lotus Elise Mk I, Bj. 1999. Vierzylinder-Reihenmotor. 1795 cm^3. 120 PS. 202 km/h. 5,9 s 0 - 100 km/h. Leihgeber: Jens Winter

Auf der Frankfurter IAA im September 1995 erschien die Lotus Cars Limited ohne den kläglich zum Flop verkümmerten Elan der zweiten Auflage, dafür aber mit neuem Elan im eigentlichen Sinne des Worts. Gespeist wurde dieser

von dem jüngsten Hoffnungsträger aus Hethel mit dem niedlichen Namen Elise. Ihm war ein vergleichsweise glanzvolles Los beschieden, denn er wurde zum erfolgreichsten Lotus aller Zeiten.

Firmengründer Anthony Colin Bruce Chapman hätte seine helle Freude gehabt. Im Jahre 13 nach seinem jähen Ableben enthielt das Konzept des Elise nämlich im Konzentrat alles, was ihm immer heilig gewesen war, knappste Ausmaße, Leichtbau, die strikte Beschränkung auf das völlig Unverzichtbare, eine nackte Fahrmaschine ohne Wenn, Aber oder sonstige Abstriche. Diese Definition hätte auch für den Seven gepaßt oder für den Formel-1-Monoposto Lotus 25. Dennoch kam mit dem Elise eine unverwechselbare Autopersönlichkeit daher. In den Mundwinkeln des 3730 mm kurzen, 1700 mm breiten und 1200 mm flachen offenen Mittelmotor-Minis spielte gleichsam ein sardonisches kleines Grinsen, gerichtet gegen alle, die ihn wegen seiner Winzigkeit belächeln mochten.

Vor allem sein Monocoque, geklebte Strangpreßprofile aus Aluminium, und seine Kompositkarosserie hatten sein Kampfgewicht auf 733 Kilogramm einschließlich 40 Liter Treibstoff heruntergemagert. Bloße 68 Kilogramm entfielen auf das Chassis, reichlich 13 auf den vorderen Teil des Aufbaus, 25 auf den hinteren. In seinem Inneren herrschte asketisch-attraktive Unwohnlichkeit, bestimmt durch den spröden Charme von blankem Leichtmetall. Hinter sich einen stämmigen Sturzbügel und eine richtige Heckscheibe, lagerte der Lenker dieses Bruders Leichtfuß in einem kommoden und fest zupackenden Sitz, in Blickfeld und Reichweite ein fettes kleines Nardi-Volant, die notwendigsten und knapp bemessenen Rundinstrumente, drei Druckknöpfe Copyright Peugeot sowie zwei Lenkstockstänglein aus Opel-Beständen. Während die Zigarettenindustrie, etwa Gold Leaf, John Player oder Camel, als Sponsoren des Grand-Prix-Aufgebots der Marke herzlich willkommen war, zwang der Elise seine Insassen zur Abstinenz oder ließ den fatalen Drang zum weißen Stäbchen erst gar nicht aufkommen – ein Aschbecher war nicht vorgesehen.

Bezüglich ihres Gepäcks wurden sie ebenfalls zur noblen Kunst der Beschränkung erzogen. Das Kofferräumchen hinter dem Motor und über dem Auspuff erhitzte sich überdies so heftig, daß eine Tafel Schokolade schon mal den Aggregatzustand wechselte. Überall ließ nach Art des Hauses der Rennsport grüßen, in Gestalt der Aufhängung mit doppelten Querlenkern und Feder-Dämpfer-Einheiten zum Beispiel. Vorn bissen sich Reifen des Formats 185/55 R15 auf $5^1/_2$ J-Felgen in den Boden, hinten vom Kaliber 205/50 VR 16 auf Felgen der Größe 7 J, und wie: In jede Art von Kurve ließ sich der wieselflinke Winzling trotz des Fehlens einer Servounterstützung spielerisch einlenken und verriet erst spät durch das artenspezische Übersteuern, daß 62 Prozent seines Gewichts auf der Hinterachse lasteten.

Sein Rover-Vierzylinder der K-Serie, ein Sechzehnventiler aus Leichtmetall mit zwei obenliegenden Nockenwellen und 1795 cm^3 Volumen, war auch in so man-

cher milden Limousine und im MGF anzutreffen. Auf dem Weg in den engen Motorraum des Elise wandelte er sich allerdings vom Gentleman zum Rabauken, der mit seiner grundsätzlich sportlichen Auslegung akustisch nicht mehr hinter dem Berg hielt. Wer wegen seiner scheinbar moderaten 120 PS die Nase rümpfte, wurde bei einer Probefahrt flugs eines besseren belehrt. Bei einem Leistungsgewicht von knapp über sechs Kilogramm verhalf er dem Elise zu durchaus pfeffrigem Temperament.

Dabei ist Geschwindigkeit ja ein rela-

Lotus Exige, Bj. 2001. Vierzylinder-Reihenmotor. 1795 cm³. 179 PS. 219 km/h. 4,7 s 0 - 60 mph. Leihgeber: Stuart Owers

tiver Begriff, in einem Roadster zumal: Spitzentempo 202 km/h wirkte im Elise noch schneller, weil seine Passagiere längst vom Wind gebeutelt und geback-pfeift wurden. Ab 1997 ließ sich den Übergriffen der Elemente, wenn es denn sein

mußte, mit einem knapp geschneiderten Hardtop vorbeugen.

Von 1998 an wurde der hübsche Single in eine hurtige kleine Familie eingebunden. Zugleich heimste man Lob und Preise ein – der Design Council, dem Hause Lotus traditionell wohlgesonnen, kürte den Elise im gleichen Jahr zum Millennium Product. Auf der Birmingham Motor Show im Herbst zeigte man die Variante Sport 135, Vorläufer einer Auflage von 50 Einheiten, deren Besonderheiten allerdings auch dem Elise von der Stange anverwandelt werden konnten. Zugleich verhalf man ihm auf die Sprünge in der skurrilen Gestalt des 179 PS starken Lotus 340 R, so geheißen, weil man ihn in 340 Exemplaren unter die Leute zu bringen gedachte, einen bauchigen Biposto mit bikinihaften Motorrad-Kotflügelchen für den kleinen Grenzverkehr zwischen Straße und Piste. Im November schließlich zelebrierte man das halbe Lotus-Jahrhundert allen Widrigkeiten zum Trotz mit der 50th Anniversary Edition. Auf dem Genfer Salon im März 1999 stellte sich der Elise 111s ein mit 25 höchst willkommenen Mehr-PS, erzeugt durch die variable Ventilsteuerung des Rover-K-Triebwerks. Mit der Ausbaustufe Sport 160 wurde diese allgemeine Mobilmachung im Mai 2000 auf eine vorläufige Spitze getrieben.

Stilelemente des 340 R, aber auch der Studie M 250 von 1999, für die ein V6 mit drei Litern und 250 PS vorgesehen gewesen war, hatte Lotus-Chefdesigner Russell Carr der nächsten Metamorphose des bis dato über 10 000 Mal gebauten Elise im Herbst 2000 anverwandelt. Um 15 Kilogramm erleichtert, war sie erkennbar an neu gestalteten seitlichen Lufteinlässen, am überarbeiteten Heckdiffusor und an der länger nach hinten gezogenen seitlichen Dachlinie. Auf Wunsch konnte der Kunde allem Stofflichen entsagen und dennoch offen fahren, denn die beiden Teile des Hardtops ließen sich wie Flügeltüren nach oben schwenken und bei Nichtgebrauch im Heck verstauen. Nun war der flotte Flachmann noch agiler, dank dem Fahrwerks-Feintuning der erfahrenen Männer aus Hethel. Seine Einrohrstoßdämpfer, jetzt von Bilstein statt

von Koni, verfügten über getrennte Druck- und Zugstufen. Das kurveninnere Antriebsrad rollte mit neuer Kinematik nicht mehr mit negativem Sturz um eine Biegung, sondern neutral bis leicht positiv. Die Federn waren gestrafft, das Chassis versteift, die Räder um je einen Zoll gewachsen.

Im Mai 2002 sattelte man noch einmal drauf mit weiteren 15 PS für den 111s, produziert mittels einer neuen Airbox, erweiterten Ansaug- und Auslaßkanälen, größeren Ventilen mit entsprechend angepaßter Steuerung und einer voluminöseren Abgasanlage.

Um einen engen Verwandten des Elise handelte es sich beim Lotus Exige, im Frühjahr 2000 symbolträchtig vorgestellt auf dem Buckelkurs von Brands Hatch in der Grafschaft Kent. Das miniaturhafte Coupé, das wie einst der legendäre Chaparral durch einen horizontalen Schlitz zu Häupten des Dachs kühlende Kaltluft in den Maschinenraum schlürfte, war mit dem 179-PS-Aggregat des 340 R äußerst munter motorisiert, dafür aber für Fahrgäste reiferen Alters schwierig zu betreten.

Die 190 PS einer zweiten Auflage des Exige, erstmals in Genf 2004 zu besichtigen, stammten allerdings trotz gleichen Hubraums von Toyota. Bis in die lichte Höhe einer Schaltdrehzahl von 7800/min glänzte sie mit rennmäßiger Leistungsentfaltung. Wirkungsstätten wie Brands Hatch, Silverstone oder Snetterton waren deshalb wohl auch nicht nur ihre spirituelle Heimat...

MG TF 80th Anniversary, Bj. 2004. Vierzylinder-Reihenmotor. 1795 cm³.
135 PS. 207 km/h. 8,8 s 0 - 100 km/h. Leihgeber: MG Rover Deutschland, Neuss

Bei dem MG RV8 auf der Birmingham Motor Show 1992 handelte es sich um einen gelifteten MGB Roadster, aber das Tauchbad im Jungbrunnen ließ die Runzeln des Konzepts nur noch deutlicher hervortreten. Überdies war längst

Etikettenschwindel wie anderswo auch eingerissen: Zwar stand auf dem Produkt wieder MG drauf, aber drin war vor allem Rover als Mitgift vom Hausherrn der Traditionsfirma in Abingdon.

Das galt erst recht für den MGF, mit dem man vom Genfer Salon 1995 an wieder sicher Fuß fassen wollte auf dem Sportwagenmarkt. Das MG-Erbe war praktisch auf das dekorative Oktagon verkürzt worden. Dahinter verbarg sich ein Rover, der gleichsam unter einer käuflich erworbenen Fremd-Flagge segelte, in den sechs Jahren ab 1994 sogar im Weißblau der Bayerischen Motoren Werke. Als manifesten Gruß vom Rennsport und um sich von den künftigen Konkurrenten Fiat Barchetta und Mazda RX-5 abzuheben hatte man ihm das Mittelmotorkonzept verordnet, und diese Architektur diktierte dem Designer Gerry McGovern die Form des Roadsters bis hin zum Detail in die Feder.

Quer eingepfercht im Nacken der Insassen tat ein Leichtmetall-Vierventiler aus der K-Serie von Rover seinen Dienst, mit 1795 cm³ Inhalt, zwei obenliegenden Nockenwellen und 120 PS ohne beziehungsweise 145 PS mit der variablen Nockenwellensteuerung VVC (für Variable Valve Control). Auf dem Weg von den friedfertigen Limousinen der Marke in sein karges Gemach im MGF war er allerdings vom Gentleman zum Rabauken mutiert, der sich auf vielfältige Weise störend in das Gespräch der Passagiere einmischte. Seine lautstark bekundete Potenz wurde von einem ebenfalls quer installierten Fünfganggetriebe an die Hinterachse vermittelt.

Unter der rundlichen und auffällig kurzen vorderen Haube – ein respektables, tiefes Gepäckabteil stand hinter dem Motor zur Verfügung – verbargen sich das Reserverad und ein paar Nebenaggregate wie das ABS-Steuergerät und der Bremskraftverstärker. Im stämmigen Heck des MGF hingegen bildete sich auch visuell ab, wo seine Stärke herkam, nicht zuletzt durch seitliche Lufteinlässe, den Doppelauspuff in den beiden Winkeln der geschlitzten Heckschürze und die breitere Bereifung – 205 mm statt 185 mm vorn. Von dem schwärzlichen Einerlei seines Interieurs hoben sich seine schönen und gut leserlichen cremefarbenen Instrumente wohltuend ab. Man saß bequem, aber ein wenig hoch. Das auf Wunsch erhältliche Hardtop kam der Aerodynamik zugute, zeigte indessen bei rauhem Untergrund knerzend an, daß der Aufbau in Bewegung war. Das Fahrwerk gab sich effizient, aber ohne übertriebene Härte, doppelte Querlenker ringsum und das hydraulische Hydragas-Verbundsystem mit seinen Stickstoffgas-Kissen, das die jeweils vordere und hintere Einheit einer Seite miteinander vernetzte. Tückisch wurde der MGF, wenn sein Pilot ihm im Grenzbereich zuviel zumutete – dann keilte er aus wie ein übermütiges Füllen.

1999 – inzwischen hatten sich 57 300 Kunden gefunden – führte man zum 75. Geburtstag des Unternehmens die elektrisch kontrollierte Steptronic CVT (für Continuously Variable Transmission) ein, die den Gangwechsel mit der Fingerspitze ermöglichte. Zusätzlich zu ein paar Retuschen wie knalligeren Farben und üppigem Spoilerwerk erweiterte man im Winter 2001 die Palette nach oben und unten um das Einstiegsmodell 115 mit 1,6 Litern und 112 PS und den Top-

MGF 160 SE mit 160 PS aus dem 1,8-Liter-Triebwerk. Aus einem weiteren Restyling ein Jahr später ging der kleine Brite mit einer neuen Front mit großem Lufteinlaß und Klarglasscheinwerfern sowie dem neuen alten Namen MG TF hervor, als 115 oder 160 oder 135/120 – je nachdem, ob der 1,8 Liter 136 PS (ohne) oder 120 PS (mit Steptronic) leistete.

Renault Sport Spider, Bj. 1998. Vierzylinder-Reihenmotor. 1998 cm³. 150 PS.
215 km/h. 6,9 s 0 - 100 km/h. Leihgeber: Ansgar Schröder

Er sah aus wie die Mischung aus einem Beach Buggy und einem Formelrennwagen und entzog sich auch sonst den üblichen Definitionen von Barchetta, Cabrio, Roadster oder Speedster wie das Stück Seife in der Badewanne

dem Zugriff der glitschigen Hand. Da trug der werksseitig gewählte Begriff Spider eher zur Verwirrung als zur Aufklärung bei.

Just so etwas wie den Spider Sport brauchte die Régie Nationale des Usines Renault, um in das graue Meer und Heer von Twingo, Laguna, Mégane und Safrane (ganz zu schweigen von namenlosen früheren Produkten der reinen Vernunft wie R4, R5, R8, R16 und R18) einen kräftigen Farbtupfer zu klecksen, erst nur in Gelb, später auch in Rot, Blau und Silber. Der Reißbrett-Täter hinter dem rasenden Reise-Bügeleisen war Renault-Designchef Patrick LeQuement. Als geeignetes Forum zur Präsentation dieses Mobils für Sport, Spiel und Spaß erkor man den Genfer Salon 1995. Entsprechend seinem Ausnahmecharakter wurde er in der Renault-Dependance für das Besondere in Dieppe produziert wie auch die Alpine-Familie, 90 Exemplare für einen eigens eingerichteten Marken-Cup auf europäischen Rundkursen sowie weitere 1636 für Frischluft-Junkies ohne Start-, dafür jedoch mit Zulassungsnummern für den öffentlichen Straßenverkehr.

Dort wirkte der automobile Minimalist vom Ärmelkanal immer wie ein Irrläufer, weckte Emotionen zwischen fassungslosem Kopfschütteln und zustimmendem Nicken, vor allem am Anfang, als nur der vorzugsweise mit einem Sturzhelm in Wagenfarbe bewehrte Kopf des Piloten und der monumentale Sturzbügel den Aufbau des Spiders überragten. Dieser bestand aus drei Teilen und wurde, wie die Türen aus Verbundwerkstoff, getragen von einer extrem verwindungsfesten Struktur aus Aluminium mit eloxierter Oberfläche wie der des Lotus Elise, allerdings mit dieser verschweißt und nicht verklebt. Wie sein Passagier, vielleicht sogar einer ebenfalls zu allem bereiten oder entschlossenen Beifahrerin, lagerte der Lenker der hurtigen Rarität in harten, aber schönen Schalensitzen mit integrierten Kopfstützen, im Blickfeld ein winziges Lenkrad, drei unverbrämte Rundinstrumente, in der Mitte des Armaturenträgers ein Digitaltachometer.

Einem grauen Windabweiser fiel laut Renault-Sprech die Funktion zu "die anströmende Außenluft wirksam zu kanalisieren und turbulenzarm über die Köpfe hinwegzulenken, feine Wasserspritzer inklusive". Vor allem beschickte er indessen die Schädel im Spider reisende Sitzriesen mit scharfem Fahrtwind, ein zusätzliches Pläsier für alle, die in einem offenen Auto gerne lustvoll leiden.

Und es ließ sich durch simplen Druck aufs Gaspedal exponentiell steigern. Mittig in ihrem Rücken war quer vor der Hinterachse in dieses exotische Umfeld zwar Biederes aus großen Serien installiert, der 150 PS starke Vierventiler aus dem Mégane Coach mit 1998 cm³, gepaart mit einem manuellen Fünfganggetriebe. Im Bunde mit 930 kg Leergewicht machte er aus dem 3795 mm kurzen, 1830 mm breiten und 1250 mm flachen Renault nämlich eine kleine Rakete, welche die 100-km/h-Marke nach 6,9 s durchflog und es erst bei 215 km/h luftig bewenden ließ. Wie der Wind eilte der Spider auch um die Ecken auf seinem einstellbaren Fahrwerk vom Feinsten, mit Doppelquerlenkern und liegenden Feder/Dämpfer-Einheiten vorn und Quer- und Längslenkern sowie Feder/Dämpfer-Einheiten hinten und Stabilisatoren und innenbelüfteten Scheibenbremsen an beiden Enden. Im Grenzbereich war gleichwohl Achtsamkeit angesagt – da

keilte der Sport Spider gerne unvermittelt und blitzschnell aus.

Im übrigen teilte er das triste Schicksal des römischen Imperiums: Er verweichlichte mit den Jahren. Denn eine Mehrheit unter seiner Klientel kaufte ihn mit einer optional verfügbaren großen gerundeten Windschutzscheibe.

Ferrari 575 Maranello F1, Bj. 2004. V12-Frontmotor. 5748 cm³. 515 PS. 325 km/h. 4,2 s 0 - 100 km/h. Leihgeber: Lueg Sportivo, Düsseldorf

Manchmal, selten, liegt zwischen Theorie und Praxis in ihrer wünschenswertesten Form nur ein winziger Schritt. Und deshalb ist dies die Stelle in diesem Buch, an der sich der Verfasser, normalerweise schamhaft versteckt hin-

ter dem Passiv, der allgemeinen Feststellung oder dem profillosen Pronomen "man", einmal persönlich zu Wort meldet, autorisiert gleichsam durch das eigene Erlebnis.

Die Szene ist der Mediensaal des Nürburgrings am 20. Juli 1996 zwölf Uhr mittags. Sergio Pininfarina und Luca di Montezemolo sowie weitere Ferrari-Führungskräfte lupfen vor 229 geladenen Journalisten aus allen Winkeln dieser Welt die maßgeschneiderten roten und gelben Hüllen, unter denen vier Exemplare des neuen F550 Maranello (Arbeitsname bisher: Projekt 133) verborgen sind, in Rot, wie sonst, schräg aufgepfählt hin zum Betrachter und funkelnd im gleißenden Schein der Lampen und Blitzlichter.

Das Auto ist eine Investition in die Zukunft und verkörpert in all seiner Bellezza zugleich die Geschichte. Denn wieder einmal hat Pininfarina lustvoll den Formkünstler zitiert, auf den er sich am liebsten beruft, nämlich sich selbst, genüßlich den Ruhm vergangener Jahre angezapft und Querverbindungen zu zeitgenössischen Modellen hergestellt. Die Kundigen entschlüsseln diese Chiffren augenzwinkernd. Die Silhouette des F550 folgt dem einst mit dem Daytona auf die Spitze getriebenen Prinzip lange Motorhaube, weit hinten lozierte Fahrgastzelle, mit einem ungewöhnlich massiven Überhang vorn. Weitere zweisitzige Berlinettas aus seiner edlen Ahnenreihe standen Pate: der GTO der ersten Generation zum Beispiel, von dem Motive wie die schrägen seitlichen Belüftungsschlitze und der sanfte Hügel der Abrißkante übernommen wurden, oder der 275 GTB/4 von 1966. Ellipsoid-Scheinwerfer wie am F550 finden sich auch am aktuellen Top-Ferrari F50.

Di Montezemolo spricht in seinem singenden Englisch, locker, flockig, ein begnadeter Darsteller seiner selbst. Pininfarina spricht, erläutert fast schon unterkühlt, warum der schöne Neue so schön ist. Projektleiter Amedeo Felisa und Marketingchef Michele Scannavini sprechen, beleuchten die Sache aus ihren Blickwinkeln.

Die magische Jahreszahl 2000 fällt auffällig häufig, was zählen da schon die Miseren von Montreal, Magny-Cours und Silverstone. Szenenwechsel: Nach dem Lunch ist die dynamische Präsentation des Maranello angesagt, je ein oder zwei Runden über den Kurz-Kurs mit den Formel-1-Ikonen Michael Schumacher, Eddie Irvine, Niki Lauda oder Giancarlo Fisichella als Chauffeuren. Mein Pilot ist Schumacher – jawohl, Schumi himself – dank einem launigen Spiel des Zufalls und ein bißchen Nachhilfe durch Ferrari-Pressesprecher Giancarlo Baccini, mir von den Grand-Prix-Strecken wohlbekannt.

Der Champion gibt sich leutselig-unverbindlich und geht gleich zur Tagesordnung über, einem der wenigen Fälle, in denen der Fahrer einem Auto dieses Schlages überlegen ist und nicht umgekehrt. Kein Zweifel – nach landläufigen Begriffen rast er, reizt den F550 zu winzigen Akten der Rebellion mit Front und Heck und gibt doch in olympischer Gelassenheit seine Kommentare ab, schreibt gar bei Tempo 180 sein Autogramm auf den bittend hingestreckten Notizblock, ehe er millimetergenau durch das Veedol-S pfeilt.

Dann ist das Ganze wie ein Spuk vorüber, und dennoch weiß ich viel, viel mehr über den Ferrari F550 Maranello, als dies der Fall wäre nach der Lektüre einschlägiger Literatur oder selbst nach dreitägiger Begegnung mit einem Testwagen der freundlichen Ferrari Deutsch-

Leihgeber: Lueg Sportivo, Düsseldorf

Ferrari 550 Barchetta, Bj. 2001. V12. 5474 cm³. 485 PS.
320 km/h. 4,5 s 0 - 100 km/h. Leihgeber: Auto König, München

land GmbH in Wiesbaden, wie sie zum Glück bereits vereinbart ist.

Im Gegensatz zu den nervösen Heckmotor-Berlinettas ist der F550 ein schneller und komfortabler Reisewagen für zwei. Die Typenbezeichnung, zusammen mit einem kleingeschriebenen maranello über dem serienmäßigen Stereoradio mit CD-Teil und Fernbedienung zu finden, verweist auf den aus dem 456 GT bekannten V12 mit 5474 cm³, dessen Bänke sich im Winkel von 65° öffnen und der sich in einem markanten Buckel nach oben hin Raum schafft. Mit 485 PS bei 7000/min leistet er 43 PS mehr, gewonnen über eine höhere Verdichtung, andere Ventilsteuerzeiten, eine neue Abgasanlage und die 5.2 Motronic von Bosch. Ebenfalls von Bosch und erstmals in einem Ferrari: Vierkanal-ABS (nicht abschaltbar wie im F355 und im 456), kombiniert mit einer Antischlupf-Regelung, deren drei Stufen Aus, Normal und Sport vorgewählt werden können. Mit der letzten Option wechselt die Fahrwerkskennung ebenfalls auf Sport, und das Bilstein-Fahrwerk wird hart.

Gewöhnlich bleibt das elektronische Fahrwerk im Automatikmodus, in dem es sich den Parametern Geschwindigkeit, Straßenzustand und Fahrweise anpaßt. Die Servotronic-Lenkung von ZF nimmt dem Fahrer eine Menge Mühe ab, ohne daß der für die Freunde der Marke so wichtige enge Kontakt zur Straße verlorenginge. Auch sonst ist überall die technische Verwandtschaft zum großen Bruder 456 GT präsent, dessen Radstand um 130 auf 2470 mm verkürzt wurde. Wie jener hat der F550 einen mit der Alu-Karosserie verschweißten Gitterrahmen aus Stahlrohr, wie in jenem ist das Sechsganggetriebe nach dem Transaxle-Prinzip mit dem Differential an der Hinterachse verblockt, und wie bei jenem entströmt seinen vier Auspuffrohren Designersound im Gegensatz etwa zum Urschrei des F50. Indes: Ende der Neunziger vermehren sich Supersportwagen wie Pilze nach einem warmen Regen. Als der F550 Maranello am Ende ins Hintertreffen gerät gegenüber der Konkurrenz von Aston Martin und Lamborghini, rüstet Ferrari im Februar 2002 nach mit dem 575M. Auf Wunsch zieht ins Cockpit Formel-1-Flair ein in Gestalt des elektrohydraulischen Systems Selespeed, das den Gangwechsel nach dem Antippen zweier Paddelchen links und rechts hinter dem Lenkkranz vornimmt. Wiederum steht 575 für den Hubraum und das M wie gewohnt für modificata.

Die Retuschen betreffen vor allem die Antriebseinheit. Die Bohrung ist mit dünneren Stahl-Laufbüchsen im Aluminiumblock bis an die Schmerzgrenze ausgereizt worden und beträgt nun einen Millimeter mehr. Eine neue Kurbelwelle verlängert den Kolbenhub um zwei auf 77 Millimeter. Höhere Verdichtung sowie ein neu gestaltetes Ansaugsystem flankieren diese Doping-Maßnahmen. Die vom Werk angegebenen 515 PS seien offenbar vollzählig versammelt, hält Götz Leyrer im Heft 13 des Jahrgangs 2002 von auto motor und sport befriedigt fest und merkt an, daß hinsichtlich der verheißenen Leistungsausbeute des Vorgängers durchaus Zweifel angebracht gewesen seien. Denn erst der 575M erziele mühelos die damals genannten 325 km/h und dies bei bester thermischer Gesundheit.

Mitten in die geheimsten Männerträume hinein ist zu diesem Zeitpunkt bereits der 550 Barchetta Pininfarina gefahren, gestartet auf dem Pariser Salon im Herbst 2000, neben dem anderen Zwölfzylinder Aston Martin DB7 Vantage Volante wohl die schönste Form der Begegnung mit Wind und Sonne. Wie im Rennwagen überragen fette Überrollbügel Köpfe, Sitze und die flache Windschutzscheibe, gefolgt von anmutig sich verjüngenden Kopfstützen wie an den Prototypen der Fünfziger.

Verteilt wurde er sozusagen als Treueprämie an 448 auserlesene Kunden, Werterhaltung oder gar -steigerung inbegriffen wie bei allen limitierten Editionen mit dem Scudetto Ferrari.

Jaguar XK8 Coupé, Bj. 2002. V8. 3996 cm^3.
284 PS. 250 km/h. 7,6 s 0 - 100 km/h. Leihgeber: Autohaus Avalon, Anzing

Der neue sportive Jaguar, 1993 angeschoben, sollte gewissermaßen mit einem Januskopf ins Dasein schauen: Überkommenes bewahren, soweit wie möglich, mit Traditionen brechen, soweit wie nötig. Im Frühjahr 1996 war zu

besichtigen, was die Techniker und die Formkünstler um Designer Geoffrey Lawson an der Browns Lane zu Coventry aus diesen Parametern gemacht hatten, das XK8 Coupé auf dem Genfer Salon, das dazugehörige Cabriolet einen Monat später auf der New Yorker Autoshow.

Vor allem in formaler Hinsicht lehnte man sich an große Vorfahren an, ganz unverkennbar an den XJ220 und die Jaguar-Ikone E-Type mit ihren weichen Linien, üppigen Rundungen und kraftvollen Proportionen, und aus den Tiefen der Vergangenheit ließen selbst C- und D-Type sowie der XK 120 grüßen. Schroff hob sich der XK8 indessen von seinem unmittelbaren Vorläufer XJ-S ab, der zweifellos nicht zu den großen Würfen des Hauses gezählt hatte. Gleichwohl ruhte Lawsons elegante Lösung auf dessen Bodenstruktur und über dessen Radstand von 2590 mm, eine Handbreit kürzer und dennoch von mächtigem visuellem Auftritt.

Sein Gardemaß kam allerdings ausschließlich den Frontpassagieren zugute, und nur diese konnten sich so recht an dem verschwenderischen Luxus erfreuen, mit dem seine Väter in der Domäne des Mercedes-Sterns zu wildern gedachten, mit köstlich duftendem Leder zum Beispiel und hochglanzpoliertem Walnußwurzel- und dunkel getöntem Vogelaugenahornfurnier, mit dem die Armaturentafel und Teile von Mittelkonsole und Lenkrad ausgekleidet waren. Der Aufenthalt in der zweiten Reihe hingegen war lediglich unter drei Bedingungen zumutbar: Die dort Einsitzenden mußten winzig, von junger Gelenkigkeit und dem Auto überaus wohlgesonnen sein.

Dazu mochten auch die Qualitäten seines Achtzylinders namens AJ-V8 beitragen, der den V12-Aggregaten der Marke an Laufkultur kaum nachstand. Gefertigt in einem brandneuen Werk im walisischen Bridgend, mobilisierte der Vierventiler mit vier obenliegenden Nockenwellen aus 3996 cm^3 294 PS und war nur 200 kg schwer – der beste V8 seiner Klasse, wie es die Jaguar-Werbung in wohlverstandenem Eigenlob wissen wollte. Zusammengespannt hatte man ihn mit einem Fünfstufenautomaten von ZF mit zwei Schaltprogrammen und der bekannten, nun aber viel präziseren J-Kulisse: rechts die selbsttätige Option, links zum manuellen Durchwählen der Gänge.

Auch in fahrdynamischer Hinsicht stach der XK8 seinen Vorgänger aus, aufs beste gerüstet mit vorderen und hinteren Hilfsrahmen aus Aluminium, doppelten Dreieckquerlenkern vorn und unteren Querlenkern und mittragenden Halbachsen hinten, Schraubenfedern und Teleskopstoßdämpfern ringsum sowie Stabilisatoren an beiden Enden. Wem die belüfteten Bremsscheiben zunächst in der King-Size-Größe 305 mm, später 325 mm vorn und 305 mm hinten nicht reichten, der konnte wahlweise die Formate 355 mm und 320 mm ordern. Lediglich der Coupé-Käufer gelangte in den Serien-Genuß von 18-Zoll-Rädern, härteren Federn und elektronisch verstellbaren Dämpfern, im Jaguar-Neusprech unter dem Stichwort CATS (für Computer Active Technology Suspension) geführt.

Das Konzept hinter dem XK8 war ganz im Sinne des 1985 verstorbenen Firmengründers Sir William Lyons, der unablässig darauf beharrt hatte, seine Autos sollten grace, pace and value for the money bieten – gelegentlich bis hin

zum Preisbrecher nicht zuletzt im Wettstreit mit dem ewigen Rivalen Ferrari. Mit 128 000 Mark kostete 1997 beispielsweise das Cabriolet 5017 Mark weniger als ein Mercedes SL 320 und unterbot den Ferrari 355 Spider um satte 92 100 Mark. Im gleichen Jahr wurden 14 269 Exemplare

Jaguar XKR Convertible, Bj. 2003. V8. 4196 cm³.
395 PS. 250 km/h. 5,5 s 0 - 100 km/h. Leihgeber: Reinhold Ficht

verkauft, mit 7223 mehr als die Hälfte in die Vereinigten Staaten.

Der weitere Weg des XK8 folgte wie üblich den vier Leitlinien Luxus, Leistung, Ästhetik und Sicherheit. Einen ersten energischen Schritt tat man auf der Genfer Ausstellung im Frühling 1998 mit der 363 PS starken Kompressor-Variante XKR. Diese Form der Aufladung empfahl sich wegen ihrer unaufgeregten und souveränen gleichmäßigen Leistungsentfaltung, wie sie dem Naturell des Modells

entsprach. Bei Tempo 250 schritt indessen in freiwilliger, wenn auch nicht allen Jaguar-Piloten willkommener Selbstkontrolle ein Begrenzer ein. Aber da hatte der XKR ohnehin schon längst zeigen können, was in ihm schlummerte – mit einem Sprint von 5,5 Sekunden auf 100 km/h zum Beispiel und kaum weniger eindrucksvollen 12,4 Sekunden, bis 160 km/h erreicht waren. Dem mochte auch auto motor und sport seine Bewunderung nicht versagen. Der XKR sei schön wie ein Ferrari, beschleunige wie ein Ferrari, koste jedoch weniger als die Hälfte, schrieb das Blatt in seiner Ausgabe vom 6. Mai jenes Jahres. In der Tat: 1999 zum Beispiel schlug die Anschaffung eines Ferrari 550 Maranello mit 358 500 Mark zu Buche, die eines Jaguar XKR mit genau 217 300 Mark weniger, so daß man sich ohne weiteres noch das dazugehörige Cabrio sowie einen attraktiven Estate einer anderen bekannten Marke hätte in die Garage stellen können.

Um ihn derartig aufzurüsten, bedurfte es nur eines Griffs in die Konzernregale. Dort wartete nämlich das bereits in der Limousine XJR bestens bewährte Aggregat auf eine Ausweitung seines Betätigungsfeldes, pikanterweise gepaart mit einer Fünfgangautomatik des Wettbewerbers Mercedes-Benz. Auf das Walten des Kompressor-V8 im langen und dennoch bis zur letzten Nische ausgereizten Motorenabteil verwiesen unter anderem eine Grilleinlage aus verchromtem Maschendraht, neu gestaltete Räder, ein unauffälliger Heckspoiler sowie große Lufteinlässe auf der vorderen Haube, die Kühlung und den Abtrieb an der Vorderachse gleichermaßen verbesserten. In das Modelljahr 2001 rollte der XK8 mit Retuschen an Styling und Sitzen. Dazu kamen eine Parkkontrolle, die beim Zurücksetzen vor Hindernissen warnte, sowie beheizte Front-Fauteuils und ein Premiumradio mit CD-Wechsler wie bereits am XKR, dem ein ins Armaturenbrett integriertes Navigationssystem spendiert wurde.

In der Tradition der Limited Editions standen ein Coupé und ein Convertible mit dem patriotischen Namen Silverstone, größeren Rädern und Bremsen sowie einigen individuellen kosmetischen Akzenten. Ein Jahr später wurde diesen eine Jubiläumsausgabe zur Seite gestellt, die den 100. Geburtstag von William Lyons würdigte. Dem teuren Verblichenen zu Ehren hatte man den XKR 100 mit 20-Zoll-Rädern, Brembro-Bremsen, Recarositzen und weiteren nur diesem Modell eigentümlichen inneren und äußeren Detailmerkmalen ausgestattet.

2003 wurde die XK-Baureihe ein weiteres Mal aufgewertet und aufgefrischt, äußerlich zum Beispiel mit geänderten Emblemen, neuen Xenonlampen, vier neuen Karosseriefarben und drei weiteren Raddesigns. Unter seinem schönen Gewand hatten kräftigere Eingriffe stattgefunden. Ein 4,2-Liter V8 mit 298 PS, verfeinerten Laufeigenschaften und einem

besseren Durchzug über das ganze Drehzahlband ersetzte den bisherigen Vierliter, im XKR in aufgeladener Form und mit 395 PS. Mit sanften Gangwechseln an die Hinterräder vermittelt wurde diese Leistung in beiden Fällen durch das aus dem S-Type bekannte Sechsgang-Automatikgetriebe 6HP26 von ZF.

Selbst wo scheinbar keine Steigerung mehr möglich war, hatte man kaum spürbar noch einmal angesetzt: am J-Gate, das hinsichtlich Schaltgefühl und Funktion optimiert worden war.

Mercedes-Benz SLK 230 Kompressor, Bj. 2000. Vierzylinder-Reihenmotor. 2295 cm³.197 PS. 237 km/h. 7,4 s 0 - 100 km/h. Leihgeber: Eva Moll

Die Einführung des SLK, angestoßen auf der Turiner Show im April 1996, war von ähnlicher Tragweite wie die des 190 E (W 201) 14 Jahre zuvor: Mercedes-Benz gedachte seine Palette auf breitere Füße zu stellen, diesmal mit einer preiswerten offenen Herausforderung für die weniger Betuchten unter den Freunden der Marke - und solche, die es werden wollten oder sollten.

Sie war sorgfältig vorbereitet worden.

Mit zwei Studien, 1994 in Turin, sechs Monate später auf dem Pariser Salon, hatte man den Markt sondiert. Die zweite schmeichelte sich bereits mit einem Element ein, das wesentlich zum künftigen Bombenerfolg des kleinen Mercedes beisteuerte, im Haus-Jargon Variodach geheißen. Denn um den Preis von einem Auto bekam man praktisch zwei, da mit dem Erscheinen des SLK die historische Unterscheidung zwischen Coupé und Roadster aufgehoben war. Ein kurzer Druck auf eine kleine rote Taste, und er wechselte in 25 Sekunden den Aggregatzustand und dies einer scheinbar chaotischen Choreographie folgend.

Bevor wieder Ruhe und Ordnung einkehrten, liefen nämlich sechs penibel koordinierte Arbeitsgänge ab, angezettelt und durchgeführt von nicht weniger als fünf Hydraulikzylindern, zwei für den Antrieb des Dachs, zwei für die einladende Bewegung des hinteren Deckels, ein weiterer für die Verriegelung des Dachs am Rahmen der Windschutzscheibe. Nach der Eröffnung des SLK – das Kürzel-Mix stand in glorreicher Tradition für Sportlich, Kurz, Leicht – ruhte das Hardtop präzise zerknickt im Kofferraum, raubte diesem indessen 203 Liter Volumen, so daß nur noch 145 übrigblieben zum Transport elementarer Habseligkeiten. Auch sonst nötigte dieses einzigartige technische Prozedere zum Kompromiß oder gar Verzicht. Der Tank faßte lediglich 53 Liter, das Reserverad entfiel, es sei denn, man orderte ein Notrad und beugte dessen Einsatz dann konsequent vor.

All dies änderte indessen nichts daran, daß mit dem SLK die süßeste Verlockung seit langem aus Untertürkheim hervorging. Liebe geht ja bekanntlich durchs Auge, und dem wurde Verführerisches geboten: niedrige Frontscheibe,

lange Motorhaube, breite Türen, kurze Überhänge, knuffiges Heck, dies alles über dem vergleichsweise langen Radstand von 2400 mm und versetzt mit einer kräftigen Prise gewissem Etwas. Die schönen Leichtmetallräder mit Löchern oder (optional) Speichen hingen vorn an doppelten Querlenkern und hinten an der Mercedes-typischen Raumlenkerachse.

Dazu kam der Preis, überaus knapp kalkulierte 54 510 Mark für die schwächere der beiden ursprünglichen Versionen mit einem um 15° nach rechts geneigten Vierzylinder von 1998 cm³ und munteren 136 PS, 60 950 Mark für die stärkere, deren 2295-cm³-Triebwerk von einem Eaton-Kompressor unter Druck gesetzt wurde und mit 193 Pferdestärken aufwartete. Die Entscheidung für diese Form der Aufladung war nicht ohne Pikanterie. Vor dem Krieg hatte sie zur Faszination der Top-Modelle der Marke beigetragen, nun tat sie dasselbe am anderen Ende der Skala.

Über einen Kompressor, mithin über 163 PS, verfügte denn auch das Zweiliter-Einstiegsmodell in die SLK-Herrlichkeit ab 2000. Zugleich war die Reihe insgesamt revidiert worden, erkennbar etwa an den Blinkleuchten in den Außenspiegeln. Der 2,3-Liter, serienmäßig mit einem manuellen Sechsganggetriebe geliefert, bot vier PS mehr auf, und als Dritter im Bunde hatte sich der SLK 320 eingestellt, dessen 218 PS starkem V6 Mercedes-Chronist Günter Engelen einen "frivolen Bariton" bescheinigte.

Angesichts dieser noch immer relativ friedfertigen Idylle bestand jedoch offenbar weiterer Handlungsbedarf. Und so blies in der Variante SLK 32 AMG ein IHI-Schraubenlader im Bunde mit einem Niedertemperatur-Ladeluftkühler dem Sechszylinder mächtige 354 PS ein.

Porsche Boxster S, Bj. 2001. Sechszylinder-Boxermotor. 3179 cm³. 252 PS.
260 km/h. 6,1 s 0 - 100 km/h. Leihgeber: Stefan Joss

Auf einem Bein läßt's sich bekanntlich schlecht stehen, und so dachte man in Zuffenhausen angesichts des abzusehenden Ablebens der Frontmotor-Typen 968 und 928 bereits über ein Porsche-typischeres Einstiegsmodell nach, um eine dräuende Elfer-Monokultur abzuwenden.

Noch zwei Parameter wurden den Designern und den Technikern mit auf den Weg gegeben. Die Novität für den Nachwuchs, der sich mit wachsendem Wohlstand einmal für das hierarchisch übergeordnete Produkt der Marke entscheiden mochte, sollte Anklänge an die Legende 550 Spyder wecken und aus Gründen der Kostenersparnis möglichst viele Bauteile mit dem zeitgenössischen 993 teilen.

Eine Studie auf der Motorshow in Detroit 1993 wies den Weg, der später gleichwohl nicht in allen Punkten beschritten wurde. Sein Name: Boxster, eine hybride Mixtur aus Boxer und Roadster. Prototypen glitschten im Winter 1995/96 im schwedischen Arjeplog bei minus 25 Grad über zugefrorene Seen, im September fuhren 700 Vorführwagen bei den Porschehändlern vor, ab 18. Oktober wurde der Boxster dortselbst käuflich zu messerscharf kalkulierten 76 500 Mark. Sie hätten die Anschaffung zweier Exemplare des weitläufigen Roadster-Rivalen Fiat Barchetta ermöglicht. Es war eine gute Investition – Zweithand-Exemplare erzielten künftig auf dem Gebrauchtwagenmarkt Spitzensätze.

Kein Wunder: Mit dem Boxster erwarb der Kunde in der Tat Porsche pur. Mittig hinter den beiden Insassen werkte nämlich knapp vor der Hinterachse und den Blicken in einem Verlies unterhalb des elektrischen Verdecks entzogen der komplett überarbeitete Sechszylinder, dessen Kraft durch ein manuelles Getriebe oder die Tiptronic mit jeweils fünf Fahrstufen vermittelt wurde. Man beschied sich mit zunächst 2480 cm³ und 204 PS, um den Respektabstand zum Primus 911 zu wahren. Er hatte vier Ventile pro Brennraum, er arbeitete mit variablen Steuerzeiten, und er war wassergekühlt. Seine Atemluft bezog er durch die seitlichen Einlässe hinter den Türen, für moderates Klima sorgten die Trockensumpf-Ölkühlung und die beiden Ölkühler in den vorderen Kotflügeln. Dem fetten Mittelendrohr, das nostalgische Erinnerungen an den Sebring-Auspuff des Spyders oder rennmäßig aufbereiteter Carrera der Endfünfziger und Anfangssechziger heraufbeschwor, entströmte wider alles Erwarten einfühlsam komponierter Boxersound. Dem dynamischen Klang entsprach sein Temperament, trefflich gebändigt durch das Fahrwerk des 993/996, wobei die Hinterräder von einer einfacher aufgebauten Stablenkerachse geführt wurde, die auf den Fahrschemel des 911 verzichtete und direkt am Bodenblech angeschraubt wurde. Wer es dennoch zu bunt trieb, wurde bei einer unfreiwilligen Rolle durch zwei massive Sturzbügel behütet.

Mit 4315 mm Länge (996: 4245 mm) und 2415 mm Radstand (Carrera: 2270 mm) stach der Boxster den aktuellen Elfer erstaunlicherweise aus, was auf die Gleichteilpolitik und die kategorischen Imperative der Crashvorschriften zurückzuführen war. Durch die Mittellage des Motors hielt der Porsche-Roadster gleich zwei Gepäckabteile mit insgesamt 245 Litern Volumen bereit. Ein auf Wunsch verfügbares Hardtop, dank Alu-Bauweise nur 25 kg leicht, betonte von Anfang an des Boxsters Wintertauglichkeit.

Im Sommer 1999 wich das 2,5-Liter-

Triebwerk einem solchen mit 2687 cm³ und 220 PS, und der Boxster S wurde gar mit 3179 cm³ und 252 PS aufgerüstet, wozu 2002 jeweils acht Mehr-PS kamen. Ein rigoroses Facelift Ende 2004 umspannte längs in der Frontschürze untergebrachte Nebelscheinwerfer und einen höheren Heckabschluß als bislang sowie ein neu eingerichtetes Cockpit. Der Lenker des Basis-Boxster verfügte über zehn weitere PS, während die S-Version nun 275 PS aus 3,4 Litern Hubraum aufbot.

Kein Zweifel – die magische Zahl 300 rückte da schon ins Visier.

Porsche 911 GT1, Bj. 1998. Sechszylinder-Boxer. 3163 cm^3.
544 PS. 308 km/h. 3,9 s 0 - 100 km/h. Leihgeber: Andreas Knapp Voith

Der Grenzstreifen zwischen Grand-Tourisme- und reinrassigem Rennwagen war für die Dr. Ing. h.c. F. Porsche AG immer auch Siedlungsgebiet, mit der schwäbischen Gemeinde Weissach als Hauptstadt. Von dort stammen einige der spektakulärsten Erscheinungen im öffentlichen Straßenverkehr, meist mehr den Buchstaben als dem Geist der Gesetze verpflichtet, welche die Tauglichkeit dafür regeln.

Eine davon: der GT1, zwischen 1996 und 1998 neben den Werkswagen in 24 Exemplaren aufgelegt, zum runden und griffigen Preis von 1,5 Millionen Mark für den privaten Kunden verfügbar – egal, wes Geistes Kind der war, Sportsmann, Sammler oder zum Exzeß neigender Pendler zwischen A und B. Schon ein kurzer Steckbrief wies ihn als automobilen Extremisten aus. 544 PS bei 1150 kg Leergewicht, das bedeutete, daß jede Pferdestärke den Transport von lediglich knapp über zwei Kilogramm Porsche zu schultern hatte. Eine Bremsleistung von rund 2000 PS nagelte den GT1 ab Tempo 200 nach 131 Metern wieder immobil an die Straße, und zum Einstand in Le Mans holte er sich Platz zwei und vier gesamt und Rang eins und drei bei den GT-Fahrzeugen. Und, wie sonderbar, selbst im Abendstau auf der B10 zwischen dem Neckar und Zuffenhausen war er nicht völlig fehl am Platze.

Die federleichten Türen und Hauben der irr zerfurchten Karosserielandschaft bestanden aus Kohlefaser, die Fenster waren unverrückbar eingeklebt, und hinten wucherte ein enormer Flügel dem Himmel und dem Fahrtwind bei bis zu 308 km/h entgegen, tatkräftig im Bunde mit einer entsprechenden Aufbereitung des Unterbodens. Bizarr geformte Kanäle entlüfteten die Radhäuser, und wo sonst friedfertige Reiseutensilien eine zeitweilige Bleibe fanden, kuschelten sich zwei Wasserkühler sowie die Ausläufer von Elektrik und Hydraulik aneinander.

Die turnerisch diffizile, im Rennsport jedoch durchaus geläufige Überwindung seitlicher Rohrkreuze beim Aufsitzen sagte bereits etwas über die hybride Struktur des Porsche aus, vorn Carrera, etwa ab Höhe der Schalensitze ein Röhrengebälk. Neu waren die vorderen Anlenkpunkte der Aufhängung, doppelter Querlenker mit Feder/Dämpfereinheiten, die hinten über Pushrods betätigt wurden. Vor der Hinterachse hauste, gefolgt von dem mit einem massiven Leichtmetall-Joch an zwei Rahmenauslegern befestigten Sechsganggetriebe, ein wassergekühlter 3,2-Liter-Sechszylinder, der sich bereits in den Rennsportwagen 956 und 962 die Hörner abgestoßen hatte.

Über diese illustre Ahnenreihe ließ er akustisch und auch sonst keinen Zweifel, nachdem man den wie üblich links vom Lenkrad in seinem Schloß steckenden Zündschlüssel gedreht hatte. Natürlich, so klang es, wenn zwei kräftige Turbolader, von effizienten Ladeluftkühlern in Schach und bei Laune gehalten, 24 Ventile und sechs Brennräume derartig unter Druck setzten, daß jeder Liter Hubraum 170 PS generierte. Und, kein Zweifel, so mußte es aussehen, wenn diese Saat der Gewalt in Vortrieb umgesetzt wurde. Unter dem ängstlich ersterbenden Protestgeschrei des unwissenden Beifahrers stürzte der Porsche dann schier unaufhaltsam dem unwägbar Scheinenden entgegen, gegliedert in die von bloßer statistischer Willkür festgelegten Abschnitte 200 km/h, nach 10,5

Sekunden kein Thema mehr, oder 250 km/h, nach gerade mal 17,4 Sekunden ein Ding der Vergangenheit.

Wurden die Augen der Passagiere dabei fast in ihre Höhlen zurückgedrängt, schienen sie beim Verzögern herauszuquellen, wenn Achtkolben-Bremssättel vorn und vier Kolben je Zange hinten riesige Stahlscheiben von 380 Millimetern Durchmesser in den Griff nahmen. Mitte Juli auf der Autobahn München-Salzburg aber konnte man von soviel herrlichem Sadomasochismus nur träumen...

Qvale Mangusta, Bj. 2001. V8 Ford EEC-4. 4601 cm³.
320 PS. 260 km/h. 5,4 s 0 - 100 km/h. Leihgeber: F.J. Schneider

Er hatte eine Vorgeschichte und ein Nachspiel, der Qvale Mangusta.

Bei seiner Vorstellung auf den Auto Shows von Los Angeles und New York 1999 trug er noch seinen Taufnamen De Tomaso. 1996 hatte die kleine Sportwagenmanufaktur knapp westlich der Autobahnausfahrt Modena Nord auf dem Turiner Salon von sich reden gemacht durch den Bigua, das offene Gegenstück zu dem Mittelmotor-Sportwagen Guara, den man drei Jahre zuvor bei der Genfer Frühlingsschau präsentiert hatte. Die De Tomaso Modena S.p.A. Automobili, Viale Virgilio 9, steckte bereits tief in der Krise, so daß das Projekt eine Zeitlang ziellos vor sich hin dümpelte. Da erschien im März 1998 wie der Gott aus der Maschine die Qvale Automotive Group auf dem Plan, Garnison: San Francisco. 1947 hatte Gründervater Kjell Qvale (ausgesprochen Kahwalie) damit begonnen, europäische Sportautos in die USA zu importieren, dortselbst auch den Sports Car Club of America gegründet und in den siebziger Jahren die schwächelnde Jensen Motors vor dem Exitus bewahrt. Sein Sohn Bruce kaufte die Rechte, De-Tomaso-Kreationen zu produzieren und weltweit zu vermarkten, ausgenommen das Vereinigte Königreich und Italien. Als neue Bezeichnung für das Adoptivkind Bigua wählte man Mangusta, weil diese in den Vereinigten Staaten von altersher einen guten Klang hatte. Das Geschöpf des renommierten Marcello Gandini, schwärmten Werkbroschüren ein wenig selbstverliebt, vermähle gekonnt "italienisches Styling in zeitgemäßer Form mit der heißblütigen Performance grundsolider US-V8-Triebwerke".

In der Tat schlummerte unter der relativ kurzen vorderen Haube, die gleich dem Rest der Außenhaut des Italo-Western-Mobils aus Kunststoff gefertigt war, ein 4,6-Liter aus Aluminium mit 320 PS, wie er ganz ähnlich im Ford Mustang anzutreffen war. Von den vier Endrohren der Auspuffanlage täuschten zwei als Attrappen eine Emissionsfunktion nur vor. Den beiden anderen entwich ein markiges Brotzeln, das man in dieser Klangfülle seit Steve McQueens wildem Mustang-Ausritt 1968 in "Bullitt" nicht mehr zu hören bekommen hatte, wie Christian Bangemann in Heft 7 des Jahrgangs 2001 von auto motor und sport schrieb. Mit den 1668 kg Wagengewicht tat er sich trotz eines Drehmoments von 426 Nm gleichwohl schwer. Zwar rotierte die Kurbelwelle bei Tempo 180 mit behäbigen 3400/min. Aber in Richtung auf die verheißenen 260 km/h bewegte sich der Mungo neuer Art nur unlustig, nicht zuletzt, weil die Borg-Warner-Fünfgangbox zu lang übersetzt war. Untadelig gab sich hingegen das Fahrwerk mit doppelten Querlenkern sowie Stabilisatoren vorn und hinten, und innenbelüftete Vierkolben-Scheibenbremsen von Brembo griffen grimmig zu. Das galvanisierte Zentralrahmenchassis aus Vierkantrohren war einem Konzept des Formel-1-Designers Enrique Scalabroni entlehnt.

Die beiden Insassen in ihren kommoden Schalensitzen sahen sich dem eklatanten Gegensatz zwischen der großserienmäßig-billigen Anmutung der Mittelkonsole und der Tapezierung aus teuren Tierhäuten ausgesetzt. Eher zum Ärgernis gereichte die eigentliche Spezialität des Mangusta, sein Rototop genanntes Dach. Dessen Plastik-Topteil ließ sich nur mühselig entfernen. Zurück blieb der Vielzweck-Exot als eine Art Targa, konnte aber per Knopfdruck zum Cabriolet umgewidmet werden, nachdem die hintere Partie in der Versenkung verschwunden war.

All dies fruchtete nicht viel. Es blieb, so hieß es, bei 270 Exemplaren. Im Juni 2001 verkaufte man die schönen Reste an die MG Rover Group. Designer Peter Stevens modelte den Mangusta hastig um in den Prototyp MG X80, aus dem das Supercar MG Xpower hervorging, erstmals zu besichtigen am 22. Oktober 2002 bei der Birmingham Motor Show.

Chevrolet Corvette Coupé C5, Bj. 2003. V8. 5665 cm³. 345 PS. 272 km/h.
5,4 s 0 - 100 km/h. Leihgeber: Michael Falter und Autosalon Singen

Dieses Auto sei einfach unermeßlich gut, schrieb Motor Trend im Zuge eines Vergleichstests in geradezu hymnischer Anerkennung und bezog sich dabei auf den Chevrolet Corvette C5. Er beschleunige in weniger als fünf Sekunden auf Tempo 100, sei geräumig, einfach zu betreten und zu verlassen und von schier unerschütterlicher Gutmütigkeit, selbst wenn sich sein Lenker scheinbar unverzeihliche Schnitzer leiste.

Im Januar 1997 ins Leben entlassen und gleichzeitig auf den Motor Shows von Detroit und Los Angeles vorgestellt, war der Corvette wie üblich sofort als solcher zu erkennen. Er stellte aber zugleich eine radikale Abkehr von seit jeher geheiligten Traditionen dar. Das begann mit dem Triebwerk (GM-Bezeichnung LS-1), zwar immer noch ein Stoßstangen-V8 mit 5,7 Litern Hubraum, aber komplett aus Aluminium, auch sonst völlig unverwandt mit dem bisherigen Small-Block-Aggregat und stämmige 345 PS stark. Während frühere Getriebe direkt am Motor angeflanscht waren, wurde sein Gewicht am anderen Ende nach dem Transaxle-Prinzip ausgewuchtet durch die Ansiedlung wahlweise des Sechsgang-Schaltgetriebes T56 oder des hauseigenen Vierstufenautomaten 4L60-E zwischen den Hinterrädern.

Die Kunststoffkarosserie mit deutlich verringerten Überhängen vorn und hinten – die mächtige Motorhaube des Vorgängers war ein Ding der Vergangenheit – ruhte auf einem rigiden Rahmen, in welchen im Bodenbereich Holzstrukturen eingelagert waren. Die Räder, vorn 17- und hinten 18-Zöller, hingen ringsum an Doppelquerlenkern aus massivem Aluminium, und nach altem Corvette-Brauch taten Querblattfedern aus Glasfasern steif und fest ihre Pflicht.

Ein Jahr später, wie so häufig eingeläutet durch einen Auftritt als Pace Car beim 500-Meilen-Rennen von Indianapolis, stellte sich das Convertible ein.

CHEVROLET CORVETTE (C5)

Chevrolet Corvette Cabrio C5, Bj. 2003. V8. 5665 cm³. 345 PS. 272 km/h. 5,0 s 0 - 100 km/h. Leihgeber: Michael Falter und Autosalon Singen

Zum erstenmal seit 1962 war sein Kofferraum von außen zugänglich. 1999 erweiterte man das Angebot um eine Hardtopversion entlang der Linien des Cabriolets, nur leichter als jenes und auch das bekannte Hatchback-Coupé. Die Liste der Extras sah unter anderem ein ungemein effizientes Head-up-Display vor, das wesentliche Informationen auf die Windschutzscheibe vor dem Fahrer projizierte. Ab 2000 entfiel das Schloß an der Beifahrertür, da der C5 von nun an beim Nahen des Piloten elektronisch-sensibel auf das schlüssellose Zugangs- (im Branchen-Neusprech Keyless Entry) System ansprach.

In der permanenten Schlacht um Pferdestärken und die Pole Position auf dem Markt für Sportwagen dieses Schlages rüstete Chevrolet im Jahr darauf nach mit dem Corvette ZO6, der mit 385 PS, ab 2002 sogar 405 PS ins Gefecht zog und damit selbst die Spitzenleistung des weitaus teureren Top-"Vette" ZR-1 von 1993 einstellte. Auch der Käufer des Normal-C5 mußte nicht darben, da er nun über fünf Mehr-PS und ein wuchtigeres Drehmoment gebot. Zeitgerecht zum halben Corvette-Jahrhundert erschien 2003 die Edition 50th Anniversary als Hatchback-Coupé oder Cabrio, erkennbar am Tiefrot der Lackierung und mit diversen Logos garniert. Als PR-Forum diente erneut das Indy 500. Längst zählte das Chevrolet-Flaggschiff zu den sportiven Dauerbrennern, trotz hinkenden Vergleichs vergleichbar mit dem Morgan, dem Lotus Seven und seinen zahlreichen Nachkommen oder dem Porsche 911, allerdings in der Rekordverbreitung von 1 250 000 Exemplaren seit 1953.

Vom gleichen nostalgischen Schwung getragen, ging man in das Modelljahr 2004 mit Gedächtnisausgaben aller drei Modelle. Mit ihnen, dessen war sich jedermann betrübt bewußt, bimmelte das Sterbeglöcklein für den Chevrolet Corvette C5.

Porsche 911 (996) Coupé, Bj. 2000. Sechszylinder-Boxer. 3387 cm³. 300 PS.
280 km/h. 4,9 s 0 - 100 km/h. Leihgeber: Porsche Zentrum Seestern, Düsseldorf

Ab Anfang Juni 1997 waren die Mitarbeiter der Dr. Ing. h.c. F. Porsche AG telefonisch unter der Nummer 911-0 zu erreichen. Der Gag seiner Marketing-Abteilung gefiel ihrem Boß Wendelin Wiedekind. Die Zahl war schiere Ideologie, stiftete Identität, rührte sie doch von dem Klassiker her, der das noble Unternehmen durch die Krise getragen hatte und noch trug. In seinem 34. Lebensjahr näherte sich der vielfach Totgesagte gar der Marke 450 000.

Dabei hätte vieles dafür gesprochen, die jüngste Metamorphose des Elfers, in 42 Monaten herangereift und auf der IAA im Herbst jenes Jahres vorgestellt, mit einem neuen Namen zu feiern, etwa ihrer Code-Bezeichnung 996. Denn klammheimlich hatte man nicht weniger als drei heilige Kühe ermordet und entsorgt. Mit 38 Prozent Gleichteilen mochten die funkelnden Frankfurter Exponate ihre nahe Verwandtschaft zum Einstiegs-Porsche Boxster, hausintern 986 geheißen, nicht verhehlen. Designchef Harm Lagaay als aktueller Lordsiegelbewahrer der Legende hatte den charakteristischen Hüftknick und somit eine bewährt sinnlich-prickelnde Anspielung auf die weibliche Anatomie ebenso getilgt wie eine Reihe von weiteren liebgewonnenen Alt-Schmankerln. Und, fast schon eine Sünde wider geheiligtes Porsche-Brauchtum: Den Sechszylinder-Boxer durchflutete kühlendes Wasser.

Den Rückgriff auf die Modulbauweise bedingte ganz einfach die normative Kraft des Faktischen. Zwei eigenständige Modellreihen hätten Kapazität und Finanzkraft der Firma überdehnt, die übrigens Turbo, Targa und die Allradmodelle der Evolutionsstufe 993 noch bis zum Frühjahr 1998 weiterbaute. Die beiden Entwicklungsteams arbeiteten eng zusammen, im Zweifelsfall hatte die 996-Riege erste Wahl. Die Nähe zum Boxster umspannte den kompletten Vorderbau einschließlich Kofferraum (130 Liter) und Notrad, die Türen und die im Prinzip identische Kombination von Scheinwerfern und Blinkern, von den Hardcore-Puristen als Tränensack- oder Spiegelei-Look geschmäht. Überhaupt rührte der Neue heftige und wortgewaltig hervorgestoßene Emotionen auf: Als einen "Bastard zwischen Boxster und 928" verunglimpfte auto-motor-und-sport-Leser Ulrich Pfeifer aus Pfungstadt den bejahrten Novizen, und Frank Butgereit aus Hohenlimburg befand höhnisch, er sei "genau richtig für Barbies Boutiquenbummel". Vor allem schuf Verärgerung, daß der Elfer im Rückspiegel von seinem kleineren Bruder kaum zu unterscheiden sei, obwohl die Konturen der Leuchteinheiten zur Karosserie hin farblich anders und deutlich sichtbar abgesetzt waren.

Andernorts indessen schmeichelte sich die neue Glätte des Carrera sofort ein. Deutliche Akzente schlugen die flachere Anordnung der Windschutzscheibe und die daraus resultierende gefällige Rundung des Dachs an. Die Regenrinnen, ein Fossil aus uralten Tagen, waren ebenso verschwunden wie die eingezogenen Flanken der Karosserie, die Seitenfenster sanft gekrümmt, und eine geänderte Linie des Hecks dokumentierte noch entschiedener, daß drei Hundertschaften von PS in ihm schlummerten. Wie bei den Vorgängern 964 und 993 verringerte ab Tempo 120 ein klappbarer Heckspoiler den Auftrieb an der Hinterachse, nun um 86 Prozent, und kehrte bei 60 km/h in seine Ausgangslage zurück.

Überdies hatten des Kaisers neue Kleider manifeste Vorteile. In Längsrichtung war der 996 um 185 mm, hinsichtlich seiner Breite um 30 mm gewachsen, der vordere Überhang zwecks vermehrter Crashfestigkeit und mehr Gepäckraum um

100 mm verlängert worden. Auch der Radstand hatte von 2272 mm auf 2350 mm zugelegt, die Länge des Innenraums um 112 mm, was gestattete, die vorderen Sitze 40 weitere Millimeter nach hinten zu rücken, und mehr Fußraum für Fahrgäste in der zweiten Reihe schuf. Blieb diese unbesetzt, stand noch einmal weiterer Stauraum zur Verfügung.

Porsche 911 (996) Turbo, Bj. 2000. Sechszylinder-Boxer. 3600 cm³. 420 PS. 307 km/h. 4,3 s 0 - 100 km/h. Leihgeber: Günther Hanselko

Pate stand der Boxster auch bei der Anordnung der Instrumente, nur daß dessen drei eng, aber übersichtlich ineinander verschachtelten Rundhur-Fragmente gleichsam als Parenthese der Information eingeklammert wurden von

zwei sichelförmigen Zusatzarmaturen. Diese hielten den Piloten über Ladezustand der Batterie und den Öldruck auf dem laufenden. Zu zusätzlichem Schutz wachten Sidebags in den Türen über den Passagieren im ersten Glied, allerdings lediglich gegen den saftigen Aufpreis von 1990 Mark.

Verdutzt nahm der 996-Kunde zur Kenntnis, daß die Flüssigkeitskühlung des Boxers in seinem Nacken laut Aussage seiner Väter gegenüber der bisherigen Luft-Lösung eigentlich nur Vorteile hatte. Eng verwandt mit dem kleineren Kollegen im Boxster, war er eine völlig neue Konstruktion, ein High-Tech-Prachtstück zumal. Die Bohrung von 96 mm und 78 mm Hub ergaben ein Volumen von 3387 cm³. Der Zylinderabstand des wieder mit Trockensumpfschmierung ausgerüsteten Aggregats betrug wie gehabt 118 mm, womit man sich eine künftige Hubraumerweiterung bis zu vier Litern offenhielt. Obwohl man in dieser Hinsicht diesmal einen Schritt zurück getan hatte, bot der neue Carrera mit 300 PS 15 PS mehr auf als der alte 3,6-Liter, die sich mit einem Mindergewicht von einem Zentner zu klar verbesserten Fahrleistungen ergänzten. Auch das Drehmoment hatte zugelegt. Es gipfelte in 350 statt 340 Newtonmetern, die überdies bei einer geringeren Drehzahl (4600 statt 5250/min) anlagen. Für kräftigen Durchzug und freie Atemwege bei hohen Drehzahlen sorgte nicht nur das Schaltsaugrohr, sondern auch die variable Steuerung der zwei für die zwölf Einlaßventile zuständigen Nockenwellen.

Gleichwohl hatte man aus der Not eine Tugend gemacht. Vierventilköpfe in einem Hochleistungs-Triebwerk dieses Schlages hätten sich ungebührlich erhitzt, wäre ihnen lediglich Luft zugefächelt worden. Sie waren aber schon allein deshalb nötig, um den weltweit sich verschärfenden Emissionsbestimmungen zu genügen. Mit dem Fortfall des Lüfters wurde zudem Platz für eine Ablage im Anschluß an die hinteren Notsitze geschaffen, außerdem entfiel eine notorische Geräuschquelle. Zur grenzenlosen Erleichterung der überaus konservativen und prinzipientreuen Elfer-Kamarilla erwiesen sich indessen dies und der dämpfende Wassermantel um die Brennräume als dem porschetypischen Sound keineswegs abträglich, im Gegenteil. Der Verdacht mochte im unteren Drehzahlbereich aufkommen, wo der 996 weder rasselte noch heulte oder röchelte, wie Wolfgang König in Heft 23, Jahrgang 1997 von auto motor und sport berichtete. In seinem bevorzugten Segment schlage der "Wasser-Boxer" ganz andere Töne an. Von 5000/min bis zur Abregeldrehzahl von 7300/min beschalle offenes Sägen den Innenraum, ein Genuß, den in dieser Reinkultur nicht einmal der Vorgänger zu bieten gehabt habe. Die kleinsten Bewegungen des Gaspedals habe er mit spontanem Antritt beantwortet und am Ende mühelos und mit offenkundigen Reserven Regionen bestrichen, die früher tiefrot markiert gewesen seien. Ein dickes Lob spendete König nicht zuletzt dem eng gestuften, leichtgängig und exakt zu bedienenden Seilzug-Sechsganggetriebe von GETRAG, für das als halb sportliche, halb kommode Alternative zum Mehrpreis von 5560 Mark (Grundpreis des Carrera 2 1997: 135 610 Mark) die Tiptronic S mit einem vorgeschaltetem Drehmomentwandler angeboten wurde, neuerdings mit fünf Fahrstufen. Über jeden

Zweifel erhaben war das Fahrwerk des letzten Elfers fürs alte Jahrhundert, mit der Querlenker-Vorderachse aus dem Boxster, allerdings verstärkt, und Achsträgern und Lenkern aus Leichtmetall, sowie der Aluminium-Mehrlenkerachse des Vorgängers mit breiterer Spur.

Porsche 911 (996) Cabriolet, Bj. 2001. Sechszylinder-Boxer. 3387 cm³. 300 PS. 280 km/h. 5,5 s 0 - 100 km/h. Leihgeber: Arvid Moormann

Analog zum Coupé entwickelt, erschien auf dem Genfer Salon pünktlich zur Open-Air-Saison 1998 das 994-Cabriolet. Die üblichen Verstärkungen im Umfeld des Aufbaus und eine gewichtigere Ausstattung ließen es noch einmal 75 kg ansetzen, was hinsichtlich der Beschleunigung ein paar Zehntelsekunden kostete. Nach dem Knopfdruck auf den Tippschalter für den elektrohydraulischen Mechanismus setzte es seine

Insassen binnen weniger Sekunden an die frische Luft. Zur Verblüffung und zum Ergötzen von nichtsahnenden Passanten konnte dieses Vergnügen auch über die funkgesteuerte Zentralverriegelung sowie auf einen speziellen Dreh des Schlüssels im Türschloß hin herbeigeführt werden.

Man reiste sicherer als zuvor im offenen Elfer. Drohte ein Überschlag, schnellten schützend zwei vorgespannte stählerne Überrollbügel empor, von einem Neigungssensor ausgelöst. Im Grundpreis von 154 000 Mark einbegriffen war ein 32 kg schweres zweischaliges Aluminium-Hardtop einschließlich heizbarer Heckscheibe, das der schönen Windsbraut von zwei Personen mit der gebotenen Behutsamkeit aufgestülpt werden konnte. Man mußte schon zweimal hinsehen, um das solchermaßen hochgeschlossene Cabrio vom Coupé zu unterscheiden, dessen Linie das Winter- Festdach elegant nachzeichnete. Überdies übte es akustisch einen mäßigenden Einfluß aus, weil das Fauchen und Zischen des Fahrtwinds bei immerhin bis zu 280 km/h gewissermaßen weggeglättet wurde. Schon das normale Stoffverdeck wirkte in dieser Beziehung wahre Wunder.

10 850 Mark mehr, beim Cabrio 11 000, mußte der Porschist für die titanfarbene 4 hinter dem Schriftzug Carrera entrichten, mit dem man vom Herbst desselben Jahres an auf die Anwesenheit von Vierradantrieb auch in der Ausbaustufe 996 hinwies. Die Visco-Kupplung zur bedarfsgerechten Verteilung der Kraft fand sich nun nicht mehr hinten am Getriebe, sondern am vorderen Differential. Diese Anordnung ermöglichte dreierlei: den Einbau der Option Tiptronic wie am Carrera 2, eine besser austarierte Gewichtsverteilung sowie den Fortfall der starren Rohrverbindung zwischen Getriebe und Vorderachse, da die Kardanwelle nun frei im Mitteltunnel rotierte. Nur: Umgekehrt proportional zur kontinuierlichen Verbesserung der Traktion des Elfers war die Allrad-Lösung, bislang gewählt von rund einem Drittel der Kunden, eigentlich immer entbehrlicher geworden. Um dies mit einem zusätzlichen Kaufanreiz aufzufangen, legte Porsche die Fahrdynamikregelung PSM (für Porsche Stability Management) nach. Beim Überschreiten des Grenzbereichs zwang diese den Carrera 4 auf den Sollradius zurück, indem sie mal das kurvenäußere Vorderrad (Übersteuern), mal das kurveninnere Hinterrad (Untersteuern) abbremste, ein Segen, der sich erst so richtig auf rutschigem Untergrund zeigte.

Noch bis zur IAA ließ der Turbo auf sich warten, dessen Prototyp auf dem Hochgeschwindigkeitskurs im italienischen Nardo bereits bemerkenswerte 310 km/h erzielt hatte. Gleichwohl sollte er das Angebot als komfortabler und luxuriöser Gran Turismo mit höchsten Fahrleistungen und bestem Handling nach oben hin abrunden. Sein 420 PS starkes Biturbo-Aggregat fußte auf dem 1998 in

Le Mans siegreichen Triebwerk von gleicher Architektur, auf 3600 cm³ vergrößert. Im übrigen wurzelte er im Carrera 4 der Baureihe 996.

Ein unverwechselbares eigenes Gepräge gaben ihm seine breitere Heckpartie, seitliche Lufteinlässe vor den Hinterrädern, großen Öffnungen beiderseits des vorderen Kennzeichens, ihm vorbehaltene Felgen mit fünf hohlen Speichen sowie ein diskreter versenkbarer Heckspoiler.

Porsche 911 (996) GT3, Bj. 2000. Sechszylinder-Boxer. 3600 cm^3. 360 PS. 302 km/h. 4,8 s 0 - 100 km/h. Leihgeber: Porsche Zentrum Inntal, Rosenheim

Nur wenige Tage nach seiner Premiere erhielt der 996 schnellen Beistand in Gestalt der Rennversion 911 GT3 Cup, in Weissach in gleichem Schritt und Tritt aus dem Elfer von der Stange sublimiert von einem Team unter dem Projektleiter

Roland Kußmaul. Mit ihm schuf die dortige Denkfabrik zunächst einmal ein streng zweckgebundenes Arbeitsgerät für den Porsche Supercup, der seit 1993 im Rahmen der europäischen Formel-1-Läufe ausgefochten wurde und spektakulären Sport bot. Sein wassergekühltes Sechszylinder-Boxer-Triebwerk von 3598 cm^3 war ein Ableger des Aggregats aus dem Supercar und Le-Mans-Sieger von 1998 namens GT1, dort allerdings in Biturbo-Auslegung. Von seinem illustren Vetter unterschied sich der 24-Ventiler durch den Wegfall der Aufladung, eine größere Bohrung (100 statt 95,5 mm), eine Kurbelwelle, die zwei Millimeter mehr Hub erzeugte, andere Nockenwellen mit dem Porsche-System Variocam auf der Einlaßseite und eine auf 11,7 : 1 erhöhte Verdichtung. Trotz weniger Hubraum als die luftgekühlte Cup-Variante anno 1997 (3746 cm^3) war er gleichwohl mit 360 PS deutlich stärker als der Vorfahr mit deren 315.

Dies verdankte er einem Mehr an Drehzahl. Die thermische Belastbarkeit des Motors war durch die Flüssigkeitskühlung gestiegen, so daß der Drehzahlbegrenzer seinem Schaffensdrang erst bei 8000/min ein Ende setzte. Im sechsten Gang war das Cup-Auto für eine Höchstgeschwindigkeit von 283 km/h ausgelegt. Für Anpreßdruck auf der Hinterachse zuständig zeigte sich ein vergleichsweise zierlicher Heckflügel in der Krallenform eines sich nach hinten öffnenden Bürolochers, wie überhaupt der GT3 visuell eher tiefstapelte. Das entsprach durchaus seinem freundlichen Naturell: Da der neue Serien-911 weniger hecklastig war und seine Fahrwerksgeometrie mit Querlenkern vorn und einer Raumlenkerachse hinten den Bedürfnissen eines Rennautos entgegenkam, verzieh er so manche Sünde seines Piloten, die frühere Generationen etwa mit einem wütenden Auskeilen des Hecks geahndet hätten. Verträglicher als seine asketischen Vorfahren gab sich auch der GT3 für die Straße, Show-Premiere 1999 in Genf, mit dem man wie üblich erlesenere Geschmäcker innerhalb der weitgefächerten Porsche-Klientel bediente. Mit 1858 Käufern – ursprünglich war eine limitierte Edition von 1000 Einheiten vorgesehen, im Herbst 2000 legte man aufgrund hoher Nachfrage noch einmal eine zweite Serie auf – bildete er gleichwohl eine radikale Minderheit innerhalb der 148 105 Elfer mit dem Code 996 bis 2004 insgesamt. Auf radikales Abspecken und somit schmerzliche Komfort-Einbußen hatte man diesmal verzichtet. Dem Fortfall der hinteren Notsitze sowie dem Rückgriff auf leichtes, von Hand verstellbares Recaro-Gestühl vorn sowie einer Reparaturflasche anstelle des Reserverads standen indessen ein 90-Liter-Tank (sonst 64 Liter) ebenso wie eine schwerere Maschine und ein gewichtigeres Getriebe gegenüber, die sich zu einem Mehrgewicht von 30 kg gegenüber dem Carrera 2 addierten.

Zwei Zentner leichter als der Turbo hingegen, 55 kg allein durch das Entfallen des Vorderradantriebs, kam der 911 GT2 Modelljahr 2001 daher. Dabei handelte es sich um ein 315 km/h schnelles Amalgam aus dem Fahrwerk des GT3 und dem durch größere Lader unter Pression gesetzten Triebwerk des Turbo 3.6, das in dieser Spielart für 462 PS gut war, sowie dessen hinten ausladenderen Karosserie plus fest installiertem, aber einstellbarem Heckflügel. Seine Stück-

zahl richtete sich nach dem Widerspiel von Nachfrage und Angebot. Abgemagert hatte man ihn mit ähnlichen Eingriffen wie am GT3, 16 kg Mindergewicht brachten Bremsscheiben aus Keramik. Geld, davon sprach man im Umfeld seiner Besitzer sowieso nicht – man hatte es.

Audi TT Coupé, Bj. 2000. Vierzylinder-Reihenmotor. 1781 cm^3. 180 PS. 228 km/h. 7,7 s 0 - 100 km/h. Leihgeber: Markus Münz und Petra Schwöbel

Dies ist das Protokoll eines Gelingens, aber auch ein Beleg für die Binsen-Plattheit, gut Ding wolle Weile haben.

Am 12. September 1995 enthüllte Herbert Demel, der damalige Audi-Vorstandsvorsitzende, auf der Frankfurter IAA den Prototyp eines kleinen Coupés

namens TT auf der Plattform des biederen Limousinchens A3. Kurz darauf legte man auf der Tokyo Motor Show die entsprechende Roadster-Studie nach. Die Rezeption des frischen Pärchens fiel ungemein ermutigend aus. Im September 1998 war die geschlossenen Version zu voller Serienreife erblüht, ein Fanal der gefälligen Rundung, in dem sich eine Fülle von Halb- und Viertelkreisen über das bloße Spiel mit Förmchen hinaus zu einem Design aus einem Guß und von hoher Eigenständigkeit zusammenfand. Die tragende Struktur bestand aus verzinktem Stahlblech, Türen, Hauben und vordere Kotflügel waren aus Aluminium gefertigt.

Um den Preis für Junge und Junggebliebene erträglich zu halten, bediente man sich aus den prall gefüllten Regalen der großen Serien. Die Vorderachse, die den Quermotor umgab, folgte dem Prinzip McPherson wie im nahen Verwandten VW Golf. Für die Aufhängung der Hinterräder leistete man sich den Aufwand doppelter Querlenker. Muntere Motorisierung besorgte so oder so die aus dem Audi A4 bestens bekannte 1,8-Liter-Maschine mit fünf Ventilen pro Verbrennungseinheit und Turbolader, mit 180 PS in einer Fronttriebler-Variante (4WD gegen Aufschlag), mit 225 PS in einem Modell mit Allradantrieb. Die Mehrleistung von immerhin 45 PS komplimentierte man dem robusten Triebwerk mit einfachen Mitteln ab: Seine Motorelektronik gestattete dem Lader, mehr Druck zu fördern, und eine üppiger dimensionierte Auspuffanlage unterstützte die zügigeren Ladungswechsel. Der Vierradantrieb entsprach dem des VW Syncro eher als der Lösung beim gloriosen Vorfahren Audi Quattro. An das Getriebe war eine Visco-Kupplung angeflanscht, welche die Kraft des potenten Vierzylinders bei Bedarf an die Hinterachse weitervermittelte.

Kultobjekt von Anbeginn seiner Karriere, stülpte der TT flugs die eingefahrene Hierarchie im Kosmos der Sportwagen auf den Kopf. Leidtragende waren vor allem wesentlich teurere Konkurrenten aus Stuttgart-Zuffenhausen: Bei einem Doppeltest in Heft 20/1999 des Fachblatts auto motor und sport schnitt der TT Quattro besser ab als der Porsche Boxster, und bei dessen Leserwahl der "besten Autos 1999" relegierte das knuffige Fastback-Coupé den alteingesessenen Seriensieger bei den Sportwagen Porsche 911 kurz und schmerzhaft auf Rang zwei.

Mit solchen Pfunden ließ sich trefflich wuchern. Schon beim Coupé mit 180 PS betrugen die Lieferzeiten neun Monate. Die Klientel für den TT Roadster hingegen, der auf dem Genfer Salon Mitte März 1999 den Open-Air-Suchtmenschen den Mund wässern ließ, mußte sich mit noch mehr Geduld wappnen. Er war im gleichen Schritt und Tritt mit seinem geschlossenen Gegenstück entwickelt, aber mit einer eigenen Identität ausgestattet worden als dessen Gegenpol im Cabrio-Segment. Für den Zaudernden empfahl sich somit im Zweifelsfall, den Audi TT im Doppelpack anzuschaffen, wobei die offene Option in ihrer stärkeren Ausgabe mit messerscharf kalkulierten 69 627 Mark zu Buche schlug und die zugeknöpfte mit 65 800 Mark. Sie ähnelten einander wie Zwillinge, hielt Wort-Bildhauer Eckhard Eybl 1999 in Heft 5 von auto motor und sport fest, ähnlich, aber nicht gleich, ein "Macho" der eine, ein "Luftikus" der andere.

Der Freiluft-TT trieb das Motiv des

Audi TT Roadster, Bj. 2002. Vierzylinder-Reihenmotor. 1781 cm³. 180 PS. 222 km/h. 8,1 s 0 - 100 km/h. Leihgeber: Heiko Eichstädt

Halbrunds gewissermaßen auf die Spitze bis an den Rand des zweiten Gesichts, der Identität von Front- und Heckpartie – eine Eigenschaft, die er sonderbarerweise mit dem Bubble Car Zündapp Janus von 1957 teilte. Die gotisch aufragenden Überrollbügel aus trotzigem Aluminium waren nur die sichtbaren Spitzen diverser Versteifungsmaßnahmen wie etwa des ledergepolsterten Leichtmetallträgers unterhalb des Armaturenbretts, die das ihrige zu einem Mehrgewicht von 55 kg gegenüber dem Coupé beisteuerten. Mit Erfolg: Jegliches Erzittern, Knerzen und Schaben – so häufig Cabrio-spezifisch – blieb den Sonnenhungrigen auf seinen wohlgeformten Schalensitzen erspart. Bespannt mit der aufpreispflichtigen Lederausstattung Mokassin mit ihren betont groben Nähten kontrastierten diese apart mit der metallenen Nüchternheit des sonstigen Interieurs und der mausfarbenen Serienlackierung mit dem Neon-Namen Nimbusgrau.

Rund zehn Sekunden dauerte es, das knappe Barett zur entriegeln, über die Köpfe der Insassen zu führen und in der flachen Mulde hinter dem Doppelbügel zu versenken. In fünf Sekunden mehr tat dies eine Schar von elektrohydraulischen Heinzelmännchen in streng einstudierter Choreographie, bei der 225-PS-Version im Grundpreis inklusive, sonst 1450 Mark teurer. Von unbestimmter Dauer gestaltete sich indessen das anschließende Gefummel, bis eine targadachartige Persenning dem Kofferraum entnommen und bündig mit der hohen Gürtellinie des Audi über der solchermaßen entstandenen Ziehharmonika eingepaßt worden war.

Der akustische Genuß hielt sich in Grenzen: Bei niedrigen Drehzahlen näselte der TT Quattro wie ein Saxophon, bevor sich mit dem Einsetzen des Laders alle Motorgeräusche im Surren der Turbine verloren und schließlich Windgeräusche das Klangbild beherrschten. Man reiste vergleichsweise zugfrei, vor allem, nachdem auf einen Knopfdruck hin aus einem Spalt hinter den Bügeln ein Windschott aus richtigem Glas emporgestiegen war.

Der konsequente Minimalismus des Audi TT, übrigens made in Hungary, da fern der Ingolstädter Heimat im ungarischen Györ gefertigt, sorgte hinfort für formale Beständigkeit. Eine Ausnahme bildete Zuwachs in Gestalt eines kleinen Heckspoilers im Bunde mit einem serienmäßigen ESP, bedingt durch ursprüngliche Fahrwerksprobleme. Modifikationen wie gefräßig klaffende Kühllufteinlässe verrieten ab Frühjahr 2003 die Anwesenheit eines Sechszylinder-Saugmotors unter der vorderen Haube, 250 willkommene PS stark als kleine Erinnerung daran, daß sich die potenten Renntourenwagen der Marke an der DTM (für Deutsche Tourenwagen Masters)-Front wacker schlugen und 2002 sogar die Meisterschaft geholt hatten.

Bereitgestellt wurden sie durch das kompakte VR6-Triebwerk, das bereits 1991 im teuren Top-Golf III der Konzernschwester VW ein eher verschämtes Dasein geführt hatte. Mit von 2,8 auf 3,2 Liter gewachsenem Hubraum zeigte es sich gleichwohl ganz auf der Höhe der Zeit, dank kontinuierlich verstellbarer Nockenwellen, einem Schaltsaugrohr und Schlepphebeln, die zwecks Reibungsminimierung Rollen trugen. Im ranghöchsten TT hatten die Audi-Techniker diesen bereits im Leerlauf sonor wummernden Langhuber zusammengespannt mit dem Sechsgang-Direktschaltgetriebe DSG mit Doppelkupplung, das die drei Betätigungsfelder Automatik, Sport und manuell bespielte. Letzteres geschah mittels Paddeln hinterm Lenkrad. Der Unterschied zur Formel 1 war damit nur noch graduell.

Maserati 4200 GT Coupé, Bj. 2003. V8. 4244 cm³. 390 PS. 285 km/h. 4,9 s 0 - 100 km/h. Leihgeber: Autosalon Singen

Für alle, die den siebenjährigen Formel-1-Krieg Ferrarirot gegen Maseratirot zwischen 1952 und 1958 noch in wacher Erinnerung haben, ereignete sich 1997 eine schier unfaßliche Verwerfung der norditalienischen Gemengelage:

Maserati wurde unter dem weitläufigen Dach der Groß-Mutter Fiat Ferrari-Tochter.

Für das Traditionsunternehmen, aus bescheidenen Würzelchen entstanden, als Alfieri Maserati im Dezember 1914 mit einem frischen Gewerbeschein in der Tasche in der Via de Pepoli zu Bologna eine Autowerkstatt eröffnete, bedeutete dies gleichwohl nicht das Ende, sondern vielmehr einen Neubeginn, das dolchspitze Schärfen des stumpf gewordenen Tridents. Den energetischen Planern, seit dem dritten Februar 1998 unter dem neuen Vorstandsvorsitzenden der Maserati S.p.A. Paolo Marinsek, war dabei ans Herz gelegt worden, mit dem rasch genesenden Patienten pfleglich umzugehen und ihn in seiner Eigenart zu belassen. Wo Maserati drauf stand, sollte auch Maserati drin sein. In transparenter Symbolik bildete sich diese Philosophie darin ab, daß die altehrwürdigen Backsteinhallen an der Modeneser Viale Ciro Menotti radikal ausgebeint und mit modernster Technologie für eine schönere Zukunft eingerichtet wurden.

Das erste Produkt sollte ein Coupé sein in der Tradition der Maserati-Ikonen Mistral, Khamsin, Ghibli, Bora und Merak, vom Preis her da angesiedelt, wo Ferrari nach unten aufhörte und somit in direktem Wettstreit mit dem Porsche 911 oder dem Jaguar XK8. Zugleich sollte es die Lücke zwischen dem preiswertesten Dreier aus Maranello und dem teuersten Alfa Romeo schließen. Was eine angemessene und von der Ferrari-Palette deutlich abgegrenzte Einkleidung anbelangte, griff man auf Giorgetto Giugiaros Studio ItalDesign zurück, welches der Marke bereits die Klassiker Ghibli (1966) und Bora (1971) beschert hatte. Auf dem Pariser Salon Ende September 1998 konnte sich jedermann davon überzeugen, daß sich der Maestro von Moncalieri der Aufgabe mit Anmut und Grazie entledigt hatte. Da stand mit ungefähr denselben Maßen wie ein Porsche Carrera eine typische Giugiaro-Kreation von stämmig-aggressivem Auftritt mit dem Maserati-Dreizack als trotzigem Retro-Element, ansonsten aber ohne jegliche visuelle Hektik. Herausgefordert wurde der Betrachter durch das ergiebige Spannungsverhälnis zwischen der konventionellen Frontpartie und dem eher futuristischen Heck mit seinen bumerangförmig gekrümmten schmalen Leuchten.

Die Typenbezeichnung 3200 GT verriet zweierlei: daß der Neue mit 3,2 Litern über relativ wenig Hubraum verfügte und daß es sich um einen Gran Turismo handelte. In der Tat: Sogar auf und vor den hinteren Sitzen in Einzelausformung herrschte ein überraschend achtbares Platzangebot, vorn indessen die lockere Bequemlichkeit einer Clubgarnitur. Vor dem Lenker des Maserati flachte sich nach rechts eine elegante Hügellandschaft mit Instrumenten und Armaturen von edler Einfalt ab, in der die schöne zwischen zwei Belüftungsdüsen angesiedelte Stiluhr nicht fehlte. Mit rotem Schrumpflack überzogen, ansonsten aber ohne modischen Plastikschmuck und sonstigen Schnickschnack hauste in dem Appartement davor der aus dem Shamal und dem just verblichenen Quattroporte bekannte Achtzylinder. Seine beiden Abgas-Turbolader hauchten ihm mit 368 PS bei knapp über 6000 Touren eine Leistung ein, die sich selbst im Ferrari-Sortiment nicht zu verstecken brauchte. Das Drehmomentmaximum

reichte fast an 500 Newtonmeter heran, Urgewalten, die über ein Sechsganggetriebe an die üppig bestückten Hinterräder vermittelt wurden.

Ihre Inszenierung vollzog sich zunächst völlig harmlos: Brav brodelte der V8 im Leerlauf, brav zog er auch ab Leerlaufdrehzahl in jedem Gang an, nachdem

Maserati 4200 Spyder, Bj. 2003. V8. 4244 cm^3. 390 PS.
283 km/h. 5,2 s 0 - 100 km/h. Leihgeber: Werner Wöber

die schwergängige Kupplung eingerückt worden war.

Dann aber ging die Saat der Gewalt auf, die in dem Rotschopf da vorne angelegt war. Bereits ab 2000/min sorgten seine sanft weinenden Turbinen für genügend Ladedruck, ab 4000/min langte er mächtig zu und katapultierte den 1,6-Tonner in 4,9 Sekunden auf 100 km/h und in lediglich 18,4 Sekunden auf die doppelte Geschwindigkeit. Erst bei

Tempo 280 kapitulierte der Maserati vor den Kräften, die ihm entgegenwirkten.

Von der Fahrwerksseite war bestens vorgesorgt, mit Doppelquerlenkern, Federbeinen, Stabilisatoren und innenbelüfteten Scheibenbremsen vorn und hinten. Sein elektronisch kontrolliertes Dämpfersystem bot einen befriedigenden Basiskomfort, verhärtete sich indessen bei über 200 km/h unter Umständen ins Ungemütliche.

Mit der Variante Assetto Corsa (wörtlich: Renn-Abstimmung) vollzog der 3200 GT anno 2001 in einer limitierten Edition von 260 Exemplaren den Grenzübertritt zum Sportwagen. Sie prangte in jenem Rosso Mondiale, in dem Juan Manuel Fangios WM-Maserati 250 F von 1957 lackiert war, stand 15 mm tiefer in den Federn und lockte auch sonst mit dem Verzicht auf Zivilisation, mit steiferen Federn und einem härteren vorderen Stabilisator, elektronischer Verstellbarkeit von Dämpferhärte und Regelbereich der Traktionskontrolle, verbesserter Führung der Kühlluft für die Bremsen sowie anderen Belägen, einem speziell abgestimmten Bremskraftverstärker und einer direkteren Lenkung.

Im September desselben Jahres legte man auf der Frankfurter IAA nach mit dem Spyder – fast schon der nächsten Maserati-Generation unter Ferrari-Kuratel, wie sich erwies, und persönlich vorgestellt von Ferrari-Boß Luca di Montezemolo und seinem liebsten Angestellten Michael Schumacher. Mit dem Coupé verband ihn im wesentlichen die Familienähnlichkeit. Der Radstand war von 2660 auf 2440 mm verkürzt, das Heck durch ItalDesign von den Türen an neu modelliert worden, indem Giugiaro die hintere Seitenlinie anhob und den Kofferraumdeckel bis zum Verdeckansatz verlängerte. Die zweite Sitzreihe war verschwunden. Dazu gab es dezente Retuschen um Kühlergrill und Scheinwerferabdeckungen, und die dünnen gebogenen Rückleuchten waren einer eher konventionellen Lösung gewichen. Während man in dem schmucken Zweisitzer ungemein zügig reisen konnte, legte sein effizientes und wohlgeformtes Stoffdach nach der Betätigung eines Schalters auf der Mittelkonsole eine fast schon großväterische Bedächtigkeit an den Tag: 30 Sekunden verstrichen beim Öffnen, noch einmal zehn mehr beim Schließen.

Überall präsent, zeugten der Dreizack und das altertümliche Markensignet von manifester Eigenständigkeit. Aber drin im Maserati Spyder war schon viel mehr Ferrari. Der in Maranello entwickelte Saugmotor zum Beispiel in der klassischen Maserati-Architektur V8, ein Vierventiler aus Leichtmetall mit zwei obenliegenden Nockenwellen je Zylinderreihe, 4244 cm^3 Hubraum und kerngesunden 390 PS, mit den Hinterrädern zwecks ausgeglichenerer Lastenverteilung via Transaxle verbunden. Zunächst war er nur als Cambiocorsa lieferbar, also mit einer Halbautomatik analog zu der F1-Schal-

tung des Ferrari 360 Modena, bei der Kuppeln und Gangwechsel von Stellmotoren übernommen wurde, an Frühjahr 2002 auch mit einem manuell zu bedienenden aufpreisfreien Sechsganggetriebe.

In einer evolutionären Stafette wurden diese Neuerungen anschließend in das Coupé eingespeist, abgesehen von ihrem cabriospezifischen Anteil. Sie taten dem schönen Paar gut, das künftig gemeinsam an der ihm aufgezwungenen hierarchischen Ordnung von cavallino und tridente rüttelte...

Mercedes-Benz CLK-GTR Coupé, Bj. 1998. V12. 6898 cm³. 612 PS. 320 km/h. 3,8 s 0 - 100 km/h. Leihgeber: Andreas Knapp-Voith

Als "neuen Terminator im kleinen Universum der Supersportwagen" begrüßte ihn Malte Jürgens im Heft 1 des Jahrgangs 1999 von auto motor und sport und rechnete penibel nach, was man zum Einstandspreis für den Mercedes CLK-GTR von 3 074 000 Mark sonst noch so alles bekommen konnte: 175 Smart aus demselben Hause, 150 Tonnen Aufschnitt, vier Zentner Feingold – oder ein englisches Landhaus mit etwas Auslauf.

Alles Pfennigfuchserei: Statt dieser betulichen Immobilie gab es eine Mobilie, an deren nobler Exklusivität weltweit nur noch 19 weitere GTR-Eigner teilhatten. Und überdies ermöglichte das zweisitzige Carbon-Coupé mit seinen 612 PS einen einmaligen Akt von gepflegter Grausamkeit, nämlich sich selbst sowie einen sprach-, atem- und fassungslosen Begleiter in reichlich neun Sekunden auf 200 km/h abzufeuern, anschließend zu einer Stippvisite in den Graubereich zwischen Sein und Nichtsein bei Tempo 320 zu entführen und – schlimmer noch – das Ganze in kürzester Zeit wieder rückgängig zu machen. Der 1160 mm flache Silberling schaute aus, als sei er von der Hunaudière-Geraden zu Le Mans direkt in die Niederungen des öffentlichen Straßenverkehrs abgebogen und als nähme er sich auch die Freiheit, gedemütigt und frustriert vom 17-Uhr-Stau beispielsweise auf der Stuttgarter B10, jederzeit dorthin zurückzukehren.

Und er war kein Blender, wurzelte vielmehr fest im Regelwerk der FIA-GT-Meisterschaft. Das aber schrieb vor, Hersteller in der gesamtsiegfähigen GT1-Kategorie müßten mindestens ein Exemplar eines straßentauglichen Basisautos vorweisen. Im Dezember 1996 begann die Mercedes-Rennsportfiliale AMG in Affalterbach mit Entwurf und Herstellung eines geeigneten Fahrzeugs, das man in 128 Tagen aus dem Hut zauberte. Von dem netten Großserien-Coupé CLK blieben dabei nur noch der Name, die vagen Umrisse, der Kühlergrill und das Vieraugen-Gesicht. Ende März 1997 testete Hauspilot Bernd Schneider das fertige Produkt im spanischen Jarama und befand das Ergebnis als ermutigend. In der Tat: Im gleichen und im folgenden Jahr holte sich der GTR den Gesamtsieg in der Serie.

Da eine Klausel in den Homologationsbestimmungen das Hintertürchen offenließ, die zivile Version dürfe nachgereicht werden, machte der Straßen-GTR erst bei der Frankfurter IAA im Herbst 1997 seine Aufwartung. Seine ungeduldigen Kunden mußten sich gar ein weiteres Jahr mit Geduld wappnen. Sie erhielten dafür, mit dem Segen des TÜV, reine Renntechnik, zum Beispiel Einzelradaufhängung mit Doppelquerlenkern vorn und hinten sowie Feder/Dämpfereinheiten, die über Zugstreben bestätigt wurden. Bei der Aufbereitung für eine vergleichsweise bürgerliche Verwendung hatte der Zweitonner gleichwohl Gewicht angesetzt und brachte mit Fahrer sowie 80 Litern Super Plus rund ein Drittel mehr auf die Waage. Dies fächerte sich auf in die in zwei silbern glänzenden Tonnen verstaute voluminöse Abgasanlage, die dringend erforderliche Klimaautomatik im Rahmen einer aufwendigen Innenausstattung,

Vollglasscheiben, wo sonst Polycarbonat für Erleichterung sorgte, eingebaute hydraulische Wagenheber, Bremsscheiben aus Grauguß statt Kohlefaser, einen schweren Bremskraftverstärker. Beim feinen Karosseriefinish addierten Füllstoffe und zahlreiche Lackschichten noch einmal einen Zentner. Wie sich die Zeiten wandeln: Anläßlich des Eifelrennens 1934 hatten Alfred Neubauer & Cie. vom Monoposto W 25, der im damaligen deutschen Rennweiß erschienen war, das alles über Nacht abgekratzt, um auf die behördlich

Mercedes-Benz CLK-GTR Roadster, Bj. 2002. V12. 6898 cm³. 631 PS. 320 km/h. 3,8 s 0 - 100 km/h. Leihgeber: HWA, Affalterbach

vorgeschriebenen 750 kg zu kommen, Ersparnis: knapp zwei Kilogramm.

Trotz seiner üppigen Breite von 1950 mm zwang die sonstige Anatomie des GTR seine Insassen zu einer innigen, ellbogennahen Form der Zweisamkeit. Man stieg nämlich nicht einfach ein, sondern verschaffte sich gleichsam Zugang über zwei enorme Seitenschweller – sogar ein Kofferkämmerlein war darin untergebracht. Ehe man hinter dem abnehmbaren Volant und der verstellbaren Pedalerie in der festen Geborgenheit des ledernen Fahrerstuhls ruhte, bedurfte er daher eines gelenkigen Rituals: Die vorn angeschlagene kleine und tief ins Dach schneidende Flügeltür wurde emporgeschwenkt, das rechte Bein grätschte in den Innenraum, das Gesäß plumpste auf den Schweller, das linke Bein wurde nachgezogen, beide Füße verschwanden im Halbdämmern des dafür vorgesehenen engen Tunnels wie in einer Tomographieröhre, der Rumpf auf dem Sitz.

Und schon sprach der riesige V12 im Nacken der Passagiere ein erstes Machtwort. Mit der Rückwand des Monocoques verschraubt, hatte er tragende Funktion wie auch die Einheit aus Achsantrieb und Getriebegehäuse. Er leitete sich her vom Aggregat der Premium-Limousine S 600, hatte aber auf dem langen Weg in die Wildnis bei grundsätzlicher Verträglichkeit alle feinen Manieren abgelegt, durch eine AMG-Kurbelwelle mit 7,9 mm mehr Hub von sechs auf 6,9 Liter vergrößert, mit neuen Pleueln, Kolben und Nockenwellen, modifiziertem Zylinderkopf und Ventiltrieb, überarbeiteter Sauganlage und angepaßter Einspritzung. Bei knapp über 5000 Touren stemmte er satte 732 Newtonmeter auf die Kurbelwelle. Vermittelt wurde diese Potenz über ein quer eingebautes Sechsganggetriebe in einem Magnesiumgehäuse, elektrisch zu tätigen via zweier Wippschalter direkt am Lenkrad, rechts hoch, links herunter. Der Kupplungsfuß wurde gleichwohl nicht arbeitslos, damit Schalthydraulik und Gangrastung keinen Schaden nähmen. Natürlich war der Antritt des GTR atemberaubend, das Intervall bis zum Drehzahlbegrenzer, der auf 7200 Touren eingestellt war, nicht nur in den unteren Fahrstufen im Nu überbrückt.

Daß dieses Auto seinen Besitzern in allen Belangen überlegen war, brauchte diese nicht zu betrüben. Trotz eines Wendekreises von 15 Meter durchwieselte es Biegungen aller Radien, folgte dabei feinfühlig der sensibel übertragenden Lenkung und verzögerte mit seinen innenbelüfteten Bremsscheiben und vier beziehungsweise sechs Kolben pro Sattel, daß seinen Insassen die Augen aus den Höhlen quollen. Wer sich angesichts von soviel strotzender Leistungsfähigkeit dennoch beklommen fühlte, konnte sich bei Dieter Glemser, einst Tourenwagen-As im Zeichen des Sterns, Nachhilfeunterricht erteilen lassen.

Dies galt auch für das Extrem-Cabriolet CLK-GTR Roadster, das 2002 in einer Handvoll Exemplaren nachgeliefert wurde, Kostenpunkt: 1 300 000 Euro. Die rasende Windsbraut, nun mit 631 PS, auf Wunsch jedoch mit den 702 PS bewaffnet, die ein 7,2-Liter-Triebwerk bereitstellte, hielt für die mit ihr Reisenden einen ultimativen Kick bereit: die unmittelbare Begegnung mit Sonne, Mond und Sternen in der Stratosphäre jenseits von 300 km/h. Die Flügeltürchen waren nun im Grunde genommen überflüssig geworden, und wo sich beim Coupé ein Dach über dem knapp geschnittenen Cockpit wölbte, fand sich nur noch Luft, flankiert von einer sparsam bemessenen Frontscheibe und zwei zerklüfteten Höckern mit integrierten Überrollbügeln hinter den Sitzen. Statt versenkbarer Seitenfenster gab es lediglich kurze Windabweiser, und Schauern oder gar Wolkenbrüchen sah man sich wehrlos ausgeliefert, da ein Verdeck im Lieferumfang nicht vorgesehen war.

Bei Tempo 300 drang ja ohnehin kein Tropfen herein.

BMW Z8, Bj. 2001. V8. 4941 cm³. 400 PS.
250 km/h. 5,1 s 0 - 100 km/h. Leihgeber: F. J. Schneider

Auch daran mußte sich der Lenker eines der 5700 BMW Z8 insgesamt gewöhnen: Er fuhr nicht einfach von A nach B, sondern ereignete sich ständig. Und in die allgemeine Neu- und Wißbegier mischte sich häufig die Frage, ob

dies denn nun ein altes Auto mit zeitlos modernen Ansätzen sei oder ein modernes, dem man zeitlose klassische Elemente anverwandelt hatte.

In der Tat war die Formensprache des BMW 507 so einfühlsam in das 21. Jahrhundert übersetzt worden, daß nicht einmal Albrecht Graf Goertz, der geistige Vater des Originals von 1955, seine Billigung verweigern mochte. Wenn er vor der gleichen Aufgabe gestanden hätte wie die Designer des Z8, ließ er sich vom heimischen Rittergut Brunkensen vernehmen, dann hätte er es wohl genauso gemacht.

Erinnerungen an die BMW-Ikone 507 beschworen die Silhouette insgesamt, vor allem aber die aufrechte Windschutzscheibe, das zweigeteilte Kühlergrill und die seitlichen Kiemen herauf, in welche hinten als Intarsie das weißblaue Emblem der Marke eingearbeitet war. Diese Retro-Anmutung setzte sich im Inneren des Z8 fort. Sie begann mit dem spannungsreichen Widerspiel von glänzend lackierten und lederbespannten Oberflächen, setzte sich mit zentral angeordneten Rundinstrumenten sowie Schaltern und Blenden aus massivem Aluminium fort und war mit dem gezielt altertümlichen Lenkrad, dessen drei Speichen in jeweils vier Stäbe aufgebrochen waren, und gegenläufig arbeitenden Scheibenwischern noch lange nicht am Ende.

Was allerdings seine Tauglichkeit für den Straßenverkehr des dritten Jahrtausends anbelangte, so hatten alt und neu zu einer perfekten Symbiose gefunden, in dem technischen Gesamtkunstwerk Z8 wie auch im Detail. Seine Xenon-Rundscheinwerfer entsprachen dem letzten Stand der Dinge. CD-Radio und Telefon waren ebenso serienmäßig wie das Navigationssystem sowie die elektrische Verstellung und Heizung der wohlgeformten Fauteuils. Immerhin mußte für diese Annehmlichkeiten ein Basispreis von 235 000 Mark entrichtet werden, der übrigens auch ein Hardtop mit heizbarer Heckscheibe in sich schloß.

Um Gewicht zu sparen und Steifigkeit zu gewinnen, wurde die Karosserie des Beaus aus Dingolfing und München in Leichtmetall-Spaceframe-Technik mit hochfesten Strukturblechen gefertigt. Außenhaut und Fahrwerk bestanden zu weiten Teilen aus Aluminium, die unter üppigen Rundungen verborgenen Stoßfänger aus Polyurethan. Die 18-Zoll-Räder mit Reifen des Kalibers 245/45 R (hinten: 275/40 R) wurde vorn an einer Federbein-Doppelgelenkachse und am anderen Ende von einer Integralachse geführt.

Hinter der Vorderachse lauerte das stärkste Stück des Hauses – ein V8-Fünfliter mit vier obenliegenden Nockenwellen und 32 Ventilen – auf seinen Einsatz, den ein separater Anlasserknopf auslöste. Mit strammen 400 PS und 500 Newtonmetern Drehmoment bei 3800/min beflügelte er schon die Leistungs-Limousine M5 zu exzellenten Werten. Den 200 kg leichteren Alu-Roadster schob er noch unerbittlicher an. Mit mächtigem V8-Grollen und büffelhaftem Durchzug stürmte dieser in reichlich 18 Sekunden auf Tempo 200 und hätte es erst bei 280 km/h bewenden lassen, wäre nicht die Elektronik eingeschritten, die dem Z8-Piloten auch sonst überall hilfreich und fürsorglich zur Hand ging.

Schon vor der Präsentation bei der IAA

1999 hatte der Z8 wie einst der Z1 im Fuhrpark des Superagenten James Bond alias Pierce Brosnan eine gute Figur gemacht, diesmal in "Die Welt ist nicht genug". Dem automobilen Filmstar widerfuhr allerdings schreckliches Ungemach – er wurde von "Renards" schurkischen Helfershelfern in zwei Teile zersägt.

Ferrari 360 Modena F1, Bj. 1999. V8-Mittelmotor. 3586 cm^3. 400 PS. 295 km/h. 4,8 s 0 - 100 km/h. Leihgeber: Lueg Sportivo, Düsseldorf

Wie beim großen Frontmotor-Kollegen Maranello war der Name Modena weit mehr als wohlklingender Zierat: bei jenem eine kleine Ovation an das Ferrari-Hauptquartier, bei diesem Reverenz vor der betriebsamen Metropole in der Emilia-Romagna, wo die Achtzylinder der Marke in der ehemaligen Karosseriefabrik Scaglietti gefertigt werden.

Das anonyme Vorleben des 360 Modena, der das Licht der Öffentlichkeit 1999 in Genfer Palais des Expositions erblickte, war lang – und gründlich durchgeplant. Erste Überlegungen gab es bereits 1992, also noch zu Zeiten des 348. Testmotoren wurden 25 000 Stunden auf dem Prüfstand gemartert, Prototypen 900 000 Kilometer über die Hochgeschwindigkeitspiste von Nardo gehetzt. 15 davon sammelten bei ausgesucht roher Behandlung je 80 000 km Straßenerfahrung, 18 weitere wurden in Crashtests dahingeschlachtet.

5400 Stunden lang pustete der Windkanal über seine äußere Hülle, ehe der Pininfarina-Entwurf ins Reich der Wirklichkeit entlassen wurde. Denn die Gratisgabe Luft muß kühlen, lüften, den Motor versorgen und das Auto an den Boden pressen. Ein Ergebnis dieser Mühewaltung war der zweigeteilte Einlaß unterhalb der Scheinwerfer, zugleich Anspielung auf die Grand-Prix-Monoposti im Zeichen des cavallino rampante und dennoch von der Klientel durchaus kontrovers aufgenommen. Dahinter verbargen sich große Wasserkühler und der Wärmetauscher für die Klimaanlage. In der Mitte konnte man dafür die Schnauze des 360 Modena hochziehen. So wurde nach dem Vorbild der Formel 1 Abtrieb erzeugt. Der Fahrtwind glitt nahezu ungehindert den glatten Wagenboden entlang und pfeilte, von zwei Diffusoren beschleunigt, hinten aus trichterförmigen Schächten zwischen dem Quartett der Auspuffrohre wieder heraus. Bei 290 km/h ganz in der Nähe seiner Spitzengeschwindigkeit von 295,1 km/h wurde die Vorderachse des 360 auf diese Weise mit 180 Kilogramm belastet. Eine ästhetische Nebenwirkung dieses Verfahrens: Nirgends verschandelten Hilfen wie Spoiler oder Flügel seine schöne Form. Der Flügel, lächelte Aerodynamik-Guru Rory Byrne aus der Gestione Sportiva, sei halt das Fahrzeug selbst.

Da ein steifes Chassis eine weitere Voraussetzung für sicheres und komfortables Fahrverhalten ist, setzte Ferrari auf einen Space-Frame-Rahmen mit großzügig dimensionierten Profilen, aus Aluminium wie Triebwerk und Außenhaut. 270 kg leicht, wog er gut ein Viertel weniger als die tragende Struktur des Vorgängers F355.

Wie bei jenem wurden die Räder geführt an doppelten Querlenkern. Elektronisch geregelte Stoßdämpfer von Sachs unterstützten die Stabilisatoren an Vorder- und Hinterachse. Sensoren für Längs- und Querbeschleunigung bewirkten, daß die Feder-Dämpfer-Einheiten Wank-, Roll- und Nickbewegungen des Aufbaus reduzierten, ähnlich wie das aktive Fahrwerk am Grand-Prix-Wagen F93A von 1993, nur daß es damals nicht funktionierte und diesmal perfekt. Für auf spektakuläre Slides erpichte versierte Tester gab sich der Modena geradezu enttäuschend gutmütig. Obwohl nur 43 Prozent seines Leergewichts von 1390 kg auf der Vorderachse lasteten, untersteuerte der Berlinetta in zu schnell angegangenen Kurven leicht korrigierbar. Je nach Gusto konnte der Pilot mit der dreistufigen Antriebsschlupfregelung allerdings wählen zwischen den Optionen Nervenkitzel (ASR aus), sportiver Fahrweise mit der Möglichkeit zum Driftansatz (ASR Sport) oder der lammfrommen Normalabstimmung.

Das unbarmherzige Wirken üppig bemessener innenbelüfteter Scheibenbremsen verstärkte den ersten Eindruck von einer Sicherheitsreserve, die der hohen Leistung von 400 PS bei 8500/min angemessen war.

Die vorerst letzte Ausbaustufe des kurz-

Ferrari 360 Modena Spider, Bj. 2003. V8-Mittelmotor. 3586 cm^3. 400 PS. 295 km/h. 4,6 s 0 - 100 km/h. Leihgeber: Gerhard Spies

hubigen V8, von Chefentwickler Amedeo Felisa und seinen Ingenieuren in Formel-1-Manier als Fünfventiler aufbereitet, lagerte wie ein Kronjuwel den Blicken zugänglich unter einem Acrylfenster im Heckdeckel. Man sah die beiden roten

Luftsammler mit klappengesteuertem Querschott, die Luftmassenmesser mit den elektrischen Drosselklappen, die zwei Luftfilter und den über dem Getriebe liegenden Einfüllstutzen für den Ölvorrat der Trockensumpfschmierung im Differentialgehäuse. Man ahnte das reiche und komplexe Innenleben darunter: vier Nockenwellen mit Phasenschieber auf der Auslaßseite, die flache Kurbelwelle mit 180-Grad-Kröpfung, die acht Steuerklappen in den Hochleistungs-Ansaugtrichtern. Diese blieben bei niedrigen Drehzahlen in den kurzen Trichtern geschlossen. Der Motor bezog seine Atemluft dann über die fast doppelte Saugrohrlänge. Bei 5500/min öffneten sie schließlich den Hochleistungs-Ansaugtrakt. Mit 3586 cm^3 waren die Möglichkeiten des Triebwerks nun voll ausgereizt – gerade mal zwei Millimeter mehr Hub hatten sich herausschinden lassen.

Und man freute sich auf das akustische Erlebnis, das die Ferrari-Tonkünstler einfühlsam komponiert und dennoch zulassungstauglich beschnitten hatten, außen gipfelnd in zornigem Bellen beim Spiel mit dem Gaspedal, gierig-agilem Hecheln beim Beschleunigen und schmetterndem Trompeten bei Vollgas, im Innenraum dezent kernig und eigentlich immer schöner als alles, was die Stereoanlage zu bieten hatte.

Nicht zuletzt dieses Klangerlebnis gestaltete der Pilot beim Schalten mit, entschieden mehr, indem er das massive Knüppelchen mit krispem Klacken durch die sechs Schlitze der klassischen Aluminiumkulisse führte, ein ganzes Stück weniger, wenn er diese Hand-Arbeit an das elektrohydraulische System delegiert hatte, das gegen einen Aufpreis von 15 000 Mark in das schlicht-kommode Interieur des 360 einen Hauch von Grand-Prix-Cockpit wehen ließ. Mehr als 50 Prozent der Käufer gaben ihm den Vorzug.

Artenspezifisch bedingt, verwischte sich dieser Unterschied zwischen drinnen und draußen beim Modena Spider, 2000 in Monaco unter allgemeiner Akklamation in angemessen fürstlichem Ambiente vorgestellt. Das Rückgrat des 360 war von vornherein so ausgelegt worden, daß darauf mit einigen wenigen Verstärkungen etwa im Bereich des Scheibenrahmens, der seitlichen Schweller und in Gestalt der beiden trotzigen Überrollbügel auch ein offener Aufbau ruhen konnte. Hinsichtlich des Ergebnisses scheute Ferrari den Superlativ nicht: seine Verwindungssteifigkeit sei die beste der Welt.

Zu den schönsten der Welt zählte zweifelsfrei das ganze Auto, selbst mit geschlossenem Verdeck, geliefert von dem Hamburger Spezialisten CTS (für Car Top Systems). Es öffnete sich auf Knopfdruck durch die konzertierte Aktion von sieben Hydraulikzylindern und verschwand nach 20 Sekunden rückstandslos raschelnd unter einer Klappe mit den beiden Höckern, die an die historischen Rennsportwagen der Marke erinnerten. Wirkte das Naturell des Spiders eher besänftigend auf seinen Lenker ein, wandte sich eine andere Version ab Frühjahr 2003 entschieden an dessen Jagdinstinkte: der 360 Challenge Stradale, 110 kg leichter und 25 PS stärker als der 360 Berlinetta von der Stange. Ab 4500/min kreischten die vier von lästigem Dämmaterial weitgehend befreiten Endrohre arglosen Passanten zu, es sei gerade ein automobiler Extremist an

ihnen vorbeigehuscht.

Der Pilot in seiner Sitzschale mit rutschfestem Alcantarabezug war durch feuerrote Hosenträgergurte mit dem Rest dieser Fahrmaschine symbiotisch verquickt. Appelle, er möge sich einer defensiven Fahrweise befleißigen, verhallten da meist ungehört.

Honda S2000, Bj. 2002. Vierzylinder-Reihenmotor. 1997 cm^3. 240 PS.
240 km/h. 6,2 s 0 - 100 km/h. Leihgeber: Herbert Kutschera

In mancherlei Hinsicht wirkte der Honda S2000, in die Open-Air-Welt eingeführt beim Genfer Salon 1999, wie ein erwachsen gewordener S800. Im Unterschied zu seinem eher verquast anmutenden größeren Bruder NSX stimmte seine Formgebung im ganzen wie im Detail. Grundsätzlich gehorchte sie klassischer Roadster-Architektur: kurze Überhänge, lange Motorhaube, weit zurückgesetzte Fahrgastzelle. Die bullige Front mit den schmalen dreieckigen Scheinwerfern und dem großen Lufteinlaß strahlte Aggressivität aus. In der Seitenansicht stellte sich der S2000 als sanft aufsteigender Keil dar. Am Heck verhießen zwei fette chromglänzende Auspuffenden ein kräftiges Idiom seines Triebwerks. Selbst das straffe Barett, elektrisch in nur sechs Sekunden zu öffnen oder zu schließen, paßte im doppelten Sinne des Worts.

Weniger instinktsicher waren die japanischen Innenarchitekten verfahren. Um Formel-1-Flair zu erzeugen, hatten sie sämtliche Informationsquellen im direkten Blickfeld des Piloten zusammengequetscht, flankiert von den wesentlichen Bedienelementen einschließlich eines feuerroten Anlasserknopfs links vom Lenkrad, der seine Schuldigkeit allerdings erst tat, nachdem der Zündschlüssel betätigt worden war. Nach rechts in den Einzugsbereich des Beifahrers erstreckte sich da lediglich eine verödete graue Plastiklandschaft.

Das Leuchtdiodenband, welches das obere Segment des Ledervolants noch einmal nachzeichnete, verriet die eigentliche Stärke des Zweiliter-Vierzylinders, den man als Front-Mittelmotor auf dem rigiden Doppel-Y-Rahmen des S2000 (Honda-Jargon: X-Bone) weit hinten eingepflanzt hatte, um das ausgewogene Achslastverhältnis von 50 zu 50 zu erzielen. Sie bestand in seiner erstaunlichen Drehfreudigkeit und entsprach damit der besten Tradition des Hauses. Bei 6000 Umdrehungen der fünffach gelagerten Kurbelwelle, wo die meisten Rivalen resigniert aufzustecken beginnen, kam der zweite, ab 8000 Touren bis hin zur lichten Höhe von 9000/min gar der dritte Wind, untermalt von grellem und in dieser Form sonst nirgends gehörtem Fanfarengeschmetter. Seine Höchstleistung von 240 PS fiel bei elitären 8300/min an. Der appetitlich schrumpflackierte Vierventiler mit seiner variablen, elektronisch gesteuerten Ventiltechnik VTEC (für Variable Valve Timing and Lift Electronic Control), den beiden einander unmittelbar benachbarten obenliegenden Nokkenwellen, Rollenschlepphebeln und Kolben aus geschmiedetem Aluminium, die 11 : 1 verdichteten, war ein Ausbund an Kompaktheit.

Auch sonst stellte der Honda S 2000 Vergleichbares in den Schatten, mit einer Literleistung von 120 PS, 6,2 Sekunden aus dem Stand auf 100 km/h, 15 Sekunden auf 160 und 240 km/h Spitze. Sein Fahrwerk mit einzeln an Doppelquerlenkern, Federbeinen und Stabilisatoren aufgehängten Rädern orientierte sich ebenfalls am Rennsport und war von knöcherner Härte. Wie zu alten Roadsterzeiten gab es ein vollmechanisches Sperrdifferential, und da einem keinerlei elektronische Heinzelmännchen zur Hilfe kamen, mußte man selber kontrolliert mit Herz, Hand und Gesäß zu Werke gehen. Indes: In der Welt der Cabriolets und ihrer Artverwandten herrschen mildere Umgangsformen, und so mochte man die weitgesteckten Grenzen des Honda-Sportlers gewöhnlich gar nicht austesten. Dem kam ein 2003 angekündigtes Facelift mit 2157 cm^3 statt der bisherigen 1997 cm^3 bei gleichgebliebener Leistung entgegen, die nun schon bei 7800/min erreicht wurde. Alle Gänge mit Ausnahme des fünften waren kürzer übersetzt, das Fahrwerk komfortabler und die Lenkung direkter abgestimmt. Zu erkennen war diese Ausbaustufe an veränderten Kühlluftöffnungen vorn und einem energischer ausgebildeten Heck.

Pagani Zonda 7.3, Bj. 2003. V12. 7291 cm^3. 555 PS.
335 km/h. 3,7 s 0 - 100 km/h. Leihgeber: auto motor und sport/MPI

Gleich in mehreren Punkten ähnelte die Karriere des Argentiniers Horacio Pagani der seines Landsmanns Alejandro de Tomaso. Er sei, sagte er, nach Italien gekommen, um dort das schönste Auto der Welt zu bauen. Und: So etwas könne nur im Dunstkreis der Supercar-Metropole Modena geschehen, in seinem Falle in dem Nest San Cesario sul Panano. Und: Starke Impulse für das Styling seien von seiner Gattin ausgegangen, mit der und zwei Fahrrädern er 1983 im Land seiner Sehnsucht eingetroffen sei. Aber auch: Noch aus einer anderen, höchst ungewöhnlichen Quelle sei die Inspiration zu dem geplanten Supercar gesprudelt, nicht zuletzt in formaler Hinsicht – aus der Feder seines Idols und väterlichen Freundes Juan Manuel Fangio, des Fünffach-Champions. Was den Namen anbelangte, folgte Pagani Maserati-Bräuchen und nannte das Produkt Zonda nach einem Andenwind.

Zunächst einmal backte er jedoch vergleichsweise kleine Brötchen und Kohlefaserstrukturen, bei Lamborghini in Sant'Agata Bolognese, in dem Team, welches für die Entwicklung des Countach Evoluzione zuständig war.

Das schwarze Gold aus der Retorte hatte es dem Adepten angetan, und so münzte er seine Kenntnisse zunächst andernorts um, mit patentfähigen Lösungen für nahtlos gewickelte Karbonfaserrohre zum Beispiel, wie sie für extrem leichte Antennen für militärische Zwecke benötigt werden. Aus seinem Lieblingswerkstoff bestand denn auch das Chassis des Pagani C12, der auf dem Genfer Salon 1999 als Prototyp debütierte, unerschütterlich und wie für die Ewigkeit gemacht. Durchzogen war es – und dieses Verfahren hatte sich sein Schöpfer in der Tat patentieren lassen – von leichten Stahlrohrbügeln, und seine einzelnen Lagen waren nach Paganis eigenen Berechnungen gewebt, um einen idealen Strukturverlauf zu gewährleisten. Und weil es so kostbar und -spielig war, ließ es Pagani allenthalben unlackiert sichtbar werden wie bei den Kollegen von der Formel 1. Beim Crashtest zeigte es sich selbst von einem Aufprall bei 50 km/h unbeeindruckt und frisch verwendungsfähig, nach einigen Modifikationen sogar für einen Roadster.

Trotz aller Fremd-Eingebung folgte die Karosserie aus dem gleichen preziösen Material so offensichtlich den Baumustern der verblichenen Gruppe-C-Rennwagen, daß sich der C12 jederzeit unbemerkt durch einen Seiteneingang auf die Hunaudière-Gerade von Le Mans hätte schmuggeln können. Gleichwohl wartete sie mit pfiffigen und auch sonst markanten Lösungen auf wie einem kessen Vieraugengesicht sowie dem Quartett der Auspuffrohre, die sich mittig am Heck zu einer quadratisch geordneten Stalinorgel bündelten. Sie setzten sich fort im ledertapezierten Wohnzimmerchen des Straßen-Renners, beispielsweise mit den Drehknöpfen mitten in den Sitzen, durch welche die Sitzhöhe justiert werden konnte. Beim Fahrwerk des C12 mit seinen doppelten Aluminiumquerlenkern und einer Vierkolben-Anlage von Brembo mit riesigen gelochten, innenbelüfteten Scheiben hatte der Rennsport ebenfalls Pate gestanden.

Mittig in dem 1250 Kilo leichten Exoten aber brotzelte mit ins Brutale gestyltem Sound ein 394 PS starker Sechsliter-V12, in bürgerlicher Form in der S-Klasse von Mercedes zu finden und, abgesehen

von seinem rauhbauzigen Benehmen, auch sonst mit sämtlichen Tugenden ausgestattet, die ihn dort auszeichneten. Für alle, denen diese Leistungsausbeute noch zu mager ausgefallen war, rüstete Pagani 2003 in Gestalt des Zonda S 7.3 nach. Mit dem Mercedes-Zwölfzylinder M 120 AMG von mächtigen 7291 cm^3 bewaffnet, ging er mit 555 PS und einem günstigeren Drehmomentverlauf als sein Vorgänger ins Rennen. Da wirkte die Serien-Zutat Traktionskontrolle schon beinahe wie ein Element der Verweichlichung.

Aston Martin Vanquish, Bj. 2001. V12. 5935 cm³. 460 PS.
306 km/h. 5,6 s 0 - 100 km/h. Leihgeber: Aston Martin Lagonda Ltd.

„Vanquish", übersetzt das renommierte Wörterbuch von Muret-Sanders, heißt "siegreich sein". In der Tat: Er kam, wurde gesehen und schlug ein wie eine Granate, verbunden mit der Bereitschaft, für einen solchen Aston Martin eine

Menge Dollar, D-Mark oder Pfund Sterling springen zu lassen. Dies geschah auf der North American Auto Show zu Detroit im Januar 1998, und er war noch eine Studie namens Project Vantage und nein, erklärte der derzeitige Firmenchef Bob Dover in lauter enttäuschte Gesichter hinein, eine Serienproduktion sei nicht geplant.

Dann aber wurden die Anfragen dringlicher, und man entschloß sich vergnügt, die Studie aus ihrem Dornröschendasein wachzuküssen. Der Beau aus Buckinghamshire war einfach zu schön, um nicht wahr zu sein. Bevor er allerdings auf dem Genfer Salon 2001 offiziell in das automobile Oberhaus eingeführt und der erste Serienwagen am 15. Juni desselben Jahres aus den bescheidenen Werkhallen an der Tickford Street in Newport Pagnell entlassen wurde, gab es noch einen ganzen Maßnahmenkatalog abzuhaken.

Zum einen retuschierte der schottische Designer Ian Callum, der wie schon beim DB7 ein untrügliches Formgefühl bewiesen hatte, sein Konzept ein bißchen hier und ein bißchen da, machte die Flanken eine Idee breiter und das Heck ein Quentchen höher. Zum anderen merzte Dovers Nachfolger Ulrich Bez allzu billige Souvenirs aus den großen Ford-Serien wie etwa die Lüftungsrosetten der mobilen Asphaltblase Ka aus. Zum dritten wurden 50 Prototypen auf 1,6 Millionen Testkilometern nach Herzenslust gemartert, erschauerten unter arktischen Bedingungen, erglühten in der Irrsinnshitze der Wüsten Nevadas und Kaliforniens.

Der Röntgenblick unter das knapp geschnittene Wams aus warm gepreßtem Aluminiumblech enthüllte, daß der Rennwagenbau sehr wohl noch immer die Serie befruchtet, wenn auch auf Premium-Preisniveau: In Deutschland zum Beispiel wurde der Käufer eines Aston Martin Vanquish 2001 mit 446 000 Mark zur Ader gelassen. Die Bodengruppe der ungemein steifen Hauptstruktur bestand im wesentlichen aus geklebten Leichtmetallkomponenten, während für Getriebetunnel, A-Säulen und Dachrahmen Kohlefaser hinzugezogen wurde. Seitenteile, Kofferraumboden und die energieabsorbierenden Crashstrukturen hingegen waren aus glasfaserverstärktem Kunststoff. Die dicken mit Yokohama-Pneus besohlten Räder waren einzeln aufgehängt mit Doppelquerlenkern vorn und Quer- und Längslenkern hinten.

Der Sechsliter-V12 mit vier obenliegenden Nockenwellen und 48 Ventilen, bekannt aus dem DB7 Vantage, war in der Ford-Filiale Cosworth auf 460 markige PS erstarkt und feuerte das 1863 kg schwere Coupé in 5,6 Sekunden auf Tempo 100 sowie auf 306 km/h Spitze, wenn sommerliche Autobahnen sonntags früh um sechs sowie Mut und Können des Piloten so etwas gestatteten. Den beiden fetten Auspuffrohren entströmte ein Klanggemälde von maßgeschneiderter Brutalität, sowie dieser die beiden Schaltwippen zum Lenkrad gezogen und einen roten Knopf mit der Inschrift Engine gedrückt hatte. Es gab den Vanquish lediglich mit automatisiertem Getriebe, dessen sechs Fahrstufen während eines Wimpernschlags von 250 Millisekunden gewechselt wurden.

Die beiden Insassen – von einer um 16 000 Mark teureren Option mit hinteren Notsitzen war eher abzuraten –

umgab zwar das berückende Aroma des Connolly-Leders, ansonsten jedoch ein Ambiente von geradezu bestürzender Sachlichkeit.

Dem Charisma des Aston Martin Vanquish tat das keinen Abbruch – im Gegenteil.

Lamborghini Murciélago Coupé, Bj. 2003. V12. 6192 cm³. 580 PS.
330 km/h. 3,6 s 0 - 100 km/h. Leihgeber: Lamborghini Kremer

Respekt beginnt mit der richtigen Aussprache von Namen: Trotz anderslautender Trivialschlager spricht man Lamborghini mit g aus wie Orgie, Countach mit u wie Blut und Murciélago mit englischem th wie Barcelona.

Namenspatron für den jüngsten grollenden Riesen aus Sant'Agata, im September 2001 auf der Frankfurter IAA auf die freie Wildbahn der öffentlichen Meinung entlassen, war ein Ausnahmekampfstier, der am 5. Oktober 1879 wegen vorbildlicher Tapferkeit durch den legendären Torero Rafael Molina begnadigt wurde. Nicht nur, daß ihm der übliche Weg in die Kochtöpfe und an die Grillspieße erspart blieb, er durfte überdies künftig lustvoll und einträglich für seinen Besitzer Don Antonio Miura handverlesene Partnerinnen aus ersten Kuhfamilien Andalusiens beschälen.

Hier endet der Vergleich. Aber das Zeug zur Legende hatte natürlich auch der Lamborghini. Die Wucht seines Auftritts bezog er gleichwohl aus anderen Zutaten wie seine visuell ungezähmten Vorfahren. Zwar basierte der Murciélago wie gehabt auf einem soliden Gitterrohrrahmen aus Stahl, über dem sich eine Haut aus lackiertem Kohlefaser-Verbundstoff spannte. Auch sonst steckte der Teufel, alias Diablo, im Detail: Silhouette, Proportionen, bogenförmige A-Säulen, die fast im rechten Winkel vorn nach oben schwenkbaren Türen, die bis auf einige wenige Millimeter identischen Abmessungen, der Motor und der Antriebsstrang – das roch schon recht nach einer Reinkarnation des teuren Verblichenen.

Nur: All das hatte der junge belgische Designer Luc Donckerwolcke, nach dem Entwurf des A2 für höhere Aufgaben innerhalb des erweiterten Hauses Audi auserkoren, zwar in sich aufgenommen, dann aber geordnet, gesichtet und neu definiert. Den Murciélago, schrieb Auto-Poet Eckhard Eybl in Heft 22 des Jahrgangs 2001 von auto motor und sport, ziere "ein derart runder und weicher Schliff, wie er sonst durch Flußströmungen und Sandstrahlgebläse" entstehe. Von muskulöser Langeweile war er dennoch weit entfernt. Die geometrische Schlichtheit seines keilförmigen kurzen Bugs wurde austariert von exotischen Tupfern wie den trapezförmigen Abdekkungen für die Bi-Xenon-Scheinwerfer und die gefräßig wirkenden schwarzen Kühlluftöffnungen für die vorderen Bremsen. Das Heck hingegen strotzte förmlich vor Kraft und Funktionalität, und dennoch nahm es angesichts von nackt in den Werkhallen zu Sant'Agata aufgebahrten Antriebseinheiten wunder, daß das alles da hineinpaßte. Große und klare Rückleuchten, schwarze Entlüftungsgitter, eine diffusorähnliche Schürze und der knorrige kanonenartige Doppelauspuff, der wirkte, als würde er in Bälde das Feuer eröffnen, fügten sich zusammen zu jenem zweiten Gesicht, das sich dem Betrachter in aller Regel wieder genauso rasch entzog, wie der Murciélago von hinten eingetroffen war. Das Auto, so Donckerwolke, solle aggressiv wirken wie ein Überschall-Flugobjekt und so puristisch wie möglich – Mission erfüllt. Für martialisches Auftreten sorgte aber vor allem auch der bekannte Motor, dessen Daten sich – wie das Auto selbst – als Ansammlung von Superlativen bereits der bloßen Lektüre empfahlen: 6192 cm³ Hubraum, 580 PS bei 7500/min, 650 Nm maximales Drehmoment bei 5400/min, zwischen 2000/min und 7500/min immer mindestens 500 Nm. Zu Boden brachte es ein bei Lamborghini entwickelter Allradantrieb, der via Viscokupplung überschüssige Leistung an Hinter- und Vorderachse verteilte. Der durch einen längeren Hub von 2,8 mm vergrößerte V12 atmete jetzt ein über vier elektronisch gesteuerte Drosselklappen, die ihn zu Schadstoffarmut erzogen, im Verein mit der angepaßten Einspritzung, überarbeiteten Brennräumen und neuen Katalysatoren.

Glück, schwärmte die amerikanische Fachpublikation Road & Track einmal,

Lamborghini Murciélago Roadster, Bj. 2003. V12. 6192 cm^3. 580 PS.
330 km/h. 3,6 s 0 - 100 km/h. Leihgeber: Lamborghini Presseabteilung

sei ein warmer Lamborghini. Dieser Zustand mußte allerdings auch für den Murciélago erst einmal herbeigeführt werden. Nach dem Kaltstart lehnte sich der riesige Zwölfzylinder zunächst auf wie ein rüpelhafter Jungbulle und ruckelte widerspenstig hinter den Sitzen. Überdies verlangte das neue Sechsganggetriebe, dessen Schaltstock wie ein Denkmal für 80 Jahre Sportwagenbau aus seiner kreisrunden polierten Aluminiumkulisse ragte, nach sensibler Behandlung inklusive Zwischengas und doppeltem Kuppeln wie in der Ära Tazio Nuvolaris.

Nach der Aufwärmphase, in der zwölf Liter Öl in die richtige Schmierlaune gebracht werden mußten, wandelte sich der Halbstarke indessen zum willigen Helfershelfer, und der Schalthebel glitt durch die Gassen wie das heiße Messer durch die Butter.

Das Triebwerk, ganz klassisch aus Aluminium und mit einem Gabelwinkel von 60 Grad konstruiert, war trotz aller Stärke deutlich gesitteter geworden. Zwar hatte der Druck der Geräuschvorschriften seinen Brunftschrei hörbar gedämpft. Aber von dem Psychedelik-Effekt, den er auslöste, war noch genügend übrig. Bereits knapp oberhalb der Leerlaufdrehzahl klang er drohend wie ein nahendes Gewitter, und etwa im Gotthardtunnel kündete ein knöcherndes Röhren noch einen Kilometer weiter von Anwesenheit und Majestät des Lambo. Bei Vollgas wurde das tiefe Grollen zum zornigen Donner, der vor dem Hochschalten schmetternd durch Mark und Bein ging – drinnen wie draußen.

Da war dann längst äußerste Vorsicht angesagt. Bei Nässe genügte ein kurzer Gasstoß, um das Heck unruhig werden zu lassen. Mit der effizienten Antriebsschlupfregelung blieb man gleichwohl auf der sicheren Seite. Sie griff früh ein und drosselte den Übereifer des Murciélago dann nachhaltig. Ein Zuviel an Gas beim Start setzte Rauchzeichen, nicht zuletzt Endprodukt der Arbeit der Nockenwellenverstellung auf der Ein- und Auslaßseite sowie variabler Saugrohre. Denn obwohl ein Teil der Kraft nach vorn abgeschoben wurde, bekamen die Reifenwalzen hinten noch immer den Löwenanteil ab. Daß der dank Trockensumpf 50 mm tiefer eingebaute V12 dennoch stets kühlen Kopf behielt und auch die im Anschluß an ihn positionierte Hinterachse mit genügend Luft beschickt wurde, dafür sorgten unter anderem zwei Zusatzklappen über den hinteren Radkästen, die bei steigenden Temperaturen elektrisch ausfuhren.

Wie unbedingt ratsam bei Supercars dieses Kalibers war das Fahrwerk des Murciélago gleichsam noch einen Tick schneller als sein Motor, mit einzeln an doppelten Querlenkern aufgehängten Rädern, elektronisch in ihrer Härte verstellbaren Stoßdämpfern, Schraubenfedern, einem großzügig dimensionierten Bremskraftwerk von Brembo sowie einer servounterstützten Zahnstangenlenkung. In der Kommandozentrale lagerte man in Formel-1-Manier. Eine gute Sitzposition ermöglichte das axial und vertikal verstellbare Volant.

Eine Barchetta-Version wurde als Prototyp 2003 in Detroit und in endgültiger Form ein Jahr später beim Genfer Salon präsentiert. Wie schon im Falle des Diablo wollte sie viel mehr sein als nur ein Coupé mit abgehacktem Dach, mit keilförmig sich nach hinten verjüngenden Kopfstützen und Überrollbügeln, welche die Linie dieser in der Tat höchst eigenständigen Autopersönlichkeit nicht verschandelten. Anders gestylt war unter anderem die Abdeckung des Triebwerks, aber auch eine Vielzahl weiterer Teile, nicht zuletzt, um optimale Steifigkeit zu erzeugen. Diesem Zweck diente beispielsweise eine zusätzliche Gitterrohrstruktur im Motorraum.

Schöner – und kaum schneller – war der Platz an der Sonne nur noch in einem Formel-1-Rennwagen.

Lexus SC 430, Bj. 2004. V8. 4293 cm³. 286 PS. 250 km/h.
7,1 s 0 - 100 km/h. Leihgeber: Fa. Weinberger, Rosenheim

Eigentlich war es nur eine Frage der Zeit, wann das Toyota-Luxus-Label Lexus sich mit einem sportiven Fahrzeug zu Wort melden würde, schon um auf dem so wichtigen nordamerikanischen Markt mit solch illustren Rivalen wie

Cadillac, Jaguar, Mercedes oder Porsche um die Gunst der Kunden wettzustreiten.

Zwischen den Polen Luxus und Sportlichkeit war denn auch die Zwienatur des Lexus SC 430 angelegt, im Herbst 1999 in Tokio als Prototyp gezeigt, im März 2001 offiziell in ein Umfeld entlassen, in dem er laut Werbung "ein Kielwasser von Verlangen und Neid" hinter sich herziehen sollte. Merkwürdigerweise begann sie mit seiner Form, entworfen vom Toyota-Studio Nizza. Eine Fülle von teilweise höchst attraktiven Details zog den Blick auf sich und den Drang zu berühren, floß aber nicht unbedingt zu einem Ganzen aus einem Guß zusammen. Inmitten fraulicher Rundungen störte die keck aufgeworfene Spoilerlippe auf dem riesigen Kofferraumdeckel. Die Räder saßen zu tief in den Radhäusern. Gut zu Gesicht stand ihm dafür sein blechernes Faltdach, das sich für die Verwandlung von null auf 100 Prozent Offenheit 25 Sekunden genehmigte und anschließend in dem ohnehin spärlichen Gepäckabteil über Gebühr breitmachte.

Auch sonst war Platz trotz ausladender Dimensionen knapp, wenn man nicht gerade in den üppigen Fauteuils der ersten Reihe lagerte, die hohe Gürtellinie des SC 430 beruhigend bis auf Halshöhe neben sich. Die Bezeichnung 2+2 und der mit ihr verbundene Anspruch waren schlicht eine charmante Übertreibung, die hinteren Sitzmulden nicht viel mehr als ein wenig zusätzlicher Stauraum. Überhaupt stellte sich die Frage, ob sich die Idee hinter dem Lexus in seiner schweren Solidität grundsätzlich mit der Idee des Sportwagens vertrug und ihm nicht just seine Tugenden im Wege standen. In seiner üppig eingerichteten Kommandozentrale, einem "fahrenden Chambre Séparée", klagte etwa Eckhard Eybl in Heft 24, Jahrgang 2001 des Fachblatts auto motor und sport, komme man sich eher wie ein Kapitän als ein Pilot vor.

Dazu trugen vor allem die bestechenden Manieren seines samtig und seidig summenden Leichtmetall-V8 bei, mit 4293 cm³ Hubraum, 32 variabel gesteuerten Ventilen und je zwei obenliegenden Nockenwellen pro Zylinderbank. Mit einem metallischen Wummern als äußerstem Zeichen seiner Ungehaltenheit war er gleichwohl als Gentleman ins Landsknechts-Biwak der Sportwagenmotoren geraten. Man hatte ihn ausschließlich und in perfekter Symbiose mit einem Fünfstufenautomaten zusammengespannt, dessen Wählhebel ebenso knackig einrastete wie zahlreiche andere Bedienelemente.

Seine 286 PS schüttelte er lässig aus dem Ärmel bis hin zur Überraschung seiner Insassen. Bei Tempo 250 gebot ein Begrenzer ihrem Treiben Einhalt, und auch 7,1 Sekunden auf Tempo 100 sowie 16,2 Sekunden bis zu 160 km/h konnten sich sehen lassen in der rauhen Leistungsgesellschaft der Sportwagen. Frohen Herzens genießen konnte man dies indessen nicht. Zwar schien der Lexus SC 430 mit Doppelquerlenkern und Federbeinen ringsum bestens gerüstet für alle Eventualitäten und erwies sich auch als gutartiger Partner. Trieb es aber sein Lenker nach seinem Dafürhalten in den Kurven zu bunt, kündeten sehr rasch aufwimmernde Reifen davon, der schöne Japaner bevorzuge den Komfort kalifornischer Highways und das Cruisen zu den Klängen seiner aufwendigen Stereoanlage des amerikanischen Spezialisten Mark Levinson. Und auf schlechten Wegstrecken schüttelte sich sein Vorderwagen wie ein nasser Hund, sein Aufbau erbebte in Protest und ächzte in demonstrativer Empörung, vor allem bei geöffnetem Verdeck.

Aber die mochte man ihm sowieso nicht zumuten.

Ford Thunderbird, Bj. 2004. V8. 3950 cm³.
284 PS. 220 km/h. 7 s 0 - 100 km/h. Leihgeber: Autohaus Fay, Bergheim

Bekanntlich folgt der Begriff Sportwagen keinem strikten Reinheitsgebot, sondern umfaßt vielfältige Erscheinungsformen. Kurz nach dem Beginn des dritten Jahrtausends besetzte die Ford Motor Co. zu Dearborn gleich beide Pole,

mit dem GT40 neuer Art als Kind der Piste und mit der jüngsten Ausprägung ihres Dauerbrenners Thunderbird als vergleichsweise mildem Cruiser, in der Gestalt eines Concept Cars erstmalig zu sehen bei der Detroit Motor Show im Januar 1999, in Serie gefertigt ab Mai 2001.

Wie der GT40, aber auch der New Beetle, stammte der aktuelle Donnervogel aus der Feder von Jay Mays, und wie bei diesen wurde dem Ford-Designchef dabei die Hand von einer nostalgisch verklärten Vergangenheit geführt, ohne daß er sich von der normativen Kraft des einstmals Faktischen versklaven ließ. Aus den Sedimenten der Thunderbird-Geschichte freigelegt wurden Elemente wie die Hutze auf der Motorhaube, zusätzliche Scheinwerfer zwischen Stoßstange und Kühlergrill, die großen runden Heckleuchten, der Frontgrill selbst oder auch die Bullaugen an dem Hardtop, das für die noch ein bißchen luxuriösere Variante Premium Cabrio gegen den Aufpreis von messerscharf kalkulierten 2711 Euro zum Basisentgelt von 48 300 Euro bestellt werden konnte. Beim Montieren tat man sich übrigens schwer, selbst wenn einem eine routinierte zweite Kraft dabei zur Hilfe eilte.

Zugleich sündigte Mays vergnügt wider die Ur-Idee vom Thunderbird, indem er die Proportionen zeitgemäß umschichtete. Auf der Strecke geblieben waren die Haifischflossen, gar lang das Heck, ungemein kurz die Motorhaube. Darunter verbarg sich, freundlich gurgelnd und unmäßiger Kraftentfaltung gelassen entsagend, ein V8 mit vier obenliegenden Nockenwellen, 32 Ventilen, 3950 cm³ und ursprünglich 256 PS, wie er sonst redlich seine Pflicht tat im gar nicht so entfernten Verwandten Lincoln LS, dem amerikanischen Cousin des Jaguar S-Type. Auf der Plattform der beiden fußte das Premium-Cabrio ebenso wie die um 1000 Euro günstigere Deluxe-Version, mit deren Grundpreis gleichwohl eine Unmenge von nützlichen und erstrebenswerten Ausstattungsdetails wie Fünfgangautomatik mit Overdrive, Traktionskontrolle, Zweizonen-Klimaautomatik, ein aufwendiges audiophiles Soundsystem mit Lenkradbedienung, Tempomat oder eine elektrisch höhen- und in Längsrichtung verstellbare Lenksäule abgegolten waren. Im geräumigen Cockpit überwog allerdings der profane Charme sorglos verarbeiteten Plastikmaterials. Nicht jedermanns Sache, zumindest hierzulande, waren überdies die Ausläufer der durchweg knallig-bonbonhaften Außenfarben wie Vintage Mint Green, Torch oder Merlot Red oder Light Ice Blue im Inneren des 4733 mm gestreckten und 1699 kg schweren Salon- und Sunset-Boulevard-Sportlers. Was sein Fahrwerk anbelangte, war im Prinzip bestens vorgesorgt mit Doppelquerlenkern, Stabilisatoren, Schraubenfedern, Gasdruckstoßdämpfern sowie innenbelüfteten Scheibenbremsen vorn und hinten. Dies, griffigere Pneus und der Mangel an manifester Stärke verhinderten vor allem die spektakulären Ampelstarts mit qualmenden Reifen und fetten schwarzen Radierspuren, wie sie in grauer Vorzeit vom überquellenden Aggressionspotential amerikanischer V8-Lenker zeugten. Schinden mochte man den Thunderbird sowieso nicht, sondern eher, den Ellbogen cool auf die Türkante gelagert, Ausschau halten nach den schöneren Exemplaren des schwachen Geschlechts im Eiscafé auf

dem Bürgersteig nebenan.

Zwar unterzog ihn Ford von Jahr zu Jahr einer umfassenden Modellpflege. Aber die Verkäufe waren rückläufig und die Händler gehalten, für die auf ihren Hinterhöfen verbliebenen Donnervögel Sonderkonditionen einzuräumen. 2005, hieß es sogar, drohe sein Exitus.

Mercedes-Benz SL 55 AMG, Bj. 2003. V8 Kompressor-Motor. 5439 cm^3.
500 PS. 250 km/h. 4,4 s 0 - 100 km/h. Leihgeber: Rolf Asmus

SL zum fünften: Das Produkt, das ein internationales Team in Sindelfingen unter Mercedes-Chefdesigner Peter Pfeiffer gestaltet hatte, war zweifellos schön, eine Mischung aus traditionellen Stilelementen mit frischen Tupfern, die bereits

visuell eine kraftvolle Sportlichkeit vermitteln sollte. Wie üblich ließ man indessen keinen rauhen Naturburschen auf den Sportfahrer mit dem flackernden Blick los, sondern brachte auf wundersame Weise behende Agilität mit der Wohnqualität eines geschmackvoll ausstaffierten Boudoirs in Einklang.

Und obwohl die Baureihe Mercedes-Benz R 230 keinen Vergleich zu scheuen brauchte, wählte man für ihre Vorstellung am 31. Juli 2001 ein ganz besonderes Forum abseits des Massenauftriebs bei den üblichen Salons und Shows: die Deichtorhallen in Hamburg. Ihre Einführung wurde bewußt gestaffelt, schon um die Neugier auf mehr SL wachzuhalten. Am Anfang stand der SL 500, mit einem V8 von 4966 cm^3 mit je einer obenliegenden Nockenwelle pro Zylinderreihe und 306 PS. Zum Basispreis von 76 734 Euro erwarb der Kunde wie im Falle des SLK praktisch zwei Autos. An die Stelle alles Stofflichen war sein von elf Hydraulikzylindern und einer Hochdruckpumpe aktiviertes Variodach getreten, bereichert zum Beispiel um den Vorzug der Betätigung mittels Infrarot-Fernbedienung.

Die Karosserie bestand aus einem Werkstoffmix aus hochfestem Stahl, Aluminium, Magnesium und Kunststoff, das Passende für jedes Bauteil. So waren die inneren Elemente der Türen aus Magnesium-Druckguß, 14 Teile der Dachmechanik aus Aluminium-Druckguß gefertigt. Der Vierlenker-Vorderachse und Raumlenker-Hinterachse mit Federbeinen und Schraubenfedern sowie Drehstabstabilisatoren vorn und hinten gesellte sich weitere Fahrwerkstechnik auf dem letzten Stand der Dinge hinzu. Zur flinken Handlichkeit des 1845-Kilo-Trumms trug nicht zuletzt das ABC (für Active Body Control)-System bei, das seine Federung blitzschnell der jeweiligen Fahrsituation anpaßte, Nickbewegungen der Karosserie entgegenwirkte und Aufschaukeln unterband. Und zu seiner angemessenen Verzögerung tat die Novität SBC (für Sensotronic Brake Control) das Ihrige, eine elektrohydraulische Hochdruckbremse, gesteuert über einen Mikrocomputer, der vielfältige Informationen verarbeitete.

Anfang 2002 folgte der SL 55 AMG mit einem ursprünglich 476 PS und später 500 PS starken Kompressormotor von 5439 cm^3 – genug, um etwa die Aufmerksamkeit vom Mercedes-Werkspilot bei der DTM (für Deutsche Tourenwagen Masters) Jean Alesi zu erregen, der sich das Kraftpaket umgehend für den privaten Gebrauch zulegte und nur Gutes zu berichten wußte. Im September jenes Jahres wurde die 124 236 Euro teure AMG-Variante am anderen Ende der Skala austariert durch den Einstiegs-SL 350 für milde 76 734 Euro. Die ABC-Lösung wurde nur gegen Aufpreis angeboten, während seine Typenbezeichnung aus unerfindlichen Gründen die wahre Größe seines 245 PS leistenden V6-Triebwerks verschleierte: Dessen Volumen betrug 3724 cm^3.

Fragen nach seiner exakten Positionierung innerhalb der SL-Palette beantwortete der SL 600, nachgeliefert auf der North American International Auto Show zu Detroit im Januar 2003, mit dem rauchigen Charme seines Biturbo-V12. Dieser setzte nämlich wie der V8 des SL 55 AMG 500 PS frei, hatte schon der Limousine S 600 zu überragenden Fahrleistungen verholfen und füllte nun den Motorraum des SL zu einem ganz ähnlichen Preis bis in die kleinste Nische aus. Während der Getriebeautomat des SL 500 von der IAA an über sieben Fahrstufen verfügte, kam der SL 600 mit deren fünf aus. Er verkörperte die Philosophie hinter dem Modell perfekt, im Umgang mild, bei Bedarf wild – ein sanfter Extremist.

Morgan Aero 8, Bj. 2001. V8. 4398 cm³. 286 PS.
258 km/h. 4,9 s 0 - 100 km/h. Leihgeber: Keith Ahlers

Beim Genfer Frühlingssalon 2000 markierte der Aero 8 den Aufbruch in eine neue Zeit. Nach Art des Hauses hatten die Morgan-Männer in Malvern Link gleichwohl den Blick fest auf die Vergangenheit gerichtet.

Das begann mit dem Namen: Aero hießen zwischen 1919 und 1936 die flottesten Threewheeler der Marke, allerdings Minimal-Mobile asketischen Zuschnitts im Vergleich zu ihrem doppelt so schnellen Nachfahren. Vertraut war auch seine Form, obwohl irgendwie ins Groteske verfremdet, mit ellenlang ausschwingenden Kotflügeln, der zweigeteilten Motorhaube im Stil der Väter, dem Wasserfallgrill. Und eigentümlich bekannt mutete selbst die Prozedur des Enterns an, indem man die Tür mit einem ledernen Feststellband öffnete und sich über breite Schweller seinen Weg in das enge Cockpit mit seinen schmalen, aber fest zupackenden Ledersitzen bahnte.

In bester Tradition der in Ehren ergrauten Firma war der Neue das Ergebnis von Handwerk, und wie gewohnt band Morgan-Boß Charles Morgan Eschenholz nicht nur in die Struktur des Chassis ein, sondern ließ es gelegentlich schön poliert sichtbar werden. Die früher üblichen und fröhlich geduldeten Toleranzen konnten indessen nicht mehr eingeräumt werden. Im Umkreis der Zulieferer, die das ihrige zu dem Puzzle Morgan Aero 8 beisteuerten, ging man nämlich mit höchster Präzision zu Werke, etwa bei den minuziös paßgerecht gelaserten Aluminiumelementen wie den Kotflügeln und dem sich in einem frechen Spoiler hinten aufwerfenden Kofferraumdeckel.

Von rigidem Starrsinn war nun auch

das Chassis, aus deutschen Alcan-Alublechen zusammengenietet und -geklebt. Es war immerhin, jedenfalls potentiell, ganz anderen Belastungen ausgesetzt als die Fahrwerke der früheren und parallel weitergebauten Morgan-Klassiker. Satte Bodenhaftung und Querbeschleunigungen bis zu einem g besorgten mächtige 18-Zoll-Magnesiumräder im Zusammenwirken mit der breiten Spur von 1550 beziehungsweise 1500 mm, der Einzelradaufhängung mit langen Querlenkern und Eibach-Federn über Koni-Stoßdämpfern sowie einem raffiniert ausgetüftelten Unterboden, mit dem sich der Aero 8 via Venturi-Effekt an der Fahrbahn festlutschte.

Für den hurtigen Transport der reichlich zwei Tonnen Wagengewicht nebst Aeronauten zuständig war diesmal eine deutsche Kraftquelle, nämlich ein BMW-V8 von 4398 cm³ und strammen 286 PS, die sich unter den üppigen Rundungen der vorderen Haube mit sonorem Designergrollen Luft machten. Ausgelöst wurde dies durch einen grün glühenden Starterknopf. Was dann folgte, war buchstäblich atemberaubend: Man brachte 2000/min im ersten von sechs Gängen des GETRAG-Getriebes auf die Kupplung, und schon rangen die fetten hinteren Dunlop-Pneus um Traktion und vulkanisierten unter Umständen schwarze Balken in den Asphalt. 100 km/h waren in der Zeit erreicht, die man benötigt, diese Zeile zu lesen, und mit 258 km/h setzte der Aero 8 völlig neue Morgan-Maßstäbe, auch deshalb, weil man dabei von manifestem Luxus wie einem Blaupunkt-Unterhaltungssystem und einer Klimaanlage umgeben war.

Vier Jahre und 296 Exemplare nach seiner Einführung ging das Modell mit etlichen Retuschen in die Saison 2004.

Das Cockpit war zu Nutz und Frommen der Insassen rund 150 mm breiter, ein höherer Heckdeckel mit ausgeprägter Abrißkante vermehrte den Gepäckraum sowie den Anpreßdruck auf die Hinterachse. Dank Valvetronic schwang sich der bajuwarische V8 nunmehr zu 333 PS auf, während ABS und Antriebsschlupfregelung im Rahmen der Serienausstattung dazu beitrugen, diese Urgewalt im Zaum zu halten. In dieser Form wurde der Aero 8 auch in den Vereinigten Staaten angeboten, die ihm bislang die Staatsbürgerschaft verweigert hatten.

Opel Speedster, Bj. 2002. Vierzylinder-Reihenmotor. 2198 cm³. 147 PS. 217 km/h. 6,5 s 0 - 100 km/h. Leihgeber: Claus Bäder

Mit ihrem vergleichsweise liebenswürdigen GT hatte sich die Adam Opel AG 1968 auf sportliches Neuland begeben. Die Herrlichkeit währte indessen lediglich fünf Jahre, bevor man sich vergrämt in die streng kalkulierte Geborgenheit des Volumen-Mobils zurückzog.

Mit dem Speedster, 1999 als Prototyp beim Genfer Salon vorgestellt und vom Frühjahr 2001 an einem zwangsläufig begrenzten Kundenkreis zugeführt, erfuhr das damalige Konzept eine deutliche Radikalisierung. Der flinke Wicht, ein automobiler Extremist und unerbittlich zweckdienlicher Minimalist, sah zwar wie ein Speedster aus, aber keinesfalls wie ein Opel – militant, muskulös, der Kunststoffaufbau zum Zuführen und Ableiten des Lebenselixiers Luft fein zersiebt und vielfältig aufgebrochen. Man möge, schlugen Spötter hämisch vor, doch bitte den Blitz als Hinweis auf seine Herkunft aus Rüsselsheim entfernen – obwohl der von seiner sonstigen Symbolik her zu dem nur 3786 mm kurzen, 1117 mm flachen und 883 kg leichten Winzling paßte wie zu keinem seiner Großserien-Kollegen.

Das hing nicht zuletzt mit der näheren und ferneren Verwandtschaft zusammen. Hatte der GT ausgeschaut und angemutet wie ein auf DIN-Norm geschrumpfter Chevrolet Corvette, mochte der Speedster als Gemeinschaftsprodukt mit Lotus Engineering seine Affinität zum Lotus Elise nicht verleugnen. Das begann mit

der entschlossenen Leichtbauphilosophie hinter dem englischen Vetter, die nicht zuletzt den Verzicht auf vieles Verzichtbare in sich schloß. Im kahlen Cockpit sprangen allüberall die Strangprofile der extrem starren Leichtmetallstruktur des Chassis ins Auge. Hohe Schwellen machten das Einsitzen zu einem Akt spröder Akrobatik, von älteren Mitbürgern vor allem bei geschlossenem Verdeck unter Umständen nur mit ächzender Arthrose zu bewältigen. Die Schalensitze waren schlicht auf den Aluminiumboden aufgeschraubt und vermittelten die Existenz jedes Kiesels auf der Fahrbahn gnadenlos an die verlängerten Rücken der Insassen weiter. Wie auch ein knappes Hardtop waren Fußraumteppiche, eine Lederausstattung sowie ein Radio mit CD-Player als Extras verfügbar. Pflegte der Lenker (oder die Lenkerin) am knuffigen Volant einen flotten Fahrstil, zu dem der Speedster unverblümt herausforderte, empfahl sich die Anschaffung der aufpreispflichtigen Fußstütze für den Beifahrer, damit dieser beim panischen Mitbremsen seinen Fuß auf ein geeignetes Widerlager rammen konnte.

Die unvermischte Renntechnik im Souterrain mit doppelten Querlenkern, Federbeinen und Stabilisatoren vorn und hinten umspannte nämlich überaus effiziente innenbelüftete Scheibenbremsen, dringend geboten angesichts des günstigen Leistungsgewichts dieses Bruders Leichtfuß: 147 PS bei 5800/min brachte sein dank zweier Ausgleichswellen seidenweich schnurrender Aluminium-Vierzylinder von 2198 cm³ quer vor der Hinterachse zuwege. Er katapultierte den hessischen Spurt-Wagen in 6,5 Sekunden auf Tempo 100 und in 16,9 Sekunden auf 160 km/h, wobei diesem das deftige hintere Reifenkaliber 225/45 R17 (vorn: 175/55 R17) dienlich war. Erst bei 217 km/h hielten sich die Kräfte, die dem eilenden Open-Air-Opel entgegenwirkten, und der Vortrieb durch dieses angenehm dumpf tönende Modelltriebwerk die Waage, das sich durch zwei in der Heckschürze übereinander angeordnete verchromte Endrohre Luft machte. Im weit jenseits der Norm angesiedelten Grenzbereich schabte der Speedster überschüssige Geschwindigkeit durch leichtes Untersteuern ab, reagierte allerdings auf jähe Lastwechsel gern mit einem wütenden Auskeilen des stämmigen Hecks.

Im Februar 2003 sattelten seine Väter noch einmal drauf mit einer Zweiliter-Turbo-Variante von 200 PS. Für diese galt alles, was man oben lesen konnte – nur noch viel doller.

Porsche 911 (996) Coupé, Bj. 2004. Sechszylinder-Boxer. 3596 cm³. 345 PS. 292 km/h. 5,1 s 0 - 100 km/h. Leihgeber: Porsche Zentrum Seestern, Düsseldorf

Die Elfer-Klientel ist eigenartiger Menschenschlag von grundsätzlich bewahrender Denkungsart. Eingriffe in die historisch gewachsene Bausubstanz am erfolgreichsten Sportwagen aller Zeiten werden argwöhnisch observiert,

man schmollt und grollt ein wenig, schreibt vielleicht sogar einen wütenden Brief und unterzeichnet dann den nächsten Kaufvertrag.

Ähnlich verhielten sich übrigens bereits die Väter und Großväter der heutigen Porsche-Hörigen angesichts der behutsamen Modellpflege am Dauerbrenner 356 zwischen Gmünder Urtyp und Variante C – das liegt wohl in den Genen.

Im Falle der 911-Evolutionsstufe 996 wurde der Schritt zur Wasserkühlung rasch verziehen, zumal es den Toningenieuren in Weissach gelang, das gewohnte und als unverzichtbar erachtete Klanggemälde des Boxers fast unentstellt zu rekonstruieren. Schwerer wog da schon die physische Ähnlichkeit mit der Junior-Offerte Boxster. Rund 80 000 Exemplare des 996 der ersten Generation waren 2001 abgesetzt worden, da nahm man mit einem geschickten Facelift den hartnäckigsten Nörglern den Wind aus den Segeln. Dies wurde pikanterweise nicht zuletzt dadurch machbar, daß die Popularität des Einstiegs-Porsche zu Verkaufszahlen auf Elfer-Höhe geführt und somit nicht unbeträchtlich zum wirtschaftlichen Wohlergehen des Unternehmens beigetragen hatte. Allerdings ließ man es, wie üblich, keineswegs bei bloßer Kosmetik bewenden und bediente sich, wo möglich, mit Gestandenem aus dem eigenen Hause. So wurden die neuen und effizienteren vorderen Leuchteneinheiten dem Top-Typ Turbo entlehnt. Aerodynamischer Feinschliff an Bug und Heck umfaßte eine neue Frontschürze mit geänderten Lufteinlässen sowie ein ebenfalls gewandeltes Gegenstück am hinteren Ende mit anders geformten Auspuffendrohren.

Die Arbeit am und im Wind zeitigte eine um 15 Prozent verbesserte Kühlluftdurchströmung und weniger Auftrieb, vorn um 25 und hinten um 40 Prozent vermindert. Durch 17-Zoll-Felgen aus Leichtmetall mit fünf schmalen Speichen (auf Wunsch und gegen Aufpreis auch filigrane 18-Zöller) sparte man 3,6 kg im Umfeld der ungefederten Massen ein. Opulenter und in Qualität und Reichhaltigkeit deutlich vom Boxster abgesetzt gab sich das Cockpit mit den fünffach ineinandergeschachtelten Rundinstrumenten à la Turbo. Unter dem nach wie vor zentral im Blickfeld des Piloten angeordneten Drehzahlmesser erteilte das Display für den Bordcomputer rudimentäre Auskünfte. Einbegriffen in sparsame Innovation war selbst der Rückgriff auf frühere Tugenden: Im Kniebereich des Beifahrers fand sich wieder das schmerzlich vermißte abschließbare Handschuhfach, während ein serienmäßiger Dosenhalter oberhalb des Bildschirms für das aufpreispflichtige Navigationssystem bei Bedarf die unvermeidliche Cola-Büchse umkrallte.

All dies zählte indes wenig, gemessen an der wiederum gesteigerten Potenz des sägenden Sechszylinders – in dieser Hinsicht gab es auf die berüchtigt-formelhafte Nachkriegs-Frage "Darf es ein bißchen mehr sein?" nach wie vor nur eine Antwort. Beim 996 Mark II waren es 20 zusätzliche PS, auf schwäbisch-solide Weise gewonnen durch die Erweiterung des Hubraums auf 3596 cm³. Sie wurde bei konstant gebliebener Bohrung von 96 mm erzielt durch einen von 78 auf 82,8 mm vergrößerten Hub, da sich so eine kleinere Fläche des Brennraums ergab, mithin weniger Wärmeverlust, geringerer Kraftstoffverbrauch und ein besseres

Drehmoment im unteren Bereich. Große Wirkung, große Ursachen: 80 Prozent aller Teile waren neu, zumal nun auch den Saugmotoren die Segnungen des Porsche-Systems der variablen Ventilsteuerung Variocam Plus zuteil wurden, etwa Minimierung von Verbrauch und Schadstoffemissionen sowie stabilerer Leerlauf.

Porsche 911 (996) Cabriolet, Bj. 2004. Sechszylinder-Boxer. 3596 cm³.
320 PS. 282 km/h. 5,2 s 0 - 100 km/h. Leihgeber: Porsche Zentrum Seestern, Düsseldorf

Der hauptsächliche Zugewinn durch die leichte Hubraumerhöhung bestand in einem fülligeren Verlauf des Drehmoments, dessen Maximum von 370 Nm auf einem Hochplateau zwischen 4000/min und 5000/min anlag. Der Bereich des Bedenklichen tat sich erst hinter einer Grenze von 7200/min auf, obwohl der Porsche selbst dann noch mit lustvollem Trompeten zu verstehen gab, daß er durchaus zu weiteren Schandtaten bereit war. Eher akademisch lasen sich hingegen die Fortschritte bei den tatsächlichen Fahrleistungen: 287 km/h Spitze statt der 280 bislang, mit 18,1 s auf Tempo 200 rund eine Sekunde weniger als beim Vorgänger. Denn wer, Hand aufs Herz, mutete sich selbst, seinem Elfer oder gar einer zart besaiteten Begleiterin solche Orgien jemals zu außer ein paar Hardcore-Fundamentalisten und den um gewissenhafte Berichterstattung bemühten und mit professionellem Bleifuß zu Werke gehenden Redakteuren der großen Autozeitschriften? Wie stets hatte man sich darum bemüht, daß das Fahrwerk dem gestiegenen Potential der Maschine einen Schritt voraus war. Mit neuen Stabilisatoren, geänderten Reifen und einer sehr direkt ausgelegten Lenkung schmiegte sich der 996 der zweiten Welle in die Hand des Fahrers wie eine Sommerliebe. Wer sich mit dem Stabilitätsprogramm PSM (für Porsche Stability Management, zuzüglicher Preis von 1928 Mark zum Grundentgelt von 143 840 Mark für den heckgetriebenen Carrera) zusätzlich versicherte, wurde erst im äußersten Extremfall durch dessen elektronische Intervention unterstützt, konnte diese aber auch per Knopfdruck verschmähen.

Coupé (mit Zwei- wie mit Vierradantrieb) und das mit einer heizbaren gläsernen Heckscheibe aufgewertete Cabriolet machten auf der Frankfurter IAA 2001 ihre Aufwartung und rollten zeitgleich an den Verkaufsstart. Noch bis zum Frühjahr 2002 ließ nach vier Jahren Abwesenheit der dazugehörige Targa bitten, im Prinzip ähnlich wie sein kurzlebiger Vorfahr der Baureihe 993 und somit eigentlich kein Targa im eingeschliffenen Sinne des Wortes mehr. Dessen Schwächen, Wind-Zischen bei geschlossenem Wagen und Klappern wegen mangelnder Steifigkeit im Umfeld des Glaspavillons, hatte man ausgemerzt. Basis war die Festdach-Version, deren Decke indessen bis auf zwei Längsträger skelettiert worden war. Diese hatte man wie auch die A-Säulen durch 30 mm dicke Rohre aus hochfestem Stahl verstärkt. Sie waren vorn wie hinten über Platten, welche die auftretenden Kräfte auf eine größere Fläche umlenkten, mit der tragenden Struktur verschweißt. Bei Bedarf wurde das Targamodul per Druck auf einen Kippschalter in der Mittelkonsole von zwei Elektromotoren unter das aufklappbare Heckfenster geschoben. War es geschlossen, bildeten beide zusammen eine transparente Fläche von 1,54 m². Im Vergleich zum Normal-Elfer geradezu untermotorisiert wirkte wie schon sein gleichnamiger Vorläufer der 911 Carrera 4S, dessen starker visueller Auftritt austariert wurde durch ein Fahrwerk vom Feinsten. Beide stammten vom Turbo als Maß aller Porsche-Dinge, der denn auch persönlich im Rückspiegel argloser Verkehrsteilnehmer aufzukreuzen schien. Dafür sprachen typische Karosseriemerkmale wie die 60 mm breitere Heckpartie mit den Dreifach-Kiemen am Anschluß an die Hinterräder, während die beiden riesigen nüsternförmigen Lufteinlässe beiderseits des vorderen Kennzeichens die Fahrbahn förmlich aufzuschlürfen schienen. Die stämmigen seitlichen Auswüchse beherbergten großkalibrige Besohlung in Gestalt von wuchtiger 18-Zoll-Bereifung (295/30 ZR 18) mit der soliden Basis von elf Zoll breiten Alu-Felgen. Die nicht minder eindrucksvollen vorderen Pneus vom Format 225/40 ZR 18 fanden indessen Unterschlupf in den normalen Radkästen.

Porsche 911 (996) Turbo Cabriolet, Bj. 2004. Sechszylinder-Boxermotor. 3600 cm³. 420 PS. 305 km/h. 4,3 s 0 - 100 km/h. Leihgeber: Porsche Zentrum Köln

In dieser Konfiguration wirkte der Carrera 4S leicht tailliert wie der Vorgängertyp 993, an den auch die rote Kunststoffblende zwischen den Rücklichtern erinnerte. Einen eigenständigen Charakter gaben dem um zehn Millimeter tiefer

gelegten Modell das Fehlen der seitlichen Einlässe, welche die Ladeluftkühler des Turbo mit ihrem Lebenselixier beschickten, vor allem aber der Fortfall des turbospezifischen Heckflügels. An dessen Stelle stülpte sich ab 120 km/h ein GFK-Spoiler ähnlich dem des um 13 456 Euro billigeren Basis-Carrera in den Fahrtwind. Die veränderte Aerodynamik des stämmigen Sportlers verlangte selbst hier nach leichten Retuschen, und so war sein Anstellwinkel geringfügig verändert worden, um eine günstige Abstimmung der Auftriebsbeiwerte beider Achsen zu erreichen. Dies wiederum bedingte eine Modifikation der Frontschürze, die in der Mitte etwas ausgeschnitten war.

Ebenfalls von Porsches stärkstem Stück übernommen wurden Achskinematik, straffere Abstimmung der Dämpferbeine ebenso wie die Bremsanlage mit den dekorativ roten Vierkolben-Festsätteln, die das 1534 kg schwere Coupé an die Kandare nahmen wie die Fangleine des Flugzeugträgers den F-14 Tomcat Fighter Jet. Und schließlich hatte man dem 4S die Kraftübertragung des Turbo anverwandelt, permanenten Allradantrieb, bei dem eine Visco-Lamellenkupplung mindestens fünf Prozent der Leistung stets nach vorne leitete. Bei zunehmendem Schlupf der Hinterräder erhöhte sich dieser Anteil auf bis zu 40 Prozent. Allerdings mußte es das System nicht mit den 420 Pferdestärken des geladenen Bruders aufnehmen, sondern lediglich die 320 PS des Saugmotors aus dem normalen 911 schultern. Daß eine ganze Hundertschaft fehlte, wurde kaum als Manko wahrgenommen, zumal die Aktivitäten des 4S von einem raffiniert komponierten Soundtrack begleitet wurden. Zu den Verdiensten des Vierradantriebs und der um 60 kg höheren Vorderachslast zählten ein stabilerer Geradeauslauf sowie eine straffere Lenkung, mit der man den 4S spielerisch um die Kurven dirigieren konnte. Erst in einem erstaunlich hoch angesiedelten Grenzbereich ging sein neutrales Eigenlenkverhalten in leichtes Untersteuern über.

Zum Leidwesen einer in der Wolle gefärbten Fangemeinde hatte man 2000 die Fertigung des GT3 eingestellt, der höchsten Sublimationsstufe des 996-Saugers der ersten Generation. Ihre anhaltende Trauer wurde in Zuffenhausen aufmerksam aufgenommen, und auf dem Genfer Salon 2003 feierte die sportlich gestählte Top-Variante des Carrera in zeitgemäß aktualisierter Form ihr Comeback. Als Hubraum wurden unverfängliche 3,6 Liter angegeben. Aber die Eingeweihten wußten es besser: In der Senke unter dem fest installierten, aber verstellbaren Heckflügel lauerte ein Derivat des Triebwerks aus dem Le-Mans-Sieger GT1 von 1998 mit kürzerem Hub (76,4 mm) und größerer Bohrung (100 mm), die sich in seinen sechs in Boxer-Architektur vis-à-vis angeordneten Verbrennungseinheiten zu exakt 3600 cm³ summierten. Primär für den Sporteinsatz vorgesehen, mußte der GT3 allerdings ohne Turboaufladung aufkommen, während die Trockensumpfschmierung mit eigenem Öltank unangetastet blieb. Dazu, daß mit 381 PS noch immer reichlich Stärke zur Verfügung stand, trugen unter anderem leichte Schmiedekolben, Ventile und Pleuel aus Titan, variable Steuerzeiten sowie das elektronische Motormanagement Bosch Motronic ME 7.8 bei. Das Triebwerk wurde durch das Gaspedal mit Fly-by-wire-Technologie

zum Schaffen angehalten. Sein Drehmoment war von 370 auf 385 Nm gewachsen, das Drehzahllimit 400 Umdrehungen nach oben gerutscht, so daß die siebenfach gelagerte Kurbelwelle unbedenklich bis in die lichte Höhe von 8200/min rotierte.

Porsche 911 (996) GT2, Bj. 2003. Sechszylinder-Boxermotor. 3596 cm³. 483 PS. 319 km/h. 4 s 0 - 100 km/h. Leihgeber: Roger Klüth

Der willige Helfershelfer im Heck bespielte ein weites Feld zwischen den Extremen. Schon im Leerlauf machte er nicht nur mit munterem Gebrabbel, sondern auch mit zarten Vibrationen auf seine Anwesenheit aufmerksam, fand sich geduldig mit Boulevard-Bummeln bei 1500/min ab, um die Besatzung des GT3 im nächsten Augenblick mit noch immer verblüffend moderater Geräuschentwicklung bei Lust, Laune und leeren Autobahnen auf Tempo 306 abzufeuern

– zwei Stundenkilometer weniger als einst der GT1. Die Marken 100 und 200 km/h durcheilte er dabei nach 4,6 beziehungsweise 14,4 Sekunden und mobilisierte selbst bei 6200/min im sechsten Gang seines eng gestuften Getriebes noch einen zweiten Wind.

Der Weg war das Ziel in diesem Automobil, und man sah und merkte es ihm an, selbst wenn keine Startnummer auf ihm geschrieben stand. Mit tief hängender Frontschürze duckte sich der GT3 immerhin 30 mm dichter an die Straße als sein zivilisierterer Bruder 911 Carrera, auf einem strammen, für Rennzwecke verstärkten und verstellbaren Fahrwerk und für ihn maßgeschneiderten Leichtbaurädern, die mit Michelin-Pneus Pilot Sport aus einer weichen Gummimischung besohlt waren. Rote Sättel, vorn mit sechs und hinten mit vier Kolben, umklammerten innenbelüftete und gelochte Bremsscheiben im Pizzaformat von 350 mm, auf Wunsch und gegen einen Aufpreis von 7830 Euro aus Keramik-Komposit, was 18 kg Marscherleichterung eintrug. Damit zeigte er sich zu Exzessen der Verzögerung fähig, die noch eindrucksvoller waren als seine Beschleunigung.

Auch drinnen regierten nacktes Zweckdenken und unumschränkte Zielgerichtetheit. Nach altem Brauch fehlten die Sitzgelegenheiten hinten, und die Insassen sahen sich eingepfercht in starre lederbezogene Sitzschalen. Gleichwohl fand sich Komfort in Spurenelementen wie elektrischen Fensterhebern und einer Klimaautomatik. Ohne letztere auskommen mußte der Besitzer der Extrem-Variante RS, mit der die Zuffenhausener die Philosophie hinter dem GT3 im Herbst 2003 auf die Spitze trieben. Um das stattliche Entgelt von 120 788 Euro (GT3: 102 112 Euro) handelte man sich eine Fahrmaschine reinsten Wassers und somit die zwingende Notwendigkeit des Verzichts auch anderweitig ein, etwa auf Seitenairbags oder ein Handschuhfach. Dafür waren vordere Haube und der Heckflügel aus leichter, fester und prestigeträchtiger Kohlefaser gefertigt, das Heckfenster aus Kunststoff, Maßnahmen, die sich zu einem Minusgewicht von reichlich einem Zentner summierten.

Sein Dasein und Sosein verdankte der GT3 RS dem Gesetz: Mindestens 200 Exemplare mußten der Sportbehörde nachgewiesen werden, damit er die Eintrittskarte für den Renneinsatz vorzeigen konnte. Dafür ließ er auch jegliche Diskretion vermissen, offenbar entschlossen, von der B 412 direkt auf die Zielgerade des Nürburgrings abzubiegen. Ein in wahlweise rote oder weiße Streifen oberhalb der seitlichen Schweller gebettetes Logo schrie Namen und Zweck (RS stand für Rennsport) förmlich heraus und weckte zugleich die Erinnerung an seinen nicht minder militant auftrumpfenden Vorfahren RS 2.7 von 1972. Auch akustisch mochte der Verwandte des Le-Mans-Profis da hinten nicht länger

zurückstehen und artikulierte sich völlig unmißverständlich. Man hatte seine 381 PS als ausreichend belassen. Aber im Bunde mit dem Leichtbau – jede Pferdestärke war für den Transport von lediglich 3,6 Kilogramm zuständig – und freierem Durchatmen im oberen Bereich langten sie noch ein bißchen kräftiger hin, verkürzten den Sprint auf 100 und 200 km/h um 0,3 und 0,6 Sekunden, während die Spitzengeschwindigkeit gleich blieb.

Leihgeber: Porsche Zentrum Inntal, Rosenheim

RS
RS

Porsche 911 (996) GT3, Bj. 2004. Sechszylinder-Boxermotor. 3600 cm³. 381 PS. 306 km/h. 4,6 s 0 - 100 km/h. Leihgeber: Hein Gericke

"Für alle, die es gern gnadenlos lieben", wie auto motor und sport in Heft 25, Jahrgang 2002 voller Respekt scherzte, gab es in dieser penibel durchstrukturierten Hierarchie der nackten Gewalt auch noch den Turbo. Neuerdings wunschweise mit einem werksseitig angebotenen Leistungskit auf 450 PS erstarkt, ließen sich mit dem sanften Brutalo-Renner die beiden kritischen Werte auf 100 und 200 km/h ein weiteres Mal verkürzen – die Stoppuhr meldete jeweils 3,8 und 12,4 Sekunden.

Ebenso gut konnte es der überarbeitete GT2, der wie der GT3 RS im September 2003 für 184 674 Euro beim Händler verfügbar wurde, mit 319 km/h der Schnellste im Bunde. Kennfelder und das Motormanagement waren optimiert, die Leistung des Biturbo-Aggregats auf 483 PS, das Drehmoment auf 640 Nm angehoben worden. In den Griff genommen wurden diese Urkräfte durch Bremsscheiben aus Karbon und Keramik von schier unerschütterlicher Standfestigkeit. Aus Kohlefaser, auf Wunsch von farblos bedrohlich lackierter Zweckdienlichkeit, bestanden überdies der mächtige Heckflügel und die Spiegelgehäuse. Der Mega-Turbo war bereits Glied einer weitverzweigten Elfer-Familie. Sie vergrößerte sich im Oktober desselben Jahres auf insgesamt 13 Angehörige, als sich eine Jubiläums-Edition zum 40.Geburtstag des Naturdenkmals 911 sowie offene Versionen von Turbo und Carrera 4S einstellten.

Folge des Klimawandels: Der Anteil der Cabriolets aus Stuttgart-Zuffenhausen hatte sich in den vergangenen fünf Jahren um zehn auf 33 Prozent vergrößert.

Die Pole Position in diesem Starterfeld gebührte dem frisch eröffneten Turbo (Kostenpunkt 138 652 Euro), zumal sich formale Ungereimtheiten durch die neue Lösung beim Heckbürzel mit seinem ausfahrbaren Klein-Flügel ausräumen ließen. Nach dem Präzedenzfall von 1987, damals mit 3,3 Litern und 300 PS, hatte man zunächst einmal eine Denkpause eingelegt, weil es die starke Windsbraut in zwei Jahren auf lediglich rund 1600 Exemplare gebracht hatte. Der Paradoxie, in den um so vieles friedfertigeren Freiluft-Kosmos einen Boliden mit 305 km/h Spitze einzuschleusen, begegnete man unter anderem mit einem serienmäßigen Windschott. Fundamentalisten allerdings ließen es bevorzugt da, wo es den Blicken der Betrachter und dem Zugriff des Sturms entzogen war, den man mit dem Porsche 911 Turbo Cabrio entfachen konnte – in einer Stofftasche unter der Fronthaube. Sein Verdeck hingegen war in geschlossenem Zustand selbst Expeditionen jenseits 300 km/h voll gewachsen, blähte sich kaum und vermittelte bemerkenswert wenige Zischgeräusche in das luxuriös ausgestattete Kämmerchen darunter. Während man sich 2500 Verkäufe des Open-Air-Turbo pro anno erhoffte, wurde der Jubel-Elfer in der vordergründig kuriosen Zahl 1963 aufgelegt. Beim zweiten Hinsehen wurde ihre Symbolik sinnfällig – der 911 debütierte auf der Frankfurter IAA 1963. Zu den Attraktionen des Feier-Ausgabe zählte vor allem der auf 345 PS erstarkte raspelnde Boxer. Visuell ging die frohe Botschaft vom Bugspoiler des Turbo und in Wagenfarbe gehaltenen Nüstern aus. Aber auch 18-Zoll-Felgen und das Alu-Logo 911 auf der hinteren Haube kündeten von ihr ebenso wie ein elektrisches Schiebedach, Ledertapezierung, CD-Radio und Silberdekor für die Mittelkonsole und die Umrahmung der Instrumente. Der Zuwachs an Leistung ging nach Art des Hauses Hand in Hand mit einem Zugewinn an Sicherheit mit Schmankerln wie einem tiefergelegten Aufbau, einer strafferen Abstimmung des Fahrwerks, ESP und ein zweistufiges Sperrdifferential. Die übliche Frage, ob sich dies alles noch toppen ließ, ließ sich mit der üblichen Antwort kontern: Es ging und zwar ein Jahr später.

Bentley Continental GT, Bj. 2004. W12. 5998 cm³. 560 PS.
318 km/h. 5,0 s 0 - 100 km/h. Leihgeber: Auto König, München

Zweifellos war das große Coupé auf dem Bentley-Stand beim Pariser Salon im Herbst 2002 ein wunderschönes Autotier, gewissermaßen sprungbereit zum Aufbruch in Freiheit und Abenteuer, mit mächtiger Front, kraftvoll akzentuierten Kotflügeln, athletischen Schultern und flüssig abfallender Dachlinie. Insbesondere der schmissige Hüftschwung beschwor Erinnerungen an den illustren Vorfahren R-Type Continental von 1952, das grüne Label gar an die knorrigen Le-Mans-Recken der Zwanziger in British Racing Green.

Aber war auch Bentley drin, nur weil Bentley draufstand? Die Frage mußte erlaubt sein. Beim Continental GT handelte es sich schließlich um die erste Frucht einer jener unwahrscheinlichen Allianzen der automobilen Postmoderne, die der Zeitgeist persönlich schmiedet: zwischen dem Massenproduzenten VW und der urbritischen Edelmarke Bentley.

Schon die kurze Motorhaube machte stutzig und in der Tat: Darunter hauste, von zwei Turboladern unter Leistungs-Druck gesetzt und umlagert von seinen zahlreichen Domestiken, in peripherer Position vor der Vorderachse der raffiniert-komplexe W12 des deutschen Partners. Auf diese Weise sollte in der opulent eingerichteten Kabine dahinter Lebensraum geschaffen werden für vier Passagiere. Im scharfen Licht der Realität welkte dieser Anspruch indessen zum Format 2+2: Die rückwärtige Sitzreihe bot allenfalls Platz für zwei friedfertige Kinder im Vorschulalter.

Auch weitere technische Komponenten – allesamt vom Feinsten – teilte der Continental GT mit Toplimousinen des Mutterkonzerns Audi A8 und VW Phaeton, so etwa Fahrwerk und Luftfederung sowie den Antriebsstrang mit Vierradantrieb nach Quattro-Manier, Sechsgang-Automatik und die schönsten Schalter aus dem Phaeton-Sortiment.

Diese fanden sich jedoch in der Nachbarschaft von formalem Bentley-Urgestein wie bullaugenartigen Lüftungsdüsen und massiven Orgelreglern. Das Cockpit bot sich dem Auge und den Händen und den Sinnen überhaupt als eine Orgie von edlen Hölzern, Metallen und Leder dar. Die Mittelkonsole von imperialer Pracht und Breite, in die in merkwürdigem Kontrast High-Tech-Requisiten wie das Navigationsgerät eingelassen waren, teilte den Wohnbereich in zwei anheimelnde Separees auf.

Und so war auf einer höheren Ebene tatsächlich authentischer Bentley-Geist eingezogen in diesen anglo-teutonischen Gran Turismo. Das begann mit dem Sound, den man für den im heimischen Werk Crewe montierten Sechsliter-Zwölfzylinder komponiert hatte. Er schüttelte mit souveräner Gelassenheit 560 PS bei 6100/min und 650 Nm bei nur 1600/min aus dem Ärmel, genug, um den Zweieinhalbtonner wie einen Bruder Leichtfuß erscheinen zu lassen. Dabei ging einem die Automatik mit lang übersetztem sechsten Gang mit der Diskretion eines englischen Filmbutlers zur Hand. 318 km/h Spitze und bloße 16,9 Sekunden auf Tempo 200 sprachen eine beredte Sprache. Die gelegentliche Annäherung an solche Werte mußte allerdings mit einem Durchschnitts-Durst von über 20 Litern erkauft werden.

Zur schieren Kraft gesellte sich unvermutete Behendigkeit. Der Continental ließ sich spielerisch und punktgenau lenken, und sein permanenter Allradantrieb sorgte für schier unerschütterliche Traktion, makellosen Geradeauslauf und neutrales Kurvenverhalten – trotz einer bedenklich erscheinenden Gewichtsverteilung von 58,1 zu 41,9 Prozent.

Ein Bremsfallschirm war nicht erforderlich. Auch bei Eskapaden jenseits der 250 km/h nahmen riesige Scheiben (vorn mit 40 Zentimetern Querschnitt) den Bentley souverän in den Griff und führten ihn und seine staunenden Insassen sicher zum Stillstand.

BMW Z4, Bj. 2003. Sechszylinder-Reihenmotor. 2979 cm³. 231 PS.
250 km/h. 5,9 s 0 - 100 km/h. Leihgeber: Unterberger GmbH

Bekanntlich wirkt Liebe auf den zweiten Blick manchmal umso nachhaltiger. Während sich der Vorgänger Z3 mit gefälligen Rundungen einzuschmeicheln versuchte, wollte die Topographie des Z4 erst einmal erkundet sein, eine Komposition aus scharf konturierten Linien und konvexen und konkaven Wölbungen, kühn hingeworfen von BMW-Chefdesigner Chris Bangle. Anfängliche Fotos lösten Befremden aus. Bei seinem Erstauftritt anläßlich der Pariser Autoschau Ende September 2002 stieß er keineswegs auf ungeteilte Zustimmung. Am Ende jedoch konnte man sich kaum sattsehen am BMW Z4 – buchstäblich, zumal sich sein vielfältig gegliedertes stämmig-aggressives Erscheinungsbild mit den Tageszeiten, mit Lichteinfall und Schattenwurf auch noch ständig wandelte.

Plötzlich machte alles Sinn, selbst der berühmt-berüchtigte Bangle-Buckel, unter dem sich der für einen Roadster bemerkenswerte Kofferraum von 260 Litern Fassungsvermögen auftat. Und selbst an die schmale Blinkerleiste unterhalb der Scheinwerfer, die wie blutunterlaufene Augen aus dem zornigen Antlitz des Z4 schauten, vermochte man sich zu gewöhnen. Von vornherein konsensfähig gab sich hingegen sein elektrisch betätigtes Stoffdach, dessen Vorderteil sich ungefähr zehn Sekunden nach dem Öffnen wie eine Persenning hinter den Sitzen über den Rest faltete. Das wahlweise erhältliche Hardtop zeichnete die Motive des muskulösen Wagenkörpers noch einmal geschickt nach.

Dies galt ebenso für das geräumige Cockpit, wo es Abschied zu nehmen galt von Vertrautem und unverzichtbar Geglaubtem. Zwischen einem beherrschenden Element aus Aluminium oder glänzendem Platanenholz und der genarbten Wölbung darüber in Richtung auf die Windschutzscheibe wuchs dem Z4-Piloten eine Instrumentenkuppel entgegen, in welcher zwei große Rundunuhren in tiefen Wölbungen eingelagert waren. Vielfältige Auskünfte hielt – gegen saftigen Aufpreis – ein herausklappbares Display im Panoramaformat 16 : 9 rechts davon bereit. Es führte die Insassen nicht zuletzt verläßlich durch die Irrungen und Wirrungen des Straßenverkehrs und unterhielt sie gegebenenfalls mit gestochen scharfem TV-Genuß – im Stand, versteht sich.

Den aber mochte man im BMW Z4 kaum herbeiführen, einem Fahrerauto in der besten Tradition des Hauses. Selbst wenn er einem noch nicht ans Herz gewachsen war, an den Hintern wuchs er einem im Handumdrehen, wie Johannes Riegsinger im zweiten Oktoberheft des Jahrgangs 2002 von auto motor und sport beglückt feststellte. Die bisherige Schräglenker-Hinterachse war von der Mehrlenkerachse der Dreier-Reihe abgelöst worden. Die drei Möglichkeiten der Motorisierung – allesamt Sechszylinder mit 2,2 (170 PS), 2,5 (192 PS) und 3 Litern (231 PS) – sorgten in jedem Fall für muntere Fortbewegung.

Gleichwohl kam sehr rasch der Wunsch nach mehr auf, und eine Schar von Tunern wie Schnitzer, Breyton oder Infinitas machte sich über den Z4 von der Stange her. Die beiden schwächeren Modelle waren mit Fünfgang-Schaltgetrieben ausgestattet, der 3.0i mit sechs Fahrstufen. Für diesen wie auch den 2.5i gab es auf Wunsch das sequentielle manuelle Getriebe SMG mit Paddeln am Lenkrad à la Formel 1 – der brutalstmögliche Kraft-Bayer BMW-Williams ließ grüßen. Wie jener war der Z4 ein Ausbund an Elektronik. So wurde etwa durch den per Knopfdruck angewählten Sportmodus nicht nur die Ansprechcharakteristik des Motors geschärft, sondern auch die ohnehin präzise Lenkung härter und direkter abgestimmt.

Trotz oder wegen alldem bot der BMW Z4 ungeschmälertes Roadster-Vergnügen. Da kam einem der heiße nordische Sommer neuer Art gerade zupaß.

Chrysler Crossfire Coupé, Bj. 2004. V6. 3199 cm³. 218 PS.
250 km/h. 6,9 s 0 - 100 km/h. Leihgeber: Bernhard Hemmerle

Wie sich die Bilder gleichen: Ähnlich dem Viper lebte der Chrysler Crossfire bei der Detroiter Auto Show im Januar 2001 und auf dem Genfer Salon 2002 zunächst das unverbindliche Singledasein eines Concept Cars, wußte zu

gefallen und wurde ein Jahr später einer lukrativen Serienexistenz zugeführt.

Aber es gab auch fundamentale Unterschiede. War der Viper ein waschechter und in der Wolle gefärbter Amerikaner, verdichtete sich im Crossfire gleichsam sinnbildlich der Firmenverbund, dem er entstammte – DaimlerChrysler. Die Formensprache des Zweisitzers war offenkundig amerikanisch, seine Straßenpräsenz trotz seiner erstaunlichen Kürze von vier Metern kraftvoll, die Nase lang, die Schultern breit, das Fahrgestell mit 18-Zöllern vorn und 19-Zöllern achtern überaus stämmig. Das Hinterteil rundete sich so knackig, daß entzückte Berichterstatter zum Vergleich immer wieder attraktive weibliche Kehrseiten bemühten. Aufgelockert wurde seine muskulöse Statur durch Einkehlungen in der Motorhaube sowie weiteren sparsamen Zierat wie die verspielten seitlichen Kiemen. Ab 90 km/h oder vom Fahrer aktiviert schnurrte elektrisch ein kleiner Heckflügel heraus. Da mochte selbst Thomas Hausch, Executive Director, International Sales and Marketing, Chrysler Group, seine Ergriffenheit nicht verhehlen: der Crossfire eigne sich zur Ikone für die Marke Chrysler, die Front dieses Sportcoupés werde sich "als neues Chrysler-Gesicht tief in das Bewußtsein der Menschen einprägen".

Gebaut wurde es indessen bei Karmann im westfälischen Osnabrück, und 39 Prozent seiner Komponenten stammten aus Mercedes-Produktion, vor allem dem nahen Verwandten SLK entlehnt. Sein 3,2 Liter großer, 218 PS starker und 140 kg leichter Aluminium-V6 mit obenliegenden Nockenwellen und 18 Ventilen wurde in Untertürkheim gefertigt und durch ein besonderes Ansaug- und Auspuffsystem akustisch auf seine neue Verwendung ein- und abgestimmt.

Serienmäßig war der Chrysler Crossfire mit einem Sechsgang-Schaltgetriebe ausgestattet, dessen höchste Fahrstufe als Overdrive ausgelegt war. Zur Wahl stand aber auch eine Fünfstufenautomatik mit adaptiver Schaltsteuerung. Die Vorderräder hingen an doppelten Querlenkern, die hinteren wurden durch eine Fünflenkeraufhängung geführt. Querstabilisatoren vorn und hinten minimierten Nick- und Eintauch- bewegungen. Damit war der Crossfire selbst für schikanöse Behandlung glänzend gerüstet. Möglich, verhieß die Werksliteratur, seien Querbeschleunigungen von über einem g. Aber selbst mit ausgeschaltetem ESP gab man erzwungene Driftversuche rasch entmutigt auf. Vier große, vorn innenbelüftete Scheibenbremsen sowie ein hochsensibles System aus ABS und BAS (für Brems-Assistent) wirkten dem ungestümen Vorwärtsdrang des kommoden Gran Turismo bei Bedarf energisch entgegen. Für den Passionsweg von null auf 100 und zurück benötigte er im Zorn ganze 9,3 Sekunden.

Die offizielle Eröffnung des Crossfire fand im Januar 2004 wiederum auf der Detroiter Show statt. Die Version für Sonne und Wind gab sich klassisch-komfortabel, mit einem Stoffverdeck, das per Knopfdruck nach 22 Sekunden unter einer festen Abdeckung verschwunden war. Auf der Genfer Ausstellung Anfang März fand die Premiere der Variante SRT-6 (für Street and Racing Technology und die Zahl der Zylinder) statt, die ihren

leicht modifizierten 3,2-Liter-Kompressormotor von 330 PS mit dem Mercedes SLK 32 AMG teilte.

Ein positiver Aspekt von vielen: Nun konnten sich noch mehr Teilnehmer am Straßenverkehr am schönen Hintern des Chrysler Crossfire erfreuen und das ganz ohne schlechtes Gewissen...

Ferrari Enzo Ferrari, Bj. 2004. V12. 5998 cm^3. 660 PS.
Über 350 km/h. 3,6 s 0 - 100 km/h. Leihgeber: Auto König, München - Michael Heinritzi

In vieler Hinsicht gehen auf dem Planeten Ferrari S.p.A. die Uhren anders. Diese Relativitätstheorie läßt sich trefflich illustrieren mit dem Projekt FX zu Beginn des neuen Jahrtausends. Zunächst war in vorauseilendem Gehor-

sam gegenüber der Geschichte oder in schnöder Mißachtung derselben die Bezeichnung F60 im Gespräch. Dann entschied man sich für das doppelt gemoppelte Wortungeheuer Ferrari Enzo Ferrari, denn den bloßen Vornamen und damit das plump vertrauliche Du hätte sich der 1988 verblichene Commendatore zweifellos energisch verbeten. Aber der Geist der neuen Zeit ist frech: Jedermann nannte der Reinkarnation des Alten in Automobilgestalt Enzo.

Die Mission des Enzo bestand darin, im Kosmos der Supercars die Koordinaten wieder geradezubiegen, an denen sich Konkurrenten wie Bugatti, Lamborghini und McLaren aufmüpfig vergriffen hatten. Dazu besannen sich die Männer um Luca di Montezemolo und Sergio Pininfarina als bewährtem Helfershelfer auf Kernwerte des Hauses. Gleichwohl unterblieb jede kuschelige Anlehnung an vertraute Motive aus der Vergangenheit. Man baute praktisch an einen Formel-1-Rennwagen seitlich einen zweiten Sitz an und überzog das so entstandene Gebilde mit einer Außenhaut, die knapp anlag wie ein Stützstrumpf. So fügte sich die Form des Enzo zur Collage des vollkommen Unvereinbaren, das sich auf einer höheren Ebene zu einem Ganzen von wüster Schönheit zusammenfand.

Zugleich geriet er zur quicklebendigen Demonstration von Technologie auf dem letzten Stand, legiert und komponiert aus dem Besten vom Besten. Dazu gehörten edle Kunststoffe wie Kohlefaser, jenes synthetische Gold des dritten Millenniums, für das Chassis und die pizzagroßen Bremsscheiben. Dort sorgte es im Verbund mit Keramik für Verzögerungen, die den Fluggästen an Bord dieses vielfältig zerklüfteten Projektils die Augen aus den Höhlen quellen ließen.

Kein Zweifel: Es verkörperte schiere Aggression, überdies als provozierendes Zeugnis von manifestem Wohlstand zum Stückpreis von über 1000 Euro pro PS selbst Befürwortern eines sanften Sozialismus ein Dorn im Auge und in der Seele. Bei der Annäherung im Rückspiegel drohten schwarz die drei Tunneleinfahrten für den Fahrtwind, die links und rechts zum Öl- und Wasserkühler und unter der Nase zu den beiden Venturi-Kanälen am flachen Unterboden führten. Sie lutschten den Enzo bei hohem Tempo an der Fahrbahn fest, sekundiert von einem optisch diskreten variablen Aerodynamiksystem, und mündeten in Heckdiffusoren, die auf die just Überholten zu zielen schienen wie eine Schützenhilfe für die doppelte Vierlingsflak der Rückleuchten und Auspuffrohre. Die weit vorn angeschlagenen Flügeltüren, mit denen vor dem Entern des Enzo das halbe Dach nach oben gewuchtet wurde, kamen in ungemütlicher Nähe der Insassen in ihren brettharten roten Karbonsitzschalen mit finalem Plopp nieder wie eine Guillotine, die knapp ihr Ziel verfehlt. Im oben abgeflachten Lenkrad waren die Leuchtdioden eines zusätzlichen Drehzahlmessers, Blinkerknöpfe und weitere Bedienungselemente versammelt, damit sich der Pilot wie in den Monoposti der Marke streng auf seine Arbeit am Volant, den Schaltpaddeln und den drei wie nach MG-Einwirkung durchlöcherten Pedalen fokussieren konnte.

Dabei, unterlegt mit einem Klanggemälde von wilder Sinfonik, ging ihm der Sechsliter-V12 des Enzo mächtig zur Hand. Mit dessen 660 PS konnte man dem öden Einerlei der Norm und verzagenden Rivalen flugs entkommen, sich

in baren 9,5 Sekunden auf Tempo 200 und irgendwann ins Nirwana jenseits von 350 km/h absetzen. Nur: Dem war die Praxis selbst auf entlegenen deutschen Autobahnen vor und die Knauserigkeit seiner Väter: Die Gnade, einen Enzo ihr eigen zu nennen, wurde lediglich 399 Erwählten zuteil.

Mazda RX-8, Bj. 2004. Zweischeiben-Kreiskolbenmotor. 2 x 654 cm³. 231 PS. 235 km/h. 6,4 s 0 - 100 km/h. Leihgeber: Autohaus Schlöffel, Kirchseeon

Im Kosmos der Sportwagen, ohnehin mit krassen Individualisten bis hin zum Eigenbrötler besiedelt, fühlt sich die Mazda Motor Corporation offenbar zuständig für das massenhafte Hervorbringen von charaktervollen Käuzen. Als

Prototyp RX-Evolv 1999 in Tokio gezeigt, als seriennahe Studie auf der Frankfurter IAA im September 2001 vorgestellt und ab Ende 2002 produziert, verstieß der RX-8 durch seinen Rotationskolbenmotor und als ausgewachsener Viersitzer mit vier und sogar gegenläufig zu öffnenden Türen gleich vierfach gegen die Bräuche. Konzipiert war er denn auch als Mehrzweckwaffe, nahm mit seinen knappen Überhängen und dem üppigen Radstand von 2700 mm zugleich das Segment der sportlichen Limousinen ins Visier.

Das Ei des Kolumbus also? Das gibt es bekanntlich nicht, aber der Mazda RX-8 kam ihm doch nahe. Zwar bot sein Triebwerk namens Remesis in missionarischgewolltem Anklang an das biblische Genesis (für Schöpfungsgeschichte) den Vorzug der Laufruhe, der kompakten Bauweise, die ihm das Beziehen eines Plätzchens in der Nähe der Wagenmitte ermöglichte, und der schieren Exklusivität. Mit zwei Kammern von jeweils 654 cm³ Volumen leistete er je nach Software des Motormanagements in einer Basisversion mit fünf Gängen stramme 192 PS bei 7000/min und in einer potenteren Spielart mit sechs Fahrstufen (auch ein Vierstufenautomat war erhältlich) 231 PS bei 8200/min. Aber mit kaum mehr als 200 Nm Drehmoment zeigte er sich in allen Bereichen durchzugsschlapp, trinkfreudig und von ärmlicher Musikalität: An die Stelle eines Sounds trat eher ein helles Singen wie in der Arie eines entrüsteten Falsettisten.

Zwar verwöhnten die hinteren wohlkonturierten Einzelsitze selbst ausgewachsene Erwachsene mit Bequemlichkeit und bemerkenswert viel Spielraum. Die vorderen Türen schwangen in einem Winkel von maximal 67 Grad auf, die hinten angeschlagenen Fondtüren bis auf 80 Grad. Dieses "Freestyle" geheißene System erleichterte das Beziehen der zweiten Reihe ungemein. Die Funktion der B-Säule – auch in puncto Sicherheit – nahmen vertikale Träger wahr, welche die Mazda-Ingenieure in die Türelemente eingezogen hatten.

Dennoch waren die rückwärtigen Plätze kein Ort für Klaustrophobiker, vor allem, wenn der Pilot die beachtlichen Möglichkeiten des RX-8 ausreizte. Der war nämlich für sportliche Fortbewegung regelrecht geschaffen mit 220 km/h beziehungsweise 240 km/h Spitze und einem Fahrwerk auf dem letzten Stand der Dinge, mit doppelten Dreieckquerlenkern vorn und einer Multilink-Hinterachse, gespickt mit einer Horde von elektronischen Helfershelfern wie ABS, EBD (für Electronic Brake Force Distribution), DSC (Dynamic Stability Control), TCS (Traction Control System) und LSD (Limited Slip Differential). Eine liberal dimensionierte Bremsanlage brachte den Fernost-Quattroporte bei Bedarf aus Tempo 100 innerhalb von nur 36 Metern zum Stehen.

Im Fond fehlte es nämlich an Durchblick, da zur Orientierung der Passagiere lediglich zwei schmale seitliche Ausstellfenster dienten und die direkte Sicht in Fahrtrichtung durch die voluminösen Lehnen der Vordersitze zugebaut war. Da halfen nur ein stabiler Magen sowie ein Glauben grenzendes Vertrauen in die Fähigkeiten des Lenkers da vorn an seinem schön und nützlich gestalteten Arbeitsplatz mit einem zentral und mit Null-Lage in Sechs-Uhr Stellung angeordneten Drehzahlmesser. Noch eine andere Eigentümlichkeit des RX-8

schüchterte die achtern Reisenden ein: Das Absitzen wurde erst möglich, wenn auch der Vordermann seine Türen geöffnet hatte, eigentlich eine Sicherheitsvorkehrung etwa gegen das unzeitgemäße Fliehen von Kindern, aber eine mit psychologischen Kollateralschäden.

Nissan 350 Z Coupé, Bj. 2004. V6. 3498 cm³. 280 PS.
250 km/h. 6,1 s 0 - 100 km/h. Leihgeber: Autohaus Schlöffel, Kirchseeon

Wer sich hierzulande in sein Konterfei verliebt hatte, mußte sich noch in Geduld wappnen: Als der Nissan 350 Z ab Oktober 2003 auch über europäische Straßen zu rollen begann, waren seit seiner Markteinführung zwölf Monate zuvor in den Vereinigten Staaten bereits 40 000 Einheiten abgesetzt worden. Frühere Sportler aus dem Hause Nissan/Datsun wie der 240 Z hatten in

Deutschland nicht unbedingt den zügellosen Drang nach sofortigem Besitz ausgelöst. Der 350 Z jedoch hatte das Zeug zu mehr.

Das begann, wie immer, mit seinem Erscheinungsbild. Seine Karosserie, die unter Federführung des neuen Nissan-Chefdesigners Shiro Nakamura mit sensiblem Gespür für westliche Geschmäcker im kalifornischen Styling-Studio San Diego Gestalt angenommen hatte, wirkte mit 4310 mm Länge und 1815 mm Breite kompakt, muskulös und gedrungen. Nicht zuletzt die Front-Mittelmotor-Bauweise des schmucken Japaners, heraus kam dabei eine Gewichtsverteilung von 53 zu 47, sowie der relativ üppige Radstand von 2650 mm führten zu klassischen Sportwagenmaßen – lange Frontpartie, kurze Überhänge. Für die Statik mußte gleichwohl noch etwas getan werden, wovon ein fetter bügelartiger Alu-Hilfsrahmen auf Kosten des Kofferraums und ein stabilisierender Querträger im Motorraum Zeugnis ablegten. Diese ungewöhnlichen Eingriffe verfehlten ihren Zweck nicht, denn der Aufbau des Nissan 350 Z erwies sich in der Tat als steif und fest.

Seiner Einbürgerung auf dem Alten Kontinent ging eine gründliche Überarbeitung vor allem in Hinsicht auf die höheren Geschwindigkeiten auf hiesigen Autobahnen voraus. Sie umfaßten ESP, einen größeren Kühler, einen retuschierten Unterboden mit verbesserter Kühlung des Differentials und einen diskreten Heckspoiler zur Optimierung des Abtriebs über der Hinterachse sowie die Erweiterung des Tankvolumens um fünf auf 80 Liter. Mit dem ansprechenden Äußeren des Nissan mochte sein Interieur indessen nicht Schritt halten. Das Cockpit sah lediglich knappe Ablagen vor, und viele der verwendeten Materialien wirkten ein bißchen billig. Ein attraktives Detail hingegen: die nach Rennsport-Gepflogenheit durchlöcherten Pedale, die sich irritierenderweise auf verschiedenen Höhen fanden.

Das rechte und das mittlere lösten durchaus eindrucksvolle Erfahrungen aus. Der Leichtmetall-V6 des 350 Z, ein Vierventiler mit je zwei obenliegenden Nockenwellen, erzeugte 280 PS aus 3498 cm³ Hubraum. Im Bunde mit einem Sechsgang-Schaltgetriebe verhalf er dem 1,5-Tonner zu Fahrleistungen, die sich nicht nur angesichts seines erstaunlich günstigen Preisniveaus von 33 500 Euro sehen lassen konnten, 6,1 Sekunden auf Tempo 100, 250 km/h Spitze, bemerkenswerte Spritzigkeit im Bereich dazwischen. Orchestriert wurde sie durch einen kuriosen Soundmix, in welchem sich Getriebe- und Windgeräusche störend bemerkbar machten, auf amerikanischen Highways gewiß erträglich, auf deutschen Autobahnen jenseits von 160 km/h schlichtweg ohrenbetäubend. Dabei lud der Nissan zum Schnellfahren förmlich ein und brachte auch die besten Voraussetzungen dafür mit . Seine geschmiedeten 18-Zoll-Leichtmetallräder

waren vorn und hinten an oberen Dreieckquerlenkern und unteren Längs- und Querlenkern aufgehängt, und seine voluminösen Brembo-Bremsen (vorn 324 mm, hinten 322 mm Durchmesser) packten selbst nach mehreren Vollverzögerungen unerbittlich zu. Er lag auf der Straße wie das sprichwörtliche Brett, untersteuerte im Grenzbereich gutmütig, vermittelte allerdings jegliche Unebenheit unverdünnt an die verlängerten Rücken seiner Insassen weiter, ein Sadismus, der für manche ja zum Ambiente eines Sportwagens gehört.

Nissan 350 Z Roadster, Bj. 2004. V6. 3498 cm³. 280 PS.
250 km/h. 6,4 s 0 - 100 km/h. Leihgeber: Daniel Pohl

Die Bilder gleichen sich verblüffend: Wie sein hochgeschlossener Zwilling wurde der 350 Z Roadster im Juli 2003 nach seinem Debüt auf der New York International Auto Show im April desselben Jahres zunächst in den USA ein-

geführt, wo man vor allem im sonnenverwöhnten Kalifornien einen empfänglichen Absatzmarkt witterte und auch vorfand. Und wie das Coupé mußte die offene Version erst einmal während einer längeren Inkubationszeit auf ihren Einsatz in Europa vorbereitet werden. Eine diesbezügliche Entscheidung werde nicht vor dem Pariser Salon im Herbst 2004 veröffentlicht, meldete Michael Bierdümpfl Vorbehalte an, Pressechef der Nissan Motor Deutschland GmbH Deutschland. Die gestaffelte Versorgung verschiedener Märkte beruhte vermutlich auf einem Planungsfehler, den man laut Aussage von Entwicklungschef Patrick Pelata bei künftigen Nissan-Generationen zu vermeiden gedachte.

Die Feinabstimmung auf die flotteren Lüftchen, die dem Nissan vor allem auf teutonischen Schnellstraßen um die Ohren pfeifen würden, betraf vor allem sein Verdeck, dessen einwandfreier Sitz ebenso gewährleistet sein mußte wie seine Resistenz gegen Windgeräusche. Dem stand indessen das Naturell des 350 Z grundsätzlich entgegen. Was bereits in der Blechdach-Variante auffällig war, machte sich nun erst recht bemerkbar. Das "Grummeln, Grollen und Fauchen" des V6, wie es Thomas Fischer in Heft 23 des Jahrgangs 2003 von auto motor und sport kennzeichnete, wurde durch das Stoffdach fast ungefiltert ins Wageninnere weitergeleitet. Das stürmische Inferno, das bei Geschwindigkeiten über 200 km/h draußen wütete, mochte bei geschlossener Haube noch einigermaßen im Zaum gehalten werden. Nach deren Entfernung jedoch kam es sehr rasch zu brutalen Übergriffen, so daß Landkarten, Paperbacks, leichtere Sonnenbrillen oder lockere Toupéteile unter Umständen flatternd in die Umwelt entführt wurden. "Wer Wind sät, wird Sturm ernten", schrieb Fischer über den geöffneten Test-Kandidaten. Daran würden auch die schräg stehende Frontscheibe und das als Windschott zwischen den Hutzen hinter den Köpfen der Passagiere (sie verkappten clever zwei massive Überrollbügel) angebrachte Plexiglaselement nichts ändern. Der Sound des Motors sei dann stets präsent, begleitet von "einem Beben, vergleichbar dem aufwühlenden Gefühl, während eines Rockkonzerts in unmittelbarer Nähe der Baßbox zu stehen". Schädliche Nebenwirkungen gebe es aber keine, es sei denn, man werde süchtig danach.

Im übrigen stand dem 350 Z Roadster sein knappes und straff gespanntes Barett – die Eröffnung des Modells mußte mit 70 Kilogramm Mehrgewicht erkauft werden – gut zu Gesicht, nicht zuletzt mit einer gläsernen und beheizbaren Heckscheibe trefflich gegen die Widrigkeiten nordischer Witterung gerüstet. Zu beseitigen war es beinahe vollautomatisch: Der Tritt auf das Bremspedal, die Entriegelung eines zentralen Hebels am Dach sowie der Druck auf einen Wippschalter hinter dem Lenkrad genügten, und summende Elektromotoren ließen alles Stoffliche knisternd und raschelnd in einem Verlies im Anschluß an das Fahrgastabteil versinken.

Auch sonst hatte man seine Hausaufgaben gut gemacht. Die artenspezifischen Verstärkungen in der Struktur des Roadsters taten ihre Pflicht voll und ganz, so daß selbst auf welligen Pisten und in schnellen Kurven nichts ächzte, rüttelte

und schüttelte. Natürlich hatten seine zusätzlichen Kilos zu einem insgesamt behäbigeren Fahrverhalten geführt, aber was zählte das schon im sanfteren Kosmos der Cabriolets, wo als zusätzlicher Lustgewinn Licht, Luft, Sonne und die Aromen der Natur mit ins Spiel kommen.

In den USA mußte er mit bis zu 7580 Dollar Mehrpreis honoriert werden.

Leihgeber: Bernhard Hemmerle

Smart Roadster-Coupé, Bj. 2004. Dreizylinder-Reihenmotor. 698 cm³. 82 PS. 175 km/h. 10,9 s 0 - 100 km/h. Leihgeber: Omid Saffary

Nach 440 000 Exemplaren ihres seit 1998 gebauten City-Coupés befand die DaimlerChrysler-Tochter Smart, die Zeit sei reif für Familienzuwachs in Gestalt eines sportlichen Bruders Leichtfuß. Seine Präsentation Ende August 2002

förderte es zutage: Bei dem Neuen handelte es sich um einen echten Sohn des Hauses mit einem turbogeladenen Dreizylinder-Heckmotor und einer robusten Karosserie-Kernzelle aus Stahl, mit Kunststoffpaneelen beplankt. Die typische Smart-Optik umspannte überdies muntere Buntheit mit farblich abgesetzten Schwellern, Säulen und Elementen der Frontpartie. Die Türen bestanden aus Aluminium.

Für sportive Eigenständigkeit sorgten sein geduckter Auftritt mit 1192 mm Höhe und die lange Fronthaube. Sie wurde am Ende gesäumt von den kleinen Lampen des Mercedes-typischen Vieraugen-Gesichts, die aus muskulös aufgewölbten Kotflügeln vergnügt in die Welt schauten. Auch das Prinzip der kommoden Winzigkeit hatte man beibehalten, nie evidenter, als wenn der Sport-Smart neben dem entfernten Verwandten S-Klasse oder gar einem Maybach geparkt wurde. Mit 3427 mm Länge (der Radstand belief sich auf vergleichsweise üppige 2360 mm) kam er einen halben Meter kürzer daher als seine Roadster-Rivalen Fiat Barchetta oder Mazda MX-5. Für Reisende von mehr als 1,75 m Hochwuchs erforderte das Betreten und Verlassen des Winzlings in Würde junge Biegsamkeit, während sie im Inneren erstaunlich üppige Raumverhältnisse vorfanden. Kofferraum war Mangelware, ein Fach mit 59 Litern Inhalt unter der vorderen Haube, 86 weitere Liter in einem flachen Abteil über dem Motor, sofern es sich um die Variante Roadster mit ihrem elektrisch wegfaltbaren Stoffverdeck handelte. Das Roadster-Coupé mit seiner gewinkelten Glaskuppel im Anschluß an den Targa-Bügel bot da mit 189 Litern mehr, solange man nicht seine beiden leicht zu entfernenden Plastik-Topteile darunter verstauen mußte. Übrigens waren die beiden Dachkonstruktionen auf Wunsch und im Falle des Roadsters gegen einen Aufpreis von 1550 Euro zum Grundentgelt von 18 330 Euro austauschbar.

Mit seiner breiten Spur, dem tiefen Schwerpunkt und der wohlgeführten Einzelradaufhängung an Querlenkern und McPherson-Federbeinen vorn und einer De-Dion-Achse hinten mit Stabilisatoren an beiden Enden war der kecke Zwerg ungemein handlich und wieselte flink um die Ecken. Im Grenzbereich schob die Vorderachse in Richtung auf den Außenrand der Biegung, bevor das serienmäßige ESP eingriff, und Lastwechsel quittierte er mit harmlosen Heckschwenks.

Die Tester bedachten ihn mit einhelligem Lob, klammerten dabei indessen seine Antriebseinheit ausdrücklich aus. Deren zunächst 82 PS, wahlweise ab Juni 2003 auch 61 und vom März 2004 an 101 PS, wurden durch ein sequentielles und automatisiertes Sechsganggetriebe an die benachbarte Hinterachse übermittelt, gegen 1000 Euro mehr im Rahmen eines Sportpakets via Schaltpaddeln hinter dem Lenkrad. Mit 0,7 Litern, lautete der Tenor ihrer Klage, verfüge das Maschinchen einfach über zu wenig Hubraum und damit Drehmoment. Als unvermeidliche Folge stelle sich ein deutliches Turboloch nach jedem Schaltvorgang ein, da der Lader immer erst wieder auf Touren kommen müsse. Dazu komme die Länge der Schaltpausen, die häufig

zu einer unfreiwilligen Verneigung der Insassen führe.

Abhilfe hätte eine 170 PS starke Biturbo-Version schaffen können, die anläßlich des Revivals der Solitude-Rennstrecke im Sommer 2003 als Demonstration der Stärke des Smart-Konzepts vorgeführt wurde. Ihr V6 war in einer Koproduktion von Mercedes, Smart und Tuner Brabus aus zwei Dreizylindern zusammengesetzt worden. Es blieb bei zehn Prototypen – viel zu teuer, ein bißchen zu exotisch.

Alfa Romeo GT, Bj. 2004. Vierzylinder-Reihenmotor. Diesel. 1910 cm^3. 150 PS. 209 km/h. 9,6 s 0 - 100 km/h. Leihgeber: Autohaus Abraham, Rosenheim

Beim Frühjahrssalon 2003 in Genf machte der Alfa Romeo GT seine Aufwartung als stilistische Fingerübung der Bertone Carrozzeria S.p.A. in Grugliasco, bei der Frankfurter IAA ein halbes Jahr später und kurz darauf in Sydney als ausgereiftes Serienprodukt.

Schon der bloße Name des renommierten Couturiers stand dafür, daß man in Mailand erneut mit Tradition arbeitete, belegt etwa durch den Giulietta Sprint von 1954, den Giulia Sprint GT von 1963 oder die ab 1970 in den Markt eingespeiste Nobel-Rarität Montreal als Meilensteinen am gemeinsamen Weg aus glorreicher Vergangenheit.

Allerdings verlor sich Bertone keineswegs in selbstverliebt-nostalgischen Eigenzitaten. Wenn sich ein Gefühl des Déjà-vu einstellte, erwuchs es eher aus der klassisch italienischen Statur des Coupés: Hinter dem ungewöhnlich intensiv ausgeprägten neuen Alfa-Gesicht, das mit düsteren Gröttchen neben den Scheinwerfern und breit gefletschten Lufteinlässen unterhalb der vorderen Stoßfänger im Rückspiegel von Vorausfahrenden wenig Gutes verhieß, hob sich die Gürtellinie in energischer Schräge und dann eher sanfter Konsequenz, mit niedrigen Fensterflächen über hohen Flanken.

Sein unverwechselbares Naturell gaben dem GT eigenwillige Detaillösungen wie die tropfenförmige Heckscheibe über dem runden Bootsheck, in das als schmale Intarsien seine Rückleuchten eingelagert waren. Wer unter der schnörkellos schönen Hülle die strenge Härte einstiger GT-Generationen wähnte, wurde indessen angenehm überrascht: Man wolle, definierten die Alfa-Strategen, mit diesem Modell den Begriff Gran Turismo neu definieren beziehungsweise auf seine eigentliche Bedeutung zurückführen – ein sportlich-kommoder Reisewagen mit allem Komfort. Neue Akzente setzte bereits die Bezeichnung 2+3. Hinten, wo das abfallende Dach hochgewachsene Mitreisende zu einer permanenten Verbeugung zwang, herrschte gleichwohl traditionelle GT-Enge. Umso mehr hatten sich die Bertone-Designer bei den vorderen Passagieren eingeschmeichelt. Sie lagerten auf schwerem, üppig-wohlkonturiertem und mit fein genarbtem Prestige-Leder bespanntem Gestühl in fünf verfügbaren Farben, umgeben von Bedienungselementen von einleuchtender Ergonomie und angenehmer Haptik. Stets serienmäßig an Bord: eine hochwertige Audio- und eine Klimaanlage.

Der GT war willig wie eine Sommerliebe und lag dem Piloten gut in der Hand, so dass dessen Rechte beispielsweise direkt vom knuffigen Lenkrad auf den fetten Schaltknauf fiel. Waltete unter der keilförmigen Haube einer der beiden angebotenen Vierzylinder-Benziner, der 1,8-Liter Twin Spark mit 16 Ventilen und 140 PS oder der Zweiliter-Direkteinspritzer mit 165 PS, bestand dieser aus Alumium. Ein Lederbezug darauf deutete hin auf die Anwesenheit eines Common-Rail-Dieselaggregats mit 1,9 Litern Hubraum und 150 stämmigen PS oder des aus den Alfa-Brüdern 156 GTA, 147 GTA sowie aus Spider und GTV bekannten 240 PS starken V6-Vierventilers von 3,2 Litern Inhalt. Von diesem beflügelt, beeilte sich der GT mit trefflich komponiertem Designerklang bis auf 243 km/h.

Gleichwohl war er ein Mehrzweck-Sportler ganz im Sinne seiner Väter: Durch die sperrangelweit zu öffnende Heckklappe ließ sich mit Hilfe der asymmetrisch geteilten und klappbaren Rücksitzlehne sogar ein ausgewachsenes Fahrrad einführen.

Aston Martin DB AR1 Zagato, Bj. 2003. V12. 5935 cm^3. 440 PS.
298 km/h. 4,9 s 0 - 100 km/h. Leihgeber: Wolfgang Friedrichs

Natürlich gehörte er doch zur weitläufigen DB7-Familie und ähnelte seinem zugeknöpften Pendant Vantage Zagato wie ein Frühstücksei, dem man bereits die Spitze abgeschlagen hat, einem anderen Frühstücksei, wo dies noch nicht geschah. Er fußte auf dem Fahrwerk des DB7, dem man eine nach oben hin offene Karosserie aus Stahl und Aluminium (für vordere Kotflügel, Türschwellen, Kofferraumdeckel und Stoßfänger) übergestülpt hatte, mit einem mächtigen Maul im klassischen Aston-Martin-Umriß, schwellenden Radhäusern und bauchigen Türen und einem unverwechselbaren Heck mit Leuchten von erlesener Schlichtheit. Die letzten Feinheiten hatten Zagato-Boß Andrea Zagato und Aston-Chefdesigner Henrik Fisker noch auf dem Messestand der Marke beim Pariser Salon Ende September 2002 ausgeheckt.

Hinter den Köpfen von Fahrer und Beifahrer gemahnten sich sanft nach hinten verjüngende Erhebungen an Präzedenzfälle an Rennsportwagen wie dem DBR1 aus dem gleichen noblen Hause, aber auch an den Zagato-typischen Dach-Doppelhöcker. Nach einem Verdeck suchte der Blick vergeblich. Mit edlem Bridge-of-Weir-Leder tapeziert, mit dem auch die Sitze und die Türfüllungen bezogen waren, klaffte statt dessen zusätzlicher Stauraum im Nacken der Passagiere – eine Maßnahme, die zugleich 70 kg Mindergewicht mit sich brachte.

All dies – und mehr – genügte, diesem offenherzigen Wesen eine eigene Identität zu geben, als American Roadster. Der Name nahm bereits den potentiellen Markt ins Visier: "Bei seiner Konzeption", erklärte Aston-Martin-Chef Dr. Ulrich Bez, "hatten wir das kalifornische Wetter im Sinn. Es handelt sich um einen Roadster reinsten Wassers, mit dem wir diesen Begriff gewissermaßen auf seine Urbedeutung zurückgeführt haben."

Auch der Aston Martin DB AR1 begann seine Karriere als Concept Car, vor einer ebenso wißbegierigen wie gierigen Klientel bei der Los Angeles Auto Show im Januar 2003 enthüllt und dann auf einer achtwöchigen Tournee durch 25 amerikanische Städte als Botschafter seiner selbst und der Sache Aston Martin unterwegs. Seine mögliche Vermarktung ähnelte dem Szenario, das man bereits mit dem Vantage Zagato erfolgreich durchgezogen hatte: Bei mindestens 66 Vorbestellungen würde man eine Kleinserie von 99 Exemplaren auflegen. Es klappte – und wie: "Unser Problem wurde sehr rasch, daß wir der Nachfrage nicht mehr Herr wurden", erinnerte sich Ulrich Bez. Und dann, ironisch: "Ich habe gestandene Männer weinen sehen."

Die Leistung des bekannten Zwölfzylinders, vermittelt durch ein handgeschaltetes Sechsgang-Getriebe, lag mit 440 PS genau in der Mitte zwischen den Werten für den Vantage (420 PS) und dem Vanquish (460 PS). Dem Charakter des AR1 entsprechend hatte man ihn mit einem Sportauspuff akustisch aufgerüstet. Wurde er gereizt, fauchte er wie die weißen Tiger der Magier Siegfried und Roy in Las Vegas bei einem Wutanfall. An die Kandare nehmen ließ er sich durch spezielle Brembo-Bremsen mit riesigen innenbelüfteten Scheiben, vorn mit 355 mm, hinten mit 330 mm Querschnitt, und dem Pedalkraftverstärker des Vanquish.

Trotz oder gerade wegen soviel Glanz und Glorie wohnte dem Aston Martin DB AR1 etwas Paradoxes inne bis hin zur Absurdität. Denn alles war Fähigkeit und Verheißung. Es in die Praxis umzusetzen wäre von den Hütern der Ordnung und vorgesetzten Instanzen rasch und nachhaltig unterbunden worden im 60-Meilen-Land USA.

Die waren übrigens nach knapp fünf Sekunden erreicht – im ersten Gang.

BMW 645 Ci Coupé, Bj. 2004. V8. 4398 cm³. 333 PS.
250 km/h. 5,8 s 0 - 100 km/h. Leihgeber: Joachim Dürrbeck

Schon eine Zeitlang vor der offiziellen Präsentation bei der Frankfurter IAA 2003 waren zumindest im Großraum München vereinzelte Exemplare unterwegs, ohne Hast, ohne jegliche erlkönighafte Vertarnung und mit gediegenen Herren am Volant. In dem einen oder anderen potentiellen Kunden mochte die zufällige Begegnung mit dem rollenden "Manifest gegen die Gewöhnlichkeit" (Originalton BMW-Werbung) sogar unbewußt den schier unstillbaren Wunsch einpflanzen, dereinst dieses Fahrzeug zu besitzen und kein anderes.

Die Voraussetzungen dafür waren günstig. Das Ableben des Sechsers der ersten Generation lag 14 Jahre zurück, der Achter hatte vier Jahre zuvor das Zeitliche gesegnet, allerdings ohne den erhofften Erfolg eingefahren zu haben. Gleichwohl verlangte eine Tradition nach Fortsetzung, die mit dem geschlossenen 507 von 1955 und dem 3200 CS anno 1961 begonnen und mit dem bollernden 700 Coupé im Jahre 1959 und seinen flinken Derivaten sogar ein Sonderangebot für den kleinen Mann hervorgebracht hatte.

Von diesem Motorrad auf vier Rädern, ja sogar noch von der ersten Baureihe von BMW-Sechsern zwischen 1976 und 1989 trennten den Neuen allerdings Welten. Gezeichnet hatte ihn Hausdesigner Chris Bangle, wohl bewandert in der Kunst der Provokation. Der 645 Ci, zunächst ein Solitär noch ohne Familie,

der ab Januar 2004 ausgeliefert wurde, war jedoch weit entfernt von der störrischen Aufgeregtheit des Z4-Stylings. Vielmehr vermittelten große, glatte Seitenflächen und eine sanft fließende Generallinie die stilistische Ruhe eines automobilen Grandseigneurs in sportlichem Outfit. Denn durchaus ließ sich erahnen, was darunter steckte – ähnlich Arnold Schwarzenegger in angemessenem Gouverneurszwirn.

Wie das Auto, so die Klientel: Sie hatte es schon zu etwas gebracht im Leben und mochte keine prollige Schau mehr abziehen. Ein Bruder Leichtfuß war der 645 Ci mit 1730 kg auch nicht. Vollgetankt brachte er stattliche 1730 kg auf die Waage. Man hatte sich indes um eine umfassende Gewichtsersparnis bemüht. Der wie die Basisplattform vom Fünfer übernommene Vorbau war völlig aus Leichtmetall gefertigt. Fronthaube und Türen bestanden aus Alumiumblech, die vorderen Kotflügel aus Thermoplast, der Kofferraumdeckel aus Duroplast. An diesem schieden sich erneut die Geister, warf er sich doch auf zu dem umstrittenen Bangle-Buckel wie der Rücken des Glöckners von Notre Dame zu der Verwachsung, die den armen Kerl so schnöde entstellt. Nur: Dem Sechser fürs dritte Jahrtausend stand er keineswegs schlecht zu Gesicht, zumal sich darunter das für ein Auto dieses Genres beträchtliche Ladevolumen von 450 Litern verbarg.

Im übrigen hatte der 645 Ci nur erstaunlich wenig von seinen beachtlichen 4820 mm Länge und 1855 mm Breite in Lebensraum für seine Insassen umgemünzt. Sich durch die voluminösen Türen nach hinten einzufädeln verlangte von älteren Mitreisenden zumindest die Gelenkigkeit des späten Turnvater Jahn, und das Verbleiben dort war lediglich bei geringer Verweildauer und auch dann nur bei inniger Zuneigung zu dem Bayern-Beau zumutbar. Gleichwohl war das umgehend einsetzende ritualisierte Wehgeschrei der journalistischen Tester über diesen Umstand fehl am Platze: Schon zu Kutschenzeiten bedeutete der Begriff Coupé (von frz. couper: abschneiden) bekanntlich für mehr Geld weniger Frei-

BMW 645 Ci Cabrio, Bj. 2004. V8. 4398 cm³. 333 PS.
250 km/h. 6,5 s 0 - 100 km/h. Leihgeber: Ute Hinke

heit für Kopf, Bein und Ellbogen, und noch nie verhieß die Formel 2+2 verschwenderische Raumverhältnisse in der zweiten Reihe.

Die stilistischen An- und für manche auch Zumutungen von draußen setzten sich drinnen fort. Hatte man lange angenommen, das traditionelle BMW-Cockpit sei einfach nicht mehr zu verbessern, war nun statt einer gewissen Kuschligkeit spröde Sachlichkeit eingezogen. Bei gleicher Funktionalität und ebenfalls einleuchtender Anordnung der Dinge hatten auf einer höheren Ebene wie beim Z4 Geschmacksfragen den Ausschlag gegeben. In zwei kahl wirkende Rundinstrumente, die mit dem Einschalten der Beleuchtung teuflisch erglühten, waren die Anzeigen für Tankinhalt und Öltemperatur integriert, mit parallelen Zeigern in der Ruhestellung.

Sie lagen exakt im Blickfeld des Fahrers, wie sich etwa an prominenter Position auf der Mittelkonsole thronend der fette Vielzweckknopf des BMW-iDrive-Systems fand, noch für den Chauffeur der jüngsten Generation von Siebenern ein Greuel, das nun durch eine radikale Vereinfachung einiges von seinem Schrekken verloren hatte. Wenn es zum Beispiel den sportlichen Sechser-Lenker nach mehr Härte verlangte, bedurfte es eines simplen Knopfdrucks anstatt des aufwendigen Einstiegs in die Tiefen der Menüführung. Hilfreiche Elektronik ging ihm allüberall zur Hand. Gleichwohl mußte er für Segnungen wie das Stabilisierungssystem Dynamic Drive, das Fahrbahnunebenheiten ebenso auffing wie eine Wankneigung des Aufbaus in Kurven, und Active Front Steering, eine von ZF entwickelte aktive Lenkung, die bei starkem Seitenwind oder Vollbremsungen spurkorrigierend intervenierte, tiefer in die Tasche greifen. Überhaupt führte den Käufer eines 645 Ci nach Art des Hauses über das Basisentgelt von 76 450 Euro hinaus zu saftigen Aufpreisen eine endlos lange Extra-Liste mit Nützlichem und Erstrebenswertem in Versuchung.

All dies tat indessen dem Charakter des großen Coupés als einer höchst gelungenen Mischung zwischen Gran Turismo und echtem Sportwagen keinerlei Abbruch. In einem Vergleichstest mit dem Porsche 911 "40 Jahre" in Heft 4 des Jahrgangs 2004 von auto motor und sport hatte der Platzhirsch aus Stuttgart alle Mühe, sich gegen den schönen Münchener zu behaupten. An dessen Punktsieg waren nicht zuletzt die Faktoren Fahrsicherheit, Bremsen und Antrieb maßgeblich beteiligt.

Sein 333 PS starker und 4,4 Liter großer V8 mit Valvetronic-Steuerung für seine 32 Ventile und zwei Nockenwellen zu Häupten jeder Zylinderbank machte den 1,7-Tonner überaus behende, ob nun in Zusammenarbeit mit der serienmäßigen manuell zu betätigenden Schaltung, einer Automatik oder einem automatisierten SMG-Getriebe, allesamt mit sechs Fahrstufen. Aus dem vollen schöpfte man stets, in permanentem Dialog mit dem Achtzylinder, der 450 Newtonmeter lieferte, mühelos bis zu 6500 U/min drehte und dazu je nach Belastung liebenswürdig oder energisch brabbelte. Kongenial dabei unterstützt wurde er vom Fahrwerk des 645 Ci, mit Einzelradaufhängung, an Querlenkern, Zug- und Schubstreben und Federbeinen vorn wie auch hinten, wo die 19-Zöller an Doppelquerlenkern und Längslenkern geführt wurden.

Bei geringem Lenkaufwand ließ er sich

mit der Präzision eines Skalpells bewegen. Ausbruchsversuche - aber die konnte man nur mit Gewalt herbeiführen - unterband ebenso sanft wie unnachsichtig die DSC Elektronik (ESP).

Entsprechend galt dies für das offene Gegenstück des Coupés ab Frühjahr 2004. Da für ein klappbares Blechdach kein Platz zur Verfügung stand, schützte die Passagiere ein üppig gefüttertes Stoffverdeck vor der Willkür der Elemente. Deren Sonnen-Seiten ließen sich im Sechser-Cabriolet umso intensiver genießen.

Bugatti EB 16.4 Veyron, Bj. 2004. W16. 7993 cm³.
1001 PS. 350 km/h. 2,9 s 0 - 100 km/h. Leihgeber: Bugatti Automobiles S.A.S.

Die Botschaft war kurz, aber inhaltsschwer. EB waren die Initialen des Firmengründers, die 16 stand für die Schar der Zylinder, die 4 mochte eigentlich mancherlei bedeuten: die Zahl der Turbolader, der Nockenwellen, der Ventile pro Verbrennungseinheit, der angetriebenen Räder. Als Namenspatron gab sich nichtsahnend Pierre Veyron (1903-1970) die Ehre, 1939 Le-Mans-Sieger für

die noble Marke. Mit der Anschrift Bugatti Automobiles S.A.S., 1, Chateau St. Jean, Dorlisheim, F-67120 Molsheim (gegründet am 15. Dezember 2000) stimmten Adresse und Lokalkolorit.

Geboren war der Veyron gleichwohl aus dem Miteinander des völlig Unvereinbaren. Auf den Punkt gebracht, handelte es sich nämlich um einen Volkswagen. Für die 1 160 000 Euro, die seine Anschaffung verschlang, hätte man sich allerdings vor 50 Jahren 515 Brezelkäfer unter die Laternengarage stellen können. 1998 erwarb die VW-Gruppe unter der Ägide des prachtliebenden Vorstandsvorsitzenden Ferdinand Piëch die Bugatti-Namenrechte, seit dem Fiasko des italienischen Geschäftsmanns Romano Artioli drei Jahre zuvor wieder verwaist, und erregte auf den Autoausstellungen von Tokio 1999 sowie Detroit, Genf und Paris 2000 mit einer Veyron-Studie beträchtliches Aufsehen.

Sie tat offenbar auch ihre Schuldigkeit als Lockvogel. Wieder in Genf erfuhr im März 2001 eine respektvoll erschütterte Welt, der Bugatti EB 16.4 Veyron gehe ab 2003 in eine kleine Serie. Man werde, gaben seine Väter zuversichtlich zu bedenken, eigentlich nur noch durch die Gesetze der Gravitation eingeschränkt. Nicht ganz: Bei hohem Tempo, munkelten manche, werde der Veyron vorn unangenehm leicht. In den vorderen Radkästen bilde sich ein Luftstau aus. Der Antriebsstrang tue sich schwer mit der Urgewalt, welche die Maschine freisetze. Und so erschien das Millionending erst Anfang Juni 2003 bei der Yachtshow in Monaco in seiner vorläufig endgültigen Form.

Da waren den Berichterstattern ohnehin schon längst die Superlative im Wortschatz steckengeblieben, angesichts eines Extremisten auf Rädern, der die Anwesenheit von Passagieren im Grunde genommen überflüssig machte, 4466 mm lang, 1206 mm flach und 1998 mm breit. Für das knappe Trikot von wilder Schönheit, aus Aluminium und kohlefaserverstärktem Kunststoff, zeichnete das VW-eigene Beautystudio Center of Excellence Design unter Hartmut Warkuss verantwortlich. Neu war ein zusätzlicher Luftauslaß hinter den Vorderrädern.

Es spannte sich über Technik vom Alleredelsten. Zwei V8-Bänke fanden sich im Winkel von 90 Grad zu einem ungemein steifen und kompakten W16 von acht Litern Hubraum längs vor der Hinterachse zusammen. Dieser Meiler ging mit 1001 PS ans Netz – 50 mehr als aktuelle Formel-1-Treibsätze. Das maximale Drehmoment betrug stämmige 1250 Newtonmeter. Der Übertragung diente ein sequentielles Siebenganggetriebes mit Doppelkupplung vor dem Motor. Das Chassis bestand aus Kohlefaser, der Achsträger aus geschmiedetem Aluminium, der Radträger aus Edelstahl. Der Unterboden war diffusorartig ausgeprägt, und ein verborgener Heckflügel reckte sich bei Bedarf horizontal etwa 20 Zentimeter.

Man verhieß bare 2,9 Sekunden für

den Sprung auf 100 km/h und weniger als 14 für den Anlauf auf Tempo 300. Für den kleinen Plausch jenseits davon hielt der Bugatti ein Soundsystem mit integrierter Gegensprechanlage bereit. Falls jemandem der Tausendundeinssassa noch zu schlapp war, winkte eine Sportversion mit 1100 PS.

Die Höchstgeschwindigeit von 406 km/h wurde 2004 gleichwohl auf 350 km/h begrenzt – zur Sicherheit der Kunden, wie man fürsorglich bekanntgab.

Cadillac XLR, Bj. 2004. V8. 4565 cm³. 320 PS.
250 km/h. 6,2 s 0 - 100 km/h. Leihgeber: Kroymans Autohaus, Düsseldorf

Sein Styling war mutig, jenseits aller sich ringsum anbiedernden Gefälligkeit. Man war begeistert oder entsetzt. Das galt bereits für die Studie Evoq, die Cadillac auf der Detroiter Auto Show im Januar 1999 als Sonde in die Gunst oder

Ungunst des Publikums einführte. Die Gunst überwog, und damit sah der Roadster grünes Licht. Vier Jahre später wurde wiederum die Motown-Messe zum Forum für den Cadillac XLR als Serienprodukt. Ein Feindbild lieferte man auch gleich mit, zumindest hinter vorgehaltener Hand: Er sollte künftig etablierten Konkurrenten wie dem Mercedes SL und dem Lexus SC430 Wasser und Kundschaft abgraben.

Für den XLR hatten die Cadillac-Formkünstler wie schon zuvor für die Limousine CTR und den Offroader SRX die Kante wiederentdeckt und das in einer Zeit, in der immer mehr Autos ausschauen wie Bonbons in der finalen Lutschphase. Man gab sich schroff, mit scharf gezeichneten Kanten und Sicken, hochformatigen Front- und Rückleuchten sowie einem breit grinsenden, lediglich von nackter Karosserie umrahmten Kühlergrill.

Diesem Imperium des rechten Winkels war auch sein stählernes Faltdach unterworfen, konzipiert, gebaut und geliefert vom deutschen Spezialisten CTS (für Car Top Systems). Die drei Phasen von der Auflösung der Ordnung über das scheinbare, aber in eine strenge Choreographie eingezwängte Chaos bis hin zur Wiederherstellung der Ordnung durchlief es in 29 Sekunden.

Das Chassis mit seinem trutzigen Kastenrahmen und doppelten Querlenkern und Querblattfedern (aus Kunststoff) vorn und hinten war den Corvette-Generationen C5 und C6 entlehnt. Aus den prall und vielfältig gefüllten General-Motors-Regalen stammten überdies Motor und Antrieb. Der altbekannte und in Hartplastik schön verpackte Northstar-Vierventil-V8 mit vier obenliegenden Nockenwellen und 4,6 Liter Hubraum war zu 80 Prozent renoviert worden und wartete jetzt mit variabler Ventilsteuerung auf. Bummeltempo untermalte er mit diskretem, vibrationsfreiem Summen, härtere Anforderungen mit gedämpft-metallischem Schmetterton. Die Fünfgangautomatik stammte aus der GM-Filiale im elsässischen Straßburg und vermittelte seine 320 PS sanft und flüssig.

Das Interieur zeichnete sich aus durch schlichte und ein wenig kahle Eleganz, reduziert auf drei optische Basiselemente: mattschwarzen Kunststoff, mattsilbernes Aluminium, rotbraunes Eukalyptusholz. Die halbrunden Instrumente waren in Zusammenarbeit mit dem italienischen Trendjuwelier Bulgari entstanden. Unter der halb klassischen, halb futuristischen Fassade verbarg sich High-Tech vom Raffiniertesten. Dank Keyless Access erkannte das kluge Auto seinen Herrn und Meister (oder seine Herrin und Meisterin) an dem kleinen Sender in seiner Hosentasche (oder ihrem Damentäschchen), gewährte Eintritt auf die Betätigung einer versteckten Druckfläche an der Tür hin, ließ sich willig per Knopfdruck starten.

Seine computerkontrollierte Aufhängung, im GM-Jargon Magneride geheißen, las die Straße und den Input des Fahrers (oder der Fahrerin) so rasch, daß der XLR bei Tempo 100 gerade mal sieben Zentimeter zurücklegte, bevor das System ausgleichend reagierte. Eingriffe von Menschenhand waren in dem Luxus-Luftikus nicht vorgesehen – in diesem Punkt traute der Kollege Corvette seinen Lenkern mehr zu. Zu den Cadillac-Premieren zählte auch die adaptive Tempo-Regelanlage. Ihr Radarsensor bewirkte einen stets gleich großen Abstand zum Vordermann, notfalls mit dezentem Bremseingriff. Hilfe oder Entmündigung – auch daran schieden sich die Geister.

Ferrari 612 Scaglietti, Bj. 2004. V12. 5748 cm^3. 540 PS.
321 km/h. 4,4 s 0 - 100 km/h. Leihgeber: Friedrich Gerards

Anfang Januar 2004 präsentiert auf der Detroit Auto Show, wurde der 612 Scaglietti ein paar Monate später als Nachfolger des 456M GT in den Markt eingespeist. Während bei früheren Ferrari mit 2+2-Architektur wie dem 250 GTE von 1960, dem 330 GT von 1964, dem 365 GT von 1967 oder dem 365 GT4 von 1972 nebst diversen Abkömmlingen der Inhalt eines Zylinders als Name herhalten mußte, war die Typenbezeichnung für das jüngste Familien-Angebot aus Maranello ein Cocktail aus den prallen Zahlen des Dutzends und des halben Dutzends: sechs Liter, zwölf Zylinder.

Mit dem Zusatz gelangte die Carrozzeria Scaglietti zu späten Ehren, bis 1970 Hoflieferant, dann eingemeindet ins Ferrari-Imperium und heute mit der Produktion der Achtzylindermodelle befaßt. Am Stadtrand von Modena an der Via Emilia Est gelegen, markiert das gelbliche Fabrikgebäude die Stelle, wo man zur zehn Kilometer entfernten Ferrari-Garnison Maranello abbiegen muß. Das Kürzel GT fehlte und dies aus gutem Grund. Der 612 Scaglietti war nämlich viel mehr als nur ein Gran Turismo mit dürftigem Alibi-Unterschlupf hinten, sondern ein Sportwagen voll der Segnungen der modernen Autozivilisation. Dazu hatte man den Radstand des 456 GT um 350 auf 2950 mm und dessen Länge um 237 auf 4902 mm geweitet, zum Wohle der Fond-Passagiere, die erstmals in der Geschichte des Hauses selbst Ausflüge in den Abenteuerpark jenseits von 300 km/h in wirklich entspannter Haltung genießen konnten. Für die schmissige Linie des großen Coupés zeichnete einmal mehr Starcouturier Pininfarina verantwortlich, und diesmal hatte er einen besonders weiten Ausflug in die Ge-schichte seines vornehmsten Kunden unternommen bis hin zu einer berühmten Romanze. Denn sie erinnerte an jenen Berlinetta 375 MM von 1954, den Regisseur Roberto Rosselini der schönen Schwedin Ingrid Bergman verehrt hatte, mit zahlreichen Zitaten im Bereich der Frontpartie und den markanten Einkehlungen in den Flanken. Doch wie gewohnt verquickten sich alt und neu zu einer Symbiose von höchst eigenem Charakter.

Die Insassen umgab eine Ambiente von luxuriöser Sachlichkeit mit einem Materialmix von Rindsleder, Metall und Kunststoff im Heavy-Metal-Look. Unmittelbar im Gesichtsfeld des Piloten war der große Tourenzähler angesiedelt, im verbotenen Bereich ab 7200/min unterlegt mit diabolischem Rot und flankiert von einem bis 340 km/h reichenden Tachometer (rechts) sowie einem Bildschirmchen mit weiteren Informationen als Zoll an den Zeitgeist. Diesem waren trotz eines Aufpreises von rund 8000 Euro bereits mehr als drei Viertel der Kunden erlegen, indem sie dem halbautomatischen F1-Getriebe den Vorzug gaben vor dem altertümlich-trotzigen Kulissenschaltwerk, das für die Handwerker unter ihnen die Verbindung zum Sechsganggetriebe des 612 herstellte.

Dieses war nach Transaxle-Bauweise mit der Hinterachse verblockt im Interesse einer gut austarierten Gewichtsverteilung. Daß diese bei günstigen 46 Prozent (vorn) und 54 Prozent (hinten) lag, war einem Kunstgriff zu danken, den der lange Radstand ermöglichte: Das Triebwerk, ein sorgsam überarbeitetes Derivat des V12 aus dem 575M Maranello, war hinter der Vorderachse in das Doppel-

querlenker-Fahrwerk implantiert worden – ein Mittelmotor gewissermaßen mit der ungewöhnlichen Tendenz nach vorn.

Eine ausgeprägte Tendenz nach vorn wohnte naturgemäß dem Ferrari 612 Scaglietti insgesamt inne, und so ließ überall die Gestione Sportiva grüßen, schon um zu gewährleisten, daß er nie die Bodenhaftung verlor.

Ein Beispiel: der unter der Heckschürze mündende Diffusor als Element des imposanten Hinterviertels zum Gruß an den Rest der Welt.

Lamborghini Gallardo, Bj. 2004. V10. 4961 cm³.500 PS.
309 km/h. 4,2 s 0 - 100 km/h. Leihgeber: Lamborghini Kremer, Düsseldorf

Kleine Einführung in die Etymologie und Lautlehre des Lamborghini-Dialekts Teil 2: Gallardo, eine von fünf Edelrassen, aus denen sich die Creme der spanischen Kampfstiere rekrutiert, mit j gesprochen wie in Mallorca oder Gaius Julius Caesar.

Zwischen dem stierischen Namenspatron und seinem automobilen Gegenstück bestand sogar eine gewisse Ähnlichkeit – extrem kurze, steil abfallende Schnauze, schwungvoll ansteigende Seitenlinie und üppiges, langgestrecktes Hinterviertel, gleichwohl vielfältig aufgebrochen durch die unvermeidbaren Lufteinlaß- und -austrittsöffnungen à la mode und auf stämmigen 19-Zoll-Rädern. Mit dem Gallardo setzten die Männer von Sant'Agata Bolognese für sich und andere die Vision vom kleinen Lamborghini in die Tat um, immer wieder geträumt und immer wieder auf die lange Bank geschoben mangels der erforderlichen Lire-Milliarden.

Auf dem Genfer Frühjahrssalon 2003 wurde sie Ereignis, dank der gütigen Mutter Audi. Ihr Input war allenthalben spürbar, ohne gegen die reine Lambo-Lehre zu verstoßen, auch wenn sich im Gallardo ein Puzzle aus vieler Herren Ländern zu einer höheren Identität verschränkte: Da war die atemberaubende Skulptierung durch den jungen belgischen Designer Luc Donkerwolcke. Da war der Zehnzylinder aus den Nobelretorten des Dachkonzerns, gleichwohl mit einem Block, der bei Cosworth in England gegossen und in der ungarischen Audi-Filiale Györ feinbehandelt worden war. Sein Gabelwinkel von 90° und die geringe Bohrung bei langem Hub hielten ihn flach und damit den Schwerpunkt des Coupés niedrig. Für die arten- und markenspezifische klangliche Folklore sorgte daheim in Sant'Agata als Toningenieur Massimo Ceccarani, ein Rossini seiner Zunft. Den Spaceframe aus Alu-Strangpreßprofilen mit Knotenblechen aus Stahl schließlich schickte Audi über den Brennerpaß.

Ein kleiner Lamborghini? Nachweisbar schmächtiger als der Murciélago natürlich, da 280 mm kürzer und 145 mm schmaler, wenn auch 30 mm höher als die bullige Firmenikone. Aber mit 500 PS bei einem Mindergewicht von 207 kg nur 80 PS schwächer, mit einer Spitze von 309 km/h bloße 21 km/h langsamer, mit 13,8 Sekunden lediglich 2,4 Sekunden später bei Tempo 200 angelangt, dafür aber mit 139 200 Euro ganze 84 680 Euro billiger als der große Bruder. Und auf seine Weise genauso mächtig: Natürlich rief sein V10 Anklänge an aktuelle Formel-1-Technologie wach, mit einem Quartett obenliegender Nockenwellen, Vierventilköpfen mit variabler Ventilsteuerung und einem Ansaugtrakt mit variabler Geometrie. Das Sechsganggetriebe, wahlweise mittels einer Kulisse oder Lenkradwippen zu sortieren, war so eng gestuft, daß sich der Schrei des Triebwerks in seiner Tonhöhe kaum änderte. Es war im Anschluß an die Hinterachse plaziert, der Motor links der Längsachse, damit die Kardanwelle für den Allradantrieb des Gallardo vom Getriebe aus rechts durch den Block zur Vorderachse geführt werden konnte. Die mit dem Frontdifferential verblockte Visco-Kupplung vermochte je nach Bodenhaftung bis zu 30 Prozent der Kraft den Vorderrädern zuzuteilen.

Das Fahrwerk entsprach mit doppelten Querlenkern ringsum Rennbräuchen, und riesige Bremsscheiben mit acht Kolben vorn und Vierkolbensätteln hinten sorgten bei Bedarf für Verzöge-

rungen, die den Insassen fast die Augen aus den Höhlen trieben. Für den Notfall hielt sich überdies (abschaltbares) ESP bereit – eine High-Tech-Premiere bei Lamborghini.

Im übrigen ging der Gallardo ungemein verträglich um mit seinem Bändiger und dessen Begleitern. Davon zeugte bereits sein in feinem Leder tapeziertes Cockpit mit seiner einleuchtenden Haptik, Ergonomie und Ästhetik. Da mußten sich die bei Ferrari da drüben vor den blauen Bergen schon warm anziehen.

Mercedes-Benz SLR McLaren, Bj. 2004. V8. 5439 cm³. 626 PS.
334 km/h. 3,8 s 0 - 100 km/h. Leihgeber: DaimlerChrysler AG, Stuttgart

Seine sperrige Bezeichnung verschmolz die beiden Neon-Namen Mercedes-Benz und McLaren mit dem nicht weniger positiv besetzten Kürzel SLR. Es sollte Reminiszenzen an den erfolgreichen Rennsportwagen Jahrgang 1955 hervorrufen, insbesondere jedoch an dessen hochgeschlossene Variante, das sogenannte Uhlenhaut-Coupé, so genannt nach seinem Schöpfer Rudolf Uhlenhaut, damals PKW-Versuchschef

und Leiter der Rennabteilung.

Zugleich zeugte sie demonstrativ von der innigen Verbundenheit der Untertürkheimer mit ihrem englischen Partner in Woking, wo der SLR unter der Stabführung von McLaren-Konstrukteur Gordon Murray ausgedacht und gebaut werden sollte. Der brillante Südafrikaner legte ihn als Frontmittelmotorwagen aus, dessen Triebwerk zwecks ausgeglichener Gewichtsverteilung weit hinter der Vorderachse eingelassen wurde. Erstmals zu besichtigen war er 1999 in Detroit als Studie und wurde etwa den Besuchern des Großen Preises von Österreich in Spielberg zusammen mit seinem historischen Gegenstück vorgeführt. Da war die McLaren-Mercedes-Welt noch in Ordnung: Star-Pilot Mika Häkkinen war im Zeichen des Joint Venture just Weltmeister geworden und schickte sich an zum zweiten Streich.

Bei seiner Einführung als käufliches Produkt für stattliche 345 000 Euro anläßlich der Frankfurter IAA 2003 stieß der Mercedes-Benz SLR McLaren indessen keineswegs auf ungeteilte Begeisterung. Inzwischen schaute die Lage an der Rennfront alles andere als rosig aus. So empfand man die Anspielung der gespitzt-zerklüfteten Schnauze an die der schwarzsilbernen Formel-1-Monoposti als unglücklich und nahm überhaupt Anstoß an markanten Merkmalen des Designs. Allzu lang schien die Frontpartie, bedingt durch die Anordnung der Maschine, das Stummelheck mit seinem durchaus erfreulichen Kofferraumvolumen von 272 Litern irgendwie zu hoch. Dabei folgte seine Form der Funktion, eingebunden in den Imperativ nach Abtrieb bei diesem 334-km/h-Mobil, oben gekrönt von einem unauffälligen, sich variabel an die jeweilige Fahrsituation anpassenden Spoiler, unten zerfurcht durch einen Sechskanal-Diffusor. Um die gebotene Glätte des Unterbodens zu erzeugen, wurden die Abgase des SLR unter den Flanken entsorgt. Hinter den grimmig gefletschten seitlichen Luftöffnungen, auch sie ein Zitat vom SLR alter Art, verbargen sich die voluminösen Schalldämpfer.

Ansonsten wartete das High-end-Coupé mit Technologie und Materialien vom Edelsten auf. Bei der Aufhängung mit klassischen Doppelquerlenkern und ebensolchen Feder-Dämpfer-Einheiten verzichtete man auf gewichtige Luxustechnik. Eingekleidet war der Supersportler in teurem Kohlefaserkunststoff CFK, fünfmal steifer als Stahl, viel leichter und gebacken in den höllenheißen McLaren-Öfen. Wenn dennoch stamme 1747 kg Leergewicht dabei heraussprangen, lag das vor allem an Mercedes-spezifischem Luxus wie einer Fünfstufenautomatik, elektrisch verstellbaren Sitzen, GPS, einem Bose-Soundsystem, elektrischer Lenkradverstellung, Front-, Kopf-, Thorax- und Knieairbags sowie einer links und rechts regelbaren Klimaautomatik.

Mit all dem machte das 626 PS starke

Herz des SLR wenig Federlesens, ein von der Mercedes-Tochter AMG aufbereiteter V8 mit 5,4 Litern Hubraum und Kompressor. Ähnlichkeiten zum Motor des SL 55 AMG waren nur noch äußerlich, der Ölhaushalt etwa auf Trockensumpf umgestellt und der Lader vergrößert. Spätestens der Druck auf den Starterknopf mit Deckel im Automatikwählhebel läutete das Ende aller Verbindlichkeit ein, schwarz auf weiß zu belegen durch einen Beschleunigungswert von 11,3 Sekunden auf Tempo 200 und akustisch unmißverständlich zum Ausdruck gebracht.

Porsche Carrera GT, Bj. 2004. V10. 5733 cm³. 612 PS.
330 km/h. 3,8 s 0 - 100 km/h. Leihgeber: Thomas Werndl

Sein Name stand für blankes Understatement: Er war weder Carrera noch GT. Und dennoch bedeutete er die Erfüllung der kühnsten Wünsche bis hin zur völligen Abstraktion, wie sie sonst nur Rennwagen verkörpern. Er hatte alles,

verlangte aber auch seinem Lenker alles ab, ein Premium-Auto für Premium-Autofahrer wie den baumlangen Rallyeweltmeister von 1980 und 82 Walter Röhrl, der zu seiner immerwährenden Gaudi in seine Entwicklung eingebunden war. Fast alle anderen hielten sich besser zurück und waren dann innerhalb der enorm weiten Grenzen, die der Porsche Carrera GT absteckte, buchstäblich auf der sicheren Seite.

An einer von Porsche-Chefstylist Harm Lagaay mit kühnen Strichen gezeichneten Studie, auf dem Pariser Salon 2000 lanciert, wurde kaum noch etwas geändert, wie sich drei Jahre später in Genf zeigte. Im Herbst 2003 begann sich das Phänomen Carrera GT auf den Straßen dieser Welt zu ereignen, und wenig später war die auf 1500 limitierte Edition des Donnerkeils aus Zuffenhausen schon fast vergriffen. Bereits seine Eckdaten waren zum Schlürfen: V10 Mitte längs mit 5733 cm³ und 612 PS bei 8000/min, schon ab 2000/min 400 Nm Drehmoment, das sein Maximum von 590 Nm bei 5750/min erreichte, Beschleunigung auf 100 in 3,8 und auf 200 km/h in 10,9 s, Spitze 330 km/h, von Sechskolben-Sätteln umkrallte Keramik-Bremsscheiben von 380 mm Durchmesser, Rennfahrwerk mit doppelten Querlenkern und liegend angeordneten Feder-Dämpfer-Elementen, Karosserie mitsamt Chassis und Aggregate-Träger im Heck aus kohlefaserverstärkten Kunststoffen, auch sonst Edel-Materialmix aus Aluminium, Titan, Magnesium und Karbon. Aber auch: magere 158 kg Zuladung, mickrige 76 l Kofferraumvolumen, mit dem Verstauen des zwiegeteilten CFK-Dachs bereits aufgebraucht, Durchschnittsverbrauch happige 18,6 l je 100 km. Das alles roch verflixt nach einem Triumph der reinen Unvernunft, und der war in der Tat im Preis von 452 690 Euro mit einbegriffen, nie attraktiver verpackt als im Carrera GT.

214 kg des stattlichen Leergewichts von 1472 kg entfielen auf das Triebwerk unter den beiden sich verjüngend rundenden Siebblechen im Nacken der Insassen. In ihm hatten sich echte Renn-Gene weitervererbt. Es leitete sich her von jenem 3,5-Liter-V12, Copyright Porsche-Motoren-Guru Hans Mezger, der nach dem mageren Jahr 1991 im Arrows-Footwork wieder aus dem Formel-1-Verkehr gezogen worden war, gewogen, aber zu schwer befunden. Er diente als Basis für eine Le-Mans-Maschine von 5,5 Litern Hubraum anno 2000, die erst gar nicht zum Einsatz gelangte. Die Kurbelwelle rotierte nur 100 mm über dem Wagenboden und trug somit das ihrige zu einem niedrigen Schwerpunkt bei, nicht zuletzt dank einer Keramikkupplung von gerade mal 169 mm Durchmesser. Mangels mäßigender Schwungmassen bellte er unmittelbar nach dem Betätigen des traditionell links vom Lenkrad angesiedelten Zündschlüssels los wie seine Ahnen und Kollegen von der Piste und verstummte genauso schlagartig wieder. Zwischen diesen Ereignissen lag Fahren pur. Der Porsche akzelerierte, daß sein ungestümer Vorwärtsdrang einer Explosion glich, er klammerte sich an die Fahrbahn wie die Klette an die Loden-Pelerine und verzögerte, daß seinen Passagieren die Luft und die Spucke wegblieb.

Mit dem C_W-Wert des GT von 0,39 ließ sich wenig Staat machen, da der Fahrtwind auch dazu benötigt wurde, das

schwäbische Projektil gegen die Straße zu pressen, bei seinem Höchsttempo mit zusätzlichen 400 kg. Demselben Ziel dienten der entsprechend aufbereitete Unterboden sowie ein Heckflügel, der bei 120 km/h binnen fünf Sekunden automatisch ausfuhr – reichlich der Zeit, welche sich der Carrera GT zum Erreichen dieser Geschwindigkeit genehmigte.

Aston Martin DB9 Coupé, Bj. 2004. V12. 5935 cm³. 457 PS.
306 km/h. 5,4 s 0 - 100 km/h. Leihgeber: Royal Motors Kempen, Köln

Hatte der DB7 als erfolgreichster Aston Martin der Geschichte seine Schuldigkeit getan und das Unternehmen sicher über die Schwelle zum neuen Jahrtausend getragen, verfolgte man mit seinem Nachfolger DB9, erstmals zu

besichtigen auf der Frankfurter IAA im Herbst 2003, ungleich ehrgeizigere Ziele: Das Auto, ließ sich Aston-Martin-Boß Dr. Ulrich Bez gänzlich frei von britischem oder schwäbischem Understatement vernehmen, sei "der beste 2+2-Sportwagen der Welt" und werde in dieser Klasse "für viele Jahre die Führung übernehmen".

Dieser Anspruch wurde untermauert durch eine bestechende neue Fertigungsstätte in Gaydon in der englischen Grafschaft Warwickshire. Gewiß folgte ihre Form ihrer Funktion. Darüber hinaus parlierte sie jedoch auch Aston-Martin-Dialekt: dynamisch einem Zweck zugeordnet, aber einfach ansprechend und Optimismus und Zuversicht ausstrahlend.

Genau dies galt für das Produkt. Es war dem Flaggschiff Vanquish wie aus dem Gesicht geschnitten, aber verbindlicher, eher Granturismo als Sportwagen und voll mit dem, was die Engländer beinahe unübersetzbar creature comfort nennen, den Voraussetzungen dafür, auf kommode Weise schön schnell zu sein. Unter dem schlicht und edel proportionierten Aluminium-Habit mit Kotflügeln und dem hinteren Deckel aus Kunststoff – an der Lenksäule und den inneren Türrahmen kam überdies Magnesium zum Einsatz – hatte sich gleichwohl eine Revolution am Rückgrat ereignet. Strangpreßprofile und Leichtmetallbleche, mit Klebstoff als verbindendem Medium statt der Schweißpunkte bislang, verquickten sich zu einer dreidimensionalen Struktur von geringem Gewicht und enormer Rigidität, im Idiom des Hauses VH (für Vertical Horizontal)-Plattform genannt und Basis für weitere künftige Aston Martin. Sie sei weltweit die vortrefflichste ihrer Art, vermerkte eine aufwendig gestaltete Broschüre frisch. Auf Hand-Werk in bester Tradition des Hauses und als letzte Bastion einer längst vergangenen Epoche, in welcher den Schöpfer noch ein herzliches Verhältnis mit dem von ihm Geschaffenen verband, mochte man gleichwohl nicht verzichten: "Handarbeit", bekannte Chefentwickler Jeremy Main, "ist Teil unserer DNA." Und so wurden in jeden DB9 rund 200 Arbeitsstun-

den investiert – lediglich ein Roboter kümmerte sich um das Auftragen des Klebstoffs. Auch anderswo war man den notorischen Gewichtsproblemen der Renner im Zeichen des Doppelflügels mit Leichtbau zu Leibe gerückt. Aus Aluminium geschmiedet waren die Doppelquerlenker vorn und hinten, aus Aluminium gegossen der Fahrschemel, aus Alumium gefertigt auch die mächtigen 19-Zoll-Felgen und selbst die Stoßdämpferrohre. Am Ende brachte der DB9 leer 1710 kg auf die Waage, am Flottendurchschnitt von Aston Martin gemessen ein wahrer Bruder Leichtfuß.

"Wenn man den besten Sportwagen von allen in dieser Kategorie bauen will, gibt es zu einem V12 keine Alternative", dozierte Motorenchef Brian Fitzsimons. Ein solcher bildete bereits das starke Herz des Vanquish, wurde aber penibel auf eine anders geartetete Verwendung abgestimmt, mit einer neuen Kurbelwelle, neuen Nockenwellen, neuen Ansaug- und Auspuffkrümmern, einem neuem Schmiersystem und einer veränderten Elektronik. Er verlor dabei zehn PS sowie zwölf Kilo Körpergewicht, gewann indessen mehr Drehmoment über ein breiteres Drehzahlband.

"Man sagt", zitierte Fitzsimons anonyme Jünger der Marke, "der V12 von Aston Martin habe den schönsten Sound der Welt. Wir haben eine Menge Zeit darauf verwendet, daß die Musik des DB9 ebenfalls stimmt."

Aston Martin DB9 Volante, Bj. 2004. V12. 5935 cm³. 457 PS.
298 km/h. 5,6 s 0 - 100 km/h.Leihgabe: Aston Martin Lagonda Ltd.

Fürwahr: Auch der kleinere Bruder des Vanquish ließ einem ein Klangerlebnis zuteil werden, an dem der "Orpheus"-Komponist Ritter von Gluck seine helle Freude gehabt hätte – vom Reigen seliger Geister bis hin zum Furientanz.

Die Vermittlung seiner Leistung übernahm im Normfall eine Sechsgang-Automatik des deutschen Spezialisten ZF, auch bei Jaguar und BMW im Einsatz, aber ausgebildet für das perfekte Zusammenwirken mit dem Kraftpaket unter der langen Haube des DB9. Bei ihrer Bedienung wagte man zusätzlich zu den beiden Magnesiumpaddeln unmittelbar hinter dem knuffigen Lederlenkrad neue Wege: vier Drucktasten, in der oberen Wölbung der stämmigen Mittelkonsole in schimmerndes Aluminium eingelassen. Falls er nicht von vornherein für das wahlweise verfügbare manuelle Graziano-Getriebe ebenfalls mit sechs Fahrstufen votiert hatte, konnte der Pilot beim Rangieren ohne Umschweife von Taste D (vorwärts) zu Taste R (rückwärts) wechseln.

Sie flankierten einen Anlasserknopf von betont sinnlicher Anmutung aus Kristallglas, der beim Einschalten der Zündung feurig erglomm und anschließend in fahl-beruhigendes Hellblau hinüberspielte. Man habe sich für diese Lösung entschieden, weil sich die üblichen Plastikknöpfe eher zwischen den Fahrer und sein Fahrzeug stellten als den Kontakt zu befördern, bemerkte Aston-Martin-Innenarchitektin Sarah Maynard dazu einfühlsam.

Für die ideale Achslastverteilung von 50 : 50 hatte man auf das Transaxle-Prinzip zurückgegriffen, das Getriebe vom Motor abgetrennt und vor die Hinterachse ausgesiedelt. Die beiden Aggregate verband ein Aluminiumrohr, in welchem die Kardanwelle rotierte, aus Kohlefaser, um ihre Torsion auf ein Minimum zu reduzieren.

Nach dem Betreten des DB9 erwartete den oder die Privilegierten sachliche Anmut, große Holzflächen in Walnuß, Mahagoni oder Bambus aus einem Stück nach dem Vorbild avantgardistischen Mobiliars, viel Aluminium, Instrumente von wundersamer Simplizität, das kostbare Aroma von Leder der schottischen Manufaktur Bridge of Weir. Der Drehzahlmesser genügte seiner Anzeigepflicht gegenläufig – als Anspielung auf den Uralt-Vorfahren DB2.

Wie schon im Falle des Vanquish wurde eine Reihe von Versuchsträgern ausgesucht schlechter Behandlung unterzogen, auf dem Nürburgring und dem italienischen Vollgasoval von Nardo ebenso wie am Polarkreis und in der Höllenhitze von Arizona. Ulrich Bez macht dergleichen gern zur Chefsache und quälte die von schwarzen Aufklebern bis fast zur Unkenntlichkeit verstümmelten Prototypen nach Herzenslust mit.

Zu den Stars der Detroit Motor Show Anfang Januar zählte der DB9 Volante, das vorerst letzte von den 13 Cabriolets der Marke bislang. Als ein solches sei der offene DB9 von Anbeginn an konzipiert worden, betonte Bez, und deshalb sei er nicht einfach ein Coupé, dem man das Dach abgehackt habe – ein Unterfangen, dem nicht zuletzt auch die VH-Plattform dienlich war. Sein schmuckes Verdeck zog sich auf Knopfdruck hin in 17 Sekunden hinter einen festen Deckel zurück, der sich dann ebenfalls elektrisch in das Niveau der ebenmäßig gestreckten Karosserie einfügte.

Die Insassen des Volante waren ähnlich sicher aufgehoben wie in der geschlossenen Version: Sensoren machten zeitgerecht eine potentielle Rolle aus, und massive Sturzbügel schossen aus den Kopfstützen, während die A-Säulen ungerührt das doppelte Wagengewicht wegsteckten. Dergleichen mochte der Himmel verhüten – jede kleine Beule am DB9 tat ja schon weh...

Chevrolet Corvette (C6), Bj. 2004. V8. 5970 cm³.
402 PS. 300 km/h. 4,2 s 0 - 100 km/h. Leihgeber: Cadillac Europe B.V.

Der Vorhang über dem Chevrolet Corvette der sechsten Generation in Gestalt eines Coupés mit abnehmbarem Hardtop hob sich bei der Detroit Auto Show im Januar 2004. Das Convertible folgte beim Genfer Salon im März. Die Hochleistungsvariante Z06 wurde neun Monate später wiederum in Motown nachgeliefert.

Daß sich dieser Dreisprung in eine neue "Vette"-Ära nicht bereits zum 50. Jubiläum des Modells im Jahr zuvor vollzog, erklärte Bob Lutz, GM-Debütant 1963 und nach Intermezzi bei BMW, Ford und Chrysler seit dem November 2001 erneut als Entwicklungschef für General Motors tätig, mit den wirtschaftlichen Folgen des Terror-Tags 11. September.

Trotz offenkundiger Innovation kam mit dem C6 wieder unverkennbar ein echter Corvette daher, nur irgendwie athletischer: Man hatte seine Kompositkarosserie knuffig eingedampft, hinsichtlich der Länge um 130 mm und der Breite um 25 mm, und zugleich den Radstand um 35 mm auf 2686 mm gestreckt. In Verbindung mit fetten 18-Zoll-Rädern vorn und 19-Zöllern hinten führte dies zu einem muskulösen Auftritt ganz im Sinne der verschworenen "Vette"-Gemeinde, während der weit hinten angesiedelte Motor zur nahezu ausgeglichenen Gewichtsverteilung von 51 zu 49 Prozent beitrug.

Im übrigen mischten sich wie üblich fortschrittliche und Retro-Elemente. Der charakteristische Hüftknick beschwor die Erinnerung an den Colaflaschen-Look der Fünfziger und damit an strategisch wichtige Partien der weiblichen Anatomie herauf. Und auch das stämmige Bootsheck, unter dem mittig vier Auspuffrohre drohend hervorlugten, zitierte diverse Vorgänger. Die kleinen separaten Scheinwerfer (Xenon für Abblend- und Fernlicht) unter einer klaren Kunststoffabdeckung hingegen entsprachen ebenso dem letzten Stand der Dinge wie das auf Wunsch verfügbare Navigationssystem und das Head-up-Display im Cockpit. Das Interieur des C6 erfreute die Einsitzenden mit hochwertigerer Materialanmutung und freundlichen Farben, nachdem sie sich schlüssellos Zugang verschafft hatten. Paradoxerweise gestattete dieses High-Tech-Detail einen kleinen Ausflug in die gute alte Zeit: Der Motor wurde per Knopfdruck zum Leben erweckt.

Bei diesem handelte es sich in Abkehr vom bisherigen Kult-Volumen 5,7 l um einen Sechsliter-Achtzylinder der Vortec-Baureihe (im GM-Code LS2), der 405 PS und ein maximales Drehmoment von 543 Newtonmetern unter designergedämpftem V8-Grollen lässig aus dem Ärmel schüttelte. Für den Z06 wurden gar 450 PS und eine Spitze jenseits von 300 km/h verheißen, wo sich der Pilot des Normal-C6 mit Tempo 290 bescheiden mußte. An die Hinterräder weitergereicht wurde diese Urgewalt durch die bekannte Vierstufenautomatik oder ein leicht und knackig zu betätigendes Schaltgetriebe mit sechs Fahrstufen. In Verbindung mit einem Fahrwerk vom Feinsten – alle vier Räder hingen einzeln an doppelten Querlenkern mit den Corvette-spezifischen Querblattfedern – fügte sich all das zusammen zu großem Fahrspaß bei gokartmäßigem Handling fern jeglicher Weichlichkeit, wie sie noch in altehrwürdigen Vorurteilen mit Autos aus dem Land der unbegrenzten Möglichkeiten verbunden sein mochte. Viel Entwicklungsarbeit am C6 war auf deutschen Abenteuerspielplätzen wie wenig befahrenen und von Geschwindigkeitsbegrenzungen noch unverstümmelten Autobahnen und der Nordschleife des Nürburgrings geleistet worden. Kein Wunder: Nur ein Bruchteil der Corvette-Produktion von rund 35 000 Einheiten pro anno in Bowling Green/Kentucky, hatte bislang den Weg nach Europa gefunden.

Das sollte sich, so Bob Lutz zuversichtlich, nun ändern – viermal soviel wie bisher wolle und werde man schon absetzen.

Ford Mustang GT, Bj. 2004. V8. 4606 cm³.
304 PS. 240 km/h. 6,4 s 0 - 100 km/h. Leihgeber: Ford Motor Co.

„Wir haben", erklärte Jay Mays, Vizepräsident der Ford-Gruppe für Design, "das Auto nicht nur umgekrempelt, sondern einem Epos ein weiteres Kapitel angefügt."

Anlaß dieses Statements war "The Great American Pony Drive II" am 30. und 31. Mai 2004, ein Wallfahrt zum 40. Geburtstag der Muscle-Car-Ikone Mustang. Sie führte zum Schauplatz der damaligen Premiere New York und 40 weiteren amerikanischen Städten. Die Karawane im Zeichen des Pony Cars war indessen nicht nur aus unverbindlicher Nostalgie unterwegs, sondern diente nicht zuletzt der Vorstellung der fünften Mustang-Generation. "All das sind wir den acht Millionen Menschen schuldig, die seit dem 17. April 1964 einen neuen Mustang gekauft haben", äußerte sich Projektleiter Hau Thai-Tang zu den Dimensionen der rollenden Show. Oberstes Gebot im Lastenheft des ehemaligen Bürgers von Brooklyn: einen gekonnten Spagat zwischen gestern und morgen zu vollziehen.

Obwohl nicht ein einziger Teil auch nur vom Vorgänger übernommen worden war, trug der Neue, in den kalifornischen Design-Studios der Marke als Coupé und als Cabriolet konzipiert, in der Tat die typischen Züge der Baureihe. Pate stand insbesondere das Modell '67, das als eines der gelungensten galt. Zum Repertoire zählten langer Bug und kurzes Heck mit den markanten Dreiergruppen der Rückleuchten, das bedrohlich klaffende Haifischmaul sowie das silberne galoppierende Pferd im Emblem. Neue Elemente: die runden Scheinwerfer in trapezförmigen Gehäusen zum Beispiel, die Verlängerung des Radstands um 145 mm und die Auslagerung der Räder beinahe an die äußersten Ecken des Mustang, ein Ford-Schritt, welcher der gewünschten bullig-aggressiven Anmutung zugute kam.

Brotzelte in einem Concept Car für die Detroit Auto Show im Januar 2003 noch ein 400 PS starker V8 mit Kompressor, verzichtete man für den Serienwagen, vorgestellt bei der gleichen Gelegenheit ein Jahr später, auf jegliche Form der Aufladung. Die 304 PS des Achtzylinder-Saugmotors von 4606 cm³ in der Variante GT standen ohnehin für den Aufbruch in eine neue Ära und kamen einem Leistungszuwachs von mehr als 50 Prozent gegenüber dem Small-Block-Triebwerk des Ur-Mustang aus den Sechzigern gleich. Ganz aus Leichtmetall und von drei Ventilen je Zylinder beatmet, brachte er 34 kg weniger auf die Waage als eine vergleichbare gußeiserne Maschine und befand sich mit Fly-by-wire-Technologie, einem flinken elektronischen Management und variablen Nockenwellen-Timing auf dem letzten Stand der Dinge.

Das Gleiche galt für den alternativ angebotenen 205 PS starken V6 mit 4009 cm³, einem Gabelwinkel von 60 Grad und je einer obenliegenden Nockenwelle, wo beim Vorläufer noch eine zentrale Lösung vom Geist der guten alten Zeit gekündet hatte. Die Bräuche und Möglichkeiten der neuen verrieten überdies Ansaugkrümmer aus Kompositmaterial sowie das kernig-kehlige Designergrollen, das den beiden Auspuffrohren des Mustang entströmte.

Erstmalig gab es ihn mit einer Fünfgangautomatik, deren Kontrollcomputer mit der Elektronik des Motors zehnmal schneller als zuvor kommunizierte. Wem dies ein zu radikaler Eingriff in seine persönliche Freiheit war, der konnte seinen Mustang mit einem per Hand geschalteten Getriebe mit ebenfalls fünf Fahrstufen ordern. Von Grund auf erneuert zeigte sich auch die Aufhängung mit Teleskopdämpfern, unteren Querlenkern und einem Stabilisator vorn und der gewohnten Starrachse mit Längslenkern, einer Drehmomentstütze, Panhardstab und Schraubenfedern am anderen Ende sowie belüfteten Scheibenbremsen ringsum. Auch sonst hatte man ein Füllhorn von Luxus und aufwendigen Sicherheitsvorkehrungen über dem Klassiker ausgeschüttet. Kein Zweifel – Bullit-Star Steve McQueen hätte seine helle Freude gehabt.

Maserati MC12, Bj. 2004. V12. 5998 cm³. 632 PS. Über 330 km/h.
3,8 s 0 - 100 km/h. Leihgeber: Ferrari Deutschland GmbH/Maserati Vertrieb Deutschland

Schon sein Farbschema atmete Renngeschichte: In Weiß und Blau gehalten war auch der Maserati Tipo 61 ("Birdcage" genannt wegen seines Rahmens aus filigranen Röhren), mit dem etwa Stirling Moss und Dan Gurney 1960 und Masten Gregory und Lucky Casner 1961 für Casners nordamerikanisches Camorado-Team das 1000-km-Rennen auf dem Nürburgring gewannen.

An jenen längst vergilbten Ruhm gedachte die Maserati S.p.A., frisch gestählt durch ihre Eingliederung in das Fiat-Imperium 1999 und seitdem unter der Obhut der schönsten Konzern-Tochter Ferrari, anzuknüpfen mit dem MC12 (für Maserati Corse 12 Zylinder).

In lediglich knapp einem Jahr stellte ihn die junge Sportabteilung im Zeichen des Tridents auf die 19-Zoll-Räder, ohne indessen mit einem weißen Blatt Papier beginnen zu müssen – der MC12 fußte auf dem Enzo Ferrari. Als geeignetes Forum für die fünf Werkswagen bot sich die GT-Meisterschaft der FIA an. Doch schon gab es Stunk. Die Motorsport-Legislative verweigerte dem Neuankömmling aus der Viale Ciro Menotti zu Modena die Homologation, Begründung vor allem: Er sei mit seinen 5143 beziehungsweise 2096 mm zu lang und zu breit. Flugs plante man gar ein neues Regelwerk, um solche Auswüchse ab 2005 einzudämmen. Und ebenso rasch begann sich Maserati Corse unter Projektleiter Giorgio Ascanelli auf die veränderten Parameter einzurichten.

Die 25 Käufer der Straßenversion, die 2004 beim Frühlingssalon in Genf für gehörige Furore sorgte, mochte indessen trotz des enormen Grundpreises von 696 000 Euro dergleichen Prinzipienhader nicht verdrießen und dies trotz Raumnot in so mancher Garage. Sie erwarben in der Tat ein ebenso rares (eine zweite Auflage von 25 Exemplaren war für 2005 vorgesehen) wie spektakuläres Automobil. Zwei Elemente flossen in seinem Styling zusammen, eine Basisidee von Giorgetto Giugiaro und deren Feinschliff durch Computer, Windtunnel und Arbeit auf der Piste unter der Federführung von Frank Stephenson, dem Direktor der Ferrari-Maserati-Gruppe für Form-Fragen. Dabei heraus kam ein irr zerklüftetes Carbon-Gebilde von wilder Schönheit, in dem gleichwohl jeder Furche eine Funktion zufiel. So verbesserten etwa die seitlichen Kanäle zwischen den Rädern die aerodynamische Effizienz und, im Zusammenwirken mit dem zierlichen Kohlefaser-Flügel, dem glatten Unterboden sowie den beiden großen Diffusoren den Abtrieb. Das abnehmbare Dach des "langschwänzigen zweisitzigen Coupé-Spiders" (dies die Definition des Werks) bedingte konventionelle Klapptüren, und das gesamte Karosserie-Vorderteil einschließlich der Bi-Xenon-Lampen und Kotflügel ließ sich für Reparatur- und Wartungsarbeiten entfernen. Ein Schnorchel über dem Dach führte dem Motorraum gebündelt das Lebenelixir Luft zu.

Die höchst verwindungssteife Chassisstrukur bestand aus Kohlefaser und Nomex-Bienenwaben-Sandwich mit Hilfsrahmen aus Aluminium, in welche die Aufhängung mit doppelten Querlenkern sowie koaxialen Einheiten von Schraubenfedern und progressiven Dämpfern angelenkt war. Auch der Sechsliter-V12, längs vor der Hinterachse installiert, glich im wesentlichen dem des Vetters Enzo Ferrari, mit einem Respektsabstand von 28 PS durch die Verwendung von geänderten Zylinderköpfen und die Reduktion der Höchstdrehzahl von 8200 auf 7700/min. Schon bei 3000/min lagen 80 Prozent seines Drehmoment-Maximums von 652 Nm an. Übertragen wurde seine Kraft durch das Maserati-spezifische Cambiocorsa-Getriebe, geschaltet mittels Paddelchen hinter dem Lenkrad. Gnadenlos zupackende Brembo-Bremsen mit quergebohrten innenbelüfteten Riesenscheiben und Zangen mit sechs Kolben vorn und vier Kolben hinten sorgten dafür, daß der weißblauen Hybride zeitgerecht wieder zum Stehen kam – ein Erlebnis für sich.

Mercedes-Benz SLK 200 K, Bj. 2004. Vierzylinder-Reihenmotor Kompressor. 1796 cm³. 163 PS. 230 km/h. 8,3 s 0 - 100 km/h. Leihgeber: Horst Zimmermann

Nicht immer sticht der Nachfolger den Vorgänger aus, in puncto Qualität nicht und in puncto Schönheit erst recht nicht. Die Geschichte des Autos ist voll davon.

Der SLK der zweiten Generation jedoch, eingeführt im Januar 2004 und unters fahrende Volk gebracht, als im Mai noch die letzten der insgesamt 311 200 Exemplare des früheren Modells dem Kunden zugeführt wurden, ist ein gutes Beispiel dafür: Er kam, sah und gefiel auf Anhieb, schon weil ihm Riesenportion Oh,là,là! in die Wiege gelegt worden war. Dabei wies er markante Stilelemente des zwiespältig aufgenommenen großen Bruders SLR auf, atmete zum Beispiel durch eine ganz ähnlich geformte ausgeprägte Nase als Verbeugung vor den aktuellen Silberpfeilen, die diese Ehre wahrlich nicht verdienten. Im Kontext mit dem übrigen Auftritt des Kleinen, der als Einstiegs-SLK 200 Kompressor gerade mal ein Dreizehntel des Großen kostete, machte sie plötzlich visuellen Sinn.

Wer noch immer Bedenken hatte, wurde spätestens durch das Cockpit des Neuen gewonnen, mit seinen hochwertigen und edel vernarbten mattschwarzen Kunststoffen, mit denen silbrige Knöpfe und Instrumenteneinfassungen angenehm kontrastierten. Details wie das (aufpreispflichtige) Navigationssystem oder die pfiffigen Türgriffe mit den Drucktasten für die Fensterheber schmeichelten dem Auge wie dem Tastsinn. Ebenfalls nur als Extra und lediglich im Doppelpack mit beheizbaren Ledersitzen erhältlich war eine besonders charmante Spezialität des SLK der neuen Art: der Luftschal, ein dreistufiger Nackenfön, der bei Bedarf einen wärmenden Luftstrom aus der Kopfstütze pustete.

Mercedes-Benz SLK 55 AMG, Bj. 2004. V8 5439 cm³. 360 PS. 250 km/h. Leihgeber: Mercedes-AMG, Affalterbach

Die Sitze und die Sitzposition stimmten selbst für hochgewachsene Passagiere, zumal durch den um 30 auf 2430 mm gewachsenen Radstand willkommener Raum freigemacht worden war.

Besonderes Augenmerk hatte man auf die Optimierung des Vario-Verdecks verwendet, das den Sprint von null auf 100 Prozent Offenheit nun in 22 und damit in drei Sekunden weniger als zuvor absolvierte. Geblieben war das scheinbar konfuse Spektakel, bis das metallene Dach innig umschlungen mit der Heckscheibe im Kofferraum verschwand und damit dessen Volumen von 300 auf 210 Liter reduzierte. Selbst offen vermittelte die Karosserie des SLK mit seiner charakteristischen hohen Gürtellinie den Eindruck trotziger Geborgenheit – nichts verwand sich, ächzte oder zitterte. Mit Querlenkern und McPherson-Federbeinen vorn und dem Mercedes-Glaubensartikel Raumlenkerachse hinten sowie effizienten Bremsen war das kleine Auto glänzend für alle Fahrsituationen ge-wappnet, ohne seine Insassen durch übertriebene Härte zu quälen.

Bereits die Basismotorisierung in Gestalt eines Reihenvierzylinders von 1796 cm³ mit zwei obenliegenden Nokkenwellen, von einem Eaton-Gebläse mit Intercooler zu 163 PS animiert, gestattete wieselflinke Fortbewegung. Zwei Ausgleichswellen erzogen dem Sechzehnventiler dabei eine bemerkenswerte Laufkultur an. Gleichwohl hatten ihm die Mercedes-Toningenieure bei hohen Drehzahlen einen heiseres Röhren mit auf den Weg gegeben – immerhin verbarg sich unter all der zivilisatorischen Tünche ein Sportwagen. Diesen Zug des SLK unterstrichen zwei weitere Triebwerke, mit denen er angeboten wurde, ein V6 mit 3498 cm³ und satten 272 PS für den SLK 350, ein V8 von 5439 cm³ und mächtigen 360 PS im Falle des SLK 55 AMG. 230 km/h lief der SLK 200 K, auf 250 km/h wurden die beiden anderen in freiwilliger Selbstkontrolle gezähmt. Die entsprechende Beschleunigungswerte für den Spurt auf Tempo 100 betrugen 8,3, 6,1 und 4,9 Sekunden. Nur: Weniger kostete viel mehr Geld. Für den Zweiliter waren 33 524 Euro zu entrichten, für die potente AMG-Variante mit 63 974 Euro fast das Doppelte.

Porsche 997 Coupé Carrera S, Bj. 2004. Sechszylinder-Boxermotor. 3824 cm^3. 355 PS. 293 km/h. 4,7 s 0 - 100 km/h. Leihgeber: Porsche Zentrum Inntal, Rosenheim

Der Elfer Köchelverzeichnis 997 trat am 17. Juli 2004 zur Wachablösung mit dem 148 105 Mal verkauften Vorgänger 996 an, das Cabriolet folgte ein halbes Jahr später. Der Neue war ganz Rückbesinnung und Rückgriff auf klassische

Tugenden, gefiltert durch die öffentliche Meinung des Porsche-Volks. Gepaart mit diesem pingelig designten Déjà-vu-Erlebnis war wie üblich Technologie auf dem letzten Stand der Dinge – eine schier unwiderstehliche Melange.

Wie so häufig in der menschlichen Generationenfolge ähnelte er weniger dem unmittelbaren Vorläufer als dessen Vorgänger 993, nach Ansicht vieler dem schönsten und ausgewogensten 911 bislang. Weg waren die mißliebigen vorderen Leuchteneinheiten, aus Gründen der Kostenersparnis Produkt einer Zellteilung, aus welcher auch die Front-Lampen des Boxsters hervorgegangen waren, und vielerorts als "zerlaufene Spiegeleier" verunglimpft. Statt ihrer schauten die altbewährten Rundscheinwerfer aus den Spitzen der stärker konturierten Kotflügel, und den zusätzlichen Lichtquellen hatte man eine neue Behausung im Stoßfänger angewiesen. Wieder da war die virile Taille, herausgearbeitet aus 38 mm mehr Breite. Steiler standen die hinteren Lüftungsgitter, und größer waren die Räder, 18 Zöller mit Reifen der Dimension 235/40 vorn und 265/40 hinten an der Basis-Version Carrera, 19-Zoll-Felgen besohlt im Format 235/35 respektive 295/30 für die Variante Carrera S.

Auch das neue Cockpit ließ das vorletzte anklingen, mit (im S weiß unterlegten) Instrumenten, die sich nicht mehr so stark ineinander verschränkten. Noch immer – ein unverzichtbarer Glaubensartikel bereits des seligen Ferry Porsche – steckte der Zündschlüssel links vom neuerdings höhenverstellbaren Lenkrad, allerdings effektvoll gestylt. Auch sonst war willkommene Innovation eingezogen. Körpergerechte Fauteuils umschmiegten die Insassen, auf Wunsch und gegen 2796 Euro extra (Grundpreise waren 75 200 Euro für den Carrera und 85 176 für den S) mit mittels hübsch geformter Bedienelemente verstellbarer Seitenwangen für Sitzkissen und Rückenlehne.

Daß auch schön sein sollte, was gut war, davon zeugte die kulinarische Aufbereitung des traditionellen Boxers durch entsprechend elegantes Dekor. Zur Augenweide gesellte sich vermehrter Ohrenschmaus, komponiert von den 48 zuständigen Akustikingenieuren zu Weissach: Ein sogenannter Helmholtz-Resonator im Ansaugsystem sorgte zwischen 5000 und 6000/min für den von der Klientel erwünschten giftigen Sound, und darüber bis zum Einsetzen des Begrenzers bei 7300/min zeugte dekorativ gedämpftes Gebrüll von den Kräften, die im Rücken der Passagiere mächtig walteten. Sie wurden den Hinterrädern zugeteilt durch ein verstärktes Sechsgang-Schaltgetriebe mit kürzeren Wegen und in Leichtbauweise oder durch die Tiptronic S mit ihren fünf Fahrstufen.

Letzter Zwischenstand bei der Eskalation der Gewalt im engen Motoren-Appartement: 325 PS und 370 Nm wurden im Carrera durch das bekannte 3,6-Liter-Aggregat freigesetzt, 355 PS und 400 Nm durch einen neu entwickelten Boxer mit 3824 cm^3 im Carrera S. Mit diesem im Heck zählte der 997 zu den Schnellsten im ganzen Land, mit 4,7 s auf 100, 16,6 auf 200, 293 km/h Spitze. Beim Vorstoß in diese Dimensionen eilte dem Lenker ein Heer von unsichtbaren Helfern zur Hilfe, etwa das im S-Typ serienmäßige elektronisch geregelte Fahrwerk PASM (für Porsche Active Suspension Management). Von bekömmlicher Härte war schon die Normalstellung der Stoß-

dämpfer, nach dem Drücken einer Sporttaste noch einmal straffer. Mit einer zusätzlichen Vernetzung von Dämpferhärte, ESP und Motor- und Getriebesteuerung wartete das optionale Chrono-Sport-Paket Plus auf. Das Schönste daran: Man konnte alles beim alten lassen.

Ferrari F430, Bj. 2004. V8. 4308 cm^3.490 PS. über 315 km/h.
4 s 0 - 100 km/h. Leihgeber: Ferrari Deutschland GmbH

Natürlich stand nach fünf Jahren Verweildauer für den 360 Modena der übliche Modellwechsel an, zumindest aber ein umfassendes Facelift. Mit dem Thronfolger F430, präsentiert anläßlich der Ferrari Days auf dem Nürburgring am

ersten Wochenende des Septembers 2004, schlug das Imperium jedoch auch zurück. Konkurrenz aus dem Audi-Brükkenkopf Sant'Agata ein paar Kilometer weiter ostwärts begann sich in den Herzen, Vergleichstests und Stammtisch-Radotagen breitzumachen, der Lamborghini Gallardo. Und gegenüber dessen manifesten Qualitäten – Fünfliter-V10, 500 PS, Aluminiumbauweise – bei vergleichbarer Preisgestaltung und Schönheit war der letzte Ferrari-Dreier schlichtweg ins Hintertreffen geraten.

Wie gewohnt ließ man sich in Maranello nicht lumpen im Umgang mit dieser Problematik und spielte dabei krachend eine unschlagbare Trumpfkarte aus: die Nachbarschaft des Neuen zu den siegreichen roten Rennern auf den Formel-1-Pisten. Gewiß sah man dem F430 seine 360-Gene an. Gleichwohl kam er, ebenfalls in Leichtmetall gewandet, mit größeren Lufteinlässen, anderen Frontleuchten und einem Hintern ähnlich dem des Enzo Ferrari daher, vor allem aber mit einem mächtigen, von vier senkrechten Finnen gegliederten Diffusor am Ende seines ungewöhnlich flachen Unterbodens. Unter dem Heckfenster zur Besichtigung freigegeben und appetitlich aufbereitet lagerte indessen ein V8, der mit seinem Vorgänger nur noch den Gabelwinkel von 90 Grad und auch sonst die grundsätzliche Architektur teilte, eng verwandt mit dem aktuellen Maserati-Triebwerk. Projektleiter war Mauro Rioli, 16 Jahre lang Angehöriger der Ferrari-Front-Formation Gestione Sportiva. Hatte die Maschine des 360 mit einem Zylinderabstand von 94 mm ihr Potential bis zur Neige ausgereizt, stand nun mit 104 mm eine Menge Substanz für künftige Taten bereit. Im F430 spielte er, wie schon der Name sagte, mit 4,3 Litern auf und produzierte stramme 490 PS, so daß bei einem Leergewicht von 1450 kg jede Pferdestärke für das Spedieren von lediglich 2,8 Kilogramm zuständig war. Mit einer Literleistung von 114 PS stach das kompakte, mittig installierte Kraftpaket sogar den Sechsliter-Zwölfzylinder des großen Bruders Scaglietti aus.

Als Kurzhuber mit den Brennraum-Maßen 92 x 81 mm in Vierventiltechnik ausgelegt, drehte es freudig und polyphon untermalt von der entsprechenden Klangkulisse empor bis in den grellen Sopran eines hoch angesiedelten Wohlfühlbereichs, wie die Nenndrehzahl von 8500/min verriet. Das maximale Drehmoment war von 373 auf 465 Nm angestiegen, lag allerdings erst bei 5250 Touren an.

Seine Stärke gelangte über ein Sechsganggetriebe an die Hinterachse, wahlweise mit der bereits bekannten Formel-1-Schaltung. Ebenfalls von den roten Monoposti abgeleitet, ermöglichte es extrem kurze Gangwechsel von 150 tausendstel Sekunden. Aus der gleichen High-Tech-Provenienz stammte das elektronisch gesteuerte Differential E-DIFF, das ohne den leistungsmindernden Eingriff der Bremsen die Verteilung der Kraft zwischen den Hinterrädern regelte und dabei Parameter wie Schlupf und Querbeschleunigung berücksichtigte. Eine weitere Neuerung: Sämtliche Systeme zur Regelung der Fahrdynamik wurden über einen Drehschalter am knuffigen Volant bedient, von den Piloten des Scuderia mit dem Spitznamen "manettino" (für Hebelchen) versehen. Mit diesem vermochte der Pilot des F430 auf die Arbeitsweise und -moral von Dämpfern, Differential, F1-Schaltung und ESP einwirken. Für die maximale Bremsleistung

bei harten Einsatzbedingungen war optional eine Bremsanlage mit Scheiben aus Carbon und Keramik lieferbar. Ihre Verzögerung konnte das Gros der Verfolger eines F430 ganz schön in Verlegenheit bringen. Soweit die neuesten Nachrichten aus Maranello. Nun mußte man sich in Sant'Agata warm anziehen...

Peugeot 907, Bj. 2004. V12. 5892 cm³. 500 PS.
über 300 km/h. Leihgeber: Automobiles Peugeot

"Leidenschaftliches Fahrvergnügen" verhieß der Titel einer von Peugeot im August 2004 veröffentlichten Ankündigung. Den zu Beginn des dritten Jahrtausends so ausschweifend vermarkteten Begriff Leidenschaft umspielte auch der darauf folgende Text. Da war in lyrischer Sprache von unseren herrlichsten Träumen die Rede, die im allgemeinen bei Tagesanbruch verblassen, manchmal aber auch kräftige Spuren in unser Unterbewußtsein gravieren.

Um eine solche Spur, sogar ganz ins Konkrete gewendet, handelte es sich nämlich bei dem Gran-Turismo-Coupé Peugeot 907, dem Star des Pariser Salons im September 2004. Soweit die gute Nachricht. Die schlechte: Das spektakuläre Exponat sei lediglich als Concept Car gemeint, von den Technikern und den Designern der Marke noch einmal als Apotheose ihrer Kunst geschaffen, bevor die Styling-Abteilungen von Peugeot und Citroen zusammengelegt würden und somit ihre kreative Identität verlören, schränkten seine Väter mit dem Ausdruck ihres Bedauerns ein. Und: ein solches Supercar passe eigentlich gar nicht ins Image eines Produzenten von automobiler Massenkonfektion.

Eigentlich doch – immerhin hat die Marke mit dem Löwen die beiden Le-Mans-Erfolge 1992 und '93 vorzuweisen, während ihre Grand-Prix-Siege wie die des kernigen Georges Boillot bei den Großen Preisen von Frankreich 1912 und '13 zugegebenermaßen schon stark angerostet sind. Das stärkste Gegenargument indessen bildete das schöne Modell auf dem Pariser Laufsteg selber, ein Traum in Molybdän-Grau, innen tapeziert mit Leder und Alcantara in Braun und Hellgrau. An und in ihm fanden sich klassische Baumuster zu einem durchaus eigenen Profil zusammen. Der Fahrgast-Pavillon für zwei war weit hinten angesiedelt worden, um Platz zu schaffen für die artspezifische lange Frontpartie. Unter den schlitzartig gewinkelten Scheinwerfern weitete sich das Maul des 907 gefräßig. Die Windschutzscheibe krümmte sich nahtlos ins transparente Dach, so daß zusammen mit dem nur durch einen schmalen schwarzen Streifen abgegrenzten Heckfenster eine fast durchgehende Glasfläche entstand, durch die man den Blick dankbar und ungehindert nach oben richten konnte. Aus dem Kofferraumdeckel wuchs bei höherem Tempo ein Flügel von eher diskreten Dimensionen empor,

während je ein Doppelauspuff links und rechts vor den Türen mündete, was einer aggressiven Anmutung des Pariser Beaus dienlich war, allerdings auch zu schnöden Verbrennungen führen mochte. Die Kiemen im Anschluß an die Vorderräder und die kleinen Seitenfenster erinnerten erstaunlich an frühere Berlinettas eines bestimmten Herstellers aus der norditalienischen Poebene. Zu den harmonischen Proportionen des 907 trug die gut austarierte Relation von Länge (4370 mm) und Radstand (2500 mm) bei, und ausgewogen war auch das Verhältnis von Breite (1880 mm) und Höhe (1210 mm).

Ein U-förmiges durchsichtiges Element am Ende der vorderen Haube gab wie bei einer Vitrine den Blick auf die Ansaugstutzen des Triebwerks frei, das als Front-Mittelmotor nahe an die Passagierzelle herangerückt war. In ihm hatten sich zwei der bekannten Peugeot-V6-Aggregate zusammengefunden zu statusträchtiger V12-Konfiguration mit knapp sechs Litern Volumen und 500 PS. Das Transaxle-Sechsganggetriebe wurde per Joystick sequentiell geschaltet. Die tragende Struktur bildete ein Kohlefaser-Monocoque, welches somit auch die mechanischen Baugruppen wie etwa die doppelten Querlenker und die Achswellen aufnahm. Fahrfertig brachte der 907 1400 kg auf die Waage, so daß jede Pferdestärke mit nur 2,8 kg Wagengewicht leichtes Spiel hatte.

Leidenschaftliches Fahrvergnügen – versprochen, aber nicht gehalten? Immerhin war für den Peugeot 907 eine maßgeschneidertes Gepäck-Set entwickelt worden...

Fabrikat	Baureihe	Bauzeit	Typ (abgebildetes Fahrzeug)	Baujahr	Motor	cm³	Bohrung & Hub mm	DIN-PS SAE-PS*	km/h	s 0 - 100 km/h s 0 - 60 mph*	s 0 - 160 km/h s 0 - 100 mph*	s 0 - 200 km/h	Gewicht kg	Seite
Abarth	750/1000 Bialbero Zagato	1956 - 1965	1000 Bialbero GT Zagato	1963	4 R	982	65 x 74	91	108				570 (trocken)	136
AC	Ace und Aceca	1953 - 1963	Ace Bristol	1958	6 R	1971	66 x 96	122	187	9,1*			815 (trocken)	101
			Aceca Bristol	1960	6 R	1971	66 x 96	128	205	9,4*			965 (trocken)	102
	Cobra	1962 - 1968	Cobra 289 Mk II	1964	V8 Ford	4727	101,6 x 72,9	275	218,8	5,2*	13*		920 (leer)	188
			Cobra 289 Mk III	1967	V8 Ford	4727	101,6 x 72,9	300	250	4,5	10	15	1050 (Tank halbvoll)	189
			Cobra 427 Mk III	1966	V8 Ford	6998	107,7 x 96,22	485	265,5	4,3*	8,8*		1030 (trocken)	190
	428	1965 - 1973	428 Coupé	1969	V8 Ford	7014	104,9 x 101,2	345	216	6,2*	15,7*		1482 (Tank halbvoll)	230
			428 Cabriolet	1970	V8 Ford	7014	104,9 x 101,2	345	216	6,2*	15,7*		1482 (Tank halbvoll)	231
Adler	Trumpf Junior Sport	1935 - 1937	Trumpf Junior Sport	1936	4 R	995	65 x 75	28	110				750	47
Alfa Romeo	RL	1922 - 1927	RL SS	1927	6 R	2996	76 x 110	83	130				1610 (leer)	11
	6C 1500	1927 - 1929	6C 1500 MM Speciale	1928	6 R	1487	62 x 82	62	155				860 (leer)	16
	6C 1750	1929 - 1933	6C 1750 GS	1933	6 R	1752	65 x 88	85	145				980 (trocken)	26
	8C 2300	1931 - 1934	8C 2300	1931	8 R	2336	65 x 88	160	180	8			1000 (trocken)	34
	6C 2300 B	1935 - 1939	6C 2300 B Mille Miglia	1938	6 R	2309	70 x 100	95	145				1380 (trocken)	48
	8C 2900 B	1937 - 1939	8C 2900 B	1939	8 R	2905	68 x 100	180	185	9,5			1150 (trocken)	68
	6C 2500 SS	1939 - 1953	6C 2500 Coupé SS	1947	6 R	2443	72 x 100	110	175	18			1410 (trocken)	65
			6C 2500 Cabriolet SS	1948	6 R	2443	72 x 100	105	165,6	18			1400 (trocken)	66
	1900 SS	1951 - 1958	1900 Super Sprint	1956	4 R	1975	84,5 x 88	115	190				950 (trocken)	92
	Giulietta	1954 - 1965	Giulietta Sprint	1966	4 R	1290	74 x 75	80	162	14,2			940 (Tank voll)	110
			Giulia Spider	1962	4 R	1570	78 x 82	92	176	11,1			975 (Tank voll)	111
			Giulietta Sprint Speciale	1960	4 R	1290	74 x 75	98	174	13,9	46,2		1014 (Tank voll)	112
			Giulietta Sprint Zagato	1962	4 R	1290	74 x 75	98	180	12	40,2		888 (Tank voll)	113
	2000/2600	1958 - 1967	2000 Spider (Touring)	1960	4 R	1975	84,5 x 88	115	175	14,2*	50*		1180 (trocken)	143
			2600 Sprint Coupé	1966	6 R	2582	83 x 79,6	145	199	12	32,8		1394 (mit 60 l)	144
			2600 Sprint Zagato	1967	6 R	2582	83 x 79,6	145	210	11,4			1250 (leer)	145
	Giulia TZ	1961 - 1967	TZ1	1964	4 R	1570	78 x 82	112	211	7,6*	22,7*		660 (trocken)	179
	Giulia	1963 - 1993	Giulia Sprint GTC	1965	4 R	1570	78 x 82	102	184	11,2	30,8		1040 (leer)	200
			2000 GTV	1976	4 R	1962	64 x 88,5	131	200	9	24,5		1060 (mit 53 l)	201
			Spider 1750	1968	4 R	1779	80 x 88,5	113	191,5	10,3	27,2		1040 (mit 46 l)	202
			1600 Junior Zagato	1972	4 R	1570	78 x 82	109	190				950 (leer)	203
	Montreal	1967 - 1977	Montreal	1972	V8	2593	80 x 64,5	200	223,6	7,6	18,1		1310 (mit 63 l)	253
	Alfetta GT und GTV	1974 - 1986	GTV 6 2.5	1981	V6	2492	88 x 68,3	160	218,2	8,2			1210 (leer)	307
	SZ und RZ	1989 - 1993	SZ Coupé	1991	V6	2959	93 x 72,6	210	245	7			1260 (leer)	357
	Spider und GTV	ab 1994	Spider	2003	4 R	1969	83 x 91	165	215	8,4			1370	386
			GTV	1999	V6	2959	93 x 72,6	221	250	6,7			1415	387
	GT	ab 2003	GT	2004	4 Zyl. Diesel	1910	82 x 90,4	150	209	9,6			1365 (leer)	455
Allard	J2X	1952 - 1954	J2X Le Mans	1952	V8	5420	96,8 x 92	162	200				914 (trocken)	98
Alpine-Renault	A 108 und A 110	1957 - 1977	Berlinette 1600 SX	1977	4 R	1647	79 x 84	95	195	10			790 (leer)	146
	A 310	1971 - 1984	A 310 V6	1979	V6	2664	88 x 73	150	223,6	7,5	19,3	40	1020 (mit 55 l)	288
Alvis	TB 21	1950 - 1953	TB21	1951	4 R	2993	84 x 90	95	156				1370	84
Amilcar	CGSs	1926 - 1929	CGSs	1926	4 R	1074	60 x 95	35	130				550	14
Aston Martin	International	1929 - 1932	International	1930	4 R	1494	69 x 99	56	125				860	27
	DB1	1948 - 1950	DB1	1950	4 R	1970	82,55 x 92	90	127				1145 (trocken)	74
	DB2	1950 - 1959	DB2	1952	6 R	2580	78 x 90	105	177	12,4*			1180(trocken)	82
			Mk III Drophead	1958	6 R	2922	83 x 90	162	193,1	9,3*	31*		1338 (mit 22,5 l)	83
	DB4	1958 - 1963	DB4	1959	6 R	3670	92 x 92	240	226,9	8,5*			1296 (trocken)	154
			DB4GT	1959	6 R	3670	92 x 92	302	245	6,4			1227 (trocken)	155
			DB4GT Zagato	1961	6 R	3670	92 x 92	314	247	6,1*	14,1*		1251 (Tank halbvoll)	156
	DB5	1963 - 1965	DB5 Drophead Coupé	1964	6 R	3995	96 x 92	282	226,9	8,1*			1465 (leer)	204
	DB6	1965 - 1971	DB6	1968	6 R	3995	96 x 92	325	238	6,5*			1475 (leer)	232
			DB6 Volante	1967	6 R	3995	96 x 92	325	238	6,5*			1475 (leer)	233
	DBS	1967 - 1973	DBS	1969	6 R	3995	96 x 92	325	238	8,6*			1588 (leer)	254
	V8	1969 - 1989	V8	1980	V8	5340	100 x 85	300	237	7,2*	15,8*		1830 (mit 113,5 l)	274
			V8 Volante	1982	V8	5340	100 x 85	300	233,8	7,5	19		1780 (leer)	275
			V8 Vantage	1982	V8	5340	100 x 85	380	273	5,4*	13*		1740 (leer)	276
	Virage/V8	1988 - 2000	V8 Coupé	1996	V8	5340	100 x 85	354	257	6*			1950 (leer)	349
			Virage Volante	1993	V8	5340	100 x 85	330	253	6,5*			2000 (leer)	350
			Vantage	1993	V8	5340	100 x 85	557	307	4,6*	10,1*		1990 (leer)	351
	DB7/Vantage	1994 - 2003	DB7 Vantage Coupé	2003	V12	5935	89 x 79,5	420	286	5,6	12,6	19,7	1847 (leer)	388
			DB7 Vantage Volante	2003	V12	5935	89 x 79,5	420	265	5,7	12,2	20,1	1954 (leer)	389
			DB7 Zagato	2003	V12	5935	89 x 79,5	440	298	4,9			1740 (leer)	390
	Vanquish	ab 2001	Vanquish	2001	V12	5935	89 x 79,5	460	306	5,6	11,6	17,4	1863 (leer)	430
	DB AR1	ab 2003	DB AR1	2003	V12	5935	89 x 79,5	440	298	4,9			1700 (leer)	456
	DB9	ab 2004	DB9 Coupé	2004	V12	5935	89 x 79,5	457	306	5,4	11,5	18,1	1847 (leer)	465
			DB9 Volante	2004	V12	5935	89 x 79,5	457	298	5,6			1902 (leer)	466
Auburn	Speedster	1928 - 1936	851 Speedster	1935	8 R	4590	77,8 x 120,65	148	155				1690	23
Audi	Quattro	1980 - 1990	Quattro	1983	5 R	2144	79,5 x 86,4	200	222,2	7,4	19,1	40,7	1331	327
	TT	ab 1998	TT Coupé	2000	4 R	1781	81 x 86,4	180	228	7,7			1205	419
			TT Roadster	2002	4 R	1781	81 x 86,4	180	222	8,1			1340	420
Austin-Healey	100/4 und 6	1952 - 1959	100/4 BN1	1954	4 R	2660	87,3 x 111,1	94	165,7	10,3*			930 (trocken)	99
	Sprite MkI	1958 - 1961	Sprite Mk I	1961	4 R	948	62,9 x 76,2	42,5	126	29,7			660 (mit 27 l)	157
	3000	1959 - 1968	3000 Mk III	1964	6 R	2912	83,36 x 88,9	148	194,7	9,8*	25,7*		1077 (leer)	167
	Sprite und MG Midget	1961 - 1979	MG Midget Mk IV	1974	4 R	1275	70,61 x 81,28	65	150	14,3			740	180
Bentley	3-litre Speed und Super Sport	1924 - 1929	3-litre Sports Red Label	1924	4 R	2996	80x149	115	160				1270	13
	4 1/2-litre Supercharged	1929 - 1931	4 1/2-litre Supercharged	1930	4 R	4398	100 x 140	182	169				1730 (trocken)	28
	6 1/2-litre Speed Six	1929 - 1930	6 1/2-litre/8-litre Speed Six	1928	6 R	7983	100 x 140	280	242				1970	29
	Continental GT	ab 2002	Continental GT	2004	W12	5998	84 x 90,2	560	318	5	10,9	16,9	2424 (leer)	445

Fabrikat	Baureihe	Bauzeit	Typ (abgebildetes Fahrzeug)	Baujahr	Motor	cm³	Bohrung & Hub mm	DIN-PS SAE-PS*	km/h	s 0 - 100 km/h s 0 - 60 mph*	s 0 - 160 km/h s 0 - 100 mph*	s 0 - 200 km/h	Gewicht kg	Seite
Bizzarrini	GT Strada 5300	1963 - 1969	GT Strada 5300	1967	V8 Chevrolet	5354	101,6 x 82,55	365	275	6	15,7	19,5	1250	205
BMW	3/15 PS	1929 - 1932	Wartburg	1930	4 R	748,5	56 x 76	18	90				410 (leer)	30
	315/1 und 319	1934 - 1936	315/1	1935	4 R	1490	58 x 94	40	120				750	50
			319/1	1935	6 R	1911	65 x 96	55	130				780	43
	327 und 327/28	1937 - 1941	327/28	1939	6 R	1971	66 x 96	80	145				1100	64
	328	1936 - 1939	328	1939	6 R	1971	66 x 96	80	150				830	52
	503	1955 - 1959	503 Cabriolet	1957	V8	3168	82 x 75	140	190	13	35,4		1410	122
			503 Coupé	1959	V8	3168	82 x 75	140	190	13	35,4		1410	123
	507	1955 - 1959	507	1958	V8	3168	82 x 75	150	196,5	11,1	28,2		1240	124
	700 Coupé	1959 - 1965	700 Coupé	1960	2 Zyl. Boxer	697	78 x 73	30	125	26,5			640	168
	3200 CS	1961 - 1965	3200 CS	1964	V8	3168	82 x 75	160	200	13,6			1390	181
	CS-Serie	1965 - 1976	2,5CS	1975	6 R	2494	86 x 71,6	150	203,4	10,3	28,2		1360	234
			3,0CSL	1973	6 R	3153	89,25 x 84	206	220,9	7	18,3		1270	235
	6-er Serie	1976 - 1989	630CS	1978	6 R	2986	89 x 80	185	210	8,9	23,4		1450 (leer)	321
			635CSi	1981	6 R	3453	93,4 x 84	218	227,8	7,8	19,1	36,5	1556 (mit 70 l)	322
	M1	1978 - 1981	M1	1981	6 R	3453	93,4 x 84	277	264,7	6	13,1	21,8	1450 (mit 116 l)	324
	Z1	1988 - 1991	Z1	1990	6 R	2494	84 x 75	170	220	8,7			1294	352
	8er-Serie	1989 - 1999	850 Ci	1999	V12	5379	85 x 79	326	250	6,8			1880	358
	Z3	1995 - 2002	Z3 M Roadster	1998	6 R	3201	86,4 x 91	321	250	5,4			1350	395
			Z3 Coupé 3.0	2001	6 R	2979	84 x 89,6	231	242	6,3			1330	369
	Z8	1999 - 2003	Z8	2001	V8	4941	94 x 89	400	250	5,1	11,5	18,3	1651 (leer)	425
	Z4	ab 2002	Z4	2003	6 R	2979	84 x 89,6	231	250	6	14,7		1390 (leer)	446
	6er-Serie (neu)	ab 2003	645 Ci Coupé	2004	V8	4398	92 x 82,7	333	250	5,8	12,9	21	1740	457
			645 Ci Coupé	2004	V8	4398	92 x 82,7	333	250	6,5	14,9		1934	458
Bristol	401 und 402	1948 - 1953	401	1952	6 R	1971	66 x 96	85	152	17,4	20,2		1252 (trocken)	75
	404	1953 - 1955	404	1954	6 R	1971	66 x 96	107	169				1040 (trocken)	103
	407 bis 412	1969 - 1982	411	1975	V8	6556	110,28 x 85,72	264	225	8,2	19		1710	277
Bugatti	Typ 13	1910 - 1926	Typ 13 Brescia	1922	4 R	1496	69 x 100	55	130				605 (Chassis)	9
	Typ 43/43 A Grand Sport	1927 - 1932	T43 Grand Sport	1927	8 R	2262	60 x 100	120	170				1050	17
	Typ 50	1930 - 1934	T46/50 Super Profilée	1933	8 R	4972	86 x 107	225	170+				1650	33
	Typ 55 Super Sport	1931 - 1935	T55 Super Sport	1932	8 R	2262	60 x 100	130	ca.180	13,1			1250	36
	Typ 57	1933 - 1939	T57 C Roadster	1939	8 R	3257	72 x 100	160	ca.160				1690	38
			T57 SC Atalante	1938	8 R	3257	72 x 100	200	ca.200				1500	39
			T57 SC Atlantic	1936	8 R	3257	72 x 100	200	ca. 210				1500	40
	EB 110	1991 - 1995	EB 110 GT	1997	V12	3500	81 x 56,6	560	342	3,6	14		1620 (leer)	369
	EB 16.4 Veyron	ab 2003	EB 16.4 Veyron	2004	W16	7993	86 x 86	1001	350	2,9			ca. 1600	459
Cadillac	XLR	ab 2003	XLR	2004	V8	4565	93 x 84	320	250	6,2	14,1		1655 (leer)	460
Caterham	Super Seven	ab 1973	Seven Super Sport	2000	4 R	1588	80 x 79	133	201	5,3*			545	304
	21	1994 - 2000	21	2000	4 R	1795	80 x 89,3	190	220	5			630 (leer)	391
Chevrolet	Corvette	1953 - 1955	Corvette	1954	6 R	3856	90,48 x 100,01	152	170	11			1230	104
	Corvette	1956 - 1962	Corvette	1959	V8	4637	98,42 x 76,19	270	196	8,6	19,3		1350	137
	Sting Ray	1963 - 1967	Corvette Sting Ray Coupé	1965	V8	5351	101,6 x 82,55	350	228,5	5,9*	16,5*		1430	206
			Corvette Sting Ray Cabriolet	1966	V8	5351	101,6 x 82,55	350	228,5	5,9*	16,5*		1435	207
	Stingray	1968 - 1972	Corvette Stingray Coupé	1972	V8	7387	107,98 x 101,60	365	225	5,9*	14,1		1580 (leer)	261
			Corvette Stingray Cabriolet	1970	V8	7387	107,98 x 101,60	390	231,7	7*	14*		1585 (mit 76 l)	262
	Corvette	1973 - 1982	Corvette	1979	V8	5728	101,60 x 88,36	225	208	6,8	18,5		1590	305
	Corvette C4	1983 - 1996	Corvette C4	1990	V8	5733	101,6 x 88,36	235	236	5,9			1500	335
			Corvette C4 Cabriolet	1994	V8	5733	101,6 x 88,36	304*	243	5,3			1535	336
	Corvette C5	1997 - 2004	Corvette C5 Coupé	2003	V8	5665	99 x 92	345	272	5,4	11,7	18,9	1455	413
			Corvette C5 Cabriolet	2003	V8	5665	99 x 92	345	272	5,6	12	19,2	1490 (leer)	414
	Corvette C6	ab 2004	Corvette C6 Cabriolet	2004	V8	5970	101,6 x 92	402	300	4,2			1451 (leer)	467
Chrysler/Dodge	Viper	ab 1991	Viper GTS Coupé	1999	V10	7990	101,6 x 98,55	455	298	4,6			1590 (leer)	370
			Viper RT/10	1994	V10	7990	101,6 x 98,55	394	266	4,6*	14,5		1595 (leer)	371
			Viper SRT/10	2004	V10	8277	102,36 x 100.58	506	306	3,9			1536 (leer)	452
Chrysler	Crossfire Coupé/Cabriolet	ab 2002	Crossfire Coupé	2004	V6	3199	89,9 x 84	218	250	6,9	16,8		1377	447
Cisitalia	202 Gran Sport	1947 - 1952	202 Gran Sport	1950	4 R	1089	68 x 75	55	160	13			780 (trocken)	72
Cizeta-Moroder	V16T	1989 - 1992	V16T	1991	V16	5995	86 x 64,5	520	300+	4,5			1700 (leer)	359
Cord	810 und 812	1936 - 1937	810/812	1937	V8	4730	88,9 x 95,2	125	145	20,1			1685	53
Daimler	SP 250	1959 - 1964	SP250	1961	V8	2548	76,2 x 69,85	140	193,6	10,4*	26,3*		948	169
Datsun	240 Z bis 280 Z	1969 - 1978	240 Z	1973	6 R	2393	83 x 73,7	130	198,9	9,5	28,5		1115 (mit 60 l)	278
	280 ZX	1978 - 1983	280 ZX	1979	6 R	2734	86 x 79	140	197,8	11,4	32		1330 (mit 80 l)	325
Delage	D8	1929 - 1939	D8-120S de Villars	1938	8 R	4750	84 x 107	115	155				1850	31
Delahaye	T135	1935 - 1952	135MS	1946	6 R	3557	84 x 107	135	160				1420	49
DeLorean	DMC-12	1981 - 1982	DMC-12	1982	4 R	2849	91 x 73	130	175,4	10,9	40		1230	330
Dino	206/246 GT	1967 - 1974	246 GT	1973	V6 Rocchi	2418	92,5 x 60	195	238,4	7,4	17,4		1230 (mit 70 l)	255
	308 GT4	1973 - 1980	308 GT4	1980	V8 Rocchi	2926	81 x 71	236	248,3	6,8	16,4	28,5	1320 (mit 80 l)	306
Donkervoort	D8	ab 1993	D8	2004	4 R	1781	81 x 86,4	210	235	4			665	380
Duesenberg	J und SJ	1928 - 1937	J	1932	8 R	6871	95,25 x 120,6	265	187		20		ca. 2000 (leer)	24
Elva	Courier	1958 - 1968	Courier	1960	4 R	1798	80,26 x 89	130	208				648 (trocken)	158
Facel Vega	HK 500	1958 - 1961	HK 500	1959	V8 Chrysler	5907	104,65 x 85,85	360	235	8,6	19,4	37,3	1660 (trocken)	160
	Facellia	1959 - 1963	Facel III	1964	4 R Volvo	1780	84,14 x 80	108	174	12,9	38,5		1050	170
	Facel II	1961 - 1964	Facel II	1964	V8 Chrysler	6286	107,95 x 85,85	390	226	7,5	18,8	35	1650 (leer)	191
Ferrari	125 S bis 250 MM	1950 - 1953	195 Inter (Ghia)	1950	V12 Colombo	2340	65 x 58,8	135					1115	86
			340 America (Touring)	1950	V12 Lampredi	4101,7	80 x 68	220	220				900 (leer)	87
			250 MM (Pinin Farina)	1953	V12 Colombo	2953	73 x 58,8	240	208				850 (trocken)	88
	250 Europa	1953 - 1955	250 Europa	1953	V12 Lampredi	2963	68 x 68	200					1180	105
	250 GT (Boano)	1956 - 1958	250 GT (Boano)	1957	V12 Colombo	2953	73 x 58,8	240	203,5	6	15,5		1307 (mit 120 l)	138

Fabrikat	Baureihe	Bauzeit	Typ (abgebildetes Fahrzeug)	Baujahr	Motor	cm^3	Bohrung & Hub mm	DIN-PS SAE-PS*	km/h	s 0 - 100 km/h s 0 - 60 mph*	s 0 - 160 km/h s 0 - 100 mph*	s 0 - 200 km/h	Gewicht kg	Seite
Ferrari	250 GT Berlinetta T.d.F.	1956 - 1959	250 GT Berlinetta T.d.F	1958	V12 Colombo	2953	73 x 58,8	250	245	7,6	15	26,3	1160 (mit 130 l)	139
			250 GT Berlinetta T.d.F.	1958	V12 Colombo	2953	73 x 58,8	250	245	7,6	15	26,3	1160 (mit 130 l)	140
	250 GT Coupé (Pininfarina)	1958 - 1961	250 GT Coupé (Pininfarina)	1958	V12 Colombo	2953	73 x 58,8	240	201,6	6	13,1	24,4	1230	160
	250 GT Spider California	1958 - 1963	250 GT Spider California	1961	V12 Colombo	2953	73 x 58,8	280	248				1050	161
	250 GT Berlinetta SWB	1959 - 1962	250 GT Berlinetta	1960	V12 Colombo	2953	73 x 58,8	280	233	8,2	14,8	24,3	1120 (mit 120 l)	171
	250 GTE Coupé 2+2	1960 - 1963	250 GT Coupé 2+2	1962	V12 Colombo	2953	73 x 58,8	240	219,5	8,5	18,1	37	1488 (mit 100 l)	177
	400 Superamerica	1960 - 1964	400 Superamerica	1963	V12 Colombo	3967	77 x 71	340	272	9,4	20		1362 (mit 140 l)	178
	250 GTO	1962 - 1964	250 GTO	1962	V12 Colombo	2953	73 x 58,8	300	250	5,6	12,3	20,1	1000 (leer)	192
	250 GT Berlinetta Lusso	1962 - 1964	250 GT Berlinetta Lusso	1963	V12 Colombo	2953	73 x 58,8	250	240	8,2	19,5		1363 (mit 114 l)	193
	330 GT 2+2	1964 - 1967	330 GT 2+2	1964	V12 Colombo	3967,4	77 x 71	300	234	6,9	16	29	1560 (leer)	219
	275 GTB und GTS	1964 - 1968	275 GTS	1965	V12 Colombo	3286	77 x 58,8	260	233	7,4	18,8		1517 (mit 86 l)	222
			275 GTB	1966	V12 Colombo	3286	77 x 58,8	280	250	6,2	14,6		1353 (mit 86 l)	223
			275 GTB	1965	V12 Colombo	3286	77 x 58,8	280	250	6,2	14,6		1353 (mit 86 l)	220
	500 Superfast	1964 - 1966	500 Superfast	1966	V12 Colombo	4962	88 x 68	400	280	8			1400 (leer)	224
	330/365 GTC und GTS	1966 - 1970	330 GTS	1967	V12 Colombo	3967	77 x 71	300	234,9	6,9*	17,1*		1200 (leer)	239
			365 GTC	1969	V12 Colombo	4390	81 x 71	320	243	6,3*	14,7*		1300 (leer)	240
	365 GT 2+2	1967 - 1971	365 GT 2+2	1969	V12 Colombo	4390	81 x 71	320	244	7,3	16,5		1825 (mit 100 l)	256
	365 GTB/4 und													
	365 GTS/4 Daytona		365 GTB/4 Daytona	1974	V12 Colombo	4390	81 x 71	348	274,8	6,1	13	21,8	1625 (mit 100 l)	263
			365 GTS/4 Daytona	1970	V12 Colombo	4390	81 x 71	348	274,8	6,1	13	21,8	1625 (mit 100 l)	264
	365 GTC/4	1971 - 1972	365 GTC/4	1972	V12 Colombo	4390	81 x 71	320	244	7,5	19,3		1877 (mit 110 l)	289
	365 GT4BB, BB 512, BB 512i	1971 - 1984	BB 512	1980	V12 (180 °)	4942	82 x 78	360	284,6	5,5	12	18,9	1600 (mit 120 l)	290
	365 GT4 2+2, 400i, 412	1972 - 1989	400i	1982	V12 Colombo	4823	81 x 78	310	243,2	6,8	16,5	28,9	1930 (leer)	296
	308/328 GTB und GTS	1975 - 1989	308 GTB	1980	V8 Rocchi	2925	81 x 71	227	255,3	6,5	15,3	25,9	1320 (mit 74 l)	313
	Mondial	1980 - 1993	Mondial 8	1981	V8 Rocchi	2927	81 x 71	214	221	8,3	20,6	42	1430 (leer)	328
	288 GTO	1984 - 1986	288 GTO	1985	V8	2855	80 x 71	400	303	4,8		16,2	1317 (leer)	342
	Testarossa, 512 TR, F512 M	1984 - 1996	Testarossa	1991	V12	4943	82 x 78	390	295	5,7			1505 (leer)	341
	F40	1987 - 1992	F40	1992	V8	2936	82 x 69,5	478	321	4,6		11	1254 (leer)	347
	348	1989 - 1994	348 ts	1992	V8	3405	85 x 75	300	277	5,6		19,9	1420 (leer)	360
			348 Spider	1994	V8	3405	85 x 75	300	274	5,8			1485 (leer)	361
	456	1992 - 2003	456M GTA	2002	V12	5474	88 x 75	442	298	5,8		21,9	1770	374
	F355	1994 - 1998	355 Berlinetta	1995	V8	3496	85 x 77	380	295	5		16,5	1448	392
			355 Spider	1998	V8	2496	85 x 77	380	295	5		16,5	1450	393
	F50	1995 - 1997	F50	1996	V12	4698	85 x 69	520	325	3,87		12,4	1230	397
	550/575M Maranello	ab 1996	575 Maranello F1	2004	V12	5748	89 x 77	515	325	4,2	9,4	14	1767 (leer)	403
			550 Barchetta	2001	V12	5474	88 x 75	485	300	4,4			1690 (leer)	406
			550 Barchetta	2001	V12	5474	88 x 75	485	300	4,4			1690 (leer)	404
	360 Modena	1999 - 2005	360 Modena F1 Berlinetta	1999	V8	3586	85 x 79	400	295	4,8	10,5	16,4	1464 Leer)	426
			360 Modena Spider	2003	V8	3586	85 x 79	400	293	4,6	10,4	16,5	1501 (leer)	427
	Enzo Ferrari	2002 - 2004	Enzo Ferrari	2004	V12	5998	92 x 75,2	660	350+	3,6		9,5	1365 (leer)	448
	612 Scaglietti	ab 2003	612 Scaglietti	2004	V12	5748	89 x 77	540	321	4,4	10	15,5	1903	461
	F430	ab 2004	F430	2004	V8	4308	92 x 81	490	315+	4			1450 (leer)	473
Fiat	508 Balilla Sport	1933 - 1937	508 Balilla CS Mille Miglia	1935	4 R	995	65 x 75	52	135				625	41
	8V	1952 - 1954	8V	1952	V8	1996	72 x 61,3	115	186	10,4			930	100
	2300 und 2300 S Coupé	1961 - 1968	2300S Coupé	1967	6 R	2279	78 x 79,5	136	195	10,8	30,9		1324 (mit 70 l)	182
	124 Spider	1966 - 1985	124 Spider	1982	4 R	1995	84 x 90	105	176,5	12,2	53,2		1065 (leer)	241
	Dino	1966 - 1973	Dino Spider	1968	V6	1987	86 x 57	160	203,5	9,8	26,5		4110 (mit 66 l)	242
	X1/9	1972 - 1981	X1/9	1976	4 R	1290	86 x 55,5	75	170	13,8			880 (leer)	297
	Coupé	1993 - 2000	Dino Coupé	1972	V6	2418	92,5 x 60	180	208	8,6	21,9		1400 (leer)	243
			Coupé 20V Turbo	1999	4 R	1998	82 x 75,65	220	250	6,5			1310	381
	Barchetta	ab 1995	Barchetta	2001	4 R	1747	82 x 82,7	131	200	8,8			1092	398
Ford	A Roadster	1927 - 1932	A Typ 40 B de Luxe	1931	4 R	3286	98 x 108	40	100				1060	18
	Eifel Roadster	1936 - 1939	Eifel Roadster	1938	4 R	1172	63,5 x 92,5	34	105				725	54
	Thunderbird Modell 1955	1954 - 1957	Thunderbird (mit Cont. Kit)	1955	V8	4784	95 x 84	198		10			1610 (leer)	114
	Thunderbird Modell 1957		Thunderbird	1957	V8	5112	96,52 x 87,37	269	194	9,8			1420 (leer)	115
	Mustang	1964 - 1970	Mustang Cabriolet	1966	V8	4728	101,60 x 72,89	228	180				1372 (Tank voll)	226
	GT40	1964 - 1968	GT40	1969	V8	4728	101,60 x 72,89	306	264				1080	225
	Thunderbird	ab 2001	Thunderbird	2004	V8	3950	86 x 85	284	220	7			1699 (leer)	434
	Mustang	ab 2004	Mustang GT	2004	V8	4606	90,2 x 90	304	240	6,4			1565 (leer)	468
Frazer Nash	Mille Miglia	1950 - 1952	Mille Miglia	1952	6 R	1971	66 x 96	101	200				820 (trocken)	85
Ginetta	G4	1961 - 1968	G4 Series II	1964	4 R	1498	80,69 x 72,65	78	185				510	183
	G27	ab 1985	G27	1999	4 R	2093	93 x 76,93	145	206				730 (leer)	345
Glas	1300 GT	1963 - 1967	1300 GT Cabriolet	1966	4 R	1290	75 x 73	75	171,5	11,9			910 (mit 58 l)	208
	3000 V8	1965 - 1968	3000 V8	1966	V8	2982	78 x 78	160	193,5	9,4	26,8		1336 (mit 80 l)	236
Gordon-Keeble		1964 - 1966	Gordon-Keeble	1965	V8 Chevrolet	5367	101 x 83	300	218	7,8	19,6		1440 (Tank halbvoll)	227
Healey	Silverstone	1949 - 1951	Silverstone	1949	4 R	2443	80,5 x 120	100	160				940 (trocken)	79
Hispano-Suiza	Alfonso XIII	1911 - 1913	Alfonso XIII	1912	4 R	3620	80 x 180	64	128				660	10
	J12 T68 und T68bis	1931 - 1938	J12 T68 Sport Torpedo	1933	V12	11310	100 x 120	220	175	12			2240	35
Honda	S500/600/800 Cabrio / Coupé	1963 - 1970	S600	1965	4 R	606	54,5 x 65	57	145	17,8*			715 (leer)	211
	NSX	ab 1990	NSX	2000	V6	3179	93 x 78	280	270	5,9	13,2	21,8	1410 (leer)	365
	S2000	ab 1999	S2000	2002	4 R	1997	87 x 84	120	240	6,2	15		1250 (leer)	428
Horch	853/855 Spezial-Roadster	1937 - 1939	855 Spezial-Roadster	1938	8 R	4944	87 x 104	120	140	ca. 30			2400	61
	930 V Roadster-Cabriolet	1937 - 1939	930 V Roadster-Cabriolet	1938	V8	3823	78 x 100	92	ca.140				1960 kg	62
H.R.G.	1500	1939 - 1956	1500	1948	4 R	1496	68 x 103	61	126	18,7			736	67
Intermeccanica	Italia	1968 - 1971	Italia Spider	1971	V8 Ford	5766	101,6 x 88,9	310	222,2	7,2	17,9	32,5	1350 (mit 75 l)	265
Iso	Rivolta IR 340	1962 - 1970	Rivolta IR 340	1967	V8 Chevrolet	5359	101,6 x 82,5	340	232	7,7	17,4	30,5	1642 (mit 105 l)	194
	Grifo	1963 - 1974	Grifo 365 GL	1966	V8 Chevrolet	5359	101,6 x 82,5	365	247,5	6,4	15,3	25,8	1520 (mit 95 l)	209

Fabrikat	Baureihe	Bauzeit	Typ (abgebildetes Fahrzeug)	Baujahr	Motor	cm³	Bohrung & Hub mm	DIN-PS SAE-PS*	km/h	s 0 - 100 km/h s 0 - 60 mph*	s 0 - 160 km/h s 0 - 100 mph*	s 0 - 200 km/h	Gewicht kg	Seite
Iso			Grifo 7,0	1970	V8 Chevrolet	6996	107,95 x 95,5	405	280	5,5	19,8		1623 (leer)	210
	Lele	1969 - 1974	Lele 300	1972	V8 Chevrolet	5733	101,6 x 88,4	304	233,8	7,6	17,4	30,6	1690 (mit 95 l)	279
Jaguar	S.S. 100	1936 - 1940	S.S. 100	1936	6 R	3485	82 x 110	125	163	10,9			1180 (trocken)	55
			S.S. 100	1937	6 R	3485	82 x 100	125	163	10,9			1180 (trocken)	56
	XK 120	1948 - 1954	XK 120 Coupé	1953	6 R	3442	83 x 106	160	194	9,9*	28,2*		1170 (trocken)	76
			XK 120 Roadster	1954	6 R	3442	83 x 106	160	185,1	12*	35,3*		1325 (leer)	77
	XK 140	1954 - 1957	XK 140 Drophead	1956	6 R	3442	83 x 106	210	208,4	11*	29,5*		1345 (trocken)	116
			XK 140 Roadster	1957	6 R	3442	83 x 106	210	195	8,4*	26,5*		1215	117
	XK 150	1957 - 1960	XK 150 Coupé	1959	6 R	3442	83 x 106	210	200	10,8	25,2		1420 (trocken)	147
			XK 150 Roadster (S)	1958	6 R	3442	83 x 106	250	219	7,3*	16,4*		1405 (trocken)	148
	XK SS	1956 - 1957	XK SS	1955	6 R	3442	83 x 106	253	235	5,4	13,2		916 (trocken)	142
	E-Type	1961 - 1971	E-Type Coupé 4,2 l Serie 1	1967	6 R	4236	92,07 x 106	265	241	7*	17,2*		1180 (leer)	184
			E-Type Roadster 3,8 l	1963	6 R	3781	87 x 106	265	241	6,8	15,6	30,8	1117 (trocken)	185
	E-Type V12	1971 - 1975	E-Type Roadster 5,3 l	1973	V12	5343	90 x 70	272	230	7,2*	18,4*		1515 (leer)	291
			E-Type Coupé 5,3 l 2+2	1972	V12	5343	90 x 70	272	240	6,6	16,4		1515 (mit 82 l)	292
	XJ-S	1975 - 1996	XJ-S	1981	V12	5343	90 x 70	289	238,4	8,4	18,8	34,4	1780 (mit 91 l)	314
	XJ-S	1988 - 1996	XJ-S	1994	6R	3980		233	234					315
	XJ220	1992 - 1994	XJ220	1993	V6	3498	94 x 84	549	347	4	9,9	12,2	1555	375
	XK-Serie	ab 1996	XK8 Coupé	2002	V8	3996	86 x 86	284	250	7,6	17,8	33,6	1615 (leer)	407
			XKR Convertible	2003	V8	4196	86 x 90,3	395	250	5,5	12,2	18,3	1815	408
Jensen	541	1953 - 1963	541 R	1960	6 R Austin	3993	87,3 x 111,1	152	198,7	10,6*	30,2*		1480 (mit 22,5 l)	118
	CV8	1961 - 1966	CV8	1961	V8 Chrysler	5916	104,64 x 85,85	305	211	8,4*			1565 (leer)	186
	Interceptor	1966 - 1976	Interceptor III Convertible	1976	V8 Chrysler	7212	110 x 95	284	203	7,6*	20,2*		1850 (mit 90 l)	244
Jensen-Healey	GT	1972 - 1976	GT	1973	4 R Lotus	1973	95,2 x 69,3	140	191,5	8,9	26,1		980 (mit 50 l)	298
Jowett	Jupiter	1950 - 1954	Jupiter Mk 1A	1954	4 R	1486	72,5 x 90	63	145	14,5			945 (trocken)	89
Lagonda	M45R	1934 - 1935	M45R	1934	6 R	4467	88,5 x 120,65	140	160				1800	46
Lamborghini	400 GT	1964 - 1968	400 GT	1966	V12	3929	82 x 62	320	250	7	15,5	24,2	1240 (leer)	228
	P 400 Miura	1966 - 1972	P 400 Miura SV	1971	V12	3929	82 x 62	385	285	4,5			1305 (leer)	245
			P 400 S	1970	V12	3929	82 x 62	370	280	4,5			1180 (leer)	246
	400 GTS Islero	1968 - 1970	400 GTS Islero	1969	V12	3929	82 x 62	350	260	6,3	13,7		1315 (leer)	266
	400 GT Espada	1968 - 1978	400 GT Espada	1971	V12	3929	82 x 62	350	243	6,6*	15,5*		1625 (leer)	267
	400 GT Jarama	1970 - 1978	400 GT Jarama S	1974	V12	3929	82 x 62	365	260	6	15,2	25,7	1572 (mit 100 l)	282
	Urraco und Silhouette	1970 - 1977	P 300 Urraco	1978	V8	2996	86 x 64,5	250	246,6	6,6	15,6	27	1375 (mit 80 l)	283
			3000 Silhouette	1978	V8	2996	86 x 64,5	260	250	5,6			1240 (leer)	284
	Countach	1971 - 1990	LP 400 S Countach	1981	V12	3929	82 x 62	375	308,9	6,8*	13,3*		1375 (mit 120 l)	293
	Diablo	1990 - 2001	Diablo Coupé	1991	V12	5703	87 x 80	492	326	4,7		14,8	1575	366
			Diablo Roadster	2000	V12	5703	87 x 80	530	335	3,95		13,9	1625	367
	Murciélago	ab 2001	Murciélago Coupé	2003	V12	6192	87 x 86,8	580	330	3,6	7,8	11,4	1819 (leer)	431
			Murciélago Roadster	2003	V12	6192	87 x 86,8	580	330	3,6	7,8	11,4	1821 (leer)	432
	Gallardo	ab 2003	Gallardo	2004	V10	4961	82,5 x 92,8	500	309	4,2	9	13,8	1612	462
Lancia	Aurelia GT	1951 - 1958	Aurelia B20 GT 2500	1955	V6	2451	78 x 85,5	118	182	14,8			1150 (trocken)	93
			Aurelia B24	1956	V6	2451	78 x 85,5	110	174	12,5			1060 (trocken)	94
	Flaminia GT	1958 - 1969	Flaminia GT 3C Cabriolet	1963	V6	2458	80 x 81,5	140	187	11	32,2		1400 (leer)	162
			Flaminia 2800 Supersport	1967	V6	2775	85 x 81,5	148	210	9,7			1330 (leer)	163
	Stratos HF	1974 - 1975	Stratos HF	1975	V6 Ferrari	2418	92,5 x 60	190	236,8	6,8	16		1030 (mit 86 l)	308
	Beta Monte Carlo	1975 - 1981	Beta Monte Carlo	1981	4 R	1995	84 x 90	120	191,5	9,9	32,1		1051 (leer)	318
Lea-Francis	2 1/2-litre Sports	1949 - 1953	2 1/2-litre Sports	1950	4 R	2496	85 x 110	106	158	28,3			1168 (trocken)	80
Lexus	SC 430 Coupé/Cabriolet	ab 2001	SC 430	2004	V8	4293	91 x 82,5	286	250	7,1	16,2	27,4	1768 (leer)	433
Lotus	Elite	1957 - 1963	Elite	1961	4 R	1216	76,2 x 66,6	85	185	10*			625 (mit 63 l)	149
	Seven	1957 - 1973	Super Seven S3	1968	4 R Ford	1599,1	80,98 x 77,62	84	160,9	8,8*			460 (leer)	150
	Elan	1962 - 1973	Elan Cabriolet	1968	4 R	1558	82,5 x 72,75	105	199,5	7,8*	23,3*		687,8 (leer)	195
			Elan +2 130/5	1973	4 R	1558	82,5 x 72,75	126	196,7	9,7	26,3		875 (mit 50 l)	196
	Europa	1966 - 1975	Europa	1975	4 R	1558	82,5 s 72,75	126	197,9	6,6*			710 (leer)	248
	Elite und Eclat	1974 - 1985	Eclat 2.2	1982	4 R	2174	95 x 76	160	212	7,1*			1201 (leer)	309
	Lotus Esprit und Esprit Turbo	1975 - 2004	Esprit Turbo	1982	4 R	2174	95 x 76	210	240	6,1*	17*		1205 (leer)	316
			Esprit V8	1998	V8	3506	83 x 81	354	282	4,7	10,1	15,5	1380	317
	Lotus Elan	1989 - 1995	Elan S2	1995	4 R	1588	80 x 79	157	214	7,2	16		1020	362
	Lotus Elise	ab 1995	Elise	1999	4 R	1795	80 x 89,3	120	202	5,9			733 (m. 40 l)	399
			Exige	2001	4 R	1795	80 x 89,3	179	219	4,7*			780 (leer)	400
Marcos	GT	1964 - 1971	GT V6	1970	V6 Ford	2994	93,66 x 72,42	128	201	8,4			885 (leer)	229
	Mantara	1993 - 1998	Mantara	1997	V8	3946	94 x 80	190	211	6*	16,6*		1020 (m. 25 l)	382
Maserati	A6G 2000	1951 - 1957	A6G 2000 Zagato	1956	6 R	1986	75,5 x 72	150	195				840 (trocken)	95
	3500 GT und Derivate	1957 - 1964	3500 GT (Touring)	1962	6 R	3485	86 x 100	235	235	7,2	19		1350 (leer)	151
			3700 GTIS (Vignale)	1966	6 R	3692	86 x 106	245	235				1555 (leer)	152
			3500 GT Spider (Vignale)	1962	6 R	3485	86 x 100	220	220				1350 (leer)	153
	Mistrale	1963 - 1970	2 Posti Mistrale Coupé 3700	1965	6 R	3692	86 x 106	245	245				1455 (leer)	212
			2 Posti Mistrale Spider 4000	1969	6 R	4014	88 x 110	255	255	6,7			1445 (leer)	213
	Mexico	1965 - 1968	Mexico 4700	1968	V8	4719	94 x 85	290	250	6,5			1650 (leer)	237
	Ghibli	1966 - 1973	Ghibli Coupé 4700	1968	V8	4719	94 x 85	330	257	7	15,5	25,6	1520 (mit 100 l)	249
			Ghibli Spider 4900 (SS)	1972	V8	4930	94 x 89	335	257,4	6*			1430 (leer)	250
	Ghibli	1966 - 1973	Ghibli Coupé 4700	1970	V8	4719	94 x 85	330	257	7	15,5	25,6	1520 (mit 100 l)	270
	Indy	1968 - 1974	Indy 4900	1974	V8	4930	94 x 89	320	265				1670 (mit 100 l)	268
	Bora	1971 - 1978	Bora 4700	1973	V8	4719	94 x 85	310	270,3	6,4*	14,5*		1400 (leer)	294
	Merak	1972 - 1983	Merak SS	1983	V6	2965	91,6 x 75	220	237	8,9	21,8	39,5	1420 (mit 85 l)	299
	Khamsin	1972 - 1982	Khamsin	1975	V8	4930	94 x 89	320	272,7	6,6	14,5	23,8	1690 (mit 90 l)	300
	Biturbo	1981 - 1999	Biturbo Spider	1990	V6	1996	82 x 63	220	230	6,2			1315 (leer)	331
			Shamal	1992	V6	3217	80 x 80	326	270	5,3			1415 (leer)	332

Fabrikat	Baureihe	Bauzeit	Typ (abgebildetes Fahrzeug)	Baujahr	Motor	cm³	Bohrung & Hub mm	DIN-PS SAE-PS*	km/h	s 0 - 100 km/h s 0 - 60 mph*	s 0 - 160 km/h s 0 - 100 mph*	s 0 - 200 km/h	Gewicht kg	Seite
Maserati		ab 1998	4200 Coupé	2003	V8	4244	92 x 80	390	285	4,9	11	17,5	1590	421
			4200 Spyder	2003	V8	4244	92 x 80	390	283	5	11,3	18,1	1752	422
	MC12	2004 - 2005	MC12	2004	V12	5998	92 x 75,2	632	330				1335 (leer)	469
Mazda	RX-7	1978 - 2002	RX-7	1992	Wankelmotor	2x 654		245	250	5,1				326
	MX-5	ab 1989	MX-5 Roadster	2004	4 R	1840	83 X 85	146	208	8,4			1065	363
	RX-8	ab 2002	RX-8	2004	Wankelmotor	1308		231	235	6,4	16,1		1385 (leer)	449
McLaren	F1	1992 - 1998	F1	1996	V12	6064	86 x 87	627	371	3,4	6,3	9,4	1134 (leer)	378
			F1	1998	V12	6064	86 x 87	627	371	3,4	6,3	9,4	1134 (leer)	376
Mercedes	Simplex	1902 - 1910	Simplex	1903	4 R	9235	140 x 150	60	120				1100	7
Mercedes-Benz	630 K	1926 - 1930	630 K	1926	6 R	6240	94 x 150	160	145				2000	15
	S, SS, SSK, SSKL	1927 - 1934	680 S	1927	6 R	6800	98 x 150	180	165				1900	19
			710 SS	1930	6 R	7065	100 x 150	250	190				2000	22
			710 SS	1929	6 R	7065	100 x 150	250	190				2000	20
	Mannheim 370 S	1930 - 1933	Mannheim 370 S Cabriolet A	1931	6 R	3689	82,5 x 115	75	115				1550	32
	380	1933 - 1934	380 K Cabriolet A	1934	8 R	3823	78 x 100	140	145				2100	42
	500 K/540 K	1934 - 1939	500K/540 K Cabriolet A	1936	8 R	5401	88 x 111	180	170				2300	44
			540 K Sport-Coupé	1939	8 R	5401	88 x 111	180	170				2250	45
	300 S	1951 - 1958	300 S Roadster	1953	6 R	2996	85 x 88	150	175				1760	96
	190 SL	1954 - 1963	190 SL Roadster	1958	4 R	1897	85 x 83,6	105	170	14,3	58		1170 (mit 65 l)	119
	300 SL	1954 - 1963	300 SL Coupé	1955	6 R	2996	85 x 88	215	228	9,3	17,7		1310 (mit 130 l)	120
			300 SL Roadster	1962	6 R	2996	85 x 88	215	221,6	8,8	20,2	31,1	1420 (mit 100 l)	121
	230 SL bis 280 SL	1963 - 1971	280 SL	1971	6 R	2778	86,5 x 78,8	170	200	9			1360 (leer)	214
	350 SL bis SL 600	1971 - 1989	280 SL	1983	6 R	2746	86 x 78,8	185	205,7	10,9	28,8		1510 (leer)	295
	300 SL bis SL 600	1988 - 2001	SL 500	1999	V8	4966	97 x 84	306	250	6,5			1820 (leer)	353
	SLK 200 bis SLK 32 AMG	1996 - 2004	SLK 230 Kompressor	2000	4 R	2295	90,9 x 88,4	197	237	7,4			1325 (leer)	409
	CLK-GTR	ab 1998	CLK-GTR Coupé	1998	V12	6898	89 x 92,4	612	320	3,8		9,9	1545 (fahrf.)	423
			CLK-GTR Roadster	2002	V12	6898	89 x 92,4	631	320	3,8		9,9	1410 (leer)	424
	SL 500 bis SL 600	ab 2001	SL 55 AMG	2003	V8	5439	97 x 92	500	250	4,4	9,4	14,1	1880	435
	SLR McLaren	ab 2003	SLR McLaren	2004	V8	5439	97 x 92	626	334	3,8	7,7	11,3	1747 (leer)	463
	SLK 200 K	ab 2004	SLK 200 Kompressor	2004	4 R	1796	82 x 85	163	230	8,3	20,5		1406 (leer)	470
	SLK 55 AMG	ab 2004		2004	V8	5439	97 x 92	360	250	4,9				471
MG	J2	1932 - 1934	J2	1934	4 R	847	57 x 63	36	113				710	37
	TC	1945 - 1949	TC	1949	4 R	1250	66,5 x 90	54,4	124,9	21,2			788 (leer)	70
	TD	1949 - 1953	TD	1953	4 R	1250	66,5 x 90	54,4	132,9	21,3*			885 (trocken)	81
	TF	1953 - 1955	TF 1500	1954	4 R	1466	72 x 90	65	141,9	16,2*			885 (trocken)	106
	MGA	1955 - 1962	MGA Roadster Twin Cam	1960	4 R	1588	75,4 x 88,9	108	179	12,9	35,3		955 (trocken)	125
			MGA Coupé Twin Cam	1959	4 R	1588	75,4 x 88,9	108	179	12,9	35,3		972 (trocken)	126
			Midget Mk IV	1974	4 R	1275	70,61 x 81,28	65	150	14,3			740	
	MGB	1962 - 1980	MGB Roadster	1967	4 R	1798	80,3 x 88,9	95	167,3	13,6*			920 (leer)	197
			MGB GT	1976	4 R	1798	80,3 x 88,9	95	159,3	14*			1095 (leer)	198
	MGF/TF	ab 1995	TF 80th Anniversary	2004	4 R	1795	80 x 89,3	135	207	8,8			1105	401
Mitsubishi	3000 GT/GTO	1990 - 2001	3000 GT	2001	V6	2972	91,9 x 76	286	250	5,7			1750	368
Monteverdi	375	1967 - 1976	375 L	1968	V8 Chrysler	7206	109,72 x 95,25	380	229,3	8,2	18,1	34,8	1688 (leer)	257
			Spider Palm Beach	1975	V8 Chrysler	7206	109,72 x 95,25	305	225 - 260	5,5 - 6,9			1450 (leer)	258
	Hai	1970 - 1976	Hai 450 GTS	1973	V8 Chrysler	6974	107,95 x 95,25	450	295	4,9			1350 (leer)	285
Morgan	Threewheeler	1909 - 1951	Super Sports Aero	1932	V2	1996	85,7 x 95	25	130				451 (leer)	8
	4/4 Series I	1936 - 1950	4/4 Drophead Coupé	1948	4 R	1267	63,5 x 100	40	127	25,4			770 (leer)	60
	4/4	ab 1955	4/4 1600	1976	4 R Ford	1598	80,98 x 77,62	84	164,1	9,8*			735 (leer)	127
			4/4 Tourer	1982	4 R Ford	1598	80 x 79,5	96	173,9	11			830 (mit 45 l)	128
	Plus 8	1968 - 2003	Plus 8	1975	V8	3532	88,9 x 71,12	154	201	7,5	21,2		935 (mit 62 l)	269
	Aero 8	ab 2001	Aero 8	2001	V8	4398	92 x 82,7	286	258	4,9		22,5	1000 (leer)	436
Nissan	350 Z	ab 2002	350 Z Coupé	2004	V6	3498	95,5 x 81,4	280	250	6,1	14,2		1525	450
			350 Z Roadster	2004	V6	3498	95,5 x 81,4	280	250	6,4	14,8		1600 (leer)	451
NSU	Sport-Prinz und Wankel	1958 - 1967	Sport-Prinz	1967	Vertical Twin	598	76 x 66	30	130				565	164
			Wankel Spider	1967	Wankelmotor	500		50	152				700	165
O.M.	665 Superba	1923 - 1934	665 Superba	1927	6 R	1990	65 x 100	80	138				825	12
Opel	GT	1968 - 1973	GT 1900	1969	4 R	1897	93 x 69,8	90	185	11,5			960	272
	Speedster	ab 2001	Speedster	2002	4 R	2198	86 x 94,6	147	217	6,5	16,9		883	437
Osca	1500	1954 - 1957	MT4 1500-2AD	1955	4 R	1490	76 x 76	120	208				530 (Chassis)	134
	1600	1959 - 1962	1600 GT	1960	4 R	1568	80 x 78	95	193,4				785 (trocken)	172
Pagani	Zonda	ab 1999	Zonda	2003	V12	7291	91,5 x 92,4	555	335	3,7			1250 (leer)	429
Panther	Kallista	1982 - 1991	Kallista	1994	4 R	1998	86 x 86	120	163				1030	334
Pegaso	Z102/103	1951 - 1958	102	1954	V8	3178	85 x 70	195	215				1600 (fahrf.)	97
Peugeot	907	2005	907	2004	V12	5892	87 x 92,6	500	300+				1400 (leer)	474
Pontiac	Fiero	1983 - 1988	Fiero GT	1988	V6	2838	88,9 x 76,2	137	ca.190	7,5*			1235 (leer)	337
Porsche	356	1950 - 1954	356 Cabriolet 1300	1951	4 R	1286	80 x 64	44	148	24,1			830 (leer)	90
			356 Coupé 1500	1953	4 Zyl. Boxer	1488	80 x 74	55	146	17*			813 (mit 22,5 l)	91
	550/550 A	1953 - 1957	550 Spyder	1955	4 Zyl. Boxer	1498	85 x 66	110	225	7			530 (trocken)	107
	356 A	1955 - 1959	356 A 1600 Speedster	1955	4 Zyl. Boxer	1582	82,5 x 74	60	157,8	13,3*			760 (leer)	129
			356 A 1500 GS Cabriolet	1957	4 Zyl. Boxer	1498	85 x 66	100	198,3	11,8	29,8		840 (mit 52 l)	130
			356 A 1500 GS Carrera	1957	4 Zyl. Boxer	1498	85 x 66	100	198,3	11,8	29,8		840 (mit 52 l)	131
			356 A 1500 Carrera GT Sp.	1958	4 Zyl. Boxer	1498	85 x 66	110	201,9	11,1*	28,2*		839 (leer)	132
	356 B	1959 - 1963	356 B 1600 Super Roadster	1962	4 Zyl. Boxer	1582	82,5 x 74	75	175	14,6	41		905 (mit 52 l)	173
			356 B 2000 GS Carrera 2 Cpé	1963	4 Zyl. Boxer	1966	92 x 74	130	201,1	8,7*	25,1*		1052 (mit 50 l)	174
			356 B 2000 GS Carrera 2	1962	4 Zyl. Boxer	1966	92 x 74	130	201,1	8,7*	25,1*		1052 (Tank voll)	175
	356 C	1963 - 1965	356 1600 SC Coupé	1964	4 Zyl. Boxer	1582	82,5 x 74	95	186	10,7	28,8		945 (mit 50 l)	215
	911 und 912	1963 - 1973	912 Coupé	1966	4 Zyl. Boxer	1582	82,5 x 74	90	183	13,5	39,2		999 (mit 62 l)	216

Fabrikat	Baureihe	Bauzeit	Typ (abgebildetes Fahrzeug)	Baujahr	Motor	cm³	Bohrung & Hub mm	DIN-PS SAE-PS*	km/h	s 0 - 100 km/h s 0 - 60 mph*	s 0 - 160 km/h s 0 - 100 mph*	s 0 - 200 km/h	Gewicht kg	Seite
Porsche			911 S 2.0 Targa	1967	6 Zyl. Boxer	1991	80 x 66	160	222	7,6	20,5		1090 (mit 62 l)	217
	904 Carrera GTS	1963 - 1964	904 GTS	1964	4 Zyl. Boxer	1966	92 x 74	180	252	5,5	12,4	21,2	650 (leer)	218
	Carrera RS 2.7	1972 - 1973	Carrera RS 2.7	1973	6 Zyl. Boxer	2687	90 x 70,4	210	240	5,7	13,7	23	1010 (mit 85 l)	301
	911 Turbo 3.0	1974 - 1977	930 Turbo 3.0	1976	6 Zyl. Boxer	2998	95 x 70,4	260	250	5,2	11,8	19,8	1210 (mit 80 l)	310
	911 Carrera 3.0 und SC	1974 - 1983	SC-3.0 Targa	1982	6 Zyl. Boxer	2994	95 x 70,4	204	240	5,9	14,7	26,3	1180 (mit 80 l)	311
	924	1975 - 1988	924 Turbo	1980	4 R	1984	86,5 x 84,4	177	230	7,7			1180 (leer)	319
			924 Carrera GTS	1981	4 R	1984	86,5 x 84,4	245	250	6,2			1121 (leer)	320
	928	1977 - 1995	928 S	1980	V8	4664	97 x 78,9	300	251,7	6,8	15,7	27	1530 (mit 86 l)	323
	944	1981 - 1991	944 Turbo Cabriolet	1991	4 R	2479	100 x 78,9	250	260	5,7			1330 (leer)	333
	911 Carrera	1983 - 1989	911 Carrera Coupé	1989	6 Zyl. Boxer	3164	95 x 74,4	231	245	5,8	13,9	23,1	1352 (leer)	338
			911 Carrera Targa	1985	6 Zyl. Boxer	3164	95 x 74,4	231	245	5,8	13,9	23,1	1412 (leer)	339
			911 Carrera Speedster	1989	6 Zyl. Boxer	3164	95 x 74,4	231	245	5,6			1224 (leer)	340
	959	1987 - 1988	959	1987	6 Zyl. Boxer	2850	95 x 67	450	315	3,7	8,3	13	1450 (leer)	348
	911 (964)	1988 - 1993	911 (964) Turbo	1994	6 Zyl. Boxer	3600	100 x 76,4	360	289	4,6	9,5	15	1470 (leer)	354
			911 (964) Cabriolet	1992	6 Zyl. Boxer	3600	100 x 76,4	272	264	5,5	12,9	21,3	1502 (leer)	355
			911 (964) Speedster	1993	6 R	3600	100 x 76,4	272	265	5,4	12,4		1435 (leer)	356
	968	1991 - 1995	968 Cabriolet	1991	4 R	2990	104 x 88	240	250	6,5			1440 (leer)	373
			968 CS	1994	4 R	2990	104 x 88	240	252	6,5			1370 (leer)	372
	911 (993)	1993 - 1998	911 (993) Coupé	1996	6 Zyl. Boxer	3600	100 x 76,4	285	267	5,2	12,4	21,1	1420 (leer)	384
			911 (993) Turbo S	1998	6 Zyl. Boxer	3600	100 x 76,4	408	291	4,3	9,5	15,1	1500 (leer)	383
	GT1	1996 - 1998	GT1	1998	6 Zyl. Boxer	3163	95 x 74,4	544	308	3,9	7,1	10,5	1150 (leer)	411
	Porsche Boxster	ab 1996	Boxster S	2001	6 Zyl. Boxer	3179	93 x 78	252	260	6,1	14,2	24	1335 (leer)	410
	911 (966)	1997 - 2000	911 (996/1) Coupé	2000	6 Zyl. Boxer	3387	96 x 78	300	280	4,9	11	17,9	1412 (leer)	415
			911 (996/1) Turbo	2000	6 Zyl. Boxer	3600	100 x 76,4	420	307	4,3	9,5	15	1552 (leer)	416
			911 (996/1) Cabriolet	2001	6 Zyl. Boxer	3387	96 x 78	300	280	5,5	12,5	20,2	1481 (leer)	417
			911 (996/1) GT3	2000	6 Zyl. Boxer	3600	100 x 76,4	360	302	4,8	10,1	16,1	1395 (leer)	418
	991 (996 2. Generation)	2001 - 2004	911 (996/2) Coupé	2004	6 Zyl. Boxer	3596	96 x 82,8	345	292	4,9	11	17,8	1457 (leer)	438
			911 (996/2) Cabriolet	2004	6 Zyl. Boxer	3596	96 x 82,8	320	282	5,2			1512 (leer)	439
			911 (996/2) Turbo Cabrio	2004	6 Zyl. Boxer	3600	100 x 76,4	420	305	4,3	9,5	14,6	1660 (leer)	440
			911 (996/2) GT2	2003	6 Zyl. Boxer	3600	100 x 76,4	483	319	4,1		12,8	1440 (leer)	441
			911 (996/2) GT3	2004	6 Zyl. Boxer	3600	100 x 76,4	381	306	4,6	9,3	14,4	1380 (leer)	444
			911 (996/2) GT3 RS	2004	6 Zyl. Boxer	3600	100 x 76,4	381	306	4,3		13,8	1376 (leer)	442
	Carrera GT	ab 2003	Carrera GT	2004	V10	5733	98 x 76	612	330	3,8	7,3	10,9	1472 (leer)	464
	911 (997)	ab 2004	997 Coupé Carrera S	2004	6 Zyl. Boxer	3824	99 x 82,8	355	293	4,7	10,7	16,6	1482	472
Qvale	Mangusta	1999 - 2001	Mangusta	2001	V8 Ford	4601	90,2 x 90	320	260	5,4			1664 (leer)	412
Renault	Sport Spider	1995 - 1999	Sport Spider	1998	4 R	1998	82,7 x 93	150	215	6,9			930 (leer)	402
Riley	9 h.p. Brooklands Speed	1928 - 1932	9 h.p. Brooklands Speed	1930	4 R	1087	60,3 x 95	50	175				700 (trocken)	25
	12 h.p. Sprite	1935 - 1938	12 h.p. Sprite	1937	4 R	1496	69 x 100	45	137				915 (leer)	58
	Roadster RMC	1948 - 1950	Roadster RMC	1950	4 R	2443	80,5 x 120	100	156	19*			1356 (leer)	78
Singer	Roadster	1939 - 1955	9 h.p. Roadster	1939	4 R	1074	60 x 95	36	112				787 (leer)	69
Smart	Roadster/Roadster-Coupé	ab 2002	Roadster-Coupé	2004	3 R	698	66,5 x 67	82	175	10,9			815	454
Sunbeam	Alpine	1953 - 1955	Alpine	1953	4 R	2267	81 x 110	80	152,9	18,9*			1295 (trocken)	108
	Alpine und Tiger	1959 - 1968	Alpine Serie V	1967	4 R	1725	81,5 x 82,55	92,5	157,7	13,6*			992 (leer)	176
Talbot Lago	T150 SS	1937 - 1939	T150 SS	1938	6 R	3996	90 x 104	160	175				1400 (leer)	63
	Grand Sport	1947 - 1956	T26 Grand Sport	1952	6 R	4482	93 x 110	210	200				1450 (leer)	73
De Tomaso	Mangusta	1966 - 1971	Mangusta	1971	V8 Ford	4728	101,6 x 72,9	306	242	6	13,2	21,4	1185 (leer)	251
	Pantera	1970 - 1994	Pantera GT4	1978	V8 Ford	5763	101,65 x 88,9	285	250	6,7	15,3	26,2	1480 (mit 85 l)	287
	Longchamp/Maserati Kyalami	1976 - 1989	Longchamp	1981	V8 Ford	5763	101,6 x 88,9	270	233,8	7,8	18,1	32,3	1780 (mit 100 l)	302
	Bigua vgl. Qvale Mangusta													412
Toyota	2000 GT	1965 - 1970	2000GT	1967	6 R	1988	75 x 75	150	205,9	10*	24*		1120 (leer)	238
	MR2	ab 1984	MR2	1994	4 R	1998	86 x 86	175	222	8			1218	343
			MR2	2000	4 R	1794	79 x 91,5	140	210	7,7			1042	344
	Supra	1986 - 1998	Supra 3.0 Turbo	1996	6 R	2997	86 x 86	330	250	5,1			1490 (leer)	346
Triumph	1800 und 2000 Roadster	1946 - 1949	1800 Roadster	1948	4 R	1776	73 x 106	63	124,2	34,4*			1154 (leer)	71
	TR2	1953 - 1955	TR2	1954	4 R	1991	83 x 92	90	167,3	11,6*			900 (trocken)	109
	TR3	1955 - 1962	TR3A	1960	4 R	1991	83 x 92	100	166	12,7	48,8		940 (trocken)	133
	TR4	1961 - 1967	TR4	1962	4 R	2138	86 x 92	100	174	14,2	42		1013 (mit 54 l)	187
	Spitfire	1962 - 1980	Spitfire Mark 1	1963	4 R	1147	69,3 x 76	63	148	17,7			715 (leer)	199
	GT6	1966 - 1973	GT6 Mark 3	1973	6 R	1998	74,7 x 76	104	180,2	10,1*			910 (mit 44,3 l)	252
	TR5	1967 - 1968	TR5	1968	6 R	2498	74,7 x 95	150	189,5	8,8	25,2		1034 (leer)	259
	TR6	1968 - 1976	TR6 PI	1971	6 R	2498	74,7 x 95	150	193,5	9	25,7		1075 (mit 51 l)	273
	Stag	1970 - 1977	Stag	1977	V8	2997	86 x 64,5	145	193	9,5			1275 (leer)	286
	TR7	1974 - 1981	TR7 Drophead	1981	4 R	1998	90,3 x 78	105	176,5	11,5	42,2		1060 (leer)	312
TVR	Grantura	1958 - 1967	Grantura Mk II A	1961	4 R MGA	1588	75,4 x 88,9	79,5	157,7	12*			710 (trocken)	166
	Vixen	1967 - 1973	Vixen S 3	1971	4 R Ford	1599	80,98 x 77,62	92					762	260
	M-Serie	1972 - 1979	3000M Convertible	1979	V6	2994	90,67 x 72,42	136	201	5,7*	18,8*		980 (mit 55 l)	303
	Tasmin und Derivate	1980 - 1991	Tasmin 280i Convertible	1984	V6 Ford	2792	93 x 68,5	160	202	8,7	25,2		1122 (mit 63 l)	329
	Griffith	1992 - 2001	Griffith 500	1994	V8	4997	94 x 90	310	271	5,1	11,9	19,1	1058 (leer)	379
	Tuscan	ab 1989	Tuscan S	2004	6 R	3996	96 x 92	396	305	3,8			1100 (leer)	364
	Cerbera	ab 1994	Cerbera Speed Six	2004	6 R	3996	96 x 92	355	290	4,7			1030 (leer)	394
VW-Porsche	914	1969 - 1976	914 2.0	1973	4 Zyl. Boxer	1971	94 x 71	100	192,4	9,9	30,2		950 (mit 62 l)	280
			914-6 GT	1972	6 Zyl. Boxer	1991	80 x 66	110	207	8,5	22,3		985 (mit 62 l)	281
Wanderer	W 25 K Roadster	1936 - 1938	W 25 K Roadster	85	6 R	1950	70 x 85	85	145				1000	59
Wiesmann	Roadster/Coupé	ab 1993	MF 3	2000	6 R	3201	86,4 x 91	321	255	4,9	12,2	21,4	1150 (leer)	385